SFV

Alex Haley

Wurzeln

Roman

S. Fischer

Aus dem Amerikanischen
von Emil U. Günther

Deutsche Ausgabe:

Die amerikanische Originalausgabe
erschien 1976 unter dem Titel
»Roots« bei Doubleday & Company, Inc., New York
Umschlagentwurf: Atelier Rambow, Lienemeyer, van de Sand
Gesamtherstellung: May & Co, Darmstadt
Printed in Germany 1977
ISBN 3 10 029401 7

Daß die Arbeit an diesem Buch
so lange dauern würde,
war nicht vorherzusehen.
Nun kommt es also gerade zur
Zweihundertjahrfeier unseres Landes zurecht,
und deshalb widme ich es
gleichsam als Geburtstagsgeschenk
dem Lande, in dem das meiste
von dem geschah, was in diesem Buch
beschrieben wird.

ALEX HALEY

KAPITEL 1

In dem Dorf Juffure, vier Tagereisen stromaufwärts an der Küste von Gambia in Westafrika, wurde im Frühjahr 1750 dem Omoro Kinte und seiner Frau Binta ein Knabe geboren. Bintas kräftiger junger Körper brachte ein Baby hervor, schreiend, glitschig und fleckig vom Blut seiner Mutter, und ebenso schwarz wie sie. Als die runzligen Hebammen – Nyo Boto und Großmutter Yaisa – erkannten, daß das Neugeborene ein Knabe war, lachten sie vor Freude, denn die Überlieferung erkennt einen besonderen Gunstbeweis Allahs nicht nur für die Eltern des Kindes, sondern für alle seine direkten Verwandten darin, daß das Erstgeborene männlichen Geschlechtes ist. Man durfte also darauf vertrauen, daß der Name Kinte nicht nur fortgesetzt werden, sondern auch zu Ruhm und Ehre kommen würde.

Dies geschah in der Stunde, bevor die Hähne krähen, und das Kind vernahm daher nicht nur das Geschwätz von Nyo Boto und Großmutter Yaisa, sondern auch das rhythmische *bomp-a-bomp-a-bomp*, das die Stößel der Frauen in den Mörsern machten, in denen überall das traditionelle Frühmahl hergestellt wurde, Maisgrütze in irdenen Töpfen über dem zwischen drei Steinen brennenden Feuer.

Über den runden Lehmhütten kräuselte lieblicher, aromatischer Rauch empor. Kajali Demba, der *alimamo* des Dorfes, rief mit näselnder Stimme die Männer zum ersten der fünf Gebete des Tages, die seit Menschengedenken an Allah gerichtet wurden. Die Gläubigen erhoben sich von ihrem mit gegerbten Fellen bespannten Lager aus Bambusstäben, schlüpften in die groben Baumwollkittel und begaben sich hastig zum Andachtsort, wo der *alimamo* ihnen vorbetete: *»Allah Akbar! Ashadu an lailahailala!«* (Allah ist groß! Außer ihm gibt es keinen Gott!) Erst danach, als die Männer zurückgingen zu ihren Behausungen, um ihr Frühmahl einzunehmen, teilte Omoro ihnen strahlend mit, daß er einen Sohn bekommen habe. Man wünschte ihm Glück und erwähnte alle möglichen guten Vorzeichen.

In den Hütten reichten die Frauen ihren Männern die Kalabasse voll Grütze. Danach fütterten sie im hinteren Teil der Hütte ihre Kinder und aßen selber. Nach der Mahlzeit griffen die Männer zu den kurzen, krummen Hacken, deren Blatt vom Schmied mit Metall eingefaßt worden war, und gingen zur Tagesarbeit aufs Feld, das sie für die Aussaat von Erdnüssen, Mais und Baumwolle vorbereiteten. Das waren die Produkte der Männer, während den Frauen in diesem heißen feuchten Land der Reisanbau vorbehalten war.

Der Brauch wollte, daß Omoro sich in den folgenden sieben Tagen mit nichts anderem ernstlich beschäftigte als damit, einen Namen für seinen Sohn zu suchen. Dieser Name sollte vielversprechend sein, sowohl in seinem stammesgeschichtlichen Bezug, als auch in dem, was er dem Träger verhieß, denn die Angehörigen des Stammes der Mandinka glaubten, das Kind werde sieben Eigenschaften dessen entwickeln, nach dem es genannt wurde.

In dieser Woche des Nachdenkens lud Omoro in seinem und Bintas Namen die Bewohner aller Hütten zur Namensgebung ein, die, wie die Tradition verlangte, am achten Lebenstag vorgenommen werden sollte. An diesem Tag würde der Neugeborene Mitglied des Stammes werden wie schon sein Vater und sein Vatersvater vor ihm.

Am achten Tage also versammelten die Dorfbewohner sich am frühen Morgen vor der Hütte Omoros und Bintas. Die Frauen aus der Verwandtschaft trugen auf dem Kopf Schüsseln mit den traditionellen Speisen, saure Milch, süße Munkokuchen aus gestoßenem Reis und Honig. Karamo Silla, der *jaliba* des Dorfes, kam mit seinen *tan-tang*-Trommeln; es kamen der *alimamo* und der *arafang* Brima Cesay, der später der Lehrer des Kindes sein würde, und es kamen Omoros zwei Brüder Janneh und Saloum aus großer Entfernung, weil sie durch die Trommeln von der Geburt des Neffen erfahren hatten.

Binta hielt den Säugling stolz im Arm, und wie an diesem Tage üblich, wurde ihm ein kleines Büschel Haar abgeschnitten. Alle Frauen äußerten sich lobend über die körperliche Beschaffenheit des Kindes. Als der *jaliba* anfing, seine Trommeln zu bearbeiten, verstummte das Geschwätz. Der *alimamo* sprach über den Gefäßen mit saurer Milch und Munkokuchen ein Gebet, und währenddessen berührten alle Anwesenden die Ränder der Gefäße mit ihrer rechten Hand, wodurch sie der Nahrung Respekt bezeugten. Der *alimamo* betete sodann über dem Baby, er flehte Allah an, ihm ein langes Leben zu vergönnen, ihn instand zu setzen, seinen Angehörigen, dem Dorf und dem ganzen Stamm Ehre zu machen und viele Kinder zu zeugen. Schließlich bat er Allah, das Kind möge dem Namen Ehre machen, der ihm gegeben werden sollte.

Nun stellte sich Omoro vor den Versammelten auf, nahm seiner Frau das Kind aus dem Arm und flüsterte diesem dreimal den Namen ins Ohr, den er ihm ausgesucht hatte. Alle sahen ihm dabei zu. Es war das erste Mal, daß dieser Name als der Name des Kindes ausgesprochen wurde, denn Omoros Stamm war der Meinung, derjenige, dem der Name gegeben wird, müsse dies als erster erfahren.

Nun ertönte wieder die *tan-tang*-Trommel, und Omoro flüsterte den Namen des Kindes seiner Frau Binta ins Ohr, die daraufhin glücklich und stolz lächelte. Danach flüsterte Omoro dem *arafang* den Namen zu, der ebenfalls vor den Dorfbewohnern stand.

Brima Cesay verkündete nun laut: »Der Erstgeborene von Omoro und Binta Kinte heißt Kunta!«

Alle wußten, daß Kunta der mittlere Name des verstorbenen Großvaters des Kindes war, Kairaba Kunta Kinte, der aus Mauretanien nach Gambia gekommen war, wo er die Bewohner von Juffure vor einer Hungersnot bewahrte, Großmutter Yaisa heiratete und bis zu seinem Tode dem Dorf in Ehren als heiliger Mann diente.

Der *arafang* sagte nacheinander alle Namen der mauretanischen Vorfahren auf, von denen der alte Kairaba Kinte oft und oft erzählt hatte. Diese Namen, viele Namen und bedeutende Namen, reichten weiter als zweihundert Regen zurück. Danach schlug der *jaliba* auf seine *tan-tang*, und alle Anwesenden drückten Bewunderung und Hochachtung für eine so glänzende Ahnenreihe aus.

Omoro nahm dann in der Nacht, allein mit seinem Sohn unter Mond und Sternen, die letzte Handlung des Namensgebungsrituals vor: Am

Rande des Dorfes stehend, den Knaben im starken Arm haltend, hob er das Kind mit dem Gesicht dem Himmel entgegen und sagte leise: *»Fend kiling dorong leh warrata ka iteh tee.«* (Siehe – einzig dieser ist größer als du selber.)

KAPITEL 2

Es war Pflanzzeit, die ersten Regen standen bald zu erwarten. Die Männer von Juffure hatten auf ihren Feldern trockenes Unkraut aufgehäuft, das sie nun verbrannten; der leichte Wind würde die Asche ausbreiten und damit den Boden düngen. Die Frauen setzten bereits die grünen Schößlinge in den schlammigen Reisfeldern.

Bintas Stück Reisland war, während sie sich von der Niederkunft erholte, von Großmutter Yaisa bearbeitet worden, jetzt aber konnte Binta wieder arbeiten. Mit den Frauen des Dorfes, darunter auch andere, die ihre Kleinkinder bei sich hatten – etwa Bintas Freundin Jankay Touray –, ging sie ans Ufer des *bolong*, eines der vielen Wasserläufe, die dem Gambia-Fluß zustrebten, den sie Kamby Bolongo nannten. Auf dem Kopf trug sie ihr Bündel, auf dem Rücken in einer Baumwollschlaufe den kleinen Kunta. Fünf oder sechs Frauen bestiegen am Ufer je ein Kanu und fingen mit kräftigen Schlägen an zu paddeln. Wenn Binta sich vorneigte, um ihr Paddel einzutauchen, spürte sie am Rücken den Druck des weichen kleinen Kinderkörpers.

Die Luft war schwer vom starken, moschusartigen Duft der Mangroven und dem Wohlgeruch, den Pflanzen und Bäume ausströmten, die beide Ufer des *bolong* dicht säumten. Von den vorübergleitenden Kanus aufgeschreckt, erwachten ganze Pavianfamilien aus dem Schlaf, hüpften aufgeregt bellend umher und schüttelten Palmwedel. Wilde Schweine rannten grunzend und schnaufend in ihre Verstecke zwischen Gräsern und Büschen. Tausende von Pelikanen, Kranichen, Silberreihern, Störchen, Möwen, Löffelreihern und Meerschwalben unterbrachen entlang der sumpfigen Ufer ihre Nahrungssuche und beobachteten unruhig die Boote. Von den kleineren Vögeln flogen viele auf – Ringeltauben, Scherenschnäbel, Rallen, Schlangenhalsvögel, Eisvögel – und zogen kreischend ihre Kreise, bis die Eindringlinge verschwunden waren.

Ganze Geschwader von Ellritzen sprangen vor den Kanus aus dem Wasser, vollführten einen silbrigen Tanz und fielen platschend zurück. Auf der Jagd nach den Ellritzen sprangen größere Fische gelegentlich blindlings in die Kanus, wo sie von den Frauen mit dem Paddel erschlagen und als schmackhafte Abendmahlzeit auf die Seite gelegt wurden. An diesem Morgen allerdings blieben die Ellritzen ungestört.

Die Frauen gelangten nun aus dem gewundenen *bolong* in einen breiteren Wasserlauf, und bei ihrem Anblick erhoben sich mit mächtigem Flügelschlagen viele Tausende Seevögel in allen Farben des Regenbogens vom Wasser und füllten den Himmel. Das verdunkelte, aufgestörte Wasser war von zurückgelassenen Federn wie gefleckt.

Auf dem Weg zu den sumpfigen *faros*, wo die Frauen von Juffure seit Generationen Reis anbauten, gerieten die Kanus in dichte Mückenschwärme, und erst danach legte eines nach dem anderen an den schmalen, aus dicht geflochtenen Gräsern gefertigten Stegen an, die nicht nur Zugang zu den Reisfeldern gewährten, sondern zugleich auch deren Grenzen bezeichneten; die smaragdgrünen Reisschößlinge schauten bereits handbreit aus dem Wasser.

Die Größe der zu bearbeitenden Reisfelder wurde jedes Jahr neu von den Dorfältesten bestimmt und richtete sich nach der Anzahl der zu ernährenden Familienmitglieder, deshalb war Bintas Stück recht klein. Binta kletterte behutsam mit der noch ungewohnten Last des Kindes aus dem Kanu auf den Steg und blieb gleich freudig überrascht stehen, denn sie sah einen winzigen Pfahlbau, eine mit Bambus gedeckte Hütte, die Omoro, während Binta in den Wochen lag, zum Schutz für das Kind vorsorglich hier schon errichtet hatte. Typisch Mann, hatte er ihr das mit keinem Wort angedeutet.

Binta stillte das Kind, legte es dann in seine Schutzhütte und streifte die Arbeitskleidung über, die sie in ihrem Bündel mitgeführt hatte. Dann ging sie an die Arbeit. Tief vorgebeugt im Wasser stehend, riß sie alle Unkräuter aus, die andernfalls ihre Reisschößlinge ersticken würden. Hörte sie Kunta weinen, watete sie zu ihm, nahm ihn hoch und stillte ihn im Schatten seiner Hütte.

So sonnte sich denn der kleine Kunta täglich in der sorglichen Liebe seiner Mutter. Wenn Binta abends ihrem Mann das Essen gerichtet hatte, rieb sie den Kleinen von Kopf bis Fuß mit Kariteöl ein, damit er eine weiche Haut bekäme, und häufig trug sie ihn noch durchs Dorf zur Hütte von Großmutter Yaisa, die sich dann ihrerseits nicht genug tun konnte, dem Kind Zärtlichkeiten zu erweisen. Allerdings brachten sie ihn auch immer wieder dadurch zum Weinen, daß sie seinen kleinen Kopf samt Nase, Ohren und Lippen in die gewünschte Form kneteten.

Manchmal nahm Omoro den Frauen seinen Sohn fort und trug ihn, in eine Decke gewickelt, in seine Hütte – die Männer wohnten stets getrennt von ihren Frauen –, und hier durfte der Kleine mit Augen und Händen eine Welt voll lockender Gegenstände erforschen, etwa die *saphie*-Amulette am Kopfende des väterlichen Lagers, welche böse Geister fernhalten sollten. Alles Bunte zog den kleinen Kunta magisch an, besonders die lederne Jagdtasche des Vaters, die jetzt fast ganz bedeckt war mit Muscheln, deren jede ein Tier bedeutete, das der Vater dem Dorf als Beute gebracht hatte. Auch der Bogen und der Köcher mit den langen Pfeilen fand Kuntas glucksende Aufmerksamkeit, und Omoro lächelte, als er sah, wie die winzigen Fingerchen den schlanken, dunklen Speer betasteten, dessen Schaft vom vielen Gebrauch glänzte. Kunta durfte alles anfassen, nur nicht den Gebetsteppich, der seinem Besitzer heilig war. Allein mit seinem Sohn in der Hütte, sprach Omoro von den großen Taten, die sein Sohn Kunta eines Tages vollbringen würde, wenn er herangewachsen wäre.

Dann brachte er den Knaben wieder zu Binta, die ihn stillen sollte. Wo er nun auch war, Kunta war fast immer glücklich, und einschlafen tat er entweder auf dem Schoß seiner Mutter, oder er sah sie doch über sich gebeugt, wenn sie ihm ein Wiegenlied sang, etwa:

Mein lächelndes Kind,
Genannt nach dem edlen Vorfahren.
Ein großer Jäger oder Krieger
Wirst du eines Tages sein,
Und deinen Papa stolz machen auf dich.
Ich aber werde mich deiner immer erinnern,
wie du jetzt bist.

Wie sehr Binta aber auch ihren Mann und ihren Sohn liebte, sie war doch ein wenig besorgt, denn der Brauch gestattete es den islamischen Männern, eine zweite Frau zu wählen und zu heiraten, während die erste das Kind stillte. Omoro hatte noch keine zweite Frau genommen, und Binta wollte ihn dazu auch gar nicht erst ermuntern. Deshalb sorgte sie dafür, daß Kunta möglichst bald das Gehen lernte, denn dann durfte sie aufhören, ihn zu stillen. Als Kunta mit dreizehn Monden die ersten unsicheren Schritte tat, fand er darum bei seiner Mutter Beifall und Unterstützung, und bald schon war er imstande, ohne Hilfe umherzutapsen. Binta war erleichtert, und Omoro war stolz auf seinen Sohn. Als Kunta nach der Brust verlangte, bekam er von seiner Mutter statt dessen einen kräftigen Klaps und eine Schale Kuhmilch vorgesetzt.

KAPITEL 3

Drei Regen waren vorüber, und man lebte in jenen mageren Monden, da die Speicher, in denen Getreide und Trockenfrüchte der letzten Ernte aufbewahrt wurden, fast leer waren. Die Männer gingen auf die Jagd, doch brachten sie nur gelegentlich eine Antilope, eine Gazelle oder schwerfällige Hühnervögel mit, denn in der heißen Trockenzeit versiegten die meisten Wasserlöcher, und die jagbaren Tiere zogen sich tief in den Urwald zurück. Und das ausgerechnet, wenn die Bewohner von Juffure alle Kraft brauchten, um die Aussaat zu bewältigen. Schon streckten die Frauen Reis und Grütze mit den nach nichts schmeckenden Bambussamen und den übelschmeckenden Blättern des Affenbrotbaumes. Die Hungerzeit hatte diesmal so früh begonnen, daß man fünf Ziegen und zwei Rinder – mehr als im letzten Jahr – opferte, um dem Gebet Nachdruck zu geben, Allah möge das Dorf vor dem Hungertod bewahren.

Endlich bezog sich der weiße Himmel, aus der leichten Brise wurde heftiger Wind, und so überraschend wie immer setzte der Regen ein, warm und sanft. Die Männer zogen mit der Hacke lange, tiefe Furchen, welche die Saat aufnehmen sollten. Dies mußte vor dem Einsetzen der heftigen Regenfälle getan werden.

An den folgenden Morgen fuhren die Frauen nicht zu ihren Reisfeldern, sondern zogen das Fruchtbarkeitskostüm an, bestehend aus großen frischen Blättern, deren Grün das Wachstum symbolisierte, und folgten den Männern aufs Feld. Auf den Köpfen trugen sie Schalen mit Erdnuß- und Maissamen, und noch bevor die Männer ihre Frauen zu Gesicht bekamen, hörten sie sie die althergebrachten Gebete singen, mit denen sie darum baten, daß die Keime Wurzeln schlagen und gut wachsen möchten.

Die Frauen gingen hintereinander dreimal um alle Felder herum, dann löste sich die Reihe auf, und jede gesellte sich zu ihrem Mann, der nun die Furchen abschritt und alle Handbreit mit dem großen Zeh ein Loch in den Boden machte. Dahinein ließen die Frauen den Samen fallen, schoben mit dem Zeh Erde darüber und gingen weiter. Die Frauen arbeiteten schwerer als die Männer; nicht nur halfen sie diesen, sie mußten auch ihre Reisfelder bestellen und die Gemüsegärten, die sie in Küchennähe anlegten.

Während Binta mit Zwiebeln, Yams, Kürbissen, Kassava und bitteren Tomaten beschäftigt war, spielte der kleine Kunta sorglos unter den wachsamen Augen mehrerer Großmütter, die alle Kinder aus Juffure beaufsichtigten, die in den ersten *kafo* gehörten, das heißt alle, die jünger waren als fünf Regen. Jungen wie Mädchen tollten splitternackt wie junge Tiere umher; manche konnten noch kaum sprechen. Alle wuchsen rasch, sie jagten einander lachend und quietschend um den großen Stamm des mächtigen Affenbrotbaumes in der Dorfmitte, spielten Verstecken, balgten sich mit Hunden und Hühnern, daß die Federn flogen.

Alle Kinder, auch Kunta, wurden aber gleich mucksmäuschenstill, wenn eine der alten Frauen ihnen eine Geschichte zu erzählen versprach. Kunta verstand zwar noch längst nicht alle Wörter, doch hörte er mit großen Augen zu, wenn eine der alten Frauen ihre Geschichte mit Gesten und Geräuschen untermalte, die den Anschein erweckten, als spiele sich hier und jetzt ab, was sie da erzählte.

Kunta war noch klein, doch kannte er bereits einige solcher Geschichten, die ihm Großmutter Yaisa erzählt hatte, wenn er sie besuchte und die beiden allein waren. Allerdings zog er ebenso wie seine Altersgenossen die sonderbare alte Nyo Boto als Geschichtenerzählerin allen anderen vor. Diese geheimnisvolle Greisin, haarlos, mit tiefen Runzeln im Gesicht, das schwarz war wie ein Kochtopf, einen Halm Zitronengras im Mund wie den Fühler eines Insekts, die wenigen Zahnstummel rot von zahllosen Kolanüssen, an denen sie im Laufe ihres Lebens gekaut hatte, ließ sich dazu ächzend auf einem Schemel nieder, und wenn sie sich auch schroff gab, so wußten doch die Kinder, daß Nyo Boto sie alle liebte wie ihre eigenen, und sie behauptete ja auch, sie alle seien ihre leiblichen Kinder.

Umringt von den Kindern, knurrte sie dann: »Nun, dann laßt mich eine Geschichte erzählen . . .«

»Ach bitte, bitte, ja!« riefen die Kinder im Chor, zappelnd vor freudiger Erwartung.

Dann begann Nyo Boto, wie alle Geschichtenerzähler der Mandinka ihre Geschichten begannen: »Zu einer bestimmten Zeit in einem bestimmten Dorf lebte ein bestimmter Mensch.« Diesmal handelte es sich um einen Knaben, der eines Tages am Ufer auf ein Krokodil stieß, das sich in einem Netz verfangen hatte.

»Hilf mir!« rief das Krokodil.

»Damit du mich frißt?« sagte der kleine Junge.

»Nein, komm näher«, sagte das Krokodil.

Der Junge kam wirklich näher, und schon wurde er von dem Krokodil mit der langen Schnauze erfaßt.

»Du vergiltst mir also meine Güte mit Schlechtigkeit?« empörte sich der kleine Junge.

»Selbstverständlich«, sagte das Krokodil aus den Winkeln seines Maules heraus. »So geht es nun mal zu auf der Welt.«

Der Junge mochte das nicht glauben, also erklärte das Krokodil sich bereit, die ersten drei Geschöpfe, die des Weges kämen, um ihre Meinung zu dieser Sache zu befragen. Als erster kam ein alter Esel vorüber. Als der Junge ihn fragte, was er zu der Handlungsweise des Krokodils meine, sagte der Esel: »Ich bin jetzt alt und kann nicht mehr arbeiten, und was tut mein Herr? Er jagt mich weg, damit mich die Leoparden fressen.«

»Siehst du?« sagte das Krokodil. Als nächstes kam ein altes Pferd vorüber, und das war der gleichen Meinung.

»Siehst du?« sagte das Krokodil wieder. Dann kam ein fettes Karnickel, das sagte: »Ja, wenn ich dazu etwas sagen soll, muß ich wissen, wie ihr in diese Lage gekommen seid.«

Das Krokodil klappte das Maul auf, um dem Karnickel zu erzählen, wie alles gekommen war, und der kleine Junge sprang heraus.

»Magst du Krokodilfleisch?« fragte das Karnickel. Der Kleine nickte. »Und deine Eltern auch?« Wieder nickte der Junge. »Dann hast du hier ein Krokodil, fertig für den Kochtopf.«

Der Junge lief weg und kam mit den Männern vom Dorf zurück, die das Krokodil töteten. Mit ihnen kam aber auch ein *wuolo*-Hund, und der jagte und erlegte das Karnickel.

Dazu sagte Nyo Boto: »Das Krokodil hatte also recht. In dieser Welt wird oftmals Gutes mit Bösem vergolten. Und darum habe ich euch diese Geschichte erzählt.«

»Gesegnet seist du, Allah gebe dir Gesundheit und Reichtum«, dankten ihr die Kinder. Die anderen Großmütter traktierten anschließend die Kinder mit frisch gebratenen Käfern und Grashüpfern. Zu einer anderen Jahreszeit wären das nur Leckereien gewesen, jetzt aber, am Vorabend der großen Regen, zu Beginn der Hungerzeit, mußten die gerösteten Insekten ein richtiges Mahl ersetzen, denn die meisten Speicher enthielten nur noch Hände voll Mais und Reis.

KAPITEL 4

Jetzt regnete es beinahe jeden Morgen, kurze, erfrischende Schauer, und zwischendurch rannten Kunta und seine Spielgefährten aufgeregt zwischen den Pfützen umher. »Meiner! Meiner!« schrien sie und meinten die bunten Regenbögen, die, wie es schien, ganz nahe aufgespannt waren. Die Schauer brachten aber auch ganze Schwärme fliegender Insekten, deren Bisse und Stiche die Kinder in die Hütten zurückscheuchten.

Dann, ganz plötzlich, begann eines Nachts der große Regen, und nun kauerten die Menschen frierend in ihren Hütten und lauschten dem Wasser, das auf die Flechtdächer prasselte, sahen den zuckenden Blitzen zu, fürchteten sich vor dem Donner, der die Dunkelheit erfüllte. Über dem Regen war nur das Bellen der Schakale zu vernehmen, das Heulen der Hyänen und das Quaken der Frösche.

Es regnete nun Nacht auf Nacht und immer nur nachts. Die Niederungen am Fluß standen unter Wasser, die Felder wurden zum Sumpf, das Dorf zu einem Schlammloch. Doch allmorgendlich schleppten sich alle Männer von Juffure durch den Matsch zum Gebetsplatz und flehten Allah um noch mehr Regen an, denn das Leben hing daran, daß die Erde sich mit genügend Wasser vollsog, bevor die Sonne wiederkehrte, die alle Pflanzen verdorren ließ, deren Wurzeln nicht genug Wasser fanden.

In der feuchten Kinderhütte, die nur schwach erleuchtet und geheizt wurde von trockenen Zweigen und Kuhfladen, die in dem Feuerloch auf dem Lehmboden schwelten, erzählte die alte Nyo Boto den Kindern von der schrecklichen Zeit, als die großen Regen ausgeblieben waren. Die Zeiten mochten so schlecht sein, wie sie wollten, Nyo Boto hatte allemal schon schlimmere erlebt. Sie erzählte, wie schon nach nur zwei Regentagen die Sonne wiedergekommen war und wie alles, was im Boden stak, vertrocknete, obwohl die Dorfbewohner inbrünstig zu Allah beteten, die alten Regentänze tanzten und täglich ein Rind und zwei Geißen opferten. Sogar die Wasserlöcher im Wald waren vertrocknet, und die Tiere kamen, ganz toll vor Durst, an den Dorfbrunnen. Tausende von Sternen schienen in den kristallklaren Nächten, es blies ein kalter Wind, mehr und mehr Menschen wurden krank. Ohne Zweifel gingen in Juffure böse Geister um.

Wer sich noch auf den Beinen halten konnte, tanzte um Regen und betete, und schließlich wurde das letzte Rind geopfert, die letzte Ziege. Es war, als hätte Allah dem Dorf Juffure den Rücken gekehrt. Die Alten und Schwachen und Kranken starben weg. Andere suchten ihr Heil anderswo, sie verließen das Dorf, sie baten, als Sklaven bei Leuten dienen zu dürfen, die zu essen hatten, und wer daheim blieb, verlor den Mut und legte sich. Damals, so sagte Nyo Boto, habe Allah den Schritt des *marabout* Kairaba Kunta Kinte in das hungernde Dorf Juffure gelenkt. Als dieser die Not der Bewohner gesehen habe, sei er niedergekniet und habe zu Allah gebetet, und das fünf Tage lang, fast ohne zu essen und zu trinken. Am Abend des fünften Tages dann sei der große Regen gekommen wie eine Flut und habe Juffure gerettet.

Als die Geschichte zu Ende war, sahen die Kinder Kunta, der den Namen des hervorragenden Großvaters trug, des Mannes von Großmutter Yaisa, mit besonderer Hochachtung an. Kunta war schon früher aufgefallen, daß die Erwachsenen Großmutter Yaisa mit viel Respekt behandelten, und er ahnte, daß sie etwas Besonderes sei, ebenso wie die alte Nyo Boto.

Der große Regen fiel Nacht für Nacht, und schließlich wateten die Menschen knietief im Schlamm, ja, manche bewegten sich sogar in Kanus zwischen den Hütten. Kunta hörte die Mutter sagen, die Reisfelder stünden völlig unter Wasser. Die Männer opferten trotz Hunger und Kälte täglich kostbare Ziegen und Rinder, sie flickten durchlässige Dächer, stützten baufällige Hütten und beteten darum, daß die abnehmenden Vorräte bis zur Ernte reichen möchten.

Kunta und seine Spielkameraden waren noch so klein, daß sie über dem Spielen im Schlamm den nagenden Hunger vergessen konnten. Inzwischen sehnten sie sich wieder nach dem Anblick der Sonne, und so ahmten sie denn die Erwachsenen nach, reckten die Arme in den schieferfarbenen Himmel und riefen dazu: »Scheine, Sonne, scheine, dann opfere ich dir eine Ziege!«

Immerhin hatte der lebenspendende Regen alles feucht und grün und üppig gemacht. Überall sangen Vögel, das Pflanzenreich war eine einzige Blütenpracht. Der rötlichbraune, klebrige Schlamm bot sich morgens als ein Teppich aus bunten Blüten und grünen Blättern dar, die der nächtliche Regen abgerissen hatte. Diese strotzende Üppigkeit der Natur war aber begleitet von Krankheiten unter den Bewohnern von Juffure, denn noch war nichts von den so überreich gedeihenden Früchten reif zum Essen. Kinder und Erwachsene starrten sehnsüchtig auf die dicken Mangofrüchte und die Affenäpfel, die büschelweise an den Bäumen hingen, doch die Früchte waren grün, hart wie Stein, und wer davon aß, wurde krank und mußte erbrechen.

Wenn sie Kunta sah, schnalzte Großmutter Yaisa mit der Zunge und sagte tadelnd: »Nichts als Haut und Knochen.« Dabei war sie ebenso mager wie er, denn jetzt waren sämtliche Vorratsbehälter im Dorf vollkommen leer. Das wenige Viehzeug, das nicht geopfert worden war, mußte am Leben bleiben – und gefüttert werden! –, sollte es im nächsten Jahr noch Jungvieh und Küken geben. Also aß man Nagetiere, Wurzeln und alle möglichen Blätter; solche Nahrungsmittel wurden auf Streifzügen gesammelt, welche den ganzen Tag dauerten.

Hätten die Männer wie in anderen Jahreszeiten im tiefen Wald gejagt, sie hätten nicht die Kraft gehabt, die Beute heimzuschaffen. Tabus untersagten den Mandinkas, die reichlich vorhandenen Affen zu schlachten und zu essen, auch Eier rührten sie nicht an und nicht die Millionen Ochsenfrösche, denn sie hielten sie für giftig. Und als fromme Moslems wären sie lieber verhungert, als das Fleisch der wildlebenden Schweine anzurühren, die mehr als einmal herdenweise ins Dorf einfielen.

Kraniche horsteten seit Menschengedenken in den höchsten Zweigen des Wollbaumes, und die Alten fütterten die ausgeschlüpften Jungen mit Fischen, die sie im *bolong* spießten. Die alten Weiber und die Kinder suchten nun den anfliegenden Kranichen diese Fische abzujagen, indem sie sie erschreckten oder mit Steinen nach ihnen warfen. Damit erschreckten sie auch die Jungen, die dann wohl einen Fisch fallen ließen, der durch das dichte Blattgewirr von Ast zu Ast und schließlich zu Boden fiel, wo sich die Kinder um ihn balgten; der Sieger konnte daheim ein Festmahl daraus bereiten lassen. Manchmal wurden von den Steinen auch die Vögel getroffen, die dann mitsamt der Beute herunterfielen und sich beim Sturz verletzten. Die gaben dann noch eine Kranichsuppe ab. Das kam aber nur selten vor.

Abends trafen sich die Familien in ihren Hütten, und jeder zeigte vor, was er ergattert hatte – manchmal nur einen Maulwurf oder ein paar Würmer –, und alles wanderte in die Suppe, die scharf gewürzt wurde, um den nicht eben delikaten Geschmack aufzubessern. Solche Speise füllte den Bauch, hatte aber keinen Nährwert. Also begannen die Bewohner von Juffure zu sterben.

KAPITEL 5

Man hörte nun immer häufiger das schrille Klagegeschrei der Frauen. Am besten waren die dran, die so alt oder so jung waren, daß sie nicht begriffen, was dies Geschrei bedeutete. Kunta allerdings war nun alt genug, er wußte, es hieß, das soeben ein geliebter Mensch gestorben war. Oft brachte man nachmittags einen Mann vom Feld, der dort noch gejätet hatte, aber eigentlich schon zu krank dazu gewesen war; man trug ihn auf einem Rinderfell, und er rührte sich nicht mehr.

Manche Erwachsenen hatten stark geschwollene Beine, das war auch eine Krankheit. Andere hatten abwechselnd Fieber und Schüttelfrost. Bei den Kindern zeigten sich Geschwüre an Armen und Beinen, die aufbrachen und schmerzten; sie sonderten eine rosa Flüssigkeit ab, die sich bald in klebrigen Eiter verwandelte, der die Fliegen anlockte.

Eines Tages taumelte Kunta beim Laufen, denn ein großes Geschwür am Bein war ihm hinderlich. Er stürzte und wurde heulend und halb ohnmächtig von seinen Spielkameraden aufgehoben. Er blutete heftig aus einem Riß auf der Stirn. Da Binta und Omoro auf dem Feld waren, brachte man ihn eilig zu Großmutter Yaisa, die sich seit einigen Tagen nicht mehr bei den Kindern hatte sehen lassen.

Sie wirkte sehr matt, das Gesicht war noch hagerer, und sie lag schwitzend unter einem Rinderfell auf dem Bambuslager. Als sie Kunta erblickte, sprang sie jedoch auf, wischte das Blut von seiner Stirn, drückte ihn an sich und schickte die anderen Kinder auf die Suche nach *kelelalu*-Ameisen. Als diese gebracht wurden, preßte sie die Wundränder gegeneinander, drückte die widerstrebenden Ameisen auf das Fleisch, und als die Tiere ihre Zangen beiderseits des Spalts in die Haut gegraben hatten, schnitt sie ihnen die Unterleiber ab. Die Köpfe blieben, wo sie waren, und hielten die Wundränder zusammen.

Yaisa schickte die anderen Kinder fort und hieß Kunta, sich neben sie auf das Lager legen. Da lag er nun und horchte auf ihr mühsames Atmen. Nach einer Weile deutete die Großmutter auf einen Stoß Bücher auf einem Regal neben dem Bett; dies, so sagte sie leise und eindringlich, seien die Bücher seines Großvaters, und sie erzählte dem Enkel von ihm.

Kairaba Kunta Kinte sei, so erzählte die Großmutter, in seinem Heimatland Mauretanien nach fünfunddreißig Regen von seinem Lehrer, einem Meister-*marabout*, gesegnet und zum heiligen Mann erklärt worden. In der Familie des Großvaters habe es seit vielen hundert Regen immer einen heiligen Mann gegeben, seit den Tagen im alten Mali. Der Großvater hatte den *marabout* gebeten, ihn als Schüler aufzunehmen, als er im vierten *kafo* war, und während der folgenden fünfzehn Regen war er mit dem *marabout* und dessen aus Frauen, Sklaven, Schülern, Rindern und Ziegen bestehendem Gefolge im Dienste Allahs und seiner Gläubigen von Ort zu Ort gewandert, über staubige Fußpfade und durch Sümpfe, unter der stechenden Sonne und im kalten Regen waren sie von Mauretanien südwärts gezogen.

Nach seiner Einsetzung zum heiligen Mann war Kairaba Kunta Kinte dann monatelang allein durch das alte Mali gewandert, er hatte sich in Keyla, Djeela, Kangaba und Timbuktu demütig vor den großen Heiligen auf die Knie geworfen und sie um ihren Segen gebeten, den sie großmütig erteilten. Sodann lenkte Allah die Schritte des jungen heiligen Mannes südwärts bis nach Gambia, wo er erstmals in dem Ort Pakali N'Ding rastete.

Nach kurzem schon erkannten die Bewohner dieses Ortes, daß dieser junge Mann in der besonderen Gunst Allahs stand, denn seine Gebete erbrachten schnelle Erfolge. Die Kunde wurde von den sprechenden Trommeln rasch verbreitet, und bald schon suchten andere Ortschaften ihn abzuwerben, indem sie ihm durch Boten fette Jungfrauen, Sklaven und Vieh anboten. Tatsächlich übersiedelte er auch bald nach einem Ort namens Jiffarong, dies jedoch, weil Allah ihn dort hinbeordert hatte; die Bewohner von Jiffarong konnten ihm für seine Gebete kaum etwas bezahlen. Und hier hörte er dann, daß in Juffure die Menschen krank wurden und starben, weil der Regen ausgeblieben war. Und so kam denn der Großvater nach Juffure, wo er fünf Tage lang ununterbrochen um Regen betete, bis Allah endlich den großen Regen schickte, der das Dorf rettete.

Der König von Barra, der über diesen Teil Gambias herrschte, hörte vom Erfolg von Kuntas Großvater und sandte ihm eine erlesene Jungfrau namens Sireng zum ersten Weibe. Mit Sireng hatte Kairaba Kunta Kinte zwei Söhne, die er Janneh und Saloum nannte.

Großmutter Yaisa hatte sich unterdessen auf dem Lager aufgesetzt und sagte mit funkelnden Augen: »Und damals sah er zum erstenmal Yaisa, die den *serouba* tanzte. Fünfzehn Regen war ich damals alt!« Sie verzog breit lächelnd den Mund und wies den zahnlosen Kiefer. »Seine nächste Frau konnte er ohne Hilfe des Königs wählen!« Sie schaute Kunta an. »In meinem Bauch hat er deinen Papa Omoro gezeugt.«

Kunta lag daheim an diesem Abend lange wach und dachte über das alles nach. Er hatte oft gehört, daß dieser heilige Mann, sein Großvater, durch Gebete das Dorf gerettet habe und daß er später zu Allah eingegangen sei. Doch erst jetzt begriff Kunta ganz, daß dies der Vater seines eigenen Vaters gewesen war, daß Omoro ihn gekannt hatte, wie Kunta Omoro kannte, daß die Großmutter Yaisa die Mutter von Omoro war wie Binta die Mutter von Kunta. Eines Tages würde auch er eine Frau finden wie Binta, die ihm einen Sohn gebären sollte. Und dieser Sohn wiederum . . .

Kunta drehte sich um und schlief mit diesem Gedanken ein.

KAPITEL 6

In den nun folgenden Tagen ließ Binta sich abends von Kunta reines Wasser aus dem Dorfbrunnen holen und kochte darin, was sie hatte finden können. Einiges von der Suppe trug sie dann zur Hütte von Großmutter Yaisa. Binta bewegte sich schwerfälliger als sonst, wie es Kunta vorkam, und er bemerkte, daß sie einen dicken Bauch hatte.

Die Großmutter sträubte sich zwar dagegen, doch Binta fegte ihre Hütte und machte Ordnung. Die Großmutter hockte unterdessen auf dem Lager und aß zur Suppe Bintas Hungerbrot, das aus einem gelben Pulver gemacht war, das man von den schwarzen Schoten des wilden Johannisbrotbaums abkratzte.

Eines Nachts schüttelte Omoro seinen Sohn Kunta wach. Binta saß auf dem Bett und klagte leise, und auch Nyo Boto und Bintas Freundin Jankay Touray waren anwesend. Omoro brachte seinen Sohn hastig in seine eigene Hütte, wo Kunta bald schon auf dem Lager des Vaters wieder einschlief. Morgens weckte ihn der Vater, diesmal mit der Nachricht: »Du hast einen kleinen Bruder.« Kunta rappelte sich mühsam auf, rieb sich verschlafen die Augen und meinte, es müsse was Besonderes mit diesem Bruder auf sich haben, anders wäre der sonst so strenge Vater nicht so vergnügt gewesen. Nachmittags, als Kunta mit seinen *kafo*-Gefährten auf Nahrungssuche war, rief Nyo Boto ihn zur Mutter herein. Binta wirkte recht matt, wie sie da so auf ihrem Lager saß und das Kind auf ihrem Schoß liebkoste. Kunta betrachtete das runzlige schwarze Etwas ein Weilchen, sah dann die beiden strahlenden Frauen an und bemerkte, daß die Mutter keinen dicken Bauch mehr hatte. Er ging wortlos hinaus, blieb einen Moment unschlüssig stehen und setzte sich dann allein hinter der Hütte des Vaters auf den Boden, um nachzudenken über das, was er gesehen hatte.

Die nächsten sieben Nächte blieb Kunta in der Hütte des Vaters – allerdings nahm niemand besondere Notiz davon, das neue Baby beanspruchte alle Aufmerksamkeit. Kunta argwöhnte bereits, die Mutter wolle ihn nicht mehr – der Vater übrigens auch nicht –, doch änderte sich das, als am achten Tag nach der Geburt des Bruders alle Dorfbewohner und auch Kunta aufgefordert wurden, sich zur Namensgebungszeremonie vor der Hütte von Binta und Omoro einzufinden. Das Kind erhielt den Namen Lamin.

In der folgenden Nacht schlief Kunta wieder friedlich auf seinem alten Platz – neben der Mutter und nun auch neben Lamin, dem Baby. Als Binta nach einigen Tagen wieder zu Kräften kam, ging sie, nachdem sie Omoro und Kunta das Frühmahl bereitet hatte, meist für den ganzen Tag mit dem Kleinen zur Großmutter Yaisa, und Kunta erkannte an der besorgten Miene beider Eltern, daß die alte Frau sehr krank war.

Eines Spätnachmittags, wenige Tage später, Kunta und seine *kafo*-Genossen sammelten die endlich gereiften Mangofrüchte und wilde Cashewnüsse und Affenäpfel, drang aus der Gegend der großmütterlichen Hütte das nun schon vertraute Klagegeheul. Kunta erkannte die Stimme seiner Mutter, die dieses Geheul angestimmt hatte, und wußte gleich, es war die Totenklage, die ihm in den vergangenen Wochen nur allzu vertraut geworden war. Andere Frauen fielen in das Geheul ein, das sich nun durchs ganze Dorf verbreitete. Kunta rannte blind vor Tränen zur Hütte der Großmutter.

Hier traf er zwischen wimmernden Nachbarn den betrübten Omoro und die bitterlich weinende Nyo Boto. Schon wurde die *tobalo*-Trommel geschlagen, und der *jaliba* rief die guten Werke aus, die Yaisa im Laufe eines langen Lebens in Juffure getan hatte. Ganz benommen, sah Kunta verständnislos zu, wie die jungen unverheirateten Frauen mit Fächern aus geflochtenem Gras Staub vom Boden aufwirbelten, wie die Sitte vorschrieb. Niemand schien Kunta zu beachten.

Als Binta und Nyo Boto und zwei weitere klagende Frauen in die Hütte traten, fiel die Menge draußen auf die Knie und senkte den Kopf. Kunta brach ganz plötzlich in Tränen aus, ebenso vor Angst wie vor Kummer. Männer brachten einen frisch gefällten, der Länge nach gespaltenen Baumstamm und setzten ihn vor der Hütte ab. Kunta sah, daß die Frauen den Leichnam der Großmutter auf die flache Seite des Stammes betteten und sie von Kopf bis Fuß mit weißem Baumwolltuch umwanden.

Trotz seiner Tränen nahm Kunta wahr, daß die Trauernden siebenmal im Kreise um Yaisa herumgingen und beteten, während der *alimamo* Allah in eindringlichen Heultönen ersuchte, die Verstorbene in der Ewigkeit ihren Vorfahren zuzugesellen. Um ihr für die weite Reise Kräfte zu geben, stellten junge unverheiratete Männer mit Asche gefüllte Rinderhörner behutsam rings um die Bahre auf.

Als die Trauergemeinde sich verlaufen hatte, blieben Nyo Boto und andere Greisinnen zurück; sie hielten sich in der Nähe, weinten und preßten den Kopf in die Hände. Bald stellten junge Mädchen sich ein, mit den größten Blättern, die sie hatten finden können, welche die Häupter der Greisinnen während der Totenwache vor dem fallenden Regen schützen sollten. So saßen die alten Weiber da, und bis weit in die Nacht erzählten die Dorftrommeln von Großmutter Yaisa.

Im Frühnebel begleiteten einzig die Männer von Juffure den Leichnam zum Begräbnisplatz außerhalb des Dorfes – so wollte es der Brauch. Hier kam sonst niemand her, denn die Mandinkas fürchteten und achteten die Geister der Abgeschiedenen. Hinter den Männern, die Großmutter Yaisas Leichnam auf dem Baumstamm trugen, schritt Omoro, den winzigen Lamin auf dem Arm, an der Hand Kunta, den die Angst sogar am Weinen hinderte. Ihnen folgten die anderen Männer des Dorfes. Der steife, weiß umwundene Leichnam wurde in das frisch gegrabene Loch hinabgelassen und mit einer dicken Matte aus Rohrgeflecht bedeckt. Darauf legte man dornige Zweige, um grabende Hyänen abzuschrecken, darüber kamen Steine, dann ein Hügel aus feuchter Erde.

Kunta konnte danach viele Tage kaum essen, und er schlief schlecht. Er mochte sich auch seinen Altersgenossen nicht anschließen. Er war so bekümmert, daß der Vater ihn eines Abends mit in seine Hütte nahm und so sanft und leise zu ihm sprach wie nie zuvor. Was er ihm erzählte, sollte den Kummer des Sohnes mildern.

In jedem Dorf, so sagte der Vater, lebten drei Gruppen von Menschen. Die erste sei die, die man sehe – die umhergehe, esse, schlafe und arbeite. Die zweite Gruppe sei die der Vorfahren, zu denen nun die Großmutter Yaisa sich gesellt habe.

»Und wer ist die dritte Gruppe?« wollte Kunta wissen.

»Die dritte Gruppe, das sind die, die darauf warten, auf die Welt zu kommen«, erklärte Omoro.

KAPITEL 7

Der Regen hatte aufgehört, und die Luft zwischen dem grellblauen Himmel und der dampfenden Erde war schwer vom betäubenden Duft der Blüten und Früchte. Schon am frühen Morgen hörte man überall die Frauen Hirse, Mais und Erdnüsse in den Mörsern zerstampfen, nicht die neue Ernte, sondern die früh gekeimte Saat, die bei der vorigen Ernte im Boden geblieben war. Die Männer gingen auf die Jagd, sie erlegten feiste Antilopen, deren Fell gegerbt wurde. Die Frauen sammelten eifrig die reifen roten Mangkanobeeren, sie breiteten Tücher unter den Sträuchern aus und schüttelten sie. Die Beeren wurden in der Sonne getrocknet, dann las man die Körner aus dem köstlich schmeckenden *futo*-Mehl. Nichts wurde verschwendet. Die Samenkörner wurden gewässert und mit gestoßener Hirse zu einem süßlichen Brei verkocht, den Kunta und alle anderen als willkommene Abwechslung von der üblichen Maisgrütze begrüßten.

Mit jedem Tag wurde der Speisezettel reichhaltiger, und man hörte und sah förmlich, wie das Leben nach Juffure zurückkehrte. Die Männer gingen wieder viel forscher, sie musterten stolz die Feldfrüchte, die bald schon zur Ernte anstanden. Weil das Hochwasser schnell abnahm, konnten die Frauen wieder zu den Reisfeldern paddeln und die letzten Unkräuter zwischen den hohen grünen Reispflanzen ausreißen.

Im Dorf hörte man nach langer Hungerzeit wieder die Kinder lachen und spielen. Die Bäuche waren gefüllt mit nahrhaftem Essen, die Geschwüre heilten ab, und sie tollten wie die Besessenen umher. Sie fingen Skarabäen und veranstalteten Wettrennen mit ihnen, sie gruben Termiten aus und sahen zu, wie diese flügellosen Insekten total verwirrt durcheinanderwimmelten. Manchmal störten die Jungen auch die kleinen Erdhörnchen auf und jagten sie in den Busch, und nichts machte ihnen größere Freude, als vorbeimarschierende Horden langgeschwänzter Affen mit Steinen zu bewerfen, die allerdings manchen Stein zurückwarfen, bevor sie sich laut schimpfend zu ihren Kumpanen auf den obersten Ästen der Bäume gesellten. Und jeden Tag rangen die Knaben miteinander, knurrend und grunzend, ächzend, sich windend, aufspringend, einander packend und jeder besessen von dem Wunsch, eines Tages zu den Meisterringern von Juffure zu gehören und beim Erntefest gegen Ringer anderer Dörfer antreten zu dürfen.

Vorüberkommende Erwachsene taten stets, als sähen und hörten sie nicht, wie Kunta und Sitafa und der übrige *kafo* wie die Löwen brüllten, trompeteten wie Elefanten, grunzten wie wilde Schweine oder wie die Mädchen kochten, ihre Puppen bemutterten und Mais stampften – künftige Mütter und Ehefrauen. Doch wie sehr sie auch von ihrem Spiel beansprucht waren, die Kinder unterließen niemals, den Erwachsenen den schuldigen Respekt zu erweisen, wie sie von den Eltern gelernt hatten. Sie schauten ihnen höflich in die Augen und fragten: *»Kerabe?«* (Hast du Frieden?), worauf die Erwachsenen antworteten: *»Kera dorong.«* (Nur Friede.) Streckte ein Erwachsener zum Gruß die Hand hin, ergriffen alle Kinder nacheinander mit beiden Händen diese Hand und standen dann mit den Handflächen vor der Brust an Ort und Stelle, bis der Erwachsene gegangen war.

Kunta wurde daheim so streng erzogen, daß er glaubte, überhaupt nichts tun zu können, was bei seiner Mutter nicht gereiztes Schnippen mit den Fingern auslöste, wenn nicht gar eine kräftige Tracht Prügel. Beim Essen fing er Kopfnüsse ein, wenn er irgendwo anders hinsah als auf seine Mahlzeit, und wenn er von seinen aufreibenden Spielen auch nur eine Spur Dreck mit in die Hütte brachte, griff sie zu dem kratzigen Schwamm aus getrockneten Stengeln und der selbstgemachten Seife, und dann kam es Kunta vor, als wolle sie ihm die Pelle abziehen.

Starrte er seinen Vater an oder seine Mutter oder überhaupt einen Erwachsenen, trug ihm das mit Sicherheit Klapse ein; ebenso wenn er sich etwa unterstand, sich in das Gespräch der Erwachsenen einzumischen.

Das war ein besonders schwerer Verstoß. Daß er je etwas anderes gesagt hätte als die Wahrheit, war schier undenkbar; er hatte keinen Anlaß zu lügen, tat es mithin auch niemals.

Seine Mutter war dieser Meinung zwar offenbar nicht, doch mühte Kunta sich aufrichtig, ein guter Junge zu sein, und praktizierte bald an den anderen Kindern, was er daheim lernte. Kam es zu Meinungsverschiedenheiten, und das kam es oft, und steigerten die sich zu scharfen Wortwechseln und mißbilligendem Fingerschnalzen, dann wandte Kunta sich stets ab und ging schweigend weg, womit er Würde und Selbstbeherrschung zeigte, Eigenschaften, auf welche die Mandinkas besonders stolz waren, wie seine Mutter ihn gelehrt hatte.

Fast jeden Abend bekam Kunta Schläge dafür, daß er seinem kleinen Bruder irgendwas angetan hatte – meist machte er ihm Angst, indem er fürchterlich knurrte, oder er kam auf allen vieren daher wie ein Pavian, rollte die Augen und trommelte mit den »Vorderbeinen« auf den Boden. »Ich hole den *toubob!*« drohte dann Binta, wenn er ihre Geduld auf die Probe stellte, und damit konnte sie Kunta in der Tat Angst machen, denn Großmutter Yaisa hatte ihm oft und oft von den behaarten, rotgesichtigen, sonderbar aussehenden weißen Männern erzählt, die mit großen Booten auf Menschenfang fuhren.

KAPITEL 8

Kunta und seine Kameraden waren am Ende eines langen, mit Herumtollen und Spielen ausgefüllten Tages zwar müde und hungrig, doch kletterten sie miteinander um die Wette auf die höchsten Bäume, um die Sonne rot am Horizont untergehen zu sehen. »Morgen ist sie noch schöner!« riefen sie dabei. Und die Erwachsenen beeilten sich mit dem Abendessen, um bei sinkender Nacht die aufsteigende Mondsichel, dieses Symbol Allahs, mit Händeklatschen, Beifallsrufen und Trommeln zu begrüßen.

Verdeckten aber Wolken den neuen Mond, zerstreuten die Menschen sich ängstlich und verschreckt, und die Männer versammelten sich zum Gebet, denn daß der neue Mond sich nicht zeigen wollte, bedeutete, daß die himmlischen Geister den Menschen von Juffure zürnten. Nach dem Gebet führten die Männer ihre furchtsamen Angehörigen zum Affenbrotbaum, wo schon der *jaliba* hockte und an seinem kleinen Feuer das Ziegenfell der sprechenden Trommel aufs äußerste spannte.

Kunta rieb die vom Qualm gereizten Augen und erinnerte sich, wie die Trommeln, die aus verschiedenen Dörfern sprachen, ihm so manches Mal den Schlaf gestört hatten. Er wachte dann auf und lauschte aufmerksam; der Klang und die Rhythmen ähnelten so sehr der menschlichen Sprache, daß er schließlich das eine oder andere verstand. Es war von Hunger die Rede und Krankheit, von Raubüberfällen und Brandschatzung, von Menschen, die getötet oder verschleppt worden waren.

Von einem Zweig des Affenbrotbaumes hing neben dem *jaliba* ein Ziegenfell mit den Zeichen, die sprechen, arabischen Lettern, vom *arafang* aufgezeichnet. Im flackernden Feuerschein sah Kunta den *jaliba* mit den gekrümmten Trommelstöcken auf jeweils andere Teile des Trommelfells schlagen. Er rief nach dem zunächst lebenden Zauberer, der die bösen Geister aus Juffure vertreiben sollte.

Die Bewohner wagten nicht, zum Mond aufzuschauen, alle gingen eilig heim und legten sich ängstlich schlafen. Während der Nacht wiederholten von Zeit zu Zeit ferne Trommeln die Bitte Juffures um einen Zauberer. Kunta lag zitternd unter seiner Felldecke und fürchtete, daß der Neumond auch anderswo hinter Wolken verborgen war.

Am folgenden Tag gingen die Männer im Alter von Omoro auf die Felder und halfen den Jüngeren, die fast reife Ernte vor hungrigen Pavianen und Vögeln zu schützen, die sich stets um diese Zeit einfanden. Die Knaben aus dem zweiten *kafo* wurden zu erhöhter Wachsamkeit beim Hüten der weidenden Ziegen ermahnt, während Mütter und Großmütter sich näher als üblich bei den kleinen Kindern aufhielten. Die größten Kinder des ersten *kafo*, also etwa die im Alter von Kunta und Sitafa, wurden angewiesen, unweit vom hohen Zaun zu spielen, der das Dorf umgab; dort sollten sie Ausschau halten nach Fremden, die sich dem Baum der Reisenden näherten, der nicht weit entfernt stand. Das taten sie auch, doch kam an diesem Tage niemand.

Der Zauberer erschien am Vormittag des nächsten Tages, ein sehr alter Mann, der sich auf einen langen Stab stützte und auf dem Kopf ein Bündel trug. Als die Kinder ihn erblickten, liefen sie schreiend ins Dorf. Die alte Nyo Boto humpelte zu der großen *tobalo*-Trommel und schlug mächtig darauf, woraufhin die Männer von den Feldern herbeieilten und eben noch rechtzeitig anlangten, um zu sehen, wie der Zauberer zum Dorf hereinkam.

Die Einwohner drängten sich um ihn, der geradewegs auf den Affenbrotbaum zuschritt und dort behutsam sein Bündel absetzte. Er hockte sich nieder und leerte einen verschrumpelten Sack aus Ziegenleder auf dem Boden aus; es kamen lauter getrocknete Gegenstände zum Vorschein, eine kleine Schlange, der Kieferknochen einer Hyäne, Affenzähne, die Schwinge eines Pelikans, Füße von Hühnervögeln und fremdartige Wurzeln. Er sah sich schweigend um und bedeutete der ehrfürchtigen Menge, mehr Platz zu machen. Man wich zurück, und sogleich begann er am ganzen Körper zu zittern, ganz offenbar wurde er von Juffures bösen Geistern angefallen.

Der Körper des Zauberers zuckte heftig, sein Gesicht verzerrte sich, die Augen rollten wild, und mit zitternden Händen bemühte er sich aus aller Kraft, den widerstrebenden Stab mit den geheimnisvollen Gegenständen in Berührung zu bringen. Als er das mit äußerster Anstrengung endlich fertiggebracht hatte, stürzte er nach hintenüber und lag da, wie vom Blitz getroffen. Die Zuschauer atmeten hörbar auf. Allmählich belebte er sich wieder. Die bösen Geister waren ausgetrieben. Mit schwachen Knien erhob sich der Zauberer, und die Erwachsenen liefen zu ihren Hütten, von wo sie erschöpft, aber getröstet mit Geschenken zurückkamen. Der Zauberer verstaute diese in sein Bündel, das bereits schwer war von Geschenken, die er anderswo gesammelt hatte, und machte sich zu seinem nächsten Ziel auf den Weg. Allah in seiner Barmherzigkeit hatte Juffure wieder einmal verschont.

KAPITEL 9

Zwölf Monde waren vorübergegangen, und als die großen Regen nachließen, begann in Gambia die Reisezeit. Auf den verzweigten Pfaden zwischen den Dörfern waren soviele Wanderer unterwegs, von denen manche

Juffure besuchten, andere aber nur vorbeigingen, daß Kunta und seine Spielkameraden sich fast täglich als Wächter bewähren konnten. Hatten sie das Dorf vom Erscheinen eines Fremden in Kenntnis gesetzt, liefen sie ihm entgegen, wenn er sich dem Baum der Reisenden näherte. Sie gingen neben ihm her, stellten ihm neugierige Fragen und hielten Ausschau nach Zeichen, aus denen sein Auftrag oder sein Beruf sich entnehmen ließ. Glaubten sie ein solches Zeichen gefunden zu haben, rannten sie vor ihm ins Dorf, um den Erwachsenen zu berichten, die an diesem Tag den Dienst in der Gasthütte versahen. Der Tradition gemäß war es in jedem Dorf täglich die Pflicht einer anderen Familie, Besuchern kostenlos Nahrung und Obdach zu gewähren, solange diese sich im Dorf aufhielten.

Da man ihnen das Amt des Wächters übertragen hatte, benahmen Kunta, Sitafa und ihre Altersgenossen sich von nun an verantwortungsbewußter, als es ihrem Alter zugekommen wäre. Jeden Morgen nach dem Frühmahl versammelten sie sich im Schulhof des *arafang* und hörten kniend zu, wie er den Knaben des zweiten *kafo*, die etwas älter waren als Kunta, nämlich zwischen fünf und neun Regen, das Lesen von Koranversen und das Schreiben mit festen Grashalmen beibrachte, die in den Saft bitterer Orangen getaucht wurden, dem der Ruß vom Boden der Kochtöpfe beigemischt wurde.

Wenn die Schuljungen das Tagespensum hinter sich hatten und mit fliegenden Zipfeln ihrer aus Baumwolle gefertigten *dundikos* davonliefen, um die Ziegen des Dorfes in den Busch zu treiben, stellten Kunta und seine Freunde sich teilnahmslos, in Wahrheit aber beneideten sie die älteren Knaben ebenso um ihre langen Hemden wie um deren wichtige Aufgabe. Kunta sagte zwar nichts, hatte aber wie die anderen das Gefühl, schon zu alt zu sein, um wie ein Kind behandelt zu werden und nackt herumzulaufen. Die Säuglinge mieden sie, als hätten sie eine ansteckende Krankheit, und die Kleinkinder, die gerade laufen konnten, beachteten sie noch weniger, es sei denn, die Erwachsenen schauten gerade einmal nicht hin, dann konnte man ihnen einen Klaps verabreichen. Kunta, Sitafa und die anderen drängten sich zu den Erwachsenen im Alter ihrer Eltern, in der Hoffnung, bemerkt zu werden und einen Auftrag erteilt zu bekommen; die Großmütter, die sich ihrer angenommen hatten, soweit sie zurückdenken konnten, waren bei ihnen jetzt auch nicht mehr sehr beliebt.

Kurz vor Beginn der Ernte bemerkte Omoro beiläufig eines Abends nach dem Essen, Kunta müsse am nächsten Morgen früh aufstehen und ihm helfen, das Feld zu bewachen. Kunta war so aufgeregt, daß er kaum schlafen konnte. Er schlang seine Grütze hinunter und platzte schier vor Wonne, als Omoro ihm die Hacke gab und sagte, er solle sie aufs Feld tragen. Kunta und seine Gefährten liefen nun unermüdlich brüllend und Stöcke schwingend über die Felder und bedrohten die wilden Schweine und Paviane, die aus dem Wald kamen, um Wurzeln auszugraben oder Erdnüsse. Sie warfen mit Lehmklumpen nach Staren, die immer wieder in den Mais einfielen, denn von den Großmüttern hatten sie gehört, daß hungrige Vögel ebenso schnell die Ernte vernichten können wie andere Tiere. Den ganzen Tag waren sie unermüdlich auf den Beinen, sammelten Maiskörner und Erdnüsse, welche die Väter ausgerissen hatten, um die Reife zu prüfen, holten kühles Wasser für die Erwachsenen, und ihre Flinkheit wurde nur noch von ihrem Stolz übertroffen.

Allah bestimmte, daß die Ernte sechs Tage später beginnen sollte. Nach dem Morgengebet gingen Väter und Söhne auf die Felder – einige Auserwählte durften kleine *tan-tang-* und *souraba-*Trommeln tragen – und warteten lauschend auf dem Feld, bis im Dorf die große *tobalo-*Trommel dröhnte und den Bauern das Zeichen gab, mit der Ernte zu beginnen. Zum Takt der Trommler, die sich zwischen ihnen bewegten, fingen alle an zu singen. Hin und wieder ließ einer der Männer sich hinreißen, zum Schlag der Trommel seine Hacke in die Luft zu werfen, um sie beim nächsten Trommelschlag wieder aufzufangen.

Kuntas *kafo-*Kameraden hielten sich schwitzend bei ihren Vätern und befreiten die Erdnußranken vom Lehm. In der Mitte des Vormittags wurde die erste Pause eingelegt, und mittags begrüßte man mit Jubel die Frauen und Mädchen, die das Essen brachten. Diese kamen im Gänsemarsch daher und sangen ebenfalls Erntelieder. Sie hoben die Töpfe von ihren Köpfen, schöpften deren Inhalt in Kalabassen und boten den Trommlern und Erntearbeitern davon an, die erst aßen und dann ein Schläfchen hielten, bis sie die *tobalo-*Trommel von neuem dröhnen hörten.

Am Ende des ersten Tages lagen überall auf den Feldern abgeerntete Ranken aufgehäuft. Die Männer gingen verschwitzt und schmutzig zum nächsten Bach, wo sie sich wuschen und abkühlten. Anschließend wanderten sie heim und schlugen unentwegt nach den Fliegen, die sich auf den glänzenden Körpern niederlassen wollten. Vom Dorf her roch es schon appetitanregend von den Küchenfeuern. Während der Ernte wurde dreimal täglich gebratenes Fleisch aufgetragen.

Als Kunta sich vollgestopft hatte, bemerkte er, übrigens nicht zum erstenmal, daß seine Mutter mit einer Näharbeit beschäftigt war. Sie selber gab dafür keine Erklärung, und Kunta fragte auch nicht, aber als er am folgenden Morgen die Hacke aufnahm und hinausgehen wollte, sagte sie beiläufig: »Warum ziehst du denn nichts an?«

Kunta fuhr herum, wie vom Blitz getroffen. Richtig, an einem Haken hing ein funkelnagelneuer *dundiko*. Er beherrschte seine Erregung mit Mühe, nahm das Hemd vom Haken, streifte es über und schlenderte zur Tür hinaus, wo er auf seine Altersgenossen traf, die allesamt gleich ihm zum erstenmal im Leben bekleidet waren und sich vor Freude nicht zu lassen wußten, weil sie nun endlich ihre Blöße bedecken konnten. Sie gehörten jetzt offiziell zum zweiten *kafo*, sie wurden Männer.

KAPITEL 10

Als Kunta abends die Hütte seiner Mutter betrat, hatte er sich bereits von ganz Juffure in seinem *dundiko* bewundern lassen. Obwohl er tagsüber unermüdlich gearbeitet hatte, fühlte er sich kein bißchen müde und wußte genau, daß er zur üblichen Schlafenszeit kein Auge würde zutun können. Binta würde ihm jetzt vielleicht erlauben, länger aufzubleiben, schließlich war er erwachsen. Doch bald nachdem Lamin eingeschlafen war, schickte sie ihn wie gewöhnlich zu Bett, nicht ohne ihn zu ermahnen, den *dundiko* aufzuhängen.

Er wandte sich ab, so offenkundig schmollend, wie er es sich getraute, und wurde von seiner Mutter zurückgerufen. Wahrscheinlich wird sie schimpfen, dachte Kunta, vielleicht hat sie es sich aber auch anders überlegt. »Du sollst morgen früh zu deinem Fa kommen«, sagte sie beiläufig. Kunta wußte, daß er nicht fragen dürfe, warum, und sagte daher nur: »Ja,

Mama«, und wünschte ihr Gute Nacht. Nun konnte er schon gar nicht mehr schlafen, denn er zerbrach sich den Kopf darüber, was er wohl wieder verbrochen haben könnte. Es fiel ihm aber beim besten Willen nichts ein, schon gar nichts, was so schlimm gewesen wäre, daß seine Mutter ihn nicht selbst dafür verprügelt hätte; der Vater griff nur ein, wenn es sich um ganz ernste Sachen handelte. Endlich schlief er doch ein.

Beim Morgenmahl war Kunta so gedämpft, daß er sich kaum an seinem *dundiko* freute, doch als der nackte kleine Lamin gegen ihn streifte, hob er schon die Hand, um ihn wegzuschubsen, wurde aber von einem tadelnden Blick der Mutter daran gehindert. Nach dem Essen drückte er sich noch ein Weilchen in der Hütte herum, in der Hoffnung, die Mutter möge wenigstens eine Andeutung machen, als das aber ausblieb, ging er widerstrebend hinaus und trollte sich langsam zur Hütte seines Vaters, vor der er stehenblieb, die Hände auf den Rücken verschränkt.

Omoro trat heraus und überreichte seinem Sohn wortlos eine neue kleine Schleuder. Kuntas Herz blieb beinahe stehen. Er betrachtete die Schleuder, blickte den Vater an und wußte nicht, was er sagen sollte. »Du gehörst jetzt zum zweiten *kafo.* Benutze die Schleuder nur, wo es angebracht ist, und verfehle nicht dein Ziel.«

Kunta brachte nichts weiter heraus als: »Ja, Fa.«

»Da du nun zum zweiten *kafo* gehörst«, fuhr Omoro fort, »wirst du die Ziegen hüten und zur Schule gehen. Die Ziegen hütest du heute mit Toumani Touray. Er und die anderen älteren Jungen werden dir zeigen, wie es gemacht wird. Folge ihnen. Morgen früh gehst du zum Schulhof.« Omoro ging wieder in seine Hütte, und Kunta rannte zum Ziegenstall, wo er seinen Freund Sitafa antraf und die übrigen seines *kafo*, alle in ihren neuen *dundikos*, ausgerüstet mit neuen Schleudern, die Onkel oder ältere Brüder gemacht hatten, wenn die Knaben keinen Vater mehr hatten.

Die älteren Jungen öffneten die Ställe, und die Ziegen brachen mekkernd aus, begierig auf die Weide. Kunta versuchte, in die Nähe von Toumani zu kommen, den erstgeborenen Sohn eines Paares, das eng mit seinen Eltern befreundet war. Toumani und seine Freunde scheuchten die Ziegen aber gegen die kleineren Jungen, die denen so gut als möglich auszuweichen versuchten. Bald schon aber trieben die lachenden älteren Knaben und ihre Hunde die Ziegen den staubigen Pfad hinunter, und

Kuntas *kafo* rannte unsicher hinterdrein, die Schleudern krampfhaft festhaltend und Dreck von ihren *dundikos* klopfend.
Ziegen waren für Kunta nichts Neues, nur war ihm bisher nie klargeworden, wie schnell sie laufen konnten. Er war nur einige Male mit seinem Vater vom Dorf fortgegangen, noch nie aber so weit, wie die Ziegen ihn jetzt führten, zu ihrem Weideplatz, der an einer Seite vom Busch begrenzt war und auf der anderen von den Feldern. Die älteren Knaben sonderten die ihnen übergebenen Tiere aus und trieben sie auf die ihnen zugedachten Weideplätze. Die Hunde gingen zwischen den Ziegen umher oder legten sich in deren Nähe nieder.

Toumani ließ sich endlich herab, Kunta zur Kenntnis zu nehmen, der hinter ihm dreinzottelte, behandelte ihn aber wie einen lästigen Käfer. »Weißt du, was eine Ziege wert ist?« fragte er und antwortete gleich selber, bevor Kunta gestehen konnte, daß er es nicht genau wisse: »Wenn du eine verlierst, wird dein Vater dir es schon zeigen!« Und dann begann Toumani seinen Lehrling über das Ziegenhüten aufzuklären. Der erste Punkt war, daß gräßliche Dinge passieren würden, falls ein Junge aus Faulheit zuließ, daß eine Ziege sich von der Herde entfernte. Auf den Wald zeigend, sagte Toumani, dort drinnen und auch im hohen Gras wohnten Löwen und Panther, die sich auf dem Bauch anschlichen und mit einem einzigen Prankenschlag eine Ziege zerfetzen könnten, »und wenn ihnen ein Junge nahe kommt, gehen sie auch auf den los, der schmeckt nämlich besser als Ziegen!«

Kunta riß die Augen auf, und Toumani fuhr befriedigt fort: Schlimmer noch als Löwen und Panther seien *toubobs* und ihre schwarzen Gehilfen, die im hohen Gras auf Menschen lauerten und sie an einen entfernten Ort schleppten, wo sie verspeist würden. In den fünf Regen seines Hirtendaseins seien neun Knaben aus Juffure geraubt worden, und noch viele mehr aus den Nachbardörfern. Kunta hatte keinen der geraubten Jungen gekannt, doch die Erzählungen davon hatten ihn so geängstigt, daß er sich tagelang kaum von der Hütte seiner Mutter weggetraut hatte.

»Man ist nicht einmal innerhalb des Dorfes sicher«, fuhr Toumani fort, der offenbar Kuntas Gedanken lesen konnte. Er kenne in Juffure einen Mann, dessen ganze Ziegenherde von Löwen gerissen worden sei; bei dem habe man *toubob*-Geld gefunden, ausgerechnet kurz nach dem Verschwinden zweier Knaben aus dem dritten *kafo*. Der Mann behauptete, das Geld im Wald gefunden zu haben, doch bevor er sich vor dem Ältestenrat verantworten sollte, war er verschwunden. »Du bist noch zu jung, um dich daran zu erinnern, doch solche Dinge passieren leider. Achte also darauf, daß du niemals aus dem Blickfeld eines Menschen gerätst, dem du vertrauen kannst, und wenn du hier Ziegen hütest, achte darauf, daß du sie nie im tiefen Busch jagen mußt, sonst kann es nämlich sein, daß deine Eltern dich nicht wiedersehen.«

Kunta war nun schon sehr erschrocken, es kam aber noch mehr. Selbst wenn es Kunta gelänge, den Raubkatzen und den *toubobs* zu entgehen, müsse er darauf gefaßt sein, daß eine Ziege aus der Herde ausbreche, und es sei einem Jungen ganz und gar unmöglich, eine Ziege einzufangen, wenn die erst einmal in die Felder eingebrochen sei. Mache er sich mit seinem Hund auf die Jagd, dann laufe die übrige Herde der Ausreißerin nach, und hungrige Geißen räumten mit Feldfrüchten noch schneller auf als Paviane, Antilopen oder wilde Schweine.

Als Toumani sein Mittagessen mit Kunta teilte, das die Mutter ihnen eingepackt hatte, betrachteten alle Jungen vom zweiten *kafo* die Ziegen mit sehr viel mehr Hochachtung als zuvor. Toumanis *kafo* legte sich nach dem Essen in den Schatten kleiner Bäume, manche probierten auch die neuen Schleudern der Lehrlinge aus. Kunta und seine Freunde achteten inzwischen auf die Ziegen, ermuntert von Zurufen der Älteren, die sich vor Lachen nicht halten konnten, wenn die Kleineren sich auf jede Ziege stürzten, die auch nur den Kopf hob. Kunta vergaß dabei niemals, ängstlich zum Wald zu blicken, ob dort nicht etwas lauere, ihn zu fressen.

Als am späten Nachmittag die Ziegen satt waren, rief Toumani ihn zu sich und fragte streng: »Erwartest du etwa, daß ich für dich Holz sammle?« Da erst fiel Kunta ein, daß die Ziegenhirten abends jeder mit einer Ladung Holz für die Nachtfeuer ins Dorf zurückkehrten. Da sie zugleich auf die Ziegen und den Wald zu achten hatten, brachten Kunta und seine Freunde es kaum fertig, leichtes, trockenes Holz zu finden, das gut brennen würde. Endlich machte Kunta ein Bündel, das er gerade noch tragen zu können glaubte, Toumani warf aber verächtlich schnaufend noch einige Zweige dazu. Kunta schnürte grüne Lianen um das Holz, ohne recht zu wissen, wie er es auf dem Kopf befördern sollte, noch dazu so weit.

Unter den Blicken der älteren Jungen gelang es ihm und seinen Freunden einigermaßen, sich die Lasten aufzubürden, und sie folgten, so gut sie konnten, den Hunden und Ziegen, die den Heimweg besser kannten als ihre neuen Hirten. Zum schadenfrohen Gelächter der Älteren mühten Kunta und die anderen sich immer wieder zu verhindern, daß ihnen die Last vom Kopf fiel, und nie zuvor hatte Kunta den Anblick des Dorfes so begrüßt. Er war jetzt völlig erschöpft, doch kaum waren sie ins Dorf gelangt, als die älteren Jungen aus Leibeskräften Warnungen und Anweisungen brüllten, umhersprangen wie die Verrückten und den zusehenden Erwachsenen in jeder Weise zu erkennen gaben, wie entsetzlich schwer es ihnen wurde, diese ungeschickten jungen Bengel zu brauchbaren Hirten heranzubilden. Kunta brachte seine Holzladung mit viel Glück zum Hof von Brima Cesay, dem *arafang*, der am folgenden Morgen die Schulausbildung Kuntas und seiner Altersgenossen in die Hand nehmen sollte.

Gleich nach dem Frühmahl fanden sich die neuen Junghirten auf dem Schulhof ein, mit einer hölzernen Schreibtafel, einem Federkiel und einem Stück Bambusrohr ausgerüstet, das Ruß enthielt, der mit Wasser zu Tinte vermischt werden konnte. Der *arafang* befahl ihnen, sich hinzusetzen, und schlug auch gleich mit seinem Stöckchen auf sie ein, weil sie sein erstes Kommando nicht so schnell befolgt hatten, wie er es wünschte. Er stellte ihnen finster in Aussicht, daß jeder, der unaufgefordert Lärm mache, das Stöckchen zu spüren bekommen und nach Hause geschickt würde. Das gleiche passiere jedem, der sich verspäte. Die Schule beginne nach dem Frühmahl und dann noch einmal nach der Rückkehr mit den Ziegen.

»Ihr seid keine Kinder mehr, ihr habt jetzt Pflichten, und die müßt ihr erfüllen.« Dies vorausgeschickt, kündigte er an, er werde der Klasse mehrere Verse aus dem Koran vorlesen, diese müßten sie auswendig lernen und aufsagen. Damit wurden sie entlassen, denn nun stellten sich die älteren Schüler ein, die ausgedienten Ziegenhirten. Die waren noch nervöser als Kuntas *kafo*, denn sie sollten ihre Abschlußprüfung machen, den Koran aufsagen und arabisch schreiben, und von dem Ergebnis hing es ab, ob sie in den dritten *kafo* aufgenommen würden oder nicht.

An diesem Tag waren Kunta und seine Altersgenossen erstmals ganz auf sich gestellt, und es gelang ihnen, die Ziegen auf die Weide zu treiben, wie es vorgeschrieben war, allerdings bekamen die Tiere wohl weniger zu fressen als sonst, denn Kunta und seine Genossen scheuchten sie immer wieder zurück, wenn sie sich neuen Weideplätzen näherten. Kunta kam sich allerdings noch gehetzter vor als seine Ziegen; wenn er versuchte, die Bedeutung der Veränderungen zu erfassen, die in seinem Leben vorgingen, kam es ihm vor, als müsse er etwas tun, an einen bestimmten Ort gehen. Da er aber tagsüber von den Ziegen in Anspruch genommen war, nach dem Morgenmahl und nach dem Ziegenhüten vom *arafang* und mit dem Erlernen des Gebrauchs seiner Schleuder in der kurzen Zeit, die ihm dann vor Dunkelwerden noch übrigblieb, kam er einfach nicht mehr dazu, gründlich nachzudenken.

KAPITEL 11

Nach Mais und Erdnüssen war der Reis an der Reihe, und der war ganz und gar Frauensache. Weder halfen die Männer ihren Frauen bei der Reiserntе noch die Knaben in Sitafas und Kuntas Alter ihren Müttern. Beim ersten Tageslicht konnte man Binta und ihre Freundin Jankay Touray auf dem Reisfeld sehen, wie sie tief gebückt mit der Hacke die langen, goldfarbigen Reisstengel lösten, die einige Tage zum Trocknen auf den Laufstegen ausgelegt wurden, bevor man sie im Kanu zum Dorf schaffte. Dort schichteten Mädchen und Frauen alles in den Vorratshäusern der Familien auf. Doch auch nach der Reisernte durften die Frauen nicht verschnaufen, dann mußten sie den Männern beim Baumwollpflücken helfen; die Baumwolle blieb bis zuletzt, denn sie sollte möglichst trocken sein, dann war es leichter, das für Näharbeiten benötigte Garn daraus herzustellen.

Zu dem jährlichen Erntefest, das sieben Tage währte, fertigten die Frauen neue Kleidungsstücke an. Kunta sah sich genötigt, an mehreren Abenden seinen kleinen Bruder zu hüten, weil die Mutter mit dem Spinnen der Baumwolle beschäftigt war. Es paßte ihm nicht, er hütete sich aber zu maulen. Allerdings war er versöhnt, als die Mutter ihn zu Dembo Dibba mitnahm, der Weberin des Dorfes, der er fasziniert zusah, wie sie an ihrem wackeligen Webstuhl kleinere Baumwollstreifen herstellte.

Binta beauftragte ihn anschließend, die starke Lauge herzustellen, der sie zermahlene Indigoblätter zusetzte und die dann alle ihre Kleidungsstücke stark blau färbte. Die Lauge wurde gewonnen, indem man Wasser sehr langsam durch Holzkohle filterte. Alle Frauen in Juffure taten das jetzt, folglich sah man überall zum Trocknen ausgelegte, in starken Farben eingefärbte Stoffe – und keineswegs alle blau, sondern auch rot und grün und gelb.

Während die Frauen mit Nähen und Spinnen beschäftigt waren, widmeten die Männer sich den ihnen übertragenen Aufgaben, die ebenfalls noch vor dem Erntefest erledigt werden sollten, bevor es für jede Art Arbeit zu heiß wurde. Dazu gehörten Reparaturarbeiten an dem Zaun, der das Dorf einfaßte und an dem sich mit Vorliebe Rinder und Geißen schabten, was dem Zaun nicht gut bekam. Auch die Hütten mußten ausgebessert werden, denn starke Regenfälle richteten unvermeidlich Schäden an. Außerdem brauchten die auf Freiersfüßen gehenden jungen Leute ihre eigenen Hütten, und so fand Kunta Gelegenheit, gemeinsam mit seinen Freunden den Lehm zu stampfen, aus dem die Männer die Wände dieser Hütten formten.

Aus dem Wasserloch schöpfte man bereits trübes Wasser, und das Nachschauen am Brunnenrand ergab, daß der dort lebende Fisch, der die Insekten verspeisen sollte, im unsauberen Wasser eingegangen war. Folglich mußte man einen neuen Brunnen graben. Bei den Grabungsarbeiten kamen eigroße Klumpen von weißgrünem Ton zu Tage, welche von den schwangeren Frauen des Dorfes gierig gegessen wurden, denn dieser Ton, so erklärte Binta ihrem Sohn, bewirke, daß das erwartete Kind starke Knochen bekomme.

Blieben die Knaben sich selber überlassen, tollten sie im Dorf herum und probierten ihre neuen Schleudern aus. Sie zielten auf so gut wie alles, und trafen zum Glück so gut wie nichts, machten dabei aber einen Lärm, der alle Tiere fernhielt. Sogar die Kleinen aus Lamins *kafo* trollten unbeaufsichtigt herum, denn um diese Zeit war niemand in Juffure so beschäftigt wie die Großmütter, die bis spät in die Nächte falsche Haarteile für die unverheirateten Mädchen herstellten; die wollten sie zum Erntefest tragen. Aus den Fasern verrotteter Sisalblätter und aus der eingeweichten Rinde des Affenbrotbaumes wurden Zöpfe, Knoten, ja ganze Perücken geflochten. Die groben Sisalhaarstücke kosteten viel weniger als die aus der weicheren, seidigeren Faser des Brotbaumes, deren Verarbeitung allerdings so viel Zeit erforderte, daß der Preis einer ganzen Perücke aus diesem Material gut und gern drei Ziegen betragen mochte. Die Käuferinnen feilschten aber lange und laut, denn sie wußten, daß die Großmütter mit dem Preis heruntergingen, wenn man ihnen das Vergnügen eines ausgedehnten Handelsgespräches verschaffte.

Die alte Nyo Boto machte nicht nur die schönsten Perücken, sie erfreute ihre Mitschwestern auch dadurch, daß sie sich kühn der Tradition widersetzte, die da sagte, die Frau habe den Männern stets größte Hochachtung zu erweisen. Man konnte sie täglich in der Morgensonne halbnackt vor ihrer Hütte sitzen und emsig an ihren Haarteilen basteln sehen, wobei ihr aber nicht ein einziger Mann entging, der vorüberkam. Dann höhnte sie: »Heda! Seht euch den an! Einen Mann nennt er sich, aber Männer, wie es sie zu meiner Zeit gab, die gibt es nicht mehr.« Die vorübergehenden Männer, die schon wußten, was ihnen hier bevorstand, beeilten sich, so gut es ging. Am Nachmittag dann schlief Nyo Boto ein, bewacht von den Kleinkindern, die ihrer Aufsicht anvertraut waren und die lachten, weil die alte Frau so schnarchte.

Die Mädchen des zweiten *kafo* halfen Müttern und älteren Schwestern beim Sammeln von Heilpflanzen und Gewürzen, die an der Sonne getrocknet wurden. Wurden Körner gestampft, bliesen die kleinen Mädchen die abfallenden Hülsen und Schalen fort. Auch halfen sie bei der Wäsche. Die Kleidungsstücke wurden mit einer groben, aus Lauge und Palmöl hergestellten Seife behandelt und dann gegen runde Steine geschlagen.

Als die Männer im wesentlichen mit ihren Aufgaben fertig waren, hörte man hier und da im Dorf Musikinstrumente. Es waren bis zum Neumond nur noch wenige Tage, dann würde in ganz Gambia das Erntefest beginnen. Die Dorfmusikanten übten sich jetzt auf den *koras* mit den vierundzwanzig Saiten, auf den Trommeln und *balafons*, sehr wohlklingenden Instrumenten, bestehend aus Kürbisschalen, die unter Holzklötzen unterschiedlicher Länge befestigt waren, die mit Schlegeln bearbeitet wurden. Zuhörer sammelten sich um sie und klatschten Beifall. Wenn Kunta und seine Freunde die Geißen heimgetrieben hatten, zogen auch sie musizierend durchs Dorf, bliesen Bambusflöten, klingelten mit Schellen und rasselten mit ausgehöhlten Kürbissen.

Die Männer ruhten sich jetzt aus, sie hockten und lagen im Schatten des Affenbrotbaumes und schwatzten. Diejenigen im Alter von Omoro hielten achtungsvoll Abstand zu den Mitgliedern des Ältestenrates, die wie üblich wichtige Angelegenheiten des Dorfes besprachen und entschieden. Hin und wieder erhoben sich einige der Jüngeren, reckten und streckten sich und machten einen kleinen Bummel durchs Dorf, die Finger lose ineinander gehakt, wie es seit undenklichen Zeiten die *yayo*-Manier der Afrikaner ist.

Manche Männer verbrachten auch viele Stunden mit geduldiger Schnitzarbeit, und Kunta und seine Freunde standen oft staunend vor den geheimnisvollen und furchterregenden Masken, welche die Schnitzkünstler für die Festtänzer machten; darüber vergaßen sie sogar, mit ihren Schleudern zu spielen. Man sah auch Nachbildungen von Menschen und Tieren, Arme und Beine sehr eng am Körper, die Füße flach, die Köpfe erhoben.

Binta und die anderen Frauen verschnauften, so gut sie konnten, täglich am Brunnen; man nahm hier einen kühlen Trunk und schwatzte ein bißchen. Das bevorstehende Fest ließ sie aber kaum zur Ruhe kommen. Die Kleidungsstücke mußten fertiggestellt, die Hütten geputzt, getrocknete Nahrung eingeweicht, Ziegen geschlachtet werden. Wichtiger aber war, daß die Frauen sich selber für das Fest so sehr herausputzten als nur möglich.

Kunta fand, daß die gleichaltrigen Mädchen, die oft und oft mit ihm um die Wette auf die Bäume geklettert waren, ganz plötzlich ein albernes Gehabe an den Tag legten. Nicht einmal richtig gehen konnten sie mehr. Er begriff auch nicht, warum die Männer ihnen jetzt hinterhersahen – ungeschickte Geschöpfe, die beim besten Willen mit Pfeil und Bogen nicht umzugehen verstanden.

Bei manchen waren die Lippen aufgeschwollen, bis der Mund fast faustgroß war; sie hatten in die Innenseite der Lippen Dornen gedrückt und die Wunden mit schwarzem Ruß beschmiert. Alle mehr als zwölf Regen alte weibliche Wesen kochten allabendlich einen Sud aus zerstampften Fudanoblättern, in den sie Füße und Handflächen tauchten, bis sie tintenschwarz wurden. Binta war da keine Ausnahme. Als Kunta sie fragte, was denn das solle, schickte sie ihn weg. Er fragte also seinen Vater. »Eine Frau ist um so schöner, je schwärzer sie ist«, war die Antwort.

»Warum denn bloß?« fragte Kunta.

»Das wirst du eines Tages schon verstehen.«

KAPITEL 12

Als die *tobalo*-Trommel bei Tagesanbruch erdröhnte, sprang Kunta von seinem Lager. Zusammen mit den Erwachsenen liefen er und seine Altersgenossen zum Kapokbaum, unter dem die Dorftrommler bereits am Werk waren, auf ihre Trommeln einschrien wie auf lebendige Wesen und die straffen Ziegenfelle mit wirbelnden Händen bearbeiteten. Die in ihren Kostümen herbeiströmenden Dorfbewohner reagierten mit langsamen, aber immer rascher werdenden Tanzbewegungen, und nicht lange, da tanzten so gut wie sämtliche Einwohner von Juffure. Kunta kannte ähnliche Zeremonien von der Aussaat und der Ernte her, von dem Aufbruch zur Jagd, von Heirat, Geburt und Totenfeier, doch niemals hatte ihn der Tanz so ergriffen wie jetzt. Er verstand nicht recht, warum das so war, konnte aber nicht widerstehen. Jeder Erwachsene schien mit seinem Tanz etwas auszudrücken, das einzig in seinem Bewußtsein vorhanden war. Kunta traute seinen Augen kaum, als er in der wildbewegten Menge von hüpfenden, springenden, zuckenden, kreisenden Masken die alte Nyo Boto laut schreiend die Hände vor das Gesicht halten und vor einem unsichtbaren Schrecken zurückweichen sah. Sie lud sich eine ebenfalls unsichtbare Last auf, stieß und trat um sich und stürzte zu Boden.

Kunta schaute hierhin und dahin, er suchte bekannte Gestalten unter den Tanzenden, und richtig, er entdeckte den *alimamo*, der, eine grauenhafte Maske vor dem Gesicht, sich wieder und wieder um einen Baumstamm zu ringeln versuchte wie eine Schlange. Greisinnen, die älter waren als Nyo Boto, kamen auf dürren Beinen aus ihren Hütten gekrochen, flappten mit den Armen, blinzelten mit tränenden Augen in die Sonne und machten ein paar unsichere Tanzschritte.

Dann erblickte Kunta seinen Vater und sperrte die Augen auf. Omoro riß die Knie bis unters Kinn, er stampfte einen Tanz, warf sich schreiend zurück, bearbeitete den Brustkasten mit den Fäusten wie ein Affe, sprang in die Höhe, zuckte mehrmals in der Luft und kam heftig grunzend wieder zu Boden.

Der dröhnende Herzschlag der Trommeln drang Kunta nicht nur ins Ohr, sondern auch in die Glieder. Fast ohne es zu merken und wie im Traum, fühlte er, wie sein Körper zu zucken begann, wie er die Arme schwenkte, und kurz darauf sprang und brüllte er mit den anderen, die er aber kaum noch zur Kenntnis nahm. Endlich stolperte er, fiel hin und blieb erschöpft liegen.

Nach einer Weile richtete er sich auf und wankte mit schwachen Knien an den Rand des Getümmels. Er empfand ein absonderliches Gefühl, das ihm ganz unbekannt war. Benommen, verängstigt und erregt bemerkte er nicht nur Sitafa, sondern auch andere Knaben seines *kafo*, die dort zwischen den Erwachsenen tanzten, und er stürzte sich wieder in die Menge. Alt und jung tanzten den ganzen Tag hindurch, weder die Tänzer noch die Trommler machten Pause, um zu essen oder zu trinken, höchstens schnappte man mal frische Luft. Und als Kunta an diesem Abend völlig überwältigt einschlief, dröhnten die Trommeln noch immer.

Am folgenden Mittag stand die Ehrung besonders verdienter Mitbewohner auf dem Programm. Man formierte sich zu einem Umzug, an der Spitze der *arafang*, der *alimamo*, die Ältesten, sodann Jäger, Ringer und eben jene, welche vom Ältestenrat ihrer Verdienste wegen besonders belobigt worden waren. Diesen folgte dann die Menge, singend und applaudierend, angeführt von den Musikern, die im Zickzack durch das Dorf wanderten. Als man um den Baum der Reisenden schwenkte, rannten Kunta und sein *kafo* vorneweg und formierten sich zu einem eigenen Umzug, der dem der Erwachsenen entgegenzog, vor diesen mit Verbeugungen und höflichen Gebärden paradierte, alles zur Begleitung der Flöten, Schellen und Rasseln. Kunta kam sich sehr wichtig vor und warf nach Kräften die Beine. Als er an den Eltern vorbeikam, erkannte er am Ausdruck ihrer Augen, wie stolz sie auf ihn waren.

Wer Appetit bekam, konnte sich in jeder beliebigen Hütte der dort angebotenen Speisen bedienen und einen Plausch halten. Kunta und sein *kafo* stopften sich voll mit schmackhaftem Stew und Reis. Auch gebratenes Fleisch – Ziegen und Wildbret – war reichlich vorhanden, und die jungen Mädchen sorgten dafür, daß alle erdenklichen Früchte in Körben aus Bambus angeboten wurden.

Wenn sie nicht gerade mit Essen beschäftigt waren, trieben die Knaben sich am Baum der Reisenden herum und begutachteten die aufregenden Fremden, die zu Besuch kamen. Manche blieben über Nacht, die meisten hielten sich aber nur etliche Stunden auf und wanderten weiter, zum Fest im nächsten Dorf. Senegalesen bauten ihre Stände auf und boten bunte Stoffballen zum Kauf. Andere hielten Kolanüsse aus Nigerien feil, beste Qualität, versteht sich, deren Preis sich nach Reife und Größe richtete. Händler brachten Salzbrocken in Booten und tauschten sie gegen Indigo, Häute, Wachs und Honig. Nyo Boto verkaufte Zitronengraswurzeln, mit denen man Mund und Atem frisch hält, indem man sie an den Zähnen reibt.

Ungläubige Händler mit Tabak, Bier und Schnupftabak machten in Juffure nicht halt, denn ihre Ware konnten sie nur bei Ungläubigen absetzen; die Mandinkas waren Moslems, sie tranken und rauchten nicht. Wanderlustige junge Männer, darunter übrigens auch welche aus Juffure, die nach der diesjährigen Ernte aufgebrochen waren, hielten sich hier nicht auf, sie wollten zu den größeren Orten. Wenn Kunta und seine Freunde sie auf dem Weg erblickten, der unweit vom Dorf vorüberführte, rannten sie wohl eine Weile neben ihnen her und versuchten ausfindig zu machen, was diese Jünglinge in den kleinen Bambuskörben hatten, die sie auf dem Kopf trugen. Meist waren es Kleidungsstücke, auch kleine Geschenke, Freunden zugedacht, die sie erst noch zu gewinnen hofften auf ihren Wanderungen, die bis zum Beginn der kommenden Aussaat dauern durften.

Man ging zum Klang der Trommeln schlafen und wachte davon auf. Und jeden Tag zogen wandernde Musikanten durch, Meister des *balafon*, der Trommeln, der *kora*. Schmeichelte man ihnen genug mit Beifall und Geschenken, blieben sie wohl auch einige Stunden in Juffure, bevor sie zum nächsten Dorf weiterwanderten.

Dann kamen die Geschichtenerzähler, die *griots*, und denen hörte man ehrfürchtig zu, wenn sie, unter dem Affenbrotbaum sitzend, von alten

Königen und mächtigen Familien berichteten, von Kriegern und Kämpfen, von alten Legenden. Religiöse *griots* machten Prophezeiungen oder ermahnten die Gläubigen, Allah gnädig zu stimmen, und erboten sich auf der Stelle, die – Kunta nun schon bekannten – Zeremonien gegen kleine Geschenke auszuführen. Ein singender *griot* trug mit hoher Stimme endlose Verse vor, die von der vergangenen Pracht der Königreiche Ghana, Songhai und Alt-Mali handelten, und war er damit fertig, beauftragte ihn so mancher Dörfler heimlich, gegen Bezahlung ein Preislied auf seine alten Eltern in ihrer Hütte anzustimmen. Wenn die alten Leute dann vor die Tür traten, blinzelnd im hellen Tageslicht standen und breit und zahnlos lächelten, klatschten die Umstehenden Beifall. Der singende *griot* tat dann kund, daß er gegen mäßige Bezahlung bereit sei, jederzeit zurückzukehren und jedes gewünschte Preislied vorzutragen; die sprechende Trommel würde ihn überall zu finden wissen. Besonders für Begräbnisse, Hochzeiten und andere feierliche Anlässe empfahl er sich seiner Kundschaft aufs beste. Dann wanderte er weiter ins nächste Dorf.

Am Nachmittag des sechsten Festtages ließ sich ganz plötzlich eine fremde Trommel in Juffure vernehmen. Die Trommel sprach kränkende Worte, und Kunta gesellte sich eilig der Menge zu, die sich aufgeregt unter dem Affenbrotbaum versammelt hatte. Die offenbar ganz in der Nähe befindliche Trommel kündete Ringer an, so mächtig, daß alle, die sich in Juffure etwa als Ringer bezeichnen mochten, sich schleunigst verkriechen sollten. Als Minuten später die Trommel von Juffure antwortete, die vermessenen Fremden wünschten hier wohl zu Krüppeln gemacht zu werden, brandete Beifall auf.

Sogleich eilte man zum Kampfplatz der Ringer. Juffures Ringer legten die kurzen *dalas* an, die den zupackenden Händen an den Seiten und am Hinterteil Halt boten, und rieben sich mit einer glitschigen Substanz ein, die aus Holzasche und den zerstoßenen Blättern des Brotfruchtbaumes hergestellt wurde. Und schon hörte man auch Rufe, denen zu entnehmen war, daß die Herausforderer eingetroffen waren. Diese starken Männer gönnten den höhnenden Zuschauern keinen Blick, sondern marschierten hinter ihrem Trommler direkt auf den Kampfplatz. Sie trugen bereits ihre *dalas* und rieben sich nun ebenfalls mit einer öligen Paste ein. Als die Ringer von Juffure hinter ihrem eigenen Trommler aufmarschierten, entstand so große Unruhe, daß die Trommler die Zuschauer ermahnen mußten, Ordnung zu halten.

Dann sprachen die Trommeln: »Macht euch bereit!«, und die Mannschaften nahmen Aufstellung, je zwei Ringer einander gegenüber kauernd und einander mit wilden Blicken messend. »Packt zu! Packt zu!« befahlen die Trommeln, und schon begannen die Ringer einander lauernd zu umkreisen. Die Trommler wanden sich nun zwischen den Kämpfenden hindurch, und die Trommeln verkündeten die Namen berühmter Ringer, die früher einmal für ihr Dorf in Aktion getreten waren und deren Geister nun gewiß diesem Kampf zusahen.

Nach blitzschnellen Täuschungsmanövern bekamen die Ringer einander zu fassen, und unter ihren stampfenden Füßen stieg eine Staubwolke auf, welche den Zuschauern fast die Sicht nahm. Als besiegt galt, wer von seinem Gegner hochgehoben und auf den Rücken geworfen wurde. Jeder Niederwurf wurde von den Zuschauern mit Geschrei quittiert, und der Trommler verkündete den Namen des Siegers. Kunta und seine Freunde führten unterdessen am Rande des Platzes ebenfalls Ringkämpfe auf.

Endlich war das Treffen beendet, und Juffure hatte einen Sieg mehr errungen als die Herausforderer. Die heimische Mannschaft erhielt den Preis, Hörner und Hufe eines frisch geschlachteten Rindes. Das Fleisch wurde in großen Brocken am Spieß gebraten und die tapferen Herausforderer wurden herzlich aufgefordert, am Mahl teilzunehmen. Man beglückwünschte die Fremden zu ihrer prächtigen Kondition, und unverheiratete Mädchen banden den Ringern Glöckchen an Fußgelenke und Oberarme. Während des nun folgenden Gelages richteten Juffures Knaben des dritten *kafo* den Platz mit Besen für eine *serouba* her.

Bei Sonnenuntergang versammelten sich dazu alle in Festkleidung auf dem Platz. Zu gedämpftem Trommelklang sprangen die Ringer beider Mannschaften in den Ring und führten einen stilisierten Schaukampf vor. Ihre Muskeln zuckten bedeutend, die kleinen Glöckchen an ihren Armen und Füßen klingelten, und die Zuschauer bewunderten ihre Kraft und Gewandtheit. Plötzlich dröhnten die Trommeln lauter; die Mädchen tanzten in den Ring und bewegten sich anmutig zum Beifall der Zuschauer zwischen den Schaukämpfern. Nun dröhnten die Trommeln im schnellsten Rhythmus, und die Mädchen wirbelten im Takt dazu herum.

Eine nach der anderen stolperte schwitzend und erschöpft aus der Arena und warf den buntgefärbten Kopfschmuck ab. Alle beobachteten aufmerksam, ob ein heiratsfähiger Mann diesen, *tiko* genannten, Kopfschmuck aufheben und damit seiner Bewunderung für den Tanz des Mädchens Ausdruck geben würde, denn dies hätte bedeutet, daß er sich bald bei ihrem Vater nach dem Preis für die Braut erkundigen würde, der in Ziegen und Kühen zu erbringen war. Kunta und seine Freunde, die für diese Dinge kein Interesse hatten, meinten, der Spaß sei vorbei, und rannten weg, um mit ihren Schleudern zu üben. Der Spaß hatte in Wahrheit aber erst begonnen, denn zum hörbaren Erstaunen des Publikums nahm einer der fremden Ringer einen *tiko* auf. Dies war ein großes, ein freudiges Ereignis; allerdings war das glückliche Mädchen nicht die erste, die man so durch Heirat an ein anderes Dorf verlor.

KAPITEL 13

Am letzten Morgen des Festes erwachte Kunta von markerschütterndem Geschrei. Er zog seinen *dundiko* über und rannte aus der Hütte. Draußen bot sich ihm ein schreckenerregendes Bild. Ganz in der Nähe tanzten brüllende, speerschwingende Gestalten in schrecklichen Masken, hohem Kopfschmuck und Kostümen aus Blättern und Baumrinde. Kunta sah entsetzt, daß sie in die Hütten eindrangen und daraus die zitternden Knaben des dritten *kafo* hervorzerrten.

Kunta und seine ebenso entsetzten *kafo*-Kameraden spähten vorsichtig um die Ecke einer Hütte und sahen die dort zusammengetriebenen Knaben des dritten *kafo*, die sämtlich eine weiße Kapuze über dem Kopf trugen. Einer der Maskierten entdeckte Kunta und Sitafa und ging bedrohlich brüllend auf sie los. Zwar machte er vor ihnen kehrt und wandte sich wieder seinen Kapuzenopfern zu, doch die Kleinen quietschten ängstlich und flüchteten. Als alle Knaben des dritten *kafo* eingesammelt waren, übergab man sie Sklaven, die sie bei der Hand nahmen und einen nach dem anderen zum Dorf hinausführten.

Kunta hatte schon gehört, daß die Jungen weggeführt werden sollten, um den Mannbarkeitsritualen unterworfen zu werden, doch daß dies auf solche Weise geschehen würde, überraschte ihn. Der Abzug der Knaben des dritten *kafo* und der Männer, die ihre Ausbildung überwachen sollten, versetzte das ganze Dorf in Trauer. In den nun folgenden Tagen konnten Kunta und seine Freunde von nichts anderem reden als dem Schrecklichen, was sie gesehen, und dem noch Schrecklicheren, das sie über diese Mannbarkeitsrituale gehört hatten. In der Schule bekamen sie Kopfnüsse, weil sie ihre Koranverse nicht konnten. Wenn sie nach dem Unterricht die Ziegen auf die Weide trieben, versuchte jeder von ihnen nicht an das zu denken, was ihm doch nicht aus dem Sinn wollte: daß er nämlich zu der nächsten Gruppe von Knaben gehörte, die in Kapuzen gehüllt aus der Hütte gezerrt und zum Dorf hinausgetrieben werden würde.

Alle wußten, daß zwölf Monde verstreichen würden, bevor die Jungen des dritten *kafo* nach Juffure zurückkehren durften – dann aber als Männer. Kunta hatte gehört, daß die Knaben bei ihrer Ausbildung täglich geschlagen wurden. Ein Junge namens Karamo meinte, sie müßten sich von selbsterlegter Jagdbeute ernähren, und Sitafa behauptete, sie würden in stockdunkler Nacht in den Wald geführt und müßten ohne Hilfe den Rückweg finden. Was aber alle am meisten bedrückte und woran Kunta immer denken mußte, wenn er Wasser ließ, war, daß dem Mannbarkeitsritual ein Teil seines *foto* geopfert werden würde. Je mehr sie darüber sprachen, desto größer wurde ihre Furcht vor dieser Zeremonie, und sie unterließen es daher bald, diese Dinge zu erwähnen. Jeder suchte sich mit seiner Angst, so gut es ging, abzufinden, keiner wollte zeigen, daß er nicht tapfer war.

Seit den ersten schlimmen Tagen mit den Ziegen auf der Weide hatten Kunta und seine Kameraden erheblich dazugelernt, aber zu lernen gab es immer noch etwas. Am Morgen, wenn die Ziegen, von Stechfliegen gepeinigt, mit zuckender Haut und zuckendem Stummelschwanz hierhin und dorthin auszureißen suchten, war es am schlimmsten. Immer wieder mußten die Jungen und die Hunde sie zusammentreiben. Erst gegen Mittag, wenn es so heiß wurde, daß sogar die Fliegen den Schatten aufsuchten, kamen die Geißen recht zum Fressen, und die Knaben konnten sich miteinander vergnügen.

Jetzt waren sie allesamt Scharfschützen mit der Schleuder und mit Pfeil und Bogen, die sie beim Eintritt in den zweiten *kafo* ebenfalls bekommen hatten. Eine gute Stunde verwandten sie nun darauf, sämtliches Getier abzuschießen, das ihnen vor die Schleuder kam: Hasen, Erdhörnchen, Ratten, Eidechsen. Ein Rebhuhn suchte Kunta eines Tages sogar von seinem Gelege fortzulocken, indem es so tat, als habe es einen beschädigten Flügel. Am frühen Nachmittag häuteten und säuberten die Jungen die Beute des Tages, rieben das Fleisch mit Salz ein, das sie stets bei sich trugen, machten Feuer und brieten sich einen Festschmaus.

Jeder Tag schien heißer als der vorangegangene. Die Fliegen hörten immer früher auf, die Ziegen zu stechen, und verzogen in den Schatten, und die Ziegen knickten mit den Vorderbeinen ein, um an das kurze grüne Gras zu kommen, das zwischen den verdorrten Gräsern sproßte. Kunta und seine Freunde bemerkten die Hitze aber kaum. Schweißüberströmt tollten sie umher, als wäre jeder Tag der aufregendste ihres Lebens. Nach ihrem Festschmaus tobten sie mit vollem Bauch weiter, rangen und liefen, schrien und schnitten Fratzen und hielten abwechselnd ein wachsames Auge auf die Ziegen. Sie spielten Krieger, stachen einander mit Grashalmen ab, die Spieße vorstellten, bis einer zum Zeichen des Friedens ein Grasbüschel hochhielt. Dann kühlten sie ihren kriegerischen Mut, indem sie die Füße mit dem Mageninhalt eines erlegten Kaninchens einrieben. Die Großmütter hatten erzählt, daß richtige Krieger dazu den Mageninhalt eines Lammes verwandten.

Kunta und seine Freunde spielten gelegentlich auch mit den treuen *wuolo*-Hunden, welche von den Mandinkas seit Jahrhunderten gehalten wurden und die zu den besten afrikanischen Jagd- und Hütehunden zählten. Mit ihrem wachsamen Geheul hatten die *wuolos* in dunklen Nächten ungezählte Ziegen und Rinder vor Hyänen bewahrt. Kunta und seine Kameraden hatten aber nicht Hyänen im Sinn, wenn sie Jäger spielten und durch das hohe Gras schlichen, sondern Großwild: Rhinozeros, Elefanten, Leoparden und die mächtigen Löwen.

Es kam vor, daß ein Junge, der seinen Ziegen von Weideplatz zu Weideplatz folgte, sich plötzlich ganz von den Kameraden abgeschnitten fand. Als dies Kunta zum erstenmal zustieß, trieb er, so rasch es gehen wollte, seine Tiere zusammen und zog mit ihnen Richtung Sitafa, doch nach einer Weile fand er Gefallen an so einer vorübergehenden Einsamkeit, dann konnte er sich ausmalen, daß er ganz allein ein Stück Großwild anpirschte. Dabei dachte er nicht an eine gewöhnliche Antilope, einen Löwen oder Leoparden, sondern er malte sich aus, er stieße auf das gefährlichste aller Tiere – den wütenden Büffel.

Er träumte, der von ihm angepirschte Büffel habe bereits im ganzen Land soviel Angst und Schrecken verbreitet, daß die besten Jäger ausgeschickt worden waren, ihn zu erlegen, doch hatten sie bislang weiter nichts zustande gebracht, als ihn zu verletzen, und der Büffel hatte einen nach dem anderen tückisch auf die Hörner genommen. Durch die schmerzenden Wunden noch mehr gereizt, hatte der Büffel sich mehrmals auf Bewohner von Juffure gestürzt, die auf den Feldern arbeiteten, und sie getötet. Als der berühmte *simbon* Kunta Kinte die ferne Trommel vernahm, die ihn anflehte, die Bewohner seines Dorfes vor dem Untier zu retten, befand er sich gerade tief im Wald, damit beschäftigt, ein wildes Bienennest auszuräuchern, um sich am Honig mit neuer Energie zu laben. Doch nun durfte er nicht ablehnen.

Nicht einmal ein trockener Grashalm wurde von seinen Fußsohlen geknickt, als der berühmte Jäger den wütenden Büffel anpirschte, geleitet von jenem sechsten Sinn, der dem begnadeten Jäger verrät, in welcher Richtung das Wild zieht. Bald schon sichtete er die gesuchte Spur, größere Abdrücke, als er je gesehen hatte. Geräuschlos folgte er dem ätzenden Geruch, der ihn zur frischen Büffellosung führte, und nicht lange, da war der *simbon* Kinte dank seines unvergleichlichen Geschicks in Sichtweite des riesigen Tieres, das sich im dichten, hohen Gras verborgen hielt und anderen, weniger scharfen Jägeraugen nicht sichtbar geworden wäre.

Kinte spannte den Bogen weit, zielte sorgsam und ließ den Pfeil von der Sehne ins Ziel schnellen. Der Büffel war nun schwer verwundet, dadurch aber noch gefährlicher als zuvor. Kinte wich mehrmals den wütenden Sprüngen des Tieres aus, dann aber stellte er sich dessen letztem verzweifelten Angriff und wich erst im allerletzten Moment beiseite, nachdem er aus nächster Nähe den tödlichen Pfeil abgeschossen hatte. Tot brach der schwere Büffel nieder.

Kintes durchdringender Pfiff lockte jene Jäger aus ihren Verstecken, die bisher versagt hatten, wo er, Kunta Kinte, sich so glänzend bewährte. Er befahl ihnen, dem Tier Decke und Hörner abzunehmen und von Helfern das Fleisch ins Dorf schaffen zu lassen. Die tief gerührten Dorfbewohner hatten unterdessen im Dorf Häute auf dem Boden wie einen Teppich entrollt, auf dem der berühmte Jäger nun in seine Hütte ging, ohne sich die Füße staubig zu machen. »*Simbon* Kinte!« rief die sprechende Trommel. »*Simbon* Kinte!« riefen die Kinder und wedelten mit Blattfächern. Alle umdrängten den mächtigen Jäger und wollten ihn anfassen, damit etwas von seiner Kraft auf sie überginge. Kleine Jungen tanzten um den toten Büffel und führten mit Geschrei und mit Stecken hantierend vor, wie Kunta ihn erlegt hatte.

Aus der Menge trat ihm nun das kräftigste und anmutigste aller schwärzesten Mädchen entgegen – die Schönste nicht nur von Juffure, sondern von ganz Gambia –, kniete vor ihn hin und bot ihm eine Kalabasse mit kühlem Wasser dar. Kinte war jedoch nicht durstig, er netzte nur seine Finger in der Schale, ihr zuliebe, die nun das Wasser selber trank, Tränen des Glücks in den Augen, womit sie aller Welt zeigte, daß sie liebte.

Die applaudierende Menge wich auseinander, um dem gealterten, runzligen, grauhaarigen Paar Omoro und Binta Platz zu machen, die am Stock angehumpelt kamen. Der *simbon* gestattete der greisen Mutter, ihn zu umarmen, während Omoro zuschaute, Stolz im Blick. Die Bewohner von Juffure riefen unterdessen immer wieder »Kinte! Kinte!«, und selbst die Hunde bellten zustimmend.

Bellte da etwa sein eigener Hund? Rief etwa Sitafa »Kinte! Kinte!«? Kunta riß sich noch rechtzeitig aus seinen Wachträumen, um zu sehen, daß seine Ziegen in ein Feld einbrachen. Sitafa und andere Kameraden halfen das Schlimmste verhüten, Kunta schämte sich aber so sehr, daß ein ganzer Monat verstrich, bevor er sich auf einen neuen Tagtraum einließ.

KAPITEL 14

Es war zwar ungemein heiß, doch die eigentliche, fünf Monate währende Trockenzeit hatte eben erst begonnen. Die Luft zitterte und ließ ferne Objekte größer erscheinen, als sie waren; in den Hütten schwitzten die Menschen, als wären sie auf den Feldern bei der Arbeit. Binta achtete darauf, daß Kunta die Füße mit rotem Palmöl einrieb, bevor er morgens die Ziegen austrieb, doch wenn er nachmittags aus dem Busch zurückkehrte, waren seine Lippen aufgesprungen und die Haut seiner Fußsohlen ebenfalls. So sehr setzte die trockene Hitze ihm zu. Manche Jungen kamen mit blutigen Füßen heim, doch gingen sie morgens, ohne zu klagen, erneut auf die Weide, hinaus in die flimmernde Hitze, die dort im Busch noch schlimmer war als im Dorf.

Erreichte die Sonne den höchsten Stand, lagen Ziegen, Hunde und Jungen bereits keuchend im Schatten von Büschen, die Jungen viel zu erschöpft, um wie früher Jagd auf kleines Getier zu machen und die Beute zu braten. Sie saßen beieinander und versuchten sich zu unterhalten, doch das große Abenteuer des Ziegenhütens hatte bereits viel von seinem Reiz verloren.

Man konnte sich nicht vorstellen, daß es nötig sein könnte, nachts Feuer zu unterhalten, also das Holz für dieses Feuer zu suchen, doch sobald die Sonne unterging, wurde die Luft so kalt, wie sie bis dahin heiß gewesen war. Nach dem Abendessen hockten die Dorfbewohner sich zum Feuer, die Männer getrennt von Frauen und Kindern, und die Ältesten wiederum getrennt von den übrigen Männern. Die Frauen und die unverheirateten Mädchen saßen getrennt von den Großmüttern, die den Kleinen des ersten *kafo* an wieder einem anderen Feuer Märchen erzählten.

Kunta und sein *kafo* waren zu stolz, um neben Lamin und dessen Gefährten vom ersten *kafo* zu sitzen, sie hielten sich also weit genug abseits, um mit diesen nicht verwechselt zu werden, konnten zugleich aber den Erzählungen der Großmütter folgen, die sie nach wie vor ungeheuer aufregend fanden. Kunta und seine Freunde fingen auch Fetzen der Gespräche an anderen Feuern auf, doch handelte es sich da meist ums Wetter. Die Alten erinnerten sich verheerender Dürren, die nicht nur sämtliche Pflanzen getötet, sondern auch das Wasser hatten versiegen lassen, so daß die Menschen getrockneten Kürbisschalen glichen. Die jetzige Trockenzeit sei schlimm, aber sie hätten schon schlimmere erlebt. Kunta kam es vor, als hätten alte Leute immer schon Schlimmeres erlebt, es mochte sein, was es wollte.

Eines Tages dann war es allerdings, als atme man glühende Luft ein, und in der Nacht zitterten alle vor Kälte. Tags darauf kam man wiederum kaum zu Atem und wischte dauernd den Schweiß von der Stirn, und am Nachmittag erhob sich der *harmattan*. Das war kein Sturm, er blies nicht besonders heftig, was eine gewisse Erleichterung gebracht hätte, nein, der *harmattan* wehte sanft und stetig, staubig und trocken fast einen halben Monat lang. Wie immer belastete der *harmattan* in zunehmendem Maße die Nerven der Bewohner von Juffure, Eltern schimpften häufiger als üblich mit den Kindern, prügelten sie grundlos. Die Mandinkas hänselten einander gewohnheitsmäßig, jetzt aber konnte man nicht mehr von Hänseln sprechen, es kam vielmehr fortgesetzt zu schwerem Streit zwischen Erwachsenen, vor allem zwischen jungen Paaren wie Binta und Omoro. Die Nachbarn kamen herbei, um zuzusehen, wie die Schwiegermütter den Streit schlichteten, doch meist wurde das Geschrei davon nur ärger, und man sah dann wohl, wie das gesamte Mobiliar der Hütte samt allem herumstehenden Kleinzeug zur Tür hinausgeworfen wurde, gefolgt endlich von der Hausfrau, die sich wütend am Arm der Mutter in Richtung der elterlichen Hütte entfernte.

Nach etwa zwei Monden legte der *harmattan* sich so plötzlich, wie er begonnen hatte zu blasen, die Luft wurde still, der Himmel wieder klar. Innerhalb einer einzigen Nacht kehrte eine ganze Korona von Ehefrauen zu ihren Männern zurück, die Schwiegermütter tauschten Geschenke aus, überall im Dorf wurde der Streit begraben. Und doch war die Trockenzeit von fünf Monden erst halb vorüber. In den Vorratskammern lag zwar reichlich Nahrung, doch wurde sehr sparsam gekocht, denn nicht einmal die nimmersatten Kinder hatten Appetit. Die Sonne hatte allen die Kraft ausgesogen, man redete nur das Nötigste und tat nicht mehr als unbedingt erforderlich.

Das Fell der mageren Kühe zeigte zahllose Schrunden, wo Stechfliegen ihre Eier abgelegt hatten. Die Hühner, die sonst ständig gackerten, lagen mit aufgesperrtem Schnabel und ausgebreiteten Flügeln seitlings im Staub, und sogar von den Affen hörte und sah man kaum noch was, denn die hatten sich in den Schatten des Waldes geflüchtet. Und die Ziegen fraßen kaum noch, sie waren mager und unruhig, wie Kunta bemerkte.

Aus irgendwelchen Gründen – vielleicht der Hitze wegen, vielleicht auch, weil sie älter geworden waren – sonderten die Kameraden, die doch bis dahin stets zusammengesteckt hatten, sich voneinander ab, und jeder blieb mit seinen Tieren mehr für sich. Das war schon mehrmals geschehen, bevor Kunta bewußt wurde, daß er nie zuvor längere Zeit hintereinander einmal ganz mit sich allein und nicht in Gesellschaft anderer gewesen war. Er hielt nach den anderen Ausschau, die sich einzeln mit ihren Tieren über eine weite Fläche verstreut hatten. Weiter entfernt sah er die Felder, auf denen Männer das Unkraut jäteten, das seit der letzten Ernte nachgewachsen war. Die aufgehäuften Kräuter wirkten in der flirrenden Hitze geradezu berghoch.

Kunta wischte den Schweiß von der Stirn, und ihm kam dabei der Gedanke, daß seine Leute doch, recht betrachtet, eine Plage nach der anderen zu erdulden hätten. Immer hatten sie sich mit Unbequemlichkeiten, wenn nicht Schwierigkeiten herumzuschlagen, mit Beängstigendem oder gar Lebensbedrohendem. Er gedachte der glühendheißen Tage und der scheußlich kalten Nächte, die auf diese folgten, der Regen, die als nächstes zu erwarten waren, die das Dorf in ein Schlammbad verwandelten, bis man schließlich dorthin, wo man sonst zu gehen pflegte, nur noch mit dem Kanu gelangen konnte. Der Regen war ebenso notwendig wie die Sonne, doch immer war es von allem entweder zuviel oder zuwenig. Waren die Ziegen fett und die Bäume voller Früchte und Blüten, bedeutete dies doch zugleich, daß die Vorräte von der letzten Ernte zu Ende gingen und die Hungerzeit begann, in der manche starben, wie etwa seine Großmama Yaisa, an die er sich noch gut erinnerte.

Der Erntemond war eine glückliche Zeit, besonders das Erntefest, aber das ging zu rasch vorüber, und dann stand einem die entsetzlich lange Trockenzeit bevor, mit dem gräßlichen *harmattan*, die Mutter würde ihn anschreien und Lamin klapsen, bis Kunta geradezu Mitleid mit dem lästigen kleinen Bruder bekam. Als er die Ziegen zurücktrieb, fiel ihm ein, daß er in Lamins Alter endlose Geschichten angehört hatte, die immer nur davon handelten, wie auch schon die Vorfahren unter Ängsten und Gefahren gelitten hatten. Kunta vermutete, daß sein Volk immer ein schweres Dasein gehabt habe, seit Anbeginn der Zeiten. Und daran würde sich vielleicht niemals etwas ändern.

Der *alimamo* betete nun allabendlich zu Allah um Regen, und richtig, eines Tages erhob sich eine leichte Brise, die den Staub aufwirbelte und

Erwartungen in den Dorfbewohnern weckte, denn sie kündigte den Regen an. Am folgenden Morgen wanderten alle auf die Felder hinaus, wo nun das aufgehäufte Unkraut in Brand gesetzt wurde. Dichter Qualm legte sich über die Felder, die Hitze war fast nicht zu ertragen, doch die schwitzenden Menschen tanzten und jubelten, die Kinder des ersten *kafo* tollten umher und versuchten die Ascheflöckchen zu erhaschen, die Glück bringen sollten.

Die leichte Brise des folgenden Tages breitete die Asche über die Felder aus und düngte sie so für eine neue Aussaat. Die Männer zogen mit den Hacken wieder Furchen in die Erde für die neue Saat – die siebte, die Kunta in diesem endlosen Kreislauf der Jahreszeiten erlebte.

KAPITEL 15

Zwei Regen waren vorübergegangen, und wieder war Bintas Bauch dick und ihr Zorn noch leichter zu erregen als sonst. Ihr Handgelenk saß so locker, daß Kunta mit Freuden jeden Morgen die Hütte verließ, denn die Ziegen bewahrten ihn auf Stunden vor der Gefahr, Schläge einzufangen, und heimgekehrt, bedauerte er von Herzen seinen Bruder Lamin, der zwar alt genug war, Dummheiten anzustellen, aber nicht alt genug, auf eigene Faust das Weite zu suchen. Als er eines Nachmittags den Kleinen wieder in Tränen aufgelöst antraf, fragte er daher seine Mutter, ob er Lamin mitnehmen dürfe, und zu seinem Erstaunen gab Binta schroff die Erlaubnis. Der Kleine konnte sich angesichts eines solchen überraschenden Gunstbeweises kaum fassen, bekam aber, kaum außer Sichtweite der Mutter, von Kunta gleich eine Ohrfeige, denn der ärgerte sich darüber, daß er sich zu einem solchen rührseligen Akt des Mitleids hatte hinreißen lassen. Lamin heulte laut, folgte dem Bruder aber dann doch wie ein treues Hündchen.

Von da an saß Lamin jeden Nachmittag auf der Türschwelle, wenn Kunta heimkam, voller Hoffnung, der Bruder möchte ihn wieder mitnehmen. Das tat Kunta denn auch fast täglich, doch nicht aus eigenem Antrieb, sondern weil er seiner Mutter anmerkte, wie erleichtert sie war, beide Knaben loszusein, und weil er fürchtete, sich Prügel einzuhandeln, wenn er ihr diese Wohltat wieder entzog. Kunta kam sich vor wie in einem schlechten Traum; sein Bruder war wie ein Blutegel, der sich im *bolong* auf seinem Rücken angesiedelt hatte. Kunta bemerkte allerdings, daß es ihm nicht allein so ging; auch andere seines *kafo* schleppten kleine Brüder mit sich herum. Diese spielten abseits für sich, ließen die großen Brüder aber nie aus dem Auge, die ihrerseits die Kleinen nach Kräften ignorierten. Manchmal liefen die Großen weg und höhnten die Kleinen, die ihnen folgten, so rasch sie nur konnten, um sie einzuholen. Kletterten Kunta und die Kameraden auf Bäume, plumpsten die Kleinen, die ihnen folgen wollten, meist von den unteren Ästen zu Boden und wurden dafür von den Älteren ausgelacht. Mit der Zeit fand man es geradezu lustig, diese Zwerge um sich zu haben.

War Kunta mit Lamin allein, widmete er seinem Bruder mehr Aufmerksamkeit. So etwa zeigte er ihm einen Kapoksamen und erklärte ihm, daß der riesige Kapokbaum aus einem solchen Samen gewachsen sei. Er fing eine Biene ein und zeigte Lamin ihren Stachel, erklärte ihm, wie sie den Nektar aus Blüten saugte und Honig machte in ihren Waben hoch in den Wipfeln der Bäume. Und Lamin seinerseits stellte unendlich viele Fragen, die Kunta nach bestem Vermögen geduldig beantwortete. Es schmeichelte ihm, daß der kleine Bruder ihm so viele Kenntnisse zutraute. Kunta fühlte sich dabei älter als seine acht Regen, und er sah in seinem Bruder nicht mehr nur ein lästiges Geschöpf.

Selbstverständlich war er bemüht, sich das nicht anmerken zu lassen, doch wenn Kunta mit den Ziegen nachmittags heimkam, freute er sich geradezu darauf, von Lamin so sehnlich erwartet zu werden. Einmal war ihm fast so, als habe Binta gelächelt, als er zusammen mit Lamin aus der Hütte ging. Tatsächlich ermahnte Binta den Kleinen häufig: »Nimm dir ein Beispiel an Kunta!«, was nicht ausschloß, daß sie Kunta gleich darauf eine Ohrfeige gab, doch kam dies nicht mehr so oft vor wie früher. Auch drohte sie Lamin, wenn er nicht artig sei, dürfe er nicht mit seinem Bruder hinausgehen, und das reichte hin, ihn gefügig zu machen.

Kunta und Lamin gingen jetzt stets artig und einträchtig Hand in Hand aus der Hütte, doch draußen riß Kunta sich los und eilte zu seinen *kafo*-Kameraden, gefolgt von Lamin, der zu den kleinen Brüdern der anderen lief. Als eines Nachmittags Lamin beim Spiel von einem Jungen des zweiten *kafo* umgestoßen wurde, war Kunta gleich zur Stelle, stieß den Jungen schroff beiseite und rief zornig: »Laß meinen Bruder in Ruhe!« Der Größere wollte widersprechen, es drohte bereits eine Prügelei, doch die anderen verhinderten das. Kunta nahm den weinenden Lamin bei der Hand und führte ihn weg von den verdutzten Spielkameraden. Daß er sich gegenüber dem eigenen *kafo*-Kameraden so sonderbar benommen hatte, erfüllte Kunta mit Staunen und Beschämung – noch dazu wegen eines schniefenden kleinen Bruders! Von diesem Tage an ahmte Lamin aber Kunta in allem nach, so gut es gehen wollte, manchmal sogar vor den Augen der Eltern. Kunta tat zwar, als wäre ihm das zuwider, in Wahrheit aber machte es ihn stolz.

Als Lamin eines Tages von einem Baum fiel, den er zu erklettern versuchte, zeigte Kunta ihm, wie man das macht. Er brachte ihm das Ringen bei (so daß Lamin die Achtung eines Knaben gewinnen konnte, der ihn vor den *kafo*-Kameraden gedemütigt hatte), zeigte ihm, wie man auf zwei Fingern pfeift (Lamin schaffte es aber längst nicht so schrill wie Kunta), und er wies ihm jene Beerenblätter, aus denen seine Mutter am liebsten Tee machte. Er erklärte dem Bruder auch, daß man die glänzenden Mistkäfer, die ewig in der Hütte herumkrabbelten, sehr behutsam hinausbefördern muß, denn es bringt Unglück, sie zu beschädigen. Den Sporn eines Hahns zu berühren bringt noch größeres Unglück. Allerdings brachte er es nicht fertig, Lamin zu lehren, wie man nach dem Stand der Sonne die Zeit bestimmt. »Dazu bist du noch zu klein, das kommt später.« Manchmal, wenn es ihm so vorkam, als stelle Lamin sich besonders dumm an, schimpfte Kunta mit seinem Bruder, doch das geschah selten. Ebenso selten knuffte er ihn – nur, wenn er einmal besonders lästig war. Das machte ihm aber gleich so schwere Gewissensbisse, daß er zum Trost dem Kleinen erlaubte, seinen *dundiko* zu tragen, bis er sich getröstet hatte.

Als Kunta auf diese Weise seinem Bruder näherkam, empfand er weniger stark, was ihn bisher häufig bedrückt hatte – die Kluft, die ihn mit seinen acht Regen von den älteren Knaben und den Männern des Dorfes trennte. So lange er zurückdenken konnte, war kaum ein Tag vergangen, an dem ihn nicht irgendwas darauf hingewiesen hatte, daß er noch dem zweiten *kafo* angehörte, daß er einer der Jungen war, die noch in der

Hütte der Mutter schliefen. Die älteren Jungen, die jetzt außerhalb des Dorfes zu Männern herangebildet wurden, hatten für die Jungen des zweiten *kafo* nichts als Hohn und Spott gehabt, und die erwachsenen Männer, Kuntas Vater Omoro nicht ausgenommen, taten so, als wären die Jungen des zweiten *kafo* gerade noch zu ertragen. Was nun die Mütter anging . . . Kunta jedenfalls stellte sich, wenn er auf der Weide war, öfters vor, wie er die Mutter auf den Platz verweisen wollte, der ihr als Frau zukam, sobald er ein Mann geworden wäre – allerdings wollte er großmütig sein und ihr viel verzeihen, denn sie war schließlich seine Mutter.

Kunta und seine Altersgenossen ärgerten sich jedoch am meisten über die Mädchen des zweiten *kafo*, die schließlich mit ihnen herangewachsen waren und die trotzdem bei jeder Gelegenheit zu erkennen gaben, daß sie sich bereits auf ihre Rolle als Ehefrauen vorbereiteten. Daß Mädchen mit vierzehn Regen oder früher heiraten durften, während Männer das erst mit dreißig oder mehr Regen taten, verdroß Kunta. Alles in allem fanden Kunta und seine Altersgenossen es als peinlich und bedrückend, dem zweiten *kafo* anzugehören, von den Nachmittagen abgesehen, die sie unter sich beim Ziegenhüten verbrachten, und im Falle von Kunta, daß er zu seinem Bruder Lamin eine innigere Beziehung herstellte.

Ging er mit ihm irgendwohin, stellte Kunta sich vor, er nähme Lamin mit auf eine Reise wie sie manchmal Väter mit ihren Söhnen unternahmen. Kunta fühlte sich dann irgendwie gehalten, als verantwortungsbewußter Älterer zu handeln, zu dem Lamin als dem Wissenden aufsehen mochte. Der neben ihm gehende Kleinere stellte eine Frage nach der anderen.

»Wie sieht die Welt aus?«

Kunta antwortete: »Kein Mensch und kein Kanu hat sie ganz bereist, und keiner weiß alles, was man darüber wissen könnte.«

»Was lernst du beim *arafang*?«

Kunta sagte die ersten Koranverse arabisch auf und befahl: »Probier du es mal.« Lamin verhaspelte sich gleich, was Kunta vorhergewußt hatte, und er sagte deshalb väterlich: »Es braucht schon einige Zeit.«

»Warum tut niemand den Eulen was?«

»Weil die Geister unserer Vorfahren in den Eulen wohnen.« Dann erzählte er von Großmutter Yaisa. »Du warst noch zu klein, du kannst dich an sie nicht erinnern.«

»Was für ein Vogel ist das da?«

»Ein Falke.«

»Was frißt der?«

»Mäuse und andere Vögel und so Zeug.«

»Aha.«

Kunta hatte gar nicht geahnt, was er alles wußte – allerdings konnte er auch längst nicht alle Fragen Lamins beantworten, etwa: »Brennt die Sonne?« oder »Warum schläft unser Vater nicht in unserer Hütte?«

Darauf brummte Kunta dann nur und verstummte, geradeso wie Omoro, wenn ihm Kuntas Fragen zuviel wurden. Lamin fragte nicht weiter, denn bei den Mandinkas galt die Regel, daß man nicht zu Menschen spricht, die nicht angesprochen werden wollen. Manchmal tat Kunta gedankenversunken. Lamin saß dann still dabei, und wenn Kunta aufstand, erhob er sich gleichfalls. Und wenn Kunta keine Antwort auf seine Fragen wußte, wechselte er schnell das Thema.

Kunta wartete dann stets, bis Lamin außer Hörweite war, und erfragte die Antwort auf Lamins Fragen von den Eltern. Er sagte nicht, was ihn dazu bewog, aber die Eltern schienen es zu wissen. Sie verhielten sich jetzt überhaupt so, als wäre Kunta schon älter, als er war; das lag daran, daß er einen Teil der Verantwortung für seinen Bruder übernommen hatte. Nicht lange, und Kunta schalt Lamin in Gegenwart Bintas, wenn Lamin etwas verkehrt machte. »Du mußt deutlich sprechen«, sagte er etwa und schnalzte mit den Fingern dazu, oder er versetzte ihm eine Kopfnuß, wenn der Kleine nicht rasch genug tat, was seine Mutter ihm auftrug. Binta übersah und überhörte das.

Lamin konnte also kaum noch etwas unternehmen, wobei ihm nicht der Bruder oder die Mutter auf die Finger sah. Und wenn Kunta eine von Lamins Fragen an die Eltern weitergab, antworteten beide bereitwillig.

»Warum ist Papas Büffelfellmatte rot gefärbt? Ein Büffel ist doch nicht rot?«

»Ich habe sie selber rot gefärbt«, gab Binta zur Antwort.

»Wo wohnt Allah?«

»Allah lebt dort, von wo die Sonne kommt«, antwortete Omoro.

KAPITEL 16

»Was sind Sklaven?« fragte Lamin seinen Bruder eines Nachmittags, worauf Kunta brummte und verstummte. Er ging, anscheinend in Gedanken versunken, weiter, überlegte aber scharf, wie der Bruder auf diese Frage verfallen sein mochte. Kunta wußte, daß die von den *toubobs* geraubten Neger Sklaven wurden, und er hatte den Gesprächen Erwachsener entnommen, daß auch einige Bewohner von Juffure Sklaven besaßen. Tatsache allerdings war, daß er nicht wußte, was Sklaven sind. Wie schon so häufig, veranlaßte Lamins Frage ihn, der Sache nachzugehen.

Als der Vater am nächsten Tag Holz für einen neuen Vorratsschuppen holen gehen wollte, bat er, mitkommen zu dürfen. Er begleitete den Vater für sein Leben gern auf solche Ausflüge. Sie sprachen unterwegs aber nicht, bevor sie bei dem kühlen Palmenhain angelangt waren.

Da fragte Kunta denn unvermittelt: »Was sind Sklaven, Fa?«

Omoro brummte bloß und ging minutenlang schweigend maßnehmend zwischen den Palmen umher.

Endlich sagte er: »Es ist nicht immer leicht, Sklaven von denen zu unterscheiden, die keine sind.« Er schlug mit der Buchaxt gegen den Stamm, den er ausgewählt hatte, und knurrte zwischen den Schlägen, die Hütten von Sklaven würden mit *nyantang jongo* gedeckt, die von Freien hingegen mit *nyantang foro*, was, wie Kunta wußte, die beste Qualität von Flechtgras war.

»Man darf aber in Gegenwart von Sklaven niemals das Wort Sklaven aussprechen«, fuhr Omoro streng dreinblickend fort. Kunta sah nicht ein, warum, doch nickte er verständnisvoll.

Als der Baum stürzte, schlug Omoro die zähen Palmwedel ab. Kunta pflückte die reifen Früchte und merkte dabei deutlich, daß sein Vater heute zum Sprechen aufgelegt war. Er würde also demnächst Lamin genau erklären können, was es mit den Sklaven auf sich hatte.

»Warum sind manche Menschen Sklaven, andere aber nicht?« fragte er.

Omoro erklärte, man könne auf verschiedene Weise zum Sklaven werden. Manche würden von Sklavinnen geboren, und er erwähnte die Namen mehrerer Bewohner von Juffure, die Kunta kannte. Manche waren die Eltern von *kafo*-Kameraden. Andere, fuhr Omoro fort, hätten sich in

Zeiten der Hungersnot den Bewohnern von Juffure als Sklaven angeboten, wenn man sie nur durchfüttern wolle. Wieder andere – und er nannte die Namen älterer Einwohner – seien ehemals Feinde gewesen und gefangengenommen worden.

»Wer nicht tapfer genug ist, im Kampf lieber den Tod als die Sklaverei zu wählen, der wird Sklave.«

Er hatte unterdessen den Stamm der Palme in Teile zerlegt, die ein einzelner Mann tragen konnte. Alle, die er erwähnt habe, setzte er nun hinzu, seien zwar Sklaven, aber sie genössen die allgemeine Achtung, wie Kunta wohl wisse. »Sie haben Rechte, die ihnen durch das Gesetz unserer Vorfahren verbürgt sind.« Und Omoro erklärte, daß der Herr seine Sklaven mit Nahrung und Obdach, einem Ehepartner und einem Stück Land versorgen müsse, dessen Ertrag zur Hälfte dem Sklaven gehöre.

»Verachtet werden nur die, die sich verächtlich machen«, sagte er zu seinem Sohn, also solche, die wegen Mordes, Diebstahls oder anderer Vergehen zu Sklaven gemacht würden. Nur diese Sorte Sklaven durften von ihren Herren geschlagen oder anderweitig bestraft werden, wie es der Herr für richtig hielt.

»Müssen sie denn aber immer Sklaven bleiben?« fragte Kunta.

»Nein. Viele Sklaven kaufen sich frei mit den Einkünften aus der Arbeit auf ihrem Stück Land.« Omoro nannte einige beim Namen, die das getan hatten. Er nannte auch die Namen anderer, die frei geworden waren durch Einheirat in die Familie ihrer Besitzer.

Omoro fertigte aus Lianen eine starke Schlinge an, um das Holz darin zu tragen, und sagte bei der Arbeit, manche Sklaven wären wohlhabender als ihre Herren. Manche hielten selber Sklaven, und wieder andere seien sogar berühmt geworden.

»So einer war Sundiata!« rief Kunta. Die Großmütter und die *griots* erzählten oft von dem großen Sklavengeneral, der vor Zeiten mit seiner Armee viele Feinde besiegt hatte.

Omoro brummte und nickte, augenscheinlich erfreut darüber, daß Kunta Bescheid wußte, denn Omoro hatte in Kuntas Alter ebenfalls von Sundiata berichten hören. »Und wer war Sundiatas Mutter?« prüfte er seinen Sohn.

»Sogolon, die Büffelfrau!« sagte Kunta stolz.

Omoro lächelte. Er lud sich zwei Teile des Stammes auf und trat den Rückmarsch an. Kunta kaute am Fleisch seiner Kokosnuß, und Omoro erzählte ihm auf dem Rückweg, wie das große Reich der Mandinka von dem verkrüppelten, aber gewaltigen Sklavengeneral erobert worden war, der seine Soldaten anfangs aus den Sümpfen und sonstigen Verstecken zusammengelesen hatte, wo sie sich verborgen hielten.

»Wenn du auf die Mannbarkeit vorbereitet wirst, erfährst du noch sehr viel mehr über ihn«, sagte Omoro, und der Gedanke an diese Prüfung erfüllte Kunta nicht mehr nur mit Angst, sondern auch mit Erwartung.

Omoro sagte noch, Sundiata sei einem verhaßten Herrn entlaufen, was die meisten Sklaven versuchten, die ihre Herren nicht leiden könnten. Übrigens dürften Sklaven nur mit ihrer Einwilligung an neue Herren verkauft werden, ausgenommen die überführten Verbrecher.

»Großmutter Nyo Boto ist ebenfalls eine Sklavin«, sagte Omoro, und Kunta hätte sich fast verschluckt an seiner Kokosnuß. Dies begriff er nun gar nicht mehr. Er sah die liebe alte Nyo Boto vor ihrer Hütte kauern, das gute Dutzend nackter Kleinkinder beaufsichtigen, Körbe und Perücken flechten und immer mal wieder eine bissige Bemerkung über vorbeikommende Erwachsene machen – nicht einmal die Ältesten verschonte sie, wenn ihr gerade danach zumute war. »Die ist doch bestimmt keine Sklavin!« dachte er.

Als Kunta am folgenden Nachmittag seine Geißen heimgeführt hatte, nahm er Lamin bei der Hand und ging mit ihm auf Umwegen zur Hütte von Nyo Boto. Die alte Frau spürte wohl, daß Besuch gekommen war, denn sie trat gleich darauf aus der Hütte. Ein Blick auf Kunta, seit je einer ihrer besonderen Lieblinge, sagte ihr, daß es sich um eine wichtige Angelegenheit handelte. Sie forderte die Jungen auf einzutreten und brühte gleich einen Kräutertee auf.

»Wie geht es Papa und Mama?« fragte sie.

»Gut, danke der Nachfrage«, antwortete Kunta höflich. »Und auch du bist wohlauf, Großmama?«

»Oh ja, mir geht es gut.«

Kunta machte den Mund erst wieder auf, als der Tee vor ihm stand. Dann aber platzte es heraus: »Wie kommt es, daß du eine Sklavin bist, Großmama?«

Nyo Boto sah die beiden Knaben scharf an, und nun war sie es, die einige Minuten schwieg. Endlich sagte sie: »Ich werde es euch erzählen.«

Nyo Boto war als junge Witwe mit zwei Kindern von weißen Sklavenjägern und ihren schwarzen Helfern geraubt worden. Ihr Dorf wurde nachts überfallen und in Brand gesteckt, und wer sich aus den Flammen rettete, lief diesen Teufeln genau in die Arme. Die Alten und Kranken, die nichts wert waren, wurden auf der Stelle niedergemacht, ebenfalls die Kinder. »Meine beiden Kleinen und meine alte Mutter!« schluchzte Nyo Boto.

Die tödlich erschreckten Gefangenen wurden paarweise am Hals zusammengebunden und tagelang in mörderischer Hitze unter ständigen Schlägen über Land getrieben. Immer mehr dieser Unglücklichen starben unter den Peitschenhieben ihrer Treiber, an Durst und Erschöpfung. Wer nicht mehr weiterkonnte, den überließ man den wilden Tieren zum Fraß. Die Gefangenen kamen durch Dörfer, die ebenfalls verbrannt und zerstört worden waren; Knochen und Schädel von Tieren und Menschen, die früher hier gehaust hatten, lagen zwischen eingestürzten Lehmwänden. Weniger als die Hälfte derer, die den Marsch begonnen hatten, erreichten das Dorf Juffure, vier Tagereisen vom nächsten Handelsplatz am Kamby Bolongo entfernt, wo Sklaven verkauft wurden.

»Hier tauschte man eine junge Sklavin gegen einen Sack Maismehl«, sagte die alte Frau. »Diese Sklavin war ich, und seither heiße ich Nyo Boto«, was, wie Kunta wußte, »ein Sack Maismehl« bedeutete. Der Mann, der sie kaufte, starb bald darauf, »und seither lebe ich hier.«

Lamin rutschte aufgeregt hin und her, und Kunta empfand nun noch größere Zuneigung und Hochachtung für Nyo Boto, welche den beiden Knaben jetzt liebevoll zulächelte, deren Eltern sie bereits auf den Knien gewiegt hatte.

»Euer Papa Omoro war im ersten *kafo*, als ich nach Juffure kam«, sagte Nyo Boto und blickte Kunta dabei scharf an. »Seine Mutter Yaisa, eure Großmutter, war meine liebe Freundin. Erinnerst du dich an sie?« Kunta bejahte und fügte stolz hinzu, er habe seinem Bruder bereits ausführlich von ihr erzählt.

»Sehr gut«, lobte Nyo Boto. »Jetzt muß ich mich aber wieder an die Arbeit machen. Lauft, ihr zwei.«

Kunta und Lamin dankten artig für den Tee und gingen tief in Gedanken zur Hütte der Mutter. Am nächsten Nachmittag erwartete Lamin seinen Bruder nach dem Ziegenhüten schon mit einem Sack voller Fragen. Ob es auch in Juffure schon einmal so schlimm gebrannt habe? Kunta sagte, er habe nie etwas Derartiges erzählen hören, und im Dorf selber sei nichts davon zu bemerken. Ob Kunta jemals weiße Menschen zu Augen gekommen seien? »Selbstverständlich nicht!« Der Vater habe allerdings erzählt, daß er und seine Brüder einmal auf dem Fluß Schiffe der *toubobs* gesehen hatten.

Kunta wechselte rasch das Thema, denn von den *toubobs* wußte er so gut wie nichts, und er wollte erst in Ruhe allein über sie nachdenken. Er hätte gar zu gerne einmal einen gesehen, aus sicherer Entfernung, versteht sich, denn aus dem, was er über sie gehört hatte, mußte er schließen, daß man gut daran tat, sich von ihnen fernzuhalten.

Erst vor kurzem war ein Mädchen verschwunden, das Kräuter sammeln gegangen war, und zwei erwachsene Jäger waren ebenfalls ausgeblieben. Keiner zweifelte, daß die *toubobs* sie geraubt hatten. Kunta hatte mehrmals erlebt, daß bei der von den Trommeln angekündigten Gefahr der Annäherung von *toubobs* die Männer Wachtposten aufstellten und die Frauen sich samt den Kindern tagelang weit vom Dorf entfernt im Busch verbargen, bis man annehmen durfte, daß die Gefahr vorüber war.

Er mußte daran denken, wie er einmal beim Ziegenhüten ganz zufällig aufgeblickt und im Baum über sich ein ganzes Dutzend Affen mucksmäuschenstill auf einem Ast hatte sitzen und durch die dichten Blätter auf ihn hinunterstarren sehen. Bislang hatte er geglaubt, Affen tollten unentwegt lärmend umher, doch nun sah er, daß sie lautlos und stockstill jede seiner Bewegungen beobachteten. So hätte auch er einmal hoch in einem Baum sitzen und *toubobs* beobachten mögen.

Kunta brachte das Gespräch unter seinen Kameraden auf dieses Thema, und jeder hatte etwas beizutragen. Einer erzählte, sein Onkel habe es doch tatsächlich gewagt, einem *toubob* so nahe zu kommen, daß er ihn riechen konnte: der *toubob* habe gestunken. Alle hatten gehört, daß die *toubobs* Menschen rauben und sie fressen. Manche hatten aber auch gehört, die *toubobs* behaupteten, die Geraubten würden nicht gefressen, sondern müßten vielmehr auf riesigen Pflanzungen arbeiten. Sitafa gab darauf verächtlich die Antwort, die sein Großvater darauf zu geben pflegte: »Lügen des weißen Mannes.«

Kunta fragte bei erster Gelegenheit seinen Vater. »Erzähl doch mal, Papa, wie du und deine Brüder die *toubobs* auf dem Fluß gesehen habt?« Und er setzte hastig hinzu: »Ich muß Lamin eine richtige Auskunft geben können.« Kunta kam es so vor, als lächele sein Vater ein wenig, doch brummte der nur und schien an diesem Vormittag zum Reden nicht aufgelegt. Kurz darauf forderte er beide Söhne aber ganz beiläufig auf, ihn auf der Wurzelsuche zu begleiten. Der nackte kleine Lamin machte zum erstenmal einen Ausflug mit seinem Vater und platzte fast vor Wonne. Er wußte, daß er dieses Glück seinem Bruder verdankte, und hielt sich fest am Zipfel von dessen *dundiko*.

Omoro erzählte nun: Seine Brüder Janneh und Saloum hatten nach Absolvierung der Mannbarkeitsrituale das Dorf verlassen, und bald schon hörte man, daß sie zu entfernten, sehenswerten Orten gereist waren. Als sie durch die Trommel erfuhren, daß dem Bruder Omoro ein Knabe geboren war, kehrten sie erstmals ins Dorf zurück. Sie schliefen und rasteten nicht, denn sie wollten unbedingt rechtzeitig zur Namensgebungsfeier eintreffen. Die endlich wieder vereinigten Brüder und *kafo*-Kameraden umarmten einander herzlich, hatten aber auch traurige Geschichten zu erzählen von niedergebrannten Dörfern, Männern, die von schrecklichen Feuerstöcken getötet, die geraubt, vom Feld entführt, bei der Jagd und auf der Reise verschwunden waren, und immer war *toubob* schuld.

Omoro erzählte weiter, die Brüder hätten ihn aufgefordert, sie auf einem Erkundungsgang zu begleiten, weil sie ausfindig machen wollten, wo die *toubobs* waren, was sie vorhatten und wie man sich vor ihnen schützen könnte. Die Brüder folgten nun drei Tage lang dem Ufer des Kamby Bolongo, bis sie entdeckten, was sie suchten. Im Fluß hatten etwa zwanzig *toubob*-Kähne festgemacht, jeder einzelne groß genug, alle Bewohner von Juffure zu fassen, und ein jeder ausgerüstet mit einem großen weißen Tuch, das an einen senkrecht stehenden Baum gebunden war, so hoch wie zehn Männer. Nahebei war eine Insel und auf der Insel eine Befestigung.

Hier wimmelte es von *toubobs* und ihren schwarzen Gehilfen, und zwar sowohl innerhalb der Festung als auch auf dem Fluß in Kanus. Mit diesen transportierte man Waren wie Baumwolle, getrocknetes Indigo,

Wachs und Häute zu den großen Kähnen. Sie hätten auch gesehen, wie grausam man jene behandelte, die geraubt worden waren und von den *toubobs* weggebracht werden sollten, und das sei einfach unbeschreiblich.

Omoro verstummte, und Kunta spürte, daß er überlegte, ob er weitersprechen solle. Schließlich fuhr er fort: »Jetzt werden nicht mehr so viele der Unseren weggeschleppt wie damals.« Als Kunta noch ein Baby war, hatte der über diesen Teil Gambias herrschende König von Barra angeordnet, daß keine Dörfer mehr verbrannt und keine Menschen mehr geraubt werden dürften, und so war es denn auch geschehen, nachdem die Soldaten der erzürnten Könige die großen Kähne der *toubobs* angesteckt und alle darauf befindlichen *toubobs* getötet hatten. »Seither feuern alle *toubob*-Schiffe, die in den Kamby Bolongo einfahren, zu Ehren des Königs von Barra neunzehn Schüsse Salut.« Die *toubobs* bekämen ihre Sklaven jetzt so gut wie gänzlich von den Beauftragten des Königs geliefert, meist Verbrecher oder Schuldner, auch alle, die verdächtigt wurden, etwas gegen den König im Schilde zu führen; oft reichte es bereits, daß man gerüchteweise verleumdet wurde. Es hatte den Anschein, als würden immer dann besonders viele Angeklagte verurteilt, wenn die Schiffe der *toubobs* in der Flußmündung lagen und Sklaven gekauft werden sollten.

»Aber auch der König kann nicht verhindern, daß immer wieder Menschen aus den Dörfern geraubt werden«, sagte Omoro weiter. »Ihr selber kennt welche, ihr wißt, daß innerhalb der vergangenen Monde drei der Unseren verschwunden sind, und habt gehört, daß die Trommel von anderen in anderen Dörfern gesprochen hat.« Er sah seine Söhne scharf an und sagte mit Nachdruck: »Was ich euch jetzt sage, dürft ihr nicht nur mit den Ohren aufnehmen, denn wenn ihr nicht tut, was ich euch sage, kann es passieren, daß ihr geraubt werdet.« Kunta und Lamin lauschten mit steigender Angst. »Wenn es sich irgend vermeiden läßt, geht nirgendwo allein hin. Und wenn es sich vermeiden läßt, haltet euch von Gebüschen fern und von hohem Gras, einerlei ob bei Tag oder in der Dunkelheit. Auch wenn ihr Männer geworden seid, müßt ihr euch vor dem *toubob* in acht nehmen, solange ihr lebt. Oft hört ihr ihn schon von weitem, wenn er den Feuerstock benutzt. Seht ihr irgendwo ungewöhnlich viel Rauch, so ist es wahrscheinlich der *toubob*, der immer ein viel zu großes Feuer macht, wenn er kocht. Lest seine Spuren, damit ihr immer wißt, in welche

Richtung er gezogen ist. Er macht viel tiefere Spuren als wir, sie sind leicht zu erkennen, und er trampelt Zweige und Gras nieder. Nähert ihr euch einer Stelle, an der er gewesen ist, werdet ihr finden, daß er seinen Geruch hinterläßt. Er riecht ungefähr so wie nasse Hühner. Und viele sagen auch, daß von ihm eine Unruhe ausgeht, die wir spüren. Sollte das je der Fall sein, verhaltet euch ganz still, dann bemerkt ihr ihn schon auf größere Entfernung.«

Es reiche aber nicht, den *toubob* zu kennen, fuhr Omoro fort, »denn viele von uns sind mit ihm im Bunde. Das sind die Verräter. Kennt man nicht jeden einzelnen, ist man ihnen ausgeliefert. Also dürft ihr unterwegs im Busch niemandem vertrauen, den ihr nicht kennt, ganz gleich, wie er aussieht.«

Kunta und Lamin saßen starr vor Angst. »Ich kann euch gar nicht scharf genug einprägen, was ich da eben gesagt habe. Ihr sollt auch wissen, was eure Onkel und ich sahen, als wir damals die *toubobs* beobachteten. Die *toubobs* behandeln ihre Sklaven ganz anders als wir unsere. Am Ufer hatte man aus Bambusstangen Käfige gebaut, und dort wurden sie aufbewahrt, bis man sie auf die großen Kähne brachte. Ihre Köpfe waren geschoren, und sie glänzten am ganzen Körper von Fett. Erst mußten sie hinhocken und hüpfen. Danach sperrte man ihnen den Mund auf und sah ihre Zähne an.« Er stieß blitzschnell mit dem Finger zwischen Kuntas Beine und fuhr fort: »Die Männer mußten ihren *foto* zeigen, und auch die Frauen wurden an den Geschlechtsteilen untersucht. Danach mußten alle sich wieder hinhocken, und man brannte ihnen mit glühenden Eisen Zeichen auf Rücken und Schultern. Dann wurden die schreienden, um sich schlagenden Menschen zum Wasser getrieben, wo die Kanus warteten, um sie zu den großen Kähnen zu bringen.

Meine Brüder und ich sahen, wie so mancher sich zu Boden warf, sich in die Erde krallte, als wolle er noch ein letztes Mal von der Heimaterde kosten, aber man schlug auf sie ein und zerrte sie weg. Noch in den kleinen Kanus wehrten sich manche, und wieder wurden sie mit Knüppeln und Peitschen geschlagen, bis sie in ihrer Verzweiflung ins Wasser sprangen und von grauenhaft großen Fischen mit gebogenen Rückenflossen und weißem Bauch zerrissen wurden. Diese Fische hatten fürchterliche Zähne. Ringsum färbte sich das Wasser rot.

Kunta und Lamin drängten sich aneinander und hielten sich bei den Händen. »Es ist besser, ihr wißt das alles, sonst müssen eure Mutter und ich für euch eines Tages den weißen Hahn opfern. Wißt ihr, was das bedeutet?«, und er schaute seine Söhne prüfend an.

Kunta nickte und brachte heraus: »Wenn jemand verschwunden ist, nicht wahr, Fa?« Er hatte gesehen, wie die Angehörigen von Vermißten inbrünstig zu Allah beteten, während ein weißer Hahn in ihrer Mitte mit wild schlagenden Flügeln umhertorkelte, dem man zuvor die Kehle durchschnitten hatte.

»Ganz recht. Stirbt der weiße Hahn auf dem Bauch liegend, ist noch Hoffnung, fällt er aber auf den Rücken, ist keine Hoffnung mehr, und das ganze Dorf schließt sich dem Totengebet für den Vermißten an.«

Zu Kuntas Überraschung ließ sich jetzt Lamin mit seiner Piepsstimme vernehmen: »Wohin bringen die großen Kähne die geraubten Menschen, Fa?«

»Die Ältesten sagen, nach Jong Sang Doo, das ist ein Land, wo man die Sklaven an riesengroße Menschenfresser verkauft, mit Namen *toubabo koomi*, und die essen uns. Weiter weiß man darüber nichts.«

KAPITEL 17

Lamin hatte sich über alles, was der Vater von Menschenraub und weißen Kannibalen gesagt hatte, so entsetzt, daß er in der Nacht mehrmals Kunta mit seinen Alpträumen aufschreckte. Kunta nahm sich daher vor, sich selber und den Kleinen auf andere Gedanken zu bringen, also erzählte er ihm am nächsten Nachmittag von den beiden berühmten Onkeln.

»Die Brüder unseres Vaters sind ebenfalls Söhne von Kairaba Kunta Kinte, nach dem ich genannt bin«, begann er stolz, »sie wurden aber von seiner Frau Sireng geboren.« Lamin blickte fragend drein, aber Kunta fuhr fort: »Sireng war die erste Frau unseres Großvaters, und sie starb, bevor er Großmutter Yaisa heiratete.« Kunta stellte den Stammbaum mit Hilfe kleiner Holzstückchen dar. Lamin begriff aber immer noch nicht, das sah er deutlich. Seufzend ging er also zu einer Beschreibung der Abenteuer der

Onkel über, die er selber oft und oft, aber immer mit großer Spannung von seinem Vater gehört hatte.

»Unsere Onkel haben niemals Frauen genommen, denn mehr als alles lieben sie zu reisen. Ganze Monde lang wandern sie unter der Sonne und schlafen unter den Sternen. Unser Vater sagt, sie waren, wo die Sonne auf nichts als Sand scheint, wo es niemals regnet. Woanders sahen sie Bäume so dick, daß es auch bei Tag im Wald dunkel war. Dort wohnen Menschen, die nicht größer sind als du und die immer nackt gehen, auch wenn sie erwachsen sind. Und sie töten riesige Elefanten mit winzig kleinen Pfeilen, die vergiftet sind. Dann waren sie auch in einem Land der Riesen, wo die Krieger den Speer doppelt so weit schleudern können wie unsere stärksten Mandinkas, sie springen höher als ihr Kopf und sind sechs Handbreit größer als die größten Männer von Juffure.«

Vor dem Schlafengehen führte Kunta seinem Bruder, der mit weit aufgerissenen Augen zusah, sein Lieblingsstück vor: er schlug plötzlich mit einem eingebildeten Schwert um sich, hin und her, auf und nieder, als wäre Lamin einer der Räuber, mit denen die Onkel auf einer Reise täglich zu kämpfen hatten, die viele Monde dauerte und bei der sie Elfenbein, Edelsteine und Gold nach der großen schwarzen Stadt Zimbabwe brachten.

Lamin wollte noch eine Geschichte hören, Kunta sagte aber, er müsse nun schlafen. Kunta hatte sich früher – geradeso wie sein kleiner Bruder jetzt – nach Anhören solcher Geschichten auf seine Matte gelegt und alles bildhaft vor sich gesehen. Manchmal träumte er sogar, er reise mit den Onkeln an alle diese fremden Orte, er spreche mit Menschen, die ganz anders aussahen und taten als die Mandinkas. Erwähnte jemand die Onkel beim Namen, schlug Kuntas Herz bereits schneller. Und es begab sich nun, daß schon wenige Tage später der Name der Onkel in aller Munde war, und das alles war so aufregend, daß Kunta sich kaum zu lassen wußte. An einem heißen stillen Nachmittag, als fast alle Dorfbewohner entweder draußen vor der Hütte saßen oder im Schatten des großen Affenbrotbaums, war ganz überraschend die Trommel aus dem Nachbardorf zu vernehmen, und Kunta wie auch Lamin horchten aufmerksam, ganz wie die Erwachsenen. Lamin holte hörbar Luft, als er den Namen seines Vaters entzifferte, verstand aber noch nicht, was darauf folgte. Kunta erklärte es ihm: Fünf Tagemärsche in Richtung Sonnenaufgang bauten Janneh und Saloum Kinte ein neues Dorf. Sie erwarteten ihren Bruder Omoro zur feierlichen Einweihung am übernächsten Neumond.

Die Trommel schwieg, und Lamin steckte voller Fragen. »Das sind unsere Onkel? Wo ist dieser Ort? Wird unser *fa* hingehen?« Kunta antwortete nicht, er hörte seinen Bruder nicht einmal, denn er war schon auf dem Weg zum *jaliba*. Dort hatten sich bereits andere Dörfler versammelt, und nun erschien auch Omoro, begleitet von der hochschwangeren Binta. Omoro und der *jaliba* besprachen sich vor aller Augen kurz miteinander, dann gab Omoro ein Geschenk. Die sprechende Trommel lag nahe beim Feuer, das mit seiner Hitze das Trommelfell straffte, und man sah bald befriedigt, wie der *jaliba* die Antwort Omoros trommelte: »So Allah will, werde ich vor dem übernächsten Neumond im Dorf meiner Brüder eintreffen.« In den nächsten Tagen wurde Omoro, wo er ging und stand, dazu beglückwünscht, daß die Brüder ein Dorf gegründet hatten, das in die Geschichte als das Dorf der Kinte eingehen würde.

Kunta verfiel wenige Tage vor der Abreise seines Vaters auf einen Gedanken, den er nicht recht fassen konnte, so überwältigend war er. War es denkbar, daß der Vater ihn mitnahm? Kunta konnte an nichts anderes mehr denken. Seine Nachdenklichkeit fiel auf, und die anderen Ziegenhirten ließen ihn in Ruhe, sogar Sitafa. Dem kleinen Bruder, der ihn anbetete, begegnete er so schroff, daß Lamin sich verletzt und ratlos zurückzog. Kunta merkte wohl, daß er sich übel aufführte gegen den Kleinen, er konnte sich aber nicht helfen.

Er wußte, daß hin und wieder ein besonders vom Glück begünstigter Knabe vom Vater, einem Onkel oder einem erwachsenen Bruder auf eine Reise mitgenommen wurde, er wußte aber auch, daß man keine Knaben von acht Regen auf Reisen mitnimmt, ausgenommen vaterlose Knaben, denen das Gesetz besondere Vorrechte einräumte. Ein vaterloser Knabe durfte sich an einen beliebigen Erwachsenen anschließen, und dieser würde alles mit ihm teilen, was er besaß, auch wenn die Wanderung Monde dauerte, immer vorausgesetzt, der Knabe folgte ihm in zwei Schritt Abstand, tat, was man ihm auftrug, klagte nicht und redete nicht ungefragt.

Kunta war schlau genug, niemanden merken zu lassen, woran er dachte, auch die Mutter nicht. Er glaubte, Binta würde nicht nur dagegen sein, sondern ihm auch verbieten, überhaupt davon zu reden, was wiederum bedeutet hätte, daß Omoro gar nicht erfahren würde, wie sehnlich Kunta ihn zu begleiten wünschte. Die einzige Hoffnung lag darin, daß Kunta seinen *fa* selber fragte, falls er ihn je unter vier Augen sprechen konnte.

Omoros Aufbruch sollte nun in drei Tagen stattfinden. Kunta sah von der Weide aus, daß der Vater Bintas Hütte verließ. Er störte sogleich seine Ziegen auf, ohne sie jedoch in eine bestimmte Richtung zu treiben, und ließ Omoro so weit fortgehen, daß er bestimmt von Binta nicht mehr gesehen werden konnte. Dann überließ er notgedrungen seine Ziegen sich selber, setzte wie ein Hase seinem Vater nach und trat ihm atemlos in den Weg. Er schaute ihn flehend an, konnte sich aber an keines der Worte erinnern, die zu sagen er sich vorgenommen hatte.

Omoro schaute seinen Sohn prüfend an und sagte dann nur: »Ich habe es gerade deiner Mutter gesagt.« Und damit ging er weiter. Kunta begriff erst Sekunden später, was der Vater damit gemeint hatte, und er brach, ohne es eigentlich zu merken, in ein Freudengeheul aus. Dann warf er sich auf den Bauch, hüpfte wie ein Frosch und rannte zurück zu den Ziegen.

Als er sich genügend gefaßt hatte, um den anderen Hirten zu erzählen, was ihm widerfahren war, zeigten sich die so eifersüchtig, daß sie ihn schnitten. Mittags allerdings konnten sie ihre Neugier nicht mehr bezähmen und wollten alles ganz genau wissen. Nun aber war Kunta nachdenklich geworden, denn er begriff, daß sein Vater sich in Gedanken mit ihm beschäftigte, seit die Trommel die Neuigkeit verkündet hatte.

Als Kunta nachmittags die Ziegen heimgetrieben hatte und aufgeregt in die mütterliche Hütte eilte, bekam er von Binta so heftige Schläge, daß er flüchtete, ohne zu fragen, was er denn ausgefressen habe. Und gegen Omoro benahm sie sich ebenfalls auf erschreckende Weise. Sogar Lamin wußte bereits, daß die Frau unter gar keinen Umständen ohne Respekt zu einem Mann sprechen darf, und doch äußerte Binta in Omoros Hörweite laut ihr Mißfallen darüber, daß Kunta seinen Vater durch den Busch begleiten dürfe, obwohl die Trommeln von überallher berichteten, daß immer wieder Menschen geraubt wurden. Die morgendliche Grütze stampfte sie mit einer Heftigkeit, als bearbeite sie nicht den Mörser, sondern eine Trommel.

Kunta schlüpfte am anderen Tag zeitig aus der Hütte, um weiteren Prügeln zu entgehen, Lamin aber wurde von seiner Muter geküßt und geherzt wie schon seit Jahren nicht mehr. Lamin ließ Kunta merken, wie peinlich ihm das war, aber ändern ließ sich daran nun nichts.

Fast alle Erwachsenen, denen er über den Weg lief, gratulierten ihm zu der Ehre, die es bedeutete, in so jungen Jahren schon den Vater auf einer Reise begleiten zu dürfen, und der guterzogene Kunta bedankte sich jedesmal artig. Einmal im Busch jedoch, stolzierte er einher wie ein Gockelhahn und wußte sich wunder was mit einem besonders großen Bündel, das er auf dem Kopf balancierte. Am nächsten Morgen wollte er ein gleich großes Bündel hinter seinem Vater hertragen, vorüber am Baum der Reisenden. Das mißlang allerdings. Das Bündel fiel dreimal hinunter, ehe er noch drei Schritte getan hatte.

Auf dem Heimweg überkam ihn plötzlich der heftige Wunsch, Nyo Boto zu besuchen, bevor er sich zahllosen anderen Aufgaben zuwandte, die alle noch zu erledigen waren vor dem Aufbruch. Er lieferte also die Ziegen ab, verdrückte sich, so rasch es gehen wollte, aus der mütterlichen Behausung und hockte sich vor Nyo Botos Hütte nieder. Sie erschien bald, sagte: »Ich habe dich erwartet«, und winkte ihn herein. Wie immer, wenn er sie allein besuchte, saßen die beiden eine Weile schweigend. Sie fühlten, daß sie einander sehr nahe waren, trotz des großen Altersunterschiedes, und Kunta genoß dieses Gefühl, während er nachdenkend im Halbdunkel saß.

Nyo Boto sagte schließlich: »Ich habe hier was für dich«, und entnahm einem Beutel aus gegerbtem Leder über ihrem Lager einen dunklen *saphie*-Talisman, den man um den Oberarm trägt. »Dein Großvater hat ihn gesegnet, als dein Vater mannbar wurde, und der Segen erstreckt sich auch auf Omoros Erstgeborenen, also dich. Deine Großmutter Yaisa hat ihn mir hinterlassen – ich soll ihn dir geben, ehe du mit deiner Vorbereitungszeit beginnst. Und die beginnt in Wirklichkeit jetzt, wenn du mit deinem *fa* auf die Reise gehst.« Kunta blickte liebevoll die alte Großmutter an, nur wußte er nicht, wie er ausdrücken sollte, was er jetzt empfand, nämlich daß sie bei ihm sein würde, einerlei wie weit er sich auch von ihr entfernte; das bewirkte mit Sicherheit der Talisman.

Omoro sah nach dem Morgengebet am nächsten Tag ungeduldig zu, wie Binta immer noch etwas an Kuntas Kopfbündel zu richten hatte. Kunta, der vor Aufregung nicht schlafen konnte, hatte sie in der Nacht weinen hören. Nun plötzlich umarmte sie ihn so heftig, daß er spürte, wie sie am ganzen Leibe bebte, und erst jetzt wurde ihm klar, wie sehr sie ihn liebte.

Mit dem Freund Sitafa hatte Kunta gewissenhaft geübt, was er nun mit seinem Vater tat: Omoro und nach ihm Kunta traten zwei Schritte von der Hütte weg auf den staubigen Weg. Dann hielten sie an, machten kehrt, scharrten den Staub zusammen, der sich in ihren Fußabdrücken gesammelt hatte, und taten ihn in ihre Jagdbeutel, was ihnen die Gewißheit gab, daß ihre Schritte hierher zurückkehren würden.

Binta sah ihnen weinend vom Eingang her zu und drückte Lamin gegen ihren dicken Bauch. Omoro und Kunta gingen los. Kunta wollte sich noch ein letztes Mal umwenden, doch da sein Vater nichts dergleichen tat, blickte auch er starr geradeaus, denn ihm war eingefallen, daß es sich für einen Mann nicht schickt, seine Gefühle zu zeigen. Während sie durchs Dorf gingen, wurden sie mehrmals angesprochen, man lächelte ihnen zu, und Kunta winkte seinen *kafo*-Kameraden, die den Auftrieb der Ziegen hinausgeschoben hatten, um Kunta zu verabschieden. Er wußte, sie verstanden, daß er ihre Worte nicht erwiderte, denn er durfte jetzt überhaupt nicht reden. Am Baum der Reisenden machten sie halt, und Omoro hängte zwei Baumwollstreifen zu den Hunderten, die dort schon an den unteren Zweigen baumelten und deren jeder das Gebet eines Reisenden darstellte, der um sicheren Weg und gesegnete Rückkehr bat.

Kunta konnte nicht glauben, daß dies alles wirklich geschah. Zum erstenmal im Leben sollte er eine Nacht außerhalb der Hütte seiner Mutter verbringen, zum erstenmal würde er sich weiter von Juffure entfernen als sonst mit den Ziegen, es war überhaupt für vieles das erste Mal. Während Kunta noch seinen Gedanken nachhing, hatte Omoro bereits wortlos und ohne sich umzublicken, den Weg eingeschlagen, der zum Wald führte, und Kunta folgte eilends, wobei er fast sein Bündel verloren hätte.

KAPITEL 18

Kunta mußte fast laufen, wenn er den Abstand zum Vater nicht länger als die vorgeschriebenen zwei Schritte werden lassen wollte. Von seinen kurzen, schnellen Schritten kamen zwei auf einen der weit ausgreifenden des Vaters. Nach etwa einer Stunde Marsch hatte Kuntas Überschwang sich ebenso gelegt, wie seine Kraft nachgelassen hatte. Die Traglast auf seinem Kopf fühlte sich schwerer und schwerer an, und ihm kam der schreckliche Gedanke: angenommen, du hältst nicht durch? Aber lieber wollte er ohnmächtig umfallen, als das zugeben.

Hier und da verschwanden bei ihrem Erscheinen grunzende Schweine im Dickicht, Rebhühner schwirrten auf, Karnickel flüchteten. Kunta war aber so darauf erpicht, mit Omoro Schritt zu halten, daß er auch einen Elefanten nicht bemerkt haben würde. Die Muskeln im Unterschenkel schmerzten schon ein wenig, er schwitzte im Gesicht und auf dem Kopf, was er daran merkte, daß die Traglast ins Rutschen kam; mal glitt sie eine Spur nach links, dann wieder nach rechts, und er mußte fast ständig mit beiden Händen hinfassen.

Nach einer Weile näherte man sich dem Baum der Reisenden eines fremden Dorfes; wie es wohl hieß? Gewiß kannte er den Namen, doch sein Vater sagte kein Wort, hatte weder gesprochen noch sich umgesehen, seit man aus Juffure fort war. Gleich darauf sah Kunta die kleinen nackten Kinder des ersten *kafo*, die ihnen neugierig entgegenliefen, wie er selber beim Anblick von Fremden in jenem Alter getan hatte. Sie winkten, sie riefen Begrüßungen, und als sie näher kamen, sah Kunta, daß sie bei seinem Anblick staunend die Augen aufrissen: ein so junger Knabe schon auf Reisen mit dem Vater?

Sie hüpften um ihn herum und schnatterten: »Wo wollt ihr hin? Ist das dein *fa*? Bist du ein Mandinka? Wie heißt dein Dorf?« Kunta kam sich bei aller Erschöpfung doch recht wichtig und erwachsen vor, und er ignorierte die Knirpse, wie es sein Vater tat.

Am Baum der Reisenden gabelte sich der Weg, einer führte ins Dorf, der andere am Dorf vorbei, was Leuten, die hier nichts wollten, erlaubte, das Dorf zu umgehen, ohne unhöflich zu wirken. Als Omoro und Kunta den am Dorf vorbeiführenden Weg einschlugen, bedauerten die Kinder das lauthals, doch die unter dem Affenbrotbaum versammelten Erwachsenen gönnten den Reisenden nur flüchtige Blicke, denn ihre Aufmerksamkeit galt ganz dem *griot*, den Kunta deutlich die Herrlichkeit der Mandinka preisen hörte. Bestimmt würden auch bei der Einweihung des Dorfes der Onkel viele *griots* Preislieder singen.

Schweiß rann Kunta in die Augen, und er zwinkerte stark. Die Sonne war erst halb über den Himmel gewandert, seit man aufgebrochen war, doch Kunta taten die Beine so weh und seine Last wurde ihm so schwer, daß er fürchtete, es wirklich nicht schaffen zu können. Schon drohte die Angst ihn zu überwältigen, da blieb Omoro plötzlich stehen und setzte sein Bündel neben sich ab; neben dem Pfad befand sich hier ein Loch mit klarem Wasser. Kunta blieb stehen und bemühte sich, das Zittern in seinen Beinen zu unterdrücken. Das Bündel, das er abnehmen wollte, glitt ihm aus den Fingern und plumpste zu Boden. Er wußte, daß der Vater den Plumps gehört hatte, und schämte sich sehr, doch Omoro trank kniend von dem Wasser und ließ sich nicht anmerken, daß die Anwesenheit des Sohnes ihm überhaupt bewußt war.

Kunta merkte erst jetzt, wie durstig er war. Er humpelte zum Rand des Wasserlochs und kniete hin, um zu trinken, seine Beine wollten aber nicht mitmachen. Schließlich legte er sich auf den Bauch, stützte den Kopf auf die Arme und schlabberte das Wasser auf.

»Nur ein bißchen.« Dies waren die ersten Worte, die der Vater seit dem Abmarsch aus Juffure an ihn richtete, und Kunta schrak zusammen. »Nimm einen Mundvoll, warte etwas, schluck runter, und dann das gleiche nochmal.« Kunta war plötzlich zornig auf den Vater, er wußte nicht, warum. Er wollte sagen »Ja, Fa«, brachte aber kein Wort heraus. Er nahm einen Mundvoll Wasser und machte es, wie er sollte. Nach ein paar weiteren Schlucken ruhte er aus. Ihm kam der Verdacht, daß seine Ausbildungszeit sich ähnlich abspielen könnte. Dann schlief er im Sitzen ein.

Als er erwachte – wie lange hatte er überhaupt geschlafen? –, war Omoro nirgendwo zu sehen, Kunta sprang auf und sah das schwere Bündel des Vaters, wo der es abgestellt hatte, er konnte also nicht weit sein. Als er umherhumpelte, merkte er erst, wie wund er sich gelaufen hatte. Er reckte sich, die Muskeln schmerzten, dennoch fühlte er sich schon besser. Kunta kniete über dem Wasser, um noch etwas zu trinken, und sah ein schmales, schwarzes Gesicht mit großen Augen und vollen Lippen. Er grinste sich an und zeigte dabei seine strahlend weißen Zähne. Darüber mußte er lachen und bemerkte im gleichen Moment, daß Omoro neben ihn getreten war. Kunta sprang verlegen auf, doch schien sein Vater in Gedanken mit anderem beschäftigt.

Im Schatten einiger Bäume aßen sie wortlos Fladen aus dem mitgeführten Vorrat, dazu vier Holztauben, die Omoro erlegt und gebraten hatte, während Kunta schlief. Über ihnen schwatzten unablässig Affen und kreischten Papageien. Kunta nahm sich vor, dem Vater bei erster Gelegenheit zu zeigen, daß auch er kleines Getier zu erlegen und zuzubereiten verstand, wie er ja auf der Weide oft genug bewiesen hatte.

Als sie mit Essen fertig waren, hatte die Sonne den Himmel zu vier Fünfteln überquert, es war also nicht mehr so heiß, als sie sich von neuem auf den Weg machten, nachdem sie ihre Traglast sorgsam auf dem Kopf ausbalanciert hatten.

Als sie einige Zeit gegangen waren, sagte Omoro: »*Der Toubob* kommt mit seinen Kähnen bis zu einer Tagereise von hier. Noch ist es hell und man sieht gut, trotzdem müssen wir hohes Gras und Gebüsch meiden, denn da kann eine Überraschung verborgen sein.« Omoro berührte die Scheide seines Messers, seinen Bogen und den Köcher. »Heute müssen wir in einem Dorf übernachten.«

In Gegenwart seines Vaters brauchte Kunta sich nicht zu fürchten, und doch erschauerte er, denn sein Lebtag hatte er Trommeln und Menschen von geraubten Brüdern sprechen hören. Sie gingen jetzt etwas rascher. Kunta bemerkte Hyänenlosung am Weg, sie war von sehr heller Farbe, denn die Hyänen haben starke Kiefer und fressen deshalb viel Knochen. Sie erschreckten eine Herde Antilopen; die Tiere blieben stehen wie Standbilder und begannen erst wieder zu grasen, als die Menschen weitergegangen waren.

»Elefanten!« sagte Omoro etwas später, und Kunta sah, wie ringsumher der Busch zertrampelt war, den Bäumen war die Rinde abgerissen, manche waren auch entwurzelt, denn die Elefanten, die gern die zarten, oben wachsenden Blätter aßen, lehnten sich gegen die Stämme, bis diese nachgaben. Elefanten gehen niemals in der Nähe menschlicher Ansiedlungen auf Nahrungssuche. Kunta hatte also bisher nur selten einen gesehen, und dann auch nur auf große Entfernung. Als er noch klein gewesen war, kamen Elefanten laut trompetend an der Spitze Tausender Tiere aus dem Wald gerannt, als der Busch brannte; zum Glück schickte Allah rechtzeitig einen Regen, der das Feuer löschte, bevor es Juffure oder ein anderes Dorf erreichte.

Während sie dem anscheinend endlosen Pfad folgten, kam Kunta der Gedanke, daß so, wie der Mensch mit den Füßen einen Pfad austritt, die Spinnen ihre langen, langen Fäden spinnen, an denen sie sich fortbewegen. Ob Allah wohl den Tieren und Insekten ihr Los ebenso vorbestimmte wie den Menschen? Warum hatte er eigentlich nie zuvor daran gedacht? Er hätte gar zu gern den Vater danach gefragt. Erstaunlich übrigens, daß Lamin nicht schon längst eine solche Frage gestellt hatte, denn Lamin erkundigte sich nach noch unwichtigeren Sachen, als Insekten sind. Nun, er würde dem Kleinen nach der Rückkehr eine Menge zu erzählen haben, und auch auf der Weide würde er die Kameraden mondelang mühelos unterhalten können.

Kunta fand, daß das Land, durch das er jetzt wanderte, anders war als das, aus dem er kam. Die sinkende Sonne beschien dickere Gräser, als er bislang gesehen hatte, und zwischen bekannten Bäumen wuchsen ganze Palmen- und Kaktushaine. Abgesehen von den Stechfliegen waren hier nur kreisende Falken und Geier in der Luft, die nach Aas Ausschau hielten; von den bunten Papageien und den hübschen Singvögeln, die in Juffure unentwegt zwitscherten, nicht die Spur.

Der orangefarbene Sonnenball setzte schon fast auf den Horizont auf, als die Wanderer dichten Qualm sichteten, der von einem vorausliegenden Dorf aufstieg. Schon am Baum der Reisenden war zu merken, daß hier nicht alles zum besten stand. Es hingen nur wenige Gebetsstreifen von den Ästen, was anzeigte, daß wenige der hier Lebenden jemals das Dorf verließen und daß Wanderer einen Bogen darum herum machten. Und es kamen ihnen auch keine Kinder zur Begrüßung entgegen.

Kunta sah im Vorübergehen, daß der Affenbrotbaum teilweise verkohlt war; von den Lehmhütten schien gut die Hälfte unbewohnt, in den Höfen lagen Abfälle, Kaninchen hopsten träge umher, Vögel nahmen Staubbäder. Die Dorfbewohner hockten zumeist vor ihren Hütten, und man sah, daß es fast nur Alte und Kranke waren. Außer wenigen greinenden Kleinkindern schien es keine Kinder zu geben. Kunta sah keinen Jungen seines Alters, auch keinen Mann im Alter des Vaters.

Die Wanderer wurden matt von einigen runzligen Greisen begrüßt. Der Älteste befahl einer zahnlosen Greisin, ihnen Wasser und Mais vorzusetzen; sie ist vielleicht eine Sklavin, dachte Kunta. Dann berichteten sie, einander gegenseitig ins Wort fallend, über die Ereignisse, die hier vorgegangen waren. Sklavenjäger hatten eines Nachts alle jüngeren Einwohner ermordet oder geraubt – »von deinem Regen bis zu seinem«, sagte einer der Alten und deutete erst auf Kunta, dann auf Omoro. »Uns haben sie übriggelassen. Wir hatten uns im Wald versteckt.«

Das verlassene Dorf verfiel, weil sie nicht wagten zurückzukommen. Die Ernte war noch weit, und sie hatten weder Vorräte noch Energie. »Ohne unsere jungen Leute werden wir jetzt aussterben.« Omoro hörte aufmerksam zu. Dann sagte er bedächtig: »Das Dorf meiner Brüder, das vier Tagereisen entfernt ist, wird euch gerne aufnehmen, Großväter.«

Darauf schüttelten alle ablehnend den Kopf, und der Älteste sagte: »Dies ist unser Dorf. Nirgendwo gibt es eine Quelle mit so wohlschmekkendem Wasser. Nirgendwo geben die Bäume angenehmeren Schatten. Nirgendwo sonst riecht es aus den Küchen so erfreulich nach den Speisen, die unsere Frauen bereiten.«

Die Alten entschuldigten sich für ihre unzulängliche Gastfreundschaft, doch Omoro versicherte ihnen, er und sein Sohn schliefen besonders gern unter freiem Himmel. Und wirklich, nachdem sie ihr Brot mit den Alten geteilt hatten, legte Kunta sich auf einem Lager aus federnden grünen Zweigen zur Ruhe und bedachte alles, was er da gehört hatte. Angenommen, das gleiche Los wäre Juffure zugedacht und alle, die er kannte, wären tot oder geraubt: Omoro und Binta, Lamin, er selber, der Brotbaum angekohlt, die Höfe übersät mit Abfällen. Kunta dachte schnell an etwas anderes.

In der Dunkelheit schrie plötzlich ein Tier, das im Wald von einem anderen gerissen worden war, und Kunta mußte gleich an Menschen denken, die andere Menschen fangen. Auch hörte er in der Ferne das Heulen der Hyänen, doch das war er gewohnt, denn die heulten jede Nacht, einerlei ob sie hungrig waren oder satt, ob es regnete oder heiß war. Als er endlich einschlief, fand er das vertraute Geheul beinahe tröstlich.

KAPITEL 19

Kunta erwachte beim ersten Tageslicht und sprang mit einem Satz von seinem Lager, denn da stand eine Greisin, die von ihm wissen wollte, warum er nicht endlich die Nahrung bringe, um die sie ihn vor zwei Monden ausgeschickt hatte? Omoro antwortete sanft anstelle seines Sohnes: »Wir würden es dir gerne sagen, wenn wir es nur wüßten, Großmutter.«

Sie wuschen sich und aßen etwas, dann verließen sie das Dorf, und Kunta mußte dabei an eine alte Frau in Juffure denken, die jeden Vorüberkommenden anhielt, scharf ansah und dann sagte: »Ein Glück, morgen kommt meine Tochter.« Jeder wußte, daß die Tochter vor vielen Regen verschwunden und daß der weiße Hahn auf dem Rücken liegend gestorben war, doch jeder, der so angeredet wurde, erwiderte sanftmütig: »Ganz recht, Großmutter, morgen kommt sie.«

Ehe die Sonne ihren höchsten Punkt erreichte, bemerkten sie vor sich auf dem Pfad einen einsamen Wanderer. Am Vortag waren sie mehrmals Reisenden begegnet, mit denen sie einen Gruß tauschten, dieser aber, ein schon älterer Mann, war auf eine Unterhaltung aus. Er deutete in die Richtung, aus der er kam, und bemerkte: »Kann sein, ihr trefft einen *toubob*.« Kunta hielt die Luft an. »Viele Männer tragen seine Lasten.« Der Alte fuhr fort, der *toubob* habe ihn angehalten, aber nur wissen wollen, wo der Fluß entspringe. »Ich sagte, der Fluß entspringt, wo die Entfernung zu seiner Mündung am größten ist.«

»Und er hat dir nichts Böses getan?« fragte Omoro.

»Nein, er tat sehr freundlich, aber die Katze verspeist trotz allem die Maus, mit der sie spielt.«

»Sehr wahr«, bestätigte Omoro.

Kunta hätte gern gefragt, was das für sonderbare *toubobs* wären, die nicht auf der Suche nach Menschen, sondern nach dem Ursprung eines Flusses waren, doch Omoro hatte sich bereits von dem Alten verabschiedet und seinen Weg fortgesetzt, wie üblich ohne sich nach Kunta umzusehen. Kunta war froh darüber, denn der Vater hätte nur gesehen, daß Kunta seine Last mit beiden Händen im Gleichgewicht halten mußte, während er dem Vater nachlief. Kuntas Fußsohlen bluteten jetzt, er wußte aber, daß es unmännlich gewesen wäre, davon Notiz zu nehmen, geschweige denn, es dem Vater zu sagen.

Aus dem gleichen Grund kämpfte er auch seine Angst nieder, als sie etwas später hinter einer Wegbiegung auf eine Löwenfamilie stießen, die nahe dem Pfad auf einer Wiese lagerte: ein Löwe, seine prächtige Frau und zwei Jungtiere. Kunta kannte Löwen nur als furchterregende, schleichende Raubkatzen, die eine Geiß zerfleischten, wenn die sich beim Grasen zu weit von der Herde entfernte.

Omoro verlangsamte den Schritt und sagte leise, ohne die Blicke von den Tieren zu wenden, als spüre er die Furcht seines Sohnes: »Um diese Tageszeit jagen und fressen sie nur, wenn sie sehr hungrig sind, und diese da sind richtig fett.« Immerhin hielt er eine Hand am Bogen, während sie an den Tieren vorübergingen, und Kunta hielt die Luft an. Er und die Löwen musterten einander, bis sie sich aus den Augen verloren.

Wenn ihm die Beine nicht so entsetzlich weh getan hätten, hätte er noch eingehender über die Löwen und auch über den *toubob* da weiter vorne nachgedacht. Als der Abend kam, hätte er sich auch unter zwanzig Löwen zur Ruhe gelegt an der Stelle, die Omoro auswählte. Kaum hatte er sich auf dem Lager aus Zweigen ausgestreckt, da schlief er auch schon fest, und ihm schien, daß nur Minuten vergangen waren, als der Vater ihn im Frühlicht wachrüttelte. Zwar war ihm zumute, als ob er kein Auge zugetan hätte, doch schaute er dem Vater bewundernd zu, als dieser zwei Hasen abbalgte und zum Braten vorbereitete, die er über Nacht in Schlingen gefangen hatte. Als er am Feuer hockte und das wohlschmeckende Fleisch verzehrte, fragte er sich, wo der Vater und die anderen Männer all das gelernt haben mochten, verbrachten doch Kunta und seine Kameraden ganze Stunden damit, ihr Kleinwild zu erbeuten und zuzubereiten.

Als der Marsch begann, merkte er, daß ihm so gut wie jeder Knochen im Leibe schmerzte, doch stellte er sich vor, dies sei bereits Teil seiner Ausbildung zum Manne, und er wollte der letzte sein, sich Schmerzen anmerken zu lassen. Als er kurz vor der Mittagsrast in einen scharfen Dorn trat, unterdrückte er einen Schmerzensschrei, doch hinkte er nun und fiel so weit zurück, daß Omoro ihm erlaubte, während der Mahlzeit am Wegrand zu rasten. Auch rieb er eine schmerzlindernde Paste auf die wunde Stelle, doch kaum hatten sie wieder den Weg unter den Füßen, stellten die

Schmerzen sich mit aller Macht wieder ein, und die Wunde blutete nun stark. Allerdings füllte sie sich bald mit Staub und Lehm und hörte auf zu bluten, und das unermüdliche Gehen stumpfte den Schmerz ab, so daß Kunta mit seinem Vater Schritt halten konnte. Er hätte es nicht mit Gewißheit sagen können, doch kam es ihm so vor, als ob der Vater das Tempo verlangsamt hätte. Als man zur Nacht rastete, war die Wunde am Fuß geschwollen und sah häßlich aus, Omoro aber legte einen weiteren feuchten Verband auf, und am Morgen war alles wieder gut, jedenfalls so weit, daß Kunta ohne großen Schmerz auftreten konnte.

Er bemerkte nun erleichtert, daß man an diesem, dem vierten Tag das Land der Dornen und Kakteen hinter sich ließ und in Buschgelände geriet, das dem bei Juffure ähnelte. Bäume und blühende Sträucher standen hier sogar noch dichter, und es gab auch erheblich mehr Affen und zwitschernde bunte Vögel. Als er die stark riechende Luft atmete, mußte er daran denken, wie er mit dem kleinen Bruder am Ufer des *bolong* Krebse fangen gegangen war; sie warteten dort auf die Rückkehr der Frauen von den Reisfeldern und winkten der Mutter in ihrem Kanu zu.

Omoro schlug in jedem Dorf am Baum der Reisenden den Weg ein, der die Ortschaft umging, doch wurden sie stets von den Kindern des ersten *kafo* begrüßt, die jedenfalls die neuesten Nachrichten verbreiteten, die Lokalnachrichten selbstverständlich. Einmal wurden sie von diesen Zwergen mit dem Ruf »Mumbo jumbo! Mumbo jumbo!« begrüßt, was diese offenbar für ausreichend hielten. Der Weg führte immerhin so nahe am Dorf vorbei, daß Omoro und Kunta sehen konnten, daß die Bewohner im Kreis um eine vermummte Figur standen, die drohend mit einem Prügel über dem nackten Rücken einer Frau fuchtelte, welche von anderen Frauen festgehalten wurde. Sämtliche weiblichen Zuschauer begleiteten jeden Schlag des Prügels mit furchtbarem Geschrei, und Kunta wußte aus den Erzählungen der Kameraden beim Ziegenhüten, worum es sich da handelte: Ein Mann, der sich wiederholt über seine Frau ärgern mußte, mietete sich im Nachbardorf einen *mumbo jumbo*, der mehrmals aus einem Versteck heraus die schuldhafte Ehefrau warnte und sie, falls dies nicht half, öffentlich ausprügelte; danach betrugen sich sämtliche Ehefrauen eine Weile vorbildlich.

An einem Baum der Reisenden wurden sie von überhaupt niemandem begrüßt, und auch aus dem Dorf drang kein menschlicher Laut. Kunta fragte sich, ob auch hier die Sklavenjäger am Werk gewesen waren, und wartete vergeblich darauf, daß der Vater ihm das Geheimnis erkläre. Dies geschah durch die mitteilsamen Kinder des nächsten Dorfes. Sie deuteten auf den Weg, den die Kintes eben gekommen waren, und erzählten, der Älteste jenes Dorfes habe seine Dörfler unentwegt geärgert, bis diese es satt bekamen und eines Nachts, als er schlief, mit Sack und Pack davongingen und bei Freunden und Verwandten Zuflucht suchten. Sie hinterließen einen »leeren« Ältesten, wie die Kinder sich ausdrückten, und dieser habe bereits öffentlich gelobt, sich bessern zu wollen, wenn nur seine Leute zurückkehren wollten.

Da es bis zum Abend nicht mehr weit war, beschloß Omoro, in diesem Dorf zu bleiben. Unter dem Brotbaum wurde indessen von den Einheimischen eifrig über die Affären des Nachbardorfes getratscht. Allgemein war man der Ansicht, die Dörfler würden sehr bald zurückkehren, nun, da sie ihrem Ältesten eine Lektion erteilt hatten. Während Kunta sich den Bauch mit Erdnußmus und Reis vollschlug, vereinbarte sein Vater mit dem örtlichen *jaliba*, dieser möge seinen Brüdern durch die Trommel mitteilen, Omoro gedenke beim folgenden Sonnenuntergang bei ihnen zu sein, und mit ihm reise sein Erstgeborener.

Kunta hatte sich schon manchmal ausgemalt, wie es wäre, wenn er seinen Namen über Land getrommelt hörte, und nun also geschah das wirklich. Er bekam den Klang nicht mehr aus den Ohren. Als er später in der Gästehütte auf dem Lager aus Bambusstangen lag, stellte er sich vor dem Einschlafen trotz aller Müdigkeit alle die anderen *jalibas* vor, die jetzt über ihre Trommeln gebeugt saßen und von Dorf zu Dorf seinen Namen trommelten, bis er endlich im Dorf von Janneh und Saloum gehört werden würde.

Weil die Trommel gesprochen hatte, begrüßten sie nun am Baum der Reisenden in allen Dörfern, durch die sie kamen, nicht mehr nur die nackten Kinder, sondern manchmal auch die Ältesten oder auch Dorfmusikanten. Und Omoro konnte nicht ablehnen, als einer dieser Ältesten um die Ehre seines Besuches bat, und wäre es nur ein ganz kurzer. Als die Kintes sich erfrischt hatten und sich zum Essen und Trinken unter den Kapokbaum setzten, versammelten sich die Erwachsenen um Omoro, begierig, dessen Antworten auf ihre Fragen zu hören, während die Knaben des ersten, zweiten und dritten *kafo* Kunta umringten. Die vom ersten *kafo* starrten ihn schweigend an, die Gleichaltrigen und etwas Älteren stellten sichtlich neidisch Fragen nach seinem Zuhause und seinem Ziel. Er antwortete ernst und, wie er hoffte, ebenso würdig wie der Vater auf die Fragen ihrer Väter. Jedenfalls glaubte er bei den Gastgebern den Eindruck zu hinterlassen, er sei ein junger Mann, der den größten Teil seiner Zeit damit verbrachte, mit dem Vater die Pfade Gambias zu bereisen.

KAPITEL 20

Im letzten Dorf hatten sie so lange verweilt, daß Kunta und sein Vater unmöglich zur angegebenen Zeit bei den Onkeln eintreffen konnten, es sei denn, sie legten einen mächtigen Schritt zu. Zwar schwitzte er stark und die Knochen taten ihm weh, doch wurde es Kunta erstaunlicherweise leichter, seine Traglast im Gleichgewicht zu halten, und er spürte neue Kraft in sich, denn die Trommeln kündeten jetzt unablässig die Ankunft der Gäste im nächsten Dorf an: Älteste, *jalibas, griots* und andere Würdenträger, welche entfernte Orte wie Karantaba, Kootacunda, Pisania und Jonkakonda vertraten. Von den meisten hatte Kunta nie gehört. Die Trommeln sagten, es sei ein *griot* aus dem Königreich Wooli gekommen und der König von Barra habe einen seiner Söhne geschickt. Kuntas schrundige Sohlen hasteten über den heißen staubigen Pfad, und er hörte mit Erstaunen, wie berühmt und beliebt seine Onkel waren. Bald schon lief er nicht nur, um den nun sehr rasch gehenden Omoro nicht zu verlieren, sondern auch, weil ihm diese letzten Stunden endlos vorkamen.

Endlich, die Sonne färbte sich im Westen bereits dunkelrot, sah Kunta Rauch von einem Dorf vor sich aufsteigen. An der Art, wie der Rauch sich kringelte, erkannte Kunta, daß getrocknete Brotfruchtbaumhülsen verbrannt wurden, um die Mücken zu vertreiben. Und daraus wiederum war zu schließen, daß wichtige Besucher erwartet wurden. Kunta hätte am liebsten laut gejubelt. Sie waren angekommen! Bald hörte er das dumpfe Dröhnen der *tobalo*-Trommel, die vermutlich immer dann gerührt wurde, wenn ein bedeutender Besucher das Dorf betrat. Dazwischen wurde die kleinere *tan-tang*-Trommel vernehmlich und die Schreie der Tänzer. Hinter einer Wegbiegung kam unter dem aufsteigenden Rauch ganz plötzlich das Dorf ins Blickfeld, und außerhalb, vor einem Gebüsch, gewahrten sie eine einzelne Gestalt, die sie im gleichen Augenblick sah und so aufgeregt zu gestikulieren begann, als sei sie eigens dort aufgestellt worden, um nach einem Mann und einem Knaben Ausschau zu halten. Omoro winkte zurück, und der Mann beugte sich sogleich über seine Trommel, die nun laut ankündigte: »Omoro Kinte und sein erstgeborener Sohn.«

Kunta spürte kaum noch den Boden unter den Füßen. Am Baum der Reisenden, der bald in Sicht kam, hingen unzählige Baumwollstreifen, und der ursprünglich einbahnige Pfad war hier schon stark verbreitert worden – was bewies, daß in diesem Dorf ein lebhaftes Kommen und Gehen herrschte. Die *tan-tangs* wurden lauter, Tänzer in Kostümen aus Baumrinde erschienen grunzend und schnaufend, sie hüpften und wirbelten den anderen voran zum Dorf hinaus, den sehnlich erwarteten Gästen entgegen. Begleitet vom tiefen Dröhnen der *tobalo*-Trommel drängten sich zwei Gestalten durch die Menge, Omoro warf sein Bündel ab und lief ihnen entgegen, und Kunta rannte ebenfalls. Der Vater umarmte immer wieder abwechselnd die beiden Männer, die endlich fragten: »Und das also ist unser Neffe?« Sie hoben ihn hoch und drückten ihn an sich und gaben laut ihrer Freude Ausdruck. Man brachte die beiden Ankömmlinge im Triumph ins Dorf, wo sie noch einmal mit viel Jubel begrüßt wurden, doch Kuntas Aufmerksamkeit galt ausschließlich den Onkeln. Sie waren seinem Vater ähnlich, gewiß, aber kleiner, untersetzter, auch muskulöser. Der Ältere, Onkel Janneh, schien aus zusammengekniffenen Lidern immer in die Ferne zu blicken, und beide bewegten sich mit der Flinkheit von Tieren. Auch redeten sie sehr viel schneller als Omoro und setzten ihm mit tausend Fragen nach Juffure und Binta zu.

Saloum legte schließlich Kunta die Hand auf den Kopf und sagte dazu: »Seit der hier seinen Namen bekommen hat, waren wir nicht mehr beisammen. Und seht ihn euch doch nur an! Wieviele Regen zählst du jetzt, Kunta?«

»Acht Regen.«

»Nun, dann wird man ja bald einen Mann aus dir machen«, rief der Onkel.

Das Dorf war von einem hohen Bambuszaun eingefaßt, und davor waren Dornbüsche aufgehäuft, in denen spitze Pfähle verborgen waren, damit sich räuberische Tiere oder Menschen an ihnen verletzen sollten. Kunta nahm davon aber nichts wahr, bemerkte auch kaum die wenigen gleichaltrigen Knaben. Er hörte kaum den Lärm, den Papageien und Affen in den Bäumen machten, auch nicht das Gebell der *wuolo*-Hunde, die sich zwischen den Menschen drängten, als die Onkel Omoro und ihn im Dorf herumführten. Saloum erklärte, daß zu jeder Hütte ein eigener Hof gehöre und daß die Vorratsbehälter für getrocknete Nahrungsmittel unmittelbar über den Kochstellen errichtet worden seien, weil Reis, Hirse und Mais so durch den Rauch von Ungeziefer freigehalten würden.

Kunta wurde fast schwindlig davon, daß es hier und da immer wieder Neues und Bewundernswertes zu sehen gab, und es verwirrte und faszinierte ihn, alle möglichen Dialekte sprechen zu hören, die er kaum oder gar nicht verstand. Kunta kannte die Sprache der anderen Stämme nicht, auch nicht die der benachbarten, ebensowenig wie die anderen – ausgenommen Gelehrte wie der *arafang* – Mandinka verstanden. Immerhin hatte er sich oft genug in der Nähe des Baumes der Reisenden herumgedrückt, um die einzelnen Stämme dem Namen nach zu kennen und einiges von ihren besonderen Merkmalen zu wissen. So etwa zeichneten die Fula sich durch ovale Gesichter aus, durch langes Haar und schmale Lippen, schärfere Züge und waagrechte Narben an den Schläfen. Die Wolof waren tiefschwarz und sehr zurückhaltend, die Serahuli waren von kleinem Wuchs und hellerhäutig. Die Jolas konnte man gar nicht verwechseln, die hatten Narben am ganzen Körper, und ihre Miene wirkte jederzeit kriegerisch.

Kunta erkannte Angehörige aller Stämme in diesem neuen Dorf, aber die, die er nicht kannte, waren in der Mehrzahl. Manche feilschten lärmend mit Händlern um ihre Ware. Ältere Frauen priesen lautstark gegerbte Häute an. Jüngere Frauen suchten den Preis von Haarstücken und Perücken herunterzuhandeln. Wo Kola feilgehalten wurde, drängten sich diejenigen, deren restliche Zähne bereits vom Kauen der Kolanuß rot gefärbt waren.

Omoro wurde im Gedränge mit allen möglichen bedeutenden Fremden bekannt gemacht, und Kunta bewunderte seine Onkel dafür, daß sie fremde Sprachen so fließend beherrschten. Da er wußte, daß er den Vater und die Onkel jederzeit wiederfinden könnte, ließ Kunta sich in der Menge treiben und fand sich bald zwischen Musikanten, die für alle Tanzlustigen aufspielten. Dann kostete er von gebratener Antilope, Rindfleisch und dem Erdnußmus, mit dem die Frauen des Dorfes die unter dem Affenbrotbaum aufgestellten Tafeln reichlich versorgten. Kunta fand die Speisen schmackhaft, aber doch nicht so delikat wie die Gerichte, die am Erntefest in Juffure aufgetragen wurden.

Am Brunnen standen mehrere Frauen beieinander und schienen sich sehr angeregt zu unterhalten. Kunta gesellte sich ihnen unauffällig zu und hörte, daß eine halbe Tagesreise von hier ein berühmter *marabout* samt Gefolge rastete; er kam in der Absicht, diesem Dorf Ehren zu erweisen, da es gegründet worden war von den Nachfahren des berühmten heiligen Mannes Kairaba Kunta Kinte. Wieder machte es Kunta ungeheuer stolz, daß man von seinem Großvater so ehrfürchtig sprach. Die Frauen, die ihn nicht erkannten, redeten dann von seinen Onkeln. »Zeit, daß sie aufhören umherzureisen, Frauen nehmen und Söhne haben«, sagte eine. »Es wird ihnen nur sehr schwer werden, eine Frau zu nehmen, denn alle reißen sich um sie«, meinte eine andere.

Als Kunta sich endlich etwas beklommen einigen gleichaltrigen Knaben näherte, war es beinahe dunkel. Sie schienen aber nicht übelzunehmen, daß er sich bislang an die Erwachsenen gehalten hatte, vielmehr drängte es sie offenbar, ihm ausführlich zu schildern, wie es zur Gründung dieses Dorfes gekommen war. »Deine Onkel haben sich auf ihren Reisen mit unseren Familien angefreundet, und alle waren aus diesem oder jenem Grund mit ihrem Dasein unzufrieden. Mein Großvater zum Beispiel hatte nicht genug Platz für seine Kinder und Enkel, und bei denen da« – er wies auf einen anderen Jungen – »wollte der Reis nicht richtig wachsen.«

Kunta erfuhr nun, daß seine Onkel allen ihren Freunden gesagt hatten, sie wüßten den idealen Platz für ein neu zu errichtendes Dorf, und nicht lange, da machten sich die Freunde von Janneh und Saloum samt Ziegen, Hühnern, Gebetsteppichen und aller ihrer sonstigen Habe auf den Weg.

Bald brach die Dunkelheit an und überall im Dorf wurden Feuer entfacht, zu denen Kuntas neue Freunde im Lauf des Tages Äste und Scheite herbeigetragen hatten. Man sagte ihm, aus Anlaß der Festlichkeiten würden die Einwohner bunt gemischt mit den Besuchern um ein großes Feuer verteilt sitzen, während auch hier, dem Brauch folgend, sonst Frauen und Kinder von den Männern getrennt an eigenen Feuern saßen. Sobald der *alimamo* die Versammelten gesegnet hätte, sollten Janneh und Saloum zwischen die Sitzenden treten und von ihren Reisen und Abenteuern berichten. Unmittelbar bei ihnen würde sich der älteste aller Besucher halten, der Dorfälteste von Fulladu weiter stromaufwärts, und alle an seiner Weisheit teilhaben lassen. Angeblich war er über hundert Regen alt.

Kunta fand seinen Vater gerade noch rechtzeitig am Feuer, denn schon sprach der *alimamo* das Gebet. Danach herrschte minutenlang Schweigen. Man hörte die Grillen zirpen, und der Rauch des Feuers huschte über die Gesichter der Versammelten. Endlich ergriff der Älteste mit einem Gesicht wie Leder das Wort: »Hunderte von Regen früher, als die Erinnerung zurückreicht, gelangte über das große Wasser ein Märchen, dem zufolge in Afrika ein Berg stehen soll, ganz aus Gold. Dieses Berges wegen kamen die ersten *toubobs* nach Afrika.« Einen Berg von Gold habe es zwar nicht gegeben, doch seien unvorstellbare Mengen Goldes aus den Flußbetten gewaschen und aus tiefen Gruben im nördlichen Guinea und später in den Wäldern Ghanas gefördert worden. »*Der Toubob* hat nie erfahren, woher das Gold stammte, denn was ein *toubob* weiß, wissen bald alle.«

Danach sprach Janneh. So kostbar wie Gold sei an manchen Orten Salz. Er und Saloum hätten mit eigenen Augen gesehen, wie Gold gegen Salz im gleichen Gewicht getauscht worden sei. Man finde Salz in dicken Schichten an einigen Orten unter ganz bestimmten Arten von Sand, während anderswo salzhaltiges Wasser nach dem Verdunsten einen Salzbrei hinterlasse, der getrocknet und dann ebenfalls zu Blöcken zerteilt werde.

Der Alte bemerkte dazu: »Es hat einmal eine ganze Stadt aus Salz gegeben, Taghaza, deren Bewohner Häuser und Moscheen aus Salzblöcken errichteten.«

Eine Greisin, die Kunta an Großmutter Nyo Boto erinnerte, wagte zu fordern: »Erzähle von den sonderbaren buckligen Tieren, die du uns beschrieben hast.«

Man lehnte sich gespannt vor. In der Ferne heulte eine Hyäne. Nun war Saloum an der Reihe zu berichten. »Diese Tiere werden Kamele genannt, und sie leben in einer unendlichen Sandwüste. Sie finden ihren Weg nach den Sternen, der Sonne und dem Wind. Janneh und ich sind drei Monde lang auf solchen Tieren geritten und haben nur selten haltgemacht, um sie zu tränken.«

»Dafür aber häufig, um die Banditen zu verjagen!« warf Janneh ein.

»Einmal gehörten wir zu einer Karawane von 12000 Kamelen«, fuhr Saloum fort, »das heißt, genau gesagt waren es viele kleine Karawanen, die zusammen reisten, um sich besser gegen Räuber schützen zu können.«

Während Saloum sprach, entrollte Janneh eine große gegerbte Haut. Auf einen Wink des Ältesten warfen junge Männer eifrig trockene Zweige ins Feuer, und im Schein der auflodernden Flamme verfolgten Kunta und die anderen Jannehs Finger, der über eine sonderbare Zeichnung glitt. »Dies ist Afrika«, sagte er dabei. Dann deutete er auf »das große Wasser« im Westen und auf »die große Sandwüste«, viele Male größer als ganz Gambia, das auf seiner Zeichnung links unten zu sehen war. »Die Kähne der *toubobs* bringen zur Nordküste Afrikas Porzellan, Gewürze, Pferde, Stoffe und unzählige andere Dinge, die von Menschen gemacht worden sind«, sagte Saloum. »Auf Kamelen und Eseln bringen sie diese Waren ins Land, an Orte wie Sijilmasa, Ghadames, Marrakesch.« Und er deutete mit dem Finger auf diese Orte. »Und während wir hier sitzen, tragen ungezählte Männer schwere Lasten afrikanischer Güter zu den Kähnen der *toubobs* – Elfenbein, Häute, Oliven, Datteln, Kolanüsse, Baumwolle, Kupfer, Edelsteine.«

Kunta schwirrte der Kopf von alledem, was er da hörte, und er schwor sich, künftig alle diese aufregenden Orte zu besuchen.

Der Ausgucktrommler ließ sich jetzt aus einiger Entfernung vernehmen: »Der *marabout* kommt!« Sogleich bildete sich ein Empfangskomitee, bestehend aus den Gründern des Dorfes, Janneh und Saloum, dem Ältestenrat, dem *alimamo* und dem *arafang*, ferner aus den Ehrengästen, darunter auch Omoro. Kunta erhielt seinen Platz bei den gleichaltrigen Knaben des Dorfes angewiesen. Musikanten zogen ihnen voran zum Baum der Reisenden, wo sie im gleichen Moment eintrafen wie der heilige Mann. Kunta starrte den weißbärtigen, sehr schwarzen Mann an, der an der Spitze seines ermüdeten Gefolges einherschritt. Männer, Frauen und Kinder trugen schwere Kopflasten, ausgenommen einige Hirten, die Rinder und, wie Kunta schätzte, an die hundert Geißen trieben.

Der heilige Mann segnete rasch die zu seiner Begrüßung erschienenen Männer und hieß sie, sich von den Knien erheben. Er spendete Janneh und Saloum noch einen besonderen Segen. Janneh stellte Omoro vor, und Saloum winkte Kunta herbei, der gleich angerannt kam. »Dies ist mein ältester Sohn«, stellte Omoro ihn vor. »Er trägt den Namen des heiligen Großvaters.«

Kunta hörte den *marabout* über seinen Kopf hinweg arabisch sprechen, das er nicht verstand, ausgenommen den Namen seines Großvaters, dann berührten die Finger des heiligen Mannes seinen Kopf so leicht wie die Flügel eines Schmetterlings. Als der *marabout* sich den anderen Würdenträgern zuwandte, lief Kunta zu seinen Altersgenossen zurück. Der *marabout* unterredete sich mit diesen Männern übrigens wie ein gewöhnlicher Sterblicher. Kunta und seine Gruppe lösten sich von der Menge und betrachteten aus einiger Entfernung mit Staunen das zahlreiche Gefolge des heiligen Mannes.

Frauen und Kinder des *marabout* zogen sich schon bald in Gästehütten zurück, während seine Schüler sich niederließen, aus ihren Bündeln Bücher und Handschriften auspackten – alles das Eigentum ihres Lehrers – und laut jenen vorlasen, die sich um sie her hockten, um zuzuhören. Kunta bemerkte, daß die Sklaven nicht zusammen mit den anderen das Dorf betraten. Sie blieben außerhalb, nahe dem Zaun, wo sie auch Rinder und Ziegen angebunden hatten. Zum erstenmal sah Kunta hier Sklaven, die sich von den übrigen fernhielten.

Der heilige Mann konnte sich kaum bewegen, so sehr wurde er beengt von Menschen, die um ihn knieten. Dörfler und Besucher berührten mit der Stirn den Staub zu seinen Füßen und baten ihn, ihre Bitten zu erhören, wobei manche auch sein Gewand anzufassen suchten. Manche baten ihn, ihre Dörfer zu besuchen und Gottesdienste abzuhalten, weil dies lange nicht mehr geschehen sei. Andere wollten seinen Richtspruch, denn im Islam sind Religion und Recht eines. Väter wünschten von ihm bedeutungsvolle Namen für ihre Kinder zu hören, und Gäste aus Dörfern ohne *arafang* fragten, ob er nicht einen Schüler entbehren könne für dieses Amt.

Die Schüler waren inzwischen eifrig mit dem Verkauf von kleinen Stückchen gegerbter Rindshaut beschäftigt, die von den Käufern dem heiligen Mann hingereicht wurden, damit dieser sein Zeichen darauf mache. Wer ein vom heiligen Mann gezeichnetes Lederstück in seinem *saphie*-Talisman trug (Kunta hatte einen am Oberarm), der konnte gewiß sein, Allah immer nahe zu bleiben. Für die beiden Kaurischalen, die er aus Juffure mitgebracht hatte, erwarb auch Kunta solch einen Fetzen und schloß sich denen an, die den *marabout* umdrängten.

Es ging Kunta durch den Sinn, daß der Großvater diesem heiligen Mann geglichen haben mußte, dem Allah die Kraft verliehen hatte, ein verdurstendes Dorf zu retten, indem er regnen ließ, wie ja einst Kairaba Kunta Kinte auch Juffure gerettet hatte. Das hatte Kunta von seinen Großmüttern Yaisa und Nyo Boto gehört, so lange er zurückdenken konnte. Doch erst jetzt begriff er ganz die Größe dieses Vorfahren und des Islam. Nur ein einziger Mensch, beschloß Kunta, soll wissen, warum ich für meine kostbaren Kaurischalen diesen Lederfetzen gekauft habe und nun hier in der Menge stehe und warte, daß der heilige Mann sein Zeichen darauf macht. Nyo Boto will ich es geben und sie bitten, es für mich zu verwahren, bis die Zeit kommt, es in einen kostbaren *saphie*-Talisman einzunähen für meinen eigenen erstgeborenen Sohn.

KAPITEL 21

Kuntas *kafo*-Kameraden beneideten ihn glühend um seine Reise und erwarteten, daß er mit übermäßig stolzgeschwellter Brust nach Juffure zurückkehren würde; sie hatten das zwar nicht ausdrücklich verabredet, waren aber entschlossen, seinen Erlebnissen gegenüber völlige Gleichgültigkeit an den Tag zu legen. So geschah es denn auch, und keiner seiner Freunde bedachte, wie sehr es Kunta kränken mußte, daß man nach seiner Rückkehr so tat, als sei er überhaupt nicht weggewesen, ja, daß man sogar Gespräche unterbrach, wenn er dazutrat, und ihn in jeder Weise schnitt. Kuntas langjähriger Freund Sitafa tat sich besonders dabei hervor. Kunta war davon so niedergeschlagen, daß er kaum Notiz nahm von seinem jüngsten Bruder Suwadu, der während seiner Abwesenheit zur Welt gekommen war.

Eines Nachmittags, als die Ziegen grasten, nahm Kunta sich vor, endlich wieder das alte Verhältnis zu den Kameraden herzustellen. Er setzte sich also zu ihnen, die abseits im Schatten ihre Mahlzeit hielten, und begann einfach zu erzählen. »Ich wollte, ihr hättet mitkommen können«, fing er ganz ruhig an und berichtete dann ausführlich, wie beschwerlich der Weg für ihn gewesen war, welche Schmerzen er gelitten, welche Angst er beim Anblick der Löwen ausgestanden hatte. Er beschrieb die Dörfer, die er gesehen, die Menschen, die er unterwegs getroffen hatte. Einer der Knaben mußte sich währenddessen um die Ziegen kümmern, und als er wieder zu den anderen stieß, setzte er sich unauffällig näher zu Kunta, dessen Bericht nun bereits von teilnehmenden Ausrufen der Hörer begleitet wurde; als er bis zur Ankunft im neuen Dorf der Onkel gelangt war, wurde es Zeit, die Ziegen heimzutreiben.

Am nächsten Morgen konnten die Jungen kaum die Ungeduld beherrschen, mit der sie das Ende des Unterrichts beim *arafang* erwarteten, und als die Ziegen auf der Weide waren, drängten sich alle um Kunta, der ihnen jetzt von den Angehörigen fremder Stämme und ihren unterschiedlichen Sprachen berichtete, denen er bei den Onkeln begegnet war. Gerade schilderte er die fernen Orte, die Janneh und Saloum besucht hatten, als die friedliche Stille vom wilden Bellen eines Hundes und dem kläglichen Schreien einer Ziege unterbrochen wurde.

Die Knaben sprangen auf und erblickten über den Spitzen des hohen Grases einen Panther, der soeben eine Ziege aus dem Maul fallen ließ und sich auf zwei Hütehunde stürzte. Die Knaben waren zu verängstigt, um etwas zu unternehmen, sie standen wie gelähmt und sahen zu, wie der Panther mit einer Tatze einen der Hunde fortschleuderte; der andere Hund sprang wie verrückt hierhin und dorthin, der Panther duckte sich furchtbar knurrend zum Sprung, und die Ziegen stoben in alle Himmelsrichtungen davon.

Nun endlich setzten die Jungen sich schreiend in Bewegung, hauptsächlich bemüht, die Ziegen nicht allzuweit entkommen zu lassen. Kunta aber rannte blindlings zu der gerissenen Ziege, die seinem Vater gehörte. Sitafa versuchte, ihn davon abzuhalten, sich zwischen die Hunde und den

Panther zu werfen, doch nützte es nichts; der Panther allerdings flüchtete in den Wald, als er die brüllenden Jungen auf sich zukommen sah, und die wütenden Hunde folgten ihm.

Der Gestank des Panthers und der Anblick der gerissenen Ziege machten Kunta übel; ihr Leib war aufgerissen, ganz von Blut überströmt, und man sah, daß das Ungeborene in ihr noch lebte. Nahebei wälzte sich der ebenfalls schwerverletzte Hund und versuchte, winselnd zu Kunta hinzukriechen. Kunta mußte erbrechen und schaute Sitafa an, der mit angstverzerrtem Gesicht neben ihm stand.

Kunta sah durch einen Tränenschleier, daß die anderen von ihm zurückwichen, die Blicke schreckerfüllt auf die gerissene Ziege und den verletzten Hund gerichtet; nur Sitafa blieb bei ihm und legte den Arm um Kuntas Schulter. Keiner sagte ein Wort, doch greifbar in der Luft stand die Frage: Wie wird er das seinem Vater sagen? Kunta fand endlich die Sprache wieder. »Paßt du mal auf meine Ziegen auf?« sagte er zu Sitafa. »Ich muß meinem Vater das Fell bringen.«

Sitafa besprach sich kurz mit einigen anderen, und zwei Knaben brachten den winselnden Hund weg. Kunta bedeutete Sitafa, sich zu den anderen zu gesellen, kniete hin und balgte die Ziege mit dem Messer ab, wie er es den Vater hatte tun sehen. Er deckte den Kadaver samt dem ungeborenen Jungen mit Gras zu und machte sich auf den Heimweg. Schon einmal hatte er beim Hüten nicht aufgepaßt und sich damals geschworen, das nie wieder zu tun. Nun war es doch geschehen, und eine Ziege war tot!

Er hoffte verzweifelt, dies sei nur ein Alptraum, aus dem er gleich erwachen werde, doch das blutige Fell in seinen Händen belehrte ihn eines anderen. Er wünschte, tot zu sein, wußte aber, daß seine Schande auch dann den Vorfahren bekanntwerden würde. Gewiß straft Allah mich, weil ich geprahlt habe, dachte er. Er kniete in die Richtung, in der die Sonne aufgeht, und betete um Vergebung.

Aufstehend sah er, daß sein *kafo* alle Ziegen eingesammelt hatte und sich zur Heimkehr vorbereitete; alle nahmen die Bündel mit Feuerholz auf den Kopf, einer trug den verletzten Hund. Zwei weitere Hunde hinkten schlimm. Sitafa bemerkte, daß Kunta zu ihnen hersah, er setzte seine Last ab und wollte zu Kunta eilen, doch dieser winkte ab – Sitafa solle bei den anderen bleiben.

Jeder Schritt auf dem ausgetretenen Ziegenpfad schien Kunta seinem Ende näher zu bringen, dem Ende aller Dinge, wie ihm schien. Schuldgefühle, Angst und Benommenheit packten ihn abwechselnd. Man würde ihn fortschicken. Binta, Lamin und Nyo Boto würden ihm fehlen, sogar der Unterricht beim *arafang* würde ihm fehlen. Er dachte an die verstorbene Großmutter Yaisa, an den heiligmäßigen Großvater, dessen Namen er mit Schande bedeckt hatte, an die berühmten, weitgereisten Onkel, die ein ganzes Dorf gebaut hatten. Ihm fiel ein, daß er kein Feuerholz mitbrachte. Die gerissene Ziege war ein besonders liebes, munteres Tier gewesen, eine Einzelgängerin, die sich gern von den anderen trennte. Und er dachte an das ungeborene Geißlein. Und hinter allen diesen Gedanken stand drohend der eine Gedanke, der ihm am schrecklichsten war und den er nicht verdrängen konnte: der Gedanke an den Vater.

Völlig verwirrt, unfähig weiterzugehen, blieb er an Ort und Stelle und stierte vor sich den Pfad hinab, auf dem jetzt jemand auf ihn zugelaufen kam: Omoro. Wie hatte er es erfahren? Kein Knabe würde gewagt haben, es ihm zu erzählen!

»Fehlt dir etwas?« fragte Kuntas Vater.

Kuntas Zunge schien am Gaumen zu kleben. »Ja, Fa«, brachte er schließlich heraus, doch da hatte Omoro bereits bemerkt, daß das Blut an Kuntas *dundiko* das der Ziege und nicht das seines Sohnes war. Omoro nahm ihm das Fell ab und legte es ins Gras. »Setz dich«, befahl er, und Kunta ließ sich zitternd ihm gegenüber nieder.

Omoro sagte: »Du mußt wissen, daß alle Menschen Fehler machen. Als ich so viele Regen zählte wie du, habe ich auch eine Ziege verloren. An einen Löwen.« Er entblößte seine linke Hüfte. Kunta sah entsetzt eine blasse Narbe. »Ich habe lernen müssen, und auch du mußt lernen!« Omoro blickte seinen Sohn eindringlich an. »Geh niemals ein gefährliches Raubtier an. *Niemals*, hörst du?«

»Ja, Fa.«

Omoro stand auf und warf das Ziegenfell weit weg in den Busch. »Weiter gibt es dazu nichts zu sagen.«

Kunta war ganz wirr im Kopf, als er hinter seinem Vater auf das Dorf zuging. Größer noch als sein Schuldgefühl und seine Erleichterung war die Liebe, die er in diesem Moment für den Vater empfand.

KAPITEL 22

Kunta war jetzt zehn Regen alt, und die Knaben des zweiten *kafo* waren so gut wie fertig mit der Schulausbildung, die sie erhalten hatten, seit sie fünf Regen alt waren. Als der Tag des Schulabschlusses gekommen war, nahmen die Eltern Kuntas und seiner Kameraden stolz in der vordersten Reihe der Besucher im Schulhof Platz, sogar noch vor den Dorfältesten. Kunta und seine Mitschüler hockten sich vor dem *arafang* auf den Boden, und der *alimamo* betete. Danach blickte der *arafang* sich unter seinen Zöglingen um, die allesamt darauf brannten, Fragen gestellt zu bekommen. Als ersten wählte er Kunta aus.

»Welchen Beruf haben deine Vorfahren ausgeübt, Kunta Kinte?« fragte er.

Kunta antwortete voll Selbstvertrauen: »Vor Hunderten von Regen waren die Kintes im Lande Mali Schmiede, und ihre Frauen machten Geschirr und webten.« Korrekte Antworten wurden von den Anwesenden mit Beifallsbekundungen aufgenommen.

Sodann stellte der *arafang* eine Rechenaufgabe: »Wie viele Erdnüsse muß ein Pavian stehlen, der sieben Frauen hat, die jeweils sieben Kinder haben, die täglich eine Woche lang sieben Erdnüsse essen?« Sitafa Silla war der erste, der nach umständlichem Kritzeln mit Grashalmen auf Schreibtafeln die Antwort heraushatte, und die Beifallsrufe übertönten das enttäuschte Ächzen der anderen Schüler.

Dann schrieben alle Knaben ihre Namen in arabischen Zeichen nieder, wie man sie gelehrt hatte, und der *arafang* hielt die Schreibtafeln eine nach der anderen hoch, um dem Publikum zu zeigen, wie erfolgreich sein Unterricht gewesen war. Kunta fand, wie alle anderen, daß die sprechenden Zeichen noch schwerer zu lesen als niederzuschreiben waren, und hatte sich manchen Morgen gewünscht, das Geschriebene wäre ebensoleicht zu verstehen wie die sprechende Trommel, die schon Jungen im Alter von Lamin so gut verstanden, als würden ihnen die Worte von einem Nebenstehenden eingesagt. Das Lesen von Geschriebenem wurde einem hingegen morgens und abends vom *arafang* mit dem Stecken beigebracht.

Der *arafang* ließ nun einen Schüler nach dem anderen aufstehen, und als Kunta aufgerufen wurde, spürte er, wie die Seinen ihn voll Stolz betrachteten, ja, daß auch die Vorfahren auf dem Friedhof des Dorfes stolz auf ihn waren – insbesondere die so sehr geliebte Großmutter Yaisa. Stehend las er einen Koranvers vor, drückte danach das Blatt an die Stirn und sagte »Amen«. Als die Vorlesungen vorbei waren, gab der *arafang* jedem Schüler die Hand und verkündete laut, mit Abschluß des Unterrichtes gehörten die Knaben nun zum dritten *kafo*, was ebenfalls mit lautem Beifall aufgenommen wurde. Binta und andere Mütter hoben die Deckel von den Gefäßen, in denen sie köstliche Speisen mitgebracht hatten, und die Prüfungsfeier ging in ein festliches Mahl über.

Als Kunta am folgenden Morgen die Ziegen der Familie auf die Weide treiben wollte, erwartete ihn schon der Vater. Er deutete auf eine hübsche junge Geiß und ein Böcklein und sagte: »Die gehören jetzt dir, als Belohnung für deine Leistungen in der Schule.« Kunta konnte kaum ein Dankeschön stammeln, da war der Vater schon fortgegangen, so als wäre es etwas Alltägliches für ihn, zwei Ziegen zu verschenken. Kunta gab sich Mühe, seine freudige Erregung zu beherrschen, doch kaum war Omoro außer Sichtweite, da juchzte er so laut und tat einen solchen Freudensprung, daß die neuen Ziegen davonliefen, und alle anderen hinterdrein. Als er sie endlich eingefangen und auf die Weide getrieben hatte, waren die anderen längst dort und zeigten einander gegenseitig *ihre* neuen Ziegen. Diese wurden nun geradezu mit Andacht gehütet und auf die besten Grasplätze geführt. Man malte sich bereits aus, wie die Geschenke sich vermehren und wieder vermehren würden, bis die Jungen jeder eine Herde hatten, groß und wertvoll wie die der Väter.

Noch war der nächste Mond nicht angebrochen, da verschenkten Binta und Omoro bereits eine dritte Ziege, diesmal an den *arafang*, um ihm für die Schulausbildung ihres Sohnes zu danken. Wären sie reicher gewesen, hätten sie ihm ein Rind geschenkt, doch kannte er ihre Verhältnisse und wußte, daß sie sich das ebensowenig leisten konnten wie die anderen Bewohner von Juffure, das ein armes Dorf war. Manche Eltern konnten ihm überhaupt nichts schenken, sie boten ihm dafür an, einen Monat lang auf seinem Feld zu arbeiten, und auch das nahm er freundlich an.

Aus Monden wurden nach und nach Jahreszeiten, und ein anderer Regen verging. Kuntas *kafo* hatte nun dem *kafo* von Lamin beigebracht, wie man Ziegen hütet, und es nahte unausweichlich die Zeit, die man so sehnlich und doch ängstlich erwartete: das nächste Erntefest, das damit enden würde, daß die Knaben des dritten *kafo* – diejenigen im Alter zwischen zehn und fünfzehn Regen – an einen Ort außerhalb Juffures gebracht werden sollten, von wo sie erst vier Monde später zurückkehren würden – als Männer.

Kunta und die anderen taten so, als beschäftigte diese Aussicht sie nicht sonderlich, in Wahrheit aber dachten sie an nichts anderes; sie hielten scharf Ausschau nach allen Zeichen, mit denen Erwachsene etwa verrieten, daß sie irgendwas mit der bevorstehenden Ausbildung der Jünglinge zu tun hatten. Als zu Beginn der Trockenzeit mehrere Väter unauffällig aus Juffure verschwunden und tagelang fortgeblieben waren, bot dies Anlaß zu viel Spekulationen, und als Kalilu Conteh erzählte, er habe gehört, wie sein Onkel zu einem anderen Erwachsenen gesagt hatte, das *jujuo* sei in den vergangenen fünf Regen stark verfallen und müsse repariert werden,war die Aufregung groß. *Jujuo* nannte man das Dorf, wo die Jünglinge zu Männern gemacht wurden, und seit fünf Regen war es nicht mehr bewohnt gewesen. Daß die Väter Vermutungen darüber anstellten, wer vom Ältestenrat zum *kintango* bestimmt werden würde, steigerte die Aufregung noch. Der *kintango* beaufsichtigte die Ausbildung der Jünglinge, und Kunta und seine Kameraden hatten ihre Väter und Onkel oft mit Ehrerbietung von den *kintangos* sprechen hören, unter denen sie selber vor vielen Regen diesen Prüfungen unterzogen worden waren.

Kurz vor Beginn der Ernte erzählten die Jungen einander, ihre Mütter hätten wortlos Maß genommen für Gewänder, die ihnen vom Kopf bis zu den Füßen reichen würden, und Kunta unterdrückte mit Mühe die Erinnerung an die mit weißen Kapuzen angetanen Jungen des dritten *kafo*, die vor fünf Regen von maskierten, brüllenden, speerschwingenden *kankurang*-Tänzern fortgetrieben worden waren.

Schon ließ die *tobalo*-Trommel sich dröhnend vernehmen, die den Beginn der Ernte ankündigte, und Kunta ging mit den übrigen aufs Feld. Er genoß geradezu die schwere Arbeit, da sie ihn ablenkte von dem, was ihm bevorstand. Als die Ernte vorüber war und die Festlichkeiten begannen, fühlte er sich aber außerstande, mit gleicher Lust an Festessen und Tanz teilzunehmen wie die anderen, und auch wie er selber, so weit er zurückdenken konnte. Je lärmender der Trubel, desto bedrückter wurde Kunta;

die letzten beiden Tage des Festes verbrachte er einsam am Ufer des *bolong* und ließ flache Steine übers Wasser hüpfen.

Als Kunta am Vorabend des letzten Festtages schweigend sein Mahl in der Hütte der Mutter verzehrte, kam Omoro herein. Aus dem Augenwinkel sah Kunta, daß sein Vater etwas Weißes hochhob, doch bevor er sich noch rühren konnte, hatte Omoro ihm die Kapuze übergestülpt. Kunta war von Schrecken wie gelähmt. Er fühlte, wie der Vater ihn am Oberarm packte, ihn auf die Füße zerrte, wie er zurückgeschoben und auf einen Schemel gedrückt wurde. Kunta war erleichtert, denn seine Knie waren ganz weich. Er hörte sich rasch und flach atmen, und er wußte: bewegte er sich, würde er vom Schemel fallen. Also saß er stockstill und suchte sich an die Dunkelheit zu gewöhnen.

Er fühlte, wie sein warmer Atem sich an der Kapuze niederschlug, und ihm kam der Gedanke, daß vor Jahren eine ebensolche Kapuze auch seinem Vater über den Kopf gezogen worden war. Ob Omoro auch so große Angst gehabt hatte? Das konnte Kunta sich überhaupt nicht vorstellen, und schon schämte er sich dafür, daß er dem Kinte-Clan solche Schande machte.

In der Hütte war es unterdessen sehr still. Kunta kämpfte gegen die Furcht, die er im Bauch spürte, und bemühte sich mit allen Poren, irgendwas wahrzunehmen. Er glaubte die Mutter zu hören, doch das mochte ein Irrtum sein. Wo nur Lamin war und der kleine Suwadu? Die konnten doch nicht so mucksmäuschenstill sein? Eines stand fest: weder Binta noch sonstwer würde ihn ansprechen, schon gar nicht seine Kapuze lüften. Dann fiel ihm ein, daß es ja entsetzlich wäre, wenn alle Welt zu sehen bekäme, wie ängstlich er da unter seiner Kapuze hockte – man würde ihn vielleicht für unwürdig halten, mit den *kafo*-Kameraden nach dem *jujuo* zu ziehen.

Schon so kleine Jungen wie Lamin wußten – Kunta hatte es ihm gesagt –, was mit Jünglingen geschah, die zu schwach oder feige waren, jene Prüfungen zu bestehen, mit denen man aus Knaben Jäger und Krieger machte, alles innerhalb von zwölf Monden. Wenn er nun versagte? Er hatte gehört, daß solche Versager zeitlebens behandelt wurden wie Kinder, obwohl sie doch erwachsen waren. Man würde ihm aus dem Weg gehen, er würde nicht heiraten, keine Söhne zeugen dürfen, die werden würden wie er. Kunta hatte gehört, daß solche bedauernswerten Geschöpfe sich früher oder später aus ihren Dörfern fortstahlen auf Nimmerwiedersehen, daß ihr Name nicht einmal von Eltern und Geschwistern mehr erwähnt wurde. Schon sah Kunta sich wie eine räudige Hyäne heimlich das Dorf verlassen, von allen verachtet. Der Gedanke war einfach unerträglich.

Nach einer Weile hörte Kunta sehr gedämpft Musik und den Lärm der Tanzenden. Es verging viel Zeit. Wie spät es wohl sein mochte? Wohl schon *sutoba*, die Stunde vor Tagesanfang. Aber da hörte er den *alimamo* mit seiner Fistelstimme die Gläubigen zum *safo*-Gebet rufen, zwei Stunden vor Mitternacht! Die Musik verstummte, und Kunta wußte: Das Fest ist unterbrochen, die Männer eilen zur Moschee.

Kunta wartete. Das Gebet mußte längst zu Ende sein, und doch ging die Musik nicht wieder an. Er lauschte angestrengt, vernahm aber nichts. Nun nickte er ein, schrak aber gleich wieder auf. Es war immer noch ganz still, und unter der Kapuze schwärzer als in mondloser Nacht. Endlich hörte er das Fiepen der Hyänen, wie sie es von sich geben, bevor sie mit dem eigentlichen Heulen beginnen, das sie bis zur Morgendämmerung fortsetzen. Es klang gespenstisch fern.

Kunta wußte, daß die *tobalo*-Trommel während des Erntefestes bei Tagesanbruch ertönte, und darauf wartete er nun. Es mußte doch endlich etwas passieren! Er fühlte sich zornig werden, er wartete ungeduldig auf das Dröhnen der Trommel, doch geschah nichts. Er knirschte mit den Zähnen und wartete weiter. Schließlich, nach längerem Dösen, schlief er richtig ein. Als die *tobalo*-Trommel endlich erdröhnte, wäre er beinahe vom Schemel gefallen, und er schämte sich dafür, daß er geschlafen hatte.

Kunta hatte sich bereits daran gewöhnt, daß er nichts sehen konnte, verfolgte aber mit dem Gehör nur um so aufmerksamer die morgendlichen Geräusche: das Krähen der Hähne, das Gebell der *wuolo*-Hunde, den klagenden Ruf des *alimamo*, das dumpfe Geräusch, mit dem die Frauen im Mörser das Frühmahl zubereiteten. Er wußte, das heutige Frühgebet zu Allah würde die Bitte enthalten, sich der Jünglinge anzunehmen, die nun das Dorf verlassen und es erst wieder als Männer betreten sollten. Er vernahm in der Hütte ein Geräusch und wußte, das war seine Mutter. Sehen konnte er sie nicht, doch merkwürdigerweise wußte er mit Sicherheit, daß sie es war. Wie es wohl Sitafa und den anderen ging? Wie sonderbar, daß er erst jetzt an sie dachte, und nicht ein einziges Mal während der ganzen langen Nacht! Gewiß war ihnen die Nacht ebenso lang geworden wie ihm.

Draußen ließen sich jetzt *kora* und *balafon* vernehmen, Menschen gingen hin und her, der Lärm nahm zu. Nun mischten sich Trommeln hinein, scharf und rhythmisch. Gleich darauf spürte Kunta, daß jemand die Hütte betrat, und sein Herz stockte. Ehe er sich besinnen konnte, fühlte er sich an den Handgelenken gepackt und zur Hütte hinausgezerrt, wo ihn ohrenbetäubender Lärm empfing.

Man stieß und trat ihn, und er nahm sich vor, auf alle Fälle einen Fluchtversuch zu unternehmen, doch fühlte er plötzlich den starken, aber tröstenden Druck einer Hand. Schwer unter der Kapuze nach Luft ringend, begriff Kunta plötzlich, daß er nicht mehr gestoßen und getreten wurde, daß der Lärm nachgelassen hatte, und er dachte: jetzt sind sie zu einer anderen Hütte gegangen. Die Hand, die ihn führte, dürfte die des Sklaven sein, den Omoro wie alle Väter gedungen hatte, um den Sohn zum *jujuo* zu geleiten.

Wurde ein neues junges Opfer aus einer Hütte hervorgezerrt, schwoll der Lärm neuerlich an, und Kunta bedauerte keinen Moment, daß er die *kankurang*-Tänzer nicht sehen konnte, die markerschütternde Schreie ausstießen und furchterregende Sprünge vollführten, wobei sie ihre Speere schwenkten. Alle verfügbaren Trommeln waren nun in Tätigkeit, und begleitet von diesem Lärm schritt Kunta, geführt von fremder Hand, zwischen Menschen hindurch, die ihm zuriefen: »In vier Monden bist du wieder da!« – »Werde ein Mann!« und ähnliches. Kunta hätte gern geweint, er sehnte sich danach, Omoro, Binta und Lamin noch einmal anzufassen, selbst den rotznäsigen Suwadu, denn es schien ihm unvorstellbar, vier ganze Monde getrennt sein zu sollen von denen, die er mehr liebte, als er gewußt hatte. Seine Ohren sagten ihm, daß er und sein Führer sich in eine Kolonne eingereiht hatten, die im Takt zu den raschen Trommelschlägen marschierte. Als es zum Tor hinausging – er merkte das daran, daß der Lärm plötzlich viel gedämpfter war –, spürte er heiße Tränen aufsteigen und über seine Wangen laufen. Er kniff die Lider fest zusammen, wie um die Tränen vor sich selber zu verbergen.

So wie er Bintas Anwesenheit in der Hütte gespürt hatte, so spürte er jetzt die Angst seiner *kafo*-Kameraden vor und hinter sich; es war, als könnte er diese Angst riechen, und sie war ebensogroß wie seine eigene. Nun schämte er sich der eigenen Angst nicht mehr gar so sehr. Als er so unter der weißen Kapuze dahintrottete, wurde ihm klar, daß er nicht nur Eltern und Geschwister und den Ort seiner Geburt hinter sich ließ, und das erfüllte ihn mit Schrecken und auch mit Kummer. Und doch, es mußte sein, schon sein Vater hatte dies auf sich nehmen müssen, und dereinst würde sein, Kuntas, Sohn es ebenfalls auf sich nehmen müssen. Er würde ja wiederkehren, allerdings als Mann.

KAPITEL 23

Man näherte sich einer erst kürzlich in einen Bambushain geschlagenen Lichtung, das war zu riechen, denn frisch geschnittenes Bambusrohr duftet stark. Stärker und stärker wurde der Geruch, dann wieder schwächer: also mußte es eine Palisade aus Bambus gewesen sein, die man durchschritten hatte. Die Trommeln verstummten ganz plötzlich, die Kolonne hielt an. Minutenlang bewegte sich niemand, wurde kein Wort gesprochen. Kunta lauschte angestrengt, ob irgendein Geräusch ihm verriet, wo man war, doch hörte er nur das Kreischen von Papageien und das Geschnatter der Affen.

Plötzlich wurde ihm die Kapuze abgezogen, und Kunta stand blinzelnd im hellen Nachmittagslicht. Er wagte nicht, sich nach seinen Kameraden umzusehen, denn vor ihm stand einer der Ältesten, der runzlige Silla Ba Dibba. Kunta kannte ihn und die Seinen, alle Jungen im Dorf kannten ihn, Silla Ba Dibba allerdings tat, als sähe er Kunta und dessen *kafo* zum erstenmal und als wäre ihm nicht angenehm, was er da sah. Er betrachtete sie nicht anders, als er Gewürm betrachtet haben würde, und Kunta wußte gleich: das ist unser *kintango*. Ali Sise und Soru Tura, zwei jüngere Männer, standen rechts und links von ihm, und auch die kannte Kunta gut; Soru war mit Kuntas Vater eng befreundet. Zum Glück war Omoro nicht da, er brauchte nicht mitanzusehen, wie ängstlich sein Sohn war.

Alle dreiundzwanzig Knaben des *kafo* grüßten, wie man es ihnen eingeschärft hatte, indem sie die Handflächen gegen das Herz drückten und den traditionellen Gruß »Frieden« sprachen, worauf der alte *kintango* und seine beiden Gehilfen mit »Nur Frieden« antworteten. Kunta sah aus dem Augenwinkel, daß man sich auf einer Lichtung befand, die mit kleinen Hütten aus Lehm, bekrönt von Flechtdächern, bestanden war. Ein hoher Bambuszaun faßte das alles ein. Kunta sah auch, daß die Dächer und Wände der Hütten ausgebessert worden waren, zweifellos von den Vätern, die für einige Tage aus dem Dorf abwesend gewesen waren. Er nahm dies alles ohne jede Bewegung des Kopfes wahr. Im nächsten Moment allerdings erschrak er mächtig, denn der *kintango* sprach zu ihnen mit starker Stimme:

»Kinder haben Juffure verlassen, und wenn sie als Männer wiederkehren sollen, muß ihnen die Furchtsamkeit ausgetrieben werden, denn ein furchtsamer Mensch ist ein schwacher Mensch, und ein schwacher Mensch ist für seine Familie, sein Dorf und seinen Stamm eine Gefahr.« Er sah die Knaben an, als hätte er nie eine jämmerlichere Versammlung zu Gesicht bekommen, und wandte sich dann ab. Sogleich trieben seine Gehilfen die Jungen in die ihnen zugewiesenen Hütten, und zwar taten sie das mit Stockschlägen, so wie man Geißen auf die Weide treibt.

Kunta und die vier Kameraden, die mit ihm eine kahle Hütte teilen sollten, spürten allerdings nicht mehr den Schmerz der Prügel, die sie abbekommen hatten, als sie da beieinander kauerten, viel zu beschämt, um einander anzusehen. Erst als einige Minuten vergangen waren und man hoffen durfte, vorderhand nicht mehr behelligt zu werden, betrachtete Kunta verstohlen seine Mitbewohner. Wenn er doch nur mit Sitafa in einer Hütte wäre! Selbstverständlich kannte er auch diese vier, doch keinen so gut wie seinen *yayo*-Bruder, und ihm sank das Herz. Aber vielleicht ist das Absicht? überlegte er. Man gönnt uns wahrscheinlich nicht einmal diesen kleinen Trost. Und da er Hunger verspürte, dachte er auch gleich noch: zu essen kriegen wir wohl auch nichts.

Kurz nach Sonnenuntergang stürmte einer der Gehilfen des *kintango* in die Hütte, rief: »Raus mit euch!« und schlug gleich wieder mit dem Stekken auf die Jungen ein. Man trieb sie mit viel Geschimpfe und Stockschlägen im Dunkeln zusammen, bis sie, sich an den Händen haltend, eine

Formation gebildet hatten, und der *kintango* eröffnete ihnen, sie würden nunmehr einen Nachtmarsch in den Wald unternehmen. So geschah es auch, und da die Jungen nicht daran gewöhnt waren, im Dunkeln einem Waldpfad zu folgen, wurde ihnen mit reichlich Stockschlägen beigebracht, wie man dies macht. »Du trabst durch die Gegend wie ein Büffel!« hörte Kunta ganz nahe jemand sagen. Ein Junge rief laut »Au!«, als er geschlagen wurde, und schon wollten die Gehilfen wissen, wer das gewesen war. Darauf prügelten sie nur um so unnachsichtiger drauflos. Fortan unterblieb jedoch alles Wehgeschrei.

Bald schon begannen Kuntas Beine zu schmerzen, nicht so bald allerdings und nicht so sehr, wie es der Fall gewesen wäre, hätte Kunta nicht von seinem Vater den lockeren Wanderschritt gezeigt bekommen, damals auf der Reise ins Dorf der Onkel. Er freute sich darüber, daß den anderen die Beine bestimmt schlimmer weh taten als ihm, denn sie verstanden sich gewiß nicht so gut aufs Gehen. Allerdings hatte er noch nicht gelernt, wie man Hunger und Durst bezwingt, und als man endlich nahe einem Bach Rast machte, knurrte sein Magen, und im Kopf war ihm sonderbar leicht. Der helle Mond spiegelte sich auf dem Wasser, das sich aber schon kräuselte, weil die durstigsten Jungen am Ufer hinknieten und mit der Hand Wasser schöpften. Die Gehilfen scheuchten sie aber gleich weg vom Bach, sie befahlen, nur wenig zu trinken, und verteilten getrocknetes Fleisch an ihre Zöglinge. Diese gruben die Zähne in das Fleisch wie Hyänen, und Kunta kaute und schluckte so hastig, daß er kaum merkte, wonach das, was er da ergattert hatte, eigentlich schmeckte.

Alle Knaben hatten Blasen an den Füßen, Kunta nicht ausgenommen, doch machte er sich nichts daraus, denn jetzt hatte er gegessen und getrunken. Man ließ sich am Ufer des Baches nieder, und daß jetzt nicht gesprochen wurde, lag nicht daran, daß man voreinander scheu war, sondern an der allgemeinen Müdigkeit. Kunta und Sitafa wechselten vielsagende Blicke, doch konnte keiner von beiden erkennen, ob der andere sich so jämmerlich fühlte wie er selber.

Man hatte kaum die Füße im Wasser gekühlt, als der *kintango* Aufstellung zum Rückmarsch in den *jujuo* befahl. Dort kam man gerade bei Tagesanbruch an, und Kunta hatte kaum noch Gefühl in den Beinen. Sein Kopf war ganz dumpf. Er fühlte sich sterbensmatt, stolperte in der Hütte über einen Kameraden, der bereits vor ihm angelangt war, fiel zu Boden und schlief auf der Stelle ein.

So ging das nun sechs Nächte lang, und jede Nacht war der Marsch länger. Die mit Blasen übersäten Füße schmerzten fürchterlich, allerdings stellte Kunta in der vierten Nacht fest, daß ihm die Schmerzen gar nicht mehr so zusetzten und daß sich an ihrer Stelle eine recht willkommene Empfindung einstellte, nämlich Stolz. In der sechsten Nacht erwies sich, daß man einander nicht mehr bei den Händen halten mußte, um die Tuchfühlung nicht zu verlieren, obschon auch diese Nacht stockfinster war.

In der siebten Nacht erteilte der *kintango* den Jungen erstmals persönlich eine Unterweisung: er zeigte ihnen, wie man sich nachts im Wald nach den Sternen orientiert. Nach einem halben Mond konnten alle Knaben die Marschkolonne, den Sternen folgend, zum *jujuo* zurückführen. Als Kunta an der Reihe war, wäre er fast auf eine Buschratte getreten, die ihn nicht bemerkt hatte, und Kunta war ebenso verblüfft wie geschmeichelt, denn dies bedeutete, daß er und die ihm folgten, sich so leise bewegten, daß nicht einmal Tiere sie wahrnahmen.

Der *kintango* erklärte ihnen sodann, daß die Tiere ihre besten Lehrmeister auf der Jagd seien; und für den Mandinka sei es ungemein wichtig, das Jagen zu erlernen. Als der *kintango* sich überzeugt hatte, daß seine Schützlinge die Technik des Marsches beherrschten, zog er sich für einen weiteren halben Mond mit dem ganzen *kafo* tief in den Busch zurück, wo man in selbsterrichteten Schutzhütten nächtigte und zahllose Lektionen im Jagen bekam. Kunta schien es, als käme er überhaupt nicht mehr zum Schlafen; kaum hatte er ein Auge zugetan, scheuchte ihn einer der Gehilfen des *kintango* bereits wieder auf.

Er lernte erkennen, wo Löwen gelauert, bevor sie eine Antilope gerissen hatten, wo sie sich nach ihrer Mahlzeit zum Schlaf niedergelegt hatten. Man verfolgte die Antilopenfährte rückwärts, und so ließ sich ermitteln, wie die Tiere ihren Tag verbracht hatten, bevor sie auf die Löwen gestoßen waren. Man zeigte dem *kafo* die breiten Spalten im Fels, wo wilde Hunde und Hyänen hausten, und unterwies sie in allen möglichen jägerischen Kniffen, von denen sie nichts geahnt hatten. So etwa wußten sie nicht, daß der gute *simbon* niemals eine abrupte Bewegung macht. Der *kintango* erzählte den Jungen die Geschichte von dem ungeschickten Jäger, der inmitten eines reichen Wildbestandes verhungert war, weil seine tapsigen Bewegungen alle Tiere aufscheuchten, worauf sie sich still und leise davonmachten, ohne daß der Tölpel überhaupt merkte, daß welche dagewesen waren.

Als es ans Imitieren von Tier- und Vogelstimmen ging, kamen die Knaben sich dann auch ebenso ungeschickt vor wie jener Tölpel. Sosehr sie auch pfiffen und grunzten, kein Vogel und kein Schwein fiel darauf herein. Man befahl ihnen, sich zu verstecken und ganz still zu verhalten, und dann stießen der *kintango* und seine Gehilfen genau jene Laute aus, welche die Knaben ausgestoßen zu haben glaubten, doch nun zeigten sich Tiere, die mit schräggestelltem Kopf Ausschau hielten nach dem, der da gerufen hatte.

Eines Nachmittags, man übte wieder das Anlocken von Vögeln, ließ sich überraschend ein schwerer Vogel mit langem Schnabel ganz nahebei im Busch nieder. »Da!« rief einer der Jungen und lachte laut. Den anderen sank das Herz, denn sie wußten: seinetwegen würden wieder alle bestraft werden. Wie oft hatte der nicht schon bewiesen, daß er immer erst handelte und hinterher dachte – wenn überhaupt! Diesmal allerdings überraschte sie der *kintango*. »Geh und bring mir den Vogel – lebend!« befahl er dem Übeltäter, und Kunta und seine Kameraden sahen atemlos zu, als der Gescholtene sich kriechend der Stelle näherte, wo der große dumme Vogel hockte und den Kopf mal hierhin, mal dorthin drehte. Allerdings gelang es ihm, dem Knaben zu entwischen, als dieser sich auf den Vogel warf, und mit angstvollen Flügelschlägen brachte er sich immerhin so weit in die Höhe, daß er außer Reichweite seines Verfolgers blieb, der nun bald den Blicken der anderen entschwand.

Die Zurückgebliebenen waren wie vom Donner gerührt. Offenbar konnte der *kintango* ihnen befehlen, was er wollte. Während der beiden folgenden Tage und Nächte wechselten die Zöglinge manchen fragenden Blick, ohne allerdings ihrer Neugier und Sorge um den fehlenden Kameraden hörbar Ausdruck zu geben. Zwar hatten sie sich oftmals über ihn ärgern müssen, wenn sie seinetwegen geprügelt worden waren, aber jetzt, wo er nicht mehr da war, schien es, als fehle er ihnen sehr.

Als sie sich bei Anbruch des vierten Tages erhoben, kündigte der Ausguck an, daß jemand sich dem *jujuo* näherte, und gleich darauf meldete er den Vogelfänger. Man begrüßte ihn stürmisch wie einen Bruder, der nach langer Reise aus Marrakesch zurückkehrt. Er taumelte ein wenig, doch obwohl er voller Schrammen war und ziemlich abgemagert, grinste er matt, und dazu hatte er auch Grund, denn unterm Arm hielt er den Vogel, Schnabel und Beine mit Lianen zusammengeschnürt wie ein Paket. Der Vogel war noch schlimmer zugerichtet als der Junge, doch lebte er noch.

Der *kintango* trat herzu, und obwohl er seine Worte an den Vogelfänger richtete, waren doch alle damit gemeint: »Du hast jetzt zwei wichtige Dinge gelernt! Tu, was man dir sagt, und halte den Mund. Nur wer das kann, darf darauf rechnen, ein Mann zu werden.« Und Kunta bemerkte, daß der Vogelfänger als erster aller Knaben einen lobenden Blick vom *kintango* erhielt, der selbstverständlich gewußt hatte, daß der Knabe früher oder später einen Vogel einfangen würde, der so schwer war, daß er sich praktisch nur hüpfend fortbewegen konnte.

Man briet den großen Vogel, und alle aßen mit Appetit davon, ausgenommen derjenige, der ihn gefangen hatte; der war so müde, daß er einschlief, bevor das Tier gebraten war. Man gestattete ihm, den ganzen Tag und auch die Nacht durchzuschlafen, die Kunta und die anderen beim Jagdunterricht verbrachten. Tags darauf erzählte der Vogelfänger in der ersten Unterrichtspause den anderen, wie schlimm es ihm ergangen war und wie er endlich nach zweieinhalb Tagen eine Falle gebaut hatte, in die der Vogel dann auch getappt war. Nachdem er das Tier verschnürt hatte, sei es ihm gelungen, einen Tag und eine Nacht später, den Sternen folgend, wie erlernt, den *jujuo* zu erreichen. Dieser Vorfall machte den Knaben bei seinen Kameraden allerdings nicht sonderlich beliebt. Kunta war nicht gerade neidisch auf ihn, doch der Junge schien zu meinen, er habe sich vor seinen Kameraden ausgezeichnet, worin das wortlose Lob des *kintango* ihn bestärkte. Als wieder einmal Ringen geübt wurde, nahm Kunta sich den Vogelfänger vor und warf ihn recht unsanft auf den Rükken.

Nach zwei Monden dieser Ausbildung bewegten die Burschen sich nachts im dunklen Wald so sicher wie tags im heimischen Dorf. Sie spürten die Fährte aller Tiere auf, soweit das möglich ist, und nun erlernten sie die geheimen Rituale und Gebete der Vorväter, mit deren Hilfe der große *simbon* sich für Tiere unsichtbar macht. Alles Fleisch, das jetzt verzehrt wurde, war eigene Jagdbeute, entweder erlegt mit Pfeil und Bogen oder in der Falle gefangen. Sie brauchten nur noch die halbe Zeit zum Abbalgen der Beute, das Feuer, an dem sie das Fleisch brieten, brannte fast ohne Rauch, denn sie schlugen Funken in trockenem Moos, über das ganz trockene, leichte Stöckchen gehäuft wurden. Auf den Fleischgang – manchmal kleine Buschratten – folgten meist als Nachtisch in der Glut geröstete Insekten.

Manche der wertvollsten Lektionen wurden ihnen unversehens zuteil. So etwa verschoß während einer Pause ein Junge achtlos einen Pfeil, der unseligerweise den Stock von *kurburungo*-Bienen traf, die sich nun allesamt auf die Knaben stürzten; wieder hatten alle für den Fehltritt eines einzelnen zu bezahlen, denn keiner konnte schnell genug laufen, um den schmerzhaften Stichen zu entkommen. Der *kintango* bemerkte dazu: »Der *simbon* verschießt keinen Pfeil, von dem er nicht weiß, wohin er treffen wird.« Er befahl den Jungen, die Stiche mit Kariteöl einzureiben, und kündigte dann an: »Heute abend sollt ihr lernen, wie man mit solchen Bienen umgeht.« Als es dunkel wurde, hatten sie bereits Moos um den Baum mit dem Bienenstock aufgehäuft, und nachdem einer der Gehilfen das Moos angezündet hatte, warf der andere Blätter eines bestimmten Busches ins Feuer. Nun stieg dichter, erstickender Qualm davon auf, und bald regnete es tote Bienen auf die Knaben herab. Am Morgen zeigte man Kunta und dem *kafo*, wie man die Honigwaben von den toten Bienen reinigt, so daß man sich am Honig sättigen kann. Kunta meinte geradezu zu fühlen, wie ihm Kraft aus dem wilden Honig zuströmte. Es hieß, nichts stärkt den Jäger im Busch so schnell wie ein Bauch voll wilder Honig.

Doch was sie auch auf sich nahmen, was sie an Wissen und Geschicklichkeit sich aneigneten, dem alten *kintango* war es nie genug. Seine Anforderungen waren so hoch, sein Anspruch auf Disziplin so streng, daß die Burschen meist zwischen Wut und Angst hin und her gerissen wurden, wenn sie nicht zu müde waren, überhaupt etwas zu empfinden. Führte einer einen Befehl nicht sogleich und tadellos aus, hatten alle darunter zu leiden, und wenn sie nicht gerade geprügelt wurden, riß man sie aus tiefstem Schlaf und zwang sie, einen langen Marsch anzutreten, immer als Strafe, wenn einer sich etwas zuschulden kommen ließ. Kunta und die anderen unterließen nur, einen solchen Übeltäter selber zu bestrafen, weil sie wußten, daß sie in diesem Fall wiederum Prügel beziehen würden; zu den ersten Lebensregeln, die ihnen beigebracht worden waren, längst bevor sie in den *jujuo* kamen, gehörte der Satz: Mandinkas schlagen einander nicht. Nach einer Weile hatten alle begriffen, daß Wohl und Wehe der Gruppe vom verantwortungsbewußten Verhalten der einzelnen abhängt, so wie Wohl und Wehe des gesamten Stammes eines Tages davon abhängen würde. Die Regeln wurden kaum mehr übertreten, und als sie weniger geprügelt wurden, empfanden die Burschen vor dem *kintango* nicht mehr Angst, sondern achteten ihn, wie sie ihre Väter achteten.

Immerhin passierte eigentlich täglich irgend etwas, woran Kunta und die anderen ermessen konnten, wie unerfahren und ungeschickt sie noch waren. So lernten sie, daß man einem Stammesgenossen anzeigen kann, wie lange man wegbleibt, indem man nahe der Hütte einen Tuchfetzen aufhängt, der auf besondere Weise gefaltet ist; auch die Art und Weise, wie man Sandalen vor der Hütte arrangiert, ist für die Männer des Stammes sehr aufschlußreich, doch am aufregendsten fand Kunta das *sira kango*, die Männersprache, in welcher die eigentliche Mandinkasprache so verändert wird, daß sie nur Männern verständlich ist; Kinder und Frauen dürfen es nicht erlernen, und auch nicht die Angehörigen fremder Stämme. Kunta erinnerte sich jetzt, den Vater gelegentlich rasch und unverständlich mit einem anderen Mann sprechen gehört zu haben; er hatte nie gewagt, um eine Erklärung dafür zu bitten. Jetzt, da sie diese Sprache lernten, benutzten die Burschen sie unter sich fast ausschließlich.

Am Ende eines jeden Mondes wurde in jeder Hütte ein Stein in eine Schale gelegt, der anzeigte, wie viele Monde man bereits fern von Juffure war. Wenige Tage nachdem der dritte Stein in die Schale gelegt worden war, erblickten die im Hof mit Ringen beschäftigten Burschen am Eingang zum *jujuo* eine Gruppe von Männern, fünfundzwanzig oder dreißig mochten es sein. Man erkannte ältere Brüder, Onkel, Väter. Kunta packte freudiges Erschrecken, als er zum erstenmal nach drei Monden seinen Vater sah, doch irgendwas warnte ihn davor, seiner Freude sichtbar und hörbar Ausdruck zu geben, noch bevor er bemerkte, daß sein Vater mit keiner Miene zu erkennen gab, daß er den Sohn gesehen hatte.

Nur ein einziger Knabe lief, den Namen seines Vaters rufend, auf diesen zu, und der Vater nahm dem zunächststehenden Gehilfen den Stecken weg und schlug damit auf seinen Sohn ein, wobei er ihn dafür tadelte, daß er seine Gefühle merken ließ, was ja nur beweise, daß er noch ein Kind sei! Unnötigerweise setzte er bei den letzten Schlägen noch hinzu, von seinem Vater habe dieser Sohn keine Bevorzugung zu erwarten. Der *kintango* befahl sodann dem gesamten *kafo*, sich auf den Bauch zu legen, und die Besucher schritten die ganze Reihe ab und hauten mit ihren Spazierstöcken auf die Burschen ein. Kunta wurde von einem Aufruhr der Gefühle befallen: Gegen die Prügel hatte er nichts, denn die erkannte er als das, was sie waren: eine weitere Abhärtung. Aber er litt darunter, daß er den Vater weder umarmen noch auch nur mit ihm reden durfte; daß er sich danach sehnte, kam ihm unmännlich vor, und auch darunter litt er.

Nach dieser Generalverprügelung mußten die Burschen auf Befehl des *kintango* laufen, springen, tanzen, ringen und beten, was alle Väter, Onkel und älteren Brüder schweigend mit ansahen, woraufhin sie wieder abzogen, nicht ohne dem *kintango* und seinen Gehilfen überschwenglich zu danken. Den Burschen jedoch, die mit niedergeschlagenen Augen vor ihnen standen, gönnten sie keinen Blick. Weil dies die Jungen unglücklich machte, bekamen sie gleich noch einmal Schläge: bei der Zubereitung des Abendessens dürfe nicht geschmollt werden. Diesmal traf sie das besonders hart, weil der *kintango* und die Gehilfen so taten, als wäre überhaupt kein Besuch dagewesen. Als man vor dem Schlafengehen noch einmal Ringkämpfe aufführte – diesmal ohne besonderen Eifer –, sagte einer der Gehilfen zu Kunta: »Du hast einen neuen Bruder, er heißt Madi.«

Da sind wir nun also vier, dachte Kunta vor dem Einschlafen, vier Söhne für Mutter und Vater. Wie sich das wohl in den Erzählungen der *griots* ausnehmen würde, wenn die nach Hunderten von Regen die Saga der Familie Kinte überlieferten? In Juffure würde er nach Omoro der zweite Mann in der Familie sein. Nicht nur lernte er, was man wissen mußte, um als Mann zu gelten, er lernte vieles, vieles andere, was er an Lamin weitergeben konnte, dem er ohnehin schon so manches beigebracht hatte. Alles, was Knaben wissen dürfen, wollte er ihn lehren, damit Lamin den kleinen Suwadu belehrte, der seinerseits den neuen Bruder belehren würde, den Kunta noch nicht gesehen hatte, dessen Namen er aber kannte: Madi. Im Einschlafen dachte er: eines Tages habe ich selber Söhne, und dann beginnt alles von vorn.

KAPITEL 24

Eines Morgens sagte der *kintango* vor versammeltem *kafo*: »Ihr seid bald keine Kinder mehr, ihr werdet als Männer wiedergeboren.« Zum erstenmal wandte der *kintango* das Wort »Männer« auf sie an, das zuvor nur immer bezeichnet hatte, was sie noch nicht waren. Sie würden nun allmählich, nach Monden gemeinsamen Lernens und Gezüchtigtwerdens, erkennen, daß jeder zwei Seelen hat – eine in seinem Körper, die andere, größere, sei allen gemeinsam, die vom gleichen Blute sind und ein ähnliches Leben führen. Erst wer diese Lektion begriffen habe, dürfe sich an die nächste wagen, die Ausbildung zum Krieger. »Ihr wißt schon, daß Mandinkas nur kämpfen, wenn sie dazu gezwungen werden«, sagte der *kintango*, »aber dann sind sie auch unübertreffliche Krieger.«

Einen halben Mond lang lernten Kunta und sein *kafo*, wie man Krieg führt. Der *kintango* oder seine Gehilfen malten den Verlauf berühmter Schlachten vor ihnen in den Staub, und sie mußten anschließend zeigen, daß sie verstanden hatten, welche Strategie jeweils angewendet worden war. Der *kintango* riet: »Man darf den Feind niemals vollständig einkreisen, man muß ihm immer ein Schlupfloch lassen, denn wenn er sich in der Falle sieht, kämpft er mit dem Mute der Verzweiflung.« Der Kampf, so hieß es ferner, solle möglichst am Spätnachmittag beginnen, damit diejenige Partei, die sich zurückziehen wolle, dies bei Dunkelheit tun könne, ohne das Gesicht zu verlieren. Egal um welche Art Krieg es sich handele, niemals dürfe von den Kriegführenden den reisenden *marabouts*, den *griots* oder den Schmieden ein Leid angetan werden, denn ein verärgerter *marabout* konnte den Zorn Allahs auf seine Bedrücker lenken; ein gekränkter *griot* konnte kraft seiner Redegabe den Feind zu größerer Wut anstacheln, und ein verprellter Schmied konnte dem Feind Waffen reparieren oder gar herstellen.

Die Burschen fertigten nach Anweisung der Gehilfen des *kintango* Pfeile und Speere mit Widerhaken, wie sie nur im Krieg benutzt werden, und richteten sie gegen immer kleinere Ziele. Wer auf fünfundzwanzig Schritt einen Bambusschaft traf, erhielt Beifall. Im Wald sammelten sie die Blätter des *koona*-Strauches, aus denen man einen dicken, schwarzen Absud kocht, in den wiederum Fäden getaucht werden, mit denen man Pfeilspitzen umwickelt. Sie reißen die Wunden, in die das tödliche Gift des Absuds eindringt.

Sozusagen zum Abschluß dieser Phase ihrer Ausbildung erzählte der *kintango* ausführlicher und aufregender, als sie es je gehört hatten, vom größten aller Kriege der Mandinka: als das Heer des sagenhaften ehemaligen Sklaven Sundiata, dem Sohn von Sogolon der Büffelfrau, das Heer des Königs Soumaoro von Boure überwand, eines Königs, der so grausam war, daß er Gewänder aus Menschenhaut trug und die Wände seines Palastes mit den Schädeln erschlagener Feinde schmückte.

Kunta hörte mit angehaltenem Atem, daß beide Heere Verwundete und Tote nach Tausenden zählten; doch die Bogenschützen der Mandinkas nahmen das Heer Soumaoros in die Zange, es regnete von allen Seiten Pfeile auf diese Unseligen, die am Ende, von Entsetzen gepackt, die Flucht ergriffen. Tage und Nächte hindurch berichteten die Trommeln aller Dörfer vom siegreichen Vordringen der mit Beute beladenen Krieger der Mandinkas, die Tausende von Feinden vor sich hertrieben. In den Dörfern jubelte man ihnen zu, knuffte und trat die Gefangenen, welche die geschorenen Köpfe gesenkt hielten und deren Hände auf den Rücken gebunden waren. Endlich berief General Sundiata eine Volksversammlung ein, an der unzählige Menschen teilnahmen. Er ließ die von ihm unterworfenen Häuptlinge vortreten, gab ihnen die Speere zurück, die ihren Rang kenntlich machten, und stiftete zwischen allen Beteiligten einen Frieden, der hundert Regen überdauerte.

Kunta und den übrigen weitete sich das Herz vor Stolz, weil auch sie zu diesem Volke gehörten, und sie gingen gedankenvoll schlafen.

Der nächste Mond brach an, und die Trommel kündigte die Ankunft weiterer Besucher im *jujuo* an. Nun wäre jeder Besuch den Burschen hochwillkommen gewesen, doch als sie erfuhren, daß es sich um die besten Ringer des Dorfes handelte, die den Jünglingen speziellen Unterricht erteilen sollten, war die Freude übergroß.

Am nächsten Nachmittag sagte die Trommel, die Ringer würden sogar noch früher als erwartet eintreffen, doch den Burschen verging aller Spaß, als die Ringer, kaum angelangt, auf jede Begrüßung verzichteten und sich statt dessen jeder einen Auszubildenden griffen und ihn heftiger und gröber auf den Rücken warfen, als ihnen dies je zuvor geschehen war. Das ging eine Weile so weiter, bis alle Beulen und Schrammen vorzeigen konnten. Dann mußten sie untereinander weiterüben, und die Preisringer aus dem Dorf beaufsichtigten das. Kunta lernte überrascht, daß es viel mehr Griffe gab, als er geahnt hatte, und daß sie sehr wirkungsvoll sind, wenn man sie richtig anwendet. Die Preisringer hämmerten den Jungen immer wieder ein, daß es weniger auf Muskelkraft, sondern mehr auf Geschicklichkeit und Erfahrung ankomme. Allerdings hatten sie beachtliche Muskeln aufzuweisen und zeigten sie auch, wenn sie den Burschen vorführten, was diese nachmachen sollten. Am abendlichen Feuer zählte der Trommler der Ringer von Juffure die Namen berühmter Ringer aus den vergangenen hundert Regen her, und als es für die Jungen Schlafenszeit wurde, kehrten die Ringer nach Juffure zurück.

Zwei Tage später wurde wieder Besuch angekündigt, diesmal durch einen Läufer aus Juffure, einen jungen Mann des vierten *kafo*, den Kunta und seine Kameraden gut kannten, der aber natürlich von ihnen keine Notiz nahm. Ohne die Burschen des dritten *kafo* eines Blickes zu würdigen, rannte er spornstreichs zur Hütte des *kintango* und berichtete dort atemlos, der in ganz Gambia berühmte *griot* Kujula N'jai wolle demnächst in diesem *jujuo* einen ganzen Tag verbringen.

Wirklich erschien er drei Tage später, begleitet von etlichen jungen Männern seiner Familie. Er war viel älter als alle *griots*, die Kunta bisher gesehen hatte, so alt, daß der *kintango* neben ihm jung wirkte. Er hieß die Burschen sich im Halbkreis um ihn setzen und erzählte ihnen alsdann, wie er zu seinem Ruf gekommen war. Jeder *griot*, so sagte er, präge sich schon in jungen Jahren alle Einzelheiten der Lebensgeschichte der Vorfahren ein. »Wie sonst wüßten wir heute noch von den alten Königen, den heiligen Männern, den großen Jägern und Kriegern, die vor Hunderten von Regen gelebt haben? Kennen wir sie denn selber? Nein! Die Geschichte unseres Volkes wird hier aufbewahrt«, er tippte sich an die Stirn, »und von hier an den nächsten weitergegeben.«

Der *griot* antwortete auch gleich auf die unausgesprochene Frage der Zuhörer: *griot* konnte nur werden, wer Sohn eines *griot* war, ja, es war geradezu die Pflicht der Söhne eines *griot*, ebenfalls *griot* zu werden. Nach Absolvierung der Mannbarkeitsrituale schlossen die Söhne sich ausgewählten Ältesten an, begleiteten sie überallhin und vernahmen von ihnen wieder und wieder die Erzählungen und die Namen, die überliefert worden waren. Er selber werde jetzt, wie sie sehen könnten, von mehreren Enkelsöhnen begleitet. Mit der Zeit prägten die jungen Leute sich alle Einzelheiten der Geschichte dieser Vorfahren ein und wüßten alle Einzelheiten, wie sie von Generation zu Generation weitergegeben worden waren. Diese jungen Leute gaben den gesammelten Schatz der Überlieferung sodann ihrerseits an die eigenen Söhne weiter, und auf diese Weise war dafür gesorgt, daß die Vergangenheit am Leben blieb.

Die Burschen verschlangen ungeduldig ihre Abendmahlzeit und versammelten sich eilig wieder um den *griot*, der bis in die späte Nacht mit erregenden Berichten aus der Vergangenheit aufwartete, die er von seinem eigenen Vater gehört hatte. Er erzählte von afrikanischen Großreichen, die vor vielen hundert Regen bestanden hatten.

Der alte *griot* sagte: »Längst bevor der *toubob* auch nur einen Fuß nach Afrika gesetzt hat, gab es hier schon das Reich Benin, über welches der allmächtige König Oba herrschte, dem jeder Wunsch unverzüglich erfüllt wurde. In Wahrheit regierten seine Ratgeber, denen der König vertraute, denn er selber hatte genug damit zu tun, die bösen Geister durch das Darbringen von Opfern zu versöhnen und sich seinen mehr als hundert Frauen zu widmen. Schon vor dem Reich Benin hat es ein noch mächtigeres Reich gegeben, Songhai genannt. Dessen Hauptstadt hieß Gao, und hier gab es viele prächtige Häuser, bewohnt von schwarzen Fürsten und reichen Kaufleuten, die reisende Händler zu luxuriösen Gelagen luden, denn die kamen mit viel Gold, um hier Ware zu kaufen.

Und das war immer noch nicht das reichste unserer Länder, sondern das reichste aller unserer Länder war Ghana, dessen Hofstaat eine ganze Stadt füllte. Der König Kanissaai von Ghana besaß tausend Pferde, deren jedes drei Diener und ein eigenes Urinal aus Kupfer hatte. Kunta traute seinen Ohren nicht. »Wenn der König abends aus seinem Palast trat, wurden tausend Feuer angezündet, welche bis an den Horizont Licht verbreiteten. Die Diener des Königs schafften sodann genug Speisen herbei, um die Zehntausende zu bewirten, die sich da jeden Abend einfanden.«

Der *griot* machte eine Pause, und die Burschen konnten staunende Ausrufe nicht zurückhalten, obwohl sie wußten, daß sich dies nicht schickt, wenn ein *griot* erzählt. Allerdings nahmen weder der *griot* noch der *kin-*

tango Anstoß. Der *griot* schob eine halbe Betelnuß in den Mund und bot dem *kintango* die andere Hälfte. Dieser nahm mit Vergnügen an. Der *griot* schlug seinen Mantel dichter um sich, denn der Abend war kühl, und fuhr in seinem Bericht fort.

»Doch auch Ghana war nicht das reichste unserer Länder. Das reichste und älteste war das alte Königreich Mali.« Wie anderswo auch, habe es in Mali Städte, Bauern, Handwerker, Schmiede, Färber, Gerber und Weber gegeben, der Reichtum des Landes aber sei Salz, Gold und Kupfer gewesen. »Das Land war vier Mondreisen lang und ebenso breit, und das märchenhafte Timbuktu war seine Hauptstadt. Timbuktu war zugleich das Zentrum der Gelehrsamkeit von Afrika, und hier lebten ständig Tausende Gelehrte, vermehrt noch um den Zustrom wißbegieriger Besucher, die sich belehren lassen wollten von den Weisen, so daß auch große Händler manchmal nichts weiter umsetzten als Pergament und Bücher. »Nirgendwo, nicht im kleinsten Dorf, gibt es einen Lehrer oder *marabout*, der seine Kenntnisse nicht wenigstens zum Teil aus Timbuktu bezogen hat«, sagte der *griot*.

Als der *kintango* sich endlich erhob und dem *griot* dafür dankte, daß er die Schätze seiner Erinnerung mit ihnen geteilt habe, wagten Kunta und andere erstmals zu widersprechen, als man sie schlafen schickte. Der *kintango* war – jedenfalls vorderhand – entschlossen, über diese Unverschämtheit hinwegzusehen, und begnügte sich damit, die Burschen streng noch einmal schlafen zu schicken, doch hatten sie noch Gelegenheit ihn anzuflehen, den *griot* zu bitten, sie noch einmal zu besuchen.

Noch bot der *griot* samt seinen Geschichten ihnen reichlich Gesprächsstoff, da wurde wiederum Besuch angekündigt, keine sechs Tage später! Ein *moro* sollte kommen, so nannte man in Gambia die Lehrer der höchsten Stufe, von denen es nur wenige gab, und so gelehrt waren sie – nach vielen Regen des Studiums –, daß sie nicht Schulknaben unterrichteten, sondern deren Lehrer, also etwa den *arafang* von Juffure.

Sogar dem *kintango* war anzumerken, daß dieser Besucher etwas ganz Besonderes war, denn er ordnete eine besonders gründliche Säuberung des *jujuo* an und ließ den Hof mit belaubten Ästen so glatt harken, daß den Fußabdrücken des *moro* alle Ehre widerfahren würde, beträte er den Hof. Anschließend eröffnete der *kintango* den versammelten Burschen: »Rat und Segen dieses Mannes, der bald unter uns sein wird, werden nicht nur von gewöhnlichen Menschen gesucht, sondern auch von Häuptlingen und sogar von Herrschern.«

Als der *moro* am folgenden Morgen eintraf, begleiteten ihn fünf Schüler, welche auf ihren Köpfen Lasten trugen, die, wie Kunta wußte, kostbare arabische Bücher und Pergamente enthielten, auch solche aus dem alten Timbuktu. Als der alte Herr hereintrat, knieten alle hin, auch der *kintango* und seine Gehilfen, und berührten den Boden mit der Stirn. Nachdem der *moro* die Anwesenden und den *jujuo* gesegnet hatte, setzte man sich achtungsvoll um ihn her, und er schlug seine Bücher auf. Zuerst las er aus dem Koran, dann aus Taureta La Musa, Zabora Dawidi und Lingeeli la Isa, den Christen bekannt als Pentateuch, Psalmen Davids und Jesaiah. Öffnete oder schloß der *moro* ein Buch, rollte er ein Pergament auf oder zusammen, führte er es zuvor an die Stirn und murmelte »Amen«.

Nach der Lesung legte der alte Herr die Bücher beiseite und sprach von den großen Ereignissen und den Menschen, die im Koran der Christen vorkommen, der sogenannten Bibel, von Adam und Eva, von Joseph und seinen Brüdern, von Moses, David, Salomo, vom Tode Abels. Und er berichtete von den Gestalten der neueren Geschichte, von Djoulou Kar Naini, den die *toubobs* Alexander den Großen nennen, einen mächtigen Herrscher aus Gold und Silber, dessen Sonne die halbe Erde beschienen hatte.

Ehe der *moro* Abschied nahm, prüfte er die Kenntnisse der Burschen in den fünf täglichen Gebeten zu Allah und lehrte sie, wie sie sich innerhalb der geweihten Moschee in ihrem Dorf zu verhalten hatten, die sie erstmals in ihrem Leben betreten würden, wenn sie nun als Männer zurückkehrten. Danach brach er auf, denn er mußte noch am gleichen Tag eine andere Station seiner Reise erreichen. Die Burschen sangen auf Anweisung des *kintango* dem *moro* zu Ehren eines der Lieder, das sie aus dem *jalli kea* gelernt hatten: »Eine Generation geht hinüber, die nächste folgt, und auch sie geht hinüber . . . einzig Allah ist in Ewigkeit . . .«

Als der *moro* von dannen gezogen war, ging Kunta nachdenklich in seine Hütte. Es war doch sonderbar, daß vieles, ja alles, was er hier gelernt hatte, irgendwie zusammenhing. Die Vergangenheit hing an der Gegenwart, die Gegenwart reichte voraus in die Zukunft. Die Verstorbenen hingen mit den Lebenden und diese mit den Ungeborenen zusammen, er selbst mit Eltern und Geschwistern, den *kafo*-Kameraden, dem Dorf, dem Stamm, seinem Afrika. Die Welt der Menschen hing eng zusammen mit der der Tiere und der Pflanzen, alles lebte durch Allah. Kunta kam sich winzig vor, zugleich aber sehr groß. Daß ich so fühle bedeutet vielleicht, daß ich ein Mann werde, dachte er.

KAPITEL 25

Nun rückte der Augenblick näher, da das geschehen sollte, woran kein Betroffener ohne Schaudern denken konnte: die *kasas boyo*-Operation, die den Jüngling reinigen und ihn instand setzen sollte, der Vater vieler Söhne zu werden. Man wußte, daß der Eingriff bevorstand, doch kam er überraschend. Als eines Tages die Sonne im Zenit stand, ließ einer der Gehilfen des *kintango* den ganzen *kafo* im Hof Aufstellung nehmen, wie oft und oft zuvor, und man gehorchte ihm wie gewohnt schnell und aufs Wort. Als Kunta den *kintango* allerdings seine Hütte verlassen und vor sie hintreten sah, erfaßte ihn Furcht, denn der *kintango* ließ sich mittags kaum jemals blicken.

»*Foto* vorzeigen«, befahl er. Man hörte es staunend, keiner wollte seinen Ohren trauen. »Los, wird's bald!« Man gehorchte ihm zögernd mit niedergeschlagenen Augen.

Die Gehilfen des *kintango* umwickelten den *foto* jedes Knaben mit einem Lappen, der mit einer aus gestampften Blättern hergestellten Paste beschmiert war. »Eure *fotos* werden bald ganz unempfindlich sein«, sagte der *kintango* nur und schickte sie zurück in ihre Hütten.

Die Knaben warteten schweigend und ängstlich, bis man sie am Nachmittag wieder herausrief. Sie sahen, daß eine Anzahl Männer aus Juffure gekommen war, Väter, Onkel, Brüder, wie schon einmal zuvor. Auch Omoro war dabei, und diesmal tat Kunta, als kenne er ihn nicht. Diese Männer also stellten sich in einer Reihe den Burschen gegenüber auf und stimmten ein Lied an, dessen Text lautete: »Dies muß geschehen . . . es ist auch uns geschehen . . . auch den Altvorderen . . . damit auch ihr werdet . . . Männer wie wir.« Danach wurden die Burschen vom *kintango* neuerlich in ihre Hütten beordert.

Es dunkelte schon, als man ganz unerwartet außerhalb des *jujuo* viele Trommeln hörte. Die Burschen wurden wieder in den Hof befohlen und erblickten dort etwa ein Dutzend wild umherspringende *kankurang*-Tänzer, die mit Gebrüll durch eine Lücke im Zaun einbrachen. Sie trugen Kostüme aus Blättern und Gesichtsmasken aus Baumrinde, sie schwenkten bedrohlich ihre Speere gegen die zu Tode erschrockenen Burschen und waren ebenso plötzlich verschwunden, wie sie erschienen waren. Benommen von Furcht befolgten die Burschen den Befehl des *kintango*, sich nebeneinander, den Rücken am Bambuszaun, auf den Boden zu setzen.

Wieder stimmten die unterdessen herangetretenen Männer, Onkel und Brüder einen Gesang an: »Bald kehrt ihr nach Haus zurück . . . auf die Felder . . . bald werdet ihr heiraten . . . aus euren Lenden wird ewiges Leben entspringen . . .« Einer der Gehilfen rief einen Burschen beim Namen und bedeutete ihm, hinter einen Schirm aus Bambus zu treten. Kunta konnte weder sehen noch hören, was da vorging, doch kurz darauf kam der Bursche zum Vorschein, zwischen den Beinen einen blutbesudelten Fetzen. Er taumelte und wurde vom zweiten Gehilfen an seinen Platz am Zaun zurückgeführt. Der nächste wurde aufgerufen, dann wieder einer und schließlich hieß es: »Kunta Kinte!«

Kunta war wie versteinert, doch zwang er sich aufzustehen und hinter den Schirm zu treten. Hier sah er vier Männer, deren einer ihm befahl, sich auf den Rücken zu legen. Das tat Kunta gern, denn seine zitternden Knie wollten ihn ohnehin nicht mehr recht tragen. Der Mann beugte sich nun über ihn und packte fest seine Oberschenkel, und Kunta sah noch, daß der *kintango* sich über ihn beugte und etwas in der Hand hielt. Dann kniff er schnell die Lider zu. Gleich darauf empfand er einen brennenden Schmerz, schlimmer als befürchtet, aber weniger schlimm, als er ohne die betäubende Paste gewesen wäre. Sogleich wurde er verbunden und vom zweiten Gehilfen hinausgeführt, wo er schwach und benommen neben denen sitzen blieb, die bereits hinter dem Schirm gewesen waren. Sie wagten nicht, einander anzublicken, doch das, was alle am meisten gefürchtet hatten, war nun überstanden.

In dem Maße, in dem die *fotos* der Burschen heilten, gerieten sie in eine freudige Stimmung, denn endlich hatte man jenes Stadium hinter sich gelassen, da man sowohl geistig als körperlich für nichts weiter als einen Knaben gegolten hatte. Jetzt waren sie beinahe schon Männer, und ihre Dankbarkeit und Ehrfurcht gegenüber dem *kintango* kannte keine Grenzen. Er selber betrachtete nun ebenfalls Kuntas *kafo* mit anderen Augen, ja, dieser runzlige Älteste, den sie immer mehr in ihre Herzen geschlossen hatten, lächelte sogar hin und wieder! Und ganz beiläufig ließen er oder seine Gehilfen wohl auch die Anrede »Männer . . .« einfließen, wenn sie den *kafo* meinten. Kunta und den Kameraden kam das fast zu schön vor, sie konnten es kaum glauben.

Nun brach der vierte Mond an, und auf Befehl des *kintango* schlichen sich jede Nacht einige seiner Schützlinge heimlich nach Juffure hinein, glitten wie die Schatten in die Vorratsspeicher der mütterlichen Hütte und stahlen an Trockenfleisch, Mais und Hirse, was sie nur erwischen und tragen konnten. Damit kehrten sie noch in derselben Nacht zum *jujuo* zurück, und tags darauf wurde die Beute dort mit Vergnügen verzehrt, bewies sie doch, »daß wir schlauer sind als alle Frauen, auch als die eigene Mutter«, wie der *kintango* dazu bemerkte. Die bestohlenen Mütter prahlten selbstverständlich tags darauf im Dorf damit, daß sie ihre Sprößlinge sehr wohl gehört hatten.

Im *jujuo* war unterdessen eine neue Stimmung eingezogen. Zwar versammelte man sich allabendlich im Kreis um den *kintango*, doch dieser war nun weniger streng, er behandelte sie nicht mehr wie dumme Jungen, sondern wie junge Männer seines Dorfes. Hin und wieder wies er sie auf die eigentlichen Qualitäten ihrer neuerworbenen Männlichkeit hin. Zuoberst stand für ihn Furchtlosigkeit, gefolgt von unbedingter Ehrlichkeit. Dann wieder sprach er zu ihnen von den Vorfahren. Die Lebenden schuldeten denen, die bei Allah ruhten, stets größte Ehrfurcht, sagte er. Und er fragte einen jeden, an welchen seiner Vorfahren er sich am besten erinnere. Kunta nannte seine Großmutter Yaisa, und der *kintango* sagte, alle von den jungen Männern genannten Ahnen verwendeten sich bei Allah zugunsten ihrer Nachfahren.

Er erklärte ihnen, daß jeder einzelne Bewohner ihres Dorfes für das Dorf von Wert sei, die neugeborenen Kinder ebenso wie die Alten. Sie als neugebackene Jungmänner müßten lernen, jedem mit dem gehörigen Respekt zu begegnen, und das Wohl aller Männer, Frauen und Kinder von Juffure müsse ihnen ebensosehr am Herzen liegen wie das eigene. Dies insbesondere sei ihre Pflicht.

»Wenn wir wieder in Juffure sind, werdet ihr fortan dem Dorf als Augen und Ohren dienen. Ihr werdet über das Dorf wachen, werdet nach *toubobs* und anderen Wilden Ausschau halten, werdet die Felder vor Räubern beschützen. Auch ist es eure Aufgabe, die Kochtöpfe der Frauen zu inspizieren, die eurer Mütter nicht ausgenommen, und darauf zu achten, daß sie stets sauber sind. Findet ihr Schmutz oder Ungeziefer darin, müßt ihr sie streng vermahnen.« Die jungen Männer konnten es danach kaum abwarten, ihre neue Aufgabe zu übernehmen.

Zwar konnten sich nur die ältesten von ihnen ausmalen, was sie als Angehörige des vierten *kafo* erwartete, doch wußten sie, daß sie als Männer von fünfzehn bis neunzehn die wichtige Aufgabe übernehmen würden, Botschaften zwischen Juffure und anderen Dörfern hin und her zu tragen – so wie der Läufer, der den Besuch des *moro* angekündigt hatte. Kuntas *kafo* konnte sich das nicht vorstellen, doch eben jene, die alt genug waren, solche Botendienste zu verrichten, sehnten sich danach, endlich, mit zwanzig Jahren, in den fünften *kafo* aufgenommen zu werden und wirklich wichtige Pflichten zu übernehmen, nämlich als Gehilfen der Ältesten bei allen Verhandlungen und Geschäften mit anderen Dörfern zu dienen. Männer im Alter von Omoro gewannen von Regen zu Regen an Bedeutung und Statur, bis auch sie alt genug waren, den angesehenen Status der Ältesten zu beanspruchen. Kunta war stolz darauf gewesen, seinen Vater wenigstens in der Nähe der Ältesten sitzen zu sehen, und freute sich bereits auf den Tag, da Omoro zum innersten Kreis gehören würde, zu denen also, die eines Tages das Amt einer bedeutenden Persönlichkeit, wie der *kintango* eine war, übernehmen würden, sollte dieser zu Allah abberufen werden.

Es fiel Kunta und seinen Kameraden zunehmend schwer, dem *kintango* mit der gebotenen Aufmerksamkeit zuzuhören. Es kam ihnen unglaubhaft vor, daß in den vergangenen vier Monden so vieles geschehen war, daß sie wirklich im Begriff sein sollten, Männer zu werden. Die letzten Tage wurden ihnen länger als die Monde davor. Endlich – der vierte Mond stand hell und voll am Himmel – riefen die beiden Gehilfen den *kafo* nach dem Abendessen auf dem Hof zusammen.

War dies der lang erwartete Augenblick? Kunta sah sich nach Vätern und Brüdern um, die gewiß bei dieser Feier nicht fehlen würden, doch war keiner von ihnen zu sehen. Und wo steckte überhaupt der *kintango*? Kuntas suchender Blick entdeckte ihn endlich am Tor im Zaun des *jujuo*, das er soeben öffnete, wobei er rief: »Männer von Juffure! Kehrt in euer Dorf zurück.«

Einen Moment standen sie wie angewurzelt, dann stürzten sie sich jubelnd auf ihren *kintango* und seine Gehilfen und umarmten diese, die so taten, als seien sie von solcher Zudringlichkeit entsetzt. Als vier Monde zuvor Kuntas Kapuze hier an eben dieser Stelle gelüftet worden war, hätte er sich nicht vorstellen können, daß er einmal mit Bedauern von diesem Ort Abschied nehmen und daß er Liebe für den strengen alten Mann empfinden könnte, der damals vor ihm stand, und doch war es jetzt so. Dann aber gingen seine Gedanken heimwärts, und er rannte gemeinsam mit den anderen lärmend zum Tor hinaus, den Pfad nach Juffure hinunter. Bald aber verstummten sie, ihr Schritt verlangsamte sich, denn jeder bedachte auf seine Weise das gleiche: was hinter ihnen lag, und was jetzt auf sie wartete. Diesmal bedurften sie nicht der Sterne, um den Weg zu finden.

KAPITEL 26

Als Kuntas *kafo* samt jenen, die während ihrer Abwesenheit im *jujuo* fünfzehn geworden waren und nun zum vierten *kafo* zählten, bei Tagesanbruch ins Dorf marschierte, wurden sie mit dem Freudengeschrei der Frauen, mit Lachen und Tanz empfangen. Die jungen Männer gingen gemessenen und, wie sie hofften, würdigen Schrittes und verzogen vorerst keine Miene. Als Kunta seine Mutter sah, wäre er ihr gern entgegengelaufen, und er konnte es sich nicht verkneifen, ihr strahlend zuzulächeln, doch hielt er sich dazu an, gemessenen Schrittes weiterzugehen. Da aber hatte sie schon die Arme um ihn geschlungen, sie jauchzte und weinte in einem und flüsterte Kosenamen in sein Ohr. Kunta ließ dies geschehen, wich dann aber zurück, denn er war jetzt ein Mann. Immerhin tat er, als geschehe dies nur zu dem Zweck, das Bündel besser betrachten zu können, das sie in der Schlinge auf dem Rücken trug und aus dem es heftig jaulte. Er griff hinein und hob das Kleine ans Licht.

»Das also ist mein Bruder Madi!« rief er entzückt und hob den Kleinen hoch in die Luft.

Binta strahlte, als sie neben ihm zu ihrer Hütte ging, der das Kleine im Arm hielt, ihm Gesichter schnitt, selber Babylaute ausstieß und es in seine Bäckchen kniff. Kunta war aber nicht so in Anspruch genommen von seinem jüngsten Bruder, daß ihm die Kinderhorde entgangen wäre, die ihm splitternackt mit weit aufgerissenen Augen und Mündern folgte. Zwei klammerten sich an seine Knie, andere drängten sich zwischen seine Mutter und andere Frauen, die laut bemerkten, wie stark und gesund Kunta aussehe und wie männlich er geworden sei. Er tat, als hörte er das alles nicht, doch war es Musik in seinen Ohren.

Kunta fragte sich, wo Omoro sein, wo Lamin stecken mochte, doch gleich fiel ihm ein, daß Lamin gewiß Ziegen hütete. Er ließ sich in Bintas Hütte auf einen Schemel nieder und bemerkte jetzt erst, daß eines der größeren Kinder vom ersten *kafo* ihm gefolgt war und sich jetzt an Bintas Rock hängte. »Guten Tag, Kunta«, sagte der Knirps, und da erst erkannte Kunta seinen Bruder Suwadu! Er traute seinen Augen nicht. Suwadu war, als Kunta nach dem *jujuo* mußte, nichts weiter gewesen als ein Hindernis, über das man stolperte, und Kunta hatte ihn nur zur Kenntnis genommen, wenn er plärrte. Nun aber, innerhalb von nur vier Monden, schien er mächtig gewachsen, er konnte auch schon sprechen, kurz, er war jemand. Kunta reichte das Baby seiner Mutter, packte Suwadu und warf ihn hoch unter das Dach der Hütte, daß der Kleine vor Wonne juchzte.

Als Suwadu endlich hinauslief, um die anderen frischgebackenen Männer zu besichtigen, wurde es still in der Hütte. Binta war glücklich und zufrieden, sie wollte jetzt keine Worte machen. Kunta jedoch hätte ihr gern gesagt, wie sehr er sie vermißt hatte und wie glücklich er war, wieder daheim zu sein. Doch fand er die Worte nicht. Außerdem sagte ein Mann so etwas nicht zu einer Frau, auch nicht zur eigenen Mutter.

»Wo ist mein Vater?« fragte er endlich.

»Er schneidet Riedgras für das Dach deiner Hütte«, antwortete Binta, und erst jetzt fiel Kunta wieder ein, daß er als Mann ja nun eine Hütte für sich bewohnen würde. Er eilte also zu der Stelle, wo, wie der Vater ihm oft gesagt hatte, das beste Gras für Flechtdächer wuchs.

Omoro sah ihn kommen, und Kunta pochte das Herz, als der Vater auf ihn zukam. Sie schüttelten einander nach Männerart die Hand, sahen sich tief ins Auge, zum erstenmal von Mann zu Mann. Kunta wurde fast schwach dabei, und sie schwiegen ein Weilchen. Dann endlich sagte Omoro sehr beiläufig, als äußere er sich übers Wetter, er habe für Kunta eine Hütte erworben, deren Vorbesitzer wegen Heirat ausgezogen sei. Ob er die Hütte sehen wolle? Kunta stimmte leise zu, und sie gingen zu ihr. Unterwegs bestritt Omoro die Unterhaltung fast allein, denn Kunta hatte immer noch Mühe, Worte zu finden.

Die Lehmwände der Hütte waren ebenso ausbesserungsbedürftig wie das Dach, doch daran nahm Kunta nicht Anstoß, denn die Hauptsache war, er würde die Hütte allein bewohnen. Zudem lag sie durch das ganze Dorf getrennt von der Hütte seiner Mutter. Selbstverständlich ließ er sich nicht anmerken, wie zufrieden er mit der Hütte war, und sagen tat er schon gar nichts. Er begnügte sich damit zu erklären, er wolle die Reparaturen selber ausführen. Omoro stimmte zu: Kunta möge die Wände ausbessern, er selber aber wolle die am Dach begonnene Arbeit fortführen. Damit machte er kehrt und ging wieder dahin, wo das besonders geeignete Gras wuchs, und ließ einen Kunta zurück, der dankbare Bewunderung dafür empfand, wie der Vater den neuen Umgangston zwischen ihnen doch so selbstverständlich getroffen hatte.

Den Nachmittag verbrachte Kunta auf einem ausgedehnten Bummel durchs Dorf; er weidete sich förmlich am Anblick der bekannten Gesichter und Plätze – dem Dorfbrunnen, dem Schulhof, dem Affenbrotbaum und dem Kapokbaum. Wie heimwehkrank er gewesen war, wurde ihm erst klar, als er bemerkte, wie wohl es ihm tat, von allen begrüßt zu werden, an denen er vorüberging. Die Zeit wurde ihm lang. Er wartete ungeduldig auf die Rückkehr Lamins vom Ziegenhüten, und es drängte ihn, einen ganz bestimmten Menschen aufzusuchen, auch wenn dieser Mensch eine Frau war und sich das für ihn jetzt nicht mehr schickte. Er ging also zu der kleinen verwitterten Hütte von Nyo Boto und rief von draußen: »Großmutter!«

»Wer ist da?« fragte eine gereizte, brüchige Stimme.

»Rate mal, Großmutter«, sagte Kunta und trat auch gleich ein. Erst mußten sich seine Augen an das drinnen herrschende Halbdunkel gewöhnen, dann sah er die alte Frau, neben einem Krug hocken, in dem Baumrinde eingeweicht war, von der sie jetzt Fasern zupfte. Sie spähte scharf nach ihm hin und sagte erst nach einem Weilchen: »Ja – Kunta!«

»Wie freue ich mich, dich zu sehen, Großmutter.«

Nyo Boto wandte sich wieder ihrer Arbeit zu. »Geht es deiner Mutter gut?« fragte sie, und Kunta versicherte, es sei so. Er war etwas betroffen, denn sie tat ganz, als wäre er überhaupt nicht fort gewesen, als hätte sie nicht bemerkt, daß er unterdessen ein Mann geworden war.

»Ich habe oft an dich gedacht, während ich fort war«, sagte er, »und dann jedesmal den Talisman angefaßt, den du mir geschenkt hast.«

Die alte Frau brummte nur, sie blickte nicht einmal auf.

Er entschuldigte sich für die Störung und ging hinaus, schwer gekränkt und völlig verwirrt. Erst viel später begriff er, daß diese Zurückweisung sie viel mehr als ihn geschmerzt hatte, aber ihr blieb nichts weiter übrig, als zu handeln wie eine Frau gegenüber einem Mann, der nicht mehr bei ihr Trost und Rat suchen darf.

Kunta war noch tief in Gedanken, als er auf dem Rückweg den vertrauten Lärm vernahm, den heimkehrende Hirten, Ziegen und Hunde machen. Richtig, der zweite *kafo* kam von der Weide. Lamin mußte darunter sein, und Kunta hielt nach ihm Ausschau. Als der Bruder ihn erblickte, kam er freudig juchzend auf ihn zugestürmt und strahlte über das ganze Gesicht. Als er allerdings Kuntas kühle Miene sah, blieb er einige Schritte vor ihm stehen. Die Brüder sahen einander an. Schließlich sprach Kunta den Gruß und Lamin erwiderte. Kunta konnte im Gesicht des Bruders lesen, daß dieser stolz auf ihn war, er sah aber auch, daß der Bruder soeben eine Kränkung erfahren hatte, ähnlich jener, der Kunta eben erst in Nyo Botos Hütte ausgesetzt worden war. Offenbar wußte Lamin nicht recht, was von diesem älteren Bruder jetzt zu erwarten war. Kunta ging durch den Kopf, daß, wäre es nach ihm gegangen, keine Entfremdung zwischen ihm und Lamin eingetreten wäre, doch war es nun einmal notwendig, daß der Mann mit Respekt behandelt wurde, auch von seinem eigenen jüngeren Bruder.

Jetzt sprach Lamin als erster: »Deine beiden Ziegen sind trächtig.« Das freute Kunta, denn es bedeutete, daß er bald vier, wenn nicht gar fünf Ziegen haben würde, falls eines der Muttertiere zwei Junge warf. Trotzdem strahlte er nicht, ließ sich seine Überraschung nicht anmerken. »Das sind ja gute Neuigkeiten«, sagte er nur, noch teilnahmsloser als beabsichtigt. Lamin wußte nicht, wie er sich nun verhalten sollte, und ging einfach davon; er befahl seinen Hunden, die Geißen zusammenzutreiben, die sich schon wieder selbständig machen wollten.

Binta half ihrem Sohn beim Umzug in die neue Hütte und bemühte sich sehr, keinerlei Gefühle zu zeigen. Er sei aus seinen alten Sachen herausgewachsen, sagte sie und schlug in dem nun gebotenen respektvollen Ton vor, falls ihm seine wichtigen neuen Pflichten Zeit dazu ließen, möge er sich von ihr neue Kleider anmessen lassen. Kunta besaß außer Pfeil und Bogen und Schleuder praktisch nichts, und Binta stellte eine Einrichtung für ihn zusammen: Schlafmatte, mehrere Tongefäße, einen Schemel und einen Gebetsteppich, den sie in seiner Abwesenheit geknüpft hatte. Zu jedem Gegenstand, den sie ihm anbot, brummte er zustimmend, wie er seinen Vater hatte tun hören; er gab damit zu erkennen, daß er nichts dagegen einzuwenden hatte, wenn diese Stücke in seine Hütte kamen. Als er sich am Kopf kratzte, wollte sie ihn auf Zecken untersuchen, das lehnte er aber barsch ab und achtete auch nicht darauf, als sie darüber murrte.

Kunta schlief erst gegen Mitternacht ein, denn er hatte viel zu bedenken. Er glaubte, kaum ein Auge zugetan zu haben, als die Hähne ihn weckten und der *alimamo* zum Gebet rief. Zum erstenmal sollten nun Kunta und seine *kafo*-Kameraden wie die anderen Männer des Dorfes zum Gebet die Moschee betreten dürfen. Kunta kleidete sich schnell an und gesellte sich samt seinem Gebetsteppich zu den Genossen, die mit gebeugtem Kopf und den gerollten Teppich unterm Arm die Moschee betraten, als wären sie das ihr Lebtag gewohnt. Sie ahmten die Älteren nach und achteten besonders darauf, die Gebete nicht zu leise, aber auch nicht zu laut zu sprechen.

Binta brachte anschließend das Frühmahl in die Hütte des jüngsten Mannes der Familie. Sie setzte die Schüssel mit dampfendem *kouskous* vor ihm ab, der nur mit ausdruckslosem Gesicht brummte, und entfernte sich eilig. Kunta verzehrte mißgestimmt seine Portion, denn er meinte, in der

Miene seiner Mutter so etwas wie unterdrückte Heiterkeit bemerkt zu haben.

Nach dem Essen machte er sich mit den Kameraden daran, seine neuen Pflichten zu übernehmen, das heißt, Augen und Ohren des Dorfes zu sein, und ihr Eifer stieß bei den Älteren ebenfalls auf amüsierte Nachsicht. Die Frauen konnten sich dieser jungen Eiferer kaum erwehren, die unbedingt die Kochtöpfe inspizieren wollten und hartnäckig nach Ungeziefer suchten. Eine minuziöse Inspektion der Palisade um das Dorf ergab, daß diese an zahllosen Stellen nicht mehr der Idealvorstellung entsprach, welche die Jungmänner sich davon machten. Immer wieder prüften sie das Brunnenwasser auf Salzspuren, Unreinheiten oder sonstige Unbekömmlichkeiten. Sie fanden nichts, wechselten aber trotzdem die Schildkröte und den Fisch aus, welche den Brunnen sauberhielten.

Kurzum, die neuen Männer waren überall. »Ihr seid ja zudringlich wie die Bremsen«, knurrte die alte Nyo Boto, als Kunta sich dem Bach näherte, wo sie Wäsche wusch, und er machte, daß er wegkam. Auch ging er umsichtig seiner Mutter aus dem Wege, denn er redete sich ein, er dürfe ihr keine besonderen Gunstbeweise geben, im Gegenteil, er nahm sich vor, besonders streng mit ihr zu verfahren, sollte sich das als notwendig erweisen. Schließlich war sie eine Frau.

KAPITEL 27

Juffure war so klein, und die frisch gebackenen Männer waren so zahlreich, daß es Kunta bald vorkam, als wären sämtliche Wände, Dächer, Tröge und Kochtöpfe des Dorfes immer schon gerade inspiziert und repariert worden, wenn er nach dem Rechten sehen wollte. Allerdings verdroß ihn das durchaus nicht, denn so fand er genügend Zeit für die Arbeit auf dem ihm vom Ältestenrat zugewiesenen Feld. Alle Jungmänner zogen jetzt für sich selber Mais und Erdnüsse, teils um den eigenen Bedarf zu decken, teils um den Überschuß bei jenen, die für den Bedarf ihrer Familien nicht genug ernteten, gegen andere Dinge einzutauschen, die sie benötigten. Ein junger Mann, der sein Feld tüchtig bestellte, der geschickt war beim Handel, der seine Ziegen sorgsam pflegte, der vielleicht ein Dutzend Geißen gegen eine Kalbin tauschte, die dann ihrerseits Kälber warf, konnte es zu was bringen in der Welt und mit fünfundzwanzig oder dreißig Regen daran denken, eine Frau zu nehmen und Söhne zu zeugen.

Schon wenige Monde nach seiner Rückkehr hatte Kunta so viel geerntet und so geschickt getauscht, daß seine Hütte vor erhandelten Gegenständen schier überquoll. Binta maulte bereits hörbar, denn vor Schemeln, Bastmatten, Tongefäßen, Schalen und sonstigen Gegenständen konnte er sich kaum noch drehen. Er sah gnädig über ihre Unbotmäßigkeit hinweg, denn er ruhte nun auf einem bequemen Lager aus geflochtenen Binsen auf einer federnden Unterlage aus Bambus, an der Binta einen halben Mond lang gearbeitet hatte.

Außer mehreren Talismanen, die er gegen Erzeugnisse seines Stückchen Landes eingetauscht hatte, bewahrte er in seiner Hütte auch andere Mittel gegen böse Geister auf: stark riechende Extrakte aus bestimmten Pflanzen und Baumrinden, mit denen er wie alle Männer der Mandinka vor dem Schlafengehen seine Stirn einrieb, die Oberarme und die Oberschenkel. Solche magischen Essenzen sollten die bösen Geister fernhalten, während er schlief. Überdies bewirkten sie, daß er angenehm roch – worauf Kunta jetzt ebensosehr Wert legte wie auf gutes Aussehen.

Verdruß bereiteten Kunta wie den übrigen seines *kafo* die gleichaltrigen Mädchen. Als sie zum *jujuo* gezogen waren, ließen sie einen Haufen magere, kichernde, alberne Gänse zurück, die ebenso verspielt waren wie die Jungen, doch nun, nach nur vier Monden Abwesenheit, fanden sie – jetzt immerhin junge Männer! – eine total veränderte Lage vor. Die ehemals schnatternden Kinder, mit denen sie aufgewachsen waren, promenierten geziert in der Gegend umher, sie wippten mit den mangoförmigen Brüsten, sie warfen schnippisch den Kopf zurück, schlenkerten mit den von Reifen geschmückten Armen, wiesen Ohrringe und Perlen vor, und das alles ganz offenbar einzig in der Absicht, nicht etwa Kunta und seinen Genossen zu imponieren, sondern Männern, die mindestens zehn Regen älter waren als sie. Für die frischgebackenen Jungmänner wie Kunta hatten diese Mädchen im heiratsfähigen Alter – vierzehn oder fünfzehn Regen – keinen Blick übrig, sondern bestenfalls Spott und Hohn. Die jungen Männer waren darüber schließlich so empört, daß sie beschlossen, den

Gänsen die kalte Schulter zu zeigen und auch den Männern aus dem Wege zu gehen, die sich nur allzu bereitwillig mit ihnen befaßten.

Immerhin war Kuntas *foto* morgens beim Erwachen oftmals so hart wie sein Daumen. Das war nichts Neues, es war auch vorgekommen, als er in Lamins Alter war, aber es fühlte sich jetzt doch anders an. Er konnte sich nicht helfen, er fuhr mit der Hand unter die Bettdecke, drückte kräftig zu und dachte dabei an Dinge, die er hier und dort aufgeschnappt hatte – Männer steckten den *foto* in den Bauch der Frauen!

Kunta träumte recht anschaulich, das tat er, seit er klein war, und so träumte ihm denn eines Nachts folgendes: Er sah dem Tanz der Mädchen beim Erntefest zu, und die niedlichste, langhalsigste, schwärzeste von allen warf ihren Kopfputz in seine Richtung. Als er ihn aufhob, lief sie zur Hütte ihrer Eltern und rief dabei: »Kunta mag mich!« Die Eltern gaben nach gründlichem Nachdenken die Einwilligung zur Heirat, und auch Binta und Omoro hatten nichts dagegen. Die Väter einigten sich auf den Kaufpreis für die Braut, und Omoro sagte zu Kunta: »Sie ist wahrlich schön, doch mir liegt das Wohl meines Sohnes am Herzen. Ist sie kräftig? Eine gute Arbeiterin? Verbreitet sie Heiterkeit im Haus? Kann sie kochen, und versteht sie sich auf Kinderaufzucht? Und vor allem – ist sie Jungfrau?« Weil die Antwort auf alle diese Fragen Ja lautete, setzte man den Hochzeitstag fest.

Kunta baute eine schöne neue Lehmhütte, und die Mütter bereiteten die leckersten Speisen, um bei den Gästen Ehre einzulegen.

Am Hochzeitstag war der Lärm der Erwachsenen, der Kinder, Ziegen, Hühner, Hunde, Papageien und Affen so groß, daß er noch den der gemieteten Musikanten übertönte. Als die Braut mit ihrem Geleit eintraf, wußte der Hochzeitsredner sich nicht genug zu tun darüber, daß zwei so würdige Familien sich miteinander verbinden wollten, und der Lärm erreichte den Höhepunkt, als die Braut von ihrer besten Freundin in Kuntas Hütte geschubst wurde. Kunta winkte den Hochzeitsgästen strahlend zu, folgte seiner Braut in die Hütte und zog den Vorhang vor den Eingang. Als sie sich auf sein Lager gesetzt hatte, sang er ihr das berühmte traditionelle Liebeslied vor: »Mandumbe, dein Schwanenhals ist wunderschön . . .« Dann legten sie sich auf weichgegerbte Häute, sie küßte ihn zärtlich, und sie hielten sich fest umschlungen. Und dann fand statt, was

Kunta sich nach dem, was er gehört hatte, vorstellte. Es war sogar noch angenehmer, als man ihm beschrieben hatte, es nahm zu und zu und plötzlich – zerbarst er.

Kunta erwachte und blieb reglos liegen. Was war geschehen? Er tastete an seinem Körper entlang und spürte die Nässe auf seinem Bauch. Erschreckt sprang er auf, suchte einen Fetzen, trocknete sich ab und auch sein Lager. Als er dann im Dunkeln saß, wich sein Schreck erst der Verlegenheit, dann der Scham, diese der Freude, und schließlich empfand er geradezu Stolz. Ob das seinen Kameraden wohl ebenfalls passiert war? Einerseits wäre ihm das recht gewesen, andererseits wieder nicht, denn wenn dies ein Beweis für Männlichkeit gewesen sein sollte, hätte er ihn gern als erster erbracht gehabt. Allerdings würde er das niemals erfahren, denn solch ein Erlebnis, ja auch die Vorstellungen, von denen es begleitet war, ließen sich mit niemandem teilen. Darüber sprach man nicht. Schließlich legte er sich matt, aber wohlig nieder und fiel bald in einen sanften traumlosen Schlaf.

KAPITEL 28

Nun kenne ich, so sagte Kunta sich, als er eines Tages auf dem Feld seine Mahlzeit verzehrte, in Juffure jeden Mann, jede Frau, jedes Kind, jeden Hund und jede Ziege, und ich sehe so gut wie jeden alle Tage. Warum fühle ich mich nur so allein? Bin ich denn eine Waise? Habe ich nicht einen Vater, der mich behandelt wie ein Mann den anderen? Habe ich nicht eine Mutter, die ihre Pflichten gegen mich erfüllt? Sehen nicht meine Brüder zu mir auf? Bin ich, der junge Mann, nicht ihr Idol? Habe ich nicht alle zu Freunden, mit denen ich als Kind im Dreck spielte, mit denen ich die Ziegen hütete und die mit mir im *jujuo* waren? Achten mich nicht die Älteren, und beneiden mich nicht die Gleichaltrigen darum, daß ich schon vor dem sechzehnten Geburtstag sieben Ziegen, drei Hühner und eine prächtig eingerichtete Hütte besitze – alles das Ergebnis meiner tüchtigen Feldarbeit? Das ließ sich alles nicht bestreiten. Und doch fühlte er sich einsam. Omoro war dauernd beschäftigt, er hatte für Kunta jetzt weniger Zeit als vor Jahren, da er nur diesen einzigen Sohn gehabt, dafür aber weniger

Verantwortung für das Gemeinwesen zu tragen hatte. Auch Binta war ständig tätig, sie mußte für Kuntas drei Brüder sorgen, und ohnedies hatten die beiden einander wenig zu sagen. Selbst zwischen Kunta und Lamin herrschte kein enges Einverständnis mehr; während Kunta im *jujuo* gewesen war, hatte Suwadu sich an Lamin gehängt, wie vormals Lamin sich an Kunta gehängt hatte, und Kunta sah mit gemischten Gefühlen, wie Lamins Einstellung zu dem kleineren Bruder sich veränderte: Gereiztheit wurde zu Duldsamkeit und diese zu Zuneigung. Bald waren die beiden unzertrennlich, und für Kunta blieb ebensowenig Platz wie für Madi, der zu klein war, um sich ihnen anzuschließen, aber groß genug, um zu plärren, weil sie ihn ausschlossen. Selbstverständlich befahl Binta den beiden häufig, den Kleinen mitzunehmen, um Ruhe im Haus zu haben, und wenn Kunta seine Brüder durchs Dorf ziehen sah, im Gänsemarsch und nach dem Alter geordnet, die beiden größeren mißmutig, der Kleinste dafür aber um so glücklicher, obwohl er laufen mußte, um den Anschluß nicht zu verlieren, dann mußte er gegen seinen Willen schmunzeln.

Hinter Kunta ging jetzt niemand mehr, und neben ihm nur selten einer, denn seine *kafo*-Kameraden hatten entweder ihren Pflichten nachzukommen, oder sie grübelten ebenso wie Kunta darüber nach, wie seltsam es doch war, daß ihr neuer Status als Männer ihnen nicht recht was einzutragen schien. Zwar hatte man ihnen ein Stück Feld überlassen, zwar sammelten sie langsam Besitztümer an, doch die Felder waren klein, die Arbeit schwer, und mit den Besitztümern der älteren Männer verglichen, waren die ihren doch recht armselig. Zwar waren sie die Augen und Ohren des Dorfes, doch auch ohne ihr Zutun wurden die Töpfe saubergehalten, und von den Feldern war höchstens einmal eine Horde Paviane zu vertreiben oder ein Vogelschwarm. Es blieb ihnen nicht verborgen, daß die bedeutenden Aufgaben von den Älteren wahrgenommen wurden, und um das alles noch schwerer erträglich zu machen, ließen diese es die Jungen fühlen: Ihre Höflichkeit war vorgetäuscht, wie ja auch die Pflichten, die sie den Jungen übertrugen, nur so aussahen wie Pflichten. Wandten sie den Jüngeren wirklich mal ihre Aufmerksamkeit zu, dann schien es, daß sie sich nur schwer das Lachen verbeißen konnten, auch wenn die den Jungen gestellten Aufgaben tadellos ausgeführt wurden; das ähnelte bereits dem Verhalten der Mädchen! Nun ja, sagte Kunta sich, eines Tages gehörst du auch dazu, aber du wirst dich als Mann würdiger betragen und den Jüngeren gegenüber mehr Verständnis und Mitgefühl zeigen, als dir erwiesen wird!

Weil er ruhelos war und auch ein wenig Selbstmitleid hatte, unternahm Kunta einen einsamen Abendspaziergang. Ohne es zu beabsichtigen, näherte er sich nach einer Weile dem Feuer, um das die Kleinen des ersten *kafo* hockten und gespannt den Großmüttern zuhörten, die ihnen Geschichten erzählten. Kunta trat nahe genug hinzu, um hören zu können – doch so, daß es nicht auffiel, daß er zuhörte –, als eine der Alten, hüpfend und die mageren Arme werfend, den Kindern vorführte, wie die 4000 tapferen Krieger des Königs Kasoon, vom Dröhnen der 500 Kriegstrommeln und dem Klang der aus Elefantenstoßzähnen gemachten 500 Kriegshörner in die Schlacht getrieben worden waren. Kunta hatte diese Geschichte viele Male als Kind am abendlichen Feuer gehört, und es stimmte ihn irgendwie traurig, sie jetzt wieder zu hören, in Gesellschaft von Madi, der mit weitaufgerissenen Augen in der vordersten Reihe saß, und dem weiter hinten sitzenden Suwadu.

Er erhob sich seufzend und entfernte sich nachdenklich, was ebenso unbemerkt blieb wie sein Erscheinen. An den anderen Feuern, wo Lamin mit Gleichaltrigen Koranverse rezitierte, wo Binta sich mit den Frauen über den täglichen Kleinkram unterhielt, fühlte er sich ebenso unwillkommen. So gelangte er denn schließlich an den großen Brotfruchtbaum, unter dessen weitausladenden Zweigen die Männer von Juffure um ihr eigenes Feuer hockten und Gemeindesachen besprachen und andere ernste Geschäfte. Doch während er sich am ersten Feuer zu alt vorgekommen war, fühlte er sich hier zu jung. Aber wohin hätte er schon gehen sollen? Also nahm er im äußersten Kreis Platz, hinter denen im Alter seines Vaters, die näher beim Feuer saßen, und denen im Alter des *kintango*, die mit anderen des Ältestenrates ganz nahe saßen. Als er sich niederließ, hörte Kunta jemand fragen:

»Weiß jemand von euch, wie viele von uns geraubt werden?«

Man sprach also vom Sklavenraub, jenem Thema, das seit hundert Regen das dringlichste war, seit *toubobs* Menschen raubten und sie in Ketten in jenes Königreich der Menschenfresser über dem großen Wasser verschifften.

Eine Weile sprach niemand, dann sagte der *alimamo*: »Wir müssen Allah dafür danken, daß es nicht mehr so viele sind wie früher.«

»Es gibt eben nicht mehr so viele zu rauben«, bemerkte einer der Ältesten zornig.

Der *kintango* sagte: »Ich höre die Trommeln und zähle unsere Verluste. Und ich komme jeden neuen Mond auf fünfzig bis sechzig allein von unserem Teil des *bolong*.« Dazu hatte niemand etwas zu sagen, und er fügte an: »Das sagt natürlich nichts darüber, wie groß die Verluste im Landesinneren und weiter stromaufwärts sind.«

»Wir sollten nicht nur die Geraubten zählen«, sagte der *arafang*, »sondern auch die niedergebrannten Brotfruchtbäume, die standen, wo ehemals Dörfer waren. Der *toubob* hat mehr von uns durch Feuer getötet und im Kampf, als er geraubt hat.«

Die Männer starrten lange ins Feuer, dann nahm ein anderer Ältester das Wort: »Der *toubob* kann das alles nicht ohne Hilfe von unsern eigenen Leuten. Mandinka, Fula, Wolof, Jola – alle Stämme Gambias haben ihre Verräter. Als Kind habe ich gesehen, wie diese *slatis* Menschen wie sie selber geprügelt haben, damit sie schneller gehen sollten – für *toubobs*!«

Juffures Ältestenvorsteher sagte: »Für das Geld der *toubobs* fallen wir über unsere eigenen Leute her. Gier und Verrat, das ist es, was der *toubob* uns im Tausch gegen die bringt, die er geraubt hat.«

Wieder herrschte eine Weile Schweigen, und nur das Feuer knackte. Dann ließ sich wieder der *kintango* vernehmen: »Schlimmer noch als das Geld des *toubob* ist, daß er für nichts und wieder nichts lügt, daß er betrügt, wie er atmet, ohne sich was dabei zu denken. Das verschafft ihm einen Vorteil über uns.«

Nach einigen Momenten sagte ein jüngerer Mann, der dem *kafo* vor dem Kuntas angehörte: »Wird der *toubob* sich denn niemals ändern?«

»Der *toubob* ändert sich erst, wenn die Flüsse aufwärts fließen«, antwortete ihm einer der Ältesten.

Das Feuer war nun heruntergebrannt, die Männer standen auf, reckten sich, wünschten einander Gute Nacht und begaben sich zu ihren Hütten. Fünf junge Männer des dritten *kafo* blieben zurück – einer, der die Glut mit Sand bedeckte, die übrigen – darunter Kunta –, um die nächtliche Wache vor der Dorfpalisade zu beziehen. Kunta wußte, nach dem, was er da

Aufregendes gehört hatte, würde er keine Mühe haben, wach zu bleiben, doch lockte es ihn auch nicht besonders, die Nacht außerhalb der schützenden Palisade zu verbringen.

Er bewegte sich jedoch anscheinend gleichmütig durchs Dorf, winkte seinen Wachkollegen lässig zu und ging außen an der Palisade mit dem davor aufgehäuften Dorngebüsch und den darin verborgenen spitzen Pfählen einem belaubten Versteck zu, von dem aus sich der Blick in die vom Mondschein silbrige Umgebung bot. Er machte es sich so bequem wie möglich, legte den Speer in den Schoß, schlang die Arme um die angezogenen Knie, um es wärmer zu haben, und richtete sich für die Nacht ein. Er beobachtete scharf den Rand des Buschlandes, hörte die Zikaden zirpen, das geisterhafte Pfeifen der Nachtvögel, das ferne Heulen der Hyänen, das Geschrei von Tieren, die im Busch gerissen wurden, und bedachte dabei, was er da am Feuer gehört hatte. Als es tagte, ohne daß etwas passiert war, staunte er geradezu darüber, daß er nicht von Sklavenräubern überfallen worden war. Und er merkte, daß er keinen Moment über seine Privatangelegenheiten nachgegrübelt hatte.

KAPITEL 29

Kunta kam es vor, als würde er täglich irgendwie von seiner Mutter geärgert. Nicht, daß sie etwas gesagt oder getan hätte, um ihn zu reizen, doch an gewissen Blicken, an dem Ton, in dem sie zu ihm sprach, erkannte er, daß ihr irgendwas nicht recht war. Besonders deutlich wurde dies, wenn er auf eigene Faust Anschaffungen machte. Als sie eines Morgens sah, daß er einen *dundiko* trug, den sie ihm nicht selber angefertigt hatte, hätte sie fast die Schale mit dampfendem *kouskous* auf ihn fallen lassen. Kunta entging nicht, daß seine Mutter darüber tief gekränkt war, doch weigerte er sich trotzig, ihr zu erklären, daß er ihn für ein gegerbtes Hyänenfell eingetauscht hatte.

Von da an prüfte Binta allmorgendlich mit Adleraugen, ob er wieder eine Neuanschaffung gemacht hatte – einen Schemel etwa, eine Matte, einen Tiegel, einen Teller oder einen Topf, und es entging ihr nichts. Kunta sah dann, daß sie eine gewollt gleichmütige Miene aufsetzte, die gleiche, die sie früher in Gegenwart Omoros anzunehmen pflegte. Alsbald gesellte sie sich dann zu den anderen Frauen und beklagte ihr schweres Los, wie es alle Mandinkafrauen taten, die mit ihren Männern nicht einverstanden waren.

Eines Morgens stellte Kunta gleich neben den Eingang seiner Hütte einen wunderhübsch geflochtenen Korb, das Geschenk Jinna M'Bakis, einer Witwe, und zwar so, daß Binta, wenn sie mit dem Frühstück kam, diesen Korb nicht übersehen konnte. Die Witwe war übrigens etwas jünger als Binta; ihr Mann war von der Jagd nicht zurückgekehrt, als Kunta, damals noch im zweiten *kafo*, die Ziegen hütete. Sie wohnte unweit von Nyo Boto, die Kunta häufig besuchte, und auf diese Weise war er näher mit ihr bekannt geworden. Daß seine Freunde ihn mit dem Geschenk der Witwe hänselten, ärgerte Kunta übrigens sehr. Als nun seine Mutter das Frühstück brachte und den Korb sah, machte sie ein Gesicht, als wäre sie einem Skorpion begegnet; sie erkannte selbstverständlich den Korb als Arbeit der Witwe, und es dauerte eine Weile, bis sie sich gefaßt hatte.

Natürlich verlor sie kein Wort über das Geschenk, Kunta wußte aber, daß sie ihn recht gut verstanden hatte. Er war kein Knabe mehr, und sie hatte endlich zu begreifen, daß sie ihn nicht mehr bemuttern durfte. Er meinte, er selber müsse ihr das endlich einmal klarmachen. Omoro konnte er darum nicht bitten; es wäre lächerlich gewesen, ihn zu fragen, wie er es anstellen solle, daß die Mutter ihn als Mann ebenso respektiere, wie sie Omoro respektiert. Er gab auch den Plan auf, Nyo Boto um Rat zu fragen, denn er hatte nicht vergessen, wie sonderbar sie ihn behandelt hatte, als er aus dem *jujuo* zurückgekommen war.

Kunta handelte also nach seinem eigenen Instinkt, und er beschloß, künftig nicht mehr Bintas Hütte zu betreten, in der er seine Kindheit verbracht hatte. Wenn sie ihm seine Mahlzeiten brachte, saß er stocksteif auf dem Schemel, während sie das Essen vor ihn stellte, ohne etwas zu sagen und ohne ihn anzusehen. Schließlich überlegte er, ob er nicht überhaupt eine andere Regelung treffen solle. Die meisten seiner *kafo*-Kameraden aßen noch bei ihren Müttern, einige aber ließen sich von Schwestern oder Schwägerinnen versorgen. Sollte Binta die Dinge auf die Spitze treiben, wollte er Ausschau halten nach einer Frau, die für ihn kochte – möglicherweise jene Witwe, die ihm den Korb geschenkt hatte? Er wußte, daß sie dies nur allzugern tun würde, doch noch wollte er sie nicht merken lassen, daß er derartiges in Erwägung zog.

Unterdessen brachte die Mutter wie gewohnt seine Mahlzeiten, und beide taten dabei, als wäre der andere nicht vorhanden.

Eines Morgens, nach einer Nacht auf Posten, erblickte Kunta drei fremde junge Männer in einiger Entfernung auf seinem Pfad, die irgendwohin unterwegs waren. Sie waren etwa in seinem Alter. Er rief sie an und holte sie ein. Sie kamen aus Barra, einem anderthalb Tagereisen entfernten Dorf, und waren auf der Suche nach Gold. Sie gehörten zum Stamm der Feloop, waren also mit den Mandinka verwandt, Kunta verstand sie aber nur mit Mühe. Ihm fiel ein, daß er auch im Dorf der Onkel Leute getroffen hatte, mit denen er sich kaum verständigen konnte, obwohl sie nicht weit von Juffure lebten.

Was er von den jungen Leuten hörte, interessierte Kunta ungemein, und er bat sie, einen Tag die Gastfreundschaft von Juffure anzunehmen und sich mit ihm und einigen Freunden zu besprechen. Dies lehnten sie aber höflich ab mit der Begründung, sie müßten am dritten Reisetag den Ort erreichen, wo das Gold gewaschen wurde. »Aber du kannst doch mit uns kommen, wenn du magst«, sagte einer der drei zu Kunta.

Kunta war davon so überrascht, daß er ganz mechanisch ablehnte; er habe alle Hände voll zu tun, auf dem Feld und überhaupt. Die drei jungen Männer bedauerten das und meinten: »Falls du es dir anders überlegst, kannst du ja nachkommen.« Und sie knieten hin und zeichneten den Weg zu dem Ort des Goldfundes in den Staub des Pfades. Es war zwei Tageswanderungen von Juffure entfernt. Ihre Kenntnis hatten sie vom Vater eines der jungen Männer, der ein wandernder Musikant war.

Kunta begleitete seine neuen Bekannten bis zur Weggabelung, wo sie den Pfad einschlugen, der an Juffure vorbeiführte. Sie winkten ihm noch einmal zu, und Kunta ging gedankenvoll heim. Er legte sich, wie immer nach durchwachter Nacht, sogleich hin, fand aber keinen Schlaf. Er könnte vielleicht auch Gold waschen gehen, vorausgesetzt, es fand sich jemand, der für ihn sein Stück Feld bearbeitete. Seine Postenpflicht würde schon einer der Kameraden übernehmen, wie er selber es in einem solchen Fall auch für jemand anderen tun würde.

Dann kam ihm ein Gedanke, der ihn durchfuhr wie ein Blitz: Er war jetzt ein Mann, folglich konnte er Lamin auf einen solchen Ausflug mitnehmen, wie sein Vater ehemals ihn, Kunta, mitgenommen hatte. Kunta ging während der folgenden Stunde nachdenklich in seiner Hütte auf und ab und bedachte alles, was es in diesem Zusammenhang zu bedenken gab. Zunächst einmal: Würde Omoro seine Erlaubnis geben? Lamin war noch ein Knabe, ohne Erlaubnis seines Vaters durfte er nichts Derartiges unternehmen. Kunta ärgerte sich darüber, daß er, der schließlich selbst ein Mann war, eigens um Erlaubnis würde bitten müssen. Angenommen, Omoro sagte nein? Und was würden diese drei neuen Bekannten denken, wenn er seinen kleinen Bruder mitbrachte?

Warum übrigens zerbrach er sich hier den Kopf und erwog ernstlich Scherereien, bloß um Lamin einen Gefallen zu tun? Seit er aus dem *jujuo* zurück war, bestand zwischen ihm und Lamin keine enge Verbindung mehr. Allerdings ging dies, wie Kunta wußte, nicht auf seinen oder Lamins Wunsch zurück. Ehe Kunta fortgegangen war, waren sie gern miteinander zusammen gewesen. Lamin hatte jetzt allerdings ständig Gesellschaft von Suwadu, der sich an ihn hängte, wie Lamin sich an Kunta gehängt hatte, voll Stolz und Bewunderung. Kunta wußte aber irgendwie, daß Lamin ihn, Kunta, nach wie vor bewunderte und stolz auf ihn war, jetzt eher noch mehr als früher. Die Distanz zwischen ihnen wurde einzig und allein verursacht durch den Umstand, daß Kunta unterdessen zum Mann geworden war. Männer gaben sich nun einmal nicht viel mit Knaben ab, und wenn das auch seinem und Lamins Wunsch zuwiderlief, war daran nicht viel zu ändern – jedenfalls hatte es Kunta so gesehen, bis ihm eingefallen war, daß er Lamin doch auf diesen Ausflug mitnehmen könnte.

Kunta wandte sich also an seinen Vater, allerdings kam er nicht gleich zur Sache. »Lamin ist ein braver Junge, er zeigt, daß er gut erzogen ist, und hütet sorgsam meine Ziegen.« Es schickte sich nicht, gleich mit der Tür ins Haus zu fallen. Omoro wußte das ebensogut, und er nickte bedächtig: »Ja, so könnte man sagen. Es stimmt wohl.« Nun berichtete Kunta, so gelassen er konnte, von seiner Begegnung mit den drei jungen Männern, die Gold waschen wollten, und erwähnte, daß sie ihn aufgefordert hatten mitzukommen. Dann holte er tief Luft und sagte beiläufig:

»Mir kam dabei der Gedanke, daß ein solcher Ausflug Lamin Freude machen könnte.«

Omoros Gesicht zeigte keinerlei Bewegung, und es verging eine Weile, bevor er antwortete: »Einem Knaben tut es gut, eine Reise zu unternehmen.« Da wußte Kunta, daß sein Vater jedenfalls nicht von vornherein ablehnen würde. Kunta spürte, daß der Vater ihm vertraute, daß er jedoch Bedenken hatte, die aber nicht deutlicher aussprechen wollte. »Ich bin seit vielen Regen nicht mehr in jener Gegend gewesen und erinnere mich gar nicht mehr daran, wie man hinkommt«, sagte Omoro so nüchtern, als sprächen sie vom Wetter. Kunta wußte, daß sein Vater nie etwas vergaß und sich nur vergewissern wollte, ob Kunta den Weg zu jenem Ort kannte.

Also ließ Kunta sich auf die Knie nieder und zeichnete mit einem Stöckchen den Weg in den Staub, als täte er so etwas seit Jahren. Mit Kreisen markierte er die Dörfer, die unmittelbar oder etwas entfernter am Weg lagen. Omoro kniete ebenfalls hin und bemerkte dazu: »Ich an deiner Stelle würde mich in jedem Fall an die Dörfer halten. Das ist zwar ein Umweg, doch ist es sicherer.«

Kunta nickte. Er hoffte, er wirkte zuversichtlicher, als er war; ihm war nämlich plötzlich klargeworden, daß drei gemeinsam wandernde junge Männer es leichter hatten, einen Fehler wettzumachen, den einer von ihnen begehen mochte, als ein einzelner Mann wie Kunta, der von einem Knaben begleitet wurde, für den er verantwortlich sein würde, und der niemand um Hilfe bitten konnte, sollte etwas schiefgehen.

Nun sah Kunta, daß Omoro auf das letzte Drittel des Weges wies. »Hier wird kaum Mandinka gesprochen«, sagte er dabei. Kunta erinnerte sich der im *jujuo* gelernten Lektionen, sah seinem Vater in die Augen und sagte: »Sonne und Sterne werden mir zeigen, wie ich gehen muß.«

Omoro schwieg. Endlich sagte er: »Ich schaue einmal bei deiner Mutter hinein.« Kuntas Herz klopfte mächtig. Sein Vater war also einverstanden, und er beabsichtigte, selber Binta davon in Kenntnis zu setzen!

Omoro hielt sich nicht lange bei Binta auf, und kaum war er gegangen, stürzte sie aus der Hütte, raufte die Haare und schrie nach Madi und Suwadu. Beide kamen sogleich gerannt.

Binta zerrte die beiden zum Brunnen, und weil sie dabei laut jammerte, versammelten sich bald viele Mütter um sie, denen sie laut vorheulte, sie habe nun von vier Söhnen nur noch zwei, denn die beiden älteren würden ganz gewiß von den *toubobs* geraubt werden.

Ein Mädchen des zweiten *kafo* konnte die Neuigkeit, daß Kunta und Lamin eine Reise antreten wollten, nicht bei sich behalten, sie rannte zu den Ziegenhirten auf die Weide und erzählte alles. Bald darauf sah man einen einzelnen Knaben jubelnd ins Dorf gelaufen kommen, so außer sich vor Wonne, daß er die Vorfahren in den Gräbern hätte wecken können. Lamin, denn er war es, traf seine Mutter vor ihrer Hütte, er nahm sie in die Arme, küßte sie auf die Stirn und wirbelte sie herum, die laut protestierte. Kaum hatte er sie losgelassen, nahm sie den zunächst liegenden Stock und zog Lamin eins über. Das hätte sich mehrfach wiederholt, wäre er nicht in Kuntas Hütte geflüchtet. Er klopfte nicht einmal an, sondern stürmte hinein – eine unentschuldbare Unhöflichkeit, die Kunta allerdings nicht mißbilligte, als er die Miene seines Bruders sah. Lamin stand vor ihm, unfähig, ein Wort herauszubringen, er strahlte seinen Bruder nur an und zitterte am ganzen Leibe. Kunta mußte sich zwingen, seinen Bruder nicht zu umarmen und ihn spüren zu lassen, wie sehr er ihn liebte.

Statt dessen hörte er sich beinahe barsch sagen: »Du hast es also schon gehört. Morgen, nach dem ersten Gebet, brechen wir auf.«

Als Kunta etwas später die Freunde aufsuchte, die sich um sein Feld kümmern und für ihn Wache halten sollten, ging er Binta sorgsam aus dem Weg, auch wenn er jetzt ein Mann war. Wo sie sich gerade befand, blieb ihm nicht verborgen: ihre jüngsten Knaben bei der Hand führend, marschierte sie laut klagend durchs ganze Dorf. »Nur diese beiden sind mir geblieben!« jammerte sie immer von neuem, so laut sie konnte. Doch sie wußte ebensogut wie alle anderen, daß einerlei war, was sie empfand oder sagte, denn Omoro hatte gesprochen.

KAPITEL 30

Am Baum der Reisenden verrichtete Kunta ein Gebet; er bat Allah, die Reise möge ungefährdet vonstatten gehen. Damit es auch eine erfolgreiche Reise sei, befestigte er ein mitgebrachtes Huhn an einem Bein an einem der unteren Äste, wo es zeternd und flügelschlagend hing, als Kunta und Lamin losmarschierten. Kunta blickte sich nicht um, er wußte ohnedies, daß Lamin sich mächtig anstrengte, mit ihm Schritt zu halten, die Last nicht von seinem Kopf zu verlieren und von alledem Kunta nichts merken zu lassen.

Nach einer Stunde kamen sie an einen Baum, dessen Äste fast bis zum Boden reichten und der über und über mit Perlenketten behängt war. Kunta hätte Lamin gern erklärt, daß dieser Baum anzeigte, daß in der Nähe einige der wenigen noch ungläubigen Mandinkas lebten, die Tabak schnupften und aus irdenen Schälchen rauchten und Kaffernbier aus vergorenem Honig tranken. Es war aber wichtiger, daß Lamin an die Disziplin des wortlosen Marschierens gewöhnt wurde. Gegen Mittag hatte Lamin gewiß schon starke Schmerzen in Füßen und Schenkeln, auch die Halsmuskeln taten ihm sicherlich vom Tragen der Kopflast weh, doch er sollte abgehärtet werden, und das verlangte, daß der Marsch trotz allem fortgesetzt wurde. Allerdings mußte man eine Pause machen, bevor Lamin zusammenbrach, denn das hätte seinen Stolz verletzt und ihm geschadet.

Das erste Dorf umgingen sie auf dem dafür vorgesehenen Pfad und schüttelten die Kleinen des ersten *kafo* ab, die herzugelaufen kamen, sie zu begutachten. Ohne sich umzusehen, wußte Kunta, daß Lamin dieser Kinder wegen gewiß rascher ging und sich straff aufgerichtet hatte. Als man die Kinder hinter sich gelassen hatte, wanderten Kuntas Gedanken zu anderen Gegenständen. Er stellte sich die Trommel vor, die er für sich anfertigen wollte – zuerst mußte sie in seinen Gedanken Form annehmen, so wie die Statuen, welche die Schnitzer anfertigten, auch erst in deren Vorstellung vorhanden waren, bevor sie mit der eigentlichen Arbeit begannen. Das Trommelfell hatte er schon – die Haut einer jungen Ziege, die abgeschabt in seiner Hütte in einem Kübel Gerbsäure lag. Wo er das kräftige Holz für den Rahmen finden würde, wußte er auch schon – ganz in der Nähe der Reisfelder. Fast hörte er den Klang der fertigen Trommel. Als der Pfad durch einen Hain dichtstehender Bäume führte, faßte Kunta, wie man ihn gelehrt hatte, seinen Speer fester. Er ging sehr vorsichtig, blieb stehen, lauschte. Lamin stand mit aufgerissenen Augen hinter ihm und hielt vor Spannung den Atem an. Gleich darauf setzte Kunta den Weg fort, denn was er gehört hatte, waren die Stimmen einiger Männer, die jetzt ein Lied sangen. Kurz darauf traten die beiden Kinte auf eine Lichtung hinaus und erblickten hier zwölf Männer, die an Seilen einen Einbaum zogen. Sie hatten einen Baum gefällt, die Äste abgehauen und den Stamm ausgebrannt und waren nun damit auf dem Weg an den Fluß. Hatten sie ein Stück gezogen, setzten sie ab und sangen die nächste Strophe ihres Liedes, die jeweils mit der Aufforderung endete: »Nun, alle zusammen.« Dann legten sich alle ins Seil und zerrten den Einbaum eine weitere Armlänge vorwärts. Kunta winkte ihnen im Vorbeigehen zu, die Männer winkten zurück, und Kunta nahm sich vor, Lamin zu erklären, warum die Männer den Einbaum hier, so weit entfernt vom Fluß, gemacht und nicht einen Baum näher beim Ufer gewählt hatten. Es waren Männer aus Kerewan, wo die besten Einbäume der Mandinkas herkamen; sie wußten wohl, daß nur ein echter Waldbaum sich über Wasser hält.

Dann fielen Kunta die drei jungen Leute aus Barra ein, die er treffen wollte, und ihm wurde wohl bei diesem Gedanken. Sonderbar, daß er ihnen bisher nie begegnet war, sie kamen ihm vor wie Brüder. Vielleicht, weil auch sie Mandinkas waren? Sie sprachen anders als er, aber innerlich waren sie ihm verwandt. Wie sie hatte er sich entschlossen, sein Dorf zu verlassen, eine kleine Abwechslung und vielleicht sein Glück zu suchen, bevor es hieß, rechtzeitig vor der Regenzeit zurück im Dorf zu sein.

Als es Mitte des Nachmittags Zeit für das *alansaro*-Gebet war, verließ Kunta den Pfad nahe einem Wasserlauf. Ohne Lamin anzusehen, trat er unter einige Bäume, setzte seine Last ab, reckte sich und schöpfte Wasser, das er übers Gesicht laufen ließ. Er trank wenig, betete und hörte dabei, daß Lamin sich der Länge nach hatte zu Boden fallen lassen. Kunta beendete sein Gebet, stand auf und wollte seinen Bruder scharf tadeln, doch als er sah, wie mühsam dieser zum Wasser kroch, ließ er es. Statt dessen sagte er barsch: »Trink in kleinen Schlucken!« Eine Stunde Rast müßte eigentlich ausreichen, überlegte Kunta. Lamin sollte nach einem kleinen Imbiß wohl fähig sein, weiterzuwandern bis zum *fitiro*-Gebet, also bis Sonnenuntergang. Dann wollten sie ausgiebig essen und zur Nacht ruhen.

Lamin war allerdings zu erschöpft, um jetzt etwas zu essen. Er lag, wo er getrunken hatte, die Arme weit von sich gestreckt, die Handflächen nach oben. Kunta näherte sich lautlos und betrachtete Lamins Füße. Keine Spur von Blut. Nun verbrachte Kunta eine Weile im Halbschlaf, stand dann auf, entnahm seiner Last zwei Portionen Trockenfleisch, reichte eine Lamin und verzehrte die andere. Bald war man wieder unterwegs. Der Pfad wies alle Merkmale auf, die die drei jungen Männer Kunta aufgezeichnet hatten. In der Nähe eines Dorfes stießen sie auf zwei alte Frauen und zwei junge Mädchen, die Krebse fingen; immer wieder tauchten sie die Hände in einen kleinen, schnell fließenden Wasserlauf und fischten ihre Beute heraus.

Als gegen Abend Lamin immer öfter nach seinem Kopfbündel griff, bemerkte Kunta vor sich einen Schwarm Buschhühner, die offenbar niedergehen wollten. Er blieb stehen und verbarg sich, und Lamin folgte seinem Beispiel. Kunta stieß den Balzruf des Buschhahns aus, und kurz darauf kamen mehrere fette Hennen angewatschelt. Sie legten den Kopf auf die Seite, sie spähten angeregt um sich, und Kunta traf mit seinem ersten Pfeil eine in die Brust. Er drehte ihr den Kopf ab, ließ das Blut auslaufen, und während der Vogel am Spieß briet, verfertigte er ein Schutzdach. Danach betete er. Lamin war sofort eingeschlafen, nachdem er seine Last abgesetzt hatte, und Kunta röstete noch ein paar Kolben vom wilden Mais, die er unterwegs abgerissen hatte, bevor er den Bruder weckte. Lamin schlang sein Essen hinunter, kroch unter das aus Zweigen bestehende Schutzdach, streckte sich im Moos aus und schlief weiter.

Kunta blieb sitzen, zog die Knie an und lauschte. Nicht weit von ihm begannen Hyänen zu fiepen. Kunta vertrieb sich die Zeit damit, die anderen Nachtgeräusche im Busch zu identifizieren. Von ferne hörte er dreimal hintereinander wohltönenden Hörnerklang – im nächstgelegenen Dorf rief der *alimamo* auf dem Horn aus Elfenbein die Gläubigen zum Gebet. Kunta fand, Lamin hätte diesen fast sehnsüchtigen Klang hören sollen, der dem der menschlichen Stimme ähnelte, doch dann mußte er lächeln – sein Bruder war in keiner Verfassung, auf Wohlklänge zu achten. Kunta betete und legte sich ebenfalls schlafen.

Bald nach Sonnenaufgang umgingen sie jenes Dorf und hörten bis hinaus auf den Pfad, daß die Frauen in ihren Mörsern *kouskous* zum Frühmahl stampften. Kunta schmeckte es fast auf der Zunge, er machte aber nicht halt. Ganz nahebei lag ein weiteres Dorf, und als sie vorübergingen, sahen sie die Männer sich zum Gebet versammeln, während die Frauen um die Feuer hockten. Etwas später erblickte Kunta einen alten Mann neben dem Pfad. Er saß tiefgebeugt über mehreren Kaurimuscheln, die er auf einer Bambusmatte hin und her schob, wobei er vor sich hinmurmelte. Kunta wich aus, um ihn nicht zu stören, doch der Greis rief die beiden zu sich her.

Er sagte: »Ich komme aus dem Dorf Kootacunda im Königreich Wooli, wo die Sonne über dem Wald von Simbani aufgeht, und woher kommt ihr?« Seine Stimme klang hoch und brüchig. Kunta sagte: aus Juffure, und der Greis nickte. »Davon habe ich gehört.« Er befrage soeben seine Muscheln, ob der rechte Zeitpunkt gekommen sei, eine Reise nach Timbuktu anzutreten. »Timbuktu will ich sehen, bevor ich sterbe«, sagte er und fragte, ob die jungen Leute ihm behilflich sein wollten. »Wir sind arm, Großvater«, sagte Kunta, »wollen aber gern mit dir teilen, was wir haben«, und er setzte sein Bündel ab, holte etwas Trockenfleisch heraus und reichte es dem Greis, der sich bedankte. »Seid ihr Brüder?« fragte er und sah sie forschend an.

»Ja, Großvater«, antwortete Kunta.

»Das ist recht«, sagte der Alte und nahm zwei seiner Muscheln auf. »Näh dir diese Muschel auf deinen Jagdbeutel, sie wird dir Glück bringen«, sagte er zu Kunta und reichte ihm eine. Und auch Lamin gab er eine: »Bewahre sie auf, bis du ein Mann bist und selbst eine solche Tasche hast.« Beide bedankten sich, und er wünschte Allahs Segen auf sie herab.

Sie waren schon wieder eine ganze Weile unterwegs, als Kunta es an der Zeit fand, das Schweigen zwischen ihm und dem Bruder zu brechen. Er begann also zu reden, doch ohne stehenzubleiben oder sich umzuwenden: »Es heißt, wandernde Mandinkas hätten jener Stadt den Namen gegeben, die der alte Mann noch einmal sehen möchte. Sie fanden dort ein Insekt, das sie nie zuvor gesehen hatten, und nannten es ›Tumbo Kuto‹, das bedeutet ›Neues Insekt‹.« Als keine Antwort erfolgte, sah Kunta zurück. Lamin stand weit hinter ihm über sein Bündel gebeugt. Es war offenbar aufgegangen, und der Inhalt lag über den Weg verstreut. Lamin suchte alles zusammen. Kunta kehrte um. Anscheinend hatte Lamin es fertiggebracht, das auseinanderfallende Bündel geräuschlos vom Kopf gleiten zu lassen; er wollte um keinen Preis das Schweigegebot brechen, indem er Kunta bat stehenzubleiben. Kunta half ihm das Bündel schnüren und sah dabei, daß Lamins Sohlen blutig waren. Das war aber zu erwarten, und er bemerkte dazu nichts. Lamin nahm das Bündel wieder auf. In seinen Augen standen Tränen. Sie setzten wortlos den Weg fort. Kunta machte sich Vorwürfe, weil ihm entgangen war, wie Lamin zurückblieb; er hätte ihn ja verlieren können!

Sie waren noch nicht weit gegangen, als Lamin einen erstickten Schrei ausstieß. Kunta nahm an, sein Bruder sei in einen Dorn getreten, und drehte sich um. Da sah er, daß Lamin entsetzt auf einen Punkt weiter vorne starrte. Dort kauerte auf einem über den Pfad ragenden Ast ein Panther, und Kunta wäre im nächsten Moment drunterher gegangen. Der Panther fauchte verhalten und war gleich darauf im Blättergewirr verschwunden. Kunta ging weiter, schwer betroffen, gereizt, beschämt. Wieso hatte er den Panther nicht selbst gesehen? Zwar war zu vermuten, daß der Panther nichts weiter wollte als ungesehen bleiben, daß er sie nicht angegriffen hätte, denn große Wildkatzen jagten bei Tage nur, wenn sie ganz ausgehungert waren, und Menschen nahmen sie kaum je an, es sei denn, sie würden gereizt oder wären verwundet. Immerhin, Kunta sah die Ziege vor sich, die ihm der Panther gerissen hatte, als er noch ein Hütejunge war, und hörte den *kintango* streng sagen: »Die Sinne des Jägers müssen stets geschärft sein. Er muß hören, was andere nicht hören können, riechen, was andere nicht riechen. Er muß auch im Dunkeln sehen.« Gesehen hatte ihn aber Lamin, während er, Kunta, gedankenverloren dahingetrottet war. Das ist überhaupt meine größte Schwäche, dachte er, ich muß sie unbedingt ablegen. Ohne im Gehen innezuhalten, bückte Kunta sich nach einem Stein, spuckte dreimal drauf und warf ihn weit den Weg zurück, den sie gekommen waren. Der Stein sollte auf diese Weise Kuntas Pech mit sich fortnehmen.

Sie wanderten unter der stechenden Sonne weiter. Der grüne Wald machte allmählich Palmen und schlammigen Wasserläufen Platz. Sie passierten mehrere Dörfer, wo ganz wie in Juffure die Männer unterm Brotbaum saßen, die Frauen am Brunnen schwatzten, und Kinder des ersten *kafo* lärmend ausschwärmten. Allerdings ließen die Leute hier ihre Ziegen zusammen mit Hühnern und Hunden im Dorf umherwandern, statt sie einzusperren oder auf die Weide zu treiben, wie man es daheim machte. Es waren offenbar andersgeartete Menschen.

Sie wanderten über Sandboden, auf dem die abgefallenen sonderbar geformten Früchte von Brotfruchtbäumen trockneten. Wenn es Zeit wurde zu beten, machten sie Rast und aßen ein wenig, Kunta sah nach Lamins Bündel und seinen Füßen, die jetzt weniger bluteten. Endlich gelangten sie an den riesigen, hohlen alten Brotfruchtbaum an einer Weggabel, den die jungen Leute aus Barra beschrieben hatten. Gewiß war der Baum Hunderte von Regen alt. Kunta teilte Lamin mit, was er von den drei Wanderern gehört hatte: »Hier liegt ein *griot* begraben.« Er fügte hinzu, was er selber darüber wußte, nämlich daß *griots* nicht wie andere Menschen begraben werden, sondern in den hohlen Stämmen alter Brotfruchtbäume, denn sowohl die Bäume als auch die Erzählungen, welche die *griots* im Gedächtnis bewahrten, waren zeitlos. »Wir sind jetzt bald da«, fügte er hinzu und wünschte, er hätte schon die Trommel, die er sich erst machen wollte und auf der er den jungen Leuten seine Ankunft hätte ankündigen können. Bei Sonnenuntergang erreichten sie die Mergelgruben, und richtig, die drei Freunde waren da.

»Wir wußten doch, daß du kommen würdest!« riefen sie ihm zu und freuten sich sichtlich. Lamin ignorierten sie, als wäre er einer ihrer kleinen Brüder aus dem zweiten *kafo*. Nun fing eine angeregte Unterhaltung an, und die drei wiesen die Goldkörner vor, die sie gefunden hatten. Im ersten Licht des folgenden Morgens gruben auch Kunta und Lamin in dem klebrigen Boden und ließen große Tonbrocken in gefüllte Wasserbehälter fallen. Diese Behälter wurden dann schnell in den Händen gedreht, die lehmige Brühe vorsichtig abgegossen und geprüft, ob Goldkörner sich am Boden des Gefäßes abgesetzt hatten. Hin und wieder fanden sie wirklich welche, kaum größer als Hirsekörner.

Man arbeitete so eifrig, daß zu Gesprächen keine Zeit blieb. Lamin suchte so emsig nach Gold, daß er darüber seine Gliederschmerzen vergaß. Die gefundenen Körner wurden in den Kielen von Taubenfedern verwahrt, die sorgsam mit Baumwolle verschlossen wurden. Kunta und

Lamin hatten sechs solche Kiele gefüllt, als die anderen sagten, nun hätten sie genug, sie wollten jetzt den Weg tiefer ins Landesinnere fortsetzen und nach Stoßzähnen von Elefanten suchen. Ältere Elefanten verlören nämlich manchmal einen Zahn, wenn sie kleinere Bäume entwurzelten oder im dichten Busch nach Nahrung suchten, auch hätten sie von einem geheimnisvollen Elefantenfriedhof gehört, der den, welcher ihn fände, reich machen würde, weil dort ein Vermögen an Elfenbein zu sammeln wäre. Ob Kunta mitkommen wolle? Kunta war sehr in Versuchung, denn das klang noch aufregender als die Suche nach Gold, doch es war unmöglich – nicht mit Lamin. Er dankte also etwas bekümmert für ihr freundliches Anerbieten und sagte, er müsse mit seinem Bruder umkehren. Man nahm herzlich Abschied voneinander, nachdem die drei Fremden versprochen hatten, auf dem Rückweg in Juffure über Nacht zu bleiben.

Der Rückweg kam Kunta kürzer vor. Lamins Füße bluteten zwar wieder, doch marschierte er tapfer voran und beschleunigte noch seinen Schritt, als Kunta ihm die Federkiele gab und dazu bemerkte: »Deine Mutter wird sich darüber freuen.« Er genoß diese Reise mit dem Bruder ebenso wie Lamin, der ja eines Tages Suwadu mitnehmen würde, und dieser eines noch ferneren Tages den kleinen Madi. Als sie sich dem Baum der Reisenden vor Juffure näherten, hörte Kunta, daß Lamin sein Bündel wieder einmal fallen ließ. Er drehte sich ärgerlich um, doch als er den flehenden Ausdruck auf dem Gesicht des Bruders bemerkte, sagte er nur barsch: »Meinetwegen laß es liegen und hol dir's später!« Lamin, der die blutenden Füße und die Muskelschmerzen vergessen zu haben schien, rannte an ihm vorbei ins Dorf, so rasch ihn die dünnen Beine tragen wollten.

Als Kunta dann gemächlich ins Dorf kam, hatten sich bereits Frauen und Kinder um Binta versammelt, die sich gerade die goldgefüllten Federkiele ins Haar steckte, sichtlich glücklich und erleichtert darüber, daß die Söhne zurück waren. Binta und Kunta tauschten einen Blick, in dem viel mehr Zärtlichkeit lag als seit langem schon. Die geschwätzigen Frauen verbreiteten bald im ganzen Dorf die Neuigkeit, besonders priesen sie das Geschenk, das die Kinte-Söhne ihrer Mutter mitgebracht hatten. »Binta hat eine Kuh auf dem Kopf!« rief eine Greisin, und wirklich, die Federkiele stellten mit ihrer Goldfüllung den Kaufpreis einer Kuh dar. Dieser Ausspruch war bald in aller Munde.

Als Kunta seinem Vater begegnete, sagte dieser nur: »Gut gemacht, mein Sohn.« Doch empfanden sie füreinander womöglich noch größere Zuneigung, als Kunta soeben für seine Mutter empfunden hatte. In den nun folgenden Tagen fing Kunta von manchen der Ältesten ein besonderes Lächeln auf, wenn er ihnen im Dorf begegnete, sie sprachen ihn wohl auch an, und er antwortete besonders ehrerbietig. Suwadus Kameraden aus dem zweiten *kafo* bedachten ihn mit noch größerer Hochachtung als sonst, sie grüßten ihn, wenn er vorüberging, und blieben mit vor die Brust gehaltenen Händen stehen, bis er vorüber war. Einmal schnappte Kunta im Vorbeigehen sogar auf, daß Binta von »den zwei Männern« redete, die sie zu verköstigen habe, und es machte ihn stolz, daß die Mutter endlich begriffen hatte, daß er ein Mann war.

Er ließ sich nun gern gefallen, daß sie ihm sein Essen brachte, ja, er ließ sich den Kopf von ihr nach Zecken absuchen, was er bisher verweigert hatte, was sie zornig machte. Auch dachte er sich nichts mehr dabei, sie hin und wieder in ihrer Hütte zu besuchen. Binta wiederum genoß das alles sehr, sie strahlte und sang am Küchenfeuer. Kunta fragte gelegentlich beiläufig, ob er was für sie erledigen könne, und wenn es so war, bat sie ihn darum. Er tat das dann immer so bald als möglich. Ein Blick von ihm brachte Lamin oder Suwadu zum Verstummen, wenn sie übermäßig lärmten. Den kleinen Madi warf er gern in die Höhe und fing ihn wieder auf, und dem Kleinen gefiel das ebenso gut. Für Lamin rangierte Kunta augenscheinlich gleich hinter Allah. Kuntas sieben Ziegen – sie vermehrten sich prachtvoll – wurden von Lamin gehütet, als wären sie aus Gold, und er half Kunta bei der Arbeit in den Erdnüssen und im Mais.

Hatte Binta etwas in der Hütte zu erledigen, nahm Kunta ihr die Brüder ab, und sie schaute ihm stolz nach, wenn er abzog, mit Madi auf der Schulter, Lamin hinterher stolzierend wie ein Gockelhahn und Suwadu eifersüchtig den Schluß bildend. Kunta fand das alles sehr schön, es gefiel ihm so, daß er Lust auf eigene Kinder bekam. Doch soweit ist es noch nicht, ermahnte er sich. Bis dahin vergeht noch viel Zeit.

KAPITEL 31

Kunta und sein *kafo* hatten Erlaubnis, an den einmal im Monat stattfindenden förmlichen Sitzungen der Ältesten teilzunehmen, und zwar im äußersten Kreis unter dem alten Brotfruchtbaum sitzend. Die auf gegerbten Häuten kauernden sechs Ältesten kamen Kunta so alt vor wie der Baum selber und schienen auch aus dem gleichen Holz gemacht, nur waren sie schwarz wie Ebenholz, und die weißen langen Gewänder und Käppchen bildeten einen starken Kontrast dazu. Ihnen zugewandt, saßen Männer, die Anliegen vortrugen oder um die Schlichtung eines Streites baten. Hinter diesen wiederum saßen dem Alter nach angeordnet die übrigen Männer, zunächst solche im Alter von Omoro, hinter ihnen die von Kuntas *kafo*. Dahinter durften auch Frauen Platz nehmen, was sie allerdings selten taten, ausgenommen, die Ältesten verhandelten eine Sache, die ihre Familie betraf. Ganz selten fanden sich alle Frauen ein, nämlich dann, wenn es sich um einen saftigen Skandal handelte.

Wurden Fragen der Dorfverwaltung beraten oder die Beziehungen Juffures zu anderen Dörfern, waren überhaupt keine Frauen zugegen. Handelte es sich um Dinge, die alle angingen, war der Kreis der Zuhörer groß und laut, allerdings wurde es sogleich still, wenn der Ältestenvorsteher den mit bunten Perlenschnüren geschmückten Stab hob und damit auf die Trommel den Namen des ersten Antragstellers klopfte. Zuerst wurden immer die Betagtesten gehört, aus Rücksicht auf ihr Alter. Der Aufgerufene erhob sich und brachte sein Anliegen vor. Die Ältesten ließen ihn ausreden, den Blick zu Boden gesenkt. Danach stellte der eine oder andere der Ältesten eine Frage.

Handelte es sich um einen Streit, kam sodann die Gegenpartei zu Wort, und wieder wurden Fragen gestellt. Anschließend drehten die Ältesten sich um, sie wandten den Versammelten den Rücken zu und berieten sich, was sehr lange dauern konnte. Manchmal stellten sie auch weitere Fragen. Schließlich kehrten sich alle Ältesten gleichzeitig um, der Bittsteller oder die betroffenen Parteien wurden mit einer Geste aufgefordert aufzustehen, der Ältestenvorsteher verkündete die Entscheidung und ließ die Trommel den nächsten aufrufen.

Selbst den jungen Männern in Kuntas Alter kam das meiste, was hier verhandelt wurde, wie etwas Alltägliches vor. Eltern neugeborener Kinder wünschten ein größeres Reisfeld, um mehr Münder stopfen zu können, unverheiratete junge Männer wie Kunta baten um Zuteilung eines Stückes Feld – so etwas war schnell abgetan. Der *kintango* hatte den jungen Leuten im *jujuo* aber eingeschärft, möglichst keine Beratung zu versäumen, denn es würde ihnen helfen, selber die richtige Entscheidung zu fällen, wenn sie in den Jahren, bevor sie Älteste wurden, am Entscheidungsprozeß so oft wie möglich teilgenommen hätten. Kunta sah bei der ersten Sitzung nachdenklich auf den vor ihm sitzenden Omoro und überlegte, wie viele hundert Urteilssprüche er wohl gehört und sich eingeprägt haben mochte, und er gehörte doch noch nicht zu den Ältesten.

Bei dieser Gelegenheit wurde ein Streit um den Ertrag gewisser Bäume verhandelt, die A gepflanzt hatte, die nun aber auf Land standen, das B zugesprochen worden war, denn der hatte viele Kinder zu ernähren, während in der Familie A mehrere Personen gestorben waren. Der Ältestenrat sprach gleichwohl A die Früchte zu: »Denn es gäbe keine Früchte, hätte A die Bäume nicht gepflanzt.«

Bei späteren Sitzungen ging es oft darum, daß jemand, der Sachen verliehen hatte, die Entleiher beschuldigte, diese Sachen beschädigt oder verloren zu haben, die dann selbstverständlich immer wertvoll und funkelnagelneu gewesen waren. Konnte der Entleiher nicht glaubhaft machen, daß es sich um alte, schlechte Stücke gehandelt hatte, mußte er gewöhnlich die Sache zum Neuwert ersetzen. Dann wieder beschuldigten die streitenden Parteien einander, durch bösen Zauber Unglück gestiftet zu haben. Ein Mann sagte aus, er sei schwer erkrankt, nachdem ein anderer ihn mit einem Hahnensporn berührt habe. Eine junge Frau behauptete, ihre Speisen verdürben regelmäßig, weil die Schwiegermutter eine bestimmte Zauberwurzel in der Küche versteckt habe. Eine Witwe beschuldigte einen Greis, dessen Werbung sie abgewiesen haben wollte, Eierschalen vor ihr auf den Weg gestreut und verursacht zu haben, daß sie von einem Mißgeschick ins andere falle; sie beschrieb jedes einzelne ausführlich. Lagen ausreichende Beweise für den bösen Willen und die Wirksamkeit des schlimmen Zaubers vor, bestimmten die Ältesten, daß mit der Trommel der zunächst befindliche Zauberer herbeigerufen wurde, der dann auf Kosten des Übeltäters einen Gegenzauber veranstalten sollte.

Kunta hörte, daß man Schuldner zur Zahlung verurteilte, auch wenn das bedeutete, daß sie ihr ganzes Hab und Gut verkaufen mußten oder, wenn sie nichts besaßen, ihre Schuld als Sklave des Gläubigers auf dessen Feld abarbeiten mußten. Sklaven beschuldigten ihre Herren der Grausamkeit, warfen ihnen vor, nicht ausreichend für Essen und Unterkunft zu sorgen oder mehr als die Hälfte vom Ertrag ihrer Arbeit zu fordern. Die Herren wiederum beschuldigten die Sklaven, einen Teil des Ertrages zu verstecken, nicht genug zu arbeiten, vorsätzlich Werkzeug zu beschädigen. Kunta sah, daß die Ältesten in solchen Fällen nicht nur sorgsam alle Beweise prüften, sondern auch in Betracht zogen, welchen Ruf die streitenden Parteien im Dorf hatten, und nicht selten war der der Sklaven besser als der ihrer Herren.

Dann wieder ging es nicht um einen Streit zwischen Herren und Sklaven, vielmehr traten beide gemeinsam vor und baten um die Erlaubnis zur Einheirat des Sklaven in die Familie des Herrn. Übrigens mußten alle Paare, die heiraten wollten, die Erlaubnis der Ältesten haben. Waren die beiden zu nahe verwandt miteinander, wurde die Erlaubnis ohne weiteres verweigert; bestanden diese Bedenken nicht, mußten die Paare gleichwohl einen Monat lang warten, und während dieser Zeit erwarteten die Ältesten von kundigen Dorfbewohnern zu hören, was es Gutes oder Nachteiliges über das Paar zu berichten gab. Handelte es sich um wohlerzogene Personen, hatte einer von beiden je innerhalb oder außerhalb der Familie Anlaß zu Beanstandungen gegeben? Hatte einer von beiden sich wiederholt Unaufrichtigkeit zuschulden kommen lassen? War das Mädchen als streitsüchtig oder reizbar bekannt? Prügelte der Mann grausam seine Ziegen? Traf etwas davon zu, wurde die Heirat untersagt, denn man wollte nicht, daß schlechte Eigenschaften vererbt wurden. Kunta wußte aber schon von früher her, daß Heiratsgesuche meist bewilligt wurden, weil die betroffenen Eltern alle solche Fragen bereits zuvor zur Zufriedenheit geprüft hatten, sonst wären sie nicht einverstanden gewesen.

Bei den Ratssitzungen stellte sich dann allerdings heraus, daß die Eltern manches nicht gewußt hatten, was den Ältesten hinterbracht wurde. So wurde in einem Fall die Heiratserlaubnis verweigert, nachdem jemand angegeben hatte, der künftige Ehemann habe ihm als junger Ziegenhirt einen Korb gestohlen, als er sich unbemerkt glaubte; man habe damals nichts gesagt, weil der Dieb schließlich noch sehr jung war und man ihm zur Strafe die rechte Hand würde abgeschlagen haben. Kunta saß wie gelähmt, als der überführte Dieb in Tränen ausbrach und vor den entsetzten Eltern und der Braut gestand, die sogleich zu schreien anfing. Bald darauf verschwand er aus Juffure und ward nicht mehr gesehen.

Nachdem Kunta so während mehrerer Monate den Sitzungen beigewohnt hatte, kam er zu der Überzeugung, den größten Ärger bereiteten den Ältesten die Ehepaare – besonders solche, bei denen der Mann nicht nur eine Ehefrau hatte, sondern mehrere. Diese Männer beklagten sich meist darüber, daß eine ihrer Frauen Ehebruch begangen hätte, und wenn dem beteiligten Ehebrecher die Tat nachgewiesen werden konnte, erging es ihm schlecht. War der geschädigte Gatte arm, der Übeltäter aber wohlhabend, konnte er dazu verurteilt werden, seine Besitztümer Stück für Stück an den Geschädigten zu übergeben, bis dieser sagte: »Halt, jetzt reicht es«, was vielleicht erst geschah, wenn der Ehebrecher nichts mehr besaß als eine ausgeräumte Hütte. Meist handelte es sich aber um arme Männer, und diese wurden dann verurteilt, eine gewisse Zeit dem geschädigten Ehemann Sklavendienste auf dem Feld zu leisten. Ein rückfälliger Ehebrecher wurde von den Ältesten zu Kuntas Entsetzen zur öffentlichen Auspeitschung durch den betrogenen Gatten verurteilt; er sollte auf den nackten Rücken neununddreißig Schläge erhalten, in Übereinstimmung mit der islamischen Regel des »Vierzig weniger Eins«.
Kuntas Heiratslust kühlte sich merklich ab, als er hörte, wie bösartig die betroffenen Eheleute gegeneinander vor dem Rat aussagten. Männer beschuldigten ihre Frauen der Respektlosigkeit, der Faulheit, der Verweigerung des ehelichen Verkehrs, wenn die Reihe an sie kam, oder ganz allgemein der Unverträglichkeit. Konnte die beschuldigte Ehefrau solche Vorwürfe nicht durch Aussagen von Zeugen widerlegen, lautete der Spruch der Ältesten meist, der Gatte möge drei Besitztümer der Frau vor die Hütte stellen und vor Zeugen über diese Gegenstände laut und vernehmlich dreimal den Satz sprechen: »Ich scheide mich von dir.«

Der schwerste Vorwurf, den die Frauen erheben konnten und den anzuhören die gesamte weibliche Einwohnerschaft erschien, lautete, ihr Gatte sei kein richtiger Mann, mit anderen Worten, er könne sie nicht befriedigen. In solchen Fällen benannte der Rat drei ältere Personen – aus der

Familie des Mannes, aus der der Frau und einen der Ältesten –, die an einem festgelegten Tage den Geschlechtsverkehr der Gatten zu begutachten hatten. Waren zwei dieser drei der Meinung, die Frau habe recht, durfte sie sich scheiden lassen, und ihre Eltern durften den Kaufpreis für die Braut behalten. Waren zwei der Beobachter aber der Meinung, der Gatte habe seine Sache gut gemacht, bekam er nicht nur den Kaufpreis zurück, sondern durfte seine Gattin auch verprügeln und sich von ihr scheiden lassen.

Seit Kunta aus dem *jujuo* zurück war, hatte kein Fall solches Aufsehen erregt wie der, der zwei junge Männer seines eigenen *kafo* und zwei heiratsfähige junge Witwen betraf. Angefangen hatte es selbstverständlich mit Klatsch. Als die Sache endlich vor die Ältesten kam, drängte alles hinzu und suchte einen günstigen Platz. Zunächst wurden mehrere Sachen verhandelt, die ältere Mitbürger angingen, dann kam der Fall Dembo Dabo und Kadi Tamba, die vor mehr als einem Regen von dem Ältestenrat die Scheidung erwirkt hatten, nun aber strahlend vor den Rat traten und um Erlaubnis baten, wieder heiraten zu dürfen. Sie hörten aber auf zu strahlen, als sie hören mußten: »Ihr wolltet unbedingt geschieden sein, und darum dürft ihr erst wieder heiraten, wenn jeder von euch mit einem anderen verheiratet gewesen ist.«

Die erstaunten Äußerungen der Zuhörer verstummten erst, als die Trommel die nächsten Namen aufrief: »Tuda Tamba und Kalilu Conteh! Fanta Bedeng und Sefo Kela!« Kuntas *kafo*-Kameraden und die beiden Witwen standen auf. Die größere der Witwen, Fanta Bedeng, sprach für alle vier, und es klang gut vorbereitet. Immerhin war sie doch recht nervös. »Tuda Tamba ist zweiunddreißig Regen alt und ich dreiundvierzig, wir haben also kaum noch Aussicht zu heiraten.« Und sie ersuchte den Rat, einer *teriya*-Freundschaft zuzustimmen und zu erlauben, daß sie und Tuda Tamba für Sefo Kela und Kalila Conteh kochten und bei ihnen schliefen.

Mehrere Älteste stellten Fragen an alle Beteiligten. Die Witwen erwiderten selbstbewußt, Kuntas Kameraden zögernd und unsicher, ganz im Gegensatz zu ihrem sonstigen forschen Auftreten. Sodann kehrten die Ältesten sich zur Beratung ab. Die Zuschauer verhielten sich mucksmäuschenstill. Endlich drehten die Ältesten sich um, und der Bescheid lautete:

»Allah ist damit einverstanden. Ihr Witwen bekommt für euer Bett einen Mann, und euch jungen Leuten tut es gut, Erfahrungen für eine spätere Ehe zu sammeln.«

Der Ältestenvorsteher pochte mit dem Stab hart auf den Rand der Trommel und schaute mißbilligend die aufgeregt flüsternden Frauen unter den Zuhörern an. Erst als Schweigen herrschte, wurde der nächste Name getrommelt: »Jankeh Jallon!« Diese Fünfzehnjährige kam ihrer Jugend wegen als letzte dran. Ihr war es gelungen, einem *toubob* zu entfliehen, der sie geraubt hatte, und aus diesem Anlaß war in Juffure ein Fest gefeiert worden. Als sie wenige Monate später, obwohl unverheiratet, sichtbar schwanger ging, erregte das viel Klatsch. Da sie jung und kräftig war, hätte sie trotzdem noch als dritte oder vierte Frau bei einem älteren Mann unterkriechen können, doch das Kind, das sie gebar, war sonderbar hellhäutig und hatte merkwürdiges Haar. Man ging ihr fortan aus dem Weg, wich ihrem Blick aus. Mit Tränen in den Augen trat sie nun vor die Ältesten und fragte, was denn aus ihr werden solle? Die Ältesten berieten nicht, vielmehr bekam sie auf der Stelle den Bescheid, ihre Sache sei außerordentlich schwierig, und ein Spruch könne erst bei einer folgenden Sitzung ergehen. Damit erhoben die Ältesten sich und gingen.

Kunta blieb nachdenklich und etwas verstört über die Behandlung des Falles noch sitzen, als die anderen Zuhörer sich schwatzend entfernt hatten; auch als Binta ihm später das Abendessen brachte, war er noch tief in Gedanken. Er aß schweigend, und auch sie sagte nichts. Als er dann später mit Speer und Hund auf Wache zog – er sollte die Nacht auf Posten außerhalb des Dorfes verbringen –, mußte er immer wieder an das hellhäutige Kind mit dem sonderbaren Haar denken, an den gewiß noch fremdartigeren Vater, und er fragte sich, ob jener *toubob* Jankeh Jallon gefressen haben würde, wenn sie ihm nicht entwischt wäre?

KAPITEL 32

Kunta erstieg den Kletterbaum, in dessen Geäst eine solide Plattform angebracht war, von wo aus er einen guten Blick über die mit Erdnüssen bepflanzte Rodung hatte. Er legte seine Waffen neben sich, dazu die Axt, mit der er am folgenden Morgen endlich das Holz für den Trommelrahmen schlagen wollte, und sah seinem Hund zu, der schnüffelnd über das Feld lief, mal hierhin, mal dorthin. Anfangs hatte er, wenn er wachen mußte, beim geringsten Geräusch zum Speer gegriffen, und wäre es von einer huschenden Ratte verursacht worden. In jedem Schatten sah er einen Affen, in jedem Affen einen Panther, in jedem Panther einen *toubob*, bis endlich die Nerven und Augen sich auf ihre Aufgabe eingestellt hatten. Mit der Zeit unterschied er das Fauchen eines Leoparden von dem eines Löwen. Allerdings dauerte es lange, bis er seine Müdigkeit überwinden lernte. Wandten seine Gedanken sich nach innen, wie sie es unfehlbar taten, vergaß er leicht, wo er war und was sein Auftrag war. Allmählich lernte er dann, seine Aufmerksamkeit auf die Umgebung zu richten und dabei trotzdem seinen eigenen Gedanken nachzuhängen.

In dieser Nacht beschäftigte er sich in Gedanken mit der *teriya*-Freundschaft, welche die Ältesten seinen Kameraden zugestanden hatten. Diese beiden redeten schon seit Monden davon, daß sie ihre Sache dem Rat unterbreiten wollten, doch hatte ihnen niemand glauben wollen. Und nun war es geschehen. Vermutlich, so dachte Kunta, treiben sie in diesem Moment mit ihren Witwen *teriya*. Kunta gab sich einen Ruck und malte sich aus, wie das wohl sei.

Was er über Frauen wußte, hatte er von seinen Kameraden gehört. Daß Brautväter die Jungfräulichkeit ihrer Töchter priesen, um den besten Preis herauszuschlagen, war ihm bekannt. Er wußte, daß Frauen jeden Mond Blutungen hatten, auch, daß Geburten und die Hochzeitsnacht blutig verliefen. Alle Welt wußte, daß am Morgen nach der Hochzeit beide Mütter das weiße Tuch , auf dem das junge Paar geschlafen hatte, in einen Flechtkorb legten und die Blutflecken dem *alimamo* vorwiesen zum Beweise der Jungfräulichkeit der Braut; erst dann marschierte der *alimamo* durchs Dorf und ließ seine Trommel verkünden, daß Allah den Bund der Eheleute gesegnet habe. Fand sich kein Blut auf dem Tuch, verließ der junge

Ehemann die Hütte, nahm die beiden Mütter zu Zeugen und rief dreimal: »Ich scheide mich von dir!« so laut, daß alle es hörten.

Teriya kam aber ohne alles das aus, es bedeutete weiter nichts, als daß junge Männer mit willigen Witwen schliefen, die auch für sie kochten. Als nach der letzten Ratssitzung die Zuhörer sich verliefen, hatte Jinna M'Baki ihm einen Blick zugeworfen, der unverhohlen ausdrückte, wonach ihr der Sinn stand. Unwillkürlich drückte er seinen harten *foto*, bekämpfte aber den Drang, ihn zu streichen, weil das darauf hätte schließen lassen, daß er dem Ansinnen der Witwe nachgab, und allein der Verdacht war ihm schon peinlich. Er redete sich ein, daß er mit Jinna nicht intim werden wollte; immerhin hatte er als Mann jetzt wohl das Recht, an *teriya* wenigstens zu denken? Um so mehr, als die Ältesten zu erkennen gegeben hatten, daß man dies tun durfte, ohne sich dessen schämen zu müssen.

Nun fielen ihm die Mädchen ein, an denen er auf dem Rückweg vom Goldsuchen mit Lamin vorbeigekommen war. Es war ein knappes Dutzend gewesen, alle wunderschön schwarz, in enganliegenden Gewändern, mit bunten Perlen und Armreifen geschmückt, mit prallen Brüsten und anmutig geflochtenem Haar. Die hatten sich so sonderbar betragen, als Kunta vorüberging, daß es eine Weile dauerte, bis er die Erklärung dafür fand. Wenn sie wegsahen, sobald sie seinem Blick begegneten, hieß das offenbar nicht, daß sie nicht an ihm interessiert waren, sondern daß sie wollten, er solle sich für sie erwärmen.

Frauen waren so schwer zu verstehen! Seine Altersgenossinnen in Juffure beachteten ihn so wenig, daß sie sich nicht einmal die Mühe machten wegzusehen, wenn er vorüberging. Lag es daran, daß sie ihn so genau kannten? Oder weil sie wußten, daß er viel jünger war, als er aussah, jedenfalls viel zu jung, um ihr Interesse zu verdienen? Die Mädchen, die er da unterwegs gesehen hatte, nahmen wohl an, daß ein reisender Mann, der von einem Knaben begleitet wurde, mindestens zwanzig bis fünfundzwanzig Regen zählte, jedenfalls keine siebzehn. Hätten sie das gewußt, sie hätten sich ebenfalls verächtlich abgewendet. Und doch – eine Witwe, die genau wußte, wie alt er war, hatte es auf ihn abgesehen. Vielleicht ist es ja ein Glück, daß ich nicht älter bin, dachte Kunta. Wäre ich älter, die Mädchen von Juffure würden sich ebenso albern benehmen wie die, die ich unterwegs gesehen habe, und im übrigen haben sie ja doch bloß einen einzigen Gedanken im Kopf: Heiraten. Jinna M'Baki ist wenigstens alt genug, nicht mehr als eine *teriya*-Freundschaft zu erwarten. Warum heiratet man eigentlich, wenn man auch auf diese Weise eine Frau fürs Bett haben kann, die einen bekocht? Dafür muß es doch Gründe geben? Kunta überlegte: wahrscheinlich bekommen nur verheiratete Männer Söhne. So muß es selbstverständlich sein. Nur wer schon eine beträchtliche Weile auf der Welt war, wer nicht nur von seinem Vater, vom *kintango* und vom *arafang* gelernt, sondern wie die Onkel selber was von der Welt gesehen hatte, war ja imstande, seinen Söhnen etwas beizubringen!

Die Onkel waren immer noch nicht verheiratet, obwohl sie mehr Regen zählten als Kuntas Vater, und Männer ihres Alters meist schon eine zweite Frau genommen hatten. Dachte etwa auch Omoro daran, eine zweite Frau zu nehmen? Dieser Einfall kam Kunta so überraschend, daß er zusammenschrak. Wie würde Binta das aufnehmen? Nun, als die Ältere würde seine Mutter der neuen Frau mindestens die Arbeit zuweisen und bestimmen können, wann wer von den beiden mit Omoro schlafen würde. Ob es wohl Zank und Streit geben würde zwischen den beiden Frauen? Nein, Binta war bestimmt nicht so wie die erste Frau des *kintango*, die unentwegt mit seinen anderen Frauen stritt, so daß er keine Ruhe mehr hatte.

Kunta ließ jetzt die Beine über den Rand seines Hochsitzes baumeln, um einen Wadenkrampf zu vermeiden. Unter ihm, am Fuß des Baumes, hatte sich sein *wuolo*-Hund zusammengerollt. Sein glattes braunes Fell schimmerte im Mondschein. Es schien, als schliefe er, doch am Zucken der Ohren und Nüstern war zu erkennen, daß er beim geringsten Zeichen der Annäherung von Pavianen, die seit kurzem allnächtlich in die Felder einfielen, aufspringen würde. Während dieser langen Nächte bestand Kuntas einziges Vergnügen darin, mit anzuhören, wie mehrmals im Laufe der Nacht im Busch ein Pavian loskreischte, der von einer Raubkatze angefallen wurde, und besonders freute ihn, wenn der Schrei abrupt abbrach, was nämlich bedeutete, daß der Pavian nicht entwischt war.

Jetzt allerdings, da Kunta auf seinem Ausguck kauerte und auf die Felder schaute, war es ruhig. Das einzige Lebenszeichen war die Grasfackel des Hirten vom Stamm der Fulani, der in einiger Entfernung seine Tiere hütete und mit der Fackel Raubzeug verscheuchte, das ihnen zu nahe kam. Vermutlich hatte eine Hyäne sich an seine Kühe herangemacht. Die Fulanis galten als die besten Hirten, es hieß, sie könnten mit ihren Tieren reden. Von Omoro wußte Kunta, daß ein Teil ihres Lohnes in der Erlaubnis bestand, am Ende jeden Arbeitstages einer Kuh etwas Blut abzuzapfen, das sie dann mit Milch verdünnt tranken. Sonderbare Menschen, dachte Kunta. Immerhin leben sie in Gambia, auch wenn sie keine Mandinkas sind. Um wieviel fremdartiger müssen doch Menschen und Gewohnheiten jenseits unserer Landesgrenzen sein!

Seit seiner Rückkehr von dem Ausflug mit Lamin war noch kein Mond vergangen, und schon verspürte Kunta die größte Lust, eine neue Reise anzutreten, diesmal aber eine richtige. Auch andere seines *kafo* planten, auf Reisen zu gehen, sobald Mais und Erdnüsse geerntet sein würden, aber weit weg wollte keiner. Kunta indessen wollte zu dem fernen Ort Mali und mit eigenen Augen sehen, wo Omoros und Berichten der Onkel zufolge der Kinte-Clan seinen Ursprung genommen hatte. Seine Vorväter waren, so erinnerte er sich, berühmte Schmiede gewesen, Männer, die das Feuer zähmten und dazu benutzten, Waffen aus Eisen herzustellen, mit denen Kriege gewonnen wurden, und Werkzeug aus Eisen, das die Bestellung des Bodens leichter machte. Von diesen Vorfahren hatten alle Kintes den Namen, und auch alle, die im Dienst der Kintes gestanden hatten. Ein Zweig dieser Familie war dann nach Mauretanien übersiedelt, woher sein Großvater stammte, jener heilige Mann.

Kunta wünschte nicht, daß irgendwer, nicht einmal Omoro, Wind von seinem Vorhaben bekommen sollte, und er beriet sich im strengsten Vertrauen mit dem *arafang* über den besten Weg nach Mali. Der *arafang* zeichnete mit der Fingerspitze eine Karte in den Staub; Kunta müsse sechs Tage am Ufer des Kamby Bolongo Richtung Sonnenaufgang wandern, dann würde er die Insel Samo erblicken. Dahinter mache der Fluß eine scharfe Biegung nach links und winde sich fortan wie eine Schlange; auch gingen Seitenarme von ihm aus, ebensobreit wie der Hauptstrom, und an manchen Orten stünden die zehnmännerhohen Mangroven so dicht, daß das Ufer nicht mehr auszumachen sei. Wo das Ufer zu sehen sei, wimmele es von Affen, Flußpferden, Krokodilen und Pavianen in Horden von fünfhundert Stück und mehr.

Zwei oder drei Tage beschwerlicher Wanderung den Strom entlang würden Kunta zu einer zweiten Insel bringen, gebildet aus Klippen, mit Buschwerk und kleineren Bäumen bestanden. Danach führe der Uferpfad ihn an den Orten Bansang, Karantaba und Diabugu vorbei und kurz darauf an die Grenze zwischen Gambia und dem Königreich Fulladu. Eine halbe Tagereise hinter der Grenze liege das Dorf Fatoto. Kunta suchte das Stück gegerbte Haut heraus, auf das der *arafang* den Namen seines Kollegen in Fatoto geschrieben hatte, der Kunta sagen sollte, wie er in weiteren zwölf bis vierzehn Tagen ein Senegal genanntes Land durchqueren könne. Dahinter, so der *arafang*, gelange Kunta dann an sein Ziel Mali mit der Hauptstadt Ka-ba. Für den Hin- und Rückweg würde Kunta nach Meinung des *arafang* einen guten Mond brauchen, ungerechnet die Zeit, die er in Mali verweilen wolle.

Kunta hatte den Weg so oft in den Lehmboden seiner Hütte geritzt – und jeweils vor Bintas Erscheinen weggewischt –, daß er ihn auch jetzt, hier draußen in der Nacht, deutlich vor sich sah. Er malte sich aus, welche Abenteuer ihm in Mali und auf der Reise bevorstanden, und konnte es kaum noch abwarten. Er brannte auch darauf, Lamin davon zu erzählen, nicht nur, um sich endlich einmal jemandem anzuvertrauen, sondern auch, weil er den jüngeren Bruder mitnehmen wollte. Lamin hatte sehr mit seinem Ausflug geprahlt. Er war inzwischen im *jujuo* gewesen, hatte also eine Ausbildung erhalten, die ihn zu einem brauchbaren Reisegefährten machte.

Das eigentliche Motiv Kuntas war aber, daß er sich Gesellschaft für seine Reise wünschte.

Kunta stellte sich vor, was für ein Gesicht Lamin machen würde, wenn er ihn in seine Pläne einweihte, und er mußte im Dunkeln dabei grinsen. Selbstverständlich wollte er das ganz beiläufig tun, so als sei ihm gerade eben erst der Gedanke gekommen. Zuvor allerdings würde er mit dem Vater sprechen müssen, der aber, das wußte Kunta nun, keine prinzipiellen Bedenken hätte, vielmehr stolz sein würde auf seine Söhne; Binta würde sich nicht mehr so grämen wie beim ersten Mal, wenn sie bestimmt auch besorgt sein würde. Schon überlegte Kunta, was er seiner Mutter aus Mali mitbringen könnte und woran sie vielleicht noch mehr Freude haben würde als an den mit Goldstaub gefüllten Federkielen. Etwa besonders schön geformte Tongefäße oder einen Ballen teuren Stoff? Omoro und die

Onkel hatten erwähnt, daß die Frauen der Kinte aus Mali berühmt gewesen waren für die Gefäße, die sie töpferten, und für die schönen Muster ihrer Webarbeiten, also gab es vielleicht auch heute noch Frauen seiner Familie, die diese Dinge in Mali herstellten.

Nach der Rückkehr aus Mali könnte er schon die nächste Reise planen, fiel Kunta ein. Vielleicht könnte er sogar jene endlose Sandwüste durchqueren, von der die Onkel erzählt hatten, und jene sonderbaren Tiere sehen, die in zwei Höckern auf dem Rücken Wasser aufbewahrten. Mochten Kalilu Conteh und Sefo Kela es immerhin mit ihren häßlichen alten *teriya*-Witwen treiben, er, Kunta Kinte, würde eine Pilgerfahrt nach Mekka antreten. Kunta, der zufällig gerade in diesem Moment in Richtung Mekka blickte, sah in der Ferne einen winzigen gelben Lichtpunkt. Der Fulanihirte hatte offenbar ein Feuer angezündet und bereitete sein Frühstück. Kunta hatte nicht einmal bemerkt, daß es im Osten hell geworden war.

Er griff nach seinen Waffen und wollte sich auf den Heimweg machen, da fiel sein Blick auf die Axt, und er erinnerte sich: er wollte den Rahmen für seine Trommel machen. Eigentlich fühlte er sich zu müde, die Sache hatte doch wohl bis morgen Zeit? Aber nein, hier war er schon halbwegs am Wald, und wenn er jetzt nicht nach passendem Holz suchte, würde er es wieder verschieben bis zur nächsten Wache in zwölf Tagen. Überdies war es eines Mannes unwürdig, der Müdigkeit nachzugeben. Er prüfte seine Beine, ob sich irgendwo ein Krampf anmeldete, und kletterte nach unten, wo der Hund ihn bereits erwartete und schwanzwedelnd umsprang. Kunta verrichtete kniend das *suba*-Gebet, stand auf, reckte sich, sog tief die frische Morgenluft ein und ging mit großen Schritten in Richtung des Flusses.

KAPITEL 33

Als Kunta so dahinlief, schnupperte er die Wohlgerüche ein, die wilde Blumen verbreiteten. Der Tau, der im ersten Sonnenschein glitzerte, näßte ihm die Beine. Am Himmel kreisten beutesuchend Falken, und in den Gräben längs des Pfades quakten Frösche. Kunta machte einen großen Bogen um einen Baum, der so voller Amseln saß, daß es aussah, als trüge er schwarzes Laub. Er hätte sich die Mühe allerdings sparen können, denn kaum hatte er den Baum hinter sich, hörte er lärmendes Krächzen, und als er sich umwandte, sah er, daß ein Krähenschwarm die Amseln von ihrem Platz vertrieben hatte.

Er näherte sich nun den Mangroven, die sich vom Ufer des *bolong* landeinwärts erstreckten, und atmete den moschusartigen Geruch in tiefen Zügen, ohne aber schon außer Atem gekommen zu sein. Wilde Schweine begannen bei seinem Anblick zu grunzen, was wiederum die Paviane zum Schimpfen brachte; die großen Männchen stellten sich schützend vor Weibchen und Junge. Früher wäre Kunta stehengeblieben, hätte die Affen nachgemacht und ihnen Fratzen geschnitten, denn das ärgerte die Männchen, die dann zornig wurden und gelegentlich mit Steinen warfen. Er war aber kein Knabe mehr, er hatte gelernt, alle Geschöpfe Allahs zu behandeln, wie er selber behandelt werden wollte: mit Achtung.

Kraniche, Reiher, Störche und Pelikane flogen von ihren Schlafplätzen auf, als Kunta sich durch Mangrovendickichte zum Fluß drängte. Sein *wuolo*-Hund rannte vorneweg und jagte Wasserschlangen und Schildkröten ins Wasser, in das sie eintauchten, ohne die Oberfläche zu kräuseln.

Wie immer, wenn er nach durchwachter Nacht den Wunsch verspürte, an den Fluß zu gehen, blieb Kunta eine Weile reglos am Ufer. Heute beobachtete er einen grauen Reiher, der knapp über dem blaßgrünen Wasser dahinsegelte, die dünnen langen Beine schleifen ließ und mit jedem Schlag der großen Schwingen das Wasser in Bewegung versetzte. Der Reiher suchte zwar nach kleiner Jagdbeute, er wußte aber, daß es auf dieser Strecke des Flusses einen großen, *kujalo* genannten Fisch gab, den auch Kunta sehr schätzte, der ihn sich von Binta mit Zwiebeln und bitteren Tomaten auf Reis zubereiten ließ. Bei diesem Gedanken lief ihm das Wasser im Munde zusammen.

Etwas stromab schlug Kunta einen vom Wasser wegführenden Pfad ein, den er selber getrampelt hatte und der an einer uralten Mangrove endete, die ihn, so dachte Kunta oft, jetzt gewiß ebensogut kannte wie er sie. Er zog sich auf den untersten Ast und stieg dann bis ganz nach oben auf seinen Lieblingsplatz. Von hier sah er bis zur nächsten Biegung des Flusses, dessen Oberfläche wie mit einem Teppichmuster von schlafenden

Wasservögeln überzogen war, dahinter die Reisfelder der Frauen mit den hier und dort aus Bambus errichteten kleinen Schutzhütten für mitgenommene Säuglinge. In welche hatte wohl seine Mutter ihn gelegt, als er klein war? In den frühen Morgenstunden erfüllte der Anblick dieses Ortes Kunta mit Frieden und Ehrfurcht. Hier empfand er sogar stärker als in der Moschee, daß alles und alle in Allahs Händen sind, und ihm wurde deutlich, daß alles, was er von hier oben erblickte, was er roch und hörte, länger hier gewesen war, als das Gedächtnis der Menschen zurückreichte, und noch hier sein würde, wenn er, seine Söhne und Enkel längst dahingegangen sein würden.

Kunta entfernte sich mit langen Schritten vom Fluß und schlug die Richtung zu einer von hohem Gras bewachsenen Lichtung und jenem Hain ein, dessen Bäume, wie Kunta glaubte, das für die Trommel geeignete Holz hergeben würden. Wenn er das Holz jetzt zum Trocknen auslegte, würde er in etwa anderthalb Monden damit anfangen können, es zu bearbeiten, also nach seiner und Lamins Heimkehr von der Reise nach Mali. Als Kunta sich den Bäumen näherte, nahm er aus den Augenwinkeln eine Bewegung wahr – ein Hase, und schon war der Hund hinter ihm her, der im hohen Gras Deckung suchte. Der Hund machte spaßeshalber Jagd auf diesen Hasen, denn er kläffte ganz wild, und Kunta wußte: ein *wuolo*, der aus Hunger jagt, macht kein Geräusch. Bald war von den beiden Tieren nichts mehr zu hören, doch wußte Kunta, der Hund würde zurückkommen, sobald er die Lust an der Verfolgung verloren hatte.

Nun drängte sich Kunta tiefer zwischen die Bäume und sah sich nach einem passenden Stamm um. Er empfand den weichen bemoosten Boden, auf dem er jetzt ging, als angenehm. Doch die Luft war hier diesig und kühl, denn noch stand die Sonne nicht hoch genug, um durch das dichte Laub dringen zu können. Kunta lehnte Speer und Bogen an einen verkrüppelten Baum und wanderte suchend von Stamm zu Stamm, blieb einmal hier stehen und einmal dort, legte prüfend die Hand auf Holz, nahm Maß, stellte sich vor, wie stark das Holz noch schrumpfen würde, wenn es trocknete.

Als er sich hinhockte, um wieder einen Stamm auf seine Brauchbarkeit zu prüfen, hörte er einen Zweig knacken, und über ihm flog schimpfend ein Papagei auf. Da kam wohl der Hund endlich zurück? Aber ein erwachsener Hund tritt nicht auf Zweige, daß sie knacken! Kunta blickte argwöhnisch um sich; da sah er bereits ein bleiches Gesicht auf sich zukommen, sah einen erhobenen Knüppel und hörte schwere Schritte hinter sich: *toubob!* Er trat den bleichen Menschen in den schwammigen Leib, er hörte ihn ächzen, doch streifte in diesem Moment etwas seinen Kopf und traf den Stamm, an dem er stand. Kunta fuhr vor Schmerz zusammen, er drehte sich blitzschnell und kehrte dabei dem, der sich von seinem Tritt am Boden krümmte, den Rücken. Er ging auf zwei schwarze Männer los, die ihm einen großen Sack überwerfen wollten. Ein zweiter *toubob* holte indessen mit dem Knüppel aus, traf Kunta aber nicht, denn der wich diesmal dem Schlag aus.

Kunta hatte keine Waffe bei sich und stürzte sich mit Fäusten auf seine Gegner, er trat und kratzte und biß und fühlte kaum den Knüppel, der ihn mehrfach auf den Schultern traf. Nun gingen drei der Schwarzen zu Boden und rissen Kunta mit, den dabei ein Knie in die Nieren traf, daß er vor Schmerz nach Luft rang. Er biß fest in einen Arm, er stieß seine Finger in ein Auge, er hörte das Wehgeschrei der Verletzten und bekam einen heftigen Schlag auf den Kopf. Ganz benommen hörte er den Hund knurren, den *toubob* kreischen, ein jammervolles Heulen. Kunta kam wieder auf die Beine, er wich, so gut es ging, seinen Angreifern aus. Aus einer klaffenden Wunde am Kopf rann Blut, doch sah er immerhin einen Schwarzen, der die Hand an sein Auge drückte, einen *toubob* mit zerbissenem Arm und seinen getöteten Hund. Die beiden verbliebenen Schwarzen umtanzten ihn mit erhobenen Knüppeln. Kunta stürzte sich mit wildem Wutgeheul auf den zweiten *toubob* und wehrte dabei den niedersausenden Knüppel mit dem Unterarm ab. Der Gestank des *toubob* betäubte ihn fast, und er fragte sich verzweifelt: warum habe ich sie nur nicht gehört, gespürt, gerochen?

Nun aber trafen die Knüppel der Schwarzen Kunta am Kopf und streckten ihn nieder, und der *toubob* riß sich los. Mit schier berstendem Kopf, blind von rinnendem Blut und Schweiß, rasend vor Zorn über die eigene Schwäche, bäumte Kunta sich brüllend auf und schlug blindlings um sich. Er kämpfte um mehr als sein Leben, es ging auch um Binta, Omoro, Lamin, Suwadu, Madi! Der schwere Knüttel des *toubob* traf ihn an der Schläfe, und alles wurde dunkel.

KAPITEL 34

Kunta erwachte nackt, angekettet, zwischen zwei Männern auf dem Rükken liegend, in pechschwarzem Dunkel, das erfüllt war von Gestank und dampfender Hitze, von Schreien, Weinen, Beten und Kotzen. Er roch das eigene Erbrochene auf Brust und Bauch. Von den Schlägen, die er in den vier Tagen seiner Gefangenschaft erhalten hatte, schmerzte sein ganzer Körper. Doch am schlimmsten schmerzte es zwischen den Schulterblättern, wo er mit dem glühenden Eisen gebrandmarkt worden war.

Der dicke, pelzige Leib einer Ratte streifte seine Wange, eine haarige Schnauze beschnüffelte seinen Mund. Vor Abscheu zitternd, schnappte Kunta verzweifelt mit den Zähnen, und die Ratte huschte davon. Zornig zerrte und riß Kunta an den Ketten, die Hand- und Fußgelenke fesselten, und löste eine heftige Reaktion derer aus, an die er gefesselt war. Wütend und gepeinigt fuhr er in die Höhe und stieß mit dem Kopf an Holz, genau da, wo ihn der Knüttel des *toubob* im Wald getroffen hatte. Keuchend und knurrend schlugen er und der unsichtbare Mann neben ihm Ketten aneinander, bis beide vor Erschöpfung zurücksanken. Kunta spürte, daß er wieder erbrechen mußte, und wollte widerstehen, vermochte es aber nicht. Sein schon leerer Magen preßte eine dünne, säuerliche Flüssigkeit hervor, die ihm seitwärts aus dem Mundwinkel rann. Am liebsten wäre er gestorben.

Er sagte sich, daß er nicht noch einmal die Beherrschung verlieren dürfe, wenn er Kraft und Verstand bewahren wollte. Als er sich wieder bewegen konnte, betastete er vorsichtig mit der linken Hand das gefesselte rechte Hand- und Fußgelenk. Beide bluteten. Er zog behutsam an der Kette; sie schien mit dem linken Hand- und Fußgelenk des Mannes rechts von ihm verbunden zu sein. Zu seiner Linken stöhnte jemand ununterbrochen. Sie lagen so dicht beieinander, daß sich Schultern, Arme und Beine berührten, wenn einer von ihnen sich ein wenig bewegte.

Vorsichtig richtete Kunta sich noch einmal auf, doch zum Aufrechtsitzen war nicht genug Platz. Die Decke war niedrig. Hinter seinem Kopf war eine Holzwand. Ihm fiel ein, daß er vor vielen Regen im *jujuo* auch längere Zeit mit verbundenen Augen im Dunkeln hatte sitzen müssen, und bei dieser Erinnerung hätte er fast geweint. Statt dessen zwang er sich, auf das Schreien und Stöhnen rings um sich her zu lauschen. Offenbar lagen viele Menschen in dieser Finsternis, manche näher, manche weiter weg, manche neben ihm, manche vor ihm, aber alle in demselben Raum, wenn es ein Raum war. Als er noch angestrengter lauschte, nahm er gedämpfte Schreie wahr, die von irgendwo unter ihm kommen mußten.

Genauer hinhörend, begann er verschiedene Sprachen zu unterscheiden. Ein Fulani rief immer und immer wieder auf arabisch: »Allah im Himmel, hilf mir!«, und ein Serere schien mit heiserer Stimme die Namen seiner Angehörigen herzusagen. Doch vor allem hörte Kunta Mandinkas, die in der Geheimsprache der Männer allen *toubobs* blutige Rache schworen. Die Schreie der anderen klangen so verzerrt, daß er keine Wörter unterscheiden konnte, doch war zu erkennen, daß nicht alle Männer aus Gambia stammten.

Während Kunta lauschend dalag, merkte er, daß sein Darm sich entleeren wollte, und das ließ sich jetzt, nach Tagen, nicht mehr unterdrücken. Warm quoll der Darminhalt zwischen den Hinterbacken hervor. Von sich selbst angewidert, den eigenen Gestank in der Nase, begann Kunta zu schluchzen, und wiederum mußte er erbrechen. Diesmal kam nur etwas Speichel. Für welche Sünden wurde er so bestraft? Er flehte Allah um eine Antwort an. Es war Sünde, daß er nicht ein einziges Mal gebetet hatte, seit er in den Wald gegangen war, um Holz für seine Trommel zu holen. Weil er weder niederknien konnte noch wußte, wo Osten war, schloß er, wo er lag, die Augen und bat Allah um Vergebung.

Danach lag er lange Zeit dumpf in seinen Schmerzen, bis ihm bewußt wurde, daß sein Magen ihn peinigte, weil ihn hungerte. Er hatte seit dem Abend vor seiner Verschleppung nichts mehr gegessen. Er versuchte, sich daran zu erinnern, ob er seither einmal richtig *geschlafen* hatte, und sah sich plötzlich einen Waldpfad entlanggehen; hinter ihm schritten zwei Schwarze, vor ihm zwei *toubobs* in fremdartigen Kleidern und mit langen Haaren von ungewöhnlicher Farbe. Kunta riß die Augen auf und schüttelte den Kopf; er war in Schweiß gebadet, und sein Herz klopfte heftig. Er war eingeschlafen, ohne es zu merken. Es war ein Alptraum gewesen. Oder war diese stinkende Finsternis hier der Alptraum? Nein, sie war so wirklich, wie diese Szene im Wald in seinem Traum es gewesen war. Er mußte sich alles noch einmal vergegenwärtigen, ob er wollte oder nicht.

Nachdem er sich im Wald so verzweifelt gegen die schwarzen *slatis*, diese Gehilfen der Sklavenjäger, zur Wehr gesetzt hatte, war er von den *toubobs* niedergeschlagen worden. Er erwachte von quälenden Schmerzen, geknebelt, eine Binde vor den Augen, die Hände auf den Rücken gebunden, die Fußgelenke mit einer Knotenschnur gefesselt. Als er sich zu befreien suchte, wurde er mit spitzen Stöcken gestochen, bis ihm das Blut die Beine hinunterlief. Hochgezerrt und vorwärtsgeprügelt, humpelte er dahin, so schnell seine Fußfesseln es erlaubten.

Am Ufer des *bolong* – Kunta hörte das Wasser und spürte weichen Grund unter den Füßen – wurde er in ein Kanu gestoßen. Seine Augen blieben verbunden. Er hörte die *slatis* angestrengt rudern. Machte er eine Bewegung, bekam er Schläge, vermutlich von einem *toubob*. Das Kanu legte an, wieder ein Fußmarsch bis zum Abend. Man warf Kunta zu Boden, band ihn mit dem Rücken an einen Bambuszaun und riß ihm die Augenbinde herunter. Es war dunkel, doch er konnte das bleiche Gesicht des *toubob* sehen, der über ihm stand. Andere standen in der Nähe. Der *toubob* hielt ihm ein Stück Fleisch zum Abbeißen hin. Kunta drehte den Kopf zur Seite und preßte die Kinnbacken zusammen. Wütend packte der *toubob* ihn an der Kehle und versuchte, ihm den Mund aufzusperren. Als das mißlang, schlug er Kunta mit der Faust ins Gesicht.

Dann ließ man ihn allein. Beim Morgengrauen sah er die übrigen Gefangenen, wie er an Bambusstämme gefesselt. Sie waren zusammen elf – sechs Männer, drei Frauen und zwei Kinder –, alle von bewaffneten *slatis* und *toubobs* scharf bewacht. Die Frauen waren nackt; Kunta wandte den Blick ab; er hatte nie zuvor eine Frau nackt gesehen. Die Männer, gleichfalls nackt, saßen mit Gesichtern da, aus denen mörderischer Haß sprach, grimmig schweigend und vom Blut der Peitschenstriemen überkrustet. Die Frauen jedoch weinten laut. Eine beklagte Angehörige in einem verbrannten Dorf, eine tat, als wiege sie einen Säugling auf den Armen, die dritte empfahl ihre Seele immer aufs neue Allah.

In wilder Wut rüttelte Kunta an seinen Fesseln. Ein wuchtiger Knüttelschlag raubte ihm abermals die Besinnung. Als er wieder zu sich kam, stellte er fest, daß auch er nackt war, daß man ihnen allen die Köpfe kahlgeschoren und sie am ganzen Leib mit rotem Palmöl eingerieben hatte. Gegen Mittag betraten zwei neue *toubobs* den Hain. Die *slatis* banden die

Gefangenen grinsend von den Bambusstämmen los und ließen sie sich in einer Reihe aufstellen. Kunta konnte vor Wut und Angst kaum gehen. Einer der neuen *toubobs* war klein, untersetzt und weißhaarig. Der andere mit seinem finsteren, von Messerhieben zernarbten Gesicht überragte ihn zwar, doch dem Gebaren der anderen war zu entnehmen, daß der Weißhaarige hier zu sagen hatte.

Der musterte alle und bedeutete Kunta vorzutreten. Als Kunta entsetzt zurückwich, traf ihn ein Peitschenhieb. Ein *slati* packte ihn von hinten, zwang ihn in die Knie und riß ihm den Kopf zurück. Der weißhaarige *toubob* zog ihm gleichmütig die Lippen auseinander und betrachtete seine Zähne. Kunta wollte aufspringen, doch nach einem weiteren Peitschenhieb ließ er sich bebend vom *toubob* an Augen, Brust und Leib betasten. Als die Finger nach seinem *foto* griffen, warf er sich mit einem erstickten Aufschrei zur Seite. Es bedurfte zweier *slatis* und weiterer Peitschenhiebe, ihn dazu zu bringen, daß er sich nach vorne beugte; entsetzt spürte er, wie seine Hinterbacken gespreizt wurden. Dann stieß der weißhaarige *toubob* Kunta grob zur Seite und inspizierte die übrigen Gefangenen auf gleiche Weise, sogar die Geschlechtsteile der jammernden Frauen. Anschließend mußten die Gefangenen, angefeuert von Zurufen und Peitschenhieben, innerhalb der Umzäunung laufen und springen.

Der weißhaarige *toubob* und der Große mit dem Narbengesicht sahen zu, traten sodann ein Stück zur Seite und sprachen leise miteinander. Der Weißhaarige winkte einem anderen *toubob* und deutete auf vier Männer – einer von ihnen war Kunta – und zwei Frauen. Der *toubob* blickte empört, er zeigte einladend auf die anderen, doch der Weißhaarige schüttelte entschieden den Kopf. Kunta sah wutschnaubend zu, wie die *toubobs* miteinander stritten. Schließlich schrieb der Weißhaarige ärgerlich etwas auf ein Stück Papier, das der andere *toubob* wütend entgegennahm.

Kunta tobte und brüllte, als die *slatis* ihn von neuem packten. Mit angstvoll aufgerissenen Augen verfolgte er, wie ein *toubob* ein langes, schmales Eisen aus dem Feuer zog, das der Weißhaarige mitgebracht hatte. Kunta schlug schon um sich und schrie, bevor das glühende Eisen ihm zwischen die Schultern gedrückt wurde. Die Schreie derer, die nach ihm an die Reihe kamen, gellten im Bambushain. Über das Zeichen, das er auf den Rücken der anderen sah, wurde rotes Palmöl gestrichen.

Kaum eine Stunde war vergangen, da humpelten sie kettenklirrend in einer Reihe dahin, und die *slatis* hieben auf jeden ein, der stehenblieb oder stolperte. Kuntas Schulter und Rücken waren von blutenden Striemen überzogen, als sie spätabends zwei unter überhängenden Mangroven am Flußufer versteckte Kanus erreichten. In zwei Gruppen aufgeteilt, wurden sie von den *slatis* durch das Dunkel gerudert, belauert von den *toubobs*, die jedes Zeichen von Widerstand mit der Peitsche beantworteten.

Als Kunta vor sich in der Nacht einen dunklen Umriß aufragen sah, ahnte er, daß dies seine letzte Chance war. Er schnellte sich in die Höhe und brachte bei dem Versuch, über Bord zu springen, fast das Kanu zum Kentern; doch er war an die anderen gefesselt und schaffte es nicht. Die Peitschenhiebe und Knüttelschläge, die auf Rippen, Gesicht und Kopf prasselten, während das Kanu gegen die Seite des großen dunklen Dinges stieß, spürte er kaum. Er fühlte warmes Blut im Gesicht und hörte über sich die Stimmen vieler *toubobs*. Ein Netz wurde über ihn geworfen, und er war hilflos. Nachdem man ihn eine merkwürdige Leiter aus Stricken halb hinaufgezogen, halb hinaufgestoßen hatte, war noch Kraft zu einem weiteren Ausbruchsversuch in ihm, doch wieder trafen ihn Peitschen, und Hände packten ihn. Es roch überwältigend nach *toubob*, Frauen schrien, *toubobs* fluchten dröhnend.

Durch geschwollene Lider sah Kunta ein Dickicht von Beinen und Füßen um sich her. Als er, das blutende Gesicht mit dem Unterarm schützend, einen Blick nach oben warf, gewahrte er den untersetzten weißhaarigen *toubob*, der ganz gelassen etwas in ein kleines Buch schrieb. Dann wurde er hochgerissen und vorwärtsgestoßen. Er sah flüchtig große Pfosten mit weißen Tüchern daran, dann wurde er schmale Stufen hinuntergestoßen in pechschwarze Dunkelheit und von unsäglichem Gestank und ohrenbetäubenden Angstschreien aufgenommen.

Kunta mußte sich übergeben, als die *toubobs* – in den Händen trübgelb brennende Flammen in eisernen Gehäusen – ihm Hände und Füße fesselten und ihn zwischen zwei andere stöhnende Männer warfen. Bei allem Entsetzen entging ihm nicht, daß die übrigen, die mit ihm gekommen waren, anderswo angekettet wurden. Dann verwirrten sich seine Gedanken, er glaubte zu träumen. Und tatsächlich versank er in gnädigen Schlaf.

KAPITEL 35

Wenn die Ladeluke geöffnet wurde, sah Kunta, ob es Tag oder Nacht war. Wenn er sie knarren hörte, hob er den Kopf – die einzige Bewegung, die ihm seine Ketten und Fesseln erlaubten – und nahm undeutlich vier *toubobs* wahr, zwei mit Lichtern und Peitschen zum Schutz der beiden anderen, die einen Kübel Essen durch den schmalen Gang trugen. Sie schoben jeweils zwischen zwei Angekettete einen Blechnapf. Bis jetzt hatte Kunta die Nahrung verweigert, doch allmählich wurde der Hunger so schlimm wie der Schmerz von den Hieben und Schlägen. Hatten alle in Kuntas Raum zu essen bekommen, zeigten die Lichter an, daß die *toubobs* mit dem Kübel tiefer hinunterstiegen.

Nicht so oft wie mit dem Kübel und gewöhnlich bei Nacht kamen die *toubobs* mit neuen Gefangenen, die entsetzt aufschrien und wimmerten, wenn sie auf freie Plätze gestoßen und gepeitscht wurden.

Eines Tages, kurz nach der Essenszeit, nahm Kunta ein merkwürdiges, dumpfes Geräusch wahr, von dem die Decke über ihm vibrierte. Auch andere hörten es, und ihr Stöhnen verstummte jäh. Kunta lauschte angestrengt; es klang, als liefen oben viele Füße hin und her. Dann hörte es sich an, als würde ein sehr schwerer Gegenstand ganz langsam und knarrend aufgerichtet.

Die harte Pritsche unter ihm geriet in Bewegung. In seiner Brust verkrampfte sich etwas, und er lag da wie erstarrt. Um ihn her richteten Männer sich auf und zerrten an ihren Ketten. Eisiger Schrecken überfiel ihn, als er spürte, wie dieser Ort, an dem er sich befand, sich bewegte, ihn forttrug. Männer riefen Allah und alle guten Geister an, schlugen mit den Köpfen gegen die Planken, rasselten mit den Handschellen. »Allah, nie wieder will ich weniger als fünfmal am Tag zu dir beten!« schrie Kunta in den Lärm hinein. »Hör mich! Hilf mir!«

Das angstvolle Schreien, Jammern und Beten wurde erst leiser, als einer nach dem anderen erschöpft und in der stinkenden Finsternis nach Luft ringend, auf seine Pritsche zurückfiel. Und da *wußte* Kunta, daß er Afrika nie wiedersehen würde. Er spürte jetzt ganz deutlich durch die Planken hindurch eine langsam schaukelnde Bewegung, von der seine Schultern, Arme oder Hüften gegen die Männer gepreßt wurden, an die er gekettet war. Die Stimme versagte ihm, und so schrie es denn in ihm: »Töte die *toubobs* und ihre feigen schwarzen Helfer!«

Er schluchzte noch still vor sich hin, als die Luke aufging und vier *toubobs* mit ihrem Kübel heruntergepoltert kamen. Wieder wollte er die Nahrung verweigern, doch fiel ihm jetzt ein, daß der *kintango* einmal gesagt hatte, Krieger und Jäger müßten gut essen, damit sie kräftiger sind als andere Männer. Hungerte er, würde Schwäche ihn daran hindern, *toubobs* zu töten. Und so langte er, als diesmal der Napf zwischen ihm und den Gefangenen neben ihm geschoben wurde, mit den Fingern in den dicken Brei. Es schmeckte wie gemahlener Mais, gekocht in Palmöl. Jeder Schluck tat weh, weil er zuvor am Hals gewürgt worden war, als er nicht hatte essen wollen, doch hielt er nicht ein, bis der Napf leer war. Er spürte die Nahrung gleich einem Klumpen im Magen, und bald kam sie ihm wieder hoch. Er konnte nichts dagegen tun – einen Augenblick später lag der Brei wieder auf der Pritsche. Es war nicht zu überhören, daß es anderen ebenso erging.

Als die Lichter sich dem Ende der langen Pritschenreihe näherten, auf der Kunta lag, hörte er Kettenrasseln; jemand stieß mit dem Kopf gegen die Decke und kreischte in einer seltsamen Mischung von Mandinka und Wörtern, die wie *toubob*-Wörter klangen. Die *toubobs* mit dem Essenkübel lachten schallend, und dann knallten die Peitschen, bis der Mann nur noch winselte. Konnte das sein? Hatte da ein Afrikaner *toubob* gesprochen? War etwa ein *slati* unter ihnen? Kunta hatte gehört, daß *toubobs* sich gelegentlich ihrer schwarzen Helfershelfer entledigten und sie in Ketten legten.

Als die *toubobs* in den unteren Laderaum stiegen, war kaum ein Laut zu hören, und erst als sie mit dem leeren Kübel hinaufgeklettert waren und die Luke hinter sich geschlossen hatten, begann ein zorniges Summen wie von einem Bienenschwarm. Vom Ende der Pritschenreihe her ertönte ein heftiger Schlag, Ketten rasselten, und die gleiche Mandinkastimme wie zuvor heulte und fluchte: »Ihr glaubt, ich bin ein *toubob*?« Wieder rasche Schläge und verzweifeltes Schreien, ein schreckliches, würgendes Geräusch, als würde jemand die Luft abgedrückt, nochmals Kettenrasseln, Getrommel nackter Fersen auf Brettern – dann Stille.

In Kuntas Kopf pochte es, und sein Herz klopfte. Um ihn her schrie und heulte es: »*Slatis! Slatis! Slatis* müssen sterben!« Kunta fiel in das Geschrei ein und rasselte ebenfalls mit den Ketten. Plötzlich ging knarrend die Luke auf, und mehrere *toubobs* mit Lichtern und Peitschen wurden sichtbar. Sie hatten offenbar den Lärm gehört, und obwohl jetzt fast völlige Stille herrschte, eilten sie, nach rechts und links Peitschenhiebe austeilend, durch den Gang. Als sie gegangen waren, ohne daß sie den Toten gefunden hatten, blieb es im Raum noch lange still. Dann hörte Kunta ein leises, böses Lachen von der Ecke her, wo der tote Verräter lag.

Bei der nächsten Essensverteilung herrschte gespanntes Schweigen. Als ob die *toubobs* etwas ahnten, klatschten ihre Peitschen noch öfter als sonst. Kunta schrie auf, als die Peitsche seine Beine traf. Er hatte inzwischen gelernt, daß einer, der nicht schrie, weitere Hiebe bekam, bis er doch schrie. Während er mit den Blicken den Lichtern folgte, die sich die Pritschenreihe hinunter bewegten, stopfte er den faden Brei in sich hinein.

Alle horchten auf, als ein *toubob* den anderen etwas zurief. Es folgte ein Hin und Her von Lichtern, Rufen und Fluchen, dann stürzte einer den Gang entlang zur Luke und kam bald darauf mit zwei anderen *toubobs* zurück. Kunta hörte, wie Handschellen und Ketten gelöst wurden. Zwei *toubobs* zerrten den Toten den Gang entlang zur Luke hin, während die anderen den Essenkübel weitertrugen.

Die Essensverteiler waren im unteren Laderaum, als vier weitere *toubobs* durch die Luke herunterkamen und dorthin gingen, wo der *slati* angekettet gewesen war. Kunta drehte den Kopf so weit er konnte und sah, wie Lichter hochgehoben wurden. Heftig fluchend ließen zwei *toubobs* ihre Peitschen auf menschliches Fleisch sausen. Der da immer geschlagen wurde, wollte offenbar nicht schreien. Die Schläge hörten sich mörderisch an, der Gefangene bäumte sich in seiner Qual gegen die Ketten auf, schien aber entschlossen, nicht zu schreien.

Die *toubobs* fingen an zu toben, die Lichter wechselten die Hände, wenn einer den anderen mit der Peitsche ablöste. Endlich begann der Geschlagene zu schreien – zuerst war es ein Foulah-Fluch, dann kamen Wörter, die Kunta nicht verstehen konnte, obwohl auch sie Foulah-Wörter waren. Kunta sah plötzlich die friedlichen Hirten der Foulah vor sich, die das Vieh der Mandinkas hüteten, und hörte die Peitsche wieder und wieder klatschen, bis das Opfer kaum noch wimmerte. Dann zogen die vier *toubobs* ab, erschöpft und über den Gestank fluchend.

Das Stöhnen des Foulah breitete sich in der Finsternis aus. Da rief eine klare Stimme auf Mandinka: »Teilt seine Schmerzen! Wir müssen an diesem Ort sein wie in einem einzigen Dorf!« Die Stimme gehörte einem Ältesten. Er hatte recht. Die Schmerzen des Foulah waren auch Kuntas Schmerzen. Er fühlte, daß die Wut ihn schier zerreißen wollte, zugleich aber auch einen namenlosen Schrecken, größer als je einen Schrecken zuvor, der seinen Sitz im Mark der Knochen zu haben schien. Einerseits wollte er sterben, um diesem Grauen zu entrinnen, andererseits wollte er weiterleben, um Rache zu nehmen. Er zwang sich, ganz still zu liegen. Es dauerte eine Weile, aber schließlich spürte er, wie Verkrampfung, Ratlosigkeit und sogar körperlicher Schmerz nachließen. Nur zwischen den Schultern, wo er mit dem heißen Eisen gezeichnet worden war, schmerzte es unvermindert. Ihm wurde klar, daß er wie alle anderen vor der Wahl stand, an diesem Ort, der offenbar die Hölle war, elend umzukommen, oder aber die *toubobs* irgendwie zu überwältigen und zu töten. Es tat wohl, sich auf diesen einen Gedanken konzentrieren zu können.

KAPITEL 36

Eine neue Folter war die Läuseplage. Läuse und Flöhe vermehrten sich tausendfach und bevorzugten behaarte Stellen an den Körpern ihrer Opfer. In den Achselhöhlen und zwischen den Beinen brannte es wie Feuer, und Kunta kratzte, soweit die Fesseln es erlaubten.

Der Drang, aufzuspringen und fortzurennen, war fast übermächtig; Tränen der Verzweiflung traten ihm in die Augen, und Zorn stieg in ihm hoch, doch er unterdrückte den Impuls und zwang sich zu stumpfer Ruhe. Es war schlimm, daß er sich nicht bewegen konnte. Am liebsten hätte er versucht, die Ketten durchzubeißen. Er sagte sich, daß er sich auf etwas konzentrieren müsse, was Gedanken und Hände beschäftigte, sonst würde er verrückt werden, was einigen hier im Laderaum schon widerfahren war, nach ihrem Geschrei zu urteilen.

Wenn Kunta ganz still lag und auf die Atemgeräusche der Männer links und rechts lauschte, vermochte er jetzt schon zu unterscheiden, wer schlief oder wach war. Er übte sich nun darin, den Ursprungsort entfernterer Geräusche zu bestimmen, und stellte nach einer Weile fest, daß ihm dies überraschend gut gelang. Das war ein ganz eigenartiges Gefühl, fast so, als ob ihm die Ohren jetzt als Augen dienten. Ab und zu vernahm er außer dem Stöhnen und Fluchen, das die Dunkelheit erfüllte, einen dumpfen Laut, der anzeigte, daß jemand mit dem Kopf gegen seine Pritsche schlug. Ferner wurde in Abständen ein sonderbar monotones Geräusch vernehmlich; es hörte sich an, als würde Metall gegeneinander gerieben. Als Kunta länger horchte, kam er zu dem Schluß, daß jemand versuchte, seine Ketten durchzuscheuern. Oft hörte Kunta auch kurze Wortwechsel und Kettenklirren, wenn zwei Männer sich stritten und gegenseitig an Händen und Füßen rissen.

Kunta hatte alles Zeitgefühl verloren. Urin, Erbrochenes und Fäkalien verpesteten die Luft und überzogen die harten Planken der Pritschenreihen mit einer klebrigen Masse. Als er glaubte, es nicht mehr aushalten zu können, kamen acht *toubobs* laut fluchend durch die Luke, nicht mit dem üblichen Essenkübel, sondern mit Geräten, die wie langstielige Hacken aussahen, dazu vier große Eimer. Kunta sah verblüfft, daß sie splitternackt waren.

Die nackten *toubobs* wurden sofort vom Brechreiz übermannt und kotzten unter entsetzlichem Würgen. Im Schein ihrer Lampen kratzten sie mit ihren Hacken den Dreck von den Pritschen in die Eimer. War ein Eimer voll, schleiften sie ihn den Gang entlang und zur Luke hinauf, leerten ihn droben aus und kamen zurück. Dabei würgten sie ganz jämmerlich, ihre Gesichter waren verzerrt, an ihren farblosen haarigen Körpern haftete der Unrat, den sie von den Pritschen kratzten. Als sie aufhörten und hinausgingen, stank es in dem gräßlichen Laderaum allerdings noch genauso wie zuvor.

Später kamen nicht wie üblich vier *toubobs* mit dem Essenkübel, sondern etwa zwanzig, wie Kunta schätzte. Er lag wie erstarrt und wagte kaum, den Kopf zu wenden. Die *toubobs* verteilten sich im Laderaum. Einige trugen Peitschen und Messer, andere hielten Lampen in den Händen. Angst befiel Kunta, als er zuerst klickende Geräusche, dann lautes Rasseln vernahm. An seinem gefesselten rechten Fußgelenk ruckte es.

Schreck durchfuhr ihn, als er begriff, daß die *toubobs* ihn losmachten. Warum? Was würde jetzt Furchtbares geschehen? Er lag reglos, der rechte Fuß spürte das vertraute Gewicht der Kette nicht mehr. Es klickte und rasselte, als die Ketten überall gelöst wurden. Schon brüllten die *toubobs* und knallten mit den Peitschen, offenbar sollten alle von den Pritschen heruntersteigen. Kunta stimmte in das Geheul in verschiedenen Sprachen ein, mit dem die Männer sich aufrichteten, wobei sie mit den Köpfen gegen die Deckenbalken stießen.

Peitschenhiebe knallten, als die vor Schmerzen schreienden Männer paarweise in den Gang stolperten. Kunta und sein Kettengenosse vom Stamme der Wolof klammerten sich an die Pritsche. Brennende Hiebe trafen sie, Hände packten sie an den Füßen und zerrten sie in das Durcheinander auf dem Gang. Alle heulten unter den Schlägen auf. Kunta suchte vergeblich, den Prügeln auszuweichen. *Toubobs* stießen die aneinander gefesselten Paare zur Treppe. Kunta spürte seine Beine nicht mehr, als er neben dem Wolof dahinstolperte und die Stufen hochtaumelte, an den Handgelenken gefesselt, nackt, von Schmutz überkrustet, fest überzeugt, gleich gefressen zu werden.

Das erste helle Tageslicht nach fast fünfzehn Tagen traf Kunta wie ein Hammerschlag. Er torkelte unter dem schneidenden Schmerz und schützte mit der freien Hand die Augen. Seine nackten Füße sagten ihm, daß der Boden unter ihm sich leicht von einer Seite zur anderen neigte. Er tastete sich blind vorwärts. Nicht einmal die vorgehaltene Hand und die zusammengekniffenen Lider schützten ihn ganz vor dem schmerzenden Licht. Weil er durch die verstopfte Nase kaum atmen konnte, riß er die aufgeplatzten Lippen auseinander und sog einen tiefen Zug Meeresluft ein – den ersten seines Lebens. Seinen Lungen bekam die reine Luft schlecht, er stürzte und erbrach. Den anderen erging es nicht besser. Ketten rasselten, Peitschen knallten, die *toubobs* tobten, und über seinem Kopf hörte Kunta ein unheimliches Flattern.

Als ein weiterer Peitschenhieb über seinen Rücken pfiff, wich Kunta zur Seite und hörte seinen Wolof-Genossen aufheulen, den der Hieb mit der ganzen Wucht traf. Die Peitsche fuhr auf sie nieder, bis sie taumelnd auf die Füße kamen. Kunta öffnete die Augen einen Spaltbreit, um zu sehen, ob er den Schlägen ausweichen könnte, doch prügelte man ihn vor andere *toubobs*, die die Fußschellen jedes einzelnen an eine lange Kette schlossen. Hier oben waren viel mehr Gefangene, als er unten im Dunkeln vermutet hatte – und es standen viel mehr *toubobs* herum, als je zu ihnen hinuntergekommen waren. Im hellen Sonnenlicht wirkten die *toubobs* noch bleicher und gräßlicher, ihre Gesichter waren von Krankheiten gezeichnet, das seltsame lange Haar hing ihnen gelb, schwarz und rot um den Kopf, und einige hatten sogar Haare um den Mund und unter dem Kinn. Manche waren hager, andere dick, einige hatten häßliche Narben von Messerhieben, oder ihnen fehlte ein Auge, eine Hand oder ein ganzer Arm, etliche hatten sogar Striemen kreuz und quer auf dem Rücken. Kunta fiel ein, wie man sein Gebiß untersucht hatte – von den *toubobs*, die er hier sah, hatte mancher kaum noch Zähne im Mund.

Viele *toubobs* standen an einer Art Zaun am Rand des großen Kahns, mit Peitschen, langen Messern und schweren, aber hohlen Eisenstöcken, doch jenseits des Zauns bot sich Kunta ein noch verblüffenderer Anblick – eine endlose Fläche wogenden blauen Wassers. Er wandte den Kopf zu den Flattergeräuschen empor und sah, daß sie von weißen Tüchern verursacht wurden, die sich zwischen hohen Pfählen und vielen Seilen blähten. Die Tücher schienen mit Wind gefüllt zu sein. Hinter sich erblickte Kunta eine Bambusbarrikade, höher als ein Mensch, über die ganze Breite des großen Kahns hinweg. In der Mitte der Barrikade drohte der aufgerissene Schlund einer riesigen, schrecklich aussehenden eisernen Röhre, daneben weitere hohle Eisenstöcke, wie sie die *toubobs* am Zaun in den Händen hielten. Das große Ding und die Stöcke waren dorthin gerichtet, wo er und die anderen nackten Männer standen.

Während die Fußschellen an der neuen Kette befestigt wurden, hatte Kunta Gelegenheit, seinen Wolof-Kettengenossen richtig anzusehen. Gleich ihm war er von Kopf bis Fuß mit Schmutz überkrustet. Er schien so viele Regen alt zu sein wie Kuntas Vater Omoro und hatte die typischen Gesichtszüge seines Stammes. Er war sehr schwarz. Der Rücken des Wolof blutete von den Peitschenhieben, und das Brandmal eiterte. Kunta merkte, daß der Wolof ihn seinerseits ebenso entgeistert anstarrte. Im Zuge des Durcheinanders konnte Kunta einen Blick auf die anderen Männer werfen. An Gesichtsmerkmalen, Stammestätowierungen und Narbenzeichen erkannte er Foulah, Jola und Serere, auch Wolof, wie sein Geführte, doch die meisten waren Mandinkas. Einige konnte er nicht einordnen. Voll innerer Erregung erblickte er nun den Mann, der den *slati* umgebracht haben mußte. Es war tatsächlich ein Foulah, und er war ganz mit Blut von Peitschenhieben überkrustet.

Man prügelte sie dorthin, wo eine Kette von zehn Männern bereits mit Meerwasser übergossen wurde, das man mit Eimern heraufzog. *Toubobs* mit Bürsten an langen Stielen schrubbten die vor Schmerz heulenden Männer ab. Kunta schrie auf, als das Salzwasser ätzend seine Peitschenwunden und das Brandmal auf seinem Rücken traf. Er schrie noch lauter, als die harten Borsten nicht nur die Dreckkruste von seinem Körper schälten, sondern auch den Schorf von seinen Wunden. Das Wasser zu seinen Füßen schäumte rot. Anschließend mußten sich alle Gefangenen etwa in der Mitte des Decks hinkauern. Kunta sah über sich die *toubobs* auf den Pfählen klettern wie Affen; sie zogen an den Seilen zwischen den großen weißen Tüchern. Selbst in seiner Benommenheit empfand Kunta die Sonne als warm und wohltuend und war unglaublich erleichtert darüber, daß seine Haut von einem Teil des Schmutzes befreit war.

Jähes, vielstimmiges Geschrei ließ die Männer auffahren. Vier Kinder und ungefähr zwanzig Frauen, die meisten noch ganz jung, kamen nackt und ohne Ketten hinter der Barrikade hervor, getrieben von zwei grinsenden *toubobs* mit Peitschen. Kunta erkannte sofort die Frauen, mit denen er auf den großen Kahn gebracht worden war. Mit aufwallender Wut beobachtete er, daß alle *toubobs* lüstern auf die nackten Frauen starrten und einige sogar ihre *fotos* rieben. Unter Aufbietung aller Willenskraft verbot er sich, all ihrer Waffen zum Trotz über die ihm zunächst stehenden *toubobs* herzufallen. Er ballte die Hände, atmete schwer und wandte den Blick von den verängstigten Frauen.

Nun machte ein *toubob* sich daran, ein Ding, das aussah wie ein Balg, auseinanderzuziehen und zusammenzudrücken, wobei pfeifende Töne entstanden. Ein anderer schlug im Takt dazu eine afrikanische Trommel, und die übrigen stellten sich in einer Reihe auf. Die nackten Männer, Frauen und Kinder starrten sie entgeistert an. Die *toubobs* schlangen ein Seil um ihre Knöchel, was sie den nackten Männern an der Kette ähnlich machte. Sodann fingen sie an, grinsend im Takt der Trommelschläge und nach der Musik des pfeifenden Balgs zu tanzen. Offenbar war dies eine

Aufforderung an die Männer in Ketten, ihrem Beispiel zu folgen, denn als die Gefangenen wie versteinert stehenblieben, verfinsterten sich die Mienen der *toubobs*, und sie griffen nach den Peitschen.

»Tanzt!« rief die älteste der Frauen plötzlich auf Mandinka. Sie mochte so viele Regen alt sein wie Kuntas Mutter Binta. Vorspringend begann sie selbst zu tanzen; die anderen Frauen und die Kinder taten es ihr gleich, gehorsam ihrem auffordernden Blick. »Tanzt und tötet *toubobs*!« kreischte sie. Dabei warf sie den nackten Männern funkelnde Blicke zu und bewegte sich wie ein tanzender Krieger. Als ihnen der Sinn dieser Worte aufging, raffte sich ein zusammengekettetes Männerpaar nach dem anderen zu schwerfälligem Gehüpfe auf, und die Ketten rasselten auf den Planken. Kunta sah das Durcheinander hüpfender Füße, und er spürte, wie seine Beine unter ihm nachgaben. Sein Atem ging keuchend. Nun fielen die Frauen in den Gesang der Ältesten ein. Das Lied klang lustig, doch die Worte, die sie sangen, erzählten davon, wie die abscheulichen *toubobs* allnächtlich die Frauen mißbrauchten. *»Toubob fa!«* (Tötet *toubob*) sangen sie lachend. Die nackten hüpfenden Männer fielen ein: *»Toubob fa!«* Dazu lachten sogar die *toubobs*, und einige klatschten vor Vergnügen in die Hände.

Kunta zitterten die Knie, und seine Kehle krampfte sich zusammen, als er den kleinen untersetzten, weißhaarigen *toubob* näher kommen sah, dazu den großen mit dem zernarbten Gesicht, der dabeigewesen war, als Kunta untersucht, geschlagen, gewürgt und gebrandmarkt wurde, bevor man ihn hierherbrachte. Die anderen Gefangenen bemerkten diese beiden ebenfalls, und plötzlich trat Stille ein. Man hörte nur noch das Flattern der Tücher zwischen den Pfosten. Selbst die übrigen *toubobs* waren beim Erscheinen dieser beiden verstummt.

Der Große scheuchte alle *toubobs* grob von den Angeketteten fort. An seinem Gürtel baumelte ein Ring mit kleinen, glänzenden Dingern, die, wie Kunta gesehen hatte, Hand- und Fußschellen öffneten. Der Weißhaarige trat unter die nackten Gefangenen und betrachtete ihre Körper eingehend. Sah er schwärende Peitschenstriemen, eiternde Rattenbisse oder Brandwunden, schmierte er Salbe darauf, die ihm der Große in einem Gefäß reichte. Der Große streute auch selber gelbliches Pulver aus einem Behälter auf Hand- und Fußgelenke, die unter den eisernen Schellen eine kränklich-graue Farbe angenommen hatten. Kunta hätte sich vor Angst und Wut gern vor den beiden verkrochen, doch da war der Weißhaarige schon bei ihm und strich Fett auf die nässenden Wunden, und der Große bestreute ihm Fußknöchel und Handgelenke mit dem gelblichen Pulver; keiner von ihnen schien zu wissen, wer Kunta war.

Plötzlich stießen *toubobs* erregte Rufe aus. Eine der mit Kunta auf den großen Kahn gebrachten Frauen rannte wild zwischen den überraschten Wachen hin und her. Als man sich auf sie stürzen und nach ihr greifen wollte, sprang sie schreiend über den Zaun am Rand des großen Kahns ins Meer. Der Weißhaarige und der große *toubob* droschen heftig fluchend auf diejenigen ein, die dem Mädchen nachgerannt waren und es hatten entwischen lassen, was den Aufruhr noch vermehrte.

Oben, zwischen den Tüchern, wurde wild gestikuliert und aufs Wasser gezeigt. Als die Gefangenen in diese Richtung blickten, sahen sie die im Wasser treibende Frau und nicht weit davon zwei dunkle Flossen. Ein markerschütternder Schrei, ein Schäumen und Strampeln, und zurück blieb nur roter Schaum. Zum erstenmal knallten keine Peitschen, als die von Grauen erfüllten Gefangenen in den dunklen Bauch des großen Kahns zurückgetrieben und an ihre Plätze gekettet wurden. Kunta dröhnte der Kopf. Nach der frischen Seeluft war der Gestank noch ärger als zuvor, nach dem hellen Tageslicht der dunkle Raum noch dunkler. Als es bald darauf zu rumoren anfing, in einiger Entfernung, sagte ihm sein inzwischen geübtes Ohr, daß die *toubobs* jetzt die verängstigten Gefangenen aus dem Raum unter seinem nach oben trieben.

Nach einer Weile hörte er an seinem rechten Ohr ein Flüstern. *»Jula?«* Kuntas Herz machte einen Satz. Er kannte kaum ein paar Worte Wolof, aber er wußte, daß die Wolof und einige andere Stämme mit dem Wort *jula* Reisende und Händler meinten, die gewöhnlich Mandinkas waren. Er rückte dem Wolof ein wenig näher und flüsterte zurück: *»Jula*. Mandinka.« Einige Augenblicke lang, während Kunta gespannt wartete, schwieg der Wolof. Wenn ich nur so viele Sprachen sprechen könnte wie die Brüder meines Vaters, ging es Kunta durch den Kopf, doch da schämte er sich auch schon dafür, sie, wenn auch nur in Gedanken, an diesen Ort gebracht zu haben. »Wolof, Jebou Manga«, flüsterte der andere schließlich, und Kunta wußte, das war sein Name.

»Kunta Kinte«, flüsterte er zurück.

So lernten sie denn mühsam einer so manches Wort in der Sprache des anderen. Kunta kam sich vor wie als Kind. Es war so wie im ersten *kafo*. Er dachte daran, wie das ferne Feuer eines Fulani-Hirten, der nachts die Erdnußfelder gegen Überfälle der Paviane schützte, ihn zuversichtlich gestimmt und wie er gewünscht hatte, mit diesem nie gesehenen Mann Worte tauschen zu können. Es war, als ginge dieser Wunsch nun in Erfüllung, nur daß es ein Wolof war, den er während der gemeinsamen Wochen in Ketten jetzt zum erstenmal gesehen hatte.

Kunta besann sich auf jeden Wolof-Ausdruck, den er je vernommen hatte. Er wußte, daß der Wolof das gleiche mit Mandika-Worten tat, von denen er mehr kannte als Kunta Worte aus der Sprache der Wolof. Übrigens hatte Kunta das deutliche Gefühl, der Mann auf seiner anderen Seite, der nie andere als Schmerzenslaute von sich gab, hörte ihnen aufmerksam zu. Das leise Murmeln im dunklen Laderaum sagte Kunta, daß er und seine Kettengenossen nicht die einzigen waren, die sich miteinander zu verständigen suchten, nachdem sie sich erstmals bei Tageslicht hatten sehen können. Das Flüstern wurde allgemein und hörte schließlich nur auf, wenn die *toubobs* kamen, mit Essen oder mit Bürsten, um den Schmutz von den Pritschen zu schaben. Der Stille, die dann eintrat, haftete etwas Neues an: zum erstenmal, seit man sie gefangen und in Ketten gelegt hatte, war es, als hätten die Männer etwas Gemeinsames.

KAPITEL 37

Als die Gefangenen das nächstemal an Deck geführt wurden, sah sich Kunta den Mann genauer an, der, wenn sie unten waren, links von ihm lag. Es war ein Serere, viel älter als Kunta und auf Brust und Rücken von Striemen gezeichnet, deren einige so eiterten, daß sich Kunta schämte, bisweilen den Wunsch gehabt zu haben, seinen Nachbarn zu schlagen, wenn der unter Schmerzen stöhnte. Jetzt blickte er wütend und trotzig drein. Eine Peitsche knallte, noch während sie sich ansahen. Diesmal galt der Hieb Kunta, der weitergehen sollte, und trieb ihn zu einem Wutausbruch. Brüllend wollte er sich auf den *toubob* stürzen, fiel jedoch hin und riß seinen Kettengenossen mit sich. Andere stolperten über die beiden, und der *toubob* ließ haßerfüllt die Peitsche wieder und wieder auf Kunta und den Wolof niedersausen wie ein Haumesser. Als Kunta sich zur Seite wälzen wollte, bekam er Tritte in die Rippen. Irgendwie gelang es schließlich ihm und dem keuchenden Wolof, sich zwischen die anderen zu schieben, die der Abspülung mit Meerwasser entgegenschlurften.

Gleich darauf brannte das Salz in Kuntas Wunden, und er stimmte in das allgemeine Schmerzgeheul ein, das die Trommel und den quietschenden Balg übertönte, welche die Angeketteten zum Tanzen vor den *toubobs* ermuntern sollten. Kunta und der Wolof waren von den Prügeln so ermattet, daß sie stolperten, doch weitere Schläge und Tritte brachten zuwege, daß sie schwerfällig an der Kette tanzten. Kunta war so außer sich, daß er kaum hörte, wie die Frauen *»Toubob fa!«* anstimmten. Als er schließlich wieder unten an seinem Platz angekettet war, hatte er einzig das Verlangen, die *toubobs* zu töten.

Alle paar Tage kamen acht nackte *toubobs* in den stinkenden Laderaum und kratzten Kot von den Pritschen. Kunta lag ganz still, sein Blick folgte haßerfüllt den orangegelben Lichtern, er hörte aufmerksam den *toubobs* zu, die fluchten und manchmal auf dem glitschigen Boden ausrutschten und hinfielen, denn der Dreck nahm allmählich überhand. Die Fäkalien troffen von den Pritschen in den Gang.

Beim letzten Aufenthalt an Deck hatte Kunta einen Mann bemerkt, dem der weißhaarige *toubob* Salbe auf eine üble Wunde am Bein schmierte, doch hatte es nichts genützt, und der Mann fing unten gräßlich zu schreien an. Man mußte ihm die Leiter hinauf an Deck helfen, und hier zeigte sich, daß das Bein brandig geworden war und selbst an der frischen Luft widerlich stank. Als die anderen hinuntergetrieben wurden, blieb der Kranke oben. Die Frauen berichteten bald darauf in ihrem Singsang, daß man dem Mann das Bein abgenommen und ihm eine der Frauen zur Pflege beigegeben hatte, daß er aber noch in derselben Nacht gestorben und ins Meer geworfen worden war. Wenn die *toubobs* jetzt herunterkamen, um die Pritschen zu säubern, tauchten sie glühende Eisenstücke in Eimer mit Essig. Der davon aufsteigende säuerliche Dampf vertrieb den Gestank aber nur vorübergehend, und bald roch es wieder so entsetzlich wie zuvor. Kunta glaubte, daß der Gestank für alle Zeit in seiner Nase und auf der Haut haften würde.

Das Murmeln und Flüstern, das einsetzte, sowie die *toubobs* gegangen waren, nahm an Lautstärke und Intensität im gleichen Maße zu, wie die Verständigung unter den Gefangenen besser wurde. Nichtverstandene Wörter wurden von Mund zu Ohr gewispert, bis jemand, der mehr als eine Sprache sprach, sie übersetzte. Dabei lernten alle Beteiligten Wörter in Sprachen, die sie zuvor nie gesprochen hatten. Daß sie sich ohne Wissen der *toubobs* miteinander verständigen konnten, war geradezu aufregend, und nach und nach entstand zwischen ihnen ein deutlicheres Gefühl des Zusammenhaltes und der Brüderlichkeit. Kamen sie auch von verschiedenen Dörfern und Stämmen, wurde ihnen doch mehr und mehr zur Gewißheit, daß sie ein und demselben Volk angehörten.

Beim nächsten Aufenthalt an der frischen Luft gelang es einigen von denen, die mehrere Sprachen sprachen, die Plätze so zu tauschen, daß sie jeweils ans Ende einer Pritschenreihe zu liegen kamen und ihre Übersetzungen schneller weiterleiten konnten. Die *toubobs* schienen das nicht zu bemerken; entweder konnten sie einen Gefangenen vom anderen nicht unterscheiden, oder es war ihnen gleichgültig.

Fragen und Antworten gingen hin und her. »Wo werden wir hingebracht?« Die Antwort lautete verbittert: »Wer ist je zurückgekommen, um uns das zu sagen?« – »Sie sind alle gefressen worden!« Die Frage »Wie lange sind wir schon hier?« löste Vermutungen aus bis zur Dauer eines Mondes; einer, der die Tage hatte zählen können, weil neben seinem Platz ein kleiner Luftschacht war, sagte dann aber, achtzehn Tage seien vergangen seit der Abfahrt.

Weil immer wieder *toubobs* mit dem Essen oder mit Bürsten kamen, mochte ein ganzer Tag vergehen, bevor Antworten auf eine Frage eintrafen. Alle forschten eifrig nach Bekannten und Stammesangehörigen. »Ist jemand hier aus dem Dorf Barrakunda?« hieß es eines Tages, und nach einer Weile kam die Antwort von Mund zu Ohr: »Ja, ich, Jabon Sallah, bin hier!« Einmal geriet Kunta vor Aufregung fast außer sich, als der Wolof fragen ließ: »Ist jemand hier aus dem Dorf Juffure?« – »Ja, Kunta Kinte!« antwortete er und lag fast atemlos da, bis nach einer Stunde die Auskunft kam: »Ja, das war der Name. Ich habe die Trommeln seines trauernden

Dorfes gehört.« Kunta fiel ein Schluchzen an, er sah seine Familie im Kreis um einen flatternden weißen Hahn sitzen, der auf dem Rücken liegend starb, worauf der *wadanela* die traurige Nachricht unter die Leute brachte, die dann Omoro, Binta, Lamin, Suwadu und Madi ihr Beileid aussprachen, während die Dorftrommeln allen, die es hören konnten, die Nachricht übermittelten, daß ein Sohn des Dorfes mit Namen Kunta Kinte von jetzt an für verloren galt.

Tagelang suchte man Antworten auf Fragen wie: Können wir die *toubobs* angreifen und töten? Hat jemand an Deck Nachlässigkeiten oder schwache Stellen bei den *toubobs* bemerkt, die sich bei einem Überraschungsangriff ausnützen ließen? Die Antwort war: nein. Die nützlichste Information stammte von den Frauen und war übermittelt worden, während die Männer in ihren Ketten tanzten: ungefähr dreißig *toubobs* waren mit ihnen auf diesem Kahn. Die Männer hatten geglaubt, es wären viel mehr, die Frauen hatten jedoch Gelegenheit, sie zu zählen. Die Frauen sagten, zu Beginn der Fahrt seien mehr *toubobs* an Bord gewesen, fünf seien inzwischen gestorben. Man habe sie in weiße Tücher genäht, ins Meer geworfen und der Weißhaarige habe dazu aus einem Buch vorgelesen. Von den Frauen hörten sie auch, daß die *toubobs* miteinander stritten und sich prügelten, meist wegen der Reihenfolge, in der sie die Frauen gebrauchten.

So erfuhren die in Ketten tanzenden Männer von den Frauen fast alles, was sich auf dem großen Kahn zutrug, und redeten später darüber unten im Dunkeln. Eines Tages kam die erregende Nachricht, daß man Verbindung zu den Männern hergestellt hatte, die im unteren Laderaum angekettet waren. Alle lagen mucksmäuschenstill, als jemand nahe der Luke fragte: »Wie viele seid ihr dort unten?« Nach einer Weile kam die Antwort herauf: »Wir glauben, ungefähr sechzig.«

Das Weitergeben von Nachrichten aus welcher Quelle auch immer gab ihnen Lebensmut. Blieben Neuigkeiten aus, erzählten die Männer von ihren Familien und Dörfern, von der Arbeit auf dem Feld und von der Jagd. Und immer häufiger stritt man darüber, wie die *toubobs* zu töten wären und bei welcher Gelegenheit. Einige waren der Ansicht, man solle sie ohne Rücksicht auf die Folgen gleich beim nächstenmal auf Deck angreifen. Andere meinten, es sei klüger, einen günstigen Augenblick abzuwarten. Die Debatte wurde jäh unterbrochen, als die Stimme des Ältesten ertönte: »Hört mir zu! Zwar gehören wir verschiedenen Stämmen an und sprechen verschiedene Sprachen, doch vergeßt nicht, daß wir vom gleichen Volk sind! Wir müssen hier an diesem Ort wie ein einziges Dorf zusammenhalten.«

Beifälliges Gemurmel breitete sich im Laderaum aus. Diese Stimme hatte man schon früher vernommen, sie hatte in Zeiten besonderer Not Rat gegeben. Es war eine Stimme, aus der Erfahrung, Autorität und Klugheit sprachen. Bald ging die Nachricht von Mund zu Ohr, daß der Sprecher *alcala* seines Dorfes gewesen war. Nach einer Weile sagte er, man müsse sich auf einen Anführer und einen Angriffsplan einigen, ehe man darauf hoffen könne, die *toubobs* zu überwinden, da sie offenkundig straff geleitet und schwer bewaffnet waren. Wiederum erhob sich zustimmendes Murmeln.

Das neue und tröstliche Gefühl der Gemeinsamkeit ließ Kunta fast den Gestank, den Schmutz und sogar Läuse und Ratten vergessen. Doch dann wurde der Argwohn geäußert, im unteren Laderaum könnte ein *slati* liegen. Eine Frau hatte gesehen, wie die *toubobs* einen der *slatis*, die sie an Bord gebracht hatten, betrunken machten und anschließend in den Laderaum hinunterstießen; sie hatten ihn in der Nacht nicht erkennen können, glaubten aber, daß er jetzt zwischen den anderen lag und alles daransetzte, nicht erkannt zu werden. Dies teilte sie in der üblichen Weise mit, und nun befürchteten die Männer, dieser *slati*, der vermutlich ein paar Wörter *toubob* sprach, könnte den Angriffsplan verraten, um sein armseliges Leben zu retten.

Kunta schlug wütend mit seiner Kette nach einer fetten Ratte. Kein Wunder, daß er so wenig von *slatis* gewußt hatte. Keiner von ihnen konnte wagen, in einem Dorf zu wohnen, wo ihm der sofortige Tod gewiß gewesen wäre, hätte man ihn auch nur verdächtigt, ein *slati* zu sein. In Juffure hatte Kunta gemeint, sein Vater Omoro und andere ältere Männer machten sich völlig unnötigerweise abends am Feuer Sorgen wegen irgendwelcher Gefahren, über die er und andere junge Burschen sich erhaben wähnten. Jetzt begriff er, weshalb die älteren Männer um die Sicherheit des Dorfes besorgt gewesen waren. Sie hatten offenbar gewußt, daß sich mancher *slati* in der Gegend herumtrieb. Die verabscheuten *sasso-*

borro-Kinder von *toubob*-Vätern waren an der helleren Hautfarbe leicht zu erkennen; aber nicht alle. Kunta erinnerte sich jetzt des Mädchens aus seinem Dorf, das von *toubobs* aufgegriffen und später geflohen war und kurz vor seiner, Kuntas, Entführung vom Rat der Ältesten hatte wissen wollen, was mit seinem kleinen *sasso-borro*-Kind geschehen sollte. Was die Ältesten wohl über sie beschlossen hatten?

Einige *slatis*, so erfuhr er jetzt, versorgten lediglich die *toubob*-Kähne mit Indigo, Gold und Elefantenzähnen. Aber es gab Hunderte, die den *toubobs* halfen, Dörfer niederzubrennen und Menschen einzufangen. Kunta hörte, daß Kinder mit Zuckerrohrstückchen angelockt wurden und dann Säcke über die Köpfe gestülpt bekamen. Es wurde berichtet, *slatis* hätten die Geraubten während der Fußmärsche nach ihrer Gefangennahme erbarmungslos geschlagen. Eine schwangere Frau war unterwegs gestorben, ein von Peitschenhieben verwundetes Kind hatte man einfach verbluten lassen. Je mehr Kunta von solchen Dingen hörte, desto größer wurde sein Zorn auch auf sich selber.

Er hörte deutlich, wie sein Vater ihn und Lamin eindringlich ermahnte, nie allein irgendwohin zu gehen; hätte er ihm nur gehorcht! Er wollte verzweifeln bei dem Gedanken, daß er nie mehr den Rat seines Vaters hören würde. Er mußte fortan für sich selber denken.

»Alles ist Allahs Wille!« Diese Mahnung des *alcala* wanderte von Mund zu Ohr, und als Kunta sie von dem Mann zu seiner Linken zugeflüstert bekam, drehte er sich auf die andere Seite und gab sie dem Wolof weiter. Der Wolof jedoch gab sie seinerseits nicht weiter, wie Kunta bemerkte. Sollte er sie nicht richtig verstanden haben? Er flüsterte die Botschaft ein zweites Mal, aber da zischte der Wolof so laut, daß man es im ganzen Raum hörte: »Wenn dies hier der Wille eures Allah ist, dann ist mir der Teufel lieber!« Aus einigen Ecken im Dunkel hörte man zustimmende Ausrufe, und hier und da Gezänk.

Kunta war zutiefst erschüttert. Daß er neben einem Heiden lag, entsetzte ihn, denn der Glaube an Allah war ihm so kostbar wie das Leben selbst. Zwar schätzte er die Freundschaft und die klugen Ansichten seines älteren Kettengenossen, doch eine Gemeinschaft konnte es mit ihm fortan nicht mehr geben.

KAPITEL 38

An Deck gaben die Frauen singend zu verstehen, daß es ihnen gelungen war, Messer und andere Dinge an sich zu bringen, die als Waffen dienen konnten. Die Männer im Laderaum spalteten sich in zwei Lager. Anführer der Gruppe, die den unverzüglichen Angriff propagierte, war ein grimmig dreinblickender tätowierter Wolof. An Deck vollführte er in seinen Ketten wilde Tänze und wies den *toubobs* die spitz angefeilten Zähne. Die spendeten ihm Beifall, weil sie glaubten, er grinse. Die Befürworter einer sorgfältigen Vorbereitung wurden von dem Foulah angeführt, der dafür geschlagen worden war, daß er den *slati* erwürgt hatte.

Von den Gefolgsleuten des Wolof sagten einige, man solle die *toubobs* überfallen, die nach unten in den Laderaum kamen, denn die Gefangenen könnten hier besser sehen und der Überraschungsmoment sei am größten, doch ihnen hielt man entgegen, daß der größere Teil der *toubobs* oben und somit in der Lage wäre, die Angeketteten hier unten wie Ratten zu erschlagen. Wurde der Streit zwischen dem Wolof und dem Foulah zu heftig, befahl der *alcala*, leiser zu sprechen, damit die *toubobs* sie nicht hörten.

Wie der Streit auch ausgehen mochte, Kunta war bereit, auf Leben und Tod zu kämpfen. Das Sterben hatte für ihn seinen Schrecken verloren. Er wußte jetzt, er würde Familie und Heimat nicht wiedersehen, und er fühlte sich schon so gut wie tot. Nur wollte er nicht sterben, ohne wenigstens einen *toubob* mit eigenen Händen getötet zu haben. Im übrigen neigte er, und mit ihm die Mehrheit, wie er meinte, dem Standpunkt des vorsichtigen, peitschennarbigen Foulah zu. Kunta hatte inzwischen herausgefunden, daß die meisten Männer hier unten Mandinkas waren, und jeder Mandinka wußte, daß die Foulah sich Jahre, manchmal Jahrzehnte Zeit nahmen, ein ihnen angetanes Unrecht zu rächen. Tötete jemand einen Foulah und entkam, ruhten die Söhne des Erschlagenen nicht eher, bis sie den Mörder aufgespürt und zu Tode gebracht hatten.

»Wir müssen bedingungslos dem Mann gehorchen, für den wir uns entscheiden«, mahnte der *alcala*. Die Anhänger des Wolof murrten, doch zeigte sich, daß die Mehrheit für den Foulah war, und so gab dieser denn auch gleich seinen ersten Befehl. »Wir müssen alles, was die *toubobs* tun, mit Falkenaugen beobachten. Und wenn die Zeit kommt, müssen wir Krieger sein.« Man solle den Rat der Frauen befolgen und sich beim Tanz an Deck lustig gebärden. Dann werde die Wachsamkeit der *toubobs* nachlassen, und man könne sie um so leichter überraschen. Ferner solle ein jeder sich nach einem Gegenstand umsehen, den er rasch packen und als Waffe gebrauchen könne. Kunta hörte das mit Genugtuung, denn er hatte schon eine nur lose unterhalb eines Zaunstücks befestigte Eisenstange erspäht, die er packen und wie einen Speer dem nächstbesten *toubob* in den Leib rennen wollte.

Wenn die *toubobs* die Luke aufrissen und brüllend und ihre Peitschen schwingend herunterkamen, lag Kunta still wie ein Tier des Waldes. Er befolgte, was der *kintango* im *jujuo* gesagt hatte: Der Jäger soll lernen, was Allah die Tiere gelehrt hat – sich verstecken und die Jäger beobachten, die ihnen nachspüren. Kunta war mit der Zeit zu der Meinung gelangt, daß es den *toubobs* Freude machte, Menschen zu quälen. Haßerfüllt erinnerte er sich an ihr Lachen, wenn sie Menschen mißhandelten, besonders solche, deren Körper schon von Striemen überzogen waren, und daran, wie sie sich angewidert das Blut abwischten, das dabei auf sie spritzte. Er stellte sich zähneknirschend vor, wie sie nachts den Frauen Gewalt antaten; er glaubte, die Frauen schreien zu hören. Hatten die *toubobs* denn keine eigenen Frauen? Warum stellten sie wie Hunde den Frauen anderer nach? Nichts schien ihnen heilig; sie hatten offenbar keine Götter, nicht einmal Geister, zu denen sie beteten.

Das einzige, was Kunta von den *toubobs* und seinen Racheplänen abzulenken vermochte, waren die Ratten, die mit jedem Tag frecher wurden. Ihre Barthaare kitzelten ihn zwischen den Beinen, wenn sie nach einer blutenden oder eiternden Schwäre suchten. Die Läuse hielten sich mehr an sein Gesicht, saugten die Flüssigkeit in Kuntas Augenwinkeln oder den Rotz auf, der ihm aus der Nase lief. Er krümmte und wand sich, er zerdrückte alle Läuse, die er zwischen die Finger bekam. Aber schlimmer als Läuse und Ratten war, daß Schultern, Ellenbogen und Hüften vom ständigen Scheuern am harten Pritschenholz wie Feuer brannten. Auch andere waren an diesen Stellen wund, wie er auf Deck beobachtet hatte, und wenn sie durch heftiges Rollen des Kahnes hin- und hergeworfen wurden, schrien sie allesamt vor Schmerzen.

Kunta beobachtete, daß manche Männer an Deck wirkten, als wären sie in Trance. Man sah ihnen an, daß sie nichts mehr fürchteten, weil es ihnen gleich war, ob sie weiterlebten oder nicht. Selbst unter den Peitschenhieben der *toubobs* reagierten sie nur langsam. Manche waren so geschwächt, daß sie keinen Versuch machten, in den Ketten zu tanzen, und der weißhaarige *toubob* ordnete besorgt an, sie ausruhen zu lassen. Da hockten sie denn, die Köpfe zwischen den Knien, und die dünne rötliche Wundflüssigkeit lief ihnen von geschundenen Rücken hinunter. Der Weißhaarige stopfte ihnen etwas Weißes in den Mund, das sie jedoch meist erbrachen. Manche fielen kraftlos zur Seite, konnten sich nicht mehr bewegen und wurden von *toubobs* in den dunklen Laderaum getragen. Noch bevor diese Männer starben, wußte Kunta, daß sie sterben wollten.

Der Anweisung des Foulah folgend, versuchten Kunta und viele andere, lustig zu tanzen, wenn ihnen die Verstellung auch wie ein Geschwür in der Seele brannte. Immerhin gab es weniger Peitschenhiebe, wenn die *toubobs* guter Laune waren, und sie durften länger als früher oben bleiben. Waren das Übergießen mit Meerwasser und das Abschrubben mit der Bürste überstanden, hockten Kunta und die anderen sich nieder und verfolgten alle Bewegungen der *toubobs* genau: wie sie sich längs des Zauns verteilten, wie sie ihre Waffen so dicht an sich hielten, daß man sie ihnen nicht hätte entreißen können. Keinem Angeketteten entging, wenn ein *toubob* einmal für kurze Zeit seinen Eisenstock an den Zaun lehnte. Kunta beäugte immer wieder die große eiserne Röhre, die durch die Barrikade ragte. Er wußte, daß diese Waffe unter welchen Opfern auch immer erobert werden mußte, denn wenn sie nicht schreckliche Verheerung anrichten würde, hätten die *toubobs* sie nicht dort aufgebaut.

Sorgen machten ihm auch die *toubobs*, die immer an dem großen Rad drehten, ein wenig hierhin, ein wenig dorthin, und dabei auf ein rundes bräunliches Ding aus Eisen blickten. Der *alcala* sprach diesen Gedanken einmal im Laderaum aus: »Wenn die *toubobs* getötet sind, wer steuert dann diesen Kahn?« Der Foulah versetzte, man müsse diese *toubobs* am Leben lassen. »Mit Speerspitzen am Hals«, sagte er, »werden sie uns in unser Land zurückbringen, oder sie werden sterben.« Die bloße Vorstellung, daß er seine Heimat wiedersehen könnte, ließ Kunta erbeben. Doch selbst wenn das geschehen sollte, würde er wohl sehr alt werden müssen, bis er auch nur einiges von dem vergaß, was die *toubobs* ihm angetan hatten.

Und noch eine Befürchtung plagte Kunta: Es könnte den *toubobs* doch auffallen, wie anders die Männer in ihren Ketten jetzt auf dem Deck tanzten. Sie konnten nämlich nicht verhindern, daß ihre Bewegungen verrieten, was sie sich beim Tanzen ausmalten: das schnelle Abwerfen von Fesseln und Ketten, das Schlagen, Stoßen, Würgen, Töten. Beim Tanz knurrten sie mordlustig in Gedanken an das Gemetzel. Doch wenn der Tanz vorüber war und er wieder zu sich kam, sah Kunta erleichtert, daß die *toubobs* nur fröhlich grinsten.

Eines Tages wurde die Aufmerksamkeit der Gefangenen und ihrer Bewacher völlig von einem riesigen Schwarm fliegender Fische in Anspruch genommen, die die Luft mit silbrigem Blinken erfüllten. Plötzlich ertönte ein Schrei, und Kunta sah, wie der große tätowierte Wolof gerade einem *toubob* den Eisenstock entriß. Den Stock wie eine Keule schwingend, schlug er dem *toubob* damit auf den Kopf, daß sein Hirn auf die Planken spritzte; noch bevor die anderen *toubobs* aus ihrer Erstarrung erwachten, schlug er bereits einen zweiten tot. Alles ging so schnell, daß der rasende Wolof schon seinen fünften *toubob* tötete, als ein langes Messer seinen Kopf glatt von den Schultern trennte. Der Kopf polterte auf die Planken, ehe der Rumpf zusammensackte, und aus beiden sprudelte Blut. Die Augen des Wolof waren noch geöffnet, sie blickten sehr überrascht.

Aufgeregt schreiend liefen immer mehr *toubobs* herbei – sie stürzten aus Türen und kletterten wie Affen zwischen den windgebauschten weißen Tüchern herunter. Die Frauen kreischten, und die gefesselten Männer hockten sich im Kreis hin. Die Eisenstöcke spien Feuer und Rauch, aus der großen schwarzen Röhre fuhren Donner und heißer Qualm dicht über ihre Köpfe hinweg, und alle fielen entsetzt aufheulend übereinander.

Der weißhaarige *toubob* und sein narbengesichtiger Gehilfe sprangen wutschnaubend hinter der Barrikade hervor. Der Große versetzte dem ihm zunächst stehenden *toubob* einen Schlag, daß ihm Blut aus dem Mund rann, und im Nu formierten sich alle *toubobs* zu einer brüllenden Mauer. So trieben sie mit Peitschen, Messern und Feuerstöcken die Gefesselten durch die geöffnete Luke. Kunta stolperte im Haufen mit, ohne die Peitschenhiebe zu spüren, denn noch immer wartete er auf das Zeichen des

Foulah zum Angriff. Ehe er es noch recht merkte, waren sie schon wieder unten und an ihre Plätze angekettet. Die Luke wurde zugeschlagen.

Sie waren jedoch nicht unter sich. In der allgemeinen Verwirrung war ein *toubob* mit eingeschlossen worden. Er rannte im Dunkeln hierhin und dorthin, er stolperte und fiel über Pritschen, er schrie vor Angst, raffte sich auf, wenn er gestürzt war, und rannte weiter. Sein Heulen und Brüllen erinnerte an ein wildes Tier. »*Toubob fa!*« rief es plötzlich, und andere Stimmen fielen ein: »*Toubob fa! Toubob fa!*« Lauter und lauter wurde das Gebrüll, und der *toubob* wußte wohl, daß er gemeint war, denn er stieß winselnde Laute aus. Kunta lag wie erstarrt und vermochte sich nicht zu rühren. In seinem Kopf dröhnte es, Schweiß brach ihm am ganzen Körper aus, und er rang nach Luft. Da wurde plötzlich die Luke aufgerissen, und ein Dutzend *toubobs* kamen die Treppe heruntergepoltert. Peitschenhiebe trafen den eingesperrten *toubob*, bevor er ihnen begreiflich machen konnte, daß er einer der Ihren war.

Gleich darauf wurden die Männer wieder losgekettet und mit Schlägen und Tritten hinaufgetrieben, wo sie zusehen mußten, wie vier *toubobs* mit schweren Peitschen den kopflosen Körper des Wolof zu Brei schlugen. Die nackten Rücken der Gefangenen glänzten von Schweiß und dem Blut, das aus ihren Wunden floß, aber kein Laut kam aus ihrer Gruppe. Alle *toubobs* waren jetzt schwer bewaffnet, und Mordlust stand auf ihren Gesichtern. Dann knallten wieder die Peitschen, die nackten Männer wurden ins Dunkel zurückgetrieben und an ihren Plätzen angekettet.

Es dauerte lange, bis der erste zu flüstern wagte. Als Kunta sich so weit beruhigt hatte, daß er wieder denken konnte, tröstete er sich mit der Gewißheit, daß er nicht als einziger den Wolof für sein todesmutiges Kämpfen und Sterben bewunderte. Er hatte jeden Moment erwartet, der Foulah werde das Zeichen geben, doch das Zeichen war ausgeblieben. Kunta war verbittert, denn was auch immer geschehen wäre, jetzt wäre es vorüber. Und warum nicht jetzt? Würde etwa ein günstigerer Augenblick kommen? Gab es einen Grund, sich an das Leben in diesem stinkenden Dunkel zu klammern? Er wünschte, er hätte sich wie früher mit seinem Kettengenossen verständigen können, aber der Wolof war ein Ungläubiger.

Als der Foulah dafür beschimpft wurde, daß er nicht gehandelt hatte, schnitt dieser jede weitere Diskussion ab, indem er verkündete, der Angriff werde erfolgen, wenn alle Männer aus diesem Laderaum das nächstemal an Deck tanzten und die *toubobs* am sorglosesten wären. »Viele von uns werden sterben«, sagte der Foulah, »so wie unser Bruder für uns gestorben ist – aber unsere Brüder in dem Laderaum unter uns werden uns rächen.«

Das nun einsetzende Murmeln klang beifällig. Kunta lag im Dunkel und lauschte wieder dem Reiben einer gestohlenen Feile, die an Ketten schabte. Er wußte seit Wochen, daß die Feilstellen sorgfältig mit Schmutz vor den *toubobs* verborgen wurden. Er sah die Gesichter derer vor sich, die das Rad des Kahns drehten und als einzige mit dem Leben davonkommen sollten.

Während dieser langen Nacht wurden ungewohnte Geräusche vernehmbar. Das Geflüster verstummte, und Kunta lauschte angestrengt und kam zu dem Schluß, daß besonders starke Winde die großen weißen Tücher heftiger als sonst blähten. Bald war noch ein anderes Geräusch zu hören: so als ob Reiskörner aufs Deck fielen; nach einer Weile sagte sich Kunta, daß wahrscheinlich Regen niederprasselte. Gleich darauf machte er mit Bestimmtheit das Krachen und darauffolgende Rollen des Donners aus.

Oben hörte man Laufen, und der Kahn begann zu schwanken und zu beben. Alle schrien vor Schmerz, wenn bei jedem Auf und Ab und Hin und Her die wunden, blutenden Stellen an Schultern, Ellenbogen und Hüften gegen das harte Holz gepreßt wurden. Der jähe Schmerz, der ihn von Kopf bis Fuß erfaßte, machte ihn halbohnmächtig, und nur wie von weit her drang das Plätschern eindringenden Wassers an sein Ohr. Das allgemeine Gebrüll übertönte alles.

Immer mehr Wasser strömte in den Laderaum, bis endlich etwas Schweres über die Planken geschleift wurde. Gleich darauf war der Sturzbach nur noch ein Rinnsal – doch schon begann Kunta zu schwitzen und rang nach Luft. Die *toubobs* hatten nicht nur das Wasser, sondern auch die Luftzufuhr abgeschnitten, und nun konnten weder Hitze noch Gestank entweichen. Es wurde unerträglich. Die Gefangenen keuchten und würgten, sie schrien und rasselten mit den Ketten in ihrer Angst. Kunta meinte, erst werde ihm die Nase, dann die Kehle, dann die Lunge mit heißer Baumwolle verstopft. Er rang nach Luft, weil er schreien wollte. Bei all dem wilden Lärm von Kettenklirren und erstickten Schreien merkte er nicht einmal, daß seine Blase und sein Darm sich entleerten.

Wie mit Hämmern schlugen die Wogen gegen die Außenwand des großen Kahns, und die Planken hinter den Köpfen der Männer ächzten hörbar. Das Wehgeschrei der Gefangenen im dunklen Laderaum schwoll an, wenn der Kahn mit dem Bug ins Wasser tauchte. Es schien, als wolle er sich nie wiederaufrichten. Regen prasselte auf das Deck wie Hagel. Allmählich legte sich das Geschrei in dem pechschwarzen Verlies, denn immer mehr Gefangene wurden ohnmächtig.

Als Kunta zu sich kam, lag er an Deck und wunderte sich, noch am Leben zu sein. Schwankende Lichter machten ihn zunächst glauben, er sei noch unten. Doch dann tat er einen tiefen Atemzug und merkte, es war frische Luft. Er lag auf dem Rücken und litt so entsetzliche Schmerzen, daß er selbst vor den *toubobs* nicht aufhören konnte zu schreien. Hoch oben, geisterhaft im Mondlicht, klammerten sie sich an die Querbalken der langen dicken Pfosten. Offenbar versuchten sie, die großen weißen Tücher zu entrollen. Dann hörte er heftiges Poltern und sah weitere *toubobs* durch die geöffnete Luke stolpern, schwankend unter der Last nackter, angeketteter Schwarzer, die sie aus dem Laderaum holten und neben Kunta und andere bereits dort liegende Gestalten auf die Planken fallen ließen.

Kuntas Kettengenosse zitterte heftig, er würgte und stöhnte abwechselnd. Kunta mußte ebenfalls erbrechen. Zu seiner Freude konnte er beobachten, daß der Weißhaarige und sein Gehilfe ihre weißen Untergebenen unentwegt verfluchten, weil die auf dem Erbrochenen ausrutschten, wenn sie die leblos scheinenden Körper herbeischleppten.

Der große Kahn schaukelte immer noch heftig; Gischt fegte ab und zu über das Deck. Der Weißhaarige hielt sich nur mit Mühe auf den Beinen. Gefolgt von einem *toubob* mit Laterne, ging er hierhin und dorthin. Er hob die Köpfe der kraftlosen nackten Männer, ließ ihnen ins Gesicht leuchten, sah sie prüfend an und legte manchmal den Finger auf eine Handgelenk. Gelegentlich fluchte er grimmig und bellte einen Befehl; dann warf der andere *toubob* einen toten Gefangenen ins Meer.

Diese Männer waren also unten gestorben. War es möglich, daß Allah, von dem es doch hieß, er sei überall zur gleichen Zeit, hier an diesem Ort weilte? Doch schon solch eine Frage stellte den Fragenden mit den Heiden auf eine Stufe, die da ringsumher zitterten und stöhnten. Kunta sprach ein stummes Gebet für die Seelen derer, die ins Meer geworfen worden waren und sich schon zu ihren Vorvätern versammelt hatten. Er beneidete sie.

KAPITEL 39

Bei Tagesanbruch hatte sich das Wetter beruhigt, der Kahn schwankte aber immer noch stark. Von den an Deck ausgelegten Gefangenen gaben manche kaum noch Lebenszeichen; andere wurden von schrecklichen Krämpfen geschüttelt. Kunta, wie den meisten anderen, war es gelungen, sich aufzusetzen, was die Schmerzen im Rücken und im Gesäß etwas milderte. Mit stumpfem Blick betrachtete er seine Nachbarn; unter altem Schorf quoll frisches Blut hervor, an Schultern und Ellenbogen sah man blanke Knochen. Etwas entfernt sah er eine Frau mit gespreizten Beinen daliegen; ihre ihm zugekehrten Geschlechtsteile waren mit einer merkwürdigen graugelben Paste beschmiert, und ein unbeschreiblicher Geruch ging von ihr aus.

Nun versuchten die noch liegenden Männer sich aufzurichten. Manche sanken wieder um. Zu denen, die es schafften, gehörte der Foulah-Führer. Er blutete stark, und sein Gesichtsausdruck ließ auf völlige Teilnahmslosigkeit schließen. Kunta erkannte viele Männer nicht, er nahm daher an, daß sie aus dem unteren Laderaum kamen. Von denen also hatte der Foulah gesagt, sie würden diejenigen rächen, die beim Überfall auf die *toubobs* den Tod fänden. Der Überfall – Kunta hatte nicht die Kraft, auch nur daran zu denken.

Auf manchen Gesichtern in seiner Nähe – das seines Kettengenossen zählte dazu – sah Kunta den Tod geschrieben. Ohne zu wissen warum, war er sicher, daß sie sterben würden. Das Gesicht des Wolof war grau, und wenn er keuchend Atem holte, entstand ein rasselndes Geräusch. Selbst die Schultern des Wolof und die durch das rohe Fleisch schimmernden Ellenbogenknochen sahen grau aus. Als hätte er gespürt, daß Kunta ihn ansah, klappte der Wolof flatternd die Lider auf und erwiderte Kuntas

Blick – doch ohne ein Zeichen des Erkennens. Er war ein Heide, nun ja . . . Kunta streckte einen Finger aus und berührte den Wolof sacht am Arm. Es blieb ungewiß, ob der Wolof die Geste wahrgenommen hatte, ob sie ihm etwas bedeutete.

Ließen seine Schmerzen auch nicht nach, so empfand Kunta die warme Sonne doch als wohltuend. Das Blut, das von seinem Rücken geflossen war, bildete eine Lache um ihn her, und bei diesem Anblick packte ihn neuerlich der Jammer. *Toubobs*, nun ebenfalls krank und schwach, taumelten mit Besen und Eimern umher, schrubbten Erbrochenes und Fäkalien fort, schleppten Kübel mit Unrat von unten herauf und leerten sie ins Meer. Kunta fiel auf, wie bleich und behaart ihre Haut war und wie klein ihre *fotos*.

Eingehüllt in eine Dampfwolke von kochendem Essig und Teer, inspizierte der weißhaarige *toubob* von neuem seine Gefangenen. Wo die blanken Knochen hervorschauten, streute er Pulver auf, das vom sickernden Blut bald weggespült wurde. Einigen, darunter Kunta, flößte er gewaltsam etwas aus einer schwarzen Flasche ein.

Bei Sonnenuntergang bekamen diejenigen, die dazu in der Lage waren, zu essen – Mais, in rotem Palmöl gekocht, mit den Fingern aus dem Napf zu klauben; jeder einen Schöpflöffel Wasser aus dem Faß am Fuß des größten Pfahls. Als die Sterne hervorkamen, lagen sie schon wieder unten in Ketten. Die in Kuntas Laderaum frei gewordenen Plätze nahmen jetzt die schwächsten Männer aus dem unteren Laderaum ein, und das Stöhnen und Jammern war lauter denn je zuvor.

Drei Tage wurde Kunta von Schmerz, Brechreiz und Fieber gepeinigt und schrie im Chor der Gefolterten. Er wurde jetzt auch von schweren Hustenanfällen gequält, und er war nicht der einzige. Sein Hals war heiß und geschwollen, sein Körper troff von Schweiß. Nur einmal wurde er ganz wach, nämlich, als er die Schnurrhaare einer Ratte an seiner Hüfte spürte. Ganz instinktiv packte seine freie Hand das Tier, und er fühlte überrascht, daß aller Zorn, der sich in ihm angesammelt hatte, in diese Hand strömte. Immer fester drückte er zu. Die Ratte zappelte und quiekte wild, und Kunta fühlte, wie die kleinen Augen hervortraten und ihr Schädel unter seinem Daumen knackte. Da erst erschlaffte seine Hand, die Finger lockerten den Griff und ließen das tote Vieh los.

Seit neuestem kam der weißhaarige *toubob* selber in den dunklen Laderaum und entdeckte jedesmal wenigstens einen weiteren Toten, der dann losgekettet wurde. Der Gestank nahm auch ihm die Luft. Man leuchtete ihm, während er Salbe auftrug, Pulver streute und den Überlebenden den Hals seiner schwarzen Flasche in den Mund schob. Kunta konnte nur mit Mühe das Schreien unterdrücken, wenn er die Finger mit Salbe oder die Flasche an den Lippen spürte. Er zuckte vor der Berührung dieser bleichen Hände zurück; lieber hätte er die Peitsche gespürt. Die fahle Blässe der *toubob*-Gesichter im Lampenschein würde er wohl ebensowenig jemals vergessen können wie den Gestank um ihn her.

Kunta ahnte nicht, ob er sich nun zwei oder sechs Monde oder gar schon einen ganzen Regen im Bauch dieses Kahns befand; Schmutz und Fieber verdrängten alle anderen Eindrücke. Der Mann, der neben dem Luftschacht gelegen und die Tage gezählt hatte, war gestorben, und die Überlebenden unterhielten miteinander keine Verbindung mehr.

Einmal empfand Kunta, aus dem Halbschlaf auffahrend, sehr deutlich die Nähe des Todes. Er litt große Angst, bis er die Ursache erkannte: das vertraute pfeifende Atmen seines Kettengenossen war verstummt. Es dauerte lange, bis er sich überwinden konnte, den Arm seines Nachbarn zu berühren. Er fuhr entsetzt zurück – der Arm war kalt und starr. Kunta erschauerte. Der Wolof mochte ein Ungläubiger gewesen sein, doch sie hatten miteinander gesprochen, nebeneinander gelegen. Und jetzt war er allein.

Als die *toubobs* das nächstemal herunterkamen und gekochten Mais brachten, kroch Kunta förmlich in sich hinein. Sie kamen näher; einer rüttelte den toten Wolof und fluchte. Wie üblich wurde ein Napf zwischen Kunta und den reglos liegenden Wolof geschoben. Dann gingen die *toubobs* weiter. So hungrig Kunta auch war, er konnte nichts essen.

Später machten zwei *toubobs* Fuß- und Handgelenk des Wolof von Kunta los. Entsetzt hörte er, wie der Tote von der Pritsche heruntergerissen, den Gang entlanggeschleift und die Treppe hinaufgezerrt wurde. Er wollte von der freien Stelle wegrücken, doch wenn er sich bewegte, schmerzte ihn das über die Planken scheuernde rohe Fleisch so sehr, daß er schreien mußte. Er blieb still liegen und ließ den Schmerz verebben. Im Geist hörte er die Totenklage der Frauen im Dorf des Wolof. »*Toubob fa!*« schrie er in das stinkende Dunkel hinein, und seine gefesselte Hand klirrte mit der Kette an der leeren Handschelle des Wolof.

Beim nächsten Aufenthalt an Deck begegnete Kuntas Blick dem eines *toubob*, der ihn und den Wolof geschlagen hatte. Sie sahen einander ganz kurz in die Augen, und obwohl sich das Gesicht des *toubob* vor Haß verkrampfte, fiel diesmal keine Peitsche auf Kuntas Rücken. Bei dieser Gelegenheit sah er auch die Frauen zum erstenmal seit dem Unwetter. Es betrübte ihn, daß von den ursprünglich zwanzig nur noch zwölf übrig waren, doch stellte er erleichtert fest, daß alle vier Kinder noch lebten.

Die Männer wurden nicht mehr abgeschrubbt, denn ihre Wunden ließen das nicht zu. So tanzten sie nur lustlos in ihren Ketten, bloß von der Trommel begleitet, denn der *toubob*, der den Balg gedrückt hatte, war nicht da. Die Frauen taten singend kund, daß eine Menge *toubobs* in weiße Tücher eingenäht und ins Meer geworfen worden waren.

Während der weißhaarige *toubob* mit seiner Salbe und Flasche schon recht müde zwischen den Gefangenen umherging, stürzte ein Schwarzer mit den leeren Schellen eines toten Gefährten an Hand und Fuß zum Zaun. Er war schon halb darüber, als ein *toubob* ihn einholte und die nachschleifende Kette zu fassen bekam. Der Körper des Ausreißers prallte gegen die Außenwand des Kahns, und an Deck vernahm man sein ersticktes Geheul. Kunta hörte aus dem Geschrei einige *toubob*-Wörter heraus, und tatsächlich flüsterten auch andere Schwarze aufgeregt miteinander. Das also war der zweite *slati*. Jetzt baumelte er an der Außenwand, brüllte abwechselnd um Gnade und »*Toubob fa!*«. Der Weißhaarige trat an den Zaun und blickte hinunter, nahm dem anderen *toubob* die Kette weg und ließ den *slati* ins Meer fallen. Dann fuhr er, ohne ein Wort zu verlieren, mit dem Einschmieren und Bepudern der Wunden fort, als wäre nichts geschehen.

Die Gefangenen wurden jetzt weniger oft gepeitscht, und es schien fast, als hätten die Bewacher Angst vor ihnen. Wurden sie an Deck gebracht, hielten die *toubobs* sie dicht umringt, Feuerstöcke und gezogene Messer in Bereitschaft, als könnten die Gefesselten sie jeden Augenblick angreifen. Was Kunta betraf, so haßte er die *toubobs* zwar von ganzer Seele, dachte aber nicht mehr daran, welche zu töten. Er war so krank und schwach, daß es ihm einerlei war, ob er lebte oder starb. An Deck legte er sich auf die Seite und schloß die Augen. Der weißhaarige *toubob* schmierte wieder Salbe auf seinen Rücken, doch dann spürte er eine Zeitlang nichts mehr als die Wärme der Sonne und roch die frische Seeluft. Die Schmerzen nahmen ab, und ihn erfüllte eine fast wonnevolle Todeserwartung. Bald würde er bei den Vorfahren sein.

Im Laderaum hörte Kunta gelegentlich Flüstern. Worüber da wohl gesprochen wurde? Und wozu? Sein Kettengenosse lebte nicht mehr, und gestorben waren auch die, die für die anderen übersetzt hatten. Das Sprechen kostete ohnehin zuviel Kraft. Jeder Tag dünkte Kunta ein wenig schlimmer, und daß andere noch schlechter dran waren, war kein Trost. Manche Gefangenen schieden jetzt eine Mischung von geronnenem Blut und dickem, graugelbem, scheußlich riechendem Schleim aus.

Als die *toubobs* das eklige Zeug zum erstenmal rochen und sahen, wurden sie ganz aufgeregt. Einer stürzte die Lukentreppe hinauf, und Minuten später kam der Weißhaarige herunter. Nach Luft ringend, befahl er, die jammernden Männer loszumachen und hinaufzuschaffen. Bald kamen *toubobs* mit Lichtern, Hacken, Bürsten und Eimern. Kotzend und fluchend kratzten, schabten und scheuerten sie die Pritschen, auf denen die Kranken gelegen hatten. Dann gossen sie kochenden Essig darauf und verlegten die Pritschennachbarn auf freie Plätze weiter weg.

Aber nichts half, die blutige Seuche breitete sich aus. Bald wand auch Kunta sich unter Schmerzen im Kopf und im Rücken, schwitzte und zitterte abwechselnd unter Fieberschauern und spürte schließlich, wie sich sein Leib verkrampfte und stinkiges, schleimiges Blut von sich gab. Er glaubte, seine Gedärme müßten herauskommen, und verlor vor Schmerzen fast die Besinnung. Verblüfft hörte er sich schreien: »Omoro – Omar der zweite Kalif, der dritte nach Mohammed dem Propheten! Kairaba – Kairaba heißt Frieden!« Er wurde heiser und konnte sich im allgemeinen Lärm nicht mehr schreien hören. Innerhalb von zwei Tagen ergriff die Seuche fast alle Gefangenen.

Klumpiges Blut rann von den Pritschen in die Gänge, und die *toubobs* traten zwangsläufig hinein, wenn sie kotzend und fluchend herunterkamen. Die Schwarzen wurden jetzt täglich an Deck gelassen, während die *toubobs* den Laderaum mit Schwaden von Teer- und Essigdämpfen zu reinigen suchten. Kunta und seine Gefährten taumelten durch die Luke an die Luft und fielen sogleich auf die Planken, welche bald beschmutzt waren von dem Blut aus ihren Wunden und ihrem Kot. Der Geruch frischer Luft ging Kunta durch und durch, ebenso der Essig- und Teergeruch später im Laderaum. Den Seuchengestank konnte er allerdings nicht vertreiben.

Im Fieber sah Kunta Großmutter Yaisa, wie sie zum letztenmal mit ihm sprach, als er ein kleiner Junge war; er sah die alte Nyo Boto und hörte die Geschichten, die sie erzählte, als er im ersten *kafo* gewesen war, zum Beispiel die von dem gefangenen Krokodil, das von einem Knaben befreit wurde. Wenn die *toubobs* in seine Nähe kamen, trat und schlug er stöhnend um sich.

Bald waren die meisten Gefangenen nicht mehr imstande zu gehen; *toubobs* mußten ihnen durch die Luke hinaufhelfen, damit der Weißhaarige bei Tageslicht seine nutzlose Salbe auftragen konnte. Jeden Tag starb jemand und wurde ins Meer geworfen, auch einige Frauen und zwei Kinder sowie etliche *toubobs*. Von denen konnten sich manche kaum noch herumschleppen, und einer, der das große Rad des Kahns drehte, stand dabei in einem Kübel und machte unter sich.

Eines Tages gewahrte Kunta erstaunt, daß der Kahn auf einem wogenden Teppich von goldfarbenem Seetang schwamm, der das Meer bedeckte, so weit das Auge reichte. Kunta wußte, daß das Wasser irgendwo aufhören mußte, und jetzt sah es so aus, als ob der Kahn über den Rand der Welt stürzen wollte – aber es kümmerte ihn nicht eigentlich. Er ahnte, daß seine Reise sich dem Ende näherte, er wußte nur noch nicht, auf welche Weise er sterben würde.

Verschwommen nahm er wahr, daß die großen weißen Tücher schlaff herabhingen, nicht mehr vom Wind gebläht waren. Über ihm rissen die *toubobs* geschäftig an Stricken, zogen die Tücher hierhin und dorthin, um die schwache Brise einzufangen. Sie zogen Eimer voll Wasser hinauf und bespritzten damit die großen Tücher. Doch der Kahn blieb auf der Stelle liegen und schlingerte nur ein wenig.

Die *toubobs* waren jetzt alle sehr gereizt, der Weißhaarige schrie sogar seinen narbengesichtigen Gehilfen an, der seinerseits die untergebenen *toubobs* heftiger beschimpfte und schlug als gewöhnlich, und diese stritten häufiger untereinander. Die Gefangenen wurden, von seltenen Ausnahmen abgesehen, nicht mehr geschlagen, sie verbrachten jetzt den ganzen Tag an der Luft und bekamen zu Kuntas Erstaunen jeden Tag eine Kelle Wasser.

Eines Morgens lagen Hunderte von fliegenden Fischen auf den Deckplanken. Die Frauen berichteten, daß die *toubobs* am Abend zuvor Lichter angezündet hatten, um die Fische anzulocken. Diese wurden nun mit Mais gekocht, und der Geschmack des frischen Fisches tat Kunta gut. Er schlang alles hinunter samt den Gräten.

Bei der nächsten Behandlung mit dem brennenden gelben Pulver bekam Kunta von dem Weißhaarigen einen dicken Verband um die rechte Schulter. Kunta schloß daraus, daß dort der Knochen bloßlag, wie bei so vielen seiner Gefährten, besonders bei den hageren, die kein Fleisch auf dem Leib hatten. Unter dem Verband schmerzte die Schulter noch schlimmer als zuvor, er sog sich aber bald mit Blut voll und löste sich von allein. Kunta war es gleichgültig. Manchmal dachte er an die Greuel, die er erlebt hatte, dann wieder gab er sich dem abgrundtiefen Haß auf alle *toubobs* hin, meist aber lag er stumpf in der stinkenden Dunkelheit, die Augen verklebt von gelblichem Schleim, und merkte kaum, daß er lebte.

Er hörte andere schreien oder Allah um Erlösung bitten, wußte aber nicht, wer sie waren, und es kümmerte ihn auch nicht. Immer wieder sank er stöhnend in unruhigen Schlaf und sah wirre Bilder: die fruchtbaren grünen Felder von Juffure; Fische, die springend die glasige Oberfläche des *bolong* durchbrachen; fette Antilopenschinken über glühenden Kohlen röstend; Kalabassen voll honigsüßem Tee. Manchmal erwachte er davon, daß er bittere, zusammenhanglose Drohungen ausstieß oder darum bat, noch ein einziges Mal die Seinen zu sehen. Omoro, Binta, Lamin, Suwadu, Madi lagen ihm wie Steine auf der Seele. Ihn quälte der Gedanke, daß er ihnen Kummer bereitet hatte. Er zwang sich, an anderes zu denken, doch es half nichts. Früher oder später kehrten seine Gedanken zu ihnen zurück, oder er stellte sich die Trommel vor, die er hatte machen wollen. Er malte sich aus, wie er nachts während der Wache auf dem Erdnußfeld darauf übte, wo niemand hörte, wenn ihm Fehler unterliefen. Doch war ihm ja gerade die Suche nach dem Holz für die Trommel zum Verhängnis geworden, und wenn er daran dachte, überfielen ihn die grauenhaften Erinnerungen an alles Folgende.

Von den Überlebenden war Kunta einer der wenigen, die noch ohne Hilfe von der Pritsche steigen und hinauf an Deck gehen konnten. Doch schließlich versagten auch ihm die Beine den Dienst, und er mußte halb hinaufgezogen, halb getragen werden. Leise stöhnend, den Kopf zwischen die Knie hängen lassend, die entzündeten Augen fest geschlossen, hockte er sterbensmatt da, bis er mit der Säuberung an der Reihe war. Die *toubobs* benutzten jetzt einen großen, weichen Schwamm, weil die harten Borsten der Bürste die zerschundenen, blutenden Rücken der Männer noch ärger zugerichtet hätten. Kunta ging es dabei immer noch besser als den meisten anderen, die nur noch auf der Seite liegen konnten und kaum noch atmeten.

Einzig die restlichen Frauen und Kinder waren noch einigermaßen gesund; sie waren nicht gefesselt und im Dunkeln angekettet gewesen bei Schmutz und Gestank, Läusen, Flöhen, Ratten und Seuchen. Die älteste Frau, sie mochte so viele Regen erlebt haben wie Binta, hieß Mbuto und war eine Mandinka aus dem Dorf Kerewan. Ihre Haltung war so edel und würdig, daß sie, obwohl nackt, ein Gewand zu tragen schien. Die *toubobs* hinderten sie nicht, zwischen den angeketteten Männern umherzugehen, ihnen Trost zuzusprechen und die Hand auf eine fieberheiße Brust oder Stirn zu legen. »Mutter! Mutter!« wisperte Kunta, als er ihre beruhigenden Hände spürte, und ein anderer, zu schwach zum Sprechen, verzog nur den Mund zu einem Lächeln.

Schließlich konnte Kunta nicht einmal mehr ohne Hilfe essen. Seine Schulter- und Ellenbogenmuskeln waren völlig abgezehrt. Er vermochte nicht mehr, die Hände zu heben, in den Eßnapf zu greifen. Oft wurde jetzt das Essen oben an Deck verteilt, und eines Tages fiel dem narbengesichtigen *toubob* auf, daß Kunta den Napf kaum halten konnte. Er ordnete an, daß Kunta der Brei durch ein Rohr in den Mund gefüllt wurde. Kunta würgte das Essen hinunter und streckte sich erschöpft hin.

Die Tage wurden immer heißer, und selbst an Deck waren in der unbeweglichen Luft alle in Schweiß gebadet. Tage später spürte Kunta den Hauch einer kühlen Brise. Die weißen Tücher an den hohen Pfählen flappten, und bald bauschten sie sich sogar. Die *toubobs* turnten da oben wieder herum wie Affen, und kurz darauf zog der Kahn mit sprühendem Schaum vor dem Bug durchs Wasser.

Am nächsten Morgen kamen mehr *toubobs* als gewöhnlich in den Laderaum, und viel früher als sonst. Aufgeregt redend und gestikulierend, ketteten sie die Gefangenen los und halfen ihnen nach oben. Durch die Luke stolpernd, blinzelte Kunta in das frühe Morgenlicht und sah *toubobs*, Frauen und Kinder am Zaun des Kahns stehen. Die *toubobs* lachten alle und zeigten mit ausgestreckten Armen nach vorn. Kunta kniff die Augen zusammen und sah . . .

Ja, das war, obschon noch verschwommen und fern, zweifellos ein Stück von Allahs Erde. Diese *toubobs* kannten also wirklich einen Fleck Erde, auf den sie ihre Füße stellen durften – das Land *toubabo doo*, von dem die Alten sagten, es erstrecke sich von Sonnenaufgang bis Sonnenuntergang. Kunta bebte am ganzen Leib. Schweiß perlte auf seiner Stirn. Die Reise war vorüber. Er hatte sie überlebt. Die Küstenlinie verschwand aber bald hinter dem grauen Schleier seiner Tränen, denn Kunta wußte, was ihn dort erwartete, konnte nur noch schlimmer sein.

KAPITEL 40

Wieder im dunklen Bauch des Laderaums, wagten die Angeketteten zunächst nicht, den Mund aufzutun. Man vernahm jetzt deutlich das Knarren der Planken, das Rauschen des Wassers und das Stampfen von *toubob*-Füßen, die an Deck hin und her rannten.

Plötzlich hörte man einen Mandinka laut Allah preisen, und bald fielen alle ein. Es wurde ein toller Lärm von Lobpreisungen, Gebeten und Kettenrasseln. Kunta hörte nicht, daß die Luke quietschend geöffnet wurde, doch das einfallende Licht ließ ihn verstummen. Aus verschleimten Augen blinzelnd nahm er undeutlich wahr, daß die *toubobs* mit ihren Lichtern kamen. Alle wurden – diesmal mit ungewöhnlicher Hast – nach oben getrieben. Trotz des Wehgeschreis der Kranken traten die langstieligen Bürsten in Aktion und schrubbten krustigen Unrat von den schwärenden Leibern. Der Weißhaarige teilte freigebig gelbes Pulver aus, und tiefe Fleischwunden ließ er von seinem narbengesichtigen Gehilfen mit einer schwarzen Schmiere verkleistern. Als Kuntas wundes Gesäß damit behandelt wurde, warf ihn der jähe Schmerz halb betäubt auf die Planken. Damit nicht genug, wurde er durch das Angstgeheul der Gefährten auf einen Anblick aufmerksam, der den Eindruck erweckte, als träfen die *toubobs* nunmehr Vorbereitungen, die Gefangenen zu fressen. Jeweils zwei von ihnen zwangen einen Gefangenen in die Knie und hielten ihn fest, während ein dritter mit einem schmalen, blitzenden Ding die Haare von der Kopfhaut schabte, daß das Blut nur so rann.

Kunta schrie und wehrte sich mit aller Kraft, doch ein heftiger Tritt in die Rippen nahm ihm den Atem, und er ließ benommen das Einschäumen und Abschaben über sich ergehen. Sodann wurden die angeketteten Schwarzen eingeölt, daß ihre Körper glänzten, und mußten eine Art von Lendenschurz anlegen, der Löcher für die Beine hatte und die Geschlechtsteile bedeckte. Schließlich wurden sie, unter dem wachsamen Auge des Weißhaarigen, liegend an den Zaun des Kahns gekettet. Um diese Zeit stand die Sonne auf dem höchsten Punkt.

Kunta lag wie betäubt. Tröstlich war nur, daß seine Seele längst zu Allah eingegangen sein würde, wenn sein Fleisch verzehrt und das Mark aus seinen Knochen gesaugt wurde. Er betete. Laute Befehle des weißhaarigen *toubob* und seines Gehilfen jagten die untergebenen *toubobs* die Pfähle hinauf. Diesmal fluchten und ächzten sie dabei aber nicht, sondern sie lachten. Schon fielen die großen weißen Tücher in sich zusammen, nur einige kleine blieben stehen.

Kuntas Nase nahm eine unbekannte Witterung auf, ein Gemisch von fremdartigen Gerüchen. Auch glaubte er, über das Wasser hinweg unvertraute Geräusche zu hören. Sehen konnte er noch nichts, doch kamen die Geräusche näher, und er stimmte in das angstvolle Wimmern seiner Gefährten ein. Je näher die Geräusche kamen, desto lauter wurde gejammert und gebetet. Plötzlich konnte Kunta die Körper vieler fremder *toubobs* riechen, und im gleichen Moment stieß der Kahn hart gegen etwas Festes, neigte sich zur Seite und lag still. Seit der Abfahrt aus Afrika waren viereinhalb Monde vergangen.

Die Angeketteten fuhren erschreckt hoch. Kunta schlang die Arme um die Knie und hielt die Augen so fest geschlossen, als wollte er sie nie mehr aufmachen. Es widerstand ihm, die neuen Gerüche einzuatmen. Als er etwas poltern hörte, öffnete er die Augen einen Spaltbreit und sah zwei unbekannte *toubobs* über eine breite Planke heraufkommen. Sie hielten sich weiße Tücher vor die Nasen, hatten es offenbar sehr eilig und schüttelten dem Weißhaarigen die Hand, der zuvorkommend lächelte. Kunta bat stumm Allah um Vergebung und Barmherzigkeit, als die *toubobs* die schwarzen Männer losketteten und ihnen bedeuteten aufzustehen. Kunta und seine Gefährten klammerten sich an ihre Ketten – sie wollten nicht hergeben, was inzwischen fast ein Teil ihres Körpers geworden war –, und schon knallten die Peitschen, zuerst über den Köpfen, dann auf die Rükken. Also ließen sie jammernd die Ketten los und taumelten auf die Füße.

Auf der Ufermauer, an welcher der Kahn festgemacht hatte, wimmelte es von *toubobs*, die aufgeregt gestikulierten, und Kunta sah, daß noch mehr von überall herbeigerannt kamen. Unter Peitschenhieben stolperten sie im Gänsemarsch die breite Planke hinunter gegen die wartende Menge. Kunta versagten fast die Knie, als seine Füße *toubob*-Boden berührten, doch knallende Peitschen trieben ihn weiter, so dicht an der johlenden Menge vorbei, daß deren Geruch ihn traf wie der Schlag einer mächtigen Faust. Ein Schwarzer fiel hin, und seine Ketten rissen die Männer vor und hinter ihm zu Boden. Peitschenhiebe trieben alle wieder hoch, und die zuschauenden *toubobs* brüllten beifällig.

Kunta hätte fliehen mögen, doch Peitschen und Ketten sorgten dafür, daß er in der Reihe blieb. Er sah *toubobs* in merkwürdigen Kästen auf zwei oder vier Rädern, davor Tiere, die Eseln ähnelten. Vor Auslagen von Obst und Gemüse drängten sich unzählige *toubobs*; das war offenbar ein Markt. Feingekleidete *toubobs* blickten verächtlich auf die Schwarzen, weniger fein gekleidete zeigten mit dem Finger und kreischten vor Vergnügen. Unter diesen fiel Kunta eine Frau mit strähnig-strohgelbem Haar auf. Weil die *toubobs* auf dem Kahn den schwarzen Frauen nachstellten, hatte Kunta bezweifelt, daß sie eigene Frauen hatten; das war offenbar ein Irrtum gewesen. Daß sie afrikanische Frauen bevorzugten, leuchtete ihm aber beim Anblick der Strohfarbigen sogleich ein.

Als nächstes erblickte Kunta mehrere *toubobs*, die wie die Verrückten zwei kämpfende Hähne anfeuerten, und dann mußte er mit ansehen, wie erwachsene *toubobs* kreischend einem fettglänzenden, unreinen Schwein auswichen, das von drei *toubob*-Knaben gejagt wurde. Kunta wollte seinen Augen nicht trauen.

Es traf ihn wie ein Blitz, als er plötzlich zwei Schwarze erblickte, die nicht auf dem Kahn gewesen waren – einen Mandinka und einen Serere, ganz zweifellos. Er sah entgeistert, daß sie ganz gelassen einem *toubob* folgten. Also waren er und seine Gefährten doch nicht allein in diesem schrecklichen Land. Und wenn man diese Männer hatte leben lassen, dann blieb es vielleicht auch ihnen erspart, gefressen zu werden. Kunta wollte hinlaufen und sie umarmen, doch sah er ihre ausdruckslosen Gesichter und die ängstlich niedergeschlagenen Augen. Dann fing seine Nase ihren Geruch ein; mit dem stimmte etwas nicht. Seine Gedanken überstürzten sich; er begriff nicht, wie schwarze Männer willig einem *toubob* folgen konnten, der sie nicht beobachtete, nicht einmal eine Waffe trug, anstatt davonzulaufen oder ihn zu töten.

Er hatte keine Zeit, weiter darüber nachzudenken, denn nun waren sie vor einem rechteckigen Haus aus gebackenen Lehmziegeln angelangt. Die wenigen Öffnungen in den Wänden waren mit Eisenstangen vergittert. *Toubobs*, die die Türen bewachten, trieben sie in einen großen Raum. Kunta spürte kühle, gestampfte Erde unter den Füßen. In dem trüben Licht, das durch zwei vergitterte Öffnungen einfiel, erkannten seine blinzelnden Augen die Umrisse von fünf schwarzen an der einen Wand kauernden Männern. Sie hoben nicht einmal die Köpfe, als Kunta und seine Gefährten mit Hand- und Fußgelenken in dicke eiserne Schellen geschlossen wurden, die an kurzen, in der Wand befestigten Ketten hingen.

Die Neuankömmlinge hockten sich hin. Kunta schwirrte der Kopf von alledem, was er seit Verlassen des Kahns gesehen, gehört und gerochen hatte. Nach einer Weile kam ein Schwarzer herein, schob jedem, ohne irgendwen anzusehen, Näpfe mit Wasser und Essen hin und ging rasch wieder hinaus. Kunta hatte keinen Hunger, aber seine Kehle war so trokken, daß er von dem Wasser trank; es schmeckte sonderbar. Benommen blickte er durch eine vergitterte Öffnung. Das Tageslicht verblaßte zur Dämmerung.

Je länger er so dahockte, desto mehr setzte die Angst ihm zu. Er wäre lieber in dem vertrauten dunklen Laderaum gewesen, dort hätte er wenigstens gewußt, was ihn als nächstes erwartete. Kam im Laufe der Nacht ein *toubob* herein, schrak Kunta jedesmal zusammen; der Geruch war fremdartig und überwältigend. An die anderen Gerüche war er gewöhnt –

Schweiß, Urin, Schmutz, der Gestank, wenn einer der Angeketteten seinen Darm entleeren mußte. Auch das Beten, Fluchen, Stöhnen und das Rasseln der Ketten war ihm vertraut.

Einmal brachten zwei *toubobs* einen Schwarzen herein. Sie trugen ein Licht, wie Kunta es schon von dem Kahn her kannte, und prügelten den Neuankömmling mit der Peitsche. Dieser schrie laut einige Wörter in der *toubob*-Sprache. Er wurde angekettet, und die beiden *toubobs* gingen wieder. Kunta und seine Gefährten wurden von seinem kläglichen Gejammer wachgehalten.

Kurz vor Tagesanbruch hörte Kunta plötzlich mit seinem inneren Ohr so deutlich wie im *jujuo* die scharfe Stimme des *kintango*: »Der kluge Jäger beobachtet die Tiere und lernt von ihnen.« Kunta durchzuckte es, er setzte sich auf. War das endlich eine Botschaft von Allah? Von den Tieren lernen, was konnte das bedeuten – hier, jetzt? Er war selbst wie ein Tier in der Falle. Er dachte an Tiere, die er in der Falle gesehen hatte. Manchen gelang es zu entkommen, bevor sie getötet wurden. Welche waren das?

Schließlich fiel es ihm ein. Entkommen konnten die, die nicht in der Falle tobten, bis ihre Kräfte erschöpft waren, sondern die sich ruhig verhielten und ihre Kräfte sparten. Die überlisteten dann den sorglosen Fallensteller durch einen entschlossenen Angriff oder, klüger noch, durch die Flucht.

Kunta fühlte sich innerlich wacher. Endlich wieder eine Hoffnung, seit die Pläne zur Überrumplung der *toubobs* auf dem Kahn fehlgeschlagen waren. Sein Denken richtete sich jetzt ganz auf dieses Ziel: Flucht. Er mußte tun, als gäbe er sich geschlagen, durfte nicht toben, sich nicht wehren; es mußte so aussehen, als hätte er sich mit seinem Schicksal abgefunden.

Wohin aber sollte er fliehen? Wo konnte er sich verbergen in diesem fremden Land? Um Juffure herum kannte er das Land wie seine eigene Hütte, aber von diesem hier wußte er nichts. Er ahnte nicht einmal, ob die *toubobs* Wälder hatten und ob er in ihnen Fährten finden würde, die dem Jäger von Nutzen sind. Er nahm sich vor, diese Fragen erst anzugehen, wenn es soweit war.

Das erste Morgenlicht sickerte durch die vergitterten Fenster, als Kunta in einen unruhigen Schlaf fiel. Ihm kam vor, als hätte er noch kaum die

Augen geschlossen, da weckte ihn der fremde Schwarze mit Wasser und Essen. Obwohl sich sein Magen vor Hunger zusammenkrampfte, widerstand ihm das Essen. Seine Zunge fühlte sich dick und pelzig an. Er konnte kaum schlucken, so schmerzte ihn die Kehle.

Benommen schaute er um sich. Die vertrauten Gefährten schienen nichts zu sehen, nichts zu hören. Sie hatten sich in sich selbst zurückgezogen. Die fünf Schwarzen, die bei seiner Ankunft schon dagewesen waren, trugen zerlumpte *toubob*-Kleidung. Zwei von ihnen hatten die hellbraune *sasso-borro*-Haut, also einen *toubob* zum Vater, wie die Ältesten sagten. Der Schwarze, der in der Nacht hereingebracht worden war, saß vornübergebeugt, geronnenes Blut im Haar und Blutflecken an seiner *toubob*-Kleidung. Einen Arm hielt er so unnatürlich, daß Kunta wußte, der war gebrochen.

Kunta schlief wieder ein, und wieder erwachte er davon, daß Essen ausgeteilt wurde. Es gab dampfenden Brei, der noch ärger roch als das vorige Essen. Kunta mochte ihn nicht anrühren, doch als er sah, daß die Gefährten nach den Näpfen langten und das Zeug hinunterschlangen, sagte er sich, es müßte doch genießbar sein. Wenn er fliehen wollte, brauchte er Kraft. Er wollte sich zwingen, ein wenig davon zu essen – nur ein wenig. Er griff nach dem Napf und schluckte, bis nichts mehr drin war. Von sich selbst angewidert, stieß er den Napf scheppernd beiseite. Er spürte, daß ihm übel wurde, bezwang sich aber. Wenn er am Leben bleiben wollte, mußte er die Nahrung bei sich behalten.

Von da an zwang sich Kunta, dreimal täglich, die verhaßte Nahrung anzunehmen. Der Schwarze, der sie brachte, kam einmal am Tag mit Eimer, Hacke und Schaufel, den Dreck fortzuschaffen. Jeden Nachmittag pinselten zwei *toubobs* mit einer stechenden schwarzen Flüssigkeit die schlimmsten Wunden ein und bestreuten weniger schlimme Wunden mit gelbem Pulver. Kunta verachtete sich dafür, daß er so schwach war, wie die anderen über seine Schmerzen zu stöhnen.

Durch das vergitterte Fenster zählte er schließlich sechs Tage und fünf Nächte. Während der ersten vier Nächte hörte er gedämpft, doch nahebei die Frauen wehklagen, die auf dem Kahn gewesen waren. Er empfand es als Demütigung, still dasitzen zu müssen und den Frauen nicht helfen zu können. Doch die Männer konnten sich selber nicht helfen. In der fünften

Nacht hörten sie die Klagen der Frauen nicht mehr, und das war fast noch schlimmer. Welch neues Mißgeschick hatte sie ereilt?

Fast täglich wurden fremde Schwarze in *toubob*-Kleidung zu ihnen hineingestoßen und angekettet. Schlaff gegen die Wand lehnend oder auf dem Boden zusammengesunken, den Leib von frischen Striemen überzogen, schienen sie nicht zu wissen, wo sie waren, noch sich darum zu kümmern, was als nächstes mit ihnen geschah. Meist kam noch am gleichen Tag ein herrischer *toubob* herein mit einem Tuch vor der Nase, und bei dessen Anblick stieß dann der Neuankömmling ein Schreckensgeheul aus, das der *toubob* mit Tritten und Gebrüll erwiderte. Dann führte er diesen Schwarzen hinaus.

Wenn Kunta merkte, daß er sein Essen bei sich behalten konnte, versuchte er, nicht mehr zu denken, sondern zu schlafen. Auch wenige Minuten Schlaf waren eine Wohltat, denn sie erlösten ihn von diesem nicht enden wollenden Grauen, das Allah über ihn verhängt hatte, er wußte nicht warum. Wenn Kunta nicht schlafen konnte, bemühte er sich, wenigstens nicht an Juffure und die Seinen zu denken, denn dabei kamen ihm unweigerlich die Tränen.

KAPITEL 41

Am siebten Morgen brachten zwei *toubobs* den Gefangenen Kleider. Einer nach dem anderen wurde losgekettet, und man zeigte ihnen, wie sie die Kleider anzulegen hatten. Ein Stück bedeckte Hüften und Beine, ein anderes den Oberkörper. Als Kunta die Sachen anzog, fingen seine Wunden, die zu heilen begonnen hatten, gleich an zu jucken.

Draußen hörte man jetzt viele Stimmen – offenbar versammelten sich die *toubobs* vor dem Hause. Kunta und seine Gefährten saßen vor Angst wie erstarrt in ihren neuen Kleidern da.

Die beiden *toubobs* machten nun rasch drei der fünf Schwarzen los, die schon vorher dagewesen waren, und führten sie hinaus. Diese drei ließen es geschehen, als wäre ihnen das schon oft widerfahren und machte ihnen nichts mehr aus. Die *toubobs* draußen hörten auf zu schreien, und einer von ihnen rief etwas, was Kunta allerdings nicht verstehen konnte: »Gesund und munter wie ein Fisch im Wasser! Hat viel Mumm in den Knochen!« In kurzen Abständen riefen andere *toubobs* etwas dazwischen: »Dreihundertfünfzig!« »Vierhundert!« »Fünf!« Darauf der erste *toubob* wieder: »Wer bietet sechs? Seht ihn euch an! Stark wie ein Maultier!«

Kunta erschauerte, er rang nach Luft und schwitzte.

Als nun vier *toubobs* hereinkamen, fühlte sich Kunta wie gelähmt. Zwei blieben an der Tür stehen, in der einen Hand einen schweren Knüppel, in der anderen einen kurzen Eisenstock, zwei schlossen die eisernen Schellen auf. Wer schrie oder um sich schlug, wurde mit einem kurzen dicken Lederriemen geprügelt. Kunta knurrte unwillkürlich vor Zorn, als sie ihn anfaßten, und erhielt prompt einen Schlag, daß er glaubte, der Kopf müsse ihm platzen; er spürte kaum, daß an seiner Kette gerissen wurde. Als erster von sechs angeketteten Männern taumelte er ans Tageslicht.

»Frisch aus dem Urwald!« Der Ausrufer stand auf einem niedrigen Podest, umringt von unzähligen, gaffenden *toubobs*, deren Geruch Kunta unangenehm in die Nase stieg. Er erspähte einige Schwarze in der Menge, doch ihre Gesichter wirkten ausdruckslos. Sie hielten die Schwarzen an der Kette, die zuvor hinausgeführt worden waren. Der Ausrufer musterte Kunta und seine Gefährten von Kopf bis Fuß und stieß ihnen dabei den Griff seiner Peitsche in den Bauch. Dazu rief er: »Schlau wie die Affen! Können zu allem abgerichtet werden!« Dann wollte er Kunta zu seinem Podest stoßen, doch Kunta konnte sich nicht rühren. Er stand zitternd da, von allen Sinnen im Stich gelassen. Der Peitschenstiel traf sein wundes Gesäß, und er taumelte vorwärts, fast besinnungslos vor Schmerzen. Der *toubob* befestigte das freie Ende seiner Kette an einem eisernen Ring.

»Erste Wahl – jung und geschmeidig!« rief der *toubob*. Kunta war vor Entsetzen so betäubt, daß er kaum wahrnahm, wie man sich um ihn drängte. Man zog ihm die Lippen auseinander, um sein Gebiß zu begutachten, und betastete ihn mit bloßen Händen unter den Achselhöhlen, an Rücken und Brust, sogar die Geschlechtsteile. Die ihn so begutachtet hatten, traten nun zurück und riefen abwechselnd:

»Dreihundert Dollar! . . . Dreifünfzig!« Der ausrufende *toubob* lachte geringschätzig. »Fünfhundert! . . . sechs!« Der Ausrufer schrie verächtlich: »Das ist ein ganz junger Nigger, ein Prachtexemplar! Sagt da jemand siebenfünfzig?«

»Siebenfünfzig!« rief jemand.

Er wiederholte den Zuruf nochmals und rief dann: »Acht!«, bis einer aus der Menge das gleiche Wort zurückrief. Schon rief ein anderer: »Achtfünfzig!«

Dabei blieb es. Der Ausrufer machte Kuntas Kette los und hielt sie einem *toubob* hin, der durch die Menge näherkam. War dies etwa die Gelegenheit zur Flucht? Wohl kaum. Seine Beine hätten Kunta nicht gehorcht.

Er sah, daß ein Schwarzer dem *toubob* folgte, dem der Ausrufer seine Kette übergeben hatte. Kunta flehte diesen Schwarzen, der gewiß ein Wolof war, mit den Blicken an: *Mein Bruder, du kommst aus meinem Land . . .* doch der Schwarze achtete nicht darauf, sondern riß so heftig an der Kette, daß Kunta ihm stolpernd durch die Menge folgen mußte. Einige *toubobs* lachten schadenfroh und stießen mit Stöcken nach ihm, doch schließlich gelangten sie zu einem großen Kasten auf vier Rädern mit einem eselähnlichen Tier davor, deren einige er schon nahe der Ufermauer gesehen hatte.

Knurrend packte der Schwarze Kunta um die Hüften und hob ihn über die Seitenwand in den Kasten hinein. Kunta ließ sich auf den Boden fallen und hörte, wie das freie Ende seiner Kette an der Vorderseite des Kastens befestigt wurde.

Zwei große Säcke, die, dem Geruch nach zu urteilen, Mais enthielten, wurden neben Kunta in den Kasten geworfen. Er kniff die Augen fest zu, denn er wollte nichts mehr sehen, vor allem nicht diesen verhaßten schwarzen *slati*.

Nach einer Weile roch Kunta, daß der *toubob* angelangt war. Der *toubob* sagte etwas, dann stiegen er und der Schwarze auf den Sitz, der unter ihrem Gewicht knarrte. Der Schwarze stieß einen kurzen Laut aus und schnickte mit einem Riemen. Das Tier zog an, und der Kasten rollte los.

Kunta war ganz benommen und hörte nicht einmal, wie die an seiner Fußschelle befestigte Kette am Boden des Kastens rasselte. Er ahnte nicht, wie weit sie sich schon fortbewegt hatten, als er endlich wieder einen klaren Gedanken fassen konnte. Er öffnete die Augen einen Spaltbreit, um die Kette näher zu betrachten. Ja, sie war leichter als die auf dem Kahn; wenn er seine ganze Kraft zusammennahm, konnte er sie vielleicht von dem rollenden Kasten losreißen.

Kunta betrachtete verstohlen die Rücken der beiden vorn auf der Bank – der *toubob* saß steif aufgerichtet am einen Ende, der Schwarze vornübergebeugt am anderen. Beide blickten geradeaus, als wäre ihnen nicht bewußt, daß sie auf derselben Bank saßen. Unter dieser, in einem dunklen Winkel, schien die Kette befestigt zu sein. Kunta beschloß, mit dem Sprung in die Freiheit noch zu warten.

Der Maisgeruch aus den Säcken war zwar stark, er roch aber auch den *toubob* und seinen schwarzen Kutscher, und bald darauf roch er andere Schwarze ganz in der Nähe. Er richtete den schmerzenden Körper an der rauhen Wand des Kastens auf, hatte aber Angst, den Kopf hinauszustrekken, und so sah er sie nicht.

Als er zurücksank, drehte der *toubob* gerade den Kopf, und ihre Augen begegneten sich. Kunta fühlte sich starr und schwach vor Angst, der *toubob* jedoch machte ein völlig ausdrucksloses Gesicht und kehrte ihm gleich wieder den Rücken zu. Durch die Gleichgültigkeit des *toubob* ermutigt, setzte Kunta sich abermals auf – diesmal ein wenig höher –, als er in der Ferne so etwas wie Gesang hörte, ein allmählich lauter werdendes Singen. Nicht weit voraus sah er einen *toubob* auf einem Tier reiten wie jenes, das den rollenden Kasten zog, und vor ihm gingen im Gänsemarsch etwa zwanzig dunkelhäutige Menschen, schwarze und braune, deren Handschellen an einer Kette befestigt waren, die ihrerseits an dem Tier festgemacht war.

Kunta kniff die Augen zusammen, um besser sehen zu können. Von zwei ganz bekleideten Frauen abgesehen, waren es Männer mit nacktem Oberkörper, und sie sangen etwas, das sehr traurig klang. Er hörte angestrengt hin, konnte aber nichts verstehen. Als der Kasten langsam an ihnen vorüberrollte, blickten weder die Schwarzen noch ihr *toubob* her, obwohl sie sich hätten berühren können. Die meisten Rücken waren von Striemen gezeichnet, einige noch ganz frisch. Kunta erkannte mit Sicherheit Foulah, Yoruba, Mauretanier, Wolof und Mandinka; bei den anderen, die zu ihrem Unglück *toubobs* zu Vätern gehabt hatten, war er weniger sicher.

So weit das Auge reichte, dehnten sich Felder. Gleich neben der Straße war Mais geerntet worden, und wie in Juffure waren die Stengel braun und ohne Kolben.

Bald darauf holte der *toubob* Brot und Fleisch aus einem Sack unter der

Sitzbank, schnitt Stücke davon herunter und legte sie auf den Sitz zwischen sich und den Schwarzen, der an den Hut tippte und zu essen begann. Nach einer Weile drehte er sich zu Kunta um, der ihn beobachtete, und hielt ihm ein Stück Brot hin. Kunta roch das Brot, und das Wasser lief ihm im Munde zusammen, doch er wandte den Kopf zur Seite. Der Schwarze zuckte die Achseln und steckte das Brot selbst in den Mund.

Kunta bemühte sich, seinen Hunger zu vergessen. Über die Wand des Kastens hinweg sah er fern auf einem Feld Menschen gebückt bei der Arbeit. Er meinte, es müßten Schwarze sein, sie waren aber zu weit entfernt, als daß er es genau hätte erkennen können. Auch seine Nase sagte ihm nichts.

Bei Sonnenuntergang begegneten sie einem Kasten, der in die entgegengesetzte Richtung rollte und dessen Zugtier von einem *toubob* gelenkt wurde. Auf dem Kasten saßen schwarze Kinder vom ersten *kafo*, und hinter dem Kasten trotteten in Ketten sieben erwachsene Schwarze, vier Männer und drei Frauen in zerlumpten Kleidern. Kunta fragte sich, warum sie nicht sangen; dann sah er die tiefe Verzweiflung in ihren Gesichtern, als sie rasch an ihm vorüberzogen. Wohin der *toubob* sie wohl brachte?

Mit der Dunkelheit kamen kleine, quiekende Fledermäuse, genau wie in Afrika. Kunta hörte den *toubob* etwas zu dem Schwarzen sagen, und kurz darauf bog der Kasten in einen schmaleren Weg ein. Kunta setzte sich auf und erblickte in der Ferne zwischen Bäumen ein großes weißes Haus. Sein Magen verkrampfte sich. Was in Allahs Namen würde jetzt geschehen? War dies der Ort, wo man ihn fressen würde? Er ließ sich zurücksinken und lag wie leblos da.

KAPITEL 42

Als der Kasten sich dem Haus näherte, roch Kunta andere Schwarze und hörte sie auch bald. Er erkannte die Umrisse dreier Gestalten, die sich dem Kasten näherten. Die größte unter ihnen schwang eine jener Flammen, die Kunta von seiner Reise her kannte, nur war diese hier von etwas Durchsichtigem, Glänzendem eingeschlossen und nicht von Eisen. Er hatte so etwas noch nie gesehen; es war fest, dabei aber durchsichtig, wie nicht vorhanden. Ihm blieb keine Zeit, es näher in Augenschein zu nehmen, denn die drei Schwarzen wichen schnell zur Seite, als ein neuer *toubob* an ihnen vorbei zum Kasten trat, der neben ihm anhielt. Die beiden *toubobs* begrüßten sich, und einer der Schwarzen hielt die Flamme hoch, damit der *toubob* im Kasten beim Hinuntersteigen besser sehen konnte. Sie schüttelten einander freundlich die Hände und gingen dann miteinander zum Haus.

In Kunta keimte Hoffnung auf. Würden die Schwarzen ihn jetzt befreien? Er hatte dies noch kaum gedacht, da beleuchtete die Flamme ihre Gesichter, und er sah, daß sie allesamt über ihn lachten. Was waren das für Schwarze, die auf ihresgleichen herabsahen und wie Ziegen für die *toubobs* arbeiteten? Wo kamen sie nur her? Sie sahen so aus wie Afrikaner, aber sie waren zweifellos keine.

Der Kutscher rief dem Tier etwas zu und klatschte mit den Riemen, und der Kasten rollte weiter. Die anderen Schwarzen gingen lachend nebenher, bis er wiederum stehenblieb. Der schwarze Kutscher stieg ab, kam nach hinten, riß im Schein der Flamme an Kuntas Kette, die er knurrend unter der Sitzbank losgemacht hatte, und bedeutete Kunta, abzusteigen.

Kunta unterdrückte den Drang, allen vier Schwarzen an die Kehle zu springen. Im Augenblick war nichts zu machen, die Gelegenheit würde später kommen. Jeder Muskel schmerzte ihn, als er sich bemühte, rückwärts aus dem Kasten zu kriechen. Den anderen dauerte das zu lange, zwei Schwarze packten ihn, hoben ihn über die Wand und ließen ihn fast zu Boden fallen. Einen Augenblick später hatte der Kutscher das freie Ende von Kuntas Kette auch schon an einem dicken Pfosten befestigt.

Während er dort lag, von Schmerz, Angst und Haß zerrissen, schob ihm einer der Schwarzen zwei Blechnäpfe hin. Im Schein der Flamme sah Kunta, daß der eine fast ganz mit Wasser gefüllt war und der andere eine fremd aussehende, auch fremd riechende Nahrung enthielt. Trotzdem lief ihm das Wasser im Mund zusammen, doch er machte nicht die geringste Bewegung. Die Schwarzen, die ihm zusahen, lachten.

Der Kutscher hielt die Flamme hoch und lehnte sich mit seinem ganzen Gewicht gegen die Kette, wohl um Kunta zu zeigen, daß sie nicht reißen würde. Dann wies er mit dem Fuß auf das Wasser und das Essen und knurrte drohend. Danach gingen alle vier lachend davon.

Kunta sah ihnen nach. Irgendwann würden sie wohl schlafen gehen, und er sah sich bereits mit aller Kraft an der Kette zerren, bis sie zerriß und er fliehen konnte . . . In diesem Augenblick roch er einen Hund und hörte ihn neugierig schnüffelnd näherkommen. Vielleicht meinte wenigstens der Hund es nicht böse mit ihm! Doch schon hörte er ihn schlappen, hörte ihn den Napf beschnüffeln, und obwohl er selber nicht daraus gegessen hätte, sprang Kunta wütend auf und fauchte wie ein Leopard. Der Hund machte einen Satz und begann aus kurzer Entfernung zu bellen. Sogleich quietschte eine Tür auf, und jemand kam mit einer Flamme gerannt. Es war der Kutscher, und Kunta sah haßerfüllt zu, wie er die Festigkeit der Kette prüfte. In dem trübgelben Licht sah er, wie der Kutscher beim Anblick des leeren Eßnapfes das Gesicht befriedigt verzog. Brummend ging er in seine Hütte zurück, und Kunta blieb allein im Dunkeln. Er wünschte, er hätte den Hund erwürgen können.

Nach einer Weile tastete er nach dem Napf mit dem Wasser und trank ein wenig davon, fühlte sich danach aber nicht wohler, sondern so, als wiche alle Kraft aus seinem Körper, als wäre er nur noch eine leere Hülse. Den Plan, die Kette abzureißen, gab er vorderhand auf, und es kam ihm dabei vor, als hätte Allah sich von ihm abgewandt – aber warum? Was hatte er denn so Schreckliches getan? Im Geist ließ er alles an sich vorüberziehen, was er je richtig oder falsch gemacht hatte, bis zu dem Morgen, da er einen Baum fällen wollte, um eine Trommel zu machen, und zu spät einen Zweig hatte knacken hören. Ihm wollte scheinen, er wäre in seinem Leben jedesmal für eine Achtlosigkeit oder Unaufmerksamkeit bestraft worden.

Kunta lauschte den Grillen, dem Schwirren der Nachtvögel und dem Bellen eines Hundes in der Ferne, und einmal hörte er eine Maus quieken und ihre Knochen zwischen den Zähnen des Tieres knacken, das sie getötet hatte. Ab und zu überkam ihn der Drang wegzulaufen, doch wußte er, daß die Kette, selbst wenn er sie losreißen konnte, durch ihr Klirren sogleich jemanden in den nahegelegenen Hütten wecken würde.

So lag er, ohne an Schlafen zu denken, bis zur Dämmerung. Obwohl jede Bewegung ihm Schmerzen verursachte, kniete er hin und sprach sein

Morgengebet. Als er sich neigte, um mit der Stirn den Boden zu berühren, verlor er das Gleichgewicht und rollte zur Seite. Daß er so schwach geworden war, machte ihn zornig.

Bei Sonnenaufgang trank er den Wassernapf leer. Kaum hatte er den Napf abgesetzt, hörte er die vier Schwarzen kommen. Sie hoben Kunta in den rollenden Kasten und fuhren mit ihm zu dem großen weißen Haus, wo der *toubob* zustieg. Bevor Kunta sich versah, rollte man schon wieder auf der Hauptstraße in der gleichen Richtung wie tags zuvor.

Anfangs lag Kunta nur da und stierte seine Kette an. Dann musterte er haßerfüllt den Rücken des *toubob* und den des Schwarzen und wünschte, er könnte beide töten. Erst nach einer Weile machte er sich von neuem klar, daß es galt, einen kühlen Kopf zu behalten. Wenn er überleben wollte, durfte er seine Kraft erst im geeigneten Augenblick einsetzen.

Der Vormittag mochte zur Hälfte verstrichen sein, als Kunta Geräusche wie von Schmiedehämmern hörte. Offenbar wurde in einem Dikkicht unweit der Straße gehämmert. Hier war erst kürzlich gerodet worden, und es roch nach Rauch. Tatsächlich stiegen an mehreren Stellen dünne graue Rauchfahnen auf. Ob die *toubobs* wohl auf diese Art den Boden für die nächste Ernte düngten, wie es in Juffure üblich war?

An der Straße stand nun eine kleine rechteckige Hütte aus Baumstämmen, und ein *toubob* führte seinen braunen Ochsen über frisch gerodetes Land. Der *toubob* lehnte sich schwer auf die gekrümmten Griffe eines Gerätes, das von dem Ochsen gezogen wurde und die Erde aufriß. Im Näherkommen sah Kunta noch zwei *toubobs*. Sie hockten bleich und hager unter einem Baum. Drei ebenfalls magere Schweine und ein paar hungrige Hühner leisteten ihnen Gesellschaft. In der Tür der Hütte stand eine *toubob*-Frau mit roten Haaren; drei kleine *toubobs* winkten dem rollenden Wagen zu. Als sie Kunta erblickten, kreischten sie vor Lachen und zeigten auf ihn; er starrte sie an wie junge Hyänen. Sie rannten eine Weile neben dem Wagen her, und Kunta begriff, daß er mit eigenen Augen eine richtige *toubob*-Familie gesehen hatte.

Noch zweimal sah Kunta große, weiße, abgelegene *toubob*-Häuser ähnlich dem, vor dem der Wagen abends zuvor gehalten hatte. Beide waren so hoch wie zwei Häuser, eines auf dem anderen; vor beiden standen dicke weiße Pfosten, fast so hoch wie Bäume; etwas entfernt sah man kleine, dunkle Hütten, wo wahrscheinlich die Schwarzen wohnten, und rings umher erstreckten sich endlose Baumwollfelder, alle erst kürzlich abgeerntet. Hier und da sah man noch weiße Baumwollflocken am Boden.

Unterwegs überholte der rollende Kasten zwei seltsam aussehende Wanderer. Kunta hielt sie zuerst für Schwarze, doch beim Näherkommen sah er, daß ihre Haut rötlichbraun war. Ihr langes, schwarzes Haar fiel ihnen zu einem Seil geflochten auf den Rücken. Sie schritten schnell aus, Schuhe und Lendentücher schienen aus Häuten gemacht, und sie trugen Bogen und Pfeile bei sich. Sie waren keine *toubobs*, sie waren aber auch nicht aus Afrika; sie rochen sogar anders. Was waren das für Menschen? Keiner von ihnen schien den rollenden Kasten zu bemerken, der sie in Staub einhüllte.

Bei Sonnenuntergang kehrte Kunta sich nach Osten. Als er sein stummes Gebet zu Allah verrichtet hatte, wurde es dunkel. Weil er schon den zweiten Tag hungerte, fühlte er sich matt und streckte sich am Boden des rollenden Kastens aus. Es war ihm einerlei, was um ihn her vorging.

Als der Kasten eine Weile später anhielt, richtete Kunta sich aber doch auf und sah sich um. Der Kutscher stieg ab, hängte Lichter beiderseits des Kastens auf, und schon ging es weiter. Erst nach geraumer Zeit sagte der *toubob* etwas, und der Schwarze antwortete darauf; es war ihre erste Unterhaltung seit der Abfahrt. Wieder hielt der Kasten an. Der Kutscher stieg ab und warf Kunta eine Decke hin. Kunta achtete nicht darauf. Der Schwarze stieg wieder auf, er und der *toubob* zogen Decken über sich, und die Fahrt ging weiter.

Kunta fror zwar bald, doch verbot sein Stolz ihm, nach der Decke zu greifen. Er dachte: sie bieten mir eine Decke an, nehmen mir aber nicht die Ketten ab, und einer von meinem eigenen Volk läßt es nicht nur geschehen, sondern hilft dem *toubob* noch bei seinem schmutzigen Geschäft. Hier gibt es nur eines: Flucht, und wenn ich dabei sterbe! Er wagte nicht, davon zu träumen, daß er Juffure je wiedersehen würde, doch falls es ihm glückte, sollten alle in Gambia erfahren, wie es im Land der *toubobs* wirklich aussah.

Er war vor Kälte fast gefühllos, als der rollende Kasten plötzlich in einen holprigen kleinen Nebenweg bog. Er setzte sich mit Mühe auf und spähte in die Dunkelheit. Da – wieder eines dieser großen Häuser, matt weiß in der Ferne. Wie am Abend zuvor fragte er sich ängstlich, was ihm nun wohl widerfahren würde. Diesmal eilte niemand zur Begrüßung herbei, Kunta roch weder *toubobs* noch Schwarze.

Als der Kasten schließlich anhielt, sprang der *toubob* knurrend ab und machte ein paar Kniebeugen, um seine Muskeln zu entkrampfen. Er gab dem Kutscher Anweisungen, machte eine Kopfbewegung zu Kunta hin und ging zum Haus.

Noch immer waren keine Schwarzen erschienen. Der Kasten rollte zu den nahegelegenen Hütten. Kunta stellte sich gleichmütig, war innerlich aber sehr gespannt und hatte alle Schmerzen vergessen. Seine Nase nahm den Geruch von Schwarzen wahr, doch zeigten sich keine. War das nun günstig für ihn oder nicht? Der Schwarze hielt bei den Hütten, stieg schwerfällig ab und stapfte mit dem Licht in der Hand auf die nächstgelegene Hütte zu. Er stieß die Tür auf. Kunta wollte zu fliehen versuchen, sobald der Kutscher in die Hütte ging, doch ging der nicht hinein, sondern kam bereits zurück. Er löste Kuntas Kette und ging mit dem Kettenende in der Hand um den Kasten. Noch immer zögerte Kunta. Der Schwarze riß an der Kette, rief Kunta etwas zu und beobachtete aufmerksam, wie sein Gefangener sich schwerfällig hochrappelte. Kunta stellte sich schwächer, als er war, und tat recht unbeholfen. Ganz wie er gehofft hatte, beugte der Schwarze sich ungeduldig vor und zerrte Kunta vom Wagen. Sein vorgestrecktes Knie bremste Kuntas Fall. Nun aber schnellte Kunta in die Höhe und packte den Hals des Kutschers so unerbittlich wie die Hyäne ihr Opfer. Das Licht fiel zu Boden, der Schwarze wich verblüfft mit einem heiseren Ausruf zurück. Zwar wehrte er sich gleich darauf, so gut er konnte, gegen Kuntas Würgegriff, doch fand Kunta die Kraft, noch fester zuzupacken, während er den Schlägen und Stößen auswich, die der Kutscher mit Fäusten, Füßen und Knien austeilte. Kunta ließ erst los, als sein Bewacher dumpf röchelnd zusammensackte.

Gefahr drohte jetzt hauptsächlich von Hunden. Doch gab es hier offenbar keine. Kunta huschte davon wie ein Schatten. Vom Frost befallene Baumwollstengel knackten unter seinen Füßen. Die ungeübten Muskeln schmerzten gewaltig, doch die kalte saubere Luft tat seiner Haut wohl, und am liebsten hätte er ein wildes Freudengeschrei angestimmt, weil er endlich wieder frei war. Das ließ er aber bleiben.

KAPITEL 43

Dorniges Gestrüpp am Waldrand wollte Kunta aufhalten, doch warf er sich hindurch und drang stolpernd, fallend, sich aufraffend, immer tiefer in den Wald ein. Jedenfalls glaubte er das, bis der Wald sich lichtete und Kunta wieder in niederes Buschwerk geriet. Vor sich sah er wieder ein Baumwollfeld und dahinter ein großes weißes Haus mit kleinen dunklen Hütten daneben. Entsetzt sprang Kunta in den Wald zurück – er hatte nur einen schmalen Waldstreifen zwischen zwei *toubob*-Anwesen durchquert. Hinter einen Baum geduckt, hörte er sein Blut in Herz und Kopf wild pochen. An Händen, Armen und Beinen stach es, und im hellen Mondlicht sah er, daß er sich an Dornen blutig gerissen hatte. Noch mehr beunruhigte ihn, daß der Mond schon tief am Himmel stand – der Morgen würde bald dämmern. Er hatte nur wenig Zeit, einen Entschluß zu fassen.

Weiter! Er rannte los, merkte aber bereits nach kurzer Zeit, daß seine Muskeln ihn bald im Stich lassen würden. Also mußte er sich im dichtesten Teil des Waldes verstecken. Er arbeitete sich mühsam ins Dickicht, manchmal auf allen vieren. Er erwog, einen Baum zu erklettern und sich in dessen Krone zu verbergen, doch der Laubteppich unter seinen Füßen sagte ihm, daß das meiste Laub von den Bäumen gefallen sein mußte und man ihn im Geäst leicht erkennen würde. So war es wohl am besten, ein Versteck am Boden zu suchen.

Als es tagte, fand er eine Stelle, die ihm geeignet schien. Außer seinen eigenen pfeifenden Atemzügen war nichts zu hören, und er fühlte sich an die langen einsamen Nachtwachen auf den Erdnußfeldern erinnert, den treuen *wuolo*-Hund zur Seite. Gerade in diesem Augenblick hörte er in der Ferne einen Hund bellen. Hatte er sich das etwa eingebildet? Er lauschte. Nein. Wieder bellte es, jetzt aber waren es schon zwei Hunde. Was nun?

Er kniete mit dem Gesicht nach Osten und betete zu Allah um Rettung. Als er damit fertig war, ertönte das Gebell wieder, näher diesmal. Kunta wollte sich eigentlich versteckt halten, wo er war, doch als es ein paar Minuten später noch näher bellte, schien ihm, die Hunde wüßten genau, wo er war, und es hielt ihn nicht mehr. Er kroch noch tiefer ins Dickicht, suchte noch mehr Schutz. Die Dornen in Händen und Knien peinigten ihn furchtbar, das näherkommende Gebell trieb ihn aber an, zumal er jetzt auch menschliche Stimmen zu hören glaubte.

Er kam nicht schnell genug vorwärts; er sprang auf und warf sich mit seinem ganzen Gewicht gegen die hinderlichen Ranken. Da knallte es. Kunta stürzte vor Schreck der Länge nach ins Gestrüpp.

Die Hunde knurrten ganz in der Nähe, und Kunta konnte sie sogar riechen. Schon brachen sie durchs Unterholz und kamen geradewegs auf ihn zu. Kunta hatte sich erst halb aufgerichtet, als die beiden Hunde ihn jaulend, geifernd und schnappend ansprangen. Sie warfen ihn um und nahmen dann noch einmal Anlauf. Kunta suchte sie abzuwehren, hörte Männer rufen, und wieder knallte es, diesmal viel lauter. Die Hunde ließen von ihm ab, dafür bahnten sich die Männer fluchend mit Messern einen Weg zu ihm.

Als erster zeigte sich der Schwarze, den Kunta gewürgt hatte. Er hielt in einer Hand ein langes Messer, in der anderen Knüppel und Seil, und er sah mordgierig drein. Kunta lag blutend auf dem Rücken. Er verbot sich zu schreien, rechnete aber fest damit, gleich in Stücke gehackt zu werden. Da tauchte der *toubob* hinter dem Schwarzen auf, der ihn hergebracht hatte, rot im Gesicht und schweißüberströmt. Kunta wartete auf Blitz und Knall aus dem Feuerstock, den ein zweiter, ihm unbekannter *toubob* auf ihn gerichtet hielt, doch blieben Blitz und Knall aus. Den Schwarzen, der mit dem Knüppel auf Kunta losging, rief der *toubob* ebenso zurück wie die Hunde. Auf einen zweiten Befehl des *toubob* versetzte der Schwarze Kunta einen Schlag, der ihm fast die Besinnung raubte, und fesselte ihn sodann derart straff, daß das Seil tief in seine blutende Haut schnitt. Er zerrte Kunta aus dem Dickicht hervor und schlug ihn mit dem Knüppel, sobald er ins Stolpern geriet. Am Waldrand sah Kunta drei der eselähnlichen Tiere, die an Bäume gebunden waren.

Kunta machte hier noch einen Fluchtversuch, doch das Seil hielt ihn fest, und er bekam überdies einen Tritt in die Rippen. Der zweite *toubob* führte ihn am Seil zu einem Baum, warf das Ende über einen Ast, und der Schwarze zog daran, bis Kuntas Füße kaum noch den Boden berührten.

Nunmehr begann der erste *toubob* mit der Auspeitschung. Kunta biß die Zähne aufeinander, doch war ihm bei jedem Hieb, als risse man ihn entzwei. Schließlich begann er zu schreien, doch die Auspeitschung ging weiter, bis er fast bewußtlos war. Man ließ das Seil los, und Kunta sank auf dem Boden in sich zusammen; er wurde aufgehoben und über den Rücken eines der Tiere gelegt, das sich mit ihm in Bewegung setzte.

Als Kunta wieder zu sich kam – er wußte nicht, wieviel Zeit inzwischen verstrichen war –, lag er rücklings mit gespreizten Gliedmaßen in einer Hütte, Hand- und Fußgelenke in eisernen Schellen an Ketten, die an Pfosten in den Ecken der Hütte befestigt waren. Schon die kleinste Bewegung schmerzte so sehr, daß Kunta lange ganz still lag, schweißnaß und mühsam atmend.

Ohne sich zu bewegen, konnte er über sich eine kleine viereckige Öffnung sehen, die Tageslicht einließ. Aus dem Augenwinkel bemerkte er in der Wand eine Nische und darin einen angekohlten Holzklotz und etwas Asche. Gegenüber lag am Boden ein mit Maisstroh gefüllter durchlöcherter Sack, der offenbar als Lager benutzt werden konnte.

Als es dunkelte, hörte Kunta ganz in der Nähe ein Horn blasen, und nicht lange, da vernahm er die Stimmen vieler Menschen, die dicht bei ihm vorbeikamen und dem Geruch nach Schwarze waren. Dann roch er, daß Essen zubereitet wurde. Nun peinigte ihn neben seinen sonstigen Schmerzen auch noch der Hunger, und Kunta schalt sich dafür, nicht auf eine bessere Fluchtgelegenheit gewartet zu haben, wie dies ein in der Falle gefangenes Tier getan haben würde. Er hätte erst alles beobachten, mehr über diesen fremden Ort und seine heidnischen Bewohner in Erfahrung bringen müssen.

Kunta hielt die Augen geschlossen, als die Tür der Hütte quietschend aufging; er roch, daß es der Schwarze war, den er gewürgt und der mitgeholfen hatte, ihn einzufangen. Er stellte sich schlafend, bis ihn ein Tritt in die Seite traf und er jäh die Augen aufriß. Mit einem Fluch stellte der Schwarze etwas vor Kunta hin, ließ eine Decke über ihn fallen und ging hinaus.

Der Essensgeruch traf Kuntas Magen fast so heftig wie der Tritt in seine Rippen. Er schlug die Lider auf und sah auf einem flachen runden Blechteller eine Art Maismehlbrei und darauf ein Stück Fleisch, daneben eine Kürbisschale voll mit Wasser. Seine Fesseln hinderten ihn, nach den Gefäßen zu greifen, doch standen sie so nahe, daß er mit dem Mund heranreichen konnte. Als er nach dem Fleisch schnappen wollte, roch er, daß es vom unreinen Schwein stammte. Die Galle kam ihm hoch, und er spie auf den Teller.

Wenn er in der Nacht aufwachte, sann er über diese Schwarzen nach, die wie Afrikaner aussahen, aber Schweinefleisch aßen. Allah war ihnen also unbekannt, oder sie waren Abtrünnige. Stumm bat er Allah im voraus um Vergebung, sollten seine Lippen je Schweinefleisch berühren, ohne daß er es merkte, oder sollte er je von einem Teller essen, auf dem einmal Schweinefleisch gelegen hatte.

Als es tagte, ließ sich wieder das sonderbare Horn vernehmen, bald darauf roch es nach Essen. Schwarze gingen schwitzend geschäftig hin und her. Der Mann, den Kunta verachtete, brachte Wasser und Essen. Als er sah, daß Kunta über das unberührt gebliebene Essen erbrochen hatte, schmierte er ihm fluchend den Maisbrei ins Gesicht. Dann stellte er neues Essen vor ihn hin und ging.

Kunta wollte das Essen später hinunterwürgen, im Moment war ihm zu übel. Nach einer Weile ging wieder die Tür; diesmal roch er *toubob*. Er hielt die Augen fest geschlossen, bis der *toubob* anfing zu schimpfen. Da fürchtete er, wieder einen Tritt in die Rippen zu bekommen, und er schlug die Augen auf. Er starrte in das wütende Gesicht des verhaßten *toubob*, der ihn hergebracht hatte. Der *toubob* fluchte und gab Kunta mit drohenden Gesten zu verstehen, daß er Schläge zu erwarten hatte, wenn er nicht aß. Dann ging er.

Kunta kratzte mit der linken Hand ein wenig von der harten Erde zusammen, auf der der *toubob* gestanden hatte, und rief alle bösen Geister an, den, der auf dieser Erde gestanden hatte, samt allen Nachkommen bis in alle Ewigkeit zu peinigen.

KAPITEL 44

Kunta zählte vier Tage und drei Nächte in der Hütte. Abends hörte er in der Nähe singen. Er fühlte sich bewußter als Afrikaner denn jemals zu Hause. Was sind das bloß für Schwarze, dachte er, die hier im Lande der *toubobs* singen? Wie viele von solchen Schwarzen gibt es wohl im ganzen *toubob*-Land, die nicht wissen, wer sie sind, und denen das ganz gleichgültig ist?

Besonders hingezogen fühlte Kunta sich allmorgendlich zur aufgehenden Sonne. Ihm fiel ein, was ein alter *alcala* während der Seereise einmal gesagt hatte: »Die Sonne jedes neuen Tages erinnert uns daran, daß sie in unserem Afrika aufging, und Afrika ist der Nabel der Welt.«

Obwohl er in Spreizlage mit vier Ketten gefesselt war, brachte er es inzwischen fertig, auf Rücken und Gesäß so vor- und zurückzurutschen, daß er die kleinen, aber dicken Eisenringe näher in Augenschein nehmen konnte, mit denen die Ketten an den vier Pfosten in den Ecken der Hütte befestig waren. Die Pfosten waren etwa so dick wie ein Unterschenkel und weder zu brechen noch aus dem festgestampften Boden zu reißen. Sie reichten bis ins Dachgebälk. Er prüfte aufmerksam die kleinen Löcher in den dicken Metallringen, denn er hatte gesehen, wie seine Wärter ein kleines Eisending in die Löcher steckten und herumdrehten, wobei es *klick!* machte. Als er einen der Ringe anfaßte, rasselte die Kette so laut, daß es draußen zu hören war. Das ging also nicht. Er versuchte nun, ein Kettenglied aufzubeißen, doch brach ihm dabei ein Zahn ab, und der Schmerz war teuflisch.

Auf der Suche nach Erde, die sich zum Kneten eines Fetischs für die Geister besser eignete als der Dreck vom Fußboden, probierte Kunta es mit dem rötlichen Lehm zwischen den Holzstämmen. Der enthielt allerdings kurze, schwarze Borsten, die sich bei genauer Betrachtung als Haare vom unreinen Schwein erwiesen. Er warf Borsten und Lehm fort und wischte die Hand ab, die beides berührt hatte.

Am fünften Tag kam der Schwarze gleich nach dem Hornsignal herein, und Kunta verkrampfte sich innerlich, als er den Mann außer dem üblichen kurzen Prügel zwei dicke Eisenschellen tragen sah. Der Schwarze befestigte zunächst die Schellen, die durch eine schwere Kette verbunden waren, an Kuntas Fußgelenken. Danach erst schloß er die vier Ketten auf, die Kunta in die Spreizlage gezwungen hatten. Kunta reagierte auf die Befreiung von seinen Fesseln sehr unklug: er sprang auf und wurde auch schon von der Faust des Schwarzen niedergeschlagen, der darauf nur gewartet hatte. Wiederholte Versuche scheiterten an weiteren Schlägen und höchst schmerzhaften Tritten. Endlich begriff Kunta, daß dieser

Schwarze es darauf abgesehen hatte, ihm nachhaltig einzubleuen, daß Kunta ihn als seinen Herrn zu akzeptieren habe.

Endlich bedeutete er Kunta mit einer schroffen Geste, er solle aufstehen, und als ihm das zu langsam ging, riß er Kunta fluchend in die Höhe und stieß ihn vor sich her. Die Fußschellen hinderten Kunta sehr beim Gehen.

Das helle Tageslicht vor der Tür blendete Kunta zwar, doch sah er immerhin Schwarze im Gänsemarsch vorüberziehen, dicht gefolgt von einem *toubob* auf einem »Pferd«, wie er das merkwürdige Tier hatte nennen hören. Kunta erkannte ihn am Geruch: er hatte das Seil gehalten, nachdem die Hunde Kunta gestellt hatten. Es mochten zehn, zwölf Schwarze sein. Die Frauen trugen rote oder weiße Kopftücher, die Männer und Kinder ausgefranste Strohhüte; etliche waren barhäuptig. Offenbar trug keiner von ihnen einen Talisman um den Hals oder am Arm. Einige führten lange, kräftige Messer mit, und das Ziel waren wohl die großen Felder. Dies mußten die Leute sein, die abends zu singen pflegten. Kunta empfand nichts als Verachtung für sie. In die andere Richtung blinzelnd, zählte er die Hütten, aus denen sie gekommen waren: es waren zehn, seine mitgerechnet, sämtlich sehr klein und nicht so solide wie die Lehmhütten in Juffure mit den Dächern aus süß riechendem Stroh. Je fünf standen einander gegenüber, und die Gasse zwischen den Hütten war von dem großen weißen Haus her gut einzusehen.

Unvermittelt stieß der Schwarze mit dem Finger gegen Kuntas Brust, und dabei sagte er: »Du – Toby!« Kunta glotzte verständnislos, und der Schwarze wiederholte mehrmals dieselben Worte. Allmählich begriff Kunta, daß der Schwarze ihm etwas in der *toubob*-Sprache verständlich zu machen suchte.

Als Kunta immer noch nicht verstand, wies der Schwarze mit dem Finger auf die eigene Brust. »Ich – Samson!« sagte er. »Samson!« Dann stieß er wieder gegen Kuntas Brust: »Du To – by! Toby. Masser sagt, du heißt Toby!«

Als Kunta dämmerte, was gemeint war, fiel es ihm schwer, sich nicht anmerken zu lassen, daß er verstanden hatte, und nicht laut hinauszuschreien: »Ich bin Kunta Kinte, erster Sohn von Omoro, dem Sohn des heiligen Mannes Kairaba Kunta Kinte!«

Über Kuntas Begriffsstutzigkeit verlor sein Bewacher die Geduld, zuckte fluchend die Achseln und führte ihn in eine andere Hütte, wo er ihm bedeutete, sich in einer Blechwanne zu waschen, in der etwas Wasser war. Er warf einen Lappen und einen braunen Klumpen hinein, der ähnlich roch wie die Seife, die die Frauen von Juffure aus Fett und der Lauge von Holzkohle bereiteten. Der Schwarze sah stirnrunzelnd zu, wie Kunta sich wusch. Als er fertig war, warf ihm der Schwarze *toubob*-Kleider zu, die Brust und Beine bedeckten, ferner einen ausgefransten Hut aus gelblichem Stroh, wie ihn die anderen trugen. Wie würden diese Heiden wohl die Glut von Allahs Sonne ertragen? fragte sich Kunta.

Anschließend führte ihn der Schwarze zu einer anderen Hütte, wo ihm eine alte Frau unwillig einen Napf mit Essen vorsetzte. Kunta verschlang den dicken Brei, dazu Brot, das an Munkokuchen erinnerte, und spülte alles mit heißer, brauner, nach Rind schmeckender Brühe hinunter. Von hier aus gingen sie in eine weitere Hütte, deren Geruch schon sagte, wozu sie benutzt wurde. Der Schwarze tat, als streife er sein Unterkleid ab, hockte sich auf die Öffnung in dem Sitzbrett und grunzte dabei wie jemand, der sich erleichtert. In einer Ecke lag Maisstroh, und Kunta ahnte nicht, wozu es dienen mochte, vermutete aber, daß der Schwarze ihm zeigen wollte, wie die *toubobs* alles machten, und gerade das wollte Kunta wissen, denn er brauchte solche Kenntnis, wenn er fliehen wollte.

Vor einer der Hütten saß in einem eigenartigen Stuhl ein Greis; er schaukelte vor und zurück, während er getrocknetes Maisstroh zu einem Besen flocht, wie Kunta scheinen wollte. Der Alte warf ihm einen verstohlenen, aber nicht unfreundlichen Blick zu, den Kunta jedoch nicht zur Kenntnis nahm.

Sein Bewacher ergriff nun eines der langen, kräftigen Messer, die Kunta schon bei anderen gesehen hatte, wies mit dem Kopf zu den Feldern und bedeutete Kunta knurrend, ihm zu folgen. Von den eisernen Schellen behindert, die seine Fußgelenke wundrieben, hüpfte Kunta unbeholfen hinterdrein. Auf dem Feld lasen Frauen und Kinder die trockenen Maisstengel auf, die die Männer vor ihnen mit langen Messern abhieben.

Die bloßen Rücken der Männer glänzten von Schweiß. Kunta suchte nach Brandmalen – nach Zeichen, wie er eines auf dem Rücken trug –, sah aber nur Narben von Peitschenhieben. Der *toubob* ritt auf seinem Pferd herbei, wechselte ein paar Worte mit dem Schwarzen und sah zu, wie der Schwarze den gefesselten Kunta anlernte.

Er hieb zunächst ein Dutzend Maisstengel ab, drehte sich dann um und zeigte Kunta, wie er die Stengel lesen und aufsetzen sollte. Der *toubob* trieb sein Pferd dichter an Kunta heran. Die Peitsche in seiner Hand und sein bedrohliches Stirnrunzeln sagten Kunta, was er zu erwarten haben würde, wenn er nicht gehorchte. Wütend über seine Hilflosigkeit hob Kunta zwei Stengel auf, zögerte, hörte den Schwarzen vor sich mit dem Messer arbeiten, hob wieder zwei Maisstengel auf und dann noch einmal. Er spürte förmlich die Blicke der Feldarbeiter, er sah die Hufe des Pferdes, und er fühlte, wie erleichtert die anderen Schwarzen waren, als die Pferdehufe sich endlich entfernten. Ohne den Kopf zu heben, sah Kunta den *toubob* hierhin und dorthin reiten, wo jemand nicht schnell genug arbeitete, hörte ihn wütend brüllen und klatschende Hiebe austeilen.

Das Feld endete offenbar an einer Straße. Durch den Schleier von Schweiß, der ihm von der Stirn rann und in seinen Augen brannte, erblickte Kunta im Laufe des Nachmittags einzelne Reiter und von Pferden gezogene Wagen. Am entgegengesetzten Ende wurde das Feld von jenem Wald begrenzt, in den er hatte fliehen wollen. Er sah jetzt, wie schmal dieser Wald war – sein Unterfangen war von vornherein zum Scheitern verurteilt gewesen. Dennoch wandte er den Blick nur widerstrebend von den Bäumen, denn es drängte ihn fast übermächtig dorthin, obwohl ihn jeder Schritt daran erinnerte, daß er in den eisernen Fußfesseln nicht weit kommen würde. Bei der Arbeit an diesem Nachmittag nahm er sich vor, den nächsten Fluchtversuch nicht ohne eine Waffe zur Abwehr von Hunden und Menschen zu unternehmen. Jeder Rechtschaffene muß kämpfen, wenn er angegriffen wird, ob nun von Hund oder Mensch, von einem verwundeten Büffel oder einem hungrigen Löwen. Ein Sohn von Omoro Kinte durfte niemals aufgeben.

Erst nach Sonnenuntergang ertönte das Horn wieder, und Kunta sah zu, wie die anderen Schwarzen sich eilends in einer Reihe aufstellten. Gar zu gern hätte er geleugnet, daß auch sie einmal zu den ihm bekannten Stämmen gehört hatten, denn in seinen Augen waren sie schändliche Heiden, nicht würdig der Gesellschaft derer, die mit ihm auf dem großen Kahn herübergekommen waren.

Und erst die *toubobs*! Wie maßlos dumm von ihnen, Maisstengel von Fulanis sammeln zu lassen, wo doch jeder wußte, daß die Fulanis geborene Hirten sind, die mit ihren Tieren sogar sprechen! Solche Betrachtungen unterbrach der *toubob*, der Kunta peitschenknallend ans Ende der Reihe trieb. Das dicke Weib vor ihm wich so weit als möglich von ihm zurück, und Kunta hätte sie am liebsten angespuckt dafür.

Die Reihe setzte sich in Marsch. Kuntas Fußgelenke bluteten bereits und wurden nun noch mehr wundgescheuert. In der Ferne bellten Hunde. Kunta gedachte mit Schrecken der Tiere, die ihn aufgespürt und angefallen hatten, doch dann fiel ihm ein, wie sein eigener *wuolo* im Kampf gegen seine Entführer für ihn gestorben war.

In seiner Hütte kniete Kunta hin und berührte mit der Stirn den festgestampften Boden, das Gesicht nach Sonnenaufgang gekehrt. Er betete lange, denn es galt, die zwei Gebete nachzuholen, die er draußen auf dem Feld nicht verrichtet hatte, weil er fürchten mußte, durch Peitschenhiebe von der Hand des *toubob* dabei gestört zu werden.

Nach dem Gebet unterredete er sich leise in der geheimen *sira-kango*-Sprache mit seinen Vorfahren; er bat sie, ihm Kraft zu verleihen. Dann betrachtete er die beiden Hahnenfedern, die er morgens beim Rundgang mit »Samson« unbemerkt aufgehoben hatte, und fragte sich, wann es ihm wohl gelingen würde, ein frisches Ei zu stehlen. Aus Hahnenfedern und feinzerstampfter Eierschale ließ sich ein Fetisch anfertigen, mit dem er Geister herbeirufen und sie bitten konnte, den Heimatboden zu segnen, den er zuletzt betreten hatte. Geschah dies, würden seine Fußspuren eines Tages in Juffure sichtbar werden, und weil jeder sie kannte, würde große Freude herrschen, und man könnte hoffen, daß er in sein Dorf zurückkehren würde – eines Tages.

Zum tausendsten Mal durchlitt er den Alptraum seiner Entführung. Hätte doch der Zweig, der ihn aufhorchen ließ, nur ein wenig früher geknackt, er hätte nach seinem Speer greifen können. Tränen des Zorns traten in seine Augen. Ihm schien, seit endlosen Monden werde seine ganze Welt aufgespürt und angefallen, gefangen und in Ketten gelegt.

Nein! So durfte er sich nicht gehenlassen. Schließlich war er jetzt ein Mann, siebzehn Regen alt, zu alt für Tränen und Selbstmitleid. Er wischte die Tränen ab, streckte sich auf dem Sack voll Maisstroh aus und versuchte einzuschlafen. Nun aber fiel ihm der Name »To-by« ein, den man ihm gegeben hatte, und die Wut packte ihn erneut. Er strampelte verzweifelt mit den Beinen, und dabei scheuerten die eisernen Schellen an seinen Fußgelenken, so daß er vor Schmerz doch wieder in Tränen ausbrach.

Würde er je ein Mann werden wie Omoro? Ob wohl der Vater noch an ihn dachte? Schenkte die Mutter jetzt Lamin, Suwadu und Madi all die Liebe, die früher ihm zuteil geworden war? Er sah die Bewohner von Juffure vor sich und war überzeugt, alle ausnahmslos geliebt zu haben. Wie schon so oft auf dem großen Kahn, zogen die halbe Nacht hindurch Bilder von Juffure an seinem inneren Auge vorüber, bis er sich zwang, an anderes zu denken. Endlich kam der Schlaf.

KAPITEL 45

Kunta wurden die Fußfesseln täglich lästiger und schmerzhafter, doch sagte er sich immer wieder: willst du die Freiheit wiedergewinnen, mußt du tun, was von dir verlangt wird und dich dabei dumm stellen. Nichts sollte unterdessen Augen, Ohren und Nase entgehen, keine Waffe, die er gebrauchen, keine Schwäche der *toubobs*, die er ausnützen konnte. Irgendwann würden seine Wärter sich so sicher glauben, daß sie ihm die Fußkette abnahmen. Dann wollte er fliehen.

Ertönte morgens das Horn, humpelte Kunta hinaus, wo die fremden Schwarzen noch ganz verschlafen ihre Hütten verließen und sich mit Wasser bespritzten, das in Eimern aus dem nahen Brunnen heraufgezogen wurde. Das Geräusch der Stößel, mit denen die Frauen von Juffure zum Frühstück *kouskous* stampften, fehlte ihm, und er schlang gleichmütig hinunter, was die alte Köchin ihm gab, ausgenommen Fleisch vom unreinen Schwein.

Dabei suchte er allmorgendlich nach Gegenständen, die er als Waffe benutzen und unbemerkt an sich nehmen konnte. Doch abgesehen von rußigen Geräten über dem Herd, gab es nur runde flache Blechnäpfe, aus denen er mit den Fingern aß, was sie ihm vorsetzte. Sie selber benutzte zum Essen einen Gegenstand aus Metall mit drei oder vier Zinken, mit denen man die Nahrung aufspießen konnte. Das Ding war zwar klein, mochte aber gleichwohl für ihn von Nutzen sein, vorausgesetzt, er könnte es an sich bringen.

Eines Morgens beobachtete er die Köchin dabei, wie sie Fleisch mit einem Messer zerschnitt, das er noch nicht gesehen hatte. Gerade überlegte er, was sich mit solch einem Messer anfangen ließe, da hörte er von draußen einen Todesschrei. Der paßte so gut zu seinen Gedanken, daß er aufsprang. Draußen hatten die anderen sich schon zur Arbeit aufgestellt, manche kauten noch an den letzten Bissen »Frühstück«, wollten sich aber nicht verspäten und Peitschenhiebe riskieren. Nahebei zappelte ein Schwein am Boden. Blut quoll aus dem durchschnittenen Hals. Zwei Schwarze tauchten es in einen Kessel mit siedendem Wasser, dann schabten sie ihm die Borsten ab. Die Haut des Schweins hat die gleiche Farbe wie die der *toubobs*, dachte Kunta, als das Tier an den Hinterfüßen aufgehängt, ihm der Bauch aufgeschlitzt und das Gedärm herausgezogen wurde. Dabei verbreitete sich widerlicher Gestank, und Kunta schauderte es bei dem Gedanken, unter Heiden leben zu müssen, die das Fleisch eines so unreinen Tieres aßen.

Die Maisstengel waren jetzt morgens bereift, und Dunst hing über den Feldern, bis die aufsteigende Sonne beides aufsog. Allahs Macht erstaunte Kunta immer wieder – selbst an einem so fernen Ort wie diesem *toubob*-Land jenseits des großen Wassers gingen Seine Sonne und Sein Mond unfehlbar auf und unter, wenn auch die Sonne weniger heiß brannte und der Mond nicht so lieblich schien wie in Juffure. Nur die Menschen an diesem verfluchten Ort schienen nicht von Allahs Hand geformt. Die *toubobs* waren nicht menschlich, und die Schwarzen begreifen zu wollen, war einfach sinnlos.

Stand die Sonne auf dem höchsten Punkt, blies wieder das Horn. Alle stellten sich vor einem hölzernen Schlitten an, der von einem Tier gezogen wurde, das zwar einem Pferd ähnelte, mehr aber noch einem großen Esel. Kunta hatte es »Maultier« nennen hören. Die alte Köchin reichte nun jedem Brot und einen Napf Zusammengekochtes. Die Feldarbeiter schlangen alles hinunter und tranken dazu Wasser aus dem Faß auf dem Schlitten. Kunta schnüffelte stets argwöhnisch nach unreinem Schwein, roch meist aber nur Gemüse und keinerlei Fleisch. Das Brot aß er gern, denn er hatte gesehen, daß schwarze Frauen Mais in Mörsern mit einem eisernen Stößel zu Mehl stampften wie in Juffure, nur daß Bintas Stößel aus Holz gewesen war.

An manchen Tagen gab es Dinge zu essen, die Kunta von daheim kannte, zum Beispiel Erdnüsse und *kanjo* – das hier »Okra« hieß – oder *so-so*, hier »Faselbohnen« genannt. Die hiesigen Schwarzen waren ganz versessen auf eine große Frucht, die sie »Wassermelone« nannten. Dafür schien Allah diesen Menschen Mangofrüchte, Palmherzen, Brotfrüchte und noch viele andere Leckerbissen vorenthalten zu haben, die in Afrika überall an Ranken, Bäumen und Büschen wuchsen.

Ab und zu kam der *toubob*, der Kunta hierhergebracht hatte und den sie »Masser« nannten, während der Arbeitszeit aufs Feld. Er trug einen fast weißen Strohhut, und wenn er mit dem anderen *toubob*, dem »Aufseher«, sprach, gestikulierte er dabei mit einer langen Reitgerte. Kunta fiel auf, daß der Aufseher fast ebenso unterwürfig tat wie die Schwarzen, wenn der Masser in der Nähe war.

Jeden Tag geschahen viele merkwürdige Dinge, über die Kunta vor dem Einschlafen nachsann. Die hiesigen Schwarzen schienen kein anderes Bestreben zu kennen, als dem *toubob* mit der Peitsche zu gefallen. Es widerte ihn an zu sehen, wie sie sich abrackerten, sobald ein *toubob* sich blicken ließ, und wie eifrig sie deren Anweisungen befolgten. Was brachte sie nur dazu, sich wie Ziegen und Affen zu benehmen? Vielleicht lag es daran, daß sie nicht in Afrika, sondern hier geboren waren und diese Hütten aus Stämmen mit Lehm und Schweineborsten dazwischen als ihr Zuhause betrachteten. Sie hatten nie erfahren, was es bedeutet, nicht für *toubob*-Herren, sondern für sich selbst und ihr eigenes Volk in glühender Sonne zu arbeiten.

Kunta schwor sich, nie so wie sie zu werden, solange er auch unter ihnen leben mußte, und allabendlich zerbrach er sich den Kopf darüber, wie er aus diesem verhaßten Land fliehen könnte. Es peinigte ihn, sich eingestehen zu müssen, wie kläglich er bisher versagt hatte. Rief er sich das Dornengestrüpp und die geifernden Hunde ins Gedächtnis, wurde ihm klar, daß er sich für das nächste Mal einen besseren Plan zurechtlegen mußte. Vor allem brauchte er einen Talisman, der ihm helfen würde, und eine Waffe. Schon ein zugespitzter Ast hätte ausgereicht, den Hunden den

Bauch aufzuschlitzen, und er wäre auf und davon gewesen, bevor der Schwarze und der *toubob* sich durch das Dickicht kämpfen konnten. Und schließlich mußte er sich mit der Gegend vertraut machen, damit er bei einer neuerlichen Flucht wußte, wo er sich verstecken konnte.

Kunta hing oft die halbe Nacht solchen Gedanken nach, doch wachte er stets vor dem ersten Hahnenschrei auf, der offenbar auch die Vögel weckte, die übrigens nur zwitscherten und sangen. Das ohrenbetäubende Geschrei der grünen Papageien, die in Juffure den Tag ankündigten, fehlte hier ganz, und auch Affen gab es nicht, die daheim den Sonnenaufgang schnatternd begrüßten und boshaft Zweige nach den Menschen warfen, die unter ihren Bäumen standen. Ziegen hatte Kunta ebenfalls noch keine gesehen, was ihn genauso unfaßlich dünkte wie die Tatsache, daß man hier Schweine in Pferchen hielt und diese unreinen Tiere sogar noch *fütterte*.

Das Quieken der Schweine fand Kunta übrigens nicht abstoßender als die Sprache der *toubobs*, die ihnen so sehr ähnelte. Was hätte er nicht darum gegeben, einen einzigen Satz auf Mandinka oder in einer anderen afrikanischen Sprache zu hören! Er sehnte sich nach seinem alten Kettengefährten, auch nach denen, die keine Moslems waren, und fragte sich, was wohl aus ihnen geworden war. Wohin hatte man sie gebracht? Auf andere *toubob*-»Farmen« wie diese hier? Gewiß sehnten sie sich ebenso wie er nach dem vertrauten Klang der Muttersprache und kamen sich ausgeschlossen und vereinsamt vor, weil sie nichts von der *toubob*-Sprache verstanden.

Kunta sah ein, er würde einiges von dieser fremden Sprache lernen müssen, wenn er genug über die *toubobs* und ihre Lebensweise in Erfahrung bringen wollte, um ihnen entfliehen zu können. Insgeheim hatte er sich schon einige Wörter gemerkt: »Schwein«, »Wassermelone«, »Faselbohnen«, »Aufseher«, »Masser« und vor allem »Jasörr, Masser«, so ziemlich das einzige, das er die Schwarzen je zu ihnen sagen hörte. Er wußte auch, daß die *toubob*-Frau, die mit dem Masser in dem großen weißen Haus wohnte, »Missis« von ihnen genannt wurde. Einmal hatte Kunta sie von ferne zwischen Ranken und Büschen am Haus gesehen, wo sie Blumen schnitt – hager und bleich wie ein Krötenbauch.

Andere *toubob*-Wörter verwirrten ihn meist nur, doch setzte er hinter der Maske seines ausdruckslosen Gesichts alles daran, ihnen einen Sinn zu geben. Nach und nach brachte er verschiedene Laute mit bestimmten Gegenständen und Handlungen in Verbindung. Ein Wort allerdings blieb ihm ganz rätselhaft, obwohl er es täglich hörte, von *toubobs* wie von Schwarzen. Was, so fragte er sich, bedeutet »Nigger«?

KAPITEL 46

Als das Hauen und Aufsetzen der Maisstengel beendet war, teilte der Aufseher die Schwarzen morgens nach dem Frühstück zu verschiedenen Arbeiten ein. Einmal sollte Kunta »Kürbisse« abnehmen und auf einen »Wagen« laden, wie der rollende Kasten genannt wurde. Die »Kürbisse« kamen ihm recht bekannt vor; daheim in Juffure wurden sie ausgehöhlt und getrocknet und dienten als Gefäße im Haushalt. Hier hatten sie eine etwas andere Farbe.

Als Kunta mit den »Kürbissen« auf dem »Wagen« zu einem großen Gebäude fuhr, das man »Scheune« nannte, sah er einige schwarze Männer, die einen großen Baum in Stücke sägten und diese mit Äxten und Keilen zu Brennholz spalteten, das von Kindern aufgeschichtet wurde. Anderswo hängten zwei Männer Blätter über dünne Stangen, und Kunta roch, daß es unreiner heidnischer Tabak war. Er kannte den Geruch von einer Wanderung mit seinem Vater.

Bei dieser Gelegenheit machte er die Beobachtung, daß überhaupt vieles wie bei ihm daheim für den späteren Gebrauch getrocknet wurde. Frauen sammelten dickes braunes »Bartgras«, wie er es nennen hörte, und machten daraus Bündel. Gemüse wurde zum Trocknen auf Tüchern ausgebreitet. Auch Moos, von Kindern gesammelt und in kochendes Wasser getaucht, wurde getrocknet; er konnte sich nicht vorstellen, wozu.

Von Ekel erfüllt sah und hörte er, wie Schweine geschlachtet wurden. Deren Borsten wurden übrigens ebenfalls getrocknet und aufbewahrt, wahrscheinlich, um den Mörtel zu verstärken. Den Rest aber gab es ihm, als er sehen mußte, daß man die Därme der geschlachteten Schweine aufblies, an den Enden zuknüpfte und zum Trocknen an einen Zaun hängte – Allah mochte wissen, zu welchem unheiligen Zweck.

Als Kunta mit den »Kürbissen« fertig war, wurde er mit mehreren anderen zum Nüsseschütteln geschickt; die abgefallenen Nüsse wurden von Kindern des ersten *kafo* in Körbe gesammelt. Kunta steckte eine Nuß ein, um sie später, wenn er allein war, zu probieren; sie schmeckte gut.

Später wurden die Männer zu Ausbesserungsarbeiten abgestellt. Kunta half einen Zaun flicken. Die Frauen waren derweil mit Reinemachen in dem weißen Haus und in ihren Hütten beschäftigt. Einige hatten große Wäsche. Zuerst kochten sie die Kleider in einem schwarzen Kessel, dann fuhren sie damit an einem gewellten Blech rauf und runter; warum nur wußte keine, daß man Wäsche auf Steinen klopfen muß?

Die Peitsche des Aufsehers knallte jetzt weniger oft, und Kunta fand, daß hier eine ähnliche Stimmung einzog wie in Juffure nach Beendigung der Erntearbeit. Wenn jetzt dieser oder jener Feldarbeiter die Arbeit schon hinwarf, bevor das Horn ertönte, riß der Aufseher zwar sein Pferd herum und hob die Peitsche, es war aber unverkennbar, daß er es nicht ernst meinte. Hier und dort fing jemand zu singen an, bald fielen die anderen Männer ein und schließlich auch die Frauen. Was sie sangen, verstand Kunta allerdings nicht. Nach wie vor wollte er mit ihnen nichts zu tun haben und war froh, wenn das Horn geblasen wurde und alle in ihre Hütten zurückkehren durften.

Abends saß Kunta meist im Eingang zu seiner Hütte, die Füße flach auf den festgestampften Boden gestellt, damit die eisernen Schellen seine schwärenden Fußgelenke möglichst wenig scheuerten. Ging eine Brise, genoß er ihren Hauch auf seinem Körper und dachte an den frischen Teppich von goldenen und rotbraunen Blättern, den er am nächsten Morgen unter den Bäumen finden würde. In solchen Augenblicken erinnerte er sich an die Abende während der Erntezeit in Juffure, wo die von Stechmücken und anderen Insekten geplagten Menschen um stark qualmende Feuer saßen und lange Gespräche führten, untermalt vom Fauchen eines fernen Leoparden oder dem Geheul der Hyänen.

Was er hier nicht hörte, was er seit dem Verlassen Afrikas nicht mehr gehört hatte, war die Stimme der Trommeln. Die *toubobs* gönnten den hiesigen Schwarzen offenbar keine Trommeln, das mußte der Grund sein. Aber warum? Wußten die *toubobs*, daß die Töne der Trommel das Blut in Wallung versetzen, bis sogar kleine Kinder und zahnlose Alte selbstvergessen tanzen? Daß der Rhythmus der Trommel den Ringer zu größerer Kraftentfaltung, den Krieger wie im Rausch gegen den Feind treibt? Oder wollten die *toubobs* verhindern, daß die Schwarzen sich unkontrolliert miteinander durch die Trommel verständigten, von Farm zu Farm?

Die heidnischen Schwarzen hier verstanden die Sprache der Trommel aber wohl ebensowenig wie die *toubobs*. Immerhin mußte Kunta, wenn auch widerstrebend, zugestehen, daß die hiesigen Heiden möglicherweise nicht rettungslos verloren waren, denn manches in ihrem Verhalten war rein afrikanisch, wenngleich sie sich dessen, wie Kunta wohl erkannte, keineswegs bewußt waren. Ihre spontanen Ausrufe, Gesten und das sie begleitende Mienenspiel waren Kunta von Kindheit an vertraut, und auch in ihren Körperbewegungen glichen sie ganz den Afrikanern. Das galt auch für ihr Lachen, wenn sie unter sich waren – sie lachten mit dem ganzen Körper, genau wie die Leute in Juffure.

An Afrika erinnerte Kunta auch die Art, wie die schwarzen Frauen hier ihr Haar trugen, nämlich zu sehr straffen Zöpfen geflochten. Die afrikanischen Frauen verzierten ihre Zöpfe allerdings oft mit bunten Perlen. Auch Kopftücher wurden hier getragen, wenngleich nicht ganz richtig geknotet. Bei einigen Männern sah Kunta kurze Zöpfe, wie man sie auch in Afrika zu sehen bekam.

Daß die schwarzen Kinder dazu erzogen wurden, den Älteren mit Höflichkeit und Achtung zu begegnen, erinnerte ihn ebenso an Afrika wie die Art der Mütter, ihre Babys zu tragen. Auch Kleinigkeiten fielen ihm auf, zum Beispiel, daß die Älteren, wenn man abends beieinandersaß, Zahnfleisch und Zähne mit dünnen Zweigen rieben – in Juffure hätten sie die Zitronengraswurzel dazu verwendet. Und er mußte zugeben, daß ihre Vorliebe für Gesang und Tanz unverkennbar afrikanisch war, wenn ihm auch unbegreiflich blieb, wie sie es fertigbrachten, im *toubob*-Land zu singen und zu tanzen.

Er fühlte sich jetzt übrigens nicht mehr ganz so fremd unter ihnen, denn seit einigen Wochen bezeigten sie Abscheu vor ihm nur noch, wenn der Aufseher oder der Masser in der Nähe war. Waren sie unbeobachtet, nickten die meisten ihm freundlich zu oder schauten besorgt auf sein linkes Fußgelenk, das sich entzündet hatte. Er blieb weiterhin abweisend, bereute das aber manchmal fast.

Als er eines Nachts wie so häufig schlaflos ins Dunkel starrte, fühlte er plötzlich, es müsse Allahs Wille sein, daß er hier an diesem Ort unter den verirrten Schafen der großen schwarzen Familie weilte, die auf gemeinsame Vorväter zurückgeht, auch wenn sie, anders als Kunta, nicht die geringste Kenntnis davon zu haben schienen.

Die Ahnung von der Gegenwart seines Großvaters, des heiligmäßigen Mannes, veranlaßte Kunta, sich in das Dunkel hinein vorzutasten. Zwar spürte er nichts, doch begann er laut den *alquaran* Kairaba Kunta Kinte anzurufen; er bat ihn, ihm den Zweck seines Auftrages hier zu offenbaren, falls es einen solchen gäbe. Die eigene Stimme erschreckte ihn, denn bis zu diesem Augenblick hatte er im Land der *toubobs* kein Wort gesprochen, das nicht an Allah gerichtet war, von den Schreien abgesehen, die ihm die Peitschenhiebe abgerungen hatten.

Als er sich am nächsten Morgen den anderen beim Gang zur Arbeit anschloß, hätte er sie beinahe mit dem Wort »Morgen« begrüßt, wie sie es untereinander zu tun pflegten. Er hatte inzwischen genügend *toubob*-Wörter gelernt und verstand viel von dem, was um ihn her gesprochen wurde. Er hätte sich auch verständlich machen können, doch hielt ihn etwas davon ab, sein Wissen preiszugeben.

Kunta vermutete jetzt, daß die Schwarzen ihre wahren Gefühle gegenüber den *toubobs* genauso sorgfältig verbargen wie er seine sich wandelnde Einstellung zu *ihnen*. Ihm war nicht entgangen, daß das Grinsen der Schwarzen oft genug einem Ausdruck der Erbitterung wich, sobald der *toubob* sich abwandte. Sie zerbrachen absichtlich Arbeitsgeräte und stellten sich dumm, wenn der Aufseher sie wegen ihrer Ungeschicklichkeit anbrüllte. Auf dem Feld schufteten sie, solange ein *toubob* in der Nähe war, benötigten im übrigen aber für jede Arbeit doppelt soviel Zeit, als erforderlich gewesen wäre.

Er kam nun auch dahinter, daß sie, ähnlich wie die Mandinkas ihre geheime *sira-kango*-Sprache, Verständigungsmittel hatten, die nur ihnen bekannt waren. Bei der Arbeit auf dem Feld sah Kunta sie gelegentlich rasche knappe Gesten oder Kopfbewegungen machen. Oder er vernahm unverständliche kurze Zurufe, die hier und dort wiederholt wurden, immer außerhalb der Hörweite des umherreitenden Aufsehers. Manchmal wurde ganz unvermittelt etwas gesungen, und obwohl Kunta es nicht verstehen konnte, wußte er doch, daß eine Nachricht weitergegeben wurde, so wie die Frauen auf dem großen Kahn den Männern Nachrichten übermittelt hatten.

Wenn es dunkel geworden war zwischen den Hütten und kein Lampenschein mehr aus den Fenstern des großen Hauses fiel, hörte Kunta wohl das Huschen, mit dem der eine oder andere Schwarze sich aus dem »Sklavenquartier« davonstahl und Stunden später zurückkam. Wohin gingen sie wohl, und was machten sie – und warum waren sie so verrückt wiederzukommen? Am nächsten Morgen auf dem Feld versuchte er dann herauszubekommen, wer es wohl gewesen war, denn ihm war so, als könnte er den Schwarzen trauen, die so etwas taten.

Zwei Hütten von Kunta entfernt saßen die Schwarzen abends nach dem Essen um das kleine Feuer der Köchin, und dieser Anblick rief in Kunta melancholische Erinnerungen an Juffure wach, nur daß die Frauen hier bei den Männern saßen und einige Schwarze beiderlei Geschlechts heidnische Tabakspfeifen rauchten, die bei zunehmender Dunkelheit hin und wieder aufglühten. Kunta saß dann aufmerksam lauschend nahe dem Eingang zu seiner Hütte und hörte nicht nur das Zirpen der Grillen und das ferne Rufen der Eulen im Wald, sondern auch die Unterhaltung nebenan. Er verstand zwar nicht die Wörter, doch die Bitterkeit, mit der da gesprochen wurde, war unverkennbar.

Kunta konnte sich im Dunkeln das Gesicht jedes Schwarzen vorstellen, der gerade redete. Sein Gedächtnis hatte sich die Stimme aller zwölf Erwachsenen eingeprägt, dazu die Namen der Stämme, zu denen sie gehören mußten. Er wußte mittlerweile, wer den Unbekümmerten spielte und wer kaum jemals lächelte, auch nicht in Gegenwart der *toubobs*.

Die abendlichen Zusammenkünfte liefen nach bestimmten Regeln ab. Als erste sprach meist die Frau, die im großen Haus kochte. Sie gab recht ausdrucksvoll wieder, was der »Masser« und die »Missis« gesagt hatten. Dann hörte Kunta, wie der große Schwarze, der ihn eingefangen hatte, den Aufseher nachahmte, wobei die anderen offenbar mit Mühe das Lachen unterdrückten, damit man sie drüben im großen weißen Haus nicht hörte.

Danach wurde die Unterhaltung allgemein. Manches, was gesagt wurde, klang hilflos und verzweifelt, anderes wütend. Wörter verstand Kunta nur selten. Ihm kam es so vor, als erinnerten sie sich an Dinge, die ihnen früher einmal widerfahren waren. Die Frauen redeten viel und brachen bisweilen in Tränen aus. Nach und nach verstummte die Unterhaltung, eine Frau begann zu singen, und die anderen fielen ein. »Nobody knows de troubles I'se seed« – das klang wehmütig, kummervoll, kein Zweifel.

Zum Schluß ließ sich dann der Älteste vernehmen, der Greis, der meist im Schaukelstuhl saß, Flechtarbeiten machte und das Horn blies. Alle senkten die Köpfe und murmelten etwas, das wohl eine Art Gebet war, wenn auch bestimmt keines zu Allah.

Allerdings hatte der alte *alcala* im Laderaum des großen Kahns gesagt: »Allah kennt alle Sprachen.« Das Gebet wurde mehrfach von einem sonderbaren Ausruf unterbrochen, den manchmal der Älteste, dann wieder ein anderer tat: »Oh Herr!« lautete dieser Ausruf. Oder war es ein Anruf, gerichtet an den Allah dieser Schwarzen?

In der folgenden Nacht wehte ein Wind, so kalt, wie Kunta es nie erlebt hatte, und als er erwachte, waren die letzten Blätter von den Bäumen gerissen. Statt sie zur Arbeit aufs Feld zu treiben, schickte der Aufseher zu Kuntas Überraschung alle in die Scheune. Hier waren schon der Masser und die Missis samt vier anderen fein gekleideten *toubobs*, die nun die Schwarzen anfeuerten, die, in zwei Gruppen eingeteilt, um die Wette aufgehäufte Maiskolben von den unterdes getrockneten Blättern befreiten.

Anschließend aß und trank man sich satt, die *toubobs* und die Schwarzen strikt getrennt. Der schwarze Greis, der abends immer betete, nahm nun ein Musikinstrument zur Hand – es erinnerte Kunta mit seinen längsgespannten Saiten an die alte *kora* – und begann darauf eine recht seltsame Musik zu machen, indem er mit einer Art Stock über die Saiten hin und her fuhr. Die anderen Schwarzen erhoben sich und begannen ganz wild zu tanzen, während die *toubobs*, sogar der Aufseher, zuschauten und begeistert klatschten. Mit vor Erregung geröteten Gesichtern standen alle *toubobs* plötzlich auf, und indes die Schwarzen zur Seite wichen, schritten sie unter weiterem Klatschen auf die Mitte der freien Fläche hinaus und hopsten recht plump umher. Der Alte spielte dazu, als wäre er verrückt geworden, und die anderen Schwarzen hüpften und klatschten und kreischten, als hätten sie nie etwas Schöneres zu sehen bekommen.

Das erinnerte Kunta an eine Geschichte, die ihm Nyo Boto erzählt hatte, als er im ersten *kafo* gewesen war. Vor Zeiten hatte ein König seinen Musikanten befohlen, so schön zu spielen, wie sie nur konnten, weil er vor allem Volke tanzen wollte, auch vor den Sklaven. Seine Untertanen konnten sich vor Entzücken gar nicht lassen, und es hatte nie mehr einen solchen König wie ihn gegeben.

Als Kunta später in seiner Hütte über alles nachdachte, was er gesehen hatte, wollte ihm scheinen, daß die Schwarzen und die *toubobs* auf sonderbare Weise aneinander hingen. Nicht nur während des Tanzens, sondern auch bei vielen anderen Gelegenheiten hatte er den Eindruck gehabt, daß die *toubobs* in der Nähe der Schwarzen am glücklichsten waren, selbst wenn sie sie schlugen.

KAPITEL 47

Kuntas linkes Fußgelenk hatte sich inzwischen so sehr entzündet, daß der aus der Wunde sickerndc Eiter die eiserne Schelle mit gelblichem Schleim verkrustete. Sein Hinken veranlaßte den Aufseher, sich die Sache näher anzusehen und die Schelle durch Samson entfernen zu lassen.

Das Gefühl, frei zu sein, erregte Kunta so sehr, daß er die Schmerzen kaum noch wahrnahm. Am Abend, als die anderen schon schliefen und alles still war, humpelte er hinaus und stahl sich abermals davon, diesmal in der entgegengesetzten Richtung. Eben hatte er einen Hohlweg gequert und kroch auf dem Bauch die andere Seite hinauf, als er in der Ferne Geräusche hörte. Er lag ganz still, nur sein Herz klopfte heftig. Stapfende Schritte näherten sich, und die rauhe Stimme von Samson rief: »Toby! Toby!« Kunta fühlte sich sonderbar gefaßt, als er kalten Blickes den Umriß von Samson beobachtete, der sich gegen den Nachthimmel abzeichnete. Dieser Samson fürchtete offenbar für sich selbst das Schlimmste, sollte es Kunta gelingen zu entfliehen. Jetzt war er schon ganz nahe. Kunta kauerte sprungbereit, in der Faust den dicken Stock, den er wie einen Speer schleudern wollte. Als er ausholte, stöhnte er leise vor Schmerz, und Samson, der diesen Laut hörte, sprang beiseite. Der Stock verfehlte ihn um Haaresbreite.

Kunta wollte nun weglaufen, doch seine Fußgelenke waren so schwach, daß er kaum stehen konnte, von laufen nicht zu reden. Samson schlug auf ihn ein, bis Kunta zu Boden ging. Die Schläge trafen ihn allerdings nur am Körper, das war offenbar Absicht. Als Kunta sich nicht mehr wehren konnte, band ihm Samson keuchend die Hände mit einem Strick zusammen und schleifte ihn zur Pflanzung zurück, wobei er ihn unablässig beschimpfte.

Kunta taumelte kraftlos hinter Samson her. Betäubt von Schmerz und Erschöpfung – auch von Abscheu vor sich selbst –, malte er sich aus, wie man ihn schlagen würde, doch als sie schließlich kurz vor Morgengrauen anlangten, versetzte Samson ihm nur noch einige Tritte und ließ ihn dann liegen.

Kunta zitterte vor Schwäche. Dennoch begann er den Strick zu benagen, der seine Hände band, bis ihn die Zähne unerträglich schmerzten. Das Seil löste sich im gleichen Augenblick, als das Horn blies. Kunta weinte. Er hatte es wieder nicht geschafft. Nun betete er zu Allah.

Während der folgenden Tage schien es, er und Samson hätten einen geheimen Pakt des Hasses geschlossen. Kunta wußte, daß er scharf bewacht wurde, daß Samson die erste Gelegenheit benutzen würde, ihm mit Billigung der *toubobs* eins auszuwischen. Es hieß also, sich zu stellen, als wenn nichts geschehen wäre, und noch schneller und gründlicher zu arbeiten als zuvor. Der Aufseher achtete am wenigsten auf die, die am meisten arbeiteten oder am freundlichsten grinsten. Zum Grinsen konnte Kunta sich nicht zwingen, doch mit grimmiger Befriedigung stellte er fest, daß ihn um so seltener die Peitsche traf, je mehr er schwitzte.

Eines Abends entdeckte Kunta, halb versteckt zwischen zersägten Klötzen, auf dem Holzplatz einen Eisenkeil. Er blickte sich verstohlen um – niemand beobachtete ihn –, packte den Keil, verbarg ihn unter dem Hemd und eilte zu seiner Hütte. Dort grub er mit dem Keil ein Loch, legte ihn hinein und stampfte die Erde darüber fest.

Der Gedanke, das Fehlen des Keils könnte eine Durchsuchung aller Hütten zur Folge haben, raubte ihm den Schlaf. Es geschah jedoch nichts dergleichen. Wie ihm der Keil zur Flucht verhelfen könnte, war ihm allerdings vorerst noch ganz unklar.

Wirklich gebraucht hätte er eines jener langen Messer, die der Aufseher allmorgendlich an einige wenige Männer ausgab. Allerdings verlangte er sie jeden Abend zurück und zählte sie sogar. Mit einem solchen Messer konnte man sich schon den Weg durchs Unterholz bahnen, einen Hund töten – oder einen Menschen.

Eines kalten Nachmittags, fast einen Monat später – der Himmel war trüb und grau – half Kunta einem anderen Mann bei der Ausbesserung des Zauns. Plötzlich fiel zu seiner Verblüffung eine Art Salz vom Himmel, anfangs wie zögernd, dann immer schneller und heftiger. Als sich das Salz zu flockiger Weiße verdichtete, hörte er die Schwarzen in der Nähe »Schnee« rufen, und er vermutete, daß dies das Wort dafür war. Als er sich bückte, um etwas davon aufzuheben, fühlte es sich kalt an, und noch kälter, als er es vom Finger leckte. Es biß, und es schmeckte nach nichts. Es schien auch keinen Geruch zu haben und löste sich zu einem wäßrigen Nichts auf.

Gleich darauf hörte es auf zu schneien, und der Schnee schmolz weg. Kunta verbarg sein Staunen, er nickte seinem schwarzen Gefährten nur stumm zu, und sie machten sich an die Arbeit. Kunta half dem anderen eine Art Metallfaden spannen, den jener »Draht« nannte. Nach einer Weile kamen sie an eine Stelle, wo das Gras sehr hoch stand, und während der andere Mann mit dem langen Messer, das er bei sich hatte, einen Teil davon umhieb, schätzte Kunta die Entfernung zum Wald. Er wußte, Samson war nicht in der Nähe und der Aufseher an diesem Tag auf einem anderen Feld. Kunta arbeitete eifrig, um den anderen in Sicherheit zu wiegen, doch ging sein Atem schwer, als er da so stand, den Draht hielt und auf den Kopf des über seine Arbeit gebeugten Mannes sah. Das Messer lag wenige Schritte entfernt am Boden, wo der andere zuletzt Gras und Gesträuch umgehauen hatte.

Nach einem stummen Gebet zu Allah ließ Kunta beide Fäuste mit aller Kraft, deren sein schlanker Körper fähig war, auf den Nacken des Mannes niedersausen. Der Schwarze brach lautlos zusammen, wie von der Axt getroffen. Kunta fesselte ihm Füße und Hände mit Draht. Als er das Messer ergriff, spürte er das Verlangen, den Mann zu erstechen, doch war der schließlich nicht der verhaßte Samson. Kunta rannte gebückt auf den Wald zu. Ihm war so schwerelos zumute wie sonst nur im Traum.

Schon Augenblicke später wurde er aus dieser Stimmung gerissen, denn der Mann, den er verschont hatte, brüllte aus Leibeskräften. Ich hätte ihn doch töten sollen, dachte Kunta wütend und lief noch schneller. Anstatt sich gleich ins Unterholz zu verkriechen, umging er diesmal den Wald. Zunächst galt es, eine gewisse Strecke hinter sich zu bringen, erst dann durfte er daran denken, sich zu verstecken. Legte er schnell eine genügend große Entfernung zurück, hatte er Zeit, ein gutes Versteck zu suchen, wo er ausruhen konnte, bevor er im Schutze der Dunkelheit weiterfloh.

Kunta war gewillt, in den Wäldern zu leben wie ein Tier. Er hatte inzwischen manches über das *toubob*-Land erfahren, und in Afrika hatte er gelernt, Kaninchen und Nagetiere mit der Schlinge zu fangen und sie über einem rauchlosen Feuer zu braten. Jetzt, beim Laufen, achtete er darauf, daß Buschwerk ihn verbarg, ohne ihm aber hinderlich zu sein.

Als es dämmerte, wußte Kunta, daß er eine gute Strecke zurückgelegt hatte. Gleichwohl hielt er nicht ein; er querte Gräben und Schluchten und watete eine Zeitlang im Bett eines seichten Flusses. Erst als es völlig dunkel war, versteckte er sich im dichten Buschwerk, aus dem er aber notfalls leicht fliehen konnte. Im Dunkel liegend, lauschte er auf das Bellen von Hunden. Nichts. Ringsum Stille. War es möglich? Sollte er es diesmal wirklich schaffen?

Gleich darauf spürte er etwas Kaltes auf seinem Gesicht, und er griff mit der Hand hin. Es schneite! Bald war er zugedeckt von einer Weiße, die reichte, so weit er blicken konnte. Lautlos und immer dichter rieselte es herab, bis Kunta fürchtete, er werde darunter begraben. Er fror, er hielt es nicht mehr aus, sprang auf und suchte nach einem geschützteren Platz.

Nach einer Weile stolperte er und fiel; er war nicht verletzt, doch als er aufstand, sah er mit Entsetzen, daß seine Füße im Schnee Spuren hinterlassen hatten, denen ein Halbblinder folgen konnte. Er wußte, es gab kein Mittel, die Spuren zu löschen, und er wußte, der Morgen war nicht mehr fern. Ihm blieb nur eines: er mußte weiter – noch weiter fort. Er versuchte, schneller zu laufen, aber er war fast die ganze Nacht gerannt, und sein Atem ging mühsam. Das lange Messer wurde schwer; für Gestrüpp war es nützlich, doch nicht für Schnee. Im Osten wurde es hell, und von weit her vernahm Kunta den Klang von Hörnern. Zwar wechselte er gleich die Richtung, doch blieb das niederdrückende Gefühl, inmitten dieser weißen Einöde nirgendwo ein sicheres Versteck finden zu können.

Als bald darauf in der Ferne Hunde bellten, packte Kunta ein Zorn wie nie zuvor. Er rannte wie ein gehetzter Leopard, doch das Bellen wurde immer lauter. Die Hunde holten ihn offensichtlich ein. Die Treiber waren gewiß nicht weit hinter ihnen. Ein Schuß knallte und trieb Kunta zu noch größerer Eile. Es nützte nichts. Die Hunde stellten ihn, und er stellte sich ihnen. Als sie ihn zähnefletschend anfielen, ging er auf sie los, er schlitzte dem ersten mit einem einzigen Messerhieb den Bauch auf und hackte dem zweiten die Klinge zwischen die Augen.

Weiter ging die Flucht. Reiter preschten durch Gebüsch, und Kunta suchte Schutz in dichterem Gestrüpp, wohin ihm die Pferde nicht folgen konnten. Dann fiel wieder ein Schuß und noch einer – und er spürte einen jähen Schmerz im Bein. Er stürzte, hörte die *toubobs* rufen und erneut schießen. Kugeln schlugen neben seinem Kopf in die Bäume. Sollen sie mich töten, dachte Kunta, ich werde sterben wie ein Mann. Dann traf noch ein Schuß dasselbe Bein, und er wurde zu Boden geschleudert wie von einer Riesenfaust. Am Boden liegend, sah er den Aufseher und einen anderen *toubob*, die Gewehre auf ihn gerichtet, näher kommen. Kunta wollte aufspringen. Sollten sie doch noch einmal auf ihn schießen! Doch wegen der Wunden an seinem Bein konnte er sich nicht erheben.

Ein *toubob* hielt das Gewehr an Kuntas Kopf, während der Aufseher Kunta die Kleider vom Leib riß, bis er nackt im Schnee stand. Das Blut von seinem Bein rötete den Schnee. Unablässig fluchend schlug der Aufseher ihn mit der Faust fast bewußtlos; dann wurde er an einen Baum gebunden, das Gesicht zum Stamm.

Kunta wurde so erbarmungslos gepeitscht, daß er schreien mußte und anschließend das Bewußtsein verlor.

Als er zu sich kam, lag er in seiner Hütte. Mit dem Bewußtsein kehrte auch der Schmerz zurück, ein quälender, alles umfassender Schmerz. Die kleinste Bewegung wurde zur Qual. Er lag wieder in Ketten. Noch schlimmer: seine Nase sagte ihm, daß sein Körper von den Füßen bis zum Kinn in ein mit Schweinefett getränktes Tuch eingehüllt war. Als die alte Köchin ihm zu essen brachte, wollte er sie anspucken, aber es gelang ihm nur zu erbrechen. Er glaubte, Mitgefühl in ihren Augen zu lesen.

Zwei Tage später weckten ihn schon früh am Morgen Geräusche von Festlichkeiten. Vor dem großen Haus riefen die Schwarzen: »Weihnachtsgeschenk, Masser!«, und Kunta fragte sich, was sie da wohl zu feiern haben mochten. Er wollte sterben, seine Seele sollte sich zu den Ahnen gesellen; er wollte ein für allemal das endlose Leid in diesem *toubob*-Land hinter sich bringen, diesen Gestank, der einem den Atem benahm. Er kochte vor Wut bei dem Gedanken, daß die *toubobs*, anstatt ihn niederzuschlagen wie einen Mann, ihn nackt ausgezogen hatten. Wenn er wieder bei Kräften war, würde er Rache nehmen – und er würde wieder fliehen. Oder sterben.

KAPITEL 48

Als Kunta endlich seine Hütte verließ, wiederum mit Fußfesseln, gingen ihm die meisten Schwarzen aus dem Weg, wobei sie ängstlich mit den Augen rollten, als wäre er ein wildes Tier. Nur die alte Köchin und der alte Mann, der das Horn blies, sahen ihn an.

Samson war nirgendwo zu erblicken. Kunta hatte keine Ahnung, was aus ihm geworden war, aber er war fort. Ein paar Tage später sah er den verhaßten Schwarzen jedoch wieder, gezeichnet mit den Striemen von Peitschenhieben. Das war Kunta eine Genugtuung. Doch beim geringsten Anlaß biß die Peitsche des Aufsehers wieder in seinen Rücken.

Man ließ ihn jetzt nicht mehr aus den Augen. Er gehorchte widerspruchslos jedem Befehl. War ein Tag um, verkroch er sich niedergeschlagen in die armselige kleine Hütte, in der er schlief.

Einsam wie er war, hielt Kunta Selbstgespräche, manchmal stumm, gelegentlich auch laut. »Fa«, sagte er beispielsweise, »diese Schwarzen hier sind nicht wie wir. Ihre Knochen, ihre Sehnen, ihre Hände, ihre Füße sind nicht ihr eigen. Sie leben und atmen nicht für sich, sondern für die *toubobs*. Auch gehört ihnen nichts, nicht einmal die eigenen Kinder. Sie werden für andere gesäugt und gepflegt und großgezogen.«

Er sagte: »Mutter, diese Frauen hier tragen Tücher auf den Köpfen, aber wissen sie nicht richtig zu binden; fast alles, was sie kochen, enthält Fleisch oder Fett vom unreinen Schwein; und viele von ihnen haben bei *toubobs* gelegen, denn ihre Kinder sind mit der *sasso-borro*-Mischfarbe geschlagen.«

Und seinen Brüdern Lamin, Suwada und Madi versicherte er, selbst der weiseste der Ältesten wisse nicht, daß das bösartigste aller wilden Tiere nicht halb so gefährlich sei wie die *toubobs*.

So vergingen die Monde. Die Zapfen aus »Eis« fielen herab und schmolzen, grünes Gras sproß aus dunkelroter Erde, Bäume zeigten Knospen, Vögel begannen zu singen. Und dann kam das Pflügen der Felder und das Pflanzen der endlosen Saatreihen. Schließlich erhitzte die Sonne den Boden so sehr, daß er Kunta unter den Füßen brannte.

Kunta hoffte, daß seine Wärter abermals sorglos werden und nicht mehr auf ihn achten würden, spürte jedoch, daß die Schwarzen ihn beobachteten, wenn der Aufseher und andere *toubobs* nicht in der Nähe waren. Es galt jetzt, ihre Aufmerksamkeit einzuschläfern. Vielleicht konnte er sich den Umstand zunutze machen, daß *toubobs* die Schwarzen nicht als Menschen, sondern als Dinge betrachteten. Er beschloß, sich so unauffällig wie möglich zu verhalten.

Obwohl er sich dafür verachtete, zwang sich Kunta dazu, in Gegenwart der *toubobs* so zu tun wie die anderen Schwarzen. Zwar brachte er es nicht über sich, zu grinsen und zu katzbuckeln, doch er zeigte sich willig, sogar eifrig. Er hatte inzwischen weitere Wörter der *toubob*-Sprache gelernt und hörte stets aufmerksam zu, wenn in seiner Nähe gesprochen wurde, draußen auf dem Feld wie auch abends bei den Hütten. Zwar sprach er selber nichts, machte aber deutlich, daß er vieles verstehen konnte.

Die Baumwolle wuchs schnell hier im Land der *toubobs*. Bald waren ihre Blüten zu harten grünen Kapseln geworden und aufgeplatzt, gefüllt mit flauschigen Kugeln. Die Felder waren, so weit Kuntas Blick reichte, ein einziges, endloses Meer von Weiß. Die Felder von Juffure hätten sich daneben wie kleine Beete ausgenommen. Zur Erntezeit blies das Horn früher als sonst, und die Peitsche des Aufsehers knallte schon, wenn die »Sklaven«, wie sie genannt wurden, noch auf ihrem Lager ruhten.

Kunta merkte bald, daß der lange Leinwandsack, der sich langsam mit der Baumwolle füllte, die er in endloser Folge handvollweise aus den Kapseln pflückte, ihn weniger drückte, wenn er ihn in gebückter Haltung hinter sich herschleifen ließ. War der Sack voll, zerrte er ihn zu dem Wagen, der am Ende der Reihe wartete. Kunta füllte diesen Sack zweimal am Tag, was ungefähr dem Durchschnitt entsprach; allerdings pflückten einige die Baumwolle so schnell, daß ihre Hände dabei förmlich zu flattern schienen; wenn abends das Horn blies, waren ihre Säcke mindestens dreimal in den Wagen entleert worden, und dafür wurden sie von den anderen gehaßt und beneidet. Beladene Baumwollwagen rollten zurück zur Pflanzung, doch die Wagen mit Tabak, der auf benachbarten Feldern geerntet wurde, fuhren an einen unbekannten, entfernten Bestimmungsort. Vier Tage vergingen, bis so ein Wagen leer zurückkam. Kunta sah auch Tabakwagen von anderen Pflanzungen die Hauptstraße entlangrollen, manche von vier Mauleseln gezogen. Er wußte nicht, wohin die Wagen fuhren, nur, daß sie einen langen Weg zurücklegten, denn er sah, wie erschöpft Samson und andere Fahrer bei der Rückkehr von einer solchen Fahrt waren.

Vielleicht fuhren sie weit genug, ihn in die Freiheit zu bringen! Dieser Gedanke erregte Kunta so sehr, daß er während der nächsten Tage innerlich keine Ruhe fand. Sich auf einem Wagen der eigenen Farm zu verstekken war ausgeschlossen, das konnte nicht unbemerkt bleiben. Es mußte schon ein Wagen sein, der, von einer anderen Farm kommend, die große Straße entlangrollte. Abends, auf dem Weg zur Latrine, kam Kunta an eine Stelle, von der aus er die große Straße im Mondlicht liegen sah. Ja, tatsächlich – die *toubob*-Wagen fuhren auch bei Nacht. Die flackernden Lampen der Wagen wurden kleiner, bis sie schließlich in der Ferne verschwanden. Kunta konzentrierte sich nun ganz auf seinen Plan, und nichts, was die Tabakwagen betraf, entging seinen Blicken. Beim Pflücken der Baumwolle flogen seine Hände geradezu, und er zwang sich sogar zu grinsen, wenn der Aufseher vorbeiritt. Dabei malte er sich aus, wie er nachts auf einen beladenen Wagen springen und sich unter dem Tabak verbergen würde, ohne daß die Kutscher etwas merkten, geschützt durch die Dunkelheit und die bergehoch getürmten Tabakblätter. Er dachte voller Abscheu daran, daß er die heidnische Pflanze berühren und riechen mußte, der er bisher immer aus dem Weg gegangen war, doch wenn er anders nicht entfliehen konnte, würde Allah ihm wohl vergeben.

KAPITEL 49

Eines Abends erlegte Kunta hinter der Latrine mit einem Stein eines der Kaninchen, von denen es im nahen Wald wimmelte. Er schnitt das Fleisch sorgfältig in Streifen und trocknete es, wie er es im *jujuo* gelernt hatte, denn er mußte auf der Flucht zu essen haben. Danach schliff er mit einem glatten Stein die rostige Messerklinge, die er gefunden hatte, und befestigte sie mit Draht in einem Holzgriff. Wichtiger aber noch als Nahrung und Messer war der Talisman, den er gemacht hatte – eine Hahnenfeder, die die Geister anzog, ein Pferdehaar, das Kraft, und eine Vogelschwinge, die Erfolg verlieh –, alles fest mit einem Dorn in Sackleinwand genäht. Er wünschte, sein Talisman wäre von einem heiligen Mann gesegnet worden, doch auch ein ungesegneter Talisman war besser als gar keiner.

Er tat kein Auge zu, war bei der Arbeit auf dem Feld am nächsten Tag aber keineswegs müde, sondern hatte eher Mühe, seine Erregung zu verbergen, denn heute nacht würde *die* Nacht sein. Nach dem Abendessen in die Hütte zurückgekehrt, schob er mit zitternden Händen Messer und Dörrfleisch in die Tasche und band den Talisman fest um den rechten Oberarm. Das allabendliche Schwatzen und Singen der Schwarzen dünkte ihn unerträglich; jeder Augenblick konnte ein neues Ereignis bringen, das seinen Plan vereitelte. Endlich gingen die Baumwollpflücker zur Ruhe. Kunta wartete, bis alle schliefen.

Dann schlich er in die Nacht hinaus, und als er merkte, daß niemand ihn beobachtete, rannte er gebückt davon, so schnell er konnte, einem Gebüsch zu, gleich unterhalb der Stelle, wo die große Straße einen Bogen machte. Er kauerte sich keuchend hin. Wenn nun heute nacht kein Wagen mehr kam? Dieser Gedanke durchzuckte ihn wie ein Blitz. Und dann eine noch schlimmere, fast lähmende Angst: wenn nun der zweite Fuhrknecht hinten auf dem Wagen saß? Doch dieses Risiko mußte er auf sich nehmen.

Er hörte einen Wagen kommen, Minuten bevor er sein flackerndes Licht sah. Die Zähne zusammengebissen, alle Muskeln bebend angespannt, fühlte Kunta sich schwach werden. Doch da war der Wagen neben ihm angelangt und fuhr langsam vorüber. Zwei nur undeutlich erkennbare Gestalten saßen vorn auf dem Kutschbock. Kunta hätte schreien mögen, als er aus dem Gestrüpp hervorstürzte. Gebückt hinter dem knarrenden, schwankenden Wagen herlaufend, wartete er eine holprige Stelle ab, griff nach dem hinteren Wagenbrett, zog sich hinauf und in den Tabakberg hinein. Er hatte es geschafft!

Er wühlte sich in den Tabak hinein. Die Blätter waren viel fester gepackt, als er erwartet hatte, doch schließlich gelang es. Er bohrte ein Luftloch, um freier atmen zu können – von dem Geruch des unreinen Krautes wurde ihm fast übel –, und räkelte sich noch eine Weile hin und her, bis er die richtige Lage gefunden hatte. Die Weichheit des Polsters, das Schaukeln des Wagens und die Wärme der Blätter machten ihn bald schläfrig.

Heftiges Stoßen der Räder weckte ihn nach einer Weile. Würde man ihn entdecken? Wohin fuhr der Wagen überhaupt, und wie lange brauchte er bis zu seinem Ziel? Und würde er Gelegenheit haben, unbemerkt abzuspringen? Oder saß er dann wieder in der Falle? Warum hatte er daran nicht früher gedacht? Kunta sah Hunde vor sich und Samson und die *toubobs* mit ihren Gewehren, und ihn schauderte. Diesmal stand sein Leben auf dem Spiel, falls man ihn erwischte, das war gewiß.

Je intensiver er das bedachte, desto stärker wurde in ihm der Drang, möglichst bald abzuspringen. Er schob die Tabakblätter auseinander und streckte den Kopf hinaus: er sah nur endlose flache Felder. Nein, noch ging es nicht. Das helle Mondlicht würde seinen Verfolgern ebenso hilfreich sein wie ihm. Und je weiter er auf dem Wagen mitfuhr, desto unwahrscheinlicher wurde es, daß die Hunde ihn aufspürten. Er stopfte das Guckloch wieder zu und versuchte, sich zu beruhigen, doch jedesmal, wenn der Wagen stark schwankte, fürchtete Kunta, man könnte anhalten, und dann klopfte ihm das Herz im Halse.

Als er eine ganze Weile später abermals hinausspähte, sah er, daß der Morgen nicht mehr fern war. Da faßte er einen Entschluß: er mußte vor Tagesanbruch abspringen. Nach einem stummen Gebet zu Allah packte er den Griff seines Messers und wühlte sich aus seinem Versteck heraus. Er wartete, bis der Wagen wieder einmal stark holperte und schwankte, sprang ab und stand auf der Straße. Einen Augenblick später schon war er im Gebüsch verschwunden.

Kunta schlug einen weiten Bogen um zwei *toubob*-Farmen, deren vertraute Gebäude – großes, weißes Haus, kleine dunkle Hütten in der Nähe – er im Zwielicht erkennen konnte. Der Klang ihrer Weckhörner trieb durch die stille Luft zu ihm hinüber, und als es hell wurde, bahnte er sich durch Unterholz seinen Weg immer tiefer in einen großen Wald hinein. Es war kühl hier, und der Tau, der ihn benetzte, fühlte sich gut an. Er schwang sein Messer, als wäre es gewichtslos, und stieß bei jedem Hieb vor Freude Knurrlaute aus. Am frühen Nachmittag gelangte er an einen Bach. Klares Wasser sprudelte über moosbewachsene Steine, und Frösche hüpften erschreckt zur Seite, als er stehenblieb, um aus der hohlen Hand zu trinken. Nachdem er sich umgeblickt hatte, glaubte er, hier eine Weile ausruhen zu können; er ließ sich an der Bachböschung nieder, zog ein Stück gedörrtes Kaninchenfleisch hervor, ließ es vom Wasser des Baches umspülen, steckte es in den Mund und kaute daran. Die Erde unter ihm war weich und federnd, und die einzigen Geräusche, die er hörte, kamen von Fröschen, Insekten und Vögeln. Er lauschte diesen Geräuschen, während er aß, und sah, wie die Sonne das Gezweig über ihm golden färbte. Ein wahres Glück, daß er diesmal nicht unaufhörlich laufen mußte!

Nachmittags und auch noch nach der Unterbrechung für das Abendgebet wanderte er weiter, bis Dunkelheit und Müdigkeit ihn zwangen, sich niederzulegen. Auf seinem Lager aus Laub und Gras ruhend, nahm er sich vor, später einen Unterschlupf aus gegabelten Zweigen und einem Dach aus Gras zu bauen, wie er es im *jujuo* gelernt hatte. Der Schlaf kam schnell, doch mehrmals in der Nacht weckten ihn Stechmücken; auch hörte er das Fauchen jagender Tiere.

Beim ersten Sonnenlicht war Kunta schon wieder auf den Beinen und wanderte weiter, nachdem er sein Messer frisch geschliffen hatte. Bald stieß er auf einen Weg, und obwohl er erkannte, daß der seit langem nicht mehr begangen worden war, flüchtete er in den Wald zurück.

Tiefer und tiefer bahnte er sich mit dem Messer einen Weg in den Wald hinein. Mehrmals sah er Schlangen, aber auf der *toubob*-Pflanzung hatte er beobachtet, daß sie nur angriffen, wenn sie sich bedroht fühlten, und so ließ er sie davonhuschen. Ab und zu glaubte er, Hunde bellen zu hören, und dann erschauerte er, denn noch mehr als Menschen fürchtete er die Nasen von Hunden.

Mehrmals geriet Kunta in Unterholz, wo ihm sein Messer nicht mehr half, so daß er umkehren und sich einen anderen Weg suchen mußte. Zweimal hielt er inne, um das Messer zu schärfen, das immer schneller stumpf zu werden schien, doch als das Schärfen nichts mehr nützte, begriff er, daß das ständige Hauen nach Dornsträuchern, Büschen und Ranken ihn geschwächt hatte. Und so machte er denn wiederum Rast, aß Kaninchenfleisch und wilde Brombeeren und trank dazu Wasser, das er in schalenförmigen Blättern am Fuß von Bäumen fand. Die Nacht verbrachte er an einem anderen Bach, und diesmal störten ihn weder jagende Tiere noch Nachtvögel und auch nicht die Stiche von Insekten, die sein schweißnasser Körper anlockte.

Erst am nächsten Morgen begann Kunta zu überlegen, wo er eigentlich hin wollte. Das hatte er bis jetzt absichtlich nicht getan. Er ahnte nicht, wo er sich befand; er hielt es für das Beste, die Nähe von Menschen, Schwarzen wie *toubobs*, zu meiden und Richtung Sonnenaufgang zu wandern. Die Landkarten von Afrika, die er als Junge gesehen hatte, zeigten das große Meer im Westen, folglich würde er es einmal erreichen, wenn er sich in östlicher Richtung hielt. Doch als er sich vorzustellen versuchte, wie er das große Meer überqueren wollte, selbst wenn er ein Boot fand, da bekam er es mit der Angst. Im Weitergehen betete er mehrmals und tastete immer wieder nach dem Talisman an seinem Arm.

Als er nachts unter einem Busch verborgen lag, mußte er an den Helden der Mandinkas denken, an Sundiata, den verkrüppelten Sklaven, den sein schwarzer Herr so übel behandelte, daß er floh und sich in den Sümpfen verbarg, wo er auf andere entflohene Sklaven stieß, aus denen er eine Kriegerschar bildete, mit der er dann das große Mandinkareich gründete. Vielleicht, so dachte Kunta, als er an diesem vierten Tag morgens aufbrach, finde ich irgendwo hier in diesem *toubob*-Land andere geflohene Afrikaner, und vielleicht haben sie die gleiche Sehnsucht nach Afrika wie ich. Wenn wir zahlreich genug sind, können wir vielleicht einen großen Kahn bauen oder stehlen, und dann ...

Kuntas Zukunftsträume wurden jäh durch ein schreckliches Geräusch unterbrochen. Sein Schritt stockte. Nein, das war unmöglich! Und doch, es gab keinen Zweifel: das war Hundegebell. Verzweifelt hieb er auf das Buschwerk ein, stolperte vorwärts, stürzte, raffte sich wieder auf. Bald war er so müde, daß er einfach liegenblieb, den Messergriff umklammerte und lauschte. Doch jetzt hörte er nichts – nichts als das Zwitschern der Vögel und das Summen der Insekten.

Hatte er wirklich Hunde gehört? Der Gedanke quälte ihn. Er wußte nicht, wer sein schlimmster Feind war: die *toubobs* oder seine Phantasie. Er konnte sich die bequeme Annahme nicht leisten, er habe die Hunde gar nicht gehört, und so rannte er weiter, weil darin seine einzige Sicherheit lag. Doch bald – erschöpft nicht nur vom langen, schnellen Laufen, sondern auch von der Angst – mußte er sich wieder ausruhen. Nur ein paar Minuten wollte er die Augen schließen und dann gleich weiterrennen.

Er wachte in Schweiß gebadet auf und fuhr hoch. Es war pechschwarze Nacht! Er hatte den Tag verschlafen. Kopfschüttelnd fragte er sich, was ihn wohl aufgeweckt hatte, und da hörte er es: Hundegebell! Er sprang so unvermittelt davon, daß ihm erst einige Augenblicke später sein Messer einfiel, das er hatte liegen lassen. Er stürzte zu der Stelle zurück, wo er geschlafen hatte, doch obwohl er wußte – eine Gewißheit, die ihn rasend machte! –, daß das Messer höchstens eine Armlänge entfernt irgendwo lag, konnte er es trotz allen Tastens und Wühlens nicht finden.

Als das Bellen lauter wurde, wollte sich ihm der Magen umdrehen. Er wußte, wenn er das Messer nicht fand, würde er wieder eingefangen werden – und wahrscheinlich noch Schlimmeres erleben. Verzweifelt auf dem Boden umherfühlend, fand er schließlich einen Stein von der Größe seiner Faust. Mit einem leisen Aufschrei packte er ihn und sprang in dichteres Gebüsch.

Die ganze Nacht hindurch rannte er wie ein Besessener immer tiefer in den Wald hinein – stolpernd, fallend, die Füße von Ranken umschlungen, nur für Augenblicke stehenbleibend, um Atem zu schöpfen. Aber die Hunde kamen immer näher, und endlich, kurz nach Morgengrauen, sah er sie, als er einen Blick über die Schulter warf. Es war wie ein Alptraum, der sich wiederholte. Er konnte nicht weiterlaufen. Er drehte sich um und nahm mit dem Rücken zu einem Baum auf einer kleinen Lichtung kauernde Abwehrhaltung ein – mit der rechten Hand einen dicken Ast umklammernd, den er von einem anderen Baum abgerissen hatte, in der linken den Steinbrocken.

Die Hunde sprangen Kunta an, doch er hieb mit dem Knüttel so wild nach ihnen, daß sie zurückwichen und sich bellend und geifernd gerade außerhalb seiner Reichweite duckten, bis zwei *toubobs* auf ihren Pferden erschienen.

Kunta hatte diese Männer noch nie gesehen. Der Jüngere hob sein Gewehr, doch der Ältere winkte ab, stieg vom Pferd und ging auf Kunta zu. Dabei entrollte er gemächlich eine lange schwarze Peitsche.

Kunta blickte wild um sich, er zitterte am ganzen Körper, und blitzartig erschienen vor ihm die Gesichter aller *toubobs*, die ihm begegnet waren – in Afrika, auf dem großen Kahn, in dem Gefängnis, an dem Ort, wo er verkauft worden war, auf der heidnischen Farm, im Wald, wo man ihn dreimal eingefangen, geschlagen, ausgepeitscht und auf ihn geschossen hatte. Als der Arm des *toubob* mit der Peitsche ausholte, schleuderte Kunta mit aller Kraft den Stein und ließ sich zur Seite fallen.

Er hörte den *toubob* brüllen, dann zischte eine Kugel an seinem Ohr vorbei, und die Hunde waren über ihm. Während er sich auf dem Boden wälzte und nach den Hunden trat, sah er das Gesicht des einen *toubob* blutüberströmt. Kunta fauchte wie ein wildes Tier, als sie die Hunde zurückriefen und mit ihren Gewehren auf ihn zukamen. Er las auf ihren Gesichtern, daß er jetzt sterben würde, und es war ihm gleichgültig. Der eine sprang vor und packte ihn, während der andere mit dem Gewehr zuschlug, und sie brauchten alle ihre Kräfte, um ihn zu bändigen. Er wehrte sich aus Leibeskräften, er stöhnte und schrie auf arabisch und auf Mandinka. Sie schlugen ihn zusammen, schleppten ihn zu einem Baum, rissen ihm die Kleider herunter und banden ihn an den Stamm. Er bereitete sich darauf vor, totgeschlagen zu werden.

Doch da hielt der *toubob* mit dem blutenden Gesicht plötzlich inne, und ein merkwürdiger Blick, fast ein Lächeln, trat auf sein Gesicht. Er sagte einige kurze, rauhe Worte zu dem Jüngeren. Dieser grinste und nickte, ging dann zu seinem Pferd und holte ein Jagdbeil, das am Sattel festgeschnallt war. Er hieb einen morschen Baumstamm um und zog ihn zu Kunta hinüber.

Der mit dem blutenden Gesicht deutete auf Kuntas Geschlechtsteile, dann auf das Jagdmesser in seinem Gürtel. Dann zeigte er auf Kuntas Fuß und dann auf das Beil in seiner Hand. Als Kunta begriff, heulte er auf und trat um sich – und wurde wieder geschlagen. Etwas sagte ihm unüberhörbar, daß ein Mann, um Mann zu sein, Söhne haben müsse, und er tastete nach seinem Unterleib, um seinen *foto* zu schützen. Die beiden *toubobs* grinsten böse.

Der eine schob den Stamm unter Kuntas rechten Fuß, während der andere den Fuß so fest an den Stamm band, daß Kunta ihn nicht befreien konnte. Der *toubob* mit dem blutenden Gesicht ergriff das Beil. Kunta schrie und zerrte an seinen Fesseln, als das Beil blitzend in die Höhe fuhr und dann so schnell herabsauste, Haut, Sehne, Muskeln trennend, daß er noch den dumpfen Einschlag der Klinge im Stamm hörte. Der Schmerz schoß ihm in den Kopf, sein Oberkörper sank nach vorn, die Hände zuckten, als wollten sie die vordere Hälfte des Fußes retten, die schon am Boden lag. Blut schoß aus dem Stumpf, und alles um ihn her wurde schwarz.

KAPITEL 50

Fast den ganzen Tag hindurch wechselten Ohnmachten mit Wachsein. Kunta hielt die Augen geschlossen, seine Gesichtsmuskeln waren schlaff, Speichel rann aus einem Mundwinkel. Schmerzen im Kopf, im Körper und vor allem in seinem rechten Bein sagten ihm, daß er noch lebte, und schon sah er wieder ganz deutlich das zornrote, verzerrte *toubob*-Gesicht hinter dem blitzenden Beil, hörte das dumpfe Geräusch, mit dem die Klinge in den Baumstamm fuhr, sah den abgehackten halben Fuß am Boden liegen. Gleich umfing ihn wieder barmherzige Dunkelheit.

Als er das nächstemal die Augen aufschlug, fiel sein Blick auf Spinnweben an der Decke. Nach einer Weile gelang es ihm, sich ein wenig zu bewegen, und dabei stellte er fest, daß er ans Bett gebunden war. Sein rechter Fuß und sein Kopf wurden allerdings von Polstern gestützt, und er trug eine Art Kittel. In der Hütte roch es nach Teer. Er hatte geglaubt, schon alle Leiden erfahren zu haben, doch war das offenbar ein Irrtum gewesen.

Gerade murmelte er ein Gebet zu Allah, als die Tür der Hütte aufgestoßen wurde; er verstummte sofort. Ein großer *toubob*, den er noch nicht gesehen hatte, kam herein. Er trug eine kleine schwarze Tasche und machte ein wütendes Gesicht, doch schien seine Wut sich nicht gegen Kunta zu richten. Der *toubob* verscheuchte die summenden Fliegen und bückte sich über Kuntas Bein. Kunta konnte nur seinen Rücken sehen. Der *toubob* machte etwas an seinem Stumpf. Es tat so weh, daß Kunta jammerte wie eine Frau und sich aufbäumte. Endlich wandte der *toubob* ihm das Gesicht zu; er legte seine Hand auf Kuntas Stirn, ergriff sein Handgelenk und hielt es eine ganze Weile fest. Dann erhob er sich, beobachtete Kuntas verzerrtes Gesicht und rief: »Bell!«

Eine schwarzhäutige Frau, klein, aber kräftig, mit ernstem, doch nicht abweisendem Gesicht kam herein und brachte Wasser in einem Blechbehälter. Irgendwie kam sie Kunta bekannt vor, er meinte, sie schon einmal in einem Traum gesehen zu haben, wie sie sich zu ihm hinunterbeugte und ihm zu trinken gab. Der *toubob* sprach freundlich mit ihr, während er etwas aus der schwarzen Tasche nahm und in einem Becher mit Wasser verrührte. Dann sagte er etwas, die schwarze Frau kniete hin und hob mit einer Hand Kuntas Kopf, während sie ihm mit der anderen den Becher an die Lippen hielt. Kunta trank – er war zu krank und zu schwach, um Widerstand zu leisten.

Er konnte gerade den dicken Verband um seinen Stumpf erkennen; das Tuch war rostrot von getrocknetem Blut. Er erschauerte, wollte aufspringen, aber seine Muskeln versagten ihm den Dienst, und er schluckte das übelschmeckende Zeug. Die schwarze Frau ließ seinen Kopf wieder langsam zurücksinken, der *toubob* sagte noch etwas zu ihr, sie erwiderte, und dann gingen beide hinaus.

Kunta sank sogleich in tiefen Schlaf. Als er das nächstemal die Augen aufschlug, es war spät in der Nacht, wußte er nicht, wo er war. Der Stumpf brannte wie Feuer; er wollte das Bein heben und schrie vor Schmerz. In der Dunkelheit sah er eine wirre Folge undeutlicher Bilder, in die er keine Ordnung bringen konnte. Binta erschien, und er sagte ihr, er sei verletzt, sie solle sich aber keine Sorgen machen, denn er werde so bald wie möglich nach Hause kommen. Dann sah er hoch am Himmel einen Schwarm Vögel, deren einer von einem Pfeil getroffen wurde. Er spürte, wie er fiel, er schrie und griff verzweifelt ins Nichts.

Als Kunta das nächstemal aufwachte, hatte er das sichere Gefühl, daß mit seinem Fuß etwas Schreckliches geschehen war; oder war es ein Alptraum gewesen? Er wußte nur, daß er sehr krank war. Die ganze rechte Seite war taub; seine Kehle war trocken; seine ausgedörrten Lippen waren vom Fieber rissig; er lag in Schweiß gebadet, und der Schweiß roch übel. War es denkbar, daß ein Mensch dem anderen den Fuß abhackte? Dann sah er wieder den *toubob*, der auf seinen Fuß und seine Geschlechtsteile deutete, und den gräßlichen Ausdruck auf diesem Gesicht. Wut packte ihn, und er zwang sich, die Zehen zu krümmen. Da überflutete ihn eine Welle des Schmerzes. Er lag still und wartete darauf, daß der Schmerz nachlassen würde, aber vergeblich. Seine Lage war unerträglich, und doch ertrug er sie. Er wünschte, der *toubob* möchte wiederkommen mit der Arznei, die seine Schmerzen gelindert hatte, und verachtete sich dafür.

Wieder und wieder versuchte er, die Hände aus den Fesseln zu befreien – es nützte nichts. Er wand sich und stöhnte. Etwas später erschien wieder die schwarze Frau in der Hütte. Das gelbliche Licht einer Laterne flakkerte über ihr Gesicht. Sie suchte sich ihm mit Wörtern und Gesten verständlich zu machen. Sie stellte jemanden dar, der einem stöhnenden Menschen zu trinken gibt, worauf dieser erleichtert lächelt, als fühle er sich wohler. Kunta war klar, daß sie ihm zu verstehen geben wollte, der große *toubob* sei ein Medizinmann, doch ließ er es sich nicht anmerken.

Achselzuckend setzte sie sich auf sein Lager und drückte ihm ein feuchtes, kühlendes Tuch auf die Stirn. Er blieb ablehnend. Dann bedeutete sie ihm, daß sie gleich seinen Kopf anheben werde, damit er ein wenig von der Suppe trinken könne, die sie gebracht hatte. Er schlürfte die Suppe und beobachtete dabei haßerfüllt ihre befriedigte Miene. Später bohrte sie ein kleines Loch in die festgestampfte Erde, stellte ein langes, rundes, wächsernes Ding hinein und zündete am oberen Ende den Docht an. Stumm gestikulierend fragte sie, ob er noch etwas brauche, doch er funkelte sie nur an, und da ging sie.

Kunta starrte in die Flamme und versuchte nachzudenken. Die Flamme erlosch bald. Ihm fiel ein, wie er und die anderen geplant hatten, die *toubobs* auf dem großen Kahn zu töten, und er sehnte sich danach, ein Krieger zu sein und mit jedem Streich einen *toubob* zu erschlagen. Doch fürchtete er plötzlich, selber zu sterben, obwohl er dann für immer und ewig bei Allah sein würde; schließlich war noch niemand von dort zurückgekehrt, um zu berichten, wie es bei Allah war – wie auch niemand in sein Dorf zurückgekehrt war, um zu berichten, wie es bei den *toubobs* war.

Als Bell das nächstemal kam, blickte sie besorgt in Kuntas blutunterlaufene gelbliche Augen, die noch tiefer in das fiebrige Gesicht gesunken waren. Er lag zitternd und ächzend da, hagerer als vor einer Woche, da man ihn gebracht hatte. Sie ging wieder hinaus, kam aber bald zurück mit dikken Tüchern, zwei dampfenden Töpfen und zwei Decken. Mit raschen Bewegungen, ja, geradezu verstohlen, legte sie auf Kuntas nackte Brust einen dampfenden Umschlag aus gekochten Blättern, der säuerlich roch und so heiß war, daß Kunta stöhnte und ihn abschütteln wollte. Bell drückte ihn aber sehr bestimmt aufs Lager. Dann tauchte sie Tücher in die dampfenden Töpfe, wrang sie aus, legte sie über den Umschlag und deckte Kunta mit den beiden Decken zu.

Sie blieb bei ihm und sah zu, wie der Schweiß in kleinen Rinnsalen auf den Boden tropfte. Mit einem Zipfel ihrer Schürze tupfte sie ab, was ihm in die Augen laufen wollte, und schließlich lag er völlig schlaff da. Erst als die Tücher auf seiner Brust kaum noch warm waren, entfernte sie sie, wischte ihm die Brust ab, bis nichts mehr von dem Umschlag zu sehen war, deckte ihn wieder zu und ging.

Beim nächsten Erwachen war Kunta zu schwach, die kleinste Bewegung zu machen. Ihm war, als müsse er unter den Decken ersticken. Aber er wußte – ohne dabei Dankbarkeit zu empfinden –, daß die Macht seines Fiebers gebrochen war.

Während er so dalag, fragte er sich, woher die Frau wohl ihre Heilkenntnisse hatte? So war er in seiner Kindheit von Binta behandelt worden, mit Pflanzen und Kräutern nach uralten Rezepten. Und damit, daß diese Schwarze hier den Blätterumschlag so verstohlen aufgelegt hatte, wollte sie ihm wohl zu verstehen geben, daß das keine *toubob*-Medizin war. Nicht nur wußte der *toubob* nichts davon, er durfte auch nichts davon erfahren, das war Kunta klar. Und er rief sich das Gesicht der schwarzen Frau ins Gedächtnis zurück. Wie hatte der *toubob* sie genannt? »Bell.«

Widerstrebend gestand er sich ein, daß diese Frau sehr wohl eine Mandinka hätte sein können. Er versuchte, sich vorzustellen, wie sie in Juffure *kouskous* stampfte, wie sie im Einbaum auf dem *bolong* paddelte, wie sie die Reisernte auf dem Kopf heimtrug. Doch dann schalt sich Kunta sogleich dafür – lächerlich, diese heidnischen, ungläubigen Schwarzen hier im *toubob*-Land mit seinem Dorf in Verbindung zu bringen!

Seine Schmerzen ließen nach, schlimm war es nur, wenn er sich bei dem Versuch, seine Lage zu ändern, gegen die Fesseln aufbäumte. Doch die

Fliegen quälten ihn sehr, die um seinen Stumpf schwirrten, und gelegentlich machte er mit dem Bein einen Versuch, sie zu verscheuchen.

Kunta fragte sich nun, wo er wohl sei? Er war nicht nur nicht in seiner alten Hütte, den Geräuschen von draußen und den Stimmen der vorübergehenden Schwarzen entnahm er auch, daß man ihn auf eine andere Pflanzung gebracht hatte. Er roch, was die Schwarzen hier kochten, hörte sie abends singen und beten, hörte das Horn.

Und jeden Tag kam der große *toubob* zu ihm in die Hütte und tat jedesmal seinem Fuß weh, wenn er den Verband wechselte. Bell brachte ihm dreimal am Tag zu essen und zu trinken, dazu ein Lächeln und eine Hand, die sich mitfühlend auf seine Stirn legte. Er mußte sich immer wieder vor Augen halten, daß diese Schwarzen nicht besser waren als die *toubobs*.

Diese Schwarze und *dieser toubob* mochten nichts Böses mit ihm vorhaben – obwohl man das jetzt noch nicht sagen konnte –, aber Samson, der ihn fast zu Tode geprügelt hatte, war ein Schwarzer gewesen, und *toubobs* hatten ihn ausgepeitscht, angeschossen und ihm den halben Fuß abgehackt. Je mehr er zu Kräften kam, desto größer wurde sein Zorn darüber, daß er hier hilflos liegen mußte, unfähig, sich zu bewegen, er, der doch siebzehn Regen lang hatte laufen, springen und klettern können, wohin er wollte. Es war unbegreiflich und unerträglich!

Als der große *toubob* Kuntas Handgelenke losgebunden hatte, verbrachte er die nächsten Stunden mit dem vergeblichen Versuch, die Arme zu heben – sie wollten einfach nicht. Grimmig entschlossen lenkte er alle Kraft in seine Arme, krümmte immer wieder die Finger und ballte sie zu Fäusten, bis er endlich die Arme heben konnte. Sodann versuchte er, sich auf den Ellenbogen zu stützen, und als ihm das gelungen war, verbrachte er Stunden damit, in dieser Haltung den Verband über seinem Stumpf zu betrachten. Der dünkte ihn so dick wie ein Kürbis, wenn er auch nicht mehr so blutig war wie die früheren Verbände, die er den *toubob* hatte abnehmen sehen. Als er dann versuchte, das rechte Knie zu beugen, konnte er den Schmerz nicht aushalten.

Er ließ Wut und Verzweiflung an Bell aus, indem er sie auf Mandinka beschimpfte und den Becher hinwarf, nachdem er getrunken hatte. Erst später wurde ihm bewußt, daß er dabei zum erstenmal im Land der *tou-*

bobs laut zu jemandem gesprochen hatte. Und noch wütender wurde er bei der Erinnerung daran, daß sie ihn trotz alledem freundlich angesehen hatte.

Eines Tages – Kunta war seit fast drei Wochen an diesem Ort – bedeutete ihm der *toubob*, sich aufzusetzen, als er den Verband abnahm. Kunta sah, daß das Tuch von einer klebrigen, gelblichen Flüssigkeit durchtränkt war. Er mußte die Zähne zusammenbeißen, als der *toubob* den letzten Fetzen entfernte, und er wurde beinahe ohnmächtig, als er den geschwollenen Stumpf erblickte, bedeckt von dickem, bräunlichen Schorf. Kunta hätte aufschreien mögen. Der *toubob* streute etwas auf die Wunde, legte einen neuen, nur lockeren Verband an, griff nach seiner schwarzen Tasche und ging schnell hinaus.

Während der nächsten zwei Tage wiederholte Bell das, was der *toubob* gemacht hatte, und sprach dabei leise zu Kunta, wenn der sich krümmte und abwandte. Als der *toubob* am dritten Tag wiederkam, tat Kuntas Herz einen Satz: der *toubob* hatte zwei dicke Stöcke mit gegabeltem Oberteil bei sich, wie sie auch in Juffure von Invaliden benutzt worden waren. Er zeigte Kunta, wie er daran umherhumpeln sollte, den rechten Fuß frei über dem Boden schwingend.

Kunta rührte sich erst, als er allein war. Er stand mühsam auf und lehnte sich mit dem Rücken an die Wand der Hütte, bis der pochende Schmerz im Bein nachließ. Schweiß rann ihm übers Gesicht, als er endlich die Gabeln der Stöcke unter die Achseln schob. Schwindelig, schwankend, immer nahe der stützenden Wand gelang es ihm, ein paar unbeholfene, humpelnde Schritte mit seinem nach vorne schwingenden Körper zu machen, wobei ihn der verbundene, pendelnde Fußstumpf immer aus dem Gleichgewicht zu bringen drohte.

Als Bell ihm am nächsten Morgen das Frühstück brachte, sah Kunta ihr an, wie sehr sie sich über die Kratzer freute, die seine Krücken auf dem Boden hinterlassen hatten. Kunta blickte sie finster an, zornig über sich, weil er vergessen hatte, die Spuren fortzuwischen. Er rührte das Essen erst an, als Bell gegangen war, doch dann langte er richtig zu, denn er wußte, daß er jetzt neue Kräfte brauchte. Nach wenigen Tagen schon konnte er mühelos in der Hütte umherhumpeln.

KAPITEL 51

In vielen Dingen unterschied sich diese *toubob*-Pflanzung sehr von der letzten, wie Kunta sah, als er zum erstenmal auf seinen Krücken zur Tür humpeln und hinausschauen konnte. Die Hütten der Schwarzen waren alle sauber geweißt und in gutem Zustand, auch die, in der Kunta sich befand. Er verfügte über einen kleinen Tisch und ein Wandregal mit einem Blechteller, einem Trinkgefäß, einem Löffel und jenen *toubob*-Eßgeräten, deren Namen Kunta inzwischen endlich gelernt hatte: Gabel und Messer; er fand es unklug von den *toubobs*, solche Dinge in seiner Reichweite zu lassen. Er schlief auf einem mit Maisstroh gefüllten Sack. Zu einigen Hütten gehörte sogar ein kleiner Garten, und die dem großen *toubob*-Haus zunächst gelegene Hütte zierte ein buntes, kreisförmiges Blumenbeet. Von seiner Türschwelle aus konnte Kunta jeden sehen, der kam oder ging, und kam jemand in die Nähe, humpelte Kunta rasch in die Hütte und wartete eine Weile, ehe er sich wieder auf die Schwelle wagte.

Die Nase sagte ihm, wo die Latrine war. Er suchte sie möglichst erst auf, wenn die anderen Schwarzen bei der Arbeit auf dem Feld waren, und hinkte anschließend gleich wieder zu seiner Hütte.

Erst nach zwei Wochen unternahm Kunta kleine Erkundungen, auf denen er die Entdeckung machte, daß die Köchin des Sklavenquartiers nicht Bell war, was ihn überraschte. Seit er sich bewegen konnte, brachte ihm Bell das Essen nicht mehr und besuchte ihn auch nicht. Er fragte sich, was aus ihr geworden war – bis er sie eines Tages aus der Hintertür des großen Hauses kommen und zur Latrine gehen sah. Sie kam dicht an ihm vorbei, nahm aber keine Notiz von ihm. Also war sie wie alle anderen; er hatte es ja gewußt. Seltener bekam Kunta den großen *toubob* zu Gesicht, der gewöhnlich in einen kleinen Wagen mit schwarzem Verdeck stieg, der von zwei Pferden gezogen wurde. Auf dem Kutschbock saß ein Neger.

Abends sah Kunta die Feldarbeiter zurückkehren und müde zu ihren Hütten schlurfen. An seine frühere Pflanzung zurückdenkend, fragte er sich, warum diesen Schwarzen nicht ein *toubob* zu Pferde mit Peitsche folgte. Sie gingen an Kunta vorüber, ohne ihm, wie es schien, die geringste Beachtung zu schenken, und verschwanden in ihren Hütten. Bald darauf kamen sie wieder zum Vorschein, die Männer machten sich bei der

Scheune zu schaffen, die Frauen molken Kühe und fütterten Hühner. Kinder schleppten Wasser in Eimern herbei und soviel Brennholz, wie sie auf den Armen tragen konnten; sie wußten offenbar nicht, daß man die doppelte Menge Holz gebündelt auf dem Kopf tragen konnte.

Indes die Tage vergingen, wurde ihm klar, daß diese Schwarzen zwar ein besseres Leben führten als die auf seiner früheren *toubob*-Farm, sich aber genausowenig wie diese bewußt zu sein schienen, daß sie ein verlorener Stamm waren – man hatte ihnen die Selbstachtung offenbar so gründlich ausgeprügelt, daß sie glaubten, ihr Leben müsse so sein, wie es war. Ihnen schien nur daran gelegen, nicht geschlagen zu werden, satt zu essen zu haben und sich irgendwo schlafen legen zu können. In den meisten Nächten lag Kunta, bevor er endlich einschlief, noch lange wach, brennend vor Zorn über das Elend seiner Brüder. Aber sie schienen nicht einmal zu wissen, daß sie im Elend waren. Warum nur grämte er sich darüber, daß sie mit ihrem armseligen Schicksal offenkundig zufrieden waren? Wenn er so dalag, war ihm zumute, als sterbe er mit jedem Tag ein wenig mehr und als müsse er, solange noch ein Funke Lebenswille in ihm war, versuchen, abermals zu fliehen, einerlei, wie es ausgehen mochte. So wie jetzt weiterzuleben war sinnlos. In den zwölf Monden, seit man ihn aus Juffure geraubt hatte, war er um viele Regen gealtert.

Hinzu kam, daß es offenbar keine nützliche Arbeit gab, die Kunta verrichten konnte, obwohl er sich auf seinen Krücken jetzt schon behende umherbewegte. Es gelang ihm, den Eindruck zu erwecken, daß er genügend mit sich selbst beschäftigt war und kein Verlangen nach Gesellschaft hatte. Dabei spürte er, daß die anderen Schwarzen ihm ebensowenig trauten wie er ihnen. Nachts fühlte er sich einsam und bedrückt. Er stierte stundenlang ins Dunkel. Es war, als breite sich eine Krankheit in ihm aus. Verblüfft und beschämt zugleich gestand er sich ein, daß er ein Bedürfnis nach Liebe spürte.

Kunta war zufällig eines Tages im Freien, als der Wagen des großen *toubob* vorfuhr. Neben dem Schwarzen vorn auf dem Bock saß ein Mann von *sasso-borro*-Hautfarbe. Als der *toubob* ausgestiegen und ins Haus gegangen war, fuhr der Wagen noch ein Stück weiter. Kunta sah, wie der Kutscher den Braunen unter den Armen faßte, um ihm beim Absteigen zu helfen, denn eine seiner Hände war in etwas eingepackt, das wie gehärteter weißer Lehm aussah. Der Mann schien eine Verletzung an der Hand zu haben. Mit der gesunden Hand holte der Braune einen merkwürdig geformten dunklen Kasten aus der Kutsche und folgte dann dem Kutscher die Reihe der Hütten entlang bis zu einer am Ende, die leer war, wie Kunta wußte.

Die Neugierde trieb Kunta am Morgen zu dieser Hütte hinaus. Er hatte nicht damit gerechnet, den Braunen gleich hinter der Tür sitzend vorzufinden. Sie sahen einander stumm an. Miene und Augen des Mannes waren ausdruckslos. Und tonlos war auch seine Stimme, als er sagte: »Du bist einer von diesen afrikanischen Niggern.« Kunta verstand das Wort Nigger, das er oft gehört hatte, aber nicht das übrige. So blieb er einfach stehen. »Dann mach, daß du fortkommst!« Kunta hörte die Schärfe des Tones, ahnte die Bedeutung der Worte. Er stolperte beinahe, als er sich auf seinen Krücken umdrehte und wütend und verwirrt zu seiner Hütte zurückhumpelte.

Wenn er künftig an diesen Braunen dachte, wünschte er, er verstünde wenigstens genug von der *toubob*-Sprache, um ihm erwidern zu können: »Zumindest bin ich schwarz und nicht braun wie du!« Von diesem Tag an würdigte Kunta, wenn er draußen war, die Hütte des Braunen keines Blickes mehr. Doch die Neugier ließ ihm keine Ruhe, denn jeden Abend nach dem Essen versammelten sich die meisten anderen Schwarzen dort, und wenn Kunta von seiner Tür aus angestrengt lauschte, konnte er die Stimme des Braunen hören, der fast ununterbrochen redete. Manchmal brachen die anderen in Lachen aus, und ab und zu hörte er, wie sie ihn mit Fragen bestürmten. Wer war nur dieser Mann?

Etwa zwei Wochen später begegnete Kunta dem Braunen vor der Latrine. Der Braune hatte nicht mehr das dicke weiße Zeug um den Arm und hielt in jeder Hand einen Maiskolben. Auf der Latrine gingen Kunta die Schmähworte durch den Kopf, die er ihm gern gesagt hätte. Als er herauskam, stand der Braune noch immer da, ganz ruhig, als wäre nichts zwischen ihnen geschehen. Unablässig die Maiskolben mit den Fingern pressend, bedeutete er Kunta mit einer Kopfbewegung, ihm zu folgen.

Das war so völlig unerwartet – und entwaffnend –, daß Kunta gar nicht zum Nachdenken kam, sondern dem Braunen wortlos zu dessen Hütte folgte. Gehorsam setzte sich Kunta auf den Hocker, auf den der Braune deutete, und sah zu, wie sein Gastgeber sich auf einen anderen Hocker setzte, immer die Maiskolben in Händen. Ob der Braune wohl wußte, daß er mit den Maiskolben hantierte wie ein Afrikaner?

Nach einer Weile nachdenklichen Schweigens begann der Braune zu sprechen: »Es heißt, du bist verrückt? Du hast Glück, daß du noch lebst. Die Weißen hätten dich abmurksen können. Dagegen gibt's kein Gesetz. Genauso wie mir einer die Hand gebrochen hat, weil ich nicht mehr fiedeln wollte. Das Gesetz sagt, wer dich auf der Flucht erwischt, kann dich totschlagen, ohne Strafe. Das Gesetz wird den Weißen alle sechs Monate verlesen, in der Kirche. Bring mich nicht auf die Gesetze von den Weißen! In jeder neuen Siedlung bauen sie zuerst ein Gerichtsgebäude und machen neue Gesetze; dann bauen sie eine Kirche, damit man glaubt, daß sie Christen sind. Alle Gesetze sind gegen die Nigger. Nigger dürfen keine Gewehre haben, nicht mal einen Stock, der wie ein Prügel aussieht. Zwanzig Peitschenhiebe für jeden Nigger ohne Papiere, zehn für jeden, der einem Weißen ins Gesicht sieht, und dreißig für alle, die die Hand erheben gegen einen weißen Christen. Kein Nigger darf predigen, wenn ein Weißer zuhört; zur Beerdigung von einem Nigger dürfen sich keine andern Nigger versammeln. Du kriegst ein Ohr abgeschnitten, wenn die Weißen schwören, du hast gelogen, und beide Ohren, wenn sie sagen, du hast zweimal gelogen. Wenn du einen Weißen totschlägst, mußt du hängen; wenn du einen Nigger umbringst, wirst du nur ausgepeitscht. Ein Indianer, der einen entflohenen Nigger schnappt, kriegt als Belohnung so viel Tabak, wie er schleppen kann. Keiner darf Nigger lesen und schreiben lehren oder ihnen Bücher geben. Es ist sogar verboten, daß Nigger auf Trommeln schlagen – oder sonst was Afrikanisches machen.«

Der Braune wußte wohl, daß Kunta ihn nicht verstehen konnte, aber er schien gern zu reden und glaubte womöglich, wenn Kunta nur aufmerksam zuhörte, würde er schon etwas mitbekommen. Und wirklich meinte Kunta, ihn verstehen zu können. Er hätte darüber, daß jemand zu ihm sprach wie ein Mensch zum anderen, zugleich lachen und weinen mögen.

»Und wegen deinem Fuß da, ha! Werden nicht nur Füße und Arme abgehackt, auch Schwänze und Eier. Ich hab' viele Nigger so verstümmelt gesehn, und die haben alle noch gearbeitet. Hab' gesehn, wie man Nigger geschlagen hat, bis ihnen das Fleisch von den Knochen gefallen ist. Niggerfrauen mit Babys im Bauch werden auch geschlagen – Gesicht nach unten, mit dem Bauch in ein Loch. Terpentin oder Salz in die blutigen Striemen, dann mit Stroh abgerieben. Nigger, die von Aufstand reden, müssen in glühender Asche tanzen, bis sie umfallen. Gibt kaum was, was man nicht macht mit Niggern, und wenn sie dabei sterben, ist das kein Verbrechen, wenn sie dem gehören, der's gemacht oder befohlen hat. So ist das Gesetz. Und den Niggern auf den Zuckerpflanzungen in Westindien geht's noch viel, viel dreckiger.«

Kunta hörte noch immer zu – und versuchte, einiges zu verstehen –, als ein Junge, der im ersten *kafo* sein mochte, mit dem Abendessen des Braunen hereinkam. Als er Kunta sah, eilte er hinaus und kam kurz darauf mit einem Teller Essen auch für ihn zurück. Nachdem beide stumm gegessen hatten, erhob sich Kunta, der wußte, daß jetzt bald die anderen in die Hütte kommen würden, aber der Braune bedeutete ihm zu bleiben.

Als die anderen einige Minuten später erschienen, konnte keiner seine Überraschung über Kuntas Anwesenheit verbergen – vor allem Bell nicht, die unter den letzten war. Gleich den meisten anderen nickte sie nur – aber mit der Spur eines Lächelns, wie Kunta schien. In der einbrechenden Dunkelheit begann der Braune nun zu der versammelten Menge zu reden, wie er zu Kunta geredet hatte. Er schien Geschichten zu erzählen. Kunta wußte, wann eine Geschichte zu Ende war, denn dann lachten alle, oder sie stellten Fragen. Manchmal erkannte Kunta ein Wort, das seinen Ohren inzwischen vertraut geworden war.

Als Kunta zu seiner Hütte zurückging, befand er sich in einem Aufruhr von Gefühlen wegen seines Umgangs mit diesen Schwarzen. Er lag noch lange wach, den Kopf voller zwiespältiger Gedanken. Er erinnerte sich an etwas, das Omoro einmal gesagt hatte, als er, Kunta, sich weigerte, Lamin einen Bissen von einer herrlichen Mangofrucht abzugeben: »Wenn du die Hand ballst, kann dir niemand etwas hineingeben, noch kann deine Hand etwas aufheben.«

Aber er wußte auch, sein Vater wäre mit ihm der Ansicht gewesen, daß er niemals so wie diese Schwarzen hier werden dürfte. Doch allabendlich verspürte er den Drang, sich den anderen in der Hütte des Braunen zuzugesellen. Er widerstand der Verlockung, humpelte aber fast jeden Nachmittag zu dem Braunen hinüber, wenn dieser allein war.

»Üb' meine Finger, daß ich wieder fiedeln kann«, erklärte der eines Tages, als er die Kolben preßte. »Wenn ich Glück hab', kauft mich dieser Masser hier und leiht mich aus. Ich hab' in ganz Virginia schon gespielt, gäb' gutes Geld für ihn und mich. Es gibt kaum was, was ich nicht gesehn oder gemacht hab', wenn du auch nicht weißt, von was ich rede. Die Weißen sagen, die Afrikaner sind dumm, wohnen in Grashütten, schlagen sich tot und fressen sich gegenseitig auf.«

Er hielt in seinem Monolog inne, als erwarte er eine Antwort, aber Kunta sah ihn nur mit undurchdringlichem Gesicht an und fingerte dabei an seinem Talisman herum.

»Da hast du's! Du mußt das Zeug da alles wegschmeißen«, sagte der Braune, auf den Talisman deutend. »Nützt dir alles nichts, ist besser, du findest dich damit ab und paßt dich an, Toby, hörst du?«

Kunta wurde wütend. »Kunta Kinte!« platzte er heraus, über sich selbst erstaunt.

Der Braune war ebenfalls verblüfft. »Na so was, kannst ja reden! Aber ich sag' dir, Junge, du mußt dieses afrikanische Geplapper vergessen. Weiße werden nur wütend, und Nigger kriegen Angst. Du heißt Toby. Mich nennen sie Fiedler.« Er deutete auf sich. »Sag mal Fiedler.« Kunta blickte ihn ausdruckslos an, obwohl er genau verstand. »Fiedler! Ich bin ein Fiedler. Verstehst du – Fiedler?« Er machte eine sägende Bewegung mit der rechten Hand über den linken Arm. Diesmal war Kuntas verständnisloser Blick echt.

Ungeduldig stand der Braune auf und holte aus einer Ecke den seltsam geformten Kasten, den er in dem Wagen mitgebracht hatte. Er öffnete ihn und nahm ein noch seltsamer geformtes Ding aus hellbraunem Holz heraus, das einen schlanken schwarzen Hals und vier straff gespannte Saiten hatte. Es glich jenem Musikinstrument, auf dem der Alte auf der anderen Farm gespielt hatte. »Fiedel!« rief der Braune aus.

Da sie allein waren, entschloß sich Kunta, das Wort zu wiederholen: »Fiedel.«

Der Braune machte ein zufriedenes Gesicht, legte die Geige in den Kasten zurück und verschloß ihn wieder. Dann blickte er sich um und deutete. »Eimer!« Kunta wiederholte das Wort und prägte sich ein, welches Ding es bezeichnete. »Jetzt – Wasser!« Kunta wiederholte.

Nachdem sie gut zwanzig neue Wörter durchgegangen waren, deutete der Braune stumm auf Geige, Eimer, Wasser, Stuhl, Maiskolben und andere Dinge und forderte Kunta auf, das jeweils richtige Wort zu nennen. Einige konnte Kunta sofort sagen; bei anderen hatte er Mühe und wurde verbessert. Manche wußte er nicht mehr. Der Braune frischte sein Gedächtnis auf, und dann hörte er ihn noch einmal ab. »Du bist nicht so dumm, wie du aussiehst«, brummte er beim Abendessen.

Die Lektionen gingen während der nächsten Tage weiter, und aus den Tagen wurden Wochen. Erstaunt stellte Kunta fest, daß er nicht nur etwas verstehen, sondern sich bald auch dem Braunen verständlich machen konnte. Ihm lag sehr daran, daß der Braune begreifen sollte, weshalb er sich weigerte, seinen Namen und seine Herkunft zu verleugnen, und weshalb er lieber als freier Mann auf der Flucht sterben denn als Sklave weiterleben wollte. Mangels Worten konnte er das nicht so ausdrücken, wie er es wünschte, doch er merkte, der Braune verstand ihn, denn der runzelte die Stirn und schüttelte den Kopf. Eines Nachmittags war schon ein anderer Gast in der Hütte, als Kunta kam. Es war der alte Mann, den er ab und zu in dem Blumengarten bei dem großen Haus hatte arbeiten sehen. Kunta sah den Braunen fragend an, und als dieser nickte, entschloß er sich hinzuzusetzen.

Der Alte begann zu sprechen. »Fiedler hat mir gesagt, du bist viermal ausgerissen. Du siehst ja, was dabei rausgekommen ist. Ich hoffe nur, du hast draus gelernt. So wie ich. Ist nämlich nicht neu, was du gemacht hast. Als ich jung war, bin ich so oft fortgelaufen, daß sie mir fast die Haut vom Leib gezogen haben, bis ich gesehn hab', du kannst nirgendwohin laufen. Renn zwei Staaten weit weg, sie schreiben drüber in der Zeitung, und früher oder später wirst du geschnappt und halbtot geschlagen und bist bald wieder, wo du vorher warst. Gibt kaum einen, der nicht an Weglaufen gedacht hat. Auch die Nigger, die am meisten grinsen, denken dran. Gibt aber keinen, der's geschafft hat, hab' von keinem nicht gehört. Wird Zeit, daß du dich damit abfindest, wie's ist, statt deine jungen Jahre zu verschwenden wie ich und an was zu denken, was nicht geht. Ich bin jetzt alt und schlapp. Schätze, seit du geboren bist, lauf' ich hier rum wie der dumme faule Nigger, der sich nur am Kopf kratzt, so wie die Weißen sagen, daß wir sind. Der Masser behält mich nur hier, weil er weiß, ich bring' nichts ein bei der Versteigerung, und er hat mehr von mir, wenn ich ein bißchen im Garten arbeite. Aber ich hab' von Bell gehört, der Masser sagt, du sollst mir morgen helfen.«

Da der Fiedler wußte, daß Kunta von dieser Rede kaum etwas verstanden hatte, verbrachte er die nächste halbe Stunde damit, ihm den Sinn der Worte des alten Gärtners zu erklären – nur langsamer und einfacher, in Begriffen, mit denen Kunta vertraut war. Fast alles, was der Gärtner gesagt hatte, nahm Kunta mit gemischten Gefühlen auf. Er war sich bewußt, daß der Alte es gut meinte mit seinem Ratschlag – und er glaubte auch allmählich selber, daß eine Flucht in der Tat unmöglich war –, doch selbst wenn er nicht mehr von hier fortkam, konnte er nicht einfach aufhören, der zu sein, als der er geboren war, einzig um zu vermeiden, daß man ihn schlug. Den Gedanken, sein weiteres Leben als verkrüppelter Gärtner zu verbringen, empfand er als demütigend. Aber er konnte sich immerhin darauf einlassen, bis er wieder zu Kräften kam. Vielleicht tat es ihm auch gut, nicht mehr soviel zu grübeln und statt dessen den Boden zu bearbeiten – auch wenn es nicht der seine war.

Am nächsten Tag zeigte ihm der alte Gärtner, was er zu tun hatte. Er hackte das Unkraut, das immer von neuem zwischen dem Gemüse sproß, las Raupen von Tomatenpflanzen, sammelte Kartoffelkäfer und zertrat sie. Alles, was der Alte tat, tat Kunta ihm nach. Sie kamen gut miteinander aus, aber sie wechselten kaum ein Wort, während sie so Seite an Seite arbeiteten. Gewöhnlich brummte er Alte nur etwas oder machte Gesten, wenn er Kunta einen neuen Handgriff zeigen mußte, und Kunta tat einfach wortlos, wie ihm geheißen wurde. Ihn störte das Schweigen nicht; seine Ohren brauchten sogar ein paar Stunden Ruhe zwischen den Gesprächen mit dem Fiedler, der ständig redete, wenn sie zusammen waren.

Als Kunta eines Abends nach dem Essen auf der Schwelle seiner Hütte saß, kam ein Mann namens Gildon zu ihm, der das Geschirr für Pferde und Maulesel machte und Schuhwerk für die Schwarzen. Er hielt ihm ein Paar Schuhe hin. Er habe sie auf Anweisung des Masser eigens für Kunta angefertigt. Kunta nahm die Schuhe, nickte dankend und drehte sie in den Händen, bevor er sie anzog. Es war ein sonderbares Gefühl, diese Dinger an den Füßen zu haben, aber sie paßten. Der rechte Schuh war vorne mit Baumwolle ausgestopft. Gildon bückte sich und knüpfte die Schnürsenkel zu, dann meinte er, Kunta solle aufstehen und ein paar Schritte gehen, um zu sehen, wie er sich darin fühle. Beim linken Schuh war alles gut, aber im Stumpf spürte er ein Stechen, als er vorsichtig auftrat und etwas unbeholfen um seine Hütte ging. Gildon meinte, das liege nicht an dem Schuh, sondern am Stumpf, er werde sich schon daran gewöhnen.

Eine Weile später bewegte sich Kunta weiter ins Freie hinaus. Da ihm der Stumpf noch immer Schmerzen bereitete, nahm er ein wenig von der Baumwollfütterung heraus. So war es besser, und jetzt wagte er, sein ganzes Gewicht auf den Stumpf zu verlegen. Es tat kaum noch weh. Ab und zu spürte er noch Schmerzen in den Zehen, die gar nicht mehr da waren. Er übte sich eifrig im Gehen und fühlte sich wohler, als seiner Miene zu entnehmen war; er hatte schon gefürchtet, sein Leben lang an Krücken gehen zu müssen.

In derselben Woche kehrte der Einspänner des Masser von einer Reise zurück, und Luther, der schwarze Kutscher, nahm Kunta mit zur Hütte des Fiedlers, dem er breit grinsend etwas sagte. Der Fiedler gab Kunta mit Gesten und unter Verwendung bekannter Wörter zu verstehen, daß Masser William Waller, der *toubob*, der in dem großen Haus wohnte, jetzt Kuntas Besitzer war. »Luther sagt, es ist aufgeschrieben. Sein Bruder, der dich vorher hatte, hat dich an ihn verkauft, also gehörst du jetzt ihm.« Wie gewöhnlich zeigte Kunta seine Gefühle nicht. Er war zornig und fühlte sich gedemütigt, weil er jemandem »gehörte«; aber er war auch zutiefst erleichtert, denn er hatte ständig befürchtet, man werde ihn eines Tages zu der anderen Pflanzung zurückbringen – dieses Wort für die Farmen der *toubobs* hatte er inzwischen auch gelernt. Der Fiedler wartete, bis Luther gegangen war, dann begann er wieder zu sprechen – teils zu Kunta, teils zu sich selbst. »Die Nigger hier sagen, Masser William ist ein guter Herr, und ich hab' schlimmere erlebt. Aber taugen tun sie alle nichts. Sie leben von uns Niggern. Nigger sind das Beste, was sie haben.«

KAPITEL 52

Nach dem Abendgebet ritzte Kunta jetzt meist arabische Buchstaben mit einem Stöckchen in den Lehmboden seiner Hütte, saß lange Zeit davor und betrachtete, was er geschrieben hatte. War es Zeit, mit den anderen zum Fiedler zu gehen, wischte er das Geschriebene fort. Gebete und seine Studien gaben ihm das Gefühl, er dürfe sich zu ihnen gesellen und könne er selbst bleiben, ohne doch allein sein zu müssen. In Afrika hätte er ja auch jemandem wie dem Fiedler zugehört, nur wäre es dort ein Musikant und *griot* gewesen, der von Dorf zu Dorf wanderte, auf seiner *kora* oder seinem *balafon* spielte und dazu sang und zwischendurch von den aufregenden Abenteuern erzählte, die er erlebt hatte.

Kunta registrierte den Ablauf der Zeit nach afrikanischem Brauch, indem er am Morgen jedes neuen Mondes einen kleinen Kiesel in eine Kürbisflasche warf. Zuerst warf er zwölf runde, bunte Steine hinein für die zwölf Monde, die er seiner Schätzung nach auf der ersten *toubob*-Farm verbracht hatte, dann sechs weitere für die Zeit hier auf der neuen Farm; danach zählte er zweihundertvier Steine ab für die siebzehn Regen, die er alt gewesen war, als man ihn aus Juffure verschleppt hatte. Alles zusammengerechnet, mußte er jetzt im neunzehnten Regen sein.

So alt er sich auch fühlte, war er noch immer ein junger Mann. Würde er den Rest seines Lebens hier verbringen wie der Gärtner? Alle Hoffnung, allen Stolz fahrenlassen, bis nichts Lebenswertes übrigblieb und die Zeit schließlich abgelaufen war? Der Gedanke erfüllte ihn mit Angst, aber auch mit Entschlossenheit: nein, er wollte nicht so enden wie der Alte, der in seinem Garten umhertappte und nicht wußte, welchen Fuß er vor den anderen setzen sollte. Schon lange vor dem Mittagessen war der alte Mann erschöpft; am Nachmittag konnte er nur noch so tun, als arbeite er, und Kunta mußte fast alles allein machen.

Jeden Morgen, wenn sich Kunta über seine Pflanzen bückte, kam Bell mit ihrem Korb – Kunta hatte inzwischen erfahren, daß sie in dem großen Haus kochte – und holte das Gemüse, das sie für den Masser an diesem Tag brauchte. Sie gönnte Kunta dabei keinen Blick, auch nicht, wenn sie ganz nah an ihm vorüberging. Das verwirrte und ärgerte ihn, wenn er bedachte, daß sie ihn täglich gepflegt hatte, als er schwerkrank darniederlag, und daß sie ihm abends beim Fiedler immer zunickte. Schließlich redete er sich ein, daß er sie nicht leiden konnte, daß sie sich damals nur auf Anweisung des Masser um ihn gekümmert hatte. Kunta hätte zu gern gewußt, wie der Fiedler Bells Verhalten beurteilte, doch wäre es ihm peinlich gewesen zu fragen, selbst wenn er die Wörter gewußt hätte.

Eines Morgens fand sich der Alte nicht im Garten ein, und Kunta nahm an, daß er krank sei. Schon seit Tagen konnte er sich kaum auf den Beinen halten. Anstatt in der Hütte des Alten nachzusehen, machte sich Kunta gleich ans Gießen und Unkrautjäten, denn er wußte, Bell mußte jeden Augenblick kommen, und er fand, sie müsse jemand im Garten antreffen.

Als sie gleich darauf kam, füllte sie, ohne ihn anzusehen, ihren Korb mit Gemüse. Kunta, die Hacke in der Hand, beobachtete sie. Als sie fertig war, stellte sie den Korb auf den Boden, warf Kunta einen raschen, befehlenden Blick zu und ging. Es war klar, was sie wollte – er sollte ihr den Korb zur Hintertür des großen Hauses tragen, wie der Alte immer getan hatte. In Kunta stieg gewaltiger Zorn hoch, denn er sah im Geist die Frauen von Juffure vor sich, wie sie mit ihren Lasten auf dem Kopf an dem *bantaba*-Baum vorübergingen, unter dem die Männer von Juffure zu ruhen pflegten. Die Hacke in den Boden hauend, wollte er schon davonstapfen, als ihm einfiel, daß Bell den Masser bediente. Zähneknirschend bückte er sich, ergriff den Korb und folgte ihr wortlos. An der Tür wandte sich Bell um und nahm ihm den Korb ab, als sähe sie Kunta nicht. Er kehrte vor Wut kochend an seine Arbeit zurück.

Von diesem Tag an rückte Kunta praktisch zum Gärtner auf. Der Alte, der sehr krank war, kam nur ab und zu einmal, wenn er einigermaßen auf den Beinen war. Er beschäftigte sich dann mit diesem und jenem, solange er konnte – es war nie sehr lange –, und humpelte dann zu seiner Hütte zurück. Er erinnerte Kunta an die alten Leute daheim in Juffure, die sich schämten, ihre Schwäche einzugestehen, die weiter umhertappten und zu arbeiten vorgaben, bis sie dann doch auf ihr Lager geworfen wurden und sich kaum noch draußen sehen ließen.

Mit seinen neuen Pflichten fand sich Kunta schnell ab, nur ärgerte ihn, daß er Bell den Korb jeden Tag nachtragen mußte. Brummelnd folgte er ihr zur Tür, übergab den Korb so unwirsch, wie er sich traute, machte auf der Stelle kehrt und begab sich sofort wieder an die Arbeit. Doch sosehr er

Bell auch verabscheute, bisweilen lief ihm das Wasser im Mund zusammen, wenn er im Garten roch, was Bell drinnen kochte.

Er hatte bereits den zweiundzwanzigsten Stein in seine Kalenderflasche geworfen, als Bell – ohne daß sich ihr Verhalten geändert hätte – ihn eines Morgens ins Haus winkte. Zögernd folgte er ihr und stellte den Korb auf den Tisch. Er wollte sich seine Überraschung angesichts der fremdartigen Dinge, die er überall in diesem Raum sah, den man »Küche« nannte, nicht anmerken lassen und schon umkehren, als sie ihn am Arm berührte und ihm etwas reichte, das wie zwei Scheiben Brot mit einer Scheibe Rindfleisch dazwischen aussah. Als er verwirrt hinstarrte, sagte sie: »Hast du noch nie ein Sandwich gesehn? Beißt dich nicht. *Du* mußt reinbeißen. Und jetzt geh.«

Mit der Zeit gab Bell ihm mehr mit, als er in der Hand tragen konnte – gewöhnlich einen Blechteller mit Maisbrot und dazu frisches Senfgemüse in seinem eigenen köstlichen Saft. Er hatte den Senf selbst ausgesät – in Gartenerde, vermischt mit Dung von der Kuhweide –, und die grünen Schößlinge waren rasch und üppig gewachsen. Nicht weniger liebte er die Art, wie sie die lange, schmale Ackererbse zubereitete, die an den Ranken wuchs, welche sich um die Zuckermaisstengel wanden. Sie gab ihm, soweit er das feststellen konnte, niemals Fleisch vom Schwein – warum, blieb unklar. Doch was sie ihm auch gab, er wischte immer den Teller sorgfältig mit einem Lappen sauber, bevor er ihn zurückbrachte. Meistens traf er sie an ihrem Herd an, einem Ding aus Eisen, in dem Feuer brannte; manchmal kniete sie auch am Boden und schrubbte die Dielen mit Eichenasche und einer hartborstigen Bürste. Er hätte gern mit ihr gesprochen, konnte seiner Anerkennung aber nur durch ein Brummen Ausdruck geben, das sie jetzt erwiderte.

Als Kunta eines Sonntags nach dem Abendessen in der Hütte des Fiedlers auf und ab ging und sich gedankenlos auf den Bauch klopfte, hielt der Braune, der während des Essens ununterbrochen geredet hatte, plötzlich in seinem Monolog inne und rief: »Ha, sieh da, du kriegst ja Fleisch auf die Rippen!« Das stimmte. Seit er aus Afrika verschleppt worden war, hatte Kunta nicht mehr so gut ausgesehen – und sich nicht mehr so wohl gefühlt.

Nach Monaten unablässigen Knetens zur Kräftigung seiner Finger fühlte sich auch der Fiedler so wohl wie seit langem nicht mehr – seit man ihm die Hand gebrochen hatte –, und an den Abenden hatte er wieder zu spielen begonnen. Das merkwürdige hölzerne Ding unters Kinn geklemmt, fuhr der Fiedler mit seinem Stock, der aus langen, dünnen Haaren zu bestehen schien, über die Saiten, und die übliche Abendversammlung spendete jedesmal Beifall, wenn ein Stück zu Ende war. »Das ist gar nichts!« pflegte er verächtlich zu sagen. »Finger sind noch nicht geschmeidig genug.«

Später, als sie allein waren, fragte Kunta stockend: »Was ist – geschmeidig?«

Der Fiedler krümmte und streckte die Finger. »Geschmeidig! Geschmeidig. Klar?« Kunta nickte.

»Als Nigger hast du's gut«, fuhr der Fiedler fort. »Nur den ganzen Tag im Garten rumtrödeln. Hat kaum einer so 'n leichten Job, außer auf Pflanzungen, die viel größer sind als die hier.«

Kunta glaubte verstanden zu haben, und ihm behagte es nicht. »Arbeit schwer«, sagte er. Und mit einer Kopfbewegung zum Fiedler auf seinem Stuhl fügte er hinzu: »Schwerer als *das*.«

Der Fiedler grinste. »Hast recht, Afrikaner.«

KAPITEL 53

Die »Monate«, wie man die Monde hier nannte, gingen jetzt schneller vorüber, und bald war die heiße Jahreszeit, der »Sommer«, vorbei. Die Erntezeit begann und brachte allen zusätzliche Pflichten. Während die übrigen Schwarzen – sogar Bell – mit der schweren Feldarbeit beschäftigt waren, erwartete man von Kunta, daß er außer seinem Garten auch die Hühner, das Vieh und die Schweine versorgte. Und auf dem Höhepunkt der Baumwollernte mußte er den Wagen die Reihen entlangfahren. Abgesehen vom Füttern der unreinen Schweine, wobei ihm fast übel wurde, machte Kunta die zusätzliche Arbeit nichts aus, denn er empfand sich dabei weniger als Krüppel. Allerdings kam er selten vor Einbruch der Dunkelheit in seine Hütte und war dann so müde, daß er oft das Abendessen vergaß. Wenn er den ausgefransten Strohhut abgenommen und die Schuhe ausgezogen hatte, ließ er sich auf seine Maisstrohmatratze fallen, zog die mit Baumwolle gefütterte Leinwanddecke über sich und schlief sofort in den noch schweißfeuchten Kleidern ein.

Die Erntewagen wurden erst mit Baumwolle beladen, dann mit Maiskolben, goldbraune Tabakblätter wurden zum Trocknen aufgehängt, Schweine wurden geschlachtet, das Fleisch über schwelendem Hickoryholz geräuchert, und die Nächte wurden kalt. Alle bereiteten sich jetzt auf den »Erntetanz« vor, ein Fest, bei dem sogar der Masser zugegen sein würde. Die allgemeine Vorfreude war so groß, daß Kunta sich nicht ausschließen mochte, obschon ihm klar war, daß nicht Allah durch dieses Fest geehrt werden sollte. Wenigstens zusehen wollte er.

Als Kunta sich zu den übrigen Schwarzen gesellte, war das Fest schon im Gange. Der Fiedler, dessen Finger endlich wieder geschmeidig waren, sägte emsig die straff gespannten Saiten der Violine, und ein anderer Mann schlug im Takt zwei Rindsknochen gegeneinander. Nun rief jemand: »Cakewalk!« Die Frauen ließen sich von ihren Partnern die Schnürbänder neu knüpfen. Der Fiedler begann wie toll zu spielen, und die Tänzer ahmten nun mit ihren Schritten und Körperbewegungen den Rhythmus der täglichen Arbeit nach – das Pflanzen, Holzhacken, Baumwollpflücken, Sensenschwingen, Maispflücken, Heuaufladen. Das ähnelte alles so sehr dem Erntetanz in Juffure, daß Kunta unwillkürlich mit dem gesunden Fuß den Takt klopfte, bis er sich dessen bewußt wurde und verlegen um sich blickte, ob auch niemand was bemerkt hatte.

Aber niemand hatte es bemerkt, denn die allgemeine Aufmerksamkeit galt einem schlanken Mädchen, das so leicht herumwirbelte wie eine Feder, den Kopf warf, die Augen rollte und mit den Armen anmutige Gesten vollführte. Bald traten die anderen Tänzer erschöpft zur Seite, um Atem zu holen und zuzusehen; selbst der Partner dieser geschickten Tänzerin hatte Mühe mitzuhalten.

Der Tanz dieser beiden endete unter lautem Beifall, der sich noch steigerte, als Masser Waller das Mädchen mit einem Halbdollarstück belohnte. Er nickte dem Fiedler zu, der sich grinsend verbeugte, und verließ die Festversammlung. Der »Cakewalk« war aber noch lange nicht zu Ende. Die Paare, die sich inzwischen ausgeruht hatten, machten weiter und schienen die ganze Nacht durchtanzen zu wollen. Kunta ging bald in seine Hütte und lag hier nachdenklich auf seinem Lager, als es plötzlich an der Tür klopfte.

»Wer da?« fragte er. Erst zweimal war, seit er hier wohnte, jemand in seine Hütte gekommen.

»Tret' gleich die Tür ein, Nigger!«

Kunta öffnete dem Fiedler und roch dabei den Alkohol in dessen Atem. Ihn ekelte davor, doch sagte er nichts, denn der Fiedler schien vor Neuigkeiten zu platzen, und es wäre unfreundlich gewesen, ihn abzuweisen, nur weil er betrunken war.

»Hast du den Masser gesehn?« sagte der Fiedler. »Hat nicht gewußt, daß ich so gut spielen kann! Jetzt paß mal auf, ob er mich nicht vor Weißen spielen läßt, daß sie mich hören, und mich vermietet!« Außer sich vor Glück setzte sich der Fiedler auf Kuntas dreibeinigen Hocker, die Geige im Schoß, und redete wie ein Wasserfall.

»Ha, ich hab' mit den Besten gespielt. Hast du je von Sy Gilliat aus Richmond gehört?« Er zögerte. »Nein, wie solltest du! Hm, das ist der beste Niggerfiedler von der Welt, und ich hab' mit ihm zusammen gespielt. Der spielt nur vor reichen weißen Leuten und auf dem Ball beim Pferderennen jedes Jahr. Dem seine Fiedel ist vergoldet, auf dem Kopf hat er eine Perücke! Ein Nigger, London Briggs heißt er, hat Flöte und Klarinette gespielt! Menuette. Kontertänze, Hornpipes, Jigs, ganz gleich, was es war, die Weißen haben wie verrückt getanzt!«

Der Fiedler schwadronierte weiter, bis er langsam nüchtern wurde. Er erzählte Kunta von den berühmten singenden Sklaven, die in den Tabakfabriken von Richmond arbeiteten; von schwarzen Instrumentalisten, die »Spinett« und »Piano« und »Violine« spielten – Kunta konnte sich darunter nichts vorstellen –, was alles sie den *toubob*-Musikanten abgesehen hatten, die den Kindern der Plantagenbesitzer Musikstunden gaben.

Morgens war es jetzt schon recht kalt. Die Frauen vermischten heißen flüssigen Talg mit Holzaschenlauge und Wasser, kochten das Ganze und ließen die dicke braune Masse in hölzernen Trögen vier Tage und drei Nächte abkühlen und fest werden. Dann schnitten sie rechteckige Stücke harter, brauner Seife daraus. Kunta sah angewidert zu, wie Äpfel, Pfirsiche und Dattelpflaumen zu »Brandy« vergoren und in Flaschen und Fässer abgefüllt wurden. Risse in den Lehmwänden der Sklavenhütten wurden mit einer Masse aus Tonerde und Schweineborsten gedichtet. Frauen stopften Matratzen mit Maisstroh oder getrocknetem Moos, der Masser bekam eine Daunenmatratze.

Ein Sklave, der sich auf Holzarbeiten verstand, machte neue Zuber, in denen die Wäsche weichte, bevor sie gekocht und anschließend auf einem Holzblock mit Stöcken geschlagen wurde. Gildon, der Ledergeschirr und Schuhe machte, gerbte Kuhhäute. Nesselbahnen, die der Masser zum Kleidermachen gekauft hatte, wurden bunt eingefärbt, und ganz wie in Juffure hingen von Ranken, Büschen und Zäunen Kleidungsstücke in Rot, Gelb und Blau zum Trocknen.

Mit jedem neuen Tag wurde die Luft kälter und der Himmel grauer, und der Boden war bald von Schnee und Eis bedeckt, was Kunta ebenso scheußlich wie außergewöhnlich fand. Nicht lange, und die Schwarzen redeten aufgeregt von »Weihnachten« – das Wort hatte Kunta schon einmal gehört. Es hatte mit Singen, Tanzen, Essen und Geschenken zu tun, was ja verlockend war, aber auch mit dem weißen Allah, und deshalb nahm Kunta, obwohl er unterdessen sehr gern zu den Zusammenkünften beim Fiedler ging, sich vor, für sich zu bleiben, bis die heidnischen Festlichkeiten vorüber waren. Er verzichtete sogar auf den üblichen Besuch beim Fiedler, der ihn deshalb etwas schief ansah, aber nichts weiter sagte.

Dann kam rasch ein neuer Frühling, und wenn Kunta zwischen seinen Pflanzen im Garten kniete, dachte er daran, wie üppig die Felder von Juffure um diese Jahreszeit aussahen und wie er als Junge vom zweiten *kafo* in dieser fruchtbaren Jahreszeit hinter den hungrigen Ziegen hergerannt war. Hier hingegen halfen die kleinen Schwarzen die blökenden, störrischen »Schafe« einfangen, wie man diese Tiere nannte, und sie stritten sich darum, wer als nächster auf dem Kopf eines verzweifelt strampelnden Schafes sitzen durfte, dessen dichte schmutzige Wolle geschoren wurde. Der Fiedler erklärte, daß die Wolle weggebracht, gereinigt und »kardätscht« wurde, bevor die Frauen einen wollenen Faden spinnen und daraus Tuch zur Herstellung von Winterkleidung weben konnten.

Die Arbeit im Garten, das Hacken, Pflanzen, Jäten, dauerte vom Morgen bis zum Abend und nahm Kuntas Kraft ganz in Anspruch. Im Mittsommermonat, der hier »Juli« hieß, kehrten die Feldarbeiter spätabends erschöpft in ihre Hütten zurück, denn Baumwolle und Mais mußten jetzt unbedingt von allem Unkraut freigehalten werden. Es war schwere Arbeit, doch war genügend Nahrung in den Speichern, die im vergangenen Herbst reichlich gefüllt worden waren, während um diese Jahreszeit in Juffure alle Mägen knurrten und Suppe aus Wurzeln, Maden, Gras und was man sonst fand, gekocht wurde, weil Gemüse und Früchte noch nicht reif waren.

Die letzten Erntevorbereitungen mußten bis zum zweiten »Sonntag« im Juli beendet sein. An diesem Tag hatten die Schwarzen von den meisten Plantagen in diesem Bezirk – der »Spotsylvania County« hieß – Erlaubnis, einen gemeinsamen Gottesdienst abzuhalten. Weil man wußte, daß Kunta mit dem Allah der Weißen nichts im Sinn hatte, wurde er gar nicht erst aufgefordert, sich den mehr als zwanzig Personen anzuschließen, die an diesem Sonntagmorgen auf einen Wagen stiegen, den Masser Waller ihnen zur Verfügung stellte.

Während der nächsten zwei, drei Tage wäre es wohl nicht aufgefallen, wenn Kunta einen Fluchtversuch unternommen hätte – doch wußte er, daß er nicht weit kommen würde, obwohl er jetzt wieder ganz flink auf den Beinen war. Er gestand sich das nicht gerne ein, doch war es besser, hier auf der Plantage zu leben, als nach einem mißlungenen Fluchtversuch totgeschlagen zu werden. Im tiefsten Herzen wußte er, daß er die Heimat nie wiedersehen würde, und er spürte, daß ihm etwas Kostbares und Unwiederbringliches verlorenging. Aber eine Hoffnung blieb ihm: mochte er auch die Seinen in Afrika nicht wiedersehen, konnte er doch vielleicht eines Tages Frau und Kinder haben.

KAPITEL 54

Ein weiteres Jahr verging überraschend schnell, und die Steine in seiner Kalenderflasche sagten Kunta, daß er zwanzig Regen alt geworden war. Abermals war es kalt, abermals lag »Weihnachten« in der Luft. Kuntas Einstellung zu dem Allah der Weißen und der anderen Schwarzen hatte sich nicht gewandelt, doch als er sie in so froher Stimmung sah, meinte er, sein eigener Allah könnte nichts dagegen haben, daß er dem festlichen Treiben als Außenstehender zusähe.

Zwei Sklaven bekamen von Masser Waller für eine Woche Urlaub und wollten Freunde auf anderen Pflanzungen besuchen; einer sollte zum erstenmal sein neues Baby sehen. In allen anderen Hütten wurden Vorbereitungen getroffen, die im wesentlichen den Festtagskleidern zugute kamen. Auch Äpfel und Nüsse wurden hervorgeholt.

In Bells Töpfen und Pfannen drüben im großen Haus blubberte und brutzelte es von Jamswurzeln, Kaninchen- und Schweinebraten und noch vielen anderen Gerichten, zubereitet aus dem Fleisch von Tieren, die Kunta zum erstenmal in seinem Leben erwähnen hörte: Truthähne, Waschbären, Opossums und dergleichen. Zwar zögerte er noch, doch verführten die würzigen Gerüche ihn doch bald dazu, von allem zu kosten – außer dem Schweinefleisch. Auch lag ihm nichts an den alkoholischen Getränken, die Masser Waller den Schwarzen versprochen hatte: zwei Fässer Apfelwein, ein Faß Wein und ein Fäßchen Whiskey waren in seinem Wagen herbeigeschafft worden.

Kunta merkte, daß ein Teil davon in aller Stille schon vorher getrunken wurde, wobei der Fiedler kräftig mitzuhalten schien. Während die Trinker ihre Possen machten, rannten die schwarzen Kinder mit getrockneten Schweinsblasen an Stöcken umher, die sie immer näher ans offene Feuer hielten, bis sie zum allgemeinen Vergnügen mit lautem Knall zerplatzten. Kunta fand das alles unglaublich albern und abstoßend.

Als der große Tag endlich da war, machte man mit Essen und Trinken erst richtig ernst. Masser Waller hatte Gäste zum Mittagessen, und als die Sklaven vor dem großen Haus zu singen begannen, schob er das Fenster auf und kam gleich darauf mit den anderen Weißen heraus und hörte zu. Offenbar gefiel ihnen sehr, was sie hörten. Später ließ der Masser dem Fiedler durch Bell ausrichten, er solle kommen und seinen Gästen aufspielen.

Kunta sah ein, daß die Schwarzen tun mußten, was man von ihnen verlangte, aber warum machte ihnen das soviel Spaß? Und wenn die Weißen ihre Sklaven so gern hatten, daß sie ihnen Geschenke gaben, warum machten sie sie dann nicht wirklich glücklich und ließen sie frei? Aber manche dieser Schwarzen hätten wohl, verhätschelten Haustieren gleich, nicht in

Freiheit überleben können, wie Kunta es sich immerhin noch zutraute. Aber war er wirklich besser als sie? War er so ganz anders? Es ließ sich nicht mehr bestreiten, daß er sich ihrer Lebensweise anpaßte. Am meisten beunruhigte ihn die immer enger werdende Freundschaft mit dem Fiedler. Daß dieser trank, störte Kunta sehr, doch hatte ein Heide wohl das Recht, sich wie ein solcher zu benehmen. Auch hörte er ihn ungern prahlen, glaubte aber, daß alles, dessen der Fiedler sich rühmte, der Wahrheit entsprach. Die krude, spöttische Ausdrucksweise des Fiedlers war ihm ebenfalls zuwider; und daß der Fiedler ihn »Nigger« nannte, paßte Kunta nicht, weil es ein abfälliges Wort der Weißen für die Schwarzen war. Immerhin verdankte er dem Fiedler seine Sprachkenntnisse, und dem Umgang mit ihm war es zuzuschreiben, daß Kunta sich unter den anderen Schwarzen weniger fremd vorkam. Kunta beschloß, den Fiedler noch besser kennenzulernen.

Wann immer sich die Gelegenheit bot, fragte er den Fiedler möglichst beiläufig nach Dingen, die ihm im Kopf herumgingen. Doch mußten noch zwei weitere Steine in die Kürbisflasche fallen, bevor er eines stillen Sonntagnachmittags, als niemand arbeitete, den Fiedler endlich einmal in ruhiger Stimmung antraf.

Nachdem sie sich begrüßt hatten, schwiegen sie eine Weile. Dann sagte Kunta, nur um ein Gespräch in Gang zu bringen, er habe Luther, den Kutscher des Masser, sagen hören, die Weißen redeten dauernd von »Steuern«. Was denn das eigentlich sei?

»Steuern sind Geld, das extra gezahlt werden muß zu fast allem, was die Weißen kaufen«, erwiderte der Fiedler. »Der König überm Wasser will die Steuern haben, damit er reich wird.«

Eine so knappe Antwort war für den Fiedler ungewöhnlich – er war wohl schlechter Laune. Enttäuscht blieb Kunta eine Weile stumm sitzen, dann raffte er sich zu der Frage auf, die ihm wirklich am Herzen lag: »Wo warst du eigentlich früher?«

Der Fiedler sah ihn durchdringend an und antwortete dann barsch: »Ich weiß, die Nigger hier reden über mich. Denen würde ich nie nichts erzählen, aber du bist anders.«

Er funkelte Kunta an. »Und warum bist du anders? Weil du überhaupt nichts weißt! Weil sie dich verschleppt und dir den Fuß abgehackt haben, glaubst du, dir ist es schlechtgegangen. Aber du bist nicht der einzige, dem's schlechtgegangen ist.« Seine Stimme klang zornig. »Wenn du weitersagst, was ich dir erzähle, kannst du was erleben!«

»Ich sag' nichts!« versicherte Kunta.

Der Fiedler beugte sich vor und sagte leise: »Mein alter Masser in Nord-Carolina ist ersoffen, wo, geht keinen was an. Ich bin in der gleichen Nacht noch fort. Frau und Kinder hat er keine gehabt, also ist mir keiner nach. Ich hab' mich bei Indianern versteckt, bis ich dachte, ich kann nach Virginia und weiterfiedeln.«

»Virginia?« fragte Kunta. »Was ist das?«

»Mann, du weißt aber auch gar nichts, wie? Virginia ist die Kolonie, wo du lebst, wenn du das leben nennst.«

»Was ist Kolonie?«

»Du bist noch dümmer, als du aussiehst. Dreizehn Kolonien zusammen sind das Land hier. Südlich von hier sind die Carolinas, und oben im Norden, das ist Maryland, Pennsylvania, New York und noch welche. War nie da oben, und die meisten Nigger auch nicht. Ich hab' gehört, die Weißen da oben wollen keine Sklaven und geben uns die Freiheit. Ich bin 'ne Art halbfreier Nigger. Aber einen Masser muß ich haben, sonst greifen mich die Pattroller.« Kunta verstand das nicht, ließ es aber nicht merken, weil er sich nicht noch einmal dumm schimpfen lassen wollte.

»Hast du mal Indianer gesehn?« fragte der Fiedler.

Kunta zögerte. »Zwei, drei.«

»Die waren vor den Weißen hier. Die Weißen sagen, einer von ihnen, Kolumbus heißt er, hat das Land hier entdeckt. Aber wenn die Indianer schon hier waren, hat er's doch nicht entdeckt, oder?« Der Fiedler erwärmte sich für sein Thema.

»Die Weißen meinen, wer wo vor ihnen war, zählt nicht. Für die sind alle andern Wilde.«

Offensichtlich stolz auf seine geistreiche Feststellung, hielt er einen Augenblick inne und fuhr dann fort: »Hast du mal Indianerzelte gesehn?« Kunta schüttelte den Kopf. Der Fiedler hielt drei Finger gespreizt nach unten und legte einen Lappen darum. »Die Finger sind Pfosten, und der Lappen, das sind Häute. Da drin wohnen sie.«

Er lächelte. »Du glaubst vielleicht, von Afrika her weißt du alles übers

Jagen und so. Aber keiner kann das so gut wie 'n Indianer. Was der mal gesehn hat, ist alles in seinem Kopf. Wie 'ne Landkarte. Aber die Indianerfrauen tragen ihre Babys auf dem Rücken wie die Frauen bei euch in Afrika.«

Es überraschte Kunta, daß der Fiedler dies wußte. Der Fiedler grinste, weil er ihm das ansah, und fuhr in der Lektion fort. »Manche Indianer hassen Nigger, andre mögen uns. Nigger und Land, darüber streiten sie am meisten mit den Weißen. Die Weißen wollen den Indianern ihr Land wegnehmen und sind wütend auf Indianer, die Nigger verstecken!« Er blickte forschend in Kuntas Gesicht. »Ihr Afrikaner und die Indianer habt den gleichen Fehler gemacht – ihr habt die Weißen reingelassen. Habt ihnen zu essen und ein Dach überm Kopf gegeben, und hopp! haben sie euch rausgeworfen oder eingesperrt!«

Der Fiedler machte abermals eine Pause, dann brach es plötzlich aus ihm heraus: »Afrikanische Nigger! Fünf, sechs von deiner Sorte hab' ich gekannt! Möcht' wissen, weshalb ich mich überhaupt mit dir abgebe. Kommt hier rüber und glaubt, die Nigger hier müßten so sein wie ihr. Woher sollen wir was von Afrika wissen? Wir waren nie da und kommen auch nie hin!« Er schwieg böse.

Um keine weiteren Zornesausbrüche zu provozieren, ging Kunta bald darauf wortlos hinaus, tief verstört von dem, was der Fiedler gesagt hatte. Doch je länger er in seiner Hütte darüber nachdachte, desto leichter wurde ihm zumute. Der Fiedler hatte die Maske abgenommen; das hieß, er fing an, Kunta zu *vertrauen.* Seit er verschleppt worden war, seit drei Regen also, kam Kunta erstmals einem Menschen näher.

KAPITEL 55

Bei der Gartenarbeit in den folgenden Tagen wunderte Kunta sich immer wieder darüber, wie lange es gedauert hatte, bis ihm klargeworden war, wie wenig er vom Fiedler wußte. Höchstwahrscheinlich verbarg auch der alte Gärtner, den er jetzt ab und zu besuchte, eine Menge vor ihm. Und Bell kannte er kaum besser, obwohl sie täglich miteinander sprachen – genauer gesagt, Kunta hörte hauptsächlich zu, während er aß, was sie ihm vorsetzte. Es ging dabei immer nur um belanglose, unpersönliche Dinge. Er erinnerte sich jetzt, daß sowohl Bell wie auch der Gärtner gelegentlich Anspielungen gemacht, aber nicht zu Ende geredet hatten. Beide waren bedächtig und vorsichtig, und ihm schien, besonders ihm gegenüber. Er wollte sie unbedingt besser kennenlernen. Als er den alten Gärtner das nächstemal besuchte, begann er auf weitschweifige Mandinka-Art das Gespräch, indem er nach etwas fragte, das er vom Fiedler gehört hatte: »Was ist Pattroller?«

»Armseliges weißes Gesindel, was keine Sklaven kaufen kann!« sagte der alte Gärtner verächtlich. »Wo Nigger sind, werden alle Straßen bewacht, und Sklaven, die ohne Erlaubnis vom Masser auf der Straße erwischt werden, tun sie auspeitschen und einsperren. Das machen die armen Weißen. Die schlagen gern fremde Nigger; weil sie selbst keine nicht haben. Und weil sie Angst haben. Alle Weißen denken, Nigger, die frei rumlaufen, machen Aufstand. Die Pattroller sagen, der Nigger will Aufstand machen, ziehn ihn nackt aus vor Frau und Kindern und schlagen ihn blutig.«

Erfreut über Kuntas offensichtliches Interesse und seinen Besuch, fuhr der alte Gärtner fort: »Unser Masser hier will das nicht. Deshalb hat er auch keinen Aufseher. Er sagt, er will keinen, der seine Nigger schlägt. Er sagt, seine Nigger sollen selbst auf sich aufpassen, gut arbeiten und nichts gegen die Regel machen. Er sagt, bei ihm gibt's keinen Nigger, der was gegen die Regel macht.«

Kunta hätte gern gewußt, was das für Regeln waren, aber der Gärtner sprach gleich weiter. »Warum der Masser so ist? Weil seine Familie schon reich war, als die von England übers Wasser gekommen sind. Wallers waren schon immer so reich, wie die andern Massers hier sein möchten. Aber die meisten sind bloß Waschbärjäger, haben ein Stück Land und ein, zwei Nigger, die sich totschuften müssen.«

Der Alte mußte Atem holen. »Die meisten Pflanzungen haben nur so ein bis fünf, sechs Nigger. Wir hier zwanzig, das ist schon viel. Zwei von drei Weißen haben überhaupt keine Sklaven, hab' ich gehört. Ganz große Pflanzungen mit fünfzig oder hundert Sklaven sind nur, wo schwarze Erde ist; und bei den Flüssen wie in Louisiana und Mississippi und

Alabama, da gibt's auch welche; und an der Küste unten in Georgia und Süd-Carolina, wo Reis wächst.«

»Wie alt bist du?« fragte Kunta unvermittelt.

Der Gärtner sah ihn an. »Älter, als du oder sonstwer glaubt.« Er schaute versonnen drein. »Als Kind hab' ich noch das Kriegsgeschrei der Indianer gehört.«

Nach einem Augenblick des Schweigens blickte er auf und begann zu singen: *»Ah, yah, tair umbam, boowah –«* Kunta sah ihn verblüfft an. *»Kee lay zee day nic olay, man lun dee nic o lay ah wah nee –«*. Der Alte hielt inne und sagte dann: »Hat meine Mutter immer gesungen. Hat gesagt, hat es von ihrer Mutter. Die war aus Afrika wie du. Verstehst du die Wörter?«

»Kann Serere sein«, sagte Kunta. »Aber die Wörter kenn' ich nicht. Ich hab' Serere gehört auf dem Schiff, das mich rübergebracht hat.«

Der alte Gärtner blickte sich verstohlen um. »Muß aufhören mit diesem Singen. Vielleicht hört's wer und sagt es dem Masser. Die Weißen wollen nicht, daß Nigger afrikanisch reden.«

Kunta hatte sagen wollen, daß der alte Gärtner bestimmt ein Gambier vom Stamm der Wolof war; er hatte die gebogene Nase und die platten Lippen, und seine Haut war noch dunkler als die der Angehörigen anderer gambischer Stämme. Doch nun hielt er es für besser, nicht von solchen Dingen zu sprechen, sondern fragte statt dessen, wo der Alte herkam und wie er auf diese Pflanzung geraten sei. Der Gärtner antwortete erst nach einer ganzen Weile. »Wer viel mitgemacht hat, lernt auch 'ne Menge.« Er sah Kunta prüfend an und schien zu überlegen, ob er weitersprechen sollte. »Früher war ich stark. Konnte Eisen überm Bein biegen und Lasten schleppen, wo ein Maulesel drunter zusammengebrochen wär'. Konnte am ausgestreckten Arm einen Mann verhungern lassen. Aber mein alter Masser hat mich zu Tode geprügelt, bevor er mich dem Masser hier überschrieben hat, bei dem er Schulden hatte.« Er schwieg einen Moment. »Jetzt bin ich schwach, mach' nur noch meine Zeit ab.«

Wieder blickte er Kunta forschend an. »Weiß wirklich nicht, warum ich dir das alles erzähl'. Bin nicht so krank, wie ich tu'. Aber wenn der Masser *glaubt,* mir geht's schlecht, verkauft er mich nicht. Ich hab' gesehn, du kommst mit dem Garten zurecht?« Er zögerte einen Augenblick. »Ich könnte dir wieder helfen, wenn du willst – aber nicht zuviel. Ich taug' einfach nichts mehr«, sagte er traurig.

Kunta dankte dem Alten für das Angebot, versicherte ihm aber, er schaffe es schon allein. Kurz darauf verabschiedete er sich und machte sich auf dem Weg zu seiner Hütte Vorwürfe, weil er für den alten Mann nicht mehr Mitleid empfand. Es war schlimm, daß er soviel gelitten hatte, doch Kunta hatte ein taubes Ohr für Leute, die sich geschlagen gaben.

Gleich am nächsten Tag nahm Kunta sich vor, auch Bell besser kennenzulernen. Da er wußte, daß Masser Waller ihr Lieblingsthema war, begann er das Gespräch mit der Frage, warum Waller nicht verheiratet sei?

»Oh, er war verheiratet – mit Miß Priscilla, als ich hierherkam. Sie war so hübsch wie 'n Kolibri. Und auch kaum größer. Deshalb ist sie ja auch im ersten Kindbett gestorben. Ein Mädchen hatte sie, das ist auch gestorben. Das war 'ne schreckliche Zeit. Und der Masser war nachher nie mehr wie früher. Immer nur arbeiten, arbeiten, arbeiten, als ob er sich hätt' umbringen wollen. Er kann's nicht ertragen, wenn jemand krank oder unglücklich ist, er muß helfen. Der Masser würde eine kranke Katze genauso pflegen wie einen kranken Nigger, wie diesen Fiedler, mit dem du dauernd redst – oder dich, als sie dich hierhergebracht haben. Er war so wütend, als er hörte, was sie mit deinem Fuß gemacht haben, daß er dich seinem eigenen Bruder John abgekauft hat. Dem seine Schuld war es aber auch nicht, das waren die elenden Niggerfänger, die er angestellt hat. Die haben gesagt, du wolltest sie umbringen.«

Kunta gewann auf diese Weise nicht nur Einblick in die Lebensumstände der Schwarzen, ihm wurde jetzt auch bewußt, daß auch die Weißen wie andere Menschen Kummer hatten und Schmerzen litten, was ihr Verhalten allerdings noch keineswegs rechtfertigte. Er hätte die Sprache der Weißen gern gut genug gesprochen, um Bell seine Einsichten mitzuteilen und ihr die Geschichte zu erzählen, die er von Nyo Boto gehört hatte, von dem Jungen, der dem gefangenen Krokodil helfen wollte, und die Nyo Boto immer mit den Worten beendete: »Auf der Welt wird Gutes oft mit Bösem vergolten.«

Als er an Nyo Boto dachte, fiel Kunta etwas ein, das er Bell schon lange hatte sagen wollen; jetzt schien der Augenblick günstig zu sein. Sie sähe fast wie eine schöne Mandinka-Frau aus, sagte er, nur sei ihre Haut heller.

Ihre Antwort auf dieses Kompliment ließ nicht lange auf sich warten. »Was redest du da für'n Unsinn?« erwiderte sie gereizt. »Weiß wirklich nicht, weshalb die Weißen immer noch Schiffsladungen von euch Afrika-Niggern rüberbringen!«

KAPITEL 56

Den ganzen nächsten Monat hindurch sprach Bell mit Kunta kein Wort und trug sogar selber den Korb mit Gemüse ins Haus. Doch eines Montagmorgens kam sie aufgeregt in den Garten und rief: »Der Sheriff war eben da. Im Norden sind Unruhen ausgebrochen. Die Weißen wollen dem König keine Steuern mehr zahlen. Luther muß anspannen, der Masser fährt zur Stadt. Er ist ganz aufgeregt!«

Abends wollten die Schwarzen hören, was der Fiedler und der Gärtner zu den Neuigkeiten zu sagen hatten; der Gärtner war der älteste, der Fiedler war am weitesten in der Welt herumgekommen.

Auf die Frage, wann denn die Unruhen ausgebrochen seien, sagte der Gärtner: »Bis wir hier was aus dem Norden hören, vergeht eine ganze Weile.«

Der Fiedler fügte hinzu: »Von da oben, wo dieses Boston liegt, brauchen schnelle Pferde mindestens zehn Tage bis Virginia.«

Nach Einbruch der Dunkelheit kam der Wagen des Masser zurück. Luther eilte zum Sklavenquartier mit weiteren Einzelheiten, die er aufgeschnappt hatte: »In Boston sind die Weißen wegen den Steuern so wütend auf den König, daß sie auf die Soldaten los sind. Die Soldaten haben geschossen, und der erste Tote war ein Nigger namens Crispus Attucks. Es heißt ›Die Massakrierung von Boston‹.«

Während der nächsten Tage wurde über kaum etwas anderes gesprochen. Kunta verstand nur schwer, worum es ging und weshalb die Weißen – und sogar die Schwarzen – sich über Dinge aufregten, die so weit weg geschahen. Kaum ein Tag verging, ohne daß zwei, drei vorüberkommende Sklaven von der großen Straße her neue Gerüchte herüberriefen. Und Luther berichtete, was er von den Hausklaven, Stallburschen und anderen Kutschern erfuhr, mit denen er sprach, wenn der Masser ausfuhr, um Kranke zu besuchen oder mit anderen Massers in ihren großen Häusern oder in der Stadt die Vorgänge in New England zu bereden.

»Die Weißen können nichts geheimhalten«, sagte der Fiedler zu Kunta. »Sie haben überall Nigger um sich. Was sie tun, wo sie hingehn, immer ist ein Nigger da, der zuhört. Wenn sie beim Essen reden, serviert ein Niggermädchen, das sich dumm stellt und jedes Wort behält. Wenn die Weißen vor Angst die Wörter buchstabieren, weil ein Nigger in der Nähe ist, sagen die Hausnigger alles einem Nigger, der buchstabieren kann. Die Nigger gehn erst schlafen, wenn sie wissen, worüber die Weißen geredet haben.«

Von dem, was »oben im Norden« geschah, erfuhr man bruchstückweise den ganzen Sommer über und bis in den Herbst hinein. Luther wußte zu berichten, die Weißen regten sich zwar sehr wegen der Steuern auf, aber das sei nicht ihre einzige Sorge. »In manchen Gegenden gibt es doppelt soviel Nigger wie Weiße. Die Weißen haben Angst, der König überm Wasser bietet uns Niggern die Freiheit, wenn wir gegen die Weißen kämpfen.« Luther wartete, bis die verblüfften Ausrufe seiner Zuhörer verklungen waren. »Manche Weißen haben schon eine Mordsangst, schließen nachts die Türen ab und reden nicht mehr, wenn Hausnigger dabei sind.«

Kunta grübelte wochenlang abends auf seiner Matratze über »Freiheit« nach. Er verstand darunter, daß man keinen Masser hatte, tun konnte, was man wollte, und gehen konnte, wohin man wollte. Aber es war lächerlich anzunehmen, die Weißen, die die Schwarzen den weiten Weg über das große Wasser als Sklaven hierhergebracht hatten, würden sie je freilassen. Das würde nie geschehen.

Kurz vor Weihnachten kamen Verwandte von Masser Waller zu Besuch, und während ihr schwarzer Kutscher in der Küche aß, versorgte er Bell mit den neuesten Nachrichten. »Ich hab' gehört«, sagte er, »drüben in Georgia, da ist ein Nigger namens George Leile, dem haben die weißen Baptisten erlaubt, vor Niggern zu predigen, den Savannah River rauf und runter. Heißt sogar, er will in Savannah eine afrikanische Baptistenkirche gründen. Ist das erste, was ich von einer Niggerkirche gehört hab' . . .«

Bell sagte: »Ich hab' schon früher von einem in Petersburg hier in Virginia gehört. Aber weißt du was Neues aus dem Norden, was da die Weißen machen?«

»Ja, ich hab' vor einiger Zeit gehört, in Philadelphia war eine große Versammlung. Sie nennen es den Ersten Kontinentalkongreß.«

Bell sagte, das habe sie auch gehört. Sie hatte es sogar langsam und sorgfältig in Masser Wallers *Virginia Gazette* gelesen und ihr Wissen dann mit dem alten Gärtner und dem Fiedler geteilt. Sie als einzige wußten, daß Bell ein wenig lesen konnte. Als sie vor kurzem darüber sprachen, waren der Alte und der Gärtner beide der Meinung gewesen, man solle Kunta nichts von ihrer Fähigkeit sagen. Gewiß, er verstand, den Mund zu halten, und für jemanden aus Afrika konnte er inzwischen vieles erstaunlich gut verstehen und ausdrücken, aber sie fürchteten, er könnte noch nicht recht ermessen, wie ernst die Folgen wären, wenn der Masser erführe, daß Bell lesen konnte: er würde sie noch am selben Tag verkaufen.

Zu Anfang des nächsten Jahres – man schrieb 1775 – war immer häufiger von den Ereignissen in Philadelphia die Rede. Verstand Kunta auch nicht alles, so war ihm doch klar, daß die Weißen auf eine Auseinandersetzung mit dem König jenseits des großen Wassers in dem Land namens England zusteuerten. Und man redete viel von einem Masser Patrick Henry, der gesagt haben sollte: »Gebt mir die Freiheit, oder gebt mir den Tod!« Das gefiel Kunta, aber er vermochte nicht zu begreifen, wie ein Weißer das sagen konnte; ihm kamen die Weißen recht frei vor.

Immer häufiger war die Rede von Zusammenstößen zwischen Kolonisten und den Soldaten des Königs, die dabei allemal schlecht wegkamen. »Die Weißen in der Stadt sagen, die Soldaten vom König haben rote Rökke, damit man das Blut nicht sieht«, berichtete Luther. Das Blut weißer Soldaten werde übrigens auch von Negern vergossen, und er höre immer wieder, daß die Massers in Virginia ihren Sklaven mehr mißtrauten als sonst – »sogar ihren ältesten Hausniggern!«

Im Juni vertraute er seinen Zuhörern an: »Masser George Washington soll General werden. Der hat eine große Pflanzung mit vielen Sklaven.« In New England seien angeblich Sklaven freigelassen worden, die bereit waren, gegen die Rotröcke des Königs zu kämpfen.

»Ich hab's gewußt«, rief der Fiedler aus. »Die Nigger dürfen wieder mal ins Gras beißen, grad' wie in dem Krieg gegen die Franzosen und Indianer. Sobald's dann vorbei ist, gehn die Weißen gleich wieder mit der Peitsche auf die Nigger los!«

»Vielleicht nicht«, sagte Luther. »Es gibt jetzt da oben in Philadelphia Weiße, Quäker heißen die, die wollen die Sklavenhaltung abschaffen.«

Die Neuigkeiten, die Bell beisteuern konnte, klangen, als hätte sie sie vom Masser persönlich, aber schließlich gestand sie, daß sie immer, wenn der Masser Gäste hatte, am Schlüsselloch des Speisezimmers lauschte. Seit neuestem durfte sie nur noch das Essen auftragen und mußte dann gleich hinausgehen; er schloß sogar die Tür hinter ihr ab. »Dabei kenn' ich diesen Mann besser als seine Mutter!« murmelte sie empört.

»Was hat er dann gesagt, nachher, als die Tür zu war?« fragte der Fiedler ungeduldig.

»Heut' abend hat er gesagt, man muß gegen die Engländer kämpfen. Die schicken bestimmt Schiffe mit vielen Soldaten rüber, und er hat Angst, daß die Engländer uns Nigger gegen die Weißen hier aufhetzen. Zweihunderttausend Sklaven gibt es allein hier in Virginia. Der Masser sagt, er ist dem König treu, aber die Steuern kann er nicht zahlen.«

»General Washington will nicht noch mehr Niggersoldaten«, sagte Luther. »Oben im Norden gibt's aber freie Nigger, und die wollen kämpfen.«

»Kriegen schon Gelegenheit dazu, laß nur genug Weiße fallen«, sagte der Fiedler. »Diese freien Nigger müssen *verrückt* sein.«

Die Nachricht, die vierzehn Tage später eintraf, war noch erstaunlicher: Lord Dunmore, der königliche Gouverneur von Virginia, versprach allen Sklaven die Freiheit, die ihre Plantagen verließen und Dienst auf englischen Schiffen nahmen.

»Der Masser ist ganz wild«, berichtete Bell. »Der Mann, der zum Essen da war, hat gesagt, man soll alle Sklaven anketten oder einsperren, die zu den Engländern wollen, und Lord Dunmore soll gefangen und aufgehängt werden.«

Kunta hatte den Auftrag, die Pferde der aufgeregten Massers, die seinen jetzt immer grimmig dreinblickenden Herrn besuchten, zu versorgen. Er konnte berichten, daß die Pferde oft schweißnaß waren von einem langen, schnellen Ritt und daß manche Massers selber kutschierten. Einer davon war John Waller, der Bruder des Masser, der Mann, der Kunta vor acht

Jahren gekauft hatte, als er vom Schiff gekommen war. Kunta erkannte das verhaßte Gesicht sofort wieder, doch der Mann warf Kunta die Zügel zu, als hätte er ihn nie gesehen.

»Braucht dich nicht zu wundern«, sagte der Fiedler. »Ein Masser wie der grüßt doch keinen Nigger nicht, und dich schon gar nicht.«

Während der nächsten Woche erfuhr Bell durch Lauschen am Schlüsselloch, daß der Masser und seine Besucher besorgt und wütend waren, weil Tausende von Sklaven aus Georgia, Süd-Carolina und Virginia angeblich von den Plantagen flohen, um sich Lord Dunmore anzuschließen. Einige sagten, diese Sklaven flüchteten bloß nach dem Norden, doch alle Weißen waren sich darin einig, daß man mehr Bluthunde anschaffen mußte.

Dann rief Masser Waller eines Tages Bell zu sich ins Wohnzimmer und las ihr zweimal einen Absatz aus seiner *Virginia Gazette* vor. Er befahl Bell, ihn den Sklaven zu zeigen, und gab ihr die Zeitung. Sie tat, wie er sie geheißen hatte, und die anderen reagierten darauf genau wie sie – weniger mit Angst als mit Wut. »Laßt euch nicht dazu verführen, euch selbst zu verderben, ihr Neger . . . ob wir leiden oder nicht, wenn ihr eure Herren böswillig verlaßt, ergeht es euch auf alle Fälle schlecht.«

Ehe Bell die *Gazette* zurückgab, buchstabierte sie heimlich in ihrer Hütte noch einige weitere Artikel zusammen, und darunter waren auch Berichte von Sklavenaufständen, die teils stattgefunden hatten, teils befürchtet wurden. Später schrie der Masser sie an, weil sie die Zeitung nicht vor dem Abendessen zurückgebracht hatte, und Bell entschuldigte sich unter Tränen. Doch bald wurde sie mit einer neuen Bekanntmachung hinausgeschickt: Das Abgeordnetenhaus von Virginia hatte beschlossen, »Alle Neger und sonstigen Sklaven, die einen Aufstand planen oder unternehmen, werden ohne geistlichen Beistand zu Tode gebracht.«

»Was heißt das?« fragte ein Feldarbeiter, und der Fiedler erwiderte: »Wenn du einen Aufstand machst, hängen die Weißen dich ohne Prediger auf.«

Luther hatte gehört, einige Weiße, »Torys« und »Scotchmen« genannt, schlössen sich den Engländern an. »Und der Nigger vom Sheriff hat gesagt, Lord Dunmore brennt Flußplantagen und große Häuser ab und läßt die Nigger frei, die zu ihm kommen.« Luther berichtete weiter, in Yorktown und anderen Städten würden alle Schwarzen, die man bei Nacht im Freien antraf, ausgepeitscht und eingesperrt.

Weihnachten war in diesem Jahr ein Tag wie jeder andere. Von Lord Dunmore erzählte man, er habe sich vor dem wütenden Mob nur mit Mühe auf sein Flaggschiff retten können. Und eine Woche später kam die unglaubliche Nachricht, Lord Dunmore, mit seiner Flotte vor Norfolk liegend, habe befohlen, die Stadt innerhalb einer Stunde zu räumen. Er habe die Stadt beschossen, und es seien große Brände ausgebrochen. Ein großer Teil von Norfolk sei nur noch Schutt und Asche. Bell berichtete, in den Trümmern der Stadt seien Wasser und Nahrungsmittel knapp und Seuchen hätten so viele Menschen dahingerafft, daß der Hafen voller Leichen sei, die von der Flut angespült würden. »Die begraben sie in Sand und Schlamm«, sagte Luther. »Viele Nigger verhungern, und auf den englischen Schiffen geht's ihnen dreckig.«

Über solch schreckliche Nachrichten nachsinnend, kam Kunta zu dem Schluß, daß all dieses Leiden auf unerforschliche Weise einen Sinn, einen Grund haben mußte, daß Allah es so gewollt hatte. Was auch den Schwarzen und den Weißen widerfuhr, es mußte von Ihm beabsichtigt sein.

Anfang des Jahres 1776 hieß es, ein General Cornwallis sei mit Truppen aus England herübergekommen und habe versucht, den großen York River zu überqueren, doch ein Sturm habe seine Schiffe zerstreut. Sodann verlautete, ein weiterer Kontinentalkongreß sei zusammengetreten, auf dem die Massers von Virginia für die Loslösung von England gestimmt hätten. Dann vergingen zwei ruhigere Monate, bis Luther mit der Nachricht kam: »Seit dem 4. Juli sind alle Weißen wie verrückt! Sie haben sich für unabhängig erklärt. Masser John Hancock hat seinen Namen ganz groß druntergeschrieben, damit der König ihn gut lesen kann.«

Von seinen nächsten Fahrten zur Stadt brachte Luther weitere Neuigkeiten mit. In Baltimore hatte man eine lebensgroße Puppe des Königs durch die Straßen gefahren und anschließend verbrannt. Die Weißen hatten dazu »Tyrann! Tyrann!« gebrüllt. Und in Richmond hatten königliche Truppen auf Weiße geschossen, die die Unabhängigkeit der Kolonien feierten. Im Sklavenquartier war die Stimmung gedrückt, und der alte Gärtner sagte immer wieder: »Nigger haben keinen Grund, sich zu freuen. Engländer oder Kolonisten, es sind alles Weiße.«

Etwas später, noch im Sommer, kam Bell wieder einmal mit einer Nachricht ins Sklavenquartier. Sie hatte gehört, wie ein Gast beim Mittagessen von einem neu erlassenen virginischen Gesetz erzählte.

»Jetzt dürfen Nigger zu den Soldaten, als Trommler, Pfeifer und Pioniere.«

»Was sind Pioniere?« fragte ein Feldarbeiter.

»Die sind immer vorn dran, wo man am schnellsten stirbt!« sagte der Fiedler.

Kurz darauf brachte Luther einen aufregenden Bericht von einer Schlacht hier in Virginia, in der auf beiden Seiten Sklaven mitgekämpft hatten. Rotröcke, freigelassene Sträflinge und Schwarze hatten eine kleine Streitmacht von weißen Kolonisten samt ihren Schwarzen über eine Brücke getrieben, aber ein Sklavensoldat namens Billy Flora hatte die Brücke unpassierbar gemacht. Die Engländer mußten haltmachen, und der Tag war damit für die Kolonisten gerettet.

»Eine Brücke abreißen! Das muß ein mächtig starker Nigger gewesen sein!« rief der Gärtner aus.

Als die Franzosen 1778 auf seiten der Kolonisten in den Krieg eintraten, hörte Bell, daß eine Kolonie nach der anderen die Aufnahme von Sklaven in die Armee genehmigte, mit dem Versprechen, sie freizulassen, wenn der Krieg gewonnen war. »Jetzt lassen nur noch zwei Staaten keine Nigger kämpfen, Süd-Carolina und Georgia.«

»Das ist das einzig Gute, was ich je von den beiden gehört hab'!« sagte der Fiedler.

Sosehr er die Sklaverei haßte, es schien Kunta doch, daß nichts Gutes dabei herauskommen könne, wenn die Weißen den Schwarzen Gewehre gaben. Zunächst einmal würden die Weißen immer noch mehr Gewehre haben als die Schwarzen, so daß jeder Aufstandsversuch mit einer Niederlage enden mußte. Und dann dachte er daran, wie in seiner Heimat die *toubobs* bösen Häuptlingen und Königen Gewehre und Kugeln gegeben hatten, bis Schwarze gegen Schwarze kämpften, Dorf gegen Dorf, und die Besiegten – Menschen ihres eigenen Volkes – in Ketten legten und an Sklavenhändler verkauften.

Einmal hörte Bell den Masser sagen, 5000 Schwarze, Freie wie Sklaven, seien an den Kämpfen beteiligt, und Luther wußte regelmäßig von

Schwarzen zu berichten, die an der Seite ihrer Massers kämpften und starben. Luther erzählte auch von einigen nur aus Schwarzen bestehenden Kompanien. »Oben im Norden« gebe es sogar ein rein schwarzes Bataillon, das man »The Bucks of America« nannte. »Sogar ihr Oberst ist ein Nigger«, sagte Luther. »Middleton heißt er.« Er blickte den Fiedler verschmitzt an. »Du rätst nie, was er ist!«

»Wie meinst du das?« fragte der Fiedler.

»Er ist auch ein Fiedler! Und's wird Zeit, daß ein bißchen gefiedelt wird!«

Darauf summte er ein neues Lied, das er in der Stadt gehört hatte. Es hatte eine eingängige Melodie, und bald sangen andere mit, und wieder andere schlugen mit Stöcken den Takt dazu: »Yankee Doodle came to town, ridin' on a pony . . .« Und als der Fiedler es ebenfalls spielte, tanzten die Kinder im Sklavenquartier und klatschten in die Hände.

Im Mai 1781 hieß es, berittene Rotröcke hätten Masser Thomas Jeffersons Pflanzung Monticello verwüstet. Sie hatten die Ernte vernichtet, die Scheune niedergebrannt, das Vieh fortgetrieben und alle Pferde und dreißig Sklaven mitgenommen. »Die Weißen sagen, Virginia muß gerettet werden«, berichtete Luther, und kurz darauf erzählte er, die Weißen erwarteten jubelnd die Ankunft von General Washington mit seiner Armee. »Und da sind viele Neger dabei!« Im Oktober war zu hören, Washington und Lafayette hätten Yorktown beschossen und den englischen General Cornwallis angegriffen. Und bald darauf war von anderen Schlachten in Virginia, New York, Nord-Carolina, Maryland und weiteren Staaten die Rede. Dann, in der dritten Woche des Monats, kam eine Nachricht, die sogar das Sklavenquartier in Freudenstimmung versetzte: »Cornwallis hat kapituliert! Der Krieg ist aus! Alle sind frei!«

Luther fand kaum Zeit zum Schlafen, so oft mußte er anspannen, und der Masser lächelte wieder – zum erstenmal seit Jahren, sagte Bell.

»Wo ich hinkomm', schrein die Schwarzen so laut wie die Weißen«, sagte Luther.

Am meisten hätten die Sklaven ihren eigenen Helden »Old Billy« Flora gefeiert, der kürzlich entlassen worden war und seine treue Muskete mit nach Norfolk zurückgebracht hatte.

»Kommt alle mal her!« rief Bell wenig später die Bewohner des Sklavenquartiers zusammen. »Der Masser hat eben gesagt, Philadelphia wird zur ersten Hauptstadt von den Vereinigten Staaten gemacht!« Aber es war Luther, der ihnen später erzählte: »Masser Jefferson hat ein neues Gesetz gemacht. Jetzt dürfen die Massers ihre Nigger freilassen, wenn sie wollen. Die Quäker und die freien Nigger im Norden sind aber unzufrieden damit, weil die Massers nicht müssen, wenn sie nicht wollen.«

Als General Washington Anfang November 1783 die Armee auflöste, womit formell das beendet war, was man inzwischen den »Siebenjährigen Krieg« nannte, verkündete Bell im Sklavenquartier: »Der Masser hat gesagt, jetzt wird Frieden.«

»Wird keinen Frieden geben, nicht, solange es Weiße gibt«, meinte der Fiedler verdrießlich, »weil sie nichts lieber tun als totschlagen.« Er blickte sich im Kreis um. »Glaubt mir – 's wird noch schlimmer werden als vorher für uns Nigger.«

Kunta und der alte Gärtner redeten später noch leise miteinander. »Du hast doch viel gesehn, seit du hier bist. Wie lange ist das jetzt?« Kunta wußte es nicht, und das beunruhigte ihn.

In der Nacht ordnete Kunta die bunten Steine, die er mit jedem neuen Mond getreulich in seine Kalenderflasche geworfen hatte, in Häufchen zu zwölfen. Was die Steine ihm schließlich sagten, erschütterte ihn so sehr, daß der Gärtner nie eine Antwort auf seine Frage bekam. Auf dem gestampften Boden seiner Hütte lagen siebzehn Steinhäufchen. Er war vierunddreißig Regen alt! Was in Allahs Namen war mit seinem Leben geschehen? Er war jetzt schon so lange im Land der Weißen, wie er vorher in Juffure gelebt hatte! War er noch ein Afrikaner, oder war er schon ein »Nigger« geworden, wie die anderen sich selbst nannten? War er überhaupt noch ein Mann? Er war so alt wie der Vater, als er ihn zuletzt gesehen hatte, aber er hatte keine Söhne, keine Frau, keine Familie, kein Dorf, kein Volk, keine Heimat, fast keine Vergangenheit, die ihm noch irgendwie wirklich erschien, und keine Zukunft, auf die er sich hätte freuen können. Es war, als wäre Gambia ein vor langer Zeit geträumter Traum. Oder schlief er noch? Und wenn er schlief – würde er je aufwachen?

KAPITEL 57

Kunta brauchte nicht lange über seine Zukunft nachzugrübeln; schon ein paar Tage später verbreitete sich eine Neuigkeit wie ein Lauffeuer über die ganze Pflanzung. Bell verkündete atemlos – nachdem der Sheriff gekommen und zu einer geheimen Besprechung mit dem Masser hinter verschlossenen Türen verschwunden war –, daß ein entflohenes und eingefangenes Hausmädchen bei der Auspeitschung gestanden habe, ausgerechnet Luther, der Kutscher des Masser, habe ihr den Fluchtweg in groben Zügen aufgezeichnet.

Ehe Luther noch weglaufen konnte, stürzte Masser Waller zum Sklavenquartier, stellte ihn dem Sheriff gegenüber und fragte wütend, ob die Geschichte wahr sei. Verängstigt gab Luther alles zu. Rot vor Zorn hob der Masser den Arm zum Schlag, ließ ihn aber wieder sinken, als Luther um Gnade flehte, und starrte ihn nur eine Weile, mit Tränen unterdrückter Wut in den Augen, stumm an.

Endlich sagte er sehr ruhig: »Verhaftet den Mann, Sheriff, und bringt ihn ins Gefängnis. Er wird beim nächsten Sklavenmarkt verkauft.« Dann wandte er sich wortlos ab und ging zum Haus zurück, ohne sich weiter um Luthers gequältes Schluchzen zu scheren.

Die Spekulationen darüber, wer ausersehen würde, ihn als Kutscher des Masser zu ersetzen, hatten noch kaum begonnen, da kam Bell eines Abends mit der Mitteilung zu Kunta, der Masser wünsche ihn zu sprechen. Alle sahen zu – doch schien niemand sonderlich überrascht –, als er hinter Bell her ins Haus humpelte. Er ahnte, warum man ihn kommen ließ, fühlte sich aber doch ein wenig beklommen. Er hatte noch nie mit dem Masser gesprochen, noch auch nur – trotz der sechzehn Jahre, die er nun schon auf der Pflanzung war – das Herrenhaus jenseits von Bells Küche betreten.

Bell führte ihn durch die Küche in den Vorraum. Kunta starrte den glänzenden Boden und die tapezierten Wände an. Sie klopfte an einer hohen, mit Schnitzereien verzierten Tür. Er hörte den Masser »Herein« rufen, Bell trat ein, drehte sich um und winkte Kunta, ohne eine Miene zu verziehen, heran. Er konnte die Größe des Zimmers kaum fassen. Es schien ihm beinah so riesig wie das Innere der Scheune. Der polierte Eichenboden war mit Teppichen belegt, und an den Wänden hingen Bilder und Stickereien. Die tiefdunklen, aufeinander abgestimmten Möbel waren gewachst, und in den in die Wände eingelassenen Regalen standen lange Bücherreihen. Masser Waller saß lesend am Schreibtisch unter einer Öllampe mit einem runden Schirm aus grünlichem Glas, und als er sich Kunta nach einer Weile zuwandte, hielt sein Finger die Stelle, die er gerade las, fest.

»Ich brauche einen Kutscher. Du bist hier zu einem Mann herangewachsen, und ich glaube, daß du zuverlässig bist.« Seine weit auseinanderliegenden blauen Augen schienen Kunta durchbohren zu wollen. »Bell sagt, du trinkst nicht. Das gefällt mir. Außerdem hab' ich beobachtet, wie du dich führst.« Masser Waller machte eine Pause. Bell warf Kunta einen Blick zu. »Jasörr«, sagte er rasch.

»Du weißt, was mit Luther passiert ist?« fragte der Masser. »Jasörr«, sagte Kunta. Die Augen des Masser verengten sich, und seine Stimme klang hart und kalt. »Ich würde dich sofort verkaufen«, sagte er. »Ich würde Bell auch verkaufen, wenn ihr zwei nicht vernünftig seid.«

Während sie stumm dastanden, wandte der Masser sich wieder seinem Buch zu. »Also, du fährst mich ab morgen. Ich muß nach Newport. Ich zeig' dir den Weg, bis du dich selber auskennst.« Der Masser warf Bell einen Blick zu. »Gib ihm die richtigen Sachen zum Anziehen. Und sag dem Fiedler, daß er an Tobys Stelle im Garten arbeiten wird.«

»Jasörr, Masser«, sagte Bell, als sie und Kunta hinausgingen.

Bell brachte ihm zwar seine Sachen, aber es waren der Fiedler und der alte Gärtner, die Kunta früh am nächsten Morgen zusahen, wie er in die gestärkte und gebügelte Segeltuchhose stieg und das Hemd aus grober Baumwolle anzog. Das fand er nicht allzu schlimm, aber als sie ihm als nächstes den schmalen, schwarzen Schlips umzulegen halfen, hatte er das Gefühl, sich lächerlich zu machen.

»Nach Newport zu fahren, da ist nichts dabei, nur gradeaus, am Spotsylvania-Gericht vorbei«, sagte der alte Gärtner. »Das ist eins von den ältesten Herrenhäusern von der Waller-Familie.«

Der Fiedler – der inzwischen von seinen und Kuntas neuen Pflichten erfahren hatte – stieg um ihn herum und musterte ihn mit einer Mischung von unverhohlener Freude und Neid. »Keine Frage, jetzt bist du ein besonderer Nigger. Daß dir das man bloß nicht zu Kopp steigt.« Aber das war ein höchst überflüssiger Rat für jemanden, der nach all den Jahren immer noch jede Arbeit für den weißen Mann als demütigend empfand. Doch wie gering auch Kuntas Freude über die Aussicht gewesen sein mochte; den Garten hinter sich lassen und seinen Horizont – wie seine Onkel Janneh und Saloum – erweitern zu dürfen, sie war bald in der Hektik seiner neuen Pflichten vergessen.

Er mußte zu den unmöglichsten Zeiten die Pferde einspannen, denn Masser Waller folgte dem Ruf seiner Patienten zu allen Tages- und Nachtstunden, auch wenn sie noch so weit entfernt, auf abgelegenen Farmen wohnten, die nur auf Wegen, kaum von Sturzäckern zu unterscheiden, erreichbar waren. Kunta war ein geschickter Kutscher und dank seiner Umsicht kam man immer irgendwie heil ans Ziel, auch wenn die Schneeschmelze die roten Lehmwege in wahre Schlammbäche verwandelte.

Als eines frühen Morgens Masser Wallers Bruder John mit der Nachricht kam, seine Frau liege in den Wehen, noch dazu zwei Monate zu früh, kutschierte Kunta die Brüder zum Hause der Wöchnerin, denn das Pferd von Masser John war total erschöpft. Man war kaum angelangt, als das Neugeborene bereits den ersten Schrei ausstieß. Es war ein Mädchen, fünf Pfund schwer, wie der Masser auf der Heimfahrt verlauten ließ, und es sollte auf den Namen Anne getauft werden.

Das ging so fort. Während desselben hektischen Sommers brach eine Fieber-Epidemie aus, die im ganzen Kreis viele Opfer forderte – so viele, daß Masser Waller und Kunta kaum Schritt halten konnten und selber Fieber bekamen. Sie schluckten große Mengen Chinin, um sich auf den Beinen zu halten, und retteten mehr Leben, als sie verloren. Kuntas Leben wurde darüber zu einer unübersichtlichen Folge aus unzähligen Herrenhausküchen, kurzen Nickerchen auf fremden Pritschen und fremden Hütten oder im Heu und aus endlosen Stunden, die er vor den Sklavenquartieren oder den Herrenhäusern – mit immer den gleichen Schmerzensschreien im Ohr – im Wagen auf den Masser wartete, damit sie nach Hause zurück- oder – häufiger noch – zum nächsten Patienten fahren konnten.

Doch fuhr Masser Waller nicht nur in Krisenzeiten aus. Manchmal vergingen ganze Wochen, in denen nichts Dringlicheres geschah als die normalen Besuche bei seinen Patienten oder bei dem einen oder anderen aus dem schier unerschöpflichen Vorrat an Verwandten und Freunden, dessen Pflanzung leicht mit dem Einspänner erreichbar war. Bei solchen Gelegenheiten – besonders im Frühling oder Sommer, wenn die Wiesen voll waren mit Blumen, wilden Erdbeeren und Brombeergesträuch und üppig rankender Wein die Zäune überwucherte – rollte der Wagen gemächlich hinter den beiden endlich zueinander passenden Braunen dahin, und Masser Waller nickte bisweilen unter dem schwarzen Sonnendach ein. Wachteln flogen auf, leuchtend rote Kardinäle hüpften umher, Wiesenstärlinge riefen, und hier und da glitt eine auf dem Wege sich sonnende Bullennatter vor dem herannahenden Wagen davon, oder ein Bussard flog mit heftigem Flügelschlag von seinem toten Kaninchen auf. Aber am liebsten war Kunta der Anblick einer einsamen alten Eiche oder Zeder mitten auf einem Feld; dann wanderten seine Gedanken zu den Brotbäumen Afrikas und zu den Alten, die sagten, daß, wo immer ein Brotbaum allein stehe, einst ein Dorf gewesen sei. An solchen Tagen dachte er an Juffure.

Die privaten Besuche des Masser führten am häufigsten zu seinen Eltern, deren Pflanzung, Enfield, auf der Grenze zwischen King William County und King and Queen County lag. Wenn man sich dem Herrenhaus näherte, rollte der Wagen – wie bei allen Besitzungen der Waller-Familie – über eine breite, mit riesigen Bäumen bestandene Allee. Vor dem Haus, das auf einer leichten Anhöhe mit Blick auf einen schmalen, träge dahinfließenden Fluß lag und noch größer und stattlicher wirkte als das des Masser, erstreckte sich ein weitflächiger Rasen, und neben der Auffahrt stand ein dicker schwarzer Walnußbaum, unter dem der Einspänner zu halten pflegte.

Während seiner ersten Monate als Kutscher hatten ihn alle Köchinnen der Pflanzungen, in deren Küchen Kunta sein Essen bekam – vor allem aber Hattie Mae, die hochmütige, tiefschwarze Köchin auf Enfield – mißtrauisch beäugt. Sie verteidigten ihre Domäne ebenso grimmig entschlossen wie Bell ihre bei Masser Waller. Kaum eine von ihnen wagte es jedoch, sich mit Kuntas steifer Würde und Reserviertheit anzulegen, und so aß er unbehelligt und schweigend, was immer sie ihm – außer Schweinefleisch – vorsetzten. Im Laufe der Zeit gewöhnten sie sich aber an seine ruhige Art, und nach dem sechsten oder siebten Besuch war offenbar sogar die Köchin von Enfield überzeugt, daß eine Unterhaltung mit ihm nicht unpassend für sie sei, und geruhte, ihn anzusprechen.

»Weißt du überhaupt, wo du hier bist?« fragte sie ihn eines Tages unvermittelt, als er gerade über seinem Essen saß. Er antwortete nicht, und sie hatte auch nicht mit einer Antwort gerechnet.

»Das hier ist nämlich das erste amerikanische Haus von den Wallers. Hier haben seit hundertfünfzig Jahren nur Wallers gelebt.« Und sie erzählte, daß Enfield anfangs nur halb so groß gewesen sei wie jetzt, daß aber nachher ein anderes Haus vom Fluß heraufgebracht und angebaut worden war. »Unser Kamin ist aus Ziegeln, die auf Schiffen von England gekommen sind«, fügte sie stolz hinzu. Kunta nickte höflich, als sie weiter schwatzte, aber es machte keinen sonderlichen Eindruck auf ihn.

Zuweilen besuchte Masser Waller auch Newport, Kuntas erstes Ziel als Kutscher, und es schien ihm kaum glaublich, daß seit damals schon ein ganzes Jahr vergangen war. In einem Haus, das Kunta sehr an Enfield erinnerte, lebten dort Onkel und Tante des Masser, ein altes Ehepaar. Während die Weißen im Eßzimmer aßen, versorgte die Köchin, die mit einem großen Schlüsselring an einem schmalen Ledergurt über der Schürze einherstolzierte, Kunta in der Küche. Er wußte inzwischen, daß an diesen Schlüsselringen, die alle ranghöchsten Hausmädchen trugen, außer den Schlüsseln zu den Speise- und Räucherkammern, den Kühlkellern und Vorratsräumen auch die Schlüssel zu allen Zimmern und Schränken des Herrenhauses hingen. Es war ihm noch keine Köchin begegnet, die die Schlüssel als Zeichen ihrer Würde und Wichtigkeit nicht bei jedem Schritt rasseln ließ, doch rasselten sie bei keiner so laut wie bei der Köchin auf Newport.

Auch sie hatte offenbar – wie schon die Köchin auf Enfield – entschieden, daß man mit Kunta reden konnte, und so legte sie bei einem seiner Besuche plötzlich den Finger an die Lippen und führte ihn auf Zehenspitzen zu einer kleinen, tiefer im Herrenhaus gelegenen Kammer. Sie machte ein gewaltiges Ereignis daraus, die Tür mit einem der Schlüssel an ihrer Taille aufzuschließen. Dann führte sie Kunta hinein, deutete auf eine Sammlung, die an einer der Wände hing, und erklärte ihm, daß es sich um das Wappen der Wallers, ihr silbernes Siegel, eine Ritterrüstung, ein silbernes Schwert und das Gebetbuch des ersten Colonel Waller handelte. Entzückt über die nur schlecht verhehlte Verblüffung auf Kuntas Gesicht verkündete sie: »Der alte Colonel hat Enfield gebaut – aber begraben ist er hier.« Und beim Hinausgehen zeigte sie ihm das Grab und den Stein mit der Inschrift. Als Kunta den Stein eine Weile betrachtet hatte, fragte sie mit gespielter Beiläufigkeit: »Willst du wissen, was da steht?« Kunta nickte und sie »las« geschwind die längst auswendig gelernten Zeilen: »Gewidmet dem Gedenken an Colonel John Waller, Gentleman, dritter Sohn des John Waller und der Mary Key aus Newport Paganel, Buckinghamshire, der sich 1653 in Virginia niederließ.«

Kunta merkte bald, daß auf dem, auch im Kreis Spotsylvania gelegenen Prospect Hill etliche Vettern des Masser lebten. Das Herrenhaus war wie Enfield anderthalb Stockwerke hoch, und die Köchin auf Prospect Hill erklärte ihm, daß die sehr alten Herrenhäuser fast alle die gleiche Höhe hätten, weil auf zweistöckige Häuser eine Sondersteuer des Königs erhoben worden war. Im Gegensatz zu Enfield war Prospect Hill ziemlich klein – kleiner als die anderen Herrenhäuser der Wallers –, dafür hatte aber kein anderes, wie sie ihm – ob er es hören wollte oder nicht – versicherte, eine größere Eingangshalle oder eine steilere Wendeltreppe.

»Raufgehen tust du ja nicht, aber trotzdem kannst du ruhig wissen, daß wir da oben so hohe Himmelbetten haben, daß sie Leitern dafür brauchen. Und drunter haben sie die Rollbetten für die Kinder stehn. Und ich will dir mal was sagen, die Betten, die Ziegel vom Kamin, das Gebälk, die Türangeln, alles, was nicht schon vorher dagewesen ist, haben alles Niggersklaven gemacht.«

Vom Garten aus zeigte sie Kunta die erste Weberei, die er zu sehen bekam, sie lag ganz in der Nähe des Sklavenquartiers – das sich kaum von dem ihren unterschied –, und dahinter, jenseits eines Teiches, war ein Sklavenfriedhof. »Ich kann mir denken, daß du dir den nicht ansehn willst«, sagte sie, als hätte sie seine Gedanken gelesen. Er fragte sich, ob sie auch ahnte, wie befremdlich und traurig es ihm schien, daß sie – wie viele andere – von »wir« und »unserem« sprach, ganz so, als besäße sie die Pflanzung, auf der sie lebte, und nicht umgekehrt.

KAPITEL 58

»Warum bloß der Masser in den letzten Monaten so oft bei diesem schlechten Kerl von einem Bruder ist?« fragte Bell eines Abends, als sich Kunta nach einem Besuch auf Masser Johns Pflanzung müde hereinschleppte. »Dachte, zwischen den beiden wär's aus gewesen mit der Freundschaft.«

»Ich glaub', der Masser ist ganz verrückt nach dem kleinen Babymädchen, was sie da haben.«

»Die ist ja auch niedlich«, sagte Bell. Und nach einer nachdenklichen Pause fügte sie hinzu: »Sicher tut Missy Anne den Masser an sein kleines Mädchen erinnern, was gestorben ist.«

Auf den Gedanken war Kunta, der immer noch Schwierigkeiten hatte, in einem *toubob* einen richtigen Menschen zu sehen, gar nicht gekommen.

»Im November wird sie schon ein Jahr alt, nicht?« fragte Bell.

Kunta zuckte die Achseln. Er wußte nur, daß diese Hin- und Herfahrerei zwischen den beiden Pflanzungen schon tiefe Furchen in den Weg gezogen hatte – und in seinen Hintern auch. Und obwohl er Roosby, Masser Johns sauer dreinblickenden Kutscher, nicht leiden konnte, sagte er doch zu Bell, wie dankbar er für die Pause war, als der Masser in der vorigen Woche zur Abwechslung mal seinen Bruder zu sich eingeladen hatte.

Bell erinnerte sich, daß der Masser an jenem Tag beim Abschied ebenso fröhlich wie seine kleine Nichte ausgesehen hatte, als er sie juchzend und lachend hochwarf und wieder auffing, ehe er sie ihrer Mutter in die Kutsche reichte. Kunta war das nicht weiter aufgefallen, und es interessierte ihn auch nicht – und er konnte nicht verstehen, wieso Bell das interessierte.

Eines Nachmittags, ein paar Tage später, als sie auf dem Heimweg von einem Hausbesuch bei einem Patienten auf einer Pflanzung in der Nähe von Newport waren, schrie der Masser Kunta wütend zu, daß er gerade an einer Abzweigung vorbeigefahren sei, die sie hätten nehmen müssen. Kunta hatte nicht auf den Weg geachtet, so groß war sein Schock über etwas, das er gerade im Herrenhaus eines Patienten beobachtet hatte. Und selbst als er, eine Entschuldigung murmelnd, den Wagen eilig wendete, konnte er sich nicht von dem Bild der schweren, sehr schwarzen, wie eine

Wolof aussehenden Frau lösen, die im Garten auf einem Baumstumpf sitzend, wie selbstverständlich an der einen ihrer großen, nackten Brüste ein weißes und an der anderen ein schwarzes Kind gesäugt hatte. Kunta fand den Anblick ebenso empörend wie erstaunlich, aber als er es dem Gärtner erzählte, sagte der alte Mann: »In Virginia findst du kaum einen Masser, der nicht an einer schwarzen Mammy gesaugt hat oder wenigstens von einer großgezogen worden ist.«

Kunta schien das fast ebenso widerlich wie die demütigenden »Spiele«, die er nur allzuoft auf den Pflanzungen, auf die er kam, zwischen etwa gleichaltrigen weißen und schwarzen Kindern beobachtet hatte. Den weißen Kindern schien nichts so großen Spaß zu machen, als »Masser« zu spielen und so zu tun, als ob sie die schwarzen schlügen. Oder auf ihren Rücken zu klettern, um »Pferd« zu spielen und sie auf allen vieren kriechen zu lassen. Und »Schule« spielten sie, indem die weißen Kinder die schwarzen knufften und sich über ihre »Blödheit« lustig machten, wenn sie sie schreiben und lesen »lehrten«. Doch nach dem Essen, das die schwarzen Kinder damit verbrachten, dem Masser und seiner Familie, mit Zweigen fächelnd, die Fliegen fernzuhalten, lagen die weißen und die schwarzen Kinder einträchtig auf den Pritschen zum Mittagsschlaf.

Wenn ihm derlei begegnet war, sagte Kunta immer wieder zu Bell, dem Fiedler und dem Gärtner, daß er den *toubob* niemals verstehen werde – selbst wenn er hundert Regen alt würde. Und sie lachten darauf und versicherten ihm, daß sie so etwas und noch ganz anderes schon ihr Leben lang gesehen hätten.

Manchmal standen sich, so erzählten sie ihm, die weißen und die schwarzen Kinder sogar sehr nahe. Bell erinnerte sich, daß der Masser schon zweimal zu weißen Mädchen gerufen worden war, die ernstlich erkrankt waren, weil aus irgendeinem Grund ihre langjährigen Spielkameradinnen verkauft worden waren. Ihren Massers und Mistressen hatte man nur raten können, schleunigst die kleinen Freundinnen zu suchen und wieder zurückzukaufen, wenn sie nicht riskieren wollten, daß die hysterische Trauer ihre Töchter mit der Zeit zu Tode schwächte.

Und der Fiedler erzählte, daß viele schwarze Kinder Geige und Harfe und andere Instrumente spielen könnten, weil sie zugehört und zugesehen hatten, wenn ihre Spielgefährten von Musiklehrern unterrichtet wurden, die ihre reichen Massers über das große Wasser herübergeholt hatten. Und der alte Gärtner sagte, daß auf seiner zweiten Pflanzung ein weißer Junge den schwarzen, mit dem er aufgewachsen war, sogar mit zum William and Mary College genommen hatte. »Der alte Masser wollte das ja nicht, aber die alte Missy sagte: ›Es ist sein Nigger, soll er doch, wenn er will.‹ Und wie dieser Nigger dann später wieder zurückkommt, erzählt er uns im Sklavenquartier, daß da noch viele Massers mit ihren Nigger-Dienern waren, die mit ihnen in einem Zimmer geschlafen haben. Er sagt, daß sie oft ihre Nigger mit in die Klasse genommen haben, und nachher haben sie sich dann gezankt, wem sein Nigger am meisten gelernt hat. Dieser Nigger von meiner Pflanzung konnte nicht nur schreiben und lesen, er konnte sogar rechnen und Gedichte aufsagen und all so was, was sie sonst noch im College lernen. Um die Zeit ungefähr bin ich verkauft worden. Möchte wissen, was aus ihm geworden ist.«

»Wenn er nicht längst tot ist, hat er Glück gehabt«, sagte der Fiedler. »Weil, die Weißen haben so einen Nigger immer gleich im Verdacht, daß er irgendwo einen Aufstand oder eine Meuterei ausheckt. Es zahlt sich nicht aus, zuviel zu wissen, das hab' ich genau auch dem Afrikaner hier gesagt, wie er anfing, den Masser zu kutschieren. Mund zu und Ohren auf, so lernst du am meisten.«

Bald darauf, als Masser Waller einen Freund von einer Pflanzung zur anderen mitnahm, wurde Kunta klar, wie recht der Fiedler hatte. Der Masser und sein Gast unterhielten sich, als sei er gar nicht vorhanden – und sie äußerten Dinge, die Kunta selbst dann höchst merkwürdig erschienen wären, wenn sie nicht gewußt hätten, daß dicht vor ihnen ein Schwarzer saß. So redeten sie zum Beispiel davon, wie aufreizend langsam ihre Sklaven die Baumwolle zupften, während doch die Nachfrage nach Baumwollstoffen so rapide anstieg. Und sie sprachen auch darüber, daß sich mit der Zeit überhaupt nur noch die größten Pflanzer leisten konnten, Sklaven zu den räuberischen Preisen zu kaufen, die die Sklavenhändler und die Sklavenschiffsagenten verlangten.

»Aber selbst wenn man es sich leisten könnte, schafft die Expansion nur mehr Probleme, als sie löst«, sagte der Masser. »Je mehr Sklaven man hat, um so größer wird auch die Gefahr, daß sich irgendein Aufruhr zusammenbraut.«

»Wir hätten ihnen niemals erlauben dürfen, während des Krieges Waffen auf Weiße zu richten«, erwiderte sein Begleiter. »Jetzt haben wir die Folgen.« Und er erzählte, wie auf einer großen Pflanzung bei Fredericksburg einige ehemalige Sklaven-Soldaten gerade noch vor einem geplanten Aufstand geschnappt worden waren, und das auch nur, weil ein Hausmädchen Wind von der Sache bekommen und es unter Tränen ihrer Mistress erzählt hatte. »Sie hatten Musketen, Sensen, Mistgabeln, ja, sie hatten sogar Speere gemacht«, sagte der Freund des Masser. »Sie sollen geplant haben, nachts zu morden und zu brandschatzen und sich bei Tag zu verstecken und immer in Bewegung zu bleiben. Einer ihrer Rädelsführer hat gesagt, sie hätten damit gerechnet zu sterben, aber nicht ehe sie ihre im Krieg erworbenen Kenntnisse an den Weißen erprobt hätten.«

»Das hätte vielen Unschuldigen das Leben gekostet«, hörte Kunta den Masser ernst sagen. Und dann fuhr er fort, er habe irgendwo gelesen, seit den ersten Sklavenschiffen habe es über zweihundert Sklavenrevolten gegeben. »Ich sage schon seit Jahren, unsere größte Gefahr ist, daß eines Tages die Sklaven uns Weißen zahlenmäßig überlegen sind.«

»Du hast ja so recht!« rief sein Freund aus. »Weiß man denn, wer von ihnen grinsend herumschlurfend plant, einem die Kehle durchzuschneiden? Selbst von denen, die mit einem im Haus sind? Man kann einfach keinem trauen. Es steckt ihnen im Blut.«

Und Kunta, dessen Rücken steif wie ein Brett geworden war, hörte den Masser sagen: »Ich hab' als Arzt so manchen Todesfall unter Weißen gesehen, der mir – nun, ohne in Einzelheiten zu gehen, kann ich nur sagen, der eine oder andere kam mir höchst verdächtig vor.«

Kunta spürte kaum noch die Zügel in seinen Händen, es schien ihm unfaßbar, daß sie sich seiner Anwesenheit offenbar so überhaupt nicht bewußt waren. Und es schossen ihm all die Gerüchte durch den Kopf, die auch ihm in den fast zwei Jahren, die er nun schon den Wagen des Masser fuhr, zu Ohren gekommen waren. Es wurde viel von Köchinnen und Hausmädchen getuschelt, die lächelnd und knicksend Essen servierten, in das sie ihre eigenen Ausscheidungen gemischt hatten. Und man hatte ihm von Mahlzeiten der Weißen erzählt, die zerstoßenes Glas oder Arsen oder andere Gifte enthielten. Er hatte sogar Geschichten über geheimnisvolle, tödliche Ohnmachten bei weißen Babys gehört, ohne daß irgend jemand die Stopfnadel fand, die ein Hausmädchen da, wo das Haar schon am dichtesten wuchs, in den weichen Kopf getrieben hatte. Und die Köchin eines Herrenhauses zeigte ihm die frühere Hütte einer alten Kinderfrau, die schwer geprügelt und dann verkauft worden war, weil sie einen jungen Masser, der sie geschlagen hatte, ernstlich verletzt hatte.

Es schien Kunta überhaupt, als seien die schwarzen Frauen hier widerspenstiger und aufsässiger als die Männer. Aber vielleicht wirkte es auch nur so, weil die Frauen alles direkter und persönlicher nahmen und sich für gewöhnlich an den Weißen sofort rächten, die ihnen Unrecht getan hatten. Die Männer neigten weniger dazu und verschlossen sich mehr. Allerdings hatte der Fiedler Kunta von dem Vater eines schwarzen Mädchens erzählt, der einen weißen Aufseher, den er dabei ertappt hatte, wie er es vergewaltigte, an einem Baum aufhängte. Aber Gewalttaten von Schwarzen an Weißen entzündeten sich zumeist an Berichten von neuen Greueltaten der Weißen oder von Sklavenaufständen und ähnlichem.

Auf der Waller-Pflanzung hatte es noch nie irgendwelche Meutereien oder auch nur Zwischenfälle gegeben. Aber Kunta hatte von einigen Schwarzen im Kreis Spotsylvania gehört, die Musketen und andere Waffen versteckt und sich verschworen hatten, ihre Massers oder Mistressen oder auch alle beide umzubringen und ihre Pflanzungen niederzubrennen. Und es gab auch unter den Männern, mit denen er arbeitete, einige, die sich im geheimen trafen, um Gutes und Böses, das Sklaven anderswo passierte, zu erörtern und über Hilfsaktionen zu beraten; aber bislang redeten sie nur.

Man hatte Kunta nie aufgefordert, daran teilzunehmen – wahrscheinlich, weil sie glaubten, daß sein Fuß ihn bei einem tatsächlichen Aufstand nutzlos machen würde, dachte er. Aber aus welchen Gründen sie ihn auch ausschließen mochten, ihm war es nur recht. Denn obwohl er ihnen zu allem, was sie zu tun beschlossen, das Beste wünschte, glaubte Kunta nicht, daß eine Rebellion gegen eine so gewaltige Übermacht je Erfolg haben könne. Vielleicht würden die Schwarzen, wie Masser Waller gesagt hatte, den Weißen bald zahlenmäßig überlegen sein, aber niemals würden sie sie überwältigen können – nicht mit Mistgabeln, Küchenmessern und gestohlenen Musketen gegen die Soldaten und die Kanonen der weißen Nation.

Aber Kunta schien es, daß ihr schlimmster Feind sie selber waren. Zwar gab es ein paar junge Rebellen unter ihnen, aber die Mehrheit der Sklaven gehörte doch zu der Art, die genau taten, was man von ihnen erwartete, und gewöhnlich noch, ohne extra dazu aufgefordert worden zu sein; zu der Art, denen die Weißen das Leben ihrer Kinder anvertrauen konnten – was sie auch taten; zu der Art, die wegsahen, wenn der weiße Mann ihre Frauen ins Heu zerrte. Er war ganz sicher, daß es bei ihnen auf der Pflanzung etliche gab, die der Masser in aller Ruhe ein ganzes Jahr lang unbewacht sich selbst hätte überlassen können, um sie bei seiner Rückkehr – fleißig bei der Arbeit – da wiederzufinden, wo er sie verlassen hatte. Und das gewiß nicht, weil sie so zufrieden waren, sie beklagten sich dauernd, wenn sie unter sich waren; aber kaum eine Handvoll protestierte auch nur je, von Auflehnung ganz zu schweigen.

Vielleicht wurde er allmählich genau wie sie, dachte Kunta bei sich. Oder vielleicht wurde er einfach nur erwachsen. Oder wurde er alt? Er wußte es nicht; aber er wußte, daß er keine Lust mehr hatte, zu kämpfen und wegzulaufen, und daß er in Ruhe gelassen sein wollte. Er wollte sich um seine eigenen Angelegenheiten kümmern. Die das nicht konnten, schienen sich doch nur den Tod einzuhandeln.

KAPITEL 59

Auf einer Pflanzung, auf der der Masser eine ganze Familie gegen Fieber behandeln mußte, war Kunta im Schatten einer Eiche eingedöst und fuhr erst erschrocken auf, als auf einem Horn das Abendsignal zur Heimkehr der Sklaven vom Feld geblasen wurde. Als sie den Hof erreichten, rieb er sich noch immer den Schlaf aus den Augen und sah müßig zu, wie sie an ihm vorüberzogen, um sich vor dem Abendessen zu waschen. Es mußten etwa zwanzig oder dreißig sein. Dann sah er noch einmal hin und glaubte, er träume noch, aber es stimmte: vier von ihnen – ein Mann, eine Frau und zwei halbwüchsige Jungen – waren *weiß*.

»Die nennt man weiße Vertragsarbeiter«, erklärte ihm seine Freundin, die Köchin, als er ihr kurz darauf seine Verblüffung schilderte. »Die sind jetzt schon bald zwei Monate da. 'Ne Familie von jenseits vom großen Wasser. Der Masser zahlt denen die Überfahrt, und jetzt zahlen sie's ihm zurück, indem daß sie sieben Jahre als Sklaven arbeiten. Dann sind sie frei wie andre Weiße.«

»Und wohnen tun sie im Sklavenquartier?« fragte Kunta.

»Sie haben eine eigene Hütte, abseits von unsern, aber die ist genau im selben Zustand wie alle andern auch. Und zu essen kriegen sie denselben Dreck wie wir. Und auf dem Feld werden sie auch nicht anders behandelt.«

»Und wie sind die so?« fragte Kunta.

»Meistens bleiben sie für sich, aber sonst sind sie ganz in Ordnung. Sind nicht wie wir, aber sie tun ihre Arbeit und machen niemand keinen Ärger nicht.«

Kunta kam es vor, als ginge es diesen weißen Sklaven besser als den meisten freien Weißen, die er auf den Fahrten mit dem Masser zu sehen bekam. Nicht selten lebten ein Dutzend Erwachsene und Kinder zusammengepfercht in dem einzigen Raum ihrer Hütte, auf winzigen Fleckchen lehmiger Erde oder auf Sumpfland, dessen Ertrag so kümmerlich war, daß die Schwarzen ein Spottlied auf sie sangen: »Lieber Gott, laß mich bloß kein armer Weißer werden, dann bin ich schon lieber ein Nigger.« Er hatte es zwar selbst nie gesehen, aber gehört hatte er, daß solche Weiße von Abfällen lebten. Mager genug waren sie jedenfalls. Und sie rochen, als ob sie mit ihren verflohten Hunden schliefen, was viele von ihnen auch taten. Wenn er vor ihren Verschlägen im Einspänner auf den Masser warten mußte, der einen Skorbut- oder Pelagrafall behandelte, versuchte er, nur durch den Mund zu atmen. Er beobachtete, wie die Frauen und Kinder Holz hackten und pflügten, während die Mannsbilder mit ihren braunen Schnapskrügen und ihren Hunden – mit denen sie sich um die Wette kratzten – unter einem Baum lagen, und fand es nicht sonderlich schwer zu begreifen, warum dic Massers, die Pflanzungen besaßen, und sogar auch ihre Sklaven, sich hochmütig über dieses »faule, nichtsnutzige weiße Kroppzeug« lustig machten.

Tatsächlich war das nach seiner Meinung noch eine reichlich milde Bezeichnung für diese schamlosen Heiden, die es fertigbrachten, jede Anstandsregel zu verletzen. Schon am frühen Morgen lungerten ganze Horden von ihnen in ihren verschwitzten, fettigen, fadenscheinigen Lumpen um das Gericht oder den Saloon herum. Sie stanken nach dem dreckigen Tabak, den sie unablässig qualmten, sie soffen »Weißen Blitz« aus Flaschen, die in ihren Taschen steckten, und lachten und johlten einander heiser zu, wenn sie sich zum Karten- oder Würfelspiel auf die Straße hockten.

Am Nachmittag waren sie dann gewöhnlich soweit, sich vollends zu Narren zu machen: dann brachen sie in betrunkenes Grölen aus, tanzten wie wild auf den Straßen herum, pfiffen hinter den Frauen her, die an ihnen vorüberkamen, und riefen ihnen unanständige Worte nach, stritten und beschimpften sich gegenseitig und fingen schließlich Prügeleien an, die mit einem Schubs oder einem Rippenstoß begannen und – während sich die anderen um sie scharten und sie anfeuerten – mit Augenausstechen, Ohrenabbeißen, Tritten in den Unterleib und blutigen Wunden endeten, die fast immer der raschen Hilfe des Masser bedurften. Selbst die wilden Tiere seiner Heimat hatten, wie es Kunta schien, mehr Würde als diese Kreaturen.

Bell kannte viele Geschichten von armen Weißen, die ausgepeitscht wurden, weil sie ihre Frauen geschlagen hatten, oder für Vergewaltigung ein Jahr im Gefängnis landeten. Und mindestens ebensooft erzählte sie, daß einer den anderen erstochen oder erschossen hatte, wofür ihm sechs Monate Sklavendienst drohten. Doch wie groß auch ihr Vergnügen an Brutalitäten untereinander sein mochte, Kunta wußte aus eigener Erfahrung, daß das noch gar nichts war, verglichen mit ihrem Vergnügen an Brutalitäten gegen Schwarze. Der Pöbelhaufen, der johlend und spottend mit Stöcken auf ihn und seine Kettengenossen eingeschlagen hatte, als sie aus dem großen Kahn geladen wurden, hatte aus armen Weißen – Männern wie Frauen – bestanden. Der Aufseher auf Masser Johns Pflanzung, der seinen Rücken so ausgiebig mit der Peitsche traktiert hatte, war ein armer Weißer gewesen. Die Sklavenfänger, denen es soviel Spaß gemacht hatte, ihm den halben Fuß abzuhacken, hatten zum »miesen weißen Kroppzeug« gehört. Und er wußte von Flüchtlingen, denen die Patrouillen, die sie aufgriffen, nicht wie ihm damals die Wahl gelassen hatten, sondern sie bis zur Unkenntlichkeit verstümmelt, mit gebrochenen Gliedern und ihrer Männlichkeit beraubt, auf ihre Pflanzungen zurückgebracht hatten. Er kam nicht dahinter, warum die armen Weißen die Schwarzen so haßten. Der Fiedler meinte, vielleicht wegen der *reichen* Weißen, die alles hatten: Vermögen, Macht und Besitz, zu dem auch ihre Sklaven gehörten, die Essen, Kleidung und Wohnung bekamen, während sie darum kämpfen mußten, sich überhaupt am Leben zu halten. Aber Kunta brachte kein Mitleid mit ihnen auf. Er empfand nur tiefen Haß gegen sie, der im Laufe der Jahre immer bitterer wurde, denn einer von ihnen hatte die Axt geschwungen, die ihn für immer um etwas gebracht hatte, das ihm kostbarer gewesen war als sein Leben: die Hoffnung auf Freiheit.

Im Spätsommer erregten sich die Weißen in der Kreisstadt mächtig über die Quäker, die sich jetzt angeblich nicht mehr damit begnügten, die Sklaven zur Flucht zu ermuntern, sondern ihnen dabei aktive Hilfe leisteten. Darüber gerieten die armen Weißen ebenso außer sich wie die Massers, und man forderte, alle bekannten Quäker sowie alle, die man des Quäkertums verdächtigte, zu teeren und zu federn, wo nicht gar aufzuhängen. Kunta meinte, die Quäker könnten höchstens hier und da einmal einem oder zwei Sklaven zur Flucht verhelfen und würden dabei bestimmt rasch gefaßt werden, doch waren es gewissermaßen weiße Verbündete, und Verbündete konnte man immer brauchen. Und wenn die Massers sich so schrecklich über die Quäker ärgerten, durfte man daraus schließen, daß an den Quäkern was dran war.

Nachdem Kunta von den Vorgängen in der Stadt berichtet hatte, brachte der Fiedler seine Neuigkeiten vor. Er kam jetzt mit seiner Fiedel viel herum und hörte allerhand, so unter anderem, daß ein reicher Quäker namens John Pleasant testamentarisch seinen zweihundert Sklaven die Freiheit geschenkt hatte.

Bell, die erst später dazukam, sagte, sie habe gerade gehört, wie Masser Waller und ein Gast sich bitter darüber beklagten, daß kürzlich in einem nördlichen Staat »Massachusetts« die Sklaverei abgeschafft worden sei und daß Gerüchte umgingen, Nachbarstaaten würden sich dem anschließen.

»Was bedeutet ›abgeschafft‹?« fragte Kunta.

Der alte Gärtner antwortete: »Das bedeutet, daß wir Nigger alle bald eines Tages frei sind!«

KAPITEL 60

Kunta hatte sich angewöhnt, selbst wenn er nichts Erzählenswertes aus der Stadt mitbrachte, mit den anderen vor der Hütte des Fiedlers um das Feuer herum zu sitzen. Aber in letzter Zeit fiel ihm auf, daß er sich immer seltener mit dem Fiedler – um dessentwillen er einst doch nur dorthin gekommen war – unterhielt, und viel häufiger mit Bell oder dem alten Gärtner. Ihre Beziehung zueinander hatte sich nicht direkt abgekühlt, aber sie war anders geworden als früher, und das bekümmerte ihn. Natürlich hatte es sie einander nicht eben nähergebracht, daß dem Fiedler Kuntas Pflichten im Garten aufgebürdet worden waren, aber er war zu guter Letzt doch darüber hinweggekommen. Woran er sich aber anscheinend nicht gewöhnen konnte war, daß Kunta ihn als die bestunterrichtete Informationsquelle über Neuigkeiten und Klatsch von der Außenwelt auszustechen begann.

Niemand hätte dem Fiedler vorwerfen können, er sei jetzt schweigsam, aber seine berühmten Monologe schienen kürzer und kürzer und seltener und seltener zu werden; und er spielte ihnen auch kaum noch auf der Fiedel vor. Nachdem er eines Abends besonders bedrückt dagesessen hatte, fragte Kunta Bell, ob er womöglich irgend etwas gesagt oder getan hatte, das ihn verletzt haben könnte.

»Bilde dir man bloß nichts ein«, sagte sie. »Seit Monaten zieht er kreuz und quer durchs ganze Land, um für die Weißen zu spielen, der Fiedler. Der ist nur bloß zu kaputt, noch den Mund aufzumachen, das ist es, und mir kann es nur recht sein. Der kriegt jetzt anderthalb Dollar jeden Abend, wo er bei den piekfeinen Festen von den Weißen spielt. Und sogar wenn der Masser seine Hälfte nimmt, hat der Fiedler noch fünfundsiebzig Cents für sich allein. Warum meinst du, soll er da noch für Nigger spielen wollen? Außer du willst hier eine Sammlung machen und ausprobieren, ob er auch für einen Nickel spielt.«

Sie schaute vom Herd auf, um zu sehen, ob Kunta lächelte. Er lächelte nicht. Aber sie wäre wahrscheinlich auch vor Schreck in ihre Suppe gefallen, hätte er es getan. Sie hatte ihn nur ein einziges Mal lächeln sehen – das war, als er hörte, ein Sklave von einer nahegelegenen Pflanzung, den er kannte, sei sicher in den Norden entkommen.

»Ich hab' gehört, der Fiedler hat vor, alles, was er verdient, zusammenzusparen, damit er sich vom Masser freikaufen kann«, fuhr sie fort.

»Bis er dafür genug hat«, sagte Kunta ernst, »ist er zu alt, noch aus seiner Hütte zu kriechen.«

Bell lachte so sehr, daß sie beinahe wirklich in ihre Suppe fiel.

Eines Abends, kurz nach dieser Unterhaltung, hörte Kunta den Fiedler auf einem Fest spielen und dachte bei sich, daß es gewiß nicht an mangelnder Mühe liegen würde, wenn es dem Fiedler nicht gelang, sich seine Freiheit zu verdienen. Kunta hatte den Masser abgesetzt und unterhielt sich mit den anderen Kutschern unter einem Baum draußen auf dem dunkelnden Rasen, als die Kapelle, angeführt vom Fiedler, der offensichtlich heute abend in Hochform war, mit so viel Temperament einen Virginia Reel zu spielen begann, daß selbst die Weißen ihre Füße nicht stillhalten konnten.

Kunta saß so, daß er die Silhouetten der jungen Paare sehen konnte, die aus dem großen Saal zur einen Tür heraus auf die Veranda wirbelten und zur anderen wieder hinein. Als der Tanz vorüber war, stellten sie sich alle an einer langen Tafel an, die im Kerzenlicht schimmerte und mit mehr Essen beladen war, als das Sklavenquartier im ganzen Jahr zu sehen bekam. Und als sie satt waren – die dicke Tochter des Gastgebers bediente sich gleich dreimal am Büfett –, schickte die Köchin ein Tablett voller Reste und einen Krug Limonade zu den Kutschern hinaus. Da Kunta fürchtete, der Masser könne jeden Augenblick erscheinen, um sich heimfahren zu lassen, schlang er ein Hühnerbein hinunter und ein köstliches, cremiges, süßes Etwas, das einer der Kutscher »Eh-Klär« nannte. Aber die Massers standen noch stundenlang in ihren weißen Anzügen herum, unterhielten sich leise, gestikulierten mit den Händen, in denen sie lange Zigarren hielten, und nippten hier und da an ihren Weingläsern, die im Licht der Kandelaber über ihnen schimmerten, während ihre Frauen in feinen Kleidern dümmlich hinter ihren Fächern hervorlächelten und ihre Spitzentaschentüchlein flattern ließen.

Als Kunta den Masser zum erstenmal zu einem dieser »hochgestochenen Rummel«, wie Bell das nannte, gebracht hatte, war er von den widersprüchlichsten Empfindungen – Ehrfurcht, Entrüstung, Neid, Verachtung, Faszination und Abscheu – überwältigt worden. Aber stärker als alles andere war das Gefühl tiefer Einsamkeit und Melancholie gewesen, und er hatte fast eine Woche gebraucht, um sich davon zu erholen. Er hatte einfach nicht fassen können, daß es so unglaublichen Reichtum tatsächlich gab. Daß Menschen tatsächlich so lebten. Es dauerte lange und bedurfte noch einer ganzen Reihe ähnlicher Feste, bis ihm klar wurde, daß sie eben *nicht* so lebten, daß alles sonderbar unwirklich war, eine Art schöner Traum, den die Weißen träumten; eine Art Lüge, die sie sich erzählten: nämlich daß aus Bösem Gutes entstehen kann und auch der sich für gesittet halten darf, der Menschen nicht als Menschen behandelt, deren Blut und Schweiß und Muttermilch ihm erst das bevorrechtete Leben möglich machen.

Kunta hatte überlegt, ob er über diesen Gedanken nicht mit Bell oder dem alten Gärtner sprechen sollte, aber er wußte, er würde in der *toubob*-Sprache doch nicht die richtigen Worte finden. Außerdem waren die beiden schon ihr Leben lang hier, man konnte nicht von ihnen erwarten, daß sie es so sahen wie er – mit den Augen eines Außenseiters, eines, der frei geboren war. So behielt er es, wie immer, wenn er über solche Dinge nachdachte, für sich und ertappte sich bei dem Wunsch, sich nicht immer noch, trotz all der Jahre, so einsam fühlen zu müssen.

Ungefähr drei Monate später war Masser Waller – »wie beinah jeder, der im Staat Virginia überhaupt was gilt«, hatte der Fiedler gesagt – zum Thanksgiving-Ball eingeladen, den seine Eltern alljährlich auf Enfield gaben. Sie kamen mit Verspätung an, weil der Masser wie gewöhnlich unterwegs noch haltmachen ließ und nach einem Patienten sehen mußte. Als sie über die baumbestandene Allee auf das von oben bis unten hellerleuchtete Herrenhaus zufuhren, sah Kunta, daß das Fest bereits im vollen Gange war. Vor der Eingangstür hielt er die Pferde an, sprang vom Bock, um strammzustehen, während ein Hausdiener dem Masser aus der Kutsche half – und in diesem Augenblick hörte er es. Irgendwo ganz in der Nähe schlugen Hände mit Ballen und Fingerspitzen jenes trommelartige Kürbisinstrument, das *qua-qua* hieß – und es wurde mit solcher Kraft und Präzision geschlagen, daß Kunta wußte, der Musiker mußte ein Afrikaner sein.

Es blieb ihm nichts anderes übrig, als stramm stehenzubleiben, bis sich die Tür hinter dem Masser schloß. Dann aber warf er dem wartenden Stallburschen die Zügel zu und rannte, so schnell es ihm sein halber Fuß erlaubte, um das Haus herum, durch den Garten. Die lauter und lauter werdenden Klänge kamen aus der Mitte einer Gruppe von Schwarzen. Unter einer Kette von Laternen, die die Wallers den Sklaven zur Feier ihres eigenen Thanksgiving-Festes aufzuhängen erlaubt hatten, klatschten sie rhythmisch und stampften auf den Boden. Ohne Rücksicht auf ihre empörten Zurufe zwängte Kunta sich durch ihre Reihen zu dem freien Kreis in der Mitte vor. Und da war er: ein gebeugter, grauhaariger, sehr schwarzer Mann, der zwischen einem Mandolinenspieler und zwei anderen, die Rinderknochen schlugen, am Boden kauerte und auf seiner *qua-qua* trommelte. Die plötzliche Unruhe hatte ihn aufsehen lassen – da trafen sich ihre Blicke –, und im selben Moment sprangen sie aufeinander zu, während die anderen Schwarzen sie verständnislos anstarrten und zu kichern begannen, als sie sich umarmten.

»*Ah-sal akium-salaam!*«

»*Malakium-salaam!*«

Die Worte kamen so selbstverständlich, als hätten sie Afrika nie verlassen. Kunta hielt den Älteren auf Armeslänge von sich. »Hab' dich noch nie hier gesehn!« rief er aus.

»Bin jetzt erst von einer andern Pflanzung hierher verkauft worden«, sagte der andere.

»Mein Masser ist deinem Masser sein Junge«, sagte Kunta. »Ich bin sein Kutscher.«

Die Männer um sie herum begannen zu murren, die Musik sollte weitergehen. Außerdem fühlten sie sich offenbar auch unbehaglich bei dieser unverhohlenen Zurschaustellung afrikanischer Gemeinsamkeit zwischen den beiden. Kunta wußte wie der *qua-qua*-Spieler, daß sie die anderen nicht weiter reizen durften, sonst würde womöglich einer von ihnen den Weißen davon berichten.

»Ich komme wieder!« sagte Kunta.

»*Salakium-salaam!*« sagte der *qua-qua*-Spieler und kauerte sich wieder auf den Boden.

Kunta blieb noch einen Augenblick stehen und hörte der Musik zu, dann wandte er sich plötzlich ab und drängte sich verwirrt und traurig, den Blick gesenkt, durch die Menge zurück. Er ging zum Wagen, um dort auf Masser Waller zu warten.

In den folgenden Wochen schwirrte ihm der Kopf vor Fragen über den *qua-qua*-Spieler. Zu welchem Stamm mochte er gehören? Mit Sicherheit war er kein Mandinka, und er gehörte auch zu keinem der anderen Stämme, die Kunta in Gambia oder auf dem großen Kahn kennengelernt hatte. Seine grauen Haare verrieten, daß er schon älter war, und Kunta fragte sich, ob er wohl so viele Regen alt sei wie Omoro jetzt. Und wieso hatten sie gleich gespürt, daß jeder von ihnen ein Diener Allahs war? Die Leichtigkeit, mit der der *qua-qua*-Spieler die *toubob*-Sprache und die islamische beherrschte, verriet, daß er schon lange im Lande der Weißen sein mußte. Wahrscheinlich mehr Regen, als Kunta alt war. Der *qua-qua*-Spieler hatte gesagt, daß er erst kürzlich von Masser Wallers Vater gekauft worden war. Wo im *toubob*-Land hatte er all die Regen bisher verbracht?

Kunta sah im Geiste all die anderen Afrikaner vor sich, die ihm im Laufe der drei Regen, seit er der Kutscher des Masser war, zufällig über den Weg gelaufen waren – unglücklicherweise meistens dann, wenn er den Masser fuhr und es nicht wagen konnte, ihnen auch nur zuzunicken, geschweige denn, sie kennenzulernen. Unter ihnen waren sogar zweifellos ein oder zwei Mandinkas gewesen. Die meisten Afrikaner hatte er flüchtig gesehen, wenn sie samstags morgens am Sklavenmarkt vorbeifuhren. Aber seit dem Vorfall eines Morgens vor etwa sechs Monaten war er entschlossen, soweit es irgend möglich war, ohne daß der Masser eine Absicht dabei argwöhnte, dem Sklavenmarkt auszuweichen. Als sie an jenem Tag vorbeigefahren waren, hatte eine junge Jola-Frau in Ketten angefangen, mitleiderregend zu kreischen. Er hatte sich umgedreht, um zu sehen, was los war, und gemerkt, daß die großen Augen der Jola-Frau auf ihn auf seinem hohen Kutschbock gerichtet waren. Ihr im Schrei aufgerissener Mund flehte ihn an, ihr zu helfen. Eine Woge von Bitterkeit und Scham wallte in Kunta auf. Er zog den Pferden mit der Peitsche eins über, daß sie einen Satz vorwärts machten und der Masser zu Kuntas Schreck hart nach hinten geworfen wurde. Aber der Masser hatte nichts gesagt.

Einmal hatte Kunta einen afrikanischen Sklaven in der Kreisstadt getroffen, aber keiner verstand des anderen Stammessprache, und der andere Mann konnte die *toubob*-Sprache noch nicht. Es schien Kunta ganz unglaublich, daß er erst nach zwanzig Jahren im Land der Weißen auf einen Afrikaner gestoßen war, mit dem er Kontakt aufnehmen konnte.

Doch während der nächsten beiden Monate des Frühlings 1788 schien es Kunta ganz so, als ob der Masser jeden einzelnen seiner Patienten, jeden Verwandten, jeden Freund in fünf Landkreisen besuchen wollte – nur seine eigenen Eltern auf Enfield nicht. Kunta hatte sogar überlegt, ob er nicht zum erstenmal um eine Reisegenehmigung bitten sollte, aber er wußte, daß man ihm Fragen nach Grund und Ziel der Reise stellen würde. Er konnte natürlich sagen, er wolle Liza, die Köchin auf Enfield, besuchen, aber dann würde der Masser denken, es spinne sich etwas zwischen ihnen an, und das würde er womöglich seinen Eltern erzählen, die es womöglich Liza erzählen würden – und dann hätte er die Bescherung. Er wußte, sie hatte ein Auge auf ihn, ein Gefühl, das er entschieden nicht teilte. So ließ er den Gedanken wieder fallen.

Seine Ungeduld, nach Enfield zu kommen, machte ihn reizbar gegen Bell, und er entschuldigte sich vor sich selbst damit, daß er mit ihr nicht darüber reden konnte, weil er ihre Abneigung gegen alles Afrikanische nur zu gut kannte. Und auch dem Fiedler und dem Gärtner wollte er sich nicht anvertrauen; sie würden es ja bestimmt nicht weitererzählen, aber sie könnten auch niemals verstehen, was es für ihn bedeutete, jemandem begegnet zu sein, mit dem er nach zwanzig Jahren über seine Heimat sprechen konnte.

Dann, eines Sonntags nach dem Mittagessen, schickte der Masser plötzlich ohne jede Vorankündigung nach ihm: er solle einspannen, man fahre nach Enfield. Kunta sprang mit einem Satz auf und zur Tür hinaus. Bell starrte ihm verwundert nach.

Als er die Küche auf Enfield betrat, hantierte Liza zwischen ihren Töpfen. Er fragte, wie es ihr gehe, und fügte rasch hinzu, daß er nicht hungrig sei.

Sie sah ihn voller Wärme an und sagte mit sanfter Stimme: »Hab' dich lange nicht gesehn.« Dann wurde sie ernst. »Ich hab' das von dir und dem Afrikaner, den wir neu gekriegt haben, gehört. Der Masser auch. Ein paar Nigger haben es ihm erzählt. Aber er hat nichts weiter gesagt, also brauchst du dir keine Sorge machen.« Sie nahm Kuntas Hand und drückte sie. »Wart nur ein Momentchen.«

Kunta war nahe daran, vor Ungeduld zu platzen, aber Liza machte flink und geschickt zwei dick mit Fleisch belegte Brote zurecht und wickelte sie ein. Sie gab sie ihm und drückte wieder seine Hände. Dann schob sie ihn zur Küchentür, wo sie zögerte. »Du hast mich nie nicht gefragt, darum hab' ich dir auch nichts davon gesagt, aber meine Mammy war eine afrikanische Niggerfrau. Sicher hab' ich dich darum so gern.«

Aber da sie sah, wie brennend Kunta fort wollte, drehte sie sich um und deutete in eine Richtung. »Da, die Hütte mit dem kaputten Schornstein ist seine. Die meisten Nigger haben heute vom Masser frei gekriegt. Die kommen nicht wieder, bevor es nicht dunkel wird. Bloß mußt du sehn, daß du da bist bei deinem Wagen, wenn dein Masser wieder rauskommt.«

Kunta humpelte rasch zum Sklavenquartier und klopfte an die Tür der windschiefen Hütte.

»Wer ist da?« fragte die Stimme, an die er sich so gut erinnerte.

»Ah-salakium-salaam!« sagte Kunta. Er hörte ein rasches Huschen von innen, und dann flog die Tür weit auf.

KAPITEL 61

Als Afrikaner zeigten die beiden Männer nicht, wie sehr sie auf diesen Augenblick gewartet hatten. Der Ältere bot Kunta seinen einzigen Stuhl an, als er aber sah, daß sein Gast lieber, wie er es in seinem Heimatdorf getan haben würde, auf dem Boden kauerte, brummte der *qua-qua*-Spieler zufrieden, zündete die Kerze auf seinem wackeligen Tisch an und kauerte sich neben ihn.

»Ich stamme aus Ghana und gehöre zum Akan-Volk. Die Weißen nennen mich Pompey, aber mein richtiger Name ist Boteng Bediako. Bin schon lang hier. War auf sechs Pflanzungen von den Weißen. Hoffe bloß, das hier ist die letzte. Und du?«

Kunta versuchte, sich ebenso knapp auszudrücken wie der Mann aus Ghana, als er ihm von Gambia erzählte, von Juffure, davon, daß er ein Mandinka war, von seiner Familie, seiner Gefangennahme und seinen Fluchtversuchen, von seinem Fuß, seinen Jahren als Gärtner und jetzt als Kutscher.

Der Ghanese hörte aufmerksam zu und saß, als Kunta mit seinem Bericht fertig war, erst eine Weile stumm da und dachte nach. Dann sagte er: »Wir haben alle viel zu leiden. Ein weiser Mensch versucht daraus zu lernen.« Er machte eine Pause und sah Kunta forschend an. »Wie alt bist du?« Kunta sagte, sechsunddreißig Regen.

»So siehst du nicht aus. Ich sechsundsechzig.«

»So siehst du auch nicht aus«, sagte Kunta.

»Ich bin schon länger hier wie du auf der Welt. Ich wünschte bloß, ich hätte damals gewußt, was ich jetzt gelernt hab'. Aber du bist noch jung, also erzähl' ich's dir. Erzählen die alten Großmütter den kleinen Kindern in deinem Land auch Geschichten?« Kunta nickte. »Dann erzähl' ich dir eine. Darüber, wie man aufwachsen tut in meinem Land.

Ich weiß noch genau, wie der Häuptling von unserem Akan-Volk auf seinem dicken Stuhl aus Elefantenzähnen sitzt, und neben ihm steht ein Mann, der immer einen Schirm über seinen Kopf hält. Und auf der anderen Seite ist der Mann, durch den der Häuptling spricht. Nur so hat er je gesprochen, und nur so kann einer mit ihm sprechen – durch den Mann. Und dann sitzt noch ein Junge zu Füßen vom Häuptling. Dieser Junge bedeutet die Seele vom Häuptling, und er bringt Botschaften vom Häuptling zu den Leuten. Dieser Junge hat ein Schwert mit einer breiten Klinge, damit jeder genau weiß, wer er ist. Ich bin der Junge gewesen, der den Leuten die Botschaften bringt. Dabei haben die Weißen mich gefangen.«

Kunta wollte etwas sagen, aber der Ghanese hob die Hand.

»Die Geschichte geht noch weiter. Was ich sagen will – oben auf dem Schirm vom Häuptling ist eine geschnitzte Hand, die ein Ei hält. Das bedeutet, daß der Häuptling seine Macht vorsichtig benützen tut. Und der Mann, durch den der Häuptling spricht, hält immer einen Stock. Und auf dem Stock ist eine Schildkröte eingeschnitzt. Die Schildkröte bedeutet, daß der Schlüssel zum Leben Geduld ist.« Der Ghanese machte eine Pause. »Und auf dem Panzer von der Schildkröte ist eine Biene geschnitzt. Die Biene bedeutet, daß nichts durch den harten Panzer von der Schildkröte durchstechen kann.«

Im flackernden Kerzenlicht der Hütte machte der Ghanese wieder eine Pause. »Das ist es, was ich dir sagen will, was ich hier in dem Land von den Weißen gelernt hab'. Was du am meisten brauchst, um hier leben zu können, das ist Geduld – mit einem harten Panzer.«

Kunta war fest überzeugt, daß dieser Mann in Afrika *kintango* oder *alcala*, wenn nicht überhaupt Häuptling geworden wäre. Aber er wußte nicht, wie er seine Gefühle ausdrücken sollte, so saß er nur da und sagte gar nichts.

»Siehst du, du hast beides«, sagte der Ghanese schließlich und lächelte. Kunta stotterte eine Entschuldigung, aber seine Zunge war noch immer wie gelähmt. Der Ghanese lächelte wieder, schwieg einen Moment und sagte dann: »Von euch Mandinkas sagt man in meiner Heimat, daß sie große Reisende und Händler sind.« Er ließ den Satz in der Luft hängen und wartete offensichtlich auf Kuntas Erwiderung.

Endlich fand Kunta seine Sprache wieder. »Das ist wahr. Meine Onkel sind Reisende. Wenn man ihnen beim Erzählen zuhört, kann man denken, sie waren schon ungefähr überall. Ich und mein Vater sind einmal in ein neues Dorf gegangen, das weit weg von Juffure gebaut wurde. Ich wollte immer nach Mekka und Timbuktu und Mali wie sie – aber bevor ich das konnte, bin ich gestohlen worden.«

»Ich weiß ein bißchen Bescheid über Afrika«, sagte der Ghanese. »Der Häuptling hat mich bei weisen Männern lernen lassen. Ich hab' nicht vergessen, was sie sagten. Und hier hab' ich versucht, es mit dem, was ich sehe und höre, zu verbinden, und ich weiß, daß die meisten von uns, die hier sind, in West-Afrika gestohlen wurden – von deinem Gambia die ganze Küste runter bis zu meinem Guinea. Hast du davon gehört, was die Weißen ›Goldküste‹ nennen?«

Kunta sagte nein. »Die haben es da wegen dem Gold so genannt. Die Küste geht gradeaus bis zum Volta. Und an der Küste fangen die Weißen die Fanti und die Ashanti. Von den Ashanti wird behauptet, daß sie meistens die Aufstände und die Revolten anführen, wenn sie hierhergebracht worden sind. Trotzdem tun die Weißen mit die höchsten Preise für sie zahlen, weil sie schlau sind und stark und Mut haben.

Und von da, was sie ›Sklavenküste‹ nennen, kriegen sie Yorubas und Dahomans, und um den Niger rum holen sie Ibos.« Kunta warf ein, er habe gehört, die Ibos seien ein sanftes Volk.

Der Ghanese nickte. »Ich hab' von dreißig Ibos gehört, die haben sich an den Händen gefaßt und sind singend in einen Fluß gegangen und haben sich ertränkt. Das ist in Louisiana gewesen.«

Kunta begann unruhig zu werden. Womöglich wollte der Masser aufbrechen und er ließ ihn warten. Für einen Augenblick herrschte Schweigen zwischen den beiden, aber als Kunta noch überlegte, wie er ein passendes Thema für seinen Aufbruch finden könnte, sagte der Ghanese: »Bestimmt gibt es hier keinen, mit dem wir uns hinsetzen und so reden können wie wir. Oft hat meine *qua-qua* sagen müssen, was mir durch den Kopf gegangen ist. Möglich, daß ich vielleicht zu dir gesprochen hab', ohne daß ich wußte, daß es dich gibt.«

Kunta sah den Ghanesen lange tiefbewegt an, dann standen beide auf. Im Kerzenlicht sah Kunta auf dem Tisch die vergessenen Brote, die Liza ihm mitgegeben hatte. Er deutete auf sie und lächelte.

»Essen können wir immer. Ich weiß, daß du jetzt gehen mußt«, sagte der Ghanese. »In meiner Heimat hätt' ich dir was aus Holz geschnitzt, während wir reden; zum Mitnehmen.«

Kunta sagte, in Gambia hätte er etwas aus großen, getrockneten Mangokernen geschnitzt. »Oft und oft wünsch' ich mir, ich hätte Mangosamen zum Pflanzen und Großziehn und zur Erinnerung an zu Hause«, sagte er.

Der Ghanese sah Kunta bekümmert an, dann lächelte er. »Du bist jung. Du hast genug Samen, du brauchst nur eine Frau zum Reinpflanzen.«

Kunta wußte vor Verlegenheit nicht, was er antworten sollte. Der Ghanese streckte seinen linken Arm aus, und sie schüttelten sich auf afrikanische Weise die linke Hand, um auszudrücken, daß sie sich bald wiedersehen würden.

»Ah-salakium-salaam.«

»Malaika-salaam.«

Und Kunta humpelte eilig hinaus in die Abenddämmerung, vorbei an den anderen kleinen Hütten und hinauf zum Herrenhaus, besorgt, daß der Masser schon herausgekommen und nach ihm Ausschau gehalten haben könnte. Aber es verging noch eine halbe Stunde, bevor er erschien, und als Kunta den Einspänner heimwärts fuhr – die Zügel in seiner Hand fühlte er so wenig, wie er die Pferdehufe auf dem Weg hörte –, war ihm, als hätte er mit seinem lieben Vater Omoro gesprochen. Kein Abend hatte ihm je mehr bedeutet in seinem Leben.

KAPITEL 62

»Gestern geht Toby an mir vorbei, ich ruf': ›He, komm her, setz dich zu mir, Nigger!‹ Hättst du mal sehn sollen, wie der mich anguckt! Und sagt nicht mal was! Was meinst du, was er hat?« fragte der Fiedler den Gärtner. Der Gärtner hatte keine Ahnung, also fragten sie Bell. »Weiß ich nicht. Wenn er krank ist oder so, soll er's sagen. Ich laß ihn einfach in Ruh, wenn er so komisch ist«, erklärte sie.

Sogar Masser Waller fiel auf, daß sein lobenswert zurückhaltender und zuverlässiger Kutscher anders war als sonst. Er hoffte nur, daß es sich nicht um das Frühstadium einer örtlich grassierenden Epidemie handelte, der sie beide ausgesetzt gewesen waren, und fragte Kunta eines Tages, ob er sich krank fühle. Kunta verneinte rasch, und Masser Waller war beruhigt – solange sein Kutscher ihn nur dahin brachte, wo er hin wollte.

Kunta war von der Begegnung mit dem Ghanesen bis ins Innerste aufgewühlt, und das allein schon brachte ihm zu Bewußtsein, wie verloren er war. Von Tag zu Tag, von Jahr zu Jahr war sein Widerstand schwächer, seine Bereitschaft, sich abzufinden, größer geworden, bis er schließlich, ohne es auch nur recht zu merken, vergessen hatte, wer er war. Er hatte zwar den Fiedler, den Gärtner, Bell und die anderen Schwarzen besser kennen- und mit ihnen auskommen gelernt, aber jetzt wurde ihm klar, daß er mit ihnen so wenig gemein hatte wie sie mit ihm. An dem Ghanesen gemessen, waren der Fiedler, der Gärtner und Bell für Kunta nur noch lästig. Er war froh, daß sie sich zurückhielten. Wenn er nachts auf seiner Pritsche lag, schüttelten ihn Schuldgefühle und Scham über das, was er mit sich hatte geschehen lassen. Solange er noch beim Aufwachen hier in seiner Hütte immer wieder aufs neue vor Schreck darüber erstarrte, sich nicht in Juffure zu finden, so lange war er Afrikaner geblieben; aber das war ihm schon seit vielen Jahren nicht mehr passiert. Er war so lange Afrikaner geblieben, als nur die Erinnerung an Gambia und sein Volk ihn aufrecht hielt; aber jetzt konnten Monate vergehen, ohne daß er auch nur ein einziges Mal an sie dachte. Er war so lange Afrikaner geblieben, als ihn damals, in den ersten Jahren, jede neue Schmach noch auf die Knie getrieben hatte, um Allahs Kraft und Verständnis herabzuflehen; wie lange war es her, seit er auch nur richtig zu Allah gebetet hatte?

Er begriff, eine wie große Rolle es dabei spielte, daß er die *toubob*-Sprache sprechen gelernt hatte. Bei seinen Alltagsgesprächen dachte er nicht einmal mehr an Mandinka-Worte – außer an die wenigen, an denen er aus irgendeinem Grunde besonders hing. Tatsächlich – so machte er sich grimmig klar – *dachte* er nun schon in der *toubob*-Sprache. Bei unzähligen Dingen, die er tat oder sagte oder sogar auch dachte, war seine Mandinka-Art allmählich von der der Schwarzen in seiner Umgebung ersetzt worden. Das einzige, worauf er sich, wie er meinte, etwas zugute halten konnte, war, daß er in zwanzig Regen niemals Schweinefleisch angerührt hatte.

Kunta grübelte lange nach; es mußte sich doch außerdem noch irgendwo irgend etwas von seinem eigentlichen Selbst finden lassen. Und tatsächlich, da war auch etwas: er hatte seine Würde noch. Bei allem, was man ihm angetan hatte, hatte er seine Würde bewahrt, wie er früher in Juffure seine Talismane gegen böse Geister bewahrt hatte. Er gelobte sich, daß er seine Würde mehr denn je als Schild zwischen sich und all die anderen, die sich »Nigger« nannten, hochhalten werde. Wie ungebildet sie alle waren. Sie hatten nicht die geringste Ahnung von ihren Vorfahren, über die er von Kindheit an unterrichtet worden war. Kunta wiederholte sich im Geiste die Namen der Kintes, angefangen beim alten Stamm in Mali über die Generationen in Mauretanien bis hin zu seinen Brüdern und ihm in Gambia. Und er dachte daran, daß jedes Mitglied seines *kafo* über das gleiche angestammte Wissen verfügte.

Diese Gedanken weckten in Kunta die Erinnerung an seine Jugendfreunde. Dann merkte er mit Überraschung und Entsetzen, daß er ihre Namen vergessen hatte. Ihre Gesichter tauchten wieder vor ihm auf, und mit ihnen Erinnerungen an Einzelheiten – wie sie zur Dorfumfriedung hinausgejagt waren, um jedem vorbeiziehenden Reisenden als schnatternde Begleitung in Juffure zu dienen; wie sie mit Stöcken nach den über ihren Köpfen kreischenden Affen warfen, die prompt zu ihnen zurückgeworfen wurden; wie sie sechs dicke Mangofrüchte um die Wette aßen. Aber wie sehr Kunta sich auch bemühte, die Namen fielen ihm nicht ein, nicht einer von ihnen. Und vor seinen Augen erschien sein versammelter *kafo* und sah ihn stirnrunzelnd an.

Kunta zerbrach sich den Kopf – ob er nun in seiner Hütte saß oder den

Masser fuhr. Und endlich tauchten die Namen, einer nach dem anderen, wieder auf: ja, Sitafa Silla, Kuntas bester Freund! Und Kalilu Conteh, der sich auf Geheiß des *kintango* an den Papagei herangeschlichen und ihn gefangen hatte. Sefo Kela, der den Ältestenrat um Erlaubnis für eine *teriya*-Beziehung mit jener Witwe gebeten hatte.

Auch die Gesichter der Alten tauchten wieder vor ihm auf, und mit ihnen Namen, von denen er geglaubt hatte, sie längst vergessen zu haben. Der *kintango* hieß Silla Ba Dibba! Der *alimamo* Kujali Demba! Der *wadanela* Karamo Tamba! Und Kunta fiel die Aufnahmezeremonie zum dritten *kafo* wieder ein, bei der er seine Koranverse so gut gelesen hatte, daß Omoro und Binta dem *arafang*, dessen Name Brima Cesay war, eine fette Ziege schenkten. Es erfüllte Kunta mit großer Freude, sich an alle zu erinnern – bis ihm einfiel, daß die Alten wahrscheinlich schon tot waren und seine *kafo*-Kameraden, an die er noch wie an kleine Jungen dachte, jetzt daheim in Juffure ebenso alt waren wie er – und daß er sie nie wiedersehen würde. Zum erstenmal nach vielen Jahren weinte er sich wieder in den Schlaf.

Ein paar Tage später hörte er von einem anderen Kutscher, daß freie Schwarze im Norden, die sich »The Negro Union« nannten, eine Massenrückkehr aller Schwarzen – der freien wie der Sklaven – nach Afrika forderten. Allein schon der Gedanke daran schien Kunta höchst aufregend, auch wenn er spöttisch meinte, daß das wohl völlig ausgeschlossen sei, wo die Massers doch nicht nur um die Wette Schwarze kauften, sondern auch höhere Preise denn je für sie zahlten. Obwohl er wußte, daß der Fiedler fast lieber ein Sklave in Virginia als ein freier Mann in Afrika sein würde, wünschte Kunta, er könnte mit ihm darüber reden, denn der Fiedler schien immer über alles Wissenswerte unterrichtet zu sein, das sich irgendwo tat, sofern es auch nur das geringste mit Freiheit zu tun hatte.

Leider war er seit nun schon zwei Monaten dem Fiedler ebenso mürrisch aus dem Wege gegangen wie dem Gärtner, und wenn er sich auch nicht eingestehen mochte, daß er die Gesellschaft der beiden entbehrte, konnte er sich nicht der Einsicht verschließen, daß er sich da irgendwie verrannt hatte. Als er beim nächsten Neumond wiederum einen Kiesel in seine Kalenderflasche gab, kam er sich völlig vereinsamt und von aller Welt verlassen vor.

Bei der nächsten Begegnung mit dem Fiedler nickte Kunta ihm unsicher zu, aber der Fiedler ging weiter, als hätte er ihn gar nicht gesehen. Kunta war zutiefst betroffen. Am nächsten Tag sahen er und der Gärtner sich im selben Moment, und ohne auch nur zu zögern, schlug der Gärtner eine andere Richtung ein. Verletzt und bitter – und mit zunehmend schlechtem Gewissen – ging Kunta an diesem Abend stundenlang in seiner Hütte auf und ab. Am nächsten Morgen raffte er sich auf und humpelte durchs Sklavenquartier zur Tür der einst so vertrauten letzten Hütte. Er klopfte.

Die Tür öffnete sich. »Was willst du?« fragte der Fiedler abweisend.

Verlegen stotternd sagte Kunta: »Ich dachte bloß, ich komm' mal vorbei.«

Der Fiedler spuckte aus. »Ich will dir mal was sagen. Ich und Bell und der alte Mann, wir haben über dich geredet. Und alle sind wir uns einig, wenn wir was nicht ausstehn können, dann ist das ein launischer Nigger.« Er starrte Kunta an. »Das ist es nämlich. Krank oder so bist du ja nicht.«

Kunta stand mit gesenktem Kopf da. Nach einer Weile wurde der Blick des Fiedlers freundlicher, und er trat zur Seite. »Wenn du schon da bist, kannst du auch reinkommen. Aber eins sag' ich dir – zeig uns noch mal dein' Arsch, und keiner spricht mehr mit dir, da kannst du so alt wie Methusalem werden.«

Kunta würgte seinen Zorn und das Gefühl der Demütigung hinunter, trat ein, setzte sich und zwang sich nach einem schier endlosen Schweigen, das der Fiedler von sich aus offensichtlich nicht zu brechen gedachte, von der »Zurück nach Afrika«-Bewegung zu erzählen. Der Fiedler sagte kühl, davon habe er schon lange gehört, und sie habe etwa soviel Aussicht auf Erfolg wie ein Schneeball in der Hölle. Dann ließ er sich von Kuntas enttäuschtem Gesicht ein wenig erweichen. »Ich will dir mal was sagen, wette, davon hast du noch nichts gehört. Oben im Norden, in New York, da gibt es was, das heißt Gesellschaft zur Befreiung von Sklaven. Die haben eine Schule für freie Nigger aufgemacht, die schreiben und lesen und irgendein Handwerk lernen wollen.«

Kunta war so froh und erleichtert, weil der Fiedler überhaupt wieder mit ihm sprach, daß er kaum zuhörte, was er ihm erzählte. Nach einer Weile unterbrach sich der Fiedler plötzlich und sah Kunta forschend an. Endlich fragte er: »Halt' ich dich auf?«

»Hm?« fragte Kunta, der in Gedanken verloren gewesen war.

»Ich hab' dich vor fünf Minuten schon was gefragt.«

»'Schuldigung. Ich hab' grad über was nachgedacht.«

»Na gut, wenn du nicht weißt, wie man zuhören tut, dann zeig' ich dir, wie man's macht.« Er lehnte sich zurück und verschränkte die Arme.

»Erzählst du nicht weiter?« fragte Kunta.

»Inzwischen hab' ich vergessen, was ich erzählen wollte. Hast du auch vergessen, was du gedacht hast?«

»War nicht so wichtig. Ging mir bloß was im Kopf rum.«

»Besser, du wirst es los, sonst kriegst du noch Kopfweh – oder ich.«

»Ich kann aber nicht drüber reden.«

»Ah!« sagte der Fiedler, als sei er beleidigt. »Wenn du denkst, du kannst mir nicht trauen . . .«

»Mit dir hat das gar nichts zu tun. Es ist bloß, daß es was Persönliches ist.«

In den Augen des Fiedlers leuchtete es auf. »Sag mal nichts. Es ist wegen einer Frau, oder?«

»Nein, nicht so was!« sagte Kunta, dem vor Verlegenheit das Blut in den Kopf stieg. Er blieb noch einen Augenblick schweigend sitzen, dann stand er auf und sagte: »So, jetzt muß ich arbeiten gehn, sonst komm' ich zu spät. Bis bald mal. Danke, daß du wieder mit mir redest.«

»Schon gut. Laß mich nur wissen, wann *du* mal reden willst!«

Auf dem Weg zu den Ställen fragte sich Kunta, wie der Fiedler nur dahintergekommen war. Und warum er so unbedingt wollte, daß er darüber sprach. Hatte Kunta sich nicht nur mit allergrößtem Widerstreben selbst erlaubt, auch nur daran zu denken? Allerdings, inzwischen schien er kaum noch an etwas anderes zu denken. Es hatte mit dem Rat des Ghanesen zu tun, seinen Samen auszusäen.

KAPITEL 63

Schon lange bevor er den Ghanesen kennenlernte, hatte Kunta die Vorstellung oft beunruhigt, daß er jetzt, wäre er in Juffure geblieben, wahrscheinlich schon drei oder vier Söhne hätte – ganz zu schweigen von der Frau, die ihre Mutter wäre. Normalerweise waren ihm diese Gedanken nur gekommen, wenn er ungefähr einmal im Monat inmitten der Dunkelheit, äußerst verlegen über die heiße Feuchtigkeit, die sich gerade aus seinem noch immer steifen *foto* entladen hatte, aus einem Traum aufgefahren war. Wenn er dann hinterher wach lag, hatte er nicht so sehr an eine Frau gedacht, als daran, daß er kaum ein einziges Sklavenquartier kannte, in dem ein Paar, das sich mochte, nicht einfach zusammenzog und in der besseren der beiden Hütten zusammenlebte.

Es gab viele Gründe, die Kunta daran hinderten, an eine Heirat zu denken. Einmal schien ihm der Sprung über den Besenstiel, den die Brautleute vor dem versammelten Sklavenquartier zu vollführen hatten, der ernsten Angelegenheit unangemessen und lächerlich. In ein paar Fällen, von denen er gehört hatte, durften bevorzugte Hausmädchen und Diener zwar ihr Gelübde vor einem weißen Prediger wiederholen, wobei der Masser und die Mistress zusahen, aber das war eine heidnische Zeremonie. Und außerdem – wenn an Heiraten schon überhaupt irgendwie gedacht werden sollte, dann lag das richtige Alter für die Braut eines Mandinka zwischen vierzehn und sechzehn Regen und für den Mann um dreißig herum. Aber während der Jahre im Land der Weißen war Kunta nicht ein schwarzes Mädchen zwischen vierzehn und sechzehn – oder auch zwischen zwanzig und fünfundzwanzig – begegnet, das nicht nur immer albern gekichert hätte – und außerdem bemalten sich alle an Sonntagen oder zu Festen ihre Gesichter derart, daß sie ihn an die Totentänzer in Juffure erinnerten, die sich mit Asche bestreuten.

Und was dic älteren Frauen anging, von denen Kunta so an die zwanzig kannte, so waren sie meist, wie Liza auf Enfield, Oberköchinnen in den Herrenhäusern, zu denen er den Masser brachte. Liza war die einzige von ihnen, die wiederzusehen er sich jedesmal freute. Sie hatte keinen Freund und zeigte ihm deutlich, ja, sogar mit einem gewissen Nachdruck, ihre Bereitschaft zu engeren Beziehungen, und obwohl er nie darauf reagierte, hatte er sie doch auch schon ernstlich in Erwägung gezogen. Er wäre allerdings vor Scham gestorben, wenn sie auch nur geahnt hätte, daß sie sogar schon manchmal Gegenstand seiner feuchten Träume gewesen war.

Angenommen, dachte Kunta – nur einmal angenommen, er nähme Liza zur Frau. Das würde bedeuten, daß sie eines der vielen Paare würden, die getrennt auf den Pflanzungen ihrer Massers lebten. Gewöhnlich bekam der Mann samstags nachmittags eine Reisegenehmigung zum Besuch seiner Frau, solange er getreulich sonntags vor Anbruch der Dunkelheit zurückkehrte, um sich bis Montag bei Sonnenaufgang zum Arbeitsbeginn von seinen Reisestrapazen erholt zu haben. Kunta wollte keine Frau, die nicht mit ihm zusammenleben konnte, und er sagte sich, damit sei die Sache erledigt.

Aber sosehr er sich auch wehrte, der Gedanke ließ ihn nicht mehr los. Er überlegte, ob es sich, bei Lizas Geschwätzigkeit und ihrem Bedürfnis, ihn ganz zu vereinnahmen, und seinem Verlangen nach stundenlangem Alleinsein, nicht als Glück im Unglück entpuppen könnte, wenn sie sich nur an den Wochenenden sehen würden. Und wenn er Liza heiratete, war es sehr unwahrscheinlich, daß sie, wie so viele andere Paare in der ewigen Furcht leben mußten, einer von ihnen oder alle beide würden verkauft. Der Masser schien mit ihm zufrieden zu sein, und Liza gehörte seinen Eltern, die sie anscheinend schätzten. Auch war bei den Familienbeziehungen kaum anzunehmen, daß es zu einer der Streitigkeiten kommen würde, die manchmal zwischen den beteiligten Massers ausbrachen und bisweilen zum Verbot einer Heirat führten.

Andererseits aber, dachte Kunta . . . und überlegte hin und her. Aber wie vernünftig die Gründe, Liza zu heiraten, auch sein mochten – irgend etwas hielt ihn zurück. Dann eines Abends, als er im Bett lag und einzuschlafen versuchte, traf es ihn wie ein Blitz! Es gab ja noch eine andere Frau, die in Betracht kam.

Bell.

Er dachte, er sei übergeschnappt. Sie war mindestens dreimal zu alt – wahrscheinlich schon über vierzig Regen. Ein lächerlicher Gedanke.

Bell.

Kunta suchte sie sich aus dem Kopf zu schlagen. Er sagte sich, er sei nur auf sie verfallen, weil er sie schon so lange kannte. Er hatte nie auch nur von ihr geträumt. Er erinnerte sich grollend daran, wie oft sie ihn schon beleidigt und geärgert hatte. Er erinnerte sich daran, wie sie ihm die Fliegentür ins Gesicht knallte, wenn er ihr den Gemüsekorb zur Küche brachte. Und er erinnerte sich an ihre Empörung, als er ihr gesagt hatte, sie sehe wie eine Mandinka aus. Sie war eine Heidin. Und außerdem war sie streitsüchtig und rechthaberisch. Und obendrein redete sie zuviel.

Aber ob er wollte oder nicht, er erinnerte sich auch daran, wie sie, als er dagelegen hatte und nur noch sterben wollte, vier-, fünfmal täglich bei ihm vorbeigekommen war, wie sie ihn gepflegt und gefüttert und sogar gesäubert hatte, wenn er in seinem eigenen Schmutz lag, und wie ihre heißen Umschläge aus zerstampften Blättern sein Fieber brachen. Und sie kochte in ihren schwarzen Töpfen ganz wunderbare Sachen.

Je weniger unmöglich ihm der Gedanke an sie schien, desto gröber wurde er zu ihr, und desto rascher verschwand er wieder aus der Küche, wenn seine Pflichten erfüllt waren. Und sie quittierte seine Rückzüge mit abweisenderen Blicken denn je.

Eines Tages, als er in seiner Unterhaltung mit dem Gärtner und dem Fiedler vorsichtig das Gespräch auf Bell brachte, glaubte er im genau richtigen Ton völliger Gleichgültigkeit zu fragen: »Wo war sie eigentlich, bevor sie herkam?« Aber prompt richteten sich die beiden zu Kuntas Entsetzen interessiert auf und starrten ihn an, als ob sie etwas witterten.

»Hm«, sagte der Gärtner nach einer Weile. »Sie ist ungefähr zwei Jahre vor dir gekommen. Aber sie erzählt nicht viel von sich. Ich weiß auch nicht mehr wie du.«

Der Fiedler sagte, Bell habe auch mit ihm nicht über ihre Vergangenheit gesprochen.

Kunta hätte nicht genau sagen können, was ihm an ihrem Ausdruck nicht recht behagte. Doch, jetzt hatte er's: es war ihre Selbstzufriedenheit.

Der Fiedler kratzte sich am rechten Ohr: »Ist schon komisch, daß du nach Bell fragen tust«, sagte er und deutete auf den Gärtner, »weil, ich und er, wir haben schon lange von euch geredet.« Er sah Kunta prüfend an.

»Wir haben gesagt, daß ihr beide vielleicht genau seid, was ihr beide braucht«, sagte der Gärtner.

Kunta blieb vor Empörung der Mund offenstehen, nur brachte er keinen Ton heraus.

Noch immer sein Ohr kratzend, sah der Fiedler listig auf. »Na, ja, der ihr dickes Hinterteil, da würden die meisten Männer nicht mit fertig.«

Kunta wollte ärgerlich etwas sagen, aber der Gärtner fiel ihm ins Wort und fragte scharf: »Hör mal, wie lange hast du keine Frau nicht gehabt?«

Kunta starrte ihn wütend an. »Zwanzig Jahre bestimmt nicht!« rief der Fiedler aus.

»Großer Gott!« sagte der Gärtner. »Besser besorgst du dir eine, sonst trocknest du noch aus.«

»Ist er ja vielleicht schon«, warf der Fiedler ein. Kunta, der keines Wortes mehr fähig war und sich gerade nur noch so weit zusammennehmen konnte, daß er aufstand und hinausstampfte, hörte, wie ihm der Fiedler nachrief: »Keine Sorge! Mit der bleibst du nicht lange trocken!«

KAPITEL 64

Sofern er den Masser nicht irgendwo hinfahren mußte, verbrachte Kunta die nächsten Tage damit, den Wagen morgens und mittags zu ölen und zu polieren. Da das gleich neben der Scheune, vor jedermanns Augen geschah, konnte niemand ihm vorwerfen, er habe sich wieder abgesondert. Aber zugleich konnten auch alle sehen, daß er viel zuviel zu tun hatte, um sich etwa mit dem Fiedler oder dem Gärtner, denen er noch nicht verzeihen konnte, was sie über ihn und Bell gesagt hatten, in ein Gespräch einzulassen.

Sich selbst überlassen, hatte er auch mehr Zeit, sich über seine Gefühle für Bell klarzuwerden. Wann immer er an etwas dachte, das ihm an ihr mißfiel, startete sein Lappen einen wütenden Angriff auf das Leder, fiel ihm jedoch etwas ein, das er an ihr schätzte, bewegte er sich sachte und zärtlich über die Sitze, und manchmal hielt er fast inne, dann beschäftigte er sich im Geiste mit einer ihrer besonders liebenswerten Eigenschaften. Er mußte zugeben, daß sie ihm, bei all ihren Fehlern, im Laufe der Jahre eine Menge Gutes erwiesen hatte. Er war sogar ziemlich sicher, daß Bell auch bei seiner Wahl zum Kutscher ihre Hände mit im Spiel gehabt hatte. Zweifellos hatte sie auf ihre stille Art mehr Einfluß auf den Masser als irgendein anderer auf der Pflanzung, wahrscheinlich sogar mehr als alle anderen zusammengenommen. Und nach und nach fielen ihm auch eine ganze Reihe kleinerer Begebenheiten ein, zum Beispiel, wie ihr vor einiger Zeit, als er noch im Garten arbeitete, aufgefallen war, daß er sich dauernd die Augen rieb; sie hatten ihn zum Verrücktwerden gejuckt. Wortlos war sie eines Morgens mit großen, vom Tau noch nassen Blättern im Garten erschienen und hatte ihm die Tautropfen in die Augen geschüttet, worauf das Jucken bald aufhörte.

Nicht, als würde auf einmal alles, was ihm an Bell mißfiel, keine Rolle mehr spielen, sagte sich Kunta, und der Lappen wurde rascher. Vor allem ihre abstoßende Gewohnheit, in einer Pfeife Tabak zu rauchen. Und noch anstößiger war, wie sie, bei irgendwelchen Festen der Schwarzen, tanzte! Er war durchaus der Meinung, daß Frauen tanzen sollten, und das auch nicht nur mit gezügeltem Temperament. Aber wie Bell sich auch noch bemühte, ihren Hintern hin und her zu schwenken, das fand er einfach beunruhigend. Vermutlich war das auch der Grund für die Bemerkungen des Fiedlers und des Gärtners über sie gewesen. Natürlich ging ihn Bells Hintern nichts an, er wünschte nur, sie hätte ein wenig mehr Selbstrespekt – und wenn man schon einmal dabei war –, auch ein wenig mehr Respekt vor ihm und anderen Männern. Ihre Zunge kam ihm noch spitzer vor als die der alten Nyo Boto. Er hatte ja nichts dagegen, daß sie kritisch war, wenn sie es bloß für sich behalten oder nur in Gesellschaft von Frauen äußern würde, wie es in Juffure der Brauch war.

Als Kunta mit dem Wagen fertig war, machte er sich daran, das Ledergeschirr zu säubern und zu fetten, und aus irgendeinem Grund fielen ihm dabei die alten Männer in Juffure ein, die Gegenstände aus ähnlichem Holz wie der kniehohe Hickorystamm, auf dem er gerade saß, schnitzten. Er dachte daran, wie sorgfältig sie das Holz aussuchten und wie sie sich, wenn es durch und durch abgelagert war, erst mit ihm vertraut machten, ehe sie es mit ihren Krummäxten und Messern in Angriff nahmen.

Kunta stand auf und kippte den Hickorystamm auf die Seite, so daß die Käfer, die unter ihm hausten, davonstoben. Nachdem er beide Enden des Stammes eingehend untersucht hatte, rollte er ihn hin und her und klopfte ihn mit einem Stück Eisen ab; er klang überall gleich fest und abgelagert. Es schien ihm reine Verschwendung, dieses gute Stück Holz einfach so nutzlos herumliegen zu lassen. Offensichtlich lag es nur da, weil irgend jemand es vor langer Zeit dort hingebracht und sich nicht weiter darum gekümmert hatte. Er sah sich vorsichtig um, ob ihn niemand beobachtete, und rollte den Stamm hastig in seine Hütte, wo er ihn aufrecht in eine Ecke stellte, dann schloß er die Tür und ging wieder an seine Arbeit.

Am selben Abend, nachdem er den Masser auf einer schier endlosen Fahrt von der Kreisstadt zurückgebracht hatte, war es Kunta unmöglich, nun auch noch das Abendessen abzuwarten, ehe er sich dem Hickorystamm widmen konnte, also nahm er sein Essen mit in die Hütte. Ohne auch nur wahrzunehmen, was er aß, hockte er vor dem Holzstück auf dem Boden und sah es sich im flackernden Schein der Kerze auf seinem Tisch gründlich an. Dabei tauchte das Bild von einem Mörser und einem Stößel vor ihm auf, die Omoro einmal für Binta geschnitzt hatte und die vom vielen Gebrauch beim Zerstampfen des Korns ganz glatt geworden waren.

Kunta sagte sich, daß er nur zum reinen Zeitvertreib, wenn der Masser gerade nirgendwohin wollte, damit begann, den Stamm mit einem scharfen Beil so zu bearbeiten, daß der rohe Umriß eines Mörsers entstand. Am dritten Tag war er schon so weit, mit einem Hammer und einem Holzmeißel das Innere des Mörsers auszuhöhlen, und dann fing er die Schnitzarbeit mit dem Messer an. Nach einer Woche sah Kunta verwundert auf seine Hände. Dafür, daß er den alten Männern in seinem Dorf seit über zwanzig Regen nicht mehr beim Schnitzen zugeschaut hatte, bewegten sie sich erstaunlich geschickt.

Als er den Mörser außen und innen fertig hatte, fand er einen abgelagerten, ganz geraden dicken Hickoryast, den er bald in einen Stößel verwandelte. Dann machte er sich daran, den oberen Teil des Griffes erst mit einer Feile, dann mit dem Messer und schließlich mit einem Stück Glas zu glätten.

Als Mörser und Stößel fertig waren, ließ Kunta sie noch zwei Wochen in einer Ecke seiner Hütte stehen. Er betrachtete sie hier und da und befand, daß sie selbst in der Küche seiner Mutter nicht fehl am Platze gewirkt hätten. Aber er wußte nun, da er sie einmal gemacht hatte, nicht recht, was er mit ihnen anfangen sollte; oder zumindest redete er sich das ein. Dann nahm er sie eines Morgens, ohne weiter darüber nachzudenken, mit, als er zu Bell ging, um sich nach den Plänen des Masser zu erkundigen. Nachdem sie ihm hinter der Fliegentür kurz zugerufen hatte, daß der Masser nicht vorhabe, an diesem Morgen auszufahren, wartete Kunta, bis sie ihm den Rücken wandte, und stellte zu seiner eigenen Überraschung Mörser und Stößel auf der Stufe ab, um dann, so schnell er nur konnte, wegzulaufen. Bell, die den leisen Aufprall gehört hatte, drehte sich um und sah nur Kunta noch eiliger als sonst davonhumpeln, dann fiel ihr Blick auf die Gegenstände. Sie sah Kunta nach, bis er verschwunden war, hakte dann die Fliegentür aus und betrachtete den Mörser mit dem Stößel; sie war sprachlos. Als sie ihn aufhob und hereintrug, bemerkte sie erstaunt die kunstvolle Schnitzerei. Und dann weinte sie.

Es war das erste Mal in den zwanzig Jahren auf der Waller-Pflanzung, daß ein Mann etwas für sie gemacht hatte. Scham über die Art, mit der sie Kunta behandelt hatte, stieg in ihr auf, und es fiel ihr auch ein, wie seltsam der Fiedler und der Gärtner reagiert hatten, als sie sich kürzlich bei ihnen über ihn beklagte. Vielleicht hatten sie davon gewußt? Aber sicher konnte sie dessen bei Kuntas verschlossener afrikanischer Art auch wieder nicht sein.

Bell wußte nicht, was sie denken – und nicht, wie sie sich nach dem Mittagessen, wenn er wieder nach den Plänen des Masser fragen mußte, verhalten sollte. Sie war froh, daß sie wenigstens den Rest des Vormittags hatte, um sich darüber klarzuwerden.

Inzwischen saß Kunta in seiner Hütte und hatte das Gefühl, aus zwei Menschen zu bestehen, von denen der eine über die alberne, lächerliche Tat zutiefst beschämt war, während der andere vor Freude und Begeisterung triumphierte. Warum hatte er das bloß getan? Was mochte sie jetzt denken? Er fürchtete sich vor dem Gang zur Küche nach dem Mittagessen.

Endlich wurde es Zeit, und Kunta schleppte sich zum Haus, als ginge er zu seiner Hinrichtung. Als er sah, daß der Mörser von der Hintertreppe verschwunden war, hob das seine Stimmung und dämpfte sie zugleich. Vor der Fliegentür angekommen, sah er, daß sie den Mörser nur eben hereingenommen und auf den Boden gestellt hatte, als wisse sie nicht genau, wozu Kunta ihn dagelassen hatte. Sie drehte sich auf sein Klopfen um, als hätte sie ihn nicht kommen hören, und versuchte, ganz gelassen auszusehen, als sie die Tür aushakte und für ihn aufhielt. Ein schlechtes Zeichen, dachte Kunta, seit Monaten hatte sie ihm die Tür nicht mehr geöffnet. Aber so gern er eingetreten wäre, er konnte den ersten Schritt einfach nicht tun. Er blieb wie angewurzelt stehen und erkundigte sich sachlich nach dem Masser, und Bell gelang es trotz ihrer gekränkten Verwirrung, ebenso sachlich zu erwidern, daß der Masser den Einspänner auch am Nachmittag nicht brauche. Als Kunta gehen wollte, fügte sie rasch hinzu: »Hat den ganzen Tag Briefe geschrieben.« Alles, was sie sich ihm zu sagen vorgenommen hatte, war ihr entfallen, und als er sich wieder zum Gehen wandte, hörte sie sich, auf den Mörser deutend, rufen: »Was ist denn das?«

Kunta wünschte sich, sonstwo zu sein. Endlich antwortete er fast ärgerlich: »Zum Kornmahlen für dich.« Bell sah ihn an, und ihre gemischten Gefühle spiegelten sich deutlich auf ihrem Gesicht. Kunta benützte das entstandene Schweigen zum Vorwand, sich schleunigst davonzumachen, er drehte sich um und verschwand ohne ein weiteres Wort. Bell stand da und kam sich albern vor.

Während der beiden folgenden Wochen sprachen sie, außer gelegentlichen Grüßen, nicht miteinander. Dann gab Bell Kunta eines Tages an der Tür einen runden Maisfladen mit. Er murmelte seinen Dank, brachte ihn in seine Hütte und aß ihn, noch heiß von der Pfanne und buttertriefend, auf. Er war tief bewegt. Höchstwahrscheinlich hatte sie das Mehl in seinem Mörser gestampft. Doch schon vordem hatte er sich zu einer Aussprache mit Bell entschlossen. Als er sich also nach dem Mittagessen wieder bei ihr meldete, zwang er sich, das sorgfältig Einstudierte zu sagen: »Ich möchte nach dem Abendessen mit dir reden.« Bell ließ sich nicht allzuviel Zeit mit ihrer Antwort. »Mir egal. Meinetwegen«, sagte sie zu ihrem Bedauern zu rasch.

Bis zum Abendessen war es Kunta gelungen, sich in einen regelrechten Zustand zu treiben. Warum hatte sie das gesagt? War es ihr wirklich so gleichgültig, wie sie tat? Und wenn, warum hatte sie ihm den Maisfladen gebacken? Er mußte die Sache mit ihr ausfechten. Nur hatte weder er noch Bell daran gedacht, genau auszumachen, wann und wo sie sich treffen wollten. Schließlich nahm er an, daß sie wohl in ihrer Hütte auf ihn wartete, und hoffte verzweifelt, daß irgendein Notruf für den Masser kommen möge. Als jedoch nichts dergleichen geschah und er es nicht länger hinauszögern konnte, holte er noch einmal tief Luft, öffnete seine Hüttentür und ging zur Scheune hinüber. Er kam mit dem Pferdegeschirr wieder heraus und hoffte, damit die Neugier derer zu befriedigen, die ihn womöglich sahen und sich fragen mochten, was er so spät noch draußen zu tun habe. Dann schlenderte er gemächlich zu Bells Hütte im Sklavenquartier hinunter, sah sich vorsichtig um, ob auch niemand ihn beobachtete, und klopfte endlich leise an die Tür.

Sie öffnete sich, fast ehe seine Hand das Holz berührt hatte, und Bell trat heraus. Sie warf einen Blick auf das Pferdegeschirr, dann auf Kunta – und sagte nichts. Als auch er nichts sagte, schlenderte sie gemächlich auf die hintere Einzäunung zu. Er folgte ihr. Der Halbmond ging gerade auf, und sie wanderten schweigend in seinem blassen Licht. Dann blieb Kunta mit dem linken Fuß in einer Wurzel hängen, stolperte und streifte Bell mit seiner Schulter. Er scheute fast wie vor der Peitsche zurück. Er zermarterte sein Hirn nach einem – irgendeinem – Gesprächsthema und wünschte verzweifelt, es wäre der Gärtner, der neben ihm herging, oder der Fiedler, oder irgend jemand sonst – nur nicht Bell.

Zu guter Letzt war sie es, die das Schweigen brach. Sie sagte plötzlich: »Die Weißen haben den General Washington vereidigt.« Kunta unterdrückte die Frage, was das bedeute, aus Angst, sie könnte aufhören zu sprechen. »Und ein anderer Masser, der John Adams heißt, ist Vizepräsident«, fuhr sie fort.

Er fühlte gequält, daß nun er etwas sagen mußte, um das Gespräch in Gang zu halten. Schließlich sagte er: »Gestern hab' ich den Masser zu der Kleinen von seinem Bruder zu Besuch gefahren«, und schämte sich sogleich, denn Bell wußte das natürlich genau.

»Himmel, wie der das Kind liebt!« sagte Bell und schämte sich, denn genau das sagte sie so gut wie immer, wenn das Gespräch auf die kleine Miss Anne kam. Das Schweigen drohte sich wieder auszubreiten, als sie fortfuhr: »Ich weiß ja nicht, was du über dem Masser sein Bruder weißt. Er ist *Kreisbeamter* für Spotsylvania. Aber er hat keinen solchen Kopf fürs Geschäft wie unser Masser.« Bell schwieg ein paar Schritte lang. »Ich halt' meine Ohren auf, wenn sie reden. Ich weiß viel mehr, als sie alle denken, daß ich weiß.«

Sie warf Kunta einen Blick zu. »Ich kann den Masser John nicht leiden – und du bestimmt schon gar nicht –, aber etwas sollst du doch über ihn wissen, was ich dir noch nie erzählt hab'. Er hat dir deinen Fuß nicht abhakken lassen. Er war stinkwütend mit dem gemeinen Pack von armen Weißen, die das getan haben. Er hat sie bloß geholt gehabt, daß sie dich mit ihren Niggerhunden finden sollten, und dann haben sie behauptet, sie haben es getan, weil du einen von ihnen mit einem Stein totschlagen wolltest.« Bell machte eine Pause. »Ich erinner' mich noch wie heute, wie der Sheriff dich zu unserm Masser gebracht hat.« Bell sah Kunta im Mondlicht an. »Du warst schon so gut wie tot, hat unser Masser gesagt. Er war so wütend mit Masser John, wie der sagt, er kann dich mit dem abenen Fuß nicht mehr brauchen, daß er geschworen hat, er kauft dich von ihm, und dann hat er's ja auch getan. Ich hab' sogar selbst die Urkunde gesehn, mit der er dich gekauft hat. Er hat nämlich mit dir zusammen eine große Farm von seinem Bruder gekriegt, weil der ihm noch Geld geschuldet hat. Die Farm mit dem Teich an der breiten Straße, wo die Kurve ist. Du kommst da immer dran vorbei.«

Kunta wußte, welche Farm sie meinte. Er sah den Teich, der zwischen den Feldern lag, im Geiste vor sich. »Aber denen ihre Geschäfte, die sie untereinander machen, sind nicht so wichtig. Weil die Wallers hängen doch alle zusammen«, fuhr Bell fort. »Die gehören zu den allerältesten Familien in Virginia. Die waren sogar schon eine alte Familie, wie sie noch überm Wasser in England waren. So was wie ›Sörrs‹ und so, und sie haben alle zur Church of England gehört. Einer von ihnen hat sogar Gedichte geschrieben, Masser Edmund Waller. Dem sein jüngerer Bruder, Masser John Waller, ist als erster hergekommen. Ich hab' gehört, wie der Masser erzählt hat, daß der erst achtzehn war, als ein König Charles der Zweite ihm das große Land geschenkt hat, was jetzt der Kreis Kent ist.«

Sie gingen, während Bell sprach, immer langsamer, und Kunta freute sich an ihrem Redefluß, auch wenn er zumindest einige der Erzählungen schon von den anderen Köchinnen der Wallers gehört hatte. Aber das hätte er ihr niemals gesagt.

»Jedenfalls hat dieser John Waller eine Miss Mary Key geheiratet, und die haben Enfield gebaut, wo du den Masser immer zu seinen Leuten bringst. Und die haben drei Söhne gekriegt, besonders den John der

Zweite, der der Jüngste war und Gott weiß was alles geworden ist. Erst war er Sheriff, und dabei hat er noch Recht studiert, und dann ging er ins *Abgeordnetenhaus* und hat mitgeholfen, Fredericksburg zu gründen und den Kreis Spotsylvania zusammenzukriegen. Und er und Missis Dorothy haben Newport gebaut und sechs Kinder gekriegt, und damit hat es angefangen, daß überall Waller-Kinder sind und groß werden und eigene Kinder haben. Unser Masser und die andern Wallers, die hier rum leben, die sind bloß ein paar von den vielen. Sind alles hochangesehene Leute, das. Sheriffs und Pastoren und Kreisbeamte und Abgeordnete und Ärzte, so wie der Masser. Und 'ne ganze Menge von ihnen hat in der Revolution gekämpft und Gott weiß was sonst noch alles getan.«

Kunta war von Bells Geschichte so gefesselt, daß er ganz verdutzt war, als sie plötzlich haltmachte. »Laß uns lieber zurückgehn«, sagte sie. »Wenn wir hier stundenlang in den Wiesen rumlatschen, verschlafen wir uns morgen früh bloß noch.« Und so kehrten sie um, und als Bell für eine Weile schwieg und auch Kunta nichts sagte, wurde ihr klar, daß er ihr, was immer er auf der Seele hatte, doch nicht sagen würde, so schwatzte sie, bis sie an ihrer Hütte angelangt waren, über alles, was ihr gerade in den Sinn kam; dort wandte sie sich ihm zu und schwieg. Er stand vor ihr und sah sie einen quälend langen Augenblick an, dann sagte er: »Also, es ist schon spät. Hast du ja auch gesagt. Bis morgen dann.« Als er, noch immer mit dem Pferdegeschirr in der Hand, davonging, sagte sie sich – und hatte Angst zu glauben, daß es das wäre, was sie vermutete –, er wird schon drauf zu sprechen kommen, wenn er will.

Es war ein Glück, daß Bell Geduld hatte, denn obwohl Kunta jetzt viel Zeit in ihrer Küche verbrachte, während sie ihrer Arbeit nachging, war doch sie es, die, wie üblich, das meiste sprach. Aber sie hatte es gern, wenn er so dasaß und zuhörte. Eines Tages sagte sie: »Ich hab' entdeckt, daß der Masser in seinem Testament geschrieben hat, daß, wenn er nicht heiratet, bevor er stirbt, Missy Anne seine Sklaven kriegen soll. Aber es steht auch im Testament, daß, wenn er doch heiratet, dann kriegt uns seine Frau.« Trotzdem schien Bell nicht sonderlich besorgt. »Gibt hier ja 'ne Menge, die scharf genug auf den Masser sind, aber der hat nun mal nicht mehr geheiratet.« Sie machte eine Pause. »Genau wie ich auch nicht.«

Kunta ließ beinah die Gabel fallen. Er war ganz sicher, sie nicht mißverstanden zu haben, und es versetzte ihm einen Schock zu erfahren, daß sie schon einmal verheiratet gewesen war, denn es schien völlig undenkbar, eine Frau zu nehmen, die keine Jungfrau mehr war. Er war im Nu aus der Küche heraus und in seiner eigenen Hütte verschwunden. Er wußte, daß er über diese Sache gründlich nachdenken mußte.

Es vergingen zwei schweigsame Wochen, bis Bell Kunta eines Tages einlud, abends in ihre Hütte zum Essen zu kommen. Er war so überrascht, daß er nicht wußte, was er sagen sollte. Er war noch nie mit einer anderen Frau als seiner Mutter oder seiner Großmutter allein in einer Hütte gewesen. Es wäre nicht recht. Aber während er noch nach Worten suchte, sagte sie ihm schon, um welche Zeit sie ihn erwarte, und damit hatte sich der Fall.

Er schrubbte sich in einer Blechwanne von Kopf bis Fuß mit einem rauhen Lappen und einem Stück brauner Waschseife ab. Dann schrubbte er sich noch einmal und dann ein drittes Mal. Dann trocknete er sich ab und ertappte sich beim Anziehen dabei, daß er leise ein Lied aus seinem Dorf vor sich hinsummte: »Mandumba, dein langer Hals ist sehr schön –«. Bell hatte keinen langen Hals, und schön war sie auch nicht, aber er mußte zugeben, daß es ein sehr angenehmes Gefühl war, in ihrer Nähe zu sein. Und er wußte, daß es ihr ebenso ging.

Bells Hütte mit dem kleinen Blumenbeet vor dem Eingang war die größte der ganzen Pflanzung und lag am dichtesten beim Herrenhaus. Da er ihre Küche kannte, war die makellose Sauberkeit ihrer Hütte keine Überraschung für Kunta. Das Zimmer, in das er trat, nachdem sie ihm die Tür geöffnet hatte, strahlte mit seinen sorgfältig mit Lehm abgedichteten Bretterwänden, seinem Kamin aus selbstgebrannten Ziegeln behagliche Wärme aus. Neben der offenen Feuerstelle hing ihr auf Hochglanz poliertes Küchengerät. Im Gegensatz zu Kuntas und den anderen Hütten hatte die von Bell nicht nur ein Zimmer mit einem Fenster, sondern zwei Zimmer und zwei Fenster mit Läden, die sie bei Regen oder Kälte schließen konnte. Im Hinterzimmer, das mit einem Vorhang abgeteilt war, schlief sie offenbar, und Kunta vermied, zur Türöffnung zu sehen. Auf dem länglichen Tisch in der Mitte des Wohnraumes standen Messer, Gabel und Löffel in einem Krug und in einem anderen Blumen aus ihrem Garten. Auf flachen Tonuntersetzern brannten zwei Kerzen, und zwei Stühle mit hohen Lehnen und Sitzen aus Rohrgeflecht standen an beiden Tischenden.

Bell bat ihn, sich in den Schaukelstuhl zu setzen, der neben der Feuerstelle stand. Er tat es mit Vorsicht, denn er hatte noch nie in einem dieser komischen Dinger gesessen, und bemühte sich, den ganzen Besuch ebenso selbstverständlich scheinen zu lassen wie Bell.

»Ich hatte soviel zu tun, hab' nicht mal das Feuer angesteckt«, sagte sie, und Kunta, nur zu froh, eine Beschäftigung für seine Hände zu finden, sprang auf. Er schlug Feuerstein und Eisen kräftig aufeinander, daß die Funken in die Baumwollflocken stoben, die Bell schon zwischen die Äste unter den dicken Eichenstämmen geschoben hatte, und bald prasselte das Feuer.

»Weiß auch nicht, warum ich dich ausgerechnet heute eingeladen hab', wo alles durcheinander ist und nichts fertig«, sagte Bell und machte sich mit ihren Töpfen zu schaffen.

»Ich hab's nicht eilig«, brachte Kunta heraus. Aber das vorgekochte Huhn und die Klöße, von denen sie genau wußte, wie gern Kunta sie aß, brutzelten schon. Und als sie aufgetragen hatte, schimpfte sie mit ihm, weil er so schlang. Aber er aß weiter, bis Bell ihm zum drittenmal nachgereicht hatte, und selbst dann ließ sie noch nicht locker, denn es war noch immer etwas übrig im Topf.

»So, jetzt platz' ich gleich«, stöhnte Kunta wahrheitsgemäß. Und nachdem sie sich schon ein wenig unterhalten hatten, stand er auf und sagte, daß er nach Hause müsse. In der Tür blieben sie stehen, er sah Bell an und Bell ihn, und keiner sagte ein Wort. Dann wandte Bell die Augen ab, und Kunta humpelte durch das ganze Sklavenquartier zu seiner Hütte zurück.

Er erwachte heiterer, als er sich je gefühlt hatte, seit er nicht mehr in Afrika war – doch erzählte er niemandem, warum er so ungewohnt fröhlich und aufgeschlossen war. Aber das war auch kaum nötig. Es sprach sich schnell herum, daß man Kunta in Bells Küche hatte lächeln, ja sogar lachen sehen. Und Bell lud Kunta weiter zum Abendessen zu sich nach Hause ein – erst einmal die Woche oder so, dann regelmäßig zweimal. Obwohl er eigentlich fand, er müsse auch hin und wieder mal absagen, konnte er sich doch nie dazu entschließen. Und Bell kochte ihm all die

Dinge, von denen er ihr erzählt hatte, daß es sie auch in Gambia gab, Faselbohnen zum Beispiel, Okra, ein Mus aus Erdnüssen, oder in Butter gebratene Yam.

Nach wie vor blieb ihre Unterhaltung meist einseitig, aber das störte keinen von beiden. Bells Lieblingsthema war natürlich Masser Waller, und es überraschte Kunta immer wieder, wieviel mehr Bell über den Mann, mit dem er doch häufiger als sie zusammen war, wußte als er.

»In manchen Sachen ist der Masser komisch«, sagte Bell. »Natürlich traut er den Banken schon, aber außerdem versteckt er auch Geld, wo niemand außer mir weiß wo. Und mit seinen Niggern ist er auch komisch. Er tut so ungefähr alles für sie, aber wenn einer bloß mal was anstellt, schon verkauft er ihn, wie mit Luther.

Und mit noch was ist er komisch«, fuhr Bell fort. »Er läßt hier keine gelben Nigger nicht arbeiten. Ist dir noch nie aufgefallen, daß außer dem Fiedler nur schwarze Nigger hier sind? Der Masser sagt auch immer allen, was er davon hält. Ich hab' schon selber gehört, wie er das den wichtigsten Männern im ganzen Kreis einfach ins Gesicht sagt. Ich meine, die, die selber haufenweise gelbe Nigger haben. Er sagt, es machen zu viele weiße Männer Sklavenkinder, und daß sie andauernd ihr eigenes Fleisch und Blut kaufen und verkaufen, das muß aufhören.«

Obwohl Kunta es sie nie merken ließ und ihre Erzählungen mit ständigen »Ahas« begleitete, hörte er Bell doch manchmal nur mit halbem Ohr zu und dachte an etwas anderes. Einmal, als sie ihm aus Mehl, das sie in seinem Mörser mit seinem Stößel zermahlen hatte, einen Hackenkuchen buk und dabei erzählte, daß Hackenkuchen so hießen, weil Sklaven sie auf der flachen Seite ihrer Hacken buken, wenn sie draußen auf den Feldern arbeiteten – sah er sie im Geiste in einem afrikanischen Dorf *kouskous* fürs Frühmahl stampfen.

Hier und da gab Bell Kunta sogar irgend etwas Besonderes, das sie gekocht hatte, für den Fiedler und den Gärtner mit. Er war nicht mehr so häufig mit ihnen zusammen wie früher, aber sie schienen ihm das nicht übelzunehmen, und je seltener sie sich sahen, um so größer war die Freude an einer Unterhaltung, wenn sie dann doch einmal zusammensaßen. Obwohl er nie mit ihnen über Bell sprach – und sie auch die Rede nie auf Bell brachten –, war ihnen deutlich anzumerken, daß sie so genau über alles

Bescheid wußten, als träfen Kunta und Bell sich mitten auf dem Platz vor der Scheune. Das war Kunta zwar peinlich, da man es aber nicht ändern konnte, nahm er es hin.

Es gab andere, ernsthaftere Probleme, die ihn beschäftigten und die er mit Bell zu klären hatte, ohne daß es ihm recht gelingen wollte, sie zur Sprache zu bringen. Unter anderem war da das große, gerahmte Bild an der Wand ihres Wohnraumes, das diesen gelbhaarigen »Jesus« darstellte, der anscheinend ein Verwandter ihres heidnischen »O Gott« war. Als er es endlich doch irgendwann erwähnte, erwiderte Bell prompt: »Es gibt bloß zwei Orte, wohin alle Leute mal kommen. Himmel oder Hölle. Und wo du hinkommst, das geht nur dich was an.« Mehr hatte sie dazu nicht zu sagen. Die Antwort bekümmerte ihn jedesmal, wenn er an sie dachte, aber schließlich entschied er, daß sie genau wie er ein Recht auf ihren eigenen Glauben habe, wie irrig er auch immer sein mochte. Er war mit Allah geboren und würde unerschütterlich auch mit Allah sterben – obwohl er nicht mehr regelmäßig zu ihm gebetet hatte, seit er sich so oft mit Bell traf. Er nahm sich vor, das zu ändern, und hoffte, Allah möge ihm vergeben.

Es schien ihm sowieso schwierig, allzu streng über jemanden zu urteilen, der so gut zu einem Mann fremden Glaubens war – selbst wenn es sich um einen so würdigen wie ihn handelte – wie diese heidnische Christin. Tatsächlich war sie so gut zu ihm, daß Kunta das Bedürfnis hatte, etwas für sie zu machen – so wie damals Mörser und Stößel. Also hielt er eines Tages, als er auf dem Weg zu Masser John war, um Missy Anne zu einem Wochenendbesuch bei Masser Waller abzuholen, an einer Stelle, wo besonders schöne Binsen wuchsen, und suchte sich einige der kräftigsten, die er finden konnte, aus. In den nächsten Tagen flocht er dann aus den feingespaltenen Binsen und ausgesucht weichem, weißen Maisstroh eine Matte mit einem kräftigen Mandinka-Muster in der Mitte. Sie gelang ihm noch schöner, als er erwartet hatte, und als er das nächstemal zum Abendessen zu Bell ging, brachte er sie ihr mit. Sie sah Kunta über die Matte hinweg an. »Auf der trampelt mir aber keiner drauf rum!« rief sie aus und verschwand in ihrer Schlafkammer. Nach einem Augenblick war sie, eine Hand auf dem Rücken versteckt, zurück und sagte: »Die solltest du eigentlich zu Weihnachten kriegen, aber ich mach' dir was andres.« Sie streckte ihre Hand aus, darin ein Paar feingestrickter Wollsocken – der eine hatte nur einen halben Fuß und vorne ein wollig weiches Polster. Weder er noch Bell wußten, was sie sagen sollten.

Der Duft des Essens, das sie gekocht hatte und das nur noch aufgetragen werden mußte, zog an seiner Nase vorbei, aber als sie so dastanden und sich ansahen, stieg ein seltsames Gefühl in ihm auf. Plötzlich ergriff Bell seine Hand, blies gleichzeitig beide Kerzen aus und ging zusammen mit Kunta, der sich wie ein Blatt in einem brausenden Strom fühlte, geschwind durch den Vorhang in die andere Kammer; dort legten sie sich, die Gesichter einander zugewandt, aufs Bett. Bell streckte, ihn unverwandt ansehend, die Hand nach ihm aus, er zog sie an sich und hielt zum erstenmal in den neununddreißig Regen seines Lebens eine Frau im Arm.

KAPITEL 65

»Erst wollte es der Masser gar nicht glauben, wie ich's ihm erzählt hab'«, sagte Bell zu Kunta. »Aber dann hat er gesagt, wir sollen es uns noch ein bißchen überlegen, weil eine Ehe in den Augen von Jesus was Heiliges ist.« Zu Kunta verlor Masser Waller in den folgenden Wochen kein einziges Wort darüber. Eines Abends aber lief Bell zu Kuntas Hütte und berichtete atemlos: »Jetzt hab' ich ihm gesagt, daß wir immer noch heiraten wollen, und er sagt, na gut, dann wird's schon in Ordnung sein.«

Die Neuigkeit verbreitete sich rasch im ganzen Sklavenquartier. Kunta war es peinlich, daß so viele ihm gratulierten, und er hätte Bell am liebsten erwürgt, weil sie es sogar Missy Anne, als die wieder einmal bei ihrem Onkel zu Besuch war, erzählte, und die natürlich nichts Eiligeres zu tun hatte, als durch die Gegend zu laufen und zu schreien: »Bell heiratet! Bell heiratet!« Und doch wußte er im tiefsten Inneren genau, daß es Unrecht von ihm war, sich über diese Art der Ankündigung zu ärgern, denn immerhin war eine Heirat für das Mandinka-Volk das wichtigste Ereignis neben einer Geburt.

Bell brachte den Masser irgendwie dazu, ihr zu versprechen, den ganzen Sonntag vor Weihnachten, wenn alle arbeitsfrei waren und deshalb an der Hochzeit teilnehmen konnten, auf Kunta – oder den Wagen – zu verzichten. »Ich weiß, daß du keine Hochzeit im Herrenhaus willst, obwohl ich sie hätte kriegen können, wenn ich den Masser gebeten hätte«, sagte sie zu Kunta. »Aber ich weiß, der hat das auch nicht so gern, also seid ihr euch da wenigstens einig.« Sie vereinbarte, daß das Fest auf dem großen Rasen vor dem Herrenhaus dicht neben dem Blumengarten gefeiert werden sollte.

Alle aus dem Sklavenquartier versammelten sich im Sonntagsstaat, und ihnen gegenüber hatte sich Masser Waller mit der kleinen Missy Anne und ihren Eltern aufgestellt. Aber für Kunta war der eigentliche Ehrengast – der im wahrsten Sinne für die ganze Angelegenheit Verantwortliche – sein Freund aus Ghana, der mit irgend jemandem von Enfield mitgefahren war, nur um dabeizusein. Und als Kunta mit Bell zur Mitte schritt, wandte er sich nach dem *qua-qua*-Spieler um, und sie wechselten einen langen Blick, ehe Bells beste Freundin, Tante Sukey, die immer singende und betende Wäscherin der Pflanzung, vortrat, um die Zeremonie anzuführen. Nachdem sie alle Anwesenden gebeten hatte, dicht zusammenzurücken, sagte sie: »Jetzt wollen wir alle für die Verbindung, die Gott gleich schließen tut, beten. Ihr sollt drum beten, daß dieses Paar zusammenbleiben kann –«, sie zögerte, »– und daß nie nichts passiert, daß sie voneinander weg verkauft werden. Und betet, daß sie gute, gesunde Kinder kriegen.« Dann legte sie feierlich einen Besenstiel vor Kunta und Bell in das kurzgeschnittene Gras und hieß sie, sich unterzufassen.

Kunta fühlte sich, als müsse er ersticken. Im Geiste sah er Hochzeiten in Juffure vor sich. Die Tänzer, die Preislieder singenden Sänger, ihm war, als könnte er ihre Gebete und die sprechenden Trommeln hören, die den anderen Dörfern die freudige Nachricht verkündeten. Er hoffte, daß ihm vergeben werde, was er tat, daß Allah trotz der Gebete, die zu ihrem heidnischen Gott gesprochen wurden, wußte, daß Kunta an Ihn und keinen anderen als Ihn glaubte. Erst dann hörte er wie von weit her Tante Sukey fragen: »Seid ihr beide sicher, daß ihr euch heiraten wollt?« Leise sagte Bell neben Kunta: »Ja.« Tante Sukey wandte ihren Blick Kunta zu, und ihre Augen schienen ihn durchbohren zu wollen. Dann fühlte er, wie Bell kräftig seinen Arm drückte, und er zwang sich, seinen Mund zu öffnen und sagte: »Ja.« Und dann sagte Tante Sukey: »Und jetzt springt ihr alle beide vor den Augen Jesu in das heilige Land der Ehe.«

Kunta und Bell sprangen, wie sie es auf Bells Geheiß am Tag zuvor wieder und wieder geübt hatten, zusammen hoch über den Besenstiel hinweg. Kunta kam sich dabei höchst lächerlich vor, aber Bell hatte ihn gewarnt, es würde einer Ehe das größtmögliche Unglück bringen, wenn der Fuß eines von beiden den Besenstiel berührte, und außerdem würde der, dessen Fuß es gewesen war, als erster sterben. Als sie sicher auf der anderen Seite des Besenstiels gelandet waren, klatschten alle Zuschauer Beifall und ließen sie hochleben, und als sie sich beruhigt hatten, sprach Tante Sukey wieder: »Was Gott verbunden hat, soll kein Mensch auseinanderreißen. Jetzt seid euch treu.« Sie sah Kunta an. »Und seid gute Christen.« Dann wandte sie sich an Masser Waller. »Masser, wollt Ihr vielleicht auch irgendwas zu der Gelegenheit sagen?«

Der Masser sah entschieden nicht so aus, als lege er Wert darauf, trotzdem trat er vor und sagte leise: »Mit Bell hat er eine gute Frau. Und sie hat einen guten Jungen. Meine Familie und ich wünschen ihnen ein glückliches Leben.« Die darauf ausbrechenden Hochrufe wurden nur von den fröhlichen Schreien Missy Annes übertönt, die auf und ab hüpfte, bis ihre Mutter sie am Arm packte und alle Wallers sich ins Herrenhaus zurückzogen, damit die Schwarzen ihr Fest auf ihre Weise feiern konnten.

Tante Sukey und andere Freundinnen von Bell hatten geholfen, so viel Essen vorzubereiten, daß der Tisch fast unter den Töpfen verschwand. Und alle feierten fröhlich und gutgelaunt und bedienten sich von dem Brandy und Wein, den der Masser als Geschenk aus dem Keller des Herrenhauses heraufgeschickt hatte – außer Kunta und dem Ghanesen. Der Fiedler hatte schon seit Beginn des Festes laut und unermüdlich gespielt – wie er trotzdem etwas zum Trinken ergattert hatte, war Kunta ein Rätsel, aber so, wie er beim Spielen schwankte, konnte kein Zweifel bestehen, daß es ihm sogar reichlich gut gelungen war. Er hatte den Fiedler schon so oft beim Trinken erlebt, daß er sich damit abgefunden hatte, aber als er jetzt sah, wie *Bell* ihr Glas immer wieder mit Wein füllte, wurde er unruhig und besorgt, und es versetzte ihm einen ziemlichen Schock, als er hörte, wie sie ihrer anderen Freundin, Schwester Mandy, zurief: »Hab' schon seit zehn Jahren ein Auge auf ihn gehabt!« Wenig später wankte sie auf ihn zu, umarmte ihn und küßte ihn vor all den Leuten mit ihren rohen Witzen, Rippenstößen und kreischendem Gelächter – mitten auf den Mund.

Kunta war angespannt wie eine Bogensehne, als die Gäste endlich aufzubrechen begannen. Aber schließlich waren sie doch allein auf dem Rasen, und Bell winkte ihm mit unsicheren Bewegungen zu und lallte sanft: »Jetzt, wo du die Kuh gekauft hast, kriegst du soviel Milch, wie du willst.« Er war entsetzt, sie so sprechen zu hören.

Aber er brauchte nicht allzulange, um darüber hinwegzukommen. Im Laufe nur weniger Wochen erfuhr er eine ganze Menge darüber, wie eine große, starke, gesunde Frau wirklich ist. Seine Hände hatten in der Dunkelheit erkundet, daß Bells dicker Hintern absolut echt war und nicht etwa aus einem der Polster bestand, die, wie er gehört hatte, viele Frauen unter ihren Röcken trugen, um einen größeren Hintern vorzutäuschen, als sie in Wirklichkeit hatten. Und obwohl er sie noch nie ganz nackt gesehen hatte – Bell blies immer vorher die Kerzen aus –, hatte er doch ihre Brüste sehen dürfen, die, wie er befriedigt feststellte, groß genug waren, um einen Babyjungen reichlich mit Milch zu versorgen, und das war gut. Aber als er zum erstenmal die tiefen Peitschenstriemen auf ihrem Rücken entdeckte, erschrak er. »Ich nehm' die Narben mit ins Grab, wie meine Mammy auch«, sagte Bell und fügte zu Kuntas Überraschung hinzu: »Aber mein Rücken ist mal bestimmt nicht so schlimm wie deiner.« Er wußte nicht, wie sein Rücken aussah, und er hatte all die Peitschenhiebe vor über zwanzig Jahren fast schon vergessen.

Kunta genoß es sehr, neben Bells allgegenwärtiger Wärme in ihrem großen Bett auf einer weichen Matratze zu schlafen die nicht mit Stroh, sondern mit Baumwolle gefüllt war. Ihre selbstgemachten Steppdecken waren weich und warm, und zwischen zwei Bettüchern zu liegen, war für ihn eine völlig neue und höchst angenehme Erfahrung. Fast ebenso angenehm waren ihm die gutsitzenden Hemden, die sie ihm nähte und täglich wusch, stärkte und bügelte. Bell machte sogar das Leder seiner ungefügen Stiefel mit Talg geschmeidig und strickte ihm noch weitere Socken mit dicken Polstern für seinen halben Fuß.

Nachdem er jahrelang tagsüber den Masser gefahren hatte, nur um abends nach einem hastigen, kalten Essen auf seine einsame Pritsche zu kriechen, sorgte Bell jetzt dafür, daß das gleiche Essen, das der Masser bekam – außer natürlich Schweinefleisch – auch auf dem Feuer in ihrer Hütte brutzelte, wenn er nach Hause kam. Er aß gerne von ihrem weißen Steingutgeschirr, mit den Gabeln, Messern und Löffeln, mit denen sie sich offensichtlich aus dem Vorrat des Herrenhauses eingedeckt hatte. Bell hatte sogar die Hütte – Kunta mußte sich immer wieder in Erinnerung rufen, daß es jetzt auch seine Hütte war – außen und innen weiß angemalt. Alles in allem, stellte er nicht ohne Verwunderung fest, mochte er sie so ziemlich rundherum gern, und womöglich hätte er sich darüber geärgert, nicht schon viel früher zur Vernunft gekommen zu sein, wenn er sich nicht zu wohl gefühlt hätte, um viel Zeit an den Gedanken zu verschwenden, was er all die Jahre versäumt hatte. Er konnte kaum fassen, wie anders alles für ihn aussah; wieviel schöner das Leben jetzt war als noch vor wenigen Monaten und nur wenige Meter entfernt.

KAPITEL 66

So nahe sie sich auch seit ihrem »Sprung über den Besenstiel« gekommen waren, gab es doch Momente, in denen Kunta spürte, daß Bell ihm noch immer nicht ganz traute. Manchmal, wenn sie sich in der Küche oder in der Hütte miteinander unterhielten, war sie nahe daran, etwas zu sagen, um dann doch zu Kuntas aufwallendem Ärger, den er nur aus Stolz zu unterdrücken vermochte, schnell das Thema zu wechseln. Und mehr als einmal erfuhr er vom Fiedler oder vom Gärtner Dinge, die nur jemand hatte aufschnappen können, der sein Ohr am Schlüsselloch des Masser hatte. Es war ihm nicht wichtig, was sie ihnen erzählte, ihn verletzte nur, daß sie es nicht *ihm* erzählte; daß sie vor ihm, ihrem eigenen Mann, Geheimnisse hatte. Und noch bitterer war ihm, daß er ihr und den anderen immer ganz offen jede Neuigkeit, die sie sonst vielleicht nie oder erst viel später erfahren hätten, mitgeteilt hatte. Kunta begann, ganze Wochen verstreichen zu lassen, in denen er Bell nichts mehr von dem erzählte, was er in der Stadt gehört hatte. Als sie schließlich eine Bemerkung darüber machte, sagte er nur, es habe eben in letzter Zeit nichts Neues gegeben, und das sei ihm nur recht, denn meistens sei es ja doch nichts Gutes. Aber das nächstemal, als er aus der Stadt kam, glaubte er, sie habe nun wohl ihre Lehre aus seinem Verhalten gezogen, und berichtete ihr, daß der Masser einem Freund erzählt hatte, er habe gerade gelesen, der weiße Arzt, Benjamin Rush aus New Orleans, hätte kürzlich seinen langjährigen schwarzen Assistenten, einen Sklaven namens James Derham, freigelassen, nachdem ihm klargeworden sei, daß dieser von ihm alles über Medizin gelernt habe, was er selber wisse.

»Ist das nicht der, der dann selber Arzt geworden ist, und noch berühmter, wie der, der es ihn gelernt hat?« fragte Bell.

»Wieso weißt du das? Der Masser sagt, er hat es selbst gerade erst gelesen, und hier war keiner nicht, wo du hättest hören können, wie er's ihm erzählt«, sagte Kunta, der ebenso verärgert war wie verblüfft.

»Ach, ich hab' so meine Quellen«, antwortete Bell geheimnisvoll und wechselte das Thema.

Für Kunta war dies das letzte Mal gewesen, daß er ihr irgendeine Neuigkeit erzählt hatte. Er verlor kein Wort mehr darüber und fast eine Woche lang auch über sonst nichts. Endlich begriff Bell und legte eines Sonntagabends, nach einem guten Essen im Kerzenlicht ihrer Hütte, den Arm um ihn und sagte leise: »Ich wollt' dir schon immer mal was sagen.« Dann ging sie in ihre Schlafkammer und kam mit einer *Virginia Gazette* zurück, die sie, wie Kunta wußte, in einem Stapel unter ihrem Bett sammelte. Er hatte angenommen, daß sie einfach gern in den Seiten blätterte, wie es viele Schwarze und auch etliche der armen Weißen taten, die samstags in der Kreisstadt mit aufgeschlagenen Zeitungen vor der Nase herumstolzierten, obgleich Kunta wie jedermann, der sie sah, genau wußte, daß sie kein Wort lesen konnten. Aber als er jetzt Bells verstohlenes Gehabe sah, ahnte er schon, was sie ihm anvertrauen würde.

»Ich kann ein bißchen lesen«, Bell zögerte. »Der Masser verkauft mich sofort bei Sonnenaufgang, wenn er das weiß.«

Kunta antwortete nicht, denn er wußte aus Erfahrung, daß Bell von sich aus mehr erzählte, als wenn man ihr Fragen stellte. »Ein paar Wörter hab' ich immer schon gekonnt, wie ich noch klein war«, fuhr sie fort. »Die Kinder von meinem Masser damals haben es mir gelernt. Sie haben Lehrer gespielt, weil sie in die Schule gingen, und der Masser und die Missis haben natürlich nicht drauf aufgepaßt, weil sie wie alle Weißen denken, daß Nigger zu blöd sind, was zu lernen.«

Kunta mußte an den alten Schwarzen im Spotsylvania-Gericht denken, den er immer traf. Er fegte und wischte seit Jahren dort die Böden, und keiner der Weißen ließ sich träumen, daß er ihre Schrift so lange von herumliegenden Akten kopiert hatte, bis er es gut genug konnte, um gegen Bezahlung Reisegenehmigungen für Schwarze zu fälschen.

Den Blick starr auf ihren Zeigefinger gerichtet, der sich über die Titelseite der Zeitung bewegte, sagte Bell schließlich: »Hier steht, daß das Abgeordnetenhaus wieder zusammengetreten ist.« Sie sah näher hin. »Haben ein neues Gesetz über Steuern gemacht.« Kunta war baß erstaunt. Bells Finger wanderte die Seite hinunter. »Hier steht was drüber, daß England Nigger von da nach Afrika zurückgeschickt hat.« Sie sah zu Kunta auf. »Soll ich nachsehn, was sie sonst noch drüber sagen?« Kunta nickte. Bell brauchte eine Weile, in der sie auf ihren Finger starrte und lautlos Buchstaben und Wörter mit den Lippen formte, bis sie sagte: »Na ja, sie wissen nicht so recht, aber ungefähr hundert Nigger sind wo hingeschickt worden, was so aussieht, als ob es Sierra Leone heißt. England hat das Land von einem König, der da ist, gekauft, und die Nigger haben alle ein Stück Land und etwas Geld gekriegt.«

Als sie von der Anstrengung des Lesens ermüdet schien, blätterte sie durch die Seiten und zeigte Kunta immer wieder die gleiche Figur: ein Männchen, das einen Stock mit einem Bündel über der Schulter trug, und mit ihrem Finger auf der Unterschrift zu einer dieser Figuren sagte sie: »Sind immer die Beschreibungen von weggelaufenen Niggern. So eine war auch über dich drin, wie du das letztemal weggelaufen bist. Sie beschreiben ganz genau ihre Farbe und das Brandmal und die Prügelnarben, die sie im Gesicht oder an den Beinen oder Armen oder auf dem Rücken haben, und was sie anhatten, als sie weggelaufen sind, und so was alles. Und es steht da, wem sie gehören und wie hoch die Belohnung dafür ist, wenn einer sie fängt und zurückbringt. Ich hab' schon mal gesehn, wo fünfhundert Dollar ausgesetzt waren, und einmal war was drin, wo der Nigger so oft weggelaufen ist, daß sein Masser vor lauter Wut zehn Dollar für ihn geboten hat, wenn einer ihn lebend zurückbringt, und fünfzehn für nur seinen Kopf.«

Dann legte sie die Zeitung aufseufzend weg. »Jetzt weißt du, wo ich das mit dem Niggerarzt her weiß. Genau da her, wo der Masser es auch von weiß.«

Kunta fragte, ob es nicht zu gefährlich sei, so die Zeitungen des Masser zu lesen.

»Ich paß wirklich auf«, sagte sie. »Aber ich sag' dir, einmal bin ich bald zu Tode erschrocken über den Masser. Ausgerechnet wie ich eines Tages im Wohnzimmer Staub wischen sollte und in Wirklichkeit in eins von seinen Büchern geguckt hab', kommt er rein! Lieber Himmel, ich wär' beinah tot umgefallen. Der Masser steht bloß da und starrt mich an. Aber gesagt hat er nichts und ist bloß einfach rausgegangen. Aber am nächsten Tag war ein Schloß an seinem Bücherschrank.«

Nachdem Bell die Zeitung wieder unter das Bett geschoben hatte, schwieg sie noch eine Weile, und Kunta kannte sie gut genug, um zu wissen, daß sie noch etwas auf dem Herzen hatte. Als sie eigentlich soweit waren, ins Bett zu gehen, setzte sie sich mit einem plötzlichen Entschluß an den Tisch und zog verstohlen, doch nicht ohne Stolz einen Bleistift und ein zusammengefaltetes Stück Papier aus ihrer Schürzentasche. Nachdem sie das Papier glattgestrichen hatte, malte sie sorgfältig ein paar Buchstaben darauf.

»Weißt du, was das heißt?« fragte sie, und ehe Kunta noch »nein« sagen konnte, antwortete sie: »Das ist mein Name. B-e-l-l.« Kunta starrte auf die Bleistiftzeichen und dachte daran, wie er jahrelang vor jeder Berührung mit der *toubob*-Schrift zurückgezuckt war, weil er fürchtete, sie könnte irgendeinen *toubob*-Fetisch enthalten, der ihm Unheil bringen würde. Er war sich noch immer nicht so ganz sicher, ob das wirklich so ausgeschlossen war. Bell schrieb noch ein paar Buchstaben. »Das ist dein Name, K-u-n-t-a.« Sie strahlte ihn an. Gegen seinen Willen konnte Kunta nicht widerstehen und beugte sich vor, um die fremden Zeichen anzusehen. Aber dann stand Bell auf, knäulte das Stück Papier zusammen und warf es auf die verlöschende Glut der Feuerstelle. »Sie dürfen einen nie nicht mit was Geschriebenem erwischen.«

Es vergingen etliche Wochen, bis Kunta sich entschloß, etwas gegen den Ärger zu tun, der an ihm nagte, seit Bell ihm stolz gezeigt hatte, daß sie schreiben und lesen konnte. Genau wie ihre weißen Massers schienen diese auf Pflanzungen geborenen Schwarzen es für selbstverständlich zu halten, daß die, die aus Afrika kamen, gerade erst von den Bäumen heruntergeklettert waren und von Bildung nicht die leiseste Ahnung hatten.

Also kniete er sich eines Abends nach dem Essen wie zufällig vor die Feuerstelle in der Hütte und scharrte ein Häufchen Asche heraus, das er mit den Händen auf der Einfassung glattstrich. Während Bell ihm neugierig zusah, nahm er ein schmales, angespitztes Hölzchen aus der Tasche und begann seinen Namen in arabischen Buchstaben in die Asche zu schreiben.

Bell unterbrach ihn mit der Frage: »Was ist das?«, und Kunta erklärte es ihr. Nachdem er ihr auf diese Weise zu verstehen gegeben hatte, daß auch er schreiben konnte, wischte er die Asche weg, setzte sich in den Schaukelstuhl und wartete darauf, daß sie ihn fragen würde, wo er es gelernt hatte. Er mußte nicht lange warten. Und für den Rest des Abends sprach er – und Bell hörte zur Abwechslung einmal zu. Mit stockenden Worten erzählte ihr Kunta, wie die Kinder in seinem Dorf mit Federn aus ausgehöhlten, getrockneten Halmen und Tinte aus mit Wasser vermischtem Ruß schreiben gelernt hatten. Er erzählte ihr von dem *arafang* und wie er morgens und abends seine Stunden hielt. Er erwärmte sich für sein Thema und genoß es auch, zum erstenmal Bell für eine Weile mit geschlossenem Mund zu erleben. Er erzählte ihr, daß die Schüler in Juffure ihre Prüfungen erst dann machten, wenn sie aus dem Koran lesen konnten, und er trug ihr sogar einige Koranverse vor. Es war ihr anzusehen, wie gefesselt sie war, aber es schien ihm doch verwunderlich, daß sie während der vielen Jahre, die er sie kannte, jetzt zum erstenmal so etwas wie Interesse an Afrika bezeigte.

Bell klopfte auf den Tisch. »Wie heißt Tisch bei euch Afrikanern?« fragte sie.

Und obwohl er seit Afrika nie mehr Mandinka gesprochen hatte, sagte er, ohne überlegen zu müssen, *»meso«* und freute sich darüber.

»Und das?« fragte Bell und deutete auf ihren Stuhl. *»Sirango«*, sagte Kunta. Er war so stolz auf sich, daß er aufstand und auf Gegenstände deutend in der Hütte umherging.

Er berührte Bells schwarzen Eisentopf über der Feuerstelle und sagte *»kalero«*, dann eine Kerze auf dem Tisch *»kandio«*. Bell stand erstaunt vom Stuhl auf und ging ihm nach. Kunta stieß einen Rupfensack, in dem seine Schuhe aufgehoben wurden, an und sagte *»bato«*, berührte einen getrockneten Flaschenkürbis und sagte *»mirango«*, dann einen Korb, den der alte Gärtner geflochten hatte, »*sisingo*«. Er führte Bell in die Schlafkammer, sagte »*larango*« und deutete auf ihr Bett, und »*kunglarang*« zum Kopfkissen. Das Fenster nannte er »*janerango*« und das Dach »*kankarango*«.

»Gott steh mir bei!« rief Bell aus. Und darin schwang mehr Achtung für seine Heimat mit, als er je in Bell wecken zu können gehofft hatte.

»Jetzt wird's aber Zeit, daß wir unsern Kopf auf das *kunglarang* legen«, sagte Kunta, setzte sich auf die Bettkante und begann sich auszuziehen. Bell zog die Brauen hoch, lachte dann und legte ihre Arme um ihn. Er hatte sich seit langem nicht so wohl gefühlt.

KAPITEL 67

Obwohl Kunta den Gärtner und den Fiedler immer noch gern besuchte und sich Geschichten mit ihnen erzählte, kam es lange nicht mehr so häufig vor wie früher, als er noch ledig war. Das war nicht weiter verwunderlich, weil er ja nun seine freie Zeit meist mit Bell verbrachte. Aber selbst wenn sich die Männer gelegentlich trafen, schienen sie ihn jetzt mit anderen Augen zu sehen. Sie waren keineswegs unfreundlich, doch zweifellos weniger leutselig. Dabei waren sie es im Grunde gewesen, die Kunta in Bells Arme getrieben hatten, aber seit er verheiratet war, benahmen sie sich ein bißchen so, als hätten sie Angst, angesteckt zu werden – oder im Gegenteil, als würde ihnen das nie passieren; seine offensichtliche Zufriedenheit mit Haus und Herd machte ihre kalten Winternächte nicht wärmer. Doch obwohl sich Kunta ihnen nicht mehr ganz so nahe fühlte wie in der Zeit ihrer Kameradschaft, die sie trotz ihrer unterschiedlichen Herkunft als Ledige miteinander verbracht hatten, spürte er, daß sie ihm irgendwie mehr Achtung zollten, so als sei er durch die Heirat mit Bell einer der Ihren geworden. Ihre Gespräche mit dem verheirateten Freund waren nicht mehr so derb wie früher zuweilen (nicht daß Kunta seinen Spaß an den Grobheiten des Fiedlers je auch nur vor sich selbst eingestanden hätte), und sie hatten im Laufe der Jahre mit wachsendem Vertrauen an Tiefe und Ernst gewonnen.

»Angst haben sie!« verkündete der Fiedler eines Abends. »Darum sind die Weißen so hinter ihrer Volkszählung her! Die haben bloß Schiß, sie könnten schon mehr Nigger hergeholt haben, wie Weiße da sind!«

Kunta berichtete, Bell habe in der *Gazette* gelesen, daß es laut Volkszählung in Virginia nur ein paar tausend Weiße mehr als Schwarze gäbe.

»Die Weißen haben mehr Schiß vor freien Niggern wie vor unsereinem«, warf der alte Gärtner ein.

»Hab' gehört, es gibt ungefähr 60000 freie Nigger allein in Virginia«, sagte der Fiedler. »Da kann man gar nicht sagen, wie viele Sklaven-Nigger noch außerdem. Und dabei hat dieser Staat nicht mal die meisten. Die sind weiter unten im Süden, wo's das fetteste Land und die besten Ernten gibt, und Wasser, auf dem man die Ernte mit Booten zum Markt fahren kann, und . . .«

»Ja, wirklich, da unten kommen zwei Nigger auf jeden Weißen!« unterbrach der alte Gärtner. »Im Louisiana-Delta und dem Mississippi, wo sie Zuckerrohr anbauen, und in dem schwarzen Streifen von Alabama, Süd-Carolina und Georgia, wo all der Reis und Indigo wächst . . . Ich sag' euch, da unten auf den ganz großen Pflanzungen, die vom Weg abliegen, da gibt's massenhaft Nigger, die gar nicht mitgezählt worden sind.«

»Ein paar von den Plantagen da sind so riesengroß, daß sie sie in kleine Stücke teilen müssen, mit Aufsehern auf jedem«, sagte der Fiedler. »Und die Massers, denen sie gehören, das sind meistens so aufgeplusterte Advokaten und Politiker und Handelsleute, die in der Stadt wohnen, und denen ihre Weiber haben nichts mit den Plantagen im Sinn, außer vielleicht mal in feinen Kutschen zu Thanksgiving oder Weihnachten rausfahren oder im Sommer ein Picknick machen, damit sie vor ihren Freunden angeben können.«

»Aber wißt ihr was?« rief der alte Gärtner. »Grade unter den reichen weißen Stadtleuten sind die meisten, die gegen die Sklaverei reden!«

Der Fiedler schnitt ihm das Wort ab. »Pah! Das bedeutet gar nichts! Solche großen weißen Leute hat's schon immer gegeben, die die Sklaverei abschaffen wollen. Blödsinn! Hier in Virginia ist die Sklaverei längst verboten, wenn's nach dem Gesetz geht, seit zehn Jahren schon – aber Gesetz oder nicht, wir sind allemal noch Sklaven, wie ihr seht, und die Massers bringen weiter ganze Schiffsladungen von Niggern her.«

»Wo bringen sie die bloß alle hin?« fragte Kunta. »Ich kenn' ein paar Kutscher, die sagen, sie fahren ihre Massers tagelang rum und sehn für lange Strecken kein schwarzes Gesicht außer ihrem.«

»Es gibt 'ne Menge Distrikte, wo keine einzige richtig große Pflanzung drauf ist«, sagte der Gärtner, »und beinah gar keine Nigger. Nichts wie mickrige kleine Farmen mit Steinboden, der Morgen zu fünfzig Cents, und die Weißen da sind so arm, daß sie Dreck fressen. Und die, die nicht viel besseres Land haben und höchstens 'ne Handvoll Sklaven, die sind auch nicht viel besser dran.«

»Ich hab' von 'ner Gegend gehört, wo es mehr Nigger gibt wie bloß 'ne Handvoll«, sagte der Fiedler, zu Kunta gewandt. »Westindien oder so ähnlich. Weißt du, wo das ist? Soll überm Wasser liegen, wo du ja auch hergekommen bist.«

Kunta schüttelte den Kopf, und der Fiedler fuhr fort: »Na, jedenfalls sollen da einem einzigen Masser manchmal tausend Nigger gehören, und die bauen und schneiden das Rohr, wo Zucker und Melasse und Rum draus gemacht werden. Manche erzählen auch, massenhaft Schiffe wie das, mit dem du rübergebracht worden bist, laden ihre Nigger aus Afrika erst mal für 'ne Weile in diesem Westindien ab und päppeln sie 'n bißchen auf, wenn sie nach den langen Reisen halbtot sind von Krankheit und Hunger. Da füttern sie sie raus, und dann bringen sie sie her, damit sie bessere Preise für Nigger kriegen, die ordentlich arbeiten können. Wenigstens hab' ich das gehört.«

Kunta kam aus dem Staunen nicht heraus, daß der Fiedler und der Gärtner soviel über Dinge wußten, die sie nie gesehen hatten, und über Länder, in denen sie nie gewesen waren, denn er erinnerte sich genau, von beiden gehört zu haben, sie seien nie aus Virginia und Nord-Carolina herausgekommen. Er war viel weiter gereist als sie – nicht nur den langen Weg von Afrika hierher, sondern auch im Einspänner des Masser kreuz und quer durch das Land –, aber sie wußten trotzdem so viel mehr als er, daß er auch nach jahrelangen Gesprächen immer noch Sachen erfuhr, von denen er bislang keine Ahnung gehabt hatte.

Es bekümmerte Kunta nicht sonderlich, die eigene Unwissenheit erkennen zu müssen, da die beiden ihm ja halfen, sie zu verringern; aber es bestürzte ihn, als er im Laufe der Zeit feststellen mußte, daß sogar er immer noch besser unterrichtet war als der Durchschnittssklave. Soweit er beobachten konnte, wußten die meisten Schwarzen buchstäblich nicht, wo sie waren, geschweige denn, *wer* sie waren.

»Wetten, daß die Hälfte von all den Niggern in Virginia nie von der Pflanzung von ihrem Masser weggekommen ist?« bestätigte Bell, als er ihr gegenüber die Rede darauf brachte. »Die haben nie nicht mal was von irgendwo gehört, außer vielleicht von Richmond und Fredericksburg und vom Norden, und haben keinen Dunst, wo sie selber sind. Und die Weißen lassen die Nigger absichtlich im dunkeln, wo sie her sind, weil sie nämlich Angst haben, daß die Nigger dann aufmucken oder abhauen.«

Ehe Kunta Zeit fand, sich von seinem Staunen über solche Einsichten zu erholen, die obendrein von Bell stammten statt vom Fiedler oder vom Gärtner, redete sie schon weiter. »Sag mal, würdest du noch mal durchbrennen, wenn's irgendwie möglich wär'?«

Kunta war von der Frage wie betäubt und antwortete längere Zeit nicht. Endlich sagte er: »Daran hab' ich schon lang nicht mehr gedacht.«

»Ich denk' oft und oft an 'ne Menge Sachen, wo keiner was von ahnt«, sagte Bell. »Manchmal frag' ich mich, wie Freiheit wohl ist – wenn ich zum Beispiel von wem höre, der nach Norden rauf ausgekniffen ist.« Sie sah Kunta fest an. »Egal, wie gut der Masser ist: ich glaub', wenn du und ich jünger wären, würden wir am liebsten noch heute nacht abhauen.« Und da Kunta verblüfft dasaß, fügte sie leise hinzu: »Schätze, ich bin nun zu alt und zu ängstlich.«

Es war, als hätte Bell in diesem Moment seine eigenen Gedanken gelesen, es traf ihn wie ein Faustschlag. Er *war* zu alt, um noch einmal wegzulaufen, und er war zu oft ausgepeitscht worden. Er hatte Angst. Schmerz und Schrecken jener gehetzten Tage und Nächte kehrten in seine Erinnerung zurück: die blasenüberzogenen Füße, die ausgepumpten Lungen, die reißenden Dornen, das Kläffen der Hunde, ihre knurrenden Rachen, die Flintenschüsse, das schneidende Zucken der Peitsche, die niedersausende Axt. Ehe er sich versah, fiel Kunta in tiefe Niedergeschlagenheit. Bell, die ahnte, woran sie, ohne es zu wollen, gerührt hatte, und wußte, daß jedes weitere Wort, auch eine Entschuldigung, es nur schlimmer machen würde, stand einfach auf und ging zu Bett.

Als Kunta endlich bemerkte, daß sie nicht mehr da war, durchfuhr es ihn wie ein Schmerz, daß er sie bislang so aus seinen Gedanken ausgeschlossen hatte. Wie kläglich hatte er sie und die anderen Schwarzen unterschätzt.

Jetzt endlich begriff Kunta, daß sie nicht weniger als er den Druck, unter dem sie alle lebten, empfanden und verabscheuten, obschon sie es nie zeigten, außer vielleicht denen, die sie liebten. Er wünschte so sehr, er könnte Bell sagen, wie leid es ihm tat, wie er ihren Schmerz teile, wie dankbar er ihre Liebe fühle, und wie das Band zwischen ihnen immer stärker und tiefer wurde. Leise stand er auf, ging in die Schlafkammer, zog seine Kleider aus, stieg ins Bett, nahm Bell in die Arme und liebte sie – und sie ihn – mit einer Art verzweifelter Leidenschaft.

KAPITEL 68

Mehrere Wochen lang hatte Kunta den Eindruck, daß Bell sich sehr sonderbar benahm. Erstens sprach sie kaum, obwohl sie durchaus nicht schlechter Laune war. Zweitens warf sie ihm merkwürdige Blicke zu und seufzte laut auf, wenn er sie fragend ansah. Sie hatte angefangen, geheimnisvoll vor sich hin zu lächeln, wenn sie sich im Schaukelstuhl wiegte, und dabei manchmal sogar eine Melodie zu summen. Dann, eines Abends, als sie gerade zu Bett gegangen waren und die Kerzen ausgeblasen hatten, griff Bell nach Kuntas Hand und legte sie sanft auf ihren Bauch. Unter seiner Hand regte sich irgend etwas. Kunta fuhr in die Höhe und glaubte, vor Freude zu zerspringen.

In den nächsten Tagen merkte er kaum, wohin er fuhr. Ihm wäre es nicht aufgefallen, wenn der Masser den Wagen gezogen hätte und die Pferde hinter ihm auf der Bank gesessen hätten, so erfüllt war er innerlich von Bildern. Er sah Bell den *bolong* zu den Reisfeldern hinunterpaddeln und dabei seinen Jungen wohlgeborgen im Wickeltuch auf dem Rücken tragen. Kunta dachte kaum noch an etwas anderes als an die tausendfachen Bedeutungen seines künftigen Erstgeborenen, ganz wie er selbst für Binta und Omoro der Erstgeborene gewesen war. Er schwor sich, daß, genau wie sie und andere in Juffure für ihn gesorgt hatten, er diesen seinen Sohn zu einem echten Mann erziehen würde, einerlei, welche Prüfungen und Zufälle hier im Lande der *toubobs* dazwischenkämen. Denn es war die Aufgabe eines Vaters, für seinen Sohn wie ein gewaltiger Baum zu sein. Während kleine Mädchen einfach mitaßen, bis sie groß genug waren, um zu heiraten und wegzuziehen – außerdem kümmerten sich um die Töchter ohnehin nur die Mütter –, trug der Sohn den Namen und das Ansehen der Familie weiter, und wenn die Zeit kam, da die Eltern alt und gebrechlich wurden, stellte der wohlerzogene Sohn die Sorge um sie über alles andere.

Bells Schwangerschaft führte Kuntas Gedanken tiefer nach Afrika zurück, als die Begegnung mit dem Mann aus Ghana es vermocht hatte. Eines Nachts vergaß er tatsächlich ganz und gar, daß Bell in der Hütte war, während er geduldig die Kiesel in seiner Kürbisflasche zählte und erstaunt feststellte, daß er sein Heimatland nun seit genau zweiundzwanzigeinhalb Regen nicht mehr gesehen hatte. Sonst redete Bell fast unablässig, während er dasaß, noch weniger hörte als gewöhnlich und ins Leere blickte. »Er ist wieder weggetreten in sein Afrikanisches«, sagte Bell dann meistens zu Tante Sukey, und nach einer Weile pflegte sie unbemerkt von ihrem Stuhl aufzustehen, leise in sich hineinmurmelnd den Raum zu verlassen und allein schlafen zu gehen.

In einer dieser Nächte geschah es, etwa eine Stunde, nachdem Bell sich hingelegt hatte, daß Kunta von ächzenden Lauten aus der Schlafkammer aufgeschreckt wurde. War es schon soweit? Er stürzte hinein und fand Bell noch schlafend, aber sie wälzte sich hin und her und schien jeden Moment losschreien zu wollen. Als Kunta sich vorbeugte und ihre Wange berührte, setzte sie sich mit einem Ruck im Dunkeln auf. Sie war schweißgebadet und atmete schwer.

»Herrgott, ich hab' eine Todesangst um das Baby in meinem Bauch!« stöhnte sie und schlang die Arme um ihn. Kunta verstand dies nicht recht, bis sie sich genügend gefaßt hatte und ihm erzählte, sie habe von einem Spiel auf einem Fest der Weißen geträumt, bei dem als erster Preis das nächste auf der Pflanzung geborene schwarze Baby ausgesetzt worden sei. Bell war so verstört, daß Kunta sich der ganz ungewohnten Aufgabe gegenübersah, sie mit der Versicherung, Masser Waller würde so etwas gewiß nie tun, zu beruhigen. Nachdem er sie zu dieser Meinung bekehrt hatte, legte er sich neben sie, und Bell schlief endlich wieder ein.

Aber Kunta schlief nicht; er lag geraume Zeit wach und dachte daran, was er über solche Dinge gehört hatte – von schwarzen Babys, die schon vor ihrer Geburt weggeschenkt wurden, die am Kartentisch als Spielgewinn galten oder bei Hahnenkämpfen verwettet wurden. Der Fiedler hatte ihm erzählt, wie der sterbende Masser von einer schwangeren fünfzehnjährigen Schwarzen namens Mary seinen fünf Töchtern je eines von Marys ersten fünf Babys testamentarisch vermacht hatte. Er hatte auch von schwarzen Kindern gehört, die als Sicherheit für Darlehen geboten und von wütenden Gläubigern verlangt wurden, wenn sie noch im Mutterleib waren, und von Schuldnern, die sie im vorhinein verkauften, um an Bargeld heranzukommen. Kunta wußte, daß bei den öffentlichen Sklavenauktionen in Spotsylvania der geforderte und erzielte Preis für ein gesundes schwarzes Baby von sechs Monaten, dessen Lebenskraft sicher schien, zur Zeit rund zweihundert Dollar betrug.

Nichts von alledem war ihm ganz aus dem Sinn gekommen, als Bell ihm etwa drei Monate später lachend erzählte, daß die neugierige Missy Anne hatte wissen wollen, warum Bells Bauch immer dicker wurde. »Ich hab' Missy Anne gesagt: Schätzchen, ich hab' einen großen Kuchen im Ofen.« Kunta war kaum imstande, seinen Ärger über die zärtliche Zuneigung zu verbergen, mit der Bell diesen verwöhnten, puppenähnlichen Fratz überschüttete. Anne war für ihn nur ein Kind mehr in der endlosen Reihe von »kleinen Missies« und »kleinen Massers«, die er in so vielen Herrenhäusern gesehen hatte. Nun, da Bell kurz vor der Geburt ihres – und seines – eigenen Kindes stand, erbitterte ihn die Vorstellung, Kunta und Bell Kintes erstgeborenen Sohn mit *toubob*-Kindern spielen sehen zu müssen, die ihrerseits aufwuchsen, um Massers zu werden – und oft genug auch noch die Väter ihrer eigenen Sklaven-Kinder. Kunta war auf mehr als einer Pflanzung gewesen, wo etliche der Sklavenkinder fast die gleiche Hautfarbe hatten wie die Kinder ihrer Massers; oft hätte man sie geradezu für Zwillinge halten können, weil beide denselben weißen Vater hatten. Ehe Kunta zuließ, daß mit Bell etwas Derartiges geschah, schwor er sich, lieber den Masser zu töten, als einer der Männer zu werden, die er mit dem »gelben« Bastard ihrer Frau im Arm gesehen hatte und die recht und schlecht mit der Gewißheit lebten, daß ihnen bei der geringsten Beschwerde die Peitsche drohte – wenn nicht Schlimmeres.

Kunta dachte daran, daß »gelbe« Sklaventöchter bei den Auktionen hohe Preise erzielten. Er hatte gesehen, wie sie verkauft wurden, und oft auch gehört, zu welchem Zweck. Er dachte an die Geschichten über hellhäutige Knaben, die schon als Babys auf rätselhafte Weise verschwanden und nie wieder auftauchten, und das alles wegen der Angst, sie könnten zu weißaussehenden Jünglingen heranwachsen und in eine Gegend flüchten, wo man sie nicht kannte und wo sie das schwarze Erbe ihres Blutes mit dem weißer Frauen vermischen könnten. Sooft Kunta an solche Blutmischungen dachte, unter welchem Gesichtspunkt auch immer, dankte er Allah, daß er und Bell die erfreuliche Gewißheit hatten, einen schwarzen Sohn zu bekommen, was auch sonst sein Wille sein mochte.

An einem frühen Abend im September 1790 setzten bei Bell die Wehen ein. Aber sie wollte Kunta noch nicht zum Masser schicken, der versprochen hatte, ihr persönlich beizustehen; Schwester Mandy sollte sich bereit halten, falls er ihre Hilfe benötigte. Bell lag auf dem Bett, knirschte bei jeder Wehe mit den Zähnen, um nicht laut aufzuschreien, und umkrampfte Kuntas Hand mit der Kraft eines Mannes.

Dann, in einer der kurzen Phasen zwischen den Wehen, wandte Bell ihr verschwitztes Gesicht auf einmal Kunta zu und flüsterte: »Da ist was, was ich dir schon früher hätte sagen sollen. Ich hab' nämlich schon mal zwei Kinder gehabt, vor langer Zeit, lang bevor du überhaupt da warst – ich war noch keine sechzehn Jahre alt.« Kunta stand da und sah wie erstarrt auf die angstgepeinigte Bell nieder. Hätte er das gewußt . . . Nein, er hätte sie wohl auf jeden Fall geheiratet . . . Aber er fühlte sich hintergangen, weil sie es ihm nicht vorher gesagt hatte. Zwischen weiteren Wellen des Schmerzes um Luft ringend, berichtete Bell nun von den beiden Töchtern, von denen man sie weggerissen und verkauft hatte. »Dabei waren sie noch ganz kleine Würmer!« Bell begann zu weinen. »Eine konnte schon ganz ordentlich laufen, aber die andre war kaum ein Jahr alt . . .« Sie wollte fortfahren, aber ein neuer Krampf ließ sie den Mund zusammenpressen, und ihre Hand packte noch fester zu. Sie lockerte ihren Griff auch nicht, als die Wehe endlich abebbte, sondern schaute durch Tränen zu Kunta auf und sagte, als läse sie seine finsteren Gedanken: »Wenn du's genau wissen willst – ihr Daddy war kein Masser oder Aufseher. Ein Feldnigger, ungefähr in meinem Alter. Wir wußten's nicht besser.«

Die Wehen kamen nun in immer kürzeren Abständen, und Bells Nägel gruben sich in Kuntas Handflächen, während sich ihr Mund zu einem tonlosen Schrei öffnete. Kunta rannte hinaus und zu Schwester Mandys Hütte, wo er an die Tür hämmerte und heiser nach ihr rief. Dann rannte er weiter zum Herrenhaus, so rasch er nur konnte. Sein Klopfen und Rufen holte schließlich Masser Waller herbei, dem ein einziger Blick auf Kunta genügte, um zu sagen: »Ich komme sofort!«

Bells qualvolles Stöhnen, das sich zu schrillen Schreien steigerte und die Stille des Sklavenquartiers zerriß, verdrängte in Kunta jeden Gedanken an Bells Enthüllung. Sosehr es ihn trieb, an ihrer Seite zu sein, war er doch ganz froh, daß Schwester Mandy ihn wieder hinausschickte. Er hockte sich neben die Tür und versuchte sich vorzustellen, was jetzt drinnen vorging. In Afrika hatte er nie Genaueres über den Geburtsvorgang erfahren, weil der dort als reine Frauensache galt, aber er hatte gehört, man breite Tücher auf den Boden, damit die Frau ihr Kind darauf kniend gebären könne, und danach setze man sie in eine Schüssel mit Wasser, um sie vom Blut zu reinigen; er fragte sich, ob dies alles wohl auch jetzt geschah.

Zwischendurch fiel ihm ein, daß im fernen Juffure seine Eltern, Binta und Omoro, ja nun Großeltern wurden, und es betrübte ihn, daß sie seinen Sohn nicht nur niemals sehen würden – und umgekehrt –, sondern nicht einmal wissen konnten, daß er einen bekommen hatte.

Kunta sprang steil in die Höhe, als er plötzlich eine andere Stimme, ein laut quäkendes Geschrei hörte, und ein paar Minuten später kam der Masser mit erschöpft wirkendem Gesicht heraus. »Sie hatte es schwer«, sagte er zu Kunta. »Immerhin ist sie dreiundvierzig. Aber in ein paar Tagen geht's ihr wieder gut.« Der Masser machte eine Handbewegung zur Tür. »Laß Mandy noch ein bißchen Zeit zum Aufräumen. Dann kannst du reingehen und dir dein Töchterchen ansehen.«

Eine *Tochter*! Kunta rang noch immer um Fassung, als Schwester Mandy in der Tür erschien und ihn lächelnd heranwinkte. Lahm ging er durch den Vorraum, schob den Vorhang zur Schlafkammer beiseite – und da waren sie. Als er ans Bett schlich, knarrte eine Diele, und Bell öffnete die Augen und brachte ein schwaches Lächeln zustande. Wie geistesabwesend nahm er ihre Hand und drückte sie, aber er fühlte fast nichts, denn gleichzeitig starrte er wie gebannt in das Gesichtchen des Neugeborenen neben ihr. Es war beinahe so schwarz wie sein eigenes, und die Züge waren unverkennbar Mandinka. Obgleich es nur ein Mädchen war – was Allahs Wille sein mußte –, war es immerhin ein Kind, und die Gewißheit, daß das Blut der Kintes, das wie ein mächtiger Strom durch die Jahrhunderte geflossen war, nun zumindest für eine weitere Generation weiterfließen würde, machte Kunta doch stolz und froh.

Sein nächster Gedanke richtete sich auf einen passenden Namen für sein Kind. Zwar kannte er sich mittlerweile genügend aus, um den Masser nicht um acht Tage Urlaub zu bitten, wie sie jedem jungen Vater in Afrika zustanden, damit er reiflich überlegen konnte; aber die Sache bedurfte dennoch intensiven und ernsten Nachdenkens, denn der Name eines Neugeborenen hatte entscheidenden Einfluß darauf, was für ein Mensch aus ihm wurde. Der Gedanke durchzuckte ihn, daß, ganz gleich, welchen Namen er dem Kind gab, es zugleich auch den Familiennamen des Masser tragen würde, und darüber war Kunta so erzürnt, daß er Allah gelobte, diese Tochter solle nicht aufwachsen, ohne ihren eigenen wahren Namen zu erfahren.

Abrupt, ohne ein weiteres Wort, drehte er sich um und ging. Am Himmel zeigten sich die ersten Vorboten der Morgendämmerung, als er anfing, den langen Zaun entlangzuwandern, wo seine und Bells Liebschaft begonnen hatte. Er mußte nachdenken. Im Hinblick auf das, was sie ihm gerade über den größten Kummer ihres Lebens erzählt hatte – von ihren früheren kleinen Töchtern weg verkauft worden zu sein –, durchforschte er sein Gedächtnis nach einem Namen, einem Mandinka-Wort, das in seiner Bedeutung Bells innigstem Wunsch entsprach, nie wieder einen solchen Verlust zu erleiden – einem Namen, der seine Trägerin davor schützte, je die Mutter zu verlieren. Da, er hatte es! Er überdachte seinen Einfall ein übers andere Mal und widerstand der Versuchung, das Wort auch nur für sich selbst laut auszusprechen, denn das wäre nicht Rechtens gewesen. Ja, so mußte es sein! Begeistert über seine glückliche Eingebung binnen so kurzer Zeit, hastete Kunta am Zaun entlang zurück zur Hütte.

Aber als er Bell mitteilte, er sei bereit, seinem Kind einen Namen zu geben, protestierte sie heftiger, als er bei ihrem augenblicklichen Zustand für möglich gehalten hätte. »Warum eilt's dir denn so mit dem Namen? Und wie soll sie heißen? Wir haben doch überhaupt noch nicht deswegen miteinander geredet!« Kunta wußte, wie störrisch Bell sein konnte, wenn sie einmal den Nacken steif machte. Darum verriet seine Stimme ebensoviel Angst als Ärger, als er die rechten Worte suchte, ihr zu erklären, daß gewisse Traditionen gewahrt werden müßten; zu den wichtigsten gehöre die Wahl des Namens durch den Vater allein, und dieser durfte ihn niemandem verraten, bevor er ihn insgeheim dem Kind enthüllt hatte: nur so sei es der Sitte gemäß. Und Eile sei deswegen geboten, damit ihr Kind ja nicht als erstes einen Namen zu hören bekomme, den der Masser bestimme.

»Jetzt versteh' ich!« sagte Bell. »Du mit deinen Afrika-Sitten! Du steckst so voll davon, daß du uns nichts wie Ärger damit machst. Aber für dieses Kind gibt's keinen heidnischen Kram oder Namen!«

Wütend stürmte Kunta aus der Hütte – und prallte fast mit Tante Sukey und Schwester Mandy zusammen, die mit Armladungen von Handtüchern und dampfenden Wasserkesseln auf dem Wege hinein waren.

»Glückwünsche, Bruder Toby! Wir kommen uns um Bell kümmern.«

Aber Kunta knurrte nur im Vorübergehen. Ein Feldarbeiter namens Cato war im Begriff, die erste Morgenglocke zu läuten und damit den anderen das Signal zu geben, sich mit ihren Eimern Waschwasser an der Pumpe zu holen. Kunta bog rasch vom Sklavenquartier hintenherum zur Scheune ab, nur bestrebt, möglichst weit von diesen ungläubigen Schwarzen wegzukommen, die von den *toubobs* darauf gedrillt waren, ängstlich vor allem zurückzuscheuen, was irgendwie nach dem Afrika roch, das doch ihrer aller Ursprung war.

In seiner Zufluchtsstätte, der Scheune, fütterte, tränkte und striegelte Kunta ärgerlich die Pferde. Als die Frühstückszeit des Masser nahte, machte er wieder einen möglichst weiten Bogen bis zur Küchentür des Herrenhauses, wo er Tante Sukey, die Bell vertrat, pflichtgemäß fragte, ob der Masser ihn und den Wagen brauche. Sie würdigte ihn keiner Antwort und drehte sich nicht einmal um, sondern schüttelte nur den Kopf und verließ die Küche, ohne ihm auch nur das geringste zu essen zu geben. Kunta humpelte wieder zur Scheune und fragte sich, was Bell Tante Sukey und Schwester Mandy wohl gesagt haben mochte und was die nun im Sklavenquartier weitertratschten; und sogleich redete er sich ein, daß ihm nichts gleichgültiger sein könnte.

Aber er mußte irgend etwas mit sich anfangen; er konnte ja nicht noch mehr Stunden untätig vertrödeln. Also trug er mehrere Pferdegeschirre vor die Scheune und schlug, wie so oft, die Zeit mit überflüssigem Putzen tot. Eigentlich wäre er gern zurück zur Hütte gegangen, um das Baby zu sehen – und sogar Bell –, aber jedesmal stieg bei dem Gedanken wieder Empörung darüber in ihm auf, daß die Ehefrau eines Kinte ihrem Kind irgendeinen *toubob*-Namen wünschen konnte, was nichts anderes wäre als der erste Schritt zu einem Leben voller Erniedrigung und Selbstverachtung.

Um die Mittagszeit sah Kunta Tante Sukey einen Topf mit Essen hineintragen, vermutlich eine Art Suppe. Der Anblick machte ihn hungrig; wenige Minuten später ging er hinter die Scheune, wo frisch geerntete Süßkartoffeln unter Stroh zum Dörren aufgehäuft lagen, suchte sich vier von den kleineren heraus und aß sie roh, um seinen Magen zu beschwichtigen, wobei er sich selbst grenzenlos bedauerte.

Der Abend dämmerte schon, ehe er sich überwand, nach Hause zu gehen. Als er die Vordertür öffnete und eintrat, war kein Laut aus der Schlafkammer zu vernehmen. Bell schläft vielleicht, dachte er und wollte eine Kerze auf dem Tisch anzünden.

»Bist du's?«

Er konnte nichts Schroffes in Bells Tonfall entdecken. Er knurrte etwas Nichtssagendes, nahm die Kerze, schob den Vorhang beiseite und ging in die Schlafkammer. Im rötlichen Lichtschimmer sah er, daß Bells Gesichtsausdruck so unnachgiebig war wie sein eigener.

»Hör mal, Kunta«, kam sie ohne Umschweife zur Sache, »ich weiß über unsern Masser in ein paar Punkten besser Bescheid wie du. Mach ihn nicht verrückt mit deinem Afrikafimmel. Sonst läßt er uns alle drei bei der nächsten County-Auktion verkaufen, so sicher, wie wir geboren sind!«

Kunta beherrschte seine Wut, so gut er es vermochte, und suchte nach Worten, die Bell seine bedingungslose Entschlossenheit zu verstehen geben könnten. Sein Kind würde, auf jede Gefahr hin, keinen *toubob*-Namen tragen, und außerdem sollte ihm der Name auf die rechte Art gegeben werden.

Wie sehr Bell dies auch mißbilligte, so fürchtete sie doch noch mehr Kuntas mögliche Reaktion, falls sie sich weigerte. Mit düsteren Vorahnungen willigte sie schließlich ein. »Was für ein *voodoo* hast du jetzt wieder vor?« fragte sie mißtrauisch. Und als er sagte, er wolle das Kind nur eine Weile mit sich hinausnehmen, bestand Bell darauf, daß er wenigstens wartete, bis es aufwachte und sie es stillen konnte, sonst würde es hungrig werden und schreien; das leuchtete Kunta sofort ein. Bell zählte darauf, daß das Baby frühestens in zwei Stunden aufwachen würde, und um diese späte Zeit wäre es höchst unwahrscheinlich, daß noch jemand im Sklavenquartier auf war und beobachtete, welchen *mumbo-jumbo* Kunta draußen vollführte. Obwohl sie es sich nicht anmerken ließ, war Bell beleidigt, weil Kunta nicht mit ihr zusammen einen Namen für die Tochter aussuchen wollte, die sie gerade unter solchen Todesqualen zur Welt gebracht hatte, und es grauste ihr vor dem afrikanisch klingenden, verbotenen Namen, den Kunta sicherlich im Sinn hatte; andererseits würde sie mit dem Namen später schon auf ihre Weise fertig werden.

Es war fast Mitternacht, als Kunta, sein sorglich eingehülltes Erstgeborenes im Arm, die Hütte verließ. Er ging, bis er glaubte, weit genug vom Sklavenquartier entfernt zu sein, so daß nichts Unrechtes die fromme Handlung stören konnte, die jetzt stattfinden sollte.

Dann, unter Mond und Sternen, richtete Kunta das kleine Wickelbündel in seinen Armen auf und drehte es so, daß seine Lippen das rechte Ohr des Kindes berührten. Langsam und deutlich flüsterte er dreimal in der Mandinka-Sprache in das winzige Ohr: »Dein Name ist Kizzy. Dein Name ist Kizzy. Dein Name ist Kizzy.« Es war getan, wie an allen Kinte-Vorfahren und an ihm selbst getan worden war und wie auch an diesem Kind geschehen wäre, wenn es im Land seiner Väter geboren worden wäre. Kizzy stand es zu, als erste zu wissen, wer sie war.

Kunta fühlte, wie Afrika durch seine Adern pulste und von ihm in das Kind hinüberströmte, in sein und Bells Fleisch. Nach einigen Schritten blieb er abermals stehen, schlug einen Zipfel der Decke zurück, bot das entblößte schwarze Gesichtchen dem Himmel und sprach, diesmal laut, auf Mandinka zu seiner Tochter: »Schau auf zu dem Einzigen, der größer ist als du selbst!«

Als Kunta mit dem Baby in die Hütte zurückkam, riß Bell es sogleich an sich, wickelte es mit ängstlichem Gesicht aus der Decke und untersuchte es von Kopf bis Fuß, ohne recht zu wissen, was sie suchte, und in der Hoffnung, nichts zu finden. Erleichtert, daß Kunta der Kleinen nichts

Unaussprechliches angetan hatte – zumindest nichts Sichtbares –, packte sie sie ins Bett, kam zu Kunta zurück, setzte sich ihm gegenüber, faltete die Hände im Schoß und sagte:

»Na gut, nun laß es schon raus.«

»Was rauslassen?«

»Den Namen, Afrika-Mann. Wie hast du sie genannt?«

»Kizzy.«

»Kizzy! Hat man je so einen Namen gehört!«

Kunta erklärte, daß »Kizzy« auf Mandinka hieß: »Setz dich« oder »Du bleibst hier«, was wiederum bedeutete, daß dieses Kind nie von der Mutter wegverkauft werden würde wie Bells frühere zwei kleine Töchter.

Doch Bell ließ sich dadurch nicht besänftigen. »Das bringt uns nichts Gutes!« beharrte sie so lange, bis Kuntas neu aufsteigender Ärger sie bewog, die Klügere zu sein und nachzugeben. Nun fiel ihr auch ein, und sie sagte es, daß ihre Mutter, wie sie sich undeutlich erinnerte, von einer Großmutter namens »Kibby« gesprochen hatte. Das klang ja sehr ähnlich, und sie konnten es dem Masser wenigstens als Grund angeben, falls er etwas argwöhnte.

Am nächsten Morgen überspielte Bell ihre Nervosität, so gut sie konnte, als der Masser ihr eine ärztliche Kontrollvisite abstattete; sie brachte sogar bei Nennung des Namens ein harmlos-vergnügtes Lachen zustande. Aber der Masser hatte gar nichts gegen den Namen, er fand ihn nur eigenartig – und Bell stieß einen tiefen Seufzer der Erleichterung aus, als er aus der Tür war.

Bevor Masser Waller an diesem Tag das Haus verließ, um wie sonst, von Kunta gefahren, seine Patienten zu besuchen, nahm er die große schwarze Bibel aus dem Wohnzimmerschrank, wo er sie unter Verschluß hielt, und schlug eine für das Sklavenregister vorgesehene Seite auf. Dann tauchte er die Feder ins Tintenfaß und schrieb in zierlichen schwarzen Buchstaben: »Kizzy Waller, geboren am 12. September 1790.«

KAPITEL 69

»Sie ist ganz wie ein kleines Niggerpüppchen!« quietschte Missy Anne, als sie Kizzy drei Tage später zum erstenmal in Bells Küche sah und vor Begeisterung herumhüpfte und in die Hände klatschte. »Darf ich sie haben?«

Bell lächelte geschmeichelt. »Na ja, eigentlich gehört sie ja mir und ihrem Daddy, Schätzchen, aber wenn sie groß genug ist – klar, dann kannst du mit ihr spielen, soviel du willst!«

Missy Anne hielt sich an diese Zusage. Wann immer Kunta jetzt in die Küche kam, um zu fragen, ob der Einspänner gebraucht wurde, oder auch nur, um ein bißchen mit Bell zu schwatzen, mußte er darauf gefaßt sein, daß Masser Wallers flachshaarige, nun vierjährige kleine Nichte sich über Kizzys Körbchen beugte und gurrte: »Ach, bist du süß! Das wird lustig mit uns beiden, wenn du erst soweit bist, was? Beeil dich und wachs ganz schnell, ja?« Kunta sagte nie etwas dazu, aber die Galle kam ihm hoch, wenn er sah, wie dieses *toubob*-Kind so tat, als sei Kizzy nur zur Welt gekommen, um ihm als Spielzeug, als eine besonders interessante Puppe zu dienen. Bell hielt es offenbar nicht für nötig, ihn nach seinen Gefühlen zu fragen, wenn er seine Tochter so mit der Tochter des Mannes, der ihn einst gekauft hatte, sehen mußte.

Kunta grübelte verbittert darüber nach und hatte manchmal sogar den Verdacht, daß Bell sich überhaupt weniger um seine Gefühle kümmerte als um die des Masser. Er gab es auf, die Abende zu zählen, an denen sie von nichts anderem redete, als welch ein Segen es doch sei, daß Missy Anne auf dem besten Wege war, Masser Wallers leibliche Tochter zu ersetzen, die mitsamt ihrer Mutter bei der Geburt gestorben war.

»O Gott, ich mag gar nicht dran zurückdenken!« schniefte sie. »Die arme kleine niedliche Missis Priscilla war ja kaum größer wie'n halbflügges Vögelchen und lief jeden Tag hier rum, sang vor sich hin, lächelte mich an und klopfte sich auf den Bauch und wartete nur noch auf ihr Baby. Und dann an einem Morgen dieses fürchterliche Geschrei, bis sie tot war, sie und das kleinwinzige Dingelchen gleich mit! Seit dem Tag hab' ich den Masser, glaub' ich, kaum mehr lächeln sehn – wenigstens nicht, bis diese kleine Missy Anne gekommen ist.«

Kunta fühlte wenig Mitleid mit der Einsamkeit des Masser. Er fand, der

Masser sollte wieder heiraten, dann hätte er Besseres zu tun, als dauernd seine Nichte anzuhimmeln und zu verwöhnen, und eine Wiederheirat würde mit ziemlicher Sicherheit Missy Annes Besuche auf der Pflanzung in Grenzen halten – und damit auch die Herumspielerei mit Kizzy.

»Von Anfang an«, schwärmte Bell weiter, »hat der Masser das kleine Ding auf den Schoß genommen, an sich gedrückt, zu ihr geredet, sie in Schlaf gesungen und sie dann noch lange in den Armen gehalten, statt sie ins Bett zu stecken. Er konnte einfach kein Auge von ihr wenden, solang' sie da war. Und ich weiß, im Herzen fühlt er sich, wie wenn er ihr Daddy wär'.«

Hierauf pflegte Bell zu betonen, daß es den Masser noch freundlicher gegen sie beide stimme, von Kizzy ganz zu schweigen, wenn Missy Anne eine Kinderfreundschaft knüpfte, die sie noch öfter ins Haus ihres Onkels führte als zuvor. Masser John und seine kränkliche Frau verletzte es keineswegs, daß ihre Tochter sich so innig an den Onkel anschloß, denn, wie Bell schlau hinzufügte, »über Missy Anne ist am sichersten an Massers Geld ranzukommen!« So hochnäsig Masser John auch tue – sie, Bell, wisse genau, daß er ihren Masser hin und wieder anpumpte. Davon wußte Kunta ebenfalls genug, um Bells Worte nicht in Zweifel zu ziehen. Ihm selbst war es freilich ganz egal, welcher *toubob* reicher war als ein anderer; für ihn waren alle gleich.

Seit Kizzys Geburt teilte auch Kunta immer öfter, wenn er den Masser auf seinen Besuchsrunden fuhr, Bells häufig geäußerten Wunsch, der Masser möge wieder heiraten – allerdings aus grundlegend anderen Motiven. Bell bedauerte den Masser grenzenlos. »Der arme Masser, so einsam und verlassen in dem großen Haus, kann einem doch bloß leid tun. Wirklich. Ich glaub', nur deshalb hetzt er dich immerzu mit dem Wagen auf den Landstraßen rum; er will selber in Bewegung bleiben, das ist besser als einsam rumhocken. Du lieber Gott, das sieht ja sogar schon die klitzekleine Missy Anne! Wie sie das letztemal hier war und ich ihnen das Essen serviere, da sagt sie doch plötzlich: ›Onkel William, warum hast du eigentlich keine Frau wie alle andern?‹ Der arme Kerl wußte gar nicht, was er ihr drauf antworten sollte.«

Kunta hatte es Bell nie erzählt, gerade weil sie ihre Nase zu gern in *toubob*-Angelegenheiten steckte, aber er kannte mehrere weiße Damen, die sich fast die Hacken abliefen, um den Masser zu begrüßen, sobald Kunta den Wagen in ihre Auffahrt lenkte. Die dicke schwarze Köchin einer seiner Dauerpatientinnen hatte Kunta verächtlich mitgeteilt: »Diese alte Kuh hat nichts, was nicht verdammt schnell heilen würde, wenn sie nur deinen Masser in die Finger kriegen könnte. Einen Mann hat sie mit ihrem Getue und Gezanke schon ins Grab gebracht, und nun stellt sie sich bloß krank, damit dein Masser dauernd nach ihr sehn muß. Du solltest sie mal erleben, wenn ihr beide wieder weg seid, dann läßt sie ihre Nörgelei und ihren Ärger an uns Niggern aus, wie wenn wir Maulesel wären, und seine Medizinen rührt sie sowieso nie an!« Ferner gab es eine Patientin, die den Masser immer auf die Vorderveranda begleitete, wenn er sich verabschiedete, und dabei hing sie an seinem Arm, als fürchte sie, jeden Moment hinzusinken, sah schmachtend zu ihm auf und fächelte sich mit matter Hand Luft zu. Aber gerade diese beiden Damen behandelte der Masser besonders steif und korrekt, und Kunta wußte, daß er seine Visiten dort weitaus rascher absolvierte als bei allen übrigen Patienten.

So vergingen die Monate; Missy Anne wurde etwa zweimal wöchentlich zu Masser Waller gebracht, und bei jedem dieser Besuche spielte sie stundenlang mit Kizzy. Da Kunta dagegen machtlos war, suchte er wenigstens zu vermeiden, daß er die Kinder zusammen sah, aber sie schienen überall gleichzeitig zu sein, und wohin er sich auch wandte – er konnte dem Anblick nicht entrinnen, wie die Nichte des Masser sein Töchterchen tätschelte, streichelte und küßte. Es erfüllte ihn mit Widerwillen und rief ihm ein uraltes afrikanisches Sprichwort seiner Vorväter in Erinnerung: »Am Ende frißt die Katze doch die Maus, mit der sie spielt.«

Einzig die Tage und Nächte zwischen Missy Annes Besuchen machten es für Kunta erträglich. Der Sommer kam, in dem Kizzy zu krabbeln begann, und Bell und Kunta verbrachten die Abende in ihrer Hütte und sahen mit Entzücken zu, wie Kizzy auf dem Boden herumrutschte, das kleine Hinterteil, das noch vorsorglich gewindelt war, steil in die Höhe gereckt. Aber dann kreuzte Missy Anne wieder auf, und alles begann von vorn – die Größere umkreiste die Kleine mit dem Lockruf: »Los, Kizzy, komm«, und Kizzy krabbelte aus Leibeskräften, so rasch sie konnte, gurgelnd vor Vergnügen am Spiel und begeistert über die Aufmerksamkeit, die man ihr widmete. Auch Bell strahlte vor Freude, besonders wenn

Kunta nicht dabei war, weil er den Masser kutschierte; aber sie wußte im voraus, daß er nur zu erfahren brauchte, Missy Anne sei dagewesen, um sogleich wieder sein steinernes Gesicht aufzusetzen, die Lippen zusammenzupressen und für den Rest des Abends nicht ansprechbar zu sein, was Bell im höchsten Grade aufreizend fand. Weit beunruhigender aber war die Vorstellung, was passieren könnte, wenn Kunta dem Masser einmal auch nur andeutungsweise seine Gefühle entdecken sollte. Darum hatte Bell immer etwas Angst, wenn sie ihn so sah.

Also suchte sie ihn zu überzeugen, daß diese Kinderfreundschaft niemandem schaden würde, wenn er sich nur endlich überwinden könnte, sie einfach hinzunehmen. Sie erzählte ihm, wie oft weiße Mädchen ihren schwarzen Spielgefährtinnen lebenslang in Anhänglichkeit und echter Treue zugetan blieben. »Lang bevor du hier Kutscher geworden bist«, sagte sie, »gab's hier in der Gegend eine weiße Missis, die im Kindbett starb – ganz wie bei unserm Masser –, nur blieb diesmal das Baby am Leben, ein Mädchen, und kriegte 'ne Amme, 'ne Niggerfrau, die grade selber eine Tochter geboren hatte. So waren die beiden richtig wie Schwestern aufgewachsen, bis der Masser wieder heiratete. Aber die neue Missis war mächtig dagegen, daß die Mädchen zusammenblieben, und schließlich kriegte sie ihren Masser dahin, daß er das schwarze Mädchen und auch ihre Mammy verkaufte.«

Doch kaum waren sie außer Reichweite, fuhr Bell zu erzählen fort, da bekam das weiße Mädchen so anhaltende hysterische Zustände, daß Masser Waller immer wieder geholt werden mußte; der sagte dem Vater schließlich, seine Tochter würde an Kummer und Entkräftung sterben, wenn ihr das schwarze Mädchen nicht zurückgegeben würde. »Der Masser dort war nah dran, seine neue Missis auszupeitschen«, sagte Bell mit Genugtuung. »Er ritt im Galopp los, und ich weiß nicht, wie lange er gebraucht hat, bis er dem Sklavenhändler wieder auf die Spur kam, und dann dem Masser, an den der Händler die Mammy mit ihrer Tochter weiterverkauft hatte. Aber es klappte, er brachte das schwarze Mädchen zurück und holte auch gleich 'n Advokaten und machte schriftlich ab, daß das Mädchen nun das Privateigentum seiner eigenen Tochter war.« Und Bell fügte hinzu, daß noch heute, nach Jahren, das weiße Mädchen, das längst eine erwachsene Frau sei, ihre Gesundheit nicht völlig wiedererlangt habe.

»Die Schwarze lebt noch bei ihr und pflegt sie, und keine von beiden hat je geheiratet!«

Wenn Bell mit ihrer Geschichte beabsichtigt hätte, Kunta *gegen* die Freundschaft zwischen Schwarzen und Weißen einzunehmen, statt ihn für sie günstig zu stimmen, sie hätte ihre Sache nicht beredter verfechten können.

KAPITEL 70

Ungefähr seit Kizzys Geburt brachten sowohl Kunta als auch der Fiedler ab und zu Nachrichten über eine Insel mit, die jenseits des großen Wassers lag und »Haiti« genannt wurde. Dort sollte es rund 36000 Weiße geben, meist Franzosen, denen gegenüber die etwa eine halbe Million Schwarzen weit in der Überzahl waren; man hatte sie auf Sklavenschiffen von Afrika herübergebracht, damit sie auf riesigen Pflanzungen Zuckerrohr, Kaffee, Indigo und Kakao anbauten. Dazu sagte Bell eines Abends, sie habe Masser Waller seinen Gästen beim Dinner erzählen hören, daß zuverlässigen Berichten zufolge die reichen Weißen auf Haiti lebten wie die Könige und beständig die ärmeren Weißen, die sich keine Sklaven leisten konnten, demütigten und vor den Kopf stießen.

»Stellt euch das vor!« sagte der Fiedler schadenfroh. »Wer hätte das je von den Weißen gedacht?«

»Pscht!« machte Bell lachend und fuhr dann fort, der Masser habe seinen entsetzten Gästen weiter erzählt, in Haiti hätten sich die weißen Männer seit Generationen derartig mit schwarzen Sklavinnen eingelassen, daß es nun fast 28000 Mulatten und Hellbraune dort gebe. Man nenne sie ganz allgemein »Farbige«, und sie seien mittlerweile fast alle von ihren französischen Besitzern und Vätern freigelassen worden. Einer der Gäste, sagte Bell, habe daraufhin behauptet, diese »Farbigen« suchten sich ausnahmslos noch hellere Gefährten, im Bestreben, ganz weiß erscheinende Kinder zu bekommen, und diejenigen, denen man das Mulattenblut trotzdem noch ansähe, würden Beamte bestechen, um Bescheinigungen zu erhalten, daß ihre Ahnen Spanier oder Indianer gewesen seien – alles, nur nicht Afrikaner. Masser Waller hätte geantwortet, so erstaunlich und beklagenswert er dies auch finde, so sei doch eine beträchtliche Anzahl dieser »Farbigen« durch Schenkungen oder letztwillige Verfügungen der Weißen in den Besitz von mindestens einem Fünftel des Bodens – und der Sklaven! – von Haiti gekommen, so daß sie nach Frankreich reisen und ihre Kinder dort erziehen lassen könnten, geradeso wie die reichen Weißen, und sich sogar über ärmere Weiße erhaben dünkten. Bells Zuhörer waren über diese Kunde ebenso entzückt, wie die des Masser entrüstet gewesen waren.

»Ihr lacht euch kaputt«, unterbrach der Fiedler, »wenn ich euch erzähl', wie die reichen Massers unter sich geredet haben, neulich, als ich zu so 'nem feinen Cotillon aufgespielt hab'.« Die Massers hätten einander besorgt zugenickt, als das Gespräch auf die armen Weißen in Haiti gekommen war, die die Mulatten und Milchkaffeebraunen derartig haßten, daß sie schon Petitionen unterzeichnet hatten, damit Frankreich endlich Gesetze erlasse, die den »Farbigen« ein für allemal verbieten würden, nachts die Straßen zu benutzen, in der Kirche neben Weißen zu sitzen, oder auch nur die gleichen Kleiderstoffe zu tragen. Inzwischen, sagte der Fiedler, ließen beide Parteien, Weiße und »Farbige«, den Groll, den sie gegeneinander hegten, an Haitis halber Million schwarzer Sklaven aus. Dazu sagte Kunta, er hätte in der Stadt aufgeschnappten Gesprächsfetzen von lachenden Weißen entnommen, daß es den Sklaven auf Haiti jetzt schlechter erginge als hier. Schwarze würden zur Strafe bedenkenlos totgeprügelt oder lebendig begraben, und schwangere schwarze Frauen würden oft so lange zur Arbeit gezwungen, bis sie Fehlgeburten erlitten. Da Kunta das Gefühl hatte, es sei sinnlos, seine Freunde noch mehr zu ängstigen, erzählte er nichts von den noch unmenschlicheren Grausamkeiten, die ihm zu Ohren gekommen waren: einen schwarzen Mann hatte man mit den Händen an eine Wand genagelt und genötigt, seine eigenen abgeschnittenen Ohren zu essen; eine *toubob*-Frau hatte ihren sämtlichen Sklaven die Zungen herausschneiden lassen, eine andere hatte ein schwarzes Kind solange geknebelt, bis es verhungert war.

Da solche Schreckensgeschichten in den folgenden neun oder zehn Monaten immer höhere Wogen schlugen, überraschte es Kunta nicht, im Sommer 1791 auf einer seiner Fahrten zur Stadt zu erfahren, daß die schwarzen Sklaven Haitis sich in einer wilden, blutigen Empörung erhoben hatten. Tausende von ihnen hatten sich auf die Weißen gestürzt, Männer niedergeknüppelt, geschlachtet und geköpft, Kindern den Leib aufgeschnitten, Frauen entführt und jedes Plantagengebäude angezündet, bis das nördliche Haiti in rauchenden Trümmern lag und die weiße Bevölkerung, die dem Massaker hatte entkommen können, zurückschlug – folterte, tötete, ja man zog sogar jedem Schwarzen, dessen man habhaft werden konnte, die Haut ab. Aber die geringe Zahl der weißen Überlebenden schwand vor der sich wild ausbreitenden schwarzen Revolte zusehends dahin, bis Ende August die paar tausend Weißen, die noch lebten, in Schlupfwinkeln hockten oder alles versuchten, von der Insel zu fliehen.

Kunta sagte, er hätte die *toubobs* von Spotsylvania County nie zuvor so aufgebracht und besorgt erlebt. »Sieht so aus, als hätten sie jetzt sogar mehr Angst wie beim letzten Aufstand hier in Virginia«, meinte der Fiedler. »Das war so ein, zwei Jahre, nachdem du hergekommen bist, aber da hast du ja fast mit keinem nicht geredet und hast es, glaub' ich, gar nicht richtig mitgekriegt. Damals war's drüben in New Wales, Hanover County, grad' zu Weihnachten. Ein Aufseher hatte einen jungen Nigger zu Boden geschlagen, aber der Nigger ist wieder aufgesprungen und ist mit 'ner Axt auf ihn losgegangen. Er hat zwar danebengehauen, aber da sind die andern Nigger über den Aufseher hergefallen und haben ihn so zusammengeschlagen, daß der erste Nigger schließlich dazwischenging und ihm das Leben gerettet hat. Der Aufseher ist um Hilfe gerannt, über und über blutig, wie er war, aber inzwischen haben sich die wütenden Nigger zwei andere Weiße geschnappt, sie gefesselt und auch verprügelt, bis ein Haufen Weißer mit Gewehren angerannt kam. Da sind die Nigger in einer Scheune in Deckung gegangen. Die Weißen haben's mit gutem Zureden versucht, aber die Nigger sind mit Faßdauben und Dreschflegeln rausgestürmt gekommen, zwei Nigger wurden totgeschossen, aber auch 'ne Menge Weiße und Nigger verwundet. Danach haben sie dann Milizstreifen eingerichtet und 'n paar neue Gesetze durchgebracht, und nach und nach ist die Sache abgeflaut. Aber nun hat der Haiti-Aufstand den Weißen hier das Gedächtnis aufgefrischt; sie wissen so gut wie ich, daß sie selbst 'n Haufen Nigger grad' vor ihrer Nase haben, die bloß auf den zündenden Funken warten, und dann machen sie auch 'ne Revolte, und wenn sich das ausbreitet, geht's hier in Virginia bald genauso zu wie in Haiti.«

Es war klar, daß der Fiedler den Gedanken sehr genoß.

Kunta sah selbst, sobald er in die Stadt kutschierte, daß die Weißen sich fürchteten. Vor Eckläden, Kneipen, kirchlichen Gemeindehäusern, standen sie in kleinen, erregten Gruppen zusammen und schauten mit roten, grimmigen Gesichtern zu Kunta oder sonst einem vorbeikommenden Schwarzen herüber. Und der Masser, der selten mehr zu Kunta sagte, als wohin er gefahren werden wollte, brachte es fertig, sogar diese wenigen Worte schroffer und kälter als sonst klingen zu lassen. Binnen einer Woche patrouillierte die Spotsylvania-Miliz auf allen Straßen, verlangte von jedem Schwarzen einen Passierschein und genaue Auskunft über sein Woher und Wohin, und wer immer ihnen verdächtig vorkam, wurde mißhandelt und eingesperrt. Bei einem Bezirkstreffen der weißen Pflanzer wurde das herannahende alljährliche Erntefest der Schwarzen kurzerhand gestrichen, jegliche Zusammenkunft von Sklaven außerhalb ihrer heimischen Plantagen verboten, und selbst innerhalb deren Begrenzungen durften die Sklaven ihre kleinen Tanzereien und Betstunden jetzt nur noch im Beisein eines Aufsehers oder einer anderen weißen Respektsperson abhalten. »Als der Masser davon zu reden anfing«, erzählte Bell den Mitbewohnern des Sklavenquartiers, »hab' ich gesagt, ich und Tante Sukey und Schwester Mandy, wir fallen jeden Sonntag auf die Knie und beten zu Jesus, und das tun wir auch sonst, sooft wir können. Er hat aber nichts davon gesagt, daß *wir* bewacht werden sollen, also machen wir einfach weiter mit Beten!«

Abends, wenn sie mit Kunta und Kizzy allein zu Hause war, buchstabierte sich Bell auf der Suche nach den neuesten Nachrichten mühsam durch verschiedene Zeitungen, die der Masser weggeworfen glaubte. Sie brauchte für einen längeren Artikel fast eine Stunde, ehe sie Kunta mitteilen konnte: »Da ist so 'ne Gesetz-vor-la-ge . . .«, Bell hielt inne, um tief Luft zu holen, ». . . also, die ist jetzt ra-ti-fi-ziert worden oder so.« Aber es gab auch viele Berichte über die letzten Ereignisse auf Haiti, von denen sie die meisten schon gerüchteweise von anderen Sklaven vernommen hatten. Der springende Punkt, sagte Bell, war, daß der Aufstand von Haiti auch den unzufriedenen Schwarzen in diesem Lande tollkühne Ideen in den Kopf setzen könnte, und deshalb müsse man mit strengsten Beschränkungen und Strafandrohungen arbeiten. Dazu sagte Bell, während sie die Zeitungen zusammenfaltete und weglegte: »Sieht aus, als könnten sie nu nicht mehr viel gegen uns machen. Oder sie müßten uns schon alle in Ketten legen, mein' ich.«

In den nächsten Monaten ebbten die Nachrichten über weitere Entwicklungen auf Haiti allmählich ab, und im gleichen Maße lockerten sich die Spannungen und strengen Vorschriften. Die Erntezeit begann, und die Weißen gratulierten einander zu den fabelhaften Baumwollerträgen – und den Rekordpreisen, die sie dafür erzielten. Der Fiedler wurde so oft zum Aufspielen zu den großen herrschaftlichen Bällen und Festlichkeiten geschickt, daß er tagsüber zu Hause fast nichts anderes tun konnte als schlafen. »Scheint so, als ob die Massers jetzt mit der Baumwolle so viel Geld machen, daß sie sich allesamt zu Tode tanzen!« sagte er zu Kunta.

Trotzdem dauerte es nicht lange, bis die Weißen wieder einen Grund zur Klage fanden. Bei seinen Fahrten mit dem Masser zur Kreisstadt hörte Kunta neuerdings viel ärgerliches Gerede über die wachsende Anzahl von »Vereinen wider die Sklaverei«, die von »Verrätern der weißen Rasse« organisiert wurden, und zwar nicht nur im Norden, sondern auch im Süden. Mit ungläubiger Miene erzählte er Bell davon, aber die sagte, sie hätte in den Zeitungen des Masser schon genau dasselbe über diese Vereine gelesen, die ihr jüngstes, rasches Erstarken auf Haitis Sklavenrevolte zurückführten.

»Ich hab' dir ja immer gesagt, daß es auch gute Weiße gibt!« rief sie. »Tatsache, 'ne ganze Menge von denen war von Anfang an gegen die Sklavenschiffe und daß ihr Nigger von Afrika überhaupt rübergebracht worden seid.« Kunta fragte sich, wo in aller Welt nach Bells Meinung ihre eigenen Großeltern herstammten, aber sie war so in Fahrt, daß er es auf sich beruhen ließ. »Nämlich jedesmal, wenn so was in den Zeitungen steht«, fuhr Bell fort, »gehn die Massers in die Luft und nörgeln und schimpfen auf die ›Feinde des Vaterlands‹ und was nicht alles, aber was viel wichtiger ist: je mehr von den Weißen, die gegen die Sklaverei sind, laut sagen, was sie denken, desto mehr von den andern Massers denken heimlich im Herzen drüber nach, ob sie nicht unrecht tun.« Sie sah Kunta fest an. »Besonders wenn sie sich Christen nennen.«

In ihren Augen funkelte es schlau. »Was meinst du denn, worüber ich und Tante Sukey und Schwester Mandy sonntags reden, wenn der Masser denkt, wir tun nichts als singen und beten? Ich paß immer genau auf, was die Weißen machen. Denk nur mal an die Quäker. Die waren immer gegen die Sklaverei, sogar schon vor der Revolution, ich mein' die hier in Virginia. Und dabei waren sie selber Sklavenbesitzer. Aber dann fingen die Prediger an damit, daß Nigger auch Menschen wären, mit dem Recht auf Freiheit wie alle andern, und du weißt wohl noch, wie die ersten Quäker-Massers ihre Nigger freiließen, und sie haben ihnen sogar geholfen, rauf nach Norden zu kommen. Jetzt ist es schon so weit, daß Quäker, die ihre Nigger behalten, von den andern schief angesehn werden, und wenn sie nicht nachgeben, werden sie aus ihrer Kirche verstoßen. Die machen heute keine halben Sachen mehr!«

Nach einer kleinen Kunstpause fuhr Bell fort: »Und dann die Methodisten, die waren die nächsten. Vor zehn, elf Jahren, da hatten sie eine ganz große Versammlung in Baltimore, wo sie sich alle einig wurden, Sklaverei ist gegen Gottes Gebote und keiner, der sich Christ nennt, darf andern antun, was er selber nicht angetan haben möchte. Also, es sind hauptsächlich Methodisten und Quäker, die immer mit ihrer Kirche kommen und Gesetze verlangen, um die Nigger zu befreien. Die Weißen von den Baptisten dabei –, na ja, die sind mehr halbe-halbe. Sie kümmern sich lieber um ihre eigene Freiheit, auch beim Gottesdienst, und wie sie ein reines Gewissen und ihre Nigger zugleich behalten können.«

Trotz allem, was Bell über weiße Gegner der Sklaverei zu sagen wußte – auch wenn sie es in den Zeitungen des Masser las –, war Kunta noch kein einziges Mal eine *toubob*-Meinung zu Ohren gekommen, die nicht das genaue Gegenteil ausgedrückt hätte. Und es kam ihm vieles zu Ohren, denn im Frühling und Sommer des Jahres 1792 teilte der Masser seinen Einspänner oft mit den mächtigsten und reichsten Massers im ganzen Staate: Politikern, Juristen und Kaufleuten. Wenn keine ganz dringende Angelegenheit den Vorrang hatte, kreiste ihr Gespräch unweigerlich um die Probleme, die die Schwarzen verursachten.

Einer sagte dann bestimmt, jeder, der mit Sklaven gut zurechtkommen wolle, müsse sich vor allem klarmachen, daß ihnen ihre afrikanische Vergangenheit eingefleischt sei; das Urwalddasein unter Tieren habe bei ihnen ein natürliches Erbe von Stumpfsinn, Faulheit und Unreinlichkeit hinterlassen, und die Christenpflicht aller, die von Gott mit Überlegenheit gesegnet seien, gebiete, solchen Kreaturen einigen Sinn für Disziplin, Moral und redliche Arbeit beizubringen – vor allem natürlich durch das eigene Vorbild, aber auch mittels Gesetz und Strafen, wo nötig, indessen den guten Schwarzen, die es verdienten, Ermutigung und kleine Belohnungen zuteil werden sollten.

Jede Nachgiebigkeit seitens der Weißen, so ging das Gespräch dann stets weiter, würde schlicht zu Unehrlichkeit, Verlogenheit und List herausfordern, die nun einmal in der Natur der niederen Art lägen, und das Geschrei der Antisklaverei-Gesellschaften und ihresgleichen käme nur solchen Leuten gelegen, besonders im Norden, die selber nie Sklaven besessen oder versucht hätten, eine Pflanzung mit ihnen zu führen. Wer es nie erlebt hätte, könnte sich schwerlich vorstellen, wie die Geduld eines Menschen, ja, Herz, Geist und Seele von der täglichen Plackerei mit den Sklaven bis aufs äußerste strapaziert werden könnten.

Kunta hatte den immer gleichen, ungeheuerlichen Blödsinn schon so oft zu hören bekommen, daß der wie Wasser an ihm abglitt und er dem kaum noch irgendwelche Aufmerksamkeit schenkte. Aber manchmal, wenn er so stumm kutschierte, konnte er doch nicht umhin, sich plötzlich zu fragen, warum seine Landsleute nicht einfach jeden *toubob*, der den Fuß auf afrikanischen Boden setzte, umbrachten. Er fand nie eine annehmbare Antwort darauf.

KAPITEL 71

Es war um die Mittagsstunde eines schwülen Augusttages, als Tante Sukey, so rasch sie konnte, zu dem Fiedler gewatschelt kam, der gerade bei seinen Tomatenstauden war, und ihm keuchend mitteilte, sie ängstige sich zu Tode wegen des alten Gärtners. Als er nicht zum Frühstück in ihrer Hütte erschien, hätte sie sich noch nichts weiter dabei gedacht, schnaufte sie, aber als er auch zum Mittagessen nicht erschien, sei sie unruhig geworden. Sie sei an seine Tür gegangen, habe geklopft und aus Leibeskräften gerufen. Da keine Antwort kam, wollte sie in ihrer Angst doch lieber erst den Fiedler fragen, ob er ihn gesehen hätte. Der Fiedler verneinte.

Am Abend desselben Tages sagte er zu Kunta: »Irgendwie wußte ich's schon, bevor ich reinging«, und Kunta meinte, er hätte sich das unheimliche Gefühl gar nicht erklären können, das er selbst verspürt habe, als er den Masser am Nachmittag nach Hause fuhr. »Er lag einfach da im Bett«, berichtete der Fiedler, »ganz friedlich, mit 'nem kleinen Lächeln auf dem Gesicht. Wie wenn er schliefe. Aber Tante Sukey meinte, er wär' schon wieder im Himmel aufgewacht.« Der Fiedler hatte die traurige Botschaft dann den anderen, die draußen auf den Feldern arbeiteten, gebracht, und der Vormann Cato war mit ihm zurückgegangen, um die Leiche zu waschen und auf ein Kühlbrett zu legen. Danach hatten sie den schweißfleckigen Strohhut des alten Gärtners vor seine Tür gehängt, nach althergebrachter Sitte zum Zeichen der Trauer, bevor die heimkehrenden Feldarbeiter sich vor der Hütte versammelten und dem Toten die letzte Ehre erwiesen, und dann war Cato mit einem der anderen weggegangen, um das Grab auszuheben.

Kunta kehrte doppelt betrübt in seine Hütte zurück – nicht nur, weil der Gärtner nun tot war, sondern weil er selbst ihn seit Kizzys Geburt nicht so oft besucht hatte, wie er wohl gekonnt hätte. Dauernd war es ihm so vorgekommen, als hätte er einfach keine Zeit mehr, und nun war es zu spät. Zu Hause fand er Bell in Tränen, wie er erwartet hatte, doch war Kunta überrascht über den Grund, den sie ihm dafür nannte:

»Für mich war er immer wie der Daddy, den ich ja nie wirklich gesehn hab'«, schluchzte sie. »Ich weiß nicht, warum ich ihm das nie irgendwie zu verstehn gegeben hab', aber nun, wo er nicht mehr da ist, kann's nie nicht wieder werden wie früher – so ohne ihn.«

Sie und Kunta aßen schweigend zu Abend, dann wickelten sie Kizzy warm ein gegen die frühherbstliche Kühle und gesellten sich mit ihr zu den Nachbarn, um gemeinsam die Totenwache zu halten.

Kunta saß, die zapplige Kizzy auf dem Schoß, ein wenig abseits von den anderen, während die erste Stunde mit Beten und leisem Singen verbracht wurde. Dann fing Schwester Mandy im Flüsterton ein Gespräch an; sie fragte, ob sich wer erinnern könne, daß der alte Mann je irgendwelche lebenden Verwandten erwähnt hätte. »Einmal unterwegs«, sagte der Fiedler, »hat er mir erzählt, daß er seine Mammy nie gekannt hat. Das war alles, was ich überhaupt von ihm über Familiensachen gehört hab'.« Und da der Fiedler dem Alten am nächsten gestanden hatte und daher am ehesten Bescheid wissen mußte, wurde allgemein angenommen, es gäbe wahrscheinlich niemanden mehr, den man benachrichtigen sollte.

Wieder wurde ein Gebet gesprochen, ein Lied gesungen, und dann sagte Tante Sukey: »Wie's scheint, hat er immer einem von den Wallers gehört. Er hat mal davon geredet, wie er den Masser als kleinen Jungen Huckepack getragen hat. Schätze, deswegen hat ihn der Masser auch später geholt, als er sein eigenes großes Haus bekam.«

»Der Masser ist auch richtig traurig«, sagte Bell. »Ich soll euch allen bestellen, morgen wird für einen halben Tag nicht gearbeitet.«

»Na, da wird er wenigstens ordentlich begraben«, meinte die Pflückerin Ada, Mutter des kleinen Noah, der reglos neben ihr saß. »Es gibt 'n Haufen Massers, die erlauben bloß 'ne ganz kurze Arbeitspause, eben genug, um den toten Nigger nochmal anzuschaun, bevor er noch warm in die Erde kommt.«

»Alle diese Wallers sind hochanständige weiße Leute«, sagte Bell, »da braucht man sich nicht drum zu sorgen.«

Dies regte einige Umsitzende zu Erzählungen an, was manche reichen Plantagenbesitzer zuweilen für prunkvolle Leichenbegräbnisse veranstalteten, meist für langjährige herrschaftliche Köchinnen oder für die alten Mammys, die zwei oder gar drei Jahrgänge von weißen Kindern mit ihren eigenen gesäugt und aufgezogen hatten. »Und sie werden auf dem Familienfriedhof begraben, mit 'ner schönen Steinplatte drauf, damit jeder sieht, wo sie liegen . . .«

Welch zu Herzen gehender, wenn auch verspäteter Lohn für ein Leben voller Plackerei, dachte Kunta bitter. Er erinnerte sich, daß der Gärtner ihm erzählt hatte, er sei als kräftiger junger Stallbursche zum Masser gekommen, und das sei er viele Jahre hindurch geblieben, bis er von einem Pferd schlimm getreten worden war. Zwar habe er seinen Dienst weitergemacht, aber nach und nach sei er immer untauglicher dazu geworden, und schließlich habe Masser Waller ihm gesagt, er solle für den Rest seiner Tage irgend etwas anderes machen, wozu er sich noch imstande fühle. Da hatte er, nun mit Kuntas Hilfe, den Gemüsegarten besorgt, bis er auch für diese Arbeit zu schwach geworden war, und von da an hatte er den größten Teil seiner Zeit damit verbracht, Maisblätter und Stroh zu Sonnenhüten, Stuhlsitzen und Fliegenwedeln zu flechten, bis die fortschreitende Arthritis ihm auch noch die Finger verkrümmte. Bei dieser Erinnerung fiel Kunta ein anderer alter Mann ein, den er ab und zu auf einer anderen großen Pflanzung des Distrikts getroffen hatte. Der war längst aufs Altenteil gesetzt worden, verlangte aber jeden Morgen, daß ein paar der jüngeren Schwarzen ihn in den Garten transportierten, wo er, auf der Seite liegend, mit knorrig-steifen Händen Unkraut aus den Beeten rupfte, seiner ebenso alten und verkrüppelten, ein Leben lang geliebten Missis zu Gefallen. Aber solche Leute waren die Glücklichen unter ihnen, wie Kunta wußte. Viele Alte wurden geschlagen, sobald sie nicht mehr ihr früheres Arbeitspensum zu leisten vermochten, und schließlich wurden sie für zwanzig oder dreißig Dollar an irgendwelches »armes weißes Pack« verkauft, das in die Pflanzerklasse aufzusteigen hoffte und von dem sie dann buchstäblich zu Tode geschunden wurden.

Kunta wurde jäh aus seinen Gedanken gerissen, als jedermann ringsum aufstand, ein letztes Gebet sprach und müde in die eigene Hütte schlich, um vor Tagesanbruch noch ein paar Stunden zu schlafen.

Gleich nach dem Frühstück kleidete der Fiedler den alten Mann in den fadenscheinigen dunklen Anzug, den der vor Jahrzehnten von Masser Wallers Vater geschenkt bekommen hatte. Seine wenigen anderen Kleidungsstücke waren schon verbrannt, denn wer die hinterlassenen Kleider eines Toten trug, so sagte Bell zu Kunta, würde bald ebenfalls sterben. Dann band Cato die Leiche auf einem breiten Brett fest, das er an beiden Enden mit der Axt spitzzulaufend behauen hatte.

Kurze Zeit später kam Masser Waller mit seiner großen schwarzen Bibel aus dem Haus und schloß sich den Leuten aus dem Sklavenquartier an, die mit eigenartig gemessenem, steifem Schritt hinter dem Maultierkarren, auf dem der Leichnam lag, hergingen. Dabei erklang ein Singsang, wie ihn Kunta noch nie vernommen hatte: »Morgenlicht, ich komm' zu dir, meinem Jesus will ich singen – hosianna, dideldei! . . . Morgen werd' ich auferstehn, o mein Jesus, hosianna, dideldei!« So sangen sie auf dem ganzen Weg bis zum Sklavenfriedhof weiter, um den sonst alle, wie Kunta bemerkt hatte, einen weiten Bogen machten, aus Furcht vor etwas, was sie »Geister« und »Gespenster« nannten, vermutlich so etwas Ähnliches wie seine afrikanischen Dämonen. Auch sein Volk mied Begräbnisstätten, aber aus Ehrerbietung gegen die Toten, deren Ruhe nicht gestört werden sollte, nicht aus Angst.

Als Masser Waller sich auf einer Seite des Grabes hinstellte und seine Sklaven auf der anderen, fing die alte Tante Sukey mit einem Gebet an. Dann sang eine junge Feldarbeiterin namens Pearl ein trauriges Lied: »Eile heim, o müde Seele . . . Horch, der Himmel selber spricht . . . Eile heim, o müde Seele . . . Sündenfrei ins ew'ge Licht . . .« Und dann sprach Masser Waller: »Josephus, du warst ein guter und getreuer Diener. Gott sei deiner Seele gnädig und gebe dir Frieden. Amen.« Kunta war, mitten in seinem Gram, verblüfft zu hören, daß der alte Gärtner vom Masser »Josephus« genannt worden war. Er fragte sich, wie wohl sein richtiger Name gelautet hatte – der seiner afrikanischen Väter –, und welchem Stamm sie angehört hatten. Ob der Gärtner es selbst gewußt hatte? Höchstwahrscheinlich war er gestorben, ohne je zu wissen, wer er in Wahrheit war. Mit tränenverschleierten Augen sahen Kunta und die anderen zu, wie Cato und sein Helfer den alten Mann in die Erde senkten, auf der er so viele Jahre lang seine Pflanzen gezogen hatte. Als die Lehmklumpen von der Schaufel auf sein Gesicht und seine Brust niederfielen, mußte Kunta krampfhaft schlucken und die Tränen zurückdrängen, während die Frauen ringsum weinten und die Männer sich räusperten und schneuzten.

Kunta stellte sich vor, wie die Familie und die nächsten Freunde eines Menschen, der in Juffure starb, laut wehklagten und sich in ihren Hütten in Asche wälzten, während alle übrigen Dörfler draußen tanzten, denn die Afrikaner glauben, es könne kein Leid ohne Freude, keinen Tod ohne Leben geben, sondern nur einen ewigen Kreislauf, den Kuntas eigener Vater ihm erklärt hatte, als die geliebte Großmutter Yaisa gestorben war. Er erinnerte sich, daß Omoro ihm geboten hatte: »Hör jetzt auf zu weinen, Kunta«, denn, so hatte er hinzugefügt, Yaisa hatte sich nur einer anderen der drei Menschengruppen angeschlossen,die es in jedem Dorf gab: eine, die wieder zu Allah gegangen war, die zweite, die noch lebte, und die dritte, die erst geboren werden mußte. Kunta dachte einen Moment, er sollte versuchen, es Bell zu erklären, aber er wußte gleich, daß sie ihn doch nicht verstehen würde. Sein Herz sank – bis ihm im nächsten Augenblick einfiel, daß dies eines der vielen Dinge war, die er Kizzy eines Tages über das Heimatland erzählen würde, auch wenn sie es nie zu sehen bekam.

KAPITEL 72

Der Tod des Gärtners lastete Kunta weiter so schwer auf der Seele, daß Bell schließlich eines Abends, als Kizzy schon im Bett war, etwas dazu sagte.

»Also hör mal, Kunta, ich weiß, wie gern du den Gärtner gehabt hast, aber wird's jetzt nicht langsam Zeit, daß du dich zusammenreißt und dich wieder um die Lebendigen kümmerst?« Er starrte sie nur an. »Meinetwegen mach, was du willst. Aber für Kizzy wird's kein besonderer zweiter Geburtstag nächsten Sonntag, wenn du weiter so rumhängst.«

»Ich häng' nicht rum«, sagte Kunta steif. Hoffentlich merkte Bell nicht, daß er Kizzys Geburtstag glatt vergessen hatte.

Nun blieben ihm noch fünf Tage, um ihr ein Geschenk zu basteln, und bis Donnerstag abend hatte er eine schöne Mandinka-Puppe geschnitzt. Er rieb sie mit Leinöl und Lampenruß ein und polierte sie, bis sie glänzte wie die Ebenholzschnitzereien seiner Heimat. Bell, die schon lange mit einem neuen Kleidchen für Kizzy fertig war, formte inzwischen in der Küche zwei kleine rosa Kerzen für den Schokoladenkuchen, der am Sonntag aufgetischt werden sollte, wozu Tante Sukey und Schwester Mandy eingeladen waren. Aber da fuhr plötzlich der Einspänner mit Masser Johns Kutscher Roosby in den Hof.

Bell biß sich auf die Zunge, als der Masser sie leutselig strahlend zu sich rief und ihr mitteilte, daß Missy Anne ihre Eltern beschwatzt hatte, ein ganzes Wochenende bei ihrem Onkel verbringen zu dürfen; sie würde morgen abend eintreffen. »Sieh zu, daß ihr Zimmer in Ordnung ist«, sagte der Masser. »Und könntest du vielleicht zum Sonntag einen Kuchen bakken? Meine Nichte hat mir ausrichten lassen, daß dein kleines Mädchen Geburtstag hat, und sie möchte so gern in ihrem Zimmer eine Party mit ihr feiern – nur sie und Kizzy, ganz unter sich. Außerdem hat Anne mich gefragt, ob sie das Kind auch über Nacht bei sich behalten kann, und ich hab's ihr erlaubt. Also sorg dafür, daß am Fußende des Bettes ein paar Matten für deine Kleine hingelegt werden.«

Als Bell diese Neuigkeit Kunta beibrachte und hinzufügte, ihr Schokoladenkuchen müsse nun eben im Herrenhaus serviert werden statt in ihrer Hütte und Missy Anne würde Kizzy sowieso derart in Beschlag nehmen, daß sie kaum eine eigene Geburtstagsfeier machen könnten, da war Kunta vor Wut sprachlos. Er konnte Bell nicht einmal ins Gesicht sehen, sondern stampfte hinaus, geradewegs zur Scheune, und zog die Mandinka-Puppe aus dem Stroh, in dem er sie versteckt hatte.

Er hatte Allah geschworen, daß seiner Kizzy nie so etwas zustoßen sollte – aber was konnte er tun? Er fühlte sich so elend in seiner Wehrlosigkeit, daß er fast anfing, die anderen Schwarzen zu verstehen, die sich allmählich damit abfanden, daß jeglicher Widerstand gegen die *toubobs* so nutzlos war wie der Versuch einer Blume, den Kopf über dem fallenden Schnee hochzuhalten. Aber dann fiel Kunta mit seiner Mandinka-Puppe in der Hand eine schwarze Mutter ein, von der er einmal gehört hatte; sie hatte ihrem Kind am Versteigerungsblock eigenhändig den Schädel zerschmettert und gekreischt: »Der tut keiner mehr dasselbe an wie mir!« Kunta holte weit aus, um die Puppe an die Wand zu schmettern – und ließ die Hand langsam wieder sinken. Nein, das brachte er nicht fertig. Aber wie wäre es mit Flucht? Bell selbst hatte ihn vor Kizzys Geburt einmal danach gefragt. Ob sie wirklich mitginge? Und wenn – wie sollten sie es je schaffen, in ihrem Alter, mit seinem verstümmelten Fuß, mit einem Kind, das gerade erst laufen gelernt hatte? Er hatte es seit Jahren nicht mehr ernstlich erwogen, aber jetzt kannte er – anders als früher – die ganze Region so genau wie die Plantage selbst. Vielleicht . . .

Er ließ die Puppe achtlos fallen und kehrte in die Hütte zurück. Aber Bell ließ ihn erst gar nicht zu Worte kommen, sondern sprudelte sofort los: »Kunta, mir ist es ebenso scheußlich wie dir, aber hör zu! Ich seh' sie doch lieber bei Missy Anne, als daß sie nächstens auf die Felder geschleift wird wie dieser arme kleine Noah. Der ist auch bloß zwei Jahre älter als Kizzy, und trotzdem nehmen sie ihn schon mit raus, und er muß Unkraut jäten und Wasser tragen. Egal, wie dir zumut' ist, ich glaub', das wirst du einsehn müssen.« Kunta schwieg wie gewöhnlich, aber er hatte in dem Vierteljahrhundert seines Sklavendaseins genug miterlebt, um zu wissen, daß das Leben eines Feldnegers nicht besser war als das von Ackervieh, und er wäre lieber gestorben, als seine Tochter einem solchen Schicksal zu überantworten.

Dann, ein paar Wochen später, erwartete ihn Bell abends beim Heimkehren schon an der Tür mit dem Becher kalter Milch, auf die er sich nach langen Fahrten immer im voraus freute. Während er im Schaukelstuhl aufs Abendessen wartete, trat sie hinter ihn und massierte unaufgefordert die Stelle an seinem Rücken, die ihn, wie sie wußte, nach einem langen Tag auf dem Bock besonders schmerzte. Als sie ihm dann noch sein afrikanisches Leibgericht vorsetzte, war ihm klar, daß sie ihn schonend auf irgend etwas vorzubereiten suchte, er hütete sich aber, sie direkt danach zu fragen. Während des Essens schwatzte sie noch mehr als gewöhnlich über noch weniger wichtige Dinge als gewöhnlich, und Kunta fragte sich, ob sie wohl jemals zur Sache kommen würde, als sie endlich beim Zubettgehen, eine Stunde später, im Reden innehielt, tief Atem schöpfte und ihre Hand auf seinen Arm legte. Nun kam es.

»Kunta, ich weiß nicht, wie ich's dir sagen soll, drum spuck ich's jetzt einfach aus. Der Masser hat Missy Anne versprochen, daß ihr morgen, wenn ihr auf Besuchsrunde seid, unsere Kizzy zu Masser John bringt, damit sie den ganzen Tag über dort bleiben kann.«

Das war zuviel. Empörend genug, immer wieder tatenlos zusehen zu müssen, wie Kizzy hier langsam, aber sicher in ein braves Schoßhündchen verwandelt wurde – nun, da es stubenrein war, sollte er das Tierchen selbst an die neue Herrschaft ausliefern! Kunta kniff die Augen zu, rang um Fassung – aber dann sprang er wild auf, riß seinen Arm unter Bells Hand weg und schoß zur Tür hinaus. Während Bell die ganze Nacht schlaflos im Bett lag, saß Kunta schlaflos im Stall unter seinem Zaumzeug. Beide weinten.

Als Doktor Wallers Wagen am nächsten Morgen vor Masser Johns Haus hielt, stürzte Missy Anne ihnen schneller entgegen, als Kunta seine Kizzy herausheben und auf den Boden stellen konnte. Sie hat nicht einmal Auf Wiedersehen gesagt, dachte er bitter, als er mit den Pferden wieder in die Hauptstraße einschwenkte und das helle Kindergelächter hinter sich verklingen hörte.

Es war später Nachmittag, und er hatte zwanzig Meilen landeinwärts stundenlang vor einem Gutshaus auf den Masser gewartet, als ein Sklave herauskam und ihm bestellte, Masser Waller müsse vielleicht die ganze Nacht bei seiner kranken Missy aufsitzen, und Kunta sollte ihn erst am nächsten Tag abholen. Kunta fuhr düsterer Stimmung zu Masser Johns zurück und mußte bei der Ankunft hören, daß Missy Anne ihre kränkliche Mutter angebettelt hatte, Kizzy über Nacht dazubehalten. Zutiefst erleichtert – denn die Mutter hatte abgelehnt, weil der Kinderlärm ihr eine Migräne beschert hatte – war Kunta alsbald auf dem Heimweg, und Kizzy hopste neben ihm auf dem schmalen Kutschbock auf und nieder.

Während dieser Fahrt ging es Kunta auf, daß er jetzt zum allererstenmal wirklich allein mit ihr war, allein mit ihr seit der Nacht ihrer Geburt, als er ihr ins Ohr geflüstert hatte, wie ihr Name war. Er fühlte eine seltsame Fröhlichkeit in sich aufsteigen, als sie so miteinander in die sinkende Dämmerung hineinrollten. Aber er kam sich auch ziemlich närrisch vor. Unablässig hatte er sich um diese Erstgeborene, seine Pläne mit ihr und um seine Verantwortung Gedanken gemacht, und nun wußte er doch nicht so recht, wie er sich verhalten sollte. Unvermittelt nahm er Kizzy auf den Schoß, hielt sie linkisch, fühlte ihre Arme, ihre Beine, ihr Köpfchen, als sie sich wand, um neugierig in sein Gesicht emporzuspähen. Er hob sie noch einmal kurz an, um ihr Gewicht zu prüfen. Dann gab er ihr, sehr feierlich, die Zügel in die warmen Patschhände, und ihr glückliches Juchzen schien ihm der entzückendste Laut, den er je vernommen hatte.

»Du niedliches kleines Ding«, murmelte er endlich. Kizzy machte große Augen. »Du siehst genauso aus wie mein kleiner Bruder Madi.«

Sie sah ihn unverwandt weiter an. »Fa!« sagte er laut und zeigte auf sich selbst. Kizzy schaute auf seinen Finger. Er tippte sich auf die Brust und wiederholte: »Fa.« Aber sie hatte ihre Aufmerksamkeit nun wieder auf die Pferde gerichtet und schrie gellend: »Hüüüh!«, womit sie etwas anderes imitierte, was sie sehr oft von ihm gehört hatte. Mit stolzem Lächeln blickte sie zu ihm auf, aber es schwand rasch vor seiner verletzten Miene, und der Rest des Weges wurde in Schweigen zurückgelegt.

Wochen später, als sie wieder allein heimfuhren, beugte sich Kizzy plötzlich zu Kunta, stupste ihren rundlichen kleinen Zeigefinger gegen seine Brust und sagte mit glitzernden Augen: »Fa!«

Er war hingerissen. *»Ee tu mu Kizzy leh!«* sagte er, indem er ihren Finger nahm und damit auf sie zurück zeigte. »Dein Name ist Kizzy.« Er machte eine Pause. »Kizzy!« Sie erkannte ihren eigenen Namen und begann zu lächeln. Nun zeigte er wieder auf sich selbst. »Kunta Kinte.«

Aber das verwirrte sie noch. Sie zeigte auf ihn und wiederholte nachdrücklich: »Fa!« Diesmal lachten sie beide übers ganze Gesicht.

Um die Mittsommerszeit stellte Kunta begeistert fest, wie rasch Kizzy die Wörter auffaßte, die er sie lehrte – und wie gern sie bei ihm auf dem Kutschbock saß, wenn sie mitfahren durfte. Er fing an, neue Hoffnung für sie zu schöpfen.

Aber eines Tages sprach Kizzy zufällig ein wenig Mandinka, als sie mit Bell allein war, und Bell schickte das Kind zum Abendessen zu Tante Sukey, damit sie Kunta beim Nachhausekommen unter vier Augen abkanzeln konnte.

»Hast du den Verstand verloren, Mann?« brüllte sie. »Hab' ich dir nicht immer und immer gesagt, du sollst dich lieber vorsehn und 'n bißchen besser auf mich hören? Du bringst das Kind und uns alle noch mal in die Klemme mit diesem Blödsinn! Wann kriegst du's endlich in deinen Dickschädel, daß Kizzy nicht aus Afrika ist!« Kunta war nie so nahe daran gewesen, Bell zu schlagen. Sie hatte sich nicht nur des unerhörten Vergehens schuldig gemacht, die Stimme gegen ihren Ehemann zu erheben, sondern – schlimmer noch – sie hatte sein Blut und seinen Samen geschmäht. Durfte man denn kein Sterbenswort mehr über seine wahre Herkunft sagen, ohne das Strafgericht irgendwelcher *toubobs* fürchten zu müssen? Und doch warnte ihn eine innere Stimme, seinem Zorn nicht allzu laut Luft zu machen, denn ein handfester Ehekrach mit Bell könnte seinen Ausflügen mit Kizzy ein Ende setzen. Aber sie würde nie wagen, davon zu erzählen. Und sie konnte die Fahrten mit Kizzy nicht verhindern, ohne dem Masser einen Grund anzugeben. Wie dem auch sein mochte, er hätte eben doch keine Frau heiraten sollen, die im *toubob*-Land geboren war.

Am nächsten Tag gab es eine Ablenkung. Als Kunta auf einer nahegelegenen Pflanzung wartete, daß der Masser von seinem Krankenbesuch zurückkam, erzählte ihm ein anderer schwarzer Kutscher die neuesten Nachrichten über Toussaint, einen ehemaligen Sklaven, der eine große Truppe von schwarzen Rebellen auf Haiti organisiert hatte und sie erfolgreich nicht nur gegen die Franzosen führte, sondern auch gegen die Spanier und Engländer. Toussaint, sagte der Kutscher, hatte alles über Kriegskunst aus Büchern gelernt, in denen berühmte alte Krieger namens »Alexander der Große« und »Julius Caesar« beschrieben waren, und diese Bücher hatte er von seinem früheren Masser geschenkt bekommen, dem er später zur Flucht von Haiti nach den »New-Nited States« verholfen hatte. Auch für Kunta war dieser Toussaint in den jüngst vergangenen Monaten ein Held geworden, der gleich hinter dem legendären Mandinka-Krieger Sundiata rangierte, und Kunta konnte es kaum erwarten, nach Hause zu kommen, um den anderen diese aufsehenerregende Neuigkeit zu entdecken.

Doch er vergaß es. Bell erwartete ihn schon vor dem Stall mit der Nachricht, Kizzy hätte plötzlich Fieber und alle Merkmale von »Bumps« bekommen. Der Masser nannte es Mumps. Kunta war sehr erschrocken, aber Bell sagte, es sei nur eine ganz gewöhnliche Kinderkrankheit, und als er später hörte, Missy Anne dürfe bis zu Kizzys Genesung – also mindestens zwei Wochen – nicht in ihre Nähe kommen, war er sogar ein bißchen froh darüber. Aber als Kizzy kaum ein paar Tage krank lag, tauchte Masser Johns Kutscher Roosby auf und überbrachte eine prächtig gekleidete *toubob*-Puppe als Geschenk von Missy Anne. Kizzy verliebte sich sofort in diese Puppe. Sie saß im Bett, knuddelte und wiegte sie in ihren Armen und rief immer wieder mit halbgeschlossenen Augen: »Oh, wie süß!« Kunta verzog sich wortlos, stürmte über den Hof in die Scheune, wo seine Mandinka-Puppe noch lag, wie er sie vor Monaten hingeworfen hatte. Er wischte sie am Ärmel sauber, brachte sie in seine Hütte und streckte sie Kizzy fast mit einem Ruck entgegen. Sie lachte vor Freude, und selbst Bell bewunderte die schöne Arbeit. Aber Kunta sah, daß Kizzy nach wenigen Minuten doch wieder die *toubob*-Puppe lieber mochte, und zum erstenmal im Leben war er wütend auf seine Tochter.

Es tröstete ihn wenig, mit anzusehen, wie die beiden Kinder sich dann für die Wochen der Trennung schadlos hielten. Obwohl Kunta manchmal die Anweisung bekam, Kizzy zum Spielen in Masser Johns Haus zu bringen, war es kein Geheimnis, daß Missy Anne es vorzog, ihren Onkel zu besuchen, weil ihre Mutter sich immer sehr bald beklagte, daß die lärmenden Kinder ihr Kopfweh bereiteten, und, laut Aussage ihrer Köchin Omega, gelegentlich als letztes Mittel Ohnmachtsanfälle vorschützte. Aber Omega erzählte auch, die »alte Missy« hätte ein würdiges Gegenstück in ihrer vorlauten Tochter. Roosby berichtete Bell, seine Missis hätte den beiden kleinen Mädchen einmal zugekrischen: »Ihr benehmt euch wie die Nigger!«, und Missy Anne hätte wie aus der Pistole geschossen zurückgerufen: »Ja, weil Nigger viel mehr Spaß haben als wir und nicht dauernd rumjammern!« Bei Masser Waller durften sie so laut sein, wie sie wollten. Kunta fuhr selten die blumengesäumte Einfahrt hinauf oder hinunter, ohne die beiden von irgendwoher quietschen und lachen zu hören; sie tobten im Haus, im Hof, im Garten und – Bells Ermahnungen zum Trotz – in Hühnerställen, Schweinekoben und Scheune ebenso wie in den unverriegelten Hütten des Sklavenquartiers.

Eines Nachmittags, als Kunta mit dem Masser unterwegs war, nahm Kizzy ihre Freundin mit nach Hause, um ihr Kuntas Kieselsteinflasche zu zeigen, die sie während ihrer Bettlägerigkeit entdeckt hatte und höchst geheimnisvoll fand. Bell kam zufällig herein, als Kizzy gerade in den Hals des trockenen Gehäuses langte, und ein Blick genügte ihr. »Finger weg von Daddys Steinen!« schrie sie. »Die sagen ihm doch, wie alt er ist!« Anderntags brachte Roosby dem Masser einen Brief von seinem Bruder, und fünf Minuten später wurde Bell von Masser Waller ins Wohnzimmer gerufen, und zwar in beängstigend scharfem Ton. »Missy Anne hat ihren Eltern etwas erzählt, was sie in eurer Hütte gesehen hat. Was soll dieser afrikanische Hokuspokus mit Steinen, die bei jedem Vollmond in eine Kürbisflasche getan werden?« herrschte er sie an.

In Bells Hirn wirbelte es. »Was'n für Steine, Masser?« stotterte sie.

»Du weißt sehr gut, was ich meine!« versetzte der Masser.

Bell zwang sich ein nervöses Kichern ab. »Ach, nun weiß ich, was Ihr meint! Kein Hokuspokus, Sörr. Mein afrikanischer Nigger kann nicht zählen, Masser, das ist alles. Drum wirft er bei Neumond immer 'n kleines Steinchen in den Kürbis, damit er ungefähr weiß, wie alt er ist.«

Masser Waller runzelte zwar noch die Stirn, entließ Bell jedoch mit einer kurzen Handbewegung zurück in die Küche. Zehn Minuten später platzte sie in die Hütte, riß Kizzy von Kuntas Schoß, schlug ihr ein paarmal mit der flachen Hand aufs Hinterteil und schrie sie an: »Wenn du mir dieses Balg noch mal hier reinbringst, dreh' ich dir den Hals rum, verstanden?«

Nachdem die schluchzende Kizzy ins Bett geflüchtet war, nahm Bell sich so weit zusammen, daß sie Kunta einigermaßen ruhig erklären konnte: »Ich weiß ja, das mit deinen Steinen im Kürbis ist ganz harmlos, aber da siehst du selber, was ich dir immer gesagt hab': du machst uns nur Ärger mit deinem Afrikanerkram! Und der Masser vergißt nichts!«

Kunta empfand eine so ohnmächtige Wut, daß er beim Abendessen keinen Bissen hinunterbrachte. Nachdem er den Masser seit mehr als zwanzig Regen fast täglich über Land kutschiert hatte, erstaunte und erbitterte ihn der Gedanke, noch immer mit Mißtrauen betrachtet zu werden, nur weil er sein Alter mit Kieseln in einer Kürbisflasche registrierte.

Es dauerte zwei Wochen, bis die gereizte Stimmung sich genügend entspannt hatte, daß Missy Anne wiederkommen durfte – und dann war es, wie Kunta mit Verdruß feststellte, als sei nichts geschehen. Die Beerenzeit war auf dem Höhepunkt, und die Kinder streiften überall an den windenumrankten Koppelzäunen entlang, suchten die dunkelgrünen Stellen, wo wilde Erdbeeren wuchsen, und kamen mit vollen Eimerchen und purpurnen Mündern wieder nach Hause. An anderen Tagen brachten sie andere Schätze wie leere Schneckenhäuser, ein Vogelnest, eine verrostete Pfeilspitze, die sie alle stolz zur Besichtigung vor Bell ausbreiteten, bevor sie sie an ihrem Geheimort versteckten und ein anderes Spiel begannen, zum Beispiel Lehmkuchenbacken. Nachmittags meldeten sie sich dann, bis zu den Ellbogen mit Lehmpampe beschmiert, in der Küche, wurden augenblicklich wieder hinausbeordert, damit sie sich am Brunnen wuschen, bevor das selig spielmüde Pärchen die Leckerbissen aß, die Bell schon bereithielt, und sich zu einem Schläfchen auf die gemeinsame Polstermatte legte. Wenn Missy Anne im Herrenhaus übernachten durfte, leistete sie ihrem Onkel beim Abendessen und bis zur Schlafenszeit Gesellschaft, bis der Masser Bell sagen ließ, es sei nun Zeit für ihre Gute-Nacht-Geschichte. Dann kam Bell mit ihrer auch schon ganz schlaftrunkenen Kizzy und erzählte den beiden in Fortsetzungen, wie Bruder Fuchs Bruder Karnickel überlistete, bis er zur Strafe in die Falle ging.

Kunta mißfiel die Vertraulichkeit zwischen den beiden Mädchen mit jedem Tag mehr, den Kizzy heranwuchs. Zwar mußte er halben Herzens zugeben, daß es ihn freute, wenn Kizzy ihre Kindheit so richtig genoß,und er mußte Bell notgedrungen beipflichten, daß man als Spielzeug der *toubobs* im Leben immer noch besser dran war, als wenn man von vornherein zur Feldarbeit bestimmt wurde. Aber hin und wieder spürte er, daß sogar Bell ein gewisses Unbehagen empfand, wenn sie die kleinen Mädchen so einträchtig spielen und toben sah. Die Vermutung lag nahe, daß Bell wenigstens manchmal bei solchen Gelegenheiten dasselbe dachte und fürchtete wie er. Zuweilen, wenn sie abends unter sich waren und Kunta zusah, wie Bell die halb schlafende Kizzy in ihrem Schoß wiegte, eines ihrer »Jesus«-Lieder summte und in das schläfrige Gesichtchen niederblickte, hatte Kunta das Gefühl, als habe auch sie Angst um das Kind und wolle es davor warnen, sich allzusehr auf die *toubobs* zu verlassen, gleichgültig, wie stark die gegenseitige Zuneigung im Augenblick auch sein mochte. Kizzy war noch zu klein, um solche Bedenken zu verstehen, aber Bell wußte aus eigener Erfahrung, welches herzzerreißende Leid der Lohn für allzu großes Vertrauen in die *toubobs* sein konnte – hatten sie sie nicht von ihren ersten beiden Babys wegverkauft? Es gab nicht die leiseste Möglichkeit, auch nur zu ahnen, was Kizzy bevorstand, und das gleiche galt für ihn und Bell. Kunta wußte nur eines: Allah würde an jedem *toubob*, der seiner Kizzy je etwas zuleide tat, furchtbare Vergeltung üben.

KAPITEL 73

Allmonatlich fuhr Kunta den Masser an zwei Sonntagen zur Kirche, vielmehr zum Waller-Gemeindehaus, das etwa fünf Meilen von der Plantage entfernt lag. Der Fiedler hatte ihm erzählt, daß nicht nur die Wallers, sondern auch andere einflußreiche weiße Familien eigene Gemeindehäuser ringsum im Distrikt gebaut hätten. Kunta war anfangs überrascht gewesen, daß die Gottesdienste auch von einigen der weniger vornehmen weißen Nachbarn besucht wurden, und sogar von den notorischen »armen Schluckern«, die sie oft mit dem Einspänner überholten, wenn die zu Fuß kamen und gingen, wobei sie ihre Stiefel an den Schnüren über der Schulter trugen. Weder der Masser noch sonst jemand von den »besseren Leuten« lud diese »armen Schlucker« jemals zum Mitfahren ein, und Kunta war froh darüber.

Der Gottesdienst bestand aus langen, einschläfernden Predigten und ebenso eintönigem Singen und Beten, und wenn es endlich vorbei war, kamen sie einer nach dem anderen in langer Reihe heraus und schüttelten dem Prediger die Hand, und Kunta vermerkte mit heimlichem Vergnügen, wie die »armen Schlucker« und die Angehörigen der Masser-Klasse einander zulächelten und höflich den Hut lüpften, als hebe die weiße Hautfarbe sie für den Moment auf die gleiche Stufe. Aber wenn sie danach ihre Picknickkörbe unter den Bäumen auspackten, saßen die beiden Gruppen doch wieder an den entgegengesetzten Seiten des Friedhofs – als hätte es sich rein zufällig so ergeben.

Während die schwarzen Kutscher, wie allsonntäglich, diesen feierlichen Ritus beobachteten und auf das Signal zur Heimfahrt warteten, sagte Roosby einmal zwischen den Zähnen, gerade laut genug, daß seine Kollegen ihn verstehen konnten: »Sieht so aus, als hätten die Weißen am Essen auch nicht viel mehr Spaß wie am Beten!« Kunta dachte daran, daß er in all den Jahren, die er Bell kannte, immer irgendeine dringende Arbeit vorgeschützt hatte, wenn eine ihrer »Jesus«-Zusammenkünfte im Sklavenquartier stattfand; aber auf dem Weg von und zur Scheune hatte er genug von dem Gejaule und Getue der Schwarzen gehört, um zu der Überzeugung zu gelangen, eine der wenigen lobenswerten Eigenschaften der *toubobs* sei ihre Neigung zu leiseren Gottesdiensten.

Es war nur etwa eine Woche später, als Bell Kunta an die »große Gebetsversammlung« erinnerte, die sie Ende Juli besuchen wollte. Dies war das größte Sommerfest der Schwarzen. Da Kunta jedes Jahr eine Ausrede gefunden hatte, um nicht daran teilnehmen zu müssen, wunderte es ihn, daß Bell immer noch die Nerven hatte, ihn dazu zu bitten. Er wußte wenig davon, was bei diesen Massenversammlungen vorging, außer daß sie sich um Bells Irrglauben drehten, und damit wollte er nichts zu tun haben. Aber Bell kam beharrlich darauf zurück. »Ich weiß doch, wie gern du mitmachen möchtest«, sagte sie mit unverhohlener Ironie, »drum sag' ich's dir diesmal zeitig genug, daß du dir's vormerken kannst.«

Kunta fiel keine passende Antwort ein, und er hatte keine Lust, deswegen zu streiten; also sagte er: »Ich werd' drüber nachdenken«, obwohl er fest entschlossen war, auch diesmal nicht mitzugehen.

Am Abend vor der Versammlung sagte der Masser, als er nach einer Fahrt zum Bezirksamt aus dem Wagen stieg: »Morgen brauch' ich dich nicht, Toby. Aber ich habe Bell und den anderen Frauen gestattet, morgen an der Gebetsversammlung teilzunehmen, und ich habe ihnen versprochen, daß du sie alle im Wagen rüberfährst.«

Kunta schäumte innerlich vor Wut, zumal ihm klar war, daß Bell dies eingefädelt haben mußte. Er nahm sich nicht die Zeit, die Pferde auszuspannen, sondern band sie kurzerhand hinter der Scheune fest und begab sich sofort zur Hütte. Bell sah ihn im Türrahmen stehen und sagte: »Ich wußt' nicht, wie ich dich anders mitkriegen sollte, wo doch Kizzy morgen getauft wird.«

»*Was* wird sie?«

»Getauft. Das bedeutet: in die Kirche aufgenommen.«

»In was für 'ne Kirche? Etwa in deine ›O Gott‹-Religion?«

»Fang bloß nicht wieder damit an. Um mich geht's dabei überhaupt nicht. Missy Anne triezt und bettelt ihre Leute dauernd, sie will Kizzy sonntags mit in ihr Gemeindehaus nehmen und hinten sitzen lassen, wenn sie vorne beten. Aber Kizzy darf nicht in 'ne weiße Kirche, solang sie nicht getauft ist.«

»Dann läßt sie's eben bleiben!«

»Du kapierst es immer noch nicht, du Afrikaner, was? Es ist eine *Eeehre*, wenn einer in ihre Kirche darf. Sträub dich nur weiter, dann dürfen wir alle beide nächstens Baumwolle pflücken.«

Am folgenden Morgen saß Kunta stocksteif auf dem hohen Bock, starrte geradeaus und gönnte nicht einmal seiner aufgeregt jubelnden Tochter einen Blick. Sie saß inmitten der anderen Frauen und der Picknickkörbe auf dem Schoß ihrer Mutter. Eine Weile plapperten sie nur durcheinander, aber dann sangen sie plötzlich im Chor: »Steigt hiinaan die Jaakobsleiter . . . Steigt hiinaan die Jaakobsleiter . . . Steigt hiinaan die Jaakobsleiter . . . Kreuzesritter . . .« Kunta war so angewidert, daß er die Zügel heftig an die Flanken der Maultiere klatschen ließ und der Leiterwagen mit einem Ruck vorwärtsholperte und die Passagiere durcheinanderrüttelte – aber das konnte er nicht oft und kräftig genug wiederholen, um sie zum Schweigen zu bringen. Er hörte sogar Kizzys Piepsstimmchen aus den anderen heraus. Die *toubobs* brauchten keinen Trick, ihm sein Kind zu stehlen, dachte er verbittert, seine eigene Frau lieferte es ihnen ja freiwillig aus.

Ähnlich überladene Wagen von anderen Plantagen kamen aus allen Seitenstraßen herbei, und bei jedem fröhlichen Grüßen und Winken wurde Kunta übellauniger. Bis zur Ankunft am Versammlungsort – einem blumigen, welligen Wiesengelände um einen kleinen Weiher – hatte er sich in einen solchen Zustand hineingesteigert, daß er kaum das Dutzend schon vorhandener Wagen wahrnahm, so wenig wie die anderen, die noch aus allen Richtungen eintrafen. Bei jedem Halt kletterten neue Massen von Insassen lärmend heraus, mit Juhu und Hallo, und es gab ein großes Geküsse und Umarmen in der wimmelnden Menge. Allmählich wurde Kunta bewußt, daß er im *toubob*-Land noch nie so viele Schwarze auf einem Fleck beisammen gesehen hatte, und betrachtete nun alles ein wenig aufmerksamer.

Während die Frauen ihre Eßkörbe in den Schatten einer Baumgruppe brachten, strömten die Männer zu einem kleinen Hügel in der Mitte der Wiese. Kunta trieb einen Pfahl in den Boden, band sein Maultiergespann daran und setzte sich selbst hinter den Wagen – aber so, daß er alles sah, was vorging. Nach einer Weile hatten alle Männer, dicht an dicht, auf dem Boden rings um den Hügel Platz genommen, mit Ausnahme von vieren, die offenbar die Ältesten waren; die blieben stehen. Und dann, wie auf ein vereinbartes Zeichen, warf der Mann, der wiederum der Älteste der vier zu sein schien – er war sehr schwarz und dürr und verkrümmt und hatte eine weiße Bartkrause-, den Kopf zurück und rief laut den noch abseits stehenden Frauen zu: »Kommet zu mir, Kinder *Jesu*.«

Kunta traute seinen Augen und Ohren nicht, als die Frauen wie aus einem Munde zurückschrien »Ja, Herr!« und eiligst hinzuliefen, um sich hinter die versammelten Männer zu setzen. Kunta staunte, wie sehr ihn das an die Art erinnerte, wie die Leute von Juffure einmal in jedem Mond ihren Ältestenrat abhielten.

Der Alte erhob von neuem die Stimme: »Höret mich! Seid ihr alle Kinder *Jesu*?«

»Ja, Herr!«

Nun stellten sich die drei anderen Alten vor den Ältesten und riefen, einer nach dem anderen:

»Es nahet die Zeit, da wir nur *Gottes* Sklaven sind!«

»Ja, Herr!« schrie alles Volk, das am Boden hockte.

»Machet euch bereit. *Jesus* wartet schon!«

»Ja, Herr!«

»Wollt ihr wissen, was der Heilige Vater mir grad' eingibt? Er sagt: *keiner* soll ferne bleiben –«

Das allgemeine Geschrei schwoll so an, daß es beinahe übertönte, was der Älteste noch verkünden wollte. Auf unerklärliche Weise teilte sich etwas von der gemeinschaftlichen Aufregung sogar Kunta mit. Endlich beruhigte sich die Menge so weit, daß er wieder hören konnte, was der Graubart sagte.

»Kinder Gottes, ich verheiße euch das *Gelobte Land*! Wer an Ihn glaubt, der soll hineinkommen! Und die an Ihn glauben, die sollen *lee-ben ee-wig-lich*!«

So ging es weiter. Bald glänzte das Gesicht des Alten vor Schweiß, seine Arme machten weitausholende Bewegungen, sein Körper schwankte im Takt des beschwörenden Singsangs, seine Stimme war heiser vor verzückter Anstrengung. »In der Bibel steht geschrieben, daß der Löwe und das Lamm beieinanderliegen werden!« Der Alte warf den Kopf noch weiter in den Nacken und die Hände gen Himmel. »Dort gibt's keine Massers und keine Sklaven – *nimmermehr*! Dort sind wir alle *Gottes Kinder*!«

Plötzlich sprang eine der Frauen auf und schrie: »O Jesus! O Jesus! O Jesus! O Jesus!« Sie steckte andere ringsum an, und binnen kurzem waren zwei Dutzend oder mehr Frauen in hemmungsloses Kreisen und Zucken verfallen. Kunta erinnerte sich plötzlich, daß der Fiedler ihm einmal erzählt hatte, wie die Sklaven es machten, wenn die Massers auf einigen Pflanzungen ihnen solche Gottesdienste verboten. Sie versteckten einen großen eisernen Kessel im Wald, und wenn sie der Geist überkam, liefen sie hin, steckten den Kopf hinein und schrien los. Der Topf dämpfte den Lärm genügend, so daß er nicht bis zu den Ohren des Masser oder eines Aufsehers drang.

Kunta war noch mitten in dieser Erinnerung, als er zu seinem Schrecken und mit peinlicher Betroffenheit sah, daß auch Bell unter den taumelnden, schreienden Weibern war. Und just in diesem Moment schrillte eine: *»Ich bin Gottes Kind!«*, stürzte wie vom Blitz getroffen zu Boden und blieb zitternd liegen. Andere folgten ihrem Beispiel und wälzten sich stöhnend auf dem Rasen. Eine Frau wurde nach gewaltigen Verrenkungen plötzlich starr wie ein Zaunpfahl, schrie aber weiter aus voller Brust: »O Herr! O Jesus, Jesus!«

Kunta sah mit eigenen Augen, daß keine von ihnen dieses Gebaren beabsichtigt hatte. Mit ihnen allen passierte einfach, was sie empfanden –

ganz wie seine Stammesgenossen zu Hause bei ihren Tänzen ihren augenblicklichen Eingebungen und Gefühlen folgten. Als der Aufruhr abzuflauen begann, drängte sich Kunta wieder der Vergleich auf: ebenso hatten die Tänze in Juffure immer geendet, in allgemeiner Erschöpfung. Und dort wie hier schienen die Leute zwar ausgepumpt, aber in Frieden mit sich selbst.

Nach einem Weilchen rafften sie sich, eine nach der anderen, vom Boden auf und riefen der Versammlung zu:

»Ich hatte furchtbare Schmerzen im Rücken. Da hab' ich zum Herrn gefleht, und Er hat gesagt ›Steh auf und wandle‹, und seit der Stunde tut's nicht mehr weh.«

»Ich wußte nichts von meinem Herrn Jesus, bis Er meine Seele gerettet hat, und nun schenk' ich Ihm meine Liebe, Ihm vor allen andern!«

Andere berichteten ähnliches. Dann begann einer der Alten ein Gebet; alle fielen ein, schrien *»A-MEN!«* und brachen in den begeisterten Gesang aus: »Ich krieg' Schuhe, du kriegst Schuhe, Gottes Kinder kriegen Schuhe! Schuhe anziehn, auf zum Himmel, und in Schuhn gehn wir spazieren – überall in Gottes Himmel, Gottes Himmel! In den Himmel werd' ich gehen, in den Himmel, in den Himmel!«

Während des Gesangs waren nach und nach alle aufgestanden und schritten nun sehr langsam dem grauhaarigen Prediger nach, hügelabwärts über die Wiese. Beim Schluß des Liedes hatten sie den kleinen Tümpel erreicht, an dessen Ufer sich der Prediger, flankiert von den anderen drei Ältesten, zu seiner Gemeinde umdrehte und die Arme hob.

»Und nun, Schwestern und Brüder, ist für euch Sünder die Zeit gekommen, eure Sünden hinwegzuwaschen und euch zu reinigen im Flusse JORDAN!«

»O ja!« schrie eine der Frauen am Ufer.

»Die Zeit ist da, auf daß ihr die Höllenfeuer auslöschet in den heiligen Wassern des Gelobten Landes!«

»Ja, ja!« kam ein anderer Zuruf, »red weiter!«

»Ihr alle, die ihr untertauchen wollt für eure unsterbliche Seele und wiederauferstehn im HERRN, ihr bleibt hier stehen. Die andern, die schon getauft sind oder noch nicht bereit für unsern Herrn Jesus – setzen!«

Kunta beobachtete mit wachsendem Erstaunen, daß sich alle wieder setzten, außer zwölf bis fünfzehn Leuten, die sich in einer Reihe am Wasser aufstellten. Der Prediger und der kräftigste der drei anderen Ältesten marschierten geradewegs hinein und drehten sich erst wieder um, als sie bis zu den Hüften im Wasser standen.

Der Prediger redete ein halbwüchsiges Mädchen an, das die erste in der Reihe der Wartenden war. »Bist du bereit, Kind?« Sie nickte. »Dann komm her!«

Die beiden übrigen Alten packten sie rechts und links an den Armen und stolperten mit ihr in den Teich, um sich mit den ersten beiden in der Mitte zu begegnen. Der stärkste von allen packte sie von hinten an den Schultern, die anderen Helfer umklammerten die Arme noch fester, und der Priester legte ihr die Rechte auf die Stirn und sprach: »O Herr, laß dieses Kind reingewaschen sein!« Mit diesen Worten stieß er sie zurück, und die anderen rissen sie nach hinten und drückten sie vollständig unter Wasser.

Als die ersten Blasen aufstiegen und das Mädchen zu zappeln begann, blickten die Alten zum Himmel auf und drückten nur noch stärker. Sie fing an, sich aufzubäumen und wild um sich zu schlagen, und es bedurfte großer Anstrengungen, sie unter Wasser zu halten. *»Gleich!«* brüllte der Priester über das Gebrodel hinweg. *»Jetzt!«* Das Mädchen wurde aus dem Wasser gezogen, rang nach Luft, spuckte ganze Bäche und wehrte sich in halber Bewußtlosigkeit, als sie wieder aufs Trockene geschleppt wurde – in die Arme ihrer wartenden Mutter.

Gleich darauf kam der nächste an die Reihe, ein junger Mann Anfang Zwanzig, der die Ältesten schreckensstarr ansah und regelrecht ins Wasser gezerrt werden mußte. Kuntas Mund stand weit offen, als hinterher mehrere Leute der gleichen entsetzlichen Prüfung unterzogen wurden: ein Mann mittleren Alters, dann wieder ein Mädchen von knapp zwölf Jahren, dann eine ältliche Frau, die kaum gehen konnte. Warum taten sie so etwas? Welcher grausame »Gott« konnte solche Leiden von denjenigen fordern, die an ihn glaubten? Wie konnte einer, der halb ersäuft wurde, damit von seinen »Sünden« reingewaschen werden? In Kuntas Hirn jagten sich die Fragen, auf die er keine Antwort fand, bis endlich der letzte der blubbernden Prüflinge aus dem Wasser gezogen wurde.

Nun, dachte er, mußte alles vorüber sein. Aber der Graubart wischte sich nur mit triefendem Ärmel das Gesicht ab und erhob die Stimme von neuem. »Und jetzt – wer ist unter euch, der an diesem heiligen Tag seine Kindlein dem Herrn Jesus weihen will?« Vier Frauen standen auf – allen voran Bell, die Kizzy an der Hand hielt.

Kunta fuhr hinter dem Leiterwagen in die Höhe. Das durfte doch nicht wahr sein! Aber Bell führte die anderen Frauen und Kinder schon zum Ufer, erst langsam und unsicher, dann immer entschlossener. Auf einen Wink des Ältesten bückte sie sich, um Kizzy auf die Arme zu nehmen, und schritt beherzt mit ihr ins Wasser. Zum erstenmal seit dem Tag vor fünfundzwanzig Jahren, als sein Fuß verstümmelt worden war, versuchte Kunta zu rennen. Aber als er unter pochenden Schmerzen das Ufer erreichte, stand Bell mit Kizzy schon mitten im Wasser an der Seite des Predigers. Kunta riß den Mund auf, um Luft zu holen und zu schreien, aber da sprach der Alte schon wieder laut:

»Meine innig Geliebten, wir sind hier versammelt, um ein neues Lamm in unserm Kreis zu begrüßen! Welchen Namen hat das Kind, Schwester?«

»Kizzy, Reverend.«

»Herr . . .«, begann er, indem er die Linke unter Kizzys Hinterkopf legte und die Augen zusammenkniff.

»Nein!« schrie Kunta heiser dazwischen.

Bell warf den Kopf herum; ihre Augen funkelten ihn wütend an. Der Alte blickte von ihm zu ihr und wieder zu ihm. Kizzy wimmerte ängstlich. »Schsch, Kind«, tuschelte Bell. Kunta fühlte sich von feindseligen Blicken eingekreist. Spannung hing in der Luft.

Endlich brach Bell das Schweigen: »Alles in Ordnung, Reverend. Das ist nur mein Mann, der Afrikaner. Er versteht das nicht. Ich erklär's ihm später. Nun macht schon weiter!«

Kunta, zu benommen, um zu widersprechen, sah, wie der Prediger sich achselzuckend wieder Kizzy zuwandte, die Augen schloß und anhob:

»Herr, mit dieser heiligen Taufe segne dieses Kind . . . Wie war noch der Name, Schwester?«

»Kizzy.«

»Segne dieses Kind Kizzy und nimm sie sicher zu Dir ins Gelobte Land!« Damit tauchte der Alte die rechte Hand ins Wasser, sprengte ein paar Tropfen in Kizzys Gesicht und rief: »AMEN!«

Bell drehte sich um, watete mit Kizzy ans Ufer zurück und stand mit tropfendem Rock vor Kunta. Er kam sich töricht und blamiert vor, als er erst auf ihre morastigen Füße blickte, ehe er die Augen zu den ihren hob, die feucht waren . . . von Tränen? Sie gab ihm Kizzy in die Arme.

»Schon gut«, murmelte er und strich mit rauher Hand liebkosend über Kizzys Gesicht. »Sie ist bloß 'n bißchen naß.«

»Du bist so gerannt, hast sicher Hunger«, sagte Bell. »Ich hab' jedenfalls Hunger. Gehn wir essen. Hab' kaltes Huhn und Senfeier mitgebracht, und das süße Batatenmus, von dem du nie genug kriegen kannst.«

»Klingt nicht schlecht«, meinte Kunta.

Bell faßte ihn am Arm, und sie gingen langsam zu dritt über die Wiese zu dem Plätzchen, wo ihr Picknickkorb im Schatten eines Walnußbaums auf dem Rasen stand.

KAPITEL 74

Eines Abends sagte Bell zu Kizzy, als sie in der Hütte allein waren: »Du wirst bald sieben! Feldarbeiterkinder müssen da schon längst jeden Tag zum Arbeiten mit raus – wie dieser Noah –, also mach dich von jetzt ab bei mir im Herrenhaus ein bißchen nützlich!« Kizzy blickte unsicher zu Kunta, dessen Meinung über diese Dinge sie mittlerweile kannte. »Du hörst, was deine Mammy sagt«, äußerte er notgedrungen. Bell hatte schon mit ihm darüber gesprochen, und er mußte zugeben, daß es klüger war, Kizzy ein paar Arbeiten zuzuteilen, die Masser Waller in die Augen sprangen, statt sie lediglich weiter als Spielgefährtin für Missy Anne herumlaufen zu lassen. Im Grunde war es Kunta auch ganz recht, daß Kizzy etwas Nützliches lernen sollte, denn in Juffure lehrten alle Mütter ihre Töchter schon von diesem Alter an die Fertigkeiten, die es ihren Vätern später gestatteten, einen guten Brautpreis für sie zu verlangen. Allerdings konnte Bell nicht erwarten, daß er von irgend etwas begeistert war, was Kizzy noch enger mit den *toubobs* zusammenbrachte – und noch weiter von ihm entfernte, der nach wie vor entschlossen war, ihr seinen Sinn für ererbte Stammeswürde einzupflanzen. Als Bell ein paar Tage später berichtete, Kizzy lerne schon Silberputzen, Dielenschrubben und Möbelpolieren, ja sogar dem Masser das Bett machen, fand Kunta es schwierig, ihren Stolz angesichts solcher Tätigkeiten zu teilen. Aber als er seine Tochter den weißen Emaillenachttopf ausleeren und spülen sah, in den der Masser sich nächtens erleichterte, sträubte sich alles in ihm vor Zorn. Seiner Überzeugung nach gingen damit seine schlimmsten Befürchtungen bereits in Erfüllung.

Ebenso empörten ihn Bells Ratschläge an Kizzy, wie man ein tüchtiges Hausmädchen wurde. »Hör gut zu, Kind! Nicht jeder Nigger hat die Chance, für feine Weiße wie den Masser zu arbeiten. Das stellt dich von Anfang an über all die andern jungen Dinger. Gewöhn dich jetzt dran, mit mir zusammen aufzustehn, 'ne ganze Weile vor dem Masser. So bleibt man immer vorneweg – ich weiß, was ich sag'. Jetzt zeig' ich dir, wie du erst den Staub aus Rock und Hosen klopfen mußt, eh du sie zum Lüften auf die Leine hängst. Paß auf, daß du dabei nicht die Knöpfe kaputtmachst –«, und so ging es fort, manchmal stundenlang.

Kein Abend verging, so schien es Kunta, ohne weitere Belehrungen, oft bis in die lächerlichsten Kleinigkeiten. »Für Schuhwichse«, hörte er, »schüttle ich in einem Steintopf 'n bißchen Zimt und Lampenruß und Öl und Kandis durcheinander. Das bleibt über Nacht stehn und wird dann nochmal ordentlich geschüttelt. Die schwarzen Schuhe vom Masser funkeln davon wie Glas.« Ehe Kunta es nicht mehr aushielt und zur Erholung in die Hütte des Fiedlers flüchtete, bekam er noch einige unschätzbare praktische Winke mit auf den Weg, etwa: »Wenn du einen Teelöffel schwarzen Pfeffer und braunen Zucker mit etwas Sahne verrührst und das auf'ner Untertasse ins Zimmer stellst bleiben die Fliegen weg!« Und daß fleckige Tapeten sich am besten durch Abreiben mit zwei Tage alten Brotrinden reinigen ließen.

Kizzy schien ihre Lektionen aufmerksam zu lernen, selbst wenn Kunta sie ablehnte, denn Bell erzählte ihm nach einigen Wochen, der Masser hätte sich anerkennend über das Eisengestell im Kamin geäußert, das nur so blitzte, seit Kizzy angefangen hatte, es regelmäßig zu putzen.

Aber wann immer Missy Anne zu Besuch kam, galt es für selbstverständlich, daß der Masser Kizzy für die Dauer ihres Aufenthalts von jeglicher Arbeit beurlaubte. Dann tollten die beiden Mädchen wie gewohnt umher und hatten ihren Spaß beim Seilhüpfen, Verstecken und anderen, selbsterfundenen Spielen. Beim »Nigger-Spielen«, wobei sie eines Nachmittags eine reife Wassermelone aufbrachen und ihre Gesichter in das nasse Fruchtfleisch wühlten, verschmierten beide ihre Kleider derart, daß Bell Kizzy mit einem harten Klaps zum Aufheulen brachte und sogar Missy Anne anfauchte: »Ihr solltet es wahrhaftig besser wissen! Das ist nun zehn Jahre alt, geht zur Schule und soll mal eine feine Missy werden . . .!«

Obwohl Kunta es aufgegeben hatte, sich zu beklagen, hatte Bell es während Missy Annes Besuchen und mindestens noch einen Tag danach sehr schwer mit ihm. Aber wenn ihm befohlen wurde, Kizzy zu Masser Johns Haus zu bringen, hatte er seinerseits Mühe, seine Freude zu verbergen, daß er endlich wieder einmal allein mit seiner Tochter im Einspänner fahren konnte. Kizzy hatte längst begriffen, daß alles, worüber sie sich bei diesen Gelegenheiten unterhielten, streng geheim unter ihnen bleiben mußte, und deshalb konnte er ihr jetzt alles mögliche über sein Heimatland beibringen, ohne befürchten zu müssen, daß Bell dahinterkam.

Während der Wagen über die staubigen Spotsylvania-Straßen rollte, nannte Kunta seiner Tochter die Mandinka-Wörter für vieles, was sie unterwegs sahen und hörten. Er deutete auf einen Baum, *»yiro«*, dann auf die Straße, *»silo«*. Zu einer grasenden Kuh sagte er *»ninsemuso«*, und als sie über einen schmalen Brückensteg fuhren, hieß es *»salo«*. Einmal, als sie in einen kurzen Regenschauer gerieten, rief Kunta *»sanjio«*, und als die Sonne wieder hervorkam, wies er auch dorthin und sagte *»tilo«*. Kizzy sah ihm wie gebannt auf den Mund, ahmte dann seine Lippenbewegungen nach und wiederholte alles so lange, bis sie es richtig heraushatte. Bald zeigte sie aus eigenem Antrieb auf dies und jenes und fragte Kunta nach dem Mandinka-Wort. Einmal waren sie kaum außer Hörweite des Herrenhauses, als Kizzy ihn schon in die Rippen stieß, sich an die Schläfe tippte und flüsterte: »Wie heißt mein Kopf?« *»Kungo«*, flüsterte Kunta zurück. Sie zwirbelte ihr Haar; er sagte *»kuntinyo«*. Sie kniff sich in die Nase; er sagte *»nungo«*; sie zwickte sich ins Ohr, er sagte *»tulo«*. Kizzy schleuderte kichernd ein Bein hoch und ergriff ihren großen Zeh. *»Sinkumba!«* lachte Kunta, nahm ihren neugierigen Zeigefinger, wackelte ihn hin und her und sagte *»bulokonding«*. Er berührte ihren Mund und sagte *»da«*. Hierauf faßte Kizzy Kuntas Zeigefinger und deutete damit auf ihn.

»Fa!« rief sie. Sein Herz strömte über vor väterlicher Liebe.

Etwas später kamen sie an einem trägen Flüßchen vorbei, und Kunta sagte: »Das ist ein *bolongo*.« Er erzählte ihr, in seinem Heimatland habe er bei einem Fluß gewohnt, der »Kamby Bolongo« hieß. Als sie abends wieder an dieselbe Stelle kamen, zeigte Kizzy auf das Flüßchen und rief triumphierend: »Kamby Bolongo!« Nun verstand sie natürlich nichts mehr, als er ihr zu erklären versuchte, dies sei der Mattaponi-Fluß, nicht der Gambia-Fluß; Kizzy war so stolz, daß sie sich das Wort gemerkt hatte, daß es ihr auf den Unterschied gar nicht ankam. Der Kamby Bolongo, sagte Kunta, sei viel breiter, schneller und mächtiger als dieses kümmerliche Rinnsal hier. Er wollte ihr schildern, wie der lebenspendende Strom von seinem Volk als Fruchtbarkeitssymbol verehrt wurde, aber er fand natürlich nicht die richtigen Worte dafür. Also erzählte er ihr nur von den Fischen, die sich im Gambia-Fluß tummelten, einschließlich des kräftigen, saftstrotzenden *kujalo*, der manchmal von selbst ins Kanu sprang, und über die lebenden Teppiche von Vögeln, die auf dem Wasser schaukelten, bis ein übermütiger Knabe, wie er einer gewesen war, brüllend aus dem Ufergebüsch hervorsprang, so daß der ganze Schwarm in die Lüfte stob und den Himmel erfüllte wie ein federleichter Schneesturm. Das, fügte Kunta hinzu, erinnere ihn daran, daß Großmutter Yaisa ihm erzählt hatte, einst habe Allah dem Land Gambia eine entsetzliche Heuschrekkenplage geschickt. Es waren so viele, daß sie die Sonne verdunkelten und alles Grün verschlangen, bis der Wind sich drehte und sie hinaus aufs Meer trieb, wo sie schließlich ertranken oder von den Fischen gefressen wurden.

»Hab' ich auch eine Großmammy?« fragte Kizzy.

»Sogar zwei – meine Mammy und Mammys Mammy.«

»Warum sind sie nicht bei uns?«

»Sie wissen gar nicht, wo wir sind«, sagte Kunta. Einen Augenblick später fragte er: »Weißt *du* denn, wo wir sind?«

»Wir sind im Wagen!« antwortete Kizzy.

»Ich meine, wo wir wohnen.«

»Bei Masser Waller.«

»Und wo ist das?«

»Na, da hinten«, sagte sie und zeigte in Richtung des Hauses. Damit war dies Thema für sie erledigt. – »Erzähl mir noch was von den Käfern und so, von da, wo du her bist.«

»Hm ja, da gibt's riesengroße rote Ameisen, die wissen, wie man auf Blättern über Ströme fährt, und sie bauen sich Hügel, über mannshoch, und das ist ihre Wohnung.«

»Klingt gefährlich. Tretet ihr sie tot?«

»Nur in der Not. Jede Kre-a-tur hat genausoviel Recht zu leben wie du. Sogar das Gras ist lebendig und hat 'ne Seele, genau wie die Menschen.«

»Dann werd' ich nie mehr auf Gras treten. Ich fahr' nur noch im Wagen.«

Kunta lächelte. »Wo ich herkomm', da gibt's keine Wagen. Da gehn alle zu Fuß. Einmal bin ich mit meinem Fa vier Tage lang von Juffure zu meinen Onkeln in ihr neues Dorf gegangen.«

»Was ist Juf-fu-re?«

»Wie oft soll ich dir das noch sagen! Da komm' ich her.«

»Ich dachte, du kommst von Afrika. Ist dies Gambia, wo du immer von redest, auch in Afrika?«

»Ja, Gambia ist ein Land in Afrika. Und Juffure ist ein Dorf in Gambia.«

»Aber wo ist das genau, Pappy?«

»Hinter dem großen Wasser.«

»Wie groß ist das große Wasser?«

»So groß, daß man fast vier Monde braucht zum Drüberfahren.«

»Vier was?«

»Monde. Du sagst dazu ›Monate‹.«

»Warum sagst du nicht auch Monate?«

»Weil Mond mein Wort dafür ist.«

»Und wie heißt bei dir ein Jahr?«

»Ein Regen.«

Kizzy versank in kurzes Nachdenken.

»Wie kommt man über das große Wasser?«

»In einem großen Schiff.«

»Größer als das Ruderboot, wo vorhin die vier Männer drin waren, die gefischt haben?«

»Groß genug für über hundert Leute.«

»Warum ist es da nicht untergegangen?«

»Das hab' ich mir damals auch gewünscht.«

»Warum?«

»Wir waren alle so krank, daß wir am liebsten gestorben wären.«

»Warum wart ihr so krank?«

»Weil wir in unserem eigenen Dreck liegen mußten, einer überm andern.«

»Warum seid ihr nicht aufs Klo gegangen?«

»Die *toubobs* hatten uns in Ketten gelegt.«

»Wer waren die ›*toubobs*‹?«

»Die Weißen.«

»Warum warst du in Ketten? Hast du was angestellt?«

»Nein, ich war nur grad' im Wald bei unserm Dorf – hab' nach Holz gesucht, um eine Trommel draus zu machen. Da haben sie mich geschnappt und mitgenommen.«

»Wie alt warst du da?«

»Siebzehn.«

»Haben sie deinen Pappy und deine Mammy gefragt, ob du mitgehn darfst?«

Kunta sah Kizzy ungläubig an. »Die hätten sie *auch* mitgenommen, wenn sie dabeigewesen wären. Meine Familie weiß bis zum heutigen Tag nicht, wo ich bin.«

»Hast du noch Geschwister?«

»Drei Brüder. Vielleicht sind's auch mehr geworden, inzwischen. Jedenfalls, jetzt sind sie alle erwachsen, haben wahrscheinlich auch schon Kinder, wie du eins bist.«

»Gehn wir sie mal besuchen?«

»Wir können nirgends hingehn.«

»Aber jetzt grade sind wir doch unterwegs!«

»Zu Masser John, ja. Ohne Befehl dürfen wir nicht. Wenn die Sonne untergeht, lassen sie wegen uns die Hunde raus.«

»Damit uns keiner was tut?«

»Weil wir ihnen gehören. Wie die Pferde hier, die uns ziehen.«

»Wie ich zu dir und Mammy gehör'?«

»Das ist was andres. Du bist unser Kind.«

»Missy Anne sagt, sie will mich ganz für sich haben.«

»Du bist keine Puppe, mit der sie bloß spielen kann.«

»Aber ich spiel' doch auch mit ihr. Sie hat mir gesagt, sie ist meine beste Freundin!«

»Man kann nicht zugleich Freund und Sklave sein.«

»Warum nicht, Pappy?«

»Weil Freunde einander nicht gehören.«

»Aber du und Mammy, gehört ihr euch nicht? Oder seid ihr keine Freunde?«

»Das ist was andres. Wir gehören einander, weil wir *wollen,* weil wir uns lieb haben.«

»Ich hab' Missy Anne auch lieb, drum will ich ihr auch gehören.«

»Das geht nicht gut.«

»Wieso?«

»Du wirst dabei nicht glücklich, wenn ihr beide groß seid.«

»*Doch* werd' ich glücklich! Ich glaub' nur, du bist dabei nicht glücklich.«

»Damit hast du sicher recht!«

»Oh, Pappy – ich könnte dich und Mammy bestimmt nie verlassen.«

»Wir könnten dich auch nie weggeben, Kind.«

KAPITEL 75

Eines Tages brachte der Kutscher von Masser Wallers Eltern in Enfield eine Einladung zum Dinner, zu Ehren eines wichtigen Geschäftsfreundes aus Richmond, der für eine Nacht auf dem Wege nach Fredericksburg bei den alten Wallers logierte. Vor dem Herrenhaus in Enfield stand schon ein rundes Dutzend anderer Gefährte, als Kunta kurz nach Einbruch der Dunkelheit mit dem Masser dort eintraf.

Obwohl Kunta in den acht Jahren seiner Ehe mit Bell oft genug hier gewesen war, hatte sich die dicke schwarze Köchin Hattie erst seit ein paar Monaten wieder dazu herabgelassen, mit ihm zu reden – seit er nämlich Kizzy zu einem Besuch Missy Annes bei den Großeltern mitgebracht hatte. Als er diesen Abend zur Küchentür ging, um »Hallo« zu sagen (und vielleicht etwas zu essen zu bekommen), bat sie ihn sogar, einzutreten und mit ihr zu plaudern, während sie, ihr Küchenmädchen und vier Serviererinnen die letzten Vorbereitungen für das Dinner trafen. Kunta meinte noch nie so viele dampfende und brutzelnde Töpfe und Pfannen auf einmal gesehen zu haben.

»Und wie geht's deinem wonnigen Dingelchen?« fragte Hattie zwischen Probieren, Pusten und Abschmecken.

»Gut«, antwortete Kunta. »Bell lernt sie jetzt grad' kochen. Neulich hat sie mich mit einem Apfelauflauf überrascht.«

»Der kleine Tausendsasa! Ich seh' schon, nächstens eß ich *ihre* Schlekkereien, statt daß sie meine futtert. Beim letztenmal hat sie mindestens 'n halben Topf von meinem Ingwer-Eingemachten weggeputzt.«

Nach einem letzten Blick in den Ofen, wo drei oder vier verschiedene Brotsorten einen Duft verströmten, bei dem einem das Wasser im Munde zusammenlief, wandte sich Hattie zu der ältesten der Serviererinnen, die in ihren gestärkten gelben Schürzen bereitstanden, und sagte: »Wir sind soweit. Geh und sag's der Missis.« Die Frau verschwand durch die Schwingtür, und Hattie verkündete den drei anderen: »Ich verhau' euch alle mit der Schöpfkelle, wenn ihr beim Suppeservieren auch nur einen Tropfen auf mein bestes Leinen kleckert! – So, und nun bist du dran«, sagte sie zu der jüngsten Küchengehilfin. »Tu die Rüben, den Mais, den Kürbis und die Bohnen in die guten Porzellanterrinen; ich wuchte derweil schon mal den Hammelrücken aufs Schneidbrett.«

Ein paar Minuten später kam eine der Serviererinnen hastig zurück, flüsterte Hattie eindringlich eine ziemlich langwierige Neuigkeit ins Ohr und eilte wieder hinaus. Hattie wandte sich zu Kunta:

»Weißt du noch, die Geschichte vor ein paar Monaten – mit dem Handelsschiff, das die Franzosen irgendwo auf dem großen Wasser gekapert hatten?«

Kunta nickte. »Ja. Der Fiedler sagt, Präsident Adams soll so wütend gewesen sein, daß er alle seine Schiffe ausgeschickt hat, um sie dranzukriegen.«

»Na, das haben sie besorgt. Louvina hat mir eben erzählt, der Mann da drin, der aus Richmond, der sagt, sie haben volle *achtzig* Franzosenschiffe erbeutet. Die Weißen im Speisesaal tun, als möchten sie am liebsten vor Freude rumtanzen und singen, weil sie diesem Frankreich eins ausgewischt haben.«

Während Hattie redete, nahm Kunta den gehäuften Teller in Angriff, den sie beiläufig vor ihn hingestellt hatte, und seine Augen erlabten sich zusätzlich am Anblick von Roastbeef, gebackenem Schinken, Truthahn, Hühnern und Enten, die sie unterdessen sachkundig auf großen vorgewärmten Platten anrichtete. Er kaute noch mit vollen Backen an seinen gebutterten Bataten, als die vier Serviererinnen, mit leeren Schüsseln, Näpfen und Löffeln beladen, in die Küche zurückdrängten. »Sie sind mit der Suppe fertig!« erläuterte Hattie ihrem Gast Kunta. Alsbald marschierten die Helferinnen mit übervollen Tabletts wieder hinaus, und Hattie wischte sich das Gesicht ab und sagte: »Nun haben wir ungefähr vierzig Minuten Pause bis zum Dessert. Wolltest du vorhin nicht was sagen?«

»Nur, daß die achtzig Schiffe mir ganz egal sind«, sagte Kunta, »solange die Weißen aufeinander losdreschen statt auf uns. Scheinen ja nicht glücklich zu sein, wenn sie nicht mit irgendwem Streit haben.«

»Kommt drauf an, mit wem, mein' ich«, sagte Hattie. »Letztes Jahr hat sogar ein *Mulatte* eine Ree-volte gegen diesen Toussaint angeführt, und er hätt' glatt gewonnen, wenn der Präsident dem Toussaint nicht seine Schiffe zu Hilfe geschickt hätte.«

»Masser Waller sagt, Toussaint hat nicht genug Verstand, um 'n General zu werden, und schon gar nicht, um ein eigenes Land zu regieren«, sagte Kunta. »Er sagt, all den freigelaßnen Sklaven in Haiti wird's bald viel dreckiger gehn als unter ihren Massers. Natürlich, das ist es, was die Weißen *hoffen.* Ich glaub' aber, sie sind schon jetzt viel besser dran, wenn sie auf ihren eigenen Plantagen arbeiten.«

Eine der Serviererinnen, die zurückgekommen war und die letzten Sätze mitgehört hatte, mischte sich ins Gespräch: »Dadrüber reden sie drin auch grade – über freie Nigger. Sagen, es gibt schon viel zuviel, 13 000 allein hier in Virginia. Der Richter sagt, er ist dafür, Nigger zu befreien, wenn sie sich besonders verdient machen, zum Beispiel die, die in der Revolution an der Seite ihrer Massers mitgekämpft haben oder die den Weißen alle Pläne von Meuterei verraten, oder einen Nigger, der eine Kräutermedizin weiß, die beinah alles heilt und wo sie selber drauf schwören.

Der Richter sagt, die Massers können alte treue Nigger ruhig in ihrem Testament befreien, wenn's ihnen so paßt. Aber er und alle andern da drin sind total gegen die Quäker und andre Weiße, die ihre Nigger für nichts und wieder nichts freilassen.« Im Hinauseilen fügte sie noch hinzu: »Der Richter sagt: Merkt euch meine Worte, ein paar neue Gesetze werden das bald alles umkrempeln.«

»Was hältst du von dem Masser Alexander Hamilton, Kunta?« fragte Hattie. »Dem da oben im Norden, der sagt, alle Nigger sollen wieder nach Afrika geschickt werden, weil Nigger und Weiße viel zu verschieden sind und sich nie richtig vertragen werden?«

»Recht hat er, das mein' ich«, sagte Kunta. »Aber so reden manche Weiße immer, und trotzdem bringen sie dauernd neue *aus* Afrika!«

»Du weißt so gut wie ich, warum«, sagte Hattie. »Sie brauchen welche für Georgia und die beiden Carolinas, damit sie mit der Baumwollernte mitkommen, seit sie die Trennmaschine vor ein paar Jahren eingeführt haben. Aus demselben Grund verkaufen jetzt so viele Massers hier in der Gegend ihre Nigger weiter nach Süden runter. Sie kriegen dafür zwei-, dreimal soviel, wie sie selber bezahlt haben.«

»Der Fiedler sagt, die großen Massers unten im Süden heuern weißes Pack als Aufseher an«, berichtete Kunta. »Die treiben die Sklaven an beim Roden für neue Plantagen, als wären sie Maulesel.«

»Ja, drum sind auch die Zeitungen in letzter Zeit so voll von Anzeigen über weggelaufene Nigger«, sagte Hattie.

Allmählich kamen die Serviererinnen mit abgegessenem Geschirr in die Küche zurück. Hattie strahlte vor Stolz. »Die haben wirklich gefuttert, was das Zeug hält. Jetzt«, erklärte sie Kunta, »schenkt der Masser drinnen Champagner ein, während der Tisch fürs Dessert abgeräumt wird. Probier mal so'n Plumpuddingtörtchen.« Sie schob es Kunta auf einer Untertasse hin. »Die andern kriegen noch Rumpfirsiche dazu, aber ich weiß noch – du rührst ja keinen Schnaps an.«

Während Kunta sich das Törtchen schmecken ließ, erinnerte er sich an eine Suchanzeige, die Bell ihm kürzlich aus der *Gazette* vorgelesen hatte. »Große junge Mulattin«, hatte es da geheißen, »mit schweren Brüsten, von denen die rechte eine tiefe Narbe aufweist. Gerissene Lügnerin und Diebin. Hat möglicherweise einen gefälschten Paß, da sie bei ihrem Besitzer etwas schreiben gelernt hat, und gibt sich als Freigelassene aus.« Hattie ließ sich schwerfällig nieder, fischte mit zwei Fingern eine Pfirsichhälfte aus dem Rumtopf und schob sie sich in den Mund. Mit einem Blick auf die beiden Wannen voll benutzter Gläser, Teller, Bestecke und Küchengerät, die später abgewaschen und getrocknet werden mußten, stieß sie einen tiefen Seufzer aus und sagte müde: »Eins weiß ich, heut' abend kann ich froh sein, wenn ich ins Bett komme. Gott, bin ich erledigt!«

KAPITEL 76

Nun war es schon viele Jahre her, daß Kunta täglich vor Morgengrauen aufstand, früher als sonst irgendwer im Sklavenquartier – so früh, daß manche behaupteten, »dieser Afrikaner« könnt im Dunkeln sehen wie eine Katze. Ihm war es einerlei, was sie dachten, solange ihn niemand hinderte, zur Scheune zu entschlüpfen, wo er das Gesicht dem ersten fahlen Licht im Osten zuwandte und, zwischen zwei großen Heubündeln niedergeworfen, Allah sein andächtiges Morgengebet darbrachte. Wenn er damit fertig war und mit der Heugabel die Futterkrippe der Pferde aufgefüllt hatte, waren auch Bell und Kizzy schon gewaschen, angezogen und bereit, ihren Dienst im Herrenhaus anzutreten, und der Vormann Cato war mit Noah, Adas Sohn, auf den Beinen, und Noah läutete die Weckglocke für die anderen Sklaven.

Fast jeden Morgen begegneten sie sich, und Noah nickte seinen kurzen Gruß mit so zurückhaltendem Ernst, daß er Kunta an die Jaloff-Leute in Afrika erinnerte, von denen es hieß, wenn einer den andern morgens grüßte, hatte er schon sein letztes gutes Wort für den Tag gesagt. Aber obwohl sie wenig miteinander sprachen, mochte Kunta diesen Noah gern, vielleicht, weil er ihn an sich selbst erinnerte, als er im gleichen Alter gewesen war – die Ernsthaftigkeit, mit der er an seine Arbeit ging und sich nicht ungebeten einmischte, wie er nichts Überflüssiges redete, aber alles beobachtete. Übrigens bemerkte Kunta, daß Noah sich noch in anderer Hinsicht ähnlich verhielt wie er: von klein auf hatte er irgendwo herumgestanden und still zugeschaut, wenn Kizzy und Missy Anne ihr Getobe auf der

Plantage veranstalteten. Einmal, als Kunta vom Scheunentor aus die Mädchen beim Reifenspielen beobachtete, hatte er sich schon umdrehen und wieder hineingehen wollen, als sein Blick zufällig auf Noah fiel, der drüben bei Catos Hütte stand und ebenfalls den lachenden und kreischenden Mädchen zusah. Ihre Augen hatten sich getroffen und sekundenlang festgehalten, bevor beide sich gleichzeitig abwandten. Kunta fragte sich, was der Junge wohl gedacht haben mochte – und fühlte, daß Noah sich dies umgekehrt ebenfalls fragte. Irgendwie wußte er, daß sie beide dasselbe gedacht hatten.

Noah war jetzt zehn, zwei Jahre älter als Kizzy, aber dieser Unterschied war nicht groß genug, um zu erklären, warum die beiden sich nie wirklich angefreundet hatten, geschweige denn Spielkameraden geworden waren, zumal es außer ihnen keine Sklavenkinder auf der Plantage gab. Wenn sie sich begegneten, taten sie, als hätten sie einander noch nie gesehen. Dieses Verhalten war Kunta ein Rätsel. Es war höchstens damit zu erklären, daß die beiden sogar als Kinder schon die eherne Regel begriffen hatten, daß Haussklaven und Feldsklaven nicht miteinander verkehrten.

Wie dem auch sein mochte, Noah verbrachte seine Tage mit den Erwachsenen in den Baumwollfeldern, während Kizzy im Herrenhaus fegte, Staub wischte, Messing putzte und das Schlafzimmer des Masser aufräumte, was Bell später mit der Hickorygerte in der Hand überprüfte. Sonnabends, wenn Missy Anne gewöhnlich zu Besuch kam, brauchte Kizzy für all ihre Aufgaben wundersamerweise nur die halbe Zeit als sonst, und so konnten die beiden den Rest des Tages nach Herzenslust spielen, es sei denn, der Masser kam unvorhergesehen zum Mittagessen heim. Dann speisten er und Missy Anne gemeinsam im Eßzimmer, und Kizzy stand hinter ihnen und wedelte mit einem frischen Zweig die Fliegen weg, während Bell immerzu aus und ein ging, die Schüsseln auftrug und beide Mädchen scharf im Auge behielt. Sie hatte ihnen schon vorher angedroht: »Wenn ich euch dabei erwische, daß ihr auch bloß in Gedanken kichert, wenn der Masser da ist, dann versohl' ich euch allen beiden das Fell!«

Kunta hatte sich im Laufe der Zeit wohl oder übel damit abgefunden, seine Kizzy mit Masser Waller, Bell und Missy Anne teilen zu müssen. Er versuchte, nicht an die Sachen zu denken, die man ihr dort im Herrenhaus abverlangte, und drückte sich soviel als möglich in der Scheune herum, solange Missy Anne da war. Er konnte dann nur den Sonntagmittag abwarten, wenn der Gottesdienst beendet war und Missy Anne zu ihren Eltern heimgebracht wurde. Später am Nachmittag pflegte Masser Waller zu ruhen oder im Salon eine Gesellschaft zu haben, Bell war mit Tante Sukey und Schwester Mandy bei ihrer wöchentlichen »Jesus-Versammlung«, und Kunta stand es endlich frei, ein paar kostbare Stunden allein mit seiner Tochter zu verbringen.

Bei gutem Wetter gingen sie spazieren, meist den langen, windenumrankten Zaun entlang – denselben Weg, auf dem Kunta sich fast neun Jahre zuvor den Namen »Kizzy« für seine neugeborene Tochter ausgedacht hatte. Wenn sie dort außer Sichtweite waren, nahm Kunta Kizzys kleine weiche Hand in die seine, ohne vorläufig das Bedürfnis zu haben, zu sprechen, und so schlenderten sie gemächlich zum Bach hinunter, setzten sich dicht nebeneinander in den Schatten eines Baumes, aßen den Proviant, den Kizzy aus der Küche mitgebracht hatte – meist Biskuits mit seiner geliebten Heidelbeerfüllung –, und dann erst fingen sie an, sich richtig zu unterhalten.

Gewöhnlich redete er, und sie unterbrach ihn fortwährend mit ihren Fragen, die meist mit »Warum . . .?« begannen. Aber eines Tages ließ sie ihn gar nicht zu Worte kommen, so eilig mußte sie ihre Neuigkeit loswerden: »Willst du mal hören, was Missy Anne mich gestern gelehrt hat?«

Kunta war durchaus nicht neugierig auf irgend etwas, was mit diesem albernen weißen Geschöpf zu tun hatte, aber um Kizzys Gefühle nicht zu verletzen, antwortete er: »Ich höre.«

»Peter, Peter«, deklamierte sie, »nichts versteht er, hat 'ne Frau, die macht Gezeter, steckt sie in 'nen Kürbis rein, muß sie endlich stille sein!«

»Ist das alles?« fragte Kunta nach einer Pause.

Kizzy nickte. »Fein, nicht?«

Er fand im stillen, es sei genau das, was von Missy Anne zu erwarten war: vollkommen affig. »Du sagst es sehr gut auf«, wich er aus.

»Wetten, daß du's nicht so schön aufsagen kannst?« prahlte sie augenzwinkernd.

»Ich versuch's ja auch gar nicht.«

»Ach doch, Pappy, versuch's mal! Grad' nur einmal für mich!«

»Laß mich in Ruh mit dem Blödsinn!« Es klang ärgerlicher, als er war. Kizzy bettelte jedoch so lange, bis er schließlich – nicht ohne sich ein wenig zu schämen, daß seine Kleine ihn derartig um den Finger wickeln konnte – einen stotternden Versuch unternahm, die törichte Reimerei zu wiederholen . . . Nur damit sie Ruhe gab, redete er sich dabei ein.

Bevor sie ihn nötigen konnte, noch einmal von vorn anzufangen, blitzte in ihm der Gedanke auf, ihr etwas anderes zu rezitieren, vielleicht ein paar Koranverse, damit sie hörte, wie schön *die* klangen – zugleich aber wurde ihm klar, daß Kizzy nicht mehr Sinn darin finden würde als in ihrem »Peter, Peter«-Reim. Also erzählte er ihr lieber eine Geschichte. Die von dem Krokodil und dem kleinen Jungen kannte sie schon; deshalb versuchte er es heute mit der faulen Schildkröte, die den dummen Leopard überredete, sie auf seinem Rücken zu tragen, weil sie angeblich zu krank sei, um selber zu gehen.

»Wo weißt du nur all die schönen Geschichten her?« fragte Kizzy, als er fertig war.

»Die hab' ich gehört, wie ich so klein war wie du, von 'ner weisen alten Großmammy mit Namen Nyo Boto.« Kunta lachte bei der Erinnerung plötzlich auf. »Sie war so kahl auf dem Kopf wie ein Ei! Und Zähne hatte sie auch keine mehr, aber dafür 'ne scharfe Zunge, die machte alles wett. Uns Jungen hatte sie lieb wie ihre eigenen.«

»Hatte sie denn keine eigenen?«

»Doch, zwei, wie sie noch ganz jung war, lange bevor sie zu uns nach Juffure kam. Aber ihre Söhne sind ihr geraubt worden, bei einem Kampf zwischen ihrem Dorf und 'nem andern Stamm. Sie ist nie drüber weggekommen, glaub' ich.«

Kunta verstummte, jäh von einem Gedanken betroffen, den er in diesem Zusammenhang noch nie hatte: Bell war das gleiche Unglück zugestoßen, als sie jung war. Er hätte Kizzy gern von ihren beiden Halbschwestern erzählt, aber er wußte, daß es sie nur aufregen würde – gar nicht zu reden von Bell, die ihre verlorenen Töchter seit Kizzys Geburt nie wieder erwähnt hatte. Aber war nicht auch er, waren nicht alle, die damals in Ketten mit ihm auf dem Sklavenschiff gewesen waren, ihren Müttern entrissen worden? Und die ungezählten Tausende vor ihm und nach ihm?

»Nackt haben sie uns weggeschleppt!« hörte er sich selbst herausplatzen. Kizzy zuckte zusammen und starrte ihn an, aber er konnte nicht mehr innehalten. »Sogar unsere Namen haben sie uns genommen. Die Schwarzen, die schon hier geboren sind, wissen nicht mal, wer sie sind! Aber ich bin ein Kinte, und du bist eine Kinte! Vergiß das nie! Unsere Vorfahren waren Kaufleute, Reisende, heilige Männer – Hunderte von Regen lang in dem alten Land mit Namen Mali. Du verstehst, wovon ich rede, Kind?«

»Ja, Pappy«, sagte sie gehorsam, aber er wußte, daß dem nicht so war. Wieder kam ihm eine Idee. Er hob ein dürres Zweiglein auf, strich den Boden vor ihnen glatt und kratzte ein paar arabische Schriftzeichen hinein.

»Das ist mein Name: Kunta Kinte«, sagte er und zog die Lettern langsam mit dem Finger nach.

Sie starrte fasziniert hin. »Pappy, nun schreib *meinen* Namen!« Er tat es, und sie lachte. »Das soll ›Kizzy‹ heißen?« Er nickte. »Willst du mich lernen, auch so zu schreiben wie du?« bat sie eifrig.

»Nein, das würd' sich nicht gehören«, sagte Kunta streng.

»Warum nicht?« Ihre Stimme klang gekränkt.

»In Afrika lernen nur Jungen lesen und schreiben. Mädchen haben keine Verwendung dafür. In Afrika nicht und hier auch nicht.«

»Aber Mammy kann doch auch lesen und schreiben. Warum?«

»Red' bloß zu niemand drüber!« sagte er besorgt. »Verstanden? Geht niemand was an. Die Weißen haben's gar nicht gern, wenn welche von uns lesen und schreiben können.«

»Warum?«

»Weil sie denken, je dümmer wir sind, desto weniger Ärger haben sie mit uns.«

»Ich würd' niemand Ärger machen«, meinte sie schmollend.

»Aber wir kriegen alle beide Ärger mit deiner Mammy, wenn wir jetzt nicht ganz schnell nach Hause gehn.«

Kunta stand auf und ging einige Schritte, ehe er merkte, daß Kizzy nicht hinter ihm war, und sich umdrehte. Sie hockte am Bachufer und betrachtete einen glänzenden Kiesel.

»Komm jetzt, es ist wirklich Zeit.« Sie blickte zu ihm auf, und er ging zurück und streckte ihr die Hand hin. »Weißt du was?« sagte er. »Heb den Stein auf und nimm ihn mit und versteck ihn irgendwo, und wenn du schön den Mund drüber hältst, darfst du ihn am nächsten Neumondmorgen in meine Kürbisflasche tun.«

»Oh, Pappy!!« Sie strahlte.

KAPITEL 77

Es war fast Zeit für Kizzy, einen weiteren Kiesel in Kuntas Kürbisflasche zu werfen – etwa ein Jahr später, im Sommer 1800 –, als der Masser zu Bell sagte, er müsse geschäftlich für eine Woche nach Fredericksburg, und sein Bruder würde herüberkommen, um während seiner Abwesenheit »nach dem Rechten zu sehen«. Diese Nachricht traf Kunta weit mehr als alle anderen im Sklavenquartier, denn der Gedanke, Bell und Kizzy so lange in der Gewalt seines früheren Besitzers zu wissen, war ihm noch unangenehmer als der, mit dem Masser von ihnen weg zu müssen. Natürlich behielt er seine Sorgen für sich, aber als er am Morgen der Abreise aus der Hütte ging, um die Pferde anzuspannen, erschrak er fast darüber, wie Bell wieder seine Gedanken gelesen hatte. Sie sagte nämlich: »Sicher, Masser John ist nicht wie sein Bruder, aber ich weiß schon, wie ich mit seinesgleichen fertig werde. Und es ist ja bloß für 'ne Woche. Also mach dir nicht zuviel Sorgen. Wir werden's überleben.«

»Ich mach' mir gar keine Sorgen«, sagte Kunta und hoffte, daß Bell ihm die Lüge nicht anmerkte.

Dann hockte er sich nieder, um Kizzy einen Abschiedskuß zu geben und ihr ins Ohr zu flüstern: »Vergiß deinen Neumondkiesel nicht«, und Kizzy zwinkerte ihm verschwörerisch zu, und Bell tat, als hätte sie nichts gehört, obwohl sie längst wußte, was die beiden nun schon fast neun Monate lang taten.

Während der ersten beiden Tage, die Kunta und der Masser abwesend waren, änderte sich nicht viel im Hause, obgleich Bell sich so ziemlich über alles, was Masser John tat oder sagte, leicht verstimmt zeigte. Besonders mißbilligte sie, daß er bis spät in die Nacht im Arbeitszimmer seines

Bruders aufsaß, den besten Whiskey, und zwar aus der Flasche, trank, schwarze, dicke, übelriechende Zigarren rauchte und die Asche auf den Teppich fallen ließ. Immerhin störte Masser John den normalen Tagesablauf nicht allzusehr und ließ sich überhaupt wenig blicken.

Aber am späten Vormittag des dritten Tages, als Bell gerade die Vorderveranda fegte, kam ein Mann auf schnaubendem Pferd angaloppiert und verlangte, sofort den Masser zu sprechen.

Schon nach zehn Minuten ritt der Mann so hastig wieder weg, wie er gekommen war, und Masser John schrie in die Diele hinunter, Bell solle zu ihm ins Arbeitszimmer kommen. Er wirkte erschüttert, und Bell durchzuckte die Angst, Kunta und dem Masser sei womöglich etwas Furchtbares zugestoßen. Die Ahnung verdichtete sich zur Gewißheit, als Masser John ihr befahl, alle Sklaven im Hinterhof zu versammeln. Sie kamen und stellten sich in Reih und Glied auf, starr vor Furcht, als er die Fliegentür aufstieß und herausstampfte; er hatte sich einen Revolver deutlich sichtbar in den Gürtel gesteckt.

Er musterte mit kalten Blicken ihre Gesichter und sagte: »Soeben habe ich die Nachricht erhalten, daß einige Nigger in Richmond ein Komplott geschmiedet haben, den Gouverneur zu entführen, die Weißen zu massakrieren und die Stadt abzubrennen.« Die Sklaven starrten einander verblüfft an, während er fortfuhr: »Dank sei dem Himmel – und ein paar gescheiteren Niggern, die dahintergekommen sind und ihren Massers rechtzeitig Bescheid gesagt haben. Die Verschwörung wurde vereitelt, und die meisten Rädelsführer sind gefangen. Der Rest wird von bewaffneten Patrouillen verfolgt. Ich gedenke dafür zu sorgen, daß kein aufsässiger Nigger bei euch unterkriecht. Falls einer von euch Rosinen im Kopf hat, laßt euch gesagt sein, daß ich euch Tag und Nacht kontrolliere! Keiner setzt einen Fuß über die Grenzen dieser Plantage! Keine Zusammenkünfte! Ausgangssperre nach Einbruch der Dunkelheit!« Masser John klopfte vielsagend auf seinen Revolver. »Ich geh' nicht so zimperlich mit Niggern um wie mein Bruder. Und wenn einer von euch so eine Fratze schneidet, als ob er auch nur daran *denkt*, über die Stränge zu schlagen, dann kann nicht mal mein Bruder mehr viel an dem Loch rumdoktern, das ich ihm zwischen die Augen knalle. – Abtreten!«

Masser John hielt Wort. Zwei Tage lang brachte er Bell mit der Forderung zur Weißglut, daß Kizzy die Speisen vorkosten sollte, die sie ihm auf den Tisch stellte. Tagsüber ritt er zur Kontrolle die Felder ab, und abends saß er, ein Gewehr quer über den Knien, auf der Veranda. Seine Wachsamkeit war unablässig, so daß man im Sklavenquartier nicht einmal über den Aufstand zu tuscheln wagte, geschweige denn selbst einen zu planen. Als die nächste Nummer der *Gazette* kam, verbrannte Masser John sie nach dem Lesen sogleich im Kamin, und als ein weißer Nachbar ihn besuchte, schickte er Bell solange aus dem Haus, und die beiden hockten bei geschlossenen Türen und Fenstern im Arbeitszimmer zusammen. So war es den Schwarzen unmöglich, etwas Näheres über die Verschwörung zu erfahren oder über deren Nachwirkungen, was Bell und die anderen fast krank machte – nicht wegen Kunta, denn der war beim Masser in Sicherheit, aber wegen des Fiedlers, der am Tage vor dem Aufstand zu einem großen Ball nach Richmond beordert worden war. Man mochte sich gar nicht ausmalen, was einem fremden Schwarzen in Richmond passieren konnte, der verängstigten, wütenden Weißen in die Hände geriet.

Der Fiedler war noch immer nicht zurück, als Kunta und der Masser, infolge des Aufstands drei Tage früher als vorgesehen, wieder zu Hause eintrafen. Noch am Tag von Masser Johns Abfahrt wurden die Vorschriften etwas gelockert, jedoch nicht gänzlich aufgehoben, und der Masser war sehr kalt gegen jedermann. Was Kunta in Fredericksburg unterderhand gehört hatte, konnte er Bell erst abends erzählen, als sie allein in der Hütte waren: Die gefangenen schwarzen Aufrührer waren gefoltert worden, damit sie den Behörden auf die Spur der anderen Beteiligten halfen, und einer hatte unter der Tortur gestanden, der Kopf der Revolte sei ein freier schwarzer Schmied namens Gabriel Prosser, der etwa zweihundert ausgewählt tüchtige Schwarze – Hausdiener, Gärtner, Pförtner, Kellner, Eisenarbeiter, Seiler, Bergleute, Schiffer, ja sogar Prediger – auf seine Seite gebracht und über ein Jahr auf den Kampf vorbereitet habe. Prosser war noch auf freiem Fuß, sagte Kunta, und die Miliz kämmte die Gegend nach Verdächtigen durch; arme weiße Schlucker »pattrollierten« auf eigene Faust und terrorisierten die Straßen, und es ging das Gerücht, daß manche Massers ihre Sklaven wegen jeder Kleinigkeit prügelten, in einzelnen Fällen sogar totschlugen.

»Unsere einzige Hoffnung ist, scheint's, daß sie ohne uns nicht auskommen«, sagte Bell. »Wenn sie uns alle umbringen, haben sie keine Sklaven mehr.«

»Ist der Fiedler wieder da?« fragte Kunta, etwas beschämt, weil er den Freund über seinem eigenen Erlebnisbericht beinahe vergessen hätte.

Bell schüttelte den Kopf. »Wir machen uns alle mächtig Sorgen. Aber der Fiedler ist ein schlauer Bursche. Er wird schon gut heimkommen.«

»Noch ist er nicht da . . .«, wandte Kunta ein.

Als der Fiedler auch am nächsten Tag nicht kam, schrieb der Masser eine Vermißtenmeldung an den Sheriff und beauftragte Kunta, diese bei der Distriktsbehörde abzuliefern.

Der Sheriff hatte die Botschaft nur schweigend gelesen und den Kopf geschüttelt. Kunta fuhr langsam und bedrückt heimwärts, starrte geradeaus auf die Straße und fragte sich, ob er den Fiedler wohl jemals wiedersehen werde. Jetzt lag es ihm schwer auf der Seele, daß er ihm nie so richtig gesagt hatte, welch guter Freund er ihm gewesen war – ungeachtet seines Trinkens, Räsonierens und anderer kleiner Fehler. Da vernahm er plötzlich eine Stimme, die das Genäsel der armen Weißen nachahmte: »He, Nigger!«

Kunta traute seinen Ohren nicht, denn er sah niemanden. »Zum Teufel, wo willst du hin?« rief die Stimme wieder, und er zügelte die Pferde, um sich nach allen Seiten umzublicken. Die Straße war leer. Doch plötzlich ertönte es: »Du hast keinen Passierschein, Kerl, du kannst dich auf was gefaßt machen!« – und aus einer Mulde kroch, über und über verdreckt und zerkratzt, aber den sturmerprobten Geigenkasten noch in der Hand und von einem Ohr zum anderen grinsend – der Fiedler.

Kunta sprang mit einem lauten Aufschrei vom Kutschbock, und im nächsten Moment lagen er und der Fiedler einander in den Armen und tanzten einen Freudentanz.

»Du bist das Urbild eines Afrikaners, dacht' ich wenigstens immer«, lachte der Fiedler. »Stimmt aber nicht – ein echter würde mir nie so zeigen, daß er sich freut.«

»Weiß selber nicht, warum«, sagte Kunta beschämt.

»Nettes Willkommen für einen Freund, der auf Händen und Füßen den ganzen Weg von Richmond zurückgekrochen ist, bloß um dein häßliches Gesicht wiederzusehn!«

Kuntas wiederhergestellter Ernst entsprach seiner Sorge. »War's schlimm, Fiedler?«

»*Schlimm* ist gar kein Ausdruck. Hab' schon gedacht, ich spiel'n Duett mit den Engeln, eh ich aus der Stadt rauskomm'!« Kunta nahm den verschrammten Geigenkasten auf, und während sie beide in den Wagen kletterten, redete der Fiedler pausenlos weiter. »Die Weißen in Richmond sind reineweg verrückt vor Angst. Die Miliz hält jeden Nigger an, und wer keinen Passierschein hat, landet mit 'nem Brummschädel im Knast. Und die haben noch Glück gehabt. Das weiße Pack streunt in Rudeln auf den Straßen rum wie bissige Köter. Die stürzen sich auf die Nigger und richten sie zu, daß sie nicht mehr wissen, ob sie Männlein oder Weiblein sind.« Er hielt kurz inne. »Der Ball, auf dem ich gespielt hab', war in vollem Gang, als zuerst was über den Aufstand verlautete. Die Missys fingen an zu kreischen und die Hände zu ringen und durcheinanderzulaufen wie die Hühner, und die Massers zielten gleich mit ihren Schießeisen auf die Niggerband. In all dem Trubel konnt' ich in die Küche schlüpfen, und da hab' ich mich in 'ner Mülltonne versteckt, bis alle weg waren. Dann klettere ich aus dem Fenster und schleich' mich durch die Hintergassen, wo keine Laternen sind. Erst am Stadtrand hör' ich auf einmal Geschrei hinter mir und Fußgetrappel von 'ner ganzen Horde, die mir nachkam. Irgendwie merk' ich schon, daß es keine Schwarzen sind, aber ich hab' lieber nicht gewartet, bis ich's genau sah. Ich drück' mich geduckt um die nächste Ecke, hör' aber, wie sie näher kommen, und fang' schon mein letztes Gebet an, da stoß' ich im Dunkeln auf so 'ne richtig schöne niedrige Veranda und roll' mich unter die Pfosten. Mächtig eng da drin, und ich krauch' zollweise zurück, während oben schon das weiße Pack mit Fackeln vorbeirennt und schreit: ›Fangt den Nigger!‹ Plötzlich prall' ich gegen was Großes, Weiches, und eine Hand hält mir den Mund zu, und eine Niggerstimme sagt: ›Nächstesmal klopf gefälligst vorher an!‹ Wie sich rausstellt, ist es 'n Speicher-Nachtwächter, dem war 'n Freund von der Meute in Stücke gerissen worden, und er hat nicht die Absicht, vor nächstem Frühjahr unter der Veranda rauszukommen, wenn die Geschichte so lange dauert.«

»Na ja«, fuhr der Fiedler fort, »nach 'ner Weile wünsch' ich ihm Glück und hau' für mein Teil lieber ab in die Wälder. Das ist nun fünf Tage her.

Wenn nicht Pattroller auf den Straßen gewesen wärn, hätt' ich's auch in fünf Tagen geschafft, aber so mußt' ich immer möglichst im Dickicht bleiben. Hab' mich von Beeren ernährt und bei den Karnickeln geschlafen. Ging alles ganz gut, bis mich gestern ein paar wirklich gemeine Kerls im Freien geschnappt haben. Die gieren alle bloß so drauf, mal eigenhändig 'n Nigger auszupeitschen oder sogar aufzuhängen – 'n Seil dafür hatten sie schon dabei. Na, die stoßen mich hin und her und fragen, wer mein Masser ist und wo ich hin will, hören aber gar nicht hin, was ich antworte – bis ich sag', ich bin ein Fiedler, das sieht man doch an meinem Geigenkasten. Da haken sie nach, denken, ich schwindle, und brüllen: ›Dann spiel uns mal was vor, los!‹ – Ich kann dir sagen, Afrikaner, so'n Konzert, wie ich da mitten auf der Straße gegeben hab', das hast du noch nie erlebt. Ich hab' gespielt ›Puterhahn im Stroh‹ – du weißt, wie das weiße Pack dafür schwärmt – , und eh ich richtig warm werde, pfeifen und trampeln und klatschen sie schon alle, und erst als sie nicht mehr können, sagen sie zu mir: ›Nun mach, daß du weiterkommst, hau ab, Dillydally!‹ Das hab' ich mir nicht zweimal sagen lassen. Hab' mich in Straßengraben und Kuhlen geduckt, sooft ich Pferde und Wagen hörte – bis jetzt, wo es deiner war! Und da bin ich!«

Der Einspänner rollte schon auf der schmalen Abzweigung, die zum Herrenhaus führte, und bald hörten sie einzelne Zurufe und sahen die Leute des Sklavenquartiers von allen Seiten herbeilaufen, um sie jubelnd zu begrüßen.

»Man sollte meinen, 'ne Leiche wär wiederauferstanden«, grinste der Fiedler. Kunta war gegen seinen Willen ganz gerührt und bemerkte: »Sieht so aus, als müßtest du die ganze Geschichte nochmal von vorn erzählen.«

»Hast du je erlebt, daß ich den Mund halte?« sagte der Fiedler. »Schließlich bin ich nur zurückgekommen, *damit* ich es erzählen kann!«

KAPITEL 78

In den folgenden Monaten wurden die Verschwörer einer nach dem anderen gefangen, verhört und hingerichtet, und nachdem auch Gabriel Prosser selbst diesen Weg gegangen war, flaute die Aufregung allmählich ab, und die ›größere‹ Politik wurde wieder zum Hauptgesprächsthema zwischen dem Masser und seinen Bekannten, und folglich auch im Sklavenquartier. Kunta, Bell und der Fiedler suchten sich Stückchen für Stückchen zusammenzusetzen, was sie auf verschiedenen Wegen über die bevorstehenden Präsidentschaftswahlen gehört hatten. Ein Masser Aaron Burr hatte sich lange ein Kopf-an-Kopf-Rennen mit dem berühmten Masser Thomas Jefferson geliefert. Schließlich siegte Jefferson, offenbar mit Hilfe des mächtigen Masser Alexander Hamilton, und dessen Erzfeind Burr wurde nur Vizepräsident. Niemand hatte bis dahin viel von Masser Burr gehört, aber Kunta erfuhr von einem schwarzen Kutscher wenigstens einiges über Masser Jefferson, dessen Sklaven einstimmig erklärten, es könne keinen besseren Herrn geben.

»Der Mann, mit dem ich geredet hab'«, erzählte Kunta seinen Freunden zu Hause, »ist in der Nähe von Masser Jeffersons Monticello-Pflanzung in Virginia geboren. Er sagt, Masser Jefferson hat seinen Aufsehern nie erlaubt, Schwarze zu schlagen. Sie kriegen alle gut zu essen, und die Frauen dürfen selber für sich spinnen und gute Kleider nähen. Und als Masser Jefferson mal von 'ner langen Reise zurückgekommen ist, sind ihm seine Sklaven zwei Meilen vor der Pflanzung entgegengekommen, haben ihm die Pferde ausgespannt und den Wagen vor Freude selber die ganze lange Strecke bis zum Haus gezogen, und dann haben sie den Masser auf den Schultern über die Türschwelle getragen.«

Der Fiedler schnaubte verächtlich. »Bei den Niggern weiß ja fast jeder, daß Masser Jefferson selber Kinder mit 'ner Milchkaffee-Mulattin hat, die ihm gehört und Sally Hemings heißt.« Er wollte noch mehr dazu sagen, aber Bell steuerte nun ihrerseits bei, was sie am meisten interessierte. »Ein Küchenmädchen, das 'ne Weile bei ihm war, erzählt, Masser Jeffersons Leibgericht ist Karnickel, über Nacht in Öl, Thymian, Rosmarin und Knoblauch eingelegt, und am nächsten Tag so lange in Wein gekocht, bis das Fleisch von den Knochen fällt!«

»Na so was!« staunte der Fiedler ironisch.

»Du kannst lange warten, bis du wieder ein Stück von dem Rhabarberstrudel kriegst, wegen dem du mich dauernd ankeilst!« fauchte Bell gekränkt.

»Und du kannst lange warten, bis ich dich wieder um was bitte!« gab er zurück.

Kunta hütete sich, in seinen alten Fehler zu verfallen und zwischen seiner Frau und dem Fiedler vermitteln zu wollen, wenn sie aneinandergerieten – denn dann pflegten sie plötzlich gemeinsam ob der unerwünschten Einmischung auf *ihn* loszugehen. Er tat also, als hätte er nichts gehört, und fuhr einfach da fort, wo er unterbrochen worden war.

». . . Und Masser Jefferson soll gesagt haben, die Sklaverei ist ebenso schädlich für die Weißen wie für uns, und er ist derselben Meinung wie Masser Hamilton, nämlich daß der natürliche Unterschied zwischen Schwarz und Weiß viel zu groß ist und beide nie lernen werden, friedlich zusammenzuleben. Drum will Masser Jefferson uns am liebsten alle frei sehn, aber wir sollen nicht weiter hier im Land rumhängen und armen weißen Schluckern die Arbeit wegnehmen – er ist dafür, daß wir wieder nach Afrika verschifft werden, so nach und nach, ohne viel Getue und Gerede.«

»Das soll Masser Jefferson erst mal den Sklavenhändlern beibringen«, sagte der Fiedler. »Die haben ihre eigene Meinung, in welche Richtung die Schiffe gehn sollen.«

»Irgendwas ist aber im Gang«, sagte Kunta. »Ich höre, massenhaft Leute werden jetzt verkauft. Ganze Familien, die ihr Leben lang hier waren, werden von ihren Massers weiter runter in den Süden abgeschoben. Gestern erst haben wir so 'n Sklavenhändler auf der Straße getroffen. Er grinst und winkt und tippt sich an den Hut, aber der Masser hat getan, als ob er ihn gar nicht kennt.«

»Hm! Diese Sklavenhändler wimmeln in den Städten rum wie die Schmeißfliegen«, sagte der Fiedler. »Letztes Mal, als ich in Fredericksburg war, sind sie sogar um so was Altes und Verdorrtes wie mich rumgesurrt, bis ich meinen Paß raushole. Ich hab' gesehn, wie ein armer alter Graubart für sechshundert Dollar verkauft wurde. Früher haben nur junge, kräftige Nigger soviel eingebracht. Aber der Alte da hat nicht etwa den

Mund gehalten! Wie sie ihn vom Auktionsblock gezerrt haben, hat er geheult: ›Ihr Weißen alle, ihr habt Gottes Erde zur *Hölle* für mein Volk gemacht! Aber so wahr das *Jüngste Gericht* kommt, so wahr fahrt ihr in die Hölle zurück, wo ihr her seid! Euch rettet kein Bitten und Betteln vor der ewigen *Verdammnis* . . . keine von den Medizinen, die ihr macht . . . kein Wegrennen . . . keine Gewehre . . . NICHTS wird euch dann erretten!‹ Inzwischen hatten sie ihn schon weggeschleppt, und ich konnt' nichts mehr hören. Der Graubart muß ein Prediger gewesen sein oder so, der Art nach, wie der losgelegt hat.«

Kunta merkte Bells plötzliche Aufregung. »War der Alte kohlschwarz?« fragte sie hastig, »klapperdürr, ein bißchen verkrümmt und mit 'nem weißen Bart und 'ner großen Narbe im Nacken?«

Der Fiedler erschrak. »Ja! Stimmt genau! Alles . . . Weißt du, wer er ist?«

Bell sah Kunta an, als würde sie gleich in Tränen ausbrechen. »Es ist der Priester, der Kizzy getauft hat«, sagte sie schwermütig.

Am Abend danach war Kunta gerade in der Hütte des Fiedlers zu Besuch, als Cato auf die Schwelle trat und an die offene Tür klopfte. »Was stehst du draußen rum?« rief der Fiedler. »Komm schon rein!«

Cato folgte der Aufforderung. Kunta und der Fiedler waren sehr erfreut, daß er gekommen war. Erst kürzlich hatten sie sich den gegenseitigen Wunsch eingestanden, der ruhige, solide Vormann möge sich näher mit ihnen anfreunden, etwa so wie der alte Gärtner ihnen nahegestanden hatte.

Doch schien Cato ziemlich befangen zu sein. »Ich wollt' nur eben mal sagen«, begann er verlegen, »es wär' vielleicht besser, wenn ihr nicht all die gruseligen Sachen erzählt von den Leuten, die in den Süden verkauft werden . . .« Cato zögerte. »Der Grund ist, um die Wahrheit zu sagen: meine Leute draußen in den Feldern kriegen es dermaßen mit der Angst, daß sie auch verkauft werden, daß sie mit den Gedanken einfach nicht bei der Arbeit bleiben können.« Wieder stockte er kurz. »Ich mein', alle außer mir und dem Jungen, dem Noah. Ich denk' mir eben: wenn ich verkauft werden soll, dann werd' ich eben verkauft, da ist nichts zu machen. Und der Noah – ich glaub', der hat vor gar nichts Angst.«

Nachdem sie ein paar Minuten weiter zu dritt darüber gesprochen hatten (Kunta spürte, wie Cato bei ihrem warmen Entgegenkommen auftaute), wurde vereinbart, daß sie die schlimmsten Neuigkeiten künftig für sich behielten und die anderen nicht unnötig erschreckten, nicht einmal Bell.

Aber schon eine Woche später blickte Bell eines Abends in der Hütte unvermittelt von ihrem Strickzeug auf und sagte: »Wie's scheint, gibt's hier neuerdings 'n paar Leisetreter, oder die Weißen verkaufen keine Nigger mehr. Ich bin doch nicht so blöd, wie ihr denkt!«

Kunta knurrte beschämt. Er war platt, daß Bell – und wahrscheinlich auch alle anderen Bewohner des Sklavenquartiers – intuitiv erraten hatten, daß er und der Fiedler nicht mehr alles erzählten, was sie wußten. Also sprach er wieder über Sklavenverkäufe, ließ allerdings die schlimmsten Einzelheiten weg. Dafür rückte er Erfolgsgeschichten über schwarze Flüchtlinge in den Vordergrund und wiederholte jeden Klatsch, wie schlaue, redegewandte Sklaven unterwegs die dummen weißen Patrouillen zum Narren gehalten hätten. Demnach hatten ein »gelber« Hausdiener und ein schwarzer Stallknecht einmal Einspänner, Pferd und feine Anzüge gestohlen, dazu einen Hut, mit dem angetan sich der Gelbe als reicher Masser ausgab, der laut auf seinen schwarzen Kutscher schimpfte, sobald sie auf ihrer Fahrt in den Norden – in die Freiheit also – auf weiße Patrouillen stießen. Ein andermal erzählte Kunta von einem nicht weniger tollkühnen Sklaven, der mit seinem Maultier den Weißen jedesmal beinahe ins Gesicht galoppierte, bevor er es ruckartig zum Stehen brachte und schwungvoll ein großes, schön geschriebenes Dokument entrollte, das angeblich eine Eilbotschaft von seinem Masser war – wobei er stets darauf setzen konnte, daß die weißen Analphabeten ihn lieber durchließen als zuzugeben, daß sie nicht lesen konnten.

Kunta brachte seine Nachbarn jetzt oft zum Lachen. So erzählte er beispielsweise von schwarzen Ausreißern, die so perfekt stottern und sabbern konnten, daß die angewiderten Weißen ihnen befahlen, sich weiterzuscheren, statt sich mit stundenlangen Verhören abzuquälen. Andere hätten zitternde Angst gemimt und dann der Patrouille anvertraut, wie sehr ihre reichen, mächtigen Massers die armen Weißen verachteten und wie scharf sie reagierten, wenn diese sich in ihre Angelegenheiten, auch betreffs der schwarzen Dienerschaft, einmischten. Eines Abends brüllte das ganze Sklavenquartier vor Lachen über Kuntas Bericht von einem Haussklaven, der die rettende Grenze gerade um eine Nasenlänge vor seinem Masser erreicht hatte. Dieser war ihm nachgekeucht, hatte einen Polizisten zu Hilfe gerufen und den Entlaufenen angeschrien: »Du bist mein Nigger, gib's doch zu!« Der Schwarze hätte ihn aber ganz unschuldig angeguckt und dem Polizisten treuherzig versichert: »Helf mir Gott, der Weiße da ist mir noch nie vor die Augen gekommen!« Damit hatte er die Schaulustigen, die sich ansammelten, ebenso überzeugt wie den Polizisten, der den erbosten Weißen aufforderte, den Mund zu halten und zu gehen, sonst müsse er ihn wegen Erregung öffentlichen Ärgernisses verhaften.

Kunta selbst hatte nun schon seit Jahren vermieden, in die Nähe einer Sklavenauktion zu geraten – seit damals, als das Mädchen ihn vergebens um Hilfe angefleht hatte. Aber ein paar Monate nach dem Dreiergespräch mit Cato und dem Fiedler kutschierte er den Masser zufällig gerade um die Frühnachmittagszeit auf den Hauptplatz von Spotsylvania, als dort eine Versteigerung begann.

»Nur näher, Gentlemen, ich offerier' Ihnen heute die prächtigsten Nigger, die Sie je gesehen haben!« Noch während der Marktschreier seine Ware anpries, stieß sein bulliger Gehilfe eine alte Sklavin auf das Gerüst. »Eine vortreffliche Köchin!« fing der Auktionator an, aber sie schrie dazwischen: »Masser Philip, Philip!« Sie streckte verzweifelt die Arme nach einem Weißen aus, der vorn in der gaffenden Menge stand. »Masser Philip, ich hab' schon für Euch und Euren Bruder und Euren Daddy gearbeitet, wie Ihr noch ganz klein wart! Bin ja alt und taug' nicht mehr viel, aber, o Gott, behaltet mich doch! Ich will auch hart arbeiten, Masser Philip! Bitte, *Sörr*! Nicht zulassen, daß die mich totpeitschen da im Süden!«

»Halt an, Toby«, befahl Masser Waller.

Kuntas Blut gefror, als er die Zügel anzog. Warum wollte der Masser plötzlich bei einer Auktion zusehen, nachdem er lange Jahre hindurch keinerlei Interesse dafür gezeigt hatte? Dachte er daran, jemanden zu verkaufen, oder was? Lag es an dem herzzerreißenden Ausbruch der alten Frau? Der »Masser Philip«, den sie anflehte, schrie als Antwort nur einen hämischen Witz, und die Zuschauer lachten noch, als ein Sklavenhändler sie für siebenhundert Dollar kaufte.

»Gott, steh mir bei, Jesus, hilf!« jammerte sie immer noch, als der schwarze Helfer des Käufers sie zu einem hölzernen Verschlag zerrte. »Nimm deine schwarzen Pfoten weg von mir, Nigger!« schrie sie ihn an, und die Zuschauer bogen sich vor Lachen. Kunta biß sich auf die Lippen und drängte die Tränen zurück.

»Nun kommt unser Preisbulle dran, Gentlemen!« Der nächste auf der Plattform war ein junger Schwarzer, dem Haß in den Augen loderte und dessen gewaltiger Brustkasten und muskulöser Rücken kreuz und quer von frischen, blutroten Striemen gezeichnet waren. »Der muß nur ab und zu 'n bißchen auf Trab gebracht werden«, erklärte der Auktionator. »Er kann ein Maultier mit unterpflügen! Pflückt pro Tag vierhundert Pfund Baumwolle! Sehn Sie ihn nur an! Unschätzbar als Zuchtstier, falls die Weiber bei Ihnen nicht jedes Jahr ordentlich werfen! Bieten Sie, Gentlemen – Sie kriegen ihn auf jeden Fall zum Spottpreis!« Der gefesselte junge Mann brachte vierzehnhundert Dollar.

Kuntas Blick trübte sich von neuem, als eine hochschwangere, weinende Mulattin auf die Plattform geführt wurde. »Gleich zwei zum Einheitspreis, oder eins gratis, kommt drauf an, wie Sie die Sache betrachten!« brüllte der Auktionator. »Gesunde Bälger sind heutzutage schon beim ersten Schrei ihre hundert Dollar wert!« Die Schwangere ging für tausend Dollar weg.

Es wurde unerträglich, als die nächste an der Kette zur Rampe gezerrt wurde, und Kunta fiel beinahe vom Sitz. Das junge Mädchen, das vor Grauen bebte, hätte eine nur wenig ältere Kizzy sein können, so ähnlich war sie ihr in Gestalt, Hautfarbe und sogar einigen charakteristischen Gesichtszügen. Wie vor den Kopf geschlagen, hörte er die marktschreierische Anpreisung: »Ein gutausgebildetes Hausmädchen – und außerdem 'ne prima Zuchtstute, falls Sie eine brauchen«, fügte er mit anzüglichem Grinsen hinzu. Zu genauerer Inspektion auffordernd, riß er ihr den Halsverschluß des Sackumhangs auf, der ihr sofort bis auf die Füße hinabfiel. Das überrumpelte Mädchen schrie auf und suchte weinend ihre Nacktheit mit den gefesselten Armen vor den lüsternen Blicken der Männer zu verbergen, von denen mehrere herandrängten, um sie zu stupsen und zu betasten.

»Das ist genug! Bring uns hier weg!« befahl der Masser – einen Moment, bevor Kunta es, wie er deutlich fühlte, auch ohne Befehl getan haben würde.

Auf dem Rückweg zur Pflanzung konnte Kunta die Straße kaum wahrnehmen, so wirbelte es in seinem Kopf. Wie, wenn das Mädchen nun wirklich seine Kizzy gewesen wäre? Und die alte Köchin – seine Bell? Wie, wenn sie beide von ihm wegverkauft würden? Oder er von ihnen? Es war zu entsetzlich, um weiter darüber nachzudenken, aber er kam dennoch nicht von dem Gedanken los.

Noch ehe der Einspänner das Herrenhaus erreichte, spürte Kunta mit jedem Nerv, daß auch hier etwas nicht stimmte, vielleicht, weil er trotz des warmen Sommerabends keinen Menschen aus dem Sklavenquartier herumschlendern oder draußen sitzen sah. Kunta setzte den Masser ab, schirrte die Pferde aus, brachte sie schleunigst in den Stall und eilte schnurstracks zur Küche, wo Bell um diese Zeit das Abendessen für den Masser vorbereiten mußte. Sie bemerkte ihn nicht, bis er durch die Fliegentür fragte: »Ist bei dir alles in Ordnung?«

»Oh, Kunta!« Sie wirbelte herum und sprudelte mit erschreckt aufgerissenen Augen hervor: »Denk dir, hier war ein Sklavenhändler!« Dann, mit gedämpfter Stimme: »Ich hab' Catos Käuzchenschrei vom Feld drüben gehört und bin ans vordere Fenster gerannt, und in 'ner Minute seh' ich so 'n städtischen weißen Kerl vom Pferd steigen; ich konnt's direkt riechen, was das für einer war! Barmherziger Gott! Er kommt die Stufen rauf, und ich nehm' mich zusammen und mach' ihm die Tür auf. Er sagt, er möchte den Masser oder die Missis sprechen. Ich sag', meine Missis liegt im Grab und mein Masser ist ein Doktor, und er ist weg und kümmert sich um kranke Leute, und man weiß nie, wie spät in der Nacht er wiederkommt. Der Kerl grinst mich bloß unverschämt an und gibt mir 'ne kleine bedruckte Karte und sagt, ich soll sie dem Masser geben und sagen, er käm' bald mal wieder vorbei. Ja . . . Natürlich trau' ich mich nicht, die Karte wegzuschmeißen. Schließlich hab' ich sie dem Masser einfach auf den Schreibtisch gelegt.«

»Bell!« rief Masser Wallers Stimme aus dem Wohnzimmer.

Sie ließ fast den Kochlöffel fallen. »Wart', ich bin gleich wieder da«, flüsterte sie. Kunta wartete, auf das Schlimmste gefaßt, und wagte kaum zu atmen, bis er Bell mit sichtlich erleichterter Miene zurückkehren sah.

»Er hat nur gesagt, er will heute früher essen. Die Karte war vom Schreibtisch, aber er hat nicht mal nach dem Kerl gefragt, der sie gebracht hat – na, und ich hab' natürlich erst recht nicht davon angefangen!«

Nach Feierabend unterrichtete Bell alle Feldsklaven über die Entwicklung der Ereignisse nach Catos Warnsignal. Tante Sukey fing an zu weinen. »Herr im Himmel, glaubt ihr, daß der Masser wen von uns verkaufen will?«

»Mich soll keiner mehr schlagen!« erklärte Catos massive Frau, Beulah.

Lastendes Schweigen folgte. Kunta wußte nichts zu sagen; jedenfalls dachte er nicht daran, ihnen von der heutigen Versteigerung zu erzählen.

»Na«, meinte der Fiedler endlich, »der Masser hat ja keinen ganzen Haufen überflüssiger Nigger wie andere. Dafür hat er mehr Geld als die meisten; er braucht also keinen zu verkaufen, um seine Schulden zu bezahlen, wie es viele andre machen.«

Kunta hoffte, daß der Trostversuch des Fiedlers auf die Nachbarn überzeugender wirkte als auf ihn. Bell sah wieder ganz hoffnungsvoll aus. »Ich kenn' den Masser«, sagte sie, »oder ich kenn' ihn jedenfalls lang genug. Seit wir alle hier sind, hat er nie keinen nicht verkauft – wenigstens keinen außer dem Kutscher damals, dem Luther, und das war, weil Luther einem Mädchen 'ne Karte gezeichnet hat, als ›Fluchthilfe‹. – Nein!« fügte Bell nach kurzem Zögern entschieden hinzu, »der Masser würde keinen von uns ohne ernsten Grund verstoßen – oder kann sich's einer von euch vorstellen?«

Aber niemand antwortete.

KAPITEL 79

Kunta spitzte die Ohren bei dem Gespräch des Masser mit einem seiner bevorzugten Vettern, den er zum Essen mit nach Hause nahm. Beide Herren saßen hinten im Einspänner.

»Neulich hab' ich eine Distriktsauktion mitangesehen«, erzählte der Masser gerade. »Dabei habe ich zu meinem Erstaunen festgestellt, daß sogar ganz mittelmäßige Feldarbeiter beim Verkauf zwei- bis dreimal soviel bringen, als sie vor wenigen Jahren gekostet haben. Und in der *Gazette* wimmelt es von Annoncen, aus denen hervorgeht, daß für Tischler, Maurer und Schmiede – überhaupt alle Sklaven, die in irgendeinem Handwerk erfahren sind, egal ob Lederarbeiter, Seiler oder Musiker – bis zu zweitausendfünfhundert Dollar pro Stück geboten werden.«

»Enorm!« sagte der Vetter.«

»Es ist überall dasselbe, seit die neue Baumwolltrennmaschine eingeführt worden ist. Soviel ich weiß, haben wir schon über eine Million Sklaven im Land, aber die Schiffe scheinen gar nicht genug neue bringen zu können, um die Nachfrage zu befriedigen. Besonders die unterversorgten Staaten im tiefen Süden wollen so den Anschluß an die Baumwollindustrie im Norden gewinnen.«

»Mich beunruhigt dabei nur«, sagte der Masser, »daß derartig viele sonst ganz vernünftige Pflanzer sich von der Aussicht auf raschen Profit blenden lassen. Unser Staat Virginia läuft dadurch Gefahr, gerade die beste Sklavenqualität zu verlieren, mitsamt dem Nachwuchs – und das ist doch heller Wahnsinn!«

»Wieso? Hat Virginia nicht immer mehr Sklaven gehabt als gebraucht werden? Die meisten kosten mehr Unterhalt, als ihre Arbeit wert ist.«

»Heute vielleicht«, sagte der Masser. »Aber woher sollen wir wissen, wieviel Arbeitskräfte wir in fünf oder zehn Jahren brauchen? Wer hätte je den Baumwollboom geahnt, den wir seit einem Jahrzehnt haben? Ich hab' schon früher euerm beliebten Argument nie zugestimmt, daß Sklavenhaltung zuviel kosten würde. Auf jeder Plantage, die nur halbwegs gut organisiert ist, pflanzen, ziehen und ernten sie ja selber, was sie essen. Und im allgemeinen vermehren sie sich gut – jedes neugeborene Sklavenkind bedeutet für uns bares Geld. Viele sind sehr anstellig und bringen es zu Fertigkeiten, die ihren Wert noch erhöhen. Ich bin überzeugt, daß Sklaven und Grundbesitz – in dieser Reihenfolge – grade heute die beste Geldanlage sind. Aus demselben Grunde gedenke ich auch keinen zu verkaufen. Sie sind das Rückgrat unseres Wirtschaftssystems.«

»Das System kann sich ändern, ehe man es recht merkt«, wandte der Vetter ein. »Sieh dir das unverschämte weiße Pack an, das so tut, als gehörte es bereits zur Klasse der Pflanzer, bloß weil diese Kerle sich zwei, drei total abgewrackte Sklaven gekauft haben, die sie bei einer jämmerlichen Baumwoll- und Tabakernte zu Tode schinden. Das ist richtiger Abschaum, und vermehren tut sich das Gesindel noch schneller als die Nigger. Wir haben bald so viele davon, daß wir um unsere Ländereien und unsere eigenen Arbeitskräfte fürchten müssen.«

»Na, ich glaube kaum, daß wir uns deshalb große Sorgen machen müssen . . .«, der Masser lachte kurz auf, offenbar von dem Gedanken belustigt, ». . . solange sich die armen Weißen mit freien Schwarzen um ausrangierte Sklaven rangeln!«

Der Vetter stimmte in sein Lachen ein. »Ja, ist es nicht unglaublich? Die Hälfte der freien Stadtnigger sollen Tag und Nacht schuften, um genug Geld zusammenzusparen, mit dem sie dann ihre Verwandten kaufen und freilassen können.«

»Nur deshalb haben wir ja so viele freie Schwarze im Süden«, bemerkte der Masser.

»Ich glaube, wir dulden zu viele davon in Virginia«, sagte der Vetter. »Es geht nicht nur darum, daß sie uns Arbeitskräfte wegnehmen, indem sie ihre Leute abziehen und immer *mehr* freie Schwarze schaffen. Sie sind auch die Drahtzieher bei den meisten Unruhen. Wir dürfen den schwarzen Schmied von Richmond nie vergessen!«

»Sehr richtig!« sagte der Masser. »Ich glaub' aber trotzdem, daß wir mit entsprechend strengen Gesetzen und scharfem Durchgreifen bei allen Unruhestiftern die Schwarzen in ihre Schranken weisen und die meisten zu nützlichen Zwecken verwenden können, auch in den Städten. Wie ich höre, sitzen sie schon in fast allen Handwerksberufen.«

»Und wie!« sagte der Vetter. »Auf meinen vielen Reisen sehe ich es ja mit eigenen Augen, wie sie sich ausbreiten. Sie werden Hafen- und Lagerarbeiter, Händler, Leichenbestatter, Gärtner. Sie stellen die besten Köche und, natürlich, Musikanten! Und in Lynchburg soll's in der ganzen Stadt keinen einzigen weißen Barbier mehr geben. Dort müßt' ich mir einen Bart stehenlassen – nie ließe ich einen Schwarzen mit einem Rasiermesser meiner Gurgel zu nahe kommen!«

Sie lachten beide. Dann wurde der Masser wieder ernst. »Ich glaube, das größere soziale Problem, das sich in den Städten zusammenbraut, geht nicht auf das Konto der freien Schwarzen, sondern dieser aalglatten, verlogenen Sklavenhändler. Die meisten sollen ehemalige Kneipenwirte,

Spekulanten, Spieler, Winkeladvokaten, Wanderprediger und ähnliches sein. Drei oder vier haben mich schon in der Stadt angesprochen und mir unbesehen jeden Preis für meine Sklaven geboten, und einer hatte sogar die Frechheit, seine Karte bei mir zu Hause abzugeben! Soweit es mich betrifft, halte ich solche Leute für gewissenlose Aasgeier.«

Inzwischen waren sie vor Masser Wallers Haus angekommen, und Kunta sprang mit einem Gesicht, als hätte er kein Wort gehört, vom Bock, um den Herren aus dem Wagen zu helfen. Bis sie drin waren, sich nach der staubigen Fahrt gewaschen hatten, im Salon wieder zusammentrafen und Bell riefen, um sich von ihr eine Erfrischung bringen zu lassen, wußten Bell und alle übrigen Schwarzen schon die lebenswichtige Neuigkeit, daß der Masser nicht die Absicht hatte, sie zu verkaufen. Und gleich nach dem Abendessen wiederholte Kunta seinem verzückt lauschenden Publikum haarklein das gesamte Gespräch der beiden Massers, so gut er es nur wiedergeben konnte.

Sekundenlang herrschte Stille. Dann sagte Schwester Mandy: »Wie war das – der Masser und sein Vetter sagen, freie Nigger sparen, bis sie ihre Familien freikaufen können. Nun möcht' ich bloß wissen, wie sie *selber* mal freigekommen sind!«

»Ganz einfach«, sagte der Fiedler. »Die Massers in der Stadt haben ihre Nigger schon früher oft Handwerke gelernt, und dann haben sie sie gegen Bezahlung vermietet und ihnen was von dem Geld abgegeben, wie Masser Waller es mit mir macht. So nach zehn, fünfzehn Jahren Sparen kann ein Mietnigger sich dann vielleicht bei seinem eigenen Masser freikaufen.«

»Ach, deshalb bist du wohl so eifrig am Fiedeln?« fragte Cato.

»Bestimmt nicht, weil ich die Weißen so gern tanzen seh'!«

»Hast du schon genug, um dich freizukaufen?«

»Wenn ich das hätt', könntest du nicht so dämlich fragen. Dann wär' ich nämlich nicht mehr hier.«

Alles lachte, aber Cato bohrte weiter: »Wie nah bist du denn dran?«

»Du mußt alles ganz genau wissen, was?« sagte der Fiedler ärgerlich. »Also schön: näher als vergangene Woche, aber nicht so nah wie nächste Woche.«

»Schon gut. Und *wenn* du soweit bist, was machst du dann?«

»Abhauen, Bruder! Wie der Wind nach Norden! Ich hör', da leben viel freie Nigger besser als manche Weiße. Klingt gut in meinen Ohren. Paßt auf, nächstens wohn' ich Tür an Tür mit so 'nem hellhäutigen Mulatto und fang an, hellhäutig zu reden und reine Seide anzuziehn, wie die es alle tun, und dann spiel' ich Harfe statt Fiedel und geh' in 'n Verein, wo alle klug schwatzen über Bücher und Blumenpflege und solche feinen Sachen.«

Als das Gelächter sich gelegt hatte, fragte Tante Sukey: »Wie findet ihr das eigentlich, daß die Weißen immer sagen, Mulatten und andre Helle arbeiten sich hoch, weil sie von dem Blut der Weißen viel mehr Schlauheit mitkriegen als wir andern?«

»Na, die weißen Männer sorgen ja auch genug für schlaue Mischungen«, meinte Bell trocken.

»Du redst hoffentlich nicht vom Aufseher meiner Mammy?« rief der Fiedler und spielte so überzeugend den Gekränkten, daß Cato vor Lachen fast vom Stuhl fiel und Beulah ihn mit einer Kopfnuß zurechtwies.

»Ich bitte um Ruhe!« tönte der Fiedler. »Ich gedenke jetzt Tante Sukeys Frage ernsthaft zu beantworten! Wenn ihr nach Leuten wie *mir* urteilt, dann wißt ihr, daß hellhäutige Nigger gescheiter sein *müssen* als die andern! Nehmt zum Beispiel diesen braunen Benjamin Banneker. Die Weißen nennen ihn ein Zahlengenie, und er studiert sogar den Mond und die Sterne. Aber es gibt auch massenhaft schlaue Nigger, die ebenso schwarz sind wie ihr alle.«

»Ich weiß noch«, warf Bell ein, »der Masser hat mal von einem James Derham geredet, der ist Niggerdoktor in New Orleans. Der weiße Doktor, der ihm alles gelernt hat, sagt, James Derham kann jetzt mehr als er, und dabei ist er so kohlschwarz, wie's schwärzer gar nicht geht.«

»Da kenn' ich noch andre«, sagte der Fiedler. »Dieser Prince Hall, der den Nigger-Maurerorden gegründet hat! Und ich hab' Bilder von großen Predigern gesehn, die Niggerkirchen aufmachen, und die meisten davon sind so schwarz, daß man sie abends nur sehen kann, wenn sie die Augen aufreißen. Und wie steht's mit der Phyllis Wheatley? Die schreibt Gedichte, von denen sogar die Weißen ganz weg sind, und ein Gustavus Vassa schreibt ganze Bücher.« Der Fiedler sah zu Kunta hinüber. »Beide echte Afrika-Nigger, kein Tropfen weißes Blut drin, und die sind bestimmt nicht auf den Kopf gefallen! Natürlich«, fügte der Fiedler lachend hinzu, »wird's auch immer bekloppte Nigger geben wie unsern Cato . . .«

Er sprang auf und spielte »Wegrennen« vor Cato, der zwei Schritt hinter ihm blieb und brüllte: »Paß auf, daß ich *dir* nicht eins übern Schädel kloppe!«

Kunta verschaffte sich bei dem allgemeinen Gewieher mühsam Gehör. »Lacht, soviel ihr wollt. Für die Weißen sind doch alle Nigger dasselbe. Ein einziger Tropfen Niggerblut, und für sie bist und bleibst du 'n Nigger, auch wenn du weißer aussiehst wie sie. Ich hab' das nun oft genug mit angesehn.«

Es war ungefähr einen Monat später, als der Fiedler von einem seiner Musikausflüge mit einer Neuigkeit zurückkehrte, über die er die Weißen überall jubeln gehört hatte – und die alle Bewohner des Sklavenquartiers in Trübsal verfallen ließ: Der Franzosenführer Napoleon hatte eine große Armee über das große Wasser gesandt, die nach langen Kämpfen und vielem Blutvergießen Haiti von den Schwarzen und ihrem Befreier, General Toussaint, zurückerobert hatte. Zu allem Unglück hatte Toussaint dann auch den Fehler gemacht, eine Dinner-Einladung des siegreichen französischen Generals anzunehmen. Während des Essens war er von den Aufwärtern ergriffen, gefesselt und auf ein Schiff nach Frankreich geschleppt worden, um in Ketten vor Napoleon, der den Verrat angezettelt hatte, geführt zu werden.

Kunta, der General Toussaints größter Verehrer auf der Plantage war, traf diese Nachricht härter als alle anderen. Er blieb niedergeschlagen in der Hütte des Fiedlers sitzen, während alle übrigen still und bedrückt abzogen.

»Ich weiß, wie dir wegen Toussaint jetzt zumute ist«, sagte der Fiedler, »und du darfst nicht von mir denken, ich nehm's leicht – aber ich hab' noch 'ne andre Neuigkeit, die ich keinen Moment länger für mich behalten kann!«

Kunta sah den Fiedler, der vor Glück zu platzen drohte, grimmig und beleidigt an. Welche Neuigkeit konnte schön genug sein, um die Demütigung des größten schwarzen Führers aller Zeiten wettzumachen?

»Ich hab's geschafft!« Der Fiedler bot ein Bild überströmender Freude. »Vorigen Monat, wie Cato wissen wollte, wieviel Geld ich schon gespart hab', hab' ich nicht erzählt, daß mir bloß noch 'n paar Dollar fehlten – aber jetzt, mit diesem letzten Trip, ist der Rest genau beisammen! Mann, ich hab' über neunhundertmal für die Weißen zum Tanz aufgespielt, und ich wußte selber nicht, ob ich's je schaffen würde, drum hab' ich mit niemand drüber gesprochen – nicht mal mit dir –, ehe es *wirklich* soweit war! Afrikaner, jetzt hab' ich die siebenhundert Dollar, für die ich mich beim Masser freikaufen kann – das hat er mir schon vor langer Zeit fest zugesagt!«

Kunta war wie vom Donner gerührt und fand keine Worte.

»Sieh dir das an!« rief der Fiedler, riß seine Matratze auf und schüttelte sie aus; Hunderte von Eindollarnoten flatterten um ihre Füße. »Und das!« Er zog einen Jutesack unter dem Bett hervor und leerte ihn klingelnd über den Scheinen aus – Hunderte von Münzen jeder Größe.

»Na, Afrikaner, was sagst du dazu? Oder hast du die Maulsperre?«

»Ich weiß nicht, was ich sagen soll«, brachte Kunta heraus.

»Wie wär's mit 'nem Glückwunsch?«

»Ist zu schön, um wahr zu sein.«

»Und ob's wahr ist! Mindestens tausendmal nachgezählt. Ich hab' sogar genug übrig, um mir 'nen Pappkoffer dazuzukaufen!«

Kunta konnte es kaum fassen. Der Fiedler würde *frei* sein! Es war kein Traum! Kunta hätte zugleich lachen und weinen mögen – ebenso um seinetwillen wie um den Freund.

Der Fiedler kniete sich nieder und begann sein Geld wieder einzusammeln. »Du bleibst jetzt aber mucksmäuschenstill bis morgen früh, hörst du? Bis ich beim Masser war und ihm gesagt hab', daß ich um siebenhundert Dollar reicher bin. Wirst du dich so freuen wie er, wenn ich endlich weg bin?«

»Für dich ja«, sagte Kunta. »Für mich nicht.«

»Gib dir mal Mühe, daß ich ordentlich Mitleid mit dir kriege, dann kauf' ich dich auch frei – du mußt nur noch 'n Weilchen Geduld haben. Mich hat's dreiunddreißig Jahre gekostet, mich in die Freiheit zu fiedeln!«

Kunta fing schon auf dem Rückweg zu seiner Hütte an, den Fiedler zu vermissen. Bell legte seine Traurigkeit als Kummer wegen Toussaint aus, darum brauchte er seinen Gemütszustand weder zu verbergen noch zu erklären.

Als er am nächsten Vormittag nach dem Füttern der Pferde zur Hütte des Fiedlers ging, fand er sie leer und ging weiter zu Bell, um sie zu fragen, ob er vielleicht gerade drin beim Masser sei.

»Er war da, aber er ist schon seit 'ner Stunde wieder weg. Sah aus wie 'n Geisterseher. Ist was los? Und was hatte er überhaupt beim Masser zu suchen?«

»Was hat er gesagt, als er rauskam?« fragte Kunta zurück.

»Nichts. Ist an mir vorbei, als wär' ich nicht da.«

Ohne ein weiteres Wort drehte Kunta sich um und ging durch die Fliegentür wieder in Richtung des Sklavenquartiers. Bell rief ihm nach: »Was ist denn jetzt mit *dir*?« und, da er nicht antwortete: »So ist's recht! Sag mir nichts! Ich bin ja nur deine Frau!« – Kunta war schon verschwunden.

Nachdem er herumgefragt, an jede Tür geklopft, sogar ins Klohäuschen gespäht und »Fiedler!« in die Scheune gebrüllt hatte, humpelte Kunta eilig den Koppelzaun entlang. Als er ein gutes Stück zurückgelegt hatte, hörte er Melodiefetzen aus einem Lied, das die Schwarzen bei ihren Jesus-Zusammenkünften zu singen pflegten . . . nur daß sie diesmal von einer Geige herrührten. Der Fiedler hatte sonst immer lustige, übermütige Weisen gespielt; diese klang traurig, langgezogen, fast als ob die Fiedel schluchzen wollte . . .

Kunta beschleunigte seinen Schritt, bis er in Sichtweite einer Eiche gelangte, deren Krone sich halb über einen Bach, nahe der Grenze von Masser Wallers Besitztum, ausbreitete. Im Näherkommen sah Kunta die Schuhspitzen des Fiedlers hinter dem Baumstamm hervorragen. Die Musik stockte – und Kunta, der sich plötzlich wie ein Eindringling fühlte, desgleichen. Er stand ganz still und wartete, daß der Fiedler weiterspielte, aber nur Bienengesumm und Bachgeplätscher tönten jetzt überlaut durch das Schweigen. Endlich wagte sich Kunta fast tölpelhaft verlegen um den Baum herum, dem Fiedler vor die Augen. Ein Blick genügte, um zu wissen, was geschehen war. Das Strahlen auf dem Gesicht seines Freundes, das vertraute Funkeln seiner Augen war erloschen.

»Brauchst du was zum Matratzenstopfen?« kratzte die Stimme des Fiedlers. Kunta sagte nichts. Tränen begannen über die Wangen des Alten zu rinnen; er wischte sie wütend weg, als wären sie ätzende Säure, und nun überstürzten sich die Worte: »Ich hab' ihm gesagt, nun hätte ich endlich das Geld zusammen, um mich freizukaufen – bis zum letzten Penny. Er macht 'ne Weile ›Hm, hm‹ und guckt zur Zimmerdecke. Dann gratuliert er mir, daß ich soviel gespart hab'. Und dann sagt er, ich könnte die siebenhundert ja gern als Anzahlung betrachten, aber als Geschäftsmann müßte er bedenken, wie die Sklavenpreise gestiegen sind, seit die neue Baumwollmaschine eingeführt ist. Er sagt, jetzt könnte er einen guten, einträglichen Musiker wie mich nicht unter fünfzehnhundert freigeben; beim Verkaufen an jemand anders würde er sogar mindestens zweitausendfünfhundert für mich kriegen. Es tät' ihm leid, das sagt er noch, aber ich müßte verstehen, Geschäft ist Geschäft, und er muß aus seinem Einsatz schließlich was Angemessenes rausholen.« Der Fiedler schluchzte jetzt laut auf. »Er sagt, Freiheit ist nicht alles, es kommt da auf das Gewußt-Wie an, und er wünscht mir Glück, und ich könnt' mit dem Rest wiederkommen, wenn ich drauf bestehe . . . und ich soll erst mal tüchtig weiterarbeiten . . . Und beim Rausgehn sollte ich Bell sagen, er wünsche jetzt seinen Kaffee.«

Er verstummte. Kunta stand unbeholfen da.

»Dieser Hundesohn!« schrie der Fiedler plötzlich, holte weit aus und schleuderte seine Fiedel in den Bach.

Kunta watete hinein, um sie wieder zu holen, aber ehe er ins Wasser griff, sah er schon, daß sie zerbrochen war.

KAPITEL 80

Als Kunta einige Monate danach spätabends mit dem Masser heimkehrte und beide vor Müdigkeit kaum das gute Essen zu genießen schienen, das Bell ihnen bereitet hatte, war Bell weniger verärgert als besorgt. Ihre Besorgnis galt dem seltsamen Fieber, das sich im Bezirk auszubreiten begann. Die beiden Männer fuhren nun schon jeden Tag früher weg und kamen jeden Abend später nach Hause, so sehr mußte Masser Waller als der Bezirksarzt sich anstrengen, mit den täglich neuen Fällen von Ansteckung Schritt zu halten.

Kunta war so erledigt, als er in seinen Schaukelstuhl sank und leer ins Feuer starrte, daß er nicht einmal merkte, wie Bell seine Stirn befühlte und ihm die Schuhe auszog. So verging eine halbe Stunde, bevor ihm plötzlich auffiel, daß Kizzy nicht wie sonst immer auf seinem Schoß saß, um ihm ein neues Spielzeug zu zeigen oder über ihre wichtigen Tagesereignisse zu plappern. »Wo ist das Kind?« fragte er endlich.

»Ich hab' sie schon vor 'ner Stunde ins Bett gesteckt.«

Er setzte sich auf. »Sie ist doch nicht krank, oder?«

»Nein, nur übermüdet vom Spielen. Missy Anne ist heut' rübergekommen.« Kunta war sogar zu erschöpft, um darauf wie üblich gereizt zu reagieren, aber Bell wechselte ohnehin das Thema. »Roosby hat mir erzählt, während er aufs Nachhausefahren mit Missy Anne gewartet hat, daß er den Fiedler neulich auf einem Ball in Fredericksburg gehört hat, wo er Masser John hingebracht hat. Roosby sagt, er hat den Fiedler kaum wiedererkannt, er spielt einfach nicht mehr so wie früher. Ich hab' ihm nicht gesagt, daß der Fiedler überhaupt nicht mehr der alte ist, seit er weiß, daß er nicht frei wird.«

»Kommt mir so vor, als ob ihm seitdem *alles* egal ist«, sagte Kunta.

»So scheint's wirklich. Er sondert sich ab, grüßt kaum noch wen, nicht mal mit 'nem Nicken, außer Kizzy, wenn sie ihm das Essen bringt und sich zu ihm setzt, bis er fertig ist. Sie ist die einzige, mit der er noch zu tun haben will. Sogar mit *dir* kommt er nicht mehr zusammen.«

»Jetzt, wo das Fieber immer weiter rumgeht«, sagte Kunta ermattet, »hab' ich auch nicht viel Zeit und Kraft für Besuche übrig.«

»Ja, das merk' ich, aber nun sitz nicht wieder die halbe Nacht hier rum. Mach, daß du ins Bett kommst.«

»Laß mich in Ruhe, Frau. Bei mir ist alles in Ordnung.«

»Sagst du!« Bell nahm ihn energisch bei der Hand und führte ihn in die Schlafkammer, ohne auf weiteren Widerstand zu stoßen. Kunta saß auf der Bettkante und ließ sich aus den Kleidern helfen; dann streckte er sich seufzend aus.

»Dreh dich auf den Bauch, damit ich dir den Rücken reiben kann.«

Er tat es, und sie begann ihn mit ihren schon etwas steifer gewordenen Fingern zu massieren. Kunta zuckte plötzlich zusammen.

»Was ist? So stark rubble ich doch gar nicht.«

»Nichts, mach weiter.«

Bell drückte auf eine Stelle tiefer unten im Kreuz. »Tut's hier auch weh?«

»Au!«

»Das gefällt mir nicht«, sagte sie und wandelte ihren Griff in ein behutsames Streicheln.

»Ich bin bloß müde. Alles, was ich brauche, ist mal 'ne Nacht richtig durchschlafen.«

»Wir werden ja sehn«, sagte Bell, blies die Kerze aus und stieg neben ihm ins Bett.

Aber als Bell am nächsten Morgen dem Masser das Frühstück servierte, mußte sie ihm melden, Kunta sei heute nicht imstande gewesen aufzustehen.

»Vermutlich hat ihn das Fieber erwischt«, sagte der Masser und versuchte, seinen Mißmut nicht zu zeigen. »Na, du weißt ja, was du zu tun hast. Leider geht die Epidemie inzwischen weiter, und ich muß einen Kutscher haben.«

»Jasörr, Masser.« Bell überlegte einen Moment. »Hättet Ihr was gegen den Feldjungen, den Noah? Er ist rasch gewachsen, beinah mannshoch. Mit seinen Maultieren kann er gut umgehn, da glaub' ich sicher, mit Pferden auch.«

»Wie alt ist er denn?«

»Hm, ja, Sörr, Noah müßte so um die zwei Jahr älter sein wie meine Kizzy, also – dreizehn oder vierzehn, glaub' ich, Sörr.«

»Zu jung«, sagte der Masser. »Geh und sag dem Fiedler, er muß für Toby einspringen. Soviel hat er im Garten nicht zu tun, und mit seinem Fiedeln ist in letzter Zeit auch nichts mehr los. Er soll anspannen und vorfahren, und zwar sofort.«

Auf dem Weg zur Hütte des Fiedlers machte Bell sich darauf gefaßt, daß er entweder völlig gleichgültig oder sehr aufgeregt sein würde. Er war beides. Daß er den Masser kutschieren sollte, schien ihn zwar in jeder Hinsicht kalt zu lassen, aber als er hörte, Kunta sei krank, wurde er so besorgt, daß sie ihm mit allen Mitteln ausreden mußte, erst den Freund zu besuchen, bevor er den Masser abholte.

Von diesem Tage an war der Fiedler ein anderer Mensch – freilich nicht heiterer als vorher, aber fürsorglich und rücksichtsvoll. Unermüdlich fuhr er den Masser Tag und Nacht durch den Distrikt, und wenn er zu Hause war, half er Bell bei der Pflege Kuntas und anderer Bewohner des Sklavenquartiers, die sich inzwischen ebenfalls angesteckt hatten.

Binnen kurzem erkrankten so viele Leute auf der Pflanzung und außerhalb, daß der Masser Bell aufforderte, ihn als Helferin zu begleiten. Während er die Weißen verarztete, fuhr der junge Noah Bell im Maultierkarren bei den Schwarzen herum, deren Pflege ihr oblag. »Der Masser hat seine Medizin – ich hab' meine«, vertraute sie dem Fiedler an. Nach Verabreichung der vom Masser verordneten Medikamente gab sie den Patienten nämlich insgeheim ein eigenes Gebräu aus pulverisierten Kräutern und Pflaumbaumrindenessenz; sie schwor darauf, dies wirke schneller und besser als sämtliche Mittel der Weißen. Aber wirkliche Heilkraft – flüsterte sie Schwester Mandy und Tante Sukey zu – habe natürlich nur das Gebet, das sie an jedem Krankenbett auf den Knien verrichtete. »Was Er dem Menschen schickt, kann Er auch wieder nehmen, wenn es Ihm gefällt«, sagte sie.

Allerdings starben einige ihrer Patienten dennoch, genauso wie die vom Masser.

Als Kuntas Zustand sich ungeachtet ihrer vereinten Bemühungen ständig verschlechterte, wurden Bells Gebete von Mal zu Mal inbrünstiger. Kuntas seltsame, wortkarge, widerborstige Art war vergessen, wenn sie, zu übermüdet zum Schlafen, jede Nacht an seinem Bett saß, wo er sich schweißgebadet wälzte, stöhnte und manchmal unter den Wolldecken, die sie auf ihn getürmt hatte, im Fieberwahn abgerissene, unverständliche Sätze vor sich hinmurmelte. Bell hielt seine glühendheiße Hand und verzweifelte fast bei dem Gedanken, daß es erst dieser Prüfung bedurft hatte, um sie vollkommen erkennen zu lassen, was sie ihm vielleicht nie mehr sagen konnte: er war ein Mann von Würde und Charakterstärke, wie sie nie seinesgleichen gesehen hatte, und sie liebte ihn aus tiefstem Herzen.

Er lag schon drei Tage im Koma, als Missy Anne ihren Onkel besuchte und Kizzy mit ihrer Mutter, Schwester Mandy und Tante Sukey in der Hütte versammelt fand, alle weinend und betend. Selbst den Tränen nahe, eilte Missy Anne ins Herrenhaus zurück und sagte dem total erschöpften Masser Waller, sie brauche etwas aus der Bibel zum Vorlesen bei Kizzys Pappy. Sie wisse nur nicht, wo eine schöne passende Stelle sei; ob er ihr bitte eine zeigen würde? Den Masser bewegten die tränenverhangenen Augen seiner geliebten Nichte und ihr rührender Ernst; er raffte sich vom Diwan auf und nahm die große Familienbibel aus dem Schrank. Nach kurzem Besinnen schlug er ziemlich weit hinten eine Seite auf und deutete mit dem Zeigefinger auf die Stelle, wo sie beginnen sollte.

Im Sklavenquartier sprach es sich schnell herum, daß Missy Anne etwas vorlesen wollte, und so stand jeder, der noch auf den Beinen war, vor Bells und Kuntas offener Tür, als sie drinnen mit erhobener Stimme anfing: »Der Herr ist mein Hirte, mir wird nichts mangeln. Er weidet mich auf einer grünen Aue und führet mich zum frischen Wasser. Er erquicket meine Seele, er führet mich auf rechter Straße um seines Namens willen.« Missy Anne pausierte, sah mit gerunzelter Stirn auf die Seite, und fuhr fort: »Und ob ich schon wanderte im finstern Tal, im Schatten des Todes, so fürchte ich kein Unglück: denn Du bist bei mir, Dein Stecken und Stab trösten mich.« Sie hielt wieder inne, diesmal, um Atem zu holen, und blickte unsicher in die schwarzen, auf sie gerichteten Gesichter.

Schwester Mandy konnte sich vor Rührung des Ausrufs nicht enthalten: »Herrgott, hört dieses Kind! Kaum erwachsen und kann schon *so* gut lesen!«

Aus dem lobenden Gemurmel hob sich noch die Randbemerkung von Ada, Noahs Mutter, hervor: »Ist wie gestern, wie sie noch in Windeln hier rumlief! Wie alt ist sie eigentlich?«

»Grad' erst vierzehn geworden!« antwortete Bell so stolz, als handele es sich um ihre eigene Tochter. »Bitte noch 'n bißchen mehr, Schätzchen!«

Missy Anne, die bei all den Komplimenten leicht errötet war, las also den dreiundzwanzigsten Psalm zu Ende.

Dank Pflege und Gebet zeigten sich bei Kunta einige Tage danach erste Zeichen der Genesung. Bell wußte, daß er gesund werden würde, als er sie mit einem wütenden Blick maß und sich die gedörrte Kaninchenpfote sowie den Beutel mit Stinkwurz vom Hals riß, die Bell ihm als Amulett gegen Unglück und Krankheit umgebunden hatte. Und Kizzy wußte es, als sie ihm ins Ohr flüsterte, sie habe beim letzten Neumond einen besonders hübschen Kiesel für ihn in die Kürbisflasche getan – worauf sich sein eingefallenes Gesicht zu einem breiten Lachen verzog. Und Kunta wußte endlich, daß der Fiedler sich selbst wiedergefunden hatte, als er eines Morgens aus dem Schlaf hochschreckte, weil er den Klang einer Geige neben seinem Bett hörte.

»Ich glaub', ich träume«, sagte Kunta und öffnete die Augen.

»Nein, jetzt nicht mehr«, versicherte der Fiedler. »Ich hab' die Nase voll vom Masser-Kutschieren über Stock und Stein. Der brennt einem ja mit seinen Augen Löcher in den Rücken! Höchste Zeit zum Aufstehn oder Abkratzen, Nigger – eins von beidem!«

KAPITEL 81

Kunta saß am nächsten Tag im Bett auf, als er Kizzy und Missy Anne lachend und schwatzend in den Vorraum kommen hörte. Missy Anne hatte längere Schulferien. Kunta hörte am Schurren der Stühle, daß sie sich jenseits des Vorhangs an den Tisch setzten.

»Hast du deine Lektion gelernt, Kizzy?« fragte Missy Anne streng. Offenbar spielte sie Lehrerin.

»Ja, Ma'am«, kicherte Kizzy.

»Gut. Also – was ist das?«

Kurze Stille. Dann hörte der gespannt horchende Kunta Kizzy stammeln, sie könne sich nicht daran erinnern.

»Ein H«, erklärte Missy Anne. »Und was ist *dies?«*

Fast sofort rief Kizzy triumphierend: »Das Runde da, das ist ein U!« Beide Mädchen lachten fröhlich.

»Fein! Das hast du nicht vergessen. Weiter. Was ist das?«

»Ah . . . hm . . . ja . . .« Dann, mit einem Jubelschrei: »Ein T!«

»Richtig!« Nach einer weiteren kurzen Pause sagte Missy Anne: »Nun lies hintereinander *H-U-T*. Was heißt das?«

Kizzys Schweigen verriet Kunta, daß sie ratlos war – wie er auch.

»Hut!« sagte Missy Anne eindringlich. »*H-U-T*, man muß die Buchstaben bloß verbinden, vergiß das nicht! Erst mußt du jeden einzelnen gut lernen, und dann sehen wir weiter, wie wir Wörter draus machen.«

Als die Mädchen hinausgingen, blieb Kunta nachdenklich zurück. Kizzys Gelehrigkeit erfüllte ihn trotz aller Bedenken mit Stolz, allerdings mißbilligte er, daß ihr der Kopf mit *toubob*-Sachen vollgestopft wurde. Vielleicht zeigte sie deshalb letzthin weniger Lust, mit ihm über Afrika zu reden? Er hatte nur widerwillig darauf verzichtet, sie die arabischen

Schriftzeichen zu lehren, und wenn er bedachte, daß sie jetzt bei Missy Anne lesen und schreiben lernte, reute es ihn. Kam Masser Waller dahinter, daß Kizzy lesen konnte, einerlei ob arabische Schriftzeichen oder andere, dann würde er dem Schulespielen und überhaupt der Beziehung zwischen den Mädchen gewiß ein Ende machen, und das wäre gut so. Doch war keineswegs ausgemacht, daß der Masser sich damit zufriedengeben würde. Besser, Kunta ließ alles, wie es war. Kizzy hatte also weiterhin zwei bis drei Lektionen pro Woche, bis Missy Anne selber wieder zur Schule mußte. Kunta war um diese Zeit auch wieder so weit erholt, daß er den Fiedler auf dem Kutschbock ablösen konnte.

Zwar war Missy Anne nun abgereist, doch Kizzy saß Abend für Abend über den Tisch gebeugt, während Bell nähte oder strickte und Kunta im Schaukelstuhl vor dem Kamin wippte. Kizzys Schreibstift berührte fast ihre Wange, wenn sie sorgfältig Wörter aus einem Buch, das Missy Anne ihr geschenkt hatte, oder von einem Zeitungsfetzen aus Masser Wallers Papierkorb abmalte. Kunta kehrte ihnen absichtlich den Rücken zu, hörte aber manchmal, wie Kizzy ihre Mutter belehrte, obgleich sie natürlich wußte, daß Bell selbst etwas lesen und schreiben konnte.

»Nein, das ist ein *A*, Mammy«, erläuterte sie wichtig, »und das ist ein *O*. Nichts weiter wie 'n kleiner Kreis.«

Bald ging sie zu ganzen Wörtern über, genau wie Missy Anne es bei ihr gemacht hatte. »Das heißt *Hut*, und das heißt *Tisch* . . . und dies ist *Kizzy*, und hier ist dein Name, *B-E-L-L*. Schön, nicht? Nun schreib's mal nach.« Und Bell veranstaltete ein großes Trara mit Stift und Papier, als müsse sie sich entsetzlich abmühen, und machte absichtlich ein paar Fehler, damit Kizzy Gelegenheit hatte, sie zu korrigieren. »Sieh genau zu, wie ich's dir zeige, Mammy, du kannst so gut schreiben wie ich«, ermunterte Kizzy ihre Mutter stolz, weil sie zur Abwechslung mal die Lehrerin war.

Wochen später, als Kizzy über ihren Schreibübungen einmal fast eingeschlafen war, schickte Bell ihre Tochter zu Bett und sprach ein ernstes Wort mit Kunta. »Das ist kein Spiel mehr. Unser Kind kann jetzt schon mehr wie ich. Ich kann bloß hoffen, daß es gut und richtig für sie ist. Gott erbarm sich unser!«

Missy Anne kam auch weiterhin zu Besuch, meistens an den Wochenenden, doch nicht mehr jedes Wochenende, und nach einer Weile glaubte

Kunta zu bemerken – falls nicht der Wunsch Vater des Gedankens war –, daß die Beziehung der beiden Mädchen sich zwar nicht direkt abkühlte, sie sich aber doch langsam auseinanderlebten, denn Missy Anne reifte allmählich zur jungen Dame heran; sie war schließlich vier Jahre älter als Kizzy.

Endlich rückte ihr langersehnter sechzehnter Geburtstag heran. Doch drei Tage vor der geplanten Party galoppierte die eigensinnige, hitzköpfige Missy Anne auf einem ungesattelten Kutschpferd zum Haus ihres Onkels und berichtete ihm unter Tränen, daß ihre kränkelnde Mutter wieder einmal die übliche Dauermigräne vorschütze, um Annes Geburtstagsfeier abzusagen. Anschließend beschwor sie ihn mit anmutigem Schmollen und Schmeicheln, ihre Party hier im Hause stattfinden zu lassen. Masser Waller, der ihr nie etwas abschlagen konnte, sagte natürlich ja. Und während Roosby Dutzende von eingeladenen Backfischen über den Ortswechsel in Kenntnis setzte, halfen Bell und Kizzy bei den gewaltigen Festvorbereitungen. Sie schafften es buchstäblich in letzter Minute, daß Missy Anne in großer Robe rechtzeitig zum Empfang ihrer Gäste bereitstand.

Aber vom Eintreffen des ersten Wagens an hatte sich Missy Anne benommen – so erzählte Bell Kunta später –, als kenne sie Kizzy überhaupt nicht. Kizzy mußte unablässig in gestärkter Schürze mit Tabletts die Runde machen und den Gästen Erfrischungen anbieten, ». . . bis das arme Kind sich in der Küche fast die Augen ausgeheult hat«. Kizzy weinte noch spätnachts in der Hütte, und Bell suchte sie zu trösten: »Guck mal, Liebling, sie ist jetzt eben erwachsen und 'ne junge Dame und hat andre Sachen im Kopf. Deswegen hat sie dich immer noch gern, sie meint's ja nicht böse. So geht's jedem von uns, wenn wir mit weißen Kindern groß werden – eines Tages muß jedes seinen eigenen Weg gehn, das ist nun mal nicht anders.«

In Kunta brodelten dabei ähnliche Gefühle wie einst, als er Missy Anne zum erstenmal mit dem Baby Kizzy im Körbchen spielen gesehen hatte. Während der zwölf Regen, die seither verflossen waren, hatte er immer wieder zu Allah gefleht, die Gemeinschaft zwischen dem *toubob*-Mädchen und Kizzy zu beenden – und obwohl seine Gebete nun erhört waren, schmerzte und kränkte es ihn, sie so tief verletzt zu sehen. Aber das war wohl notwendig gewesen, damit sie aus Erfahrung lernte und es sich für alle Zukunft merkte. Er meinte auch, Anzeichen dafür zu sehen, daß Bell von ihrer widerlichen Zuneigung zu der verlogen herablassenden »jungen Missy« kuriert war.

Missy Anne besuchte ihren Onkel jetzt seltener als früher, weil, wie Roosby Bell im Vertrauen sagte, »junge Massers« anfingen, ihre Zeit in Anspruch zu nehmen. *Wenn* sie kam, besuchte sie auch stets Kizzy, und meist brachte sie ihr ein abgelegtes Kleid mit, das Bell für Kizzy, die trotz des Altersunterschieds schon größer war, »auslassen« sollte. Übrigens verbrachten die beiden wie in stillschweigendem Einverständnis nur noch eine halbe Stunde miteinander; sie spazierten leise sprechend im Hof nahe dem Sklavenquartier umher, und dann fuhr Missy Anne wieder ab.

Kizzy sah ihr jedesmal regungslos nach, bis sie sehr rasch in die Hütte ging und sich, oft bis zum Abendessen, in Lese- und Schreibübungen versenkte. Dieser Zeitvertreib war Kunta noch immer unbehaglich, aber er sah ein, daß sie etwas haben mußte, was sie beschäftigte und von der verlorenen Kinderfreundschaft ablenkte. Seine Kizzy wurde nun selbst bald erwachsen, und er mußte sich darauf gefaßt machen, daß damit auf sie – und ihn – ein Lebensabschnitt voll ganz neuer Schwierigkeiten zukam.

Kurz nach Weihnachten des folgenden Jahres, 1803, brachte der Winter so hohe Schneewehen, daß die Landstraßen teilweise darunter verschwanden und für leichtere Wagen unpassierbar wurden. Wenn der Masser das Haus verließ – er folgte jetzt nur den dringendsten Hilferufen –, mußte er eines der Pferde reiten, und Kunta hatte mit Cato, Noah und dem Fiedler alle Hände voll zu tun, um wenigstens die Auffahrt schneefrei zu halten und Holz für die vielen Kamine zu hacken, deren Feuer jetzt nicht ausgehen durfte.

Dergestalt von aller Welt abgeschnitten – sogar von Masser Wallers *Gazette*, die ihr Erscheinen schon einen Monat vor den ersten großen Schneefällen eingestellt hatte –, redeten die Leute des Sklavenquartiers immer noch von den letzten Nachrichten, die bis zu ihnen durchgesickert waren: wie zufrieden die weißen Massers mit der Art seien, in der Präsident Jefferson »das Regiment führte«, trotz ihrer anfänglichen Vorbehalte wegen seiner Ansichten über die Sklaven. Präsident Jefferson hatte seit seinem Amtsantritt Armee und Marine reduziert, die öffentlichen Schulden gesenkt und sogar die Privatvermögenssteuer abgeschafft – eine Tat, die, wie der Fiedler bemerkte, durch ihre Großherzigkeit besonders die reiche Masser-Klasse beeindruckt hatte.

Kunta fand allerdings, noch größeren Jubel habe unter den Weißen der Erwerb von Louisiana durch Präsident Jefferson ausgelöst, der dieses riesige Gebiet den Franzosen für ein Butterbrot abgekauft hatte. »Am meisten freut mich daran«, sagte Kunta, »daß dieser Napoleon das Geld so nötig braucht, weil er in Haiti gegen Toussaint nicht bloß 50000 Franzosen verloren hat, sondern auch einen Haufen Geld.«

Dann aber wurde bekannt, daß der General Toussaint in seinem französischen Kerker an Hunger und Kälte zugrunde gegangen war, und das empfanden alle als ein schlimmes Unglück.

Kunta war noch nicht über diese Erschütterung und Trauer hinweg, als er drei Tage später zu seiner Hütte ging, um sich einen Napf heißer Suppe zu holen. Vor der Tür stampfte er den Schnee von den Stiefeln und zog sich beim Eintreten die Handschuhe aus. Im Vorraum fand er Kizzy auf ihrem Matratzenlager. Sie sah ängstlich und beklommen drein. »Sie fühlt sich nicht besonders«, lautete Bells Erklärung, wobei sie einen ihrer Kräutertees aufbrühte und Kizzy mit sanfter Strenge trinken hieß. Kunta spürte, daß ihm etwas verheimlicht wurde; aber nach einigen Minuten in dem überheizten, geschlossenen Raum, in dem alle Ritzen mit Lehm abgedichtet waren, verhalf ihm die eigene Nase zu der Erkenntnis, daß Kizzy heute ihre erste Blutung hatte.

Nun hatte er seine Kizzy fast dreizehn Regen lang täglich heranwachsen sehen und sich in letzter Zeit innerlich damit abfinden müssen, daß ihre Wandlung zur Frau nicht mehr lange auf sich warten lassen konnte; dennoch traf ihn diese unwiderrufliche Tatsache im Moment vollkommen unvorbereitet. Kizzy war nach kurzer Bettruhe wieder auf den Beinen und in Hütte und Herrenhaus tätig wie gewohnt, doch sah Kunta sie jetzt mit anderen Augen. Ihre Rundungen waren die einer jungen Frau und ihr Gang hatte alles Kindliche verloren. Von jetzt an wandte Kunta meistens die Augen ab, wenn er durch den Trennvorhang von der Schlafkammer in den Vorraum kam, wo Kizzy schlief, und wenn sie zufällig nicht fertig angezogen war, spürte er, daß auch sie sich genierte.

In Afrika – wie weit lag das zurück! – würde Bell ihrer Tochter nun zeigen, wie man die Haut mit einer besonderen Salbe geschmeidig macht, wie man Lippen, Handflächen und Fußsohlen mit Ruß schwärzt, und Kizzy würde die Blicke junger Männer auf sich ziehen, die nach einer wohlerzogenen, fleißigen Jungfrau Ausschau hielten. Als Kunta sich vorstellte, ein *foto* könnte in Kizzys Schoß eindringen, wurde ihm übel, und erst als er sich sagte, dies könnte nur nach einer umsichtig ausgehandelten Heirat stattfinden, gewann er die Fassung zurück. Schließlich oblag es ihm, unter den Bewerbern zu wählen, sie nach Charakter und Herkommen zu beurteilen und den Brautpreis festzusetzen.

Als er dann aber mit Cato, dem jungen Noah und dem Fiedler beim Schneeschippen war, fand Kunta sich selbst in wachsendem Maße lächerlich. Wie konnte er immer noch an seine alten afrikanischen Bräuche und Traditionen denken! Hier fanden sie weder Beachtung noch Anerkennung; im Gegenteil, man hätte ihn schallend ausgelacht, wenn er sie auch nur andeutungsweise erwähnt hätte, sogar die Schwarzen hätten gelacht. Und hier gab es sowieso keinen Freier für Kizzy im passenden Alter, so zwischen dreißig und fünfunddreißig Regen ... Da war er unversehens schon wieder in die alten Vorstellungen geraten! Er mußte sich wirklich zum Umdenken zwingen. Hier im *toubob*-Land heirateten die jungen Mädchen – »sprangen über den Besen«, wie man es nannte – im allgemeinen ungefähr gleichaltrige Burschen.

Dabei fiel Kunta sofort Noah ein. Der Junge hatte ihm immer gefallen. Mit seinen fünfzehn war er zwar nur zwei Jahre älter als Kizzy, machte aber schon einen sehr männlichen Eindruck – ernst, reif und verantwortungsbewußt, und körperlich war er groß und stark. Je länger Kunta nachdachte, desto weniger fand er an Noah auszusetzen. Das einzige, was ihn trübe stimmte, war die Tatsache, daß Noah eigentlich nie ein besonderes Interesse für Kizzy bekundet hatte und Kizzy ihrerseits überhaupt nicht zu wissen schien, daß es Noah gab. Kunta grübelte lange darüber. Warum waren sie einander von Kind an so gleichgültig, warum hatten sie sich nicht wenigstens ein bißchen angefreundet? Schließlich war Noah ihm, Kunta, sehr ähnlich, wie er als junger Mann gewesen war, und schon deshalb hätte er Kizzys Aufmerksamkeit, wenn nicht ihre Bewunderung, im höchsten Grade verdient. Kunta überlegte, ob und wie er sie einander öfter in den Weg schicken konnte, hatte aber das Gefühl, dies sei wahrscheinlich die beste Methode, sie vollends auseinanderzubringen. Er beschloß, sich wie gewöhnlich weise zurückzuhalten und sich nicht in anderer Leute Angelegenheiten einzumischen. »Wenn die Säfte steigen«, wie Bell es einmal ausgedrückt hatte und zwei junge Menschen tagaus, tagein nebeneinander im Sklavenquartier lebten, konnte er für sein Teil nur zu Allah beten, Er möge der Natur auf die Sprünge helfen.

KAPITEL 82

»Nimm dich ja in acht, Freundchen, und laß mich nicht nochmal hören, daß du um den Noah rumscharwenzelst! Oder du kriegst eins mit der Hickoryrute übergezogen!« Kunta, der eben in die Hütte wollte, blieb wie erstarrt zwei Schritte vor der Tür stehen und hörte, wie Bell weiter schalt: »Dabei bist du noch keine sechzehn! Was soll dein Pappy davon denken, wenn du dich so aufführst?«

Kunta drehte sich geräuschlos um und zog sich in die Scheune zurück, um in Ruhe zu überdenken, was er da Aufschlußreiches gehört hatte. »Rumscharwenzeln« – um Noah! Bell selbst schien es zwar nicht gesehen zu haben, aber jemand hatte es ihr erzählt. Zweifellos Tante Sukey oder Schwester Mandy oder beide; wie er diese alten Klatschweiber kannte, hätte es ihn nicht überrascht, wenn sie aus etwas vollkommen Harmlosem etwas Anstößiges machten, nur um es besser bekakeln zu können. Aber was? Nach dem wenigen zu schließen, das er gehört hatte, erzählte Bell ihm wahrscheinlich nichts, es sei denn, die Geschichte wiederholte sich und sie brauchte ihn, um ein Machtwort zu sprechen. Von sich aus hätte er Bell nicht im Traum danach gefragt; solche Sachen rochen ihm zu sehr nach Weibertratsch.

Aber – wenn es *nicht* so harmlos war? Hatte Kizzy vor Noah paradiert, sich aufreizend benommen? Und wenn ja, wie hatte er sie dazu bewogen? Er schien doch ein junger Mann von Ehre und Charakter zu sein – aber man konnte nie wissen.

Kunta wußte jedenfalls nicht, was er denken oder sagen sollte. Wie Bell ganz richtig bemerkt hatte, war ihre Tochter erst fünfzehn und damit nach *toubob*-Maßstäben noch zu jung zum Heiraten. Er stellte fest, daß er jetzt nicht sehr afrikanisch dachte, aber irgendwie war er noch nicht bereit, sich seine Kizzy mit einem dicken Bauch vorzustellen, obwohl er in Afrika genügend Mädchen in ihrem Alter, und auch jüngere, in diesem Zustand gesehen hatte.

Immerhin: *wenn* Kizzy und Noah heirateten, würden sie wenigstens richtig schwarze Kinder bekommen, keine so bläßlichen *sasso-borro*-Babys wie die unglücklichen Mütter, die von geilen Massers oder Aufsehern mißbraucht worden waren. Kunta dankte Allah, daß weder seine Kizzy noch sonst eine der Frauen im Sklavenquartier je diese entsetzliche Erfahrung gemacht hatte, zumindest nicht, seit er hier war; ungezählte Male hatte er Masser Wallers Gesprächen mit weißen Freunden entnommen, wie entschieden er jegliche Blutmischung ablehnte.

Wann immer sich in den nächsten paar Wochen die Gelegenheit ergab, beobachtete Kunta heimlich, ob Kizzy aufreizend mit dem Hintern wakkelte. Er ertappte sie nie dabei, aber ein- oder zweimal waren er und sie gleichermaßen erschrocken, wenn er sie zufällig beim Tanzen in der Hütte überraschte. Sie wirbelte herum, warf den Kopf in den Nacken und summte verträumt vor sich hin . . . Kunta behielt nun auch Noah etwas schärfer im Auge. Er bemerkte, daß Noah und Kizzy sich neuerdings, anders als früher, ganz normal zunickten oder einander anlächelten, wenn sie sich in Anwesenheit anderer Leute begegneten. Je länger Kunta darüber nachsann, desto klarer folgerte er, daß die beiden ihre Leidenschaft sehr geschickt verbargen. Im Grunde hatte er nichts dagegen einzuwenden, daß Noah und Kizzy zusammen spazierengingen oder Gebetsversammlungen besuchten; auch bei den Volksbelustigungen, die jeden Sommer stattfanden, war Noah als Tanzpartner sicherlich irgendeinem zudringlichen Fremden vorzuziehen. Schon möglich, daß Noah einmal, wenn beide einen oder zwei Regen älter waren, einen guten Gefährten für Kizzy abgab.

Allmählich wurde Kunta bewußt, daß Noah auch *ihn* beobachtete, und zwar ebenfalls recht intensiv, und er schloß mit einiger Nervosität daraus, daß der Junge im Begriff war, allen Mut zusammenzuraffen und ihn zu fragen, ob er Kizzy heiraten dürfe. An einem Sonntagnachmittag, Anfang April, kam es dann zur Aussprache. Masser Waller hatte nach der Kirche

Gäste mit nach Hause gebracht, und Kunta putzte gerade vor der Scheune den Wagen der Besucher, als eine innere Stimme ihm aufzublicken befahl. Da sah er den dunklen, hochgewachsenen Noah zielbewußt auf dem Pfad herankommen. Als er vor Kunta stand, sagte er ohne Zögern, als hätte er die Sätze auswendig gelernt:

»Old Sörr, Ihr seid der einzige, dem ich trauen kann. Und irgendwem muß ich's sagen. Ich kann nicht mehr so weiterleben. Ich will weglaufen.«

Kunta war so bestürzt, daß er zunächst keine Worte fand. Er sah Noah nur groß an. Dann stieß er hervor:

»Du wirst nicht mit meiner Kizzy weglaufen!« Es war keine Frage, sondern ein Befehl.

»Nein, Sörr. Ich will sie ja nicht ins Unglück bringen.«

Kunta wurde verlegen. Nach einer Weile sagte er ausdruckslos: »Jeder hat irgendwann mal das Gefühl, er muß weglaufen.«

Noah sah ihn forschend an. »Kizzy hat mir erzählt, Missy Bell hat ihr erzählt, Ihr wärt schon viermal weggelaufen.«

Kunta nickte. Sein Gesicht verriet nicht, daß er sich selbst im gleichen Alter sah: in der Fremde, verzweifelt, besessen von dem einzigen Gedanken: *Renn um dein Leben!*, Tag für Tag auf eine halbwegs brauchbare Möglichkeit wartend, Gelegenheiten ausspähend, jede Stunde eine Tortur ... Zugleich schoß ihm der Gedanke durch den Kopf, daß Kizzy offenbar nichts von Noahs Fluchtplänen wußte. Falls ihr geliebter Freund dann plötzlich verschwand, würde sie äußerst verstört sein – und dies schon so bald nach der herzzerreißenden Enttäuschung mit dem *toubob*-Mädchen. Aber das war leider unvermeidlich. Kunta wollte seine Antwort aus mehreren Gründen jetzt sehr sorgfältig abwägen.

»Ich kann dir nicht zuraten und nicht abraten«, sagte er langsam und ernst. »Aber du bist noch nicht bereit zum Weglaufen, wenn du nicht auch zum Sterben bereit bist, falls sie dich fangen.«

»Hab' nicht vor, mich fangen zu lassen«, sagte Noah. »Hab' gehört, die Hauptsache ist, dem Nordstern folgen. Und am Tag helfen weiße Quäker-Leute und freie Nigger beim Verstecken. Und wenn man bloß bis Ohio kommt, ist man frei.«

Wie wenig er weiß! dachte Kunta. Wie konnte sich ein vernünftiger Mensch die Flucht auch nur annähernd so einfach vorstellen? Aber dann fiel ihm wieder ein, wie jung Noah war – so jung wie er damals. Und wie die meisten hier geborenen Sklaven hatte Noah selten einen Fuß über die Grenzen der Pflanzung gesetzt. Das war der Grund, warum die meisten, besonders die Feldarbeiter, auf der Flucht so rasch ins Netz der Verfolger gingen – von Dornen blutend, halb verhungert, erschöpft vom Herumstolpern in Wäldern und Sümpfen, wo es von Wasser- und Klapperschlangen wimmelte. In Sekundenbruchteilen erinnerte sich Kunta an alles – das Rennen, die Hunde, die Schüsse, die Peitschen – die Axt.

»Du weißt nicht, wovon du redest, Junge!« fauchte er, bereute die barschen Worte aber fast schon, ehe sie ganz heraus waren. »Ich meine – stell dir's nicht so leicht vor! Hast du schon mal was von Bluthunden gehört?«

Noahs Hand glitt in die Tasche und zog ein Messer hervor. Er ließ es aufschnappen; die scharfgeschliffene Klinge glänzte matt. »Schätze, tote Hunde fressen keinen.« Hatte Cato nicht einmal gesagt, dieser Junge fürchte sich vor nichts? »Mich kann nichts mehr aufhalten«, sagte Noah, klappte das Messer zu und steckte es wieder in die Tasche.

»Gut, wenn du weglaufen mußt, mußt du eben weglaufen«, sagte Kunta.

»Weiß noch nicht genau, wann«, sagte Noah. »Weiß nur, daß ich weglaufen muß.«

Kunta vergewisserte sich mit einigem Unbehagen: »Hauptsache, Kizzy wird nicht in die Sache mit reingezogen.«

Noah schien nicht beleidigt zu sein. Er sah offen in Kuntas Augen und hielt seinem Blick stand. »Nein, Sörr.« Er zögerte. »Aber wenn ich nach Norden komm', krieg' ich Arbeit und kauf' sie frei.« Wieder eine Pause. »Ihr sagt ihr noch nichts, oder?«

Nun zögerte Kunta. Dann antwortete er: »Das müßt ihr beide unter euch abmachen.«

»Ich sag' ihr schon beizeiten Bescheid«, versprach Noah.

Kunta ergriff die Hand des jungen Mannes unwillkürlich mit beiden Händen. »Hoffentlich gelingt es dir.«

»Wir sehn uns wieder!« sagte Noah, drehte sich um und ging zum Sklavenquartier zurück.

Als die Familie an diesem Abend im Wohnraum der Hütte zusammensaß, starrte Kunta so geistesabwesend in die schwache Glut des Hickoryfeuers, daß Bell und Kizzy aus langer Erfahrung wußten, jeder Versuch, mit ihm zu plaudern, würde jetzt zwecklos sein. Bell schwieg und strickte. Kizzy saß wie üblich über den Tisch gebeugt und übte Schönschrift. Bei Sonnenaufgang wollte Kunta Allah in seinem Gebet um Glück für Noah bitten. Das aber schloß unausweichlich den Gedanken ein, daß Kizzys vertrauensvoller Kinderglaube, der schon von Missy Anne so schwer erschüttert worden war, noch einmal und dann endgültig vernichtet werden konnte. Kunta sah auf und betrachtete das gesenkte Gesicht seiner geliebten Kizzy, deren Lippen sich stumm bewegten, während ihr Zeigefinger den Zeilen folgte. Das Leben aller Schwarzen im *toubob*-Land schien vorwiegend aus Leiden zu bestehen, und er wünschte nichts sehnlicher, als ihr etwas davon ersparen zu können.

KAPITEL 83

Eine Woche nach Kizzys sechzehntem Geburtstag, frühmorgens am ersten Oktobermontag, sammelten sich die Feldsklaven wie immer zum Abmarsch, als jemand ungeduldig rief: »Wo bleibt denn Noah?« Kunta, der zufällig in der Nähe stand und mit Cato sprach, wußte sofort, daß Noah geflohen war. Er sah neugierige Frauengesichter im Hintergrund auftauchen, darunter das von Kizzy, das mühsam einen unbeteiligten Ausdruck zu wahren suchte. Ihre Augen trafen sich – und sie blickte beiseite.

»Ich dacht', er wär' schon lange mit dir draußen«, sagte Noahs Mutter Ada zu Cato.

»Nein, aber ich werd' ihm die Leviten lesen fürs Verschlafen!« knurrte Cato. Dann trommelte er an die geschlossene Tür der Hütte, die früher von dem alten Gärtner bewohnt worden war und die Noah kürzlich zu seinem achtzehnten Geburtstag geerbt hatte. Da alles still blieb, riß Cato ärgerlich die Tür auf, brüllte »Nooaaah!« und stampfte hinein. Er kam mit besorgter Miene wieder heraus. »Sieht ihm nicht ähnlich«, murmelte er vor sich hin. Dann beauftragte er die anderen, rasch alle Hütten zu durchsuchen, auch den Abtritt, die Speicher und Schuppen, die Felder.

Während die anderen sich in alle Richtungen verteilten, übernahm Kunta die Scheune. *»Noah! NooOAAAH!«* schrie er mehrmals und jedesmal lauter, um den äußeren Schein zu wahren, obwohl er wußte, daß es sinnlos war. Die Pferde in ihren Boxen hörten auf, ihr Morgenfutter zu kauen, und sahen sich verwundert nach ihm um. Nachdem er sich mit einem vorsichtigen Blick aus der Tür vergewissert hatte, daß im Moment niemand in der Nähe war, kletterte er hastig auf den Heuboden, um sich niederzuwerfen und Allah – schon zum zweitenmal an diesem Morgen – anzuflehen, daß Noah wohlbehalten davonkommen möge.

Cato schickte beunruhigt den Rest der Feldsklaven an die Arbeit, er und der Fiedler wollten in Kürze nachkommen. Der Fiedler hatte sich, seit ihm nichts mehr am Geldverdienen lag und er auch nur noch selten zum Tanz aufspielte, klugerweise als Aushilfe bei der Feldarbeit angeboten.

»Ich glaub', der ist abgehauen«, murmelte er jetzt Kunta zu, als sie noch mit Bell zusammen im Hof standen.

Da Kunta nur brummte, sagte Bell: »Er hat doch noch nie gefehlt. Und nachts schleicht er sich auch nicht weg.«

Cato sprach aus, was in diesem Moment alle Gemüter bewegte. »Gott steh uns bei, einer muß es dem Masser sagen!« Nach kurzer, eiliger Beratung empfahl Bell, dem Masser nicht schon vor dem Frühstück damit zu kommen, »falls der Junge bloß irgendwo gebummelt hat und sich nicht nach Hause traut, eh's wieder dunkel wird, sonst schnappen ihn die Pattroller . . .«

Bell trug dem Masser zum Frühstück alles auf, was er am liebsten mochte: eingemachte Pfirsiche in dicker Sahne, Rührei und hickorygeräucherten Bratspeck, heiße Apfelgrütze mit Buttermilchbiskuits, und wagte erst zu reden, nachdem sie ihm zum Abschluß noch eine Tasse Kaffee eingeschenkt hatte.

»Masser –«, sie schluckte, »Masser, Cato sagt, ich soll Euch sagen, dieser Junge, der Noah . . . ist heute morgen nicht zur Arbeit angetreten.«

Der Masser setzte die Tasse ab und zog die Brauen zusammen. »Wo steckt er denn? Soll das heißen, er ist betrunken oder treibt sich irgendwo herum und wartet nur auf den Moment, unauffällig wieder aufzutauchen – oder sieht es nach einem Fluchtversuch aus?«

»Wir wissen alle nur, Masser«, stammelte Bell, »er ist einfach nicht da; wir haben ihn schon überall gesucht.«

Masser Waller studierte seine Kaffeetasse. »Ich geb' ihm Zeit bis heute abend – nein, morgen früh –, bevor ich etwas unternehme.«

»Masser, er ist ein so guter Junge, hier auf Eurer Pflanzung geboren und groß geworden und gut erzogen, und hat sein Leben lang gut gearbeitet und Euch oder sonstwem nie das kleinste bißchen Ärger gemacht –«

Er sah Bell ruhig an. »*Wenn* er versucht hat wegzulaufen, wird er es bereuen.«

»Jasörr, Masser.« Bell floh in den Hof, um den anderen zu berichten, was der Masser gesagt hatte. Aber kaum waren Cato und der Fiedler eilig zu den Baumwollfeldern aufgebrochen, rief der Masser Bell wieder ins Haus und befahl Kunta, den Wagen anzuspannen.

Den ganzen Tag lang, auf dem Weg von einem Patienten zum nächsten, schwankte Kunta zwischen Begeisterung, wenn er an den tapferen Flüchtling dachte, und Todesangst beim Gedanken an Dornengestrüpp und Bluthunde. Er konnte nachfühlen, was Noah jetzt an Hoffnung und Qual auszustehen hatte.

Bei einer heimlichen abendlichen Zusammenkunft wagten alle nur im Flüsterton zu sprechen.

»Dieser Junge ist auf und davon«, sagte Tante Sukey. »Ich hab's ihm schon lange an den Augen angesehn.«

»Na ja, der ist keiner von denen, die sich bloß rumtreiben und besaufen«, pflichtete Schwester Mandy ihr bei.

Noahs Mutter krächzte heiser, denn sie hatte den ganzen Tag geweint: »Mein Baby! Ist ja wahr – er hat beinah von nichts anderm mehr reden können wie vom Wegrennen! Allmächtiger – ob der Masser ihn nun verkauft?«

Hierauf wagte niemand eine Antwort.

Als Kunta mit den Seinen in die eigene Hütte zurückkehrte, brach Kizzy, kaum daß sie die Schwelle überschritten hatte, in Tränen aus und sank am Tisch auf den Stuhl. Kunta stand hilflos und stumm dabei. Aber Bell ging ohne ein Wort hinüber, nahm ihre schluchzende Tochter in die Arme und bettete deren Kopf an ihrer Brust.

Auch der Dienstagmorgen brachte kein Lebenszeichen von Noah, und der Masser befahl Kunta, ihn nach Spotsylvania zu fahren, wo er sich unverzüglich zur Gefängnisverwaltung begab. Nach einer Weile kam er mit dem Sheriff heraus, wies Kunta knapp an, das Pferd des Sheriffs hinten am Wagen anzubinden und sie dann beide nach Hause zu fahren. »Wir setzen den Sheriff an der Creek Road ab«, fügte der Masser hinzu.

Der Sheriff redete die ganze Fahrt über unbekümmert drauflos. »Heutzutage entlaufen so viele Nigger, daß wir alle Hände voll zu tun haben . . . Sie versuchen, sich lieber irgendwie durchzuschlagen, als daß sie sich in den Süden verkaufen lassen . . .«

»Seit ich meine Pflanzung besitze«, sagte der Masser, »habe ich noch nie einen von meinen Niggern verkauft, außer wenn sie gegen die Vorschriften verstoßen. Und das wissen sie alle sehr gut.«

»Aber es ist verdammt selten, daß Nigger einen guten Masser zu schätzen wissen, Doktor, wem sag' ich das. Wie alt, sagt Ihr, ist dieser Bursche? Um die achtzehn? Na, da ist er vermutlich nicht viel anders als die meisten Feldsklaven in dem Alter. Jede Wette, daß er in den Norden will.« Kunta steifte das Rückgrat. »Wenn er 'n Hausnigger wäre – die sind meistens redegewandter und versuchen, sich mit falschen Papieren als freie Nigger durchzumogeln, oder sie behaupten, sie wären im Auftrag ihres Masser unterwegs und hätten ihren Passierschein verloren, und damit versuchen sie bis Richmond oder 'ne andre größere Stadt zu kommen, wo sie zwischen den vielen freien Niggern leichter untertauchen können und vielleicht sogar Arbeit finden.« Der Sheriff hielt einen Moment inne. »Hat der Junge außer seiner Mammy auf Eurer Pflanzung noch irgendwelche Verwandte woanders, zu denen er erst mal gegangen sein könnte?«

»Meines Wissens keine.«

»Wißt Ihr dann vielleicht zufällig, ob er irgendwo 'n Mädchen hat? Wenn in diesen jungen Böcken nämlich der Saft schwillt, lassen sie glatt ihre Mulis im Feld stehn und hauen ab.«

»Nicht daß ich wüßte«, sagte der Masser. »Allerdings gibt's bei mir so ein junges Ding, die Tochter meiner Köchin. Höchstens fünfzehn, sechzehn Jahre alt, meiner Schätzung nach. Da weiß ich wirklich nicht, ob sie schon miteinander im Heu gewesen sind.«

Kunta vergaß fast zu atmen.

»Ich kenne welche, die haben schon mit zwölf ein paar Bälger!« feixte der Sheriff. »Viele von diesen jungen Niggermädchen haben es auch auf weiße Männer abgesehen, und Niggerjungen – die nehmen sowieso *jede*.«

Durch seine schwelende Wut spürte Kunta doch, wie Masser Waller plötzlich frostig wurde. »Ich habe sowenig persönlichen Kontakt zu meinen Sklaven wie möglich. Von ihren Privataffären weiß ich nichts und will ich auch nichts wissen.«

»Ja, ja, natürlich«, sagte der Sheriff schnell.

Der Masser milderte seinen abweisenden Ton. »Angenommen, an Eurem Hinweis ist was dran, so könnte der Junge ein Mädchen auf einer *andern* Pflanzung haben und sich bei Nacht hingeschlichen haben. Ich weiß es nicht, und natürlich würden die andern es mir nicht verraten, wenn sie davon wüßten. Aber vorläufig ist noch jede andre Erklärung möglich, zum Beispiel eine Schlägerei; er könnte irgendwo halbtot herumliegen. Es wäre sogar denkbar, daß er von armen Weißen verschleppt worden ist, auch treiben gewisse skrupellose Sklavenhändler auf diese Art ihre Geschäfte. Nochmals, ich weiß es nicht. Aber wie ich höre, hat der Junge vorher noch nie unentschuldigt bei der Arbeit gefehlt.«

In seinem Benehmen etwas zurückhaltender geworden, sagte der Sheriff: »Er ist also auf Eurer Pflanzung geboren und aufgewachsen. Gereist ist er demnach nicht viel?«

»Ich würde meinen, er hat keine Ahnung, wie man auch nur nach Richmond kommt, vom Norden ganz zu schweigen«, sagte der Masser.

»Die Nigger tauschen erstaunlich viele Informationen unter sich aus«, sagte der Sheriff. »Wir haben's aus ein paar Aufgegriffenen herausgeprügelt, daß sie regelrechte Landkarten im Kopf hatten, mit sämtlichen Hinweisen auf freie Strecken und Unterschlupfmöglichkeiten. Viele führen auf die Spur von frommen weißen Niggerfreunden, meist Quäkern und Methodisten. Aber da Euer Junge nie irgendwo war, auch noch nie einen Fluchtversuch oder sonstigen Ärger gemacht hat, möcht' ich jetzt doch eher drauf tippen, daß er spätestens nach ein paar Nächten aus den Wäldern zurückkommt, halbtot vor Angst und Hunger. Bei Niggern ist ein leerer Bauch immer der stärkste Antrieb. Das erspart Euch die Ausgaben für Zeitungsannoncen oder einen Trupp dieser professionellen Niggerfänger mit ihren Spürhunden. Alles, was Ihr gesagt habt, klingt nicht nach 'nem ausgekochten Gewohnheitsverbrecher, der in Wäldern und Sümpfen schon wie zu Hause ist und den Leuten Rinder und Schweine abschlachtet, als wären's wilde Karnickel.«

»Hoffentlich habt Ihr recht«, sagte Masser Waller. »Aber wie dem auch sei, er hat mein Verbot mißachtet und sich unerlaubt von der Pflanzung entfernt. Das genügt. Ich werde ihn nach seiner Ergreifung sofort in den Süden verkaufen.« Kuntas Fäuste packten die Zügel so fest, daß sich die Nägel in seine Handflächen gruben. »Dann laufen bei Euch zur Zeit gute zwölf- bis fünfzehnhundert Dollar auf freiem Fuß herum«, sagte der Sheriff. »Na, Ihr habt ihn ja bereits beschrieben. Ich geb' den Steckbrief gleich an sämtliche Posten weiter. Sobald wir ihn aufgreifen oder etwas Neues hören, werden wir Euch in Kenntnis setzen.«

Samstag vormittag nach dem Frühstück striegelte Kunta gerade ein Pferd vor der Scheune, als er Catos Käuzchensignal zu vernehmen glaubte. Er reckte lauschend den Hals und hörte es noch einmal. Rasch band er das Pferd an den nächsten Pfosten und humpelte den Pfad zur Hütte hinan. Vom Vorderfenster konnte er fast bis zur Kreuzung der Landstraße mit der Auffahrt des Herrenhauses sehen. Im Haus selbst mußte Catos Warnruf natürlich auch Bell und Kizzy alarmiert haben.

Dann sah er den Wagen heranrollen und erkannte mit wachsender Unruhe den Sheriff auf dem Bock. Allah, barmherziger Gott – war Noah gefangen? Als Kunta den Sheriff aussteigen sah, wollte er wie gewohnt hinauseilen und den abgehetzten Gaul des Besuchers tränken und abreiben, aber er war wie gelähmt und starrte weiter aus dem Fenster, während der Sheriff, zwei Stufen auf einmal nehmend, die Treppe zum Herrenhaus hinaufrannte.

Nur wenige Minuten später sah Kunta Bell beinahe taumelnd aus der Hintertür kommen. Sie fing an zu rennen – und Kunta wußte im voraus, daß etwas Furchtbares geschehen war, als sie beim Hereinstürzen fast die Tür aus den Angeln riß.

Mit verzerrtem, tränenüberströmten Gesicht stieß sie hervor: »Der Sheriff und der Masser reden mit Kizzy!«

Er stand wie vor den Kopf geschlagen. Sekundenlang starrte er Bell ungläubig an, dann aber packte er sie bei den Schultern, schüttelte sie heftig und fragte: »Was wollen sie von ihr?«

Mit überkippender, halberstickter Stimme brachte Bell ihren Bericht zustande: Der Sheriff war kaum im Haus, als der Masser schon nach Kizzy schrie, die gerade oben sein Schlafzimmer aufräumte. »Ich hör' ihn brüllen und sause von der Küche in den Flur, wo ich immer zum Horchen hingeh', aber ich konnt' nichts verstehen, außer daß der Masser mächtig wütend war.« Bell rang nach Luft. »Dann klingelte der Masser *meine* Klingel, und ich renn' zurück, damit es aussieht, wie wenn ich aus der Küche komm'. Aber der Masser hatte die Tür schon auf und stand da mit der Hand auf dem Türknopf, und so hat er mich noch nie angesehn wie in dem Moment. Und er sagt zu mir, kalt wie Eis: ›Raus aus'm Haus und draußen bleiben, bis ich dich rufe!‹« Bell trat an das kleine Fenster und starrte zum Herrenhaus hinüber, als könne sie nicht fassen, daß dies alles wirklich geschehen war. »O du mein Herr und Gott! Was in aller Welt will der Sheriff von meinem Kind?« fragte sie benommen.

Kunta marterte sein Hirn um einen vernünftigen Gedanken. Sollte er auf den Acker laufen und die Leute alarmieren, die dort gerade beim Dreschen waren? Aber er ahnte instinktiv, daß in seiner Abwesenheit noch Schlimmeres geschehen konnte.

Als Bell durch den Vorhang in die gemeinsame Schlafkammer wankte, immer noch aus vollem Halse ihren Jesus anflehend, konnte Kunta seine Wut kaum mehr zügeln. Sah sie denn immer noch nicht ein, was er ihr seit fast vierzig Regen einzuhämmern suchte – daß sie sich allzu leichtgläubig und willig von der angeblichen »Güte« des Masser – oder der *toubobs* überhaupt – täuschen ließ?

»Ich muß zurück!« schrie Bell plötzlich und war schon aus der Tür.

Kunta sah sie im Kücheneingang verschwinden. Was hatte sie vor? Er rannte ihr nach und spähte durch die Fliegentür. Die Küche war leer, und die Tür zum Flur fiel gerade zu. Kunta ging hinein, dämpfte das Klappen der Fliegentür mit der Hand und schlich auf Zehen durch die Küche. Eine Hand am Knauf der Korridortür, die andere zur Faust geballt, strengte er die Ohren an, aber alles, was er vernahm, war sein eigenes keuchendes Atmen.

Endlich hörte er Bells Stimme, sehr leise: »Masser?«

Keine Antwort. *»Masser!«* rief sie noch einmal, diesmal schärfer. Zugleich hörte er, wie die Salontür geöffnet wurde. »Wo ist meine Kizzy, Masser?«

»In meinem Gewahrsam«, erwiderte Masser Waller steinern. »Wir lassen nicht noch eine entlaufen.«

»Ich versteh' Euch nicht, Masser.« Bell sprach so leise, daß Kunta sie kaum hören konnte. »Das Kind ist doch so gut wie nie aus Eurem Hof rausgekommen.«

Der Masser zögerte einen Moment, bevor er sagte: »Möglich, daß du wirklich nicht weißt, was sie getan hat. Dieser Junge, Noah, ist eingefangen, aber nicht ohne zwei Wachmänner mit Messerstichen schwer verletzt zu haben. Sie hatten den gefälschten Paß beanstandet, den er bei sich trug. Nachdem man ihn überwältigt hatte, gestand er, daß der Passierschein nicht von mir geschrieben war, sondern von deiner Tochter. Sie hat es dem Sheriff gegenüber soeben selbst gestanden.«

Einen endlosen, beklemmenden Moment lang herrschte Totenstille. Dann hörte Kunta einen Schrei und polternde Schritte. Als er die Tür aufriß, rannte Bell an ihm vorbei – sie drückte ihn mit der Kraft eines Mannes einfach aus dem Weg – und zur Hintertür hinaus. Der Gang war leer, die Salontür geschlossen. Kunta lief Bell nach und holte sie vor der Hütte ein.

»Der Masser wird Kizzy verkaufen, ich weiß es!« kreischte Bell, und in ihm schien etwas zu zerspringen. »Ich hol' sie!« würgte er und humpelte so schnell wie möglich zum Herrenhaus zurück; Bell blieb ihm dicht auf den Fersen. Rasend vor Wut riß er die Türen auf und trampelte den geheiligten, ihm streng verbotenen Korridor entlang.

Der Masser und der Sheriff fuhren mit ungläubigen Gesichtern herum, als die Salontür aufflog. Kunta stand abrupt still; in seinen Augen brannte tödliche Entschlossenheit. Hinter ihm schrie Bell:

»Wo ist unser Kind? Wir kommen es holen!«

Kunta sah den Sheriff mit der rechten Hand zum Revolver greifen, während der Masser nur zischte: *»Hinaus!«*

»Könnt ihr Nigger nicht hören?« Der Sheriff hatte den Revolver gezückt, und Kunta spannte alle Muskeln zum Sprung – als er plötzlich Bells zitterndes »Jasörr!« hinter sich hörte und ihr verzweifeltes Ziehen an seinem Arm spürte. Dann bewegten sich seine Füße wie von selbst rückwärts über die Schwelle, die Tür wurde zugeschlagen, und der Schlüssel klirrte im Schloß.

Als Kunta mit seiner Frau im Flur hockte und die Schande über sich zusammenschlagen fühlte, drangen noch rasche, gedämpfte Gesprächsfetzen aus dem Salon an ihr Ohr, dann andere Geräusche, wie ein schwaches Scharren und Schleifen . . . dann, unverkennbar, ein Schluchzen Kizzys und das Zuschlagen einer anderen, entfernteren Tür.

»Kizzy, Kizzy! Kind! Großer Gott, laß sie mein Kind nicht verkaufen!« Bell stürzte aus der Hintertür, Kunta ihr nach. Ihre Schreie drangen bis zu einigen Feldarbeitern, die herbeirannten. Cato kam gerade zurecht, um Bell wie von Sinnen toben und sich aufbäumen zu sehen. Kunta suchte sie wie ein tolpatschiger Bär festzuhalten. Gleich darauf kam Masser Waller die Vordertreppe heruntergestürzt, gefolgt von dem Sheriff, der die weinende und sich heftig sträubende Kizzy an einer Kette hinter sich herzerrte.

»Mammy! Maaaaaaaamy!« schrie Kizzy.

Bell und Kunta sprangen vom Boden auf und wandten sich drohend wie sprungbereite Löwen der Gruppe vor dem Hause zu. Wieder zog der Sheriff den Revolver und zielte auf Bell; sie verhielt den Schritt und starrte Kizzy an. »Hast du wirklich getan, was sie sagen?« Die Frage kam wie aus zugeschnürter Kehle. Alle sahen, wie Kizzys rote, überströmende Augen eine stumme Antwort gaben und dann flehend von ihren Eltern zu den beiden Weißen wanderten – aber sie sprach kein Wort.

»O mein Herr und Gott!« schrie Bell auf. »Gnade, Masser, Gnade! Sie hat's nicht so gemeint! Sie hat nicht gewußt, was sie tat – Missy Anne, die hat sie das Schreiben doch erst gelernt!«

»Gesetz ist Gesetz«, sagte Masser Waller eisig. »Sie hat meine Regeln gebrochen. Sie hat einen Betrug begangen. Womöglich hat sie sogar Beihilfe zum Mord geleistet. Wie ich höre, ist einer der beiden Weißen lebensgefährlich verletzt.«

»Aber *sie* hat den Mann doch nicht gestochen, Masser! Masser, sie hat brav für Euch gearbeitet, seit sie groß genug ist, Euren Nachttopf rauszutragen! Und ich, ich hab' gekocht und Euch in allem bedient, mehr als vierzig Jahre lang, und er –«, sie zeigte auf Kunta und stotterte weiter, »er hat Euch überall hingefahren, fast ebenso lange Zeit. Masser, soll das alles denn gar nicht mehr zählen?«

Masser Waller sah über sie hinweg. »Ihr habt eure Arbeit getan. Dazu seid ihr da. Sie wird verkauft. Mehr ist dazu nicht zu sagen.«

»Nur ganz gemeine, schlechte Weiße reißen Familien auseinander!« rief Bell. »Ihr seid doch nicht von der Sorte!«

Masser Waller gab dem Sheriff einen ärgerlichen Wink, und dieser begann Kizzy grob zum Wagen zu drängen.

Bell vertrat ihnen den Weg. »Dann verkauft mich und ihren Vater gleich mit! Reißt uns nicht auseinander!«

»Aus dem Weg!« blaffte der Sheriff und stieß sie roh beiseite.

Kunta brüllte auf, sprang gleich einem Leoparden auf den Sheriff zu und schlug ihn mit der Faust zu Boden.

»Rette mich, Fa!« schrie Kizzy. Er faßte sie um die Taille und riß wild an ihrer Kette. Als der Sheriff ihm den Revolvergriff gegen die Schläfe schlug, schien ihm der Kopf zu bersten, und er brach in die Knie. Bell stürzte sich wieder auf den Sheriff, aber mit einer Armbewegung schleuderte er sie von sich, so daß auch sie schwer hinfiel, während er Kizzy auf den Rücksitz des Wagens stieß und ein Vorhängeschloß an ihrer Kette zuschnappen ließ. Dann war er mit einem Sprung auf dem Kutschbock und versetzte dem Pferd einen Peitschenhieb. Der Vorwärtsruck brachte den Wagen ins Schleudern, weil Kunta sich hinten angeklammert hatte. Benommen, mit dröhnendem Kopf, gleichgültig gegen den Revolver, stolperte er nach, obwohl der Wagen immer schneller fuhr.

»Missy Anne! . . . Missy Anne!« schrie Kizzy mit gellender Stimme, wieder und immer wieder . . . Ihre Schreie schienen hinter dem Wagen, der schon in die Hauptstraße einbog, in der Luft hängenzubleiben.

Als Kunta strauchelnd und nach Luft ringend aufgeben mußte, war der Wagen schon eine halbe Meile weit fort. Lange stand er da und sah ihm nach, bis der Staub sich wieder setzte und die Straße, so weit er sehen konnte, sich leer in der Ferne verlor.

Der Masser hatte sich umgedreht und war sehr rasch mit gesenktem Kopf ins Haus gegangen, an Bell vorbei, die schluchzend auf der untersten Stufe kauerte. Kunta kam langsam wie ein Schlafwandler die Auffahrt zurückgehinkt. Plötzlich durchblitzte ihn eine afrikanische Erinnerung, und er bückte sich und suchte in nächster Umgebung des Hauses den Boden ab. Von den deutlichsten Spuren, die Kizzys nackte Füße hinterlassen hatten, scharrte er vorsichtig die zwei Handvoll Staub zusammen, die diese Spuren enthielten, und eilte damit zur Hütte. Eine uralte Verheißung besagte, wenn er den kostbaren Staub nur sicher verwahrte, würde Kizzy eines Tages an den Ort zurückkehren müssen, wo diese Fußspuren entstanden waren. Er trat durch die offene Tür in den Vorraum, und sein suchender Blick fiel auf die Kürbisflasche mit den Steinen. Doch als er seine zu Schalen gewölbten Hände öffnen wollte, um den Staub hineinrinnen zu lassen, erkannte er die Wahrheit: Seine Kizzy war dahin. Nie würde sie zurückkehren. Nie sollte er sein Kind wiedersehen.

Kuntas Gesicht verzerrte sich. Er warf den Staub zur Decke empor. Tränen stürzten ihm aus den Augen, sein Mund öffnete sich weit zu einem lautlosen Schrei, er schwang die schwere Kürbisflasche mit beiden Armen hoch über den Kopf und schleuderte sie mit aller Kraft auf den harten Lehmboden. Sie zerbrach, und die sechshundertzweiundsechzig Kiesel, Sinnbild seiner fünfundfünfzig Regen, sprangen heraus und rollten in alle Richtungen auseinander.

KAPITEL 84

Kizzy lag schwach und benommen auf leeren Säcken in der finsteren Hütte, in die man sie gestoßen hatte, als sie kurz nach Dunkelwerden auf dem Maultierkarren hier angekommen war. Wie spät es wohl sein mochte? Die Dunkelheit schien bereits eine Ewigkeit zu dauern. Sie warf sich schlaflos hin und her, bemüht, an etwas zu denken, was ihr keine Angst machte. Zum hundertstenmal stellte sie sich vor, wie es im »Norden« sein mochte, wo den Schwarzen angeblich die Freiheit winkte, wenn ihnen die Flucht gelungen war. Aber wenn sie sich nun verirrte? Wo war dieser »Norden« eigentlich? Sie hatte keine Ahnung. Wenn sie nun Pech hätte und in den »tiefen Süden« geraten würde, wo Massers und Aufseher noch weit schlimmer sein sollten als Masser Waller? Trotzdem, weglaufen werde ich, schwor sie sich.

Als die Tür knarrte, empfand sie das im Rücken wie den Stich einer Nadel. Im Aufspringen gewahrte sie eine verstohlen eintretende Gestalt, in der Hand eine brennende Kerze. Sie erkannte den weißen Mann, der sie gekauft hatte. In der anderen Hand hielt er locker eine kurze Peitsche, doch nicht die war es, die Kizzy fürchtete, sondern seine tückische, lüsterne Miene.

»Ich will dir nicht weh tun«, sagte er, und sein nach Fusel stinkender Atem traf sie wie eine Faust. Sie ahnte, was er vorhatte: er wollte mit ihr machen, was Pappy mit Mammy hinter dem Vorhang machte, wenn da so sonderbare Geräusche zu hören waren, sobald die Eltern glaubten, Kizzy schlafe. Das gleiche, was Noah immer mit ihr machen wollte, wenn sie mit ihm spazierenging. Mehr als einmal war sie nahe darangewesen nachzugeben, besonders an seinem letzten Abend, doch als er ihr heiser ins Ohr sagte: »Du sollst mein Baby im Bauch haben«, erschrak sie so sehr, daß sie sich sträubte. Wenn dieser weiße Mann glaubte, sie würde ihn gewähren lassen, mußte er ja verrückt sein.

»Mach schon, stell dich nicht so an!« Kizzy blickte zur Tür: konnte sie an ihm vorüber, hinaus in die Nacht? Er schien ihre Absicht zu erraten, denn er trat ihr in den Weg, und als er die Kerze mit geschmolzenem Wachs auf der Sitzfläche des einzigen hier vorhandenen, aber zerbrochenen Stuhls befestigte, ließ er sie nicht aus den Augen. Die Flamme flackerte. Kizzy wich zurück, bis sie die Wand berührte. »Ich bin dein neuer Masser, stell dich nicht so blöd an.« Dann schnitt er eine Grimasse, die wohl freundlich gemeint war. »Hübsch bist du. Wenn du mir gefällst, könnte ich dich freilassen . . .«

Als er sie packte, schrie sie und wehrte sich, und er schlug ihr den Peitschenstiel ins Genick. »Die Haut zieh' ich dir ab, Luder!« Sie biß und kratzte, doch zwang er sie zu Boden. Zunächst erstickte er ihr Geschrei mit der Hand – »bitte nicht, Masser, bitte nicht!« –, dann stopfte er ihr Fetzen in den Mund, an denen sie würgen mußte. Als sie trotzdem immer wieder versuchte, sich ihm zu entwinden, stieß er mehrmals ihren Kopf auf den Boden und schlug ihr erregt schnaubend ins Gesicht. Davon verlor sie fast die Besinnung. Er griff zwischen ihre Schenkel, zwängte ihre Beine auseinander, versetzte ihr noch einmal einen schweren Schlag und knöpfte dann seine Hose auf. Kizzy empfand einen reißenden Schmerz, dann wurde sie ohnmächtig.

Bei Tagesanbruch schlug sie blinzelnd die Augen auf. Sie schämte sich furchtbar, denn eine junge Schwarze wusch mit einem Lappen und warmem Seifenschaum behutsam ihre Geschlechtsteile. Als Kizzy roch, daß sie sich beschmutzt hatte und spürte, daß die junge Frau sie auch dort säuberte, schämte sie sich noch mehr und schloß wieder die Augen. Vorsichtig spähende Blicke sagten ihr, daß das Gesicht der Frau so ausdruckslos war, als wäre sie mit Wäschewaschen beschäftigt, als wäre dies nur eine von vielen Arbeiten, die sie in ihrem Leben zu verrichten hatte. Schließlich deckte sie Kizzy mit einem sauberen Tuch zu und blickte sie an. »Hast wohl jetzt keine Lust, viel zu reden«, sagte sie ruhig, nahm Lappen und Eimer und schickte sich an zu gehen, nicht ohne vorher einen leeren Sack über Kizzy zu breiten. »Ich bring' dir auch bald was zu essen.« Damit ging sie hinaus.

Kizzy hatte das Gefühl, frei in der Luft zu schweben. Sie wollte sich einreden, sie habe diese unaussprechliche, unvorstellbare Demütigung nicht wirklich erfahren, doch die bohrenden Schmerzen belehrten sie eines anderen. Sie kam sich unrein vor, in ihrem Schamgefühl auf nie wiedergutzumachende Weise verletzt. Jede Bewegung schmerzte, also lag sie still, zog nur den Sack fest um sich, wie um sich vor einer weiteren Gewalttat zu schützen. Die Schmerzen nahmen zu.

Im Geist durchlebte sie noch einmal die vergangenen vier Tage und Nächte. Sie sah die entsetzten Gesichter ihrer Eltern, hörte deren verzweifelte Rufe, als man sie wegschleppte, sah sich mit dem weißen Sklavenhändler ringen, dem der Sheriff von Spotsylvania County sie übergeben hatte. Fast wäre sie ihm entwischt, doch hatte er sie schließlich an einem ihr unbekannten Ort nach langem, erbitterten Feilschen diesem neuen Masser verkauft, der ihr im Dunkeln Gewalt antat. Mammy! Pappy! Wenn man sie nur hören könnte! Doch niemand wußte, wo sie war. Und wußte sie denn, was mit den Eltern geschehen war? Masser Waller verkaufte nie einen Sklaven, es sei denn, »er mißachtet meine Vorschriften«. Aber allein dadurch, daß sie versucht hatten, den Masser davon abzubringen, Kizzy zu verkaufen, mußten sie gegen ein ganzes Dutzend Vorschriften verstoßen haben.

Und Noah? Wie stand es um Noah? War er irgendwo erschlagen worden? Kizzy hörte ihn wieder zornig von ihr fordern, sie solle ihm ihre Liebe beweisen, indem sie ihm Reisepapiere fälschte, die er herzeigen konnte, wenn er von argwöhnischen Weißen angehalten und ausgefragt wurde. Sie sah die grimmige Entschlossenheit in seinen Zügen, als er ihr feierlich versprach, wiederzukommen und sie zu holen. »Im Norden können wir immer beisammenbleiben.« Er brauchte dazu Geld, doch das würde er bald verdienen, denn Arbeit ließe sich gewiß leicht finden. Von neuem begann sie zu schluchzen. Sie wußte, daß sie ihn nie wiedersehen würde. Ihn nicht und auch ihre Eltern nicht. Es sei denn . . .

Jäh stieg Hoffnung in ihr auf. Schon als kleines Mädchen hatte Missy Anne ihr geschworen, einzig und allein Kizzy sollte ihre Dienerin werden, sobald sie einen gutaussehenden, reichen jungen Masser heiratete, und später ihre Kinder betreuen. War Missy Anne vielleicht schreiend, weinend, bettelnd zu Masser Waller gelaufen, als sie erfuhr, daß man Kizzy weggebracht hatte? Kein Mensch hatte so großen Einfluß auf Masser Waller wie Missy Anne! Konnte es sein, daß Masser Waller schon nach dem Sklavenhändler suchen ließ, um zu erfahren, an wen er sie verkauft hatte? Daß er sie zurückkaufen würde?

Doch ihr Gemüt umdüsterte sich wieder, als ihr klar wurde, daß der Sheriff ganz genau wußte, wo der Sklavenhändler war; man hätte sie längst aufgespürt. Sie fühlte sich jetzt noch verlorener, noch einsamer und verlassener. Sie konnte nicht mehr weinen und stellte Gott anheim, er möge sie vernichten, wenn Er meine, sie verdiene nichts Besseres, weil sie Noah liebte. Zwischen ihren Beinen wurde es wieder feucht. Offenbar blutete sie immer noch. Der Schmerz war ein wenig abgeklungen.

Als die Tür sich wieder knarrend öffnete, sprang Kizzy auf und wich zur Wand, doch war es nur die Frau. Sie brachte einen dampfenden Topf, Schüssel und Löffel. Kizzy hockte sich auf den Fußboden, die Frau stellte den Topf auf den Tisch, tat etwas Essen in die Schüssel und hielt sie Kizzy hin. Kizzy nahm weder das Essen noch die Frau zur Kenntnis, doch die übersah das und fing an zu reden, als wären sie und Kizzy alte Bekannte.

»Ich bin die Köchin vom großen Haus. Ich heiß' Malizy. Wie heißt du?«

Es schien Kizzy albern, nicht zu antworten: »Ich heiß' Kizzy, Miss Malizy.«

Die Frau brummte befriedigt. »Redst ja, als ob du gut erzogen wärst.« Sie warf einen Blick auf das unberührte Essen in der Schüssel. »Das Essen bekommt einem nicht, wenn man's kalt werden läßt.« Miss Malizy redete daher wie Schwester Mandy oder Tante Sukey.

Zögernd nahm Kizzy den Löffel auf und kostete. Dann fing sie langsam an zu essen.

»Wie alt bist du?« fragte Miss Malizy.

»Sechzehn, Ma'am.«

»Dafür kommt der Masser in die Hölle!« empörte sich Miss Malizy im Flüsterton. »Warum soll ich's dir nicht sagen«, fuhr sie fort und sah Kizzy an, »der Masser ist einer von denen, die auf Niggerfrauen scharf sind, ganz besonders auf junge, wie du eine bist. Mit mir hat er's auch getrieben. Bin nur neun Jahre älter als du. Wie er geheiratet hat, hat er's bleiben lassen und mich zur Köchin gemacht – im selben Haus, wo die Missy wohnt, Gott sei Dank!« Miss Malizy zog eine Grimasse. »Bestimmt kommt er dich regelmäßig besuchen.«

Als sie sah, wie Kizzy angstvoll die Hand hob, sagte sie: »Kind, du mußt begreifen, daß du nur ein Niggermädchen bist. Ein Weißer wie unser Masser, der macht, was er will, und da mußt du dich fügen, sonst tut es dir leid. Seinen Willen setzt er durch – so oder so. Und das eine sag' ich dir: dieser Masser kann sehr gemein sein, wenn du ihn ärgerst. Kenn' überhaupt keinen, der so wütend werden kann wie der. Du denkst dir nichts Böses, aber plötzlich passiert was, was ihn ärgert, und schon« – Miss Malizy schnippte mit den Fingern – »läuft er rot an und spielt verrückt!«

Kizzy überlegte fieberhaft. Sobald es dunkel war und bevor er zurückkam, mußte sie fliehen. Miss Malizy schien ihre Gedanken gelesen zu haben. »Und laß dir ja nicht einfallen wegzulaufen, Kindchen. Er läßt dich mit seinen Bluthunden jagen, und dann bist du noch ärger dran. Beruhige dich. In den nächsten vier, fünf Tagen kommt er sowieso nicht. Er ist mit dem alten Nigger, der seine Hähne abrichtet, zu einem großen Hahnenkampf am andern Ende des Staates unterwegs.« Miss Malizy schüttelte den Kopf. »Dem geht nichts über seine Kampfhähne.«

Sie schwatzte unentwegt weiter. Der Masser, einer von den armen Weißen, hatte um fünfundzwanzig Cents in der Lotterie einen guten Kampfhahn gewonnen und war mit der Zeit einer der erfolgreichsten Züchter geworden.

Kizzy unterbrach sie: »Schläft er nicht mit seiner Missis?«

»Na sicher schläft er mit ihr!« erwiderte Miss Malizy. »Er hat eben Frauen gern. Du wirst sie nicht oft zu Gesicht bekommen, sie hat eine Todesangst vor ihm und lebt ganz für sich. Sie ist viel jünger als er. Ihre Eltern sind auch arme Weiße. Sie war erst vierzehn, als er sie geheiratet hat. Sie weiß, daß ihm mehr an seinen Hähnen liegt als an ihr . . .« Während Malizy vom Masser, von seiner Frau und den Hähnen erzählte, dachte Kizzy unentwegt daran, wie sie fliehen könnte.

»Hörst du mir überhaupt zu?«

»Ja, Ma'am«, antwortete sie schnell.

Miss Malizys Stirn glättete sich. »Nun, das mußt du auch. Ich sag' dir, wie's hier ist.« Sie musterte Kizzy. »Woher kommst du überhaupt?«

»Aus Spotsylvania County, Virginia«, antwortete Kizzy.

»Nie davon gehört! Hier sind wir jedenfalls in Caswell County in Nord-Carolina.«

Kizzys Miene zeigte, daß sie keine Ahnung hatte, wo das war. Allerdings hatte sie oft von Nord-Carolina gehört und glaubte zu wissen, daß es irgendwo in der Nähe von Virginia lag.

»Weißt du, wie der Masser heißt?« fragte Miss Malizy. Kizzy sah sie verständnislos an. »Masser Tom Lea . . .« Sie überlegte einen Augenblick. »Also heißt du jetzt Kizzy Lea.«

»Ich heiße Kizzy Waller!« protestierte Kizzy. Dann aber fiel ihr ein, was ihr wegen Masser Waller, dessen Namen sie trug, alles zugestoßen war, und sie fing an zu weinen. »Hab dich nicht so, Kindchen!« rief Miss Malizy. »Du weißt doch, daß Nigger den Namen vom Masser kriegen. Niggernamen sind nichts wert, nur daß man sie damit rufen kann . . .«

»Mein Pappy hat 'n richtigen Namen«, erklärte Kizzy. »Er heißt Kunta Kinte. Er ist Afrikaner.«

»Was du nicht sagst!« Miss Malizy schien überrascht. »Mein Urgroßvater soll auch 'n Afrikaner gewesen sein. Meiner Mammy ihre Mammy hat erzählt, er war schwärzer als Pech, und im Gesicht hatte er lange Narben. Aber meine Mammy hat mir nie seinen Namen gesagt . . .« Miss Malizy überlegte. »Kennst du auch deine Mammy?«

»Natürlich kenn' ich sie. Meine Mammy heißt Bell. Sie ist Köchin im Herrenhaus wie du. Und mein Pappy kutschiert den Einspänner vom Masser, bislang jedenfalls.«

»Du warst also mit deinem Pappy und deiner Mammy zusammen?« Miss Malizy staunte. »Du lieber Gott, bei uns gibt's aber nicht viele, die beide Eltern kennen. Entweder ist der Pappy verkauft oder die Mammy.«

Kizzy hatte das Gefühl, daß Miss Malizy sich zum Gehen anschickte, und weil sie plötzlich Angst bekam, wieder allein gelassen zu werden, suchte sie nach einer Möglichkeit, das Gespräch in die Länge zu ziehen. »Du redest wie meine Mammy«, erklärte sie. Miss Malizy schien überrascht, doch auch erfreut. »Ich nehm' an, sie ist 'ne gute Christin, so wie ich.« Zögernd stellte Kizzy ihr eine Frage, die ihr durch den Kopf gegangen war. »Was für Arbeit muß ich hier machen, Miss Malizy?«

Die Frage setzte Miss Malizy in Erstaunen. »Was für Arbeit?« wiederholte sie. »Hat dir denn der Masser nicht gesagt, wie viele Nigger wir hier sind?« Kizzy schüttelte den Kopf. »Mit dir sind wir genau fünf! Und da zähl' ich auch noch den alten Mingo mit, der unten bei seinen Hühnern wohnt. Ich hab' die Küche, die Wäsche und den Haushalt. Schwester Sarah und Onkel Pompey arbeiten auf dem Feld, und das mußt du auch.«

Die Bestürzung auf Kizzys Gesicht veranlaßte Miss Malizy, die Brauen hochzuziehen. »Was hast du denn gearbeitet, wo du bis jetzt warst?«

»Saubergemacht im Herrenhaus und meiner Mammy in der Küche geholfen«, antwortete Kizzy kleinlaut.

»Das hab' ich mir schon gedacht, du mit deinen weichen Händen! Na, dann bereit' dich schon mal auf ein paar Schwielen vor, wenn der Masser wieder da ist!« In milderem Ton fuhr sie fort: »Armes Ding! Du bist wohl an eine reiche Farm gewöhnt. Unser Masser hier gehört aber zu den Armen, die sich plagen und alles zusammenkratzen, bis sie 'n kleines Stück Land kaufen und ein Haus bauen können, das nach mehr aussieht, als es in Wirklichkeit ist. In dieser Gegend sind viele arme Weiße. Die Leute sagen hier: ›Für hundert Morgen braucht man vier Nigger.‹ Unser Masser ist so geizig, daß er sich nicht mal die vier kauft. Weil er nämlich nur achtzig Morgen hat und davon grade nur so viel bebaut, daß er noch behaupten kann, ein Masser zu sein. Sein Kapital sind die hundert und etlichen Kampfhähne, die Mingo ihm züchten und abrichten hilft. Für was andres gibt er kein Geld aus. Immer wieder verspricht er der Missy, daß ihn diese Hühner noch mal reich machen. Er säuft sich an und erzählt ihr, daß er ihr eines Tages ein Haus bauen wird, zwei Stock hoch, mit sechs Säulen vorn und noch viel schöner als die Häuser von den wirklich reichen Massers, die ihn wie Dreck behandeln, weil er arm ist. Er legt alles Geld beiseite für dieses schöne Haus, sagt er. Hm! Na ja, möglich ist alles. Aber in Wahrheit ist er bloß geizig. Nicht mal einen Stallburschen hat er und auch keinen Nigger, der ihn kutschiert, wie die andern Massers einen haben. Er spannt selber ein, sattelt selbst sein Pferd und kutschiert selbst. Daß ich nicht auf dem Feld arbeite ist bloß, weil die Missis nicht mal Wasser kochen kann und weil er gern gut ißt. Und weil es gut aussieht, wenn jemand die Gäste bedient. Er bringt nämlich gern welche mit nach Hause, besonders wenn er mit seinen Hähnen gut verdient hat. Er weiß aber, daß Onkel Pompey und Schwester Sarah nicht alles Land bearbeiten können, was er bepflanzen möcht', deshalb hat er dich gekauft . . .« Miss Malizy machte eine Pause. »Weißt du, wieviel du gekostet hast?«

»Nein, Ma'am«, antwortete Kizzy mit schwacher Stimme.

»Sechs- bis siebenhundert Dollar, schätz' ich, nach dem, was Nigger heute kosten. Du bist jung und kräftig und kannst Kinder kriegen – das bringt ihm ein paar Pickaninnies, die ihn nichts kosten.«

Kizzy starrte sie sprachlos an, Miss Malizy ging zur Tür. »Es täte mich nicht wundern, wenn der Masser dich zu einem dieser Zuchtnigger bringt, die die reichen Massers vermieten. Aber jetzt sieht's ja aus, als ob er's selber macht.«

KAPITEL 85

Das Gespräch war kurz.

»Masser, ich krieg' ein Baby.«

»Na und? Versuch bloß nicht, die Kranke zu spielen und dich vor der Arbeit zu drücken!«

Doch als ihr Bauch anzuschwellen begann, besuchte er sie weniger oft. Wohl oder übel gewöhnte sich Kizzy an die harte Feldarbeit in glühender Sonne. Dabei hatte sie häufig Schwindelanfälle, und morgens war ihr übel. Von dem rauhen Stiel der schweren Hacke bekam sie peinigende Blasen auf beiden Handflächen, die aufplatzten, sich wieder mit Wasser füllten und neuerlich platzten. Sie hackte drauflos und bemühte sich, nicht allzu weit hinter dem erfahrenen, stämmigen schwarzen Onkel Pompey und der drahtigen, etwas helleren Schwester Sarah zurückzubleiben, die beide offenbar nicht recht wußten, was sie von Kizzy halten sollten. Diese rief sich alles ins Gedächtnis, was ihre Mammy vom Kinderkriegen erzählt hatte. Sie hätte alles darum gegeben, die Mutter bei sich zu haben. Bell hatte sie wiederholt vor der Schande gewarnt, die sie erleben würde, »wenn du dich weiter mit diesem Noah rumtreibst und ihn zu nah an dich ranläßt«, sie würde aber gewiß verstehen, daß es nicht Kizzys Schuld war, und ihr sagen, was sie wissen mußte.

Fast glaubte sie, Bell bekümmert sagen zu hören, was nach ihrer Meinung am tragischen Tod von Masser Wallers Frau und Baby schuld gewesen war: »Das arme Ding war einfach zu schmal gebaut für so ein großes Baby!« War *sie* breit genug gebaut? Einmal hatten sie und Missy Anne einer Kuh beim Kalben zugesehen und sich flüsternd darüber unterhalten, ob es wohl stimme, daß der Storch die Kinder bringe, wie die Erwachsenen sagten, oder ob die Frauen sie auf die gleiche schauerliche Weise aus ihren Geschlechtsteilen herauspressen müßten?

Da Miss Malizy und Schwester Sarah von Kizzys prallem Bauch und den strotzenden Brüsten kaum Notiz zu nehmen schienen, meinte Kizzy verbittert, ihnen ihre Ängste anzuvertrauen sei ebenso vergeblich wie Masser Lea damit zu behelligen. Jedenfalls interessierte ihn ihr Zustand nicht im geringsten, wenn er über die Felder ritt und jeden anbrüllte, der ihm nicht eifrig genug arbeitete.

Als im Winter 1806 das Baby kam, machte Schwester Sarah die Hebamme. Nachdem Kizzy, wie ihr schien, eine Ewigkeit gestöhnt und geschrien und gefürchtet hatte, es werde sie in Stücke reißen, starrte sie endlich staunend das kleine Wesen an, das Sarah lachend in die Höhe hielt. Es war ein Junge, seine Hautfarbe schien aber ungewöhnlich hell.

Schwester Sarah beruhigte sie. »Kleine Babys brauchen einen Monat, bis sie ihre richtige Farbe kriegen.« Aber Kizzys Befürchtungen verstärkten sich, wenn sie ihr Kind jeden Tag mehrmals auf seine Farbe hin überprüfte, und als ein ganzer Monat vorbei war, begriff sie, daß die Haut ihres Sohnes bestenfalls hellbraun werden würde.

Sie erinnerte sich, wie ihre Mammy sich stolz gerühmt hatte: »Auf der Farm unseres Masser gibt es nur schwarze Nigger!« Und sie versuchte, nicht an *»sasso-borro«* zu denken – so hatte ihr ebenholzschwarzer Vater, die Mundwinkel verächtlich herabgezogen, alle jene bezeichnet, deren Haut mulattenfarbig getönt war. Sie war froh, daß er ihre Schande nicht sehen – und teilen – mußte. Aber sie wußte, daß sie ihm, auch wenn er das Kind nicht zu Gesicht bekam, nie wieder unter die Augen treten konnte. Man brauchte ja nur ihre Farbe mit der des Babys zu vergleichen, um zu wissen, was geschehen und wer der Vater war. Sie dachte an Noah und schämte sich noch mehr. »Das ist unsere letzte Gelegenheit, bevor ich fortgeh', Baby. Wie kannst du nur sagen, du willst nicht?« hörte sie ihn sagen. Sie machte sich schreckliche Vorwürfe, daß sie es nicht getan hatte, daß es nicht Noahs Baby war; dann wäre es wenigstens schwarz gewesen.

»Was ist los mit dir, Kizzy? Ist doch ein schönes Kind!« wunderte sich Miss Malizy eines Morgens, als ihr auffiel, wie traurig Kizzy aussah und wie steif sie ihr Baby hielt, beinahe von sich weg, als koste es sie Mühe, ihr Kind auch nur anzuschauen. In einer plötzlichen Anwandlung verständnisvoller Zuneigung platzte Miss Malizy heraus: »Nimm es nicht so schwer, Kind. Wen kümmert das schon? Das fällt keinem auf. Gibt schon bald ebenso viele Mulatten wie schwarze Nigger. So ist das nun mal . . .« Sie richtete einen beschwörenden Blick auf Kizzy. »Und der Masser sagt bestimmt nie, daß es sein Kind ist, keine Angst. Für ihn ist der ein Junge wie jeder andre, und er ist froh, daß er nichts für ihn hat zahlen müssen und daß er auf dem Feld arbeitet wie du. Denk lieber nur, daß das schöne große Baby *dir* gehört, weiter nichts.«

Diese Art, die Dinge zu sehen, tröstete Kizzy einigermaßen. »Aber wenn nun die Missis das Kind eines Tages sieht, Miss Malizy?«

»Die weiß, daß der Masser nichts taugt. Ich wollt', ich hätt' einen Penny für jede weiße Frau, die genau weiß, daß ihr Mann mit 'ner Niggerfrau ein Kind hat. Kann sein, die Missis ist eifersüchtig, weil sie offenbar keine kriegt.«

Etwa einen Monat nach der Geburt des Babys kam Masser Lea eines Abends wieder in Kizzys Hütte. Er beugte sich über das Lager und hielt die Kerze nahe an das Gesicht des schlafenden Kindes. »Hm. Sieht nicht schlecht aus. Und schön groß ist er auch.« Mit dem Zeigefinger stieß er an eines der winzigen Fäustchen und sagte dann zu Kizzy: »Also dann. Bis Ende der Woche hast du genug Zeit frei gehabt. Montag gehst du wieder aufs Feld.«

»Aber Masser, ich muß ihn doch stillen!« war ihre unüberlegte Antwort.

Schon wurde er wütend: »Halt die Klappe und tu, was ich dir sage! Willst dich wohl verhätscheln lassen wie eine feine Dame? Damit ist Schluß! Nimm den kleinen Nigger mit aufs Feld, oder ich behalt' ihn und verkauf' dich so schnell weiter, daß dir schwindlig wird!«

Der bloße Gedanke, von ihrem Kind getrennt zu werden, jagte Kizzy einen solchen Schrecken ein, daß sie in Tränen ausbrach. »Jasörr, Masser«, schluchzte sie. Angesichts ihrer Zerknirschung und Unterwerfung verflog sein Zorn rasch wieder, doch nun merkte Kizzy, daß er in der Absicht gekommen war, sie wieder zu gebrauchen, ausgerechnet jetzt, wo das Baby schlafend neben ihr lag.

»Masser, Masser, es ist zu früh«, flehte sie unter Tränen, »ich bin noch nicht richtig heil!« Doch als er auf ihre Bitten nicht einging, wehrte sie sich nur, bis sie die Kerze gelöscht hatte. Dann ließ sie die Prozedur still über sich ergehen; sie hatte Angst, das Baby könnte erwachen. Sie war erleichtert, daß es immer noch zu schlafen schien, als sich der Masser ausgetobt hatte. »Einen Namen müssen wir ihm ja wohl auch geben«, sagte er im Dunkeln, während er die Hosenträger überstreifte. Kizzy hielt den Atem an. »Nenn ihn George – so hieß mein bester Feldnigger.« Und wie im Selbstgespräch fügte er an: »George. Ja. Morgen schreib' ich es in meine Bibel. Ja, das ist ein guter Name – George!« Damit verließ er die Hütte.

Kizzy säuberte sich und legte sich wieder hin. Sie wußte nicht, was sie mehr empörte: daß der Masser sie mißbraucht oder daß er diesen Namen für ihr Kind gewählt hatte. Ihr schwebte »Kunta« oder »Kinte« als idealer Name vor. Neuer Schrecken überkam sie, als sie daran dachte, was ihr afrikanischer Pappy davon halten würde, für den der Name so viel bedeutete. Sie erinnerte sich, wie er ihr einmal erzählt hatte, daß die Namensgebung in seiner Heimat das Allerwichtigste war, »denn aus Söhnen werden Väter!«

Ihr Vater hatte stets nur zornig und erbittert von den Weißen gesprochen – *»toubobs«* nannte er sie. Und sie dachte an Bells Worte: »Es macht mir Angst, daß du so glücklich bist, Kind, weil du eigentlich gar nicht weißt, was es heißt, ein Nigger zu sein – und ich hoffe zu Gott, daß du's nie erfährst.« Nun, sie hatte es erfahren – und es schien der Pein kein Ende zu geben, die die Weißen den Schwarzen zuzufügen imstande waren. Das Schlimmste aber war, daß sie ihnen ihre Persönlichkeit vorenthielten, daß sie sie daran hinderten, ganze Menschen zu sein. So hatte ihr Vater gesagt.

»Deinen Pappy hab' ich vom ersten Augenblick an gern gehabt«, hatte die Mammy ihr einmal erklärt, »weil er so stolz war, wie ich noch keinen schwarzen Mann gesehn hatte!«

Bevor sie einschlief, beschloß Kizzy, daß sie in ihrem Kind, wie niedrig auch seine Abkunft war und welchen Namen auch immer der Masser ihm aufzwang, nie etwas anderes als den Enkel eines Afrikaners sehen wollte.

KAPITEL 86

Da Onkel Pompey nie viel mehr als »Wie geht's?« zu Kizzy gesagt hatte, wenn er sie morgens sah, war sie überrascht und gerührt, als sie am ersten Arbeitstag mit dem Baby aufs Feld kam und er ihr schüchtern entgegentrat, einen Finger an die Krempe seines verschwitzten Strohhuts hob und auf die Bäume am Feldrand deutete: »Da drüben, das wär 'n nettes Plätzchen fürs Baby«, sagte er. Kizzy ging argwöhnisch hin und entdeckte dort zu ihrem Erstaunen eine Art Laube, das Dach aus frischgeschnittenen Binsen, der Boden mit Laub gepolstert. Sie war tief gerührt.

Dankbar breitete sie einen sauberen Sack über das Laub und legte das Baby darauf. Es weinte erst ein wenig, fing aber bald an, fröhlich zu krähen und seine Fingerchen zu begucken. »Das ist wirklich nett von dir, Onkel Pompey«, sagte sie, als sie zu ihren Gefährten zurückkehrte, die auf dem Tabakfeld arbeiteten. Er brummte etwas und hackte noch schneller, um seine Verlegenheit zu verbergen. Ab und zu eilte Kizzy hinüber, um nach dem Baby zu sehen, und alle drei Stunden, wenn es anfing zu weinen, setzte sie sich nieder und ließ es an ihren Brüsten saugen, die prall gefüllt waren. »Dein Baby ist für uns eine wahre Freude«, meinte Schwester Sarah einige Tage später zu Kizzy, sah aber dabei Onkel Pompey an, der ihren Blick erwiderte, als wäre sie eine lästige Mücke. War der Arbeitstag bei Sonnenuntergang zu Ende, bestand Schwester Sarah darauf, das Baby zu nehmen, während Kizzy die Hacken zum »Sklavenquartier«

trug, vier kleine, kistenartige, mit nur einem einzigen Fenster ausgestattete Hütten unweit einer großen Goldkastanie. Meistens dämmerte es schon, wenn Kizzy ein paar Scheite in den kleinen Herd schob, um etwas von der Ration zu kochen, die Masser Lea sonnabends morgens austeilte. Wenn sie gegessen hatte, spielte sie mit George; sie stillte ihn erst, wenn er vor Hunger zu plärren anfing. Dann durfte er nach Herzenslust trinken. Anschließend nahm sie ihn auf und rieb ihm den Rücken, bis er aufstieß. Dann spielte sie wieder mit ihm, bis er einschlief. Er sollte möglichst fest schlafen, damit er nicht aufwachte, wenn der Masser zwei- bis dreimal die Woche erschien, um ihr Gewalt anzutun. Er roch immer nach Schnaps. Kizzy hatte beschlossen – um des Babys wie auch um ihrer selbst willen –, ihm keinen Widerstand mehr entgegenzusetzen. Haßerfüllt, die Beine gespreizt, kalt und still lag sie da, während er grunzend seiner Lust frönte. Wenn er sein Geschäft beendet hatte und sich erhob, blieb sie mit geschlossenen Augen liegen, wartete, bis sie das übliche Zehn- oder auch Fünfundzwanzig-Cent-Stück auf den Tisch fallen hörte, und stand erst auf, wenn er gegangen war. Ob wohl auch die Missis im Herrenhaus unweit von Kizzys Hütte wachte? Was dachte sie wohl, wenn der Masser zu ihr ins Bett stieg und nach einer anderen Frau roch?

Wenn sie George vor Tagesanbruch noch zweimal die Brust gegeben hatte, fiel sie in tiefen Schlaf, aus dem sie, wie ihr schien, gleich darauf von Onkel Pompey gerissen wurde, der an die Tür klopfte, um sie zu wecken. Kizzy frühstückte und stillte noch einmal das Baby, bevor Schwester Sarah erschien, um es auf eines der Felder hinauszutragen. Es gab Felder für Mais, Tabak und Baumwolle, und Onkel Pompey hatte mittlerweile am Rande eines jeden eine schattige Laube errichtet. Sonntags nach dem Mittagessen machten der Masser und die Missis ihre wöchentliche Ausfahrt, und kaum waren sie weg, versammelten sich die Sklaven rund um die Goldkastanie zum Plausch. Seit auch Kizzy und ihr Söhnchen dazugehörten, stritt man sich darum, wer den unruhigen kleinen George halten durfte. Onkel Pompey, der seine Pfeife paffte, schien es Freude zu machen, mit Kizzy zu reden – vielleicht weil sie ihn seltener unterbrach und mit mehr Respekt zuhörte als die beiden älteren Frauen.

»Als der Masser seine ersten dreißig Morgen kaufte und seinen ersten Nigger – George hieß er, so wie dein Kleiner da –«, erzählte Pompey,

»war hier lauter Wald, und das Land kostete keine fünfzig Cents der Morgen. Der Nigger hat sich zu Tode geschuftet.« Onkel Pompey unterbrach sich, als er sah, wie Kizzy zusammenzuckte. »Hast du was?«

»Nein, nichts!« Kizzy faßte sich schnell, und Onkel Pompey fuhr fort.

»Als ich herkam, war der arme Nigger schon ein Jahr da. Mußte Bäume fällen, Stümpfe und Wurzeln ausgraben und Buschwerk roden zum Pflügen für die erste Saat. Eines Tages sägten wir Stämme zu Brettern für das große Haus da.« Onkel Pompey deutete hinüber. »Plötzlich hörte ich so'n sonderbares Geräusch. George rollte mit den Augen, griff sich an die Brust und fiel tot um – einfach so.«

Kizzy wechselte das Thema »Seit ich da bin, hör' ich alle immerzu von Hahnenkämpfen reden. Wo ich früher gelebt hab' . . .«

»Der Masser sagt, daß es die auch in Virginia gibt, und nicht zu knapp«, bemerkte Malizy. »Aber wahrscheinlich nicht da, wo du her bist.«

»Viel wissen wir auch nicht davon«, brummte Onkel Pompey, »nur, daß es Hähne gibt, die geboren und gezüchtet werden, sich totzumachen, und daß haufenweise Geld drauf gewettet wird.«

Schwester Sarah mischte sich ein. »Der einzige, der dir mehr drüber erzählen kann, ist der alte Mingo, der da unten bei den Hühnern wohnt.«

»Das hab' ich dir doch schon am ersten Tag erzählt«, rief Miss Malizy, als Kizzy Schwester Sarah mit offenem Mund anstarrte. »Du hast ihn nur noch nie gesehn.« Sie lachte. »Und vielleicht siehst du ihn überhaupt nie!«

»Ich bin seit vierzehn Jahren hier«, sagte Schwester Sarah, »und ich hab' diesen Nigger nicht öfter als acht- oder zehnmal gesehn! Er ist eben lieber bei Hühnern als bei Menschen! Hm!« schnaubte sie. »Könnte mir gut vorstellen, daß seine Mutter ihn *ausgebrütet* hat!«

Während Kizzy in das Gelächter einstimmte, beugte sich Schwester Sarah mit vorgestreckten Armen zu Miss Malizy hin. »Laß mich das Kind jetzt mal halten.« Widerstrebend überließ Miss Malizy ihr das Baby.

»Na, jedenfalls«, sagte sie, »haben der Masser und die Missis es den Hähnen zu verdanken, daß sie in der Gegend rumkutschieren und großtun können.« Sie machte eine komische Handbewegung. »So macht der Masser immer, wenn er an der Kutsche eines reichen Masser vorbeifährt!« Mit den Fingern ahmte sie einen flatternden Schmetterling nach. »Und das ist Missis' Taschentuch, damit winkt sie, daß sie fast aus dem Wagen fällt!«

Lautes Lachen dankte Miss Malizy für ihre Darbietung. Als sie jedoch das Baby wieder an sich nehmen wollte, fuhr Schwester Sarah sie an: »Wart mal! Ich hab' ihn noch keine Minute!«

Kizzy war selig, wenn sich die beiden Frauen um ihr Kind zankten, und es machte ihr Freude, Onkel Pompey zu beobachten, der still zusah und dessen Gesicht aufleuchtete, wenn das Baby zu ihm hinguckte; dann schnitt er Grimassen oder bewegte die Finger, um die Aufmerksamkeit des Kindes zu fesseln.

Einige Monate später krabbelte George sonntags auf der Wiese herum und fing an zu weinen, weil er gestillt werden wollte. Schon schickte Kizzy sich an, ihn aufzunehmen, da sagte Miss Malizy: »Laß ihn doch 'ne Weile schreien, Kizzy. Der Junge ist jetzt groß genug, der kann was essen.« Sie zerquetschte ein paar Brocken Maisbrot mit Fleischbrühe zu Brei, hob George auf ihren breiten Schoß und löffelte ihm eine kleine Portion in den Mund. Alle strahlten, als er es hinunterschlang und schmatzend nach mehr verlangte.

Als George nun anfing, auf allen vieren die Gegend zu erkunden, wenn Kizzy auf dem Feld arbeitete, band sie ihm eine Schnur um die Mitte, um seinen Entdeckerdrang in Grenzen zu halten, doch hinderte ihn das nicht, Erde und krabbelnde Insekten in sich hineinzustopfen. Alle waren sich einig, daß etwas getan werden müsse. »Du brauchst ihn nicht mehr zu stillen und läßt ihn am besten bei mir«, sagte Malizy. »Wenn du auf dem Feld bist, kann ich ein Auge auf ihn haben.« Selbst Schwester Sarah fand, daß das ein vernünftiger Vorschlag war, und so ungern Kizzy es auch tat, sie gab George hinfort in der Küche des großen Hauses ab, bevor sie zur Arbeit ging, und holte ihn, wenn sie heimkam. Beinahe wäre sie in ihrem Entschluß wankend geworden, als Georges erstes verständliches Wort »Milizi« war, doch bald darauf sagte er ganz deutlich »Mammy« – und Kizzy wollte vor Freude das Herz zerspringen. Sein nächstes Wort war »Onkel Pompa«, und der alte Mann strahlte, als ob er den Sonnenschein für sich allein gepachtet hätte. Bald darauf folgte »Schwesala«.

Mit einem Jahr konnte George gehen. Mit fünfzehn Monaten tollte er sogar schon herum und zeigte unmißverständlich seine Freude darüber, daß er endlich unabhängig war und auf eigenen Beinchen stehen konnte. Er ließ sich nur noch auf den Schoß nehmen, wenn er schläfrig war oder sich nicht wohl fühlte, was selten vorkam, weil er sich bester Gesundheit erfreute. Dies verdankte er nicht zum kleinsten Teil Miss Malizy, die ihm vom Besten gab, was die Küche zu bieten hatte. Wenn Kizzy und die in das Kind vernarrten Erwachsenen sonntags miteinander schwatzten, ergötzten sie sich am Anblick des Kleinen, der ganz zufrieden spielte, wobei die sackartig herunterhängenden Windeln sehr bald erdige Farbe annahmen. Er nagte an Zweigen, fing Käfer und Libellen, jagte die Hofkatze oder die Hühner, die in panischer Angst auseinanderstoben, um sich einen neuen Scharrplatz zu suchen. Unter dem Beifall der drei mühte sich der für gewöhnlich trübsinnige Onkel Pompey unbeholfen, den Drachen steigen zu lassen, den er für den Jungen gemacht hatte. »Ein richtiges Wunder ist das«, sagte Schwester Sarah zu Kizzy, »so was hat noch keiner erlebt. Wie das Kind noch nicht da war, ist Onkel Pompey immer bloß in seine Hütte gekrochen und hat sich bis Montag nicht mehr sehn lassen.«

»Das ist die Wahrheit!« bestätigte Miss Malizy. »Hab' gar nicht gewußt, daß Pompey so lustig sein kann!«

»Ich hab' mich richtig gefreut, wie er die Laube aufgestellt hat, als ich George das erstemal aufs Feld brachte.«

»*Du* hast dich gefreut? Das Kind macht uns *allen* Freude!« sagte Schwester Sarah.

Onkel Pompey verstand es auch weiterhin, die Aufmerksamkeit des Zweijährigen zu fesseln, indem er ihm Geschichten erzählte. Wenn sonntags die Sonne unterging, der Abend kühl wurde und die drei Frauen ihre Stühle zurechtgerückt hatten, machte Onkel Pompey ein kleines qualmendes Feuer aus grünem Holz, um die Mücken zu vertreiben. George machte es sich bequem und sah Onkel Pompey in das ausdrucksvolle Gesicht und auf die gestikulierenden Hände, wenn der von »Bruder Hase« und »Bruder Bär« erzählte, wobei er aus einem so reichen Schatz von Geschichten schöpfte, daß Schwester Sarah sich veranlaßt fühlte, bewundernd auszurufen: »Hätt' nicht im Traum dran gedacht, daß du all diese Geschichten kennst!« Onkel Pompey warf ihr einen nachdenklichen Blick zu und bemerkte: »Ich weiß 'ne Menge Geschichten, die du nicht kennst!« Schwester Sarah tat empört: »Hm! Die will bestimmt keiner wissen!« Onkel Pompey paffte friedlich seine Pfeife und lächelte stillvergnügt.

Kizzy bemerkte eines Tages zu Miss Malizy: »Schwester Sarah und Onkel Pompey tun immer so, als können sie sich nicht leiden, es sieht mir aber so aus, als wenn einer ohne den andern gar nicht sein kann.«

»Kind, das weiß ich nicht. Ich weiß bloß, daß es keiner zugibt, auch wenn's so ist. Ich glaub', sie machen nur Spaß, damit die Zeit vergeht, das ist alles. Wenn du mal so alt bist wie wir und keinen Mann hast, gewöhnst du dich eben dran. Kannst ja sowieso nichts dagegen tun.« Forschend betrachtete sie Kizzy, bevor sie weitersprach. »Wir sind alt, das ist mal so, aber wenn man jung ist wie du, das ist was andres. Der Masser sollte einen kaufen, mit dem du zusammensein kannst.«

»Ja, Miss Malizy. Ich will nicht so tun, als täte ich nicht daran denken, die Wahrheit ist, ich denk' dran, und nicht zu knapp.« Dann sagte sie etwas, woran beide nicht zweifelten. »Aber das macht der Masser nicht.«

Sie wußte zu schätzen, daß keiner ihrer Freunde je ihre Beziehungen zu dem Masser erwähnte oder darauf anspielte, obwohl die allen bekannt sein mußten; zumindest nicht in ihrer Gegenwart. »Wo wir doch jetzt so vertraulich miteinander reden«, fuhr sie fort, »ich hab'n Mann gekannt, wo ich früher war. Ich denk' immer noch oft an ihn. Wir wollten heiraten, aber dann ging alles schief. Drum bin ich jetzt hier.«

Kizzy fühlte die von aufrichtiger Zuneigung getragene Teilnahme Miss Malizys und schlug einen lebhafteren Ton an. Sie erzählte, wie es mit Noah gewesen war. »Ich denk' immer«, meinte sie, »er sucht nach mir, und eines Tages steht er einfach vor mir.« Dabei machte sie ein ganz andächtiges Gesicht. »Wenn er kommt, sagt bestimmt keiner von uns ein Wort. Wir nehmen uns bei der Hand, ich sag' euch Lebewohl, nehme meinen George, und wir gehen. Ich frag' nicht wohin, das ist mir auch gleich. Ich werd' nie vergessen, was er am letzten Tag zu mir gesagt hat: ›Im Norden können wir immer beisammenbleiben, Baby!‹« Kizzys Stimme zitterte, und alle beide weinten. Bald darauf ging Kizzy in ihre Hütte zurück.

Als George ein paar Wochen später an einem Sonntag Miss Malizy im großen Haus das Mittagessen vorbereiten »half«, lud Schwester Sarah Kizzy zum erstenmal, seit diese auf die Lea-Farm gekommen war, in ihre Hütte ein. Kizzy bewunderte unzählige getrocknete Wurzeln und Kräuter, die büschelweise von Haken und Nägeln hingen und Schwester Sarahs

Behauptung Glaubwürdigkeit verliehen, sie besäße die natürlichen Heilmittel für fast alle Krankheiten. Kizzy setzte sich auf den einzigen Stuhl, und Schwester Sarah sagte: »Ich will dir was erzählen, was nicht alle wissen. Meine Mammy war aus Louisiana. Die konnte wahrsagen, und von der hab' ich's gelernt.« Sie blickte in Kizzys erstauntes Gesicht. »Soll ich dir wahrsagen?«

Kizzy erinnerte sich, daß sowohl Onkel Pompey als auch Miss Malizy davon gesprochen hatten, daß Schwester Sarah die Kunst des Wahrsagens beherrsche, und darum antwortete sie: »Das möcht' ich schon, Schwester Sarah.«

Schwester Sarah hockte sich auf den Boden und zog eine große Schachtel unter dem Bett hervor. Dieser entnahm sie eine kleinere Schachtel, die geheimnisvoll aussehende getrocknete Gegenstände enthielt, und wandte sich damit Kizzy zu. Nachdem sie die Gegenstände sorgfältig in symmetrischer Anordnung vor sich ausgebreitet hatte, holte sie ein kurzes, rutenartiges Stäbchen aus dem Ausschnitt ihres Kleides und rührte alles kräftig durcheinander. Sodann beugte sie sich darüber und sagte mit unnatürlich hoher Stimme: »Ich sag' dir nicht gerne, was die Geister sagen. Du wirst deinen Pappy und deine Mammy nie wiedersehn, nicht auf dieser Welt . . .«

Kizzy brach in Tränen aus. Ohne auch nur im geringsten auf sie zu achten, schob Schwester Sarah ihre Gegenstände wieder zusammen. Dann rührte und rührte sie, viel länger als das erstemal, bis Kizzy sich einigermaßen beruhigt hatte und ihre Tränen spärlicher flossen. Mit feuchten Augen und scheuem Erstaunen beobachtete sie, wie das Stäbchen zitterte und zuckte. Dann begann Schwester Sarah kaum hörbar zu murmeln: »Sieht nicht gut aus . . . der einzige Mann, den sie liebt . . . hat'n verdammt schweren Weg vor sich . . . und er liebt sie auch. Aber die Geister sagen ihm, es ist besser, wenn man die Wahrheit weiß . . . und die Hoffnung aufgibt . . .«

Kizzy heulte laut los, was Schwester Sarah sehr mißbilligte. »Schschsch, schschsch! Du darfst die Geister nicht verscheuchen, Tochter. Schschsch, schschsch!« Kizzy aber lief immer noch heulend in ihre eigene Hütte und knallte die Tür hinter sich zu. Gleichzeitig sprang die Tür von Onkel Pompeys Hütte auf, und die Gesichter von Masser und Missis

Lea, Miss Malizy und George wurden an den Fenstern des Herrenhauses und der Küche sichtbar.

Heulend und um sich schlagend, lag Kizzy auf ihrer Maisstrohmatratze, als George gerannt kam. »Mammy! Mammy! Was iss'n los?« Tränen liefen über ihr verzerrtes Gesicht, und sie kreischte hysterisch: »Ach, sei still!«

KAPITEL 87

Mit drei Jahren gab George zu erkennen, daß er gewillt war, den Erwachsenen im Sklavenquartier zu »helfen«. »Meine Güte«, wunderte sich Miss Malizy lachend, »er will mir Wasser bringen und kann kaum den Eimer heben!« Und ein andermal: »Hat er doch tatsächlich Scheit um Scheit angeschleppt, bis die Holzkiste voll war! Und dann noch die Asche verscharrt!« So stolz Kizzy auch war, sie hütete sich, Miss Malizys Lobreden vor George zu wiederholen, der ihr ohnehin schon zu naseweis war.

»Wieso bin ich nicht schwarz wie du, Mammy?« Kizzy schluckte und antwortete: »Die Menschen werden eben so geboren.«

Nicht lange, und er kam wieder auf dieses Thema. »Mammy, wer ist mein Pappy? Warum ist er nicht hier? Wo ist er?« Kizzy antwortete drohend: »Halt jetzt endlich den Mund!« Doch Stunden später lag sie immer noch wach neben ihm und sah im Dunkeln den verletzten, verwirrten Ausdruck auf seinem Gesicht, und als sie ihn am nächsten Morgen bei Miss Malizy ablieferte, versuchte sie eine lahme Entschuldigung: »Du stellst mir so viele Fragen, du machst mich ganz krank damit.«

Aber sie wußte, daß sie für ihren äußerst regen und wißbegierigen Sohn andere Antworten würde finden müssen, Antworten, die er verstehen und akzeptieren konnte. Also verlegte sie sich darauf, ihm von seinem Großvater zu erzählen, einem richtig schwarzen Mann, groß und ernst. George zeigte sich interessiert und wollte mehr hören. Sein Großpappy, erzählte Kizzy, sei auf einem Schiff aus Afrika gekommen. Ein Bruder von ihrem früheren Masser Waller habe ihn auf eine Pflanzung in Spotsylvania County gebracht, aber der Großvater habe versucht zu fliehen. Vor das Problem gestellt, wie sie den nächsten Teil ihrer Geschichte abschwächen sollte, entschloß sie sich, es kurz zu machen. » . . . und als er immer wieder weglief, hackten sie ihm den halben Fuß ab.«

Das Gesicht des Kleinen verdüsterte sich. »Warum denn?«

»Er hat beinah' ein paar Niggerjäger totgemacht.«

»Werden Nigger denn gejagt?«

»Na ja, wenn sie weglaufen.«

»Vor wem laufen sie weg?«

»Vor den weißen Massers.«

»Was tun ihnen die weißen Massers?«

In die Enge getrieben, schrie sie ihn an: »Halt endlich die Klappe! Laß mich in Frieden. Du machst mich noch verrückt!«

Aber George ließ sich nicht einschüchtern, er wollte unbedingt mehr über seinen afrikanischen Großpappy erfahren. »Wo ist dieses Afrika, Mammy?« . . . »Gibt es auch kleine Jungen in Afrika?« . . . »Wie heißt mein Großpappy?«

Der Junge interessierte sich mehr für seinen Großvater, als Kizzy zu hoffen gewagt hatte, und sie gab sich Mühe, ihm ein zutreffendes Bild ihres Vaters zu geben. »Du hättst mal hören sollen, wie er mir afrikanische Lieder vorgesungen hat, wenn wir im Wagen vom Masser gefahren sind. Ich war noch klein, so alt wie du jetzt.« Sie mußte lächeln, als sie daran dachte, mit welcher Begeisterung sie auf dem Brett neben ihrem Pappy über die heißen, staubigen Straßen von Spotsylvania County gerollt oder auch Hand in Hand mit Kunta den Weg entlangspaziert war, der zum Fluß hinunterführte, wo sie später mit Noah Hand in Hand gegangen war. »Dein Großpappy«, erzählte sie George, »hat gern afrikanische Wörter gesagt. Eine Fiedel zum Beispiel nannte er *›ko‹*, einen Fluß ›Kamby Bolongo‹, er kannte viele komische Wörter.« Wie es ihren Pappy freuen würde, wenn er wüßte, daß sein Enkel die afrikanischen Wörter hörte! *»Ko!«* Sie spitzte die Lippen. »Kannst du das nachsagen?«

»Ko!« wiederholte George.

»Sehr gut. Du bist ja schlau! Und jetzt: ›Kamby Bolongo‹!

Gleich beim erstenmal sprach George es richtig aus. Er fürchtete, daß sie die Lektion nicht fortsetzen wollte. »Noch mehr, Mammy!« Von Liebe zu ihrem Sohn überwältigt, versprach Kizzy ihm mehr für später und steckte den sich Sträubenden ins Bett.

KAPITEL 88

Als George sechs Jahre alt wurde, mußte er auf dem Feld arbeiten. Es traf Miss Malizy hart, daß sie fortan auf seine Gesellschaft verzichten sollte, aber Kizzy und Schwester Sarah freuten sich sehr, daß sie ihn endlich wieder für sich hatten. Vom ersten Tag an schien er an der Feldarbeit wie an einem neuen, erregenden Abenteuer Gefallen zu finden, und ihre zärtlichen Blicke folgten ihm, wenn er eifrig die Steine aus dem Weg räumte, an denen Onkel Pompeys Pflug Schaden nehmen konnte. Er brachte unermüdlich frisches Wasser, das er aus der Quelle am anderen Ende des Feldes schöpfte. Er »half« sogar beim Pflanzen von Mais und Baumwolle, indem er zumindest einige Samenkörner mehr oder weniger so ausstreute, daß sie in die Ackerfurchen fielen. Als die Erwachsenen über seine unbeholfenen, aber energischen Versuche lachten, eine Hacke zu schwingen, deren Stiel länger war als er selbst, grinste er bereitwillig und ließ erkennen, daß er ein gutmütiges Naturell hatte. Wieder gab es etwas zu lachen, als er Onkel Pompey davon überzeugen wollte, daß er auch pflügen konnte, und dabei merkte, daß er nicht an die Griffe reichte; statt dessen packte er die Sterzen und rief dem Maultier zu: »Hü-hott!«

Kamen sie abends von der Arbeit, ging Kizzy daran, das Essen zu kochen, denn sie wußte, wie hungrig George war. Eines Tages schlug er vor, das zu ändern. »Du hast den ganzen Tag gearbeitet, Mammy. Warum ruhst du dich nicht aus, bevor du kochst?« Ließ sie ihm seinen Willen, versuchte er sogar, sie herumzukommandieren. Kizzy hatte manchmal den Eindruck, als lege er es darauf an, den Mann zu ersetzen, der, wie er wohl meinte, in ihrer beider Leben fehlte. Vor dem Einschlafen brachte er Kizzy manchmal dazu, still in sich hineinzulächeln, wenn er im Dunkeln seine Phantastereien mit ihr teilte. »Ich geh' da die große Straße runter«, flüsterte er einmal, »und ich guck' hoch und seh' da diesen großen Bären laufen . . . noch größer als ein Pferd . . . und ich schrei': ›Herr Bär! He, Herr Bär! Wart nur, bis ich dir das Fell über die Ohren zieh', meiner Mammy darfst du nichts tun!‹« Manchmal ließ er seiner müden Mammy keine Ruhe, bis sie die Lieder mit ihm sang, die er in der Küche im Herrenhaus von Miss Malizy gelernt hatte. Und dann füllte sich die kleine Hütte mit dem weichen Klang ihres Duetts: »O Maria, weine nicht, weine nicht! O Maria weine nicht, weine nicht! Ersoffen ist das Heer des alten Königs Pharao! O Maria, weine nicht!«

Wenn es sonst nichts gab, was seine Aufmerksamkeit fesselte, legte sich der rastlose Sechsjährige vor die Feuerstelle, spitzte ein fingerlanges Hölzchen an und ließ die Spitze verkohlen, bis er eine Art Bleistift hatte. Auf ein glattes Brett zeichnete er dann die einfachen Konturen von Menschen oder Tieren. Wenn er das tat, hielt Kizzy den Atem an; sie fürchtete, er würde als nächstes schreiben oder lesen lernen wollen. Aber anscheinend kam er nicht auf den Gedanken, und Kizzy war sorgsam darauf bedacht, nie etwas von Lesen und Schreiben zu erwähnen, was ihr, wie sie meinte, Unglück gebracht hatte. Und wirklich nahm sie in all den Jahren auf der Farm kein einziges Mal einen Bleistift oder eine Feder, ein Buch oder eine Zeitung in die Hand und sagte auch niemals, daß sie lesen und schreiben konnte. Sie zweifelte übrigens daran, daß sie es noch konnte. Manchmal buchstabierte sie im Kopf einige Wörter, an deren korrekte Schreibweise sie sich zu erinnern glaubte, und malte sich mit höchster Konzentration aus, wie diese Wörter gedruckt aussehen mochten. Wie wohl ihre Handschrift jetzt aussehen würde? Bisweilen fühlte sie sich versucht, doch sie hielt sich an den Pakt, den sie mit sich selbst geschlossen hatte: Nie wieder schreiben.

Schmerzlicher noch als den Verzicht auf Lesen und Schreiben empfand Kizzy das Ausbleiben von Nachrichten über alles, was außerhalb der Pflanzung in der Welt geschah. Der Pappy hatte ihr immer erzählt, was er gehört und gesehen hatte, wenn er von seinen Fahrten mit Masser Waller zurückkehrte. Doch auf dieser bescheidenen und isolierten Farm, wo der Masser allein ausritt und seinen Einspänner selbst kutschierte, stellte jede Nachricht aus der Außenwelt eine Seltenheit dar. Im Sklavenquartier hörte man nur, was in der Welt vorging, wenn Masser und Missis Lea Gäste zum Essen hatten, und das war oft monatelang nicht der Fall. An einem Sonntag im Jahre 1812 brachte Miss Malizy eine Neuigkeit: »Es ist wieder Krieg mit England! Ganze Schiffe mit Soldaten sollen von da geschickt werden.«

»Gegen mich schicken sie keine«, meinte Schwester Sarah. »Krieg machen nur die Weißen gegeneinander.«

»Wo machen sie denn diesen Krieg?« fragte Onkel Pompey, und Miss

Malizy antwortete, das habe sie nicht erfahren. »Na ja«, meinte er, »solange es oben irgendwo im Norden ist und nicht hier in unserer Gegend, ist es mir egal.«

An diesem Abend fragte der aufgeweckte kleine George seine Mutter: »Was ist Krieg, Mammy?«

Sie überlegte einen Augenblick, bevor sie antwortete: »Eine Menge Leute, die kämpfen.«

»Um was?«

»Was ihnen so einfällt.«

»Und was ist den Weißen und diesen Engländern eingefallen, daß sie gegeneinander kämpfen?«

»Du fragst einem noch 'n Loch in den Bauch!«

Später hörte sie ihn im Dunkeln ganz leise eines von Miss Malizys Liedern summen: »Ich zieh' mir an mein langes weißes Kleid! Unten am Fluß! Unten am Fluß! Ich will vom Krieg jetzt nichts mehr wissen!«

Nachdem sie lange Zeit keine Neuigkeiten mehr gehört hatten, gab es wieder ein Essen im großen Haus, und Miss Malizy meldete: »Sie sagen, die Englischen haben eine Stadt im Norden eingenommen, die heißt ›Detroit‹.« Dann wieder, Monate später, berichtete sie, der Masser, die Missis und die Gäste seien außer sich vor Freude über »so'n großes Schiff, von den Vereinigten Staaten. Es hat vierundvierzig Kanonen und hat viele von diesen englischen Schiffen versenkt.«

»Junge, Junge!« rief Onkel Pompey. »Vierundvierzig Kanonen! Damit kannst du die ganze Arche Noah versenken!«

An einem Sonntag im Jahre 1814 kam George atemlos mit einer Botschaft aus der Küche gelaufen, wo er Miss Malizy geholfen hatte: »Miss Malizy sagt, ich soll euch allen sagen, die Engländer haben 5 000 Soldaten von den Vereinigten Staaten geschlagen, das Kapitol angesteckt und das Weiße Haus!«

»Du lieber Gott, wo ist denn das?«

»In Washington«, erklärte Onkel Pompey. »Das ist weit weg von hier.«

»Solange sie sich nur gegenseitig und nicht uns umbringen und verbrennen, ist mir alles recht«, meinte Schwester Sarah.

Später im gleichen Jahr kam Miss Malizy während des Essens aus der Küche, um zu berichten: »Jetzt ist große Aufregung, weil die Schiffe von den Englischen ein großes Fort bei Baltimore beschossen haben.« Halb sprechend, halb singend gab Miss Malizy wieder, was sie gehört hatte. Am Nachmittag sahen sie dann zu ihrer Verblüffung George mit einer Truthahnfeder im Haar einherstolzieren. Er schlug mit einem Stock auf einen ausgetrockneten Kürbis und gab zum besten, was er von Miss Malizy aufgeschnappt hatte: »Seht doch im hellen Morgenschein . . . der Raketen grellen Glanz . . . seht das Sternenbanner flattern . . . oh, Land der Freien, Heimat der Tapferen . . .«

Binnen einem Jahr wurden die schauspielerischen Talente des Jungen, seine Gabe des Parodierens, zur beliebtesten Unterhaltung im Sklavenquartier. Am häufigsten wurde er aufgefordert, Masser Lea nachzumachen. Nachdem er sich vergewissert hatte, daß der Masser sich nicht in Reichweite befand, legte George, die Augen zusammenkneifend und Grimassen schneidend, zornig los: »Wenn ihr Nigger dieses Baumwollfeld bis Abend nicht abgelesen habt, kriegt ihr alle keine Rationen mehr zu essen!« Die Erwachsenen schütteten sich aus vor Lachen. »Habt ihr so einen Jungen schon mal gesehn?« riefen sie. »Ich nicht!« . . . »Richtig toll!« George brauchte einen Menschen nur kurze Zeit zu beobachten, dann konnte er den Betreffenden auf höchst komische Art nachäffen – etwa einen weißen Pfarrer, mit dem der Masser nach dem Essen zu den Sklaven gekommen war, damit er ihnen eine Predigt halte. Und als George den geheimnisvollen alten Mingo zu Gesicht bekommen hatte, der die Kampfhähne des Masser abrichtete, konnte er auch die ruckartigen Bewegungen des alten Mannes bald glänzend imitieren. Er fing sich zwei Haushühner, hielt sie an den Beinen fest, stieß sie mit den Köpfen aneinander und ließ die Hühner dazu sprechen: »Häßlicher alter Gauner mit der Geierfresse, ich kratz' dir die Augen aus!« Worauf das zweite Huhn verächtlich erwiderte: »Was bist du schon groß, 'ne Handvoll Federn, sonst nichts!«

Als Masser Lea am folgenden Sonnabend die Wochenrationen verteilte und Kizzy, Schwester Sarah, Miss Malizy und Onkel Pompey vor ihren Hütten standen, um ihr Teil in Empfang zu nehmen, wäre George, der eine Ratte jagte, um Haaresbreite mit dem Masser zusammengeprallt. Halb belustigt fuhr Masser Lea ihn barsch an: »Und womit verdienst du dir deine Rationen, Junge?« Die vier Erwachsenen trauten ihren Augen und Ohren nicht, als der neun Jahre alte George selbstbewußt die Schultern straffte und, dem Masser furchtlos in die Augen sehend, antwortete: »Ich arbeite auf dem Feld, und ich predige, Masser!« Masser Lea erwiderte überrascht: »Na, dann laß mal hören, wie du predigst!« George trat einen Schritt zurück und kündigte an: »Ich bin der weiße Pfarrer, der neulich hier war, Masser!« Und schon fuchtelte er mit den Armen und zeterte: »Wenn ihr glaubt, daß Onkel Pompey dem Masser Schweinefleisch geklaut hat, sagt es dem Masser! Wenn ihr Miss Malizy dabei erwischt, wie sie Missis' Mehl stiehlt, sagt es eurem Masser! Nur wenn ihr brave Nigger seid und eurem guten Masser und eurer guten Missis treu und ehrlich dient, kommt ihr einmal in die himmlische Küche!«

Noch bevor George zu Ende war, bog sich Masser Lea vor Lachen. Der Junge ließ seine kräftigen weißen Zähne blitzen und stimmte eines von Miss Malizys Lieblingsliedern an: »Ich bin's, ich bin's, ich bin's, o Herr, der eines Gebetes bedarf! Nicht meine Mammy, nicht mein Pappy, ich bin's, o Herr, der eines Gebetes bedarf. Nicht der Pfarrer, nicht der Küster, sondern ich, o Herr, bedarf des Gebetes!«

Keiner der Erwachsenen hatte Masser Lea jemals so herzlich lachen sehen. Offensichtlich entzückt, klopfte er George auf die Schulter. »Junge, du kannst hier predigen, sooft du Lust hast!« Er überließ es seinen Sklaven, die Rationen unter sich aufzuteilen, und ging immer noch lachend davon. George sah ihm grinsend nach.

Wochen später brachte Masser Lea von einer Reise zwei lange Pfauenfedern mit. Er schickte Miss Malizy aufs Feld, den Jungen holen, und zeigte ihm, wie er den Gästen, die für den kommenden Sonntag zum Essen eingeladen waren, mit den Federn Kühlung fächeln sollte.

»Sie spielen sich auf und wollen es den reichen Weißen nachmachen!« höhnte Miss Malizy, nachdem Kizzy den Jungen gründlich geschrubbt und säuberlich gekleidet ins Herrenhaus geschickt hatte. George ließ sich kaum zügeln, so erregte ihn der Gedanke an sein neues Amt und die Aufmerksamkeit, die ihm von allen – sogar vom Masser und von der Missis – zuteil wurde.

Die Gäste waren noch bei Tisch, als Miss Malizy sich aus der Küche fortstahl, um ihrem wartenden Publikum Bericht zu erstatten. »Der Junge ist ganz groß!« Sie beschrieb, wie George die Pfauenfedern schwenkte. »Verdreht die Handgelenke, beugt sich vor und zurück und macht mehr Theater als der Masser und die Missis zusammen! Und wie der Masser nach dem Dessert den Wein einschenkt, hat er plötzlich eine Idee und sagt: ›He, Junge, willst du uns nicht was predigen?‹ Und ich schwör' euch, der Bengel war drauf gefaßt, denn gleich verlangt er vom Masser ein Buch, als Bibel, und der Masser holt ihm eins. Heiliger Bimbam! Der Kleine klettert auf einen Schemel, einen bestickten Schemel, den schönsten, den die Missis hat, und predigt drauflos! Hinterher, ohne daß einer ihn drum bittet, fängt er an zu singen. Da bin ich hergelaufen.« Und schon machte sie kehrt; kopfschüttelnd, lachend, von ungläubigem Stolz erfüllt, blieben Kizzy, Schwester Sarah und Onkel Pompey zurück.

George macht Furore, das war nicht zu übersehen, nicht nur bei den Gästen, die sich gelegentlich nach ihm erkundigten, sondern sogar bei der sonst so zurückhaltenden Missis Lea, »und Gott weiß, daß sie Nigger nie gemocht hat!«, wunderte sich Miss Malizy. Missis Lea übertrug George kleine Arbeiten im Haus und rund ums Haus, und als er elf Jahre alt war, verbrachte er kaum noch die Hälfte seiner Zeit mit Kizzy und den anderen auf dem Feld.

Nach wie vor wedelte George bei jedem Dinner mit den Pfauenfedern und hörte so, was die Weißen miteinander sprachen. Bald wußte er mehr Neuigkeiten als Miss Malizy, denn diese mußte ja dauernd zwischen Eßzimmer und Küche hin und her laufen. Waren die Gäste gegangen, erstattete George ausführlich im Sklavenquartier Bericht. Staunend hörten sie, wie ein Gast erzählt hatte, daß »an die 3 000 freie Nigger in Philadelphia zusammengekommen sind. Die haben dem Präsidenten Madison gesagt, Sklaven und freie Nigger haben in allen Kriegen geholfen und wollen jetzt auch sein wie alle andern. Der Masser sagt, da kann man sehn, daß die freien Nigger aus dem Land gejagt werden müssen.«

Ein andermal wußte George zu berichten, daß die Weißen über einen Sklavenaufstand in Westindien gesprochen hatten und dabei »vor Wut rot angelaufen sind. Geschimpft haben die auf die Matrosen, weil die erzählt haben, daß die Nigger in Westindien Häuser und Ernten verbrennen und ihre Massers in Stücke hacken und aufhängen!« Ferner schnappte er so interessante Dinge auf, wie: daß die von sechs Pferden gezogene sogenannte Concord-Kutsche, die zwischen Boston und New York City verkehrte, einen Schnelligkeitsrekord aufgestellt hatte: zehn Meilen in der Stunde,

Rastzeiten miteingerechnet; oder daß der Schaufelraddampfer »von Masser Robert Fulton den 'lantischen Ozean in zwölf Tagen überkreuzt hat«. Oder ein Gast hatte eine Showboat-Sensation geschildert. »Soweit ich das versteh', heißt es, ›Minstrels‹, und das sind Weiße, die sich das Gesicht schwarz färben und wie Nigger singen und tanzen.«

Ein anderes Sonntagsgespräch betraf die Indianer, und George berichtete: »Einer sagt, die Cherokesen sitzen auf achtzig Millionen Morgen Land, das die Weißen brauchen. Er sagt, nur wegen Masser David Crokkett und Masser Daniel Webster sind die Indianer noch am Leben.«

1818 hieß es, eine »Amerikanische Kolonistengesellschaft« wolle die freien Nigger »nach Liberia schicken, irgendwo in Afrika. Die Weißen haben sich kaputtgelacht, weil die freien Nigger glauben, in Liberia gibt es Bäume mit Speckscheiben statt Blättern und Molassenbäume, wo man den Saft raustrinkt. Der Masser sagt, die freien Nigger sollen lieber heut' als morgen auf die Schiffe geladen werden.«

»Hm!« rümpfte Schwester Sarah die Nase, »ich würd' bestimmt nicht nach Afrika wollen, wo die Nigger zusammen mit den Affen in den Bäumen hocken . . .«

»Wo hast du denn das her?« fuhr Kizzy sie an. »Mein Pappy kommt aus Afrika, und der hat bestimmt nie auf einem Baum gesessen!«

»Aber . . . aber . . . das weiß doch jeder!« stotterte Schwester Sarah überrascht.

»Drum ist es noch lang nicht wahr«, bemerkte Onkel Pompey und warf ihr einen strafenden Blick zu. »Du kommst sowieso auf kein Schiff, du bist nicht frei!«

»Ich täte auch nicht fahren, wenn ich frei wär'«, gab Schwester Sarah zurück, warf den Kopf zurück und spuckte einen Strahl gelbbraunen Tabaksaft in den Staub. Sie ärgerte sich über Kizzy und Onkel Pompey und unterließ es bewußt, ihnen Gute Nacht zu wünschen, als man sich zum Schlafen zurückzog. Kizzy ihrerseits war erbost, weil Schwester Sarah ihren klugen, unbeugsam-würdevollen Vater und seine geliebte afrikanische Heimat geschmäht hatte.

Sie war ebenso überrascht wie erfreut, als sie entdeckte, daß auch George es mißbilligte, daß Schwester Sarah seinen afrikanischen Großvater lächerlich gemacht hatte. Er traute sich anfangs nicht, etwas dazu zu sagen, und Kizzy merkte, daß er fürchtete, respektlos zu erscheinen. Schließlich sagte er aber: »Sieht doch so aus, Mammy, als ob das vielleicht nicht so ganz stimmen tut, was Schwester Sarah da gesagt hat, nicht wahr?«

»Du hast ganz recht!« stimmte Kizzy ihm nachdrücklich zu.

George saß eine Weile still, bevor er sich weiter vorwagte. »Mammy«, sagte er zögernd, »ob du mir vielleicht noch was von ihm erzählen kannst?«

Kizzy spürte heftige Gewissensbisse. Im vergangenen Winter war sie von Georges endlosen Fragen einmal so aufgebracht gewesen, daß sie ihm verboten hatte, ihr noch weitere Fragen über seinen Großvater zu stellen. »Ich hab' schon überlegt, ob's noch was von deinem Großpappy gibt, was ich dir nicht erzählt hab', aber ich find' einfach nichts mehr.« Sie überlegte. »Du weißt schon alles auswendig, aber wenn du willst, erzähl' ich dir halt das eine oder andere nochmal.«

Wieder blieb George eine Weile still. »Mammy«, sagte er dann, »du hast gesagt, Großpappy wollte immer, daß du alles von Afrika weißt . . .«

»Ja, das wollte er wohl«, gab Kizzy nachdenklich zu.

»Weißt du, Mammy, wie du mir von Großpappy erzählt hast, erzähle ich später meinen Kindern von ihm.« Kizzy lächelte. Es war so typisch für ihren ungewöhnlichen Sohn, daß er sich mit vierzehn Jahren über seine zukünftigen Kinder den Kopf zerbrach.

Im gleichen Maße, in dem George in der Gunst seiner Herrschaft stieg, wurden die Freiheiten zahlreicher, die er sich herausnehmen durfte. Waren der Masser und die Missis ausgefahren, durchstreifte er auf eigene Faust stundenlang die Gegend, und bei solch einem Streifzug suchte er auch den alten Mann auf, der die Kampfhähne des Masser züchtete.

»Ich hab' ihm dabei geholfen, einen großen Hahn einzufangen, der weggelaufen war, und dann haben wir so geredet, der Alte und ich. Er ist gar nicht so komisch, wie alle immer sagen. Und ich hab' noch nie solche Hühner gesehn. Er hat Hähne, die sind noch nicht erwachsen, aber sie krähen und hüpfen wie verrückt im Käfig und wollen auf die andern losgehn. Ich durfte sie mit Gräsern füttern. Er sagt, er gibt sich mehr Mühe mit diesen Hühnern als die meisten Mammys mit ihren Babys!« Über diese Bemerkung ärgerte sich Kizzy ein wenig, aber sie sagte nichts, weil es sie belustigte, daß ein paar Hühner ihren Sohn so aus dem Häuschen brachten. »Er hat mir gezeigt, wie man ihnen den Rücken und den Hals und die Beine massiert, damit sie besser kämpfen.«

»Halt dich da lieber raus, Junge!« warnte sie ihn. »Du weißt, der Masser läßt keinen an seine Hühner ran, bloß den Alten.«

»Onkel Mingo sagt, er will den Masser bitten, daß ich ihm helfen darf die Hühner füttern!«

Am nächsten Morgen erzählte Kizzy auf dem Feld Schwester Sarah von Georges letztem Erlebnis. Stumm und nachdenklich ging Schwester Sarah eine Weile neben ihr her. »Du willst bestimmt nicht, daß ich dir nochmal wahrsage, aber über deinen George möcht' ich doch noch was sagen.« Sie unterbrach sich. »Er wird nie ein gewöhnlicher Nigger, wie man sagt. Der hat immer was Neues im Sinn, was andres, solange er lebt.«

KAPITEL 89

»Sieht aus wie gut erzogen und ist geschickt, Masser«, sagte Onkel Mingo und beendete damit die Beschreibung eines Jungen aus dem Sklavenquartier. Er hatte vergessen, ihn nach seinem Namen zu fragen.

Als Masser Lea sich einverstanden erklärte, es mit George zu versuchen, war Mingo sehr froh – schon seit Jahren wünschte er sich einen Helfer –, aber eigentlich nicht überrascht. Ihm war klar, daß der Masser sich wegen des zunehmenden Alters und der angegriffenen Gesundheit seines Hahnenzüchters Sorgen machte – in den letzten fünf oder sechs Monaten hatte Onkel Mingo wiederholt und immer häufiger über schmerzhafte Hustenanfälle geklagt. Er wußte auch, daß der Masser keinen tüchtigen jungen Helfer für ihn zu kaufen bekam; die hiesigen Kampfhahnenzüchter hatten natürlich keinerlei Interesse, ihm auszuhelfen. »Wenn ich einen Jungen hätte, der Geschick erkennen ließe«, hatte einer gesagt, »wäre ich ja dumm, wenn ich ihn an Euch verkaufte. Wenn der alte Mingo ihn anlernt, würde ich in fünf oder zehn Jahren zusehen müssen, wie er Euch hilft, mich zu ruinieren!« Daß der Masser sich so schnell einverstanden erklärt hatte, lag aber, wie Mingo zu wissen glaubte, vornehmlich daran, daß die Hahnenkampfsaison in Caswell County mit dem großen Neujahrs-»Haupt«-Kampf in Kürze beginnen würde. Übernahm nun der Bursche die Fütterung der jungen Hähne, hatte Mingo mehr Zeit, die nun voll entwickelten Zweijährigen abzurichten und in Form zu bringen, die noch im Freigehege waren.

Mingo zeigte George an seinem ersten Arbeitstag, wie die jungen Hähne in Gehegen zusammen mit Vögeln ungefähr gleichen Alters und gleicher Größe gefüttert wurden. Als er sah, daß der Junge seine Sache gewissenhaft machte, ließ der Alte ihn die Hähnchen füttern, die, obwohl noch kein Jahr alt, durch die Lücken im Zaun kampfwütig aufeinander losgingen. Der alte Mingo hielt George richtig in Trab; er hatte alle Hände voll zu tun, die Vögel mit geschrotetem Mais, sauberem Sand, Knochenkohle und gemahlenen Austernschalen zu versorgen und dreimal am Tag das frische Quellwasser in ihren Trinknäpfen auszuwechseln.

George hätte nie geglaubt, daß Hühner ihm Respekt einflößen könnten, doch das taten sie, insbesondere die Hähnchen, denen jetzt Sporen und ein schillerndes Federkleid wuchsen und die schon kühn mit herausfordernd funkelnden Augen umherstolzierten. War Mingo nicht in der Nähe, erlaubte George sich manchmal, ein Hähnchen auszulachen, das plötzlich den Kopf zurückwarf und unbeholfen zu krähen versuchte, wie um mit Mingos sechs- oder siebenjährigen Hähnen zu konkurrieren, deren jeder einzelne mit Narben aus früheren Kämpfen bedeckt war. Onkel Mingo nannte sie »Lockhähne« und fütterte sie immer selbst. Im Geist sah George sich als eines der Hähnchen und Onkel Mingo als einen der alten Hähne.

Mindestens einmal am Tag kam Masser Lea den sandigen Karrenweg heruntergeritten, der zum »Hahnengrund« führte. Dann hielt George sich möglichst im Hintergrund, denn ihm entging nicht, um wieviel kühler und abweisender ihm der Masser hier begegnete. Er hatte Miss Malizy sagen hören, der Masser erlaube nicht einmal der Missis Zutritt zum Hahnengrund, sie habe ihm aber entrüstet versichert, nichts interessiere sie weniger als sein Geflügel.

Wenn der Masser und Mingo die Gehege inspizierten, blieb Mingo einen Schritt hinter ihm, nahe genug, um trotz des Krähens der alten Kampfhähne alles zu hören, was der Masser sagte, und antworten zu können. Es fiel George auf, daß der Masser mit Onkel Mingo fast wie mit einem guten Bekannten sprach, was ganz im Gegensatz zu dem schroffen und kalten Ton stand, den er gegenüber Onkel Pompey, Schwester Sarah und Georges Mammy anschlug, die eben nur Landarbeiter waren. Wenn ihr Inspektionsgang sie in die Nähe der Stelle führte, wo George arbeitete, hörte er, was sie sprachen. »In dieser Saison lassen wir dreißig Hähne kämpfen. Wir müssen ungefähr sechzig oder noch mehr aus dem Freigehege nehmen«, sagte der Masser eines Tages.

»Ja, Masser, von sechzig bleiben bestimmt vierzig übrig, die sich gut abrichten lassen.«

Mit jedem Tag sammelten sich bei George mehr Fragen an, doch meinte er, er täte gut daran, Onkel Mingo nicht zu behelligen. Mingo rechnete es dem Jungen an, daß er nicht unnötig den Mund aufmachte. Weise Züchter behalten ihre Geheimnisse für sich. Er behielt George bei der Arbeit stets scharf im Auge und ließ sich nicht die geringste Kleinigkeit entgehen. Ganz bewußt erteilte er ihm seine Aufträge in knappen Worten und ging gleich wieder davon. Der Junge sollte zeigen, wie schnell und wie gut er Anweisungen erfaßte und befolgte. Zum Glück brauchte man ihm die meisten Dinge nur einmal zu sagen.

Nach einigen Wochen sagte Mingo zu Masser Lea, er sei mit der Art, wie George die Kampfhähne füttere und betreue, zufrieden, fügte allerdings einschränkend hinzu: »Soweit ich das nach der kurzen Zeit sagen kann, Masser.«

Masser Leas Antwort traf Mingo völlig unvorbereitet: »Ich hab' mir schon gedacht, daß du den Jungen für dauernd haben mußt. Deine Hütte ist nicht groß genug, also stellt hier irgendwo eine Hütte auf für ihn, damit du ihn bei der Hand hast.« Mingo war entsetzt darüber, daß jemand in die Abgeschiedenheit einbrechen sollte, die er seit mehr als zwanzig Jahren mit den Kampfhähnen teilte, er hütete sich aber, offen auszusprechen, wie sehr ihm das gegen den Strich ging.

Als der Masser gegangen war, wandte er sich in grämlichem Ton an George: »Der Masser sagt, ich brauch' dich die ganze Zeit hier. Kann sein, er weiß was, was ich nicht weiß.« »Jasörr«, erwiderte George, bemüht, keine Miene zu verziehen. »Aber wo soll ich schlafen?«

»Wir bauen 'ne Hütte für dich.«

Sosehr ihn auch die Arbeit mit den Kampfhähnen und das Zusammensein mit Onkel Mingo freute, George wußte, das Ende der schönen Zeit im großen Haus war gekommen. Schluß mit den Pfauenfedern und dem Predigen vor dem Masser und seinen Gästen. Missis Lea hatte ihn zuletzt recht gern um sich gehabt. Und er dachte an die guten Dinge, die er nun nicht mehr von Miss Malizy in der Küche bekommen würde. Und wie sollte er seiner Mammy beibringen, daß er das Niggerquartier verlassen mußte?

Kizzy badete die müden Füße in heißem Wasser, als George mit ungewöhnlich ernster Miene in die Hütte trat. »Ich muß dir was sagen, Mammy.«

»Ich hab' den ganzen Tag auf dem Feld gearbeitet, ich bin jetzt müde und will nichts von deinen Hühnern hören.«

»Na ja, das ist es eigentlich nicht.« Er holte tief Atem. »Der Masser hat Mingo und mir aufgetragen, eine Hütte zu bauen, und ich soll da wohnen.«

Das Wasser spritzte aus der Schüssel, als Kizzy aufsprang, wie um George an die Gurgel zu fahren. »Da wohnen? Wozu mußt du da wohnen? Warum bleibst du nicht hier?«

»Ich kann nichts dafür, Mammy! Es war der Masser!«

Er wich vor ihrem wütenden Gesicht zurück, und seine Stimme wurde schrill. »Ich will ja nicht weg von dir, Mammy!«

»Du bist zu jung, um wegzuziehn. Aber das war dieser alte Nigger, der hat dem Masser 'n Floh ins Ohr gesetzt!«

»Nein, Mammy, hat er nicht! Er will mich nicht da unten haben. Er möchte viel lieber allein bleiben.« George wollte sie beschwichtigen, koste es, was es wolle. »Der Masser glaubt, er tut mir was Gutes. Er ist nett zu Onkel Mingo und mir, nicht so grob wie zu den Feldniggern . . .« Zu spät fiel ihm ein, daß auch seine Mammy auf dem Feld arbeitete. Neidisch und verbittert packte sie George an den Schultern und schüttelte ihn wie einen Fetzen. »Ein Dreck bist du für den Masser«, schrie sie ihm ins Gesicht, »wenn er auch dein Pappy ist! Dem liegt an niemand und nichts außer an seinen verdammten Hühnern!«

Sie war nicht weniger bestürzt von ihren Worten als er.

»Es ist wahr! Und es ist gut, daß du's weißt, damit du nicht glaubst, er tut dir einen Gefallen. Der Masser will bloß, daß du diesem verrückten alten Nigger hilfst, seine Hähne abzurichten, weil er glaubt, sie machen ihn reich!«

George stand sprachlos.

Mit beiden Fäusten hämmerte sie auf ihn ein. »Was willst du überhaupt noch hier?« Sie raffte seine Kleidungsstücke zusammen und warf sie ihm hin. »Hau ab! Raus aus der Hütte!«

George stand da wie erschlagen. Kizzy spürte, wie ihr die hellen Tränen aus den Augen stürzten; sie lief aus der Hütte und rannte zu Miss Malizy hinüber.

Auch ihm rollten nun Tränen über die Wangen. Nach einer Weile, und weil er nicht wußte, was er sonst tun sollte, stopfte er seine paar Sachen in einen Sack und schlug den Weg zum Hahnengrund ein. Er schlief neben einem Gehege, den Sack als Kissen unterm Kopf.

Dort fand ihn Mingo, der ein Frühaufsteher war, vor Tagesanbruch. Er konnte sich vorstellen, was geschehen war, und behandelte den Jungen an diesem Tag taktvoll und behutsam. Schweigsam und in sich gekehrt ging George seiner Arbeit nach.

Während der zweitägigen Arbeit an Georges Hütte redete Mingo mit George, als nähme er erst jetzt dessen Gegenwart zur Kenntnis. »Die Hühner müssen dein Leben sein, deine Familie«, sagte er eines Morgens ganz unvermittelt zu George, denn dies war, was er ihm einprägen zu müssen glaubte.

George reagierte nicht. Er konnte an nichts anderes denken als an das, was er von der Mutter erfahren hatte. Sein Masser war sein Pappy, sein Pappy war sein Masser! So oder so, er wurde damit nicht fertig.

Als der Junge nicht antwortete, sprach Mingo weiter: »Ich weiß, die Nigger da drüben denken, ich bin ein komischer Kauz . . .« Er zögerte. »Kann sein, ich bin einer.« Dann schwieg auch er.

Es war George klar, daß Onkel Mingo darauf eine Antwort erwartete, doch konnte er ihm nicht gut bestätigen, daß es sich so verhielt! Darum stellte er ihm jetzt eine Frage, die ihn vom ersten Tag an beschäftigt hatte: »Wie kommt es, Onkel Mingo, daß diese Hühner anders sind?«

»Mit Hühnern meinst du die, die zu nichts taugen als zum Essen«, erwiderte Onkel Mingo verächtlich. »Aber die hier, sagt der Masser, sind wie die Vögel, die früher im Dschungel gelebt haben. Wenn du einen von diesen Hähnen im Dschungel aussetzt, kämpft er um alle Hennen und macht jeden andern Hahn hin.«

George hätte ihm noch andere Fragen stellen mögen, kam aber nicht dazu, denn wenn Onkel Mingo ins Reden geriet, gab es kein Halten. Hähnchen, die zu früh krähten, gehöre der Hals umgedreht, denn vorzeitiges Krähen war ein sicherer Hinweis auf spätere Feigheit. »Die guten Vögel haben das Kämpfen schon im Blut, wenn sie ausschlüpfen; das haben sie von ihren Großvätern und Urgroßvätern geerbt. Der Masser sagt, Mann und Kampfhähne war früher wie heute Mann und Hund. Aber Hähne sind wilder als Hunde oder Stiere oder Bären oder Marder oder auch die meisten Männer! Der Masser sagt, sogar Könige und Präsidenten gehn zum Hahnenkampf, weil das der feinste Sport ist, den's gibt!«

Onkel Mingo bemerkte, daß George auf die blassen kleinen Narben schaute, von denen seine Hände, Handgelenke und Unterarme kreuz und quer gezeichnet waren, und holte aus seiner Hütte ein Paar gekrümmte Stahlsporen, die in einer nadelfeinen Spitze endeten. »Wenn du später mal Vögel anfassen tust und nicht sehr aufpaßt, sehn deine Hände bald aus wie meine«, sagte Onkel Mingo, und George wurde ganz aufgeregt bei dem Gedanken, daß der Alte es für möglich zu halten schien, auch er könnte eines Tages den Kampfhähnen des Masser die Sporen anlegen.

Allerdings folgten zunächst einmal lange Zeitspannen ohne Gespräche, denn seit Jahren redete Mingo mit niemandem außer mit dem Masser und seinen Hähnen. Doch je mehr er sich daran gewöhnte, George um sich zu haben und ihn als seinen Helfer zu betrachten, desto häufiger brach er sein Schweigen, um George einzuprägen, daß nur ganz hervorragend gezüchtete, in Form gebrachte und abgerichtete Kampfhähne gewinnen und Masser Lea Geld einbringen würden.

»Der Masser fürchtet keinen im Ring«, erklärte ihm Onkel Mingo eines Abends, »überhaupt nicht. Am liebsten nimmt er's mit den wirklich reichen Massers auf, die so an die tausend Vögel halten können, von denen sie dann vielleicht hundert jedes Jahr kämpfen lassen. So viele haben wir nicht, aber der Masser gewinnt doch 'ne ganze Menge Geld von den Reichen. Und weil er bloß ein armer Weißer ist, sind sie wütend auf ihn. Mit guten Vögeln und ein bißchen Glück kann der Masser auch so reich werden wie die . . .« Onkel Mingo zwinkerte George zu. »Verstehst du mich, Junge? Die meisten Leute wissen gar nicht, wieviel Geld man bei Hahnenkämpfen gewinnen kann. Ich weiß nur eins: lieber nehm' ich einen guten Kampfhahn als hundert Morgen Land, Tabak oder Baumwolle. Der Masser auch, und darum steckt er sein Geld nicht in Grund und Boden oder einen Haufen Nigger.«

Der Sonntag begann jetzt für George mit einem Besuch bei der Familie im Sklavenquartier, und Familie war für ihn nicht nur seine Mammy, sondern auch Miss Malizy, Schwester Sarah und Onkel Pompey. Auch jetzt noch – er war schon vierzehn – mußte er Kizzy immer wieder versichern, daß er es ihr nicht nachtrug, daß und wie sie ihn über seinen Vater aufgeklärt hatte. Er dachte jedoch häufig darüber nach, auch wenn er mit niemandem davon redete, am allerwenigsten mit dem Masser. Die Bewohner des Sklavenquartiers waren von Georges neuem Status sehr beeindruckt, ließen sich aber nichts anmerken.

»Vergiß nicht, daß ich dir dein' dreckigen Hintern abgeputzt hab'!« warnte ihn Schwester Sarah eines Sonntags mit grimmiger Miene, hinter der sich herzliche Zuneigung verbarg. »Plustre dich nicht so auf, sonst kriegst du eine!«

George lachte. »Nein, Schwester Sarah. Ich blas' mich nicht auf.«

Alle plagte die Neugier zu erfahren, welche geheimnisvollen Dinge dort vor sich gingen, wo er mit den Kampfhähnen lebte. George erzählte ihnen nur alltägliche Geschehnisse. Er habe, sagte er, Kampfhähne gesehen, die eine Ratte getötet, eine Katze verjagt, ja sogar einen Fuchs angegriffen hatten. Die Hennen, berichtete er, konnten genauso angriffslustig sein wie die Hähne und krähten sogar wie diese. Er erklärte ihnen, daß der Masser auf der Hut vor Eindringlingen war, denn auch für Eier von erstklassigen Vögeln erzielte man hohe Preise, von den Tieren selbst ganz zu schweigen, die ein Dieb verkaufen oder gar auf eigene Rechnung kämpfen lassen konnte. Als George erzählte, der reiche Mr. Jewett habe nicht weniger als dreitausend Dollar für einen Kampfhahn bezahlt, rief Miss Malizy: »Du lieber Himmel, drei oder vier Nigger hätte er billiger bekommen!«

Am frühen Nachmittag wurde George ungeduldig und kribbelig und eilte zurück zu seinen Hühnern. Er verlangsamte den Schritt, sobald er die Gehege erreichte, pflückte zartes, frisches, grünes Gras, ließ eine Handvoll in jeden Käfig fallen und blieb eine Weile stehen, um dem zufriedenen Gluck-gluck-gluck zu lauschen, mit dem die Hähnchen es gierig schluckten. Den Einjährigen wuchs schon ein glänzendes Gefieder, in ihren Augen sprühte Feuer; sie erreichten allmählich ein Stadium, das durch explosives Krähen, wildes Flügelschlagen und häufige Versuche, aufeinander loszugehen gekennzeichnet war. »Je früher wir sie ins Freigehege bringen, desto besser«, hatte Onkel Mingo vor kurzem bemerkt. »Dort können sie sich paaren.«

Dies konnte aber erst geschehen, wenn die voll entwickelten Hähne, die sich jetzt im Freigehege befanden, für die kommende Hahnenkampfsaison vorbereitet und abgerichtet wurden.

Nach seinem Besuch bei den Hähnchen verbrachte George den Rest des Nachmittags für gewöhnlich in dem Kiefernwäldchen, wo das Freigehege war. Hin und wieder gewahrte er einen ausgewachsenen Hahn, der in voller Freiheit über seine Hennen herrschte. Er wußte, daß es hier Gras, Samen, Heuschrecken und andere Insekten im Überfluß gab, dazu guten Sand für die Kröpfe und reichlich frisches Wasser aus mehreren Quellen.

Als Masser Lea an einem frostigen Morgen Anfang November mit dem Maultierkarren kam, wurde er von Onkel Mingo und George erwartet, die die krähenden, wütend pickenden Hähnchen bereits in Weidenkörbe gepackt hatten. Als die Körbe aufgeladen waren, half George dem alten Mingo, den narbenbedeckten, wildprotestierenden alten Lockhahn einzufangen.

»Der ist wie du, Mingo«, lachte Masser Lea. »Den Kampfring und die Hennen hat er hinter sich. Jetzt kann er nur noch fressen und krähen.«

Onkel Mingo grinste. »Ich kräh' kaum noch, Masser«, erwiderte er.

Da George Respekt vor Onkel Mingo und Angst vor dem Masser hatte, war er froh, beide in so guter Stimmung zu sehen. Alle drei kletterten auf den Karren. Onkel Mingo saß neben dem Masser, den alten Lockhahn auf dem Schoß, während George sich hinten zwischen den Körben im Gleichgewicht zu halten suchte.

Schließlich ließ Masser Lea den Karren im Kiefernwäldchen halten. Er und Onkel Mingo legten die Köpfe zur Seite und lauschten. Dann sagte Mingo leise: »Ich hör' sie da drin!« Er blies die Wangen auf und pustete kräftig auf den Kopf des alten Lockhahns, der prompt zu krähen begann.

Sekunden später antwortete lautes Krähen aus den Bäumen. Wieder krähte der alte Lockhahn und sträubte die Federn. Eine Gänsehaut überlief George, als er den prächtigen Kampfhahn sah, der vom Waldrand herbeigeflogen kam. Drohend sträubten sich die in allen Regenbogenfarben schillernden Federn über einem massigen Körper; die Schwanzfedern standen steil ab. Eine Kette von etwa neun Hennen eilte, unruhig scharrend und gluckend, herbei, während der Revierhahn lässig die Flügel schlug und ohrenbetäubend krähte, den Kopf drehte und sich nach dem Eindringling umsah.

»Zeig ihm den Lockhahn«, befahl Masser Lea leise.

Onkel Mingo hob ihn hoch, und der Revierhahn flatterte wütend in die Höhe, um sich auf den Lockhahn zu stürzen. Mit einer schnellen Handbewegung bekam Masser Lea ihn im Flug zu fassen und wich dabei geschickt den gefährlichen langen Sporen aus. Er stopfte ihn in einen Korb und schloß den Deckel. »Was glotzt du da, Junge? Laß ein Hähnchen frei!« blaffte Mingo, so als ob George das hundertmal gemacht hätte. Mit ungeschickten Fingern öffnete der Junge den nächsten Korb, und das befreite Hähnchen flatterte vom Karren. Nach kurzem Zögern schlug es mit den Flügeln, krähte laut, senkte einen Flügel und stolzierte steif um eine Henne herum. Und schon trieb er, als echter Hahn im Korb, alle Hennen in den Wald zurück.

Achtundzwanzig ausgewachsene zweijährige waren durch einjährige Hähnchen ersetzt worden, als der Maultierkarren kurz vor Einbruch der Dunkelheit zurückrollte. Nachdem tags darauf die Prozedur mit weiteren zweiunddreißig wiederholt worden war, schien es George, als hätte er sein Leben lang nichts anderes getan, als Kampfhähne aus dem Freigehege zu holen. Eifrig versorgte er jetzt sechzig Hähne mit Futter und Wasser. Wenn sie gerade nicht fraßen, pickten sie zornig krähend gegen die Wände ihrer Käfige, die so angeordnet waren, daß die Tiere einander nicht sehen konnten; sie hätten sich sonst bei ihren wütenden Versuchen, aufeinander loszugehen, verletzen können. Bewundernd betrachtete George diese majestätischen, wilden, tückischen, herrlich schönen Vögel, die seit vielen Jahrhunderten für den Kampf gezüchtet worden waren. Ihre Körperform und ihr Instinkt zwangen sie förmlich, jederzeit und überall gegen jeden Gegner anzutreten und bis zum letzten Atemzug zu kämpfen.

Der Masser hielt es für zweckmäßig, doppelt so viele Tiere vorzubereiten, als er in der Saison kämpfen lassen wollte. »Manche Vögel kommen einfach nicht richtig, fressen und arbeiten nicht wie die andern«, erklärte Mingo seinem Helfer. »Und die müssen rausgesucht werden.« Masser Lea kam morgens nun schon früher zum Hahnengrund, um mit Onkel Mingo zu arbeiten. Stundenlang prüften sie die sechzig Vögel, einen nach dem anderen. Ihren Gesprächen entnahm George, daß sie alle Tiere aussondern würden, die wunde Stellen am Kopf oder am Körper hatten, aber auch solche, deren Schnäbel, Hälse, Flügel oder Körperbau nicht in jeder Beziehung perfekt waren. Das größte Manko, das einem Vogel angelastet werden konnte, war mangelnde Aggressivität.

Eines Tages brachte der Masser Weizen- und Hafermehl, Butter, eine Flasche Bier, zwölf Eiweiß, Sauerklee, Gundermann und etwas Lakritze, was Mingo zu einem Teig verrührte, aus dem dünne, runde Plätzchen geformt wurden. Nach dem Backen erklärte Onkel Mingo: »Das gibt ihnen Kraft«, und er wies George an, die Plätzchen zu zerbröckeln, jedem Hahn täglich drei Handvoll zu geben und jedesmal, wenn er ihre Wassernäpfe neu füllte, ein wenig Sand dazuzutun.

»Die müssen gedrillt werden, bis sie nur noch aus Knochen und Muskeln bestehen«, befahl der Masser. »Sie sollen rennen, bis sie umfallen«, versprach Mingo. Schon am nächsten Tag rannte George, einen von Onkel Mingos alten Lockhähnen unter dem Arm, wie ein Verrückter durchs Gelände, verfolgt von jeweils einem Kampfhahn, der sich üben sollte. Auf Mingos Befehl ließ George den verfolgenden Hahn gelegentlich so nahe herankommen, daß er mit Krallen und Schnabel nach dem wild kreischenden Lockhahn hacken konnte.

Onkel Mingo fing den schnaubenden Angreifer ein und ließ das hungrige Tier rasch eine walnußgroße Kugel gesalzener, mit gestoßenen Kräutern gemischter Butter hinunterschlingen. Dann bettete er den müden Vogel in einem mit weichem Stroh gepolsterten Korb, breitete Stroh über ihn und schloß den Deckel. »Da drin schwitzt er gut«, erklärte er den Zweck seines Tuns. Wenn der letzte Hahn gedrillt war, holte George die schwitzenden Tiere aus ihren Körben. Bevor er sie wieder in den Käfig brachte, schleckte Onkel Mingo Kopf und Augen jedes einzelnen Vogels mit der Zunge ab. »So gewöhn' ich sie«, erklärte er George. »Wenn sie im

Kampf verletzt werden, muß ich ihnen Blutgerinnsel aus den Schnäbeln saugen, damit sie atmen können.«

Als eine Woche um war, hatten so viele scharfe Sporen ihre Spuren auf Georges Händen und Unterarmen hinterlassen, daß Onkel Mingo brummte: »Paß nur auf, daß man dich nicht mit 'nem Hahnenzüchter verwechselt!«

Von einem kurzen Besuch im Sklavenquartier am Weihnachtsmorgen abgesehen, gingen die Feiertage für George fast unbemerkt vorüber. Jetzt, kurz vor Beginn der Hahnenkampfsaison, hatte die Mordlust der Vögel den Höhepunkt erreicht; krähend, wild mit den Flügeln schlagend, pickten sie auf *alles* los. George dachte daran, daß seine Mutter, Miss Malizy, Schwester Sarah und Onkel Pompey oft ihr eintöniges Schicksal beklagten; sie ahnten nicht, welch aufregendes Leben er führte – nur wenige Schritte von ihnen entfernt.

Zwei Tage nach Neujahr hielt George die Kampfhähne fest, während Masser Lea und Onkel Mingo ihnen die Kopffedern abschnipselten, ihre Hals-, Flügel- und Rumpffedern stutzten und die Schwanzfedern zu kurzen geschwungenen Fächern formten. Nicht zu glauben, wie das Stutzen die schlanken kompakten Körper, die schlangenartigen Hälse und die großen Köpfe mit den kräftigen Schnäbeln und den leuchtenden Augen zur Geltung brachte. Bei einigen Vögeln mußten auch die unteren Schnäbel beschnitten werden. »Damit sie sich besser verbeißen können«, erklärte Onkel Mingo. Schließlich wurden die Sporen noch glattgeschabt.

Am Morgen des ersten Kampftages verstauten Mingo und George zwölf ausgewählte Hähne in quadratische aus Hickoryruten geflochtene Reisekörbe. Onkel Mingo schob jedem Tier ein walnußgroßes Stück mit Zucker vermischter Butter in den Schnabel, dann kam Masser Lea mit dem Wagen, eine Kiste roter Äpfel auf dem Bock. Nachdem George und Mingo die zwölf Körbe aufgeladen hatten, kletterte Mingo zum Masser auf den Bock, und der Wagen setzte sich in Bewegung.

Einen Blick über die Schulter werfend, krächzte Onkel Mingo: »Kommst du oder kommst du nicht?«

George lief hinterher und schwang sich auf den Wagen. Es hatte ihm ja keiner gesagt, daß er mitfahren durfte! Nachdem er zu Atem gekommen war, hockte er sich nieder. Das Quietschen des Wagens vermischte sich mit dem Krähen, Glucken und Picken der Kampfhähne. Er empfand tiefe Dankbarkeit und Wertschätzung für Masser Lea und Onkel Mingo. Und wieder dachte er ungläubig und betroffen an die Worte seiner Mutter, wonach der Masser sein Daddy war oder sein Daddy der Masser, wie man es nahm.

Bald kamen aus Nebenwegen andere Wagen, Karren, Kutschen und Einspänner, aber auch Reiter und ärmliche Fußgänger mit prallen Säcken, die, wie George wußte, auf Stroh gebettete Kampfhähne enthielten. Ob Masser Lea wohl auch so mit seinem ersten Vogel, den er angeblich in der Lotterie gewonnen hatte, zu Hahnenkämpfen gewandert war? Die meisten Wagen waren von mehreren Weißen und Sklaven besetzt, und jeder hatte Hahnenkäfige geladen. Er erinnerte sich an Mingos Worte: »Wer auf Hahnenkämpfe versessen ist, denkt nicht an Zeit oder Entfernung, wenn es irgendwo 'n großen Kampf gibt.« Ob die armen Weißen, die da zu Fuß unterwegs waren, wohl auch einmal eine Farm und ein großes Haus haben würden wie der Masser?

Nach etwa zwei Stunden wurde in der Ferne ein Geräusch vernehmlich, das nur das Krähen vieler, vieler Kampfhähne sein konnte. Als der Wagen sich einem dichten Kiefernwald näherte, schwoll der unglaubliche Chor immer stärker an. Der Duft von bratendem Fleisch stieg George in die Nase, und schon war der Wagen einer unter vielen, die einen Abstellplatz suchten. Ringsum waren Pferde und Maultiere an Pfosten gebunden; sie schnaubten, stampften und peitschten mit den Schwänzen. Eine Menge Leute standen herum und redeten durcheinander.

»Tom Lea!«

Der Masser war eben vom Kutschbock aufgestanden und streckte die steifgewordenen Beine. Ein paar arme Weiße, die in der Nähe standen und eine Flasche herumgehen ließen, hatten ihn angerufen. Daß man seinen Masser gleich erkannt hatte, freute George mächtig. Masser Lea winkte, sprang vom Wagen und gesellte sich zu ihnen. Hunderte von Weißen – angefangen von kleinen Jungen, die sich ängstlich an die Hosenbeine ihrer Väter klammerten, bis zu runzeligen Greisen – standen wartend und schwatzend herum. George fiel auf, daß die Sklaven meist auf dem Wagen blieben und sich mit den in den Körben eingeschlossenen Kampfhähnen beschäftigten; die vielen Vögel machten einen Lärm, als ob sie einen Wettstreit im Krähen austragen wollten. Unter einigen Wagen sah George zusammengerolltes Bettzeug und schloß daraus, daß die Besitzer von so weit hergekommen waren, daß sie über Nacht bleiben mußten. Der ätzende Geruch von Maisschnaps stieg ihm in die Nase.

»Stier nicht in die Gegend, Junge! Wir müssen die Vögel in Schwung bringen!« rief Onkel Mingo ihm zu, als er den Wagen endlich abgestellt hatte. George riß seine Blicke von diesem bunten Gewimmel los und öffnete die Transportkörbe; er reichte einen wütend pickenden Vogel nach dem anderen Onkel Mingo, dessen knorrige schwarze Hände Beine und Flügel der Tiere massierten. Als er den letzten Vogel in Empfang nahm, sagte Onkel Mingo: »Hack 'n halbes Dutzend Äpfel in Stücke. Das ist das Beste, was sie vor dem Kampf essen können.« Als Onkel Mingo später bemerkte, wie entgeistert George in die Menge starrte, ließ der alte Mann seine Gedanken zu dem Tag zurückwandern, da *er* seinen ersten Hahnenkampf erlebt hatte. Das war länger her, als ihm lieb war. »Na los«, blaffte er, »mach dich dünn und lauf ein bißchen rum, wenn du willst, aber daß du mir zurück bist, bevor es anfängt, hörst du?«

»Jasörr!« George sprang wie der Blitz vom Wagen und verschwand. Den weichen, elastischen Teppich aus Kiefernnadeln unter den Füßen spürend, schlängelte er sich hierhin und dorthin durch die rempelnde, stoßende Menge. Er kam an Dutzenden von Körben mit krähenden Hähnen vorbei und bewunderte die verwirrende Pracht ihres Gefieders, von Schneeweiß bis Kohlschwarz, in allen nur erdenklichen Farbkombinationen.

Er verhielt jäh den Schritt, als er den Ring sah, eine flache runde Grube mit abgestützten Rändern. Der gestampfte Lehmboden war genau in der Mitte mit einem kleinen Kreis und mit je einem Strich in gleichem Abstand vom Kreis markiert. Der Kampfplatz! Er blickte auf und sah lärmende Männer, viele mit Flaschen in den Händen, die sich auf dem Hang ihre Plätze suchten. Und dann hätte ihn um ein Haar der Schlag gerührt, als neben ihm ein Funktionär mit rotem Gesicht brüllte: »Meine Herren, wir wollen anfangen! Laßt unsere Hähne kämpfen!«

Schnell wie ein Hase sauste George zurück und erreichte den Wagen nur Sekunden vor Masser Lea. Leise miteinander sprechend, gingen der Masser und Onkel Mingo um den Wagen herum und musterten die Vögel.

Plötzlich hörte man die Zuschauer brüllen: »Zehn auf den Roten!« . . . »Angenommen!« . . . »Zwanzig auf den Blauen!« . . . »Ich nehme fünf!« . . . »Noch fünf!« . . . »Angenommen!« Immer lebhafter wurde gewettet, während zwei Männer, offenbar die Besitzer, ihre Hähne wiegen ließen und ihnen die messerscharfen Stahlsporen anlegten. George fiel ein, daß Onkel Mingo einmal erzählt hatte, man lasse Tiere nicht gegeneinander kämpfen, wenn der Gewichtsunterschied mehr als zwei Unzen betrage.

»Schnäbeln!« rief jemand vom Rand des Kampfplatzes, und drei Männer beobachteten kauernd die zwei Besitzer, die ihre Tiere so nahe aneinanderhielten, daß sie flüchtig aufeinander lospicken konnten.

»Fertig!« Die Hahnenhalter zogen sich auf ihre Startmarkierungen zurück und hielten ihre Vögel, die einander entgegendrängten, am Boden fest.

»Pit!«

Wie abgeschossene Pfeile sprangen die Kampfhähne aufeinander los und prallten mit solcher Wucht zusammen, daß einer ins Taumeln geriet. Er kam aber wieder auf die Füße, und schon waren sie in der Luft und hackten mit den Sporen aufeinander ein. Sie fielen zu Boden, flatterten aber, lebenden Federbüschen gleich, sofort wieder auf.

»Der Rote ist verwundet«, schrie jemand, und George beobachtete atemlos, wie die Besitzer ihre Tiere einfingen, sie schnell untersuchten und dann wieder auf ihre Startmarke setzten. Der verwundete rote Vogel sprang höher als sein Gegner und trieb mit zuckenden Beinen einen stählernen Sporn in das Gehirn des blauen Vogels. Dieser ging matt flatternd zu Boden. Über den Lärm aus Flüchen und Gebrüll hörte George das Urteil des Schiedsrichters: »Mr. Graysons Vogel hat gewonnen – eine Minute und zehn Sekunden im zweiten Gang!«

George atmete erregt. Der nächste Kampf war noch schneller zu Ende, und ein Besitzer warf seinen blutenden Hahn zornig fort wie einen Fetzen. »Tote Hähne sind bloß 'ne Masse Federn«, sagte Onkel Mingo dazu, der dicht hinter George stand. Der sechste oder siebte Kampf war zu Ende, da rief ein Funktionär: »Mr. Lea!« . . .

Einen Vogel unter dem Arm schritt der Masser dem Kampfplatz zu. George erinnerte sich, daß er diesen Vogel gefüttert, gedrillt, in den Armen gehalten hatte; er war wie betäubt vor Stolz. Dann standen der Masser und sein Gegner neben dem Ring, sie ließen ihre Hähne wiegen und legten ihnen unter den stürmischen Zurufen der Wettlustigen die Stahlsporen an.

Auf »Pit!« stießen die Hähne mit den Köpfen zusammen, flatterten hoch, fielen unter wütendem Picken, fintierend, ihre Hälse schlangenartig verdrehend, nach einer Blöße beim Gegner suchend, zur Erde zurück. Abermals aufsteigend, schlugen sie mit den Flügeln nach einander und fielen wieder zurück. Masser Leas Vogel taumelte, offensichtlich verletzt, aber schon Sekunden später, beim nächsten Gefecht in der Luft, brachte er seinem Feind die tödliche Wunde bei.

Masser Lea packte seinen Vogel, der triumphierend krähte, und lief mit ihm zum Wagen zurück. Nur undeutlich hörte George den Schiedsrichter rufen: »Der Gewinner ist Mr. Leas Vogel!«, als Onkel Mingo schon Masser Lea den blutenden Vogel aus der Hand nahm. Seine Finger tasteten nach der tiefen Schnittwunde im Brustkorb, seine Lippen schlossen sich darüber, und er saugte das geronnene Blut aus. Dann hielt er den Hahn in Kniehöhe vor George hin: »Piß drauf! Los! Da!« George starrte ihn an. »Piß drauf! Damit die Wunde nicht 'fiziert!« George tat, wie ihm geheißen, und der kräftige Strahl spritzte auf den verletzten Vogel und Onkel Mingos Hände. Danach bettete Onkel Mingo den Hahn sanft auf weiches Stroh in einen tiefen Korb. »Ich glaub', wir können ihn retten, Masser! Welchen nehmen wir als nächsten?« Masser Lea deutete auf einen Korb. »Hol den Vogel raus, Junge!« Hastig kam George dem Befehl nach, und Masser Lea eilte in die brüllende Menge zurück. Der Schiedsrichter rief gerade wieder einen Sieger aus. Trotz des heiseren Krähens unzähliger Hähne und des Gebrülls der Wettlustigen hörte George den verletzten Vogel in seinem Korb schwach glucksen. George war zugleich glücklich und bekümmert, und dabei aufgeregt wie nie. An diesem frostigen Wintermorgen wurde ein neuer Hahnenzüchter geboren.

KAPITEL 90

»Seht ihn euch an! Kein Hahn kommt so daherstolziert!« rief Kizzy. George näherte sich beschwingten Schrittes, um den Sonntagvormittag mit seiner Mutter, Miss Malizy, Schwester Sarah und Onkel Pompey zu verbringen.

»Hm!« machte Schwester Sarah und warf Kizzy einen Blick zu. »Hör doch auf, Frau, wir sind genauso stolz auf ihn wie du!«

Miss Malizy berichtete noch rasch, was sie gestern abend gehört hatte. Der etwas beschwipste Masser Lea hatte seinen Gästen, allesamt Hahnenkampfliebhaber, eröffnet, er habe einen Jungen, der nach nur vier Jahren Lehrzeit erkennen lasse, daß er schon bald »jedem anderen Hahnenzüchter, schwarz oder weiß, ebenbürtig an die Seite treten kann.«

»Der Masser sagt, der Junge lebt überhaupt nur noch für die Hühner! Mingo sagt, wie er mal spät am Abend ein bißchen rumgeht, sieht er George so komisch auf 'm Baumstumpf hocken. Er schleicht sich von hinten ran, und da hört er unsern George mit 'n paar Hennen reden, die auf ihren Eiern sitzen. Was die kleinen Hähnchen, die da grade ausgebrütet werden, mal für mutige Gockel werden sollen.«

»Du lieber Himmel!« rief Kizzy, den Blick liebevoll auf ihren Sohn gerichtet. Nachdem er das Weibervolk wie gewohnt umarmt und abgeküßt und Onkel Pompey die Hand geschüttelt hatte, machten es sich alle auf den Stühlen bequem, die sie aus den Hütten holten. Zuerst erfuhr George die letzten Neuigkeiten, die Miss Malizy in der vergangenen Woche bei den weißen Herrschaften aufgeschnappt hatte. Viel war es diesmal nicht: Angeblich kamen immer mehr Weiße über das große Wasser, die ein unverständliches Kauderwelsch sprachen und die freien Nigger von ihren Arbeitsplätzen verdrängten. Immer öfter war zu hören, daß man diese freien Schwarzen nach Afrika abschieben wollte. George in seiner Abgeschiedenheit bei dem komischen Alten habe gewiß noch nichts davon gehört, und auch nichts von anderen Begebenheiten, »außer, die Hühner haben dir was davon erzählt«. George stimmte lachend zu.

Sonntags durfte er nicht nur mit seiner Mammy und den anderen beisammen sein, er konnte sich auch von Onkel Mingos Küche erholen, die mehr auf Hühner als auf Menschen eingestellt war. Miss Malizy und

Kizzy hielten jederzeit mindestens zwei oder drei von Georges Leibgerichten bereit.

Gegen Mittag war das gegenseitige Mitteilungsbedürfnis meist erschöpft, und man merkte George an, daß es ihn fortzog. Nach ausgiebigen Küssen, Umarmungen, Händedrücken, Ermahnungen, jeden Tag ordentlich zu beten, zog er schließlich ab, im Korb das Essen, das er mit Onkel Mingo teilen würde.

Im Sommer verbrachte George den Rest des Nachmittags oft auf einer Weide, wo Mingo ihn herumspringen und Heuschrecken fangen sah, Leckerbissen für die jungen Hähne in ihren Gehegen. Jetzt aber war früher Winter. Die Zweijährigen waren eben erst aus dem Freigehege geholt worden, und George widmete sich einem jener Hähne, die nach Meinung Mingos und des Masser so wild und menschenscheu waren, daß man mit ihnen nichts anfangen konnte. Mitfühlend, aber auch belustigt beobachtete Mingo, wie George das pickende, kreischende, sich wehrende Hähnchen an sich drückte, leise auf es einredete, ihm sanft auf den Kopf blies, das Gesicht an seinen glänzenden Federn rieb, ihm Beine und Flügel massierte, bis das Tier sich tatsächlich beruhigte.

Mingo wünschte ihm Glück, nur sollte George nie vergessen, was er ihm einmal über unverläßliche Vögel gesagt hatte. Zucht und Schulung von Kampfhähnen konnte ein Vermögen einbringen, und dieses Vermögen konnte auf einen Schlag verloren sein, wenn man sich von Gefühlen leiten ließ. Man durfte es einfach nicht riskieren, einen Hahn kämpfen zu lassen, der Schwächen aufwies, und wären sie noch so gering. Konnte man ihm die nicht abgewöhnen – nun, George hatte mittlerweile gelernt, einem Vogel seelenruhig den Hals umzudrehen. Wie Onkel Mingo und der Masser meinte auch George, daß es nur lohnte, sich mit Vögeln abzugeben, die gelehrig waren, deren angeborener Mut und instinktive Aggressivität erwarten ließen, daß sie im Ring lieber tot umfallen als den Kampf aufgeben würden.

George sah es gern, wenn die Hähne des Masser ihre Gegner schnell töteten – manchmal in nur dreißig oder vierzig Sekunden –, ohne selbst Verletzungen davonzutragen. Nichts aber regte ihn auch nur annähernd so auf, als zuzusehen, wie ein Vogel, den er selber aufgezogen hatte, auf Tod und Leben gegen einen ebenbürtigen Gegner kämpfte – beide zerhackt und blutend umhertaumelnd, mit schlaff hängenden Schnäbeln, die Flügel nachschleppend, am ganzen Körper zitternd, bis schließlich beide zusammenbrachen. Dann aber, wenn der Schiedsrichter schon zählte, fand der Hahn des Masser gerade noch ein allerletztes Restchen Kraft, er kam noch einmal auf die Beine, gerade lange genug, um dem Gegner den tödlichen Sporn einzudrücken.

George verstand gut Mingos Anhänglichkeit an die fünf oder sechs alten Lockhähne, die er fast wie Haustiere behandelte, besonders einen, von dem er sagte, ihm sei es zu danken, daß der Masser die größte Wette seines Lebens gewonnen hatte. »Noch nie hab' ich so 'n blutigen Kampf gesehn«, sagte Onkel Mingo und deutete auf den einäugigen Veteranen. »In seiner besten Zeit war das – drei oder vier Jahre vor dir. Weiß nicht mehr, wie's kam, aber irgendwie ist der Masser in ein Neujahrsturnier von so 'm reichen Masser drüben in Surrey County geraten. So an die zweihundert Hähne sollten um den Hauptpreis von zehntausend Dollar kämpfen, keine Wetten unter hundert Dollar. Na ja, der Masser und ich, wir nahmen zwanzig Vögel mit, die allerbesten natürlich. Tagelang sind wir mit dem Wagen gefahren, bis wir da waren. Unterwegs haben wir die Vögel in ihren Körben gefüttert, getränkt und massiert. Na, die Kämpfe gingen zu Ende, und wir hatten 'n bißchen was gewonnen, aber zu viele Hähne verloren, und der Masser war ganz schön wütend. Zum Schluß sollten wir gegen einen Vogel antreten, der war berühmt als das gerissenste und gemeinste Vieh in ganz Virginia. Und auf den haben die Leute dann auch gesetzt wie verrückt.

Also! Der Masser hat gut in die Flasche geguckt und war rot im Gesicht wie zum Platzen. Und dann sucht er sich den alten Geier aus, den da drüben, klemmt das Vieh untern Arm und schreit ganz laut, er will keine einzige Wette zurückweisen! Er hat früher nichts gehabt, sagt er, und wenn er jetzt alles verliert, ist das nichts Neues für ihn! Na – der Federwisch da drüben geht ran wie verrückt und ist fast hin – der andere aber ganz! Der Schiedsrichter sagt hinterher, die Gockel haben sich vierzehn Minuten lang gegenseitig abgemurkst.«

Warm und wehmütig lächelnd, betrachtete Onkel Mingo den alten Kampfhahn. »Dem hing die Haut bloß noch in Fetzen, und alle dachten, er geht ein, aber ich hab' kein Auge zugetan, bis er wieder ganz war!«

Nach kurzem Schweigen sagte er eindringlich: »Vergiß nicht: immer schön auf die verletzten Hähnchen aufpassen, ich sag's dir nochmal und nochmal. Besonders so 'ne, die die andern Gockel schnell hinmachen, die laut krähen und so tun, als wollen sie gleich weiterkämpfen, also die täuschen einen leicht! Wenn du die auf dem Wagen hast, tu sie genau untersuchen! Auch ganz kleine Schnitte tun sich leicht entzünden. Immer gleich draufpinkeln, aber richtig! Wenn er wo blutet, leg 'n Spinnwebe drauf oder Bauchfell vom Hasen. Wenn du's nicht tust, zwei, drei Tage später sieht dein Vogel aus, als ob er einschrumpft wie 'n schlapper Fetzen, und eh du bis drei zählst, ist er hin. Kampfhähne sind wie Rennpferde, heißt es. Sie sind stark, aber auch verflixt heikle Biester.«

Es schien George, als hätte Onkel Mingo ihn tausend Dinge gelehrt, doch der Alte hatte noch tausend mehr in seinem Kopf. Sosehr George sich auch bemühte, er konnte nicht dahinterkommen, wie Onkel Mingo und der Masser vorherwußten, welche Vögel sich im Ring als die intelligentesten, tapfersten und stolzesten erweisen würden. Es waren nicht nur die sichtbaren Vorzüge, die auch George jetzt schon erkennen gelernt hatte: kurzer, breiter Rücken, muskulöse Brust, die in einen festen kleinen Bauch überging, gerundete Flügel, glänzende Federn mit starkem Kiel, kurze, muskulöse Beine, nicht zu dicht beieinander, starke Sporen über kräftigen Füßen mit gut ausgebildeten Hinterkrallen.

Onkel Mingo rügte, daß George so an seinen Vögeln hing, daß er darüber ihre Dschungelinstinkte vergaß. Es kam vor, daß ein Kampfhahn, der auf Georges Schoß saß und sich geduldig streicheln ließ, einen von Onkel Mingos alten Lockhähnen gewahrte, sich wütend krähend Georges Griff entwand und dem alten Vogel nachsetzte. George konnte dann nur mit Mühe verhindern, daß einer den anderen tötete. Auch fiel es ihm schwer, seine Gefühle zu beherrschen, wenn einer ihrer Vögel auf dem Kampfplatz unterlag; der große starke Bursche brach mehr als einmal in Tränen aus. »Keiner kann immer bloß gewinnen! Wie oft muß ich dir das noch sagen!« tadelte ihn Mingo mehrmals.

Mingo wußte übrigens seit Monaten, daß George nach Einbruch der Dunkelheit verschwand und erst sehr spät, in letzter Zeit erst im Morgengrauen, wiederkam. Er ahnte auch, was da vorging. George hatte einmal verdächtig achtlos erwähnt, daß er ein hübsches und fast hellhäutiges

Hausmädchen namens Charity von der angrenzenden Farm kennengelernt hatte, als er mit Masser Lea in der Kornmühle gewesen war. »Ich seh' und höre wie'ne Katze und weiß schon seit der ersten Nacht, daß du abgehauen bist«, eröffnete er seinem staunenden Lehrjungen. »Ich stecke meine Nase nicht in andrer Leute Angelegenheiten, aber eins will ich dir sagen: du mußt höllisch aufpassen, daß dich nicht 'ne weiße Patrouille erwischt. Die prügeln dich erst halbtot, und dann bringen sie dich zurück; glaub nur nicht, der Masser würde dir nicht die Peitsche über den Arsch ziehn!« Onkel Mingo starrte eine Weile schweigend vor sich hin, bevor er fortfuhr: »Hast du gemerkt, ich hab' nicht gesagt, du sollst *nicht* gehn?«

»Jasörr«, antwortete George kleinlaut.

Wieder schwieg Mingo eine Weile. Dann setzte er sich auf seinen Lieblingsplatz, einen Baumstamm, beugte sich ein wenig vor und schlang die Arme um die Knie. »Junge, Junge! Ich weiß noch, wie ich das erstemal mit einem Mädchen . . .« Seine Augen glänzten, und seine Runzeln schienen verschwunden. »'ne Große, Schlanke war das, ganz neu hier in der Gegend. Ihr Masser hat Land neben unserem Masser gekauft.« Mingo unterbrach sich und lächelte. »Ich tät' sie dir gern beschreiben . . . manche Nigger nannten sie ›schwarze Schlange‹ . . .« Onkel Mingo erzählte weiter, und je tiefer er in seiner Erinnerung schürfte, desto breiter wurde sein Lächeln. Er erinnerte sich recht gründlich, brachte George aber nicht in Verlegenheit, denn der war viel zu betroffen darüber, daß der Alte ihm auf die Schliche gekommen war. Eines wurde ihm dabei jedenfalls klar: Er hatte den Alten in mehr als einer Hinsicht unterschätzt.

KAPITEL 91

Auf dem Weg zum Sklavenquartier spürte George eines Sonntags, daß etwas nicht stimmte, denn weder seine Mammy noch sonstwer erwartete ihn, und das war in den vier Jahren, die er nun mit Onkel Mingo zusammenlebte, noch nie vorgekommen. Als er an die Tür von Kizzys Hütte klopfen wollte, zerrte die Mutter ihn blitzschnell in die Hütte und machte die Tür ganz ängstlich schnell wieder zu.

»Hat die Missis dich gesehn?«

»Ich weiß nicht, Mammy! Was ist los?«

»Ach Junge! In Charleston in Süd-Carolina wollte Denmark Vesey, was so'n freier Nigger ist, mit lauter andern Niggern heute nacht wer weiß wie viele Weiße umbringen. Sie sind grade noch erwischt worden. Der Masser ist wie ein Wilder losgeritten und hat mit dem Gewehr gefuchtelt. Wen die Missis im Freien sieht, eh er nicht von der großen Versammlung zurück ist, den schießt er tot!«

Kizzy spähte durch das einzige Fenster zum großen Haus hinüber. »Sie ist nicht mehr da, wo sie rausgeguckt hat! Vielleicht hat sie dich gesehn und hat sich versteckt!« Der absurde Gedanke, daß Mrs. Lea sich vor *ihm* verstecken könnte, übertrug etwas von Kizzys Alarmstimmung auf ihren Sohn. »Lauf zu den Hühnern zurück, Junge! Nicht auszudenken, was der Masser macht, wenn er dich hier erwischt!«

»Ich bleib' hier und red' mit dem Masser, Mammy!« In einem Fall wie diesem erinnerte sich der Masser womöglich daran, daß George sein Sohn war, und zügelte vielleicht seine Wut.

»Bist du vollkommen verrückt? Raus mit dir!« Kizzy schob ihn zur Tür. »Los! Weg! Uns geht's schlimm, wenn er dich hier findet! Schleich durch die Büsche hinterm Abtritt, bis die Missis dich nicht mehr sehn kann!«

Kizzy schien einem hysterischen Anfall nahe. Der Masser mußte ja fürchterlich getobt haben, um sie so in Schrecken zu versetzen. »Also gut, Mammy«, sagte er schließlich. »Aber ich schleich' mich nicht durch die Büsche. Ich hab' keinem nichts getan. Ich geh' zurück, wie ich gekommen bin.«

»Gut, gut, aber geh schon!«

Im Hahnengrund war George mit seinem Bericht gerade zu Ende, als er und Mingo Hufschlag hörten. Der Masser kam im Galopp daher. Die Zügel in der einen, die Flinte in der anderen Hand, fuhr er George barsch an: »Die Missis hat dich gesehn. Ihr wißt also Bescheid?«

»Jasörr«, schluckte George und starrte wie gebannt auf die Flinte.

Masser Lea hatte schon absteigen wollen, überlegte es sich aber und blieb im Sattel. Mit zornrotem Gesicht fuhr er sie an: »Eine Menge anständiger weißer Bürger wäre heute nacht ums Leben gekommen, wenn ein Nigger seinen Masser nicht rechtzeitig gewarnt hätte. Wieder ein Beweis, daß man euch Niggern nicht trauen kann!« Er gestikulierte mit der Schrotflinte. »Ihr beide hockt da, und ich weiß nicht, was in euren Köpfen vorgeht. Aber gebt mir nur den leisesten Anlaß, und ich knall' euch ab wie die Hasen!« Er bedachte Onkel Mingo und George mit drohenden Blikken, riß sein Pferd herum und sprengte davon.

Es vergingen einige Minuten, bevor Onkel Mingo sich rührte. Er spuckte wütend aus und stieß mit dem Fuß die Hickorystreifen zur Seite, aus denen er Tragkörbe für Kampfhähne flocht. »Da arbeitest du tausend Jahre für den weißen Mann und bist doch immer nur ein Nigger!« stieß er verbittert hervor. George wußte nicht, was er darauf antworten sollte. Mingo schien noch etwas sagen zu wollen, ging dann aber wortlos zu seiner Hütte. Bei der Tür drehte er sich um. »Hör gut zu, Junge. Du glaubst, du bist was Besondres für den Masser, aber wenn die Weißen vor Angst wie verrückt sind, ist ihnen alles gleich! Bleib schön zu Hause, bis diese Geschichte ausgestanden ist, hast du gehört?«

»Jasörr!«

George nahm den Korb zur Hand, an dem Mingo gearbeitet hatte, und setzte sich damit auf den nächsten Baumstamm. Seine Finger flochten die Hickorystreifen ineinander, während er versuchte, seine Gedanken zu ordnen. Wieder einmal hatte Onkel Mingo genau erraten, was in seinem Kopf vorging. Wie konnte er nur auf den Gedanken kommen, Masser Lea könnte in ihm je etwas anderes sehen als einen Sklaven. Er hätte wissen müssen, wie bedrückend – und nutzlos – es war, sich ihn als seinen Pappy zu denken. Nur hätte er gern mal mit jemand darüber geredet. Onkel Mingo kam nicht in Betracht, dem hätte er eingestehen müssen, daß er wußte, daß der Masser sein Pappy war. Aus dem gleichen Grund konnte er weder mit Miss Malizy, Schwester Sarah oder Onkel Pompey reden. Ob sie von der Beziehung zwischen dem Masser und seiner Mammy wußten, war ihm nicht bekannt, doch wenn einer davon wußte, wußten es alle. Wer was hörte, erzählte es weiter.

Er konnte über dieses leidige Thema auch mit seiner Mammy nicht mehr reden, nachdem sie sich wiederholt bei ihm dafür entschuldigt hatte, daß sie ihm überhaupt die Wahrheit offenbart hatte.

Was mochte seine Mammy nach all den Jahren nun wirklich über diese scheußliche Sache denken? Soweit er das beurteilen konnte, taten der Masser und sie, als wäre keiner für den anderen vorhanden, jedenfalls nicht, was dies betraf. Wenn George sich vorstellte, daß seine Mammy mit dem Masser trieb, was Charity – und seit kurzem auch Beulah – mit ihm trieben, wenn er sich heimlich vom Hahnengrund fortstahl, dann genierte er sich richtig.

Nun aber kam ihm die Erinnerung an eine Nacht vor langer Zeit, drei oder vier Jahre mochte er gewesen sein. Er war davon erwacht, daß das Bett sich bewegte. Er starrte mit offenen Augen ins Dunkel, lag still und verängstigt, hörte das Maisstroh rascheln und den Mann schnaufen, der sich über seine Mammy beugte und ruckweise auf und nieder bewegte. Starr vor Schrecken sah er den Mann aufstehen, hörte das Klirren einer Münze auf der Tischplatte, die Schritte, das Zufallen der Tür. Er kämpfte lange mit den Tränen, hielt die Lider fest geschlossen, als wollte er ungeschehen machen, was er gesehen und gehört hatte. Wenn sein Blick fortan auf das Einmachglas im Regal fiel, das etwa einen Zoll hoch mit Münzen gefüllt war, überfiel ihn die Erinnerung wie eine Welle von Übelkeit. Mit der Zeit wurden es immer mehr Münzen, und schließlich brachte er es nicht mehr über sich, das Glas anzusehen. Er war ungefähr zehn Jahre alt, als ihm eines Tages auffiel, daß das Glas weg war. Seine Mutter ahnte nicht, daß er all dies wußte, und von ihm sollte sie es nie erfahren.

George hatte gelegentlich erwogen, mit Charity über seinen weißen Vater zu reden, war aber zu stolz dazu. Vielleicht hätte sie ihn verstanden. Anders als die kohlschwarze Beulah war Charity noch beträchtlich heller als George, nämlich von jenem Nußbraun, das bei den echten Schwarzen »hellgelb« heißt. Charity ließ sich das nicht im geringsten anfechten; lachend vertraute sie George an, daß der weiße Aufseher einer großen Reis- und Indigo-Plantage in Süd-Carolina, Herr über mehr als hundert Sklaven, ihr Pappy war. Dort war sie aufgewachsen, mit achtzehn Jahren bei einer Versteigerung von Masser Teague erworben und als Hausmädchen eingestellt worden. Bekümmern tat sie nur, daß sie ihre Mammy und einen jüngeren Bruder, der praktisch weiß war, in Süd-Carolina zurückgelassen hatte. Die schwarzen Jungen, erzählte sie, hatten ihn gnadenlos gehänselt, bis ihre Mammy ihm riet, den Quälgeistern zu antworten: »Ein Truthahngeier hat mich ins Nest gelegt! Die Sonne hat mich ausgebrütet!

Gott hat mir diese Farbe gegeben, und das geht euch schwarze Nigger überhaupt nichts an!« Seitdem, sagte Charity, hätten die anderen Burschen ihren Bruder in Frieden gelassen.

Die Enttäuschung darüber, daß der gescheiterte Aufstand im fernen Charleston ihn zweifellos hindern würde, einen Plan weiterzuverfolgen, der ihm seit geraumer Zeit im Kopf herumging, überschattete jedoch den Kummer wegen seiner Hautfarbe und deren Ursprung. Zwei Jahre hatte es gedauert, bis er den Mut aufbrachte, den Plan Onkel Mingo zu offenbaren, und ihm jetzt damit zu kommen, hatte keinen Zweck, denn alles hing davon ab, ob Masser Lea seine Idee gutheißen würde oder nicht. Und Masser Lea war bestimmt noch für eine Weile unansprechbar, einerlei in welcher Sache. Zwar trug der Masser die Flinte nur eine Woche mit sich herum, aber er kam nur noch, um die Hähne zu inspizieren, er gab Onkel Mingo knappe Anweisungen und ritt mit grimmiger Miene davon.

George hatte die volle Bedeutung dessen, was in Charleston beinahe geschehen wäre, nicht erfaßt, und als zwei Wochen verstrichen waren, konnte er – trotz Onkel Mingos Warnungen – der Versuchung nicht widerstehen, heimlich eine seiner Freundinnen zu besuchen. Er wählte Charity, denn die war eine wahre Tigerin auf dem Lager von Maisstroh. Er wartete, bis er Onkel Mingo schnarchen hörte, dann lief er fast eine Stunde über die Felder bis zu den Nußbäumen, wo er sich mit dem Schrei des Ziegenmelkers zu melden pflegte. Als nach viermaligem Pfeifen die Kerze, das vertraute Signal »Du-kannst-kommen«, in Charitys Fenster ausblieb, wurde er besorgt. Gerade wollte er sein Versteck verlassen und sich heranschleichen, da bewegte sich etwas zwischen den Bäumen. Es war Charity. George wollte sie in die Arme schließen, doch sie erlaubte ihm nur eine kurze Liebkosung, bevor sie ihn zurückstieß.

»Was ist denn los, Baby?« So sehr erregte ihn der Moschusduft ihres Körpers, daß er ganz überhörte, wie unsicher sie sprach.

»Wie kann man so dumm sein, jetzt rumzuschleichen, wo so viele Nigger von den Pattrollern erschossen werden?«

»Na, dann gehn wir doch in die Hütte«, erwiderte George und legte seinen Arm um ihre Taille. Aber wieder stieß sie ihn fort.

»Du tust, als ob du vom Aufstand nichts gehört hast!«

»Ich weiß bloß, daß einer sein sollte, mehr nicht . . .«

»Dann hör mir mal zu.« Und Charity berichtete, was sie von ihrem Masser und ihrer Missis gehört hatte. Der Anführer, ein freier Schwarzer namens Denmark Vesey, Zimmermann und Bibelvorleser aus Charleston, hatte sein Vorhaben jahrelang geplant, bevor er sich vier guten Freunden anvertraute, die ihm halfen, Hunderte von freien Niggern und Sklaven in der Stadt anzuwerben. Vier schwerbewaffnete Gruppen sollten das Arsenal und andere wichtige Gebäude besetzen, ihre Gefährten alles niederbrennen und alle Weißen töten, deren sie habhaft würden. Eine Abteilung sollte in Rollwagen, Karren und Kutschen wild durch die Straßen jagen, die Weißen verwirren und an Gegenaktionen hindern.

»Aber an diesem Sonntagvormittag hat so'n verschreckter Nigger seinem Masser erzählt, was um Mitternacht passieren soll, und da haben dann die Weißen in der ganzen Stadt die Nigger eingefangen, geschlagen und gefoltert: sie sollen sagen, wer sie angeführt hat. Bis jetzt haben sie schon dreißig oder vierzig gehenkt, und wo sie hinkommen, machen sie den Niggern die Hölle heiß, ebenso wie hier, und am schlimmsten in Süd-Carolina. In Charleston jagen sie die freien Nigger aus der Stadt und brennen ihre Häuser ab. Die Kirchen werden mit Brettern vernagelt, und die Niggerpfarrer sollen weg, weil die den Niggern Lesen und Schreiben beigebracht haben . . .«

George wollte sie noch einmal zu ihrer Hütte drängen. »Hörst du mir denn nicht zu?« wehrte sie sich erregt. »Du läufst jetzt nach Hause, bevor dich einer von diesen Pattrollern sieht und abknallt!«

George gab zu bedenken, daß er in ihrer Hütte nicht nur Sicherheit vor den Pattrollern finden würde, sondern auch die Erfüllung seines heftigen Verlangens nach ihr, das zu stillen er ja bereits riskiert hatte, erschossen zu werden.

»Ich hab' nein gesagt!«

Zornig versetzte George ihr einen derben Stoß. »Na, dann geh doch!« Verbittert trottete er den Weg zurück, den er gekommen war, und bedauerte zutiefst, daß er nicht zu Beulah gegangen war – aber dafür war es nun schon zu spät.

»War in der Nacht meine Mammy besuchen«, sagte er am Morgen zu Mingo, »und Miss Malizy hat mir erzählt, was der Masser und die Missis über den Aufstand gesprochen haben . . .«

Er wußte zwar nicht, ob Onkel Mingo ihm die Geschichte abnehmen würde, aber er redete trotzdem drauflos und berichtete, was Charity gesagt hatte. Der alte Mann hörte aufmerksam zu. »Wie kommt es«, fragte George ihn schließlich, »daß wegen dieser Sachen in Süd-Carolina in unsrer Gegend hier Nigger erschossen werden?«

Onkel Mingo dachte eine Weile nach, bevor er antwortete: »Alle Weißen haben Angst, daß wir Nigger uns zusammentun und was gegen sie machen . . .« Er schnaubte verächtlich. »Aber die Nigger werden nie alle zusammen was machen.« Wieder überlegte er eine Weile. »Das Totschießen, von dem du redest, hört auch wieder auf. Das ist immer so. Dann kommen wieder 'ne Menge neue Gesetze, und bald werden sie's leid, den Pattrollern, die auch arme Hunde sind, ihre Löhnung zu zahlen.«

»Wie lang dauert das alles?« fragte George und erkannte, kaum daß er sie ausgesprochen hatte, was für eine törichte Frage das war. Onkel Mingos scharfer Blick bestätigte ihm das.

»Also darauf kriegst du bestimmt keine Antwort von mir!« George verstummte und beschloß, Onkel Mingo seine Idee erst vorzutragen, wenn das Verhältnis zu Masser Lea sich wieder normalisiert haben würde.

Im Verlauf der nächsten zwei Monate wurde Masser Lea allmählich wieder der alte; er behandelte sie immer noch barsch, aber er schien nicht mehr gefährlich zu sein. Und eines Tages meinte George, daß der richtige Zeitpunkt gekommen war.

»Ich hab' lange über was nachgedacht, Onkel Mingo«, begann er. »Ich glaub', ich hab' da 'ne Idee, wie man mit den Vögeln vom Masser mehr Kämpfe gewinnen kann als bisher.«

Onkel Mingo hob erstaunt den Blick – so als ob eine besondere Art von Irrsinn seinen siebzehnjährigen Helfer befallen hätte –, aber George ließ sich nicht aufhalten. »Seit fünf Jahren fahr' ich jetzt zu den großen Hahnenkämpfen mit euch. Zwei Jahre sind's wohl her, da ist mir was aufgefallen, und immer wieder ist es dasselbe. Die Hähne von den Massers haben alle ihren eigenen Kampfstil . . .« Mit der Schuhspitze im Gras scharrend, vermied es George, den Mann anzusehen, der schon Kampfhähne abgerichtet hatte, bevor er, George, geboren war. »Unserm Masser seine Hähne sind auf Kraft und langen Atem gedrillt und gewinnen, weil sie länger durchhalten als die andern Vögel. Verlieren tun sie meistens, wenn der Gegner höher fliegt und ihnen die Sporen von oben in den Kopf treibt. Ich glaub', wenn die Vögel vom Masser stärkere Flügel hätten – und dafür gibt's ja Übungen –, dann täten sie höher fliegen als die andern Vögel und öfter gewinnen.«

Mingos Augen, die tief unter runzligen Brauen lagen, prüften aufmerksam das Gras zwischen Georges Schuhen und den seinen. Es dauerte eine Weile, bis er sich dazu äußerte. »Ich versteh', was du meinst. Ich glaub', das mußt du dem Masser sagen.«

»Wenn du das auch meinst, kannst du's ihm doch sagen?«

»Nein. Du hast's dir ausgedacht. Warum soll's der Masser nicht von dir hören?«

George fühlte sich unendlich erleichtert, daß Onkel Mingo nicht über seinen Plan gelacht hatte, doch als er in dieser Nacht auf seiner Maisstrohmatratze lag, bereitete ihm der Gedanke, mit Masser Lea sprechen zu sollen, großes Unbehagen.

Als der Masser Montag früh zum Hahnengrund kam, nahm George allen Mut zusammen, holte tief Atem, wiederholte, was er zu Onkel Mingo gesagt hatte, und fügte sogar noch Einzelheiten über die charakteristischen Kampfstile der einzelnen Züchter hinzu. »Die Vögel von Masser Graham sind schnell und lebhaft, aber die Vögel von Masser MacGregor kämpfen vorsichtig und wachsam. Die von Cap'n Peabody halten beim Zustoßen die Beine eng zusammen, aber die von Masser Howard tun die Beine weiter auseinander, wenn sie angreifen. Die Vögel von dem reichen Masser Jewett halten sich dicht am Boden und picken, und wenn sie den andern mit dem Schnabel zu fassen kriegen, erledigen sie ihn auch gleich mit den Sporen . . .«

Da George dem Blick des Masser auswich, entging ihm, mit welch gespannter Aufmerksamkeit dieser ihm zuhörte. »Wenn Ihr einverstanden seid, Masser, machen Onkel Mingo und ich mit den Vögeln ein paar Übungen, daß die Flügel stark werden. Dann können sie höher fliegen als die andern und von oben stechen. Draufkommen tut uns keiner so schnell.«

Masser Lea starrte George an, als ob er ihn noch nie gesehen hätte.

In den Monaten bis zu Beginn der neuen Saison verbrachte Masser Lea mehr Zeit als je zuvor im Hahnengrund, wo er Onkel Mingo und George zusah und manchmal sogar selbst Hand anlegte, wenn sie die Kampfhähne höher und höher in die Luft warfen. Aufgeregt mit den Flügeln schlagend, versuchten diese, ihr Körpergewicht von fünf bis sechs Pfund in der Luft zu halten, und dabei wurden ihre Brustmuskeln immer kräftiger.

Die Hahnenkampfsaison des Jahres 1823 begann und nahm ihren Fortgang, ein »Hauptturnier« folgte auf das andere, und ganz wie George vorausgesehen hatte, konnte niemand sich erklären, wie und warum es den Lea-Hähnen gelang, erheblich mehr Kämpfe zu gewinnen als im vergangenen Jahr. Als die Saison zu Ende ging, hatten ihre stählernen Sporen neununddreißig von zweiundfünfzig Gegnern den Garaus gemacht.

Etwa eine Woche später erschien Masser Lea eines Morgens in bester Laune, um zu sehen, welche Fortschritte die Gesundung von sechs seiner besten Vögel gemacht hatte, die während der Saison ernstlich verletzt worden waren.

»Glaub' nicht, daß der da noch durchkommt, Masser«, sagte Onkel Mingo und deutete auf einen Hahn, der so böse zugerichtet war und so schlaff dastand, daß Masser Lea seinem Heger zustimmte. »Aber die beiden hier können nächste Saison wohl wieder kämpfen.« Dann wies Mingo auf die letzten drei gesundenden Kandidaten. »Die werden nicht mehr gut genug für die Hauptkämpfe, aber als Lockhähne gehn sie noch, Masser.« Masser Lea zeigte sich von diesen Prognosen befriedigt und ging zu seinem Pferd; er drehte sich aber noch einmal um und sagte zu George: »Wenn du dich wieder mal nachts rumtreibst, nimm dich vor dem bösen Nigger in acht, der es mit demselben Hühnchen treibt wie du . . .«

George war so sprachlos, daß Sekunden vergingen, bevor heller Zorn auf Onkel Mingo in ihm aufflammte, der ihn offenbar verraten hatte. Aber dann sah er, daß Onkel Mingo nicht weniger verblüfft war als er. Der Masser fuhr fort: »Missis Teague hat meiner Missis neulich erzählt, sie weiß gar nicht, ihr Hausmädchen ist in letzter Zeit immer so müde, aber dann hat sie von den Niggern gehört, das Mädchen treibt es nicht bloß mit dir, sondern auch noch mit dem alten Bock von nebenan . . .« Masser Lea lachte. »Kein Wunder, daß sie kaum noch krauchen kann!«

Charity! Sie betrog ihn! Während George sich wütend daran erinnerte, wie hartnäckig sie ihn in jener Nacht von ihrer Hütte ferngehalten hatte, zwang er sich, zu der Eröffnung des Masser zu grinsen; auch Onkel Mingos Lachen klang hohl. Zugleich packte ihn die Angst: der Masser wußte also, daß er sich nachts fortschlich. Was würde er jetzt wohl mit ihm machen?

Der Masser ließ George Zeit, sich auf einen Wutausbruch vorzubereiten, sagte dann aber geradezu unglaublich verständnisvoll: »Teufel noch mal, warum eigentlich nicht? Solange du deine Arbeit machst, hab' deinen Spaß mit den Weibern! Sieh nur zu, daß dich so'n alter Hirsch nicht in Stücke schneidet, und laß dich nicht auf der Straße erwischen, wo die Patrouillen anderer Leute Nigger abknallen.«

»Nein, Sörr! Bestimmt nicht!« George war so verwirrt, daß er nicht wußte, was er sagen sollte.

Masser Lea bestieg sein Pferd, und nur das Zucken seiner Schultern verriet seinen beiden Sklaven, daß er sich vor Lachen schüttelte.

Den Rest des Tages ertrug George wohl oder übel Onkel Mingos frostiges Verhalten. Abends, allein in seiner Hütte, konnte er endlich seiner Empörung über Charity freien Lauf lassen. George wünschte ihr alles Böse und gelobte sich, seine Gunst – deren sie offensichtlich nicht würdig war – fortan einzig der treuen, wenn auch nicht gar so leidenschaftlichen Beulah zu schenken. Dabei fiel ihm das große zimtfarbene Mädchen ein, das ihm Augen gemacht hatte, als er eines Nachts auf dem Heimweg zufällig auf eine Gruppe Sklaven gestoßen war, die heimlich im Wald ein Fest feierten. Wenn er sich nicht gleich an Ort und Stelle mit ihr eingelassen hatte, so nur darum, weil er von dem Feuerwasser, das sie ihm anbot, so betrunken gewesen war, daß er es kaum schaffte, noch vor Tagesanbruch wieder daheim zu sein. Aber er erinnerte sich, daß sie Ophelia hieß und daß sie dem reichen Masser Jewett gehörte, der, wie man erzählte, mehr als tausend Kampfhähne sein eigen nannte. Seine Familie besaß riesige Plantagen in Georgia und Süd-Carolina und eben auch diese in Caswell County. Es war ein langer Weg bis dahin, aber George beschloß, bei nächster Gelegenheit die Bekanntschaft mit dieser knusprigen Schönen zu erneuern, von der Masser Jewett vermutlich gar nicht wußte, daß sie ihm gehörte.

KAPITEL 92

Als Masser Lea eines Sonntagsmorgens wie gewohnt zum Hahnengrund kam, um seine Vögel zu inspizieren, war George schon zu seinem wöchentlichen Besuch im Sklavenquartier aufgebrochen. Dies war die Gelegenheit, auf die Mingo gewartet hatte. Nachdem sie eine Weile herumgegangen waren und gefachsimpelt hatten, bemerkte Onkel Mingo beiläufig: »Die fünfzehn oder zwanzig Vögel, die wir in jeder Saison aussondern, sind immer noch besser als alle, die man bei den Kleinkämpfen sieht. Ihr könntet was zuverdienen, wenn Ihr den Jungen mit den Lockhähnen auf Kleinkämpfe schickt, Masser.«

Onkel Mingo wußte sehr wohl, daß der Name Tom Lea in Caswell County den Aufstieg eines armen Weißen symbolisierte, der auf Kleinkämpfen mit einem einzigen guten Vogel angefangen und es zum Besitzer einer ansehnlichen Zucht von Kampfhähnen gebracht hatte. Mehr als einmal hatte Onkel Mingo ihn sagen hören, wie gern er an diese Hungerjahre zurückdachte und daß er die Erregung bei jenen Kämpfen nicht weniger genossen hatte als jetzt bei den »Hauptturnieren«. Der einzige Unterschied, beteuerte Masser Lea, bestand darin, daß eine bessere Klasse von Leuten und auch von Kampfhähnen an den Hauptkämpfen teilnahm und daß wesentlich höhere Beträge gesetzt wurden; manche Besitzer von Kampfhähnen verloren oder gewannen im Verlaufe eines einzigen Turniers tatsächlich ein Vermögen. Kleinkämpfe waren für Leute, die zwei oder drei zweit- oder drittklassige Vögel kämpfen lassen konnten – arme Weiße, freie Nigger oder Sklaven, die sich Einsätze von fünfundzwanzig Cents bis zu einem Dollar erlauben konnten; wurden einmal zwanzig Dollar gesetzt, so nur, weil ein Kleinkämpfer den Kopf verlor und alles riskierte, was er in dieser Welt sein eigen nannte.

»Woher willst du wissen, daß er mit Vögeln im Ring umgehen kann?«

Onkel Mingo war erleichtert, weil der Masser seinen Vorschlag nicht glatt abgelehnt hatte: »Seit fünf Jahren tut er bei den Kämpfen aufpassen wie ein Luchs, Masser, dem entgeht nichts. Auf die Hähne versteht er sich, wie wenn er selber einer ist, und ein bißchen Nachhilfe ist alles, was er braucht. Und wenn er verliert, sind es doch bloß Vögel, die wir nicht mehr verwenden.«

»Mhm«, brummte der Masser und rieb nachdenklich das Kinn. »Ich hab' nichts daran auszusetzen. Warum nimmst du nicht ein paar Lockhähne her, machst ihnen die Sporen stumpf und übst mit George? Wenn er bis zur nächsten Saison halbwegs was darstellt, strecke ich ihm ein paar Kröten vor, damit er ein bißchen wetten kann.«

»Das mach' ich, Jasörr!« Onkel Mingo war selig. Seit Monaten trugen er und George in der Abgeschiedenheit des Hahnengrundes Kleinkämpfe aus; um zu vermeiden, daß ihre Lockhähne verletzt wurden, hatte Onkel Mingo ihnen selbstentworfene Futterale aus Leder über die Sporen gezogen. Als vorsichtiger Mann unterbreitete Onkel Mingo seinen Vorschlag Masser Lea erst, als er überzeugt sein konnte, daß sein Lehrjunge das Zeug zum erstklassigen Hahnenkämpfer hatte. Sammelte George bei Kleinkämpfen genügend Erfahrungen, würde er am Ende ebenso geschickt mit den Hähnen im Ring umzugehen verstehen wie Masser Lea selbst. Im übrigen war ganz richtig, was Onkel Mingo gesagt hatte: noch die Lockhähne einer so guten Zucht wie der von Masser Lea waren jenen Tieren überlegen, die für gewöhnlich an den Kleinkämpfen teilnahmen, die in jeder Saison sozusagen am Rande der großen Turniere ohne jedes Zeremoniell abgehalten wurden. Alles in allem schien es Onkel Mingo, daß George bei dieser Lage der Dinge nichts verlieren konnte.

»Na, Junge, wie lange willst du noch mit offenem Mund dastehn?« fragte Onkel Mingo, nachdem er ihm die Neuigkeit mitgeteilt hatte.

»Weiß nicht, was ich sagen soll.«

»Daß ich den Tag noch erlebe, wo du nichts zu sagen weißt, ist wie'n Wunder für mich.«

»Ich . . . ich weiß nicht, wie ich dir danken soll.«

»Wenn du die Zähne so bleckst, brauchst du weiter nichts zu sagen. Los, an die Arbeit.«

Den Sommer über hockten die beiden nun am späten Nachmittag mindestens eine Stunde einander gegenüber am Rande eines behelfsmäßig angelegten Ringes – kleiner im Durchmesser und flacher als vorgeschrieben, für Trainingszwecke aber durchaus zureichend. Wochen später kam der Masser, um einer Übungsstunde beizuwohnen. Beeindruckt von der Gewandtheit und den schnellen Reflexen, die George bei der Handhabung seiner Vögel am Ring zeigte, gab er ihm noch einige praktische Hinweise.

»Dein Hahn soll schneller sein als der andre, stimmts? Jetzt schau mir mal zu . . .« Er nahm Mingo den Hahn aus der Hand. »Also! Der Schiedsrichter hat ›Fertig‹ gerufen, du hockst da und hältst deinen Vogel fest – aber sieh nicht den Hahn an! Schau nur auf den Mund des Schiedsrichters! Wenn der mit den Lippen das ›P‹ von ›Pit!‹ formt« – Masser Lea machte es vor –, »wirfst du die Arme hoch, und wenn du ›Pit!‹ hörst, ist dein Hahn schon gestartet.«

Waren die Übungsstunden beendet und die Hähne wieder in den Käfigen, erzählte Onkel Mingo von Ruhm und Geld, die auch bei Kleinkämpfen zu gewinnen waren. »Nigger können bei Kleinkämpfen ebenso berühmt werden wie der Masser bei Hauptkämpfen. Und du kannst bei einem einzigen Kampf glatt acht, zehn oder zwölf Dollar gewinnen.«

»Hab' noch nie 'n Dollar besessen, Onkel Mingo! Weiß kaum, wie einer aussieht!«

»Ich hab' auch nicht viele gesehn, ich brauch' auch keine mehr. Der Masser will dir Geld zum Wetten vorstrecken, und wenn du was gewinnst, läßt er dich vielleicht 'n Teil behalten . . .«

»Du denkst, das macht er?«

»Könnte schon sein, denn deine Idee mit den Spezialübungen für die Flügel hat ihm ein schönes Stück Geld eingebracht. Bloß, wenn er's tut, hast du so viel Verstand, daß du dir was davon auf die Seite legst?«

»Bestimmt tu ich das! Ganz bestimmt!«

»Ich hab' von Niggern gehört, die haben beim Hahnenkampf so viel gewonnen, daß sie sich freikaufen konnten!«

»Ich kauf' mich und meine Mammy frei!«

Onkel Mingo kehrte George unvermittelt den Rücken. Die Eifersucht, die ihn da gepackt hatte, kam ihm nicht nur völlig unerwartet, sie brachte ihn auch so durcheinander, daß es ihm schwerfiel, eine Antwort zu finden. »Na ja«, stieß er endlich hervor, »nichts ist unmöglich.« Daß seine ehrliche und tiefe Zuneigung nicht im gleichen Maß Erwiderung fand, schmerzte ihn tief, und er ging rasch in seine Hütte; verwundert sah George ihm nach.

Bei einem Turnier zu Beginn der Saison 1824 erfuhr Onkel Mingo von einem Heger, den er seit Jahren kannte, daß am kommenden Sonnabendnachmittag ein Kleinkampf ausgetragen werden sollte. »George ist gut in

Form«, versicherte er dem Masser, und der kam denn auch am Sonnabendmorgen wie versprochen zum Hahnengrund und zählte Onkel Mingo zwanzig Dollar in Münzen und kleinen Noten auf den Tisch. »Ihr kennt meinen Grundsatz: Schickt keinen Vogel in den Ring, auf den ihr kein Geld riskieren wollt. Wer nicht setzt, kann nichts gewinnen. Ich leg' das Geld vor, und es sind meine Hühner, und ich riskiere, daß ihr mein Geld verliert, darum verlange ich die Hälfte von eurem Gewinn, habt ihr das verstanden? Und wenn ich Grund habe zu dem Verdacht, daß ihr mich betrügt, zieh' ich euch beiden das schwarze Fell über die Ohren!« Das war aber nicht ernst gemeint, in Wirklichkeit war der Masser guter Laune, und so antworteten sie im Chor: »Jasörr, Masser!«

Als George sich dem Kampfring hinter der graugestrichenen Scheune näherte, sehr darauf bedacht, nicht merken zu lassen, wie aufgeregt er war, waren dort schon an die zwanzig schwarze Hahnenhalter versammelt, die schwatzend am Kampfring standen oder auf und ab schlenderten. George kannte die meisten von den großen Kämpfen her, an welchen sie gleich ihm mit ihren Massers teilgenommen hatten. Er winkte ihnen zu und begrüßte auch andere, deren farbenfrohe Kleidung und keckes selbstsicheres Auftreten ihn vermuten ließen, daß es freie Schwarze waren. Als sein Blick auf etwa ebenso viele arme Weiße auf der anderen Seite des Kampfplatzes fiel, stellte er überrascht fest, daß er auch von ihnen einige kannte, und stolz hörte er sie sagen: »Das sind die beiden Nigger von Tom Lea!« Bald gingen die Hahnenhalter, Schwarze wie Weiße, daran, die krähenden, gluckenden Hähne aus den Säcken zu holen und ihnen die Gelenke zu lockern; Onkel Mingo redete unterdessen mit dem untersetzten Schiedsrichter, der einen Blick auf George warf und zustimmend nickte.

Der Junge massierte eifrig sein Hähnchen, und Mingo nahm sich den anderen Vogel vor. Weil die Schwarzen von den armen Weißen für gewöhnlich nur das Schlimmste zu gewärtigen hatten, fühlte George sich in ihrer Nähe recht unbehaglich, doch rief er sich ins Gedächtnis, was Onkel Mingo ihm unterwegs gesagt hatte, daß nämlich Hahnenkämpfe das einzige waren, was arme Weiße und Schwarze miteinander gemeinsam hatten. Die Regel war, daß immer nur zwei Weiße oder zwei Schwarze ihre Vögel gegeneinander kämpfen ließen, aber es stand allen frei, Wetten auf jeden beliebigen Vogel abzuschließen.

Nachdem George seinen Vogel gut massiert, gelenkig gemacht und wieder in den Sack gesetzt hatte, schaute er sich um. Unterdessen waren noch mehr Hahnenhalter eingetroffen, und der Lärm hatte beträchtlich zugenommen.

Endlich hob der Schiedsrichter den Arm: »Herhören, Leute! Wir fangen jetzt an! Jim Carter! Ben Spence! Kommt her und legt euren Hähnen die Sporen an!«

Zwei hagere, zerlumpte Weiße traten vor, wogen ihre Hähne und banden ihnen die stählernen Sporen an; da und dort wurden erste Wetten abgeschlossen. Verglichen mit den beiden Ausschußhähnchen aus der Masser-Zucht wirkten die beiden Kampfhähne recht mittelmäßig.

Auf den Ruf »Pit!« flatterten beide Vögel auf und fielen gleich wieder zu Boden. Flügelschlagend und fintierend kämpften sie, wie es George schien, auf herkömmliche Weise und ohne jene dramatischen Steigerungen, die er immer beobachtete, wenn er mit dem Masser und Onkel Mingo an großen Kämpfen teilnahm. Als schließlich der eine Vogel den anderen mit den Sporen am Hals verwundete, vergingen noch Minuten bis zum Ende, während ein erstklassiger Vogel seinen Gegner in Sekunden erledigt haben würde. Der Besitzer des toten Vogels bejammerte laut seine Niederlage und schlich sich davon. Auch beim zweiten und dritten Kampf zeigten weder die siegreichen noch die geschlagenen Vögel jenes Feuer und jenen Kampfstil, den George zu sehen gewohnt war, seine Nervosität ließ im Verlauf des vierten Kampfes nach, und er sah seinem Auftreten auf dem Kampfplatz geradezu sorglos entgegen. Doch als er an die Reihe kam, pochte sein Herz gewaltig.

»Aufgepaßt, Leute! Mr. Roames' Nigger mit einem gesprenkelten Grauen gegen Mr. Leas Nigger mit einem Roten! Legt ihnen die Sporen an!« George hatte seinen stämmigen, schwarzen Gegner schon erkannt, als er gekommen war. Bei den großen Kämpfen in den vergangenen Jahren hatten sie gelegentlich miteinander gesprochen. Unter Onkel Mingos Blicken ließ George seinen Hahn wiegen. Er kniete nieder, holte aus seiner Hosentasche die in ein Tuch gewickelten Sporen, und als er sie dem Vogel anlegte, erinnerte er sich Mingos mahnender Worte: »Nicht zu lose, sonst rutschen sie während des Kampfes, aber auch nicht zu fest, sonst werden die Beine steif und taub.« Hoffentlich machte er es richtig!

Ringsum hörte er rufen: »Fünfzig Cents auf den Roten!« . . . »Nehm' ich!«. . . »Vier Dollar auf den Roten!« Das war Onkel Mingo, der den höchsten Einsatz ansagte und damit Gegenwetten provozierte. George fühlte, wie die Erregung der Menge ihn mit sich fortriß. »Fertig!« George kniete und hielt den Hahn am Boden fest. Er spürte, daß das Tier darauf brannte, den Kampf aufzunehmen. »Pit!«

Er hatte vergessen, dem Schiedsrichter auf die Lippen zu schauen. Als er die Arme hochwarf, befand sich der andere Vogel bereits in flirrender Bewegung. Zurückweichend mußte George entsetzt mitansehen, wie sein Vogel beim ersten Anprall aus dem Gleichgewicht geworfen wurde und mehrere Sporenhiebe in die rechte Seite hinnehmen mußte. Er taumelte, erholte sich aber wieder und ging, obwohl Blut seine Federn verdunkelte, zum Angriff über. Beide Vögel flatterten auf, Georges Vogel stieg höher, verfehlte aber im Niedersinken mit den Sporen sein Ziel. Fintierend stiegen sie abermals auf, diesmal gleich hoch, und beide strampelten so rasend mit den Beinen, daß die Augen der Zuschauer kaum folgen konnten. Endlose Minuten lang schlug George das Herz im Hals, während die Vögel pickten, auswichen, angriffen und flügelschlagend im Ring umhersprangen. George wußte, daß der Blutverlust seinen Hahn schwächte, wenn er auch die Angriffe des gesprenkelten Grauen immer noch parierte und erwiderte. Doch dann blitzte plötzlich ein Sporn auf, und alles war vorüber. Georges Vogel lag zuckend und flatternd im Todeskampf. Er hörte kaum das Schreien und Fluchen der Wetter, als er seinen sterbenden Hahn vom Boden aufhob. Tränen stürzten ihm aus den Augen. Er drängte sich durch die staunende, glotzende Menge, wurde aber von Onkel Mingo derb am Ellbogen gepackt und beiseite gezerrt, wo niemand sie hören konnte.

»Du stellst dich an wie 'ne dumme Gans!« schnauzte er. »Hol den andern Vogel für den nächsten Kampf!«

»Ich taug' nicht dazu, Onkel Mingo! Massers Vogel ist tot, und es ist meine Schuld!«

Mingo starrte ihn ungläubig an. »*Ein* Vogel muß immer verlieren! Verliert der Masser etwa nie? Komm sofort zurück!« Aber weder Drängen noch Drohungen konnten den Jungen umstimmen, und schließlich gab er es auf. »Na schön! Ich fahr' nicht heim und sag', daß wir vor lauter Angst nicht versucht haben, sein Geld zurückzugewinnen!«

Zornig kehrte Mingo in die Menge am Ring zurück. George war tief gedemütigt. Zum Glück achtete niemand auf ihn. Nach zwei weiteren Kämpfen rief der Schiedsrichter: »Tom Leas Nigger!« Tief beschämt hörte er Mingo zehn Dollar setzen, bevor der alte Mann mit dem zweiten Lockhahn in den Ring stieg. In weniger als zwei Minuten hatte der Vogel seinen Gegner getötet.

Onkel Mingos Versuche, George auf dem Rückweg zu trösten, blieben ohne Erfolg. »Wir haben zwei Dollar verdient, und du machst ein Gesicht wie sieben Tage Regenwetter.«

»Ich schäm' mich so . . . Und der Masser will bestimmt nicht, daß ich noch mehr von seinen Vögeln verliere . . .«

Daß der Junge sich geschlagen geben wollte, noch bevor er richtig angefangen hatte, brachte Mingo ganz aus der Fassung. Nachdem George drei Tage lang Trübsal geblasen und getan hatte, als wünschte er sich nichts sehnlicher, als mit Haut und Haaren im Boden zu versinken, sprach der alte Mann mit Masser Lea darüber. »Ihr müßt mal mit dem Jungen reden, Masser. Er denkt, die Welt geht unter, weil er einen Kampf verliert.« Der Masser stellte George denn auch zur Rede: »Was hör' ich da? Du kannst keinen Kampf verlieren?«

»Mir ist ganz schlimm zumute, Masser. Euer Vogel ist tot, und es ist meine Schuld.«

»Ich hab' noch zwanzig Hähne, und die sollst du alle kämpfen lassen!«

»Jasörr.« Nicht einmal Masser Leas Zuspruch vermochte George ganz zu beruhigen.

Als er beim folgenden Kampf mit beiden Vögeln gewann, da gebärdete er sich allerdings selber wie ein Gockel, er krähte und stolzierte daher wie die siegreichen Hähne. Als er die Gewinne kassiert hatte, nahm Onkel Mingo ihn beiseite: »Blas dich nicht so auf, kannst auch wieder verlieren.«

»Laß mich das Geld mal anfassen, Onkel Mingo!« rief George und hielt die Hand auf. Mingo betrachtete das Häufchen zerknitterter Ein-Dollar-Noten und Münzen und sagte lachend: »Bring du das Geld dem Masser. Das tut euch beiden gut!«

Auf dem Heimweg versuchte George zum hundertstenmal, Onkel Mingo dazu zu überreden, doch endlich ins Sklavenquartier zu kommen und seine Mammy, Miss Malizy, Schwester Sarah und Onkel Pompey kennenzulernen. »Der Masser hat bloß sechs Nigger, Onkel Mingo, die müssen sich doch kennen. Alle wollen gern deine Freunde sein. Ich rede immerzu von dir, wenn ich oben bin, und alle glauben, du hast was gegen sie.«

»Wie kann ich was gegen Leute haben, die ich nicht kenne«, antwortete Mingo. »Alles soll bleiben, wie es ist, die brauchen sich nicht um mich zu kümmern und ich mich nicht um sie.« Daheim angekommen, schlug Onkel Mingo wieder den Weg ein, der in weitem Bogen um das Sklavenquartier herumführte.

Kizzy fielen die Augen bald heraus, als sie die Scheine und Münzen in Georges Hand sah. »Wo hast du das bloß her, Junge?« fragte sie und rief Schwester Sarah herbei; die sollte es auch sehen.

»Wieviel ist das überhaupt?« fragte Sarah.

»Weiß nicht, Ma'am, aber wo das herkommt, gibt's noch viel mehr davon.«

Schwester Sarah schleppte ihn zu Onkel Pompey, um auch ihm den Schatz zu zeigen.

»Ich sollt' mir wohl auch 'n Hahn zulegen«, meinte der Alte. »Aber hör mal, Junge, das Geld gehört doch dem Masser!«

»Ich krieg die Hälfte!« erklärte George stolz. »Ich bin auf dem Weg zu ihm, ich bring' ihm seinen Anteil.«

Er eilte in die Küche, zeigte Miss Malizy das Geld und verlangte, den Masser zu sprechen.

Masser Lea steckte die neun Dollar ein und lachte. »Ich glaub' fast, Onkel Mingo gibt dir meine besten Hähne und mir läßt er die Versager!«

George war außer sich vor Freude.

Die nächsten Kämpfe gewann George mit den beiden Vögeln, mit denen er das letztemal gewonnen hatte, und die vier Siege hintereinander machten Masser Lea so neugierig, daß er sich trotz einiger Bedenken den Besuch eines Kleinkampfes erlaubte.

Raunend und gestikulierend registrierten weiße und schwarze Hahnenhalter die unerwartete Ankunft des Masser. Als er sah, daß selbst Onkel Mingo und George nervös und unsicher wurden, bedauerte Masser Lea seinen Entschluß. Ihm wurde klar, daß es an ihm war, die Atmosphäre zu entspannen, und so winkte er denn einigen älteren armen Weißen zu und begrüßte sie kameradschaftlich. »Hallo, Jim.« – »Wie geht's denn, Pete?« Sie grüßten grinsend zurück und wunderten sich, daß er ihre Namen behalten hatte. »He, Dave!« wandte er sich an einen dritten. »War das deine Frau, bei der du die letzten Haare gelassen hast oder der Whiskey?« Dröhnendes Gelächter.

Es schien, als wäre der Hahnenkampf vergessen. Man drängte sich um Tom Lea, den Mann, der so arm begonnen hatte, wie sie es noch immer waren, und der jetzt zur Legende geworden war. George setzte sowohl Onkel Mingo als auch Masser Lea in Erstaunen, als er mit stolzgeschwellter Brust, den Vogel unterm Arm, um den Ring stolzierte und krähte: »Hört her, Leute! Wer von euch Geld hat, nur her damit! Mir ist es gleich, wie hoch einer setzt, denn wenn's mir nicht langt, mein Masser ist reich, er nimmt alle Wetten an!« Als er den Masser lächeln sah, wurde er noch lauter: »Das hier ist nur Ausschuß, den ich kämpfen lasse, aber der schlägt immer noch alles, was ihr da mitgebracht habt! Los, kommt!«

Eine Stunde später, nachdem er seinen Auftritt wieder mit viel Tamtam angekündigt hatte, ging sein Hahn auch aus dem zweiten Treffen als Sieger hervor. George gewann zweiundzwanzig Dollar und Masser Lea an die vierzig aus Wetten, die ihm aufgedrängt worden waren. Er nahm äußerst ungern Geld von Leuten, die so bettelarm waren wie einstmals er, tröstete sich aber mit dem Gedanken, daß sie noch monatelang damit prahlen würden, gegen Tom Lea gewettet und verloren zu haben – natürlich das Zehnfache ihres tatsächlichen Einsatzes.

Man vermißte den kecken, lustigen George bei vier der folgenden Kleinkämpfe in Caswell County, denn Onkel Mingo lag wieder einmal mit seinen Hustenanfällen darnieder. Diese fielen ihn aus heiterem Himmel an und waren sehr hartnäckig. George fand es unrecht, seinen alten Lehrer hilflos mit dem Hahnenvolk zurückzulassen; auch hatte er keine Lust, allein zu gehen. Doch auch als Mingo sich besser fühlte, erklärte er, dem langen Fußmarsch zum nächsten Kampfplatz nicht gewachsen zu sein. George möge ruhig allein gehen!

»Du bist kein Kind mehr! Du wärst schon lange weg, wenn da Mädchen wären!«

So machte sich George also allein auf den Weg, in jeder Hand einen prallen Sack mit einem Lockhahn. Die versammelten Hahnenkämpfer hießen ihn lärmend willkommen, denn er war beliebt, und einer rief: »Da ist ja endlich unser ›Hühner-George‹!« Das wurde allgemein belacht, und George stimmte herzhaft ein.

Je länger er auf dem Heimweg – wieder einen hohen Gewinn in der Tasche – darüber nachdachte, desto besser gefiel ihm der Spitzname. Er hatte ein gewisses *Flair*.

Kaum im Sklavenquartier angelangt, krähte er: »Heute hab' ich einen Spitznamen gekriegt, ich wette, keiner von euch kann ihn raten. Na?«

»Wie nennen sie dich?«

»Hühner-George!«

»Du gütiger Himmel!« staunte Schwester Sarah.

Liebe und Stolz leuchteten aus Kizzys Augen. »Nun ja«, meinte sie, »besser kann man dich ja heutzutage wirklich nicht beschreiben!«

Der Spitzname belustigte sogar Masser Lea, als Onkel Mingo ihm davon erzählte und trocken hinzufügte: »Ein Glück, daß sie ihn nicht ›Heul-George‹ nennen, weil er immer heult, wenn er einen Hahn verliert. Er gewinnt jetzt meist, daran hat sich aber nichts geändert. Braucht nur ein Sporn seinen Hahn zu erwischen, schon flennt er und wiegt das tote Vieh im Arm wie ein Kind. Habt Ihr so was schon gesehn, Masser?«

Masser Lea lachte. »Mir war auch schon oft zum Weinen, wenn ich höher gesetzt hatte, als ich sollte, und ein Sporn meinen Vogel erwischte. Aber es stimmt schon, ich hab' noch nie gehört, daß einer so ein Getue macht. Ich glaube, er hängt zu sehr an den Hühnern.«

Bald darauf, beim größten »Hauptturnier« des Jahres, wurde der Masser, als er den Vogel zum Wagen brachte, der eben den letzten Kampf des Tages gewonnen hatte, angerufen: »Oh, Mr. Lea!« Er drehte sich um und sah erstaunt den Aristokraten unter den Hahnenkämpfern, Mr. George Jewett, lächelnd auf sich zukommen.

Er begrüßte ihn so lässig er konnte: »Sieh da, Mr. Jewett!«

Sie gaben einander die Hände. »Mr. Lea, ich will ganz offen zu Euch sein, als ein Gentleman und Hahnenkämpfer zum andern. Ich hab' kürzlich meinen Heger verloren. Die Straßenpatrouille hat ihn vergangene Nacht angehalten, und er hatte keine Papiere bei sich. Bedauerlicherweise versuchte er wegzulaufen, wurde angeschossen und schwer verletzt. Es ist nicht anzunehmen, daß er durchkommt.«

»Tut mir leid . . . Für Euch, meine ich, nicht für den Nigger.« Masser Lea ärgerte sich über seine Ungeschicklichkeit. Er ahnte schon, was kommen würde. Der feine Herr wollte Mingo haben.

»Versteht sich. Ich brauche also einen Heger, einen, der wenigstens ein bißchen was von Vögeln versteht . . .« Er unterbrach sich. »Mir ist aufgefallen, daß Ihr zwei habt. Es käme mir natürlich nicht in den Sinn, Euch um den erfahrenen Älteren zu bitten, aber ich könnte mir denken, daß Ihr ein gutes Angebot für den anderen, den Jüngeren, in Erwägung ziehen würdet, der, wie ich höre, eine von meinen schwarzen Schönheiten hofiert . . .

In Masser Leas Verblüffung mischte sich Wut über diesen Beweis von Hühner-Georges Treuebruch. »Ich verstehe«, sagte er heiser. Mr. Jewett lächelte, er wußte, Lea war an einer empfindlichen Stelle getroffen. »Ich will nicht mit Euch feilschen. Wärt Ihr mit dreitausend einverstanden?«

Masser Lea traute seinen Ohren nicht. Trotzdem lehnte er kühl ab. »Tut mir leid, Mr. Jewett.« Daß er einem aus der Aristokratie der alten Plantagenbesitzer etwas verweigern konnte, tat ihm wohl.

»Also schön.« Jewetts Stimme klang gereizt: »Mein letztes Angebot: vier!«

»Ich verkaufe meine Heger nicht, Mr. Jewett.«

Der reiche Mann zog die Mundwinkel herab, und seine Augen blickten kalt. »Wie Ihr wollt! Guten Tag, Sir!«

»Guten Tag, Sir«, erwiderte Masser Lea, und die Herren entfernten sich in entgegengesetzter Richtung.

Der Masser eilte zum Wagen, ganz unverkennbar wütend. Onkel Mingo und Hühner-George setzten ausdruckslose Gesichter auf, als sie ihn kommen sahen. Mit drohend erhobener Faust fauchte er George an: »Ich schlag' dir den Schädel ein! Was, zum Teufel, hast du drüben bei Jewett zu suchen? Erzählst du ihm vielleicht, wie wir unsere Hühner abrichten?«

Hühner-George wurde aschgrau. »Ich hab' Masser Jewett nie nichts erzählt, Masser . . .« Die Stimme drohte ihm zu versagen. »Hab' nie auch nur ein Wort mit ihm gesprochen, niemals, Masser!«

Georges aufrichtige Überraschung und sein Schreck hatten den Masser schon halb überzeugt. »Willst du mir vielleicht einreden, du läufst so weit bloß wegen deiner schwarzen Mieze da?« Einerlei aus welchem Grund George die Plantage von Jewett betrat, er konnte dort jederzeit dem reichen Züchter in die Arme laufen, und die Folgen waren nicht abzusehen.

»'schuldigung, Masser . . .«

Ein Wagen rollte vorüber, man winkte und rief. Masser Lea rang sich ein Lächeln ab, er winkte zurück, kletterte auf den Kutschbock und zischte dem verdatterten Onkel Mingo aus dem Mundwinkel zu: »Fahr los, verdammt nochmal!«

Auf der schier endlosen Heimfahrt herrschte eine ausgesprochen üble Stimmung, und zwischen Onkel Mingo und Hühner-George war ebenfalls eine schwere Verstimmung eingetreten. In dieser Nacht lag ein vor Angst schwitzender George schlaflos auf seiner Pritsche und überlegte krampfhaft, welche Strafe er zu erwarten hatte.

Aber es geschah nichts, vielmehr sagte der Masser wenige Tage später, so als ob nichts geschehen wäre, zu Onkel Mingo: »Ich bin für nächste Woche zu einem Hahnenkampf eingeladen, drüben in Virginia, gleich jenseits der Grenze. Die lange Fahrt würde deinem Husten nicht guttun. Ich werde also nur den Jungen mitnehmen.«

»Jasörr, Masser.«

Onkel Mingo wußte seit langem, daß dieser Tag kommen würde; der Junge sollte ihn ersetzen, darum hatte der Masser ihn angelernt. Aber Mingo hätte nicht gedacht, daß es so schnell gehen würde.

KAPITEL 93

»Worüber denkst du so angestrengt nach, Junge?«

Sie saßen nun schon über eine Stunde nebeneinander auf dem Bock und betrachteten abwechselnd die Schäfchenwolken am heiteren Februarhimmel, die vor ihnen liegende Straße und die Kruppen der Maultiere, ohne ein einziges Wort zu sprechen, und Masser Leas Frage ließ Hühner-George erschreckt auffahren. »Nichts«, antwortete er. »Ich denk' nichts, Masser.«

»Ich versteh euch Nigger nicht!« Masser Leas Stimme klang gereizt.

»Redet man mal zu euch wie zu Menschen, gleich stellt ihr euch dumm. Das macht mich richtig böse, besonders bei einem Nigger wie dir, der einem ein Loch in den Bauch reden kann, wenn er will. Glaubst du nicht, die Weißen würden euch mehr respektieren, wenn ihr zumindest so tätet, als ob ihr Grütze im Kopf hättet?«

Georges müßiges Vor-sich-Hindösen wandelte sich schlagartig zu höchster Wachsamkeit. »Kann sein, Masser, kann sein auch nicht«, antwortete er bedachtsam. »Kommt drauf an.«

»Immer dieses Drumrumgerede. Worauf kommt es an?«

Immer noch ausweichend, denn er wußte nicht, was der Masser wirklich im Sinn hatte, verlegte Hühner-George sich noch einmal auf eine Ausflucht. »Na ja, Sörr, ich mein', es kommt drauf an, mit was für Weißen man redet. So kommt es mir jedenfalls vor.«

Ärgerlich spuckte Masser Lea auf die Straße. »Da füttert man einen Nigger, zieht ihn an, gibt ihm ein Dach über dem Kopf und überhaupt alles, was er in dieser Welt braucht, und der Nigger gibt einem nicht mal 'ne aufrichtige Antwort!«

Hühner-George neigte zu der Meinung, der Masser langweile sich und lege es darauf an, durch ein angeregtes Gespräch die schier endlose Fahrt erträglicher zu machen.

Um Masser Lea nicht weiter zu reizen, beschloß er, eine Probe aufs Exempel zu machen. »Wenn ich aufrichtig sein soll, Masser, ich glaub', die Nigger halten es für gut, wenn sie sich dümmer stellen, als sie sind, weil nämlich die meisten Nigger Angst haben.«

»Angst!« rief Masser Lea. »Aalglatt sind die Nigger, das ist die Wahrheit! Machen sie etwa aus Angst Aufstände? Wollen sie uns alle aus Angst umbringen, unser Essen vergiften und sogar kleine Kinder erschlagen? Was die Weißen tun, das tun die Nigger allemal, und wenn die Weißen sich davor schützen wollen, dann schreien die Nigger, sie haben Angst!«

Hühner-George hielt es für angebracht, dem Masser keinen Anlaß für weitere Zornausbrüche zu liefern. »Von Euren Niggern macht bestimmt keiner so was, Masser«, sagte er ruhig.

»Weil ihr wißt, daß ich euch umbringe, wenn ihr das tut!« Hinter ihnen krähte ein Kampfhahn in seinem Korb, und andere antworteten ihm laut gluckend.

George blieb stumm. Sie fuhren an einer Plantage entlang: Sklaven waren damit beschäftigt, Maisstengel zu zerkleinern und das Feld für die neuen Pflanzen vorzubereiten.

Masser Lea nahm wieder das Wort: »Mir wird richtig übel, wenn ich bedenke, wie schwer ihr Nigger es einem Mann machen könnt. Dabei hab' ich mein ganzes Leben lang schwer geschuftet.«

Eine Weile rollte der Wagen so dahin, und Hühner-George spürte, wie der Masser immer mehr in Zorn geriet: »Ich will dir mal was sagen, Junge!« sagte er plötzlich. »Du lebst seit deiner Geburt auf meiner Farm, und dein Bauch war immer voll. Du weißt nicht, was es heißt, bettelarm und halbverhungert mit zehn Geschwistern und Vater und Mutter in zwei heißen undichten Löchern aufzuwachsen!«

Hühner-George staunte nicht schlecht über dieses Geständnis des Masser, der erregt fortfuhr, wie um diese schmerzlichen Erinnerungen ein für allemal loszuwerden. »Ich kann mich nicht entsinnen, Junge, daß meine Mutter einmal kein neues Baby im Bauch gehabt hätte. Und mein Vater war den ganzen Tag besoffen, kaute Tabak und fluchte auf uns, weil wir nicht genug schufteten auf seinen zehn Morgen Land, für das ich keine fünf Dollar geben würde, es war nämlich bloß Geröll! Und der nannte sich Farmer!« Hühner-George mit einem finsteren Blick streifend, fragte er: »Willst du wissen, was mein Leben verändert hat?«

»Jasörr«, antwortete George.

»In unsern Ort kam ein wundertätiger Wanderprediger. Die Leute waren wie verrückt, als das große Zelt aufgestellt wurde. Am ersten Abend quoll es fast über, denn wer gehen konnte, kam, und welche ließen sich tragen. Später hieß es, nie zuvor hätte man in Caswell County so eine Bußpredigt gehört und so viele Wunderheilungen erlebt. Ich seh' das noch vor mir: Hunderte von Weißen, die kreischten, zuckten und auf die Knie stürzten und Zeugnis ablegten. Die Leute fielen sich gegenseitig in die Arme, ächzten und stöhnten und zitterten am ganzen Leib. Es war schlimmer, als du es heute in jeder Niggerkirche erleben kannst. An dem Spektakel war auch was dran, das mich getroffen hat.« Masser Lea sah Hühner-George fragend an: »Weißt du was von der Bibel?«

»Nicht . . . Nein, Sörr, nicht der Rede wert.«

»Du hättest wohl nicht gedacht, daß ich auch nichts davon wußte, was?

Also was mich packte, das war eine Stelle aus den Psalmen. Ich hab' sie mir in meiner Bibel angekreuzt. Es heißt dort: ›Jung war ich und bin alt geworden; und nie sah ich den Gerechten verlassen, noch seinen Samen Brot suchen.‹ Der Prediger war längst weitergezogen, da grübelte ich immer noch über diesen Worten. Ich drehte sie hin und her und um und um und wollte herausbekommen, welche Bedeutung sie für mich haben. Wenn ich meine Familie ansah, war mir klar, daß wir sehr wohl ›Brot suchten‹, also bettelten. Wir hatten nichts und würden auch nie was haben. Schließlich fand ich die Bedeutung: Wenn ich es schaffte, ein Gerechter zu werden, mit andern Worten, wenn ich hart arbeitete und ein anständiges Leben führte, würde ich im Alter nie um Brot betteln müssen.« Zustimmung heischend sah der Masser Hühner-George an.

»Jasörr«, sagte Hühner-George. Er wußte nichts anderes zu sagen.

»Am selben Tag ging ich von daheim weg«, fuhr Masser Lea fort. »Ich war elf Jahre alt. Ich lag auf der Straße. Ich fragte überall nach Arbeit und nahm jede an, auch Niggerarbeit. Ich hatte nur Fetzen am Leib. Ich nährte mich von Abfällen. Ich sparte jeden Cent, den ich verdiente – jahrelang, verstehst du? –, bis ich endlich meine ersten fünfundzwanzig Morgen Wald kaufen konnte. Und meinen ersten Nigger. Er hieß George. Tatsache ist, daß ich dich nach ihm genannt hab' . . .«

Der Masser schien eine Antwort zu erwarten: »Onkel Pompey hat mir von ihm erzählt«, sagte Hühner-George.

»Ja. Pompey kam später, er war mein zweiter Nigger. Jetzt hör mir gut zu, Junge. Schulter an Schulter hab' ich mit diesem Nigger George gearbeitet. Von früh bis spät haben wir geschuftet – Bäume gefällt, Wurzeln ausgegraben, Buschwerk und Steine weggeräumt, um endlich die erste Saat einzubringen. Der Herr hat mir die Hand geführt, als ich das Los zog, und mit diesem Los gewann ich meinen ersten Kampfhahn. Junge, das war der beste Hahn, den ich je hatte. So schlimm er auch zugerichtet wurde, ich flickte ihn immer wieder zusammen, und er gewann mehr Kleinkämpfe als jeder andere Vogel hierherum.«

Er unterbrach sich. »Ich weiß gar nicht, was mir einfällt, daß ich da auf dem Bock sitze und so mit einem Nigger rede. Wahrscheinlich muß jeder Mensch mal mit jemandem reden.«

Wieder machte er eine Pause. »Mit der Frau kann man nicht reden; oder nicht sehr viel. Wenn eine Frau sich mal einen Mann geangelt hat, der für sie sorgt, verbringt sie ihr Leben damit, daß sie entweder krank ist, sich ausruht oder klagt und sich vorn und hinten von Niggern bedienen läßt. Oder sie schmiert sich irgendwelches Zeug ins Gesicht, bis sie aussieht wie ein Gespenst . . .«

Hühner-George traute seinen Ohren nicht. Aber der Masser schien nicht aufhören zu können. »Oder man kriegt eine von der andern Sorte, wie meine Schwestern zum Beispiel. Ich hab' mich oft gefragt, warum keines von meinen Geschwistern fortgegangen ist wie ich. Sie rackern und hungern heute noch genauso wie damals – nur daß sie jetzt selber Familien haben.«

Hühner-George hielt es für das klügste, auf das, was der Masser von seiner Familie sagte, überhaupt nicht zu reagieren – nicht einmal mit einem unverbindlichen »Jasörr«. Bei Hahnenkämpfen oder in der Stadt hatte er Masser Lea manchmal mit Verwandten sprechen sehen. Masser Leas Brüder waren arme Weiße, über die nicht nur die reicheren Pflanzer, sondern auch ihre eigenen Sklaven die Nase rümpften. Mehr als einmal hatte George gesehen, wie peinlich es dem Masser war, wenn er einem von ihnen begegnete. Er hörte ihr Gejammer über die schlechten Zeiten an, und George sah Haß auf ihren Gesichtern, wenn der Masser ihnen fünfzig Cents oder einen Dollar schenkte und schon wußte, daß sie das Geld umgehend in Fusel umsetzen würden. Und wenn der Masser Verwandte zum Essen einlud – Miss Malizy hatte es so oft erzählt –, stopften sie sich mit Essen und Trinken voll, aber kaum war er außer Hörweite, machten sie sich über ihn lustig und sprachen von ihm, als ob er der letzte Dreck wäre.

»Jeder von ihnen hätte erreichen können, was ich erreicht habe!« rief Masser Lea. »Aber sie hatten einfach nicht das Zeug dazu. Der Teufel soll sie holen!« Er verstummte – aber nicht für lange.

»Es geht mir ja nicht grade schlecht. Ich hab', was ich brauche: ein anständiges Dach überm Kopf, meine hundert oder so Kampfhähne, fünfundzwanzig Morgen Land, davon die Hälfte bebaut, dazu Pferde, Maultiere, Kühe und Schweine. Und ich hab' ein paar faule Nigger.«

»Jasörr«, sagte Hühner-George und dachte, es sei nun an der Zeit, ein anderes Thema anzuschneiden. »Aber wir Nigger arbeiten auch schwer für Euch, Masser. Meine Mammy und Miss Malizy und Schwester Sarah und Onkel Pompey sind doch immer auf den Feldern.« Und bevor der Masser antworten konnte, fügte er etwas hinzu, das er Schwester Sarah bei seinem letzten Besuch im Sklavenquartier am vergangenen Sonntag hatte sagen hören: »Außer meiner Mammy hat doch jeder von ihnen über fünfzig Jahre auf dem Buckel . . .« Hier brach er ab und unterließ es, Schwester Sarahs Schlußfolgerung wiederzugeben, wonach der Masser einfach zu geizig sei, ein paar jüngere Sklaven zu kaufen, und offenbar die, die er hatte, so lange arbeiten lassen würde, bis sie tot umfielen.

»Du hast überhaupt nicht gehört, was ich eben erzählt habe! Keiner von meinen Niggern hat jemals so hart gearbeitet wie ich. Also erzähl mir nicht, wie fleißig ihr Nigger arbeitet!«

»Jasörr.«

»Jasörr, was?«

»Einfach so. Ihr arbeitet auch schwer, Masser.«

»Stimmt genau! Glaubst du vielleicht, es ist so einfach, für alles und jedes die Verantwortung zu tragen? Meinst du, es ist leicht, die große Hühnerzucht zu unterhalten?«

»Nein, Sörr, ich weiß schon, daß das schwer ist.« George dachte an Onkel Mingo, der seit dreißig Jahren tagein, tagaus die Kampfhähne betreute. Davon, daß George ihm nun schon sieben Jahre dabei half, ganz zu schweigen. In der Absicht, dem Masser unter die Nase zu reiben, wie viele Jahrzehnte Onkel Mingo seinen Dienst schon versah, fragte er gespielt arglos: »Wie alt ist Mingo eigentlich, Masser?«

Der rieb sich nachdenklich das Kinn. »Verflixt, das weiß ich wirklich nicht. Mal sehn. Ich hab' mir mal ausgerechnet, daß er fünfzehn Jahre älter ist als ich . . . also müßte er so Anfang Sechzig sein. Und wird jeden Tag älter. Sieht so aus, als würde er auch mit jedem Jahr kränker. Was meinst du? Du siehst ihn doch täglich.«

Hühner-George dachte an Onkel Mingos letzten Anfall, den schlimmsten, den er bisher erlitten hatte. Er erinnerte sich, wie Miss Malizy und Schwester Sarah oft behauptet hatten, der Masser betrachte die Krankheiten seiner Nigger als reine Drückebergerei.

»Meistens sieht er ja ganz gesund aus«, antwortete er schließlich, »aber sein Husten ist manchmal sehr schlimm – so schlimm, daß es mir Angst macht, weil er ja wie ein Daddy zu mir ist.«

Zu spät bereute er seine Worte und spürte denn auch gleich eine feindselige Reaktion. Ein Schlagloch in der Straße brachte die Kampfhähne wieder zum Glucken. Eine Weile herrschte Schweigen, dann fragte ihn der Masser: »Was hat denn Mingo so viel für dich getan? Hat er dich etwa vom Feld geholt und dir eine eigene Hütte gegeben?«

»Nein, Sörr, das habt alles Ihr getan.«

Eine Weile fuhren sie schweigend, dann setzte der Masser das Gespräch fort. »Ich bin selber überrascht, aber was du da vorhin gesagt hast, stimmt schon, ich hab' wirklich eine Sammlung alter Nigger. Jeden Tag kann mir einer zusammenbrechen – der Teufel soll sie holen! Nigger kosten ja heute ein Vermögen, aber ich werde wohl einen oder zwei junge Feldarbeiter kaufen müssen.« Fast vertraulich fügte er hinzu: »Verstehst du jetzt, wovon ich rede? Um was ich mich alles kümmern muß?«

»Jasörr, Masser.«

»›Jasörr, Masser!‹ Das ist eure Antwort auf alles.«

»Ein Nigger darf doch nicht widersprechen, Masser.«

»Fällt dir denn nichts anderes ein als das ewige ›Jasörr‹?«

»Nein, Sörr. Vielmehr . . . ich meine, wenigstens habt Ihr genug Geld, um Nigger zu kaufen. In diesem Jahr seid Ihr bei den Hahnenkämpfen gut weggekommen.« Hühner-George wollte das Gespräch unbedingt auf ein unverfängliches Thema bringen. Darum fragte er anscheinend arglos: »Gibt es eigentlich auch Hahnenzüchter, die keine eigene Farm haben, Masser? Ich meine, welche, die überhaupt kein Land bebauen, sondern nur Hühner züchten?«

»Hm, nicht daß ich wüßte – höchstens welche von den geleckten Affen aus der Stadt, aber ich hab' noch von keinem gehört, der so viele Vögel hätte, daß man ihn einen professionellen Hahnenkämpfer nennen könnte.« Er dachte kurz nach. »In Wirklichkeit ist es gewöhnlich so: je mehr Kampfhähne, desto größer die Plantage – zum Beispiel die von Mr. Jewett, wo du dich rumgetrieben hast.«

Hühner-George hätte sich ohrfeigen mögen, daß er dem Masser diese Angriffsfläche geboten hatte, und beeilte sich, den Schaden gutzumachen. »War seitdem nicht mehr dort, Masser.«

Nach einer Pause fragte Masser Lea: »Hast irgendwo anders 'ne Schnecke gefunden, was?«

Hühner-George zögerte ein wenig, bevor er antwortete: »Ich treib' mich nicht mehr rum, Masser«, womit er eine glatte Lüge vermied.

Masser Lea zeigte sich skeptisch. »Ein großer, strammer zwanzigjähriger Bock wie du? Junge, erzähl *mir* doch nicht, daß du nachts nicht rumschleichst und den Miezen auflauerst. Ich könnte dich ja glatt als Zuchtbullen vermieten! Wetten, das würde dir Spaß machen?« Der Masser streifte ihn mit einem lüsternen Blick. »Ein guter Freund hat mir erzählt, daß die schwarzen Miezen richtig wild drauf sind – na, jetzt sag mal ehrlich, Junge, ist das wahr?«

Hühner-George dachte an den Masser und seine Mammy. Innerlich kochte er, doch antwortete er bedächtig, fast kühl: »Kann schon sein, Masser . . .« Und dann entgegenkommender: »Ich kenn' nicht so viele . . .«

»Na schön, okay, du willst nicht zugeben, daß du nachts verschwindest, aber ich weiß, daß du's tust, und ich weiß, *wohin* du gehst und *wie oft* du gehst. Ich will nicht, daß eine Straßenpatrouille dich abknallt, wie es dem Heger von Mr. Jewett passiert ist, darum will ich dir sagen, was ich tun werde, Junge. Wenn wir zurückkommen, stell' ich dir einen Passierschein aus, damit du *jede* Nacht den Miezen nachsteigen kannst, wenn du willst! Hätte nie gedacht, daß ich das für einen Nigger tun würde.«

Masser Lea runzelte die Stirn, um seine Verlegenheit zu verbergen. »Aber eines will ich dir noch sagen: Wenn du Unfug treibst, bei Tagesanbruch nicht zurück bist oder deine Arbeit nicht ordentlich machst, oder wenn ich erfahre, daß du wieder bei Jewett auf der Plantage warst oder sonst was tust, das du nicht sollst, reiß' ich das Papier in Stücke und dich gleich dazu. Hast du kapiert?«

Hühner-George konnte es nicht glauben. »Das ist wirlich gut von Euch, Masser! Ich dank' Euch sehr, wirklich!«

Masser Lea winkte mit großer Geste ab. »Schon recht, ich bin nicht der Bösewicht, als den ihr Nigger mich immer hinstellt. Du kannst überall erzählen, daß ich einen Nigger anständig behandle, wenn ich Lust habe.«

Wieder erschien das lüsterne Grinsen auf seinem Gesicht. »Na, wie steht's mit diesen geilen schwarzen Schnecken, Junge? Wie viele kannst du in einer Nacht besteigen?«

Hühner-George krümmte sich. »Ich sag' doch, ich kenn' nicht so viele . . .« Masser Lea schien das nicht zu hören. »Man hat mir erzählt, daß viele Weiße es mit Niggerweibern treiben. Du weißt, daß das stimmt, nicht wahr, Junge?«

»Hab' davon gehört«, antwortete Hühner-George und versuchte krampfhaft, nicht daran zu denken, daß er mit seinem eigenen Vater sprach. Abgesehen von dem, was sich auf den Plantagen abspielte, gab es in Burlington, Greensboro und Durham »Häuser«, von denen nur im Flüsterton gesprochen wurde und die für gewöhnlich von freien schwarzen Frauen betrieben wurden. George wußte das. Weiße Männer zahlten dort zwischen fünfzig Cents und einem Dollar für das Vergnügen, Niggerfrauen jeglicher Hautfarbe – von pechschwarz bis fast weiß – zu beschlafen.

»Teufel nochmal«, drängte der Masser, »wir sitzen hier allein miteinander auf dem Bock und reden ganz unter uns. Nach dem, was ich so höre, sind es zwar Niggerweiber, aber eben doch Weiber. Da gibt's welche, die einem Mann ganz offen zeigen, daß es ihnen genausoviel Spaß macht wie ihm, welche, die richtig geil sind und nicht immerzu jammern, weil sie sich nicht wohl fühlen und weil ihnen dies nicht paßt und das nicht paßt.« Er sah Hühner-George erwartungsvoll an. »Ich kenn' da einen, der hat mir erzählt, ihr Niggerjungen könnt von den schwarzen Pussys gar nicht genug bekommen; geht's dir auch so?«

»Masser, nein, Sörr, ich mein', jetzt nicht mehr . . .«

»Wieder dieses Herumgerede!«

»Ich red' nicht herum.« Hühner-George tat sein Bestes, um den Eindruck zu erwecken, er wünsche sich dringend den Rat des Masser. »Ich möcht' gern was sagen, was ich noch niemandem gesagt hab', Ihr kennt doch Masser MacGregor, den, der immer mit gelben Vögeln zu den Hahnenkämpfen kommt?«

»Natürlich. Wir reden oft miteinander. Was hat er damit zu tun?«

»Ich weiß ja nun, daß ich den Passierschein kriege, also brauch' ich nicht zu lügen. Aber in letzter Zeit bin ich wirklich oft bei einem Mädchen drüben auf Masser MacGregors Plantage gewesen, das stimmt . . .« Er machte ein tiefsinniges Gesicht. »Das ist 'ne Sache, über die ich wirklich mit jemandem reden muß, mit dem ich reden kann, Masser. Ich werd' nicht klug aus ihr. Sie heißt Matilda, sie arbeitet auf dem Feld und hilft im großen Haus aus, wenn sie gebraucht wird. Masser, sie ist das erste Mädchen, das sich nicht anfassen läßt, nein, Sörr, da kann ich sagen und tun, was ich will. Sie kann mich gut leiden, sagt sie, aber sie hat was gegen meine Art – und ich hab' ihr gesagt, ich kann auch ohne sie leben und daß ich alle Frauen haben kann, die ich will, und sie sagt, das soll ich ruhig tun und sie in Frieden lassen.«

Masser Lea lauschte Hühner-George genauso ungläubig, wie Hühner-George zuvor ihm zugehört hatte.

»Und noch was«, fuhr der Junge fort. »Immer wenn ich hinkomm', schmeißt sie mir Bibelsprüche an den Kopf. Die Bibel kann sie lesen, weil sie bei einem Pfarrer groß geworden ist. Der mußte dann wegen seiner Religion alle seine Nigger verkaufen. Neulich hat sie gehört, 'n Haufen freier Nigger wollen im Wald ein Fest feiern mit Essen und Trinken und Tanzen. Da schleicht sie sich, siebzehn ist sie erst, von Masser MacGregors Plantage fort und platzt dort hinein, wie es grade hoch hergeht. Sie hat ein großes Trara gemacht, den Herrn angerufen, er soll herabsteigen und die Sünder retten, bevor der Teufel sie holt und sie in der Hölle braten müssen. Die Nigger sind einer über den andern gestolpert, so schnell sind sie weggelaufen, der Fiedler hinterher. So fromm ist sie.«

Masser Lea brach in schallendes Gelächter aus. »Das ist ja 'ne tolle Schnecke, das muß ich sagen!«

»Masser . . .« Hühner-George zögerte. »Bevor ich sie kannte, war ich genau, wie ihr sagt, immer scharf auf die Miezen, jetzt hab' ich das Gefühl, bei der ist es mehr als nur Pussy. Vielleicht soll ich mit ihr übern Besen springen . . .«

Hühner-George war von sich selbst überrascht. »Natürlich nur, wenn sie mich nimmt«, fügte er mit schwacher Stimme hinzu. Und dann, noch zaghafter: »Und wenn Ihr nichts dagegen habt, Masser . . .«

Vom Knarren des Wagens und dem Glucken der Kampfhähne begleitet, fuhren sie ein gutes Stück weiter, bevor Masser Lea sich dazu äußerte: »Weiß Mr. MacGregor, daß du hinter diesem Mädchen her bist?«

»Sie arbeitet auf dem Feld, und bestimmt hat sie ihm nicht direkt was gesagt, nein, Sörr, aber die Nigger im Haus wissen es, und die werden's ihm wohl gesagt haben.«

»Wie viele Nigger hat Mr. MacGregor?« fragte Masser Lea.

»'ne ganze Menge, Masser. Soviel Sklavenhütten, wie es da gibt – täte ich sagen zwanzig oder so.« Die Fragen verwirrten George. Wieder schwieg der Masser eine Weile. »Wenn ich es recht bedenke«, sagte er dann, »du hast mir nie Ärger gemacht – du warst sogar ganz nützlich, und ich will was für dich tun. Hast ja gehört, was ich vorhin gesagt hab': ich brauch 'n paar jüngere Nigger für die Feldarbeit. Also wenn deine Mieze so dumm ist, daß sie mit einem übern Besen springt, der so hinter den Weibern her ist wie du, dann will ich mal mit Mr. MacGregor reden. Wenn er so viele Nigger hat, wie du sagst, wird es ihm ja auf eine nicht ankommen, vorausgesetzt, daß wir uns über den Preis einigen können. Dann könntest du sie herbringen – wie heißt sie denn eigentlich?«

»Tilda – Matilda, Masser«, hauchte Hühner-George, der glaubte, nicht richtig gehört zu haben.

»Dann könntest du sie also herbringen, könntest für euch eine Hütte bauen ...«

Georges Lippen bewegten sich, aber er brachte keinen Ton heraus. »Nur ein wirklich feiner Masser würde so was tun«, platzte er schließlich heraus.

Masser Lea brummte etwas und fuchtelte mit den Armen. »Solange du dir über eines klar bist: Zuerst kommt deine Arbeit mit Mingo.«

»Natürlich, Sörr!«

Stirnrunzelnd richtete Masser Lea einen drohenden Zeigefinger auf seinen Kutscher: »Sobald du übern Besen gehopst bist, nehm' ich dir den Passierschein weg. Muß doch deiner, wie heißt sie gleich, deiner Matilda dabei helfen, daß du nicht länger rumschwänzelst!«

Hühner-George fand keine Worte.

KAPITEL 94

Als an Hühner-Georges Hochzeitstag im August 1827 die Sonne aufging, nagelte der Bräutigam in aller Eile eiserne Angeln an den Türstock seiner noch unfertigen, aus zwei Kammern bestehenden Hütte. Dann trottete er zur Scheune hinüber, kam mit der Tür zurück, die Onkel Pompey getischlert und mit dem Saft zerstoßener Walnußschalen gebeizt hatte, und setzte sie ein. Nach einem besorgten Blick auf die aufsteigende Sonne ging er daran, das Wurstbrot hinunterzuschlingen, das seine Mammy ihm noch am Abend förmlich hingeschmissen hatte; so wütend war sie über die Aufeinanderfolge von Ausflüchten, Verschiebungen, Entschuldigungen und Ausfahrten gewesen. Er hatte alles so lange verzögert und so langsam gearbeitet, daß sie schließlich allen untersagte, ihm zu helfen oder ihn auch nur aufzumuntern und anzutreiben.

Als nächstes füllte er ein großes Faß mit gelöschtem Kalk und Wasser und rührte kräftig um. Sodann tauchte er eine große Bürste in das Gemisch und strich die Tünche auf die roh gezimmerten Bretter. Es war fast zehn Uhr, als er, nicht viel weniger geweißt als die Hütte, endlich zurücktrat, um sein Werk zu betrachten. Zeit blieb ihm genug. Er brauchte nur noch zu baden und auf den Wagen zu steigen, der ihn in zwei Stunden zur Plantage der MacGregors bringen würde, wo die Hochzeit um ein Uhr stattfinden sollte.

Zwischen Hütte und Brunnen hin und her springend, schüttete er drei Eimer voll Wasser in die neue verzinkte Wanne im vorderen Raum der Hütte. Vor sich hinsummend, schrubbte er sich gründlich, trocknete sich schnell ab, wickelte sich in das große Handtuch aus gebleichtem Sackleinen und lief in die Schlafkammer. Nachdem er in seine langen Baumwollunterhosen gestiegen war, schlüpfte er in ein blaues, mit steifer Hemdbrust versehenes Hemd, rote Socken, gelbe Hosen, gelbe Gürteljacke und schließlich in nagelneue, hellorangefarbene Schuhe – alles Stück um Stück in den letzten Monaten aus den Gewinnen bei Hahnenkämpfen in verschiedenen Städten von Nord-Carolina erworben. In knarrenden, steifen Schuhen trat er aus der Schlafkammer und setzte sich auf Onkel Mingos Hochzeitsgeschenk, einen geschnitzten Stuhl mit geflochtenem Sitz. Breit grinsend betrachtete er sich in dem langstieligen Handspiegel, einem der Geschenke, mit welchen er Matilda überraschen wollte. Vor dem Spiegel legte er den grünen Wollschal um, den Matilda für ihn gestrickt hatte. Sah gut aus, das mußte man zugeben. Jetzt blieb nur noch das Tüpfelchen auf dem I. Er holte eine runde Pappschachtel unter dem Bett hervor, nahm den Deckel ab und hob fast ehrfurchtsvoll den schwarzen Derby heraus – Masser Leas Hochzeitsgeschenk. Während er ihn auf steifen Fingern langsam herumdrehte, genoß er die modische Form mit fast sinnlichem Vergnügen, bevor er, abermals unter Zuhilfenahme des Spiegels, den Hut in just dem richtigen kessen Winkel in die Stirne drückte.

»Komm endlich raus da! Wir sitzen schon 'ne Stunde auf dem Wagen!« Mammy Kizzys Ton war deutlich anzuhören, daß ihr Zorn sich noch nicht gelegt hatte.

»Ich komm' schon, Mammy!« rief er zurück.

Nach einem letzten prüfenden Blick in den Spiegel steckte er ein Fläschchen »Weißer Blitz« in die Innentasche seiner Jacke und trat aus seiner neuen Hütte, als ob er Applaus erwarte. Eigentlich wollte er strahlend lächeln und seinen Hut lüften, doch unterließ er es, als er der erbitterten, finsteren Blicke seiner Mammy, Miss Malizys, Schwester Sarahs und Onkel Pompeys gewahr wurde, die alle steif in ihrem Sonntagsstaat auf dem Wagen saßen. Forsch vor sich hinpfeifend und den mißbilligenden Blikken ausweichend, kletterte er auf den Bock, wobei er sorgsam auf seine Bügelfalten achtete, ließ die Zügel auf die Kruppe der beiden Maultiere klatschen, und schon fuhren sie los – mit nur einer Stunde Verspätung.

Auf der Fahrt genehmigte sich Hühner-George mehrere stärkende Schlückchen aus seiner Flasche und kurz nach zwei traf der Wagen auf der Plantage MacGregors ein. Kizzy, Schwester Sarah und Miss Malizy stiegen ab und entschuldigten sich vielmals bei der sichtbar verstimmten und beunruhigten Matilda in ihrem weißen Kleid. Onkel Pompey lud die Körbe mit Speisen ab, die sie mitgebracht hatten, und nach einem Küßchen auf Matildas Wange stolzierte Hühner-George großspurig umher und machte sich mit den Gästen bekannt, indem er ihnen auf den Rücken klopfte und ihnen Fusel ins Gesicht blies. Von jenen abgesehen, die er schon kannte und die in Matildas Sklavenquartier wohnten, waren es meist fromme Sklaven von zwei angrenzenden Plantagen, die sie zu ihrer Hochzeit hatte einladen dürfen. Sie sollten ihren Zukünftigen kennenlernen, wie es auch der Wunsch ihrer Freunde war, den jungen Mann in Augenschein zu nehmen. Obzwar sie schon viel von ihm gehört hatten – übrigens nicht nur von Matilda –, rief seine Erscheinung einiges Erstaunen hervor. Zwar stolzierte er wie ein Gockel zwischen den Hochzeitsgästen umher, machte aber einen weiten Bogen um Kizzy, Schwester Sarah und Miss Malizy. Diese hörten überall Zweifel äußern, ob der junge Mann denn wirklich eine gute Partie für Matilda sei, und wurden immer gereizter. Onkel Pompey hatte es vorgezogen, sich unter die Gäste zu mischen und so zu tun, als wüßte er nicht, wer der Bräutigam war.

Endlich kam der weiße Pfarrer aus dem Herrenhaus, gefolgt von Masser und Missis MacGregor und Masser und Missis Lea. Sie blieben im Hof; der Pfarrer trug seine Bibel wie einen Schild vor sich her, und die jäh verstummende Menge der Schwarzen stellte sich steif und in respektvoller Entfernung auf. Missis MacGregor hatte angeordnet, daß die Hochzeit einen Teil der bei weißen Christen üblichen Zeremonie und das nachfolgende Besenspringen in sich vereinigen sollte. Ihren nun schon wieder ein wenig ernüchterten Bräutigam an einem gelben Ärmel nachziehend, machte Matilda mit ihm vor dem Priester halt, der sich räusperte und ein paar feierliche Stellen aus seiner Bibel vorlas. Dann fragte er: »Matilda und George, schwört ihr feierlich, euch für den Rest eures Lebens in Glück und Unglück anzugehören?«

»Ich schwör's«, sagte Matilda leise.

»Jasörr!« rief Hühner-George viel zu laut.

Der Pfarrer zuckte zusammen, faßte sich wieder und sagte: »Ich erkläre euch für Mann und Frau.«

Unter den schwarzen Gästen hörte man einige schluchzen.

»Jetzt darfst du die Braut küssen!«

Hühner-George packte Matilda, nahm sie in die Arme und gab ihr einen weithin hallenden Schmatz. Das darauf folgende Getuschel brachte ihn auf den Gedanken, daß er vielleicht nicht gerade den besten Eindruck machte, und als er Hand in Hand mit ihr über den Besen sprang, zermarterte er sich das Hirn nach einer passenden Bemerkung, einem klugen Ausspruch, der dem Anlaß einige Würde verleihen, seinen Anhang aus dem Sklavenquartier versöhnen und den Rest dieser Bibelfreunde für sich einnehmen würde. Und er fand genau das Richtige.

»Der Herr ist mein Hirte!« verkündete er. »Er hat mir geschenkt, was ich haben wollte.«

Als er die starren, glasigen, empörten Blicke sah, die auf seinen Ausspruch folgten, beschloß er, auf weitere Versuche, sich beliebt zu machen, zu verzichten, und nahm die erste Gelegenheit wahr, die Flasche aus der Tasche zu holen und sie zu leeren. Vom Rest der Festivitäten – Hochzeitsfeier und Empfang – blieben ihm nur nebelhafte Erinnerungen, und es war Onkel Pompey, der den Wagen im Licht der untergehenden Sonne heimwärts kutschierte. Mammy Kizzy, Miss Malizy und Schwester Sarah warfen grimmig und gekränkt empörte Blicke auf den hinteren Teil des Wagens. Den Kopf im Schoß seiner in Tränen aufgelösten Braut, mit verrutschtem Schal, das Gesicht unter dem schwarzen Derby verborgen, schnarchte laut und pfeifend der Bräutigam.

Hühner-George schrak auf, als der Wagen mit einem Ruck vor seiner neuen Hütte zum Stehen kam. Er hatte das dumpfe Gefühl, daß er alle Welt um Verzeihung bitten sollte, und das versuchte er auch, aber wie Pistolenschüsse knallten die Türen dreier Hütten zu. Eine letzte elegante Geste aber wollte er sich nicht nehmen lassen. Er hob seine Braut vom Wagen, stieß mit dem Fuß die Tür auf und trug sie, ohne Schaden zu nehmen, über die Schwelle – stolperte jedoch über die Wanne voll Badewasser, die immer noch im Zimmer stand. Dies war die äußerste Demütigung, doch war alles vergessen und verziehen, als Matilda mit einem Freudenschrei ihr schönstes Hochzeitsgeschenk erblickte; die prächtige polierte Standuhr, fast so groß wie sie selbst, die man nur alle acht Tage aufzuziehen brauchte und die George mit dem Rest seiner Ersparnisse in Greensboro gekauft und mit dem Wagen den weiten Weg hierhertransportiert hatte.

Trübäugig saß er auf dem Boden, wo er hingefallen war, und das Badewasser lief über seine nagelneuen, orangeroten Schuhe. Matilda ging auf ihn zu und hielt ihm eine Hand hin, um ihm aufzuhelfen.

»Komm jetzt, George, ich steck' dich ins Bett.«

KAPITEL 95

Bis zum Tagesanbruch war Hühner-George auf der Straße zu seinen Kampfhähnen zurückgekehrt. Und dann – es war etwa eine Stunde nach dem Frühstück – hörte Miss Malizy, wie jemand sie beim Namen rief. Sie ging an die Küchentür und sah dort zu ihrer Überraschung die junge Braut, begrüßte sie und bat sie ins Haus.

»Nein danke«, sagte Matilda. »Ich wollt' bloß fragen, wo das Feld ist, wo sie heute arbeiten, und wo ich eine Hacke herkriege.«

Einige Minuten später erschien Matilda und schloß sich Kizzy, Schwester Sarah und Onkel Pompey bei der Feldarbeit an. Am späten Abend versammelten sie sich alle im Sklavenquartier um sie und leisteten ihr Gesellschaft, bis ihr Mann heimkam. Im Laufe der Unterhaltung fragte Matilda, ob man im Sklavenquartier regelmäßige Gebetsstunden abhalte, und als man ihr sagte, daß es keine gebe, schlug sie vor, sonntags nachmittags eine einzuführen.

»Ich sag' dir, wie's ist, es ist 'ne Schande, aber ich hab' nicht halb soviel gebetet, wie ich sollte«, sagte Kizzy.

»Ich auch nicht«, gestand Schwester Sarah.

»Mir kommt's so vor, als ob alles Beten die Weißen auch nicht ändern tut«, sagte Onkel Pompey.

»In der Bibel steht, daß Joseph als Sklave an die Ägypter verkauft wurde, aber der Herr stand Joseph bei, und der Herr segnete das Haus des Ägypters, um Josephs willen«, sagte Matilda in selbstverständlichem Ton.

Drei rasch ausgetauschte Blicke bezeugten den wachsenden Respekt der drei für die junge Frau.

»Der George hat uns erzählt, daß dein erster Masser ein Prediger war«, sagte Schwester Sarah. »Du redest ja selbst wie einer!«

»Ich bin eine Dienerin des Herrn, das ist alles«, erwiderte Matilda.

Ihre Gebetsstunden begannen am folgenden Sonntag, zwei Tage nachdem Hühner-George und Masser Lea im Wagen mit zwölf Kampfhähnen abgefahren waren.

»Der Masser sagt, er hat endlich die richtigen Vögel für die Kämpfe, wo das große Geld drin ist«, hatte er ihr erklärt und gesagt, daß Leas Hähne diesmal an einem wichtigen Hauptkampf in der Nähe von Goldsboro teilnehmen würden.

Eines Morgens, als sie draußen auf dem Felde waren, sagte Schwester Sarah in dem zärtlich-besorgten Ton einer Siebenundvierzigjährigen, die es mit einer jungen achtzehnjährigen Braut gut meint: »Du lieber Himmel, sieht ja fast so aus, als wenn du dein Eheleben mit den Hühnern da teilen mußt.«

Matilda blickte sie mit großen Augen an. »Wie ich immer gehört hab' und wie ich glaube, ist jedermanns Ehe, was man draus macht. Und ich denke, er weiß wohl, was er aus unsrer machen will.«

Nachdem sie so ein für allemal ihren Standpunkt über die Ehe kundgetan hatte, war Matilda gern bereit, sich an jedem Gespräch über ihren ungewöhnlichen Ehemann zu beteiligen, ganz gleich, ob es ernst oder spaßhaft war.

»Dem haben schon die Füße gejuckt, als er noch als Baby auf dem Bauch kroch«, erzählte Kizzy ihr eines Abends, als sie sie in ihrer neuen Hütte besuchte.

»Ja, Mam«, sagte Matilda, »das hab' ich schon rausgefunden, als er mir den Hof machte; redete über nichts als Hahnenkämpfe und wie er und der Masser auf Reisen gingen.« Sie zögerte ein wenig und fügte dann in ihrer offenherzigen Art hinzu: »Aber als er rausfand, daß bei mir kein Mann was erreicht, bevor er nicht mit mir über den Besen springt – Himmel, da war was los bei ihm! War schon richtig drauf gefaßt, ihn nie wiederzusehn. Weiß auch nicht, was ihn gebissen hat, aber dann kam er eines Abends plötzlich angerannt und sagte: ›Komm, heiraten wir!‹«

»Da kann man ja von Glück sagen, daß er so vernünftig war«, sagte Kizzy. »Aber jetzt hast du ihn, Mädchen, und ich will dir auch gleich sagen, was mir vorschwebt. Ich will ein paar Enkelkinder!«

»Da ist nichts gegen zu sagen, Miss Kizzy. Ich will nämlich auch 'n paar Kleine, genau wie die andern Frauen.«

Als Matilda zwei Monate später verkündete, daß sie ein Kind erwarte, war Kizzy außer sich vor Freude. Jetzt würde ihr Sohn Vater werden, und nun dachte sie an *ihren* Vater – mehr als in vielen Jahren –, und eines Abends, als Hühner-George wieder einmal fort war, fragte sie: »Hat er dir je von seinem Großvater erzählt?«

»Nein, Mam, hat er nicht.« Matilda schaute erstaunt drein.

»Hat er nicht?« Matilda sah, daß die ältere Frau enttäuscht war, und fügte rasch hinzu: »Er hat wohl einfach noch keine Zeit dazu gehabt, Mammy Kizzy.«

Kizzy beschloß, es lieber selbst zu tun, da sie sich ohnehin besser als er daran erinnerte, und also erzählte sie Matilda von ihrem sechzehnjährigen Leben bei Masser Waller, bis zu dem Zeitpunkt, als sie an Masser Lea verkauft wurde, und von dem, was sie über ihren afrikanischen Pappy gehört und was er ihr erzählt hatte. »Tilda, warum erzähl' ich dir das alles. Will ja nur, daß du verstehst, daß das Kind in deinem Bauch und alle andern, die noch nachkommen, über ihn Bescheid wissen sollen, weil er doch ihr Urgroßpapa ist.«

»Sicher versteh' ich das, Mammy Kizzy«, sagte Matilda, und daraufhin erzählte ihr die Schwiegermutter noch mehr von ihren Erinnerungen, und die beiden Frauen spürten, wie sie einander im Laufe dieses Abends immer näherkamen.

Hühner-Georges und Matildas kleiner Junge wurde im Frühjahr 1828 geboren. Schwester Sarah fungierte als Hebamme, und eine sehr nervöse Kizzy half ihr dabei. Die Freude über ihr Enkelkind dämpfte schließlich sogar ihren Ärger darüber, daß der Vater des Babys wieder einmal für eine Woche mit Masser Lea unterwegs war. Am folgenden Abend, als die junge Mutter sich wohl genug fühlte, versammelten sich alle Bewohner des Sklavenquartiers in der Hütte, um die Geburt des zweiten Kindes auf der Lea-Pflanzung zu feiern.

»Jetzt bist du endlich ›Großmutter Kizzy‹!« sagte Matilda, die im Bett gegen Kissen gelehnt saß, das Baby in den Armen wiegte und ihren Besuchern matt entgegenlächelte.

»Jesses, ja! Klingt das nicht schön?« rief Kizzy, und ihr ganzes Gesicht erstrahlte in einem glücklichen Lächeln.

»Klingt eher, als ob Kizzy alt wird, find' ich«, sagte Onkel Pompey verschmitzt.

»Pah! Hier ist keine Frau so alt wie gewisse Leute, die ich kenne«, brummte Schwester Sarah.

Schließlich entschied Miss Malizy: »So. Ist Zeit jetzt, daß wir gehn und sie in Ruhe lassen.« Und das taten sie alle außer Kizzy.

Matilda saß eine Weile versonnen da, und dann sagte sie: »Mam, ich hab' drüber nachgedacht, was du mir von deinem Pappy erzählt hast. Da ich meinen nie gesehn hab', würd' es George wohl nichts ausmachen, wenn das Kind nach meinem Pappy genannt würde. Er hieß Virgil, hat meine Mammy gesagt.«

Der Name fand sogleich Hühner-Georges herzliche Zustimmung, als er sich bei seiner Rückkehr über die Geburt seines Sohnes vor Freude kaum zu lassen wußte. Seinen schwarzen Hut schief auf dem Kopf, schwenkte er das Baby mit seinen großen Händen in die Höhe und rief: »Mammy, erinnerst du dich, was ich dir gesagt hab', daß ich meinen Kindern erzählen werde, was du mir erzählt hast?« Mit leuchtendem Gesicht setzte er sich feierlich, Virgil aufrecht in seinem Schoß haltend, vor den Kamin und sprach in gewichtigem Ton zu ihm: »Hör mal her, Junge! Werd' dir mal von deinem Urgroßvater erzählen. Er war ein Afrikaner und sagte, er heißt ›Kunta Kinte‹. Er nannte eine Gitarre ein ›*ko*‹ und einen Fluß ›Kamby Bolongo‹ und noch viele andre Sachen mit afrikanischen Namen. Erzählte, daß er einen Baum fällen wollte, um seinem kleinen Bruder 'ne Trommel zu machen, als vier Männer kamen und ihn von hinten packten. Dann brachte ihn ein großes Schiff übers große Wasser an einen Ort, der Naplis heißt. Und viermal ist er weggerannt, und er hat versucht, die Kerle umzubringen, die ihn geschnappt hatten, aber die haben ihm den halben Fuß abgehackt.«

Er hob das Kind und schaute Kizzy an. »Und dann ist er übern Besen gesprungen mit der Köchin vom großen Haus, und das war Miss Bell, und dann kriegten sie so'n kleines Mädchen – und da sitzt es ja, deine Oma da, die dich jetzt anlacht!« Matilda strahlte ihn zustimmend an, und Kizzys Augen waren feucht vor Liebe und Stolz.

Da ihr Mann so oft fort war, begann Matilda die Abende immer öfter mit Großmutter Kizzy zu verbringen, und nach einer Weile teilten sie auch ihre Lebensmittel miteinander und aßen gemeinsam. Matilda sprach stets das Tischgebet, während Kizzy mit gefalteten Händen und geneigtem Kopf still dasaß. Danach versorgte Matilda das Baby, und später saß Kizzy stolz mit dem an sie geschmiegten kleinen Virgil, wiegte ihn und summte oder sang ihm leise zu, während die Wanduhr tickte und Matilda in ihrer abgegriffenen Bibel las. Obgleich es nicht gegen Anordnungen des Masser verstieß, war Kizzy immer noch gegen das Lesen – aber schließlich war es die Bibel, und deshalb konnte es ja wohl nichts Schlechtes sein. Gewöhnlich begann Kizzy leicht einzunicken, kurz nachdem das Baby schlief, und oft murmelte sie etwas zu sich selbst, während sie so vor sich hindämmerte. Wenn Matilda sich hinüberlehnte, um den schlafenden Virgil aus Kizzys Armen zu nehmen, hörte sie manchmal einige Worte von Kizzys Selbstgesprächen. Es waren immer dieselben: »Mammy ---

Pappy --- sie sollen mich nicht fortnehmen! --- Meine Familie ist verloren --- Werd' sie in dieser Welt nie mehr wiedersehn ---« Dann war Matilda tief gerührt und flüsterte ihr etwa zu: »Jetzt sind wir deine Familie, Oma Kizzy«, und nachdem sie Virgil zu Bett gebracht hatte, half sie sanft der älteren Frau auf – die sie inzwischen wie ihre eigene Mutter liebte. Wenn sie sie dann in ihre eigene Hütte zurückbegleitet hatte, wischte sie sich oft auf dem Heimweg Tränen aus den Augen.

An den Sonntagnachmittagen nahmen nur die drei Frauen an Matildas Gebetsstunden teil – bis schließlich Schwester Sarahs scharfe Zunge Onkel Pompey so beschämte, daß er sich ihnen hinzugesellte. Niemand dachte daran, Hühner-George dazu einzuladen, denn selbst wenn er am Sonntagmittag zu Hause war, kehrte er bald nach dem Essen zu seinen Hühnergehegen zurück. So saß die kleine Gruppe der fünf steif und feierlich auf ihren Stühlen, die sie aus ihren Hütten mitgebracht und im Halbkreis unter dem großen Kastanienbaum aufgestellt hatten, und Matilda las ihnen einige zuvor ausgewählte Bibelstellen vor. Dann schaute sie jeden mit ihren ernsten braunen Augen forschend an, fragte, ob jemand vorbeten wolle, und da sich niemand dazu erbot, pflegte sie stets zu sagen: »Nun denn, wollt ihr euch alle mit mir niederknien?« Und wenn sich alle ihr gegenüber niedergekniet hatten, sprach sie ein ergreifendes und einfaches Gebet und stimmte ein erbauliches Lied an. Selbst Onkel Pompeys rostiger und rauher Bariton fiel ein, als sie im Sklavenquartier ihre mitreißenden Spirituals erklingen ließen wie »Joshua fit de battle o' Jericho! Jericho! Jericho! --- an' de walls come atumblin' down!« Im allgemeinen schloß sich eine Diskussion über den Glauben an.

»Heut' ist der Tag des Herrn. Wir alle haben eine Seele zu retten und ein Himmelreich zu errichten«, sagte etwa Matilda in ihrer selbstverständlichen Art. »Wir müssen uns immer im Geist vorhalten, wer uns erschaffen hat, und das war Gott. Dann, wer uns erlöst hat, und das war Jesus Christus. Jesus Christus hat uns gelehrt, demütig zu sein, und uns erinnert, daß wir im Geist wiedergeboren werden können.«

»Ich liebe den Herrn Jesus so sehr wie irgendwen«, bezeugte Kizzy in Demut, »aber ihr könnt's ja alle sehn, ich hab' nie viel von ihm gewußt, bis als ich groß war, und wenn auch meine Mammy sagte, sie hat mich taufen lassen bei 'ner Betversammlung, als ich noch so 'n kleines Ding war.«

»Mir scheint, wir sind besser dran, wenn wir schon als kleine Kinder an Gott rangebracht werden«, sagte Schwester Sarah. Sie wies auf den kleinen Virgil, der auf dem Schoß seiner Großmutter saß. »Denn so fängt man beizeiten an, ein bißchen Religion einzusaugen, und dann bleibt man dabei.«

Miss Malizy sprach zu Onkel Pompey. »Kannst nie wissen, ob du nicht ein Prediger geworden wärst, wenn du früh genug angefangen hättest. Siehst ja sogar wie einer aus.«

»Prediger! Wie soll ich denn predigen, wo ich nicht mal lesen kann!« rief er aus.

»Der Herr legt dir die Dinge in den Mund, wenn er will, daß du predigst«, sagte Matilda.

»Der Mann da von dir, der George, hat mal hier predigen wollen«, sagte Miss Malizy. »Hat er dir das schon erzählt?« Sie lachten alle, und Kizzy sagte: »Der wär' schon ein komischer Prediger geworden! Wenn er auch gern sein großes Mundwerk auftut.«

»Der wär' sicher ein schlauer Prediger geworden, mit großen Gebetsversammlungen und so«, sagte Schwester Sarah.

Sie sprachen noch eine Weile über alle möglichen großartigen Prediger, die sie gesehn oder von denen sie gehört hatten.

Dann erzählte Onkel Pompey von seiner mächtig glaubensstarken Mutter, an die er sich aus seiner Kinderzeit auf der Pflanzung, auf der er geboren worden war, erinnerte. »Sie war groß und fett und bestimmt die lauteste Frau, die je einer gehört hat.«

»Das erinnert mich an Schwester Bessie, die alte Jungfer auf der Pflanzung, wo ich aufgewachsen bin«, sagte Miss Malizy. »Die war auch eine von den lauten Frauen. Sie ist ohne Mann ausgekommen, bis sie mal auf so 'ner großen Betversammlung war. Und da hat sie geschrien, bis sie einen Koller kriegte. Dann kam sie wieder zu sich und sagte, sie hätte grade mit dem Herrn Jesus gesprochen. Er hätte ihr gesagt, sagte sie, daß sie den Auftrag hat, den alten Bruder Timmons vor der Hölle zu retten und ihn dazu zu bringen, mit einer wahren Christin, wie sie eine ist, über den Besen zu springen. Das hat ihm so 'n Schreck eingejagt, daß er es auch getan hat!«

Obgleich nur wenige, denen er auf seinen Reisen begegnete, aus seinem

Verhalten geschlossen hätten, daß er über den Besen gesprungen war, oder es je tun würde, überraschte Hühner-George die Frauen zu Hause im Sklavenquartier doch damit, daß er sich als ein guter Ehemann erwies, der seine Frau und seine Familie äußerst liebevoll behandelte. Niemals kam er von einem Hahnenkampf zurück – angetan mit Schal und Hut, die er bei Regen oder Sonnenschein, sommers wie winters trug –, ohne gewonnenes Geld mitzubringen, das sie auf die Seite legten. Meist gab er Matilda einige Dollar, nachdem er, wie stets, Geschenke für sie, seine Mammy, aber auch für Miss Malizy, Schwester Sarah, Onkel Pompey und den kleinen Virgil gekauft hatte. Danach blieb allerdings nicht allzuviel übrig. Er hatte auch jedesmal bei seiner Heimkehr mindestens eine Stunde lang über alles, was er auf seinen Reisen gehört oder gesehen hatte, zu erzählen. Wenn sich die ganze Gemeinschaft des Sklavenquartiers dann so um ihn versammelte, mußte Kizzy stets an ihren afrikanischen Pappy denken, der einst einem anderen Sklavenquartier soviel zu erzählen wußte – und nun war es ihr Sohn.

Einmal kam Hühner-George von einer langen Reise aus Charleston zurück und beschrieb mächtig große Segelschiffe, so viele, daß ihre Masten wie ein Wald aussahen. Und die Nigger liefen wie die Ameisen herum und packten und schleppten all diese großen Tabaksäcke und alle möglichen andern Sachen auf die Schiffe nach England und vielen andern Orten. Wo ich mit dem Masser jetzt immer fahre, sieht man überall Nigger Gräben ausheben und große Kiesstraßen bauen und auch Eisenbahnen. Die Nigger bauen dieses Land, scheint's, ganz allein mit ihren Muskeln auf.«

Ein anderes Mal hatte er gehört, daß die »Weißen die Indianer bedrohen, weil die so viele Nigger in ihren Reservaten aufgenommen haben. Viele von den Creeks und Seminolen haben Nigger geheiratet. Es gibt sogar ein paar schwarze Indianerhäuptlinge. Es heißt aber auch, daß die Chocktaws, Chickasaws und Cherokesen die Neger noch mehr hassen wie die Weißen.«

Man hätte ihn gern noch weiter gefragt und viel mehr von ihm erfahren, aber bald zogen sich Kizzy, Miss Malizy, Schwester Sarah und Onkel Pompey mit ein paar höflichen Entschuldigungen in ihre Hütten zurück, um ihn mit Matilda allein zu lassen.

»Hab' mir ja vorgenommen, daß du von mir nicht dauernd Klagen zu hören kriegen sollst, George«, sagte sie eines Nachts zu ihm, als sie im Bett lagen, »aber es kommt mir oft so vor, als ob ich gar keinen Mann hätte.«

»Weiß schon, was du meinst, Schatz«, sagte er sogleich. »Aber wenn ich da draußen mit dem Masser rumfahre oder manchmal, wenn ich mit Onkel Mingo die ganze Nacht so bei den kranken Hühnern sitze, dann denk' ich doch immer nur an dich und den Kleinen.«

Matilda biß sich auf die Zunge, um ihre Zweifel nicht laut werden zu lassen, wie sie auch manches von dem, was er sonst so erzählte, nicht glaubte. Statt dessen fragte sie: »Meinst du, es wird je besser werden, George?«

»Wenn der Masser mal reich genug ist! Dann wird er selber zu Hause bleiben wollen. Aber schau, es schadet uns doch nichts, Baby! Denk doch mal, was wir alles sparen können, wenn ich wie bis jetzt die Gewinne nach Hause bringe.«

»Geld ist kein Ersatz für dich!« sagte Matilda schroff, und dann sprach sie in sanfterem Ton: »Und wir würden 'ne Menge mehr sparen, wenn du nur nicht allen immerzu Geschenke mitbringen würdest. Natürlich freuen wir uns darüber, das weißt du ja. Aber George, wo soll ich denn je das feine Seidenkleid tragen. Das ist doch direkt ein Kleid für 'ne richtige Missy.«

»Aber Schatz, das Kleid kannst du ja grad' hier drinnen anziehn und es dann für mich wieder ausziehn.«

»Du bist schrecklich!«

Er war wirklich ein aufregender Mann – aufregender, als sie es sich je erträumt hatte, zumindest in dieser Beziehung. Und er war auch gewiß sehr vorsorglich. Aber sie traute ihm doch nicht wirklich, und so fragte sie sich immer wieder, ob er sie und seinen Sohn genausosehr liebte wie das Reisen mit dem Masser. Stand in der Bibel irgend etwas über Hühner? Sie erinnerte sich vage an irgend etwas – es mußte im Evangelium des Matthäus sein, falls sie nicht irrte – über »eine Henne, die ihre Küken unter ihre Fittiche nahm«. Ich muß es einmal nachschlagen, nahm sie sich vor.

Wenn sie ihren Mann bei sich zu Hause hatte, überwand Matilda ihre Zweifel und Enttäuschungen und bemühte sich, die beste Ehefrau zu sein, die man sich denken konnte. Wußte sie, daß er kam, so stand eine üppige

Mahlzeit für ihn bereit. Kam er unerwartet, so begann sie sogleich mit Kochen, zu jeder Tages- und Nachtzeit. Ihn zum Tischgebet zu ermuntern, gab sie nach einer Weile auf, so sprach sie nur selbst ein paar kurze Dankesworte und schaute ihm vergnügt beim Essen zu, während der gurgelnde kleine Virgil auf seinem Schoß saß. Wenn sie den Jungen dann ins Bett gebracht hatte, füllte sie für George die Zinnwanne mit heißem Wasser, wusch ihm das Haar und den Rücken, oder rieb ihm, wenn er sich über schmerzende Füße beklagte, diese mit einer warmen Paste aus gerösteten Zwiebeln und hausgemachter Seife. Und wenn sie schließlich die Kerzen ausgeblasen hatten und beisammenlagen in ihren frischen Laken, entschädigte Hühner-George sie vollauf für seine Abwesenheit. Kaum hatte Virgil zu laufen begonnen, da war Matilda bereits wieder schwanger. Sie wunderte sich nur, daß es nicht früher geschehen war.

Jetzt war also ein zweites Kind unterwegs, und Großmutter Kizzy fand, daß die Zeit gekommen sei, mit ihrem Sohn ein ernstes Wort zu reden, was sie sich schon lange vorgenommen hatte. Er kam eines Sonntagmorgens von einer Reise zurück und fand sie mit Virgil beschäftigt, während Matilda im Herrenhaus war und Miss Malizy bei der Zubereitung eines Mahls für die zu erwartenden Gäste half.

»Setz dich mal eben dahin!« sagte sie, ohne Zeit zu verschwenden. Er hob die Augenbrauen und setzte sich. »Ist mir egal, ob du jetzt erwachsen bist, aber ich hab' dich in die Welt gesetzt, und du wirst mir jetzt zuhören! Gott hat dir eine wunderbare Frau geschenkt, aber du behandelst sie überhaupt nicht gut! Und ich mach' jetzt keinen Spaß nicht! Hörst du? Ich kann dir immer noch mit dem Stock den Hintern versohlen! Du wirst von jetzt an mehr Zeit mit deiner Frau und deinem Kleinen und mit deinem nächsten Baby verbringen, das schon schön am Wachsen ist!«

»Mammy, was denkst du denn?« fragte er, und sein Ton war so gereizt, wie er es sich ihr gegenüber nur traute. »Wenn der Masser sagt: ›Komm‹, soll ich da vielleicht zu ihm sagen: ›Nein, ich komm' nicht‹?«

Kizzys Augen funkelten. »Darüber red' ich gar nicht, das weißt du sehr gut. Aber du erzählst dem armen Ding da, daß du die ganze Nacht aufsitzt mit den kranken Hühnern und so'n Zeug! Woher hast du nur diese Lügerei, das Trinken und Spielen und die Rumtreiberei? Du weißt genau, daß ich dich nicht zu so was erzogen hab'! Und glaub bloß nicht, ich red' nur so daher! Tilda ist doch nicht blöd. Sie will nur nicht, daß du es weißt, aber sie hat dich längst durchschaut!« Ohne ein weiteres Wort stapfte Großmutter Kizzy wütend aus der Hütte.

Da Masser Lea am großen Hahnenkampfturnier 1830 in Charleston teilnahm, konnte niemand Hühner-George einen Vorwurf daraus machen, daß er bei der Geburt seines Kindes abwesend war. Hellbegeistert vernahm er bei seiner Rückkehr, daß Matilda ihm einen zweiten Sohn geschenkt hatte – den sie bereits nach ihrem Bruder Ashford genannt hatte –, und außerdem war er über seine Glückssträhne hocherfreut. »Der Masser hat über tausend Dollar bei den Kämpfen gewonnen, und ich fünfzig! Ihr hättet mal hören sollen, wie die Weißen und die Nigger allesamt geschrien haben: ›Ich wette auf den Hühner-George!‹« Er erzählte ihr, daß Masser Lea in Charleston gehört habe, Präsident Andrew Jackson sei ganz ein Mann nach seiner Art. »Gibt niemand, der mehr auf Hahnenkämpfe aus ist wie der! Der ruft alle die großen Kongreßmänner und Senatoren zusammen, und dann zeigt er ihnen mal 'n richtigen Hahnenkampf, mit Hähnen aus Tennessee, mitten im Weißen Haus! Der Masser sagt, daß Jackson jederzeit zum Trinken und Spielen mit jedermann aufgelegt ist. Wird auch erzählt, daß er in seinem Wagen mit den kastanienbraunen Pferden immer seinen samtgefütterten Schnapskoffer neben sich liegen hat. Der Masser sagt, ihm wär's schon recht, als weißem Südstaatler, daß der Jackson Präsident bleibt, solange er mag.« Matilda war nicht beeindruckt.

Aber Hühner-George hatte in Charleston etwas gesehen, das sie – und die anderen im Sklavenquartier – genauso tief erschütterte wie ihn. »Ich wette jede Summe, daß ich's gesehn hab'. Mindestens eine Meile lang Nigger, die in Ketten getrieben wurden.«

»Jesses! Wo waren die denn her?« fragte Miss Malizy.

»Manche aus Nord-, manche aus Süd-Carolina, aber die meisten aus Virginia. So hab' ich's gehört«, sagte er. »Nigger in Charleston haben mir erzählt, daß man Tausende im Monat auf die großen Baumwollpflanzungen bringt, die man jetzt auf dem abgeholzten Land in Alabama, Mississippi, Louisiana, Arkansas und Texas angelegt hat. Die sagen, daß es mit den altmodischen Niggerhändlern jetzt aus ist, wegen den großen neuen Gesellschaften mit ihren Büros in den großen Hotels. Die erzählen sogar, daß die großen Raddampfer jetzt nur noch die angeketteten Virginia-Nigger runter nach New Orleans verfrachten. Und dann erzählen sie –«

»Jetzt hör aber auf!« Kizzy war aufgesprungen. »Hör auf!« Sie rannte weinend in ihre Hütte.

»Was ist denn mit ihr los?« fragte George Matilda, nachdem die anderen sich verlegen zurückgezogen hatten.

»Weißt du das denn nicht?« fauchte sie ihn an. »Ihre Mammy und ihr Pappy sind in Virginia geblieben, soviel sie weiß, und jetzt hast du ihr einen Todesschrecken eingejagt.«

Hühner-George sah elend aus. Daran hatte er gar nicht gedacht, aber Matilda wollte nicht so schnell lockerlassen. Sie hatte sich überzeugt, daß er trotz all seiner Welterfahrenheit es sehr ernstlich an Gefühl für viele Dinge mangeln ließ. »Du weißt so gut wie ich, daß Mammy Kizzy selber verkauft worden ist. Genau wie ich!« sagte sie. »Und keiner, der einmal verkauft worden ist, wird es je vergessen! Und wird niemals mehr wie vorher sein! Dir ist es ja nie passiert. Deshalb weißt du eben nicht, daß auf keinen Masser Verlaß ist – deinen eingeschlossen!«

»Was schnauzt du *mich* dafür an?«

»Du fragst mich, was mit Mammy Kizzy los ist, und ich sag's dir. Das ist alles.« Matilda nahm sich zusammen. Sie wollte keinen Streit mit ihrem Mann aufkommen lassen. Nach einem Moment des Schweigens brachte sie ein schwaches Lächeln zustande. »George, ich weiß, über was Mammy Kizzy sich jetzt freuen würde. Geh sie holen, daß sie zuhört, wie du diesem Baby hier von seinem afrikanischen Opa erzählst, wie damals dem Virgil.« Und das tat er denn auch.

KAPITEL 96

Es war kurz vor Morgengrauen. Hühner-George stand leicht schwankend im Türrahmen und grinste Matilda entgegen, die die ganze Nacht auf ihn gewartet hatte. Sein schwarzer Hut saß ihm schief auf dem Kopf. »Der Fuchs ist in den Hühnerstall eingebrochen«, stammelte er. »Ich und Onkel Mingo haben die ganze Nacht nach den Viechern gesucht –«

Matildas erhobene Hand hieß ihn schweigen, und der Ton ihrer Stimme war äußerst kalt. »Komischer Fuchs das. Der hat dir wohl Schnaps eingeflößt und dich mit dem Rosenwasser besprenkelt, das ich an dir rieche –« Hühner-George wollte etwas erwidern. »Nein, George, jetzt hörst du mir mal zu! Eins sag' ich dir, solang' ich deine Frau und die Mammy unsrer Kinder bin, werd' ich hier sein, wenn du weggehst, und werd' ich hier sein, wenn du zurückkommst, denn so, wie du dich aufführst, schadest du dir bloß selbst. Steht ja genau schon in der Bibel: Wie ihr säet, so werdet ihr ernten – Säe einmal, und du erntest doppelt. Und im siebten Kapitel Matthäus steht: Mit welcherlei Maß ihr messet, wird euch gemessen werden!«

Er versuchte so zu tun, als sei er zu wütend, um reden zu können, aber in Wirklichkeit wußte er nicht, was er sagen sollte. Er drehte sich um, trat aus der Tür und torkelte die Straße hinunter zum Hahnengrund. Er würde eben mit den Hühnern schlafen.

Aber am nächsten Tag war er zurück mit dem Hut in der Hand, und verbrachte seine Nächte in diesem Herbst und Winter nun pflichtgemäß mit seiner Familie, die wenigen Tage ausgenommen, die er und der Masser auf Reisen waren. Und als Matildas Wehen eines Morgens früh im Januar 1831 einsetzten, überredete er den Masser, obgleich es mitten in der Kampfsaison war, ihn zu Hause bleiben zu lassen und statt seiner diesmal den kränklichen Onkel Mingo zu den Kämpfen mitzunehmen.

Er ging nervös vor der Tür seiner Hütte auf und ab, zuckte zusammen und runzelte die Stirn, als er Matildas angstvolles Stöhnen und Schreien hörte. Dann vernahm er andere Stimmen, schlich sich an die Tür und hörte, wie Mammy Kizzy der jungen Mutter zusprach. »Da, stemm dich gegen meine Hand – fester, mein Kleines! – – – Tief Atem holen – tief! – – – So ist's recht! – – – Halt! – – – Halt!« Dann befahl Schwester Sarah: »Drück runter – hörst du mich? – – – jetzt PRESSEN! – – – PRESSEN!«

Und dann, bald darauf: »Da kommt es – oh, Jesses, ja –«

Es klatschte mehrmals, dann ertönte das schrille Schreien des Neugeborenen. Hühner-George trat einige Schritte zurück, ganz verwirrt über das, was er eben gehört hatte. Kurz darauf erschien Oma Kizzy, und sie strahlte übers ganze Gesicht. »Na. Sieht mir ganz so aus, als ob du nichts wie Jungens in dir hast!«

George führte einen solchen Freudentanz auf, daß Miss Malizy aus der Hintertür des Herrenhauses gerannt kam. Er lief ihr entgegen, nahm sie in seine Arme, schwenkte sie wild im Kreis herum und rief: »Dieser hier wird nach mir genannt!«

Am nächsten Abend versammelte er zum drittenmal alle in seiner Hütte, wo er dem jüngsten Familienmitglied die Geschichte von seinem afrikanischen Urgroßvater namens Kunta Kinte erzählte.

Als George Ende August mit Masser Lea in der Kreisstadt war und beide gerade die Rückfahrt antreten wollten, verbreitete sich dort die Nachricht vom Negeraufstand unter Nat Turner. George war damit beschäftigt, einen Barsch zu entschuppen, den der Masser gekauft hatte, und hörte nur undeutlich und brockenweise, was da geredet wurde: »Man weiß nicht, wie viele Familien umgekommen sind« – – – »Frauen und Kinder« – – – »schliefen friedlich in ihren Betten, als die mörderischen Nigger das Haus überfielen« – – – »mit Äxten, Schwertern und Knüppeln« – – – »ein Nigger-Prediger namens Nat Turner – – –«

Die Gesichter der anderen Schwarzen spiegelten die schlimmen Ahnungen wider, die George kamen, als er die weißen Männer fluchend und gestikulierend mit zornroten Gesichtern vor sich sah. Sofort entsann er sich wieder jener schreckensvollen Monate nach der Rebellion von Charleston, bei der kein einziger Weißer verletzt worden war. Aber was in aller Welt sollte jetzt geschehen? Der Masser kehrte mit verkniffenen Augen zum Wagen zurück, das Gesicht starr vor Wut. Er schaute sich nicht einmal um und fuhr mit einem solchen tollen Galopp heim, daß Hühner-George sich mit beiden Händen an den Wagenstangen festhalten mußte. Vor dem Herrenhaus sprang Masser Lea aus dem Wagen und ließ einen George zurück, der ratlos auf den gesäuberten Fisch starrte.

Augenblicke später stürzte Miss Malizy aus der Küchentür und rannte händeringend über den Hinterhof in das Sklavenquartier. Dann erschien der Masser mit seinem Gewehr und rief George mit schroffer Stimme zu: »Geh in deine Hütte!«

Er teilte sodann mit vor Haß zitternder Stimme allen seinen Sklaven mit, was George schon gehört hatte, und ließ sich auch nicht durch ein »Bitte, Masser« erweichen, das George schüchtern vorzubringen wagte, weil er meinte, er könnte den Masser vielleicht versöhnlich stimmen. Statt dessen richtete der Masser das Gewehr auf ihn und befahl allen Sklaven, ihre Hütten auszuräumen und alle ihre Besitztümer vorzuweisen. Dabei drohte er jedem, der eine Waffe oder einen als Waffe verwendbaren Gegenstand versteckt hätte, die fürchterlichsten Strafen an. Jedes Stück Stoff wurde ausgeschüttelt, jeder Behälter geöffnet, alle mit Maisstroh gefüllten Matratzen aufgeschlitzt – und immer noch schien seine Wut unbändig zu sein.

Der Schachtel mit Naturheilmitteln von Schwester Sarah gab er einen gewaltigen Fußtritt, und während ihre getrockneten Wurzeln und Kräuter in alle Himmelsrichtungen flogen, schrie er sie an: »Schmeiß das verdammte Voodoo-Zeug da weg!« Vor anderen Hütten warf er kostbar gehütete Gegenstände achtlos weg, zerstörte andere mit seinen Fäusten oder Füßen. Die vier Frauen weinten, der alte Onkel Pompey war wie gelähmt, die verschreckten Kinder klammerten sich heulend an Matildas Röcke. Hühner-George geriet in Wut, als Matilda aufschrie, weil der Masser mit dem Gewehrkolben ihre Wanduhr zerschlug und dabei rief: »Wenn ich auch nur einen scharfen Nagel finde, mach' ich einen Nigger kalt!«

Endlich verließ der Masser das übel zugerichtete Sklavenquartier; George mußte ihn zum Hahnengrund fahren.

Als der alte Onkel Mingo sich dem geladenen Gewehr und Befehl, all seine Besitztümer vor dem Masser auszubreiten, gegenüberfand, fing er an zu jammern: »Hab' doch nichts getan, Masser –«

»Hat jetzt schon ganzen Familien das Leben gekostet, wenn man den Niggern traut!« schrie Masser Lea. Er beschlagnahmte die Axt, die Hakke, den dünn geschliffenen Keil, einen Metallrahmen und die beiden Taschenmesser und brachte alles in den Wagen, während Hühner-George und Onkel Mingo ratlos dabeistanden und zusahen. »Falls ihr Nigger vorhabt, bei mir einzubrechen, kann ich euch nur sagen, daß ich von nun ab mit geladenem Gewehr schlafe«, rief er, trieb das Pferd an und verschwand in einer Staubwolke.

KAPITEL 97

»Wie ich höre, hast du schon vier kleine Bälger, lauter Jungen!« Ein ganzes Jahr hatte es gedauert, bis Wut und Angst der Weißen im Süden nach dem mißglückten Aufstand der Neger verraucht waren, und Masser Lea war da keine Ausnahme gewesen. Zwar hatte er George schon bald nach der Rebellion wieder mit zu den Hahnenkämpfen genommen, doch dauerte es noch lange, bis der zwischen ihnen herrschende Ton weniger frostig wurde. Dabei gab es jetzt etwas, das sie enger miteinander verband, wenn auch keiner von beiden je davon sprach: die Hoffnung nämlich, daß es nie wieder zu einem blutigen Negeraufstand kommen möge.

»Ja Masser! Ein stämmiger Junge ist heute ganz früh geboren«, sagte Hühner-George, der gerade ein Dutzend Eiweiß, einen halben Liter Bier, Hafergrütze, Weizenflocken und einige zerstampfte Kräuter vermengte, um daraus frische Kraftnahrung für die Kampfhähne zu backen. Der kranke Onkel Mingo hatte dieses »Geheimrezept« am Morgen nur ungern herausgerückt, aber Masser Lea hatte ihm befohlen, in seiner Hütte zu bleiben, bis sich seine plötzlichen und immer schlimmer werdenden Hustenanfälle gelegt hätten. Inzwischen war Hühner-George eifrig dabei, etwa zwanzig erstklassige Kampfhähne zu trainieren, die unter den sechsundsiebzig gerade ausgewachsenen und kürzlich in Zuchtkäfigen hertransportierten Tieren sorgfältig ausgewählt worden waren.

In neun Wochen sollten er und Masser Lea nach New Orleans reisen. Nach Jahren zahlreicher lokaler Siege und der Teilnahme an einigen staatlichen Wettkämpfen fand sich der Masser ermutigt, ein Dutzend seiner allerbesten Tiere bei dem am Neujahrstag stattfindenden großen Hauptkampf zur Eröffnung der Saison teilnehmen zu lassen. Sollten die Lea-Hähne auch nur die Hälfte ihrer Kämpfe gegen die dort versammelten Champions gewinnen, so würde der Masser sich damit nicht nur ein Vermögen, sondern auch über Nacht den Ruf eines der besten Kampfhahnzüchter des Südens erwerben. Und diese Aussicht war so erregend, daß Hühner-George kaum noch an etwas anderes zu denken vermochte.

Masser Lea führte sein Pferd an den Zaun und band es mit einem kurzen Strick fest. Dann schlenderte er zurück zu George, trat mit seinen Stiefeln gegen einen Grasklumpen und sagte: »Ist schon komisch. Da hast du vier Jungens und hast noch keinen nach mir genannt.«

Hühner-George war überrascht, erfreut – und verlegen. »Ist ja wahr, Masser!« sagte er, ohne recht überzeugt zu klingen. »Das ist genau der Name für den Jungen – *Tom!* Ja, Masser, *Tom!*«

Der Masser schaute zufrieden drein. Dann blickte er auf die kleine Hütte unter dem Baum und fragte besorgt: »Wie geht's dem Alten?«

»Um die Wahrheit zu sagen, Masser, gestern mitten in der Nacht hatte er einen *schlimmen* Hustenanfall. Deshalb haben sie Onkel Pompey hier runtergeschickt, damit ich gehn konnte, wenn Tilda das Baby kriegt, aber heute früh hab' ich ihm was zu essen gekocht, und da hat er sich hingesetzt und alles gegessen, und dann hat er geschworen, es geht ihm gut. Er ist auch gleich wütend geworden, wie ich ihm gesagt hab', daß er im Bett bleiben soll, bis Ihr ihm sagt, daß er aufstehn kann.«

»Na, soll der alte Vogel ruhig noch einen Tag in seinem Nest bleiben«, sagte der Masser. »Vielleicht sollte ich einen Arzt kommen lassen, der ihn richtig untersucht. Diese schlimmen Hustenanfälle, die er immer wieder hat, verheißen ja nichts Gutes.«

»Sicher. Aber der gibt nun mal nichts auf Ärzte, Masser –«

»Worauf er was gibt, ist mir egal. Aber warten wir mal ab, wie er die Woche übersteht.«

Während der nächsten Stunde begutachtete Masser Lea die jungen und die Zuchthähne in ihren Verschlägen und schließlich auch die prachtvollen Tiere, die Hühner-George besonders betreute und trainierte. Masser Lea war zufrieden mit dem, was er sah. Dann kam er auf die bevorstehende Reise zu sprechen. Er meinte, sie würden fast sechs Wochen brauchen, um in dem schweren neuen Wagen, den er in Greensboro in Auftrag gegeben hatte, nach New Orleans zu gelangen. Dieser Wagen war eine Sonderanfertigung, mit zwölf herausnehmbaren Hühnerverschlägen, einer besonders ausgelegten Werkbank zum Training der Tiere während der Reise und einer Anzahl von Gestellen, Fächern und Behältern, so wie Masser Lea sie für den Transport der Kampfhähne und des ganzen Zubehörs für lange Reisen angeordnet hatte. Der Wagen sollte in zehn Tagen fertig sein.

Als Masser Lea fortgegangen war, vertiefte sich Hühner-George wieder in sein Tagewerk. Er strapazierte die Kampfhähne aufs äußerste. Der Masser hatte ihm erlaubt, sich bei der Auswahl der Tiere auf sein eigenes Urteil zu verlassen und alle Tiere, bei denen er den kleinsten Fehler entdeckte, auszusondern, da nur wirklich erstklassige Hähne bei den Wettkämpfen, die sie in New Orleans erwarteten, eine Chance hatten. Während George mit den Tieren arbeitete, freute er sich auf die Musik, die er, wie man ihm berichtet hatte, in New Orleans hören würde, und auf all die großen Blasorchester, die durch die Straßen zogen. Der schwarze Matrose, dem er in Charleston begegnet war, hatte ihm auch erzählt, daß sich jeden Sonntagnachmittag Tausende von Menschen auf einem öffentlichen Platz, der »Place Congo« hieß, versammelten, um Hunderten von Sklaven zuzuschauen, die afrikanische Tänze aus ihrer Heimat aufführten. Und der Matrose hatte geschworen, daß die Küste von New Orleans alles übertreffen würde, was er je gesehen hätte. Und die Frauen erst! Es gab jede Menge, hatte der Matrose gesagt, exotisch und leicht zu haben, jede Art und jede Farbe, »Kreolinnen«, »Octoroons« und »Quadroons« würden sie genannt. Er konnte es kaum erwarten.

Am späten Nachmittag entschloß sich George – wozu er schon mehrmals die Absicht gehabt hatte, aber immer war ihm irgendeine andere Beschäftigung dazwischengekommen –, an der verschmutzten und nach Fäulnis riechenden Hütte Onkel Mingos anzuklopfen und einzutreten.

»Wie geht's?« fragte George. »Brauchst du irgendwas?« Die Antwort ließ nicht lange auf sich warten. Der alte Mann sah erschreckend bleich und schwach aus – aber er war über das ihm aufgezwungene Nichtstun so wütend wie selten.

»Raus! Hau ab! Geh und frag den Masser, wie's mir geht! Der weiß es ja besser wie ich!« Da Onkel Mingo zweifellos allein gelassen werden wollte, verließ Hühner-George seine Hütte und fand, daß Mingo allmählich wie seine zähen ausgerupften alten Kampfhähne wurde – jene alten Schlachtveteranen, die bei zunehmendem Alter zwar keine Kraft mehr, aber ihren ganzen kämpferischen Instinkt bewahrten.

Als er auch mit den letzten Tieren die Übungen zur Stärkung der Flügel durchgeführt und sie in ihre Verschläge zurückgebracht hatte, war die Sonne eben untergegangen, und Hühner-George fühlte sich endlich frei, seiner Familie wenigstens einen kurzen Besuch abzustatten. Er trat in seine Hütte, freute sich, Kizzy bei Matilda anzutreffen, und erzählte ihnen unter viel Gekicher und Schmunzeln von seinem morgendlichen Gespräch mit dem Masser über seinen Sohn, der Tom heißen sollte. Als er geendet hatte, bemerkte er überrascht, daß sie alles andere als erfreut zu sein schienen.

Matilda sprach zuerst, und sie sagte ganz beiläufig und so, als ginge es sie nichts an: »Nun ja, schließlich gibt's 'ne Menge Toms auf dieser Welt.«

Seine Mammy sah aus, als hätte sie soeben ein Stück Seife gekaut. »Nehme an, daß Tilda und ich einer Meinung sind, sie will dir wohl deine Freude für den Masser nicht verderben. Ist auch gar nichts auszusetzen an dem Namen. Ich wünschte nur, das arme Kind würde nach einem *andern* Tom genannt –« Sie zögerte und fügte dann rasch hinzu: »Das ist jedenfalls meine Meinung – ist ja nicht mein Kind und meine Angelegenheit!«

»Ist aber die Angelegenheit Gottes!« fuhr Matilda dazwischen und holte ihre Bibel. »Bevor das Kind auf die Welt kam, hab' ich in der Bibel nachgesehn, was da über Namen steht.« Sie blätterte rasch durch die abgegriffenen Seiten, fand die Stelle, nach der sie gesucht hatte, und las laut vor: »Der Name der Gerechten ist gesegnet, aber der Name des Bösen wird verderben!«

»Barmherziger Gott!« rief Großmutter Kizzy aus.

Hühner-George erhob sich wütend. »Gut. Mir soll's recht sein! Wer von euch wird's dem Masser sagen, daß wir's nicht tun?« Er stand da und starrte sie an. Er hatte genug von all der Nörgelei in seinem eigenen Haus. Und er hatte mehr als genug von Matildas ewigen Verdammungen, die sie sich aus der Bibel holte. Er zerbrach sich den Kopf auf der Suche nach irgend etwas, das er einmal gehört hatte, und da fiel es ihm ein. »Dann nennt ihn halt Tom den Täufer!« Er rief es so laut, daß die Gesichter seiner drei Söhne in der Tür zur Schlafkammer auftauchten, und das neugeborene Baby begann zu schreien, als Hühner-George aus der Hütte stapfte.

Um die gleiche Zeit saß Masser Lea an seinem Schreibtisch im Wohnzimmer des Herrenhauses, tunkte seine Feder ein und schrieb behutsam auf das Vorsatzblatt seiner Bibel eine fünfte, mit Datum versehene Geburtseintragung: »20. September 1833. Ein Knabe von Matilda geboren. Name Tom Lea.«

Als George wütend fortging,, ärgerte er sich besonders darüber, daß er eigentlich an Matilda nichts auszusetzen fand. Sie war die beste und treueste Frau, die er sich vorstellen konnte. Aber eine gute Frau mußte nicht notwendigerweise ihren Mann bei jeder Gelegenheit frömmelnd bekritteln, wenn er sich nur einmal menschlich zeigte. Ein Mann hatte schließlich das Recht, sich hier und da in der Gesellschaft von Frauen zu erholen, die Vergnügen an Gelächter, Schnaps und Ulk fanden und die Freuden des Fleisches zu schätzen wußten. Und von all den Reisen, die er in den vergangenen Jahren gemacht hatte, wußte er, daß Masser Lea der gleichen Ansicht war. Wenn sie mit ihren Kampfhähnen in irgendeiner größeren Stadt weilten, blieben sie stets noch einen Tag länger, brachten die Maulesel in einem Stall unter und bezahlten einen Hühnerzucht-Gehilfen dafür, daß er sich um die Tiere in ihren Verschlägen kümmerte, während George und Masser Lea ihre getrennten Wege gingen. Früh am nächsten Morgen trafen sie sich dann an den Ställen, verluden ihre Kampfhähne und fuhren nach Hause – beide mit einem gewaltigen Kater, doch keiner erwähnte je, daß er über das nächtliche Herumstreunen des anderen Bescheid wußte.

Der Zorn von Hühner-George hatte sich erst nach fünf Tagen wieder so weit gelegt, daß er an Heimkehr denken konnte. Er war bereit, den beiden Frauen zu vergeben, schritt die Straße bis zum Sklavenquartier hinunter und öffnete die Tür seiner Hütte.

»George, bist du das?« sagte Matilda. »Werden die Kinder aber froh sein, daß Pappy wieder zu Hause ist! Besonders dieser hier – seine Augen waren noch nicht offen, als du zuletzt hier warst.«

Sogleich packte ihn wieder die Wut, und er war drauf und dran, wieder fortzugehen, als er seine drei älteren Söhne – sie waren jetzt fünf, drei und zwei Jahre alt – erblickte. Sie hatten sich dicht aneinandergedrängt und schauten ihn verängstigt an. Er hatte Lust, sie in die Arme zu nehmen und hochzuheben. Bald würde er sie ganze drei Monate lang nicht sehen, wenn er nach New Orleans fuhr. Ja, er würde ihnen ein paar wunderschöne Geschenke mitbringen.

Er setzte sich widerwillig an den Tisch, und Matilda brachte ihm das Essen, setzte sich zu ihm und sprach das Tischgebet. Dann erhob sie sich wieder und sagte: »Virgil, geh mal Oma holen.«

Hühner-George hielt mit dem Kauen inne und schluckte gerade noch hinunter, was er im Munde hatte. Was hatten die beiden nun schon wieder vor? Womit wollten sie ihn jetzt plagen?

Kizzy klopfte an, trat ein, umarmte Matilda, küßte, streichelte und hätschelte die drei Jungen, bevor sie ihren Sohn eines Blickes würdigte. »Wie geht's? Hab' dich lang' nicht gesehn!«

»Und wie geht's dir, Mammy?« Obgleich er wütend war, bemühte er sich um einen munteren Ton.

Seine Mammy ließ sich auf einem Stuhl nieder, nahm Matilda das Baby aus den Armen und sagte ganz freundlich: »George, deine Kleinen wollten dich was fragen –« Sie wandte sich um. »Stimmt's, Virgil?«

Hühner-George sah seinen Ältesten an, der sich am liebsten versteckt hätte. Was hatten sie ihm zu sagen eingepaukt?

»Pappy«, sagte er schließlich mit seiner Piepsstimme, »willst du uns nicht was von deinem Urgroßpapa erzählen?«

Matilda blickte ihn an.

»Du bist ein guter Mann, George«, sagte Kizzy sanft. »Und laß dir von niemandem erzählen, daß das nicht stimmt! Und glaub nur ja nicht, daß wir dich nicht liebhaben. Ich glaub', du weißt manchmal nicht recht, wer du bist, und manchmal auch nicht, wer wir sind. Wir sind dein Blut, grad' wie der Urgroßvater von den Kleinen hier.«

»Es steht schon in der Bibel«, sagte Matilda, und als sie Georges betroffenes Gesicht sah, fügte sie hinzu: »Es steht nicht bloß was von Strafen in der Bibel. Es ist auch viel über Liebe drin.«

Hühner-George war zutiefst gerührt und schob seinen Stuhl an den Kamin. Die drei Jungens setzten sich zu seinen Füßen, ihre Augen glänzten in freudiger Erwartung, und Kizzy reichte ihm das Baby. Er faßte sich, räusperte sich und begann, seinen vier Söhnen Großmutters Geschichte von ihrem Urgroßpapa zu erzählen.

»Pappy, ich kenn' die Geschichte auch!« unterbrach ihn Virgil triumphierend. Er schnitt seinen jüngeren Brüdern eine Grimasse, und dann erzählte er alles noch einmal selbst – einschließlich sogar der afrikanischen Wörter.

»Er hat's ja schon dreimal von dir gehört, und Oma kommt nie ins Haus, ohne es nochmal zu erzählen«, sagte Matilda lachend, und George fragte sich, wie lange er seine Frau schon nicht mehr lachen gehört hatte.

Virgil wollte die Aufmerksamkeit wieder auf sich lenken und hopste herum. »Oma sagt, wegen dem Afrikaner wissen wir, wer wir sind.«
»Das ist auch wahr!« sagte Großmutter Kizzy strahlend.
Zum erstenmal seit langem hatte Hühner-George wieder das Gefühl, in seiner Hütte wirklich daheim zu sein.

KAPITEL 98

Mit einer Verspätung von vier Wochen war der neue Wagen endlich fertig geworden und stand in Greensboro zum Abholen bereit. Der Masser hatte wieder einmal recht gehabt, als er ihn sich bauen ließ, fand Hühner-George auf der Hinfahrt, denn jetzt würden sie nicht knarrend und quietschend in der alten Karre in New Orleans aufkreuzen, sondern in dem feinsten Wagen eintreffen, den man für Geld kaufen konnte – so daß sie auch wirklich wie ein großer Hühnerzüchter und sein Heger aussahen. Aus dem gleichen Grunde wollte er sich vom Masser anderthalb Dollar ausborgen, bevor sie wieder aus Greensboro abfuhren, um sich einen neuen schwarzen Hut zu kaufen, der zu dem grünen Schal, den Matilda fast fertig gestrickt hatte, passen würde. Er wollte auch dafür sorgen, daß Matilda seinen grünen und seinen gelben Anzug, seine grobgewebten besten roten Hosenträger, viele Hemden, Unterhosen, Socken und Handtücher einpackte, denn nach den Hahnenkämpfen mußte er doch nach etwas aussehen, wenn er auf seinen Stadtbummel ging. Kurz nach der Ankunft bei der Werkstatt des Wagenmachers hörte George, der draußen wartete, heftigen Streit hinter der verschlossenen Tür. Er kannte den Masser lange genug, um auf derartiges gefaßt zu sein, und war daher nicht weiter neugierig. Ohnehin war er viel zu sehr mit dem Gedanken an alles, was vor ihrer Abfahrt zu Hause noch zu erledigen war, beschäftigt. Das Schwierigste würde seines Erachtens das Auswählen von sieben Hähnen unter den neunzehn Prachtexemplaren sein, die er bereits bis zu höchster Kampfbereitschaft trainiert hatte. Im Wagen konnte man nur ein Dutzend unterbringen, und bei der Auswahl konnte er sich nicht nur auf sein Urteil und das des Masser verlassen, sondern mußte auch Onkel Mingo zu Rate ziehen, der inzwischen wieder auf den Beinen und so essigsauer und scharfzüngig wie eh und je war.

Die Stimme Masser Leas schwoll in der Werkstatt bedrohlich an: Die unentschuldbare Verzögerung bei der Fertigung des Wagens hatte ihn Geld gekostet, das nun vom Preis abgezogen werden sollte. Der Wagenmacher schrie zurück, er habe bei der Arbeit alle mögliche Eile walten lassen, und eigentlich hätte er einen höheren Preis verlangen sollen, denn die Materialkosten waren wegen der unverschämten Lohnforderungen der freien schwarzen Arbeitskräfte gestiegen. Hühner-George, der nun doch zuhörte, nahm an, der Masser sei in Wirklichkeit gar nicht so wütend, wie es den Anschein hatte, sondern versuchte nur, aus seinem Streit mit dem Wagenbauer wenigstens ein paar Dollar herauszuschinden.

Nach einer Weile mußten sie da drinnen wohl zu einer Einigung gekommen sein, denn der Streit schien beendet, und bald darauf kamen Masser Lea und der Wagenbauer heraus, zwar mit noch roten Gesichtern, aber sie sprachen und benahmen sich wieder freundlich. Der Wagenbauer rief seinen Leuten in der Werkstatt eine Weisung zu und gleich darauf zogen vier Schwarze das Prachtstück auf den Hof. Das Wagenbett war aus massiver Eiche gefertigt, darauf in der Mitte die Hahnenkäfige. Achsen und Naben waren beste Schmiedekunst, und sosehr George auch die Ohren spitzte, er hörte kein Quietschen und kein Knarren. Und auch seinen Masser hatte er noch nie zuvor so freudig grinsen sehen.

»Einer der besten, die wir je hergestellt haben«, erklärte der Wagenbauer. »Fast zu schön, um damit zu fahren.« Masser Lea erklärte prahlerisch: »Er wird aber eine lange Reise machen!« Der Wagenbauer nickte bedächtig. »New Orleans! Eine Fahrt von sechs Wochen. Wer soll denn da noch mitfahren?«

Masser Lea zeigte auf Hühner-George, der auf dem Kutschbock des alten Wagens saß. »Mein Nigger da und zwölf Hühner!«

Dem Befehl seines Masser zuvorkommend, sprang Hühner-George von seinem Sitz, band die beiden gemieteten Maulesel los und brachte sie zu dem neuen Wagen. Einer der vier Schwarzen half ihm, sie anzuschirren, und ging dann sogleich zu den anderen zurück, die Hühner-George nicht mehr Beachtung schenkten, als er es in ihren Augen wert war; schließlich waren sie freie Schwarze. Der Masser stolzierte einige Male strahlend um den Wagen herum, schüttelte dem Wagenbauer die Hand, dankte ihm und schwang sich auf den Bock des neuen Gefährts. Der Wagenbauer wünschte ihm gute Reise, stand da und nickte befriedigt über sein gelungenes Werk, während Masser Lea, von Hühner-George und dem alten Wagen gefolgt, auf die Landstraße fuhr.

Auf der langen Heimfahrt stellte George im Geiste eine Liste dessen zusammen, was noch vor der Abfahrt nach New Orleans zu erledigen wäre, und dachte noch einmal über alles nach, was während seiner Abwesenheit einen reibungslosen Ablauf der Dinge gewährleisten würde. Sein neuer Hut lag neben ihm auf dem Sitz sowie ein Paar eleganter grauer Filzgamaschen, die ihn einen zusätzlichen Dollar gekostet hatten. So schwierig es für Matilda und Kizzy sein würde, zu Hause ohne ihn auszukommen, so wußte er doch, daß sie ihren Aufgaben gewachsen waren. Und obgleich Onkel Mingo nicht mehr so behende wie früher war, konnte George sicher sein, daß er die Hühner bis zu seiner Rückkehr gut versorgen würde. Allerdings wußte er auch, daß er früher oder später mehr Hilfe brauchte, als Mingo ihm jetzt noch leisten konnte.

Irgendwie mußte er Mittel und Wege finden, seine Frau und seine Mammy von der äußerst günstigen Gelegenheit, die sich dem kleinen Virgil bot, zu überzeugen, besonders, da er fast sechs Jahre alt war und bald auf den Feldern würde arbeiten müssen. George war nämlich der Gedanke gekommen, daß Virgil während seiner Abwesenheit Onkel Mingo gut bei der Betreuung der Kampfhähne helfen könnte – und dann würde er nach ihrer Rückkehr einfach bei dieser Arbeit bleiben. Aber kaum hatte er den Gedanken erwähnt, hatte sich Matilda empört: »Soll doch der Masser sich jemanden kaufen, der ihm hilft«, und Kizzy hatte aufgebracht hinzugefügt: »Die Hühner haben dieser Familie schon genug weggestohlen!« Da er keinen neuen Streit mit den Frauen anfangen wollte, hatte er nicht versucht, noch einmal auf dieses Thema zurückzukommen, aber er wollte gewiß nicht tatenlos zusehen, wie der Masser möglicherweise irgendeinen Fremden einkaufte, der sich dann in Dinge einmischte, die er und Onkel Mingo als ihre ureigene Domäne betrachteten.

Aber selbst wenn der Masser sich hüten würde, einen Außenseiter hereinzubringen, konnte George nicht sicher sein, ob Onkel Mingo Virgils Hilfe annehmen würde, denn der Alte hatte es äußerst übelgenommen, daß sein erster Helfer viel engere Beziehungen zum Masser angeknüpft hatte als er. Erst kürzlich war er sehr verbittert gewesen, weil er nicht nach New Orleans mitkommen durfte, und hatte George angefaucht: »Ein Glück, daß du und der Masser mir wenigstens zutraut, die Hühner zu füttern, wenn ihr weg seid.« George hätte gewünscht, Onkel Mingo wäre vernünftig genug einzusehen, daß er mit den Entscheidungen des Masser nichts zu tun hatte. Zugleich fragte er sich aber auch, warum der Alte sich nicht einfach mit der Tatsache abfinden konnte, daß er mit seinen über siebzig Jahren nicht mehr in der Lage war, eine Sechs-Wochen-Reise anzutreten, ganz gleich in welche Richtung, sondern fast bestimmt irgendwo krank werden und sich selbst und dem Masser nur zusätzliche Scherereien machen würde. George wünschte sehr, er könnte Onkel Mingo bewegen, die ganze Sache in einem günstigeren Licht zu sehen, oder ihn mindestens davon abbringen, stets *ihn* für alles verantwortlich zu machen.

Endlich bogen die beiden Wagen von der großen Straße ab, den Zufahrtsweg hinunter. Sie waren schon fast zu Hause, als George zu seinem Erstaunen Missis Lea die Stufen der Veranda heruntereilen sah. Einen Augenblick später trat Miss Malizy aus der Hintertür. Und dann kamen Matilda und seine Söhne, Mammy Kizzy, Schwester Sarah und Onkel Pompey aus ihren Hütten gestürzt. Was hatten sie hier an einem Donnerstagnachmittag zu schaffen, wo sie doch draußen in den Feldern sein sollten, fragte sich George. Waren sie so erpicht darauf, den schönen neuen Wagen in Augenschein zu nehmen, daß sie bereit waren, dafür den Zorn des Masser auf sich zu laden? Aber dann sah er ihre Gesichter und wußte sofort, daß keiner von ihnen sich um den neuen Wagen scherte.

Als Missis Lea dem Wagen des Masser entgegenlief, zog George die Bremse an und lehnte sich weit über den Kutschbock, um besser zu verstehen, was sie und der Masser miteinander sprachen. Er beobachtete, wie der Masser zusammenzuckte und die Missis ins Haus zurücklief. Und dann sah der bestürzte George Masser Lea von seinem neuen Wagen steigen und mit langsamen, schweren Schritten auf sich zukommen. Sein Gesicht wirkte bleich und bekümmert – und plötzlich wußte George alles! Die Worte des Masser erreichten ihn wie aus weiter Ferne: »Mingo ist tot.« George ließ sich gegen den Kutschsitz fallen und heulte los, wie er es nie zuvor getan hatte. Er spürte kaum, daß der Masser und Onkel Pompey ihn fast mit Gewalt vom Wagen zerrten. Dann geleiteten Pompey und Matilda ihn mit all den anderen ins Sklavenquartier zurück, und sie begannen aufs neue zu weinen, als sie seinen Kummer sahen. Matilda brachte ihn in die Hütte, und Kizzy folgte ihnen mit dem Baby. Als er sich ein wenig beruhigt hatte, erzählten sie ihm, was geschehen war. »Ihr seid Montag früh abgefahren«, sagte Matilda«, »und in der Nacht hat keiner von uns so recht geschlafen. Scheint, als ob wir alle am Dienstagmorgen mit so 'm komischen Gefühl aufgewacht sind, wie wenn wir 'ne Menge unkende Eulen und bellende Hunde gehört hätten. Und dann kam das Geschrei –«

»Das war Malizy!« fiel Kizzy ein. »Jesses, hat die gebrüllt! Wir sind alle rausgerannt, ihr hinterher, wo sie hingegangen war, die Schweine zu füttern. Und da war er. Da lag die arme alte Seele mitten auf der Straße und sah aus wie ein Haufen Lumpen!«

»Er lebte noch«, sagte Matilda, »aber er konnte nur noch den halben Mund bewegen. Hab' mich hingekniet und grade noch gehört, was er vor sich hingeflüstert hat. Ich glaub', ich hab'n Schlaganfall, hat er gesagt. Hilf mir mit den Hühnern – – – ich schaff's nicht –«

»Jesus erbarm' dich. Wir wußten gar nicht, was anfangen«, sagte Kizzy, »aber dann kam Onkel Pompey und hat versucht, ihn hochzuheben. Erst konnt' er's nicht, aber zu dritt haben wir's geschafft und Onkel Mingo ins Sklavenquartier zurückgebracht und in Pompeys Bett gelegt.«

»George, er stank so scheußlich mit dem kranken Geruch, den er an sich hatte«, sagte Matilda. »Zuerst haben wir ihm ein bißchen frische Luft zugefächelt, aber er flüsterte nur immer wieder ›die Hühner, die Hühner – – – muß zurück –‹.«

»In der Zwischenzeit ist Miss Malizy zur Missis gerannt«, sagte Kizzy, »die hat vielleicht die Hände gerungen und geheult und was aufgeführt! Aber nicht etwa wegen Bruder Mingo! Nicht die Spur! Geschrien hat sie, daß sofort jemand die Hühner versorgen soll, weil der Masser sonst 'n Wutanfall kriegt! Da hat Matilda den kleinen Virgil geholt –«

»Ich wollt's ja eigentlich nicht«, sagte Matilda. »Du weißt ja, wie ich drüber denke. Reicht ja, wenn einer von uns sich um die Hühner da kümmert. Außerdem hab' ich ja gehört, wie du was von streunenden Kötern und Füchsen und Wildkatzen erzählt hast, die immer versuchen, die Vögel aufzufressen! Aber der Kleine hatte Mut, Gott sei Dank! Er hat erschreckte Augen gemacht, aber dann gesagt: ›Mammy, ich geh', ich weiß nur nicht, was ich da machen muß.‹ Onkel Pompey hat ihm einen Sack Mais gegeben und gesagt: ›Du schmeißt bloß 'ne Handvoll von dem Zeugs überall hin, wo du 'n Huhn siehst, ich komm' dann nach, sowie ich kann –‹«

Es gab keine Möglichkeit, ihn und den Masser zu erreichen, und Schwester Sarah meinte, Onkel Mingo sei so weit, daß ihre Kräuter ihm auch nicht mehr helfen könnten, und nicht einmal die Missis wußte, wie man einen Arzt erreichen konnte, und »da blieb uns nichts weiter übrig wie warten«, erzählten sie ihm. Matilda begann wieder zu weinen, und George legte seine Hand auf ihre.

»Sie heult, weil Mingo schon tot war, als wir es der Missis gesagt haben und in Pompeys Hütte zurückgingen«, sagte Kizzy. »Man brauchte bloß hinzugucken!« Jetzt begann auch sie zu schluchzen. »Die arme alte Seele ist ganz allein gestorben.«

Matilda berichtete, Missis Lea hätte bloß geschrien: »Ich weiß nicht, was ich mit toten Leuten anfangen soll!« »Der Masser hat ihr mal gesagt, sie verfaulen, wenn man sie länger als einen Tag liegen läßt. Aber es würde bestimmt länger dauern, bis ihr zurück seid, und wir sollen ein großes Loch graben, wo er rein paßt –«

»Unter der Weide da ist die Erde ziemlich weich«, fiel Kizzy ein. »Wir haben also die Schaufel genommen, und Pompey und wir Frauen haben gegraben und gegraben, einer nach dem andern, bis das Loch für ihn groß genug war. Dann sind wir hierher zurückgekommen, und Pompey hat ihn gewaschen.«

»Er hat ihn erst mit Glyzerin eingerieben, was Miss Malizy von der Missy bekommen hat«, sagte Matilda, »und dann haben wir ein bißchen von dem Parfüm auf ihn gegossen, was du mir letztes Jahr mitgebracht hast.«

»Es war nichts Anständiges anzuziehn da für ihn«, fuhr Kizzy fort. »Was er anhatte, stank zu sehr, und was der kleine Pompey hatte, war viel zu eng, da haben wir ihn einfach in zwei Laken eingerollt.« Onkel Pompey hatte zwei grüne Weidenzweige zurechtgeschnitten, die Frauen ein paar alte Bretter zusammengesucht, um eine Bahre daraus zu fertigen. »Muß allerdings für die Missis sagen«, sagte Matilda, »daß sie mit ihrer Bibel angelaufen kam, als wir ihn zu dem Loch brachten. Und wie wir ihn da reingelegt hatten, hat sie einen Psalm vorgelesen, und dann hab' ich gebetet und den lieben Herrgott gebeten, Mister Mingos Seele zu sich zu nehmen.« Sie hatten den Toten in das Grab gelegt und es zugedeckt.

»Wir haben das Beste getan, was möglich war!« beteuerte Matilda, und als sie das entsetzte Gesicht ihres Mannes sah: »Kannst ruhig böse sein!«

Er ergriff ihre Hand, drückte sie fest an sich und stieß hervor: »Niemand ist böse.« Er war von seinen Gefühlen so überwältigt, daß er seinen Kummer wegen seines verspäteten Eintreffens nicht in Worte zu fassen vermochte. Vielleicht hätten sie doch *irgendwas* tun können, um ihn zu retten.

Ein wenig später trat er aus seiner Hütte und dachte an das Mitgefühl, die Sorge und selbst die Liebe, die all jene Onkel Mingo entgegengebracht hatten, die stets behaupteten, daß sie ihn nicht mochten. Er erblickte Onkel Pompey, ging auf ihn zu und schüttelte ihm die Hände. Pompey, der fast so alt war wie Onkel Mingo, berichtete, er komme eben von den Hühnergehegen, wo Virgil die Tiere überwachte. »Das ist ein guter Junge, den du da hast. Ein guter Junge!«

Sie verabschiedeten sich und George ging langsam auf die Weide zu. Er brauchte eine Weile, bevor er es über sich brachte, einen Blick auf die frisch aufgeworfene Erde zu tun. Er bewegte sich wie in einem Taumel, las ein paar Steine auf und ordnete sie um das Grab herum an. Er fühlte sich unwürdig.

Dann nahm er den Weg durch ein stoppeliges Maisfeld zum Hahnengrund.

»Hast ganze Arbeit geleistet, mein Junge. Aber jetzt geh mal lieber zu deiner Mammy zurück«, sagte er und gab Virgil einen Klaps. Der Junge war von diesem ersten Kompliment tief beeindruckt. Als er gegangen war, setzte sich George hin und starrte ins Leere. Er dachte an die letzten fünfzehn Jahre, lauschte im Geist den Worten seines Lehrers und Freundes – des Mannes, der für ihn fast wie ein Vater gewesen war. Er glaubte, seine rauhe, befehlende Stimme wieder zu vernehmen, die immer dann sanfter wurde, wenn sie vom Hahnenkampf sprachen, und auch die bitteren Klagen, weil er sich zurückgesetzt fühlte: »Traust du und der Masser mir wenigstens zu, daß ich die Hühner füttere, wenn ihr weg seid?« George wurde von Reue ergriffen.

Dann fragte er sich: Woher kam Onkel Mingo, bevor Masser Lea ihn gekauft hatte? Wo war seine Familie? Er hatte nie darüber gesprochen. Hatte er irgendwo eine Frau und Kinder? George hatte Onkel Mingo nähergestanden als irgendeiner auf der Welt, und doch wußte er so wenig über den Mann, der ihn fast alles gelehrt hatte.

Hühner-George verfiel ins Grübeln: Wo war er jetzt wohl, der liebe alte Gefährte, mit dem er jeden Zoll seiner gewohnten Welt durchstreift hatte?

Er blieb dort den ganzen nächsten Tag und die Nacht allein. Erst am Samstagmorgen erschien Masser Lea. Sein Gesicht war bleich und ernst, und er kam ohne Umschweife zur Sache. »Ich hab' mir alles gründlich überlegt. Zuerst einmal brenn Mingos Hütte nieder, und zwar gleich. Das ist die beste Art, sie loszuwerden.«

Ein paar Minuten später standen sie beisammen und schauten in die Flammen, wie sie die kleine Hütte, in der Onkel Mingo vierzig Jahre lang gelebt hatte, verzehrten. Hühner-George hatte das Gefühl, daß der Masser noch etwas anderes auf dem Herzen hatte. Es traf ihn unvorbereitet, was er zu hören bekam.

»Ich hab' mir die Sache mit New Orleans nochmal überlegt«, sagte der Masser. »Wir setzen zu viel aufs Spiel, wenn wir nicht vorher alles in die Reihe bringen –« Er sprach langsam, fast als redete er zu sich selbst. »Ich kann hier nicht weg, bevor ich jemanden hab', der sich um diese Hühner kümmert. Es dauert auch zu lange, bis ich jemanden finde, und vielleicht muß ich ihn ja von der Pieke auf anlernen. Hat auch keinen Zweck, daß ich alleine hinfahr'. Die zwölf Hähne sind für mich zuviel. Hat keinen Zweck, zum Hahnenkampf zu gehen, wenn man nicht gewinnen will. Wär' ein Blödsinn, jetzt die Reise anzutreten –«

Hühner-George schluckte. All die Monate des Planens – – – all das ausgegebene Geld – – – all die Hoffnungen des Masser, in die Elite der südstaatlerischen Hahnenkampfzüchter aufzurücken – – – und die herrlichen und so gut trainierten Tiere, die es mit jedem Vogel aufnehmen konnten. Er schluckte noch einmal, und dann sagte er »Jasörr«.

KAPITEL 99

Jetzt, da er hier unten ganz allein bei dem Federvieh saß, fühlte sich Hühner-George so einsam und verlassen, daß er sich fragte, wie Onkel Mingo dies nur fünfundzwanzig Jahre lang ausgehalten hatte, bis er zu ihm in die Lehre gekommen war. Der alte Mann hatte ihm erzählt: »Als der Masser mich gekauft hat und wir immer mehr Hühner bekamen, hat er mir jedesmal gesagt, daß er mir einen Helfer kauft, aber das hat er nie, und inzwischen glaub' ich fast, daß die Hühner bessere Gesellschaft sind wie Leute.« George hatte zwar auch das Gefühl, daß er die Tiere so gern hatte, wie es einem Menschen nur möglich war, aber sie konnten ihm die Menschen nicht ersetzen. Er brauchte jemanden, der ihm half, und nicht nur, um ihm Gesellschaft zu leisten.

Soweit es ihn betraf, schien Virgil immer noch die vernünftigste Wahl zu sein. So blieb die Sache in der Familie, und er konnte den Jungen geradesogut anlernen wie Onkel Mingo ihn. Da er aber keine Lust hatte, mit Matilda und Kizzy neuen Streit anzufangen, suchte George sich an irgendeinen Hahnentrainer zu erinnern, den er kannte; vielleicht könnte er den Masser überreden, ihn seinem jetzigen Besitzer abzukaufen. Er wußte jedoch, daß jeder an der Kampfhahnzucht interessierte Masser wirklich in arger Geldnot sein mußte, wenn er daran dachte, seinen Heger zu verkaufen, noch dazu an einen so harten Konkurrenten, wie Masser Lea einer war. Er dachte an schwarze Kampfbetreuer, aber die waren fast alle auch Trainer wie er selbst und ließen die Zuchttiere ihres eigenen Masser kämpfen, und die anderen waren meist drittklassige und windige Typen, die mit Tieren, die sie auf Schleichwegen erworben hatten, kämpften. Es gab allerdings einige freie schwarze Kampfbetreuer, die wirklich etwas taugten und die man für einen Tag, eine Woche, einen Monat und selbst ein Jahr mieten konnte, aber er wußte auch, daß Masser Lea selbst den besten freien schwarzen Trainer in Nord-Carolina nicht an seiner Stelle zum Kampf zulassen würde. George hatte also keine Wahl. So nahm er schließlich eines Abends all seinen Mut zusammen, um noch einmal zu Hause darüber zu reden.

»Bevor du mir wieder erzählst, daß du nichts damit zu tun haben willst, hör mir gefälligst erst mal zu, Frau. Nächstesmal, wenn der Masser mich mit auf die Reise nehmen will, wird er einfach sagen: ›Bring mir deinen ältesten Jungen hierher!‹ Und wenn das geschieht, wird Virgil bei den Hühnern *bleiben*, außer, wenn der Masser es sich anders überlegt, aber das gibt es bei ihm nicht, und weder du noch ich können auch nur das leiseste Wörtchen sagen –« Er schob Matildas möglichen Einwand mit einer Handbewegung beiseite. »Wart mal! Ich will jetzt keine Widerrede! Ich will nur, daß du einsiehst, der Junge muß jetzt hier runterkommen. Wenn ich ihn nämlich hole, dann hab' ich grad' lang genug Zeit, ihm beizubringen, wie man die Vögel füttert, wenn ich weg bin, und wie er mir bei den Übungen in der Kampfsaison helfen kann. Die übrige Zeit und den größten Teil des Jahres kann er ja dann mit euch auf den Feldern sein.« Als er Matildas abweisendes Gesicht sah, zuckte er mit den Schultern und sagte scheinbar resigniert: »Na schön, ich überlaß es dir und dem Masser, wenn dir das lieber ist!«

»Was mich nur fuchst, ist, daß du daherredest, als ob Virgil schon erwachsen wär'«, sagte Matilda. »Ist dir denn nicht klar, daß der Junge erst sechs ist? Halb so alt wie du, als sie dich da reingezerrt haben.« Sie stockte. »Ich weiß ja, daß er arbeiten muß, jetzt, wo er sechs ist. Da kann ich nichts machen und muß tun, wie du sagst, aber ich krieg' doch die Wut, wenn ich dran denke, wie diese Hühner dich von mir weggelockt haben!«

»Da hör sich einer an, was du und Mammy verzapft! Klingt ja grad' so, als ob die Hühner mich geschnappt und irgendwo übers Meer gebracht hätten!«

»Ist auch grad' so die meiste Zeit, wenn du weg bist.«

»Weg! – Wer sitzt denn hier und redet? Wer war denn diesen Monat jeden Tag hier?«

»Vielleicht diesen Monat, aber wer weiß, wo du bald wieder sein wirst?«

»Wenn du von der Kampfsaison redest, dann werd' ich überall da sein, wo der Masser mir sagt, daß ich sein soll. Wenn du aber von jetzt redest, dann werd' ich gleich nach dem Essen nicht warten, bis die Würmer die Hühner aufgefressen haben, denn sonst wär' ich *wirklich* weg!«

»Aha! Jetzt gibst du's endlich zu, daß er dich auch verkaufen kann!«

»Da wird er eher die Missis verkaufen, die läßt nämlich seine Hühner schlachten und aufessen!«

»Na schön, George, ich kann's nicht mehr hören«, sagte Matilda und stellte die dampfende Schüssel auf den Tisch. »Iß und dann geh eben gleich zurück, ich schick' dir den Virgil morgen früh nach. Oder willst du ihn jetzt schon mitnehmen? Ich kann ihn ja holen, er ist bei der Oma.«

»Nein, morgen ist schon gut.«

Aber nach einer Woche war es Hühner-George klar, daß es seinem ältesten Sohn völlig an der Begeisterung mangelte, die er selber als kleiner Junge im Umgang mit den Kampfhähnen verspürt hatte. Er war zwar erst sechs Jahre alt, aber es schien George dennoch unfaßbar, daß Virgil nach getaner Arbeit einfach weggehen und irgendwo alleine spielen oder sich tatenlos hinsetzen konnte. Wenn er ihm dann ärgerlich zurief: »Stehst du wohl auf! Was fällt dir ein? Das ist hier kein Schweinestall mit Schweinen, das sind Kampfhähne!«, sprang Virgil zwar eiligst auf und verrichtete jede ihm zugewiesene Arbeit zur Zufriedenheit, aber danach setzte er sich gleich wieder hin oder ging fort zum Spielen. Hühner-George erinnerte sich wütend, wie er als kleiner Junge all seine freie Zeit bei den Jungtieren und den Hähnen verbracht, Grashüpfer gefangen und sie ihnen zum Fressen gegeben hatte und wie unglaublich aufregend er das alles gefunden hatte.

Onkel Mingos Methode war kühl und geschäftsmäßig gewesen – ein Befehl, ein aufmerksames Schweigen, ein weiterer Befehl –, aber George entschloß sich nun, die Sache anders anzupacken, um Virgils Interesse zu wecken. Er würde mit ihm reden.

»Was hast du bis jetzt denn so getrieben?«

»Nichts, Pappy.«

»Na, seid ihr Kleinen auch artig und gehorcht Mammy und Oma?«

»Ja, Pappy.«

»Kriegst du auch gut zu essen, hm?«

»Ja, Pappy.«

»Was ißt du denn am liebsten?«

»Alles, was Mammy kocht, Pappy.«

Der Junge schien überhaupt keine Phantasie zu haben. Man mußte es anders versuchen.

»Laß mich mal die Geschichte von deinem Urgroßpapa hören, wie du sie mal erzählt hast.«

Virgil gehorchte, aber er sagte seine Geschichte recht hölzern auf. George fühlte sein Herz sinken. Virgil stand eine Weile gedankenvoll da und fragte dann: »Pappy, hast du mal meinen Urgroßpappy gesehn?«

»Nein, hab' ich nicht«, sagte er erwartungsvoll. »Ich weiß grad' soviel von ihm wie du von der Oma.«

»Sie ist mit ihm im Einspänner gefahren.«

»'türlich! Er war ja ihr Pappy. Und eines Tages wirst du deinen Kindern erzählen, wie du hier mit deinem Pappy bei den Hühnern gesessen hast.«

Das schien Virgil zu verwirren, denn er verfiel in Schweigen. George versuchte es noch ein paarmal, aber dann gab er es auf und hoffte, daß er mit Ashford, George und Tom mehr Glück haben würde. Er erzählte niemandem, daß Virgil ihn enttäuscht hatte, und beschloß mit Bedauern, den Jungen nur mit provisorischen Aufgaben zu beschäftigen, wie er es Matilda zugesagt hatte, anstatt sich vergeblich zu bemühen, ihn zu einem richtigen Kampfhahnheger auszubilden, wie er es sich ursprünglich vorgenommen hatte.

So betrachtete Hühner-George Virgils Arbeit als beendet, sowie er dreimal täglich die Tiere in ihren Käfigen mit Futter und Trinkwasser versorgt hatte, und schickte ihn zu Matilda zurück, damit er ihr bei der Feldarbeit helfen konnte, die ihm sehr zuzusagen schien. Hühner-George hätte es Matilda, Kizzy und den anderen gegenüber niemals offen zugegeben, aber die Feldarbeit erschien ihm als etwas Verächtliches, er sah in ihr einzig und allein eine endlose Plackerei mit der Hacke unter heißer Sonne, ein Schleppen von Baumwollsäcken, ein endloses Auslesen von Tabakwürmern und Zerhacken von Maiskolben zu Viehfutter. Schmunzelnd entsann er sich der Worte Onkel Mingos: »Wenn ich wählen soll zwischen 'nem Baumwollfeld oder 'nem guten Kampfhahn, nehm' ich allemal den Hahn!« Wie aufregend war allein schon das Ansagen der Kämpfe, ob sie nun im Wald, auf einer Weide oder hinter der Scheune stattfanden, und wie lud sich die Luft mit Spannung auf, wenn die Züchter mit ihren zu Sieg oder Tod entschlossenen Tieren antraten.

In der sommerlichen Zwischensaison, in der die Kampfhähne sich mauserten, fiel nur Routinearbeit an. Hühner-George gewöhnte sich allmählich an das Alleinsein und sprach nur noch mit den Hühnern – besonders mit dem Kampfveteranen, der schon Onkel Mingos Lieblingstier war.

»Hättst uns wenigstens sagen können, wie krank der alte glasäugige Teufel war«, beschimpfte er den Vogel, der eine Sekunde lang seinen Hals emporstreckte, als wisse er, daß man mit ihm redete, um gleich darauf wieder hungrig auf dem Boden seines Käfigs herumzuscharren. »Hör mir mal zu«, sagte George gespielt mürrisch. »Hättst doch wissen müssen, daß es schlimm um ihn stand.« Eine Weile schaute er dem scharrenden Hahn zu. »Na, ich denk', du weißt Bescheid, daß er jetzt weg ist. Frag' mich nur, ob dir der Alte genauso fehlt wie mir.« Der alte Hahn jedoch schien niemanden auf der Welt zu vermissen, und schließlich scheuchte Hühner-George ihn mit einem wohlgezielten Kieselstein davon.

In etwa einem Jahr, überlegte George, wird der alte Vogel wahrscheinlich Onkel Mingo in jene Gefilde folgen, wo die Hahnenbetreuer und ihre Tiere hingehen, wenn ihre Zeit gekommen ist. Er fragte sich, was wohl aus dem ersten Vogel des Masser geworden war – jenem Kampfhahn, auf den man 25 Cents-Wetten gesetzt und mit dem er vor vierzig Jahren seine Laufbahn begonnen hatte. Ob ihn schließlich doch einer seiner Gegner umgebracht hatte? Oder war er wie ein würdiger Kampfhahn an Altersschwäche gestorben? Warum hatte er sich nie bei Onkel Mingo danach erkundigt. Er mußte einmal den Masser fragen. Schon vierzig Jahre waren vergangen! Der Masser hatte ihm erzählt, er sei gerade siebzehn gewesen, als er den Vogel gewonnen habe. Demnach müßte er jetzt sechsundfünfzig oder siebenundfünfzig sein – dreißig Jahre älter als Hühner-George. Er dachte an den Masser, dem Menschen und Hühner ihr Leben lang gehörten, versank darüber in Grübelei und fragte sich, wie es wohl sein mochte, wenn man niemandem gehörte. Was mochte das für ein Gefühl sein, wenn man »frei« war? Gewiß war das nichts Gutes, sonst würden Masser Lea und die meisten Weißen die freien Schwarzen nicht so hassen. Aber dann erinnerte er sich an die Worte einer freien schwarzen Frau, die ihm in Greensboro hausgebrannten Schnaps verkauft hatte: »Jeder von uns Freien liefert euch Plantagenniggern den lebendigen Beweis, daß ein Nigger nicht unbedingt ein Sklave sein muß. Aber dein Masser will an so was lieber erst gar nicht denken.« Hühner-George hingegen, der jetzt so viel Zeit allein bei den Hühnern verbrachte, begann, dem um so mehr nachzusinnen. Er beschloß, einmal mit einem von den freien Schwarzen darüber zu reden, denen er schon oft begegnet war, wenn er und der Masser die Städte besuchten, ohne daß er ihnen je Beachtung geschenkt hätte. Wenn er an der Umzäunung entlangging, die Jungtiere und die Zuchthähne fütterte, freute er sich immer wieder über das wütende Krähen der Hähne, das so klang, als bereiteten sie sich schon auf die kommenden wilden Kämpfe vor. Und immer wieder dachte er an das Jemandem-Gehören.

Eines Nachmittags, als er die fast erwachsenen Tiere im Freigehege beobachtete, kam ihn die Lust an, selber zu krähen. Er beherrschte diese Kunst perfekt. Meist antwortete ihm ein wütender Hahn, der einen Eindringling vermutete. Heute war es wieder so. Aber das prachtvolle Tier, das aus den Büschen vorkam, stand etwa eine halbe Minute heftig mit dem Flügel schlagend da, bevor es in den herbstlichen Nachmittag hinauskrähte. Das helle Sonnenlicht schimmerte auf seinem leuchtenden Gefieder. Seine Haltung war kraftvoll und wild, von den funkelnden Augen bis zu den starken gelben Beinen mit den tödlichen Krallen. Alles an ihm drückte eine solche Kühnheit, Tapferkeit und einen solchen Freiheitsdurst aus, daß Hühner-George sich gelobte, dieses Tier nie zu fangen, zu trainieren oder zu stutzen. Nein, dieser Hahn sollte mit seinen Hennen weiterhin unter den Tannen leben – unbehindert und *frei*!

KAPITEL 100

Die Hahnenkampfsaison rückte rasch näher, aber Masser Lea hatte New Orleans mit keinem weiteren Wort erwähnt. Hühner-George hatte es eigentlich auch nicht erwartet, denn irgendwie wußte er, daß es nie zu dieser Reise kommen sollte. Immerhin machten er und der Masser bei den örtlichen Hauptturnieren großen Eindruck, wenn sie in ihrem blitzblanken Wagen, beladen mit zwölf Hahnenverschlägen, ankamen. Und das Glück stand ihnen bei. Masser Lea gewann durchschnittlich jeweils vier von fünf Kämpfen, und George, der mit den ausgesonderten Hähnen antrat, hatte in den Kleinkämpfen ebenfalls Erfolg. Es war eine hektische und ertragreiche Saison, dennoch gelang es George, gerade zu Hause zu sein, als gegen Jahresende sein fünfter Sohn geboren wurde. Matilda wollte ihn James nennen, denn James, so sagte sie, sei schon immer einer ihrer Lieblingsjünger gewesen. Hühner-George erklärte sich einverstanden, wenn er auch insgeheim eine Grimasse schnitt.

Wohin George mit dem Masser jetzt auch immer reiste, überall schienen die Schwarzen mit wachsender Bitterkeit über die Weißen zu reden. Auf ihrer letzten Reise hatte ein freier Schwarzer George von Osceola, dem Häuptling der Seminolen-Indianer in einem Staat namens Florida, erzählt. Als die Weißen Osceolas schwarze Frau, eine entlaufene Sklavin, gefangennahmen, stellte er eine Kampftruppe aus 2000 entlaufenen Sklaven und Seminolen-Indianern zusammen, mit der er eine Einheit der Armee der Vereinigten Staaten in einen Engpaß lockte und über hundert Soldaten tötete; daraufhin wurde eine starke Streitmacht aufgeboten, um Osceolas Truppen, die sich in den Sümpfen Floridas versteckt hielten und gelegentlich Überfälle unternahmen, endgültig zu vernichten.

Kaum war die Hahnenkampfsaison 1836 beendet, hörte Hühner-George, daß an einem Ort namens »The Alamo« eine Schlacht zwischen Mexikanern und einer Garnison weißer Texaner stattgefunden habe, bei der alle Weißen, einschließlich eines gewissen Davey Crockett, ein Waldläufer, Freund und Fürsprecher der Indianer, niedergemetzelt worden waren. Und später im selben Jahr wurde ihm von weiteren Niederlagen der Weißen im Kampf gegen die Mexikaner unter General Santa Ana berichtet, der sich damit brüstete, der größte Hahnenkampfzüchter der Welt zu sein. George war skeptisch; wenn das stimmen sollte, hätte er ja schon von ihm hören müssen.

Es war im Frühling des nächsten Jahres, als George bei der Heimkehr von einer Reise den Bewohnern des Sklavenquartiers eine neue sensationelle Nachricht verkündete. »Hab's von dem Nigger gehört, der beim Gerichtsgebäude Portier ist: Der neue Präsident van Buren hat der Armee befohlen, die Indianer allesamt über den Mississippi zu treiben!«

»Klingt mir ganz so, als wenn sie den Indianern übern Jordan helfen wollen!« sagte Matilda.

»Das haben die Indianer jetzt davon, daß sie die Weißen überhaupt ins Land gelassen haben«, sagte Onkel Pompey. »'ne ganze Menge Leute, und ich hab' auch dazugehört, bis ich erwachsen war, haben gar nicht gewußt, daß hier vorher kein Mensch war außer den Indianern, und die haben gejagt und geangelt und miteinander gekämpft, und niemand nicht gestört, und was sie gemacht haben, war ihre Sache. Und dann kam so'n kleines altes Boot an mit lauter Weißen, die haben gewinkt und gegrinst und geschrien: ›He, ihr roten Männer da! Können wir nicht mal rüberkommen und was essen und bei euch schlafen und eure Freunde sein?‹ Ach! Ich wette, daß die Indianer heute froh wären, wenn sie mit ihren Pfeilen ein Stachelschwein aus diesem Boot gemacht hätten!«

Von einer Versammlung der Plantagenbesitzer von Caswell County kam Hühner-George mit neuen Nachrichten über die Indianer zurück. »Hab' gehört, daß der General Winfield Scott die Indianer gewarnt hat. ›Die Weißen sind Christen und wollen kein weiteres Indianerblut vergießen; deshalb sollen die Indianer, die noch 'n Rest Verstand im Kopp haben, lieber schnellstens abhauen!‹ Es heißt, wenn so 'n Indianer auch nur so aussieht, als ob er kämpfen will, knallen ihn die Soldaten sofort ab. Tausende hat die Armee einfach in eine Gegend getrieben, die sie Oklahoma nennen. Aber niemand hat gesagt, wie viele unterwegs abgeknallt oder krank geworden und gestorben sind!«

»Schlimm, schlimm!« rief Matilda aus.

Aber es gab auch einige gute Nachrichten – nur warteten sie diesmal auf ihn, als er 1837 von einer seiner Reisen heimkehrte. Sein sechster Sohn war geboren, und Matilda hatte ihn Jules genannt; allerdings schien es Hühner-George, nachdem er herausgefunden hatte, warum sie den vorigen James genannt hatte, nicht der Mühe wert, weitere Fragen zu stellen. Kizzy war diesmal weniger begeistert als bei der Geburt ihrer anderen Enkelkinder und sagte: »Sieht mir ganz so aus, als ob ihr niemals nichts wie Jungens kriegt!«

»Mammy Kizzy«, rief Matilda aus ihrem Bett. »Da lieg' ich hier und stöhne und hab' Schmerzen, und du klingst mir grad' so, als ob du enttäuscht wärst!«

»Stimmt nicht! Ich liebe meine Enkel, und das wißt ihr sehr gut. Aber ich finde, *ein* Mädchen könnte nichts schaden!«

Hühner-George lachte. »Wir werden uns gleich ranmachen und dir ein Mädchen besorgen, Mammy!«

»Scher dich raus!« schimpfte Matilda.

Aber einige Monate später brauchte man Matilda nur anzuschauen, um zu wissen, daß George beabsichtigte, Wort zu halten. »Hm! Man merkt doch gleich, wenn der Mann wieder mal ein bißchen zu Hause gewesen ist«, bemerkte Schwester Sarah.

Und Miss Malizy stimmte ihr zu. »Scheint's war er mal nicht die ganze Zeit bei den Hühnern.«

Nachdem die Wehen eingesetzt hatten, hörte der ungeduldig und nervös wartende George seine Mutter plötzlich rufen: »Jesus, ich danke dir! Jesus, ich danke dir!« Er bedurfte keiner weiteren Erklärung, er war Vater eines Mädchens.

Bevor das Baby noch gewaschen war, eröffnete Matilda ihrer Schwiegermutter, daß sie und George schon vor Jahren beschlossen hatten, ihre erste Tochter Kizzy zu nennen.

»Dann hab' ich nicht umsonst gelebt!« rief die Großmutter an diesem Tag alle zehn Minuten aus und konnte es kaum mehr erwarten, daß Hühner-George aus dem Hahnengrund heimkehrte und noch einmal seinen sechs Söhnen und dem Baby Kizzy in seinen Armen die Geschichte von dem afrikanischen Urgroßpapa Kunta Kinte erzählte.

Eines Nachts, etwa zwei Monate später, als alle seine Kinder schliefen, fragte George: »Tilda, wieviel Geld haben wir eigentlich bis jetzt gespart?«

Sie sah ihn überrascht an. »Bißchen über hundert Dollar.«

»Ist das alles?«

»Das ist alles! Ist schon ein Wunder, daß es so viel ist! Hab' ich's dir nicht all die Jahre gesagt? So wie du das Geld rausschmeißt, hat's ja kaum noch Zweck, von Sparen zu reden!«

»Na schön, laß mal gut sein«, sagte er schuldbewußt.

Aber Matilda ließ nicht locker. »Ganz zu schweigen von dem, was du so gewinnst und rausschmeißt und wo ich nichts von weiß, weil's ja deine Sache ist. – Aber willst du vielleicht mal wissen, wieviel du mir zum Sparen gegeben hast, seit wir verheiratet sind, und was du dir wieder zurückgeborgt hast?«

»Na schön, wieviel denn?«

Matilda machte eine effektvolle Pause. »So ungefähr zwischen drei- und viertausend Dollar.«

»Was!« rief er. »Ist das wahr?«

Sie sah die Veränderung in seinem Gesichtsausdruck und dachte, daß sie ihn in all den zwölf Jahren ihres Beisammenseins noch nie so ernst gesehen hatte. »Wo ich da unten so viel allein rumsitze«, sagte er schließlich, »hab' ich über 'ne ganze Menge Dinge nachgedacht –« Er schwieg und schien fast ein wenig verlegen. »Eins, was ich mir überlegt hab', ist, daß wir in den nächsten Jahren vielleicht genug zur Seite legen sollten, damit wir uns freikaufen können.«

Matilda war zu überrascht, um etwas erwidern zu können.

Er machte eine ungeduldige Handbewegung. »Ich will, daß du dir 'n Bleistift nimmst und mal ausrechnest, was das kostet – und hör endlich auf, mich so anzustarren, wie wenn du nicht bei Trost bist!«

Die immer noch über die Maßen erstaunte Matilda holte Bleistift und Papier hervor und setzte sich an den Tisch.

»Da ist erst mal die Schwierigkeit, daß ich höchstens raten kann, was der Masser für uns alle verlangen wird«, sagte er. »Ich und du und all die Kleinen. Fangen wir mal mit dir an. Aus der Kreisstadt weiß ich, daß die Feldarbeiter vielleicht so um die tausend Dollar das Stück gehandelt werden. Frauen sind weniger wert. Sagen wir mal, vielleicht achthundert –« Er stand auf, beugte sich über Matildas Papier und setzte sich wieder. »Dann nehmen wir mal an, daß der Masser uns die Kinder zu vielleicht dreihundert das Stück läßt. Das wären dann acht mal dreihundert –«

»Sind aber bloß sieben!« protestierte Matilda.

»Und das Neue, das du jetzt im Bauch hast, macht doch acht!«

»Ach!« sagte sie und lächelte. Sie rechnete es aus. »Das macht zweitausendvierhundert –«

»Nur für die Kinder?« Seine Stimme drückte Zweifel und Empörung aus. Matilda rechnete noch einmal. »Acht mal drei macht vierundzwanzig. Plus achthundert für mich, und das macht genau zweiunddreißighundert, und das ist so viel wie dreitausendzweihundert.«

»Was!«

»Nu hab' dich doch nicht so! Das dicke Ende bist du!« Sie schaute ihn an. »Was bist du wert?«

So ernst die Angelegenheit war, konnte er sich nicht verkneifen, sie zu fragen: »Was glaubst *du* denn, wieviel ich wert bin?«

»Wenn ich das wüßte, dann hätt' ich schon versucht, dich selber vom

Masser zurückzukaufen.« Sie lachten beide. »George, ich weiß gar nicht, wieso wir über all das überhaupt reden. Wirklich nicht. Du weißt doch genau, daß der Masser dich nie verkaufen wird!«

Er antwortete nicht sofort. Aber dann sagte er: »Tilda, ich hab's noch nie erwähnt. Ich weiß ja, daß du schon wütend wirst, wenn einer bloß vom Masser spricht. Aber ich wette mit dir, was du willst, daß er mir schon mindestens fünfundzwanzigmal erzählt hat, er will nur genug verdienen, damit er sich 'n schönes großes Haus bauen kann, mit sechs Säulen davor, wo er und die Missis leben können mit dem, was die Felder einbringen, und dann will er auch das Hahnenkampfgeschäft aufgeben, weil er zu alt wird, sich damit rumzuschlagen, hat er gesagt.«

»Das muß ich erst sehn, bevor ich's glaube, George. Du und er, ihr werdet niemals nie den Quatsch mit den Hühnern aufgeben!«

»Ich sag' dir nur, was er gesagt hat! Hör doch zu! Schau mal, Onkel Pompey sagt, daß der Masser jetzt ungefähr dreiundsechzig sein muß. Geben wir ihm noch fünf oder sechs Jahre – ist ja schließlich nicht so einfach für einen wirklich alten Mann, in der Gegend rumzufahren zu Hahnenkämpfen. Ich hab' ja auch nicht viel dran gedacht, aber dann hab' ich überlegt – jawohl, das hab' ich –, daß er uns vielleicht doch freikaufen läßt, besonders, wenn wir ihm genug bezahlen, damit er sich das große Haus bauen kann.«

»Hm. Na schön, dann reden wir halt drüber«, meinte Matilda nicht sehr überzeugt. »Was denkst du denn, wird er für dich verlangen?«

»Also –« Sein Ausdruck zeigte Stolz und Qual zugleich angesichts dessen, was er jetzt sagen würde. »Also – der Niggerkutscher von dem reichen Masser Jewett, der hat mir mal hoch und heilig geschworen, daß er gehört hat, wie sein Masser jemandem erzählt hat, daß er dem Masser Lea viertausend Dollar für mich geboten hat.«

»Herrje!« Matilda war entsetzt.

»Siehst du, du hast eben noch nie gemerkt, mit was für 'm wertvollen Nigger du schläfst!« Aber er wurde rasch wieder ernst. »Ich glaub' dem Nigger nicht. Ich nehme an, daß er sich die Lüge nur ausgedacht hat, weil er sehn wollte, ob ich dämlich genug bin und den Unsinn schlucke. Ich richte mich jedenfalls nach dem, was heutzutage für die Nigger mit den besten Berufen bezahlt wird, Tischler und Schmiede und so. Die werden für zwei- bis dreitausend verkauft. Tatsache –« Er schwieg einen Moment und schaute auf ihren Bleistift. »Schreib mal dreitausend –« Er wartete. »Was macht das?«

Matilda rechnete nach, und dann sagte sie, der Gesamtpreis für ihre Familie beliefe sich auf sechstausendzweihundert Dollar. »Aber wie steht's mit Mammy Kizzy?«

»Zu Mammy komm' ich noch«, sagte er ungeduldig. Dann dachte er angestrengt nach. »Mammy wird allmählich ziemlich alt. Da wird sie uns weniger kosten –«

»Sie wird dieses Jahr erst fünfzig«, gab Matilda zu bedenken.

»Dann schreib mal sechshundert Dollar.« Er beobachtete den Bleistift. »Na, wieviel ist das?«

Matildas Gesicht war konzentriert und angespannt. »Jetzt sind's sechstausendachthundert Dollar.«

»Waao! Da sieht man mal wieder, daß die Nigger für die Weißen 'n ganz schönes Geschäft sind.« George sprach sehr langsam. »Aber eins sag' ich dir. Ich kann mit den Kampfhähnen umgehn und werd's auch tun. Und ich hab' lang gewartet und ans Sparen gedacht –« Er sah, daß Matilda besorgt dreinsah. »Weiß schon, was du auf dem Herzen hast«, sagte er. »Miss Malizy, Schwester Sarah und Onkel Pompey.«

Matilda war ihm dankbar dafür, daß er es wußte. Er sagte: »Die waren schon wie 'ne Familie für mich, bevor du sie kanntest –«

»Jesses, George!« rief sie. »Ich seh' überhaupt keine Möglichkeit nicht, wie du allein alle von hier loskaufen sollst, aber einfach weggehn und sie hierlassen, könnt' ich auch nicht!«

»Wir haben ja noch 'ne Menge Zeit, Tilda. Warten wir erstmal ab, bis es soweit ist, dann können wir weitersehn.«

»Da hast du mal wieder recht.« Sie blickte noch einmal auf die eben niedergeschriebenen Zahlen. »Weißt du, George, ich kann's einfach nicht glauben, daß wir darüber reden –« Erst jetzt war es ihr so recht zu Bewußtsein gekommen, daß sie und George zum erstenmal über die Zukunft ihrer Familie sprachen. Am liebsten wäre sie aufgesprungen und hätte ihn von ganzem Herzen umarmt. Doch war sie im Augenblick so gerührt, daß sie nicht einmal ein Wort hervorzubringen vermochte. Schließlich fragte sie: »George, wie bist du eigentlich darauf gekommen?«

Er schwieg eine Weile. »Ich bin jetzt viel allein, und da denk' ich eben mehr nach. Das hab' ich dir ja schon mal gesagt –«

»Na«, sagte sie zärtlich. »Schön ist es, muß ich schon sagen.«

»Hier kommen wir ja doch zu nichts«, stieß er hervor. »Das einzige, was wir erreichen, nützt bloß dem Masser!« Matilda hätte am liebsten »Hurrah« geschrien, aber sie hielt sich zurück. »Ich hab' mit den freien Niggern gesprochen, wenn ich mit dem Masser irgendwo unterwegs in einer Stadt war«, fuhr George fort. »Die erzählen, daß es den freien Niggern im Norden am besten geht. Da oben sollen sie miteinander in ihren eigenen Häusern leben und gute Arbeit kriegen. Und ich weiß genau, daß ich das kann! Oben im Norden gibt's viele Hahnenkämpfe! In New York City sollen sogar ganz berühmte Hahnenkampfnigger leben, wie ich gehört hab': da gibt's einen Onkel Billy Roger und einen Onkel Pete, die ihre eigene Zucht besitzen und daneben noch 'n großes Spielkasino – dann ist da noch einer, den sie ›Nigger-Jackson‹ nennen, der hat die besten Vögel, die kaum zu schlagen sind!« Vollends in Erstaunen versetzte Matilda allerdings die folgende Bemerkung: »Und noch was – ich will, daß unsre Kleinen mal lesen und schreiben lernen wie du.«

»Ich hoff' nur, die lernen's besser wie ich«, sagte Matilda mit leuchtenden Augen.

»Ich will auch, daß sie 'n Beruf lernen.« Er dachte einen Moment nach, dann schmunzelte er plötzlich. »Stell dir bloß mal vor, wie das aussehn würde, wenn du da in deinem eigenen Haus sitzt, mit deinen eigenen bezogenen Möbeln und all dem feinen Zeug, und wie's ist, wenn Miss Tilda eines Tages die andern freien Niggerfrauen zum Morgentee einlädt und wie ihr da alle rumsitzt und euch über Blumensträuße und solche Sachen unterhaltet. Wie wär's damit?«

Matilda brach in quietschendes Gelächter aus. »Mann, du bist ja verrückt!« Als sie sich ausgelacht hatte, verspürte sie mehr Liebe und Zärtlichkeit für ihn denn je zuvor. »Heut' abend hat mir der liebe Gott genau das geschenkt, was ich brauchte.« In ihren Augen standen Tränen, als sie ihre Hand auf die seine legte. »George, glaubst du wirklich, wir können es schaffen?«

»Na hör mal, Frau. Wozu, glaubst du, sitz' ich hier rum und rede?«

»Weißt du noch, was ich dir damals gesagt hab', an dem Abend, wo wir beschlossen haben zu heiraten?« Sein Gesicht zeigte, daß er es nicht wußte. »Ich hab' dir was aus dem ersten Kapitel Ruth erzählt. Ich hab' dir gesagt: ›Wo du hingehst, da will ich auch hingehn; wo du bleibst, da bleib' ich auch. Dein Volk ist mein Volk, und dein Gott ist mein Gott –‹ Kannst du dich nicht mehr erinnern, daß ich dir das gesagt hab'?«

»Doch, ich glaub' schon.«

»Na, jedenfalls hab' ich das nie stärker gefühlt wie jetzt.«

KAPITEL 101

Hühner-George nahm seinen Hut ab und reichte Masser Lea einen kleinen Wasserkrug, der so aussah, als sei er aus Draht geflochten. »Mein Junge, der kleine Tom, den wir nach Euch benannt haben, Masser, hat das für seine Oma gemacht, aber ich wollte, daß Ihr's Euch mal anschaut.«

Masser Lea nahm den Krug zögernd und mißtrauisch an seinem Henkel aus Kuhhorn und warf einen flüchtigen Blick drauf. Dann brummte er ein unverbindliches »Hm«.

George sah ein, daß er es noch einmal versuchen mußte. »Ja, Masser, er hat das Ding aus altem Draht geflochten. Dann hat er ein schönes heißes Holzkohlenfeuer gemacht und die Drähte aneinandergeschweißt und dann noch mal richtig nachgeformt. Hm, der Tom ist schon sehr geschickt, Masser –«

Er schaute den Masser an und wartete auf eine Reaktion. Aber es kam keine.

George sah ein, daß er seine wahre Absicht kundtun müsse, ohne daß es aussah, als wolle er sich den taktischen Vorteil einer günstigen Reaktion auf Toms handwerkliches Geschick zunutze machen. So entschloß er sich zu dem Sprung ins kalte Wasser. »Ja, Masser, der Junge ist mächtig stolz, daß er sein Leben lang Euren Namen tragen darf, und wir glauben alle, daß er einen prima Schmied abgibt, wenn man ihn nur läßt.«

Bei diesen Worten machte Masser Lea sofort ein mißbilligendes Gesicht, was aber George nur noch mehr in seinem Entschluß bestärkte, dem kleinen Tom zu helfen, wie er es Matilda und Kizzy versprochen hatte.

Jetzt mußte er zu den stärksten Argumenten greifen und Masser Lea auf die finanziellen Vorteile seines Vorschlags hinweisen.

»Masser, jedes Jahr gebt Ihr 'ne Menge Geld fürs Schmieden aus, was Ihr leicht sparen könnt! Wir haben Euch auch niemals nicht erzählt, daß Tom Euch schon allerhand erspart hat, weil er schon oft Sicheln und Hakken und andres Gerät für Euch scharf geschliffen hat – und er hat 'ne Menge Sachen repariert, die zerbrochen waren. Ich sag' das alles nur, weil Ihr mich zu Isaiah, dem Nigger geschickt habt, der hier die Schmiede hat, und der hat mir erzählt, daß Masser Askew ihm schon seit Jahren einen Gehilfen versprochen hat, den er wirklich bitter nötig braucht, denn damit verdiente er ja gutes Geld für seinen Masser. – Er hat uns damals die Eisenreifen für die Wagenräder gemacht. Und dann hat er noch gesagt, daß er herzlich gern einen guten Jungen in die Lehre nehmen würde, und da hab' ich mir gedacht: ›Wie wär's denn mit Tom?‹ Wenn er was lernen kann, Masser, dann kann er ja später viel mehr machen, wie wir hier brauchen, und noch Arbeit für Fremde annehmen, die Euch 'ne Menge Geld einbringt, grad' so wie der Nigger Isaiah für seinen Masser Askew.«

Jetzt war George sicher, den Nerv getroffen zu haben, aber allzu sicher auch wieder nicht, denn der Masser war offensichtlich bemüht, sich nichts anmerken zu lassen. »Sieht mir ganz so aus, als ob dein Junge mehr Zeit mit diesen Spielereien verschwendet als mit nützlicher Arbeit«, sagte Masser Lea und warf George den kleinen Drahtbehälter wieder zu.

»Tom hat nicht einen Tag gefehlt, seit er auf den Feldern arbeitet, Masser! Diese Sachen hier macht er nur am Sonntag, wenn er frei hat. Er hat schon als ganz kleiner Kerl seinen Spaß am Reparieren und Basteln gehabt. Das steckt ihm im Blut! Jeden Sonntag geht er in den kleinen Schuppen, den er sich hinter der Scheune zurechtgemacht hat, und haut immer auf irgendwas rum. Er hat es sogar schon so getrieben, daß wir Angst hatten, er würde die Missis stören.«

»Na schön, ich werd' es mir überlegen«, sagte Masser Lea, wandte sich um und ging fort. Hühner-George stand verlegen und entmutigt mit dem kleinen Metallkrug in der Hand da.

Miss Malizy saß in der Küche und schälte Rüben, als der Masser eintrat. Sie drehte sich halb nach ihm um, sprang aber nicht mehr ehrerbietig auf, wie sie es noch vor einigen Jahren getan hätte, denn sie dachte sich, daß es ihm nichts ausmachen würde; immerhin hatte sie ein Dienstalter erreicht, in dem man sich schon ein paar kleine Freiheiten herausnehmen durfte.

Masser Lea kam geradewegs zur Sache. »Was ist eigentlich mit diesem Jungen los, der Tom heißt?«

»Tom? Tildas Tom, Masser?«

»Wie viele Toms gibt's denn hier? Du weißt sehr gut, wen ich meine. Also was ist mit dem?«

Miss Malizy wußte genau, warum er fragte. Erst vor einigen Minuten hatte Großmutter Kizzy ihr erzählt, wie ungewiß Hühner-George sich der Reaktion des Masser auf seinen Vorschlag war. Jetzt wußte sie es also. Aber sie hatte eine so gute Meinung von dem jungen Tom – und nicht nur, weil er neulich S-förmige Topfhaken für sie angefertigt hatte –, daß sie sich entschloß, ihre Antwort etwas hinauszuzögern, um unparteiischer zu klingen.

»Hm, ja«, sagte sie schließlich. »Wer sich unterhalten will, der würde bei dem Jungen bestimmt nicht auf seine Kosten kommen, denn mit reden ist nicht viel bei ihm zu machen, Masser, aber eins muß ich schon sagen: Er ist ein wirklich kluges Kind – Tatsache, das ist er – und auch ein ganz gutes!« Miss Malizy machte eine bedeutungsvolle Pause. »Und ich nehm' an, daß er eines Tages zu 'nem richtigen Mann ranwächst, der mehr Mann ist wie sein Pappy. In vieler Beziehung.«

»Was redest du da? In welcher Beziehung?«

»Eben in *mancher* Beziehung, Masser, wie ich's gesagt hab'. Viel solider und zuverlässiger und nicht ständig auf irgendwelche Dummheiten aus und solche Sachen. Er wird mal ein Mann, wie ihn eine Frau sich nur wünschen kann.«

»Na, hoffentlich denkt er noch nicht ans Heiraten«, sagte Masser Lea etwas mißtrauisch. »Das hab' ich eben erst dem ältesten Jungen erlaubt – wie heißt er noch gleich?«

»Virgil, Masser.«

»Stimmt. Und jedes Wochenende läuft er jetzt zur Curry-Pflanzung rüber, um mit seinem Mädchen zu schlafen, statt hier zu arbeiten, wie sich's gehört.«

»Aber der Tom nicht. Nein, Sörr, der ist noch zu jung für solche Flausen, und er wird wohl auch noch nicht so bald auf solche Gedanken kommen, selbst wenn er erwachsen ist, jedenfalls nicht solange, wie er nicht das richtige Mädchen gefunden hat.«

»Du bist nur schon zu alt und weißt nichts mehr von den jungen Bökken, die heutzutage so rumlaufen«, sagte Masser Lea. »Sollte mich nicht wundern, wenn einer einfach Pflug und Maulesel auf dem Feld stehenläßt, weil er irgendeinem Mädchen nachjagt.«

»Da bin ich ganz einverstanden, wenn's um den jungen Ashford geht, Masser, der stellt den Weibern genauso nach wie sein Pappy. Aber Tom ist nicht so. Überhaupt nicht.«

»Na schön. Wenn ich mich drauf verlassen kann, was du mir da erzählst, könnte der Junge tatsächlich was taugen.«

»Verlaßt Euch auf das, was wir alle von Tom halten, Masser.« Miss Malizy ließ sich ihren Triumph nicht anmerken. »Weiß zwar nicht, was Ihr genau von Tom wissen wollt, aber er ist bestimmt der allerbeste von den großen Jungens.«

Masser Lea teilte Hühner-George fünf Tage später seine Entscheidung mit.

»Ich habe eine Vereinbarung getroffen, um deinen Tom auf der Askew-Pflanzung in Kost und Logis zu geben«, verkündete er feierlich. »Da soll er bei dem Niggerschmied Isaiah drei Jahre in die Lehre gehen.« George war so begeistert, daß er sich beherrschen mußte, um den Masser nicht zu umarmen und in der Luft herumzuwirbeln. Statt dessen grinste er breit und begann, sich überschwenglich zu bedanken.

»Hoffe nur, daß du mir über den Jungen keine Geschichten erzählt hast, George. Auf deine Versicherungen hin hab' ich ihn dem Masser Askew wärmstens empfohlen. Wenn er sich nicht als so gut erweist, wie du sagst, dann hol' ich ihn mir schneller zurück, als du A sagen kannst, und wenn er dann nochmal aus der Reihe tanzt und auf irgendeine Weise mein Vertrauen mißbraucht, wirst du mir dafür gradestehn. Verstanden?«

»Er wird Euch nicht enttäuschen, Masser. Das versprech' ich. Der Junge ist noch vom alten Schlag.«

»Das befürcht' ich ja grade. Sieh zu, daß er bis morgen früh seine Sachen gepackt hat und reisefertig ist.«

»Jasörr. Und nochmals vielen Dank. Werdet es nicht bereuen.«

Sowie der Masser sich entfernt hatte, rannte Hühner-George zum Sklavenquartier zurück, und wußte sich vor Stolz darüber, was er erreicht hatte, kaum zu lassen. Als er Matilda und Kizzy, die ihm zuerst zugeredet hatten, mit dem Masser zu sprechen, die frohe Nachricht überbrachte, war er noch zu aufgeregt, die spöttischen Blicke zu bemerken, die die Frauen untereinander tauschten. Gleich darauf lief er zur Tür und brüllte: »Tom! Tom! Tom, hörst du mich?«

»Ja doch, Pappy!« Die Antwort kam hinter der Scheune hervor.

»Junge, komm sofort hierher!«

Einen Augenblick später sperrte Tom Mund und Augen auf. Für ihn kam die Nachricht gänzlich unerwartet – man hatte ihm eine eventuelle Enttäuschung ersparen wollen, falls alles Vorstelligwerden beim Masser vergeblich gewesen wäre. Obwohl er überglücklich war, machten ihn all die begeisterten Glückwünsche doch so verlegen, daß er so rasch wie möglich das Haus verließ – nicht zuletzt, um sich zu vergewissern, ob sein Wunschtraum sich auch tatsächlich erfüllt hatte. Er hatte gar nicht bemerkt, wie seine kleinen Schwestern Kizzy und Mary hinausgelaufen waren, den anderen Brüdern atemlos die Neuigkeit zu hinterbringen.

Der schlaksige Virgil, der gerade von der Arbeit in der Scheune zurückkam und sich eben zu seiner neuen Braut auf die Pflanzung begeben wollte, brummte nur ein paar unverständliche Worte und lief an dem freudestrahlenden Tom vorbei, der seinerseits Virgils Eile, über den Besen zu springen, sehr komisch fand.

Dann straffte sich Tom, als er den kräftigen, breitschultrigen, achtzehnjährigen Ashford in Begleitung seiner jüngeren Brüder James und Lewis kommen sah. Irgendwie waren Tom und Ashford nie gut miteinander ausgekommen, und daher war ihm Ashfords verbitterte Reaktion nicht weiter verwunderlich.

»Bist ja schon immer der liebe kleine Junge gewesen! Hast allen Honig um den Bart geschmiert, damit du bloß was von ihnen kriegst! Und jetzt haust du einfach ab, und wir schuften weiter auf den Feldern und können sehn, wo wir bleiben!« Er schwenkte seinen Arm, als wolle er zum Schlag ausholen, während James und Lewis ganz verschreckt dreinblickten. »Paß bloß auf, wir sprechen uns noch!« Mit diesen Worten stampfte Ashford von dannen, und Tom blickte ihm lange nach; er wußte, eines Tages würde es zwischen ihm und Ashford zu einem großen Auftritt kommen.

Was Tom von »Klein-George« zu hören bekam, klang ebenso bitter, wenn auch weniger feindselig. »Ach, könnt' ich doch auch weg hier. Wegen Pappy muß ich mich noch kaputtschuften! Nur weil ich seinen Namen trag', meint er, ich müßte ebenso verrückt auf die Hühner sein wie er. Dabei *hasse* ich diese stinkigen Viecher!«

Die zehnjährige Kizzy und die achtjährige Mary, die die Nachricht verbreitet hatten, wichen den ganzen Nachmittag nicht mehr von Toms Seite, und ihre schüchterne Anhänglichkeit gab klar zum Ausdruck, daß er ihr angebeteter und allerliebster großer Bruder war.

Am nächsten Morgen begleiteten Virgil, Kizzy, Schwester Sarah und Matilda Tom bis zum Mauleselwagen und kehrten gleich danach zu ihrer Feldarbeit zurück. Großmutter Kizzy meinte: »Wenn uns jemand gesehn hätte, wie wir geschluchzt, geflennt und rumgetan haben, der hätt' ja glauben können, daß wir dem Kind auf immer Lebewohl sagen.«

»Ach was! Der ist doch kein *Kind* mehr, meine Liebe!« rief Schwester Sarah. »Tom ist der nächste richtige *Mann*, den wir haben werden!«

KAPITEL 102

Virgil hatte sich von Masser Lea ein besonderes Reisepapier ausstellen lassen, eine Laterne an den Mauleselwagen gehängt und war kurz vor Thanksgiving durch die Nacht gefahren, um Tom noch rechtzeitig zum Festmahl von der Askew-Pflanzung abzuholen. Neun Monate war er nun schon fort. Als der Wagen an jenem kalten Novembernachmittag die Auffahrtsstraße zu Leas Haus hinaufrollte und Virgil das Maultier auf einen raschen Trab brachte, mußte Tom die Tränen niederhalten. Da lag das heimatliche Sklavenquartier wieder vor ihm, und er sah all jene, die er so schmerzlich vermißt hatte, wartend vor ihren Hütten stehen. Sie winkten, riefen ihn beim Namen, und schon war er mit seinem Sack voller selbstgefertigter Geschenke vom Wagen gesprungen und ließ sich von dem versammelten Frauenvolk herzen und küssen.

»Ach, der gute Junge!« --- »Sieht er nicht prächtig aus?« --- »Kann man wohl sagen! Schau doch nur, wie kräftig seine Schultern und Arme geworden sind!« – – – »Oma, laß mich Tom einen Kuß geben!« --- »Laß mich auch mal ran. Zerdrück ihn nur nicht. Komm, Kind, komm zu mir!« Über die Schultern der Frauen hinweg erhaschte Tom einen Blick auf seine beiden jüngeren Brüder James und Lewis. Daß der kleine George mit dem Vater bei den Hühnern war, wußte er, und Virgil hatte ihm auch erzählt, daß der Masser Ashford Erlaubnis erteilt habe, ein Mädchen auf einer anderen Pflanzung zu besuchen.

Dann sah er den gewöhnlich bettlägerigen Onkel Pompey vor seiner Hütte. In eine warme Decke gehüllt, saß er auf einem alten Korbstuhl. Sowie Tom sich frei machen konnte, lief er zu dem alten Mann hinüber und ergriff seine weiche, zittrige Hand. Er neigte sich über ihn, um die brüchige, fast flüsternde Stimme zu verstehen.

»Wollte nur sicher sein, daß du wirklich zurück bist, mein Junge –«

»Ja. Ich freu' mich so, daß ich wieder da bin, Onkel Pompey!«

»Gut, mein Junge, ich seh' dich ja noch«, sagte der Alte.

Tom hatte Mühe, seine Gefühle in Zaum zu halten. Er war jetzt sechzehn Jahre alt, und nie zuvor hatten ihm die Menschen aus dem Sklavenquartier so viel Zuneigung und Respekt entgegengebracht.

Seine beiden kleinen Schwestern klammerten sich an ihn und schwatzten auf ihn ein, als sich plötzlich von fern eine bekannte Stimme, wie ein Trompetensignal vernehmen ließ.

»Jesses, sieh mal, wer da kommt«, rief Matilda. »Herr Kampfhahn persönlich.« Die Frauen eilten ins Haus, um das Festmahl auf den Tisch zu bringen.

Als Hühner-George im Sklavenquartier ankam und seinen Sohn Tom erblickte, strahlte er. »Sieh mal an, wer hier plötzlich heimgekehrt ist!« Er gab Tom einen gewaltigen Schlag auf die Schulter. »Hast du schon Geld verdient?«

»Nein, Pappy. Noch nicht.«

»Das ist mir aber ein schöner Schmied, der nicht mal Geld verdient«, sagte George mit gespieltem Erstaunen.

Tom erinnerte sich, daß er sich stets wie in einem Windsturm gefühlt hatte, wenn die bombastische Redeweise seines Vaters ertönte. »Ich hab' noch lang bis zum richtigen Schmied, Pappy. Ich versuch' ja erst zu lernen«, sagte er.

»Na, dann sag mal dem Nigger Isaiah, daß er sich beeilt und dir was beibringt!«

»Ja, Pappy«, sagte Tom mechanisch und dachte dabei, daß er kaum jemals auch nur die Hälfte dessen erlernen würde, was Mr. Isaiah sich mit aller Geduld bemühte, ihm beizubringen. Er fragte: »Kommt der kleine George nicht zum Essen?«

»Vielleicht kommt er noch zur rechten Zeit, vielleicht auch nicht«, sagte Hühner-George. »Der Bengel ist einfach zu faul. Ist immer noch nicht mit der Arbeit fertig, die ich ihm heute früh aufgetragen hab', und da hab' ich ihm gesagt, er soll sich bloß nicht blicken lassen, bevor er fertig ist!« Hühner-George ging zu Onkel Pompey hinüber. »Das freut mich aber, daß du endlich mal wieder aus deiner Hütte raus bist, Onkel Pompey. Wie geht's denn so?«

»Mäßig, mein Sohn, sehr, sehr mäßig. Ich alter Kerl taug' halt nichts mehr für nichts, und damit hat es sich.«

»Erzähl keinen Quatsch. Das sind doch Flausen!« rief Hühner-George und wandte sich lachend wieder Tom zu. »Dein alter Onkel Pompey ist einer von den Niggern, die wie die Eidechsen sind. Der kann noch hundert Jahr' alt werden! War schon gute zwei- oder dreimal schwer krank, seit du weg bist, und jedesmal haben die Weiber schon geheult, weil sie dachten, er schafft's nicht, aber jedesmal ist er doch wieder aufgestanden!«

Die drei lachten noch, als Großmutter Kizzy laut zu ihnen herüberrief: »Bringt mir den Pompey jetzt rüber zu Tisch!« Trotz der Kühle des Tages hatten die Frauen einen langen Tisch unter dem großen Kastanienbaum aufgestellt, so daß sie ihr Thanksgiving-Mahl alle gemeinsam genießen konnten.

James und Lewis trugen Onkel Pompey auf seinen Stuhl, und Schwester Sarah lief ihnen besorgt nach.

»Laßt ihn bloß nicht fallen, noch ist er nicht zu alt, euch tüchtig den Hintern zu versohlen«, rief Hühner-George.

Als endlich alle saßen, Hühner-George am oberen Tischende, wandte Matilda sich absichtsvoll an Tom: »Sprich du das Tischgebet, mein Junge.« Der überraschte Tom wünschte, er hätte sich darauf vorbereitet und sich beizeiten ein Gebet für das Glück einer wiedervereinten Familie ausgedacht. Aber da ein jeder schon den Kopf gesenkt hielt, fiel ihm nur noch das gewohnte »Komm Herr Jesus, sei unser Gast, und segne, was du uns bescheret hast« ein. »Im Namen des Vaters, des Sohnes und des heiligen Geistes, Amen.«

»Amen! – – – Amen!« hallte es im Chor wieder. Und dann begannen Matilda, Großmutter Kizzy und Schwester Sarah umherzurennen, vollgehäufte, dampfende Schüsseln und Teller herbeizubringen und alle zu ermuntern, tüchtig zuzulangen – erst dann setzten auch sie sich. Einige Minuten lang wurde kein Wort gesprochen, alle aßen wie die Halbverhungerten und gaben nur genießerische und schmatzende Geräusche von sich. Matilda und Kizzy füllten mehrere Male Toms Glas mit frischer Buttermilch, luden ihm wiederholt Fleisch, Gemüse und Maisbrot auf den Teller und begannen schließlich, ihn gründlich auszufragen.

»Armer Junge, geben sie dir da drüben auch genug zu essen? Wer kocht denn da für euch?« fragte Matilda.

Tom schluckte schnell seinen Bissen hinunter und antwortete: »Mister Isaiahs Frau, Miss Emma.«

»Was für 'ne Farbe hat sie denn, und wie sieht sie überhaupt aus?« fragte Kizzy.

»Sie ist schwarz und ziemlich dick.«

»Das hat doch nichts mit ihrem Kochen zu tun«, grölte Hühner-George lachend. »Taugt ihr Essen was, Junge?«

»Ist wirklich ganz gut, Pappy, bestimmt«, nickte Tom ihm zu.

»Na schön, aber so gut wie deine Mammy kocht sie bestimmt nicht«, fiel Schwester Sarah ein. Tom murmelte zustimmend: »Nein, das natürlich nicht«, und dachte dabei, wie wütend Miss Emma sein würde, wenn sie das gehört hätte, und wie wütend hier alle wären, wenn sie wüßten, daß Miss Emma in Wirklichkeit viel besser kochte.

»Und sind die beiden auch gute Christen?«

»Ja, Mammy, das sind sie bestimmt«, sagte er. »Besonders Miss Emma. Die liest ziemlich viel in der Bibel.«

Tom aß gerade seine dritte Portion, als seine Mammy und Kizzy ihm ungeachtet seines Protestes noch mehr auf den Teller häufen wollten, weshalb er schnell sagte: »Hebt lieber noch was für den kleinen George auf, wenn er nach Hause kommt.«

»Für den ist noch genügend da, das solltest du wissen«, sagte Matilda.

»Nimm noch ein Stück gebratenes Kaninchen – – – und noch ein bißchen Spinat – – – oder von dem geschmorten Kürbis da. Malizy hat auch 'ne große Schüssel Süßkartoffel-Pudding aus dem großen Haus geschickt, wo sie das Essen serviert. Du weißt ja, wie gut der schmeckt –«

Nun meldete sich auch Onkel Pompey zu Wort:

»Junge, kannst du schon Pferde und Maultiere beschlagen?«

»Die lassen mich erst die alten Hufe abziehn, neue hab' ich noch nicht draufgenagelt«, sagte Tom und dachte an den tückischen Maulesel, den er gestern hatte fesseln müssen, bevor man ihn überhaupt beschlagen konnte. Prompt kam von Hühner-George: »Der Junge hat sicher noch nicht genug Mauleseltritte gekriegt, daß sie ihn richtig ranlassen! Ist auch zu leicht, den Pferden die Hufe zu verderben, wenn man nicht genau weiß, wie man's anstellen soll. Hab' mal von einem Niggerschmied gehört, der die Hufe verkehrtrum angeschlagen hat, und da konnte das Pferd nur noch rückwärts laufen!« Hühner-George lachte ausdauernd über seinen eigenen Witz, dann fragte er: »Wieviel kriegt ihr denn fürs Beschlagen von Pferden und Maultieren?«

»Ich glaub', die Männer bezahlen Masser Askew vierzehn Cents pro Huf«, sagte Tom.

»Na, bei den Kampfhähnen ist aber viel mehr Geld drin!« stellte Hühner-George fest.

»Dafür ist die Schmiedearbeit aber viel sinnvoller wie das blöde Federvieh!« blaffte Großmutter Kizzy zurück, und Tom hätte sie am liebsten auf der Stelle umarmt. Dann fuhr sie mit viel sanfterer Stimme fort: »Nun sag mal, Junge, was mußt du denn so tun, damit du mal 'n richtiger Schmied wirst?«

Tom war froh, daß sie das gefragt hatte, er hatte seiner Familie längst erzählen wollen, worin seine Arbeit bestand. »Na schön, Oma. Jeden Morgen schüre ich das Schmiedefeuer, damit's richtig brennt, wenn Mister Isaiah kommt. Dann leg' ich ihm sein Werkzeug zurecht, was er für seine Arbeit braucht. Denn wenn du rotglühendes Eisen schmiedest, darfst du's nicht kalt werden lassen, bloß weil du zufällig nicht den richtigen Hammer findest –«

»Jesses, das Kind ist ja schon 'n Schmied«, rief Schwester Sarah bewundernd aus.

»Nein, nein«, sagte Tom. »Ich bin das, was man 'nen ›Schläger‹ nennt. Wenn Mister Isaiah was Schweres macht, wie Wagenachsen oder Pflugmesser, schlag' ich mit dem Schmiedehammer überall nach, wo er mit seinem Hammer hinklopft. Manchmal läßt er mich auch kleine Arbeiten fertig machen, wenn er schon mit was anderm anfängt.«

»Und wann wird er dich endlich Pferde beschlagen lassen?« bohrte Hühner-George weiter, fast als wolle er seinen schmiedenden Sohn in Verlegenheit bringen, aber Tom grinste nur. »Weiß nicht, Pappy, aber ich denke, er wird's mich bald ganz alleine machen lassen. Wie du sagst – hab' schon jede Menge Huftritte abgekriegt. Manche von den besonders bokkigen Viechern sind wirklich schlimm. Sie schlagen nicht nur aus, sondern beißen dir glatt ein Stück aus dem Leib, wenn du nicht aufpaßt.«

»Kommen auch weiße Leute in die Schmiede, Junge?« wollte Schwester Sarah wissen.

»Ja, Miss, 'ne ganze Menge sogar. Vergeht kaum ein Tag, wo nicht ein Dutzend oder mehr rumstehn und reden, während sie warten, daß Mister Isaiah die Arbeit für sie fertig macht.«

»Na, was sagen die denn so? Hast du was gehört, daß wir vielleicht mal eines Tages nicht mehr so von aller Welt abgeschnitten sind wie jetzt hier?«

Tom überlegte einen Augenblick und versuchte, sich an das zu erinnern, was nach Meinung Mister Isaiahs und Miss Emmas die wichtigste Neuigkeit war, über die die Weißen sprachen. »Ja, da war so 'ne Sache, von der sie erzählt haben – so ein Ding, das sie Telegraph nennen. Irgend so ein Masser Morse in Washington hat sich ganz richtig mit jemand in Baltimore unterhalten. Er soll gesagt haben: ›Was hat Gott denn erschaffen?‹, hab' aber nie rausgefunden, was das heißen soll.«

Alle am Tisch wandten sich Matilda, ihrer Bibelexpertin, zu, sie schien aber verwirrt zu sein. »Ich – ich bin mir da wirklich nicht sicher«, sagte sie zögernd, »aber ich glaub' nicht, daß ich so was schon mal in der Bibel gelesen hab'.«

»Ich weiß nicht warum, Mammy«, sagte Tom, »aber ich glaub', das hat gar nichts mit der Bibel zu tun. Es war grad' irgendwer, der von weit her durch die Luft gsprochen hat.«

Er fragte, ob sie vor ein paar Monaten gehört hätten, daß Präsident Polk in Nashville, Tennessee, an Durchfall gestorben und Präsident Zachary Taylor ihm nachgefolgt sei.

»Das weiß doch jeder!« rief Hühner-George.

»Na, wenn du's so genau weißt, warum hab' ich dich noch nie drüber reden hören«, fragte Schwester Sarah.

Dann wieder Tom: »Die weißen Leute, besonders die jungen, singen jetzt Lieder, die so wie unsre klingen sollen, aber sie wurden von einem Masser Stephen Foster geschrieben.« Er sang die wenigen Zeilen, an die er sich noch erinnern konnte, und summte die Melodie von »My Ol' Kentucky Home« und »Ol' Black Joe«.

»Klingt mir ganz so, wie wenn's von Niggern wär'!« rief Großmutter Kizzy.

»Mister Isaiah sagt, daß dieser Masser Foster viel Zeit bei den Niggern in den Kirchen und auf den Flußdampfern und Docks verbracht hat.«

»Deshalb!« sagte Matilda. »Aber hast du noch nie von Liedern gehört, die wir selbst gemacht haben?«

»Doch, Mammy«, sagte Tom. Dann erzählte er von den freien Schwarzen, die hier und da Mr. Isaiah Arbeit brachten und ständig von berühmten Schwarzen im Norden redeten. Die kämpften dort gegen die Sklaverei, reisten unentwegt herum und hielten in vollen Sälen Vorträge über ihr Sklavenleben vor ihrer Befreiung, und das Publikum spendete ihnen tränenreichen Beifall. »Da ist einer, der Frederick Douglass heißt«, sagte Tom. »Man erzählt, daß er in Maryland als Sklave aufgewachsen ist, sich selbst Lesen und Schreiben beigebracht hat, dann gearbeitet hat, bis er genügend zusammengespart hatte, um sich von seinem Masser freizukaufen.« Matilda warf Hühner-George einen bedeutungsvollen Blick zu, und Tom fuhr fort: »Sie erzählen auch, daß sich Hunderte versammeln, wo er spricht, und daß er ein Buch geschrieben hat, sogar eine Zeitung soll ihm gehören.«

»Es gibt aber auch berühmte Frauen, Mammy.« Tom schaute Matilda, Großmutter Kizzy und Schwester Sarah an und erzählte ihnen von einer ehemaligen Sklavin namens Sojourner Truth, die über 1,80 m groß war und ebenfalls vor vielen Weißen und Schwarzen ihre Vorträge hielt, obgleich sie weder lesen noch schreiben konnte.

Großmutter Kizzy sprang von ihrem Stuhl auf und fuchtelte wild herum. »Jetzt weiß ich's. Ich muß schnellstens in den Norden und erzählen, was ich auf dem Herzen hab'.« Sie tat so, als hielte sie eine Ansprache: »Ihr weißen Leute, hört mal her, was Kizzy euch zu sagen hat! Diesen Mist lassen wir uns nicht länger gefallen! Wir Nigger sind es leid, für euch als Sklaven zu schuften!«

»Na hör mal, Mammy. Der Junge hat doch grade gesagt, daß die Frau da über 1,80 m groß ist! Du bist zu klein!« prustete Hühner-George, während die anderen am Tisch ihn mit gespielter Empörung anschauten. Und als sei sie schwer gekränkt, nahm Großmutter Kizzy wieder Platz.

Tom erzählte ihnen jetzt von einer anderen berühmten entlaufenen Sklavin. »Sie heißt Harriet Tubman. Man kann gar nicht sagen, wie oft sie wieder in den Süden gekommen ist und wie viele von unsern Leuten sie in die Freiheit im Norden geführt hat. Man nennt das die Untergrund-Eisenbahn. Sie hat's so stark getrieben, daß die Weißen schon 40000 Dollar Belohnung ausgesetzt haben, wenn man sie fängt – tot oder lebendig.«

»Barmherziger Gott, das hätt' ich nie gedacht, daß die Weißen so viel Geld ausgeben, bloß um einen Nigger zu fangen!« staunte Schwester Sarah.

Er erzählte ihnen auch, daß zwei Weiße in einem weit abgelegenen Staat namens California eine Sägemühle aufgebaut und unversehens große Mengen Gold unter der Erde gefunden hatten und daß nun Tausende von Menschen in ihren Wagen, auf Mauleseln, manche sogar zu Fuß, an diesen Ort kamen, wo man angeblich das Gold eimerweise aus dem Boden holen konnte.

Schließlich erzählte er von den großen Debatten, die zwischen zwei weißen Männern namens Stephan Douglas und Abraham Lincoln über die Sklaverei ausgetragen wurden.

»Wer von den beiden ist für die Nigger?« fragte Großmutter Kizzy.

»Ich glaub', der Masser Lincoln, jedenfalls hab' ich's so gehört«, sagte Tom.

»Gelobt sei der Herr, und er gebe ihm Kraft!« sagte Kizzy.

Hühner-George lutschte an seinen Zähnen, stand auf, klopfte sich auf den dicken Bauch und meinte zu Tom: »Schau mal, Junge, ich hätt' nicht übel Lust, mir die Beine zu vertreten und mir ein bißchen von dem vielen Essen vom Leibe zu laufen. Kommst du mit?«

»Ja, Pappy«, erwiderte Tom fast stammelnd, kaum imstande, seine Überraschung zu verbergen.

Die gleichermaßen überraschten Frauen tauschten bedeutungsvolle Blicke aus, als Vater und Sohn die Straße hinuntergingen. Schwester Sarah sagte bewundernd: »Seht euch nur mal das an. Der Junge ist ja beinah' schon so groß wie sein Pappy!« James und Lewis starrten ihrem Vater und ihrem älteren Bruder fast neidisch nach, hätten es sich aber nicht im Traum einfallen lassen, sich dem Spaziergang anzuschließen. Die beiden kleinen Mädchen, Klein-Kizzy und Mary, hingegen konnten nicht widerstehen, sprangen auf und hüpften vergnügt den beiden Männern hinterher.

Ohne sich nach ihnen umzuschauen, befahl Hühner-George: »Geht mal schnell wieder zurück und helft der Mammy beim Abwaschen!«

»Ach, Pappy!« maulten sie einmütig.

»Los, was hab' ich gesagt!«

Tom wandte sich halb um und sagte, entschieden sanfter als Hühner-George: »Habt ihr nicht gehört, was Pappy gesagt hat? Wir sehn uns ja später noch.«

Sie ließen die weinenden Mädchen hinter sich und gingen eine Weile schweigend nebeneinander her, dann sagte Hühner-George fast mürrisch: »Hör mal, du weißt doch, daß ich es nicht bös gemeint hab' vorhin, wie ich dich bei Tisch 'n bißchen gefoppt hab'.«

»Ach nein, Pappy«, sagte Tom, verwundert, daß sein Vater sich zu entschuldigen schien. »Ich hab' doch gewußt, daß es nur Spaß ist.«

Jetzt schlug Hühner-George vor: »Was meinst du, wollen wir nicht mal runtergehn und nach den Hühnern schauen? Frag mich nur, was dieser Nichtsnutz, Klein-George, treibt. Vielleicht hat er schon 'n paar Hühner gekocht und aufgegessen, als seine Thanksgiving-Mahlzeit.«

Tom lachte. »Klein-George meint's gut, Pappy, er ist nur einfach ein bißchen langsam. Er hat mir gesagt, daß er die Tiere jetzt bald so gern hat wie du.« Tom schwieg und beschloß dann, seine Gedanken frei auszusprechen. »Na ja, ich glaub', genausogern wie du hat die Hühner sonst gar niemand auf der Welt.«

Hühner-George gab es bereitwilligst zu. »Jedenfalls niemand in unsrer Familie. Ich hab's mit allen versucht – außer mit dir. Scheint so, als ob all meine andern Jungs ihr Lebtag auf den Feldern schuften wollen, wo sie nichts andres vor der Nase haben als ’n Mauleselarsch!« Er dachte einen Augenblick nach. »Du mit deiner Schmiederei, bringst es ja auch nicht grade weit – ist jedenfalls mit der Hahnenkämpferei nicht zu vergleichen –, aber wenigstens ist es Männerarbeit.«

Tom fragte sich, ob sein Vater jemals etwas anderes als sein Hähnezüchten wirklich respektiert hatte. Er war froh, daß es ihm irgendwie gelungen war, sich in das solide und beständige Schmiedehandwerk zu retten. Diesen Gedanken sprach er allerdings weniger deutlich aus. »An Feldarbeit seh’ ich nichts Schlechtes, Pappy. Wenn niemand Feldarbeit machen will, hätten wir bald nichts mehr zu essen. Ich hab’ mit der Schmiederei gradeso angefangen wie du mit den Hühnern; ich tu’s eben gern, und der Himmel hat mir die Begabung dazu geschenkt. Es kann nun mal nicht jeder dieselben Sachen mögen.«

»Na, wenigstens sind wir beide vernünftig genug, uns Geld zu verdienen, mit einer Arbeit, die uns Spaß macht«, sagte Hühner-George.

Tom erwiderte: »Du jedenfalls. Ich werd’ wohl noch zwei Jahre kein Geld verdienen, bis ich die Lehrzeit abgedient hab’ und für den Masser arbeite – das heißt, wenn er mir ’n bißchen Geld läßt, so wie dir, wenn du die Hahnenkämpfe gewinnst.«

»Klar wird er das!« meinte Hühner-George. »Der Masser ist gar nicht so schlimm, wie deine Mammy und Oma immer sagen. Er hat schon manchmal eine ekelhafte Art. Zugegeben. Du mußt halt lernen, ihn richtig anzupacken, damit er sich von seiner guten Seite zeigt – ihn glauben lassen, daß du ihn für einen erstklassigen Masser hältst, der von seinen Niggern bewundert wird.« Hühner-George schwieg einen Moment. »Der Masser Askew, bei dem du da jetzt arbeitest – was meinst du wohl, wieviel Geld der dem Nigger Isaiah für sein Schmieden gibt?«

»Schätze, einen Doller die Woche«, sagte Tom. »Hab’ mal gehört, wie seine Frau sagte, daß er ihr so viel jede Woche zum Sparen gibt, und der spart bestimmt jeden Penny.«

»So viel kannst du beim Hahnenkampf in weniger wie einer Minute verdienen«, sagte Hühner-George, aber dann hielt er sich zurück.

»Na, jedenfalls kannst du mir das mit dem Geld überlassen, wenn du zurückkommst und für den Masser arbeitest. Ich werd’ ihm einfach erzählen, wie knickrig Masser Askew mit seinem Nigger ist.«

»Ja, Pappy.«

Hühner-George hatte das Gefühl, daß er die Zustimmung und das Vertrauen dieses Sohnes besonders brauchte – obwohl er an den anderen fünfen durchaus nichts auszusetzen hatte und Tom bestimmt der letzte war, der je mit grünem Schal und schwarzem Hut mit Hahnenfedern auftreten würde. Dies lag wohl vor allem daran, daß Tom ohne Zweifel ein Verantwortungsgefühl zeigte, dem man nicht alle Tage begegnete, außerdem war er zuverlässig und stark.

Sie waren schweigend weitergegangen, und plötzlich sagte Hühner-George: »Hast du jemals daran gedacht, dich als Schmied selbständig zu machen, Junge?«

»Was meinst du damit? Wie soll ich denn so was können, Pappy?«

»Hast du je daran gedacht, daß du dir dein Geld sparen kannst, um dich eines Tages freizukaufen?«

Tom war wie vom Donner gerührt und fand keine Worte. Also fuhr Hühner-George fort.

»Vor ein paar Jahren, ungefähr als Klein-Kizzy auf die Welt kam, hab' ich mich mit deiner Mammy hingesetzt, und dann haben wir mal ausgerechnet, wieviel es kostet, wenn wir die ganze Familie freikaufen würden – dabei haben wir an die Preise gedacht, die man heutzutage so für Nigger bezahlt. Das kommt auf ungefähr sechstausendachthundert Doller –«

»Waao!« Tom schüttelte den Kopf.

»Nu hör mir schon bis zu Ende zu!« sagte George. »Klar, ist 'ne Menge Geld! Aber seit damals hab' ich mir mit den Hahnenkämpfen den Arsch abgearbeitet, und deine Mammy hat alle meine Gewinnanteile zur Seite gelegt. Hab' zwar nicht soviel gewonnen, wie ich am Anfang gehofft hatte, und jetzt weiß es niemand außer deiner Mammy und ich – und du –, sie hat mehr als tausend Dollar in Weckgläsern im Hinterhof versteckt!« Hühner-George sah Tom an. »Junge, da hab' ich mir eben gedacht –«

»Ich auch, Pappy!« Toms Augen leuchteten auf.

»Nun hör mal gut zu, Junge!« Hühner-George sprach immer eindringlicher. »Wenn ich weiter ungefähr soviel verdiene wie in den letzten paar Saisons, dann sollte ich noch weitere drei- oder vierhundert zusammenhaben, bis du mit dem Schmieden für den Masser anfängst.«

Tom nickte eifrig mit dem Kopf. »Wenn wir dann beide Geld verdienen, kann Mammy vielleicht fünf- oder sechshundert im Jahr auf die Kante legen«, sagte er aufgeregt.

»Ja!« sagte Hühner-George. »Und wenn dann die Niggerpreise nicht angestiegen sind, sollten wir genug haben, um die ganze Familie freizukaufen – dazu brauchen wir ungefähr – warte mal –«

Sie rechneten beide angestrengt mit ihren Fingern. Nach einer Weile verkündete Tom: »Ungefähr fünfzehn Jahre!«

»Wo hast du so schnell rechnen gelernt? Na, was hältst du von meiner Idee, Junge?«

»Pappy, ich werde schmieden, bis mir der Schädel raucht! Ich wünschte nur, du hättest mir 's früher gesagt.«

»Wir beide werden es bestimmt schaffen, das weiß ich!« verkündete George strahlend. »Wir werden die Familie zu was bringen! Dann fahren wir in den Norden, und unsere Kinder und Enkelkinder wachsen als freie Menschen auf, so wie sich's gehört! Was meinst du dazu, Junge?«

Sie waren beide tief gerührt und umarmten sich, als sie die pummelige Gestalt des kleinen George auftauchen sahen. Er rannte ihnen entgegen, rief »Tom! Tom« und grinste bis über beide Ohren. Ganz atemlos kam er bei ihnen an, sein Herz pochte heftig. Er ergriff Toms Hände, schüttelte sie und klopfte ihm freudig auf die Schulter. »Freu' mich – dich – zu sehn – Tom!« schnaufte er.

»Paß auf, Junge«, sagte Hühner-George. »Wenn du so weitermachst, hast du keine Kraft mehr zum Essen.«

»Dazu bin ich – nie zu müde – Pappy!«

»Dann beeil dich mal und lauf zum Essen«, sagte Tom. »Wir kommen gleich nach. Pappy und ich, wir haben noch was zu besprechen.«

»Schön, ich seh' euch später«, sagte Klein-George und bedurfte keines weiteren Zuspruchs, um ins Sklavenquartier zu rennen.

»Beeil dich lieber!« rief Hühner-George ihm nach. »Weiß nicht, wie lange Mammy deine Brüder noch davon abhalten kann, über die Reste herzufallen!«

Tom und sein Vater blickten dem eilig davonwatschelnden Klein-George nach und hielten sich die Seiten vor Lachen, bis er um die Kurve verschwunden war.

»Wir sollten lieber mit sechzehn Jahren rechnen«, keuchte Hühner-George.

»Wieso denn das?« fragte Tom besorgt.

»So wie der Junge frißt, kostet's mich ein Jahreseinkommen, bis ich ihn die Zeit über ernährt hab'!«

KAPITEL 103

Hühner-George konnte sich nicht erinnern, die Hahnenkampfzüchter in Nord-Carolina jemals so aufgeregt erlebt zu haben wie in jenen späten Novembertagen 1855; es hatte sich herumgesprochen, daß Masser Jewett einen adligen reichen Hahnenzüchter aus England in seinem Haus zu Gast hatte, der mit dreißig seiner reinrassigen »Old England«-Kampfhähne, angeblich den besten, die es gab, über den Ozean gekommen war. Den letzten Nachrichten zufolge hatte dieser Engländer, ein gewisser Sir C. Eric Russell, Masser Jewetts handgeschriebene Einladung, seine Hähne gegen einige der besten in den Vereinigten Staaten kämpfen zu lassen, angenommen. Da sie aber langjährige Freunde waren, zogen sie es vor, nicht ihre eigenen Tiere gegeneinander antreten zu lassen, sondern jeder sollte zwanzig Tiere aufbieten, die sie gegen vierzig Kontrahenten kämpfen lassen wollten. Der Einsatz sollte insgesamt 30000 Dollar betragen, und für jede Einzelwette war ein Mindesteinsatz von zweihundertfünfzig Dollar pro Kampf vorgesehen. Ein anderer wohlhabender Hahnenzüchter hatte sich bereit erklärt, die vierzig Gegner zusammenzustellen – je fünf Tiere von sieben Bewerbern außer ihm selbst.

Masser Lea mußte Hühner-George nicht erst sagen, daß er sich an diesem großen Geschäft zu beteiligen gedachte.

»So«, sagte er, als er seine Anzahlung von 1875 Dollar geleistet hatte und auf die Pflanzung zurückgekehrt war, »jetzt bleiben uns sechs Wochen, die fünf Vögel zu trainieren.« – »Jasörr, das sollten wir schon schaffen, mein' ich«, antwortete Hühner-George und suchte vergeblich, seine Aufregung zu verbergen. Zu seiner eigenen Begeisterung über ein so großartiges Turnier kam bei Hühner-George noch die Überlegung hinzu, wie sich die Leute im Sklavenquartier freuen würden, denn Masser Lea schien dank all der Aufregung um fast fünfundzwanzig Jahre verjüngt. So erklärte er zu Hause: »Die wissen schon sehr gut, wen sie da auswählen! Der Masser sagt, das ist der Kampf, wo das meiste Geld drinsteckt, was er je erlebt hat – und der zweitgrößte, wo er je von gehört hat. Tatsache.«

»Pah! Was soll denn das für'n größerer gewesen sein?« fragte Onkel Pompey.

Hühner-George erklärte. »Schätze, das war der vor zwanzig Jahren, als der klotzigreiche Masser Nicholas Arrington aus Nashville mit elf Planwagen, zweiundzwanzig Mann und dreihundert Vögeln trotz Straßenräubern und Indianern bis nach Mexiko fuhr. Da haben sie gegen noch mal dreihundert Hähne gekämpft, die dem Präsident von Mexiko, einem gewissen General Santa Ana, gehörten. Der hatte so viel Geld, daß er's nicht mal zählen konnte, und behauptete, daß er die besten Kampfhähne von der Welt hätte. Der Masser hat gesagt, allein die Kämpfe von den Tieren dieser beiden Männer hätten eine ganze Woche gedauert! Ihr Einsatz war so groß, daß er 'ne ganze Truhe mit Geld füllte. Sogar die Einzelwetten hätten noch leicht einen reichen Mann zugrunde richten können. Schließlich hat dieser Masser Arrington aus Tennessee 'ne halbe Million Dollar eingesteckt. Seine Vögel hatte er Krüppel-Tonys genannt – nach seinem verkrüppelten Niggertrainer, der Tony hieß. Und der mexikanische General Santa Ana war auf einen dieser Krüppel-Tonys so scharf und wollte ihn als Zuchthahn, daß er dafür das Gewicht in Gold bezahlt hat!«

»Ich seh' schon. Sollte vielleicht auch besser ins Hühnergeschäft einsteigen«, sagte Onkel Pompey.

In den nächsten sechs Wochen sah man Hühner-George und Masser Lea kaum einmal auf der Pflanzung. »Ist schon gut, daß der Masser da unten bei den Hühnern bleibt, die alte Missis ist wieder mal furchtbar sauer«, berichtete Miss Malizy am Ende der dritten Woche den Bewohnern des Sklavenquartiers. »Hab' erst vor kurzem wieder gehört, wie sie ihn ausgezankt hat, weil er fünftausend Dollar von der Bank abgehoben hat, da hat sie gezetert und was noch und gesagt: ›Du willst ja bloß wie all die stinkreichen Leute tun, die tausendmal soviel Geld haben wie du.‹ Da hat er die Missis angeschrien und gesagt: ›Geht dich 'n Dreck was an‹, und ist aus 'm Haus gestampft.«

Matilda und der zweiundzwanzigjährige Tom, der vor vier Jahren auf die Pflanzung zurückgekehrt war und sich eine Schmiede hinter der Scheune eingerichtet hatte, mit der er seinem Masser viel Geld verdiente, hörten grimmig schweigend zu. Matilda war einem Wutanfall nahe, sie hatte ihrem Sohn erzählt, wie Hühner-George sie gezwungen hatte, ihm sämtliche Ersparnisse auszuhändigen, die er dem Masser für Wetten auf die Lea-Hähne zur Verfügung stellen wollte. Matilda hatte geweint und geschrien und sich verzweifelt bemüht, Hühner-George zur Vernunft zu bringen. »Aber er hat sich aufgeführt, wie wenn er verrückt ist«, erklärte sie Tom. »Hat mich angebrüllt – ›Weib‹, hat er gesagt – ›ich kenn' jedes einzelne Tier, wie's noch ein Ei war. Drei oder vier können's mit jedem Tier, was Flügel hat, aufnehmen! Ich werd' mir so 'ne Chance doch nicht entgehn lassen, ich kann ja unsere Ersparnisse glatt verdoppeln, und das dauert nicht länger wie so 'n Hahn braucht, den andern umzubringen! In zwei Minuten sparen wir mehr als in neun oder mehr Jahren, in denen wir alles zusammenkratzen zum Uns-Freikaufen!«

»Mammy, du hast doch Pappa sicher gesagt, daß wir mit dem Sparen aber wieder ganz von vorn anfangen müssen, wenn die Hühner nun verlieren sollten!« rief Tom entsetzt.

»Nicht nur das hab' ich ihm gesagt! Hab' alles versucht, ihm klarzumachen, er hat kein Recht, mit unsrer Freiheit zu spielen! Aber er wurde bloß immer wütender und hat geschrien: ›Wir können gar nicht verlieren! Gib mir jetzt endlich mein Geld, Frau!‹«

Also hatte Matilda es ihm schweren Herzens ausgehändigt.

Bei den Hühnerställen waren Hühner-George und Masser Lea damit beschäftigt, die Auswahl unter siebzehn der besten Tiere zu treffen, die sie dann auf die zehn allerbesten herunterbrachten. Danach begannen sie mit dem Flugtest, warfen die Hähne höher und höher in die Luft, bis schließlich acht von ihnen mindestens zwölf Meter im Fluge zurücklegten, bevor ihre Füße den Boden berührten. »Ich schwör', Masser, daß es mir ganz so aussieht, als ob wir wilde Truthähne trainieren!« kicherte Hühner-George.

»Die müssen aber auch wie Habichte sein, wenn sie gegen die Tiere von Jewett und diesem Engländer kämpfen sollen«, meinte der Masser.

Eine Woche vor dem großen Hahnenkampf ritt der Masser davon und kam erst gegen Abend des folgenden Tages mit sechs Paar der allerfeinsten schwedischen Stahlsporen zurück, die so scharf wie Rasierklingen und so spitz wie Nadeln waren.

Und nachdem sie zwei Tage vor dem Kampf noch einmal jedes Tier geprüft hatten, schienen ihnen alle acht Hähne so ausgezeichnet, daß es unmöglich war, die fünf allerbesten zu erkennen. So beschloß der Masser, sie alle acht mitzunehmen und erst in letzter Minute die Auswahl zu treffen.

Er sagte Hühner-George, sie würden um Mitternacht des folgenden Tages aufbrechen, damit sie und die Kampfhähne sich von der langen Reise noch genügend erholen konnten und frisch und ausgeruht zu den Kämpfen erscheinen würden. Hühner-George wußte wohl, daß der Masser es ebenso eilig hatte wie er, dort hinzukommen.

Die lange Reise durch die Dunkelheit verlief ereignislos. Hühner-George sah die am vorderen Wagenende schaukelnde Laterne und die beiden Maulesel vor sich und dachte mit gemischten Gefühlen an seinen heftigen Wortwechsel mit Matilda über das Geld. Als ob er nicht selbst am besten wüßte, wieviel Jahre harter Arbeit in diesen Ersparnissen steckten. Waren es denn nicht vor allem seine eigenen Anteile an den Gewinnen aus zahllosen Hahnenkämpfen? Er hatte zwar keinen Augenblick bezweifelt, daß Matilda die beste Ehefrau war, die man sich denken konnte, aber deshalb bedauerte er es um so mehr, daß er sie hatte anschreien müssen und daß es zu einem sicher ebenso heftigen Streit gekommen war wie dem, den der Masser im eigenen Haus auszufechten hatte, aber es gab nun einmal Augenblicke im Leben, in denen der Herr des Hauses die richtigen, bisweilen auch harten Entscheidungen zu treffen hatte. Und wieder mußte er an Matildas tränenerstickten Schrei denken: »George, du hast kein Recht, unsre Freiheit aufs Spiel zu setzen!« Wie konnte sie nur so schnell vergessen, daß er es war, der zuallererst die Idee gehabt hatte, Geld zu sparen, um sie freizukaufen? Und nun hatte der Masser ihm nach all den langen Jahren des Sparens glücklicherweise anvertraut, daß er mehr Bargeld brauchte, um bei den Wetten der nächsten Kämpfe mithalten zu können, denn natürlich wollte er nicht nur diesen versnobten reichen Massers zeigen, wer er war, sondern wollte auch ihr Geld gewinnen. Hühner-George schmunzelte vor sich hin und dachte mit Genugtuung an den überraschten Gesichtsausdruck des Masser, als er ihm gesagt hatte: »Ich hab' ungefähr zweitausend Dollar auf der hohen Kante, die könnt Ihr zum Wetten nehmen, Masser.« Der Masser hatte einen Moment gebraucht, sich von seinem Schock zu erholen, dann die Hand seines Hegers ergriffen und ihm feierlich versprochen, daß er jeden Cent der mit seinem Geld gewonnenen Wetten zurückbekäme, und versichert: »Jedenfalls solltest du's mindestens verdoppeln!« Dann hatte der Masser gezögert und gesagt: »Aber, Junge, was willst du nur mit viertausend Dollar anfangen?«

In diesem Augenblick hatte sich Hühner-George zu einem noch riskanteren Spiel entschlossen – er hatte seinem Masser erzählt, warum er seit so langer Zeit so viel gespart hatte. »Masser, bitte versteht mich recht. Ich hab' nur die allerbesten Gefühle für Euch, Masser. Aber ich und Tilda, wir haben mal so geredet, und da haben wir beschlossen, daß wir uns vielleicht eines Tages mit unseren Kindern freikaufen wollen und den Rest unsres Lebens in Freiheit verbringen!« Als er dann aber sah, wie entsetzt Masser Lea ihn bei diesen Worten anstarrte, flehte er ihn noch einmal an: »Um Gottes willen, denkt bloß nichts Falsches von uns, Masser –«

Doch Masser Lea hatte gesagt – und das war eines der beglückendsten Erlebnisse in Hühner-Georges Leben gewesen –: »Jetzt will ich dir mal sagen, Junge, was ich im Sinn hatte, als ich mich auf diesen großen Hahnenkampf eingelassen hab', zu dem wir jetzt hinfahren. Ich denke, es könnte vielleicht mein letzter sein. Weißt du eigentlich, daß ich schon achtundsiebzig Jahre bin? Über fünfzig Jahre bin ich jetzt während der Saison herumgereist mit meinen Hähnen, die ich gezüchtet hab' und die für mich gekämpft haben. Jetzt reicht's. Verstehst du? Ich werd' dir mal was sagen, Junge! Mit dem, was ich aus der Hauptwette und all den Nebenwetten gewinnen werde, kann ich mir und meiner Frau ein neues Haus bauen – kein so großes, wie ich mir früher immer gewünscht hab', sondern nur fünf, sechs Zimmer – aber neue –, mehr brauchen wir nicht. Daran hatt' ich gar nicht mehr gedacht, bis du das Thema jetzt angeschnitten hast, und nun kann ich dir ja auch sagen, daß wir dann für all die Nigger gar keine Verwendung mehr haben. Nur Sarah und Malizy können weiter für uns kochen und uns einen Gemüsegarten halten, in dem wächst, was wir brauchen; außerdem haben wir dann genügend Geld auf der Bank und müssen niemanden mehr um was bitten –«

Hühner-George hielt den Atem an, als Masser Lea fortfuhr. »Und ich will dir noch was sagen, Junge! Ihr habt mir treu gedient und mir keinen Ärger gemacht. Diesen Hahnenkampf werden wir gewinnen und unser Geld mindestens verdoppeln – jawohl –, dann brauchst du mir nur das zu geben, was du hast, nämlich viertausend Dollar, und wir sind quitt! Du weißt so gut wie ich, daß ihr Nigger mindestens zweimal soviel wert seid! Ich hab's dir ja zwar nie gesagt, aber einmal hat mir dieser reiche Jewett tatsächlich viertausend Dollar für dich geboten, aber ich hab's abgelehnt! Jawohl, und jetzt könnt ihr euch alle freikaufen, wenn ihr unbedingt wollt!«

Hühner-George brach in Tränen aus, sprang auf Masser Lea zu und wollte ihn umarmen, doch der war verlegen zur Seite getreten. »Oh Jesses, Gott, Masser, Ihr ahnt ja nicht, was Ihr da sagt! Frei sein! Das haben wir uns ja so gewünscht!« Die Antwort des Masser klang eigenartig schroff. »Na, ich weiß zwar nicht, was ihr Nigger mit eurer Freiheit anfangen wollt, wenn ihr dann niemanden mehr habt, der sich um euch kümmert. Und meine Frau, die wird mir schön die Hölle heiß machen, wenn sie hört, daß ich euch für so gut wie nichts einfach laufenlasse. Teufel noch mal, schon allein Tom, der Schmiedejunge, ist gut und gern seine zweitausendfünfhundert wert, und außerdem bringt er mir noch 'ne Menge ein!«

Der Masser war wirklich sehr schroff zu Hühner-George, denn nun fuhr er fort: »So, los jetzt, Nigger, und paß bloß auf, daß ich's mir nicht noch anders überlege! Teufel auch, ich muß ja gradezu verrückt sein! Na, immerhin hoff' ich, daß deine Frau und deine Mammy und all die andern Nigger endlich merken, daß ich nicht so schlecht bin, wie sie glauben – und ich weiß, für wie schlecht die mich halten!«

»Oh, nein, Sörr, nein wirklich nicht! Vielen Dank, Masser, danke!«

Jetzt wünschte Hühner-George sehnlicher denn je, er hätte nie die häßliche Auseinandersetzung mit Matilda gehabt. Er entschloß sich, seinen Triumph vorerst für sich zu behalten und Matilda, Mammy Kizzy und die gesamte Familie eines Tages damit völlig zu überraschen. Er mußte sich allerdings sehr beherrschen, nicht plötzlich damit herauszuplatzen, und mehrere Male hätte er es beinahe Tom erzählt, aber wenn Tom auch schon erwachsen war, so hing er doch so sehr an seiner Mammy und Großmutter, daß er's ihnen bestimmt weitererzählen würde, und dann wäre es keine Überraschung mehr. Außerdem würde dann unter ihnen sogleich das leidige Problem auftauchen, daß nach den Worten des Masser Schwester Sarah, Miss Malizy und Onkel Pompey zurückbleiben mußten, obgleich sie ebenso zur Familie gehörten wie nur irgendwer.

So hatte Hühner-George die Wochen vor dem großen Ereignis ganz allein mit seinem Geheimnis verbracht und sich mit Leib und Seele dem Endtraining der acht besten, zuletzt ausgewählten Hähne gewidmet, die jetzt still in ihren Käfigen hinter ihm und Masser Lea in dem großen neuen Wagen saßen, während sie so durch die Dunkelheit dahinrollten. Bisweilen fragte sich Hühner-George, an was der so ungewöhnlich schweigsame Masser jetzt wohl denken mochte.

Im Morgengrauen erblickten sie schon von fern die große bunte Menschenmenge, die in aller Frühe den Bezirk um die Hahnenkampfarena und sogar auch die umliegenden Wiesen besetzt hatte. Von überall her strömten Leiterwagen, Planwagen, Kutschen, Equipagen, Einspänner, Karren, gezogen von Pferden und Mauleseln.

»To-hom Lea!« rief eine Gruppe armer Weißer dem Masser zu, als er von seinem großen Wagen stieg. »Zeig's ihnen, Tom!« Hühner-George setzte sich seinen schwarzen Hut auf. Der Masser nickte den Männern zu, ging jedoch an ihnen vorbei. George wußte, daß der Masser stets zwischen Scham und Stolz schwankte, weil er bei den armen Weißen so bekannt war. Aber schließlich war er seit einem halben Jahrhundert im Hahnenkampfgeschäft, und im Laufe der Zeit war er bei all den Turnieren in der Gegend zu einer legendären Figur geworden. Auch heute noch mit seinen achtundsiebzig Jahren dirigierte er die Tiere in den Kämpfen mit unverminderter Geschicklichkeit.

Hühner-George hatte noch nie soviel Kampfhahngekrähe auf einmal gehört wie jetzt, als er das Zubehör vom Wagen lud. Ein vorbeikommender Sklave, ebenfalls ein Heger, hatte ihm erzählt, daß viele der hier Anwesenden bis zu vier Tagen gereist waren, um aus so fernen Staaten wie Florida hierherzugelangen. Hühner-George schaute sich um und stellte fest, daß man die üblichen Zuschauertribünen mehr als verdoppelt hatte. Unter all den Menschen, die sich am Wagen entlang schoben, unter all den weißen und schwarzen Fremden entdeckte er auch etliche vertraute Gesichter, und er war sehr stolz, als er sah, daß viele Menschen beider Rassen ihn erkannten, ihm zunickten und ihren Freunden etwas zuflüsterten. Die immer stärker anschwellende Menschenmenge geriet in Erregung, als drei Schiedsrichter am Kampfplatz erschienen und die Startlinien auszumessen und zu markieren begannen. Dann entstand plötzlich hitziges Getümmel: irgendein Kampfhahn hatte sich freigeflattert, ging wütend auf einige Zuschauer los und jagte einen großen Hund in die Flucht. Bei jeder neuen Ankunft, besonders, wenn ersichtlich wurde, welcher der acht berühmten Hahnenkampfzüchter der Gegend, die sich mit den Massers Jewett und Russell messen sollten, es war, erhob sich eifriges Getuschel und Gerede.

»Hab' noch nie 'n Engländer gesehn. Du?« fragte ein armer Weißer einen anderen in Hühner-Georges Nähe. Der andere hatte auch noch keinen gesehen. George hörte auch vieles über den Reichtum des adligen Engländers raunen, der nicht nur einen riesigen Landbesitz in England, sondern auch wertvolle Ländereien in Ländern namens Schottland, Irland und Jamaika haben sollte. Es kam ihm auch zu Ohren, daß Masser Jewett sich stolz vor Freunden gebrüstet habe, sein Freund und Gast sei dafür bekannt, jederzeit, überall, gegen jeden und für jede Summe mit seinen Vögeln zum Kampf anzutreten.

Hühner-George zerschnitt einige Äpfel in kleine Stücke, um die Hähne damit zu füttern, als plötzlich die Menge in großes Jubelgeschrei ausbrach – da nahte auch schon der mit einem Verdeck versehene Zweispänner. George erkannte Masser Jewetts schwarzen Kutscher an seiner stets unbeweglichen Miene; hinten im Wagen saßen die beiden Massers, lächelnd und der immer dichter herandrängenden Menge zuwinkend, und die beiden sorgfältig aufeinander abgestimmten Pferde hatten alle Mühe, sich ihren Weg zu bahnen. In geringem Abstand folgten sechs Wagen, jeder einzelne mit imponierenden Hahnenkäfigen beladen. Den ersten Wagen fuhr Masser Jewetts weißer Heger, und neben ihm saß ein junger, spitznäsiger Weißer, den der reiche Engländer angeblich eigens mit über den Ozean gebracht hatte, auf daß er sich um die Hähne kümmere.

Aber die Hauptattraktion für die Menge war der neben Masser Jewett im Zweispänner sitzende, seltsam gekleidete, dicke und rotgesichtige englische Adlige – beide Herren von Kopf bis Fuß die bedeutenden und vornehmen Herrschaften, die sie waren –, nur schien der Engländer dem lärmenden Volk gegenüber noch etwas mehr Herablassung und Würde an den Tag zu legen.

Hühner-George, der schon so vielen Hahnenkämpfen beigewohnt hatte, wandte sich ruhig wieder dem Massieren von Beinen und Flügeln seiner Tiere zu, denn er wußte aus Erfahrung, daß die verschiedenen Geräusche aus der Menge ihn jeweils über das Geschehen unterrichten würden, ohne daß er hinzuschauen brauchte. Bald hörte er einen Schiedsrichter rufen und die singenden, pfeifenden und johlenden Kerle, die offensichtlich schon zu tief in die Flasche geguckt hatten, zur Ruhe ermahnen.

Dann erfolgte die erste Ansage: »Mr. Fred Rudolph aus Williamstown läßt seinen roten Hahn gegen den gefleckten grauen Hahn von Sir C. Eric Russell aus England antreten.«

Dann: »Auf die Plätze!«

Und dann: *»Pit!«* Rufe ertönten in der Menge, plötzlich trat ehrfurchtsvolles Schweigen ein. Niemand brauchte es George zu sagen: Er wußte sofort, daß der Kampf mit einem raschen Sieg des Hahns vom Engländer geendet hatte.

Während nun die acht Anwärter nacheinander ihre fünf Hähne gegen die von Masser Jewett oder dem Engländer antreten ließen, glaubte George, noch nie im Leben so viele Wettabschlüsse um sich herum gehört zu haben, und die Wortgefechte zwischen den Zuschauern und den Schiedsrichtern, die immer wieder zur Ruhe mahnten, waren zum Teil ebensohitzig wie die Kämpfe selbst. Hier und da entnahm er dem Geschrei der Menge, daß beide Tiere schwer verletzt waren und der Kampf von den Schiedsrichtern für eine Weile unterbrochen werden mußte, bis die Besitzer ihre Hähne zur Weiterführung des Kampfes instand gesetzt hatten. Auch konnte er an einem bestimmten Gebrüll sofort erkennen, wann ein Hahn der beiden reichen Herren besiegt worden war, was nicht oft geschah, und er fragte sich nervös, wann Masser Lea an die Reihe käme. Wahrscheinlich hatten die Richter wie üblich die Namen der Gegner auf kleine Zettelchen geschrieben, die dann jemand aus einem Hut ziehen mußte.

Allzugern hätte er wenigstens einem Teil der Kämpfe zugeschaut, aber es stand zuviel auf dem Spiel! Er durfte auf keinen Fall auch nicht einen Augenblick in seinen Bemühungen nachlassen. Dabei dachte er an das

Vermögen und an die Ersparnisse vieler Jahre, die der Masser auf die Tiere setzen würde, deren Muskeln er jetzt sanft mit seinen Fingerkuppen massierte. Obgleich nur fünf Auserwählte kämpfen sollten, war es noch unmöglich vorauszusagen, welche dies sein würden, deshalb mußten alle acht bis zum allerletzten Moment in höchster Kampfbereitschaft und bester Kondition gehalten werden. Hühner-George hatte nicht oft in seinem Leben gebetet, jetzt tat er es. Er versuchte, sich Matildas Gesicht vorzustellen, wenn er nach Hause kommen und ihr das ganze – verdoppelte – Vermögen in den Schoß schütten würde. Dann sollte sie die Familie zusammenrufen, und er würde ihnen verkünden, sie wären jetzt endlich FREI.

Da hörte er den Schiedsrichter rufen: »Die nächsten fünf Hähne, die sich den Zuchttieren der Herren Jewett und Russell stellen werden, gehören und werden präsentiert von Mr. Tom Lea aus Caswell County.«

George fühlte sein Herz bis zum Halse schlagen! Er stülpte sich seinen Hut fester auf den Kopf, sprang vom Wagen und erwartete den Masser, der jetzt kommen mußte, das erste Tier auszuwählen.

»To-ho-ho-om Lea!« Über den Köpfen der Menge hörte er die anfeuernden Rufe der armen Weißen für seinen Masser, Gejohle ertönte, eine Gruppe von Kerlen schob sich durch die Menge, und in ihrer Mitte ging der Masser. Von weitem schon rief er George zu: »Diese Leute hier werden uns helfen, alle Tiere in die Nähe des Kampfplatzes zu bringen.«

»Jasörr, Masser.«

George sprang auf den Wagen, reichte den Begleitern seines Masser nacheinander die acht Hahnenkäfige hinunter und dachte dabei nur, daß er in all den siebenunddreißig Jahren, die er nun im Hahnenkampfgeschäft war, stets Masser Leas scheinbar völlig gelassene Haltung in Zeiten höchster Spannung wie dieser bewundert hatte. Die Gruppe bahnte sich ihren Weg durch die Menge zurück zum Kampfplatz: Masser Lea voran, den herrlichen dunkelledergelben Hahn, den er für den ersten Kampf ausgewählt hatte, im Arm, Hühner-George als letzter mit seinem Flechtkorb voller Utensilien für rasche Hilfe, wie Kaninchen-Bauchfell, frische Efeublätter, Glycerin, ein Knäuel Spinnweben und Terpentin. Der Tumult wurde immer schlimmer, je näher sie der Arena kamen, sie wurden geschubst und gestoßen, und die beschwipsten Rufe »To-hom Lea« dröhnten ihnen in den Ohren. Vereinzelt hörte er auch: »Das ist sein Nigger Hühner-George!«, spürte die Blicke auf sich, als wären sie Finger – was ihm an sich recht angenehm war, doch mußte er weitergehen, starr vor sich hin blicken und versuchen, so kühl zu wirken wie sein Masser.

Dann sah Hühner-George den kleinen dicken Engländer. Er stand ruhig in der Nähe des Kampfplatzes und hielt einen prächtigen Hahn in der Beuge seines linken Armes, während seine Augen der kleinen, mit den Kampfhähnen eintreffenden Schar prüfend entgegenblickten. Er nickte Masser Lea kurz zu, stellte sein Tier auf die Waage, und der Schiedsrichter verkündete: »Fünf Pfund und fünfzehn Unzen.« Das herrliche silberblaue Gefieder leuchtete in der Sonne.

Nun war der Masser mit seinem dunkellederfarbenen Hahn, einem von Hühner-Georges Lieblingstieren, an der Reihe. Der Vogel war mächtig und wild, sein Hals wendig wie der einer Schlange, die Augen funkelten vor Mordlust, und er brannte darauf, losgelassen zu werden. Der Schiedsrichter rief: »Sechs Pfund genau!« Die Bewunderer des Masser brüllten los, als ob die eine Unze Unterschied den Kampf bereits entschieden habe. »*To-ho-ho-hom Lea!* Zeig's dem Briten da, To-ho-om! Sieh nur, wie der sich aufplustert! Hol ihn mal runter von seinem hohen Roß!«

Offensichtlich waren Masser Leas besondere Parteigänger bereits stark angetrunken, und Hühner-George beobachtete, wie der Masser und der Engländer leicht verlegen die Pöbeleien zu überhören versuchten. Sie knieten nieder, um ihren Tieren die Metallsporen anzulegen. Die Schreie wurden lauter und beleidigender: »Sind das Hühner oder Enten? Damit will der kämpfen?« – – – »Das sind doch bloß Wasserhühner!« – – – »Ja! Der ernährt die mit Fischen!« Die Miene des Engländers verfinsterte sich zusehends. Der Schiedsrichter lief hin und her, fuchtelte wütend mit den Armen und rief: »Aber bitte, meine Herren! Bitte!« Doch das Spottgelächter schwoll nur noch mehr an, und die Zwischenrufe wurden beißender: »Wo hat der seine rote Jacke gelassen?« – – – »Macht der auch Fuchskämpfe?« – – – »Nee, dazu ist der viel zu langsam, der watschelt ja wie 'ne Beutelratte!« – – – »Aussehn tut er aber eher wie 'n Ochsenfrosch!«

Masser Jewett trat heran, machte dem Schiedsrichter ärgerliche Vorhaltungen, doch wurden seine Worte von dem grölenden Chor *»To-ho-hom Lea! To-ho-hom Lea!«* übertönt. Nun kamen sogar die Juroren dem

Schiedsrichter zu Hilfe, stiegen auf das Podium, schwenkten die Arme, ballten die Fäuste und riefen immer wieder: »Der Kampf wird unterbrochen, bis wieder Ruhe herrscht!« Allmählich legten sich die betrunkenen Schreie und das Gejohle. Hühner-George sah das verlegene Gesicht seines Masser und die blassen Mienen des Engländers und Masser Jewetts.

»Mister Lea!« rief der Engländer laut, und augenblicklich schwieg die Menge.

»Mister Lea, wir beide haben hier herrliche Tiere. Wie wär's, wenn Ihr mit mir noch eine persönliche Wette einginget?«

Hühner-George wußte, jeder unter den Hunderten von Zuschauern hatte den rachsüchtigen Ton in der Stimme des Engländers mitschwingen hören, der offenbar bemüht war, hinter einer dünnen Maske von Höflichkeit seine Verachtung zu zeigen. Er sah auch, wie sich der Nacken seines Masser plötzlich vor Ärger rötete.

Nach ein paar Sekunden antwortete Masser Lea kurz und beherrscht: »Einverstanden. Was schlagt Ihr vor?«

Der Engländer überlegte. Dann sagte er langsam, als würde er noch immer darüber nachdenken: »Würden zehntausend Dollar ausreichen?«

Er ließ das erstaunte Raunen in der Menge abklingen und sagte dann: »Natürlich nur, falls Ihr tatsächlich an die Chancen Eures Tieres glaubt, Mister Lea.« Er schaute den Masser mit einem entschieden verächtlichen Lächeln an.

Nach kurzem Gemurmel verfiel die Menge in Schweigen. Die gesessen hatten, erhoben sich jetzt von ihren Plätzen. Hühner-George glaubte, sein Herz müßte stillstehen. Wie in weiter Ferne hörte er wieder Miss Malizys Bericht über Missis Leas Wut, als sie erfuhr, daß der Masser fünftausend Dollar von der Bank abgehoben hatte, was sie »etwa die Hälfte unserer Ersparnisse« genannt hatte. So wußte Hühner-George, daß Masser Lea diese Wette gar nicht eingehen konnte. Aber welche Antwort blieb ihm übrig, wenn er sich nicht vor all den Leuten hier – und das waren praktisch alle seine Bekannten – lächerlich machen wollte? Hühner-George nahm an der Qual seines Masser so dringenden Anteil, daß er kaum zu ihm aufzublicken wagte. Eine Ewigkeit schien zu vergehen, und was George dann hörte, ließ ihn an seinen Ohren zweifeln.

Masser Leas Stimme klang gespannt, aber beherrscht. »Wenn es dem

Herrn nichts ausmacht, möchte ich die Summe verdoppeln. Wie wär's mit *zwanzig*tausend?«

Ungläubige Ausrufe erhoben sich in der Menge, es entstand einige Unruhe. Entsetzt dachte Hühner-George, daß diese Summe das gesamte Vermögen von Masser Lea ausmachte – einschließlich seines Hauses, seines Landbesitzes, seiner Sklaven und natürlich auch Georges Ersparnisse. Er sah auch das verblüffte Gesicht des Engländers, der sich jedoch schnell faßte und nun wieder grimmig entschlossen blickte. »Das nenn' ich einen Sportsmann!« rief er und streckte Masser Lea seine Hand entgegen. »Ich gehe die Wette ein. Legen wir also den Tieren die Sporen an!«

Plötzlich wurde es Hühner-George klar: Der Masser mußte genau wissen, daß sein prächtiger lederfarbener Hahn gewinnen würde. Damit würde er nicht nur mit einem Schlag zu einem reichen Mann werden, sondern dieser spektakuläre Sieg würde ihn für immer zu einer legendären Figur bei all seinen armen weißen Freunden machen und ihnen beweisen, daß man auch die hochgestochensten und reichsten blaublütigen Herren herausfordern und besiegen konnte. Von jetzt an würde niemand mehr abschätzig auf Tom Lea herabblicken!

Masser Lea und der Engländer knieten hin, und in diesem Augenblick sah Hühner-George das ganze Leben des lederfarbenen Hahns blitzartig an sich vorüberziehen. Schon das ganz junge Tier hatte mit unglaublich schnellen Reflexen seine Aufmerksamkeit erregt, und der ausgewachsene Hahn hatte eine solche Bösartigkeit entwickelt, daß er jedes andere Tier durch die Öffnungen und Astlöcher in den Käfigen anzugreifen suchte; als George ihn kürzlich aus dem Freigehege holte, hätte er in Sekundenschnelle fast den alten großen Hahn, mit dem die jüngeren Tiere eingeübt wurden, getötet, wenn man ihn nicht im letzten Augenblick weggerissen hätte. Der Masser hatte diesen Vogel ausgesucht, weil er wußte, wie intelligent, aggressiv und tückisch er war. Aber auch der Gedanke an Matilda durchzuckte George, wie sie ihn wütend angeschrien hatte: »Du bist ja noch verrückter wie der Masser! Das Schlimmste, was dem passieren kann, ist, daß er wieder als armer Schlucker endet, aber du setzt die Freiheit deiner ganzen Familie auf 'n paar Hühner!«

Die drei Richter traten vor und nahmen in gleichem Abstand um den Ring Aufstellung. Die gespannte Atmosphäre ringsum ließ vorausahnen, daß sich hier etwas abspielen würde, wovon die Zuschauer noch bis an ihr Lebensende zu erzählen hätten. Hühner-George starrte auf den Masser und den Engländer, die ihre kampfeswütigen Tiere am Boden hielten und mit gespannten Gesichtern den Befehl des Schiedsrichters erwarteten.

»Pit!«

Der silberblaue und der dunkellederfarbene Hahn rasten aufeinander zu, stießen wild zusammen und prallten voneinander ab. Kaum waren sie wieder auf den Füßen, stürzten sie von neuem aufeinander los, begierig, die lebenswichtigen Organe des Gegners zu treffen. Das Schnabelhacken, Sporenklirren und wilde Flattern spielte sich in rasender Geschwindigkeit ab; die Mordlust der beiden Tiere war furchtbarer, als George es je zuvor bei einem Hahnenkampf erlebt hatte. Plötzlich wurde der silberblaue Hahn des Engländers getroffen; der lederfarbene hatte ihm mit einem Sporn tief in den Flügelknochen geschnitten; beide verloren das Gleichgewicht, suchten sich voneinander zu lösen und hackten sich dabei wütend auf die Köpfe.

»Behandlung! Dreißig Sekunden!« Kaum hatte der Schiedsrichter diese Worte gerufen, sprangen der Engländer und Masser Lea auf den Kampfplatz, befreiten den Sporn, leckten ihren verstruppten Vögeln das Gefieder wieder glänzend, setzten sie auf ihre Startlinien zurück, doch hielten sie sie diesmal bei den Schwänzen.

»Fertig – – – *Pit!*«

Wieder trafen sich die Vögel halb in der Luft und versuchten, mit ihren Sporen dem Gegner einen tödlichen Schlag zu versetzen, fielen jedoch zu Boden zurück, bevor es einem von ihnen gelungen war. Der lederfarbene wollte seinen Gegner erneut aus dem Gleichgewicht bringen, aber der Engländer wich ihm geschickt seitwärts aus, während der Hahn des Masser mit aller Wucht an ihm vorübersauste, ohne ihn zu berühren. Die Menge folgte dem Spiel in atemloser Spannung. Nun hatte sich der Engländer auf ihn gestürzt, bevor er herumwirbeln konnte; sie wälzten sich wütend kämpfend am Boden, kamen wieder auf die Füße, hackten aufeinander ein, wichen zurück und schlugen mit den Flügeln, während sie mit den Beinen ihre Sporen zu benutzen versuchten. Wieder flogen sie auf, wieder fielen sie, kämpften mit neuerlicher Wut.

Ein Schrei erhob sich! Der Lederfarbene hatte eine klaffende Wunde auf der Brust. Dennoch setzte er seinem Feind weiterhin mit Flügelschlägen zu, bis er ihn zu Fall gebracht hatte, und stürzte dann auf ihn, ihm den Todesstoß zu versetzen. Doch kam der Engländer ihm abermals mit einer geschickten Finte davon. Hühner-George hatte noch nie im Leben so unglaublich schnelle Reflexe gesehen. Jetzt wirbelte der Lederfarbene mit aller Kraft herum und warf sich dem Engländer auf den Rücken. Er versetzte ihm zwei Sporenschläge in die Brust, brachte ihn zum Bluten, aber noch einmal gelang es dem Engländer, in die Höhe zu flattern und dem Lederfarbenen im Sturz einen Schlag in den Hals zu versetzen.

Hühner-George stand der Atem still, als sich die blutüberströmten Tiere, wütend schnarrend und mit gesenkten Köpfen lauernd, gegenüberstanden und beim Gegner eine Blöße suchten. Plötzlich flatterte der Engländer nochmals in die Höhe, schien den Lederfarbenen zu überwältigen, denn mit seinem blitzenden Sporn brachte er ihn immer heftiger zum Bluten, aber der Lederfarbene – es schien fast unglaublich – flatterte jetzt seinerseits noch einmal auf, kam herunter und versetzte dem Engländer einen Sporenstoß ins Herz; der Silberblaue brach zusammen, nur noch ein Haufen von Federn, und aus seinem Schnabel schoß das Blut hervor.

Das war so schnell gegangen, daß eine Sekunde oder mehr verging, bevor das große Geschrei sich löste. Brüllende, rotgesichtige Männer trampelten und johlten: »To-ho-hom! To-ho-hom! Er hat's geschafft!« Hühner-George war außer sich vor Freude und sah, wie sie den Masser umarmten, ihm auf die Schultern schlugen und ihm die Hände schüttelten. »To-ho-hom Lea! To-ho-hom Lea! To-ho-hom Lea!«

Wir werden frei sein, war Georges einziger Gedanke. Es schien ihm unglaublich, einfach unvorstellbar, daß er jetzt seiner Familie diese Worte würde sagen können. Er sah zu dem Engländer hin, der mit seinen zusammengebissenen Zähnen nun tatsächlich an eine Bulldogge erinnerte.

»Mister Lea!« Nichts hätte die Menge schneller wieder zum Verstummen bringen können.

Der Engländer machte ein paar Schritte und blieb etwa drei Meter vor dem Masser stehen. »Euer Hahn hat sich prächtig geschlagen. Jeder der beiden hätte den Kampf gewinnen können. Sie waren das am besten aufeinander abgestimmte Kampfpaar, das ich je gesehen hab'. Wie ich höre, seid Ihr ein rechter Sportsmann, und da seid Ihr doch sicher bereit, Euren

Gewinn bei einem weiteren Kampf zwischen Euren und meinen Tieren einzusetzen.«

Masser Lea stand da, und sein Gesicht wurde bleich.

Sekundenlang war das Glucksen und Krähen der wartenden Kampfhähne das einzige vernehmbare Geräusch, während die verblüfften Männer sich vorzustellen versuchten, was es hieße, wenn zwei Kampfhähne sich um eine Summe von achtzigtausend Dollar schlugen – denn der Sieger würde den Gesamteinsatz kassieren.

Alles starrte auf Masser Lea. Er schien verwirrt und unsicher. Eine Sekunde lang schaute er zu Hühner-George, der sich mit fieberhaftem Eifer an dem verletzten Hahn zu schaffen machte. Hühner-George war ebenso überrascht wie die anderen, als er seine eigene Stimme vernahm. »Masser«, rief er, »Eure Hähne schaffen alles, was Federn am Leibe hat!« Alle Gesichter drehten sich nach ihm um.

»Ich hab' schon gehört, daß Euer treuer Schwarzer da zu den besten Trainern gehören soll, aber ich würde mich nicht allzusehr auf sein Urteil verlassen. Ich habe nämlich auch ein paar recht gute Tiere.«

Der Engländer sprach diese Worte, als ob ihm sein jüngster Verlust nicht mehr ausmachte als ein verlorenes Murmelspiel und als ob er sich über Masser Lea lustig machte. Der antwortete mit gezwungener Höflichkeit: »Ja, mein Herr. Ich stimme Eurem Vorschlag zu und werde mit Vergnügen die Summe auf einen weiteren Kampf liegenlassen.«

Die nächsten Minuten der Vorbereitungen vergingen für Hühner-George wie in einem Taumel. Die Menschenmenge verharrte in absoluter Stille. Etwas Derartiges war noch nie dagewesen. Als Masser Lea mit dem Zeigefinger auf den Hahn wies, dem er den Beinamen »der Falke« gegeben hatte, billigte George instinktiv diese Wahl. »Der Falke, Jasörr«, flüsterte er. George kannte genau die Tendenz dieses Hahnes, seinen Gegner mit dem Schnabel zu packen und ihn festzuhalten, während er ihn mit den Sporen bearbeitete. Das war genau die richtige Taktik einem zu raffiniert trainierten Tier gegenüber, das dem Gegner geschickt auswich, so wie es der vorige Kampf gezeigt hatte. Denn das mußten die Trainingsmethoden des Engländers sein. Masser Lea nahm den »Falken« in den Arm und trat an den Ring, wo der Engländer einen kräftigen dunkelgrauen Hahn aufbot. Beide Tiere wogen sechs Pfund.

Kaum war das »Pit« ertönt, erfolgte erwartungsgemäß der erste Anprall der Tiere gegeneinander, aber irgendwie war keines der Tiere in die Luft geflattert, sie schlugen nur wild mit den Flügeln aufeinander los, und Hühner-George hörte, wie der »Falke« mit dem Schnabel nach einem richtigen Halt schnappte – – – und dann traf ihn blitzschnell ein gewaltiger Sporenhieb des englischen Hahns. Der »Falke« taumelte und ließ einen Augenblick den Kopf hängen, bevor er zu Boden sank und ihm das Blut aus dem offenen Schnabel stürzte.

»Jesses Gott! Oh Jesses Gott! Oh Jesses Gott!« Hühner-George rannte zum Kampfplatz und stieß Leute beiseite, um zu seinem Pflegling zu gelangen. Er weinte wie ein Kind, hielt den offensichtlich tödlich getroffenen »Falken« in den Händen, saugte ihm das geronnene Blut aus dem Schnabel, während das Tier noch einmal leicht aufflatterte und in seinen Armen verschied. Er erhob sich, trat in die Menge, wo man vor seinem verzweifelten Kummer zurückwich, und ging mit dem toten Hahn zum Wagen zurück.

Einige Plantagenbesitzer beglückwünschten nun lärmend den Engländer und Masser Jewett, schlugen ihnen auf die Schultern und schüttelten ihnen die Hände. Alle hatten dem geschlagenen einsamen Masser Lea den Rücken gekehrt. Er stand da wie angewurzelt und starrte ausdruckslos auf die Blutflecke auf dem Kampfplatz.

Sir C. Eric Russell wandte sich schließlich um und schritt auf den Masser zu, der langsam zu ihm aufblickte.

»Was habt Ihr gesagt?« murmelte er.

»Ich habe gesagt, heute ist nicht einer Eurer Glückstage.«

Es gelang Masser Lea sogar, ein schwaches Lächeln zustande zu bringen.

Sir C. Eric Russell fuhr fort: »Was die Zahlung der Wettsumme anbelangt, so weiß ich natürlich, daß niemand solche Beträge in der Tasche mit sich herumträgt. Wir könnten diese Angelegenheit ja morgen erledigen. Sagen wir – – – irgendwann am Nachmittag –« Er schwieg einen Moment. »Wie wär's bei Mister Jewett nach dem Tee?«

Masser Lea nickte benommen. »Jawohl, meine Herren.«

Die Heimfahrt dauerte zwei Stunden. Weder der Masser noch Hühner-George sprachen ein Wort. Für Hühner-George war es die längste

Reise, die er je gemacht hatte. Aber sie schien ihm bei weitem nicht lang genug, als der Wagen durch die Einfahrt rollte – – –.

Als Masser Lea am nächsten Abend von Masser Jewetts Haus zurückkehrte, fand er Hühner-George beim Füttern im Hahnengrund, wo er die meiste Zeit verbracht hatte, denn Matildas Schreie, Geheul und Geschimpfe hatten ihn in der letzten Nacht schließlich aus seiner Hütte vertrieben.

»George, ich muß dir was sagen, was dich schwer treffen wird.« Der Masser suchte nach Worten. »Weiß kaum, wie ich's anfangen soll. Aber du weißt ja selbst, daß ich nie im Leben so viel Geld hatte, wie die Leute immer dachten. Es ist nun mal so – außer ein paar tausend gehört mir nichts außer dem Haus, dem Land hier und euch paar Niggern.«

Er wird uns verkaufen, verstand George sofort.

»Das Schlimme ist nur, daß all das zusammen erst die Hälfte von dem ausmacht, was ich diesem verdammten Scheißkerl schulde«, fuhr der Masser fort. »Aber er hat mir da ein Angebot gemacht –« Er zögerte wieder. »Du hast ja gehört, was er gesagt hat – über das, was er von dir gehört hat. Und heute sagte er, daß er jetzt gesehen hat, wie gut du im Trainieren von Kampfhähnen bist –«

Der Masser holte tief Atem. George hielt seinen an.

»Na schön, er braucht anscheinend einen Trainer als Ersatz für einen, den er da drüben in England vor 'ner ganzen Weile verloren hat, und er findet es sehr lustig, einen Niggertrainer von hier mitzunehmen.« Der Masser brachte es nicht fertig, George in seine fassungslos aufgerissenen Augen zu blicken, und kam jetzt direkt zur Sache. »Na ja. Um nicht lange drumherumzureden: er hat vorgeschlagen, ich soll ihm mein ganzes Bargeld, eine erste und zweite Hypothek auf das Haus geben und dich mit ihm nach England gehen lassen, und du sollst so lange dableiben, bis ein neuer Trainer angelernt ist, und dann wären wir quitt. Er sagt, es dauert sowieso nicht länger als ein paar Jahre.«

Der Masser zwang sich nun, Hühner-George ins Gesicht zu sehen. »Kann dir nicht sagen, wie leid mir das tut, George – – – aber ich hab' nun mal keine andere Wahl. Er läßt mich noch einigermaßen glimpflich davonkommen. Wenn ich's nicht tue, bin ich fertig, dann ist Schluß, und dann hab' ich überhaupt nichts mehr.«

George fand keine Worte. Was hätte er auch sagen sollen? Schließlich war er ein Sklave seines Masser.

»So. Ich weiß, daß du auch am Ende bist, aber ich werd' es wiedergutmachen, und ich geb' dir hier mein Wort, daß ich für deine Frau und die Kinder sorgen werde, wenn du weg bist. Und am Tage deiner Rück kehr – «

Masser Lea hielt inne, griff in die Tasche, entnahm ihr ein zusammengelegtes Stück Papier, das er sorgfältig auseinanderfaltete und Hühner-George hinhielt.

»Weißt du, was das hier ist? Hab' mich gestern abend hingesetzt und es geschrieben. Was du vor dir hast, Junge, ist dein offizielles Freilassungszeugnis. Ich werd's in meinem Geldschrank aufbewahren und es dir aushändigen, wenn du zurückkommst!«

Hühner-George starrte die geheimnisvolle Schrift an, die das ganze weiße Papier überzog, wobei er nur mit Mühe seine Wut beherrschen konnte. Schließlich sagte er ruhig: »Masser, ich wollt' uns aber alle freikaufen, und von meinem Geld. Jetzt ist alles weg, und Ihr schickt mich irgendwo weit übers Meer – weg von meiner Frau und meinen Kindern. Warum könnt Ihr nicht wenigstens *die* jetzt schon freilassen – und mich, wenn ich zurück bin?«

Masser Lea kniff die Augen zusammen. »Ich brauch' mir von dir nicht sagen zu lassen, was ich zu tun hab'. Ist schließlich nicht meine Schuld, wenn du dein Geld verloren hast. Ich hab' dir schon viel zuviel angeboten, und jetzt kommst du mir so. Das ist der Ärger mit euch Niggern. Paß gefälligst auf dein Mundwerk auf!« Das Gesicht des Masser lief rot an. »Wenn du nicht dein ganzes Leben lang bei mir gewesen wärst, würd' ich deinen Arsch am liebsten auf der Stelle verkaufen!«

George schaute ihn an und schüttelte den Kopf. »Wenn Euch wirklich was an mir liegt, Masser, warum macht Ihr mir mein Leben dann kaputt?«

Das Gesicht des Masser blieb hart: »Pack deine Sachen und nimm, was du brauchst! Samstag fährst du nach England.«

KAPITEL 104

Mit Hühner-George hatte Masser Lea sein Hab und Gut und wahrscheinlich auch seinen Mut verloren, und das Glück wandte sich von ihm ab. Zuerst wies er Klein-George an, sich ganztägig um die Hühner zu kümmern, aber schon am Abend des dritten Tages fand er die Wasserbehälter in den Käfigen der jungen Hähne leer und jagte den dicklichen trägen Klein-George mit Verwünschungen und Drohungen davon. Dann holte er Lewis, Hühner-Georges neunzehnjährigen jüngsten Sohn, von der Feldarbeit und schickte ihn in den Hahnengrund. Um für die restlichen Hahnenkämpfe der Saison vorbereitet zu sein, war Masser Lea jetzt gezwungen, all die mit dem Training und der Pflege verbundenen Arbeiten selbst zu verrichten, da Lewis sich in diesen Dingen noch nicht auskannte. Er begleitete den Masser zu den Kämpfen in der Umgebung, und am Abend erwartete ihn die versammelte Familie, um die letzten Neuigkeiten zu hören.

Lewis erzählte ihnen, die Hähne des Masser hätten die meisten Kämpfe verloren, und fügte nach einer Weile hinzu, er habe gehört, daß Tom Lea ständig Geld zu borgen versuchte, um neue Wetten abzuschließen. »Scheint so, als ob nicht viele Leute was mit dem Masser zu tun haben wollen. Sagen ihm grade nur Guten Tag oder winken ihm kurz zu, aber sonst meiden sie ihn, wie wenn er die Pest hat.«

»Ja, ist schon 'ne Pest, wenn alle wissen, daß man arm geworden ist und nichts mehr hat«, meinte Matilda. »Ein armer weißer Schlucker, wie er's schon immer war!« sagte Schwester Sarah.

Es hatte sich im Sklavenquartier bereits herumgesprochen, daß Masser Lea sich heftig dem Trunk ergab und jeden Abend nach dem üblichen Krach mit der Missis soff.

»So eklig war der Alte noch nie!« sagte Miss Malizy eines Abends zu den anderen. »Hat wieder mal rumgetobt wie 'n Geier und gebrüllt und geflucht, wenn die Missy ihn bloß ansah. Den ganzen Tag, wenn er weg ist, liegt sie da und heult und sagt, sie will von überhaupt keinen Hühnern gar nichts mehr hören!«

Matilda saß schweigend dabei. Sie hatte selbst viel geweint und gebetet, seit Hühner-George fort war. Sie besah sich ihre drei halbwüchsigen

Töchter und die sechs erwachsenen Söhne, von denen drei verheiratet waren und Kinder hatten. Dann blieb ihr Blick auf ihrem Sohn Tom, dem Schmied, ruhen, als ob sie wünschte, er würde etwas sagen. Aber statt seiner sprach zuerst Lilly Sue, Virgils schwangere Frau, die von der Curry-Pflanzung zu einem kurzen Besuch herübergekommen war, und ihre Stimme klang angstvoll. »Ich kenn' zwar euern Masser nicht so gut wie ihr, aber ich hab' das Gefühl, daß der was Fürchterliches anstellen wird. So wahr ich lebe.« Alle verfielen in Schweigen, niemand wollte seine Meinung kundtun, wenigstens nicht laut.

Am nächsten Morgen nach dem Frühstück eilte Miss Malizy watschelnd von der Küche zur Schmiede. »Der Masser sagt, du sollst sein Pferd satteln und es zum Haupteingang bringen, Tom«, sagte sie mit Tränen in den Augen. »Jesses Gott, beeil dich bloß, denn was er der armen alten Missis gesagt hat, das kann man gar nicht wiederholen.« Wortlos band Tom das gesattelte Pferd am Torpfosten fest und war fast schon wieder um die Ecke verschwunden, als Masser Lea schwankend aus dem Haus trat. Das Gesicht vom Alkohol gerötet, wuchtete er sich unbeholfen in den Sattel und galoppierte davon.

Durch ein halbgeöffnetes Fenster hörte Tom Missis Leas herzzerreißendes Schluchzen. Es war ihm peinlich, ihren Kummer belauscht zu haben, und er ging rasch durch den Hinterhof zu seinem Schmiedeschuppen und wieder an die Arbeit. Kurz darauf erschien Miss Malizy zum zweitenmal.

»Tom, ich sag' dir, der Masser wird sich noch umbringen, wenn er so weitermacht. Denk doch nur – ein Mann von fast achtzig.«

»Wenn du's genau wissen willst, Miss Malizy«, antwortete er, »glaub' ich auch, daß er das vorhat. So oder so.«

Masser Lea kam am Nachmittag zurück, in Begleitung eines anderen Weißen zu Pferd, und Miss Malizy und Tom, die auf ihren Ausschauposten in der Küche und der Schmiede waren, sahen zu ihrer Überraschung, daß die beiden nicht abstiegen und ins Haus traten, um sich zu erfrischen und etwas zu trinken, wie es sonst bei allen Gästen üblich war, sondern geradewegs zum Hahnengrund hinunterritten. Kaum eine halbe Stunde später sahen Tom und Miss Malizy den Besucher im schnellen Trab allein zurückkommen. Unter dem Arm hielt er eine erschreckte, laut gackernde

Zuchthenne, und Tom, der vor der Schmiede stand, bemerkte, daß der Mann wütend war.

An diesem Abend erzählte Lewis im Sklavenquartier, was sich tatsächlich zugetragen hatte. »Als ich die Pferde kommen hörte, hab' ich es erst mal so eingerichtet, daß der Masser mich auch bei der Arbeit sieht, dann bin ich irgendwo hinter die Büsche, wo ich ihn gut sehen und hören konnte.

Erst haben sie ziemlich hart verhandelt und geschachert und sich irgendwie auf diese Zuchthenne, die auf ihren Eiern saß, geeinigt. Ich hab' noch gesehn, wie der Mann das Geld zählt und der Masser es noch mal zählt und dann in die Tasche steckt. Gleich danach geht der Krach los. Der Mann sagt, die Eier gehören auch dazu. Da fängt der Masser wie verrückt an zu fluchen! Rennt hin, reißt die Henne hoch und stampft und tritt die ganzen Eier zu Brei. Dann haben sie sich geprügelt bis der andere Mann auf einmal die Henne packt, auf sein Pferd springt und dem Masser zuruft: ›Den Schädel würd' ich dir einschlagen, wenn du nicht so verdammt alt wärst!‹«

Mit jedem Tage wuchsen Unruhe und Besorgnis im Sklavenquartier, und in den Nächten schliefen alle schlecht, denn die Vorahnung einer heraufziehenden Katastrophe ließ niemanden recht zur Ruhe kommen. Während des Sommers 1855 und bis in den Herbst hinein richteten sich bei jedem Wutanfall des Masser und jedesmal, wenn er fortging oder wiederkam, die Blicke der gesamten Familie unweigerlich auf den zweiundzwanzigjährigen Schmied Tom, als wollten sie ihn bitten, etwas zu tun, aber Tom tat nichs. Eines Samstagabends im November saß Matilda am Fenster ihrer Hütte und wartete, bis der letzte Kunde die Schmiede verlassen hatte. Es war ein gutes Erntejahr gewesen, und jeder wußte, daß der Masser für Baumwolle und Tabak von fünfundsechzig Morgen Land gut bezahlt worden war. Nun rannte Matilda zu Tom hin, und er sah ihrem Gesicht sogleich an, daß sie etwas Besonderes auf dem Herzen hatte.

»Was gibt's, Mammy«, fragte er und kümmerte sich weiter um das Feuer.

»Ich hab' nachgedacht, Tom. All ihr sechs Jungen seid jetzt erwachsen. Du bist nicht mein Ältester, aber ich bin deine Mammy, und ich weiß, daß du der Vernünftigste bist«, sagte sie. »Außerdem bis du Schmied, und die andern sind nur Feldarbeiter. Sieht also so aus, als ob du jetzt der Mann in der Familie bist, seit Pappy weg ist – das ist jetzt acht Monate her –«, Matilda zögerte und fügte dann als treue Ehefrau hinzu, »wenigstens solange, bis er wieder da ist.«

Tom war wirklich bestürzt. Seit er ein kleiner Junge war, hatte er sich stets zurückgehalten. Obgleich er mit seinen Brüdern zusammen aufgewachsen war, hatte er doch zu keinem von ihnen eine engere Beziehung entwickelt, dann war er jahrelang als Schmiedelehrling fort gewesen, und seit seiner Rückkehr war er ständig allein in seiner Schmiede beschäftigt, während die anderen draußen auf den Feldern arbeiteten. Er hatte besonders wenig Kontakt mit Virgil, Ashford und Klein-George, und das aus verschiedenen Gründen. Virgil war jetzt sechsundzwanzig Jahre alt und verbrachte seine freie Zeit meist auf der benachbarten Pflanzung bei seiner Frau Lilly Sue und ihrem neugeborenen Sohn, den sie Uriah genannt hatten. Was den fünfundzwanzigjährigen Ashford betraf, so hatten er und Tom sich nie gemocht und gingen sich aus dem Weg – außerdem lag Ashford in letzter Zeit mit Gott und der Welt im Streit, weil ein Mädchen, das er unbedingt heiraten wollte, von ihrem Masser untersagt bekommen hatte, mit ihm über den Besen zu springen; einen »hochnäsigen Nigger« hatte er Ashford noch dazu genannt. Der vierundzwanzigjährige Klein-George schließlich war dick und behäbig geworden, seit er zu der Köchin einer benachbarten Pflanzung, die doppelt so alt war wie er, zärtliche Bande unterhielt, was die Familie zu abfälligen Kommentaren veranlaßte, wie: »Der macht jeder den Hof, die ihm seinen dicken Bauch füllt.«

Als nun Matilda ihm eröffnete, daß sie ihn als Familienoberhaupt betrachte, war er um so mehr bestürzt, als er wußte, daß er in diesem Fall auch bei Masser Lea der Fürsprecher seiner Familie zu sein hatte, und von dem hatte er sich bislang möglichst ferngehalten. Seitdem die Ausrüstung für eine Schmiede angeschafft worden war, schien der Masser irgendwie Toms ruhige und zurückhaltende Art und seine offensichtliche Begabung für die Schmiedekunst, die ihm immer mehr Kunden einbrachte, zu respektieren. Die Bezahlung für alle von Tom ausgeführten Arbeiten strich der Masser ein, und der gab Tom jeden Sonntag zwei Dollar Wochenlohn.

Tom hatte nicht nur einen angeborenen Widerwillen gegen langes Gerede, mit wem auch immer, sondern auch eine Neigung zu schweigsamem

Nachdenken. So hätte niemand sich träumen lassen, daß er sich schon seit mehr als zwei Jahren unablässig mit dem Gedanken an jenen von seinem Vater beschriebenen Norden, in dem Schwarze frei leben konnten, beschäftigte. Tom hatte sich lange überlegt, ob er der gesamten Sklavenquartierfamilie vorschlagen sollte, einen sorgfältigen Plan für die Flucht in den Norden auszuarbeiten, statt hier endlose Jahre hinzubringen, bis sie sich freikaufen konnten. Er hatte diesen Gedanken widerwillig aufgegeben, weil Großmutter Kizzy schon weit über sechzig und Schwester Sarah und Miss Malizy, die ja auch zur Familie gehörten, über siebzig Jahre alt waren. Er wußte zwar, daß gerade diese drei am ehesten zur Flucht bereit wären, bezweifelte aber, ob auch nur eine von ihnen die Gefahren und Schwierigkeiten eines so riskanten Unternehmens überstehen würde.

In letzter Zeit hatte Tom aus verschiedenen Anzeichen geschlossen, daß die Verluste des Masser bei den Hahnenkämpfen in Wirklichkeit noch schwerer waren, als er zugegeben hatte. Tom hatte ihn beobachtet und festgestellt, daß er mit jedem Tag und mit jeder geleerten Whiskeyflasche älter, abgezehrter und müder wurde. Und er wußte aus den Erzählungen von Lewis, daß der Masser mindestens die Hälfte seines Hühnerbestandes – Zuchtergebnis von etwa einem halben Jahrhundert sorgfältiger Pflege – verkauft hatte, und dies schien ihm besonders bedenklich.

Es kam Weihnachten, es kam das neue Jahr 1856, und über dem Sklavenquartier und der ganzen Pflanzung schien das Unheil wie eine drohende schwarze Wolke zu hängen. Dann erschien eines frühen Nachmittags im Frühling abermals ein Reiter. Zuerst hielt Miss Malizy ihn für einen weiteren Hühnerkäufer. Aber als sie sah, wie anders der Masser diesen Mann begrüßte, begann sie, Verdacht zu schöpfen. Er lächelte und plauderte mit dem Mann, der vom Pferd stieg, und brüllte dem in der Nähe stehenden Klein-George zu, er solle das Pferd zur Tränke führen, ihm zu fressen geben und es für die Nacht in den Stall führen; sodann geleitete Masser Lea seinen Besucher mit Zuvorkommenheit ins Haus.

Bevor Miss Malizy dort das Abendessen servierte, wurden im Sklavenquartier ängstliche Vermutungen angestellt. »Was für 'n Mann ist das überhaupt?« – – – »Den hab' ich noch nie gesehn!« – – – »Der Masser hat sich schon lang' nicht mehr so benommen!« – – – »Was der hier wohl will?« Sie konnten den späteren Bericht Miss Malizys kaum erwarten.

»Immer wenn ich im Zimmer war, haben die nichts über nichts von gar nichts geredet«, erzählte sie schließlich. »Könnte sein, weil die alte Missis dabei war.« Dann setzte sie bedeutungsvoll hinzu: »Aber irgendwie gefällt mir der andre Mann da nicht. Überhaupt nicht! Hab' schon viele solche Leute erlebt. Guckt so oberschlau und tut wer weiß wie!«

Ein Dutzend Augenpaare waren auf die Fenster des Hauses gerichtet und beobachteten gespannt, was darin vorgehen mochte, bis sie sahen, wie ein Licht sich aus dem Wohnzimmer fortbewegte, und wußten, daß Missis Lea die Männer allein ließ und zu Bett ging. Die Lampe im Wohnzimmer brannte noch immer, als der letzte Beobachter im Sklavenquartier es aufgab und in banger Erwartung der nächsten Morgenglocke schlafen ging.

Matilda nahm bei der ersten Gelegenheit noch vor dem Frühstück ihren Sohn Tom beiseite: »Tom, gestern abend bin ich nicht dazu gekommen, aber ich muß dir was sagen, und ich wollt' die andern nicht unnütz erschrecken, aber Malizy hat mir gesagt, sie hat gehört, wie der Masser zwei Zahlungen für die Hypothek versprochen hat, und Malizy weiß, daß er kaum einen Penny besitzt! Ich hab' das Gefühl, und ich bin fast sicher, daß der Mann ein Sklavenkäufer ist!«

»Ich auch«, sagte Tom ganz ruhig. Er schwieg einen Augenblick. »Mammy, ich hab' mir überlegt, vielleicht wären wir bei einem andern Masser ja sogar besser dran. Das heißt, solange wir alle zusammenbleiben. Das ist meine größte Sorge.«

Die anderen traten aus ihren Hütten, und Matilda eilte davon, um sie mit der Fortführung ihres Gespräches nicht unnötig zu beunruhigen.

Missis Lea hatte Miss Malizy gesagt, sie habe Kopfschmerzen und wolle kein Frühstück, aber der Masser und sein Besucher aßen reichlich, traten in den Hof hinaus und redeten angelegentlich miteinander. Dann näherten sie sich der Schmiede, wo Tom schon die Funken stieben ließ. Sie sahen schweigend zu, wie er geschickt zwei Scharniere anfertigte, die ihm kürzlich in Auftrag gegeben worden waren. Tom schaute nicht von der Arbeit auf; er tat, als wüßte er nicht, daß ihm jemand zusah.

Schließlich sprach Masser Lea: »Ihr könnt Euch drauf verlassen. Der ist ein guter Schmied.«

Der andere brummte zustimmend und begann, in dem kleinen Schuppen umherzugehen und sich die vielen Zeugnisse von Toms Schmiedekunst, die an Nägeln und Haken hingen, anzusehen. Dann fragte er Tom: »Wie alt bis du, Junge?«

»Bald dreiundzwanzig, Sörr.«

»Wie viele Kinder hast du?«

»Hab' ja noch keine Frau, Sörr.«

»n' großer starker Junge wie du braucht doch nicht verheiratet zu sein, um überall in der Gegend Kinder zu machen.«

Tom sagte nichts, aber er dachte daran, wie viele Kinder von weißen Vätern überall in den Sklavenquartieren lebten.

»Bist du vielleicht einer von den religiösen Niggern?«

Tom wußte, der Mann versuchte, mehr über ihn herauszufinden, um seinen Kaufpreis zu taxieren. Er sagte mit Bestimmtheit: »Ich denk', Masser Lea hat Euch schon erzählt, daß wir hier wie eine Familie sind. Meine Mammy, Oma, Brüder, Schwestern und die Kleinen. Wir sind alle so erzogen worden, daß wir an Gott und die Bibel glauben, Sörr.«

Der Mann kniff die Augen zusammen. »Und wer von euch liest den andern die Bibel vor?«

Tom hatte nicht die Absicht, diesem bedrohlichen Fremden zu erzählen, daß seine Mammy und Großmutter lesen konnten, also sagte er: »Wir sind hier alle grad' so mit der Heiligen Schrift aufgewachsen und kennen sie zum Teil auswendig, Sörr.«

Der Mann schien beruhigt und kam auf sein ursprüngliches Thema zurück. »Glaubst du, du kannst mit einer größeren Schmiede zurechtkommen?«

Aha. Es stimmte also: er sollte verkauft werden. Tom beherrschte seine Wut mit Mühe, doch galt es jetzt, herauszubekommen, ob auch die anderen verkauft werden sollten. Er gab also eine recht unbestimmte Antwort: »Glaub' schon, daß ich und die andern hier Feldarbeit und so ungefähr alles machen können, was auf 'ner Pflanzung anfällt.«

Der Masser und sein Besucher schlenderten so unbeteiligt davon, wie sie gekommen waren, doch hatten sie sich kaum ein paar Schritte in Richtung der Felder entfernt, als die alte Miss Malizy von der Küche herbeigeeilt kam: »Was haben sie gesagt, Tom? Die Missis kann mir nicht mal mehr in die Augen gucken.«

Tom bemühte sich, seine Stimme zu beherrschen, und sagte nur: »Wird wohl wer verkauft werden, Miss Malizy, vielleicht wir alle, vielleicht nur ich.« Miss Malizy brach sogleich in Tränen aus, und Tom packte sie fest an den Schultern. »Miss Malizy, ist kein Grund zum Heulen! Hab' schon Mammy gesagt, sicher sind wir woanders besser dran als bei dem hier.« Aber Tom mochte es anfangen, wie er wollte, er konnte Miss Malizys Kummer nicht besänftigen.

Am Abend kehrten die anderen von den Feldern heim. Toms Brüder machten bedrückt-grimmige Gesichter, und die Frauen jammerten und heulten. Alle wollten gleichzeitig erzählen, wie der Masser und sein Besucher herausgekommen waren, sie bei der Arbeit zu beobachten, und wie der Fremde jedem einzelnen Fragen gestellt hatte, die keinen Zweifel daran ließen, daß er ihren Kaufpreis schätzte.

Bis zu den frühen Morgenstunden herrschte im Sklavenquartier Kummer und Schrecken, das Gejammer mußte im Herrenhaus zu hören sein. Die Männer reagierten fast ausnahmslos genauso hysterisch wie die Frauen, alle hatten sich von der Angst mitreißen lassen, umarmten sich gegenseitig, weinten und klagten, daß sie bald auf immer getrennt sein würden. »Lieber Herr Jesus, erlöse uns von dem *Bösen!*« flehte Matilda.

Tom ließ die Frühglocke am nächsten Morgen mit einem Vorgefühl des Unheils ertönen.

Die alte Miss Malizy ging an ihm vorüber, um in der Küche des Herrenhauses das Frühstück zuzubereiten. Keine zehn Minuten später stapfte sie schwerfällig zum Sklavenquartier zurück, verheult und geängstigt: »Der Masser sagt, daß keiner nirgends nicht hingehn darf. Er sagt, er will *alle* hier draußen versammelt sehn, wenn er mit Frühstücken fertig ist – – –«

Sogar der kranke alte Onkel Pompey wurde auf seinem Stuhl aus seiner Hütte getragen, während sich die anderen voller Schrecken im Hof aufstellten.

Masser Lea trat mit seinem Besucher seitlich aus dem Haus, und siebzehn Augenpaare erkannten an seinem schlurfenden Gang, daß er noch betrunkener als gewöhnlich war. Er stellte sich vor seine Sklaven hin und sagte heiser und verärgert:

»Ihr Nigger da steckt ja sowieso eure Nasen ständig in meine Angelegenheiten, da dürfte es euch nicht entgangen sein, daß hier nichts mehr zu holen ist. Ich bin am Ende. Ihr seid mir eine Last, die ich nicht mehr verkraften kann, und deshalb werdet ihr verkauft an diesen Herrn hier.«

Ein Schreien und Stöhnen hob an, doch der Fremde gebot mit schroffer Geste Schweigen. *»Maul halten!* All das Getue und Gejaule seit gestern abend!« Er ließ finstere Blicke über die Reihe schweifen, bis alle verstummten. »Ich bin kein gewöhnlicher Niggerhändler. Ich vertrete eine der größten und besten Firmen der Branche. Wir liefern auf Bestellung Sklaven nach Richmond, Charleston, Memphis und New Orleans –«

Matilda gab als erste den Befürchtungen aller Ausdruck, als sie rief: »Werden wir alle zusammen verkauft, Masser?«

»Ich hab' dir doch gesagt, *Maul halten*! Das wirst du schon noch rausfinden! Ich brauch' euch nicht erst zu sagen, daß euer Masser hier ein wahrer Gentleman ist, genauso wie die Lady da oben im Haus, die sich wegen euch Wollschädeln das Herz aus dem Leibe weint. Sie könnten viel mehr bekommen, wenn sie euch stückweise verkauften, *viel* mehr!« Er wies auf die weinenden Klein-Kizzy und Mary. »Ihr beiden Weibsbilder seid ja beinah' reif, Niggerbabys zu vierhundert Dollar das Stück und mehr in die Welt zu setzen.« Dann zu Matilda: »Und du da wirst zwar allmählich alt, aber du hast gesagt, du kannst kochen. Unten im Süden bringt eine gute Köchin heute zwölf- bis fünfzehnhundert Dollar.« Er sah Tom an: »Bei den steigenden Preisen könnte ein junger Zuchtbulle wie der Schmied leicht für zweifünf oder runde dreitausend zu verkaufen sein, noch dazu, wenn er auch für fremde Kundschaft arbeitet, wie ihr's hier tut.« Dann warf er noch einen Blick auf Toms fünf Brüder, die zwischen zwanzig und achtundzwanzig Jahre alt waren. »Für solche Feldarbeiter kann ich leicht zwischen neunhundert und tausend das Stück bekommen – « Der Sklavenhändler machte eine bedeutsame Pause. »Aber ihr Niggerpack hier habt eben Schwein gehabt! Eure Missis *besteht drauf*, daß ihr alle zusammen verkauft werdet, und euer Masser will es auch!«

»*Danke*, Missis! Dem Himmel sei Dank!« rief Großmutter Kizzy. »Gelobt sei Gott!« schrie Matilda.

»Maul halten, sag' ich!« Der Sklavenhändler machte wieder eine abweisende Handbewegung. »Ich hab's ihnen ausreden wollen, aber sie haben nun mal kein Einsehen. Und zufällig hab' ich auch einen Käufer für euch alle, einen Tabakpflanzer nicht weit von hier, in Alamance County, nahe der Eisenbahn. Der sucht eine Niggerfamilie, die ihm keinen Ärger macht, untereinander nicht streitet, wo keine Ausreißer dabei sind. Nigger, die sich auf alle anfallenden Arbeiten verstehen. Wir brauchen euch also nicht zu versteigern. Man hat mir auch gesagt, daß ich euch nicht anzuketten brauche oder so was, außer wenn ihr Ärger macht.« Er warf ihnen einen lauernden Blick zu. »So. Von jetzt an seid ihr alle, zu denen ich gesprochen habe, *meine* Nigger, bis ich euch da abgeliefert hab', wo ihr hinkommt. Ich geb' euch vier Tage, eure Sachen zusammenzupacken. Samstag früh werdet ihr in ein paar Wagen nach Alamance County gebracht.«

Virgil war der erste, der seine Stimme wiederfand, und er fragte verängstigt: »Was ist denn nun mit meiner Lilly Sue und ihrem Baby drüben bei Currys? Die werdet ihr doch auch kaufen, nicht wahr, Sörr?«

Und aus Tom brach es hervor: »Und was ist mit unsrer Oma und Schwester Sarah und Miss Malizy und Onkel Pompey? Die gehören doch auch zur Familie, von denen habt Ihr nichts gesagt?«

»Hab' auch nicht die Absicht gehabt! Kann ja nicht jedes Weibsstück kaufen, mit der einer von euch Böcken geschlafen hat, damit er sich nicht *einsam* fühlt!« sagte der Sklavenhändler verächtlich. »Und was diese alten Wracks hier angeht, die können ja kaum noch laufen, geschweige denn arbeiten. *Die* kauft keiner. Aber Mister Lea ist so freundlich und wird sie hier noch rumhumpeln lassen.«

Während des nun folgenden Weinens und Klagens trat Großmutter Kizzy vor, stellte sich direkt vor Masser Lea auf, und die Worte kamen ihr wie abgehackt aus der Kehle: »Ihr habt Euren eigenen Jungen weggeschickt. Kann ich nicht *wenigstens* ein Enkelkind behalten?«

Masser Lea blickte beiseite, und Kizzy sank vor ihm zu Boden. Man hob sie auf und stützte sie, während die alte Miss Malizy und Schwester Sarah fast gleichzeitig riefen: »Masser, wir sind doch alle eine Familie!« --- »Ich doch auch, Masser! Über fünfzig Jahre sind wir beisammen gewesen!« Der alte Onkel Pompey saß, unfähig, sich zu erheben, auf seinem Stuhl, Tränen rannen ihm über die Wangen, er blickte starr vor sich hin, seine Lippen bewegten sich wie im Gebet.

»MAUL HALTEN!« herrschte der Sklavenhändler sie an. »Ich sag's

zum letztenmal! Sonst bekommt ihr zu spüren, wie ich mit Niggern umgehen kann!«

Toms Augen suchten die Masser Leas, und einen Moment lang trafen sie sich. Tom wählte seine Worte und sprach mit belegter Stimme: »Masser, tut uns wirklich leid, daß Ihr Pech gehabt habt, und wir wissen ja auch, daß Ihr uns nur verkauft, weil's nicht anders geht.«

Masser Lea schien fast dankbar, bevor er wieder zu Boden blickte, und er sprach so leise, daß er kaum zu verstehen war. »Nein, hab' ja nichts gegen keinen von euch, Junge –« Er zögerte. »Würde sogar sagen, daß ihr alle gute Nigger seid, und die meisten von euch sind ja hier bei mir geboren und aufgewachsen.«

»Masser«, bat Tom jetzt mit leiser Stimme, »wenn die Leute in Alamance County die alten Leute von unserer Familie nicht aufnehmen wollen, dann gibt's doch vielleicht einen Weg, daß ich sie Euch abkaufen kann? Dieser Mann hier hat doch eben gesagt, daß sie nicht viel Geld wert sind, und ich werd' Euch 'n guten Preis bezahlen. Ich geh' auf die Knie und bitte den neuen Masser, daß er mich zeitweise außerhalb arbeiten läßt – vielleicht für die Eisenbahn –, und meine Brüder würden auch was tun und mithelfen, Masser.« Tom liefen Tränen über die Wangen. »Masser, wir schicken Euch *alles*, was wir verdienen, bis wir bezahlt haben, was Ihr für Oma und die drei andern verlangt. Ist doch unsre Familie. Wir waren ja immer zusammen. Wenn wir nur bloß zusammenbleiben könnten, Masser –«

Masser Lea richtete sich auf. »Na schön! Gib mir dreihundert Dollar für jeden, und du kannst sie haben. Sie bleiben aber hier, bis ich das Geld in Händen hab'!«

Über das Jammergeschrei hinweg ertönte Toms rauhe Stimme. »Da hätten wir mehr von Euch erwartet, Masser.«

»Schafft die Leute weg, Händler!« Masser Lea drehte sich abrupt um und ging schnell ins Haus zurück.

Im Sklavenquartier herrschte Verzweiflung. Sogar die alte Miss Malizy und Schwester Sarah versuchten, Großmutter Kizzy zu trösten. Die saß in ihrem Schaukelstuhl, umringt von den Ihren. Alle weinten.

Irgendwie fand sie die Kraft und den Mut, mit gepreßter Stimme zu sagen: »Nun habt euch doch nicht so! Ich und Sarah und Malizy und Pompey, wir werden halt warten, bis George zurückkommt. Das wird nicht mehr so lange dauern. Ist ja schon zwei Jahre her, daß er weg ist. Und wenn er nicht genug Geld hat, uns zu kaufen, dann wird's ja auch nicht mehr lange dauern, bis Tom und ihr andern so viel zusammen habt –«

Ashford schluckte: »Ja, Oma, das werden wir bestimmt!« Sie blickte ihn und dann die anderen mit einem schwachen Lächeln an und fuhr fort: »Noch was. Wenn einer von euch noch mehr Kinder hat, bevor ich euch wiederseh', dann vergeßt nicht, ihnen von meinen Leuten zu erzählen, von meiner Mammy Bell und meinem afrikanischen Pappy Kunta Kinte, der wird ja der Ururgroßpappy von euern Kindern sein. Erzählt ihnen auch von mir, von meinem George und von euch selbst! Und von allem, was wir bei unsern Massers durchgemacht haben. Sagt den Kindern alles. Wie und wer wir sind!«

Weinend versprachen alle, dies zu tun. »Wir werden es bestimmt *nie* vergessen, Oma.« Sie streichelte die Gesichter der neben ihr Sitzenden. »Ist schon gut! Wird schon alles werden! Nu hört schon auf zu weinen! Werdet mich noch ertränken, wenn ihr nicht aufhört.«

Irgendwie vergingen die vier Tage. Die abfahren mußten, hatten ihre Sachen gepackt, und schließlich kam der Samstagmorgen. In der Nacht zuvor waren alle aufgeblieben. Man hatte kaum ein Wort gesprochen, einfach beisammengesessen, sich die Hände gehalten und der aufgehenden Sonne zugeschaut. Dann kamen die Wagen. Jeder der Abfahrenden drehte sich noch einmal schweigend um, die Zurückbleibenden zu grüßen.

»Wo ist eigentlich Onkel Pompey?« fragte jemand.

»Arme alte Seele. Hat mir gestern abend gesagt, er kann's nicht über sich bringen, euch alle gehen zu sehn –«, antwortete Miss Malizy.

»Ich will ihm aber trotzdem noch 'n Kuß geben!« rief Klein-Kizzy und lief zu seiner Hütte.

Kurz darauf hörte man sie laut heulen.

Die anderen liefen hinzu oder sprangen wieder vom Wagen. Da saß der alte Mann in seinem Stuhl. Er war tot.

KAPITEL 105

Auf der neuen Pflanzung hatte die Familie erst am nächsten Sonntag, als Masser und Missis Murray in ihrem Einspänner zur Kirche gefahren waren, Gelegenheit, sich zu einem Plausch zusammenzufinden.

»Also, ich will ja gewiß nicht vorschnell urteilen«, sagte Matilda und ließ den Blick über ihre Kinderschar schweifen, »aber in der Woche hab' ich mich beim Kochen viel mit Missis Murray in der Küche unterhalten – ich muß schon sagen, daß sie und dieser neue Masser mir gute Christenmenschen scheinen. Ich hab' das Gefühl, daß wir's hier viel besser haben werden – außer, daß euer Pappy noch nicht zurück ist und Oma und die andern immer noch bei Masser Lea sind.« Sie sah wiederum ihre Kinder prüfend an und fragte: »Na, was denkt ihr, jetzt, wo ihr alles gehört und gesehn habt?«

Virgil meinte: »Also. Dieser Masser Murray scheint mir nicht grade viel von Landwirtschaft zu verstehen, und er weiß nicht, wie man 'n richtiger Masser ist.«

Matilda unterbrach ihn. »Das ist, weil sie Stadtleute waren. Sie haben in Burlington 'n Geschäft gehabt, und dann ist sein Onkel gestorben und hat ihnen in seinem Testament die ganze Pflanzung hier vermacht.«

Virgil sagte: »Jedesmal, wenn er mit mir geredet hat, sagte er, daß er sich nach einem weißen Aufseher umsehn und ihn anstellen will, damit er uns überwacht. Ich hab' ihm gesagt, er soll das Geld nicht so unnütz ausgeben, sondern lieber fünf, sechs Feldarbeiter mehr einstellen, wie so'n Aufseher. Hab' ihm gesagt, wenn er uns 'ne Chance gibt, können wir ihm ganz alleine 'ne gute Tabakernte einbringen –«

Ashford knurrte: »Wo mir so'n weißer Knacker von Aufseher ständig auf den Fersen ist, werd' ich nirgends lange bleiben!«

Virgil warf Ashford einen raschen Blick zu. »Masser Murray hat gesagt, er will sich's 'ne Weile ansehn, wie wir's machen.« Er schwieg einen Augenblick. »Hab' ihn schon gebeten, daß er meine Lilly Sue und den Kleinen von Masser Curry da unten kauft und herbringt. Hab' ihm erzählt, Lilly Sue arbeitet so schwer wie jeder, den er sonst brauchen kann. Er hat gesagt, er will sich's überlegen, aber er hat bei der Bank schon 'ne Hypothek aufs Herrenhaus aufnehmen müssen, als er uns gekauft hat, da will er erst mal sehn, wieviel Tabak er dieses Jahr verkauft. – Also müssen wir alle ran! Ich weiß, daß die andern Weißen ihm schon viel erzählt haben, Nigger arbeiten nicht halb soviel, wenn man sie allein läßt. Wenn er jetzt einen von uns faulenzen oder rumtrödeln sieht, könnt ihr sicher sein, daß wir bei einem Aufseher landen.« Er sah noch einmal den schmollenden Ashford an und meinte: »Wär' vielleicht ganz gut, wenn Masser Murray mal zu uns rauskommt, während wir arbeiten, und wenn ich euch alle so'n bißchen anbrülle, nur so, ihr wißt ja, warum.«

»Klar!« fuhr Ashford ihn an, »du und jemand anders, den ich kenne, ihr versucht ja immer, den Obernigger beim Masser zu spielen.«

Tom horchte auf, tat aber, als ignoriere er Ashfords Bemerkung. Virgil jedoch erhob sich halb und streckte seinem Bruder seinen schwieligen Zeigefinger entgegen. »Junge, werd' dir mal was sagen. Einer, der mit niemand nicht auskommen will, an dem ist was faul! Wirst dir eines Tages schon gehörigen Ärger einhandeln! Ich kann dir nur sagen – und das merk dir gut –, wenn du nicht mittust, dann werden sie einen von uns wegtragen müssen!«

»Schluß! Hört ihr zwei sofort auf mit dem Quatsch!« Matilda sah beide gebieterisch an und dann Ashford noch einmal besonders, bevor sie sich an Tom wandte, sichtlich in der Hoffnung, die plötzliche Spannung zu beheben. »Tom, ich hab' dich schon ein paarmal mit Masser Murray gesehn, wir ihr da unten geredet habt, wo du deine Werkstatt baust. Was hältst du von der Sache?«

Tom sagte bedächtig: »Ich mein' auch, daß wir hier besser dran sind. Aber es hängt 'ne Menge davon ab, wie wir's anstellen. Wie du sagst, Masser Murray scheint mir keiner von den gemeinen Weißen zu sein. Virgil hat schon recht, wenn er sagt, daß er einfach nicht genug Erfahrung hat, um uns zu vertrauen. Sogar noch mehr. Ich glaub', er hat Angst, daß wir uns einbilden, er ist leicht rumzukriegen, und deshalb versucht er, sich härter zu stellen, wie er wirklich ist, und daher das ganze Gerede von dem Aufseher und so.« Tom hielt einen Moment inne. »Ich seh' das so. Mammy kümmert sich um die Missis, und wir versuchen dem Masser beizubringen, daß alles gutgeht, wenn er uns nur in Ruhe läßt.«

Nach einem zustimmenden Gemurmel sprach Matilda, und ihre Stimme klang hoffnungsvoll: »Also, fassen wir's nochmal zusammen.

Wie ihr sagt, wär's ja wohl am besten, wenn wir Masser Murray erstmal dazu bringen, daß er Lilly Sue und den kleinen Uriah kauft. Mit eurem Pappy ist es schon was andres. Da ist vorläufig nichts zu machen wie abwarten. Der wird schon eines Tages einfach hier ankommen –«

Mary kicherte dazwischen: »Mit dem langen, grünen Schal und dem schwarzen Hut auf dem Kopf!«

»Genauso wird's sein, mein Kind.« Matilda lächelte wie die anderen und fuhr dann fort: »Das wegen Oma, Sarah und Malizy muß ich euch ja nicht nochmal sagen. Hab' Missis Murray schon davon erzählt, und sie hat versprochen, uns zu helfen. Hab's ihr in den stärksten Farben ausgemalt, wie's uns allen fast das Herz gebrochen hat, daß wir sie dalassen mußten. Lieber Gott! Die Missis hat gleich mit mir mitgeweint! Sie sagt, hat keinen Zweck, daß sie Masser Murray drum bittet, daß er drei so alte Frauen kauft, sie hat aber versprochen, daß sie ihn bestimmt bitten wird, er soll Tom und euch allen erlauben, 'n bißchen Geld mit Arbeiten außer Haus zu verdienen. Denkt dran. Wir arbeiten hier nicht nur für den neuen Masser, sondern damit wir unsere Familie wieder zusammenbekommen.«

Mit diesem Vorsatz ging die Familie in die Erntesaison 1856. Matilda eroberte sich durch ihre Treue und Offenheit, ihre Kochkünste und ihr peinlich genaues Haushalten das Vertrauen und die Sympathie von Missis und Masser Murray. Der Masser sah, wie Virgil seine Brüder und Schwestern ständig ermahnte, in diesem Jahr eine bessere Tabakernte einzubringen. Er sah, wie Tom mit seinen Reparaturen die ganze Pflanzung vorbildlich instand setzte, wie er mit großem Geschick Werkzeuge anfertigte, rostigen Schrott in glänzendes neues landwirtschaftliches Gerät sowie praktische und dekorative Haushaltsgegenstände verwandelte.

Fast jeden Sonntagnachmittag kamen, falls die Murrays nicht selbst irgendwo auf Besuch waren, Nachbarn mit ihren Familien, oder alte Freunde aus Burlington, Graham, Haw River, Mebane und anderen Orten. Dann führten die Murrays ihre Gäste im Haus herum und zeigten ihnen stets mit Stolz verschiedene Zeugnisse von Toms Schmiedekunst. Manche Gäste, ob sie nun auf dem Lande oder in der Stadt wohnten, baten dann Masser Murray, Tom entweder bei ihnen einige Reparaturarbeiten ausführen oder etwas Besonderes für sie anfertigen zu lassen, und Masser Murray sagte jedesmal zu. Im Laufe der Zeit konnte man immer mehr von

Tom verfertigte Gegenstände überall in Alamance County sehen, und die Kunde von seiner Kunstfertigkeit verbreitete sich rasch. So erübrigte sich Missis Murrays Bitte an ihren Mann, sich für Tom um Arbeit außer Haus zu bemühen. Bald kamen täglich junge und alte Sklaven auf Mauleseln oder zu Fuß herbei und brachten Tom zerbrochenes Werkzeug oder andere Gegenstände zum Reparieren. Einige Pflanzer gaben Skizzen der Gegenstände mit, die er für sie anfertigen sollte. Gelegentlich machten die Aufträge der Kunden es auch erforderlich, daß Masser Murray Tom einen Passierschein ausstellte, damit er auf einem Maulesel zu anderen Pflanzungen oder in die umliegenden Städte reiten konnte, um Reparaturen an Ort und Stelle auszuführen. Tom arbeitete jeden Tag, außer sonntags, vom Morgengrauen bis zum Einbruch der Dunkelheit, und er bewältigte jetzt mindestens ebensoviel wie sein Lehrmeister, Mr. Isaiah. Die Kunden bezahlten bei Masser Murray, entweder im Herrenhaus oder wenn sie ihn in der Kirche sahen, vierzehn Cents pro Huf für das Beschlagen von Pferden, Mauleseln oder Ochsen, siebenunddreißig Cents für einen neuen Wagenreifen, achtzehn Cents für das Schleifen einer Hacke. Die Preise für Ziergerät und Sonderanfertigungen wurden je nach Arbeit ausgehandelt: zum Beispiel fünf Dollar für ein mit Eichenblättern verziertes Gittertor. An jedem Wochenende rechnete Masser Murray mit Tom ab und zahlte ihm zehn Cents von jedem Dollar, den die Arbeit der letzten Woche eingebracht hatte. Tom nahm das Geld dankbar entgegen und gab es seiner Mutter Matilda, die es sogleich in eines ihrer Weckgläser an einer geheimen Stelle, die nur ihr und Tom bekannt war, versenkte.

Für die Feldarbeiter der Familie endete die Woche am Samstagmittag. Klein-Kizzy und Mary, inzwischen neunzehn und siebzehn Jahre alt, nahmen rasch ein Bad, umwickelten ihre kurzen wollig-krausen Zöpfe mit einem Stück Band und rieben sich die Gesichter mit Bienenwachs ein, bis sie schön schwarz glänzten. Dann zogen sie sich ihre besten frisch gestärkten und gebügelten bunten Baumwollkleider an und erschienen in der Schmiede. Die eine brachte stets eine Kanne Wasser, manchmal auch Limonade, die andere eine Schöpfkelle mit. Wenn zuerst Tom seinen Durst gestillt hatte, boten sie ihr Getränk den übrigen der hier versammelten Sklaven an, die von ihren Massers hergeschickt worden waren, die für das Ende der Woche in Aussicht gestellten Arbeiten abzuholen. Tom bemerkte mit heimlichem Vergnügen, daß seine Schwestern vorzugsweise mit den besser aussehenden jungen Männern flirteten. So war er auch nicht überrascht, eines Samstagabends Matildas strafende Stimme zu vernehmen: »Bin doch nicht blind! Glaubt ihr, ich seh' nicht, wie ihr da unten immer bei den Männern rumscharwenzelt!« Klein-Kizzy entgegnete keck: »Aber Mammy, wir sind doch schon richtige Frauen! Bei Masser Lea gab's nur überhaupt keine Männer nicht!« Matilda knurrte irgend etwas, das Tom nicht verstand, aber er hatte sie in Verdacht, insgeheim das Betragen ihrer Töchter nicht gar so sehr zu mißbilligen, wie sie vorgab. Er fand sich darin bestätigt, als Matilda ihm kurz darauf sagte: »Sieht mir ganz so aus, wie wenn sich die beiden Mädchen vor deiner Nase den Hof machen lassen. Da könntest du wenigstens aufpassen, daß sie nicht an den Falschen geraten.«

Zur großen Überraschung der Familie war es nicht die übermütige Klein-Kizzy, sondern die viel stillere Mary, die alsbald sehr entschieden den Wunsch äußerte, mit einem Stallburschen von einer Pflanzung unweit des Dorfes Mebane »über den Besen zu springen«. Sie suchte Matilda zu bereden: »Ich weiß, du kannst den Masser dazu bringen, mich nicht allzu teuer zu verkaufen, wenn der Masser von meinem Nicodemus ihn danach fragt, Mammy, und dann könnten wir zusammen leben.« Aber Matilda murmelte nur eine vage Antwort, worauf Mary in Tränen ausbrach.

»Ach Gott, Tom, ich weiß einfach nicht, was ich nun denken und fühlen soll«, sagte Matilda. »Ich freu' mich ja so für das Kind, ich seh' ja, wie glücklich sie ist, aber ich kann's einfach nicht ertragen, daß wieder einer von uns verkauft werden soll.«

»Da hast du unrecht, Mammy, und du weißt es«, sagte Tom. »Ich wär' auch nicht gern mit einer verheiratet, die woanders wohnt. Du siehst ja, was mit Virgil passiert ist, ganz krank ist er nach seiner Lilly Sue, seit wir verkauft worden sind.«

»Nun hör aber mal, Junge«, sagte sie. »Erzähl *mir* nichts von Verheiratetsein mit jemand, den man nie sieht! Was meinst du, oft merk' ich erst, daß ich 'n Mann hab', wenn ich auf all euch Kinder schau'.« Matilda zögerte. »Aber was Marys Weggehen betrifft, denk' ich ja nicht nur an sie dabei, sondern an euch alle. Du arbeitest ja so viel, daß du's sicher gar nicht bemerkt hast, aber am Sonntag läßt sich hier kaum noch einer von deinen Brüdern blicken, die sind einfach nicht mehr da – nur noch du und Virgil –, die andern laufen bloß noch den Weibern nach –«

»Mammy«, unterbrach Tom sie empört, »wir sind doch erwachsene Männer!«

»Sicher seid ihr das!« erwiderte Matilda. »Das mein' ich ja nicht! Ich mein' ja nur, die Familie hier ist schon längst wieder in alle vier Winde verstreut, bevor wir sie beisammen haben!«

Es folgte ein kurzes Schweigen, Tom suchte nach etwas Tröstlichem, das er ihr sagen könnte. Er verstand, daß seine Mutter in letzter Zeit so reizbar und zuweilen ungewöhnlich deprimiert war: inzwischen waren bereits Monate vergangen, seit sein Vater hätte zurückkommen sollen. Sie würde sich wieder einmal mit seiner Abwesenheit abzufinden haben.

Tom war verblüfft, als Matilda ihn durchdringend anblickte und unvermittelt fragte: »Wann wirst du heiraten?«

»Daran denk' ich jetzt nicht –« Er wurde verlegen und wechselte das Thema. »Hab' gerade nachgedacht, wie wir am besten Oma, Schwester Sarah und Miss Malizy hierher kriegen, Mammy. Wieviel haben wir ungefähr gespart?«

»Nichts *ungefähr*! Ich sag's dir genau! Mit den zwei Dollar und vier Cents vom letzten Sonntag sind's genau siebenundachtzig Dollar und zweiundfünfzig Cents.«

Tom schüttelte den Kopf. »Das muß ich besser machen –«

»Wenn bloß Virgil und die andern ein bißchen mehr helfen würden.«

»Ist nicht ihre Schuld. Extra-Feldarbeit ist schwer zu finden, und die Massers, die wen brauchen, holen sich lieber freie Nigger, die sich für fünfundzwanzig Cents am Tag zu Tode schinden müssen, wenn sie nicht verhungern wollen. Nein. Ich muß es anders anstellen! Und bald! Oma, Schwester Sarah und Miss Malizy, die werden doch allmählich alt!«

»Deine Oma ist wohl siebzig, und Sarah und Malizy so an die achtzig.« Matilda kam plötzlich ein Gedanke. »Tom weißt du, was mir da eben einfällt? Deine Oma hat doch immer erzählt, ihr afrikanischer Pappy wußte immer, wie alt er war, weil er kleine Steine in eine Kürbisflasche steckte. Erinnerst du dich, wie sie das erzählt hat?«

»Ja, Mammy. Natürlich.« Er dachte einen Augenblick nach. »Wie alt war er wohl?«

»Hab' ich nie gehört, kann mich jedenfalls nicht daran erinnern.« Sie blickte nachdenklich vor sich hin. »Hängt auch ganz davon ab, was du meinst. Er war soundso alt, wie sie ihm Oma Kizzy weggenommen und verkauft haben. Dann war er soundso alt, wie der Herr ihn zu sich genommen hat –« Sie zögerte. »Wenn Oma jetzt auf die Siebzig geht, da muß ihr Pappy schon längst tot und begraben sein. Ihre Mammy auch. Die armen Seelen!«

»Hm, ja –«, brummte Tom »muß wohl. Manchmal frag' ich mich, wie die wohl ausgesehn haben. Gehört hab' ich soviel über sie.«

»Ich auch, Junge.« Sie setzte sich in ihrem Stuhl zurecht. »Aber kommen wir mal wieder auf deine Oma und Sarah und Malizy zurück. Jede Nacht lieg' ich auf den Knien und bitte den Herrn, daß er ihnen beisteht, jeden Tag bete ich, daß dein Pappy mit 'ner Menge Geld ankommt und sie kauft.« Sie lachte hell auf. »Eines Morgens schauen wir hoch, und sie sind alle vier – frei wie die Vögel!«

»Das wär'n Anblick! Das möcht' ich wirklich sehn!« grinste Tom.

Sie schwiegen beide, jeder in seine eigenen Gedanken versunken. Tom überlegte, ob jetzt wohl der rechte Augenblick und die passende Stimmung sei, seiner Mutter etwas mitzuteilen, das er noch keinem anvertraut hatte und was ganz so aussah, als könnte was draus werden.

Er nahm eine Frage zum Anlaß, die Matilda vor einer Weile gestellt hatte. »Mammy, vorhin hast du gefragt, ob ich schon mal ans Heiraten gedacht hab'. Weißt du noch?«

Matilda richtete sich mit einem Ruck auf und strahlte: »Ja, mein Sohn?«

Tom hätte sich ohrfeigen mögen. Warum mußte er gerade jetzt damit kommen? Er drehte und wendete sich und wußte nicht recht, wie er es anfangen sollte. Dann sagte er mit fester Stimme: »Also. Ich hab' da ein Mädchen kennengelernt, und wir haben ein bißchen geredet –«

»Allmächtiger Gott! Tom! Wer ist es denn?«

»Niemand, den du kennst! Heißt Irene. Manche rufen sie ›Reeny‹. Sie gehört dem Masser Edwin Holt und arbeitet im Herrenhaus bei denen –«

»Der reiche Masser Holt, von dem der Masser und die Missis erzählt haben, daß ihnen die große Baumwollspinnerei in Alamance Creek gehört?«

»Ja, Mammy –«

»Ihr Herrenhaus, ist das, wo du die schönen Fenstergitter eingebaut hast?«

»Ja, Mammy –« Tom kam sich vor wie ein kleiner Junge, den man beim Naschen erwischt hat.

»Jesses Gott!« Matilda strahlte übers ganze Gesicht. »Hat doch noch eine meinen Brummbär in die Falle gelockt!« Sie sprang auf, umarmte ihren verlegen dreinblickenden Sohn und sprudelte hervor: »Bin ja so glücklich für dich, mein Tom! Überglücklich!«

»Nu warte doch, Mammy! Wart doch mal ab!« Er befreite sich aus ihrer Umarmung und drückte sie wieder auf ihren Stuhl. »Hab' doch nur gesagt, wir haben 'n bißchen geredet.«

»Junge, dir war schon von klein auf der Mund wie zugewachsen. Warst schon immer der schweigsamste von allen. Wenn du mir nun erzählst, du hast 'n Mädchen auch nur angesehn, dann weiß ich doch gleich, daß mehr dahintersteckt!«

Er starrte sie entsetzt an. »Ich will aber nicht, daß du's weitererzählst, verstehst du?«

»Ich *weiß*, der Masser wird sie für dich kaufen, Junge! Erzähl mir mehr von ihr, Tom!« In Matildas Kopf überschlugen sich die Gedanken, und im Geiste sah sie sich bereits beim Backen des Hochzeitskuchens.

»Es wird spät, muß jetzt gehn –« Aber sie war vor ihm an der Tür. »Bin ja so froh, daß alle meine Jungs nun bald jemand gefunden haben! Aber du bist nun grad' mein bester!« Matildas Lachen war das glücklichste, das Tom seit langem an ihr gesehen hatte. »Ich werd' wohl auch älter, bin schon grad' so wie Oma Kizzy; die hat sich auch immer Enkelkinder gewünscht!« Tom schob sich an ihr vorbei und hörte sie noch von draußen: »Wenn ich lang genug leb', seh' ich vielleicht sogar noch 'n paar Urenkelchen!«

KAPITEL 106

Einige Monate zuvor waren Masser und Missis Murray eines Sonntags eben von der Kirche heimgekehrt, als der Masser auch schon nach Matilda klingelte und ihr sagte, Tom solle sich auf der Veranda einfinden.

Sichtlich zufrieden und erfreut ließ er Tom wissen, Mr. Edwin Holt, der Besitzer der Holt-Baumwollspinnerei habe sich an ihn gewandt, und zwar seien Missis Holt kürzlich einige besonders schöne Stücke von Toms Schmiedekunst zu Gesicht gekommen, sie sei sehr beeindruckt davon gewesen und habe nun selbst eine kleine Skizze für ein Fensterziergitter gezeichnet und hoffe, daß Tom dieses bald anfertigen und auf »Locust Grove« anbringen könne.

Mit einem von Masser Murray ausgestellten Reisepapier ritt Tom früh am nächsten Morgen auf einem Maulesel los, sich die Skizzen anzusehen und die Fenster auszumessen. Der Masser hatte ihm gesagt, um die inzwischen in der Schmiede anfallenden Arbeiten brauche er sich nicht zu sorgen, und hatte ihm gezeigt, wie man am besten die Haw River Road entlang bis zu der Stadt Graham und dann die Graham Road nach Bellemont Church reitet, wo man rechts abbiegt und dann nach weiteren zwei Meilen zum Anwesen der Holts gelangt, das schon von weitem sichtbar wäre.

Tom kam an, wies sich bei einem schwarzen Gärtner aus, und man hieß ihn vor dem Haus warten. Bald kam Missis Holt heraus und beglückwünschte Tom freundlich zu den Arbeiten, die sie von ihm gesehen hatte. Sie zeigte ihm ihre Skizzen, und Tom studierte sie eingehend. Sie stellten ein Fenstergitter dar, das wie eine mit Trauben und Blättern bewachsene Laube wirkte. »Ich glaub', das kann ich schaffen. Ich werd' mich wenigstens bemühen, Missis«, sagte er, aber er wies auch darauf hin, die Arbeit etwa zwei Monate in Anspruch nehmen würde, denn es sollten eine Menge Fenster vergittert werden. Missis Holt war sehr einverstanden, gab Tom ihre Skizzen und verließ ihn einstweilen, damit er jedes einzelne Fenster des Hauses genau ausmessen könne.

Am frühen Nachmittag war Tom gerade mit den Verandafenstern im Obergeschoß beschäftigt, als er plötzlich das Gefühl hatte, beobachtet zu werden, und als er sich umschaute, erblickte er ein auffallend hübsches rötlichbraunes Mädchen mit einem Staubtuch in der Hand, das vom offenen Fenster nebenan unverwandt zu ihm herübersah. Sie trug die schlichte Tracht eines Zimmermädchens, hatte das glatte schwarze Haar zu einem großen Zopf im Nacken geflochten und hielt Toms forschendem Blick mit freundlicher Gelassenheit stand. Nur seiner angeborenen Zurückhaltung war es zu danken, daß er seine innere Erregung beherrschen konnte. Er zog seinen Hut und sagte höflich: »Tag, Miss.«

»Tag!« erwiderte sie mit einem strahlenden Lächeln und verschwand. Auf seinem Nachhauseritt zur Murray-Pflanzung stellte Tom überrascht und irritiert fest, daß er sie nicht aus seinen Gedanken zu vertreiben vermochte. Und abends im Bett fiel ihm schlagartig ein, daß er sie nicht einmal nach ihrem Namen gefragt hatte. Ihr Alter schätzte er auf neunzehn, vielleicht zwanzig Jahre.Endlich schlief er ein, erwachte aber sogleich wieder, gequält von dem Gedanken, daß ein so hübsches Mädchen sicher schon längst verheiratet war oder einen ständigen Freund hatte.

Das Anfertigen der Gitterrahmen war reine Routinearbeit. Tom brauchte sechs Tage dazu, dann begann er, weißglühende Eisenstangen so lange durch die Stahlösen, von denen er einen ganzen Satz hatte, zu ziehen, bis sie so dünn wie Ranken von Efeu oder Wein waren. Er erhitzte sie noch einmal und bog sie auf die verschiedenste Weise zurecht, doch das Ergebnis befriedigte ihn nicht, und so begab er sich von nun an allmorgendlich auf einen Spaziergang, um Wuchs und Windungen der wilden Ranken zu studieren. Erst danach meinte er, sie richtig nachbilden zu können.

Die Arbeit machte gute Fortschritte, und Masser Murray mußte täglich seinen unwilligen Kunden in der Schmiede erklären, daß Tom vorläufig nur die allerdringlichsten Reparaturen ausführen könne, bis er seine große Arbeit für Mr. Edwin Holt abgeschlossen hätte. Das besänftigte den Ärger der meisten. Masser Murray und auch die Missis kamen nun häufig in die Schmiede, sein Werk zu bewundern, brachten manchmal auch Besucher mit, und bisweilen standen sie zu zehnt oder zwölft um Tom herum und sahen ihm bei der Arbeit zu. Er hämmerte, schmiedete und war heilfroh, daß all die Zuschauer gar nicht zu erwarten schienen, daß der Schmied von ihnen Notiz nahm, solange er beschäftigt war. Gewöhnlich behandelten ihn die meisten Sklaven, die ihm Reparaturarbeiten ihrer Massers überbrachten, besonders mürrisch oder betont herablassend; sowie jedoch ein Weißer hinzukam, begannen alle sogleich dumm zu grinsen, herumzudienern oder sich sonstwie albern aufzuführen. Tom schämte sich für sie, wie ihn auch früher oft das hochtrabende Gehabe seines Vaters Hühner-George verlegen gemacht hatte.

Außerdem empfand es Tom als einen Segen, daß er sich so völlig in sein Schmiedewerk vertiefen und darüber die ganze Welt vergessen konnte. Wenn er so vom frühesten Morgen bis weit in die Abenddämmerung an den Fenstergittern arbeitete, dachte er zuweilen stundenlang an alles mögliche andere, bis es ihn mit Macht zurück zu dem hübschen Zimmermädchen im Holtschen Hause zog.

Das Schmieden und Formen der Efeu- und Weinblätter war der schwerste Teil der Arbeit. Das hatte er gleich gewußt, als er Missis Holts Skizzen gesehen hatte. Tom unternahm wieder Spaziergänge, diesmal, um die Gestalt der Blätter an der Natur zu studieren. Dann erhitzte er wieder und wieder kleine Eisenstücke, schlug sie mit seinem schweren ekkigen Hammer zu dünnen Plättchen und schnitt die mit einer Metallschere in unzählige herzförmige Muster.

Die kleinen Blattstiele erforderten besonders sorgfältige Feinarbeit. Er fand es gut, daß kein Blatt genau wie das andere aussah, denn so hatte er es auch in der Natur beobachtet. In der siebten Woche schweißte Tom schließlich die beblätterten Ranken an die bereits fertiggestellten Rahmen.

»Tom, ich sag' dir, die sehn wirklich aus wie irgendwo rausgewachsen«, rief Matilda, als sie ehrfürchtig das Werk ihres Sohnes bewunderte. Kaum weniger begeistert reagierte Klein-Kizzy, die sich inzwischen bereits in aller Offenheit von drei jungen Sklavenburschen den Hof machen ließ. Auch Toms Brüder und ihre Frauen – nur Ashford und Tom waren noch ledig – bestaunten die Arbeit und bezeugten Tom höchstens Respekt. Sogar der Masser und Missis Murray machten aus ihrer Freude und ihrem Stolz, einen solchen Schmied zu besitzen, keinen Hehl.

Die Fenstergitter wurden auf den Wagen verladen, und Tom fuhr zum Landsitz der Holts, um sie einzubauen. Eines davon zeigte er Missis Holt gleich bei seiner Ankunft und fragte, ob es so recht sei. Sie klatschte entzückt in die Hände, rief ihre halbwüchsige Tochter und ihre erwachsenen Söhne, die gerade zu Besuch waren, herbei, und alle beglückwünschten Tom zu seinem Meisterwerk.

Er begann sofort mit dem Einbauen, und schon nach zwei Stunden waren die Fenster im Untergeschoß fertig, wo die Mitglieder der Familie Holt und einige ihrer Sklaven sie aufs neue bestaunten. Die Begeisterung der Missis mußte sich herumgesprochen haben, denn nun kamen auch andere, um seine Arbeit zu bestaunen. Doch wo war *sie*? Tom fragte sich dies noch immer in banger Erwartung, als einer der Söhne Holt ihn die Treppe hinaufführte, damit er die restlichen Rahmen an den Verandafenstern des Obergeschosses anbringen sollte.

Es war genau der Ort, an dem er ihr zum erstenmal begegnet war. Wie und wen sollte er nach ihr fragen, ohne sich durch allzu großes Interesse zu verraten? Wie sollte er herausfinden, wer sie war, wo sie war, und welche Stellung sie hatte? In seiner Enttäuschung arbeitete Tom noch schneller, denn jetzt wollte er am liebsten alles rasch hinter sich bringen und schleunigst das Haus verlassen.

Er war gerade mit dem Einbauen des dritten Fenstergitters beschäftigt, als er trappelnde Schritte hörte – und da war sie endlich, erhitzt und noch fast atemlos vom Laufen. Er starrte sie an und brachte kein Wort hervor.

»Guten Tag, Mr. Murray!« Schlagartig kam ihm zu Bewußtsein, daß sie ja nichts von »Lea« wissen konnte, denn jetzt gehörte er Masser Murray. Er nahm unbeholfen seinen Strohhut ab.

»Guten Tag, Miss Holt«

»War grad' unten im Räucherhaus und hab' Fleisch geräuchert, da hab' ich gehört, daß du hier bist –« Sie schaute auf das letzte Gitterfenster, das er eben eingebaut hatte. »Oh, ist das aber schön! Hab' Missis Emily unten getroffen, die ist ganz verrückt vor Freude.«

Er blickte auf ihr Feldarbeiterinnenkopftuch. »Ich dachte, du bist ein Zimmermädchen –« Was er sagte, klang ihm blöde und unangebracht.

»Ich tu' gern alle möglichen Sachen, und sie lassen mich«, sagte sie und schaute sich um. »Bin nur grad' eben auf einen Sprung hier raufgekommen. Jetzt sollt' ich besser wieder zurück an die Arbeit und du auch.«

Er mußte mehr wissen. Wenigstens ihren Namen. Er fragte sie.

»Irene«, sagte sie. »Man nennt mich auch Reeny. Und wie heißt du?«

»Tom«, sagte er. Aber sie mußten jetzt wirklich wieder an die Arbeit. Deshalb riskierte er nur schnell noch die eine Frage: »Miss Irene, bist – bist du – gehst du mit jemand?«

Sie blickte ihn lange und ernst an, so daß er schon meinte, etwas Unpassendes gesagt zu haben. »Mister Murray, ich war immer dafür bekannt, daß ich frei raus sage, was ich denke: Wie ich vorhin gesehn hab', wie schüchtern du bist, hab' ich schon richtig Angst gehabt, du wirst überhaupt nie wieder was zu mir sagen.«

Tom wäre beinahe von der Veranda gefallen.

Von da an hatte er Masser Murray jeden Sonntag um einen ganztägigen Passierschein und die Erlaubnis, den Eselwagen zu benutzen, gebeten. Seiner Familie erzählte er, daß er am Straßenrand weggeworfene Metallgegenstände und Schrott für seine Schmiede suche. Und tatsächlich fand er auch fast jedesmal, wenn er auf verschiedenen Wegen zu Irene fuhr, irgendeinen nützlichen Gegenstand.

Nicht nur sie, auch alle anderen im Holtschen Sklavenquartier hätten ihm nicht freundlicher begegnen und ihn herzlicher aufnehmen können. »Du bist so schüchtern und dabei so klug, daß die Leute dich eben mögen«, erklärte ihm Irene. Gewöhnlich fuhren sie zusammen an irgendeinen nicht zu weit entfernten, aber etwas abgelegenen Ort, wo Tom den Esel ausspannte und grasen ließ, während er mit Irene spazierenging. Bei ihren Unterhaltungen führte Irene meist das Wort.

»Mein Pappy ist ein Indianer, und er heißt Hillian, hat meine Mammy gesagt. Daher kommt die eigenartige Farbe bei mir«, erzählte Irene ganz unbefangen, ohne daß er sie danach gefragt hatte. »Ganz früher ist meine Mammy von einem ganz ekligen Masser weggelaufen, Indianer haben sie im Wald gefunden und mit in ihr Dorf genommen, da hat sie meinen Pappy kennengelernt, und dann bin ich geboren. Ich war noch ganz klein, als weiße Männer kamen und das Dorf überfallen haben. Sie haben viele umgebracht und meine Mammy gefangen und zu ihrem Masser zurückgebracht. Der hat sie furchtbar geschlagen, sagt sie, und dann uns beide an so'n Niggerhändler verkauft, und von dem hat Masser Holt uns gekauft. Das war das reinste Glück, denn das sind wirklich ganz vornehme Herrschaften –« Sie kniff die Augen etwas zusammen. »Na ja, wenigstens meistens. Jedenfalls war Mammy ihre Wasch- und Bügelfrau, bis sie krank wurde und gestorben ist. Das war vor vier Jahren, seitdem bin ich hier. Ich bin jetzt achtzehn, am Neujahrstag werd' ich neunzehn –« Sie schaute Tom treuherzig an. »Und du, wie alt bist du?«

»Vierundzwanzig«, sagte Tom.

Nun erzählte er Irene die wichtigsten Ereignisse aus dem Leben seiner Familie und fügte hinzu, sie kennten sich allerdings noch nicht sehr gut in diesem Teil Nord-Carolinas aus, in den sie erst kürzlich verkauft worden waren.

»Ich hab' schon ziemlich viel mitgekriegt«, sagte sie, »denn die Holts sind hier sehr wichtige Leute, fast jeder kommt sie besuchen, und ich bediene ja meistens, da sperr' ich eben Augen und Ohren auf.«

»Die sagen, daß die Ururururgroßväter von den meisten Weißen hier in Alamance County lange vor diesem Revolutionskrieg aus Pennsylvania gekommen sind, und damals soll hier fast niemand nicht gelebt haben, außer den Sissipaw-Indianern. Manche nennen sie auch Saxapaws. Aber die weißen englischen Soldaten haben sie fast alle umgebracht, jetzt gibt's nur noch den Saxapaw-River, der ihren Namen trägt –«, sie zog eine Grimasse. »Mein Masser sagt, die Weißen hatten's einmal sehr schwer, deshalb sind sie übers Wasser gekommen und alle nach Pennsylvania gegangen, wo's nachher so voll war, daß die Engländer, die damals die Kolonien hatten, eines Tags einfach gesagt haben: Sie können hier in Nord-Carolina Land kaufen, soviel sie wollen, für weniger als zwei Cents der Morgen. Na, da sind lauter Quäker, schottisch-irische Presbyterianer und deutsche Lutheraner gekommen, hat der Masser gesagt, mit ihren großen Planwagen durch die Täler von Cumberland und Shenando, und haben alles weggedrängt. Im Umkreis von vierhundert Meilen oder so, hat der Masser gesagt. Sie haben alles Land gekauft, was sie kriegen konnten, und dann gerodet und gepflügt und lauter kleine Farmen gegründet, auf denen sie alleine arbeiten, wie's die meisten weißen Leute in dieser Gegend noch heute tun. Deshalb gibt's hier auch nicht so viele Nigger wie da, wo die großen Pflanzungen sind.«

Am nächsten Sonntag zeigte Irene Tom die Baumwollspinnerei ihres Masser am Ufer der Alamance-Bucht, und sie war so stolz dabei, als ob die Spinnerei und die Familie Holt ihre eigene wären.

Jede Woche freute sich Tom nach der schweren und ermüdenden Schmiedearbeit auf den kommenden Sonntag, wenn er mit dem Eselwagen meilenweit an den Zäunen entlangfuhr, hinter denen Mais-, Weizen-, Tabak- und Baumwollfelder lagen. Hier und da kam er an Obstgärten mit

Apfel- und Pfirsichbäumen und an kleineren Farmhäusern vorbei. Begegneten die beiden später anderen Schwarzen, die fast immer zu Fuß waren, winkten sie ihnen zu, und Tom hoffte, sie verstünden, warum er sie nicht zum Mitfahren einlud, denn er wollte mit Irene allein sein. Bisweilen hielt er plötzlich den Wagen an, sprang ab und warf irgendeinen verrosteten Metallgegenstand, den er eben am Straßenrand entdeckt hatte, hinten in den Wagen. Einmal überraschte Irene ihn damit, daß sie ebenfalls absprang und sich eine wilde Rose pflückte. »Schon immer, seit ich ein kleines Mädchen war, hab' ich Rosen gern«, erklärte sie ihm.

Gelegentlich begegneten sie auch Weißen, die in einem Wagen oder zu Pferde unterwegs waren. Prompt wurden Tom und Irene dann steif wie zwei Statuen und starrten genau wie die Weißen unverwandt vor sich hin. Tom erwähnte einmal, daß er hier in Alamance County viel seltener jene armen Weißen sehe, von denen es in der Gegend, in der er vorher gelebt hatte, so viele gab.

»Ich kenn' diese putenfressenden rotnackigen Kerle, die du meinst«, sagte sie. »Nein, von denen gibt's hier nicht viel. Wenn du mal einen siehst, ist er gewöhnlich nur auf der Durchreise. Die reichen Weißen hier können die noch weniger leiden wie die Nigger.«

Tom war überrascht, daß Irene über alles, was sie unterwegs sahen, Bescheid wußte und über jede Wegkreuzung, Kirche, Schule, Wagenwerkstatt, oder was es auch war, etwas zu berichten hatte. »Ach, ich hör' einfach zu, was der Masser seinen Gästen so erzählt, und seine Leute haben mit fast allem in Alamance County irgendwie was zu tun«, erklärte sie und zeigte auf eine Mühle, die ihrem Masser gehörte. »Er mahlt 'ne Menge von seinem Weizen zu Mehl, und aus seinem Mais macht er Whiskey, den er in Fayetteville verkauft.«

Mit der Zeit begann Tom dieser nicht enden wollenden Lobpreisung ihres Masser und seiner Familie müde zu werden. Eines Sonntags, als sie sich bis in die Bezirksstadt Graham vorgewagt hatten, sagte sie: »Im Jahr, als der große kalifornische Goldrausch war, hat der Pappy von meinem Masser massenhaft Gold gefunden. Er hat dieses Land gekauft und diese Stadt gebaut, und jetzt ist sie Bezirksstadt.« Am nächsten Sonntag fuhren sie die Salisbury Road entlang, und sie zeigte auf einen großen Markierungsstein. »Grad' hier auf der Pflanzung vom Großvater des Masser haben sie die Schlacht von Alamance geschlagen. Die Leute hatten genug von der schlechten Behandlung durch den König, haben ihre Gewehre genommen und auf die Soldaten mit den roten Jacken geschossen. Der Masser hat gesagt, die Schlacht war der Funke, der die amerikanische Revolution und fünf Jahre später den Krieg ausgelöst hat.«

Etwa um diese Zeit war es auch, daß Matilda ungehalten wurde. Es wurde ihr schwer, das aufregende Geheimnis so lange für sich behalten zu müssen. »Was ist eigentlich los mit dir? Tust grad' so, wie wenn du willst, daß niemand dein Indianermädchen zu Gesicht kriegt!«

Tom beherrschte seinen Ärger und murmelte ein paar unverständliche Worte, worauf Matilda erst recht in Zorn geriet und ihm einen Tiefschlag versetzte. »Ist wohl zu gut für uns, wo sie ja so vornehmen Leuten gehört!«

Tom tat, was er nie zuvor getan hatte. Er drehte sich auf dem Absatz um, ließ seine Mutter stehen und weigerte sich, auf eine derartige Bemerkung überhaupt zu antworten.

Er wünschte, es gäbe irgendwen, irgend jemanden, mit dem er über seine tiefsitzenden Zweifel, ob er weiterhin mit Irene zusammenbleiben sollte, sprechen konnte.

Zwar hatte er sich endlich eingestanden, wie sehr er sie liebte. Sie war nicht nur wunderschön mit ihren Gesichtszügen, die das Indianische mit dem Schwarzen verbanden, sie war auch fraglos die reizvollste, anziehendste und klügste Frau, die er sich wünschen konnte. Aber da Tom nicht nur ein entschlossener, sondern auch ein bedachtsamer Mensch war, meinte er, nur dann eine gute Ehe führen zu können, wenn er zwei Probleme, die ihm bei Irene Sorgen machten, gelöst hatte.

Zuerst einmal konnte Tom keine wirkliche Zuneigung oder kein vollkommenes Vertrauen einem Weißen gegenüber empfinden, seinen Masser und Missis Murray nicht ausgenommen. So stimmte es ihn bedenklich, daß Irene ihre weißen Besitzer zu bewundern, ja geradezu anzubeten schien; denn das bedeutete, daß sie in diesem sehr wesentlichen Punkt nicht einer Meinung sein würden.

Das zweite Problem hielt er für noch schwieriger: Die Familie Holt schien ebenso an Irene zu hängen, wie sie an ihnen. Das gab es ja zuweilen, daß reiche Masserfamilien besonders enge Beziehungen zu Sklaven in ihrem Haushalt unterhielten. Er jedoch würde es nie ertragen, eine Frau zu haben, die auf einer anderen Pflanzung lebte, denn dann wäre man dazu verdammt, beiderseits auf die Erlaubnis der Massers angewiesen zu sein, wenn man sich auch nur besuchen wollte.

Tom hatte sich sogar schon überlegt, welches der ehrenhafteste Weg sei, auf jedes weitere Beisammensein mit Irene zu verzichten, obgleich er wußte, welchen Schmerz er sich selbst damit zufügte.

»Was ist los, Tom?« fragte sie ihn am nächsten Sonntag besorgt.

»Nichts.«

Sie fuhren schweigend eine Weile weiter. Dann sagte sie in ihrer freimütigen Art: »Ich werd' dich nicht drängen, wenn du mir nichts sagen willst, aber ich weiß doch, daß dich irgendwas bedrückt.«

Tom spürte kaum noch die Zügel in seinen Händen. Eine der Eigenschaften Irenes, die er am meisten bewunderte, war zweifellos ihre Offenheit und Ehrlichkeit, und er war nun schon wochen- und monatelang mit ihr nicht ehrlich gewesen, er hatte ihr seine wahren Gedanken nicht mitgeteilt, was er doch eigentlich hätte tun sollen, wenn es auch beiden weh tun mußte.

Tom bemühte sich, ungezwungen zu klingen. »Erinnerst du dich, wie ich dir mal vor einiger Zeit von meinem Bruder Virgil und seiner Frau erzählt hab', die bei ihrem Masser bleiben mußte, als wir verkauft wurden?« Da es seiner Sache nicht dienlich wäre, erzählte er jetzt nicht, wie Masser Murray kürzlich auf sein Bitten hin eigens nach Caswell County gefahren war und Lilly Sue und den kleinen Uriah gekauft hatte.

Er zwang sich fortzufahren: »Und mir geht's gradeso – wenn ich mal daran denken würde, mich mit jemand zusammenzutun — na, ich glaub' einfach nicht, daß ich das fertigbrächte, wenn wir dann beide jeder auf einer andern Pflanzung leben müßten.«

»Ich auch nicht!« Ihre Antwort kam so prompt und überzeugt, daß Tom fast die Zügel aus der Hand fallen ließ. Er konnte es kaum glauben. Mit einem Ruck wandte er sich ihr zu und starrte sie an. »Was meinst du damit?« stammelte er.

»Grad' was du gesagt hast!«

Er wurde direkter: »Aber du weißt doch genau, daß Masser und Missis Holt dich nicht verkaufen werden!«

»Ich werd' verkauft, wenn ich will!« Sie sah ihn ruhig an.

Tom fühlte eine plötzliche Schwäche, die sich seines ganzen Körpers bemächtigte. »Wie kannst du so was sagen?«

»Ich will ja nicht frech klingen, aber das soll nicht deine Sorge sein. Überlaß das man mir.«

Tom war wie in einem Taumel. Er hörte sich sagen: »Na, warum läßt du dich dann nicht verkaufen –«

Sie schien zu zögern. Er war vor Angst ganz außer sich.

Sie sagte: »Na schön. Wann soll's denn sein?«

»Das liegt an dir –«

Seine Gedanken überschlugen sich. Welch unerschwingliche Summe würde ihr Masser für eine solche Kostbarkeit, wie sie es war, verlangen? – Oder war das alles etwa nur ein tollkühner Traum?

»Du mußt deinen Masser fragen, ob er mich kaufen will.«

»Er wird dich kaufen«, sagte er mit mehr Gewißheit, als er verspürte. »Wieviel glaubst du wohl, daß du kostest?« fragte er. »Das will er bestimmt wissen.«

»Ich denke, die werden nehmen, was er bietet, wenn's ein vernünftiger Preis ist.«

Tom starrte sie entgeistert an, und Irene starrte zurück.

»Tom Murray, du bist in mancher Hinsicht der unausstehlichste Mann, der mir je begegnet ist! Ich hätt' dir das schon gleich am ersten Tag sagen können, wo wir uns gesehn haben. Und die ganze Zeit über hab' ich gewartet, daß du mal was sagst! Na, wart' nur, bis ich dich erst in die Finger krieg'. Ich werd' dir diesen Dickschädel schon austreiben!« Er spürte kaum ihre kleinen Fäuste, mit denen sie ihm auf den Kopf und die Schultern hämmerte, als er sie, die erste Frau seines Lebens, in die Arme nahm. Der Esel trabte ohne Führung voran.

Als Tom an diesem Abend im Bett lag, sah er sich im Geiste eine Rose aus Eisen schmieden. Er würde bei seiner nächsten Fahrt in die Bezirksstadt ein Stück vom feinsten Eisen kaufen, dann sich eine Rose genau anschauen, sehen, wie Stiel und Blüte sich aneinanderfügten, wie die Blütenblätter sich entfalteten und sich auseinanderbogen – er müßte auspobieren, wie er die Eisenstange bei hellglühendem Feuer am schnellsten so waffeldünn hämmern konnte, daß er daraus die Blütenblätter formen, sie noch einmal erhitzen und dann ganz zart und mit viel Liebe in ihre Biegungen und Rundungen bringen konnte. Danach würde er das Ganze in eine Mixtur von Wasser und Öl tauchen, damit die hauchdünne Anmut der Blüte erhalten bliebe –

KAPITEL 107

Missis Emily Holt vernahm ein Geräusch, ging die Treppe hinunter und fand dort zu ihrer Bestürzung die heftig schluchzende Irene, ihr über alles geschätztes Zimmermädchen. Sie fragte besorgt und erschreckt: »Was ist denn nur, Irene?«, hockte sich nieder, ergriff sie bei den Schultern und schüttelte sie sanft. »Willst du wohl *auf der Stelle* aufstehen und mir sagen, was mit dir los ist?«

Irene richtete sich mühsam auf und erzählte ihrer Missis von ihrer Liebe zu Tom, den sie, wie sie sagte, viel lieber heiraten würde, als sich weiterhin den fortgesetzten Nachstellungen gewisser junger Massers widersetzen zu müssen. Empört verlangte Missis Holt, ihr sofort die Namen dieser jungen Männer preiszugeben, und Irene nannte mit tränenerstickter Stimme zwei von ihnen.

Noch am selben Abend kamen der sehr betroffene Masser und Missis Holt überein, daß es zweifellos im Interesse der Familie läge, wenn Irene so schnell wie möglich an Masser Murray verkauft würde.

Da aber beide Irene wirklich gern hatten und auch ihre Wahl billigten, bestanden sie darauf, daß Masser und Missis Murray ihnen die Sorge für die Hochzeit und den anschließenden Hochzeitsschmaus überließen. Bei dieser Gelegenheit sollten sich sämtliche Mitglieder der weißen und schwarzen Familien Holt und Murray im Hof des Holtschen Hauses versammeln, ihr Pfarrer würde die Trauung vornehmen und Masser Holt die Braut persönlich zum Altar führen.

Was jedoch bei dieser schönen und rührenden Feier das größte Aufsehen erregte, war die geschmiedete zierliche Rose mit dem langen Stiel, die Tom aus seiner Brusttasche hervorzog und zärtlich seiner strahlenden Braut überreichte. Inmitten der bewundernden »Ohs« und »Ahs« der

Hochzeitsgäste erklang Irenes vor Glück ganz belegte Stimme, während sie die Rose an die Brust drückte: »Tom, sie ist einfach zu schön! Immer werd' ich bei der Rose sein – und auch bei dir!«

Ein üppiges Hochzeitsessen wurde im Hof aufgetragen, nachdem sich die freundlich lächelnden weißen Familien an ihre Tafel im Innern des Herrenhauses zurückgezogen hatten, und als Matilda ihr drittes Glas von dem guten Wein getrunken hatte, sagte sie leicht beschwipst zu Irene: »Du bist mehr wie nur 'ne hübsche Schwiegertochter! Du hast mich von der Sorge befreit, ob Tom wohl je heiraten würde; ich dachte schon, der ist zu schüchtern, daß er ein Mädchen fragt, ob sie will –« Worauf Irene laut und deutlich antwortete: »Hat er auch nicht!« Die Gäste, die es hörten, brachen in wildes Gelächter aus.

Als der frischvermählte Ehemann dann wieder bei Murrays lebte, meinte man in seiner Familie, daß sein Schmiedehammer plötzlich melodiöse Klänge von sich gab, wenn er auf den Amboß einschlug. Niemand hatte ihn je so viel reden, so vielen Menschen zulächeln oder so viel arbeiten sehen wie seit der Zeit, da Irene bei ihm war. Ihre geliebte und sorglich gehütete Eisenrose schmückte den Kamin in ihrer neuen Hütte, die er pünktlich beim Morgengrauen verließ, um das Schmiedefeuer zu schüren. Danach hörte man fast ununterbrochen bis zum Abend das frohe Hämmern, das Zischen und Sprudeln, wenn er einen rotglühenden, frischgeschmiedeten Gegenstand ins Wasser tauchte. Kunden, die nur kleinere Reparaturarbeiten in Auftrag gaben oder Werkzeuge zum Schleifen brachten, bat er gewöhnlich zu warten. Manche Sklaven setzten sich auf die seitlich des Feuers aufgeschichteten Holzscheite, doch die meisten zogen es vor, in kleinen Gruppen herumzustehen und ein Schwätzchen zu halten. Auf der gegenüberliegenden Seite saßen die wartenden weißen Kunden auf eigens für sie angefertigten Holzbänken, die Tom vorsorglich so entfernt aufgestellt hatte, daß die Weißen gar nicht erst auf die Idee kamen, er könne beim Arbeiten ihren Gesprächen lauschen. Sie saßen da, rauchten, schwatzten, nahmen hier und da einen Schluck aus den mitgeführten Taschenflaschen und betrachteten Toms Schmiede als einen willkommenen Treffpunkt. So versorgten sie Tom unwillkürlich mit dem täglichen Klatsch, aber auch mit wichtigen Neuigkeiten, die er später an Irene, Matilda und die übrige Familie des Sklavenquartiers weitergab.

Er berichtete, wie zutiefst verbittert die Weißen über die sich vom Norden her ausbreitende Kampagne der Abolitionisten gegen die Sklaverei waren. »Die sagen, der Präsident Buchanan soll sich bloß hüten, daß er sich nicht mit diesem elenden Pack von Niggerfreunden einläßt, wenn er hier im Süden was erreichen will.« Aber am meisten haßten seine Kunden, wie er sagte, »den Masser Abraham Lincoln, der gesagt hat, daß er uns Sklaven befreien will –«

»Ist schon wahr«, sagte Irene. »Erinner' mich, wie sie erst letztes Jahr gesagt haben, der soll bloß das Maul halten, sonst kriegt er noch'n Krieg mit dem Süden!«

»Da hättet ihr mal meinen alten Masser hören sollen, wie der geschimpft und geflucht hat«, sagte Lilly Sue. »Der hat gesagt, dieser Masser Lincoln hat so schlaksige lange Beine und Arme und so'n häßliches und behaartes Gesicht, daß man gar nicht sagen kann, ob er mehr wie'n Schimpanse oder wie'n Gorilla aussieht! Und dann hat er noch gesagt, der ist irgendwo als ganz armer Schlucker in so'm Blockhaus aufgewachsen und mußte Bären und Iltisse fangen, damit er was zu essen hatte, und Holz gehackt hat er wie'n Nigger.«

»Tom, hast du uns nicht erzählt, daß der Masser Lincoln heute Rechtsanwalt ist?« fragte Klein-Kizzy, und Tom nickte zustimmend.

»Na, ich scher' mich nicht drum, was diese weißen Leute da reden«, erklärte Matilda. »Masser Lincoln muß schon wirklich was Gutes für uns tun, wenn die sich so über ihn aufregen. Je mehr ich von ihm höre, desto mehr klingt er mir wie Moses, der uns Kinder Israels befreien will!«

»Für meinen Geschmack könnt er's gar nicht schnell genug tun«, sagte Irene.

Masser Murray hatte sie und Lilly Sue für die Feldarbeit gekauft, und dem hatte sie sich anfangs auch willig gefügt. Aber kaum waren ein paar Monate vergangen, bat Irene ihren treuergebenen Ehemann, ihr einen Webstuhl anzufertigen, und so rasch es ihm seine geübten Hände erlaubten, hatte er ihren Wunsch erfüllt. Seitdem hörte man ihr Ritsch-Ratsch drei Hütten weit bis in die späte Nacht hinein, wenn schon alles im Sklavenquartier schlief. Und alsbald trug der sichtlich stolze Tom beglückt-verschämt ein Hemd, das Irene ihm aus selbstgewebtem Stoff zugeschnitten und genäht hatte. Als man sie beglückwünschte, meinte sie nur: »Ich tu' nun mal einfach gern, was meine Mammy mich gelehrt hat.« Sie zupfte, spann, webte und nähte Kleider aus Rohbaumwolle für Lilly Sue und Klein-Kizzy – die jetzt fast zwanzig Jahre alt war und noch immer keine Neigung zeigte, seßhaft zu werden, sondern sich lieber von den Burschen der Umgebung den Hof machen ließ. Einer ihrer bevorzugten Freunde war Amos, der zehn Meilen entfernt im neuerbauten Hotel der Nord-Carolina-Eisenbahn-Gesellschaft arbeitete.

Irene fertigte auch Hemden für all ihre Schwäger, was die ihr hoch anrechneten – sogar Ashford –, und schließlich arbeitete sie Schürzen, Kittel und Hauben für Matilda und sich selbst. Missis und Masser Murray zeigten sich nicht minder freudig überrascht und begeistert, als sie ihnen ein feingeschnittenes Kleid und ein Hemd schenkte, das sie aus der auf ihrer eigenen Pflanzung gewachsenen Baumwolle hergestellt hatte.

»Ist das nicht wunderschön!« rief Missis Murray aus, als sie sich der strahlenden Matilda im neuen Kleid präsentierte. »Ich versteh' überhaupt nicht, warum die Holts bereit waren, sie uns zu verkaufen – selbst für einen anständigen Preis.« Matilda vermied es tunlichst, ihr den wahren Sachverhalt zu erzählen, wie sie ihn von Irene erfahren hatte, und sagte nur: »Soviel ich weiß, ist es bloß, weil sie den Tom so gern mochten.«

Irene, die Farben über alles liebte, sammelte alle möglichen Pflanzen und Blätter zum Färben von Stoff, und an den Wochenenden im Frühherbst 1859 konnte man auf den Trockengestellen rote, grüne, lila, braune und gelbe Stoffbahnen hängen sehen. Ohne daß darüber offiziell gesprochen wurde, zog sich Irene mehr und mehr von der Feldarbeit zurück. Vom Masser und der Missis bis hin zum kleinen vierjährigen Uriah, der seinen Eltern Virgil und Lilly Sue bereits das Leben schwer zu machen begann, war ein jeder sich des Glanzes bewußt, den Irene in ihrer aller Leben brachte.

»Ich glaub', der Tom hat mir besonders deshalb so gefallen, weil es uns beiden soviel Spaß macht, Sachen für andre Leute zu machen«, sagte sie eines Abends im Oktober zu Matilda, die bequem in ihrem Schaukelstuhl vor ihrem schwach glimmenden Feuer saß. Nach einer Weile schaute Irene ihre Schwiegermutter verschmitzt von der Seite an. »Wie ich Tom kenne«, sagte sie, »brauch' ich dich wohl nicht zu fragen, ob er dir noch von was anderm erzählt hat, was wir machen –«

Es dauerte eine volle Sekunde, bis Matilda begriffen hatte. Dann sprang sie jubelnd auf, umarmte Irene mit aller Kraft, außer sich vor Freude. »Mach zuerst'n Mädchen, Schatz, damit ich'ne Puppe zum Küssen und Wiegen hab'!«

Während der Wintermonate ihrer fortschreitenden Schwangerschaft beschäftigte sich Irene mit einer Vielzahl von Dingen. Sie schien mit ihren Händen geradezu Wunder zu vollbringen, und alles, was sie machte, brachte Freude sowohl ins Herrenhaus wie in jede Hütte des Sklavenquartiers. Sie steppte Decken aus alten bunten Stoffresten zusammen, sie zog farbige, wohlriechende Kerzen für Weihnachten und Neujahr, sie schnitzte Kämme aus getrocknetem Kuhhorn und Schöpfkellen und Vogelnester aus Kürbissen. Sie bestand auch darauf, daß Matilda ihr die wöchentliche Arbeit des Kochens, Waschens und Bügelns überließ. Und dann legte sie einige ihrer duftenden getrockneten Rosenblätter oder Lavendel zwischen die gefaltete Wäsche, und die weißen und schwarzen Murrays liefen nun zufrieden und allesamt wohlriechend herum.

Im Februar ließ sich Irene auf einc von Matilda angezettelte Verschwörung ein, in die auch der sichtlich amüsierte Ashford eingeweiht wurde. Matilda erläuterte ihren Plan und gebot strengstes Stillschweigen: »Kein Wort darüber zu Tom. Du weißt ja, wie steif und korrekt der ist!« Irene ergriff also die erstbeste Gelegenheit, ihre Schwägerin Klein-Kizzy, die sie anbetete, beiseite zu nehmen und ihr zu eröffnen: »Ich hab' da was gehört, was du vielleicht wissen solltest. Der Ashford redet so herum und sagt, der Amos vom Eisenbahnhotel wird jetzt viel mit einem hübschen Mädchen gesehn –« Irene hielt einen Moment inne, gerade lange genug, um sich Klein-Kizzys eifersüchtig–verkniffenen Blickes zu vergewissern, und fuhr dann fort: »Ashford sagt, das Mädchen lebt auf derselben Pflanzung wie einer von seiner Familie. Er sagt, der Amos geht sie manchmal nachts in der Woche besuchen, weil er dich ja nur am Sonntag sieht, sagt er. Das Mädchen erzählt, es wird nicht mehr lange dauern, dann springt sie mit Amos übern Besen –«

Klein-Kizzy schluckte den Köder wie ein hungriger Hecht, und Matilda war nur zu erfreut darüber, denn nachdem sie die Freier ihrer unsteten Tochter eine Weile beobachtet hatte, war sie zu dem Schluß gekommen, daß Amos der solideste und ehrlichste Bursche war, bei dem

Klein-Kizzy endlich mit ihrer Herumflatterei aufhören und seßhaft werden könnte.

Als Amos am folgenden Sonntagnachmittag auf seinem geliehenen Maulesel treu und brav zu seinem üblichen Stelldichein erschien, sah Irene, daß selbst ihr sonst so gleichmütiger Tom die Stirne runzelte. Noch nie hatte die Familie Klein-Kizzy so zuvorkommend erlebt. Sie schien von übersprudelnder Fröhlichkeit zu sein, machte allerlei witzige Bemerkungen und überschüttete den sprachlosen Amos, dem gegenüber sie sich bisher immer gelangweilt gezeigt hatte, mit Nettigkeiten, bedeutungsvollen Blicken und diskreten Andeutungen. Einige solcher Sonntage später beichtete Klein-Kizzy ihrer allerbesten Irene, daß sie sich endlich verliebt habe, was Irene natürlich sofort der zutiefst befriedigten Matilda hinterbrachte.

Aber als danach wieder etliche Sonntage vergingen, ohne daß irgend jemand etwas vom »Übern – Besen – Springen« erwähnte, sagte Matilda zu Irene: »Ich bin besorgt. Wird nicht mehr lang dauern, bevor die was machen. Das weiß ich. Hast du nicht gesehn, wie die immer gleich weggehn, jedesmal wenn er kommt, und wie sie die Köpfe zusammenstecken –« Matilda machte eine Pause. »Weißt du, Irene, ich mach' mir wegen zwei Sachen Sorgen. Erstens, wenn die Dummheiten machen und es kommt zu was, dann endet die Kleine mit'nem Kind im Bauch. Zweitens ist der Junge so an die Eisenbahn gewöhnt und sieht so viel Leute reisen, daß ich mich frage, ob die beiden nicht was aushecken und in den Norden fliehen wollen. Was meinst du? Klein-Kizzy ist so eine, die zu allem bereit ist, das weißt du ja.«

Als Amos am nächsten Sonntag ankam, erschien Matilda mit einer frischgebackenen Torte und einem Krug Limonade. Mit laut vernehmbarer Stimme lud sie Amos ein und bemerkte, wenn sie vielleicht auch nicht so gut wie Klein-Kizzy koche, würde Amos sich vielleicht doch ausnahmsweise einmal zu ihnen setzen und an ihrer Unterhaltung teilnehmen. »Sonst sieht man dich, scheint's, überhaupt nicht!«

Klein-Kizzy wollte aufmucken, wurde aber augenblicklich durch Toms strengen Blick zum Schweigen gebracht, und Amos, dem nun wirklich keine andere Wahl blieb, setzte sich auf den ihm angewiesenen Platz. Während des Familiengeplauders brachte Amos nicht mehr als ein paar bemühte, schüchterne Silben hervor. Nach einer Weile jedoch fand Klein-Kizzy, daß es an der Zeit war, der Familie zu zeigen, wieviel interessanter ihr Mann sein konnte, als man möglicherweise annahm.

»Amos, wieso erzählst du ihnen nicht von den großen Masten mit Draht, die die weißen Leute von der Eisenbahn jetzt überall aufstellen?« Ihr Ton war eher fordernd als bittend.

Amos zappelte ein wenig und fing dann an: »Also, ich weiß ja eigentlich nicht, wie ich richtig beschreiben soll, was es ist. Aber grad' letzten Monat haben sie all den Draht am oberen Ende von ganz hohen Masten durchgezogen, und das geht so weit, wie man nur sehen kann –«

»Und wozu sollen die Masten und die Drähte nu gut sein?« fragte Matilda.

»Darauf kommt er gleich, Mammy!«

Amos wirkte verlegen. »Telegraph. Ich glaub', so wird's genannt. Ich hab' gesehn, wie die Drähte bis in den Bahnhof reinführen, und da hat der Eisenbahner auf seinem Schreibtisch so'n komisches Ding stehn mit'm Hebel an der Seite. Manchmal drückt er den mit dem Finger runter, dann klickt es. Aber meistens klickt das Ding von selbst. Für die Weißen ist das ganz aufregend. Jeden Morgen kommt'ne ganze Menge von ihnen rein, dann stehn sie und warten, daß das Ding wieder klickt. Sie sagen, das sind Nachrichten von überall her, und die kommen alle über den Draht auf den Masten da.«

»Amos, nun wart mal'n Moment –« Tom sprach langsam. »Du sagst, es sind Nachrichten, aber ohne Worte, nur mit Klicken?«

»Jasörr, Mr. Tom, wie so'ne große Grille. Scheint's kriegt der Eisenbahner da irgendwie Worte raus, bis es aufhört. Kurze Zeit später geht er dann raus und erzählt den andern Männern, was es gesagt hat.«

»Na, diese Weißen! Sind aber welche!« rief Matilda. »Weiß Gott!« Sie strahlte Amos fast so stolz und freudig an wie Klein-Kizzy.

Amos, der sich jetzt sichtlich behaglicher fühlte als zuvor, brauchte sich nicht weiter ermutigen zu lassen und berichtete sogleich von einem weiteren Wunder. »Mr. Tom, bist du schon mal in einer Eisenbahn-Reparaturwerkstatt gewesen?«

Tom entschied bei sich, daß er diesen jungen Mann mochte, der nun endlich entschlossen schien, mit seiner Schwester über den Besen zu springen. Er hatte Manieren, er schien ehrlich und solide zu sein. »Nein, mein Junge, war ich noch nicht«, sagte Tom. »Ich bin mit meiner Frau schon an den Werkstätten vorbeigefahren, aber in den Gebäuden selbst bin ich noch nie nicht drin gewesen.«

»Na ja, ich hab' schon viele Mahlzeiten auf Tabletts vom Hotel zu den Männern in den verschiedenen Werkstätten gebracht, aber ich glaub', wo am meisten gearbeitet wird, ist die Schmiede. Ich hab' gesehn, was die da drin machen. Sie biegen die großen verbogenen Eisenbahnwagenachsen grade und machen alle möglichen Teile, die die Züge zum Fahren brauchen. Kräne haben sie, so hoch wie Bäume, die sind oben in der Decke eingeschraubt. Da sind zwölf oder fünfzehn Schmiede, von denen jeder einen Niggerhelfer hat, und Werkzeug haben sie, wie ich noch nie gesehn hab'. Und in den Schmiedefeuern könnte man bestimmt zwei oder drei ganze Kühe drin braten, und erst die Ambosse – einer von den Niggerhelfern hat mir erzählt, die sollen sogar bis zu achthundert Pfund wiegen!«

»Waao!« pfiff Tom sehr beeindruckt durch die Zähne.

»Wieviel wiegt dein Amboß, Tom?« fragte Irene.

»So an die zweihundert Pfund, und den kann keiner so leicht nicht heben.«

»Amos –« rief Klein-Kizzy, »erzähl doch mal von deinem neuen Hotel, wo du arbeitest!«

»Nu wart aber mal. Ist ja nicht *mein* Hotel«, grinste Amos geschmeichelt. »Wünschte, es wär' meins! Die scheffeln Geld nur so! Na, ihr wißt ja alle, daß das Hotel vor nicht allzu langer Zeit gebaut worden ist. Die Leute sagen, manche sind schon ganz schön ins Schwitzen gekommen, wie der Präsident von der Eisenbahn mit ihnen gesprochen hat, aber dann hat er Miss Nancy Hillard ausgesucht, damit sie's leitet. Und die hat mich dann eingestellt, weil sie wußte, wie schwer ich immer für ihre Familie geschuftet hab'. Na, jedenfalls hat das Hotel dreißig Zimmer mit sechs Klos im Hinterhof. Die Leute bezahlen ein Dollar pro Tag für ein Zimmer mit Waschschüssel und Handtuch und Frühstück, Mittagessen und Abendessen und ein Sessel auf der Veranda. Manchmal hör' ich, wie Miss Nancy sich aufregt, weil die meisten Arbeiter von der Eisenbahn ihre schönen weißen Laken mit lauter Fett- und Rußflecken schmutzig machen, aber dann sagt sie, wenigstens geben die bei ihr ihr ganzes Geld aus, und damit helfen sie, daß es im Dorf und den Werkstätten besser geht!«

Wieder gab Klein-Kizzy ihrem Amos ein Stichwort:

»Und wie gebt ihr all den Leuten zu essen, die mit der Eisenbahn kommen?«

Amos lächelte. »Ja, da haben wir vielleicht zu tun! Versteht ihr, jeden Tag kommen diese beiden Personenzüge. Einer fährt nach Osten, der andere nach Westen. Wenn nun der Zugführer in McLeansville oder Hillsboro ankommt, je nachdem, in welcher Richtung er fährt, dann telegraphiert er ans Hotel, wieviel Passagiere und Personal er hat. Wenn der Zug in unsern Bahnhof einfährt – na, ich kann euch sagen , da hat Miss Nancy schon das ganze Zeug heiß und dampfend auf den langen Tischen stehen, und wir helfen dann beim Essenausteilen! Aber was für Essen! Da gibt's alles. Wachteln und Schinken und Huhn und Rebhuhn und Kaninchen und Rind und alle Arten von Salat und Gemüse, die man sich nur denken kann, und dann noch einen Extra-Tisch mit nichts wie Süßigkeiten und Nachspeisen! Die Leute steigen aus dem großen Zug raus, der wartet dann zwanzig Minuten und läßt ihnen Zeit zum Essen, dann steigen sie wieder ein, die Lokomotive schnauft los, und weiter geht's!«

»Die Händler, Amos!« rief jetzt Klein-Kizzy, und alle lächelten, weil sie so stolz war.

»Ach ja«, sagte Amos. »Wenn die ins Hotel kommen, freut sich Miss Nancy immer am meisten. Manchmal steigen zwei oder drei von ihnen aus demselben Zug; ich und noch'n andrer Nigger, wir rennen ihnen zum Hotel voraus und tragen ihre Musterkoffer. Miss Nancy sagt, das sind richtige Gentlemen, immer sauber und ordentlich und schätzen es, wenn man sie gut bedient, und ich mag sie auch. Manche geben einem ohne weiteres'n Groschen oder mehr, fürs Koffertragen, Schuhputzen oder alles mögliche andere. Gewöhnlich erfrischen sie sich erst, und dann gehn sie so rum und reden mit den Leuten. Nach dem Essen sitzen sie auf der Veranda, rauchen, kauen Tabak oder gucken einfach oder reden. Am nächsten Morgen nach dem Frühstück rufen sie dann uns Nigger, daß wir ihnen ihre Musterkoffer rüber zur Schmiede bringen, wo man für einen Dollar pro Tag Pferd und Wagen mieten kann, und damit fahren sie los und verkaufen ihre Sachen in allen Läden, die es hier so im County gibt –«

Der rundliche Klein-George rief begeistert aus: »Amos, Junge, ich hab' gar nicht gewußt, daß du so'n tolles Leben führst!«

»Miss Nancy sagt, die Eisenbahn ist die größte Sache seit dem Pferd«, bemerkte Amos bescheiden. »Sie sagt, bald wird's noch mehr Strecken geben, und dann wird's nie mehr wie früher sein.«

KAPITEL 108

Als Hühner-George an die Stelle der Straße kam, wo man zum alten Herrenhaus abbiegen mußte, hielt er sein schweißnasses Pferd an. Er traute seinen Augen nicht. Am Ende des von Unkraut überwucherten Weges lag das Haus von Masser Lea, das einst gelblichbraun gewesen war, jetzt aber, da die Farbe abgeblättert war, schmutziggrau aussah. Einige zerbrochene Fensterrahmen waren mit Lumpen verkleidet, und auf einer Seite schien das jetzt sehr baufällig wirkende Dach fast eingesunken zu sein. Die umliegenden Felder lagen brach, und die Zäune wiesen große Lücken auf.

Bestürzt und verwirrt ließ er die Zügel wieder frei und ritt weiter durch das kniehohe Unkraut. Als er näher kam, sah er die große, bedenklich schiefe Veranda und die baufällige Treppe. Die Dächer der Sklavenhütten waren eingefallen. Keine Katze, kein Hund oder Huhn kam ihm zu Gesicht, als er sich vom Pferd gleiten ließ und es am Zaum am Haus entlang in den Hinterhof führte.

Ebensowenig war er auf den Anblick der dicken alten Frau gefaßt, die über einen Holzstumpf gebeugt saß und Salatblätter zupfte; sie warf die Stiele auf den Boden und die Blätter in eine stark angeschlagene rostige Waschschüssel. Er erkannte sie zwar, es *mußte* Miss Malizy sein, aber sie hatte sich so verändert, daß es ihm fast unglaublich schien. Mit einem unnötig lauten »Heh!« erweckte er ihre Aufmerksamkeit.

Miss Malizy ließ ihre Arbeit ruhen, hob den Kopf, schaute sich um, und dann sah sie ihn, aber er merkte sofort, daß sie ihn nicht erkannte.

»Miss Malizy!« Er rannte auf sie zu, blieb dann aber unsicher vor ihr stehen, als er ihr noch immer fragendes Gesicht sah. Sie kniff die Augen zusammen, um ihn besser zu sehen – dann stützte sie sich plötzlich schwer

auf den Holzstumpf und wuchtete sich mühsam hoch. »George – bist du nicht der Hühner-George?«

»Ja doch, Miss Malizy!« Er stürzte auf sie zu, nahm ihre weichen Fleischmassen in seine Arme und war den Tränen nahe. »Jesses, mein Junge, wo bist du bloß gewesen? Früher warst du doch ständig hier in der Gegend!«

Ihr Ton und ihre Worte ließen erkennen, daß sie sich der fast fünf inzwischen vergangenen Jahre nicht recht bewußt war. »Ich war doch überm großen Wasser in dem England, Miss Malizy. Mit den Kampfhähnen war ich da drüben – Miss Malizy, aber wo sind denn meine Frau und meine Mammy und meine Kinder?«

Ihre Augen blickten leer. »Hier ist keiner nicht mehr da, Junge.« Sie schien überrascht, daß er es nicht wußte. »Sind alle weg. Nur noch der Masser und ich sind geblieben –«

»Wo weg, Miss Malizy?« Jetzt wußte er, daß sie nicht mehr ganz bei Verstand war.

Ihre geschwollene Hand wies auf den kleinen Weidenhain jenseits des Sklavenquartiers. »Deine Mammy – Kizzy war ihr Name – die liegt da unten–«

Ein keuchendes Schluchzen entrang sich seiner Kehle. Er preßte die Hand vor den Mund.

»Sarah auch – auch da unten – und die alte Missy – die liegt im Vorderhof – hast du's nicht gesehn, wie du hergeritten bist?«

»Miss Malizy, wo ist Tilda? Und meine Kinder?«

Er wollte sie nicht schütteln. Sie mußte einen Augenblick nachdenken.

»Tilda? Ach ja. Tilda war ein gutes Mädchen. Ja, das war sie. Hat 'ne Menge Kinder gehabt. Ja, ja. Junge, du solltest eigentlich wissen, daß der Masser sie verkauft hat, ist schon lange her –«

»Wohin, Miss Malizy, wohin?« Wut stieg in ihm auf. »Wo ist der Masser, Miss Malizy?«

Sie drehte ihren Kopf nach dem Haus hin. »Da oben. Aber der schläft noch, denk' ich. Ist immer so besoffen und steht erst spät auf, und dann brüllt er, er will was zu essen – und zu essen haben wir kaum was – Junge, hast du was zu kochen mitgebracht?«

Hühner-George gab der verwirrten alten Frau ein entschiedenes

»Nein«, lief durch die baufällige Küche den einsturzreifen Flur entlang in das stinkende, unordentliche Wohnzimmer und blieb am Fuß der kurzen Treppe stehen. Er brüllte wütend: »Masser Lea!«

Nach kurzem Warten rief er abermals.

»Masser Lea!«

Er war schon im Begriff hinaufzurennen, als er oben Geräusche hörte. Nach einer Weile erschien die zerzauste Gestalt des Masser in der Tür.

Trotz all seiner Wut blieb Hühner-George betroffen und wie angewurzelt stehen, als er seinen bis auf die Knochen abgemagerten, unrasierten und verwahrlost aussehenden Masser erblickte. Offensichtlich hatte er in seinen Kleidern geschlafen. »Masser Lea?«

»George!« Den alten Mann durchfuhr es wie ein Stoß. *»George!«* Er kam die quietschende Treppe heruntergetorkelt; sie standen sich gegenüber und starrten einander an. Die Augen in dem hohlwangigen Gesicht des Masser wurden wässerig, dann trat er schrill kichernd mit ausgebreiteten Armen auf Hühner-George zu, der ihm auswich. Er ergriff die knochigen Hände des Masser und schüttelte sie kräftig.

»George, bin ja so froh, daß du wieder da bist! Wo hast du denn gesteckt? Hättst doch schon lange wieder zurück sein sollen!«

»Jasörr, Masser. Ja doch. Lord Russell hat mich einfach nicht gelassen. Und dann hab' ich acht Tage gebraucht von Richmond bis hierher.«

»Junge, komm mal hier in die Küche rein!« Masser Lea zerrte Hühner-George bei den Handgelenken. In der Küche rückte er die beiden Stühle an den zerbrochenen Tisch. *»Setzen,* Junge! LIZY! Wo ist mein Krug? LIZY!«

»Komm schon, Masser -«, tönte die Stimme der alten Frau von draußen. »Die ist nicht mehr ganz da, seit du weg bist - kann gestern nicht mehr von morgen unterscheiden.«

»Masser, wo ist meine Familie?«

»Junge, trinken wir erst mal was, bevor wir reden! Jetzt sind wir schon so lange zusammen gewesen und haben noch *nie* was zusammen getrunken! Bin ja so froh, daß du da bist. Endlich mal jemand, mit dem man reden kann!«

»Ist ja nicht, um zu reden, Masser! Wo ist meine Familie – «

»LIZY!«

»Jasörr, Masser - « Ihre schwere Gestalt schob sich durch den Türrahmen, sie fand einen Krug und Gläser, die sie auf den Tisch stellte, und ging sogleich wieder hinaus, als habe sie Masser Lea und George gar nicht bemerkt.

»Ja, mein Junge. Tut mir wirklich leid wegen deiner Mammy. War einfach zu alt geworden. Hat nicht viel gelitten, es ist schnell gegangen bei ihr. Hab' sie in ein gutes Grab getan – « Masser Lea goß zu trinken ein. *Er sagt mit Absicht nichts von Tilda und den Kindern,* schoß es Hühner-George durch den Kopf. *Hat sich überhaupt nicht verändert – immer noch voller Tricks und gefährlich wie 'ne Schlange – muß mich in acht nehmen, daß ich ihn nicht wirklich in Wut bringe –*

»Masser, erinnert Ihr Euch an das, was Ihr mir zuletzt gesagt habt? Ihr habt gesagt, Ihr werdet mich freilassen, sowie ich zurückkomme. Na, und hier bin ich!«

Aber Masser Lea gab durch nichts zu erkennen, daß er verstandenn hatte. Er schob George ein zu drei Vierteln gefülltes Glas über den Tisch. Dann erhob er seines: »So, jetzt bist du also da, Junge. Trinken wir eins auf deine Rückkehr – «

Das brauch ich grade – Hühner-George schluckte den Fusel und fühlte, wie er ihn im Inneren wärmte.

Jetzt versuchte er es noch einmal, aber auf indirekte Art. »Tut mir wirklich leid, wie ich von Miss Malizy gehört hab', daß Ihr die Missis verloren habt, Masser.«

Masser Lea schlürfte grunzend seinen Schnaps und sagte: »Ist einfach eines Morgens nicht mehr aufgewacht. War schon 'n Schlag für mich, daß sie weg war. Sie hat mir keine Ruhe gelassen, seit dem Hahnenkampf damals. Aber trotzdem war es ein Schlag für mich. Bei jedem, der stirbt, ist es ein Schlag für mich.« Er rülpste. »Wir müssen alle mal sterben – « *Er ist noch nicht so schlimm dran wie Miss Malizy, aber er ist auf dem besten Wege.* Jetzt kam er direkt zur Sache.

»Meine Tilda und die Kinder, Masser. Miss Malizy sagt, Ihr habt sie verkauft – «

Masser Lea starrte ihn an. »Ja, Junge. Mußte! Ging nicht anders! Hatte so' n Pech, daß ich ganz unten war. Mußte fast alles Land verkaufen, und alles andre auch, Teufel nochmal. Sogar die Hühner!«

Hühner-George war schon drauf und dran aufzubrausen, als der Masser sagte: »Junge, ich bin jetzt so arm, daß ich und Malizy nur noch essen, was wir gerade pflücken und fangen können!« Plötzlich kicherte er wieder. »Teufel auch, ist ja schließlich nichts Neues! Bin ja arm geboren!« Dann wurde er plötzlich wieder ernst. »Aber jetzt bist du ja zurück, und du und ich', wir werden die Bude schon wieder in Gang bringen, verstehst du? Ich weiß, daß wir das können, Junge!«

Das einzige, das Hühner-George zurückhielt, auf Masser Lea loszugehen, war die Gewißheit der Folgen, die er zwangsläufig zu erwarten hatte, wenn er die Hand gegen einen Weißen erhob. Aber die Wut wallte so heftig in ihm auf, daß er nahe daran war. »Masser, Ihr habt mich von hier weggeschickt und mir Euer Wort gegeben, daß Ihr mich freilaßt! Und jetzt, wo ich zurück bin, habt Ihr sogar meine Familie verkauft. Ich will meine Papiere, und ich will wissen, wo meine Frau und die Kinder sind, Masser!«

»Hab' ich's dir nicht schon gesagt? Die sind drüben in Alamance County bei einem Pflanzer namens Murray. Nicht weit von den Eisenbahnwerkstätten - « Masser Lea kniff die Augen zusammen. »Und schlag gefälligst nicht so ' n Ton an, Junge. Kapiert?«

Alamance Murray --- Eisenbahnwerkstätten. Hühner-George prägte sich diese Worte ein, und jetzt gelang es ihm auch, ein scheinbar reuevolles Gesicht aufzusetzen. »Tut mir leid, Masser. War nur so aufgeregt. Hab's nicht so gemeint, Masser – «

Der Masser zögerte einen Augenblick, dann vergab er ihm. *Ich muß ihn irgendwie dazu bringen, daß er mir das Papier gibt, was er geschrieben hat, daß er mich freiläßt.* »War wirklich am Ende, Junge!« Der Masser lehnte sich über den Tisch und kniff die Augen zusammen. »Hörst du mich? Niemand weiß, wie sehr ich am Ende war! Und ich mein' nicht nur das Geld – « Er schlug sich auf die Brust. »Hier drinnen!« Er schien eine Antwort zu erwarten.

»Jasörr.«

»Hab' schlimme Tage durchgemacht, Junge! Diese Schweinehunde haben mir meinen Namen nachgeschrien, wenn ich bloß über die Straße ging. Hab' sie lachen hören hinter meinem Rücken. Dreckskerle, verdammte!« Er schlug mit der knochigen Faust auf die Tischplatte. »Da hab' ich mir geschworen – Tom Lea wird's ihnen schon noch zeigen! Und jetzt bist du wieder da. Wir werden uns wieder' n paar Hühner anschaffen! Macht nichts, wenn ich auch schon dreiundachtzig bin --- Wir werden' s noch schaffen, Junge!«

»Masser – «

Masser Lea blickte ihn scharf an. »Hab' ganz vergessen – wie alt bist du jetzt, Junge?«

»Vierundfünfzig, Masser.«

»Das kann doch nicht wahr sein!«

»Ist aber wahr, Masser. Bald bin ich fünfundfünfzig – «

»Verdammt nochmal, ich hab' dich doch an dem Morgen gesehen, wie du geboren wurdest! So' n kleiner runzliger strohfarbener Nigger warst du da – « Masser Lea kicherte. »Verdammt nochmal, ich hab' dir sogar deinen Namen gegeben!«

Er goß sich noch ein Glas ein, nachdem Hühner-George abgewinkt hatte, blickte sich rasch um, als wollte er sicher sein, daß sie alleine waren, und sagte: »Hat ja keinen Sinn, daß ich dir was vormache wie all den andern, die mir aufgesessen sind! Die glauben nämlich, daß ich überhaupt nichts mehr habe – « Er warf Hühner George einen verschwörerischen Blick zu. »Junge, wenn ich mal sterbe, weißt du, wer dann kriegt, was ich habe? Ich hab' nämlich noch zehn Morgen Land! Und Land ist wie Geld auf der Bank! Und was ich habe – das kriegst *du!* Du bist der, der mir jetzt am nächsten steht, Junge.«

Er schien mit irgend etwas zu kämpfen. Dann lehnte er sich noch weiter vor. »Verdammt nochmal. Hat ja keinen Zweck mehr, daß ich' s nicht sage. Was uns verbindet – ist *Blut*, Junge!« *Er muß wirklich am Ende sein, wenn er das sagt.* Hühner-George spürte, wie sich alles in ihm zusammenkrampfte. Er saß stumm da.

»Bleib doch noch 'ne Weile bei mir, George – « Das Schnapsgesicht wurde bittend. »Ich weiß doch, daß du nicht so einer bist, der den im Stich läßt, der ihm auf die Welt verholfen hat – «

Als ich wegfuhr, hat er mir meinen Freiheitsbrief gezeigt, geschrieben und unterzeichnet, und dann hat er gesagt, er schließt ihn in seine Schatulle ein. Hühner-George wurde sich klar darüber, daß er Masser Lea noch betrunkener machen mußte. Er blickte prüfend auf das Gesicht ihm gegenüber am Tisch und dachte dabei: *Das einzige, was ihm geblieben ist: er ist weiß.*

»Masser, ich werd' nie vergessen, wie Ihr mich erzogen habt – gibt nicht viel weiße Männer, die so gut sind – «

Die wäßrigen Augen glitzerten. »Du warst grad' so'n kleiner Hemdzipfelnigger. Na klar erinner' ich mich – «

»Jasörr – Ihr und Onkel Mingo – «

»Der alte Mingo! Verdammt noch mal, er hat's geschafft – der beste Niggertrainer, das war er – « Seine ruhelosen Augen suchten sich auf Hühner-George zu konzentrieren. »Dann hast du gut gelernt – hab' dich zu den Kämpfen mitgenommen und Mingo dagelassen – «

» – hoffentlich traust du und der Masser mir noch zu, daß ich die Hühner füttern kann – « Die Erinnerung an den gekränkten und verbitterten alten Onkel Mingo schmerzte noch immer.

»Erinnert Ihr Euch, Masser, wie wir zu dem großen Kampf nach New Orleans wollten?«

»Na klar! Und wir haben' s nie geschafft – « Er runzelte die Stirn. »Onkel Mingo ist damals gestorben. Deshalb war's.«

»Ja! Der alte Mingo liegt jetzt auch unter den Weiden.« *Mit meiner Mammy und Schwester Sarah und Miss Malizy, wenn sie dran ist, und es kommt nur drauf an, wer von euch zuerst geht.* Er fragte sich, wie der eine ohne den anderen auskommen sollte.

»Junge, erinnerst du dich, wie ich dir den Passierschein gegeben hab', damit du dir soviel Weiber schnappen konntest, wie du wolltest?«

Hühner-George zwang sich zu schallendem Gelächter und schlug jetzt selbst mit der Faust auf den Tisch, während der Masser fortfuhr: »Verdammt nochmal, das hab' ich, denn du warst 'n verdammt geiler Bock. Das weiß ich doch. Wir beide haben in der Beziehung schon was auf die Beine gestellt, wenn wir auf Reisen waren, Junge! Ich weiß es von dir, und du weißt es von mir – «

»Jasörr! Das stimmt, Masser!«

»Dann hast du mit Wetten angefangen, und ich hab' dir Geld zum Wetten gegeben, und du hast dir den Arsch vergoldet!«

»Stimmt genau, Masser, ist die reine Wahrheit!«

»Junge, wir waren ein Paar, was?«

Hühner-George fühlte, wie er sich auch fast dem Schwelgen in Erinnerung überließ; außerdem verspürte er die Wirkung des Whiskeys. Aber er mußte an sein Ziel denken. Er langte über den Tisch, nahm den Schnapskrug, goß sich ein wenig ein und schloß die Faust um sein Glas, um den geringen Inhalt zu verbergen. Dann goß er Masser Lea das Glas dreiviertel voll. Er erhob sein Glas mit der Faust, stellte sich beschwipst und sprach mit schleppender Stimme: »Ich trink' auf den guten Masser – den besten, den's gibt! Wie der Engländer sagt: Runter damit!« Er nippte an seinem Glas und sah, wie der Masser den Schnaps in einem Zug hinunterkippte. »Junge, ich freu' mich, daß du so drüber denkst – «

»Noch'n Prost!« Die beiden Gläser erhoben sich. »Der beste Nigger, den ich jemals hatte!« Sie tranken aus.

Masser Lea wischte sich den Mund mit dem Handrücken, auf dem die Adern hervorquollen, hustete, denn der Schnaps brannte, und nuschelte dann: »Du hast mir noch gar nichts von dem Engländer erzählt, Junge – wie hieß der doch gleich?«

»Lord Russell, Masser. Der hat mehr Geld, wie er zählen kann. Hat mehr wie vierhundert Rassezuchthähne zum Aussuchen für'n Kampf – « Und dann nach einer bedeutsamen Pause: »Aber ist bei weitem nicht die Klasse von Kampfhahnzüchter wie Ihr, Masser.«

»Meinst du wirklich, Junge?«

»Einfach nicht die Klasse, das ist mal sicher. Ist auch nicht so'n *Mann* wie Ihr! Ist bloß reich und hat Glück gehabt. Hat einfach nicht die Qualität von einem weißen Mann wie Euch, Masser!« Hühner-George glaubte sich zu erinnern, daß Sir C. Eric Russell einmal zu Freunden gesagt hatte: »Der Kerl, dem mein schwarzer Trainer gehört hat, das war ein richtig mickriger kleiner Hühnerhalter.«

Wo hat er wohl seine Schatulle versteckt? Hühner-George dachte daran, daß die Bedingungen seines restlichen Lebens von diesem Stück Papier abhingen, und er erinnerte sich lebhaft, daß es ein Papier mit etwa dreimal soviel Schrift wie ein Passierschein war und daß die Unterschrift darunterstand.

»Masser, kann ich noch'n bißchen von Eurem Schnaps haben?«

»Frag doch nicht, Junge – das weißt du doch – soviel du willst – «

»Ich hab' vielen von den Engländern erzählt, der beste Masser von der

Welt ist der, den ich hab' – Niemand hat etwas von mir gehört, daß ich da drüben bleiben will – heh, Masser, Euer Glas ist fast leer – «

» – Nur'n bißchen, reicht schon – nein, so einer bist du nicht, Junge – hast mir nie richtigen Ärger gemacht – «

»Nein, Sörr – na, trinken wir noch einen, Sörr – « Das taten sie, wobei dem Masser etwas von dem Schnaps das Kinn hinablief. Hühner-George, der die Wirkung des Whiskeys stärker zu spüren begann, richtete sich plötzlich gerade auf, als er sah, wie der Masser den Kopf auf die Tischplatte sinken ließ –

»Ihr wart auch immer gut zu den andern Niggern, Masser – «

Der Kopf schwankte und blieb liegen. »Hab's versucht, Junge – hab's versucht – « Die Worte waren kaum noch zu verstehen.

Ich glaub', jetzt ist er schon ganz schön besoffen. »Jasörr, Ihr und die Missis – «

»Gute Frau – auf ihre Weise – «

Jetzt sank der Masser auch mit der Brust auf den Tisch. Hühner-George erhob sich von seinem Stuhl, so leise er konnte, wartete einen gespannten Augenblick, schlich sich zur Tür, blieb stehen und rief – aber nicht allzu laut: »Masser! – Masser!«

Er drehte sich katzenhaft um und hatte in Sekundenschnelle jede Schublade im vorderen Haus durchstöbert. Dann hielt er inne, hörte nur seinen eigenen Atem und eilte, ihr Quietschen verfluchend, die Treppe hinauf.

Es fiel ihm ein, daß er jetzt dabei war, das Schlafzimmer eines weißen Mannes zu betreten. Er blieb stehen – unwillkürlich trat er einen Schritt zurück, als er das heillose Durcheinander erblickte. Er war rasch wieder nüchtern geworden und trat ein. Es stank nach abgestandenem Schnaps, Urin, Schweiß und ungewaschenen Kleidern, die zwischen leeren Flaschen herumlagen. Er fing wie besessen an zu suchen, riß Schränke auf, wühlte in Schubladen, stieß Dinge beiseite, suchte und suchte. *Vielleicht unter dem Bett.* Er stürzte auf die Knie, schaute – und da sah er die Kassette.

Er hatte sie mit einem Griff, war schon unten, schlich sich auf Zehenspitzen durch den Gang. Der Masser lag noch immer über den Tisch gesunken. Hühner-George verschwand durch die Vordertür. Er lief um die

Seite des Hauses und versuchte, die verschlossene Metallkassette aufzureißen. *Steig aufs Pferd und hau ab – mach sie später auf.* Aber er mußte ja sicher sein, daß er sein Freiheitspapier hatte.

Da sah er den Hackklotz im Hinterhof und die alte Axt am Boden daneben. Mit einem Sprung war er dort, ergriff die Axt, legte die Kassette mit dem Schloß nach oben auf den Block, und mit einem scharfen Hieb hatte er sie geöffnet. Scheine, Münzen, zusammengefaltete Papiere fielen heraus, und unter ihnen erkannte er sofort, was er suchte.

»Was machst du da, Junge?«

Er wäre fast in den Boden versunken. Aber es war nur Miss Malizy, die, völlig unbewegt und ruhig vor sich hinstarrend, auf ihrem Baumstumpf saß.

»Was hat der Masser gesagt?« fragte sie teilnahmslos.

»Ich muß jetzt weg, Miss Malizy!«

»Na, dann geh mal lieber – «

»Werd' Tilda und den Kindern Grüße ausrichten – «

»Ist recht, mein Junge – Paß gut auf dich auf – «

»Ja, Miss Malizy –« Er umarmte sie rasch.

Sollte mir noch schnell die Gräber ansehn. Dann dachte er aber, daß es besser sei, sich an seine Mammy Kizzy und Schwester Sarah so zu erinnern, wie er sie lebend gekannt hatte. Hühner-George ließ noch einen letzten Blick über die verfallene Stätte schweifen, an der er geboren und aufgewachsen war. Ganz unerwartet brach er in Schluchzen aus, ergriff sein Freiheitspapier, schwang sich auf sein Pferd und stürmte im Galopp durch das hohe Unkraut den Zufahrtsweg hinunter. Er blickte sich nicht einmal um.

KAPITEL 109

Irene war in der Nähe des Zauns an der Hauptstraße eifrig mit dem Pflükken von Blättern für ihre aromatischen Trockenessenzen beschäftigt, als der Hufschlag eines galoppierenden Pferdes sie aufblicken ließ. Wie gebannt starrte sie zuerst auf den Reiter mit seinem im Winde wehenden grünen Schal und dem mit einer großen Hahnenfeder geschmückten, schwarzen Hut, rannte auf die Straße, schwenkte wild die Arme und rief aus vollem Halse: *»Hühner-George! Hühner-George!«*

Der Reiter brachte sein schnaubendes Pferd am Zaun zum Stehen, blickte sich um und erwiderte ihr Lächeln: »Kenn' ich dich, Mädchen?«

»Nein, das nicht. Getroffen haben wir uns noch nie, aber Tom und Mammy Tilda und die ganze Familie haben so viel von dir erzählt, daß ich weiß, wie du aussiehst.«

Er starrte sie an: »*Mein* Tom und *meine* Tilda?«

»Ja doch! Deine Frau und mein Mann – der Vater von meinem Baby.«

Er brauchte ein paar Sekunden, bis er sich zurechtfand. »Du und Tom – ihr habt ein Kind?« Sie nickte, strahlte und klopfte sich auf ihren vorgewölbten Bauch. »In einem Monat kommt's!« Er schüttelte den Kopf. »Allmächtiger Gott! Wie heißt du denn?«

»Irene.«

Sie wies ihm den Weg und rannte schwerfällig und so schnell sie sich in ihrem Zustand traute, voraus, bis sie in Hörweite des Feldes waren, wo Virgil, Ashford, Klein-George, James, Lewis, Klein–Kizzy und Lilly Sue bei der Arbeit waren. Auf Irenes lautes Rufen hin erschien zuerst die besorgt dreinschauende Klein–Kizzy, aber als sie ihren Vater sah, rannte sie sofort zurück, die unglaubliche Nachricht zu verkünden. Schließlich kamen sie alle atemlos im Sklavenquartier an, wo sie sich fröhlich und lärmend um ihren Vater, ihre Mutter und Tom versammelten und alle gleichzeitig versuchten, den von diesem herzlichen Empfang völlig überwältigten Hühner-George zu umarmen.

»Ist vielleicht besser, ihr hört zuerst mal die schlechten Nachrichten«, sagte er und berichtete ihnen vom Tode Oma Kizzys und Schwester Sarahs. »Die alte Missis Lea ist auch unter der Erde.«

Als die Bezeugungen von Trauer und Kummer über deren Verlust sich etwas gelegt hatten, beschrieb er ihnen Miss Malizys Zustand und darauf sein Erlebnis mit Masser Lea, das mit dem Fund des Freiheitspapiers geendet hatte. Er zeigte es triumphierend herum. Dann, nach dem Abendessen, die Nacht war schon hereingebrochen, begann er endlich, seiner begeistert zuhörenden Familie von seinen fast fünf in England verbrachten Jahren zu erzählen.

»Ich kann euch nur sagen – von alldem, was ich da über dem großen

Wasser alles gesehn und gemacht hab', könnt' ich euch noch'n ganzes Jahr erzählen! Gott nochmal!« Aber er berichtete ihnen wenigstens in groben Zügen von Sir C. Eric Russells sagenhaftem Reichtum und hohem gesellschaftlichen Ansehen, von seiner edlen Abstammung und seinen stets siegreichen Kampfhähnen. Und er schilderte, welches Aufsehen er als schwarzer Kampfhahntrainer in den Hahnenkampfkreisen Englands erregt hatte, in jenen feinen Kreisen, wo die vornehmen Damen mit ihren kleinen in Samt und Seide gekleideten afrikanischen Pagen spazierengingen, denen sie goldene Ketten um den Hals gelegt hatten.

»Ich will euch nichts vorlügen, ich bin froh, daß ich all das erlebt hab'. Aber Gott nochmal, ihr habt mir alle furchtbar gefehlt!«

»Sieht mir nicht danach aus – wo du noch zwei extra Jahre weggeblieben bist«, brummte Matilda ihn an.

»Die alte Gluckhenne hat sich kein bißchen geändert, was?« bemerkte Hühner-George zu seinen lachenden Kindern.

»Hm! Wer ist hier alt?« gab Matilda zurück. »Du hast ja viel mehr graue Haare auf'm Kopf wie ich.«

Er klopfte Matilda lachend auf die Schulter, und sie spielte die Entrüstete. »Hat ja nicht an mir gelegen. Ich wollt' ja schon früher zurück! Hab' Lord Russell dran erinnert, sowie die zwei Jahre um waren. Aber dann kommt er eines Tages und sagt, ich hab' seine Hähne so gut trainiert und auch den jungen weißen Burschen, der mein Gehilfe war, und er hätt' nu beschlossen, er will Masser Lea 'ne weitere Summe Geld schicken und ihm sagen, daß er mich ein Jahr länger braucht – ich bin ja fast geplatzt, als ich das gehört hab'! Aber was sollt' ich machen? Hab' nur mein Bestes getan – und er hat in seinem Brief an Masser Lea extra noch geschrieben, er soll euch sagen, was los ist – «

»Er hat uns kein Wort gesagt!« rief Matilda aus, und dann sprach Tom.

»Weißt du auch warum? Um die Zeit hatte er uns schon verkauft.«

»So ist es! Darum haben wir nichts gehört!«

»Hm! Hm! Da habt ihr's! War nicht meine Schuld!« Hühner-George war zufrieden, daß sich seine Unschuld erwiesen hatte.

Nach dieser bitteren Enttäuschung – so erzählte er – hatte er sich von Sir Russell das Versprechen geben lassen, daß dieses wirklich sein letztes Jahr sein würde. »Und dann hab' ich seinen Hähnen dazu verholfen, die größte

Kampfsaison aller Zeiten zu gewinnen – jedenfalls hat er's mir so gesagt. Bis er endlich gemeint hat, ich hab' seinem jungen weißen Burschen genug beigebracht, so daß er allein weitermachen kann. Als ich das gehört hab', war ich so glücklich, ich hätt' die ganze Bude einschlagen können!

Eins muß ich noch sagen – das ist bestimmt noch nicht viel Niggern passiert –, die Engländer haben mich in Scharen mit ihren Wagen bis nach Southhampton begleitet. Das ist 'ne große Stadt am Wasser, und wieviel Schiffe da rein- und rausfahren, kann man gar nicht zählen. Lord Russell hat mir sogar 'ne Überfahrt auf dem Zwischendeck besorgt.

Gott! Hab' ich vielleicht eine Angst gehabt! Wir waren noch gar nicht weit draußen auf'm Wasser, da hat das ganze Schiff sich gebäumt und geschüttelt wie'n wildes Pferd! Da soll mal einer beten!« – er ignorierte Matildas Mißbilligung –, »sah aus, wie wenn der ganze Ozean verrückt würde und uns in Stücke reißen wollte! Aber dann hat es sich wieder beruhigt, es war sogar sehr schön, wie wir in New York ankamen und alle ausgestiegen sind – «

»New York!« rief Klein-Kizzy. »Was hast du denn da gemacht, Pappy?«

»Mädchen, erzähl' ich nicht schon so schnell, wie ich kann? Also, Lord Russell hat einem von den Schiffsoffizieren Geld gegeben und ihm gesagt, er soll mich auf'n andres Schiff bringen, das mich nach Richmond fährt. Aber das Schiff, das der Offizier für mich besorgt hat, fuhr erst fünf oder sechs Tage später ab. Da bin ich eben so lange in New York rumgelaufen und hab' Augen und Ohren aufgesperrt – «

»Wo hast du denn dort gewohnt?« fragte Matilda.

»In der Herberge für Farbige – das ist dasselbe wie Nigger. Wo glaubst du denn? Hatt' ja Geld, und hab' ich immer noch, da draußen in meinen Satteltaschen. Morgen werd' ich's euch zeigen.« Er warf Matilda einen verschmitzten Blick zu. »Könnte dir sogar hundert Dollar geben, wenn du schön artig bist!« Sie schnaufte nur, und er fuhr fort: »Dieser Lord Russell war zum Schluß noch'n wirklich guter Mann. Hat mir all dieses Geld gegeben, grad' bevor ich abgefahren bin. Hat mir gesagt, es ist absolut für mich allein, ich sollt's nicht dem Masser Lea sagen, und ihr wißt ja, daß ich das nicht hab'.

Das Wichtigste, was ich in New York gemacht hab', war, mich mit den freien Niggern zu unterhalten. Mir scheint's, die meisten von ihnen versuchen, grad' nicht zu verhungern. Denen geht's noch dreckiger wie uns. Aber sonst ist alles, wie wir gehört haben. Manche von ihnen leben wirklich fein! Kommt eben ganz drauf an: manche haben ein eigenes Geschäft oder 'ne gutbezahlte Stellung; ganz wenige haben ihre eigenen Häuser, und die meisten bezahlen Miete für was, das sie Wohnungen nennen, und manche von den Kleinen gehn auch in die Schule und so.

Aber alte Nigger, mit denen ich geredet hab', haben eine Stinkwut auf die weißen Einwanderer, die sich überall breitmachen – «

»Die Abolitionen?« rief Klein-Kizzy dazwischen.

»Willst du's erzählen oder ich? Nein! Ist was ganz andres. So wie ich's versteh', sind die Abolitionen meistens weiße Leute, die schon ebensolang im Lande sind wie die Nigger. Aber die, von denen ich rede, die kommen mit den Schiffen in New York an und sind jetzt überall im Norden. Die meisten davon sind Iren, und man kann nicht mal verstehn, was die sagen, und dann gibt's noch 'ne Menge andre ganz komische Arten, die nicht mal englisch sprechen können. Ich hab' gehört, wenn die vom Schiff steigen, ist das erste Wort, was sie lernen, ›Neger‹, und gleich darauf beklagen sie sich, daß die Nigger ihnen *ihre* Arbeit wegnehmen! Die machen überall Stunk und Scherereien – sind schlimmer wie unsre armen Weißen hier!«

»Du lieber Gott, hoffentlich kommen die nicht hierher«, sagte Irene.

»Wißt ihr was? Ich könnt' euch 'ne ganze Woche erzählen, und das wär' nur die *Hälfte* von dem, was ich gesehn und gehört hab', bevor ich auf das Schiff nach Richmond gestiegen bin -«

»Ein Wunder, daß du das überhaupt geschafft hast!«

»Frau, kannst du mich nie nicht in Ruhe lassen? Da ist dein Mann nu jahrelang weg, und du führst dich auf, wie wenn's gestern gewesen wär'!« Hühner-Georges Stimme nahm einen leicht beleidigten Ton an.

Tom fragte rasch: »Hast du das Pferd in Richmond gekauft?«

»Genau! Siebzig Dollar! Sie ist 'ne richtig schnelle Stute. Hab' mir gedacht, ein freier Mann braucht 'n gutes Pferd. Hab' sie hart hergenommen, so schnell sie konnte, wie ich zu Masser Lea bin -«

Es war Anfang April, und jeder außer ihm war sehr beschäftigt. Der größte Teil der Familie war beim Pflanzen auf den Feldern. Matilda putzte, kochte und servierte im Herrrenhaus und verfügte über sehr wenig freie Zeit. Tom hatte vom Morgengrauen bis zur Abenddämmerung alle Hände voll in seiner Schmiede zu tun, wo seine Kunden saßen und warteten, und die fast im achten Monat schwangere Irene war von ihren diversen Aufgaben ebenfalls ganz in Anspruch genommen.

Aber im Laufe der nächsten Woche kam Hühner-George sie trotzdem alle bei der Arbeit besuchen, und so wurde es bald jedem klar , daß ihm jede Art von landwirtschaftlicher Arbeit fremd und zuwider war. Matilda und Irene lächelten einmal kurz, wenn er in ihrer Nähe auftauchte, entschuldigten sich aber rasch – sie wüßten, daß er Verständnis dafür habe – und kehrten zu ihren Tätigkeiten zurück. Mehrere Male kam er in die Schmiede, um mit Tom zu plaudern, während der arbeitete. Aber jedesmal wurde die Atmosphäre irgendwie gespannt. Die wartenden Sklaven wurden sichtlich nervös, denn die noch nicht bedienten weißen Kunden hielten plötzlich in ihren Gesprächen inne, spuckten auffällig zu Boden, rückten auf ihren Holzbänken herum und warfen dem Mann mit dem grünen Schal und dem schwarzen Hut argwöhnische und böse Blicke zu.

Zweimal während dieser Zeit sah Tom zufällig, wie Masser Murray schon auf dem Weg zur Schmiede war, dann aber mitten auf dem Wege kehrtmachte, und Tom wußte auch warum. Matilda hatte erzählt, die Murrays seien zuerst über die Nachricht von Hühner-Georges Rückkehr sehr erfreut gewesen – »aber Tom, ich mach' mir jetzt Sorgen. Jedesmal, wenn ich ins Zimmer reinkomm', hören sie plötzlich auf zu reden, und ich weiß, daß sie vorher über irgendwas getuschelt haben.«

Welchen Status sollte Hühner-George als »Freier« auf der Murray-Pflanzung einnehmen? Was sollte er hier tun? Diese Fragen hingen wie eine Wolke über allen Überlegungen, die sie anstellten, und ein jeder fühlte sich davon betroffen – – außer dem kleinen vierjährigen Uriah, dem Sohn Virgils und Lilly Sues.

»Bist du mein Opa?« Uriah ergriff die Gelegenheit, um diesem geheimnisvollen Mann, der seit seiner Rückkehr eine solche Aufregung unter all den anderen Erwachsenen gestiftet hatte, auch etwas zu sagen.

»Was?«

Der verblüffte Hühner-George war gerade auf dem Weg zurück ins Sklavenquartier und fühlte sich wieder einmal zutiefst gekränkt und überflüssig. Er schaute auf das Kind, das ihn mit seltsam großen Augen anstarrte. »Hm, ja, ich denke, das bin ich.« Er wollte schon weitergehen, drehte sich aber noch einmal um. »Wie heißt du doch gleich?«

»Uriah. Opa, wo arbeitest du denn?«

»Was redest du da?« Er blickte den Jungen strafend an. »Wer hat dir gesagt, daß du mich das fragen sollst?«

»Niemand. Ich frag' ja nur.«

Der Junge sagte wohl die Wahrheit, und Hühner-George antwortete: »Arbeite nirgends nicht. Ich bin frei.«

Der Junge zögerte. »Opa, was ist denn frei?«

Hühner-George kam sich lächerlich vor, wie er da stand und sich von einem Kind ausfragen ließ. Er war drauf und dran, einfach wegzugehen, aber dann dachte er an das, was Matilda ihm über diesen Jungen anvertraut hatte. »Er scheint recht anfällig zu sein, vielleicht ist er auch im Kopf nicht ganz richtig. Nächstesmal, wenn du ihn siehst, schau dir bloß mal an, wie er die Leute anstarrt.« Als Hühner-George sich umwandte und Uriah ins Gesicht sah, wußte er, was Matilda meinte. Der Junge erweckte den Eindruck körperlicher Schwäche, und seine großen Augen hafteten trotz ihres Blinkerns fest auf Hühner-George und schienen jede seiner Bewegungen zu registrieren. George fühlte sich unbehaglich. Der Junge wiederholte seine Frage. »Was ist denn frei?«

»Frei heißt, daß du niemand nicht mehr gehörst.« Er hatte das Gefühl, zu den Augen zu sprechen. Der Kleine begann von neuem.

»Mammy sagt, du kämpfst mit Hühnern. Wie machst du denn das?«

Hühner-George hatte bereits eine spöttische Antwort auf der Zunge, dann sah er das ernsthafte seltsame Gesicht eines sehr kleinen Jungen, und plötzlich regte sich etwas in ihm – *Enkelkind*.

Er betrachtete prüfend Uriahs Gesicht und sagte sich, daß er ihm eigentlich etwas Angemesseneres sagen sollte. Schließlich fragte er: »Hat deine Mammy oder sonst wer dir schon mal erzählt, wo du herkommst?«

»Was? Wo ich herkomm'?« Man hatte es ihm noch nicht erzählt. Das sah Hühner-George. Oder man hatte es ihm schlecht erzählt, und er konnte sich nicht mehr daran erinnern.

»Komm mal mit, Junge.«

Jetzt hatte er endlich auch etwas zu tun. Von Uriah gefolgt, ging Hühner-George zur Hütte, die er mit Matilda teilte. »Jetzt setz dich mal auf den Stuhl da und laß die Fragerei sein. Setz dich hin und hör gut zu, was ich dir erzähle.«

»Ja, Opa.«

»Dein Pappy ist bei mir und deiner Oma Tilda geboren.« Er schaute den Jungen an. »Verstehst du das?«

»Mein Pappy ist euer Junge.«

»Richtig. Du bist gar nicht so dumm, wie du aussiehst. Und *meine* Mammy, die heißt Kizzy. Die ist also deine Urgroßmammy. Oma Kizzy. Sag das mal.«

»Ja, Opa. Oma Kizzy.«

»Gut. Und ihre Mammy heißt Bell.«

Er sah den Jungen an.

»Heißt Bell.«

Hühner-George brummte. »Gut. Und Kizzys Pappy heißt Kunta Kinte.«

»Kunta Kinte.«

»Richtig. Also der und Bell sind deine Ururgroßeltern –«

Fast eine Stunde später kam Matilda ganz aufgeregt in die Hütte gelaufen, weil sie den kleinen Uriah nirgends hatte finden können. Sie sah ihn dort, wie er gehorsam Worte wie »Kunta Kinte« und »ko« und »Kamby Bolongo« nachsprach. Nun nahm sie sich Zeit, setzte sich dazu und lauschte entzückt, wie Hühner-George ihrem begeistert zuhörenden Enkel die Geschichte seines afrikanischen Ururgroßvaters erzählte, der nicht weit von seinem Dorf entfernt Holz schlagen wollte, um sich eine Trommel zu machen, und der dann von vier Männern überwältigt und in die Sklaverei verschleppt wurde –, »und dann hat ihn ein Schiff übers große Wasser gebracht, bis zu einem Ort, der Naplis heißt, und dort hat ihn ein Masser John Waller gekauft und auf seine Pflanzung gebracht, die in Spotsylvania County, Virginia, liegt – – –«

Am folgenden Montag fuhr Hühner-George mit Tom im Eselswagen in die Bezirksstadt Graham zum Einkaufen. Sie sprachen wenig und schienen jeder in seine eigenen Gedanken versunken. Wie sie von Laden zu Laden gingen, bemerkte Hühner-George mit Genugtuung, mit welch ruhig-würdiger Haltung sein siebenundzwanzigjähriger Sohn den weißen Ladenbesitzern gegenübertrat. Sie gingen in ein Lebensmittelgeschäft, das – wie Tom erzählte – vor kurzem von einem ehemaligen County-Sheriff namens J. D. Cates übernommen worden war.

Der bullige Cates schien die beiden zu ignorieren und bediente seine wenigen weißen Kunden. Tom verspürte ein warnendes Vorgefühl, als er sah, wie Cates hier und da einen verstohlenen Blick auf Hühner-George warf, der mit seinem grünen Schal und seinem schwarzen Hut auffällig großtuerisch im Laden herumstolzierte und die Waren kritisch in Augenschein nahm. Instinktiv wollte Tom gerade seinen Vater beim Arm nehmen und schleunigst durch die Tür verschwinden, als Cates' Stimme durch den Laden tönte: »He, Junge, hol mir doch mal 'ne Kelle Wasser aus dem Faß da drüben!«

Cates Blick war drohend und verächtlich auf Tom gerichtet. Tom lief es kalt über den Rücken. Der weiße Mann hatte ihm einen Befehl erteilt, und er ging mit ausdruckslosem Gesicht zum Faß, kehrte mit der gefüllten Kelle zurück und reichte sie Cates. Dieser trank schlürfend und hielt seine kleinen Augen auf Hühner-George gerichtet, der bedächtig nickend dastand. Cates warf ihm die Kelle zu. »Ich hab' immer noch Durst!«

Hühner-George vermied jede schnelle Bewegung, zog sein sorgfältig gefaltetes Freiheitspapier aus der Tasche und reichte es Cates. Cates faltete es auseinander und las. »Was hast du in unserm County zu suchen?« fragte er kalt.

»Er ist mein Vater«, fiel Tom rasch ein. Er wollte vor allem verhindern, daß sein Vater irgendwelche provozierenden Reden hielt. »Er hat grade seine Freiheit bekommen.«

»Und er lebt mit euch bei Mr. Murray?«

»Jasörr.«

Cates warf seinen weißen Kunden einen bedeutungsvollen Blick zu und sagte: »Mr. Murray sollte die Gesetze dieses Staates eigentlich besser kennen!«

Weder Tom noch George wußten, worauf er hinauswollte, und schwiegen.

Plötzlich schlug Cates einen fast höflichen Ton an. »Na, wenn ihr beiden nach Hause kommt, richtet Mr. Murray von mir aus, daß ich bald mal zu ihm rauskommen werde, was mit ihm zu besprechen. Vergeßt es nicht.« Tom und Hühner-George verließen eiligst den Laden und hörten das Gelächter der weißen Männer hinter sich.

Schon am nächsten Nachmittag kam Cates im Galopp den Zufahrtsweg zum Herrenhaus der Murrays herauf. Einige Minuten später blickte Tom von seiner Schmiedearbeit auf und sah Irene herbeieilen. Er drückte sich rasch an den wenigen wartenden Kunden vorbei und ging ihr entgegen.

»Mammy Tilda sagt, der Masser und dieser weiße Mann da reden über was auf der Vorderveranda, und das solltest du wissen. Wenigstens redet der Mann immerzu, und der Masser nickt dabei mit'm Kopf.«

»Schon gut, Schatz«, sagte Tom. »Hab keine Angst. Geh mal lieber zurück.« Irene lief ins Haus.

Eine halbe Stunde später berichtete sie, daß Cates fortgeritten sei: »Und jetzt stecken der Masser und die Missis die Köpfe zusammen.«

Aber nichts geschah, bis Matilda Masser und Missis Murray das Abendessen auftrug und die beiden besorgt schweigend am Tisch sitzen sah. Als sie ihnen schließlich Nachspeise und Kaffee brachte, sagte Masser Murray mit gepreßter Stimme: »Matilda, sag deinem Mann, er soll gleich mal zu mir auf die Veranda kommen.«

»Jasörr, Masser.«

Sie fand Hühner-George bei Tom in der Schmiede. Hühner-George lachte gezwungen, als sie ihm die Nachricht brachte. »Ich denke, er wird mich fragen, ob ich ihm nicht 'n paar Kampfhähne besorgen kann.«

Er zog seinen Schal zurecht, setzte sich den Hut auf und stapfte entschlossen zum Herrenhaus. Masser Murray, der im Schaukelstuhl auf der Veranda saß, erwartete ihn schon. Hühner-George blieb unten im Hof am Fuße der Stufen stehen.

»Tilda sagt, Ihr wollt mit mir sprechen, Sörr.«

»Ja, George, das will ich. Und ich will auch gleich zur Sache kommen. Deine Familie hat mir und und Missis Murray viel Freude gemacht, seit sie hier sind –«

»Jasörr«, fiel George ein, »und sie reden mit größter Hochachtung von Euch, Masser!«

Der Masser gab seiner Stimme einen härteren Klang. »Aber leider werden wir jetzt ein Problem lösen müssen – das dich betrifft.« Er schwieg einen Moment. »Ich habe gehört, daß du gestern in Burlington Mr. J. D. Cates, unserem ehemaligen County-Sheriff begegnet bist.«

»Jasörr, kann wohl sagen, daß ich ihm begegnet bin. Jawohl.«

»Schön. Und du weißt wahrscheinlich auch, daß Mr. Cates mich heute besucht hat. Er hat mich auf ein Gesetz von Nord-Carolina aufmerksam gemacht, welches allen freien Schwarzen verbietet, sich länger als sechzig Tage hier im Staate aufzuhalten – es sei denn, sie werden wieder Sklaven.«

Es dauerte eine Weile, bis Hühner-George begriffen hatte. Er starrte Masser Murray verständnislos an. Er brachte kein Wort hervor.

»Tut mir wirklich leid, Junge. Ich weiß, daß es dir ungerecht erscheinen muß.«

»Erscheint es Euch gerecht, Masser Murray?«

Der Masser zögerte. »Wenn ich ehrlich sein soll, nein. Aber Gesetz ist Gesetz.« Er hielt inne. »Doch wenn du lieber hierbleiben willst, kann ich dir garantieren, daß du gut behandelt wirst. Darauf geb' ich dir mein Wort.«

»Euer Wort, Masser Murray?« Georges Augen waren ausdruckslos.

In jener Nacht lagen George und Matilda Hand in Hand unter ihrer Decke und starrten vor sich hin. »Tilda«, sagte er nach einer langen Weile, »ich glaub', es bleibt mir gar nichts andres übrig wie dableiben. Bin ja bisher nichts wie rumgerannt.«

»Nein, George.« Sie schüttelte langsam den Kopf. »Das geht nicht. Weil du der erste von uns bist, der seine Freiheit hat. Du mußt frei *bleiben*, damit wir jemand Freien in der Familie haben. Du kannst doch nicht einfach wieder 'n Sklave werden.«

Hühner-George fing an zu weinen, und Matilda weinte mit ihm.

Zwei Abende später fühlte sie sich zu elend, um ihn abends zu Tom und Irene zu begleiten, und so ging Hühner-George allein. Als das Gespräch auf ihr Kind, das in etwa zwei Wochen erwartet wurde, kam, wurde Hühner-George plötzlich feierlich.

»Daß ihr mir auch bestimmt dem Kind über unsre Familie erzählt, hört ihr?«

»Pappy, keines meiner Kinder wird aufwachsen, ohne das zu wissen.« Tom zwang sich zu einem Lächeln. »Außerdem glaub' ich, daß Oma

Kizzy sonst zurückkommt und mir ordentlich Bescheid stößt, wenn ich's nicht tu'.«

Eine Weile lang saßen die drei schweigend da und starrten ins Feuer. Schließlich nahm Hühner-George wieder das Wort:

»Ich und Tilda, wir haben gezählt. Ich hab' noch vierzig Tage, bis ich weg muß, nach dem, was das Gesetz sagt. Aber ich hab's mir überlegt. Keine Zeit ist gut fürs Weggehen. Hat auch keinen Zweck, die Sache rauszuschieben –«

Er sprang von seinem Stuhl auf, umarmte Tom und Irene mit aller Kraft und sagte mit gebrochener Stimme: »Ich komm' wieder! Paßt gut auf euch auf!« Er stürzte durch die Tür hinaus.

KAPITEL 110

Es war an einem Abend im frühen November 1860, Tom beeilte sich, seine letzten Schmiedearbeiten vor Einbruch der Dunkelheit zu beenden. Er schaffte es gerade. Dann löschte er das Schmiedefeuer, verließ den Schuppen und stapfte müde nach Hause. Irene, die ihre kleine, jetzt sechs Monate alte Tochter Maria stillte, erwartete ihn mit dem Abendessen. Aber sie aßen schweigend, Irene wollte ihn in seinen Gedanken nicht stören. Später trafen sie sich mit der übrigen Familie, die sich in Matildas kleiner Hütte zusammengedrängt hatte. Sie waren dabei, Nüsse zu schälen und zu knacken, die Matilda und Irene – sie war wieder schwanger – für die Weihnachts- und Neujahrsbäckerei gesammelt hatten.

Tom hörte dem Geplauder teilnahmslos zu – oder er tat zumindest so, als ginge es ihn nichts an –, und als schließlich eine Gesprächspause eintrat, lehnte er sich vor in seinem Stuhl und sagte: »Erinnert ihr euch, wie ich schon oft von den weißen Leuten in meiner Werkstatt erzählt hab'? Und wie die immer so über den Masser Lincoln getobt und geflucht haben? Na, da hättet ihr sie mal heute hören sollen, er ist nämlich zum Präsidenten gewählt worden. Jetzt behaupten die, er wird da im Weißen Haus alles gegen den Süden tun und gegen die Sklavenbesitzer.«

Matilda sagte: »Ich werd' ja jedenfalls zuallererst hören, was Masser

Murray darüber zu sagen hat. Er hat ja der Missis schon immer erzählt, es wird großen Ärger geben, wenn der Norden und der Süden sich nicht irgendwie einigen.«

»Hab' da verschiedenes gehört«, fuhr Tom fort. »Viel mehr Leute, wie wir glauben, sind gegen die Sklaverei, und die sind nicht bloß im Norden. Ich hatte heute kaum noch 'n Kopf für die Arbeit, so sehr hab' ich über alles nachdenken müssen. Klingt irgendwie zu schön, als daß man's glauben könnte, aber ist gut möglich, daß es eines Tages keine Sklaven nicht mehr gibt.«

»Den Tag werden wir bestimmt nicht erleben«, sagte Ashford verbittert.

»Aber sie vielleicht«, sagte Virgil und nickte Irenes Baby zu.

»Sieht mir nicht danach aus«, sagte Irene, »sosehr ich's auch glauben möcht'. Zähl doch mal all die Sklaven im Süden zusammen und rechne mal nur die Feldarbeiter zu acht- und neunhundert Dollar das Stück. Das ist ja mehr Geld, wie der liebe Gott hat! Außerdem machen wir doch all die Arbeit.« Sie sah Tom an. »Du weißt sehr gut, daß die Weißen darauf nicht verzichten werden.«

»Das geht nicht ohne Kampf ab«, sagte Ashford. »Doch die sind ja so viel mehr wie wir. Wie sollen wir da gewinnen?«

»Aber wenn du das ganze Land nimmst«, sagte Tom, »dann könnt's gradsoviel Leute gegen die Sklaverei wie dafür geben.«–

»Der Haken ist nur, daß die, die dagegen sind, nicht hier in unsrer Gegend leben«, sagte Virgil, und Ashford, der ausnahmsweise einmal mit jemandem einer Meinung war, nickte ihm zu.

»Wenn Ashford recht hat und es gibt einen Kampf, dann könnt's schon sehr schnell ziemlich anders werden hier«, sagte Tom.

Als Masser und Missis Murray Anfang Dezember eines Abends in ihrem Einspänner von einem Abendessen bei einem ihrer Nachbarn zurückgekehrt waren, rannte Matilda vom großen Haus zu Toms und Irenes Hütte. Sie war ganz aufgeregt.

»Was heißt Sezession?« fragte sie, und als die beiden mit den Schultern zuckten, fuhr sie fort: »Der Masser sagt nämlich, das hat Süd-Carolina grad' eben gemacht. Und so wie er es gesagt hat, klang es, wie wenn sie aus den Vereinigten Staaten austreten.«

»Wie können sie denn aus einem Land austreten, wo sie drin sind?« fragte Tom.

»Die Weißen kriegen alles fertig«, sagte Irene.

Was Tom ihnen nicht erzählt, aber den ganzen Tag über gehört hatte, waren die wütenden Beteuerungen seiner weißen Kunden, lieber »bis zu den Knien im Blut zu waten«, als dem Norden gegenüber auf etwas, das sie »Staatsrechte« nannten, und auf ihr Recht, Sklaven zu besitzen, zu verzichten.

»Ich will euch ja nicht bange machen«, sagte er zu Matilda und Irene, »aber ich glaub' wirklich, es gibt Krieg.«

»Oh, mein Gott! Wo wird denn der gemacht, Tom?«

»Mammy, dafür gibt's keine besonderen Plätze wie für Picknick oder Betversammlungen!«

»Na, ich hoffe nur, er kommt nicht in diese Gegend!«

Irene bemerkte spöttisch: »Ihr werdet mir doch nicht erzählen, die Weißen würden sich wegen den Niggern gegenseitig totschlagen.«

Aber in den folgenden Tagen wuchs mit allem, was Tom in der Schmiede hörte, seine Überzeugung, daß er mit seiner Vermutung recht hatte. Einiges erzählte er seiner Familie, anderes wieder nicht, um sie nicht unnötig in Panik zu versetzen, und er selbst war sich auch noch nicht ganz sicher, ob er den heraufziehenden Ereignissen mit Schrecken oder Hoffnung entgegensah. Er spürte jedoch wachsende Unruhe in seiner Familie und registrierte das immer stärker werdende Kommen und Gehen auf der Hauptstraße. Weiße Männer eilten zu Pferd oder in Kutschen ständig an der Pflanzung vorüber, und sie schienen immer eiliger und immer zahlreicher zu werden. Fast jeden Tag bog irgend jemand in den Zufahrtsweg ein und verstrickte Masser Murray in ein erregtes Gespräch in seinem Haus. Matilda wandte jede List an, um immer gerade dort zu fegen und Staub zu wischen, wo sie etwas erlauschen konnte. Langsam gewann die Familie nach alldem, was im Laufe der letzten Wochen den angstvollen und wütenden Gesprächen der Weißen zu entnehmen gewesen war, bei ihren abendlichen Diskussionen die Zuversicht, daß sie – falls es zum Krieg kommen sollte und die »Yankees« ihn gewännen–, möglicherweise wirklich ihre Freiheit erlangen könnten.

Immer mehr von den Schwarzen, die Tom Schmiedearbeit brachten, berichteten, daß ihre Herrschaft zusehends argwöhnischer und verschlossener wurde, in Anwesenheit ihrer Sklaven nur noch flüsterte oder Worte nur buchstabierte.

»Führen die sich im großen Haus auch so komisch auf, wenn du da bist, Mammy?« fragte Tom Matilda.

»Nicht so'n Flüstern oder Buchstabieren oder so was«, sagte sie. »Aber jedesmal, wenn ich ins Zimmer komm', kann ich sicher sein, daß sie plötzlich anfangen, über die Ernte oder 'ne Abendgesellschaft zu reden.«

»Für uns wird's das beste sein«, meinte Tom, »wenn wir uns so dämlich wie möglich stellen und so tun, wie wenn wir überhaupt von nichts gehört haben.«

Matilda zog es in Betracht – entschied sich aber dagegen, und eines Abends, nachdem sie den Murrays die Nachspeise serviert hatte, stürzte sie noch einmal ins Speisezimmer und rief händeringend: »Ach, Gott, Masser und Missis, ich bitte um Verzeihung, aber ich muß es sagen. Meine Kinder und ich, wir hören all dieses Gerede jetzt, und wir haben so eine furchtbare Angst vor den Yankees; wir hoffen nur, Ihr werdet uns schützen, wenn's schlimm wird.« Mit Genugtuung bemerkte sie die Freude und Erleichterung auf den Gesichtern der Murrays.

»Du hast ganz recht, wenn du Angst hast, diese Yankees sind ganz gewiß nicht eure Freunde!« sagte Missis Murray.

»Aber mach dir keine Sorgen«, sagte der Masser beschwichtigend, »es wird gar nicht erst dazu kommen.«

Selbst Tom mußte lachen, als Matilda die Szene beschrieb. Und er lachte auch noch einmal mit der ganzen Familie, als er ihnen erzählte, wie ein Stallbursche in Melville Township sich in dieser heiklen Frage verhalten hatte. Auf die Frage seines Masser, auf welcher Seite er im Falle eines Krieges sein würde, hatte er geantwortet: »Masser, habt Ihr mal gesehn, wie zwei Hunde sich um einen Knochen streiten? Genauso ist es. Wir Nigger sind der Knochen.«

Weihnachten und Neujahr kamen und gingen vorüber, und kaum jemand in ganz Alamance County dachte in diesem Jahr ans Feiern. Alle paar Tage kamen Toms Kunden mit alarmierenden Nachrichten über weitere Südstaaten, die sich der Sezession angeschlossen hatten – zuerst Mississippi, dann Florida, Alabama, Georgia und Louisiana, sie alle im

Januar 1861, und am 1. Februar folgte noch Texas. Sie schlossen sich zu einer südstaatlichen »Konföderation« zusammen, die einen Mann namens Jefferson Davis zu ihrem Präsidenten wählte.

»Dieser Masser Davis und 'ne ganze Menge von den andern südstaatlichen Senatoren und Kongreßmännern und hohen Tieren in der Armee haben ihre Posten aufgegeben und kommen in den Süden zurück«, berichtete Tom der Familie.

»Tom, nach dem, was wir gehört haben, ist die Sache schon viel weiter«, rief Matilda. »Da ist heute ein Mann gekommen und hat dem Masser erzählt, der alte Richter Ruffin fährt morgen von Haw River extra nach Washington zu einer großen Friedenskonferenz!« Einige Tage später jedoch hörte Tom von seinen Kunden in der Schmiede, daß Richter Ruffin traurig zurückgekehrt war, weil die Friedenskonferenz fehlgeschlagen und in eine hitzige Debatte zwischen den jüngeren Delegierten des Nordens und des Südens ausgeartet war. Ein schwarzer Kutscher berichtete Tom, er habe gerade aus erster Hand vom Portier des Gerichtsgebäudes von Alamance County gehört, daß eine Massenversammlung von bald vierzehnhundert weißen Männern aus der Gegend stattgefunden habe – Masser Murray war auch dabei, wie Tom sich denken konnte – und daß Masser Holt, der ehemalige Besitzer von Irene und andere ebenso wichtige Persönlichkeiten geschrien hätten, der Krieg müsse unbedingt vermieden werden –, dann hätten sie mit den Fäusten auf die Tische geschlagen und alle, die zu den Konföderierten übergingen, »Verräter« genannt. Der Portier hatte ihm auch erzählt, daß man einen Masser Giles Mebane gewählt hatte, Alamance County bei der staatlichen Sezessionskonferenz zu vertreten und ihr den Vier-zu-eins-Entscheid zugunsten des Verbleibens in der Union zu überbringen.

Die Familie hatte es schwer, sich aus all den von Tom und Matilda aufgeschnappten Informationen ein klares Bild zu machen. So hieß es an einem einzigen Tag im März, daß Präsident Lincoln seinen Amtseid abgelegt hatte, daß bei einer Riesenfeier in Montgomery, Alabama, die Flagge der Konföderierten enthüllt worden war und daß Jeff Davis, der Präsident der Konförderation, den afrikanischen Sklavenhandel für ungesetzlich erklärt hatte. Da die Familie zu wissen glaubte, wie er zur Frage der Sklaverei stand, konnten sie sich diesen Schritt nicht erklären.

Ein paar Tage später erreichte die Spannung einen Höhepunkt, als in Nord-Carolina dringlich 20000 Freiwillige zum Militärdienst unter die Fahnen gerufen wurden.

Am frühen Morgen des 12. April 1861, eines Freitags, war Masser Murray zu einer Versammlung in die Stadt Mebane gefahren, und Lewis, James, Ashford, Klein-Kizzy und Mary arbeiteten auf den Feldern und pflanzten junge Tabaksetzlinge, als sie auf der Straße eine ungewöhnlich große Anzahl von weißen Reitern im vollen Galopp gewahrten; einer dieser Reiter verlangsamte für einen Moment sein Tempo, schüttelte wütend die Faust in ihre Richtung und rief ihnen etwas zu, was sie nicht verstanden. Daraufhin sandte Virgil Klein-Kizzy eiligst zum Haus, damit sie Tom, Matilda und Irene berichte, daß sich etwas außergewöhnlich Wichtiges zugetragen haben müsse.

Der sonst so ruhige Tom verlor die Nerven, als Kizzy ihm nicht mehr sagen konnte. »*Was* hat er euch zugeschrien?« fragte er immer wieder. Aber sie konnte nur wiederholen, daß der Reiter zu weit entfernt gewesen war und niemand seine Worte klar hatte unterscheiden können.

»Ich werd' mal lieber den Maulesel nehmen und selber rausfinden, was los ist«, sagte Tom.

»Aber du hast doch keinen Passierschein!« rief Virgil ihm zu, als er den Zufahrtsweg hinunterritt.

»Muß es drauf ankommen lassen!« rief Tom zurück.

Auf der Hauptstraße herrschte reger Verkehr, und er wußte sofort, daß die Leute bestimmt nach Company Shops ritten, wo der Telegraphenbeamte all die wichtigen Nachrichten über den Draht erhielt. Einige Reiter riefen einander ein paar Worte zu, aber Tom entnahm ihnen nur, daß sie ebensowenig wußten wie er. Als er dann an armen Weißen und Schwarzen, die zu Fuß gingen, vorüberritt, *wußte* Tom, daß er sich auf das Schlimmste gefaßt machen mußte, aber sein Herz krampfte sich trotzdem zusammen, als er an den Eisenbahn-Reparaturwerkstätten ankam und die große lärmende Menschenmenge vor dem Telegraphenhaus erblickte.

Er sprang ab, band sein Maultier an und machte einen großen Bogen um die wütend gestikulierenden weißen Männer, die auf die Telegraphendrähte starrten, als ob sie erwarteten, dort die Nachrichten zu sehen. An einer Ecke des Platzes stand eine Gruppe von Schwarzen, der er sich zugesellte, und nun hörte er, was sie so aufgeregt durcheinanderschwatzten: »Masser Lincoln, der wird jetzt für uns kämpfen!« – – – »Sieht aus, wie wenn der liebe Herrgott doch 'n bißchen was für die Nigger übrig hat!« – – – »Kann's gar nicht glauben!« – – – »Frei, du lieber Gott, frei!«

Tom nahm einen alten Mann beiseite und erfuhr von ihm, was sich zugetragen hatte. Die Truppen von Süd-Carolina beschossen die Bundesfestung Sumter in Charleston Harbor, und neunundzwanzig andere Garnisonen des Bundes im Süden waren auf Befehl des Präsidenten Davis von Südstaatlern besetzt worden. Der Krieg hatte also wirklich begonnen. Tage später hieß es, daß die Festung Sumter sich nach zwei Tagen der Belagerung ergeben hatte, daß es auf beiden Seiten je fünfzehn Tote gab und daß über tausend Sklaven die Einfahrt zum Hafen von Charleston mit Sandsäcken verbarrikadierten. Der Gouverneur von Nord-Carolina, John Ellis, hatte Präsident Lincoln jede Truppenhilfe verweigert und Tausende mit Musketen ausgerüstete Männer der konföderierten Armee zugeführt. Präsident Davis forderte alle weißen Südstaatler zwischen achtzehn und fünfunddreißig Jahren auf, sich freiwillig zu einem dreijährigen Heeresdienst zu melden. Außerdem hatte er befohlen, daß jeder zehnte männliche Sklave von jeder Pflanzung dem Heer für unbezahlte Arbeit zur Verfügung gestellt werden müsse. General Robert E. Lee hatte seinen Dienst bei der Armee der Vereinigten Staaten quittiert, um den Oberbefehl der Armee von Virginia zu übernehmen. Man behauptete auch, daß in jedem Regierungsgebäude von Washington D.C. bewaffnete Soldaten hausten und daß man Barrikaden aus Eisen und Zement errichtet habe, weil man einen Einfall der südstaatlichen Streitkräfte befürchtete.

Unterdessen wurden die weißen Männer überall in Alamance County zum Heeresdienst aufgerufen. Tom hörte von einem Sklaven, daß sein Masser seinen vertrautesten Diener zu sich gerufen und ihm gesagt habe: »Hör zu, Junge. Daß du mir gut auf die Missis und die Kinder aufpaßt, bis ich wieder zurück bin, verstanden?« Zahlreiche Weiße aus der Nachbarschaft kamen zu Tom, um ihre Pferde beschlagen zu lassen, bevor sie in Mebane zur neuformierten »Hawfields Company« von Alamance County einrückten. Von dort ging es mit der Eisenbahn zum Übungslager Charlotte. Ein schwarzer Kutscher, der seinen Masser und seine Missy zum Bahnhof gefahren hatte, wo sie sich von ihrem ältesten Sohn verabschieden wollten, beschrieb Tom die Szene: Die Frauen weinten bitterlich, ihre Jungens lehnten sich aus den Wagenfenstern und ließen ihr Kriegsgeschrei los; viele von ihnen riefen: »Den Dreckskerlen von Yankees werden wir's schon geben – zum Frühstück sind wir wieder da!« Der Kutscher erzählte: »Der junge Masser hatte seine neue graue Uniform an, und geheult hat er genauso wie der alte Masser und die Missy. Sie haben sich geküßt und umarmt, und schließlich wurden sie einfach voneinander weggerissen. Sie standen noch lange auf der Straße und haben geschluchzt. Und offen gestanden: Ich hab' auch geheult!«

KAPITEL 111

Es war spätnachts, die Petroleumlampe erhellte ihre Hütte nur spärlich; Irene lag zum zweitenmal in den Wehen, und Tom saß an ihrem Bett, so daß sie ängstlich nach seiner Hand tasten konnte. Als plötzlich ihr leidvolles Stöhnen in lautes Schreien überging, stürzte Tom hinaus, seine Mutter zu holen. Matilda war trotz der späten Stunde noch nicht eingeschlafen. Auch sie hatte den Schrei Irenes gehört. Tom traf sie, als sie sich gerade anschickte, ihre Hütte zu verlassen. Klein-Kizzy und Mary, die mit großen Augen dastanden, befahl sie:

»Macht Wasser heiß, 'n paar Töpfe voll, und bringt's mir rasch!« Schon huschten die übrigen erwachsenen Mitglieder der Familie aus ihren Hütten, einer nach dem anderen. Toms fünf Brüder folgten seinen aufgeregten Schritten, auf und ab und hin und her, während drinnen die Schreie Irenes immer lauter wurden. Dann, in der ersten Morgendämmerung, verstummten sie, nun abgelöst von dem durchdringenden Wimmern eines Kindes. Tom sah sich von seinen Brüdern umringt, sie klopften ihm erleichtert auf den Rücken und quetschten seine Hände – sogar Ashford-, bis endlich Matilda in der Tür der Blockhütte erschien und bewegt rief:

»Es ist wieder ein Mädchen, Tom!« Als später der strahlende Morgen heraufzog, strömte die ganze Familie mit Tom an der Spitze in die Hütte wie eine Prozession, um die noch blasse, aber schon wieder lächelnde Irene und vor allem dieses Bündel Kind mit seinem faltigen braunen Gesichtchen zu bewundern.

Matilda hatte längst die große Neuigkeit im Herrenhaus verbreitet. In aller Eile versah sie ihre Küchenpflichten. Masser und Missis Murray begaben sich gleich nach dem Frühstück zu den Sklavenhütten, um das unter ihrem Patronat neugeborene Baby entzückt in Augenschein zu nehmen. Irenes Wunsch war, diese zweite Tochter Ellen zu nennen, nach Irenes Mutter. Tom willigte ein. Er war so sehr von Stolz erfüllt, abermals Vater geworden zu sein, daß er für eine Weile vergaß, wie sehr er sich eigentlich einen Jungen gewünscht hatte.

Matilda wartete bis zum nächsten Nachmittag, bevor sie die Schmiede aufsuchte:

»Na, Tom, du weißt, woran ich denke?« fragte sie.

Tom lächelte:

»Bißchen spät, Mammy. Ich hab's doch längst schon überall rumgetragen – und sag's jetzt also auch dir –, daß natürlich Samstag abend jeder dabeisein muß, wenn ich der Kleinen unsre Familiengeschichte erzähle, genauso wie Maria, als sie zur Welt kam.«

So versammelte sich die Familie. Und Tom setzte die Tradition fort, die Großmutter Kizzy und Hühner-George einst begründet hatten. Hinterher gab es allerlei Gelächter: wehe, wenn jemand vergessen sollte, die Familienchronik einem gerade geborenen Kind ordnungsgemäß zu erzählen – dem würde schnurstracks der Geist von Großmutter Kizzy heimleuchten!

Doch bald trat all die Aufregung um Tom und Irenes zweites Kind in dem Maß zurück, wie die rasch voranschreitenden Geschehnisse des Krieges an Gewichtigkeit zunahmen. Während Tom eifrig Pferde und Maultiere beschlug und Werkzeug reparierte, konnte er kaum die Gespräche der weißen Kundschaft überhören, die draußen vor seiner Werkstatt jeden neuen Bericht über die Erfolge der konföderierten Truppen mit Jubel begrüßte – was ihn natürlich mit Enttäuschung erfüllte. Besonders ein »Bull Run« genanntes Gefecht erregte die Leute. Man warf die Hüte in die Luft und klopfte sich begeistert die Schultern, wobei Sätze fielen wie:

»Die paar Yankees, die's überstanden hatten, liefen wie die Hasen um ihr Leben.« Oder:

»Wenn die unsre Jungs bloß kommen hören, sieht man von ihnen nur noch ihre feigen Ärsche.«

Der Jubel wiederholte sich nach der schweren Schlappe der Yankees bei »Wilson Creek« in Missouri, und nochmals, nur kurze Zeit später, als die Truppen der Nordstaaten bei »Balls Bluff« in Virginia Hunderte von Toten auf dem Schlachtfeld zurücklassen mußten, darunter einen von Kugeln zersiebten leibhaftigen General und angeblich persönlichen Freund von Präsident Lincoln.

»Diese Weißen sind vor Freude rumgesprungen«, erzählte Tom, »und sie haben so laut gejubelt, daß Präsident Lincoln es bestimmt selbst gehört hat – und angefangen hat zu heulen.« Bei diesen Worten war der Familie selbst zum Weinen zumute.

Ende 1861, als vom Alamance County bereits zwölf Kompanien im Kampf standen, haßte es Tom geradezu, von dem zu berichten, was er immer wieder von den Weißen aufschnappte, denn es vertiefte nur die Enttäuschung seiner Familie, genauso wie seine eigene.

»Gott weiß, wann wir frei werden, wenn's so weiterläuft«, sagte Matilda eines Sonntagnachmittags vor einem Halbkreis niedergeschlagener Gesichter. Keiner mochte dem etwas hinzufügen, bis endlich Lilly Sue das Schweigen brach, als sie ihren kränklichen Sohn Uriah von der Brust nahm:

»Freiheit und all dies Gerede drum! Ich laß alle Hoffnung sausen!«

Dann, an einem Frühlingsnachmittag 1862, galoppierte ein Reiter in der grauen Offiziersuniform der Konföderierten den Zufahrtsweg zur Murray-Pflanzung hinauf. Schon aus der Entfernung mutete er Tom irgendwie bekannt an. Als er näher herangekommen war, sah Tom zu seinem Entsetzen, daß es sich um niemand anderen handelte als den früheren Sheriff Cates, den Produktenhändler. Dem war es zu verdanken gewesen, daß Hühner-George das Land hatte verlassen müssen - nach dem verhängnisvollen Gespräch mit Masser Murray. Mit wachsender Besorgnis beobachtete Tom, wie Cates vom Pferd stieg und im Inneren des Hauses verschwand. Kurz danach kam auch schon Matilda in die Schmiede gelaufen, die Wangen grau vor Aufregung:

»Der Masser will was von dir, Tom. Er redet mit diesem Saukerl Cates – was können die bloß mit dir vorhaben?«

Alle möglichen Gedanken blitzten in Tom auf. Ja, er hatte davon reden hören, daß viele Pflanzer ihre Sklaven mit in den Krieg nahmen. Andere hatten freiwillig der Armee die Dienste der Sklaven mit handwerklichen Fertigkeiten angeboten, besonders die der als Tischler, Sattler und als Schmiede ausgebildeten Männer.

So ruhig wie möglich sagte Tom:

»Was weiß ich, Mammy. Werd' mich halt erkundigen. Ist das Beste, nicht wahr?«

Gefaßt, aber langsam ging Tom in Richtung auf das Herrenhaus.

»Tom, du kennst Major Cates?« leitete Murray das Gespräch ein.

»Jasörr.« Tom vermied es, Cates anzuschauen.

»Major Cates kommandiert eine neu aufgestellte Kavallerie-Einheit. Sie wird in einem Nachschublager ausgebildet, und sie brauchen dich, zum Pferdebeschlagen.«

Tom schluckte. Und er hörte durchaus, wie beklommen seine eigenen Worte klangen:

»Heißt das – ich muß in den Krieg ziehen, Masser?«

Darauf Cates, verächtlich:

»Wir brauchen keine Nigger, dort, wo wir kämpfen – damit sie abhauen, wenn sie die erste Kugel pfeifen hören. Nein, du wirst lediglich unsere Pferde beschlagen – im Übungslager, kapiert?«

Tom verspürte eine gewisse Erleichterung

»Jasörr.«

»Der Major und ich haben die Einzelheiten besprochen«, sagte Murray, »du wirst abwechselnd eine Woche für seine Kavallerie arbeiten, die andere Woche hier für mich – solange der Krieg dauert. Und es sieht ja nicht danach aus, als ob es eine lange Angelegenheit wird.«

Murray schaute auf Major Cates:

»Wann soll er bei Euch anfangen?«

»Morgen früh, wenn's Euch recht ist, Mr. Murray.«

»Natürlich, das ist unsere Pflicht für den Süden«. antwortete Masser Murray rasch, und er schien zufrieden, auf diese Weise bei den Kriegsanstrengungen behilflich sein zu können.

»Ich hoffe, der Nigger versteht sein Fach«, sagte Cates, »beim Militär gibt's kein geruhsames Leben wie auf der Pflanzung.«

»Ich bin sicher, Tom weiß, wie man sich dort zu verhalten hat.« Masser Murray blickte vertrauensvoll auf Tom.« Noch heute abend stelle ich ihm das Reisepapier aus. Morgen früh nimmt er einen meiner Maulesel und wird sich sofort bei Euch melden.«

»Schön«, sagte Cates. Dann blitzte er Tom flüchtig an:

»Hufeisen haben wir, aber du bringst gefälligst dein eigenes Werkzeug mit. Und was ich noch sagen wollte: wir erwarten anständige und schnelle Arbeit. Wir haben keine Zeit zu verschwenden, kapiert?«

»Jasörr.«

Als Tom mit dem eilig gepackten Werkzeugkasten voll Beschlagszeug zur Eisenbahnreparaturwerkstätte kam, wo sich das Nachschublager befand, sah er das leicht bewaldete Gelände mit langen Reihen von einheitlich ausgerichteten kleinen Zellen besetzt. Er hörte Hornsignale und zwischendurch immer wieder Flintenschüsse.

Gleich darauf galoppierte ein berittener Wachtposten auf ihn zu:

»Du bist wohl auf'm falschen Kurs, Nigger. Siehst du nicht, daß dies hier Armeegebiet ist?« brüllte der Soldat.

»Major Cates hat mich hierher befohlen – zum Beschlagen der Pferde«, antwortete Tom leicht nervös.

»Ach so. Die Kavallerie liegt da drüben –«, der Wachtposten zeigte, wo, »und beeil dich – bevor dir die Beine angeschossen werden.«

Tom beschleunigte das Tier durch leichte Tritte in die Flanken und lenkte es zu einer kleinen Anhöhe. Dort übte eine Gruppe von Reitern in Viererreihen. Hinter den Offizieren, die laut ihre Kommandos gaben, ritt Major Cates auf und ab. Als dieser ihn bemerkte, gab er einem Soldaten ein Zeichen, der sogleich in seine Richtung sprengte. Tom wartete.

»Du bist der Nigger für die Schmiedearbeiten?«

»Jasörr.«

Der Soldat deutete auf eine kleine Gruppe von Zelten:

»Dort bei den Abfallzelten ist dein Platz. Sobald du deinen Kram ausgepackt hast, schicken wir dir die ersten Pferde.« Die Tiere hatten neue Hufeisen bitter nötig. In einer schier endlosen Reihe zogen sie durch Toms erste Woche im Dienst der konföderierten Kavallerie. Vom Morgengrauen bis in die Nacht hinein beschlug er ununterbrochen Hufe, bis ihm schließlich von dieser Tätigkeit ganz dumm im Kopf wurde.

Wie er zwischendurch dem Gerede der jungen Kavalleristen entnahm, schienen die Yankees in fast jedem Gefecht den kürzeren zu ziehen. So war Tom traurig und deprimiert, als er nach Hause zurückkehrte, um nun für eine Woche wieder die Kunden von Masser Murray zu bedienen.

Tom fand die Frauen im Sklavenquartier in höchster Unruhe vor. Während der letzten Nacht bis weit in den Vormittag war Lilly Sues krankes Söhnchen Uriah spurlos verschwunden gewesen. Erst unmittelbar vor Toms Rückkehr hatte Matilda, als sie die vordere Veranda fegte, ein verdächtiges Geräusch gehört. Sie war dem nachgegangen und hatte den verheulten und hungrigen Jungen unter der Veranda gefunden, wo er sich versteckt hielt. »Ich wollt' doch bloß rauskriegen, was der Masser und die Missis so reden – von wegen uns Nigger freilassen. Aber da unten konnt' ich nichts hören«, weinte Uriah trotzig. Jetzt versuchten Matilda und Irene, die fassungslose und verzweifelte Lilly Sue zu trösten, deren sonderbares Kind nicht zum erstenmal für solchen Wirbel gesorgt hatte. Tom half mit, sie zu beruhigen. Später beschrieb er der Familie seine Erlebnisse der letzten Woche:

»Was ich da gesehn und gehört hab' – ach, es ist schlimm«, schloß er. Irene bemühte sich vergeblich, die traurige Stimmung ein bißchen aufzuheitern:

»Wenn man sein Leben lang unfrei ist, spürt man schon gar nicht mehr, was einem abgeht.« Das klang nicht sehr überzeugend, aber Matilda bekräftigte:

»Um die Wahrheit zu sagen – ich hab' einfach Bammel, daß am Ende alles noch schlimmer wird als jetzt.«

Der tiefere Sinn dieser traurigen Worte ging Tom erst auf, als er in der zweiten Woche wieder zu seiner Arbeit für die konföderierte Kavallerie zurückgekehrt war. Eines Nachts lag er schlaflos da und grübelte – da vernahm er ein Geräusch, das nur von den nebenan gelegenen Müllhaufen kommen konnte. Ängstlich tastete er im Dunkel nach seinen Sachen, bis seine Finger unverhofft auf den Schmiedehammer stießen. Damit schlich er hinaus in das matte Mondlicht, um nachzuschauen. Nein, nichts. Tom war bereits sicher, daß er wohl nur irgendein kleines Tier bei der Futtersuche gehört haben mußte, als er plötzlich den schemenhaften Umriß einer menschliche Gestalt vorbeihuschen sah. Sie schien hastig etwas zu verschlingen, das sie in den Händen hielt. Tom sah sich einem dünnen, blassen weißen Burschen gegenüber. Für einen Augenblick starrten sich die beiden im Mondlicht an – dann stürzte der Junge fort. Doch schon nach wenigen Metern mußte er über irgend etwas gestolpert sein, das ein lautes Geräusch verursachte. Er rappelte sich sofort wieder hoch und verschwand in der Nacht.

Als unmittelbar danach zwei bewaffnete Wachen mit Flinten und Lampen auftauchten, sahen sie einen Tom, der zitternd dastand, die Hände um seinen Hammer gekrampft.

»Ah, beim Klauen erwischt, Nigger, wie?«

Tom ahnte sofort, daß es Ärger geben würde. Wenn er die Anklage direkt abstritt, hieß das, einen Weißen Lügen strafen – fast noch gefährlicher, als wegen eines Diebstahls belangt zu werden.

Nur jetzt nicht vor Schreck herumstottern! Er mußte die Männer dazu bringen, ihm zu glauben.

»Hab' was gehört, wollte nachschauen – hab' einen weißen Mann zwischen den Abfällen gesehn, Masser, und wupp, ist er abgehaun.«

Die Soldaten tauschten skeptische Blicke, dann lachten sie verächtlich:

»Hältst uns wohl für blöd, Nigger, wie?« brüllte der eine.

»Major Cates wußte schon Bescheid, warum er uns befahl, besonders auf dich aufzupassen. Sobald er aufgestanden ist, wird er sich mit dir beschäftigen, Bürschchen.«

Sie berieten sich flüsternd, wobei sie ihn nicht aus den Augen ließen.

»Ah, sieh mal einer an, bewaffnet!« schrie der eine.

»Runter mit dem Hammer, Kerl!«

Toms Faust umklammerte den Griff unwillkürlich fester. Einer der Posten richtete seine Flinte auf Toms Bauch:

»Laß den Hammer fallen, du Schwein!«

Toms Finger lösten sich, er hörte, wie der Hammer dumpf auf den Boden schlug. Dann zwangen die Soldaten Tom, vor ihnen herzugehen. Auf einer kleinen Lichtung, wo ein etwas größeres Zelt aufgeschlagen war, befahlen sie ihm stehenzubleiben. Sie erstatteten einem anderen Posten vor diesem Zelt ihre Meldung:

»Wache! Wir haben diesen Nigger beim Klauen erwischt«, sagte der erste und wies mit dem Kopf in Richtung auf das Zelt.

»Wir haben auf den Kerl aufgepaßt, aber der Major hat uns befohlen, ihm persönlich Bescheid zu sagen. Wir kommen wieder, wenn der Major auf ist.«

Dann überließen sie Tom dem dritten, der finster dreinschaute und knurrte:

»Flach auf den Rücken, Nigger. Mach schon. Und wenn du einen Mucks tust, knall' ich dich ab.«

Tom lag da wie befohlen. Der Boden war eiskalt. Er überlegte, was ihm geschehen konnte, wog erst die Chancen einer Flucht ab, dann die Folgen, die ihm daraus erwachsen mochten. Die Zeit dehnte sich, bis die Morgendämmerung heraufzog. Die beiden Soldaten kehrten zurück und horchten auf Geräusche aus dem Zelt. Endlich rumorte es drinnen – Major Cates war offenbar aufgestanden. Einer der Männer rief leise:

»Mit Verlaub, Major, können wir Euch sprechen?«

»Ich welcher Angelegenheit?« Die Stimme klang brummig und schlecht gelaunt.

»Wir haben den Niggerschmied festgenommen. Diebstahl, Sir, in der Nacht.«

Kurze Pause.

»Wo steckt er?«

»Zu Befehl, der Gefangene ist draußen, Sir.«

»Ich komme gleich.«

Nach einer Minute schlug die Zeltklappe zurück, Major Cates trat heraus und musterte Tom wie die Schlange das Kaninchen:

»Hör ich recht? Du klaust, eingebildeter Drecksnigger? Du weißt, was wir in der Armee von so was halten?«

»Masser – « Leidenschaftlich beschwor ihn Tom, sich die reine Wahrheit über den Vorfall anzuhören. Er schloß mit den Worten:

»Er muß verdammt hungrig gewesen sein, Masser, wenn er da in den Abfällen rumgesucht hat.«

»So, du behauptest, ein weißer Mann wühlt da im Dreck herum. Ganz vergessen, daß wir beide uns schon kennen? Und daß ich nur zu gut weiß, was mit deiner Sorte los ist, Nigger? Hab' schon ein Auge auf deinen Nigger-Vater gehabt, diesen freigelassenen Lümmel. Damals bist du mir entwischt. Aber diesmal – werden wir ganz einfach die Armeevorschriften anwenden.«

Tom sah mit ungläubig geweiteten Augen Cates auf das Gestell zugehen, wo sein Sattelzeug lag. Vom Knauf hing die Pferdepeitsche herab. Cates griff nach ihr. Toms Blicke wanderten hin und her – nur weg von hier, schoß es ihm durch den Kopf. Aber die drei Soldaten hatten bereits ihre Flinten auf ihn gerichtet. Langsam trat Cates heran. Sein Gesicht verzerrte sich, als er die geflochtene Peitschenschnur auf Toms Schultern niedersausen ließ. Und er schlug wieder zu, und noch einmal, und noch einmal . . .

Gedemütigt und erbittert zugleich, stolperte Tom zurück zu seinem Arbeitsplatz. Er warf sein Werkzeug zusammen, sprang auf das Maultier und jagte davon. Ihm war so einerlei, was ihm passieren mochte, wenn sie ihn erwischten. Er ritt ohne Halt, bis er das Herrenhaus erreichte. Masser Murray hörte, hochrot vor Ärger, was geschehen war. Tom endete mit der Beteuerung:

»Was auch geschieht, Masser, ich werd' nicht zurückgehn!«

»Gut, wenn der Major deinetwegen Ärger machen will, geh' ich notfalls bis zum kommandierenden General. Darauf hast du mein Wort. Ich bedaure außerordentlich, was vorgefallen ist. Du begibst dich jetzt am besten in deine Werkstatt zurück und gehst an deine Arbeit.«

Masser Murray zögerte einen Augenblick.

»Noch was, Tom. Ich weiß, du bist nicht der Älteste. Aber Missis Murray und ich betrachten dich dennoch als das Oberhaupt eurer Familie. Ihr sollt wissen, daß wir alle für den Rest unseres Lebens gut miteinander auskommen wollen – wenn wir nur erst diese Yankees gebührend in die Schranken verwiesen haben. Denn das sind wahre Teufel in Menschengestalt.«

»Jasörr«, sagte Tom. Er dachte daran, daß es für einen Masser unmöglich sein würde zu begreifen, daß von »gut miteinander auskommen« keine Rede sein konnte, solange der eine der Eigentümer des anderen war.

So verging das Frühjahr 1862. Irene sah sich abermals schwanger. Und was Tom da täglich an Neuigkeiten von den Weißen des Ortes erfuhr, die als Kunden zu ihm kamen, mußte ihm das Gefühl vermitteln, hier in Alamance County im trügerisch ruhigen Mittelpunkt eines Orkans zu leben, der ringsum tobte.

Er hörte von einer Schlacht bei Shiloh, wo Yankees wie Konföderierte jeweils 40000 Tote und Verwundete hatten. Die Überlebenden mußten sich, wie es hieß, den Weg mühselig über Berge von Leichen bahnen. Sicher, so was klang stark übertrieben, nur konnte leider kein Zweifel daran bestehen, daß die Yankees die meisten der großen Schlachten verloren.

Ende August wurden bejubelte Einzelheiten einer zweiten Schlacht bei »Bull Run« bekannt: Diesmal hatten die Yankees zwei gefallene Generale zu beklagen, und Tausende ihrer Soldaten flüchteten zurück nach Washington. Zivilisten verließen angeblich schon in Panik die Stadt, und die öffentlichen Gebäude wurden mit Barrikaden gesichert. Sowohl der Staatsschatz wie die Bardepots der Banken wurden nach New York verbracht, während auf dem Potomac-Fluß ein Kanonenboot ständig unter Dampf lag, um notfalls Präsident Lincoln und seinen Stab zu evakuieren.

Schließlich, kaum zwei Wochen später, nahm ein Corps der Konföderierten unter General Stonewall Jackson bei Harpers Ferry 11000 Yankees gefangen.

»Tom, ich will von diesem schrecklichen Krieg nichts mehr hören, verstanden?« sagte Irene eines Abends, als sie vor dem brennenden Herdfeuer saßen. Tom hatte ausführlich von einer Schlacht bei einem Ort namens Antietam berichtet. In beinahe drei Meilen langen Doppelreihen hatten sich dort Konföderierte und Yankees gegenübergestanden, um sich wechselseitig abzuschlachten.

»Begreif doch, ich sitz' hier mit unserm dritten Kind im Bauch. Ich find's nicht in Ordnung, daß wir immer wieder über Krieg und übers Totschlagen reden.«

War da nicht ein leises Geräusch?

Fast gleichzeitig schauten sie hinter sich in Richtung auf die Tür der Hütte. Nein, es war wohl nichts gewesen. Da, schon wieder! Diesmal sogar ein leichtes Pochen. Irene saß näher zur Tür, sie stand auf und öffnete. Tom runzelte die Augenbrauen, das war unverkennbar die bittende Stimme eines Weißen:

»Entschuldigung, habt ihr nicht was zu essen? Ich bin so hungrig.«

Tom fuhr herum, ja, er fiel beinahe vom Stuhl, als er das Gesicht jenes

Burschen wiedererkannte, den er zwischen den Abfallkübeln des Kavallerielagers überrascht hatte. Tom versuchte sich zu fassen; das mußte ein mieser Trick sein. Er hörte seine Frau harmlos antworten:

»O je, wir haben nichts – höchstens kalten Maiskuchen, vom Abendessen übriggeblieben.«

»Fein, hätt' ich gern – hab' seit zwei Tagen kaum was gegessen.«

Das kann nur ein verrückter Zufall sein, sagte sich Tom, stand auf und hielt die Tür weit auf:

»Immer noch auf Betteltour, wie?«

Einen Augenblick lang starrte der Bursche Tom an. Dann weiteten sich seine Augen. Er riß so schnell aus, daß Irene völlig verstört schaute. Das änderte sich auch nur langsam, als Tom ihr verständlich zu machen versuchte, wem sie da beinahe etwas zu essen gegeben hatte.

Matilda erzählte anderntags nach dem Frühstück, »irgendein ausgemergelter armer weißer Bengel« sei plötzlich im Fliegengitter der Küchentür aufgetaucht und habe um etwas Essen gebettelt. Sie habe ihm eine Schale von dem übriggebliebenen Eintopf gegeben, wofür er sich überschwenglich bedankt habe, bevor er verschwunden sei. Später habe sie die leere Schüssel sauber auf dem Treppenabsatz vor der Küche gefunden. Tom dämmerte, um wen es sich da abermals handelte:

»Wenn du ihn gefüttert hast, hängt er hier bestimmt irgendwo rum«, sagte er, »wahrscheinlich pennt er draußen im Wald. Ich trau' ihm nicht. Bevor wir uns umdrehn, bringt der uns noch in Schwierigkeiten.«

»Wenn der wieder auftaucht, werd' ich ihm sagen, er soll hübsch warten, und wenn er schon denkt, ich schwirre rum und mach' ihm 'nen Teller voll – lauf' ich schnell rüber und steck's dem Masser«, verschwor sich Matilda.

Als der Junge am nächsten Morgen pünktlich wieder erschien, war die Falle sozusagen schon aufgestellt. Von Matilda gedrängt, lief Masser Murray seitlich um das Haus herum, während sie selbst an der Küchentür blieb, um ja nicht diesen Moment der totalen Überraschung für den auf Essen lauernden Jungen zu verpassen.

»Was treibst du dich hier herum?« fragte Masser Murray streng. Aber der Bursche geriet keineswegs in Panik, noch schien ihn das alles überhaupt anzurühren.

»Ich bin auf Achse, Mister, und ich bin hungrig. Das wollt Ihr mir doch nicht vorhalten, oder? Wo Eure Nigger so nett waren, mir was zu essen zu geben.«

Masser Murray zögerte:

»Hm, das versteh' ich ja. Aber du weißt, wie schlecht die Zeiten sind. Wir können's uns nicht leisten, fremde Mäuler zu stopfen. Also hau ab.«

Matilda hörte, wie die Stimme des jungen Burschen einen fast unterwürfigen Ton annahm:

»Bitte, Mister, schickt mich nicht so fort. Ich scheue mich vor keiner Arbeit. Ich will bloß nicht verhungern.«

»Hier ist nichts für dich zu tun. Meine Nigger machen das für mich.«

»Aber ich bin aufgewachsen in der Landwirtschaft. Ich kann härter arbeiten als Eure Nigger. Mister – ich will mich nur einmal anständig satt essen können«, beschwor ihn der Bursche.

»Wie heißt du denn? Und wo kommst du her, Junge?«

»George Johnson, aus Süd-Carolina, Sir. Der Krieg ist genau bei uns durchgetobt. Ich wollt' bei der Armee mitmachen, aber ich bin zu jung, gerade sechzehn geworden. Der Krieg hat unsere Ernte und alles vernichtet – da findet kein Kaninchen mehr was zu fressen. Also bin ich abgehauen. Natürlich hab' ich mir gedacht, irgendwo anders geht's mir schon besser. Aber es scheint, die einzigen, die mich wenigstens einen Tag geduldet haben, das waren Eure Nigger.«

Matilda sah Masser Murray an, wie sehr ihn diese Geschichte des Jungen bewegte. Doch fast ungläubig hörte sie die nachfolgende Frage:

»Hm, könntest du dir vorstellen – den Aufseher zu machen?«

»Hab' so was noch nie versucht.« George Johnson wirkte nicht gerade angenehm überrascht. Eher unschlüssig fuhr er fort:

»Aber wie ich Euch versichert hab': es gibt nichts, was ich nicht versuchen würde.«

Matilda rutschte näher an den Rand des Fliegengitters, um in ihrer Angst ja kein Wort zu verpassen.

»Ich hab' nämlich immer schon mit dem Gedanken an einen Aufseher gespielt, obwohl meine Nigger in der Feldarbeit an sich ganz ordentlich sind. Aber ich hätte nicht übel Lust, es mit dir zu probieren – sagen wir: Kost und Logis, für den Anfang. Mal sehen, was dabei herauskommt.«

»Mister – Sir – entschuldigt – ich weiß nicht Euren Namen– ?«

»Murray«, sagte der Masser.

»Einverstanden, Mister Murray. Vor Euch steht Euer neuer Aufseher.«

Matilda hörte, wie der Masser leise vor sich hin lachte. Dann kam noch ein Satz:

»Hinter der Scheune ist ein leerer Schuppen. Dort kannst du einziehen. Wo sind deine Sachen?«

»Alles, was ich besitze, Sir, trag' ich auf dem Leib«, sagte George Johnson.

Die schockierende Neuigkeit schlug bei der Familie wie ein Blitz ein.

»Man sollt's einfach nicht für möglich halten, was ich da aufgeschnappt hab'«, jammerte Matilda, als sie ihren unglaublichen Bericht beendet hatte. Die Mitglieder der Familie explodierten förmlich:

»Der Masser muß komplett verrückt geworden sein!«

»Wir halten seine Farm doch prima in Schwung, oder?«

»Weil beide weiß sind, das ist der Grund.«

»Wart's nur ab, bis Murray merkt, daß dieses Bürschchen anders ist, als er sich das vorstellt – wenn nämlich die Karre schief läuft.«

So wütend sie auch sein mochten – bereits die erste Begegnung mit diesem angeberischen Schuft, wie sie ihn nannten, draußen bei der Feldarbeit am folgenden Morgen, ließ ihren Ärger geringer werden.

Als sie nämlich die Felder unter der Führung von Virgil betraten, kam ihnen dieser blasse, mickrige George Johnson sogleich entgegen, sein schmales Gesicht verfärbte sich vor Verlegenheit, und sein Adamsapfel tanzte auf und ab:

»Ich kann's euch nicht verübeln, wenn ihr stocksauer auf mich seid. Aber bitte, wartet doch erst mal ab, ob das nun alles so beschissen ausläuft, wie ihr das denkt. Ihr seid die ersten Nigger, mit denen ich im Leben überhaupt je zu tun hatte. Gut, ihr seid schwarz, und ich bin weiß. Na wenn schon. Ich schätze Leute danach ein, wie sie sich verhalten. Eins steht fest: Ihr habt mir zu essen gegeben, als ich hungrig war – 'ne Menge Weißer hat das nicht getan. Jetzt hat sich Mr. Murray in den Kopf gesetzt, er braucht 'n Aufseher. Gut, ihr könnt mich bei ihm allemal wieder rausekeln. Aber wenn ihr das tut, wißt ihr, ob ihr nicht beim nächstenmal einen wirklich schlechten Kerl erwischt?«

Keinem von der Familie schien darauf die passende Antwort einzufallen. Es blieb ihnen wohl auch nichts anderes übrig, als dieses Problem beiseite zu schieben und sich an die Arbeit zu machen, wobei sie freilich George Johnson heimlich beobachteten. Ja, er schuftete genauso wie sie, wenn nicht gar härter – er war wohl besessen von dem Wunsch, allen seine Aufrichtigkeit zu beweisen.

Eine Woche später wurde Tom und Irene die dritte Tochter, Viney, geboren.

Von jetzt an hockte sich George Johnson ungeniert während der Mittagspause mal zu dem einen, mal zu dem anderen der Familie, und er schien sichtlich keine Notiz davon zu nehmen, daß Ashford demonstrativ aufstand und sich mit finsterem Gesicht anderswo hinsetzte.

»Ihr könnt's mir glauben, ich hab' doch keine blasse Ahnung von so was wie Aufpasser spielen. Folglich ist das einzig richtige – na?« fragte George ganz offen herum, »daß ihr mir auf die Sprünge helft. Es wär' ja nicht gut, wenn Mr. Murray hier rauskommt und spitzkriegt, daß ich vielleicht nicht das mache, was er will.«

Die Vorstellung, ihren Aufseher erst richtig anzulernen, amüsierte sogar den gewöhnlich eher ernsten Tom, als sie über all dies im Sklavenquartier am Abend diskutierten. Alle waren sich einig darüber, daß die Verantwortung natürlich weiter bei Virgil liegen mußte, denn der hatte sein Leben lang die Feldarbeit eingeteilt.

»Also erst mal solltest du deinen Umgang mit uns schon ein bißchen ändern«, sagte Virgil zu George, »weil – wenn der Masser nun plötzlich auftaucht und wir hängen hier so rum, müssen wir dir ein Zeichen geben. Dann mußt du nämlich schnell 'n bißchen auf die Seite, weg von uns, kapiert? Du weißt doch, Weiße und ganz besonders Aufseher hängen nicht so nah bei uns Niggern rum.«

»Stimmt, in Süd-Carolina, wo ich herkomme, war's auch so: die Nigger nie zu nah ran an die Weißen, ja,« bestätigte George.

»Siehst du, so dumm sind die Nigger dort auch nicht«, sagte Virgil, »denn überleg mal: ein Masser will doch das Gefühl haben, wenn er nun 'n Aufseher hat, daß seine Nigger dann strammer rangehn, als wie er noch keinen hatte, klar, wie? Also mußt du lernen, wie man rumschreit. ›Soll ich euch Beine machen, Ihr Nigger?‹ Oder: ›Wollt ihr wohl schneller machen?‹ Und so was. Und jedesmal, wenn der Masser da ist oder irgendein andrer Weißer, hüte dich, uns so beim Namen zu nennen, wie du das tust. Immer brummig sein oder rumfluchen. Dann hat der Masser das Gefühl: Der ist goldrichtig, oder: Wie der rangeht, der läßt den Niggern nichts durchgehn?«

Als Masser Murray das nächstemal die Feldarbeit kontrollierte, gab sich George Johnson redliche Mühe: er schrie und tobte herum, ja, er bedrohte fast jeden auf den Feldern, mit Virgil angefangen.

»Gut, gut. Und wie verhalten sie sich sonst?« fragte Masser Murray.

»Für Nigger, die vorher alles allein gemacht haben, mag's wohl angehen«, sagte George Johnson gedehnt, »aber ich schätze, wir brauchen noch ein oder zwei Wochen, um sie richtig in die Reihe zu bringen.«

Das Gelächter an diesem Abend kann man sich gut vorstellen, besonders als sie George imitierten – und wie er Masser Murray so offensichtliches Vergnügen bereitet hatte. Später, als man wieder ernsthaft wurde, berichtete George Johnson ihnen mit leiser Stimme von seinem früheren Leben und wie bettelarm sie gewesen waren, sogar bevor der Krieg ihre Landwirtschaft zerstört, ihre Familie vertrieben und er sich auf die Suche nach einer neuen, besseren Zukunft gemacht hatte. »Er ist wohl der einzige Weiße, den ich je getroffen hab' – der ehrlich über sich selbst redet«, faßte Virgil die Meinung der Familie über George zusammen.

»Wirklich, ich find's toll, ihm zuzuhören, wenn er erzählt«, platzte Lilly Sue heraus. Aber Klein-George hüstelte skeptisch:

»Der redet doch genauso wie die andern Weißen. Der einzige Unterschied – er ist der erste, den ich gesehn hab', der nicht probiert, sich besser zu machen, als er ist. Die meisten andern hätten sich geniert.«

Mary lachte:

»Der geniert sich 'n Dreck was! Vor allem, wenn er frißt. Der hat vielleicht Manieren!«

»Sieht mir ganz so aus, als ob ihr ihn ganz gern mögt, unsern Old George«, sagte Matilda.

Neues Gelächter, jetzt über diesen spontan fabrizierten neuen Spitznamen ihres Aufsehers, »Old George«, denn der war doch in Wirklichkeit geradezu lächerlich jung. Übrigens hatte Matilda durchaus recht: unglaublich, aber wahr – sie begannen, George aufrichtig zu mögen.

KAPITEL 112

Nord und Süd schienen in einen ausweglos tödlichen Zweikampf verstrickt zu sein – wie zwei Hirsche, die ihre Geweihe nicht voneinander lösen können. Es sah so aus, als ob keine Seite in der Lage sei, die andere durch einen erfolgreichen Schlag in die Knie zu zwingen. Tom bemerkte aufkeimende Mutlosigkeit in den Gesprächen der Kunden: für ihn, der die Hoffnung auf Freiheit immer noch nicht aufgegeben hatte, ein kleiner Trost.

Die Familie erging sich in allerlei Spekulationen, als Old George eines Tages dunkle Andeutungen fallenließ:

»Mr. Murray hat mir erlaubt, für 'n paar Tage zu verreisen, um eine wichtige Angelegenheit zu erledigen. Ich werd' zurücksein, so rasch wie möglich.«

Am nächsten Morgen war er verschwunden.

»Na, was soll das wieder bedeuten?«

»Wie der immer geredet hat, gab's da weiß Gott nichts mehr zu erledigen, wo er hergekommen ist.«

»Vielleicht hat's was zu tun mit seinen Leuten –«

»Seine Leute hat er doch nie erwähnt, höchstens flüchtig nebenbei.«

»Ob er am Ende Soldat geworden ist?«

»Na, was du redest! Old George ist so harmlos. Kannst du dir den vorstellen mit 'ner Knarre in der Hand?«

»Oder er hat sich seinen Bauch genug vollgeschlagen. Und bautz, siehst du keinen Fatz mehr von ihm.«

»Ach, du spinnst, Ashford. Du redest immer schlecht von ihm, wie von allen Leuten.«

Beinahe ein ganzer Monat war vergangen, als sich eines Sonntags großes Geschrei und Hallo erhob. Tatsächlich – Old George war wieder im Lande, er grinste verlegen, denn bei ihm befand sich ein wahrhaft total verschüchtertes junges Ding, genauso schmal und verhungert wie er selbst, und mit dem Acht-Monats-Bauch sah es aus, als habe es einen Kürbis verschluckt.

»Das ist meine Frau«, erklärte Old George, »Miss Martha heißt sie. Wir haben geheiratet, kurz bevor ich abhauen mußte. Ich hatte ihr versprochen, ich komm' zurück, wenn ich irgendwas für uns gefunden hab'. Und – warum ich hier nichts von ihr erzählt hab' – na klar, war schon schwer genug, jemanden zu finden, der mich allein aufnehmen wollte.«

Er stupste Martha aufmunternd an:

»Warum sagst du nicht Guten Tag zu den Leuten?«

Martha nickte allen grüßend zu, wie befohlen, ja, sie brachte sogar einen für ihre Verhältnisse langen Satz zuwege:

»George hat mir soviel erzählt, von euch allen.«

»Na, hoffentlich nur Gutes«, sagte Matilda mit glänzenden Augen. Old George bemerkte diesen Glanz dann noch einmal, als Matildas Blick Marthas unübersehbare Wölbung streifte.

»Ich konnt' natürlich unmöglich ahnen, wie ich abgehauen bin, daß da was Kleines unterwegs ist. Aber ich hatte das Gefühl, ich muß unbedingt mal nach ihr schauen. Und siehe da – wir sind schon 'ne Familie!«

Dieses zerbrechliche Wesen schien so gut zu Old George Johnson zu passen, daß alle Sympathie für dieses Paar empfanden.

»Du meinst doch nicht, daß du nicht mal Masser Murray Bescheid gesagt hast?« fragte Irene.

»Wo werd' ich? Hab' ihm gesagt, ich muß was erledigen, wie euch allen. Wenn er uns jetzt rausschmeißt – müssen wir eben gehen. Das ist das Problem.«

»Das wird er nie übers Herz bringen, dafür kenn' ich den Masser aber viel zu gut«, sagte Irene, und Matilda bekräftigte:

»Er doch nicht. So einer ist der Masser ganz bestimmt nicht.«

»Gut, dann bestell ihm, daß ich bei der ersten Gelegenheit bei ihm reinschaue«, sagte Old George zu Matilda.

Um ja nichts dem Zufall zu überlassen, informierte Matilda zunächst Missis Murray, wobei sie die Angelegenheit kräftig übertrieb:

»Missy, klar, er ist Aufseher oder so was, aber er mit diesem armen kleinen Ding, und wie die zu Tod verschreckt sind, daß der Masser sie beide rausschmeißen könnte, bloß weil er nun nicht damit rausgerückt ist, daß er 'ne Frau hat. Und wo die Zeiten so schrecklich sind und so. Und sie ist bald dran!«

»Hm, natürlich kann ich der Entscheidung von meinem Mann nicht vorgreifen, aber ich bin sicher, daß er sie nicht raussetzen wird –«

»Ja, Ma'm, hab' ich's doch gewußt. Sie bringen's nicht fertig, vor allem, wo sie keine dreizehn ist, oder vierzehn, schätz' ich, Missis, und wo sie so aussieht, als kriegt sie das Baby jede Minute – und dann nicht wissen, wohin. Meine Güte –«

Missis Murray antwortete:

»Also wie gesagt, das ist nicht meine Angelegenheit. Mister Murray muß entscheiden. Aber ich bin sicher, daß sie bleiben dürfen.«

Matilda eilte zurück zum Sklavenquartier und bedeutete einem dankbaren Old George, sich nicht zu beunruhigen. Missis Murray habe ausdrücklich erklärt, das alles sei kein Problem.

Danach stürmte sie in Irenes Hütte; und nach einer kurzen Besprechung begaben sich beide zusammen zu dem kleinen Schuppen hinter der Scheune, wo Old George wohnte. Irene klopfte an die Tür, und als Old George öffnete, sagte sie:

»Wir machen uns Sorgen um deine Frau. Sag ihr, wir übernehmen alles, Kochen, Waschen. Denn sie muß jetzt erst mal ihre Kräfte zusammennehmen für das Baby, ja?«

»Sie schläft gerade. Aber sie wird sich freuen«, sagte er, »weil – seit wir hier sind, muß sie sich dauernd übergeben.«

»Kein Wunder. Sie sieht ja aus, als hätte sie nicht mehr Mumm als ein Vögelchen«, sagte Irene.

Und Matilda setzte streng hinzu:

»Na, du hast vielleicht Nerven, sie in diesem Zustand so 'n langen Weg herzuschleifen.«

»Hab' ich ihr alles gesagt, als ich zu ihr kam. Aber sie wollte es nun mal so und nicht anders.«

»Wenn da bloß nichts passiert. Du hast schließlich keine blasse Ahnung vom Kinderkriegen«, rief Matilda.

»Ich kann's ja auch kaum glauben, daß ich Vater werde«, sagte er.

»Na, das wirst du jetzt todsicher«, Irene hätte beinahe gelacht über Old Georges ängstliches Gesicht. Damit drehten sich die Frauen um und gingen zurück zu ihren Hütten.

Untereinander äußerten Irene und Matilda große Besorgnis:

»Sieht aber gar nicht gut aus, dies arme Ding.«

Matilda flüsterte:

»Unter uns gesagt – die ist doch bloß Haut und Knochen. Wenn es nur nicht zu spät ist, sie noch 'n bißchen hochzupäppeln.«

»Ich hab' das dunkle Gefühl, daß sie es verdammt schwer haben wird«, sagte Irene mit einer gewissen Vorahnung. »Mein Gott, wer hätte gedacht, daß es nochmal so weit kommt – daß wir uns um ein paar arme Weiße soviel Gedanken machen – weil wir sie mögen.«

Kaum zwei Wochen waren verstrichen, als eines Mittags Marthas Wehen anfingen. Die ganze Sklavensiedlung konnte ihren schrecklichen Kampf im Schuppen mitanhören, während Matilda und Irene sich um sie bemühten – die ganze Nacht hindurch bis fast zum nächsten Mittag. Als schließlich Irene vor der Tür erschien, deutete ihre ernste Miene dem völlig verzagten Old George Johnson schon an, was sie erst einen Augenblick später aussprechen konnte:

»Ich glaub' Miss Martha kriegen wir durch. Dein Baby war ein Mädchen – aber es ist tot.«

KAPITEL 113

Am späten Nachmittag des Neujahrstages 1863 kam Matilda zum Sklavenquartier gesaust:

»Ihr habt alle den weißen Mann gesehn, der gerade angeritten ist? Er ist im Haus drin beim Masser, und er flucht rum, weil – ihr werdet's nicht für möglich halten – es ist grade durch den Eisenbahntelegraph gekommen – Präsident Lincoln hat die Emanzipations-Erklärung unterschrieben. Wir sind frei!« Die elektrisierende Neuigkeit vereinte die schwarzen Murrays mit Millionen in gleicher Lage, die in der Abgeschiedenheit ihrer Hütten zu jubeln begannen. Und doch – mit jeder Woche, die verstrich, schwand die fröhliche Erwartung, nun bald frei zu sein, wieder dahin, sie verringerte sich und schlug schließlich in schiere Verzweiflung um, je mehr es zur Gewißheit wurde, daß die ausgeblutete und angeschlagene Konföderation gerade durch diese Order des Präsidenten zu noch härterem Widerstand gegen Lincoln angestachelt wurde.

Die Niedergeschlagenheit unter Murrays Sklaven war so groß, daß sie allesamt nun jede Hoffnung auf eine Befreiung von ihrem Los aufgaben –

trotz Toms gelegentlicher Berichte von größeren Erfolgen der Yankees auf dem Schlachtfeld, darunter sogar der Eroberung von Atlanta. Das änderte sich erst zum Jahresende 1864, als Tom, so aufgeregt wie kaum je zuvor, erzählen konnte, was er soeben von der weißen Kundschaft erfahren hatte:

Unter dem Kommando des General Sherman waren Tausende von mordlustigen Yankees plündernd und brandstiftend nach Georgia eingefallen und verwüsteten das ganze Land. Obgleich die Erwartungen der Familie schon oft zerstört worden waren, konnten sie jetzt kaum noch die wiederaufflackernde Hoffnung auf Befreiung unterdrücken, vor allem, als Tom weitere Neuigkeiten brachte:

»Sieht so aus, als ob die Yankees keinen Stein auf dem andern lassen. Die Weißen behaupten, sie verbrennen die Felder, die Herrenhäuser, die Scheunen. Sie schlachten die Maultiere ab, die Rinder und überhaupt alles, was eßbar ist. Was sie nicht verbrennen oder aufessen, hauen sie zusammen – und sie klauen einfach alles, was nicht niet- und nagelfest ist. Und sie sagen, daß es in allen Wäldern und auf den Straßen von Niggern wimmelt, die ihre Massers und Pflanzungen verlassen haben, um den Yankees zu folgen, und daß General Sherman persönlich sie angefleht hat, dorthin zurückzukehren, von wo sie gekommen sind.«

Kurz nachdem die Yankees auf ihrem triumphalen Marsch das Meer erreicht hatten, berichtete Tom atemlos: »Charleston ist gefallen!« Dann: »General Grant hat Richmond erobert.« Und schließlich im April 1865: »General Lee hat sich mit der ganzen Armee der Konföderierten ergeben. Der Süden ist erledigt!« Der Jubel im Sklavenquartier war grenzenlos. Die Schwarzen strömten in die Gärten vor dem Herrrenhaus und vereinigten sich auf dem Zufahrtsweg zur großen Straße mit Hunderten anderer, die von überall her gekommen waren. Sie balgten sich vor Freude, sprangen herum und tanzten, sie schrien, brüllten, sangen, sie beteten, und sie riefen Gott an: »Frei, endlich frei, Herr!« Und: »Dank Gott, dem Allmächtigen, endlich frei!«

Doch schon nach wenigen Tagen schlug die Freude und Lust am Feiern um in tiefste und traurigste Ergriffenheit, als sich der Mord an Präsident Lincoln wie ein Lauffeuer herumsprach. »Unnnnglück«, kreischte Matilda, als die Familie um sie herum laut aufweinte – wie Millionen anderer gleich ihnen, die den getöteten Präsidenten wie ihren Gott verehrt hatten. Später, im Mai, so wie es nun überall im geschlagenen Süden geschah, versammelte Masser Murray seine Sklaven im Vorgarten des Herrenhauses. Als sie allesamt in einer Reihe dastanden, fiel es ihnen nicht gerade leicht, ihrem ehemaligen Herrn ins Gesicht zu schauen, in das zerstörte Antlitz vom Masser, auf die Tränen von Missis Murray, nicht zu vergessen die jungen Johnsons, die ja auch weiß waren. Beklommen las Masser Murray langsam von einem Papier die Erklärung ab, daß der Süden den Krieg verloren habe. Er würgte und stockte angesichts der schwarzen Familie, die da auf seinem Grund und Boden vor ihm stand:

»Das kann ja nur bedeuten, daß ihr alle jetzt frei seid – wie wir. Folglich könnt ihr gehen, wenn ihr wollt – ihr könnt bleiben, wenn euch der Sinn danach steht. Und wer auch immer bleibt – wir werden versuchen, euch angemessenen Lohn zu zahlen – «

Die schwarzen Murrays fingen abermals an zu jubeln, zu singen, herumzutanzen, zu beten: »Wir sind frei!« . . . »Endlich frei! . . .« »Jesus sei Dank!«

Die wilden Klänge dieser Begeisterung drangen bis zu der kleinen Hütte, in der Lilly Sues Sohn Uriah, jetzt acht Jahre alt, seit Wochen fieberkrank darniederlag.

»Freiheit! Freiheit!«

Uriah hörte das und sprang mit heißem Kopf von seinem Lager hoch. Mit wehendem Nachthemd rannte er zum Schweinekoben, wo die Tiere ihn grunzend begrüßten:

»Ihr Schweinchen – hört auf zu schnurcheln – ihr seid frei!« Er stürzte zur Tenne:

»Alle Kühe – ihr braucht keine Milch mehr zu geben – ihr seid frei!«

Dann jagte der Junge zu den Hühnerställen:

»Ihr Hennen – mit dem Eierlegen ist's vorbei. Eins, zwei, drei – ihr seid frei – und ich bin frei!«

Noch in der gleichen Nacht, nachdem alles Feiern mit totaler Erschöpfung geendet hatte, versammelte Tom Murray seine große Familie in der Scheune, um mit ihr zu beraten, was sie nun tun sollten, nachdem die lang ersehnte Freiheit Wirklichkeit geworden war.

»Freiheit allein macht nicht satt. Sie erlaubt uns nur die selbständige

Entscheidung darüber, was wir tun können, um satt zu werden«, sagte Tom. »Wir haben kaum Geld. Und abgesehen davon, daß ich das Schmiedehandwerk verstehe und Mammy das Kochen, ist die einzige Arbeit, die wir kennen, die auf dem Feld«, erläuterte er ihr Dilemma.

Matilda berichtete davon, daß Masser Murray angeboten habe, die Pflanzung in kleine Äcker aufzuteilen. Er würde mit jedem ernsthaft Interessierten den Ernteertrag teilen. Darüber entspann sich eine heiße Debatte. Einige von den Älteren der Familie wollten die Pflanzung so schnell wie möglich verlassen. Matilda protestierte:

»Ich wünsche, daß die Familie zusammenbleibt. Denn wenn wir weggehen würden – nehmen wir's mal an, so wie ihr davon redet – und euer aller Vater Hühner-George kehrt zurück, ja, dann kann ihm niemand sagen, wohin wir abgehauen sind, ja?«

Alle wurden ruhig, als sich Tom zu Wort meldete:

»Ich will euch mal sagen, warum wir hier noch nicht fortgehn können – weil wir überhaupt noch nicht soweit sind. Sollten wir das eines Tages sein – dann bin ich der erste, der diese Farm hier verlassen wird.«

Schließlich waren die meisten davon überzeugt, daß Tom recht hatte, und so wurde das Familientreffen abgebrochen. Tom nahm Irene bei der Hand und wanderte mit ihr im Mondschein über die Felder. Er schwang sich über einen Zaun, machte lange Schritte, dann eine rechteckige Wendung, ging ein Viereck ab und kam zurück:

»Irene, das ist unser Land«, sagte er.

Sie wiederholte seine Worte, wie ein Echo, ganz leise:

»Unser Land?«

Schon nach einer Woche bearbeitete die Familie in getrennten Gruppen ihre eigenen Äcker. Eines Morgens, als Tom die Schmiede verlassen hatte, um seinen Brüdern zu helfen, erkannte er einen einzelnen Reiter auf der Landstraße als den früheren Kavallerie-Major Cates. Seine Uniform war zerlumpt, das Pferd lahmte leicht. Cates brachte das Tier am Zaun zum Stehen:

»He, Nigger, gib mir eine Kelle voll Wasser«, befahl er. Tom blickte zur Wasserpumpe, dann sah er lange und nachdenklich prüfend Cates' Gesicht an, bevor er den Schwengel der Pumpe bewegte. Er füllte den Schöpfer und ging hinüber, um ihn Cates zu reichen.

»Die Zeiten haben sich geändert, Mr. Cates«, sagte Tom ruhig, »der einzige Grund, warum ich Euch Wasser reiche, ist, ich würd' jedem durstigen Menschen zu trinken geben – nicht, weil Ihr es befohlen habt. Ich will bloß, daß Ihr das wißt.«

Cates reichte den Schöpfer zurück: »Mehr, Nigger!«

Tom nahm die Kelle, legte sie zurück auf die Pumpe und ging weg, ohne sich noch einmal umzudrehn.

Dann aber kam ein anderer Mann herangaloppiert, und er rief schon von weitem auf der Straße sein lautes Hallo. Auf dem Kopf trug er einen verbeulten schwarzen Hut, darunter einen verblichenen grünen Schal – und jetzt setzten sich alle auf den Feldern in Bewegung, ja, sie rannten, so schnell sie konnten, zurück zu dem früheren Sklavenquartier:

»Mammy, er ist zurück! Er ist wieder da!«

Als der Reiter den Vorgarten erreicht hatte, zogen Hühner-Georges Söhne ihn vom Pferd, hievten ihn auf ihre eigenen Schultern und trugen ihn im Triumphzug zu der aufschluchzenden Matilda.

»Was flennst du rum, Frau?« fragte er, scheinbar ärgerlich, aber er umarmte sie so stürmisch, als wolle er sie nie wieder loslassen. Doch schließlich gab er sie frei, befahl seiner Familie sich zu versammeln und vor allem, den Mund zu halten, denn nun redete er, Hühner-George:

»Später erzähl' ich euch im einzelnen, wo ich alles war und was ich erlebt hab', seitdem wir das letztemal zusammen waren, aber erstmal möchte ich euch wieder kennenlernen, wo wir endlich mal alle beisammen sind.«

Als es mucksmäuschenstill war, begann Hühner-George mit seinem angeborenen Sinn für das Dramatische. Also: er hatte für sie alle im westlichen Tennessee eine Siedlung gefunden, deren weiße Einwohner sie bereits dringend erwarteten, um mit ihnen zusammen eine richtige Stadt zu erbauen.

»Ich will euch mal was sagen. Das Land dort, wo wir hingehn werden, ist so schwarz und so reich! Du steckst ein Ferkelschwänzchen rein – und eine Riesensau wächst dir heraus. – Du kannst nachts kaum schlafen, weil die Melonen dort so schnell reif werden, die platzen dir auf mit einem ›bäng‹ wie Feuerwerk. Ganz zu schweigen von den Beutelratten dort – faul liegen die unter den Pflaumenbäumen, zu fett, um sich bewegen zu können, weil ihnen der Fruchtsaft direkt ins Maul reintropft, und der ist dick wie Melasse . . .«

Er kam nur mit Mühe mit seinem Bericht zu Ende, so sehr hatte er die Familie in wilde Begeisterung versetzt. Als einige sich aufmachten, um anderen Schwarzen auf den umliegenden Pflanzungen von diesen tollen Dingen zu erzählen, begann Tom noch am gleichen Nachmittag zu überlegen, wie man einen gewöhnlichen Karren in einen geländegängigen Planwagen umbauen könnte. Man würde ungefähr zehn davon benötigen, um die ganze Familie mit aller Habe zu dem neuen Wohnort zu transportieren. Aber noch am selben Abend stellten sich die Familienoberhäupter von einem Dutzend anderer, gerade freigelassener Familien ein – schwarze Holts, Fitzpatricks, Perms, Taylors, Wrights, Lakes, MacGregors und andere von den verschiedenen Pflanzungen im Alamance County. Und sie baten nicht, mitkommen zu dürfen – nein, sie verlangten es kategorisch für sich und alle die Ihren.

In den kommenden zwei Monaten bauten die Männer mit fieberhaftem Eifer ihre Planwagen, die sie ›Geländeschaukeln‹ nannten. Die Frauen schlachteten, kochten, machten ein und trockneten Futter, alles für die große Reise, und sie wählten aus, was sonst noch lebenswichtig war zum Mitnehmen.

Hühner-George, der alle Vorbereitungen überwachte, stolzierte umher und genoß die Rolle des großen Helden. Tom Murray wurde bedrängt von weiteren freiwilligen Helfern aus den Reihen anderer kürzlich freigelassener Familien. Ständig versicherte man ihm, auch sie würden in Kürze ihre eigenen Gefährte bekommen und zu Planwagen umbauen. Schließlich kündigte Tom an, daß jeder mitkommen dürfe – vorausgesetzt, es sei pro Familie wenigstens ein Wagen vorhanden. Als nun achtundzwanzig Wagen beladen und fertig gemacht waren, um am nächsten Morgen loszufahren, nahmen die jetzt freien Leute feierlich Abschied von den vertrauten Dingen, die sie nicht mitnehmen konnten: Waschbecken, die Zaunpfähle – wohl wissend, daß es das letzte Mal sein würde.

Tagelang hatten die schwarzen Murrays kaum etwas von den weißen Murrays gesehen. Matilda weinte:

»Gott, ich hasse es, dran zu denken, was sie jetzt durchmachen müssen, das schwör' ich euch.«

Tom Murray hatte sich schon für die Nacht in das Innere seines Wagens zurückgezogen, als er ein leichtes Klopfen an der hinteren Wagenklappe hörte. Irgendwie ahnte er, wer das sein mußte, noch bevor er die Klappe öffnete. Old George Johnson stand da, mit bewegter Miene, seine Hände zerdrückten fast den Hut.

»Tom, würd' gern ein Wort mit dir reden – falls du Zeit hast – « Tom kletterte aus dem Wagen und folgte Old George Johnson den Weg hinunter im hellen Mondlicht. Als Old George schließlich anhielt, war er so gehemmt vor Verlegenheit und Erregung zugleich, daß er kaum sprechen konnte:

»Ich und Martha – wir haben uns unterhalten – ihr seid doch die einzigen Menschen, die wir haben. Tom, versteh mich recht – dürfen wir nicht dorthin mitkommen, wohin ihr geht?«

Tom antwortete nicht sofort:

»Wenn es sich nur um meine Familie handeln würde, würd' ich dir auf der Stelle antworten. Aber hier geht es um mehr. Ich muß mit allen drüber sprechen. Ich werd' dir Bescheid sagen.«

Tom ging von Wagen zu Wagen. Er klopfte leise und bat die Männer heraus. Als alle versammelt waren, berichtete er ihnen, um was es ging. Für einen Augenblick herrschte Schweigen. Tom Murray schlug vor:

»Er war wohl der beste Aufseher, den man sich denken kann, obwohl er natürlich nicht wirklich Aufseher war. Eigentlich hat er mit uns geschuftet, Schulter an Schulter.«

Es erhob sich scharfe Opposition, teils aus allgemeiner Abneigung gegen die Weißen. Aber dann ließ sich eine ruhige Stimme vernehmen:

»Er kann nichts dafür, daß er weiß ist – «

Endlich wurde abgestimmt, und eine Mehrheit war dafür, die Johnsons mitzunehmen.

Es bedeutete einen Tag Verzögerung, einen Wagen für Old George und Martha herzurichten. Aber beim nächsten Sonnenaufgang setzte sich die Karawane in Bewegung. Neunundzwanzig bedeckte Planwagen, in einer langen Reihe, verließen knarrend, ächzend und rumpelnd die Farm der Murrays in westlicher Richtung. An der Spitze ritt der siebenundsechzig Jahre alte Hühner-George mit seinem dunklen Hut und flatterndem Schal, vor sich auf dem Sattel seinen alten, inzwischen einäugig gewordenen Kampfhahn »Old Bob«. Ihm folgte Tom Murray im ersten Wagen, an seiner Seite Irene, hinter beiden ihre Kinder mit vor Aufregung blanken Augen, das jüngste die zwei Jahre alte Cynthia. Und nach einer langen Kette von achtundzwanzig weiteren Wagen, gelenkt von schwarzen Männern oder auch von Mischlingen, immer mit ihren Frauen, beschlossen Old George und Martha Johnson den Zug. Es war kaum möglich, durch den Staubschleier, den die Hunderte von Hufen und Wagenrädern aufwirbelten, vorn, also westlich, überhaupt etwas Genaues zu erkennen, dort nämlich, wo nach Hühner-Georges Versprechen das Ziel liegen mußte, jenes verheißene Land.

KAPITEL 114

»Ist es das?« erkundigte sich Tom.

»Das gelobte Land?« fragte Matilda.

»Wo die Schweine und die Wassermelonen nur so aus dem Boden schießen?« wollte eines der Kinder wissen, als Hühner-George sein Pferd zum Stehen brachte.

Vor ihnen lag eine Waldlichtung; und genau an der Stelle, wo ihre Straße einen anderen Weg rechtwinklig kreuzte, erhoben sich ein paar hölzerne Ladenfronten. Drei weiße Männer saßen da herum, einer auf einem Nagelfaß, ein zweiter in seinem Schaukelstuhl, der dritte kippelte auf den hinteren Beinen eines Hockers, den Rücken an die Schindeln der Seitenwand gepreßt, die Füße auf dem Geländer, an dem man die Pferde anzubinden pflegte. Als sie die völlig verstaubte Wagenkarawane mitsamt ihren Passagieren sahen, stießen sie sich an und nickten. Ein paar weiße Jungen, die beim Reifenspiel herumgetollt waren, glotzten. Der Reifen hüpfte noch ein Stück weiter, bis er trudelnd in der Mitte der Straße zu Boden fiel. Ein älterer Schwarzer war dabei, den hölzernen Gehsteig zu fegen. Ausdruckslos starrte er eine Weile auf die Ankömmlinge, bevor er verstehend zu lächeln begann. Neben einem Regenfaß lag ein Hund, hörte auf, sich zu kratzen, ein Bein noch in der Luft, spitzte die Ohren, schaute gelangweilt und fuhr fort, in seinem Fell herumzuschnobern.

»Wie ich euch erzählt hab' – eine neue Siedlung«, sagte Hühner-George hastig. »Es leben hier herum bislang nur 'n paar weiße Leute, höchstens hundert oder so. Und selbst, wenn wir unsre fünfzehn Wagen abrechnen, die uns unterwegs verlassen haben, um irgendwo am Weg zu siedeln, sind wir immer noch genug, um die Bevölkerung hier auf einen Schlag zu verdoppeln. Wir befinden uns auf dem Grund und Boden einer aufstrebenden Stadt, kapiert?«

»Klar. Selbst wenn gar nichts da ist, wachsen kann's noch immer, soviel ist sicher«, sagte Klein-George, ohne zu lächeln.

»Wart's ab, bis du das erstklassige Ackerland siehst«, sagte sein Vater frohgestimmt und rieb sich die Hände voll Vorfreude.

»Wahrscheinlich alles Sumpfgelände«, maulte Ashford, klugerweise nicht so laut, daß Hühner-George es hören konnte.

Aber es war tatsächlich erstklassiges Land – reicher, schwerer Lehmboden, und jede Familie bekam dreißig Morgen davon. Die schachbrettartig aufgeteilten Ackerstücke erstreckten sich vom Rand des Ortes, der zum Lauderdale County gehörte, bis zu den schon von Weißen in Anspruch genommenen, qualitätsmäßig besseren Ländereien im Marschland des Hatchie River, sechs Meilen nördlich. Einige der weißen Farmen waren so groß wie ihr gesamtes Landgebiet zusammen. Aber dreißig Morgen waren genau dreißig Morgen mehr, als sie jemals vorher besessen hatten. Und sie hatten alle Hände voll zu tun mit ihrem Grund. Noch mußten sie in ihren engen Wagen hausen, aber schon am nächsten Tag begannen sie damit, die Baumstümpfe zu roden und das Unterholz zu beseitigen. Bald zogen sich Ackerfurchen über das Land, und die ersten Pflanzungen konnten angelegt werden – vorwiegend Baumwolle, etwas Mais, ein wenig Gemüse, nicht zu vergessen einige schmale Streifen für Blumen. Danach nahmen sie die zweite Aufgabe in Angriff: sie fällten Bäume und schnitten Balken zurecht, um Blockhütten zu bauen. Hühner-George, unermüdlich zu Pferde unterwegs, bot auf den verschiedenen neuen Farmen ungefragt seinen Rat an, wie man am besten baut. Dabei unterließ er es keineswegs, andauernd herumzutönen, wie sehr sich ihr Leben zum Besseren verändert habe. Sogar die weißen Siedler von Henning wies er stolz darauf hin, wie entscheidend gerade die Leute, die er höchstpersönlich mitgebracht habe, dabei mithalfen, die Stadt groß und blühend zu machen. Natürlich vergaß er nicht, seinen mittleren Sohn Tom zu erwähnen – und daß dieser demnächst die erste Schmiede der Gegend eröffnen werde.

Kurz danach erschienen drei weiße Männer zu Pferd auf Toms Grundstück, als er gerade dabei war, eine Portion feuchten Lehm mit Schweineborsten zu mischen, um damit die Wände der inzwischen halbfertigen Blockhütte abzudichten.

»Wer von euch ist der Schmied?« fragte einer vom Pferd herunter.

Stolz kam Tom heraus. Kein Zweifel, die ersten Kunden waren schon da, noch bevor er sein Handwerk überhaupt ausüben konnte.

»Wir haben gehört, du willst im Ort eine Schmiede aufmachen«, sagte einer.

»Jasörr. Bin noch dabei, nach dem bestmöglichen Platz zu suchen. Hab' gedacht, auf dem leeren Grund neben der Sägemühle, falls noch kein anderer sein Auge drauf geworfen hat.«

Die Männer verständigten sich mit einem Blick. Dann fuhr der zweite fort:

»Schön, Junge, wir wollen keine Zeit verschwenden. Kommen wir gleich zur Sache. Du bist Schmied, prima. Aber falls du deine Arbeit in dieser Stadt ausüben willst, dann nur als Angestellter eines weißen Mannes, dem der Laden gehört. Verstanden?«

Eine derartige Wut wallte in Tom auf, daß er fast eine Minute brauchte, bis er einigermaßen ruhig antworten konnte.

»Nein, Sörr, ich hab' nicht verstanden«, sagte er langsam. »Meine Familie und ich, wir sind jetzt freie Bürger. Wir sind dabei, unser Leben genauso einzurichten wie jeder andre. Wir arbeiten hart, und wir tun das, wovon wir etwas verstehen.«

Er schaute den Männern gerade in die Augen.

»Wenn ich das nicht besitzen darf, was ich mit meinen eigenen Händen erarbeite – dann ist das hier kein Platz für uns.«

Der dritte Weiße sagte scharf:

»Wenn du so denkst, mein Lieber, dann wirst du's in diesem Staat verdammt schwer haben.«

»Gut. Noch sind wir ans Rumreisen gewöhnt«, sagte Tom, »ich hab' nie die Absicht gehabt, irgendwo Ärger zu machen. Aber ich bin ein Mann, der sich nicht rumschubsen läßt. Wenn ich gewußt hätte, was hier los ist, wäre meine Familie niemals hierhergekommen, um jemandem lästig zu fallen.«

»Wie du meinst, Junge. Denk drüber nach«, sagte der zweite weiße Mann, »es liegt ganz bei dir.«

»Ihr müßt erstmal lernen, daß dieses ganze Gewäsch von Freiheit euch nicht in den Kopf steigt«, sagte der erste.

Sie wandten ihre Pferde, ohne noch ein einziges Wort zu verlieren. Dann ritten sie fort.

Als sich dieser Vorfall auf den verschiedenen Hofplätzen herumgesprochen hatte, liefen die Familienoberhäupter sofort herbei, um Tom zu sehen.

»Junge«, sagte Hühner-George, »du weißt doch seit Jahren, wie die weißen Leute sind. Kannst du dich denn nicht 'n bißchen anpassen? Du bist ein so guter Schmied – die wirst du doch im Handumdrehn rumkriegen.«

»Erst die ganze anstrengende Fahrt, und jetzt alles packen und wieder auf Achse«, rief Matilda aus, »nein, das darfst du deiner Familie nicht antun, Junge!«

Irene stimmte ein:

»Tom, bitte, ich kann nicht mehr. Verstehst du, ich kann nicht mehr.«

Aber Tom blieb zornig:

»Nichts wird von allein besser, wenn du's nicht selbst besser machst«, sagte er, »ich denk' nicht dran, an einem Ort zu bleiben, wo ein freier Mann nicht das tun kann, worauf er ein Recht hat. Ich bitte keinen, uns zu begleiten. Aber wir packen unsern Kram und fahren morgen früh ab.«

»Ich komm' mit«, rief Ashford aggressiv.

In dieser Nacht konnte Tom nicht schlafen. Er ging ruhelos herum, niedergedrückt von Schuldgefühlen dessentwegen, was er erneut der Familie zuzumuten im Begriff war. Er sah wieder all das Leid und die Strapazen vor sich, die sie in den Wagen hatten erdulden müssen, als sie wochenlang unterwegs waren . . . und er erinnerte sich an das, was Matilda des öfteren gesagt hatte:

»Such nur lang genug in einem Haufen Stroh – und du wirst auch ein gutes Korn drin finden.«

Dann hatte er plötzlich eine Idee. Er wanderte eine weitere Stunde umher, um den Plan in seinem Kopf deutlicher Gestalt annehmen zu lassen. Erst danach kehrte er rasch zu dem Wagen zurück, wo seine Familie schon schlief.

Am nächsten Morgen bat Tom seine Brüder James und Lewis, für Irene und die Kinder provisorische Hütten aus Astwerk zu errichten, damit sie darin vorübergehend schlafen konnten – denn er brauchte den Wagen. Staunend stand die Familie um ihn herum – Ashford in zunehmendem Unglauben und Ärger –, als er mit Virgils Hilfe den Amboß umlud und auf einem zuvor hergerichteten Holzblock anbrachte. Am Nachmittag hatte er eine Art bewegliche Esse aufgebaut.

Jedermann schaute ihm zu, wie er als nächstes die Zeltplanen vom Wagendach entfernte, danach die hölzernen Seitenplanken, bis allein die Plattform übrigblieb, auf der er dann mit den schweren Werkzeugteilen zu hantieren begann. Langsam begriffen die Zuschauer den verblüffenden Einfall, den Tom hier in die Tat umsetzte.

Schon am Ende der Woche konnte Tom mit seiner rollenden Schmiedewerkstatt durch den Ort fahren. Und es gab wohl kaum jemanden, weder Mann noch Frau oder Kind, der nicht Augen und Mund aufsperrte: da waren Amboß, Esse und Wasserbecken fest auf der durch schwere Bohlen verstärkten Wagenplattform montiert, ganz zu schweigen von den Gestellen auf der Seite, die in makelloser Ordnung das komplette Werkzeug enthielten.

Höflich winkte Tom allen Männern zu, denen er begegnete – ob weiß oder schwarz –, und fragte, ob sie Schmiedearbeiten machen lassen wollten; und er stellte vernünftige Preise in Aussicht.

Innerhalb weniger Tage verlangten immer mehr Farmen rund um die neue Ansiedlung nach Toms Diensten, und niemand verfiel auf die Idee zu fragen, warum ein Schwarzer nicht sein Handwerk vom Wagen herunter ausüben sollte. Mit der Zeit wurde den Leuten auch klar, daß sie mit einer beweglichen Schmiede gar nicht so schlecht bedient waren – besser jedenfalls, als wenn sie zu Tom hätten hinkommen müssen. Jedenfalls war Tom bald so unentbehrlich rund um die Stadt, daß niemand Einwände erhob. Wozu auch? Tom verrichtete seine Arbeit anständig und kümmerte sich nur um seine eigenen Angelegenheiten. Das mußten alle wohl oder übel respektieren.

So wurde die gesamte Familie bald wie normale Christenmenschen angesehen, die ihre Rechnungen pünktlich bezahlen, ihre Nase nicht in fremder Leute Dinge stecken und »mit den Füßen auf dem Teppich bleiben« – wie Old George Johnson formulierte, der so was bei einem Gespräch mit einer Gruppe weißer Männer in der Gemischtwarenhandlung mitbekommen hatte. Leider wurde Old George selbst als einer von »denen« betrachtet und gesellschaftlich gemieden. Er hatte in den Läden zu warten, bis alle anderen weißen Kunden bedient worden waren; und einmal passierte es ihm sogar, daß ein Kaufmann ihm trocken bedeutete, er habe den Hut gekauft und gefälligst zu bezahlen, den er gerade eben aufprobiert und in das Regal zurückgelegt hatte, weil er für ihn zu klein war. Das berichtete er der Familie später, türmte sich das Stück auch auf den Schädel, extra für sie, und jedermann lachte so schallend wie er.

»Hab' mich doch schon gewundert, warum das Ding nicht paßt«, platzte Klein-George heraus, »aber wenn du so dämlich bist, ausgerechnet in *dem* Saftladen aufzuprobieren – «

Ashford war natürlich, wie stets, so aufgebracht, daß er Drohungen ausstieß – versteht sich: leere –, er werde »dort hingehn und diesem Grünspecht den Filz in den Rachen schieben«. Wenn sich auch mit der weißen Gesellschaft des Ortes wenig Berührungspunkte ergaben – und umgekehrt gleichfalls – , so wußten doch Tom und die anderen recht gut, daß die Kaufleute der Stadt kaum ihre Genugtuung über den raschen Aufschwung der Geschäfte verbergen konnten, den sie ihnen zu verdanken hatten. Obwohl die Schwarzen meist ihre Kleider selbst anfertigten, einen Großteil ihrer Nahrungsmittel selbst anbauten und ihr eigenes Bauholz herstellten, entsprach das, was sie mengenmäßig an Nägeln, Wellblech und Stacheldraht in den folgenden Jahren kauften, durchaus der allgemeinen Zuwachsrate der sich entwickelnden Stadt.

Aber während all dies in den Jahren um 1864 emporwuchs: Häuser Schuppen, Ställe und Zäune, ließ die Familie – angehalten von Matilda – ein Anliegen niemals aus den Augen, das ihnen nicht weniger wichtig für ihr Wohlergehen erschien: den Bau einer Kirche, um jene provisorische Buschkapelle zu ersetzen, die sie bis dahin als Platz für den Gottesdienst benützt hatten.

Das kostete die Familie fast ein Jahr und manches von ihren Ersparnissen. Aber als endlich Tom, seine Brüder und deren Söhne auch den letzten Kirchenstuhl fertiggeschreinert hatten und als Irenes handgewebtes Leinentuch, mit einem eingearbeiteten purpurroten Kreuz, die Kanzel schmückte, von der aus man direkt auf ein prachtvolles zweihundertfünfzig Dollar teures buntes Glasfenster vom Versandhaus Sears, Roebuck, schauen konnte, da war sich jedermann einig darüber, daß die »methodistisch-episkopale Kirche für Farbige NEUE HOFFNUNG« jeden Zeitaufwand, die Anstrengung und alle Kosten wert war.

So viele Menschen nahmen an dem Gottedienst an diesem ersten Sonntag teil – darunter fast jeder Schwarze im Umkreis von zwanzig Meilen, der überhaupt gehen oder, wenn nicht, dann wenigstens hergefahren werden konnte –, daß die Massen sich in den Türen drängten, ganz zu schweigen von denen, die mit einem Platz außen an den Fenstern oder gar auf dem Rasen ringsherum vorliebnehmen mußten. Aber kein einziger hatte Mühe, der wohlklingenden Predigt von Reverend Sylus Henning zu folgen, dem ehemaligen Sklaven von Dr. D. C. Henning, einem Direktor der Illinois-Central-Eisenbahn und überaus wohlhabenden Grundbesitzer dieser Gegend. Während seiner feierlichen Rede flüsterte Klein-George leicht respektlos Virgil etwas zu – der nickte: ja, mitunter hatte man den Eindruck, als bilde sich der Prediger ein, selbst der allmächtige Dr. Henning zu sein. Aber niemand in Hörweite würde es gewagt haben, die heilige Inbrunst seiner Verkündigung in Frage zu stellen. Noch einmal erklang das zu Herzen gehende Chorlied »Jesus meine Zuversicht«, angestimmt von Matilda, die Hühner-George strahlender erschien als je zuvor. Die Gläubigen trockneten ihre Tränen und zogen hinter dem Priester zur Tür, wobei sie ihm die Hand drückten oder ihm dankbar auf die Schulter klopften. Dann nahmen sie ihre in der Vorhalle abgestellten Picknickkörbe auf, breiteten Tischtücher auf dem Rasen aus, und nun ließ es sich jedermann wohl schmecken: es gab gebratenes Huhn, belegte Brote mit Rippchen, harte Eier mit Paprika und Mayonnaise, Kartoffelsalat, frische Kohlschnitten, Gurken, Maiskuchen, Limonade und so viele verschiedene Arten von Plätzchen und Torten, daß sogar Klein-George schnaufen mußte, als er glücklich das letzte Stück verdrückt hatte.

Während die einen sich im Sitzen munter unterhielten, schlenderten die anderen herum – Männer und Burschen in Rock mit Krawatte, die älteren

Frauen allesamt in Weiß, die Mädchen in fröhlichen bunten Kleidern, bisweilen mit Bändern um die Hüften –, und Matilda beobachtete gerührt all ihre unzähligen Enkelkinder, die ruhelos umhertollten und Fangen spielten. Schließlich wandte sie sich an ihren Mann, legte ihre Hand auf seine, die von den Krallen all seiner Kampfhähne zerkratzt und vernarbt war, und sagte friedlich: »Diesen Tag werd' ich nie vergessen, George. Wir sind einen langen Weg gegangen, seitdem du das erstemal mit deinem tollen Derbyhut ankamst und mir den Hof gemacht hast. Unsere Familie ist gewachsen, wir haben Kinder, die wieder Kinder haben, und Gott hat geholfen, daß wir alle immer zusammengeblieben sind. Das einzige, was ich mir wünschte – wenn deine Mammy Kizzy hier sein könnte, um das alles sehn zu können wie wir.«

Hühner-George blickte sie mit feuchten Augen an:

»Sie sieht es, Baby. Ich bin ganz sicher: sie schaut uns zu.«

KAPITEL 115

Pünktlich am Montag um zwölf Uhr, während der Mittagspause von der Feldarbeit, betraten die Kinder hintereinander im Gänsemarsch die Kirche. Es war ihr erster Schultag in einem Gebäude. In den verflossenen zwei Jahren, seitdem sie in die Stadt gekommen war, hatte Schwester Carrie White – eine der ersten Absolventinnen des Lane College in Jackson, Tennessee – draußen im Freien in Lauben unterrichtet. Die Kirche benützen zu dürfen war eine große Angelegenheit für alle.

Die Vorsteher der »Neuen Hoffnung MEK-Gemeinde«, nämlich Hühner-George, Tom und seine Brüder, hatten Geld gesammelt, um Griffel zu kaufen und Schiefertafeln und die Dreier-Fibel für »Lesen-, Schreiben- und Rechnenlernen«. Seit Schwester Carrie alle Kinder im schulpflichtigen Alter unterrichtete, saßen in den sechs Klassen Schüler und Schülerinnen zwischen fünf und fünfzehn, darunter Toms älteste fünf Kinder: Maria Jane, die schon zwölf Jahre zählte, Ellen, Viney, Klein-Matilda und Elizabeth, die war sechs. Klein-Tom, der nächste, fing erst ein Jahr später an, und dann Cynthia, die jüngste. Als Cynthia 1883 ihren

Abschluß erreichte, war Maria Jane bereits abgegangen, hatte geheiratet und ihr erstes Kind zur Welt gebracht. Und Elizabeth, zweifellos die gescheiteste der Familie, hatte ihrem Vater Tom Murray ein bißchen Schreiben beigebracht und war sogar eine Art Buchhalterin für seine Geschäfte geworden. Die brauchte er auch, denn mit der Zeit hatte sich seine rollende Schmiede so erfolgreich entwickelt, daß er – ohne daß jetzt irgend jemand Einwände erhoben hätte – längst auch eine stehende Werkstatt einrichten konnte. Damit gehörte er zu den erfolgreicheren Männern der Stadt.

Ein Jahr, nachdem Elizabeth angefangen hatte, für ihren Vater die Bücher zu führen, verliebte sie sich in John Toland, einen Neuling in Henning, der auf der 600-Morgen-Farm einer weißen Familie in der Nähe des Hatchie River als Kleinpächter arbeitete. Sie hatte ihn in der Stadt im Gemischtwarenladen kennengelernt und war nicht nur von seinem blendenden Aussehen und seiner muskulösen Erscheinung so beeindruckt, daß sie es gleich ihrer Mutter Irene erzählte, sondern auch von seinen guten Manieren und seiner offensichtlichen Intelligenz. Er konnte sogar ein bißchen schreiben, wie sie gleich beobachtet hatte, als er eine Rechnung quittierte. In den nächsten Wochen, und nicht nur auf den Spaziergängen im Wald, zu denen sie sich alle paar Tage trafen, stellte sich auch heraus, daß er ein junger Mann mit gutem Ruf war und ein fleißiger Kirchgänger, dessen Ehrgeiz besonders darin lag, genug Geld zu sparen, um möglichst bald eine eigene Farm zu betreiben. Und er konnte genauso zärtlich sein, wie er stark war.

Erst nachdem sich die beiden mehr als zwei Monate regelmäßig getroffen und bereits heimlich über Heirat gesprochen hatten, schaltete sich Tom ein, dem von Anfang an nichts entgangen war. Er befahl ihr, sich nicht mehr heimlich fortzuschleichen, sondern John am kommenden Sonntag nach der Kirche mit nach Hause zu bringen. Elizabeth tat, wie ihr geheißen war. John Toland zeigte sich von der freundlichsten und ehrerbietigsten Seite, als er Tom Murray vorgestellt wurde. Aber der gab sich noch schweigsamer als sonst und entschuldigte sich nach höchstens zwei Minuten gezwungener Höflichkeiten. Nachdem John Toland gegangen war, rief Tom seine Tochter und eröffnete ihr ernst:

»An der Art und Weise, wie du um diesen Burschen herumscharwenzelst, ist deutlich zu sehen, daß du in ihn verknallt bist. Habt ihr beide was Ernsthaftes vor, oder?«

»Was meinst du, Pappy?« Sie stotterte und bekam einen roten Kopf.

»Heiraten, was sonst? Das wollt ihr doch, oder?«

Sie konnte nicht sprechen.

»Hättst du mir eher was gesagt! Na gut, ich würd' euch gern all meine Segenswünsche mitgeben, denn ich möchte, daß du so glücklich bleibst, wie du's jetzt bist. Scheint ein ordentlicher Mann zu sein – aber – ich kann dir meine Einwilligung nicht geben.«

Elizabeth schaute ihn völlig fassungslos an.

»Der ist doch viel zu gelb. Der geht nirgends durch als 'n Weißer – nicht die Bohne. Er ist nicht Fisch noch Fleisch. Kapierst du, was ich meine? Zu hell für schwarze Leute, zu dunkel für weiße. Klar, er kann nichts dafür, wie er aussieht. Aber der kann sich auf 'n Kopp stellen – der gehört niemals nirgendwo richtig hin. Und du überlegst dir hoffentlich, wie dann deine Kinder aussehn mögen. So 'n Leben wünsch' ich nicht für dich, Lizabeth.«

»Aber Pappy, jeder *mag* John. Wenn wir mit Old George Johnson auskommen – warum dann nicht auch mit ihm?«

»Das kann man nicht vergleichen.«

»Vater«, sie war ganz verzweifelt, »du redest über Leute, die ihn nicht akzeptieren. *Du* bist derjenige, der das nicht tut!«

»Schluß jetzt. Du hast alles gesagt, und ich hab' alles gehört. Du hast keinen Mumm, dir solchen Kummer zu ersparen. Also tu' ich's für dich. Ich wünsche, daß du ihn nicht wiedersiehst.«

»Aber Pappy –«, sie schluchzte hilflos.

»Vorbei und vergessen. Ein für allemal.«

»Wenn ich John nicht heiraten kann«, kreischte Elizabeth, »dann werd' ich niemals niemanden heiraten.«

Tom Murray drehte sich auf dem Absatz herum, verließ den Raum und knallte die Tür hinter sich zu. Erst im Nebenzimmer hielt er an.

»Tom, was machst du da – «, begann Irene und setzte sich stocksteif in ihrem Schaukelstuhl auf.

»Da ist kein Wort mehr darüber zu verlieren«, knurrte Tom böse und ging aus dem Haus.

Als Matilda davon erfuhr, war sie dermaßen aufgebracht, daß Irene sie davor zurückhalten mußte, sich auf Tom zu stürzen.

»Der Junge hat weißes Blut, von der väterlichen Seite«, schrie sie. Dann plötzlich begann Matilda zu zucken, sie preßte die Arme auf ihre Brust und taumelte gegen einen Tisch. Irene fing sie auf, als sie zu Boden zu stürzen drohte.

»Oh, mein Gott«, weinte Matilda auf, das Gesicht von Schmerzen verzerrt, »süßer Jesus. Oh, Gott, nein.« Ihre Augenlider zitterten, dann schlossen sie sich.

»Großmutter«, rief Irene und packte sie an den Schultern.

»Großmutter!« Sie legte ihren Kopf auf Matildas Brust und horchte. Noch schlug das Herz. Aber zwei Tage später stand es still.

Hühner-George weinte nicht. Aber es ging etwas Herzergreifendes von seiner scheinbaren Gefühllosigkeit aus, von seinen Augen, die so leer schauten. Niemand konnte sich erinnern, daß er nach diesem Tag auch nur ein einziges Mal noch gelächelt oder auch nur ein persönliches Wort zu irgend jemandem gesagt hätte. Er und Matilda waren wohl nie allzu eng miteinander verbunden gewesen – so hatte es jedenfalls geschienen –, aber als sie gestorben war, mußte auch etwas von seiner eigenen Warmherzigkeit mit ihr dahingegangen sein. Er fing an zu verfallen, seine Haut wurde faltig – ja, er schien über Nacht ein Greis geworden zu sein – , doch er verwandelte sich nicht etwa in einen zittrigen oder törichten Alten, sondern wurde eher hart und bösartig. Er lehnte es ab, künftig noch in dem Blockhaus zu wohnen, das er mit Matilda geteilt hatte. Statt dessen nistete er sich erst bei dem einen Sohn oder bei einer Tochter ein, dann bei den nächsten, bis beide Seiten voneinander genug hatten und der alte Graukopf wieder weiterzog. Wenn er nicht gerade an irgend etwas herumzunörgeln hatte, saß er gewöhnlich in seinem Schaukelstuhl, den er als einziges mitzuschleppen pflegte, und starrte stundenlang grimmig auf die Felder.

An seinem dreiundachtzigsten Geburtstag hatte er es mürrisch abgelehnt, auch nur ein Stück von der Geburtstagstorte zu kosten, die man eigens für ihn gebacken hatte. Es war spät im Winter 1890, als er – diesmal bei seiner ältesten Enkelin Maria Jane – vor dem offenen Kaminfeuer herumdöste. Sie hatte ihn gebeten, schön stillzusitzen und sein schlimmes

Bein ruhig zu legen, während sie nur für einen kurzen Augenblick aufs Feld eilte, um ihrem Mann das Mittagessen zu bringen. Als sie zurückkam, fand sie ihn halb über dem Herd liegen. Maria Janes Hilfeschreie waren laut genug, daß ihr Mann sie hörte und sofort angelaufen kam. Der schwarze Derbyhut, der Schal und der Pullover von Hühner-George schwelten noch, er selbst hatte schreckliche Verbrennungen erlitten, vom Kopf bis zur Hüfte hinunter. Spät in der Nacht starb er.

Fast jeder Schwarze von Henning nahm an seinem Begräbnis teil, Kinder, Enkel und Urenkel zu Dutzenden. Als sein Sarg in die Erde gesenkt wurde, an Matildas Seite, beugte sich sein Sohn Klein-George zu Virgil und flüsterte:

»Pappy war immer ein so zäher Bursche. Hätt' nie gedacht, daß er überhaupt jemals sterben würde, und bestimmt nicht eines natürlichen Todes.«

Virgil wandte sich zu seinem Bruder und schaute ihn traurig an:

»Ich hab' ihn gern gehabt«, sagte er leise, »und du doch auch, wie wir allesamt.«

»Klar, haben wir«, sagte Klein-George, »und doch konnt' es niemand mit diesem von seinem ewigen Kikerikigegacker besessenen alten Ekel aushalten. Aber schau nur; jetzt schnüffeln alle mit tränenfeuchten Nasen herum, weil er von uns gegangen ist.«

KAPITEL 116

»Mama!« rief Cynthia atemlos, »Will Palmer hat mich gefragt, ob er mich nächsten Sonntag von der Kirche heimbringen darf!«

»Sieht nicht aus wie ein Mann von voreiligen Entschlüssen, nicht?« antwortete Irene. »Ich seh' ihn nun schon seit zwei Jahren dich in der Kirche anstarren, und das Sonntag für Sonntag.«

»Wer?« fragte Tom.

»Will Palmer. In Odnung, daß er sie nach Hause bringen darf?«

Nach einer Weile erwiderte Tom trocken:

»Werd's mir durch den Kopf gehn lassen.«

Cynthia verschwand. Man sah ihr an, wie betroffen sie war. Irene musterte das Gesicht ihres Ehemannes:

»Tom, dir ist wohl keiner gut genug für deine Mädchen, wie? Jedermann in der Stadt kennt diesen jungen Will, der ganz allein die Bauholzhandlung in Schwung hält, für den ewig besoffenen Mr. James. Alle Leute rund um Henning wissen, daß er allein das Bauholz aus den Güterwagen lädt, daß er's eigenhändig verkauft und ausliefert, dann die Rechnungen schreibt, das Geld kassiert und es selbst zur Bank bringt. Sogar wenn es gar nicht um Holzsachen geht, kommen die Kunden bei ihm an und fragen ihn dies und das. Und wie er sich auch mit alldem abrackert – du hörst ihn nicht ein einziges häßliches Wort über diesen alten Mister James reden.«

»Gewiß, er tut seine Pflicht und kümmert sich um seinen Kram, das seh' ich«, sagte Tom Murray, »aber ich sehe auch, daß die Hälfte aller Mädchen in der Kirche sich die Augen nach ihm verdreht.«

»Klar tun sie das«, sagte Irene, »weil er die beste Partie in ganz Henning ist. Aber er hat noch nie keine gefragt, ob er sie nach Haus bringen darf!«

»So. Und was war mit Lula Carter? Der hat er Blumen geschenkt.«

Erstaunt darüber, daß Tom das wußte, erwiderte Irene:

»Das ist über'n Jahr her, Tom. Und wenn du soviel weißt, müßtest du auch wissen, wie blöd sie sich hinterher benommen hat: immer wie'n Schatten hinter ihm her, bis er die Nase voll hatte. Jetzt redet er kein Wort mehr mit der.«

»Er hat es einmal getan, folglich könnte er es wieder tun.«

»Doch nicht bei Cynthia, bei der nicht, die weiß, was sie will, wo sie so hübsch ist, und mit ihrer Figur! Sie hat mir erzählt, wie sehr sie Will mag. Aber sie würde ihm doch niemals sagen, was sie für ihn empfindet. Was sie mit ihm redet – na, höchstens ›Tach‹, und zurücklächeln, wenn er lächelt. Kümmere dich nicht drum, wie viele Mädchen hinter *ihm* her sind, wenn du weißt, hinter wem er her ist.«

»Ah, du hast dir wohl schon alles genau überlegt«, sagte Tom.

Irene war keineswegs gesonnen, ihre Fürsprache vorzeitig zu beenden:

»Ach Tom, nun laß ihn schon das Kind nach Haus begleiten. Laß sie zusammenkommen. Wenn die erstmal zusammen sind, bleiben sie's auch.«

»Und wo bleib' ich?« fragte Tom streng. Er wollte nicht den Eindruck erwecken, zu nachgiebig bei irgendeiner seiner Töchter zu sein – oder auch bei seiner Frau. Außerdem paßte es ihm nicht, daß Irene so redete, bevor er überhaupt den Zukünftigen kennengelernt, sich alles genau überlegt und seinerseits Will Palmer akzeptiert hatte – wenn die Zeit dafür reif war. Natürlich hatte Tom den jungen Will seit seiner Ankunft in Henning beobachtet. Im stillen hatte er sich oft gewünscht, seine eigenen beiden Söhne möchten halb soviel Grütze im Kopf haben wie offensichtlich Will. Im übrigen fühlte sich Tom von dem so verdammt ernsthaften, ehrgeizigen und wachen Will Palmer an sich selber erinnert, als er jünger war. Niemand hatte erwartet, daß die Liebeswerbung sich hier so rasch entwickeln würde. Zehn Monate später, im »Wohnzimmer« von Tom und Irenes neuem Vier-Zimmer-Haus, erklärte sich Will Cynthia, die ihr Ja-Wort kaum bis zum Ende seiner feierlichen Rede zurückhalten konnte.

Schon am dritten Sonntag danach wurden sie in der »Neuen Hoffnung MEK« getraut. Bei der Feier waren wohl über zweihundert Leute anwesend, darunter bald die Hälfte aus Nord-Carolina, mit der Eisenbahn angereist, dann die Kinder und wer überhaupt auf den über das ganze Lauderdale County verstreuten Farmen lebte.

Will erbaute eigenhändig und mit seinem eigenen Werkzeug ihr kleines Häuschen, in dem ein Jahr später ihr erstes Kind geboren wurde, ein Sohn, der freilich schon nach wenigen Tagen starb. Er gönnte sich in seinem Arbeitseifer unter der ganzen Woche keinen freien Tag, um so weniger, als der ständig betrunkene Eigentümer der Bauholzhandlunng inzwischen dem Alkohol so weit verfallen war, daß Will praktisch das gesamte Geschäft allein betreuen mußte. Als er an einem stürmischen Freitagnachmittag die Geschäftsbücher kontrollierte, stellte er fest, daß am gleichen Tag ein Wechsel fällig geworden war. Er warf sich sofort aufs Pferd und ritt acht Meilen durch strömenden Regen, bis er an die rückwärtige Tür des Privathauses des Bankiers klopfen konnte.

»Mr. Vaughan«, sagte er, »diesen Wechsel kann Mr. James nur vergessen haben. Ich bin hundertprozentig sicher, daß er ihn am Montag früh einlösen wird.«

Man bat ihn ins Haus, damit er sich aufwärmen könne, aber er sagte nur: »Nein, danke, Sörr. Cynthia würde sich Sorgen machen, wo ich bleibe.« Dann wünschte er dem Bankvorsteher Gute Nacht und ritt zurück in den Regen. Vaughan war tief beeindruckt, und er versäumte nicht, den Vorfall in der ganzen Stadt zu verbreiten.

Im Herbst 1893 wurde Will unerwartet auf die Bank gebeten. Während des kurzen Weges dorthin zerbrach er sich den Kopf darüber, was man von ihm wollte. In der Bank warteten bereits zehn Herren auf ihn, die führenden weißen Geschäftsleute der Stadt, allesamt mit roten Gesichtern und durchaus verlegen. Bankier Vaughan erklärte mit kurzen Sätzen, daß der Eigentümer der Bauholzhandllung sich für bankerott erklärt habe. Er wolle außerdem den Ort mitsamt seiner Familie für immer verlassen.

»Henning braucht dieses Holzgeschäft«, sagte der Bankier, »wir alle, die Sie hier sehn, diskutieren darüber seit Wochen. Und wir wüßten keinen Besseren, das Geschäft fortzuführen, als Sie, Will. Wir haben uns darüber geeinigt, daß wir gemeinsam die Schulden des Geschäftes bezahlen, damit Sie es als neuer Eigentümer übernehmen können.«

Als Will Palmer wortlos die Reihe der weißen Männer entlangging, liefen ihm Tränen über die Wangen. Nachdem er jede Hand doppelt geschüttelt und gedrückt hatte, unterschrieb Vaughan unverzüglich den Vertrag. Und einer nach dem anderen verließ rasch die Bank, um nicht seine Rührung zeigen zu müssen. Als alle gegangen waren, hielt Will lange die Hand des Bankiers fest.

»Mr. Vaughan, ich hab' noch eine große Bitte. Nehmen Sie die Hälfte meiner Ersparnisse und schreiben Sie darüber einen Scheck zugunsten von Mr. James aus. Und bitte – Sie werden ihn niemals wissen lassen, von wem er gekommen ist, nicht wahr?«

Innerhalb eines Jahres zog Wills geschäftlicher Grundsatz – immer bestmögliche Ware und Dienstleistung zum niedrigst möglichen Preis zu liefern – Kunden selbst aus den Städten der näheren Umgebung an. Die Leute, überwiegend Schwarze, kamen sogar mit Wagen extra aus dem fünfundachtzig Meilen südlich gelegenen Memphis, um mit eigenen Augen dieses erste von einem farbigen Eigentümer betriebene Geschäft seiner Art im westlichen Tennessee zu besichtigen – wo Cynthia gekräuselte und gestärkte Gardinen in die Fenster gehängt und Will mit eigener Hand das große Ladenschild über dem Eingang gepinselt hatte:

»W. E. PALMER – BAUHOLZ«.

KAPITEL 117

Cynthias und Wills Gebete wurden 1895 mit der Geburt eines kräftigen, gesunden Mädchens erhört, dem sie die Namen Bertha George gaben – George nach Wills Vater. Cynthia bestand darauf, die Familienmitglieder in ihrem Haus zu versammeln, um in deren Gegenwart dem immer wieder glucksenden Baby die ganze Ahnengeschichte bis zurück zu dem afrikanischen Vorfahren Kunta Kinte zu erzählen – genauso wie sie Tom Murray all seinen Kindern nach und nach erzählt hatte, als sie klein waren.

Natürlich respektierte Will Palmer die Verehrung Cynthias für das Andenken an ihre Vorfahren, aber es forderte auch seinen eigenen tiefen Stolz heraus, womöglich als jemand angesehen zu werden, der in Cynthias Familie eingeheiratet hatte – anstatt die Sache etwa umgekehrt zu betrachten. Das war vermutlich der Hauptgrund, warum er anfing, die kleine Bertha, noch bevor sie laufen lernte, mit seinen Besitzansprüchen fast zu erdrükken. Jeden Morgen trug er sie hin und her, ehe er zur Arbeit ging. Und jeden Abend bestand er darauf, sie zu Bett zu bringen, in die kleine Wiege, die er eigenhändig für sie gezimmert hatte.

Als Bertha fünf war, pflegte der Rest der Familie und ein nicht gerade geringer Teil der schwarzen Bevölkerung der Stadt das als eigene Meinung herumzutratschen, was ursprünglich nur ein Zitat von Cynthia gewesen war:

»Will Palmer ist auf dem besten Weg, das arme Kind in Grund und Boden zu verwöhnen.«

Er hatte vereinbart, daß ihr jeder Laden in Henning, der Süßigkeiten verkaufte, Kredit einräumte. Das Kind mußte zwar immer genau abrechnen, und er überprüfte das ernsthaft unter dem Vorwand, »ihr die Grundbegriffe des Geschäftslebens beizubringen« – doch er bezahlte prompt jeden Monat.

Als Geschenk zum fünfzehnten Geburtstag eröffnete er ihr unter eigenem Namen ein Versandkonto bei Sears, Roebuck. Und das bewirkte nun tatsächlich bei den Leuten Kopfschütteln, betretenes Erstaunen und verletzte ihren Stolz:

»Alles, was diese grüne Göre zu tun hat, ist, aus dem bunten Bilderkatalog rauspicken, was ihr gefällt, den Auftrag unterschreiben, und im Nu schicken ihr die Sears, Roebuck, oben in Chicago den ganzen Krempel, als wär' sie 'ne Weiße – hab's schließlich mit eigenen Augen gesehn – und ihr Alter muß blechen! – Ihr hört, was ich euch sage, Kinder? Alles, was Bertha haben möchte!«

Noch im gleichen Jahr stellte Will einen Lehrer an, der einmal in der Woche den weiten Weg von Memphis anreiste, nur um Bertha Klavierstunden zu geben. Sie erwies sich als begabte Schülerin, und nach kurzer Zeit spielte sie bereits für den Chor der »Neue Hoffnung MEK«, in der Will Kirchenvorstandsältester war und Cynthia die ständig wiedergewählte Vorsitzende der weiblichen Kuratoriumsrunde.

Als Bertha die örtliche Schule mit der achten Klasse im Juni 1909 abgeschlossen hatte, war es fast selbstverständlich, daß sie nun Henning verlassen würde, um das von den Methodisten-Gemeinden unterhaltene Lane-Institut im dreißig Meilen entfernten Jackson, Tennessee, zu besuchen, in dem es eine mit der neunten Klasse beginnende zweijährige Collegestufe gab. »Mädchen, hast ja keine blasse Ahnung – was das überhaupt bedeutet: da biste die erste von der ganzen Familie, wo aufs College geht –«

»Mom, wenn ich dich und Pa doch bloß dazu bringen könnte, grammatikalisch korrekt zu sprechen. Es heißt ›du bist‹, und nicht ›biste‹, und ›wo geht‹ klingt doch scheußlich.«

Als Cynthia allein mit ihrem Gatten war, weinte sie:

»Herrgott, hilf uns mit ihr, Will, sie versteht uns nicht mehr.«

»Vielleicht ist das sogar besser«, versuchte er, sie zu trösten, »ich weiß bloß, daß ich meinen letzten Blutstropfen dafür opfern würde, damit sie bessere Chancen hat wie wir früher.«

Nicht anders als erwartet glänzte Bertha mit einem beständig hohen Notendurchschnitt – sie studierte Pädagogik mit dem Ziel, Lehrerin zu werden –, und darüber hinaus spielte sie weiter Klavier und sang im Chor. Zweimal im Monat verbrachte sie die Wochenenden zu Haus, und bei dieser Gelegenheit überredete sie ihren Vater, die Seitenwände seines Lieferwagens mit ein bißchen Reklame zu versehen:

HENNING 121
hilft früh und spät,
wenn's um Bauholz geht!

Henning war nämlich gerade eben an das Telefonnetz angeschlossen worden, und der kleine Spruch, der bald seine Runde durch die ganze Stadt machte, galt als typisches Beispiel für ihren schlagfertigen Witz.

Bei späteren Besuchen fing Bertha an, einen jungen Mann zu erwähnen, den sie im Chor des Colleges kennengelernt hatte, Simon Alexander, der stammte aus einem Ort namens Savannah, Tennessee. Sie erzählte, wie arm er sei und daß er manchmal vier Jobs gleichzeitig machen müsse, um auf dem College bleiben zu können, wo er Landwirtschaft studierte. Als Bertha auch im nächsten Jahr, 1913, noch von ihm redete, schlugen Will und Cynthia ihr vor, ihn zu einem Besuch in Henning einzuladen, um sich ein genaueres Urteil zu bilden.

Die »Neue Hoffnung MEK« war am Sonntag gerappelt voll, da sich herumgesprochen hatte, »Berthas Schatz vom College« werde anwesend sein. Er traf ein unter den neugierig musternden Blicken nicht nur von Will und Cynthia, sondern der ganzen schwarzen Gemeinde. Doch er schien ein ziemlich selbstsicherer junger Mann zu sein. Nachdem er ein Baritonsolo »Jesus im Garten von Gethsemane«, von Bertha auf dem Klavier begleitet, gesungen hatte, unterhielt er sich leichthin mit den Leuten, die sich um ihn auf dem Kirchhof drängten, schaute jedermann grade in die Augen, drückte fest die Hände der Männer und tippte zur Begrüßung der Damen höflich an seinen Hut.

Bertha und ihr Simon Alexander Haley – das war sein voller Name – kehrten abends mit dem Bus nach Jackson zurück. Niemand hatte etwas gegen ihn einzuwenden, als man nun die Angelegenheit zu bereden begann – nach außen hin! Unter vorgehaltener Hand jedoch zerrissen sich die Leute ihre Münder über seine auffallend helle Hautfarbe. (Er hatte der tief dunkelbraunen Bertha vertraulich mitgeteilt, was er von seinen Eltern, früheren Sklaven, über ihre Herkunft wußte: sie stammten beide von schwarzen Müttern, aber von weißen Vätern, übrigens beide irisch. Und vorväterlicherseits war da ein Aufseher gewesen, von dem man wenig mehr kannte als seinen Namen, Jim Baugh, und mütterlicherseits der spätere Oberst im Bürgerkrieg, James Jackson, aus Marion County, Alabama.) Immerhin waren sich alle über seine hervorragende Stimme einig, über seine gute Erziehung und darüber, daß er offenbar nicht hochmütig war, bloß weil er studiert hatte.

In den Semesterferien ergatterte Haley einen Job als Schlafwagenschaffner und sparte jeden Pfennig, um auf das A & T Polytechnikum in Greensboro, Nord-Carolina, mit einer vierjährigen Aufbaustufe, überwechseln zu können. Mit Bertha tauschte er jede Woche Briefe. Als der Erste Weltkrieg ausbrach, meldete er sich genauso wie seine Kommilitonen in den Abschlußsemestern freiwillig zur Armee. Bald kamen dann die Briefe an Bertha aus Frankreich, wo er 1918 im Argonner Wald eine Gasvergiftung erlitt. Nach monatelanger Behandlung in einem europäischen Lazarett wurde er zur endgültigen Genesung in die Heimat zurückgeschickt. 1919 kam er, nun völlig wiederhergestellt, nach Henning, und er und Bertha zeigten ihre Verlobung an.

Ihre Hochzeit in der »Neuen Hoffnung MEK« im Sommer 1920 bedeutete für Henning das erste gesellschaftliche Ereignis, an dem Schwarze wie Weiße gleichermaßen Anteil nahmen. Will Palmer gehörte längst zu den angesehensten Bürgern der Stadt, aber darüber hinaus war ein so vollkommenes und auf ihrem Weg so unbeirrbares Mädchen wie Bertha der Stolz für jedermann in Henning. Der Hochzeitsempfang fand statt auf dem weitläufigen Rasen vor Palmers nagelneuer Zehn-Zimmer-Villa, die sogar ein Musikzimmer aufwies und eine Bibliothek. Dann wurde ein Festessen serviert. Und mehr Geschenke häuften sich, als man normalerweise bei drei durchschnittlichen Hochzeiten zu sehen bekam. Es gab sogar eine Gesangsdarbietung des komplett anwesenden Lane College Chores – in dessen Reihen sich seinerzeit das glückliche Hochzeitspaar kennengelernt hatte –, der in einem von Will Palmer angemieteten Bus von Jackson hergekommen war.

Die kleine Bahnstation von Henning wimmelte nur so von Menschen, als Simon und Bertha spätabends den Zug der Illinois-Central-Eisenbahnlinie bestiegen, der sie in einer Nachtfahrt nach Chicago bringen sollte, wo sie umsteigen mußten, um einen Ort im Staat New York namens Ithaka zu erreichen. Dort wollte Simon sein Staatsexamen in Landwirtschaft an der Cornell-Universität ablegen, während Bertha die Absicht hatte, sich im nahe gelegenen Konservatorium für Musik zu immatrikulieren. Die ersten neun Monate schrieb Bertha regelmäßig Briefe nach Hause und berichtete begeistert von all den Erfahrungen, die sie in der Fremde machten, und davon, wie glücklich sie beide miteinander waren. Aber dann, im

Sommer 1921, begann der Fluß der Briefe spärlicher zu werden und schließlich ganz zu versiegen. Cynthia und Will zeigten sich besorgt, daß bei Bertha irgend etwas schiefgelaufen sein könnte, worüber sie womöglich nicht offen zu reden wagte. Will händigte Cynthia fünfhundert Dollar aus, um sie Bertha zu schicken. Sie solle darüber frei verfügen, am besten, ohne Simon etwas davon zu sagen. Doch auch jetzt kam noch keine Antwort. Besorgt vertraute Cynthia ihrem Mann und den engsten Freunden Ende August an, daß sie nun wohl selbst nach New York fahren müsse, um nach dem Rechten zu sehen.

Aber zwei Tage vor Cynthias Abreisetermin klopfte es gegen Mitternacht plötzlich an die Haustür. Cynthia schreckte in Panik aus dem Bett und griff nach ihrem Morgenrock. Will rannte ihr aufgeregt nach. Schon auf dem Flur vor dem Schlafzimmer erkannten sie in der mit französischem Glas ausgelegten Tür des Empfangsraumes die vom Mondlicht erhellten Umrisse von Bertha und Simon auf der Veranda. Cynthia sprang laut aufschreiend mit einem Satz zur Haustür und riß sie auf.

Bertha sagte ganz ruhig:

»Entschuldigt, daß wir nicht geschrieben haben. Wir wollten euch mit einem kleinen Geschenk überraschen –«, und sie überreichte Cynthia das in Decken gehüllte Bündel, das sie im Arm trug. Cynthias Herz klopfte vor Aufregung, und Will schaute ungläubig über ihre Schulter, als sie das Oberteil der Decke zurückschlug – und ein rundliches braunes Gesichtchen zum Vorschein kam . . .

Das Baby, ein Junge, gerade sechs Wochen alt, war ich.

KAPITEL 118

Gewöhnlich erzählte mir Vater später von dieser Nacht der großen Überraschungen, die er sich gern unter herzlichem Lachen in Erinnerung zurückrief:

»Sah bald so aus, als hätte ich da für eine Zeitlang meinen Sohn verloren –«, und er beschrieb, wie Großvater Will Palmer herumging, bis er mich aus den Armen der Großmutter hob, »und ohne ein einziges Wort zu verlieren, schleppte er dich hinaus in den Garten und irgendwohin hinter das Haus. Nun, er muß wohl, glaube ich, mehr als eine halbe Stunde draußen geblieben sein.«

Erst dann kehrte er zurück, »ohne Cynthia, Bertha oder mir gegenüber mit einem einzigen Satz zu erwähnen, was er da nun gemacht hat. Entweder, wie ich vermute, weil er einfach Will Palmer war oder weil er sich über all die Jahre so sehnlichst einen Sohn gewünscht hatte, wie wir alle wußten – und jetzt, mit dir als Berthas Jungen, war dieser Wunsch auf einmal in Erfüllung gegangen.«

Nach etwa einer Woche kehrte Vater allein nach Ithaka zurück und ließ Mama und mich in Henning; sie hatten entschieden, das sei besser, weil er sich auf sein Magister-Examen vorbereitete. Großvater und Großmutter indessen befanden sich auf dem besten Weg, mich fast als ihr eigenes Kind zu behandeln – besonders Großvater.

Noch bevor ich sprechen konnte, trug er mich, wie Großmutter Jahre später zu erzählen pflegte, auf seinen Armen ins Holzgeschäft, wo er mich in ein von ihm angefertigtes Kinderbett legte, während er seinen Geschäften nachging. Als ich laufen gelernt hatte, spazierten wir zusammen ins Stadtzentrum, drei Schritte ich auf einen Schritt von ihm, meine kleine Faust ganz fest um seinen ausgestreckten linken Zeigefinger geklammert.

Während er in undeutlicher Ferne weit über mir schwebte, so wie ein schwarzer, großer, starker Baum, hielt Großvater dann und wann an, um mit den Leuten, die wir unterwegs trafen, zu plaudern. Großvater lehrte mich, jedermann klar in die Augen zu blicken und deutlich und höflich zu sprechen. Mitunter äußerten die Leute, wie gut ich erzogen sei und wie schön brav ich wachsen würde. Dann antwortete Großvater: »Ja ja, ich denke, er macht sich.«

Auf dem Lagergelände der W. E. Palmerschen Bauholzhandlung ließ er mich zwischen den riesigen Stapeln von Eichen-, Zedern-, Kiefern - und Nußholz herumspielen, das dort in Brettern von verschiedener Länge und Breite aufgeschichtet war und, jede Sorte anders, so wunderbar roch.

Ich stellte mir vor, in alle möglichen herrlichen Abenteuer verwickelt zu sein, an ausgefallenen exotischen Orten und in weit entfernten Zeiten. Manchmal setzte mich Großvater in seinem Büro in den riesigen Drehstuhl mit der hohen Rückenlehne, drückte mir seine grüne Schirmblende auf den Kopf und wirbelte mich wie im Karussell herum, mal nach links, mal nach rechts, bis mir so schwindelig wurde – oh, mein Kopf schien sich immer noch weiterzudrehen, obwohl er mich längst wieder angehalten hatte. Was für ein Spaß mit Großvater, wohin er mich auch mitnehmen mochte.

Dann, als ich fünf wurde, starb er. Ich war so fassungslos, daß Dr. Dillard mir ein Glas mit irgendeiner milchigen Flüssigkeit verabreichen mußte, nur damit ich in dieser Nacht schlafen konnte. Aber ich erinnere mich, – daß viele Leute, schwarze und weiße, sich in einer unregelmäßigen Reihe entlang der staubigen Straße an unserem Haus sammelten, die Häupter gesenkt, die Frauen mit Kopftüchern, die Männer mit ihren Hüten in der Hand. Ja, es kam mir in den nächsten Tagen so vor, als sei jedermann in der ganzen Welt voll Trauer.

Vater hatte zu dieser Zeit seine Diplomarbeit nahezu beendet. Er kehrte von Cornell zurück nach Hause, um die Sägemühle zu übernehmen, während Mutter als Lehrerin in der örtlichen Schule begann. Ich selbst hatte Großvater innig geliebt, und da ich zugleich Großmutters tiefe Trauer sah, ergab es sich wie von selbst, daß wir uns eng aneinanderschlossen. Sie ging kaum irgendwo hin, ohne mich mitzunehmen.

Vermutlich, weil sie irgendwie die Lücke füllen wollte, die Großvaters Abwesenheit hinterließ, begann Großmutter, von nun an in jedem Frühjahr alle möglichen weiblichen Verwandten der Familie Murray aufzufordern, einige Zeit im Sommer, wenn nicht überhaupt den ganzen, mit uns zu verbringen. So kamen sie, meist im etwa gleichen Alter wie Großmutter, also Ende Vierzig, Anfang Fünfzig, und zwar aus für mich so exotisch klingenden Orten wie Dyersburg, Tennessee, Inkster, Michigan, aus St. Louis oder Kansas City – und sie trugen Namen wie Tante Plus, Tante Liz, Tante Viney und Cousine Georgia. Wenn das Geschirr nach dem Abendessen abgespült war, ging man hinaus auf die vordere Veranda und nahm Platz auf den bambusgeflochtenen Schaukelstühlen. Ich drängte mich zwischen sie, meist hockte ich hinter Großmutters weißlackiertem Schaukelstuhl, und hörte zu. Um diese Zeit dämmerte es bereits, zwischen den Geisblattranken funkelten Glühwürmchen, und wenn es nicht gerade besonders schönen lokalen Klatsch zu erörtern gab, drehte sich das Gespräch unweigerlich um den immer gleichen Gegenstand. Das, was ich da aufschnappte, konnte ich im Laufe der Zeit zusammensetzen wie einen Flickenteppich, und es ergab sich eine Art Epos, das durch Generationen weitergereicht worden war.

Diese Erzählungen waren es auch, die den einzigen mir erinnerlichen offenen Streit zwischen meiner Mutter und meiner Großmutter heraufbeschworen. Großmutter kehrte zu ihrem Lieblingsthema mitunter selbst dann zurück, wenn ihre Sommergäste gar nicht anwesend waren, und darüber konnte Mutter der Geduldsfaden reißen:

»Oh, Mom, ich wünsche, daß du endlich mit diesen alten Geschichten aus der Sklavenzeit aufhörst, das ist ja nicht zum Aushalten.«

Aber Großmutter fauchte genauso energisch zurück:

»Dir mag es ja völlig gleichgültig sein, wer du bist und woher du kommst, aber mir ist das nicht egal.«

Es passierte dann durchaus, daß sie einen ganzen Tag nicht mehr miteinander redeten, mitunter sogar noch länger.

Aus dem, was ich von den Gesprächen dieser bejahrten Damen aufschnappte bekam ich den Eindruck, daß alles, wovon da die Rede ging, vor unendlich langer Zeit passiert sein müsse. Deutete eine mit dem Zeigefinger auf mich und sagte: »Damals war ich gerade erst so alt wie das Bürschchen da«, kam es mir unglaubhaft vor, daß jemand, der so alt und so verrunzelt war, je so klein gewesen sein sollte wie ich.

Als kleiner Junge verstand ich sicher das meiste nicht, was sie sagten. Ich wußte zum Beispiel kaum, was ein »alter Masser« war oder eine »alte Missis«. Ich konnte mir unter dem Begriff »Pflanzung« wenig vorstellen, nur daß das Wort irgendwie mit einer Farm zu tun haben mußte. Doch langsam, da ich die Geschichten jeden Sommer von neuem hörte, begann ich, häufig wiederholte Namen wiederzuerkennen und mich an Ereignisse zu erinnern, die mit ihnen zusammenhingen.. Die weitestentfernte Figur überhaupt war ein Mann, den sie den »Afrikaner« nannten. Und von ihm wußten sie, daß er in dieses Land mit dem Schiff gebracht worden war zu einem Ort, den sie »Naplis« aussprachen. Sie erzählten, er sei vom Schiff herunter von einem gewissen »Masser John Waller« gekauft worden, einem Farmer aus »Spotsylvania County, Virginia«. Da war die Rede davon, daß der Afrikaner zu fliehen versuchte und beim vierten Mal ausgerechnet von zwei weißen Sklavenjägern gefaßt wurde, die offensichtlich an ihm ein Exempel statuieren wollten. Der Afrikaner hatte die Wahl zwischen Kastriertwerden oder sich den Fußabhackenlassen, und –« Dank sei Jesus, sonst säßen wir nicht hier und könnten nicht darüber reden« – er wählte den Fuß. Ich konnte mir überhaupt nicht vorstellen, warum weiße Leute so etwas Schlimmes und Niederträchtiges tun mochten.

Aber dann war das Leben dieses Afrikaners – wie die alten Damen wußten – von Masser Johns Bruder gerettet worden, einem Dr. William Waller, der, betroffen über diese völlig sinnlose Verstümmelung, den Afrikaner für seine eigene Pflanzung kaufte. Obwohl der Afrikaner nun ein Krüppel war, konnte er sich doch auf begrenzte Weise nützlich machen, und der Doktor bestimmte ihn für den Gemüsegarten. So blieb ausgerechnet dieser Afrikaner für einen langen Zeitraum auf derselben Pflanzung – während besonders männliche Sklaven damals dauernd weiterverkauft wurden, was zur Folge hatte, daß Sklavenkinder oftmals aufwuchsen, ohne überhaupt zu wissen, wer ihre Eltern waren. Großmutter und die anderen unterhielten sich darüber, daß die frisch mit den Sklavenschiffen angekommenen Afrikaner meistens von ihren Massers neue Namen erhielten; im Fall dieses Afrikaners lautete der Name »Toby«. Aber sie wußten auch, daß er den anderen Sklaven gegenüber darauf bestand, »Kin-tay« zu heißen. Er humpelte herum, versah seine Gartenarbeit, wurde später der Kutscher seines Masser, bis »Toby« oder »Kin-tay« – eine Sklavin kennenlernte und heiratete. Großmutter und die anderen alten Damen nannten sie »Bell, die Herrschaftsköchin«.

Der Afrikaner und die Köchin hatten ein kleines Mädchen, »Kizzy« genannt. Als sie vier oder fünf Jahre zählte, lehrte ihr Vater sie einzelne Worte aus seiner Muttersprache. Eine Gitarre beispielsweise nannte er *»ko«*. Den Fluß in der Nähe der Pflanzung – es war der Mattaponi River – nannte er »Kamby Bolongo«. Und noch vieles mehr. Als Kizzy älter wurde und ihr afrikanischer Vater besser englisch sprach, erzählte er von sich, von seinem Volk und seiner Heimat – und davon, wie er geraubt worden war, als er im Wald, unweit seines Heimatdorfes Holz für eine Trommel schlagen wollte. Vier Männer überwältigten ihn und entführten ihn in die Sklaverei.

Mit sechzehn Jahren wurde Kizzy an einen neuen Herrn verkauft, mit Namen Tom Lea, der eine kleine Pflanzung in Nord-Carolina besaß – wie

Großmutter Palmer und die anderen alten Damen der Murray-Familie zu berichten wußten. Auf dieser Pflanzung brachte Kizzy einen Jungen zur Welt, dessen Vater Tom Lea war und der den Kleinen George nannte.

Als George so an die vier oder fünf Jahre alt war, fing seine Mutter an, ihm die Geschichten, aber auch einzelne Wörter ihres afrikanischen Vaters wiederzugeben, bis er sie ganz genau kannte. Später, als George etwa zwölf Jahre alt war, so hörte ich auf Großmutters Veranda, wurde er Lehrling bei einem gewissen »Onkel Mingo«, der die Kampfhähne seines Herrn betreute. Bereits mit sechzehn besaß der Junge einen solchen Ruf als Trainer für diese Tiere, daß ihm die anderen jenen Spitznamen gaben, den er bis zu seinem Lebensende trug: »Hühner-George«.

Mit ungefähr achtzehn traf Hühner-George ein Sklavenmädchen, Matilda, die er heiratete und die ihm mit der Zeit acht Kinder gebar. Bei der Geburt jedes neuen Kindes, so sagten Großmutter und die anderen, habe Hühner-George seine Familie um sich versammelt, um wieder von dem afrikanischen Urgroßvater zu erzählen, der »Kin-tay« hieß, eine Gitarre *»ko«*, einen Fluß in Virginia »Kamby Bolongo« und andere Dinge mit anderen Bezeichnungen benannte und der berichtet hatte, wie er gerade Holz schlagen wollte für eine Trommel, als er geraubt und in die Sklaverei entführt wurde.

Die acht Kinder wuchsen auf, heirateten und hatten eigene Kinder. Der vierte Sohn, Tom, war Schmied, als man ihn mit dem Rest der Familie einem »Masser Murray« verkaufte, der eine Tabakpflanzung im Alamance County, Nord-Carolina, betrieb. Dort traf und heiratete Tom eine halbindianische Sklavin, Irene, die von der Pflanzung eines gewissen »Masser Holt« stammte, der besaß eine Baumwollspinnerei. Auch Irene bekam mit der Zeit acht Kinder, und mit jeder neuen Geburt setzte Tom die Tradition fort, die sein Vater Hühner-George begründet hatte – nämlich der Familie am Herdfeuer von ihrem afrikanischen Ururgroßvater zu erzählen und von allen, die von ihm abstammten.

Von dieser zweiten Gruppe von acht Kindern hieß die jüngste Tochter Cynthia, die zwei Jahre alt war, als ihr Vater Tom und ihr Großvater Hühner-George den Wagentreck mit gerade freigelassenen Sklaven westwärts führten, nach Henning in Tennessee, wo Cynthia Will Palmer kennenlernte und mit zweiundzwanzig heiratete.

Obwohl ich im Lauf der Zeit mit den immer wieder gehörten Berichten von all diesen nie gesehenen Leuten, die in der Vergangenheit gelebt hatten, vertraut wurde, war ich dennoch immer wieder erstaunt, wenn diese lange Geschichte schließlich bei Cynthia endete, die da als meine Großmutter leibhaftig vor mir saß, ebenso leibhaftig wie Tante Viney, Tante Matilda oder Tante Liz, die alle zusammen mit Großmutter – sie waren ihre älteren Schwestern – in diesem Wagenzug hierhergekommen waren.

Ich lebte bei Großmutter in Henning, bis zwei jüngere Brüder geboren wurden, George 1925, und dann Julius 1929. Vater verkaufte im Auftrag von Großmutter das Holzgeschäft; er war bereits auf dem Weg zu einer Professur für Landwirtschaft. Mutter und wir drei Jungens folgten ihm dorthin, wo er lehrte; am längsten blieb er am A & M College, in Normal, Alabama.

Dort wurde ich 1931, eines Morgens, aus der Schule gerufen, ich solle ganz schnell nach Hause kommen. Als ich in die Tür stürmte, hörte ich Vater laut und verzweifelt schluchzen. Mutter, die seit der Übersiedlung von Henning häufig krank gewesen war, lag im Sterben. Sie zählte sechsunddreißig Jahre.

Jeden Sommer verbrachten wir, George, Julius und ich, in Henning bei Großmutter. Es war nicht zu übersehen, wieviel von ihrer alten Lebendigkeit sie seit dem Tod von Großvater und Mutter verloren hatte. Wenn die Leute am Haus vorbeikamen und sie in ihrem weißgestrichenen Schaukelstuhl auf der Veranda begrüßten: »Schwester Cynthy, wie geht's denn?« antwortete sie meist nur noch: »Sitze halt so rum.« Zwei Jahre später heiratete Vater zum zweitenmal, eine College-Professorin namens Zeona Hatcher aus Columbus, Ohio, die an der Ohio State University Examen gemacht hatte. Sie war bald vollauf damit beschäftigt, uns drei rasch heranwachsende Jungens zu erziehen. Dann schenkte sie uns eine kleine Schwester namens Lois. Als der Zweite Weltkrieg ausbrach, war ich siebzehn, hatte ein Jahr College hinter mir und meldete mich zur U. S. Küstenwache. Auf einem Munitions-Transporter im südlichen Pazific machte ich die ersten tastenden Schritte auf jenem langen Weg, der zu diesem Buch hinführte. Wir blieben manchmal bis zu drei Monaten auf See und hatten weniger gegen feindliche Bomber oder Unterseeboote zu kämpfen als gegen die schiere Langeweile. Auf Vaters Anraten hatte ich bereits auf der Schule Maschinenschreiben gelernt. Nun war mein wertvollster Besitz an Bord meine Reiseschreibmaschine. Ich verfaßte Briefe an jedermann, den ich kannte. Ich verschlang jedes Buch der kleinen Schiffsbibliothek und lieh mir Lesestoff von meinen Schiffskameraden. Lesen war von klein auf mein größtes Vergnügen, besonders die Lektüre von Abenteuergeschichten. Als ich alles Gedruckte an Bord wohl zum drittenmal konsumiert hatte, versuchte ich – eher aus verzweifelter Langeweile –, selbst ein paar Geschichten zu schreiben. Die Vorstellung, daß man ein weißes Blatt in die Maschine einspannen konnte, um etwas zu Papier zu bringen, das dann womöglich andere Leute lasen, forderte mich heraus, erregte und belustigte mich zugleich. Das ist bis zum heutigen Tag so geblieben. Ich weiß nicht mehr, was mich sonst noch bei diesen Schreibversuchen so motiviert haben könnte, daß ich Abend für Abend an der Maschine saß und durchhielt, bis acht Jahre später meine erste Geschichte angenommen wurde.

Als nach dem Krieg schon dies und das von mir gedruckt worden war, verlieh mir die Küstenwache den neuen Dienstgrad eines Marinejournalisten. Weiterhin schrieb ich, wann immer es die Zeit gestattete, und die Zahl mehrerer Veröffentlichungen stieg. 1959, im Alter von siebenunddreißig, hatte ich zwanzig Dienstjahre hinter mir und konnte mit Versorgungsanspruch ausscheiden. Von nun an wollte ich nur noch schreiben.

Zunächst verkaufte ich manchen Beitrag an Abenteuermagazine für Männer, vorwiegend über historische Themen aus dem Bereich der Seefahrt, denn ich liebe das Meer. Später gab mir *Readers Digest* Aufträge für Porträts von Leuten mit dramatisch verlaufenen oder ausgefallenen Lebensgeschichten. 1962 hatte ich das Glück, ein Gespräch mit dem berühmten Jazztrompeter Miles Davis aufzunehmen, das dann das erste in einer Reihe von vielen *Playboy*-Interviews wurde. Unter meinen nachfolgenden Gesprächspartnern war auch der damalige Führer der islamischen Bewegung in Amerika, Malcolm X. Ein Verleger las das Interview und beauftragte mich, die Biographie von Malcolm X zu schreiben.

Malcolm X bat mich, mit ihm zusammen dieses Projekt auszuarbeiten. So war ich fast das ganze folgende Jahr hindurch damit beschäftigt, ihn zu befragen, bevor mich die Niederschrift der Autobiographie des Malcolm X für ein weiteres Jahr in Anspruch nahm. Wie er mir einmal voraussagte, würde er kaum Zeit haben, das Buch zu lesen. Tatsächlich wurde er zwei Wochen nach Fertigstellung des Manuskriptes ermordet.

Später reiste ich im Auftrag einer Zeitschrift nach London. Zwischen zahlreichen Verabredungen, aufs äußerste fasziniert von der Fülle historischer Zeugnisse in dieser Stadt, ließ ich kaum eine interessante Besichtigungsmöglichkeit in den nächsten Tagen aus. So kam ich auch ins Britische Museum. Stundenlang stöberte ich dort herum, bis ich mich auf einmal einem Gegenstand gegenübersah, von dem ich vage gehört hatte: dem Stein von Rosette. Ich weiß nicht, warum er mich so beeindruckte. Aber ich entlieh sofort ein Buch in der Museumsbibliothek und vertiefte mich in seine Geschichte, um alles über ihn zu erfahren.

Ich las, daß man den Stein im Nil-Delta entdeckt hatte und daß in seine Oberfläche drei verschiedene Textinschriften eingemeißelt waren: eine mit griechischen Buchstaben, die zweite in Hieroglyphen, die dritte in sonderbaren Schriftzeichen, von denen man behauptete, niemand würde sie jemals entziffern können. Aber ein französischer Gelehrter, Jean Champollion, begann in der Folgezeit Schriftzeichen für Schriftzeichen zu vergleichen, und zwar den unbekannten Text wie den in Hieroglyphen auf der einen Seite, mit dem bekannten griechischen auf der anderen. Und er stellte die Behauptung auf, daß alle drei Texte inhaltlich gleich seien. So lüftete er im wesentlichen das Geheimnis der vorher unbekannten ägyptischen Schriftzeichen, in denen so viel von den ersten Ereignissen menschlicher Geschichte überliefert ist. Daß es einen Schlüssel gab, mit dem man das Tor zur Vergangenheit aufgestoßen hatte, begeisterte mich. Mir schien, als habe das eine ganz persönliche Bedeutung für mich, aber ich war mir im unklaren, warum. Auf dem Rückflug in die Vereinigten Staaten streifte mich zum erstenmal eine bestimmte Idee. Dem französischen Gelehrten war, indem er die in den Stein gemeißelte bekannte Sprache mit einer unbekannten verglichen hatte, die Entschleierung eines geschichtlichen Geheimnisses gelungen. Das brachte mich auf einen kühnen Schluß: In der mündlich überlieferten Geschichte, die Großmutter, Tante Liz, Tante Plus, Cousine Georgia und all die anderen in meiner Kindheit in Henning auf der Veranda erzählt hatten, bestanden die Unbekannten der Gleichung aus diesen fremdartigen Worten oder Lauten, die von dem Afrikaner überliefert waren. Darüber begann ich nachzudenken. »Kin-tay«, so sagte er, war sein Name. »*Ko*« nannte er eine Gitarre. »Kamby Bolongo« hatte er einen Fluß in Virginia genannt. Das waren meist harte, scharf voneinander getrennte Wortbegriffe, in denen » k « dominierte. Wahrscheinlich hatten diese Laute im Laufe der Generationen einige Veränderungen durchgemacht, doch ganz unzweifelhaft repräsentierten sie phonetische Bruchstücke von eben jener Sprache, die mein afrikanischer Vorfahr aus der Familienlegende gesprochen haben mußte. Als mein Flugzeug vor der Landung über New York kreiste, stellte ich mir die Frage: Welche afrikanische Sprache war das? Wie in aller Welt würde ich das herausfinden können?

KAPITEL 119

Jetzt, über dreißig Jahre seit meiner Kindheit, war die einzige Überlebende von jenen alten Damen, die einstmals über die Familiengeschichte auf der Veranda in Henning gesprochen hatten, die jüngste von ihnen, nämlich Cousine Georgia Anderson. Großmutter war tot, genauso wie alle anderen. Cousine Georgia, längst in ihren Achtzigern, lebte inzwischen zusammen mit ihrem Sohn Floyd Anderson und mit ihrer Tochter Bea Neely in Kansas City. Ich hatte sie seit meinen häufigen Besuchen vor ein paar Jahren nicht mehr gesehen, als ich meinem politisch engagierten Bruder George meine Hilfe anbot. Dieser kandidierte damals, nach seinem Ausscheiden aus der Luftwaffe, nach dem Besuch des Morehouse College und nach dem Studium der Rechte an der Universität von Arkansas, in einer hitzig verlaufenden Wahlkampagne für das Amt eines Senators von Kansas. Bei der nächtlichen Siegesfeier wurde darüber gescherzt, daß er seinen Wahlsieg eigentlich nur einer einzigen Person zu verdanken habe --- Cousine Georgia. Ihren Sohn Floyd, der den Wahlkampf leitete, hatte sie zu wiederholten Malen vor dem Wählerpublikum die weithin anerkannte Integrität meines Bruders rühmen hören. Da war auch unsere geliebte, sehr entschlossene und energische Georgia auf die Straße gegangen. Sie hatte mit ihrem Spazierstock an die Haustüren gepocht und den überraschten Leuten ein Bild ihres Großneffen und Kandidaten mit den

Worten präsentiert: »Dieser Junge hat mehr Tegrität, als ihr mit so 'nem Stock rausschlagen könnt!«

Jetzt flog ich abermals nach Kansas City, um Cousine Georgia zu sehen. Ich glaube, ich werde nie ihre prompte Antwort vergessen, als ich ihr meine Idee mit dieser Familiengeschichte zu erläutern begann. Sie sah gealtert und leidend aus, aber nun richtete sie sich mit einem Ruck in ihrem Bett auf und rief aufgeregt, und das klang wie ein Widerhall aus meiner Knabenzeit auf der Veranda:

»Na klar, Junge, dieser Afrikanermensch sagte, sein Name war ›Kin-tay‹. Er sagte zur Gitarre ›*ko*‹, zum Fluß ›Kamby Bolongo‹, und er war gerade am Holzschneiden, um sich 'ne Trommel zu basteln, als sie ihn schnappten.«

Cousine Georgia ließ sich von der alten Familiengeschichte dermaßen erregen, daß Floyd, Bea und ich eine Zeitlang brauchten, um sie wieder zu beruhigen. Ich erklärte ihr, daß ich versuchen wollte herauszufinden, ob es möglicherweise irgendeinen Weg zur Lösung der Frage gab, woher unser Kin-tay gekommen war – was uns auf die Spur unseres ursprünglichen Volksstammes bringen konnte.

»Du wirst es rauskriegen, Junge«, rief Cousine Georgia aus, »deine liebe Großmutter und sie alle da oben – sie werden über dir wachen.«

Der Gedanke an all dies schien mir unbeschreiblich.

Mein Gott!

KAPITEL 120

Bald danach besuchte ich das National-Archiv in Washington D. C. und meldete bei dem Aufseher des Lesesaals mein Interesse an den Bevölkerungsstatistiken des Alamance County, Nord-Carolina, aus der Zeit direkt nach dem Bürgerkrieg an. Viele Rollen mit Mikrofilm wurden herangeschafft. Ich begann, die Filme durch das Sichtgerät laufen zu lassen; dabei wuchs in mir zunehmend das Gefühl der Verwirrung angesichts der schier endlosen Parade der in altmodischer Schönschrift von 1800 aufgeführten Namen. Schon ermüdet, merkte ich plötzlich, wie ich immer wieder auf zwei Namen starrte: »Tom Murray, schwarz, Schmied –« und

»Irene Murray, schwarz, Hausfrau –« – gefolgt von den Namen von Großmutters älteren Schwestern – denen ich so oft auf Großmutters Veranda gelauscht hatte. »Elizabeth, sechs Jahre alt –« – das war niemand anderes als meine Großtante Liz! Zu der Zeit dieser Volkszählung war Großmutter ja überhaupt noch nicht geboren.

Es war nun nicht etwa so, daß ich die Erzählungen meiner Großmutter und all der anderen nicht geglaubt hätte. Meiner Großmutter nicht zu glauben war schlechthin unmöglich! Es war bloß einfach unheimlich für mich, all diesen Namen im Archiv der U. S. Regierung tatsächlich wiederzubegegnen.

Zu jener Zeit lebte ich in New York, aber ich kam so oft nach Washington, wie ich es einrichten konnte – ich forschte nicht nur im Nationalarchiv weiter, sondern auch in der Bibliothek des Kongresses sowie in jener »der Töchter der amerikanischen Revolution«. Wo immer ich war – wenn schwarze Bibliotheksangestellte um den Gegenstand meiner Arbeit wußten, erreichten mich die von mir bestellten Dokumente in fabelhafter Geschwindigkeit. Aus verschiedenen Quellen konnte ich 1966 zumindest die wichtigsten Ereignisse der überlieferten Familiengeschichte dokumentarisch belegen. Ich würde allerlei dafür gegeben haben, wenn ich das Großmutter noch hätte sagen können – dann erinnerte ich mich an die Worte von Cousine Georgia, daß sie ja »allesamt da oben über mir wachen«.

Jetzt war das Problem: Wo und wie kam ich auf die Spur dieser fremdartigen Wörter, die unser afrikanischer Vorfahr der Überlieferung nach gesprochen haben sollte? Es schien klar, daß ich so viele heutige Afrikaner wie irgend möglich würde erreichen müssen, einfach, weil in Afrika so viele verschiedene Stammesdialekte und Sprachen gesprochen werden. Da ich in New York war, tat ich, was logisch erschien: Ich begab mich ins Gebäude der Vereinten Nationen zur Zeit des Arbeitsschlusses. Die Aufzüge spien Leute aus, die schnurstracks durch die Eingangshalle hinaus und nach Hause drängten. Es war nicht schwer, die Afrikaner herauszufinden, und jeden, den ich erwischen konnte, behelligte ich mit meinen Wortbrocken. Innerhalb von ein paar Wochen muß ich mehr als zwei Dutzend Afrikaner angehalten haben. Jeder von ihnen guckte mich schnell an, hörte mir zu – und verschwand.

Zunehmend frustriert, hatte ich ein langes Gespräch mit George Sims, mit dem zusammen ich in Henning aufgewachsen war, einem wahren Meisterdetektiv. Nach wenigen Tagen brachte mir George eine Liste von ungefähr einem Dutzend in der Universitätswelt bekannten Linguisten für afrikanische Sprachen. Einer von ihnen, dessen wissenschaftlicher Background mich schnell überzeugte, war der Belgier Dr. Jan Vansina. Nach dem Studium an der Londoner Universität, speziell der afrikanischen und orientalischen Sprachen, hatte er zunächst in Afrika gelebt und ein Buch ›Die mündliche Überlieferung‹ verfaßt. Ich telefonierte mit Dr. Vansina, der inzwischen an der Universität von Wisconsin lehrte, und wir vereinbarten ein Treffen. An einem Mittwochvormittag flog ich nach Madison, Wisconsin, einzig und allein motiviert von meiner starken Neugierde auf ein paar fremdartige Wörter – und ohne im entferntesten ahnen zu können, was nun zu geschehen begann . . .

An diesem Abend saßen wir im Wohnzimmer der Vansinas, und ich zählte ihm jede Silbe auf, an die ich mich aus den Familienberichten meiner Jugend erinnern konnte – jüngst unterstützt von Cousine Georgia in Kansas City. Dr. Vansina hörte mir durchaus gespannt zu, dann begann er, seine Fragen zu stellen. Als Experte für mündlich überlieferte Geschichte war er besonders interessiert an der Art der äußerlichen Bedingungen der Wiedergabe der Erzählung über die Generationen hinweg.

Wir unterhielten uns so lange, daß er mich einlud, die Nacht in seinem Haus zu verbringen. Am nächsten Morgen sagte Dr. Vansina:

»Ich wollte es erstmal überschlafen. Die Veränderung der Laute im Laufe der Generationen in Ihrer Familie kann nämlich ganz erheblich sein.«

Er sagte, er habe inzwischen mit einem Kollegen telefoniert, dem Afrikanisten Dr. Philip Curtin. Sie beide seien sicher, daß die ihm von mir überlieferten Begriffe aus der »Mandinka«-Sprache stammen müßten. Dieses Wort hatte ich nie zuvor gehört. Er klärte mich darüber auf, daß diese Sprache von dem Volk der Mandingos gesprochen werde. Dann übersetzte er versuchsweise einige von den Begriffen. Einer von ihnen bedeutete wahrscheinlich Kuh oder Vieh: ein anderer den in Westafrika heimischen Baobab-Baum. Das Wort *»ko«* – meinte er – konnte *»kora«* entsprechen, einem der ältesten Saiteninstrumente des Mandingo-Volkes, hergestellt aus einer getrockneten, ausgehöhlten Kürbishälfte, die mit Ziegenhaut bespannt und mit einem langen Steg und zweiundzwanzig Saiten mitsamt einem Spannstück versehen wird. Ein in die Sklaverei entführter Mandingo würde die *»kora«* wohl mit jenen Saiteninstrumenten verglichen haben können, die die amerikanischen Sklaven spielten.

Der wichtigste Begriff, den ich gehört und nun mitgebracht hatte, war »Kamby Bolongo« – wie mein Vorfahr in Gegenwart seiner Tochter Kizzy gesagt hatte, als er ihr den Mattaponi-River in Spotsylvania County zeigte. Dr. Vansina meinte, es stehe außer Zweifel, daß *»bolongo«* in der Mandinka-Sprache »Fluß« bedeute. Mit dem Präfix »Kamby« davor könne das auf den »Gambia-Fluß« hindeuten.

Auch von ihm hatte ich nie zuvor gehört.

Dann geschah etwas, das mich darin bestärkte – zumal noch mehr solche seltsamen Dinge geschahen –, daß »die da oben« tatsächlich über mir wachten . . .

Ich wurde nämlich gebeten, am Utica College, Utica, New York, im Rahmen eines Seminars einen Vortrag zu halten. Als ich zusammen mit dem Professor, der mich eingeladen hatte, den Flur entlangging, erzählte ich ihm, daß ich gerade von Washington hergeflogen und warum ich dort gewesen sei. »Gambia? Wenn ich nicht irre, hat irgend jemand kürzlich erwähnt, daß ein übrigens hervorragender Student aus diesem Land sich gerade in Hamilton aufhält.«

Das alte, sehr renommierte Hamilton College lag nur eine halbe Autostunde entfernt, in Clinton, New York. Noch bevor ich dort meine Fragen präzisiert hatte, erwiderte mir ein Professor Charles Todd: »Sie reden von Ebou Manga.« Dann studierte er die Vorlesungsliste und sagte mir, daß ich Ebou Manga in einem Kurs über Landwirtschaftsökonomie finden würde. Ebou Manga war von kleiner Statur mit wachen Augen und zurückhaltenden Manieren – und er war rabenschwarz. Sichtlich erstaunt darüber, von mir solche Laute zu hören, bestätigte er sie nicht ohne vorsichtige Prüfung. War Mandinka seine Muttersprache?

»Nein, das nicht, obwohl sie mir nicht unvertraut ist.«

Er sei ein Wolof, sagte er. Im Zimmer seines Studentenwohnheims teilte ich ihm Näheres über meine Fragen mit. Schon am Ende der folgenden Woche reisten wir zusammen nach Gambia. Nach der Ankunft in

Dakar, Senegal, am nächsten Morgen, nahmen wir eine kleinere Maschine, die uns zu dem winzigen Flughafen von Yundum in Gambia brachte.

Im Bus fuhren wir dann in die Hauptstadt Banjul, früher Bathurst. Ebou und sein Vater, Hadschi Manga – die Bevölkerung von Gambia besteht überwiegend aus Moslems – riefen eine kleine Gruppe von Leuten zusammen, die sich in der Geschichte ihres kleinen Landes auskannten. Wir trafen uns in der Halle des Atlantic Hotel. So wie vorher Dr. Vansina in Wisconsin, erzählte ich nun diesen Männern die Familiengeschichte, wie sie über die Generationen überliefert war. Ich erzählte sie rückwärts, von Großmutter her, über Tom, Hühner-George bis zu Kizzy, und daß sie erwähnte, ihr Vater habe gegenüber den anderen Sklaven darauf bestanden, sein Name sei »Kin-tay«, und wie er ihr zu wiederholten Malen verschiedene Gegenstände in seiner Sprache bezeichnet hatte.

Als ich geendet hatte, sagten sie beinahe belustigt:

»Natürlich, ›Kamby Bolongo‹ bedeutet ›Gambia-Fluß‹, das weiß jedes Kind.«

Ich erwiderte aufgeregt: »Nein, eine ganze Menge Leute weiß das eben nicht!« Erheblich größeres Interesse zeigten sie daran, daß mein Vorfahr von 1760 erklärt habe, er heiße »Kin-tay«.

»Die ältesten Orte in unserem Land sind in der Regel nach den Familien benannt, die diese Plätze vor Jahrhunderten besiedelt haben«, sagten sie. Man ließ eine Karte kommen und zeigte mir einen Ort:

»Bitte, das hier ist das Dorf Kinte-Kundah. Und nicht weit davon entfernt ein Dorf namens Kinte-Kundah-Janneb-Ya.« Dann erfuhr ich etwas, wovon ich mir niemals hätte träumen lassen: Da gab es sehr alte Männer – man nannte sie *»griots«* – die man übrigens noch heute in den abgelegenen Teilen des Hinterlandes finden konnte. Und diese Männer waren tatsächlich so etwas wie wandelnde, leibhaftige Chroniken mündlich überlieferter Geschichte. Gewöhnlich war ein Senior-*griot* ein Mann Ende Sechzig, Anfang Siebzig. Rangmäßig unter ihm standen, altersmäßig abgestuft, jüngere *griots* – bis hin zu einer Art von Lehrlingen. Normalerweise brauchte so ein Lehrling vierzig bis fünfzig Jahre, bevor er die Qualifikation eines Senior-*griots* erreichte, der dann bei gewissen Anlässen die oft jahrhundertealte Geschichte von Orten, Stämmen, von Familien oder großen Helden zu erzählen pflegte. Durch ganz Schwarzafrika waren solche mündlich überlieferten Chroniken seit Urväterzeiten weitergegeben worden, wie man mich informierte. Und es gab einige berühmte *griots*, die Ausschnitte aus der afrikanischen Geschichte im wahrsten Sinne des Wortes mehr als drei Tage lang erzählen konnten, ohne sich jemals zu wiederholen.

Als diese gambischen Männer mein Erstaunen sahen, erinnerten sie mich daran, daß der Stammbaum jedes Menschen bis in eine Zeit zurückreicht, in der es noch keine Schrift gab. Damals konnte nur das menschliche Gedächtnis sowie Mund und Ohren Information und Wissen aufbewahren und weitergeben. Man hielt mir vor, wir Menschen westlicher Kultur seien so abhängig von der »Krücke des schriftlich fixierten Wortes«, daß nur wenige von uns tatsächlich wüßten, wie aufnahmefähig ein geübtes Gedächtnis ist.

Weil mein Vorfahr sich »Kin-tay« nannte – korrekt buchstabiert »Kinte«, wie man mir sagte – und weil der Clan der Kinte alt und wohlbekannt in Gambia war, versprach man mir, alles mögliche zu unternehmen, um einen *griot* zu finden, der meine Nachforschungen würde unterstützen können.

Zurück in den Vereinigten Staaten, begann ich wie besessen Bücher über afrikanische Geschichte zu studieren, um meine Unwissenheit über den zweitgrößten Kontinent zu überwinden. Es bringt mich bis zum heutigen Tag in Verlegenheit, daß bis dahin meine Vorstellungen von Afrika von Tarzan-Filmen geprägt waren und daß das wenige an wirklicher Kenntnis von dem gelegentlichen Durchblättern des Magazins *National Geographic* herrührte. Jetzt plötzlich las ich nicht nur den ganzen Tag, sondern ich saß oft auch noch nachts über Landkarten von Afrika, um mir die verschiedenen Länder und die Hauptwasserstraßen, auf denen Sklavenschiffe verkehrt hatten, genau ins Gedächtnis einzuprägen.

Nach ein paar Wochen traf ein Brief aus Gambia ein. Darin schlug man mir vor, wenn irgend möglich zurückzukommen. Aber inzwischen war ich vollkommen pleite, weil ich einfach zuwenig Zeit zum Schreiben gehabt hatte.

Vor längerer Zeit hatte mir auf einer Gartenparty von *Readers Digest* die Mitbegründerin Mrs. Dewit Wallace allerlei Komplimente über meine Erzählung ›Ein unvergeßlicher Charakter‹ gemacht – über einen zähen alten Seebären, der einst als Schiffskoch mein Vorgesetzter bei der U. S. Küstenwacht gewesen war –, und bevor wir uns voneinander verabschiedeten, hatte mir Mrs. Wallace angeboten, ich solle mich an sie wenden, wann immer ich Hilfe nötig hätte.

Nun schrieb ich Mrs. Wallace einen ziemlich verlegenen Brief, in dem ich ihr kurz die Zwangslage darstellte, in die ich durch meine Nachforschungen geraten war. Sie veranlaßte einige Redakteure, sich mit mir zu treffen und mein Projekt zu prüfen. Und jetzt, bei einem Mittagessen mit ihnen, erzählte ich ohne Unterbrechung fast drei Stunden lang davon. Kurz danach wurde mir brieflich mitgeteilt, daß *Readers Digest* mir dreihundert Dollar pro Monat für die Dauer eines Jahres zahlen und darüber hinaus – was für mich enorm wichtig war – die Erstattung von notwendigen Reisekosten in vernünftigem Ausmaß tragen wolle.

Abermals besuchte ich Cousine Georgia in Kansas City – etwas in mir drängte mich zu dieser Reise, und ich fand sie ziemlich krank. Aber sie war fasziniert von dem, was ich bisher erfahren hatte und was ich noch hoffte, ausfindig machen zu können. Dann sagte sie mir Lebewohl, und ich flog wieder nach Afrika.

Dieselben Männer, mit denen ich vorher verhandelt hatte, teilten mir jetzt wie eine fast selbstverständliche Tatsache mit, daß sie Umfragen im Hinterland veranlaßt und einen *griot* gefunden hatten, der in der Geschichte des Kinte-Clans bewandert war – sein Name, wie man mir sagte, lautete »Kebba Kanji Fofana«.

Ich war begeistert:

»Und wo ist er?«

Man schaute mich verwundert an:

»Natürlich in seinem Heimatdorf.«

Erst langsam wurde mir bewußt, daß ich, falls ich tatsächlich diesen *griot* kennenlernen wollte, eine richtige kleine Expedition würde unternehmen müssen – so kam es mir jedenfalls vor, und ich gestehe, daß ich an so etwas vor meiner Abreise kaum zu denken gewagt hätte.

Ich brauchte drei Tage für die Verhandlungen in einem schier endlosen und ungewohnten Palaver, bis ich endlich ein Motorboot gemietet hatte, das mich stromaufwärts bringen sollte, sowie einen Lastwagen und einen Landrover, um die Ausrüstung auf einem umständlichen Landweg heranzuschaffen. Schließlich belief sich die Zahl der angeheuerten Männer auf vierzehn, darunter drei Dolmetscher und vier Musikanten, denn man hatte mir versichert, diese alten *griots* im Hinterland pflegten nicht ohne musikalische Untermalung vorzutragen.

Auf dem Motorboot »Baddibu«, das sich stampfend den weiten, schnellen »Kamby Bolongo« hinaufarbeitete, fühlte ich mich unbehaglich und auf eigenartige Weise fehl am Platz. Betrachteten mich nicht alle Leute als einen von diesen tropenhelmbewehrten Fremden?

Schließlich lag vor uns James-Island, für zwei Jahrhunderte der Sitz einer Festung, um die England und Frankreich mit wechselndem Erfolg Krieg geführt hatten, da sie ein idealer Standort für den Sklavenhandel war.

Ich ließ die Fahrt kurz unterbrechen. Dann kletterte ich mühsam zwischen den verfallenen Mauern herum, die immer noch von einer gespensterhaft wirkenden alten Kanone bewacht wurden. Ich malte mir im Geist all die Scheußlichkeiten aus, die sich hier ereignet hatten, ja, ich fühlte nicht übel Lust, mit einer Axt auf dieses Stück schwarzafrikanischer Geschichte einzuschlagen. Ohne Erfolg suchte ich für mich persönlich irgendein symbolisches Überbleibsel, vielleicht den Rest einer alten Kette zu finden – statt dessen nahm ich ein Stückchen Mörtel und einen Ziegelstein mit. In den folgenden Minuten, bevor ich an Bord der »Baddibu« zurückkehrte, schaute ich stromauf- und abwärts auf diesen Fluß, von dem mein Vorfahr seiner Tochter im fernen Spotsylvania County, Virginia, auf der anderen Seite des Atlantischen Ozeans erzählt hatte.

Dann fuhren wir weiter, bis wir in einem kleinen Ort namens Albreda anlangten. Dort landeten wir und gingen nun zu Fuß zu unserem Bestimmungsort, dem noch kleineren Dorf Juffure, wo dieser *griot*, wie man mir berichtet hatte, lebte.

Es gibt einen Ausdruck für das, was in seiner Einzigartigkeit im ganzen Leben nicht wiederholbar ist – »das Gipfel-Erlebnis«. Für mich wurde es Wirklichkeit an diesem ersten Tag im Hinterland im schwarzen Westafrika.

Als wir in Sichtweite von Juffure angekommen waren, schlugen die draußen spielenden Kinder Alarm, und die Leute strömten scharenweise aus ihren Hütten. Juffure ist ein Dorf mit höchstens siebzig Einwohnern.

Wie die meisten dieser abgelegenen Orte, befindet es sich noch fast im gleichen Zustand wie vor zweihundert Jahren, mit seinen runden Lehmhütten und den kegelförmigen Strohdächern. Unter den Menschen, die sich da versammelten, stand ein kleiner Mann in einem gelblichen Rock, über dem adlerartig geschnittenen Gesicht einen kastenförmigen Hut. Um sich verbreitete er die Aura einer bedeutenden Persönlichkeit, bis ich erkannte, daß genau er derjenige war, den zu sehen und zu hören wir überhaupt hierhergekommen waren.

Als sich die drei Dolmetscher aus unserer Gruppe lösten und auf ihn zugingen, versammelten sich die anderen siebzig Dorfbewohner einer nach dem anderen um mich, bis sie mich, fast hufeisenförmig, in Reihen von dreien und vieren, umgaben. Ich hätte nur meine Arme auszustrecken brauchen, um mit meinen Fingern die nächsten auf jeder Seite zu berühren. Alle starrten mich an, ihre Augen durchbohrten mich förmlich. Die Stirn jedes einzelnen furchte sich, so eindringlich musterten sie mich. Eine tiefe innere Erregung erfaßte mich. Ich war verwirrt, und erst nach einer ganzen Weile traf mich die Erkenntnis: Nie und nirgends war ich unter Menschen gewesen, die so tiefschwarz waren.

Äußerst bewegt schlug ich die Augen nieder, wie wir zu tun pflegen, wenn wir unsicher oder schuldbewußt sind, und mein Blick fiel auf meine eigenen Hände und nahm ihre Hautfarbe wahr: Es war wie ein Schock: Ich fühlte mich selbst – als eine Art Bastard . . . Ich fühlte mich irgendwie unrein – unter den Reinen. Es war ein zutiefst beschämendes Gefühl. Gerade in dem Augenblick beendete der alte Mann die Unterredung mit den Dolmetschern, und sofort ließen die Leute auch von mir ab, um sich jetzt um ihn zu scharen.

Einer der Dolmetscher eilte zu mir und flüsterte mir ins Ohr:

»Sie starren Sie so an, weil sie hier noch niemals einen schwarzen Amerikaner gesehen haben.«

Als ich den Sinn dieser Worte begriff, erschütterte dies mich wohl noch mehr als das, was gerade eben geschehen war. Sie sahen mich also nicht als Individuum an, vielmehr verkörperte ich in ihren Augen wie ein Symbol jene 25 Millionen von uns schwarzen Menschen, die sie nie zuvor gesehen hatten, die jenseits des Meeres leben.

Die Leute drängten sich enger um den alten Mann und warfen

zwischendurch immer wieder rasche Blicke auf mich, während sie lebhaft in ihrer Mandinka-Sprache miteinander redeten. Nach einiger Zeit wandte sich der alte Mann um und bahnte sich einen Weg durch die Menge, vorbei an meinen Dolmetschern, den Weg direkt zu mir hin. Seine Augen suchten die meinen, als wollte er mir bezeigen, ich *müßte* einfach seine Sprache verstehen. Dann drückte er das aus, was sie alle über diese nie gesehenen Millionen von uns denken mochten, die jetzt dort leben, wohin einst die Sklavenschiffe gefahren waren – und so lautete die Übersetzung:

»Wir wissen von unseren Vorvätern, daß es viele aus dieser Gegend gibt, die jetzt im Exil in jenem Land leben, das Amerika genannt wird – und an anderen Orten.«

Der alte Mann hockte sich nieder und schaute mich an, während sich die Leute schnell hinter ihm gruppierten. Dann fing er an, die uralte Geschichte des Clans der Kinte vorzutragen, so wie sie über die Jahrhunderte hinweg aus der Zeit der Ahnen mündlich bis zu ihm überliefert worden war. Es war kein Vortrag im unterhaltenden Sinne, sondern eher so, als werde von einer Schriftrolle abgelesen. Für die in Stillschweigen verharrenden Dorfbewohner war es sichtlich ein festliches Ereignis. Der *griot* beugte sich beim Sprechen weit vor, sein Körper war angespannt, und seine Worte schienen beinahe leibhaftig greifbar. Nach ein oder zwei Sätzen lehnte er sich leicht zurück und lauschte der Übersetzung eines der Dolmetscher. Aus dem Gedächtnis des *griot* erwuchs nun eine unglaublich weitverzweigte Ahnenreihe des Kinte-Clans, die viele Generationen zurückreichte: Wer wen heiratete; wer welche Kinder hatte; welches Kind dann wen heiratete; danach deren Abkömmlinge. Es war nachgerade unglaublich. Ich war nicht nur von der Fülle der Einzelheiten fasziniert, sondern auch von dem fast biblischen Stil des Vortragenden – zum Beispiel: »Und der und der nahm zum Weibe die und die, und zeugte – – – und zeugte – – – und zeugte – – –« Danach nannte er die Ehefrau oder mitunter mehrere Frauen jedes Abkömmlings und ihre im Durchschnitt zahlreiche Nachkommenschaft – und immer so weiter.

Die Zeit bestimmte der *griot* nach Ereignissen, wie etwa: »– im Jahr des großen Wassers –«, also einer Flutkatastrophe, »erschlug er einen Wasserbüffel«. Wollte man das präzise Kalenderdatum wissen, mußte man herausfinden, wann diese bestimmte Flut stattgefunden hatte. Um das für mich Wesentliche dieser stammbaumhaften Saga zusammenzufassen, sagte der *griot*, daß der Kinte-Clan ursprünglich aus einem Land genannt Alt-Mali stammte. Damals waren die Männer dieser Familie traditionsgemäß Schmiede, »die das Feuer gezähmt hatten«, und die Frauen vorwiegend Töpferinnen oder Weberinnen. Mit der Zeit wanderte ein Zweig des Clans in ein Land genannt Mauretanien. Von Mauretanien aus reiste ein Sohn der Familie mit Namen Kairaba Kunta Kinte – ein *marabout*, also ein Heiliger nach ihrem islamischen Glauben – in ein Land genannt Gambia. Zuerst kam er in ein Dorf mit Namen Pakali N'Ding, blieb dort eine Zeitlang, zog dann weiter in einen Ort namens Jiffarong, bis er in das Dorf Juffure übersiedelte.

In Juffure nahm Kairaba Kunta Kinte seine erste Frau, ein Mandinka-Mädchen namens Sireng. Mit ihr zeugte er zwei Söhne, die Janneh und Saloum hießen. Dann heiratete er eine zweite Frau, Yaisa, mit der er einen Sohn namens Omoro zeugte. Diese drei Söhne wuchsen in Juffure auf, bis sie erwachsen waren. Danach zogen die beiden älteren, Janneh und Saloum, fort und gründeten ein neues Dorf Kinte-Kundah Janneb-Ya. Der jüngste Sohn Omoro blieb in Juffure, bis er dreißig Regen zählte – also Jahre –, dann heiratete er ein Mandinka-Mädchen namens Binta Kebba. Zusammen mit Binta Kebba zeugte Omoro Kinte in den Jahren zwischen 1750 und 1760 vier Söhne, deren Namen, in der Reihenfolge ihrer Geburt Kunta, Lamin, Suwadu und Madi lauteten.

Der alte *griot* hatte bis dahin beinahe zwei Stunden lang gesprochen, und vielleicht an die fünfzigmal war in seinem Bericht irgendeine besondere Einzelheit vorgekommen. Nachdem er nun diese vier Söhne aufgezählt hatte, erwähnte er wieder eine Einzelheit, und der Dolmetscher übersetzte:

»Zu der Zeit, als des Königs Soldaten erschienen« – wieder eine der zeitbestimmenden Bezugnahmen –, »begab sich der älteste dieser vier Söhne, Kunta, von seinem Dorf hinweg, um Holz zu schlagen . . . und ward nicht mehr gesehen . . .« Und der *griot* fuhr fort mit seinem Bericht.

Ich saß da wie versteinert. Mein Blut schien zu erstarren. Dieser Mann, der sein Leben in diesem schwarzafrikanischen Dorf verbracht hatte, konnte um keinen Preis der Welt wissen, daß er gerade eben das wiederholt hatte, was mir während meiner Jugendzeit auf der Veranda meiner Großmutter in Henning, Tennessee, so vertraut geworden war – von einem Afrikaner, der immer darauf bestanden hatte, sein Name sei »Kintay«, der eine Gitarre *»ko«* und einen Fluß in Virginia »Kamby Bolongo« genannt hatte und der in die Sklaverei entführt worden war, unweit seines Heimatdorfes, als er Holz schnitt, um sich eine Trommel zu machen.

Ich holte aus meiner Leinentasche mein Notizbuch hervor, dessen Anfangsseiten Großmutters Bericht enthielten, den ich nun einem Dolmetscher zeigte. Er überlas das kurz, nicht ohne Überraschung, und unterrichtete dann den alten *griot*, während er immer wieder auf das Büchlein hindeutete. Der sprang sichtlich erregt auf, redete auf die Leute ein und zeigte auf mein Notizbuch in der Hand des Dolmetschers. Staunen ergriff nun alle Anwesenden. Ich kann mich nicht entsinnen, daß irgend jemand einen Wink gegeben hätte, ich weiß nur, daß auf einmal alle diese siebzig fremden Menschen einen weiten Kreis um mich bildeten; sie begannen zu singen, erst leise, dann lauter und abermals leise, und sie bewegten sich in der Runde, ihre Körper ganz eng beieinander, sie hoben ihre Knie und stampften auf den Boden, wobei leichter, rötlicher Staub aufwirbelte . . .

Eine Frau scherte aus dem sich drehenden Kreis aus– eine von etwa einem Dutzend, die ihre Kleinkinder auf den Rücken gebunden trugen – kam auffordernd auf mich zu, immer mit den nackten Füßen auf dem Boden stampfend, holte ihr Kind aus dem Umschlag und warf es mir mit einer Geste zu, die nur bedeuten konnte: »Nimm es!« – und so tat ich und hielt das Baby. Dann nahm die Frau das Kind schnell wieder fort, und eine andere Frau tat das gleiche, was sie getan hatte, gab mir ihr Kind, nahm es zurück, und so eine nach der anderen . . . bis ich wahrscheinlich alle Babys umarmt hatte.

Der Sinn dieser feierlichen Handlung ging mir erst über ein Jahr später auf, als ein Professor von der Harvard-Universität, Dr. Jerome Bruner, ein Sachverständiger in diesen Dingen, mir erklärte:

»Sie haben gar nicht gemerkt, daß Sie da an einer der ältesten Zeremonien der Menschheit teilgenommen haben – dem Handauflegen. Auf ihre Weise wollten sie Ihnen ausdrücken: Durch dieses Fleisch, das von uns stammt, sind wir du, und du bist wir.« Später nahmen mich die Männer von Juffure mit in ihre aus Bambus und Stroh erbaute Moschee, und sie beteten auf arabisch. Ich erinnere mich, woran ich gedacht habe, als ich da mit ihnen zusammen niederkniete:

»Nun weiß ich zwar, woher ich stamme – kann aber kein einziges Wort von dem verstehen, was sie sprechen.« Später wurde mir der Kern ihres Gebetes übersetzt: »Lob sei Allah, denn einen lange Verlorenen aus unserer Mitte hat er zurückgeführt.«

Da wir auf dem Fluß hergekommen waren, wollte ich zu Lande zurückkehren. Als ich dann neben dem muskulösen jungen Mandingo-Fahrer saß, der wahre Wolken von Staub auf der heißen, mit Schlaglöchern übersäten Provinzstraße nach Banjul hinter uns aufwirbeln ließ, kam mir plötzlich zu Bewußtsein: Wenn jeder schwarze Amerikaner so glücklich wäre wie ich, nur ein paar geringe Hinweise zu besitzen – genauer gesagt: den Namen des afrikanischen Vorfahren, väterlicher- oder mütterlicherseits, den ungefähren Heimatort oder den seiner Gefangennahme und schließlich einen Hinweis auf den möglichen Zeitpunkt dieses Ereignisses –, dann könnte er mit Hilfe eines weisen alten *griot*, so wie ich, Familiengeschichte und lokale Zusammenhänge von einst mit der Gegenwart verbinden. Vor meinem inneren Auge begannen sich die Beschreibungen, die ich über die kollektive Verschleppung all der Millionen unserer Vorfahren in die Sklaverei gelesen hatte, visionenhaft zu beleben – wie eine verschwommene Projektion auf der Leinwand. Viele tausend waren einzeln entführt worden, so wie mein Ahne Kunta. Aber Millionen mochten in der Nacht in überfallenen Dörfern, die oft in Flammen aufgingen, aufgeschreckt worden sein. Die überlebenden und für Sklavendienste tauglichen und brauchbaren Gefangenen wurden am Hals mit Riemen aneinander gefesselt und zu Reihen mitunter bis zu einer Meile Länge zusammengeschlossen. Diese traurige Prozession nannte man den »Sklavenreigen«.

Ich sah sie vor mir, wie sie scharenweise starben oder einfach liegengelassen wurden, wenn sie zu schwach waren, den mörderischen Marsch bis zur Küste hin zu überstehen. Und diejenigen, die es bis zum Strand geschafft hatten, rieb man mit Fett ein, schor sie kahl, untersuchte jede ihrer Körperöffnungen, und oftmals brandmarkte man sie mit glühendem Eisen wie Vieh. Ich stellte mir vor, wie sie zu den Schiffen gepeitscht und geschleift wurden, wie sie verzweifelt schrien und ihre Hände in den Boden krallten, um mit einem Mundvoll Sand eine letzte Erinnerung an dieses

Afrika, das ihre Heimat war, aufzunehmen. Ich ahnte, wie sie gestoßen, geschlagen und in die stinkenden Frachträume dieser Sklavenschiffe gezerrt wurden, wo sie, an die Planken gekettet, dicht nebeneinander gepackt auf der Seite liegen mußten.

All das wirbelte durch meinen Kopf, als wir uns einer anderen, wesentlich größeren Ortschaft näherten. Die Nachricht von dem, was in Juffure geschehen war, mußte schneller vorangekommen sein als wir selbst. Der Fahrer mußte das Tempo verlangsamen, da die Einwohner dieses Dorfes sich vor uns auf dem Weg drängten. Sie winkten und riefen durcheinander; ich erhob mich von meinem Sitz im Wagen und winkte zurück, während sie dem Landrover nur ungern eine schmale Gasse zu öffnen schienen.

Wir mochten wohl ein Drittel des Weges durch den Ort zurückgelegt haben, als ich auf einmal begriff, was sie da allesamt riefen – die alten, verhutzelten Männer genauso wie die jungen, die Mütter wie ihre nackten, pechschwarzen Kinder –, sie riefen: »Miiister Kinte! Miiister Kinte!«

Nun kam doch irgendwie ein Schluchzen in mir hoch, es wogte durch meinen ganzen Körper, bis ich meine Hände vor das Gesicht schlug; ich fing an, laut zu weinen, wie ich es nicht mehr getan hatte seit meiner Kinderzeit. »Miiister Kinte!«

Mir war, als müsse ich um die im Laufe der Geschichte den Mitmenschen zugefügten unglaublichen Grausamkeiten weinen – wahrlich, ein ungeheurer Makel auf dem Gewissen der Menschheit . . .

Während des Rückfluges von Dakar entschloß ich mich, ein Buch zu schreiben. Die Geschichte meiner eigenen Vorfahren würde zugleich auch symbolisch die Saga aller Mitbürger afrikanischer Herkunft sein, die ohne Ausnahme ihren Ursprung irgendeinem, in einem afrikanischen Dorf geborenen und aufgewachsenen Menschen wie Kunta verdankten, der gefangen und in Ketten auf einem Sklavenschiff über den Ozean gebracht wurde, für ein Leben auf irgendwelchen Pflanzungen und seitdem für den fortwährenden Kampf um die Freiheit.

In New York fand ich unter den aufgezeichneten Telefonanrufen auch einen aus dem Kansas City Hospital vor: Unsere dreiundachtzigjährige Cousine Georgia war gestorben. Später, als ich den Zeitunterschied nachrechnete, kam ich zu dem Schluß, daß sie genau zur gleichen Stunde gestorben sein mußte, in der ich Juffure betreten hatte. Ich denke, daß sie als letzte von den alten Damen auf Großmutters Veranda irgendwie den Auftrag hatte, mich nach Afrika zu schicken, um sich dann mit den anderen, die dort oben über mir wachten, zu vereinen.

Tatsächlich scheint es mir, als habe sich seit meiner frühen Knabenzeit eine Folge aufeinander bezogener Ereignisse schließlich zusammengefügt, um dieses Buch entstehen zu lassen. Großmutter und die anderen prägten mir die Familiengeschichte ein. Dann, durch eine wahrhaft glückliche Fügung von Umständen, begann ich als Koch auf einem Schiff der U. S. Küstenwache mit dem langen und an Umwegen reichen Prozeß, mir selbst das Schreiben beizubringen. Und weil ich das Meer lieben gelernt hatte, handelten meine frühen Schreibversuche von dramatischen Abenteuern zur See, die ich aus vergilbten alten Marineberichten in den Archiven der U. S. Küstenwache gesammelt hatte. Ich hätte keine bessere Ausbildung erhalten können, um gerade den marinehistorischen Herausforderungen, die dieses Buch an mich noch stellen würde, gewachsen zu sein. Immer wieder hatten Großmutter und die anderen alten Damen bekräftigt, daß der Afrikaner mit dem Schiff »irgendwohin an einen Ort namens Naplis« gebracht worden war. Damit konnten sie nur Annapolis in Maryland meinen. So war mir klar, daß ich nun würde herausfinden müssen, welches Schiff mit seiner menschlichen Fracht, darunter dem »Afrikaner«, der später darauf bestanden hatte, »Kin-tay« zu heißen, nachdem sein Herr John Waller ihn »Toby« genannt hatte, vom Gambia-Fluß nach Annapolis gesegelt war.

Zunächst mußte ich ungefähr die Zeit bestimmen, um die Suche nach diesem Schiff einigermaßen einzugrenzen. Monate vorher, in Juffure, hatte der *griot* als Zeitpunkt von Kunta Kintes Gefangennahme jenen angegeben, »da die Soldaten des Königs gekommen waren«.

Nach London zurückgekehrt, studierte ich bereits die zweite Woche Berichte über Marschbefehle für britische Militäreinheiten während der sechziger Jahre des 18. Jahrhunderts, als ich endlich einer Notiz entnahm, daß die erwähnten »Soldaten des Königs« einer hier als »Colonel O'Hares Truppe« bezeichneten Einheit angehören mußten. Dieses Kontingent war 1767 von London entsandt worden, um die damals von Briten besetzte Sklavenfestung Fort James im Gambia-Fluß zu schützen. Die

Angaben des *griot* waren so genau gewesen, daß ich mich hinterher fast ein wenig schämte, sie überprüft zu haben.

Dann besuchte ich Lloyds in London. Im Büro eines Abteilungsleiters namens Mr. R. C. E. Landers sprudelte einfach aus mir heraus, was ich da versuchen wollte herauszubekommen. Er verließ seinen Platz hinter dem Schreibtisch und sagte:

»Junger Mann, selbstverständlich wird Lloyds Ihnen jede nur denkbare Unterstützung zuteil werden lassen!«

Durch Lloyds' Vermittlung begannen sich nun für meine Nachforschungen die Türen zu den Abertausenden alter englischer Marineakten zu öffnen.

Ich kann mich an nichts Ermüdenderes erinnern als an diese ersten sechs Wochen meiner Suche, da ich, scheinbar endlos und vergeblich, Tag für Tag erst einmal die Bewegung jedes einzelnen Sklavenschiffes auf jeder seiner Fahrten aussondern und zusammenstellen mußte. Ich studierte Karton für Karton, Aktenordner für Aktenordner die alten Papiere, in denen die Reisen von Tausenden von Sklavenschiffen von England nach Afrika, dann nach Amerika und wieder zurück verzeichnet waren.

Eine wahrhaft enervierende Arbeit! Meine Frustration wuchs in dem Maße, wie ich feststellen mußte, welche Bedeutung für die meisten Beteiligten zu jener Zeit der Sklavenhandel hatte: nämlich eine Art riesiger Industrie, so wie der Ankauf, Verkauf und Transport von Vieh heutzutage. Viele dieser Berichte schienen seit der Zeit ihrer Ablage nie wieder geöffnet worden zu sein. Anscheinend hatte niemand mehr das Bedürfnis empfunden, sie durchzugehen.

Ich hatte noch nicht ein einziges Schiff gefunden, das von Gambia nach Annapolis gefahren war, als ich in der siebten Woche, an einem Nachmittag etwa um halb drei, das genau 1023. Aktenblatt dieser Listen von Sklavenschiffen in die Hände bekam. Es war ein großes, rechteckiges Blatt, das von etwa dreißig Schiffen die ein- und ausgehenden Bewegungen im Gambia-Fluß in der Zeit von 1766 und 1767 enthielt. Ich ging die Liste durch, bis meine Augen Schiff Nr. 18 erreichten. Fast mechanisch prüfte ich die verschiedenen Daten der Eintragungen.

Am 5. Juli 1767 – das war das Jahr, »da die Soldaten des Königs kamen« – hatte ein Schiff namens »Lord Ligonier« mit dem Kapitän Thomas E.

Davies den Gambia-Fluß verlassen – Bestimmungshafen Annapolis . . . Ich weiß nicht, warum – aber seltsamerweise stellte sich diesmal meine gefühlsmäßige Reaktion auf das Gelesene erst mit gehöriger Verzögerung ein.

Ich erinnere mich, daß ich die Information fast gleichgültig niederschrieb, zu meinen Aufzeichnungen legte und nach draußen ging. Um die Ecke befand sich eine kleine Teestube. Ich betrat sie und bestellte dort Tee und Kuchen.

Dann, als ich so dasaß und an meinem Tee nippte, überfiel es mich schlagartig, daß möglicherweise genau dieses Schiff Kunta Kinte nach Amerika gebracht haben könnte.

Ich schulde der Dame aus der Teestube noch immer das Geld für den Tee und den Kuchen. Ich telefonierte sofort mit dem Büro von Pan American und buchte den letzten Platz dieses Tages nach New York. Es blieb nicht einmal genügend Zeit, zu meinem Hotel zu fahren. Ich rief dem Taxichauffeur zu:

»Nach Heathrow, zum Flughafen!«

Während des Nachtfluges über den Atlantik fand ich keinen Schlaf. Immer wieder sah ich jenes Buch in der Bibliothek des Kongresses in Washington D. C. vor mir, das ich unbedingt ein zweites Mal zur Hand nehmen mußte. Es hatte einen hellbraunen Einband, mit etwas dunkleren braunen Buchstaben – »Schiffsbewegungen im Hafen von Annapolis«, von Vaughan W. Brown.

Von New York flog ich mit einer Maschine der Eastern-Air-Lines nach Washington. Ich raste mit dem Taxi zur Bibliothek des Kongresses, bestellte das Buch, riß es dem jungen Mann, der es mir brachte, förmlich aus der Hand und begann es zu durchfliegen – und da stand es schwarz auf weiß, die Bestätigung!

Die »Lord Ligonier« war von den Zollbeamten in Annapolis am 29. September 1767 abgefertigt worden.

Ich mietete mir einen Wagen, eilte nach Annapolis, ging in das Maryland-Archiv und bat die Archivarin Mrs. Phebe Jacobsen um Kopien der örtlichen Zeitungen, die um die erste Oktoberwoche 1767 erschienen waren. Alsbald brachte sie eine Mikrofilmrolle der *Maryland Gazette* herbei. Im Wiedergabegerät hatte ich fast die Hälfte der Ausgabe vom 1. Oktober abgespult, als ich plötzlich eine Anzeige in altertümlichen Lettern vor mir sah:

»SOEBEN EINGETROFFEN mit dem Schiff Lord Ligonier, Capt. Davies, vom Gambia-Fluß, Afrika, steht für die Abonnenten in Annapolis gegen Barzahlung oder anerkannte Sichtwechsel am Mittwoch, den 7. Oktober, zum Verkauf eine Ladung AUSGEWÄHLTER GESUNDER SKLAVEN.

Besagtes Schiff wird als Rückfracht nach London Tabak zum Vorzugspreis von 6 Shilling die Tonne mitnehmen.«

Unterzeichnet war die Anzeige von John Ridout und Daniel von St. Thos. Jenifer.

Am 29. September 1967 hatte ich das Gefühl, an keinem anderen Ort der Welt sein zu dürfen als am Pier von Annapolis – und so stand ich da, auf den Tag genau zweihundert Jahre, nachdem die »Lord Ligonier« dort gelandet war. Und als ich über das Meer schaute, über das man meinen Ur-ur-ur-urgroßvater einst hergeschafft hatte, fand ich mich abermals in Tränen.

Das 1766/67 im James-Fort im Gambia-Fluß zusammengestellte Dokument hatte auch erwähnt, daß im Laderaum der »Lord Ligonier« einhundertvierzig Sklaven befördert worden waren. Wie viele mochten die Schiffsreise überstanden haben?

Bei einem zweiten Besuch im Maryland-Archiv versuchte ich, eine Urkunde über die Ladung des Schiffes bei seiner Ankunft in Annapolis zu finden – und ich entdeckte, niedergeschrieben in altmodischer Handschrift, folgende Inventarliste:

»3265 Elefantenzähne, 3700 Pfund Bienenwachs, 800 Pfund Rohbaumwolle, 32 Unzen Gold aus Gambia – und 98 Neger.« Die Verlustquote von zweiundvierzig Afrikanern auf der Reise, also gut einem Drittel, war Durchschnitt bei diesen Sklaventransporten.

Im Laufe der Zeit wurde es mir bewußt, daß Großmutter, Tante Liz, Tante Plus und Cousine Georgia auf ihre Weise gleichfalls *griots* gewesen waren. Meine Notizbücher enthielten ihren jahrhundertealten Bericht von unserem Afrikaner, der an »Masser John Waller« verkauft und mit dem Namen »Toby« belegt worden war. Bei seinem vierten Fluchtversuch hatte er, in die Enge getrieben, einen von den beiden berufsmäßigen

Sklavenhäschern, die ihn schließlich gefangennahmen, mit einem Stein verletzt. Dafür hatten sie ihm den halben Fuß abgehackt. »Masser Johns Bruder, Dr. William Waller« hatte das Leben des Sklaven gerettet und ihn dann, empört über die Verstümmelung, seinem Bruder abgekauft. Ich wagte zu hoffen, daß auch darüber irgendeine Urkunde existieren mochte. So reiste ich nach Richmond, Virginia. Ich arbeitete mich durch einen Wust von alten amtlichen Niederschriften aus Spotsylvania County, Virginia, nach der Landung der »Lord Ligonier« im September 1767. Nach einiger Zeit fand ich eine ausführliche, vom 5. September 1768 datierte Urkunde, wonach John Waller und seine Frau Ann Ländereien und Güter, einschließlich 240 Morgen Ackerland, auf William Waller übertragen hatten – – – und dann auf der zweiten Seite: »sowie einen männlichen Negersklaven mit Namen Toby«.

Mein Gott!

In den zwölf Jahren seit meiner Begegnung mit dem Stein von Rosette bin ich, nach meiner Schätzung, fast eine halbe Million Meilen gereist. Ich habe nachgeforscht, Material gesichtet, überprüft, die Gegenprobe gemacht und dabei nach und nach herausgefunden, daß die mündlich überlieferten Berichte der verschiedenen Personen sich nicht nur als hieb- und stichfest erwiesen, sondern auch den Zusammenhang zwischen beiden Seiten des Ozeans richtig herstellten. Schließlich mußte ich mir weitere Nachforschungen ernstlich versagen, um endlich mit der Niederschrift dieses Buches beginnen zu können.

Um die Kindheit und Jugend Kunta Kintes zu erkunden, brauchte ich eine lange Zeit. Nachdem ich mit ihm vertraut geworden war, litt ich leibhaftig unter seiner Gefangennahme. Als ich dann mit dem Versuch beginnen wollte, seine eigene beziehungsweise die Überfahrten all dieser von Gambia kommenden Sklavenschiffe zu beschreiben, flog ich nach Afrika. Ich verhandelte mit den verschiedensten Schiffahrtslinien, um eine Passage auf dem erstbesten Frachter zu bekommen, der von irgendeinem schwarzafrikanischen Hafen direkt in die Vereinigten Staaten fuhr. Es ergab sich, daß das die der Farrell-Linie angehörende »African Star« war.

Als wir in See stachen, erklärte ich, was mir, wie ich hoffte, würde helfen können, die Überfahrt meines Vorfahren nachzuvollziehen. Nach jedem Nachtessen kletterte ich über nicht enden wollende Eisenleitern in die Tiefe des dunklen, kalten Laderaums. Ich zog mich bis auf die Unterwäsche aus, legte mich auf die rohen Planken und zwang mich, dort alle zehn Nächte der Überfahrt zu verbringen. Dabei versuchte ich mir vorzustellen, was er gesehen, gehört, gefühlt, geschmeckt oder gerochen haben mochte – und darüber hinaus, was er gedacht haben könnte. Meine Überfahrt war natürlich auf geradezu lächerliche Weise komfortabel, verglichen mit der gräßlichen Prüfung, der Kunta Kinte, seine Gefährten und all die anderen Tausende ausgesetzt waren.

Sie mußten angekettet in ihrem eigenen Dreck daliegen, geschüttelt von Angst und Entsetzen, und das für fast achtzig bis neunzig Tage, an deren Ende neue seelische und körperliche Schrecken auf sie warteten. Aber irgendwie brachte ich die Geschichte dieser Überfahrt zu Papier – aus der Perspektive der menschlichen Fracht.

Schließlich habe ich alle unsere sieben Generationen in dieses Buch mithineinverwoben, das nun in Ihrer Hand liegt. In den Jahren der Niederschrift habe ich vor vielen Zuhörern auch darüber gesprochen, wie WURZELN langsam Gestalt annahm. Natürlich bin ich dann und wann gefragt worden:

»Wieviel von dem Buch ist Tatsache, und wieviel ist Dichtung?« Nach bestem Wissen und Gewissen – alle Angaben über die Abstammung in WURZELN beruhen auf der sorgfältig bewahrten mündlichen Überlieferung entweder meiner afrikanischen oder meiner amerikanischen Vorfahren. Vieles davon konnte ich auf die gängige Weise dokumentarisch belegen. Diese Beweisstücke, zusammen mit den vielen tausend Einzelheiten über die Lebensweise der Eingeborenen zu ihrer Zeit, über die kulturgeschichtlichen Hintergründe und all das andere, was WURZELN erst in seiner Gesamtheit die richtige Gestalt gibt, sind das Ergebnis jahrelangen, intensiven Forschens in nahezu fünfzig Bibliotheken, Archiven und sonstigen Quellensammlungen auf drei Kontinenten.

Da ich ja selbst noch nicht lebte, als das meiste der Geschichte geschah, ist notwendigerweise der überwiegende Teil der Dialoge und des Erzählten eine romanhafte Mischung einmal von Begebenheiten, von denen ich genau weiß, daß sie sich ereignet haben, mit, zum anderen, solchen, von denen ich nach meinen Untersuchungen annehmen darf, daß sie sich so abgespielt haben.

Ich denke jetzt, daß nicht nur Großmutter, Cousine Georgia und die anderen alten Damen »über mir wachten«, sondern auch alle übrigen: Kunta und Bell, Kizzy, Hühner-George und Matilda, Tom und Irene, Großvater Will Palmer, Bertha, meine Mutter – und nunmehr derjenige, der sich als letzter mit ihnen vereinigt hat, Vater . . .

Er war dreiundachtzig. Als wir, seine Kinder George, Julius, Lois und ich, über die Beisetzungsfeierlichkeiten zu reden hatten, kam jeder einzelne von uns zu dem Ergebnis, daß Vater ein erfülltes und ein reiches Leben gelebt hatte, jedenfalls in der Weise, wie er selbst Reichtum zu interpretieren pflegte. Außerdem war er schnell dahingegangen, ohne leiden zu müssen. Und da wir alle Vater nur zu gut kannten, stimmten wir auch darin überein, daß er kaum gewünscht haben könnte, uns weinen zu sehen. So beschlossen wir, daß wir nicht weinen würden.

Ich war so erfüllt von Erinnerungen, daß es mich unangenehm berührte, den Leichenredner von unserem Vater als von dem »Verstorbenen« reden zu hören, um den herum es doch eigentlich selten wehmütig zugegangen war. Kurz vor der ersten Trauerfeier, die für ihn in einer von Angehörigen und Freunden dichtgefüllten Kapelle in Washington D. C. abgehalten wurde, erklärte mein Bruder George dem verantwortlichen Geistlichen, daß wir Söhne im geeigneten Augenblick gern einige Erinnerungen an Vater mit den Anwesenden teilen würden.

Nach einem kurzen Gottesdienst herkömmlicher Art sangen wir ein Lieblingslied von Vater. Dann erhob sich George und trat nahe zu dem offenen Sarg. Er erzählte, wie lebhaft er sich daran erinnerte, daß – wo auch immer Vater lehrte – wir in unserem Haus mindestens einen Jungen aufgenommen hatten, dessen auf dem Land lebende Eltern erst von unserem Vater hatten überredet werden müssen, ihren Sohn aufs College zu schikken, wobei der Protest »aber wir haben kein Geld« einfach dadurch beiseite geschoben wurde, daß Vater erklärte: »Er wird bei uns leben!« Mit dem Ergebnis, daß es nun im ganzen Süden an die achtzehn landwirtschaftliche Kreisbeauftragte, Rektoren von höheren Schulen und Lehrer gab, die sich stolz »Prof' Haleys Jungens« nannten. George erwähnte auch, wie unmutig Vater sich in seinen späteren Jahren darüber geäußert habe, daß wir keine jährlichen großen Familientreffen veranstalteten, wie er das gern gesehen hätte. So bat er die Zuhörerschaft, mit uns in Gedanken vereint jetzt ein Treffen für Vater und mit ihm zusammen abzuhalten. Als George seinen Platz wieder eingenommen hatte, stand ich auf, ging hinüber, betrachtete Vater und sagte, daß ich als der Älteste noch viel weiter zurückliegende Ereignisse aus dem Leben des dort liegenden Verstorbenen kannte. Zum Beispiel: Der erste deutliche Eindruck meiner Kindheit von Liebe, als ich sah, wie sich Vaters und Mutters Blicke über dem Klavier trafen, wenn Mutter irgendeine kleine Einleitung zu spielen hatte und Vater danebenstand, um auf den Einsatz für sein Kirchenlied zu warten. Eine andere frühe Erinnerung: Wie ich immer einen Groschen oder sogar einen Fünfziger von Vater ergattern konnte, selbst in den schlechtesten Zeiten; ich brauchte ihn bloß allein zu erwischen und zu bitten, er solle mir von den Kämpfen seiner AEF 92. Division und seinem 366. Infanterie-Regiment im Argonner Wald und an der Maas erzählen.

Im September 1916 war Vater aufs College zurückgekehrt. Er bekam gute Noten, die ihm später ein Graduierten-Stipendium eintrugen, errang die Magisterwürde und wurde schließlich Professor.

Im Flugzeug überführten wir Vaters Leichnam nach Arkansas, wo sich bei einer zweiten Feier seine Freunde von der AM & N Universität in Pine Bluffs und aus der ganzen Umgebung versammelten. Hier hatte Vater als Dekan der Landwirtschaftlichen Fakultät bald vierzig Jahre gewirkt.

Wie er es sich gewünscht haben würde, fuhren wir ihn durch den Campus und zweimal jene Straße entlang, wo ein Straßenschild in der Nähe des Landwirtschaftlichen Seminars seit seiner Pensionierung seinen Namen trägt: »S. A. Haley Weg«. Nach dem letzten Gottesdienst brachten wir Vater dorthin, wo er beigesetzt werden wollte – auf dem Veteranenfriedhof von Little Rock. Wir folgten ihm bis in die 16. Sektion, und wir standen da und schauten zu, wie sein Sarg in das Grab Nr. 1429 versenkt wurde. Dann gingen wir, seine Kinder – Mitglieder der siebten Generation seit Kunta Kinte – schnell davon. Wir verbargen unsere Gesichter voreinander, denn wir hatten ja ausgemacht, daß wir nicht weinen würden. So hat nun Vater seinen Platz bei den anderen da oben eingenommen.

Ich fühle, daß sie zuschauen und uns leiten. Und ich weiß, sie teilen meine Hoffnung, daß dieser Bericht über Menschen wie uns mithelfen mag, das Vermächtnis der Tatsache zu erleichtern, daß Geschichte sonst vorwiegend geschrieben wird von den Siegern.

Die Tonkassetten zum Buch

Margo Anand
TANTRA
Die Kunst der sexuellen Ekstase

Ekstase kann nur erlebt werden, wenn wir uns wandeln, wenn wir bereit sind, uns zu verändern. Und wenn wir bereit sind zu üben! Um das Üben so leicht wie möglich zu machen, hat Margo Anand in Zusammenarbeit mit dem Musiker Shantiprem vier Kassetten produziert, auf denen sie die wichtigsten Übungen ihres Buches Schritt für Schritt beschreibt. Margo Anands sanfte Stimme und Shantiprems einfühlsame Musik schaffen eine Atmosphäre von Ruhe und Harmonie, in der die Übungspraxis zur Freude wird.

Set 1
Die heilende Kraft der Liebe

1 A: Ich liebe mich
1 B: Tanz der Göttin – Tanz des Gottes
2 A: Die Kunst der erotischen Berührung
2 B: Tantrisches Klangfeld

2 Kassetten im Set, Spieldauer jeweils ca. 60 Minuten
DM 48,– Best.-Nr. 8636

Set 2
Der kosmische Orgasmus

3 A: Die innere Flöte öffnen
3 B: Der dynamische Strömungsprozeß
4 A: Verschmelzung und tantrischer Orgasmus
4 B: Tantrisches Klangfeld

2 Kassetten im Set, Spieldauer jeweils ca. 60 Minuten
DM 48,– Best.-Nr. 8637

Alle vier Kassetten zusammen
DM 88,–
Best.-Nr. 8638

Verlag Hermann Bauer · Freiburg